상법강의

기업법제의 이해와 실천

한빛아카데미
Hanbit Academy, Inc.

지은이 **서성호**

조선대학교 경상대학 경영학부 교수

Waseda University(Tokyo Japan) Master of Law 법학석사, Waseda University(Tokyo Japan) Doctor of Law 법학박사

공인회계사 시험출제위원(상법), (주)지오엠비션 대표이사

일본사단법인 한국조선대학재일교류회 이사장, 한일법학회 상임이사(일본측 일한 법학회 이사)

(사)한국기업법학회 부회장 · 편집위원, 조선대학교 경영대학원 학사위원회 위원

(사)국제거래법학회 이사, (사)한국산업경제학회 이사, (사)경영법률학회 이사

[저서 및 논문]

국외: 株式會社における監査役制度の硏究(2001, Waseda University(Tokyo Japan))

韓國監査役制度の比較法的考察(1994, Waseda University(Tokyo Japan)) 등

국내: 일본상법상 주식회사의 감사제도에 관한 고찰(2011, 한국비즈니스리뷰 제4권제3호) 한국상법상 주식회사의 감사제도에 관한 고찰(2009년 5월 28일 및 2011년 4월 14일 개정상법을 중심으로)(공저:2011, 기업법연구 제25권 제3호) 등

상법강의 기업법제의 이해와 실천

초판발행 2022년 2월 28일

지은이 서성호 / **펴낸이** 전태호

펴낸곳 한빛아카데미(주) / **주소** 서울시 서대문구 연희로2길 62 한빛아카데미(주) 2층

전화 02-336-7112 / **팩스** 02-336-7199

등록 2013년 1월 14일 제2017-000063호 / **ISBN** 979-11-5664-591-7 93360

책임편집 김현용 / **기획** 김현용 / **편집** 김민송

디자인 표지 윤혜원 내지 nu:n / **전산편집** nu:n / **제작** 박성우, 김정우

영업 김태진, 김성삼, 이정훈, 임현기, 이성훈, 김주성 / **영업기획** 길진철, 김호철, 주희

이 책에 대한 의견이나 오탈자 및 잘못된 내용에 대한 수정 정보는 아래 이메일로 알려주십시오.

잘못된 책은 구입하신 서점에서 교환해 드립니다. 책값은 뒤표지에 표시되어 있습니다.

홈페이지 www.hanbit.co.kr / 이메일 question@hanbit.co.kr

Published by HANBIT Academy, Inc. Printed in Korea

상법강의

기업법제의 이해와 실천

서성호 지음

HB 한빛아카데미
Hanbit Academy, Inc.

우리는 과학기술의 급격한 변화와 코로나 팬데믹 등 혼란 속에서 예측 불가한 미래를 내다보며 오늘을 살아가고 있다. AI 알고리즘, 4차 산업의 발달이 거시적으로는 국제 · 국가경제사회의 미래에 어떠한 영향을 미치게 될 것이고, 미시적으로는 기업환경변화와 국민 생활환경변화에 어떠한 파급효과가 발생될지 명쾌한 답을 얻기에는 부족함이 많다. 그러나 현재로써 우리가 할 수 있는 것은 과학의 발전에 따른 산물을 기업의 성장 동력으로 활용하고 국가와 국민이 그것을 향유할 수 있도록 각 분야에서 최선의 노력을 경주해 나아가는 것이라 하겠는데, 이를 위해 우선 법조계의 경우는 법률적 · 제도적인 환경구축을 잘 갖추어 나가는 것만이 시대정신에 맞는 최선의 노력이라 생각한다.

이 책은 원래 경상계열대학에서 상법강의를 위하여 제작하게 된 것이지만, 앞서 말한 시대정신을 담아 현행 법제의 틀 속에서 상법을 총체적으로 바라보고 이해할 수 있도록 설명함과 동시에, 필요한 경우에는 필자의 생각과 시대변화에 맞는 입법제안까지도 고려하였기에 법학계열의 전문과정은 물론이고 법조실무계와 입법계까지 참고할 수 있도록 집필하였다.

먼저, 이 책의 내용 구성은 크게 현행 법제에서 정의되는 기업(상인)을 명확히 이해할 수 있는 내용부터 시작하여 상법의 입법취지에 맞는 법률의 해석능력배양에 중점을 두었다. 즉, 국가와 국민경제의 기반이 되는 기업의 탄생 · 유지 · 발전을 지원하기 위해 제정된 상법은 조문 전체에 이러한 목적달성을 위한 사상을 바탕으로 구성되어 있고, 특별법의 제정을 통해 보완해 가는 형식으로 법률정비가 이루어지고 있다는 것을 명확하게 학습하고 쉽게 이해할 수 있도록 C.L.C도표를 고안하여 설명하였다. 세부적으로는 상법의 전체를 각 단원별로 구분하여 세부조항을 근거로 순차적으로 서술하여 학습할 수 있도록 했다. 그러나 사안별 나타나는 논점 또는 문제점에 대해서는 저자의 생각을 피력하기도 하였고, 더 나아가 법제의 미비점 또는 입법불비에 관한 문제점으로 지적되는 것에 대해서는 과감히 입법제안을 시도하는 등의 집필방식을 취하였다.

그러나 상법은 그 자체만으로도 방대한 법률체계로 구성되어 있기 때문에 이 책만으로 상법 전체를 분야별로 상세하게 학습하기에는 어렵지만, 큰 범위에서의 상법 체계를 쉽게 이해하고 각 분야별 목표하에서 학습하고자 할 경우 이 책이 큰 도움이 될 수 있다. 그리고 경상계열 법학계열의 각종 시험(공인회계사, 세무사, 로우스쿨진학, 기업관련 공무원직 등)을 준비하는 경우에도 이 책은 기본서로서의 역할을 충분히 해낼 수 있을 것으로 생각한다.

금번 발행하게 된 이 책은 2015년 2월 20일 발행한 「최신기업법강의」(무역경영사)를 기반으로 이후 2020년 12월 29일 상법개정까지 6차례에 걸쳐 개정된 상법을 모두 반영하여 새롭게 집필한 초판본으로써 의미를 가진다. 이후에도 개정되는 법률에 관하여 관심을 가지고 집필하여 이 책의 개정판으로 계속하여 발행할 계획이다.

끝으로 이 책의 집필을 결심하게 하고 발행에 이르기까지 열과 성의를 다해 도움을 주신 한빛아카데미 임직원 여러분께 심심한 감사의 말씀을 전한다.

2022년 2월

조선대학교 연구실에서

저자 씀

차례

제1편

상법총론

제1장 법제의 이해

제1절 서설

기업 비즈니스 현장에서는 날마다 국내기업 간, 국외기업과 국내기업 간, 또는 국외기업 간의 이윤 획득을 위한 거래행위가 계속해서 일어나면서 기업과 국가 · 국제사회는 발전을 도모하게 된다. 그런데 여기서 거래 행위는 어떠한 형식으로 이루어질까? 일반적으로 「계약」이라는 법률형식을 이용해 이루어진다. 계약이라는 법률형식은 무척 다양하게 나타난다. 하지만 그 근간을 이루는 것은 법률형식이라는 점에서 경영 전반에 있어서 법률지식의 필요성은 무척 중요하고 기업비즈니스 현장에서는 더욱 중요하다(同旨: 中村信男 · 和田.宗久「ビジネス法入門」中央経済社).

기업법(企業法; business law)이라 함은 일반적으로 영리를 목적으로 하는 기업과 관련된 모든 법규를 통칭하는 개념으로 실질적인 법제형식을 갖추고 존재하는 것은 아니고, 현행 경제관련 기본법으로서 법제형식을 갖추고 있는 상법에 대칭되는 개념으로 관념상 존재하는 법률이다. 상법(商法; commercial or mercantile law; droit commercial)은 일반적으로는 제정법인 상법전과 상사특별법령이 그 핵심을 이루고 있다.

오늘날 자본주의의 국가는 물론이고, 국가로서 그 존재가 인정되는 모든 나라는 공통적으로 수많은 법률이 존재하고 법률에 의해서 통치되며 질서를 유지하는 것이 일반적이다(法治主義). 그리고 각 국가의 모든 법률은 크게 공법(公法)과 사법(私法)으로 구분되어 법 영역의 체계화가 이루어지고 있는데, 그 중에서 사법 영역을 대별하며 사인(私人 : 국민) 간의 일반적인 생활관계를 규율하는 법률로써 존재하고 있는 것이 민법이다. 그러나 경제생활이 발달함에 따라 특히 자본주의 사회에서는 특수한 경제생활의 부면에 있어서까지도 민법으로 규율하기에는 불충분하고 불합리하게 되었고, 따라서 그 특수적 수요에 대응하기 위하여 민법에 대한 특별법으로 출현하게 된 법률이 곧 상법이다.

이처럼 상법은 그 탄생에서부터 민법의 특별법적인 지위를 가지고 있지만, 이들 양 법률은 다 같이 국민의 생활관계를 규율한다는 점에서 사법영역에 속하여 동일시 취급될 수도 있기 때문에 그 차별화를 기하고 독자성을 확보하기 위하여 역사적으로 많은 학자들이 상법의 대상을 규명하기 위하여 노력하여 왔다. 「상(商)」에 대한 정의도 그중 하나로, 학설은 역사적 관련설, 매개행위설, 집단거래설, 상적색채설 등으로 갈리어 주장되어 오다가 결국 독일인 빌란트(Wieland)에 의해 주창된 기업법설로 거의 일치하는 현상을 보이게 되었고, 이후 경제학자인 쇄플레(Schäffle)에 의해 기업의 개념은 「불확정한 재산증식을 목적으로 하는 경제적 조직체」로 정의되어 발전되어 왔다. 오늘날에도 빌란트(Wieland)의 「기업법설」은 상법의 대상인 생활관계를 내용 면에서 비교적 통일적으로 잘 파악하고 있는 것으로 널리 인식되고 있으며, 쇄플레의 기업의 정의 또한 많은 학자들로부터 지지를 얻고 있다. 그러나 법률상으로 기업은 경제적 차원의 권리와 의무의 귀속주체로 이해되어야하며, 더 나아가 법제상으로는 투자자의 인수와 책임 및 법인성을 기준으로 기업을 개인기업(個人企業) 및 비법인공동기업(非法人共同企業)과 법인공동기업(法人共同企業)인 회사(會社)로 구분하여 이해해야 한다.

1. 실질적 의의 상법

실질적 의의 법률에 대한 정의는 어떠한 통일적 이념 또는 공통의 성격 등에 의하여 체계화된 특별한 법률 영역을 정의하는 것이다. 이러한 의미에서 실질적 의의의 상법은 「기업」에 관한 특유한 법질서 또는 법률 영역으로서 기업의 특유한 생활관계와 관련되는 법률 전체로 정의되고, 이는 곧 실질적 의의의 상법이다.

그러므로 기업의 경제활동과 조직에 관하여 직접 규제하는 모든 법규는 이론적으로 실질적 의의의 상법에 속하기 때문에, 실질적 의의의 상법은 상법의 범주를 넓게 파악하려는 의도를 가지는 것으로 한편으로 기업과 관련된 모든 법규를 통칭하는 개념인 기업법의 범주와도 일치한다.

2. 형식적 의의 상법

형식적 의의 상법이란 상법의 범주를 형식적 존재에 근거하여 좁게 파악하려는 의도에서 내려지는 정의로써 「상법」이라고 하는 명칭으로 제정된 「상법전(商法典)」(동법시행법령을 포함)만을 뜻한다.

우리의 상법전은 총칙, 상행위, 회사, 보험, 해상, 항공운송 등 총 6편으로 구성되어 있으며, 동 법전은 1962년에 법률 제1000호로 공포되어 1963년 1월 1일부터 시행되고 있다. 이처럼 제정된 우리의 상법전은 제정 직후인 1962년 12월 12일에 처음으로 개정작업이 이루어진 이래 1984년에는 총칙편의 일부 규정과 회사편의 주식회사에 관한 규정이 광범위하게 개정되었고, 이후 2020년 12월까지 총 21차례의 개정을 거쳐 오늘에 이르고 있다. 그러나 최근까지도 법률개정과 관련된 논의는 계속되고 있어서 법적 안정성에 대해 심히 우려하는 목소리도 적지만은 않다.

상법의 개정이 다른 법률과 달리 이렇게 빈발하게 이루어지고 있는 까닭은 상법은 경제관련 기본법으로서 국제경제적 환경 변화와 국민경제적 환경 변화에 민감하게 반응하기 때문인 것으로 생각할 수도 있지만, 한편으론 제정법제의 한계에 봉착되고 있음을 의미하는 것으로 지적되기도 한다.

3. 실질적 의의 상법과 형식적 의의 상법의 범위와 관계

상술한 바와 같이 실질적 의의의 상법과 형식적 의의의 상법은 반드시 그 범위가 일치하는 것은 아니다. 즉, 실질적 의의의 상법에서는 예컨대 제1차 산업의 경영자, 의사, 변호사, 예술가, 문필가 등과 같은 전문가와 자유직업인도 기업으로 볼 수 있지만, 형식적인 상법에서는 이들은 연역적인 이유와 사회적 고려에 의하여 정책적으로 그 대상에서 제외시키고 있다. 반대로 의용상법전(일제강점기 이후 1962년 제정된 상법전 이전의 상법전을 통칭함)에서는 실질적 의의의 상법의 범주에 속하지 않는 절대적 상행위에 관하여 규정하고 있다. 무엇보다도 실질적 의의의 상법에서는 형식적인 의의의 상법전 외에도 상사특별법령, 상관습법, 상사판례 등을 포함하는 것으로 상법의 범주를 넓게 보고 있는 반면, 형식적 의의의 상법에서는 상법전만으로 상법의 범주를 좁게 보고 있다는 점이 다르다. 이는 실질적 의의의 상법은 학문적인 입장에서 통일성과 체계성에 중점을 두고 있는 데 비하여, 형식적 의의의 상법은 사회적인 고려에서 법률정책적인 면이 가미되어 실제성과 편의성을 중시한다는 것으로 이해해야 한다.

그러므로 양자의 범위는 반드시 일치할 수 없는 관계에 있으나, 상법을 기업 관련 법률로 파악할 수 있는 실질적 의의의 상법은 형식적 의의의 상법을 보완하고 개정함에 있어서 중요한 자료를 제공하는 역할을 수행하는 반면, 형식적 의의의 상법은 실질적 의의의 상법을 연구함에 있어서 기본이 되는 관계에 있다는 점에서 양자구분에 관한 실익이 존재한다.

제2절 상법의 지위

1. 서언

상법과 가장 관련성이 깊은 법률분야는 민법과 경제법 및 노동법이다. 상법을 인접된 법률분야와 비교하는 것은 상법의 법률적인 지위를 명확히 밝힘으로써 상법을 정확히 이해할 수 있도록 하기 위함에 있다.

2. 상법과 민법

(1) 상법과 민법의 관계

1) 일반법과 특별법

상법과 민법은 사유재산제도를 통하여 국민의 경제생활관계를 규율하고자 하는 점에 있어서는 같다. 그러나 민법은 비영리를 기반으로 하는 사법적 국민경제생활에 관한 일반적인 사항을 규율의 대상으로 하고 있는데 비하여, 상법은 그러한 국민경제생활 가운데서도 특히 영리성을 기반으로 하는 기업관계의 특수한 수요에 따른 규율을 목적으로 하고 있다. 그러므로 민법과 상법은 일반법과 특별법의 관계에 있는 것이다.

2) 법률적용상의 관계

상법과 민법의 법률적인 상관관계를 구체적으로 살펴보면 ① 상법에만 고유하게 규정이 설계되어 있는 경우, ② 민법의 원칙규정에 대하여 상법에 예외규정을 두고 있는 경우, ③ 상법이 민법의 일반규정에 의존하고 있는 경우 등의 세 가지로 분류된다.

① 상법에만 고유하게 규정이 설계되어 있는 경우

상법에만 순수하게 고유한 규정으로 설계되어 있는 경우로서는 상업등기, 상호, 상업장부 등에 관한 것 등이 있고, 민법상의 일반적이고 추상적인제도를 상법상 특수화한 제도로 발전시킨 것으로서는 익명조합, 합자조합, 회사, 지배인(포괄적 대리권수여), 운송계약(도급계약) 등이 있다.

② 민법의 원칙규정에 대하여 상법에 예외규정을 두고 있는 경우

민법에서 정하고 있는 원칙규정을 상법이 변경시키는 것으로 이에는 상사채권에 대한 법정이율, 유질계약의 허용, 상시매매, 상사유치권, 상법상의 각종 시효 등이 있다.

③ 상법이 민법의 일반규정에 의존하고 있는 경우

이는 상법에 별도의 규정이 없거나 준용규정이 존재하여 민법에 의존하고 있는 것을 말한다. 능력, 법률행위, 기간, 물건, 부당이득, 불법행위, 합명회사 등의 민법 조합에 관한 규정의 준용규정 등은 이를 대별한다.

(2) 상법의 자주성과 민 · 상이법의 통일론

1) 상법의 자주성에 관한 논의

상법은 위에서 설명한 바와 같이 민법과 서로 교차되고 있는 부분이 적지 않다. 그럼에도 불구하고 이 두 가지의 법률이 각각 분리하여 존재하고 있는 이유는 무엇일까? 이는 상법의 자주성에 관한 논의로 전개되는데, 상법은 민법과 분리되어 독립된 법률로써 존재할 수밖에 없는 자주성 때문인 것으로 정의되고 있다.

즉, 상법의 자주성에 관한 논의는 구체적으로 ① 상법의 형식적 자주성이 가능한 것인가(독립된 상법전으로서 존재할 수 있는가), ② 상법의 실질적 자주성이 가능한 것인가(상법전의 존부와 관계없이 실질적으로 통일된 대상이 존재하는가), ③ 상법의 과학적인 자주성을 인정할 수 있는가(상법학이 법률학의 분과로서 존재할 수 있는가) 등에 관한 문제로 집약된다. 이러한 세 가지의 논점에 대한 논의는 각각 독립해서 논의되는 것이 아니고 유기적으로 상호간에 관련성을 가지며 논의되어지는 것을 특징으로 한다. 다만 형식적 자주성이 인정되지 않는 경우(독립된 상법전이 없는 경우)에도 상법의 실질적 자주성과 과학적 자주성의 인정에는 영향을 미치지 않는다고 보고 있다. 그러므로 상법은 기업생활 관계를 규율하는 법률로서 그 형식적인 자주성에 관한 문제와는 별도로 실질적인 자주성과 과학적인 자주성이 인정될 수 있으므로 독자적인 영역을 가지는 것으로 보는 것이 지금까지 표출된 학설의 통설적인 견해이다.

2) 민법의 상화현상과 상법의 민화현상

이처럼 상법이 민법과 분리되어 독립된 법률로서 존재할 수밖에 없는 자주성이 인정되고 있음에도 불구하고 일각에서는 민 · 상이법의 통일론이 제기되는가 하면, 민법의 상화현상과 상법의 민화현상이 꾸준히 나타나고 있다.

민법의 상화란 상법상의 제도가 일반화되어 민법의 영역에까지 도입되는 현상을 말하고 상법의 민화란 반대로 상법상의 제도가 민법상에 도입되는 현상을 말한다. 전자의 경우는 예컨대 민사회사, 즉 상행위 이외의 영리행위를 목적으로 하는 사단법인은 원래는 민법상의 법인으로 취급되었으나(현행 민법 이전), 이후에 상법상의 회사(민사회사)로서 규제를 받게 된 것이 하나의 예가 될 수 있다. 이는 상법의 지배범위가 확대되는 것을 뜻하는 것이고, 기본적으로 영리법인은 기업의 주체에 해당되므로 상법의 규율대상이 되는 것은 극히 당연한 것이어서 민법의 상화로서 거론되어질 필요까지는 없었던 것으로 생각한다.

다음으로 후자의 경우는 예컨대 동산의 선의취득, 계약자유의 원칙 등은 원래 상법상의 제도이고 원칙이었던 것이 민법에 도입되어 일반화되는 현상을 들어 설명하고 있다. 이 또한 과거의 사회적인 특수한 현상이 일반화되어감에 따라 더 이상 특수한 법규로 규율함이 불합리하기 때문에 일반법제로 이관시킨 것에 지나지 않는다. 따라서 이 또한 굳이 상법의 민화현상으로 확장하여 해석할 문제는 아니었을 것으로 생각된다. 그러나 위와 같은 민법의 상화현상과 상법의 민화현상을 주장하는 견해에서는 민법과 상법의 한계가 애매하게 되었다고 하여 상법의 자주성을 문제시하고 더 나아가「민 · 상이법의 통일론」으로 발전시키는 논의에 있어서 하나의 기초근거로 활용하게 된 것에 주목할 필요가 있다.

3) 민 · 상이법의 통일론

가. 의의

민 · 상이법의 통일론은 원래 민법전과 상법전을 하나의 법전으로 통일하여야 한다고 하는 법전 편찬에 관한 문제로서 제기된 것이다(형식적 통일). 이러한 주장에 따른 입법 예로는 1911년의 스위스 채무법, 1929년 중화민국 민법전, 1942년 이탈리아 민법전 등이 있다. 그러나 이러한 형식적 통일론(상법의 형식적 자주성)은 상법의 실질적 자주성을 부정하는 「민 · 상이법의 통일론」으로부터 그 이론의 기반을 다지고 있다.

나. 이론적 근거

민 · 상법 통일론의 이론적 근거로는 다음의 것들이 거론된다. 즉, ① 오늘날에는 상법 규정의 대부분이 기업생활 관계뿐만 아니라 일반 경제생활 관계에도 적용될 수 있을 정도의 수준으로 일반 법제화 되어 굳이 상법을 따로 제정할 필요가 없게 되었다고 하는 점, ② 상법을 별도로 입법하는 경우에는 그 제정에 있어서 경제단체 등의 영향을 받게 되어 결과적으로 일반 시민에게는 불리한 입법으로 작용될 수 있다고 하는 점, ③ 민법과 상법을 적용할 사항을 구별할 뚜렷한 기준이 있는 것도 아니어서 양 법전이 병존하는 경우에는 법률의 적용에 있어서 혼란이 생기고 법률관계의 불안정이 초래될 수 있다고 하는 점, ④ 두 개의 법전이 병존하는 경우에는 양 법을 포함한 조화된 사법의 체계적인 이론의 발전을 저해하게 된다는 점 등이다. 이 밖에도 ⑤ 스위스와 이탈리아 등의 통일입법례 또는 영국 등과 같이 상법전이 따로 없는 나라를 예로 들어 이론적 근거로 삼기도 한다.

다. 민 · 상이법의 통일론에 대한 비판

위의 민 · 상이법 통일론의 이론적 근거에서 설득력을 인정받을 수 있는 것은 ① 이유뿐이다. ② 이유에서 경제단체 등의 상사입법에 대한 영향의 유무는 상법전의 독립적인 존재의 가부와 관계가 없으며, ③ 이유에서 우려하는 법적용상의 문제는 주로 상행위편 통칙에 관한 것이지만 입법기술로 문제점이 해결되었고, ④ 이유는 사법의 체계적인 이론의 발전에 관한 잘못된 인식에서 비롯된 것이다. 이 밖에 ⑤ 에서 들고 있는 이유는 오늘날 스위스, 이탈리아 등의 법전은 많은 상사특별법의 존재를 허용하지 않을 수 없게 되었음을 인식하지 못하고 있으며, 영국 등은 원래 불문법국가이므로 통일법전을 거론할 것이 못된다.

① 이유는 상법의 독자적인 존재를 인정할 수 있는가 하는 실질적인 문제와 관련된다. 생각하건대 시민경제생활의 진전에 따라서 민법이 상화되어가는 현상과 상법이 민화되어가는 현상이 생기더라도 그러한 현상에는 기본적으로 한계가 있다. 즉, 민법 가운데 물권법이나 신분법은 여기서 상화의 대상이 되지 않으므로 논의의 대상으로부터 제외되고, 그 외의 분야에서 보더라도 기업거래는 무엇보다 영리성과 집단성을 그 특성으로 하는 반면, 민법의

대상은 개별적 거래와 비영리적 거래가 주를 이루고 있다. 그리고 기업거래 관계에서는 대량거래와 거래의 반복성이라는 특성을 가지므로 기업경제의 발전에 따른 새로운 수요에 적응하기 위하여 항상 법제 개선이 강하게 요구되어지고 있다. 그럼에도 불구하고 양 법제를 통일하여 기업의 특수한 생활 관계를 일반법으로 규율하는 것은 적절하지 못하고, 설령 그렇게 규율하게 된다고 하더라도 새로운 수요에 따른 특별한 법률제도나 규정의 탄생을 가져올 수밖에 없게 된다. 따라서 상법의 존재를 부정하게 되면 기업 관계의 수요를 도외시하는 것이 될 수도 있기에 결국, 사법 영역의 전체는 일반법으로서의 민법과 특별법으로서의 상법이 공존하여 각기 독립된 법제로서 규율하며 발전시켜 나가는 것이 오히려 바람직한 형태가 되는 것이라 하겠다.

3. 상법과 경제법

경제법은 하나의 법제로 구성되어 있는 것은 아니고 경제와 관련되는 모든 법률을 일괄하여 경제법으로 칭하고 있다. 경제의 기본은 기업이고 기업을 대상으로 하는 기본적인 법률이 상법이므로 상법전은 경제법의 모법(母法)으로써 기본이 되는 법률관계에 있다. 산업의 발달은 경제의 발달로 이어지고 경제의 발달은 일면에서 새로운 경제문제를 양산한다. 미시적인 경제문제는 기업 관련 문제로서 이러한 문제가 발생하게 되면 기업의 생활 관계를 규율하는 법률인 상법으로 먼저 문제해결을 꾀하게 되지만, 상법만으로는 해결될 수 없는 복잡한 기업 생활 관계의 문제가 발생하게 되면 이후 그 해결을 위한 노력으로 각종의 상사특별법령이 제정되어지기 마련이다. 이렇게 제정되어지는 모든 상사특별법령은 경제법 영역에 포섭된다. 따라서 경제법은 상사특별법령으로서 사실상 실질적인 상법에 해당되는 관계에 있다고도 말할 수 있는 것이다.

4. 상법과 노동법

노동법은 근로자의 노동과 관련되는 것들을 규율하는 모든 법규를 말하는 것으로 대게 노동삼법과 기타 관계법령으로 체계화되어 있다. 즉, 근로기준법, 노동조합법, 노동관계조정법을 비롯하여 노동위원회법, 근로자참여 및 협력증진에 관한 법률 등으로 대별되는데, 이는 사법적 성향이 일부 인정되지만 전반적으로는 행정법적인 성향을 가지는 법률이라 할 수 있다. 노동자는 기업에 속하여 노동의 장을 제공받고 있으므로 기업과의 관련성은 매우 높지만 그렇다고 하여 노동법을 실질적인 의의의 상법에 포함시킬 수는 없는 일이다. 오히려 상법과 노동법은 그 목적에서부터 대립되는 현상을 보이는 법적관계에 있다고 할 것이다.

제2장 상법의 특성

1. 서설

기업은 계속적이며 계획적인 의도를 가지고 영리행위를 하는 경제단위로서 그 활동이 전문적이고 기술적이며 합리적으로 수행되는 까닭에 영리성, 반복성, 집단성, 비개인성, 정형성을 가진다. 또한 기업은 국민에게 노동의 장을 제공하고 국가의 중요한 세원으로서의 역할을 수행하기 때문에 국가경제의 근간이 되는데, 이러한 기업을 규율하기 위해서 제정된 상법은 ① 기업의 유지와 발전, ② 거래의 안전성 확보와 신속성 및 획일성의 지향 ③ 기업관련 이해관계인들 간의 이해의 조정 등을 그 지도이념으로 삼고 있다. 이러한 상법의 3대 지도이념(목적, 사상, 입법취지)은 제도 전반에 걸쳐 내재되어 있는데, 일반적으로 이러한 상법의 특성은 조직에 관한 특성과 활동에 관한 특성으로 구분되어 설명되고 있다.

2. 조직에 관한 특성

(1) 자본의 조달과 결합 · 집중

기업이 그 영리목적을 달성하기 위해서는 자본적인 기초가 중요하게 되는데, 자연인 개인으로서의 대자본형성은 한계가 있기 때문에 공동기업의 형태가 착안되었다. 공동기업으로서는 비법인공동기업 및 법인공동기업으로서 회사제도가 만들어지게 되었는데, 비법인공동기업으로는 상법상 익명조합과 합자조합이 있고, 법인공동기업은 다시 인적 결합에 중심을 두는 형태의 것과 자본적 결합에 중심을 두는 형태의 것으로 분리되어 제도화되었다. 이러한 공동기업에 관한 여러 가지 제도 중에서 주식회사제도는 자본적인 결합에 중심을 두는 형태의 기업으로써 특히, 대자본의 형성을 가능하게 하는 제도인 것으로 익히 알려져 있다. 이 밖에도 상법전의 회사편에 있어서는 합병제도, 해상편에 있어서는 선박담보권 및 선박공유제도 등이 이러한 자본의 조달과 집중을 위한 제도인 것으로 소개되기도 한다.

(2) 노력의 보충

기업은 집단적이고 반복적인 거래관계를 필요로 하기 때문에 인적 조직을 갖추지 않으면 안된다. 따라서 상법에 기업에 필요한 노력의 보충을 합리적으로 실현하기 위한 방법으로써 상업사용인, 대리상, 중개업, 위탁매매업, 운송주선인, 합명회사, 주식회사의 경영기관, 집행임원제도 등의 각종 제도가 마련된 것이다.

(3) 기업의 유지

기업은 현대 경제생활에 있어서 재화(물품과 서비스)의 생산과 유통, 소비자에 이르기까지 전반적인 과정을 매개하는 역할을 수행하기 때문에 국가 · 사회적으로도 그 의미는 매우 크다. 따라서 기업의 형성을 용이하게 하고 일단 성립한 기업은 국가경제와 국민경제를 위해서도 유지되고 발전되어야만 한다. 기업이 해체되면 개인경제는 물론이고 국민경제에 미치는 손실은 실로 막대하다. 이는 구체적으로 기존거래의 결제곤란, 수요의 충족곤란, 사회적 재산의 감가, 고객 및 경험가치의 상실, 노동의 기회상실, 세수증대 및 확보곤란 등의 문제가 발생된다. 따라서 상법은 기업의 유지와 발전을 최대 이념으로 설정하고 이의 실현을 위하여 다음과 같은 세부적인 특성을 인정하며 기업의 유지와 발전에 관련되는 것들을 법제화함으로써 기업발전을 꾀하고 있는 것이다.

가. 기업의 독립성

기업을 오래도록 유지 · 강화하려면 기업을 소유로부터 절연(絕緣)시켜 기업 그 자체가 독립해서 스스로 생활력을 가지고 동일성을 유지할 수 있도록 해야 하기 때문에 이를 위해 상법은 기업의 독립성을 인정한다. 예컨대 회사에 대한 법인격의 부여, 상호제도, 개인기업의 자연인재산과 상인재산의 분리 등은 이에 속하는 것이라 하겠다.

나. 기업의 전문화

기업경영은 반드시 기업의 소유자에만 의해서 이루어질 필요는 없다. 기업의 유지와 발전을 위해서는 보다 유능한 전문적 지식과 경험을 갖춘 적임자로 하여금 관리하고 경영하게 하는 것이 합리적일 수 있다. 그러므로 상법은 기업의 소유와 경영의 분리를 인정하며 장려하기도 한다. 예컨대 주식회사제도에서 이사에 의한 업무집행권, 집행임원제도, 지배인제도 등이 그것이다.

다. 기업의 해체방지

적극적으로 기업의 유지와 발전을 요한다면 소극적으로 기업의 해체를 가능한 피할 수 있도록 해야 한다. 상법은 기업의 해체원인의 발생을 피할 수 있도록 하고, 그 사유가 발생한 경우에도 회복될 수 있도록 길을 마련해 놓고 있다. 즉, 회사계속제도, 회사조직변경제도, 주식회사 및 유한회사의 일인회사의 존속인정, 회사합병제도, 영업양도, 채무자 회생 및 파산에 관한 법률의 정비 등이 이에 속하는 것이라 하겠다.

(4) 위험부담의 완화

기업은 영리를 목적으로 하는 것이지만 그 반면에 손실이라는 위험이 따른다. 기업의 성립과 존속을 위해서는 위험을 완화하고 경감시키는 법적 제도의 뒷받침이 요청되므로 상법은 위험분담과 책임의 한정에 관한 제도를 마련하고 있다. 즉, 위험분담제도로서는 각종의 회사제도와 보험제도 등을 들 수 있고, 책임을 한정시키는 제도로서는 물적회사의 유한책임제도와 이사의 책임제한제도, 선박책임제한제도 등이 대표적이다.

3. 기업활동에 관한 특성

(1) 영리성

영리성은 기업활동 본연의 목적이며, 기업이 존속할 수 있는 기반이 되는 것이다. 따라서 상법에는 기업거래에 있어서 상인의 보수청구권, 법정이자청구권, 상사이율 등의 규정을 두어 기업의 영리성을 폭넓게 보장하고 있다.

(2) 거래의 안전과 신속

기업거래는 많은 사람들에 의해 집단적이고 반복적으로 신속하게 행하여져야 하고, 또한 실행된 거래의 효과는 안전해야 하므로 상법은 기업거래의 안전과 신속을 하나의 이념으로 설정함과 동시에 이의 실현을 위하여 다음과 같은 특성을 인정하고 있다.

1) 거래의 신속

가. 신속주의

기업의 목적은 영리를 추구하는 데 있으므로 거래의 지연으로 인한 불이익이나 손실은 피하여야 한다. 따라서 상법은 거래행위의 효과를 가급적 조속히 확정지을 수 있도록 하고 있는데, 구체적으로는 계약청약의 효력(상법 제51조, 제52조), 단기시효제도(상법 제64조, 제121조, 제122조, 제147조, 제166조, 제736조 제2항, 제811조), 매도인의 목적물의 공탁, 경매권(상법 제67조), 확정기매매의 해제(상법 제68조) 등이 이에 속한다.

나. 획일주의

거래의 신속화를 기하려면 거래행위의 정형화가 요청되므로 거래행위의 상대방과 공급의 내용에 관해서는 개성이 중요시되지 않는다. 따라서 상법은 계약체결의 정형화를 기하여 그 내용과 효과를 확정하려 하는데, 사채의 청약(상법 제474조), 주식의 청약(상법 제302조), 약관거래의 인정 등은 그 예가 될 수 있다.

2) 거래의 안전

가. 공시주의

거래행위를 신속하고 안전하게 하려면 상대방의 능력, 자본, 권한 등을 확실히 알아야 할 필요가 있다. 그러한 사정을 용이하게 알 수 있도록 하기 위해서 상법은 기업으로 하여금 거래에 있어서 중요한 사항은 공시하여 불의의 손해를 방지할 수 있도록 하고 있는데, 이것이 공시제도인 것이다. 구체적으로는 상업등기(상법 제34조 이하), 상호등기(상법 제22조, 제25조), 무능력자의 영업등기(상법 제6조), 회사의 설립 · 해산 · 합병등기, 대차대조표(재무상태변동표)의 공고 등이 이에 속하는 것이다.

나. 권리외관주의

권리외관주의는 "거래를 신속하고 안전하게 하기 위해서는 외관에 나타난 사실이 그 진실과 합치하지 않는 경우에도 그 외관을 신뢰하고 거래행위를 한 자는 보호되어야 한다"는 것을 의미하며 대륙법계 국가에서 발달된 이론이다. 이를 영미법계의 국가에서는 「禁反言의 法則(Estoppel by representation)」이라 표현하는데, 이는 "자기의 표시에 의해서 상대방에게 어떤 사실의 존재를 신뢰시킨 경우에는 표시자는 그 후 그 사실의 존재를 부인하지 못한다"는 것을 의미한다. 상법에는 이러한 이론에 근거하여 부실등기의 공신력(상법 제39조), 명의대여자의 책임(상법 제24조), 상호속용의 경우 영업양수인의 책임(상법 제42조) 등의 제도를 법제하였다.

다. 책임의 가중과 경감

기업거래는 전문적 지식과 경험에 의하여 영업활동을 전개하는 기업과 일반 다수의 이용자 간에 행하여지므로 상법은 기업 측에 주의의무를 가중시키고 상대방인 이용자 측에 대해서도 어느 정도의 특수한 의무와 책임을 인정하여 거래의 안전을 꾀하려 하고 있다. 구체적으로는 상인 간의 거래에 있어서 매수인의 목적물 검사와 하자통지의무(상법 제69조), 송하인과 임치인의 고가물에 대한 명시책임(상법 제136조, 제153조) 등이 그 예가 된다.

라. 기존상태존중주의

기업은 많은 비용과 노력을 소비하며 존립되므로 기존상태를 신뢰하고 거래한 제3자를 보호하기 위해서는 기업거래상 성립된 법률관계가 법의 요구를 충족시키지 못했다고 하더라도 가급적 그 동요를 방지하고 기존의 사실상태를 존중하며 유지되도록 해야 한다. 그러므로 상법에는 회사설립의 무효, 취소판결 효력의 불소급(상법 제190조, 제269조, 제328조, 제613조) 등과 같은 규정을 두게 된 것이다.

제 3 장 상법의 총체적인 이해

1. 상법의 이념

상법은 민법과 더불어 사법영역을 양분하는 법규로써 상인(기업)을 그 규율대상으로 하는 법규이다. 그러므로 일반국민(자연인, 비영리법인)의 사적관계를 규율하는 민법에 대한 특별법적 지위를 가지는 한편, 국가 · 국민경제의 기초가 되는 기업의 생활과 관련된 모든 법률(상사특별법률, 경제법)의 기본법이며 일반법으로서의 지위를 가진다.

모든 법률의 제정에는 반드시 그 법률제정에 관한 당위성, 즉 목적 또는 입법취지가 명백히 밝혀져야 하는데, 이러한 입법취지 또는 목적이 당해 법률 전반에 거쳐 기본적인 이념 또는 사상으로 자리 잡게 되고, 관련 법률의 제정 및 개정에 있어서까지도 영향을 미치게 된다. 기업 관련 기본법으로서의 상법의 이념(사상 또는 목적)은 크게 세 가지로 집약되어진다. 그 첫 번째는 기업의 유지와 발전에 기여하고자 함에 있고, 두 번째는 기업거래의 안전과 신속 및 획일화를 기함으로써 기업거래의 활성화를 꾀하여 기업의 발전을 도모하고, 세 번째는 기업과 관련된 이해관계인 간의 이해를 조정하여 기업의 유지를 획책하고자 함에 있다. 결국 상법의 최대 이념은 기업을 유지시키고 발전하게 함으로써 국가 및 국민경제발전을 꾀하고자 함에 있으므로「기업과 경영의 통제법률」이 아닌「기업과 경영의 지원법률」로 이해해야 한다.

2. 상법의 정체성

상법은 기업(개인기업 및 비법인공동기업과, 법인공동기업)의 생활관계를 규율대상으로 하는 법규로 정의되는데, 여기에서「규율」이라는 것을 어떤 각도에서 보느냐에 따라 상법의 정체성은 달라질 수 있다. 즉, 규율을 통제의 개념으로만 해석하게 되면 "상법은 기업의 통제를 목적으로 하는 특수한 법규"로 정의되어질 수밖에 없다. 그러나 기업은 국가경제의 근간을 이루는 경제기반의 초석임을 고려하여 파악해야 될 것이고, 그리하면 상법은 기업을 통제하기 위한 수단으로서의 법률이기보다는 기업의 유지와 발전을 꾀하며 그 활동을 보장 · 지원하기 위한 법률로 정의되어질 수밖에 없다[同旨: 손주찬,『제15보정판 · 상법(상)』박영사(2004년) 21면, 최기원,『제14대정판 · 상법학신론(상)』박영사(2003년) 14면, 이철송,『제5판 · 상법강의』박영사(2004년) 10면 외 다수]

이를 구체화하면 다음 세 가지로 나누어 설명할 수 있다.

첫째, 기업은 자본주의경제사회에 있어서 중추적인 역할을 수행하며 국가경제의 근간을 이룬다. 그러므로 일단 성립된 기업은 공공질서유지에 반하지 않는 한 계속해서 유지되고 발전되어야 한다. 이러한 이유에서부터 상법은 기업의 유지와 발전을 꾀하게 하는 것을 그의 최대 목표로 삼고 있는 것이다.

둘째, 사법상의 기본원칙인 계약자유의 원칙 및 신의성실의 원칙이 폭넓게 존중되는 가운데 공시제도가 채택되고, 일반민법상 관계규정이 원용 또는 변경됨으로써 거래의 안전성과 획일화 및 신속화가 모색될 수 있으므로, 상법은 이를 입법제정 당시서부터 충분히 고려하고 있는 것이다.

셋째, 기업은 탄생과 더불어 활동함으로써 발전할 수 있는데, 탄생과 활동함에 있어서는 기업 내 · 외부에 수많은 이해관계인이 생성된다[기업관련 이해관계인에 관한 정리는 徐聖浩, 「會計監査人의 法的責任에 관한 硏究」한국기업법학회편 기업법연구 제15집(2003년 12월) 29~30면 참조]. 그러므로 상법은 기업과 관련된 이들 이해관계인 간의 이해를 어떻게 조정할 것인가를 고민하지 아니할 수 없게 된 것이다.

이러한 상법의 기본이념은 기업의 탄생에서부터 해체에 이르기까지 상법 전체적인 영역에 있어서 일관되게 나타나고 있다. 이를 C.L.C.(Company's Life Cycle in Corpora- tion Law) 도표를 이용하여 설명하면 다음과 같다.

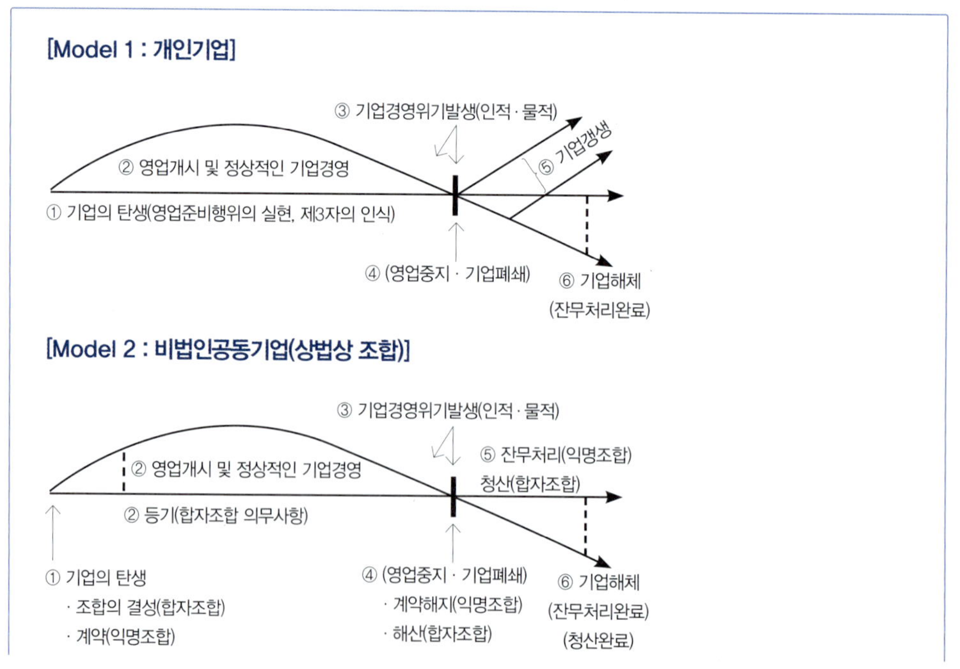

[Model 3 : 법인공동기업=회사]

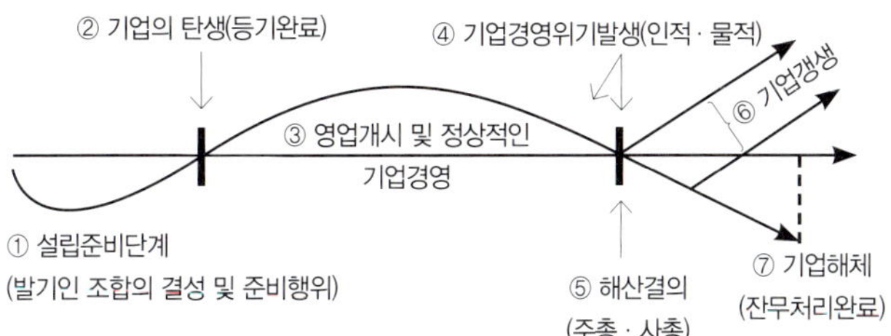

주 : 본 도표는 상법의 총체적인 이해를 위하여 고안된 것으로 본서에 지적재산권이 존재함을 밝힘

[도표 설명]

(1) 개인기업의 탄생은 자연인이 영업의 준비행위를 실행에 옮겼을 때를 기점으로 상인자격을 취득하고, 공동기업은 비법인공동기업인 상법상의 조합과 법인공동기업인 회사로 구분되는데 비법인공동기업은 조합을 결성하는 때에 상인자격을 취득하며(익명조합과 합자조합은 각기 다르고, 합자조합의 등기는 상인자격취득 후 의무사항에 지나지 않음), 법인공동기업인 회사는 설립준비단계(회사설립 목적의 발기인조합을 결성, 물적회사의 1인설립 시는 발기인조합결성은 불필요)를 거쳐 설립등기를 함으로써 법인격과 상인자격을 취득하여 기업으로 탄생하게 된다(도표 1의 ①, 도표2의 ①, 도표 3의 ①과 ②).

(2) 기업이 탄생하게 되면 기업의 경영자는 영업을 개시하여야하고, 정상적인 기업경영에 있어서는 상법과 기타 관계 법규를 준수하여야 한다. 상법은 기업거래의 안전과 신속 및 획일화를 바탕으로 기업을 경영하게 할 뿐만 아니라, 기업 관련 이해관계인 간의 이해를 조정하는 역할을 수행하여 기업의 유지와 발전이라는 법률의 최대이념을 실현시키는 노력을 기한다(도표 1의 ②, 도표2의 ②, 도표 3의 ③).

(3) 기업경영의 위기는 크게 인적요소의 불안 또는 물적요소의 불안 등의 형태로 나타난다. 상법은 기업의 유지와 발전이라는 이념의 실현을 위하여, 먼저 인적요소의 불안을 원인으로 하는 기업경영의 위기에 대해서는 영업양도, 영업의 임대차, 경영위임, 합병 등의 제도적인 장치를 마련하고 있으며(비법인공동기업은 제외됨), 다음으로 물적요소의 불안, 즉 자금적인 문제를 원인으로 하여 기업경영의 위기가 초래된 경우(기업이 채무초과 또는 지급불능의 사태에 빠진 경우)에 있어서도 「채무자 회생 및 파산에 관한 법률」의 제도화를 통하여 법원의 중재노력에 의해 기업이 회생할 수 있는 길을 마련해 두고 있다(도표 1의 ③과 ⑤, 도표 3의 ④와 ⑥)(비법인공동기업은 제외됨).

(4) 위 (3)과 같은 상법의 이념을 충족시키기 위한 여러 가지 제도적인 지원에도 불구하고 기업이 더 이상 유지될 수 없다면 비로소 해체하게 되는 수순을 밟게 되는데, 상법은

이 경우에도 기업관련 이해관계인 간의 이해의 조정을 위하여 개인기업인 경우는 영업의 중지 후 잔무처리가 완료되는 시점을 기업의 해체시기로 보고 있고(상인자격의 상실, 비법인공동기업 중 익명조합의 경우는 개인기업의 경우와도 같음)(도표1의 ④와 ⑥, 도표2의 ④,⑤와 ⑥), 법인공동기업인 회사의 경우는 해산 후 청산작업이 완료되는 시점을 기업해체시기로 보고 있다(법인격과 상인자격의 박탈, 비법인공동기업 중 합자조합의 경우는 법인공동기업인 회사의 경우와도 같음)(도표3의 ⑤,⑥과 ⑦, 도표2의 ④,⑤와 ⑥).

이처럼 상법의 정체성을 그 이념을 중심으로 C.L.C.도표 선 상에서 전체적으로 폭넓게 파악해 보아도 상법의 세 가지 이념은 상법전역에서 조화를 이루며 법제되어 있음을 알 수 있으며, 그중에 최대이념은 역시 기업의 유지와 발전에 있는 것으로 풀이된다.

따라서 상법은 적어도 기업을 통제하기 위한 법률만으로 볼 수는 없고, 오히려 기업거래의 활성화를 지향하고 기업관련 이해인 간의 이해관계를 조정하여 궁극적으로는 기업이 유지되고 발전되기를 지향하는 법률로 이해될 수 있기 때문에 상법은 기업활동을 보장하고 지원하기 위한 법률로 그 정체성이 정의될 수 있는 것이다.

그러나 근래에 들어와 일부 기업경영인의 도덕적 해이에서 비롯된 일련의 사건이 입법개선에 직·간접적으로 영향을 미치게 되어 역으로 통제입법정책에 힘이 실리는 일이 벌어지고 있다. 따라서 상대적으로 기업경영은 크게 위축되어 자본투자의욕이 상실되고, 국내자본이 해외로 이탈되는 현상이 나타나며, 투자자본의 회수 및 신규투자가 위축됨에 따라 기업이 줄어 실업문제가 발생되는 등 각종의 경제사회 문제가 야기되는 원인이 된다. 그럼에도 불구하고 이를 우려하는 목소리는 의외로 작으며 의견표출이 있어도 무시당하는 등 참으로 어렵고 안타까운 현실이 재현되고 있다. 이러한 가운데 입법만능주의는 한계점에 도달하여 통제입법은 더욱 강력한 통제입법의 제정을 유도하여 문제해결을 한층 어렵게 만들고 있을 뿐만 아니라 법적 불안정까지 초래하고 있는 현실이고 보면 본서에서는 이를 현행법상의 가장 큰 문제점으로 지적하지 아니할 수가 없다.

그러므로 새로운 입법정책방향을 큰 틀에서 제시한다면 ① 입법만능주의를 더 이상 입법기조로 삼아서는 아니 될 것이고, ② 좀 더 보수적인 견지에서 법원의 해석능력의 신장(제2의 입법권 활용)에 초점을 맞추어 문제해결을 꾀할 수 있도록 유도함과 동시에(법적 안정성 유지의 목적), ③ 학계의 활성화(판례연구의 강화)를 기하여 법원을 견제할 수 있도록 유도해야할 뿐만 아니라, ④ 근래에 들어와 새롭게 탄생하는 각 정부에서는 저마다 경제 활성화와 일자리 창출을 목표로 경제정책을 펼치면서 그 우선 과제로 「기업규제 법률의 철폐정책」를 외치고 있다. 이는 참으로 올바른 정책실천으로 평가할 수 있으므로 본서에서는 위 새로운 입법정책방향에 포함시켜 총 4가지로 올바른 입법정책방향을 제시한다.

제2편
상법총칙법

제1장 상법의 법원

1. 서설

법원(法源)이란 법의 존재를 인식할 수 있는 자료를 의미한다. 상법의 법원이란, 실질적 의의의 상법에 속하는 법규의 전체를 의미하는 것이므로 제정법으로 상법전은 물론이고 상사특별법령, 상사조약 등이 있고, 비제정법으로는 상관습법이 있다. 기타 특별법령의 법원성에 관해서는 실질적 의의의 상법개념과 범위에 따라 정해지게 되므로 문제될 여지는 없으나, 상사자치법, 판례, 학설, 조리 등도 상법의 법원에 포함 가능여부에는 학자간의 견해 차이가 나타난다.

2. 법원의 종류

(1) 상법전(商法典)

상법의 법원 중에서 중심이 되는 제정법은 상법전이다.

(2) 상사특별법령(商事特別法令)

상법전의 법률규정을 시행하고 구체화하기 위한 부속법령과 상법전의 규정을 보충 또는 변경하는 특별법령으로 구분된다. 소상인의 범위에 관한 각령, 상법시행법, 상법시행령, 은행법, 신탁법, 보험업법, 자본시장법, 채무자 회생 및 파산에 관한 법률, 부정경쟁방지법, 독점규제 및 공정거래에 관한 법률, 어음법, 수표법 등 무수히 많은 법률이 존재하고, 이들 법률은 실질적인 상법의 범위에 모두 속하게 되며 제정법으로써 상법의 법원이 된다.

(3) 상사조약(商事條約)

조약은 체약국의 국민 상호 간의 법률관계를 직접규제하게 되므로(비준 공포된 조약은 국내법과 동일한 효력을 인정) 상사에 관한 조약은 상법의 법원으로서 특별법적 지위를 갖는다. 어음 및 수표의 발행과 사용에 관한 국제통일 조약(제네바협약), 해상운송인의 책임경감에 관한 국제협약 등이 그 대표적인 예가 된다.

(4) 상사자치법(商事自治法)

회사가 자주적으로 제정한 정관, 증권거래소의 거래원규정, 보통거래약관, 어음교환소 규칙 등은 자치법규의 성질을 가진다. 이는 그 내용상 강행법규와 사회질서에 반하지 아니하는 범위 내에서 법원성이 인정된다. 제정법이라 할 수는 없으나 제정법적 성질을 가지는 것으로 볼 수 있다.

(5) 상관습법(商慣習法)

상사(商事)나 상거래에는 특유한 상관습이 실질적으로 존재할 수 있겠으나 그 관습이 사실상 법적 규범으로서의 확신을 갖게 되는 때에 상관습법으로서 인정받게 된다(예: 백지어음이나 백지수표의 유통이 상관습법으로 존재하다가 상법에 도입됨). 그러므로 상관습은 상법의 법원이 될 수 없고 상관습법만이 상법의 법원이 된다. 법률실무에 있어서 사실상 상관습법은 법률에 반하여 존재하기도 하는데 하급심 판결이 상관습법의 적용을 부인하는 경우는 상고의 이유가 된다.

(6) 판례(判例) · 학설(學說) · 조리(條理)

대륙법계 국가(성문법계 국가)에서는 재판에 있어서 유사한 사안에 대한 기존의 판례는 판결에 영향을 줄 수 있으므로 같은 취지의 판결이 반복되는 경우의 판례에 대한 법원성 인정에 관한 학설의 대립은 현저하다(불문법계 국가에서는 당연히 법원성이 인정됨). 우리나라의 경우도 대륙법계 국가에 속하므로 판례의 법원성에 관하여는 모든 판례의 법원성불인정설(다수설), 최종심확정판결인 대법원판결의 법원성인정설(소수설)로 학설이 대립되고 있다. 생각하면, 하급심판결의 판례를 법원으로 인정하기에는 무리가 있으니 하급심 판결을 구속(기판력)하고 그 변경이 자유롭지 못한(전원합의체심의에 의한 변경원칙) 대법원판결까지 부정할 필요는 없을 것이다.

학설이란 법률현상에 관하여 학문상으로 주장하는 학자의 견해를 말하고, 이는 입법과 재판에 있어서 창조적이고 지도적인 역할을 수행하지만, 법원이 될 수 없다고 보는 것이 학자들의 일치된 견해이다(통설).

조리란 법률에 침투되어 있는 추상적인 원리로서 법해석의 이념이 되고 재판의 준거가 되는 도리를 말한다. 조리의 상법상 법원성에 관하여 민법 제1조를 근거로 법원성을 인정하려는 견해가 있으나(소수설), 상법상 법원성은 인정될 수 없는 것이다(동지, 다수설).

3. 법률의 적용순서

(1) 상법 제1조의 의의

상법 제1조는 "상사에 관하여 본법에 규정이 없으면 상관습법에 의하고 상관습법이 없으면 민법의 규정에 의한다"고 규정하고 있다. 보통 상법 제1조는 상법의 주요한 법원을 열거하고 또 상법의 적용순서를 정한 것으로 이해되고 있다. 그러나 이것은 상관습법의 특수적 효력을 인정하고, 또한 민법이 보충적인 법원으로서 존재하게 됨을 규정하고 있는 것으로 이해해야 할 것이다.

(2) 법률의 적용순서

일반적인 상사사건에 관하여 상사특별법령이 있는 경우에는 일반법에 대한 특별법 우선의 원칙에 의하여 상사특별법령이 상법전에 우선하여 적용된다. 또한 당해 사안에 관하여 상사자치법이 있는 경우에는 사법의 원리에 따라 계약자유의원칙이 폭넓게 적용되므로 상사자치법이 상사특별법령에 우선하여 적용된다. 그리고 당해 사안에 관하여 상사조약이 있을 경우에는 이것을 상사특별법령과 동열에 두는 것이 일반적이다.

그러므로 일반적인 상사사건에 있어서의 상법의 적용순서는 ① 상사자치법, ② 상사특별법령 및 상사조약, ③ 상법전, ④ 상관습법의 순으로 우선하여 적용되고, 이와 같은 상법의 적용대상 법원이 없는 때에는 상법 제1조에 의거하여 ⑤ 민사자치법, ⑥ 민사특별법령 및 민사조약, ⑦ 민법전, ⑧ 민관습법의 순서로 적용된다. 그러나 민사특별법령 가운데서도 이자제한법이나 공탁법 등과 같이 상사에 적용되는 것이 처음부터 예정되어 있는 경우는 법률의 성질상 상사특별법령으로 취급되어 적용하게 된다.

제2장 상인(기업의 주체)

제1절 상인(商人)의 의의와 종류

1. 당연상인(當然商人)

당연상인이란 자기의 명의로 상행위를 하는 자를 말한다(상법 제4조). 즉, 자기가 권리와 의무의 주체가 되어 영리를 목적으로 일정한 범위에서 상행위를 하는 자를 말한다.

(1) 상인은 상행위를 하는 자

상행위는 영업으로 하는 경우에만 성립된다. 여기에 있어서 상행위란 상법 제46조에 열거한 22개 종류 기본적 상행위와 기타 특별법(담보부사채신탁법 제23조 제2항, 신탁법 제4조)에 정함이 있는 상행위를 영업으로 하는 자를 말한다. 여기서 영업으로 한다고 하는 것은 영리를 목적으로 계획에 따라 동종의 상행위를 계속적이고 반복적으로 하는 것을 말한다. 따라서 상법 제46조에 열거된 상행위 이외의 행위를 영업으로 하는 자는 당연상인에 속하지 아니한다.

(2) 상인은 자기의 명의로 상행위를 하는 자

'자기의 명의로 상행위를 하는 자'라는 것은 상행위를 하는 자 스스로가 법률상 영업에 관한 권리와 의무의 주체가 된다는 것을 의미한다. 그러므로 실실상의 손익을 스스로 부담하고 취득하는지에 관한 것과는 아무런 관계가 없다. 즉, 타인의 명의를 도용 또는 빌려 영업하는 자는 그 자가 상인이 될 수 없고, 그 명의를 도용 또는 빌려준 자가 법률상 상인으로 인정되는 것이다.

2. 의제상인(擬制商人)

의제상인이란 점포 기타 유사한 설비에 의하여 상인적인 방법(영리성, 계속성)으로 영업을 하는 자를 상인으로 보는 경우를 말한다. 의제상인은 영업행위가 상법 제46조에 열거된 상행위에 해당되지 아니하는 것을 영업으로 하는 자이다. 그러나 이와 같은 의제상인의 영업상의 행위에 대해서는 상행위의 규정을 준용하게 된다(상법 제66조). 그리고 상법 제46조에서 열거되는 상행위에 해당되지 아니하더라도 영리사업을 목적으로 하는 회사는 모두 상인으로 본다(민사회사). 그러므로 의제상인의 종류에는 설비상인과 민사회사가 있다. 전자는 점포, 기타의 유사한 설비에 의하여 상인적 방법으로 제46조에 속하지 아니하는 행위를 영업으로 하는 자(개인, 회사가 아닌 기타 법인)를 말하고, 후자는 상법 제46조에 속하지 않는 행위(예: 농업, 임업, 어업 등)를 영업의 목적으로 하는 회사를 말한다(상법 제5조 제2항). 자유직업인(의사, 강사, 변호사, 화가, 음악가, 회계사 등)은 주관적인 의사와는 관계없이 연역적 거래 통념상 영업으로 보지 아니하나, 집단성과 영리성 및 계속성이 인정되는 때에는 영업으로 본다.

3. 소상인(小商人)

상인은 영업규모를 기준으로 완전상인과 불완전상인으로 구분된다. 소상인이란 후자인 불완전한 상인으로 소규모의 설비 및 자금 1,000만원 미만을 가지고 영업을 하는 자로서 회사가 아닌 자를 말한다(상법시행령 제2조). 소상인에 대해서는 상법의 규정 중 ① 지배인, ② 상호, ③ 상업장부, ④ 상업등기 등에 관한 규정을 적용하지 아니한다(상법 제9조). 이는 상법의 동 규정을 무차별적으로 적용함은 소상인에게는 가혹하고 번잡하며, 때로는 다른 상인에게 방해가 될 우려도 있기 때문인 것으로 정의되고 있다(소상인에 관한 규정 1970. 3. 16 대통령령4748호). 따라서 학설의 지배적인 견해는 소상인의 지배인, 소상인의 상호, 소상인의 상업장부, 소상인의 상업등기에 관해서는 상법 제9조를 강제규정으로 해석하여 부정함으로써 소상인의 권리를 심히 침해하는 우를 범하고 있는 것이 사실이다. 이는 입법취지를 무시한 잘못된 법률해석으로밖에 생각할 수가 없다. 따라서 상법 제9조를 임의적인 규정으로 해석하여 소상인의 권리 또한 폭넓게 보호되어져야 할 필요가 있을 것이고, 그리함으로써 법률해석이 본 규정의 입법취지에도 부합될 수 있을 것으로 생각한다(徐聖浩. 「商法 第9條 소상인의 解釋論에 관한 연구」상사판례연구 제19집2권 55면(2006년)을 참조).

제2절 상인자격의 취득과 상실

상인자격의 취득과 상실은 상법의 적용에 있어서 그 기준이 되는 것이므로 무척 중요한 사안에 해당된다. 또한 기업과 거래 관계에 있는 일반공중에 대해서도 상법이 적용되므로(상법 제3조), 기업의 성립과 해체 시기는 법률적용에 있어서 중요한 의미를 가지게 된다.

1. 자연인의 상인자격

법률상의 인격자인 자연인은 모두 권리능력을 가지므로 누구나 상인의 자격(법률상 영업에 관한 권리의무의 주체가 될 수 있는 자격)을 취득할 수 있다. 자연인이 상인자격을 취득하는 시점은 영업의 준비행위를 실행에 옮기고 그것을 거래의 상대방 또는 제3자가 인식할 수 있으면 된다. 그러나 자연인이 상인자격을 취득한다고 하더라도 유효하게 영업활동을 하기 위해서는 행위능력이 있어야 한다. 즉, 권리능력은 상인의 자격능력이 되는 것이고, 행위능력은 상인으로서 실제로 유효하게 영업활동을 할 수 있는 영업능력을 말하는 것으로서 상법은 거래의 안전과 보호를 위하여 행위무능력자(미성년자, 피한정후견인, 피성년후견인)의 영업에 관하여는 특별규정을 두고 있다(상법 제6조 내지 제8조).

주) 2018년 12월19일 개정상법은 금치산 및 한정치산 제도를 폐지하고 성년후견, 한정후견 등의 새로운 제도를 도입한 민법의 개정을 반영하여 기존 상법상 "한정치산자 및 금치산자"를 "피한정후견인 및 피성년후견인"으로 명칭을 변경함과 동시에, 피한정후견인은 원칙적으로 능력자이므로 법정대리인이 존재하지 않을 수 있기 때문에 기존법제에서 미성년자와 같이 취급해왔던 조치를 적용 · 배제하는 것으로 하였다.

(1) 미성년자(未成年者)

미성년자는 특정 영업행위를 하려면 법정대리인의 허락을 얻어 등기를 하여야 한다(상법 제6조). 이는 거래의 당사자인 상대편의 보호를 위한 조치이다. 또한 미성년자는 법정대리인의 허락을 얻으면 회사의 무한책임사원이 될 수 있다. 이때에는 그 사원자격으로 인한 행위에 대해서는 능력자의 행위로 본다(상법 제7조).

(2) 법정대리인에 의한 영업의 대리

법정대리인이 미성년자, 피한정후견인, 피성년후견인을 위하여 영업을 하는 때에는 등기를 하여야 한다(상법 제8조 제1항). 따라서 피한정후견인은 법정대리인인 한정후견인의 허락 없이 스스로 영업을 할 수 있으나 피성년후견인은 성년후견개시 이후에는 법정대리인인 피성년후견인의 허락유무에도 불구하고 영업허가제도가 법률상 인정되어 있지 아니하므로 스스로 영업은 할 수 없다. 등기된 법정대리인의 대리권에 대한 제한은 선의의 제3자에게 대항하지 못한다(동법 제2항).

2. 공동기업의 상인자격

(1) 공법인(公法人)

공법인은 국가나 지방자치단체가 출자하여 일반적인 행정목적 또는 공익을 위하여 특정사업의 영위를 위해서 설립된 것이지만, 목적달성을 위하여 필요 또는 유익하다고 인정되는 경우에는 상행위 기타 영리행위를 할 수 있다. 상인자격을 가졌다고 하겠는데, 법령에 다른 규정이 없는 한 상법을 적용하게 된다(상법 제2조). 구체적으로는 국가의 공장경영, 인삼 · 담배의 제조판매, 국영광산, 철도, 고속도로사업운영 등 국가공기업의 영업활동과, 지방자치단체의 도시철도사업, 생활폐기물처리사업 등 지방공기업의 영업활동 등을 그 예로 들 수 있다.

(2) 사법인(私法人) 및 조합(組合)

1) 영리법인

사법인 중 영리를 목적으로 하는 민법상 사단법인을 영리법인이라 한다. 상법상 회사는 사단성과 관계없이 영리법인으로서 상행위를 목적으로 하는 상사회사와 상행위 이외의 영리를 목적으로 하는 민사회사로 구분된다. 따라서 상사회사는 개인기업의 당연상인성과 같은 개념으로 취급될 수 있고 민사회사는 개인기업의 의제상인성과 같은 개념으로 취급될 수 있으며, 양자는 모두 상인으로서 등기가 완료된 때에 상인자격을 취득하게 된다. 그리고 영리법인은 이익을 사원에게 분배하는 것을 원칙으로 하기 때문에 영리를 목적으로 하는 법인이라 하여도 그 이익을 사원에게 분배하지 않는 법인은 영리법인이라 할 수 없다.

2) 비영리법인

비영리법인의 경우는 크게 공익사단법인과 공익재단법인으로 구분된다. 구체적으로는 학술, 종교, 자선, 기예, 사교 등을 목적으로 하는 법인으로 그 활동에 있어서 이익이 발생하더라도 분배하지 못하고 원래의 목적달성을 위하여 재투자하게 된다는 점에서 영리법인과 그 성격이 다르다. 그리고 공익의 비영리법인은 특정한 공익을 목적으로 설립되더라도 그 목적달성을 위한 수단으로서 영업활동을 하는 경우에는 그 한도 내에서 상인성이 인정된다. 구체적으로는 학교법인이 사업체를 운영하는 경우나 공익법인이 임대사업을 운영하는 경우 등을 예로 들 수 있겠다.

3) 중간법인과 상법상의 조합

중간법인은 공익도 영리도 목적으로 하지 않고 그 구성원의 상호부조 또는 공동의 이익을 증진하기 위한 목적으로 탄생된 사단법인 또는 각종의 조합(노동조합, 협동조합, 상호보험조합 등)을 말한다. 이러한 법인은 그 목적 자체에 관해서는 상인자격이 인정되지 않으나 부수적으로 영업활동을 하는 경우에는 그 영업에 관한 한 상인성이 인정된다.

상법상 회사가 아닌 공동기업으로는 익명조합(상법 제78조 내지 86조)과 합자조합(동법 제86조의2 내지 제86조의9)이 있는데, 이들은 당연히 상인자격을 가진다. 그러나 합자조합의 경우는 조합이 결성된 때에 공동기업으로 상인자격을 가지는 것에 반하여, 익명조합의 경우는 사실상 공동기업임에도 불구하고(계약의 성립시 사실상 공동기업) 외관이 존재하지 아니하므로 개인기업으로 취급된다(상법 제79조).

3. 상인자격의 상실

(1) 법인 및 조합의 경우

법인공동기업인 회사의 경우는 회사의 설립등기가 완료된 때에 상인의 자격이 생기게 되므로 반드시 거래행위의 개시와 부합할 필요는 없다(상법 제172조). 회사는 본점 소재지에서 설립등기를 함으로써 성립한다. 설립등기가 성립요건인 동시에 상인자격 취득요건이다. 그리고 회사의 상인자격이 소멸되는 때는 회사가 해산하게 된 때가 아니라 청산이 종결된 때이다. 다만, 합병에 의한 해산의 경우는 청산절차가 없기 때문에 합병등기와 동시에 소멸하게 된다(상법 제234조, 제530조: 특수해산 · 특수설립).

비법인공동기업으로 상법상 조합의 상인격상실의 경우는 익명조합과 합자조합에 있어서 각각 다르다. 먼저 익명조합은 조합원과 영업자간의 조합계약의 해지와는 관계없이 영업자의 영업폐지와 잔무처리가 완료된 때에 상인자격을 상실하게 된다(상법 제79조), 그리고 합자조합의 경우는 조합이 해산하여 청산이 완료된 때 상인자격을 상실하게 되는데(상법 제56조의8 제1항, 제253조), 이 경우 조합원 중 무한책임조합원은 합자회사의 무한책임사원이 책임을 부담하는 것과 같은 그러한 책임을 부담하게 된다.

(2) 자연인의 경우

자연인의 상인자격 취득 시기는 반드시 영업을 개시한 때가 아니고 영업개시의 준비행위에 의하여 영업의 의사가 실현됨으로써 거래 상대방이 이를 인식할 수 있으면 되고, 상인자격을 상실하는 시기는 영업을 폐지하고 그 잔무처리가 완료된 때이다.

실전사례 문제 1

[사례]

Y는 A, B 등과 공동으로 사업을 계획하고 X에게 사업에 관하여 설명하면서 사업자금의 융자를 받기 위하여 담보로 X소유의 부동산을 이용할 수 있도록 해 달라고 청하였고, X는 이를 승낙해 주었다. 따라서 Y등은 당해 X소유의 부동산을 매도담보로 제공하고 금전차입을 하게 되었으나 이후 차입금을 변제기에 변제하지 못함으로써 X는 부동산의 소유권을 확보하기 위하여 Y 등의 차입금을 대신하여 변제할 수밖에 없었다. 이에 X는 Y 등에 대하여 개업준비를 위한 담보이용계약의 불이행에 의한 손해배상채무의 연대성을 주장하여 손해배상의 소를 제기하게 되었는데, Y 등은 담보이용계약의 체결당시에는 상인자격이 없었으므로 동 계약은 상법 제47조의 정함이 있는 보조적인 상행위에 해당되지도 않아 연대책임을 지지 않는다고 맞서고 있다. Y 등의 주장은 정당성이 인정될 수 있겠는가?

[사례풀이의 KEY]

1. 영업을 위한 준비행위로서의 보조적상행위의 구분: 금전소비대차, 개업광고, 점포의 임대 및 구입 등.

2. 자연인의 상인자격 취득시점에 관한 학설의 대립

(제1설)영업의사의 주관적 실현설: 영업의사가 준비행위에 의하여 주관적으로 실현되면 표출행위가 없더라도 상인자격을 취득하는 것으로 보는 견해.

(제2설)영업의사의 표출설: 영업의사가 준비행위에 의하여 주관적으로 실현되고 그것의 표출행위가 수반되어야 그 시점에서 상인자격을 취득하는 것으로 보는 견해.

(제3설)기업조직의 인식시설: 기업의 존재를 객관적으로 인식할 수 있는 조직이 갖추어진 때에 상인자격을 취득하는 것으로 보는 견해.

(제4설)영업의사의 객관적 인식가능설: 준비행위가 객관적으로 보아 영업을 위한 것이라는 것을 상대방이 인식 가능한 때에 상인자격을 취득하는 것으로 보는 견해(다수설).

제3장 상업사용인(상인의 보조자)

1. 서설

영업의 규모가 확대됨에 따라 영업주는 자신의 능력만으로 영업 전체를 총괄하기에는 한계가 있게 된다. 따라서 기업의 영업활동을 타인으로 하여금 보조받을 수 있도록 법제가 마련되기에 이르렀는데 이것이 상업상용인에 관한 제도인 것이다. 상법에는 기업활동의 보조자를 기업주(상인)에 종속하여 기업조직의 내부에서 보조하는 자와 기업의 외부에서 보조하는 독립된 상인(대리상, 중개인, 위탁매매인, 운송주선인, 운송인 등)으로 구분하고 있다. 그리고 기업의 외부에서 보조하는 독립된 상인으로서의 보조자는 상법 제2편 상행위의 각론에서 각각 구분하여 법제하고 있다. 따라서 본장에서는 상업사용인으로 칭하여 기업조직의 내부에서 보조하는 자에 관한 법률만을 묶어 정리한다.

2. 상업사용인(商業使用人)

(1) 상업사용인의 의의

상업사용인이라 함은 특정한 상인(영업주)에 종속되어 그 영업상의 활동을 보조하는 자를 말한다.

그러므로 상업사용인은 ① 특정한 상인에 종속된 자이다. 여기서 특정한 상인에 종속한다고 함은 독립된 상인이 아니고 특정한 상인의 기업조직 내부에서 계속적으로 그 영업상의 활동을 보조하는 관계에 있음을 말한다. 상인과 상업사용인과의 관계는 고용관계에 있는 자에 한정하지 아니하고, 일반적으로 영업상의 대리권이 수여된 보조자로 폭넓게 보고 있다.

상업사용인은 ② 특정한 상인의 영업상의 업무를 보조하는 자이다. 여기서 영업상의 업무라고 함은 상인의 영업상 대외적인 법률관계를 발생, 변경, 소멸시키는 행위의 업무를 말한다(예: 상품의 판매, 금전출납, 통신 등 영업전반의 대외적인 업무). 그러므로 상인에 종속되어 업무를 수행하나 대외적인 법률행위를 발생하게 하는 업무가 아닌 단순한 업무를 담당하는 자는 상업사용인이라 할 수 없다(예: 제조공장의 기사, 직공, 사환, 단순배달사원 등).

(2) 상업사용인의 종류

상법은 상업사용인을 대리권의 유무 또는 그 범위를 기준으로 ① 지배인, ② 영업의 일부에 관해서만 부분적 포괄대리권을 가진 사용인, ③ 물건판매점포의 사용인 등으로 구분한다. 그러므로 상법이 규정하고 있는 상업사용인은 모두 영업주로부터 대리권이 수여되어 있거나 또는 법률상 대리권이 있는 것으로 의제되어 있는 자를 말하며, 대리권이 전혀 없는 경우는 상업사용인으로 인정되지 아니한다.

1) 지배인(支配人)

가. 의의

지배인이라 함은 영업주에 가름하여 그 영업에 관한 재판상 또는 재판외의 모든 행위를 할 수 있는 대리권(지배권)을 가지는 자로 등기된 자를 말한다(상법 제11조 제1항, 제13조).

그러므로 지배인은 고용관계에 의하든 위임관계에 의하든 불문하고 영업전반에 걸쳐 포괄적으로 대리권이 수여되어 있는 자는 다 같이 지배인으로 본다. 그리고 지배인의 대리권 발생은 영업주의 의사에 기인하는 것이므로 임의대리인에 속한다. 지배인이라는 명칭이 부여되지 아니한 상업사용인의 경우도 그 영업에 관한 포괄적인 지배권을 가지는 한 법률상 당연히 지배인으로 취급된다(예: 지점장, 지사장 등).

나. 선임 및 종임

지배인은 상인이 선임한다(상법 제10조). 그러므로 개인기업의 경우는 영업주가 선임하게 되고, 회사의 경우는 내부적인 절차(사원총회 또는 이사회의 결의)를 거쳐서 대표기관이 선임한다. 지배인이 될 수 있는 자는 의사능력이 있는 자연인임을 요하는것 외에 일반적인 제한은 없다. 그러므로 행위무능력자도 될 수는 있지만(민법 제117조), 행위무능력자를 지배인으로 선임하는 것은 일반적인 경우에 있어서 사실상 불가능하리라 본다.

지배인의 종임은 영업주의 해임, 지배인의 사망, 금치산 또는 파산, 지배인의 사임(민법 제127조, 제689조, 제690조), 영업의 폐지, 회사의 해산, 영업의 양도 등의 사유에 의하여 생긴다. 다만, 영업주의 사망은 지배인의 당연한 종임사유에 해당되지 아니한다 제50조). 이는 기업의 유지와 거래의 안전을 위한 것으로 볼 수 있다. 영업주는 지배인의 선임과 그 대리권의 소멸 및 변경에 관하여 지배인을 둔 본점 또는 지점소재지에서 그 사실을 등기하여야 한다(상법 제13조).

다. 권한

(가) 대리권의 내용 : 지배인은 영업주에 가름하여 영업에 관한 재판상 또는 재판 외의 모든 행

위를 할 수 있는 권한을 가지며, 지배인이 아닌 점원 기타 사용인을 선임 또는 해임할 수 있다(상법 제11조 제1항 및 제2항). 여기서 '재판상의 행위'란 지배인이 영업주를 위하여 소송대리인이 되는 것을 말하고(민소법 제80조), '재판 외의 행위'란 소송행위 이외의 법률행위를 말한다(예: 영업상의 행위, 영업을 위한 행위). 그러나 지배인의 이러한 모든 권한은 영업의 존재를 전제로 하여 인정하게 된 것이므로 영업의 폐지와 양도는 불가한 것으로 보아야할 것이다.

(나) 대리권의 범위 : 지배인은 기업활동의 보조자이므로 그 권한도 영업에 관한 행위에 한정되고 그 한정된 범위 내에서는 지배인의 지배권은 포괄성과 획일성을 가진다. 즉 지배인의 대리권은 특정된 영업의 전반에 미치는 포괄적인 것이다. 따라서 영업주가 그 대리권한을 거래종류, 장소, 금액, 시기, 상대방 등에 관하여 제한을 가한 경우에도 그것으로 선의의 제3자에게 대항하지는 못한다(상법 제11조 제3항).

라. 공동지배인

영업주는 수인의 지배인을 선임하여 공동으로 대리권을 행사하게 할 수 있다(상법 제12조 제1항). 이런 경우의 지배인을 공동지배인이라고 하는데, 이는 지배인 상호간의 견제를 통하여 대리권의 오용 또는 남용을 방지하기 위한 차원에서 인정된 제도이다.

그러나 이러한 공동지배인의 제도를 둠으로써 거래의 신속성에 저해가 될 수 있으므로 이런 경우에는 공동지배인의 제3자에 대한 의사표시는 다른 지배인의 동의가 필요하고(단, 수동대리의 경우는 단독으로 의사표시를 수령할 수 있음), 거래의 상대방이 공동지배인 중 1인에게 한 의사표시는 영업주에 대하여 효력이 발생되는 것으로 법제되어 있다(상법 제12조 제2항).

마. 표현지배인

상법은 본점 또는 지점의 본부장, 지점장, 본점영업부장 등, 그 밖에 지배인으로 인정될 만한 명칭을 사용하는 자는 재판상 행위를 제외하고 본점 또는 지점의 지배인과 동일한 권한이 있는 것으로 하였다(상법 제14조 제1항). 이는 표현된 것을 사실로 신뢰하고 거래한 선의의 상대방을 보호할 필요에서 인정된 것이므로 상대방이 악의인 경우에는 적용되지 아니한다(동법 제2항).

2) 부분적 포괄대리권을 가진 사용인

이것은 부장, 과장 계장 등, 영업의 특정한 종류 또는 특정한 사항에 관하여 포괄대리권을 가지는 상업사용인을 말하는 것으로 판매, 구매, 출납 등의 특정한 사항에 대한 위임의 범위 안에서 재판외의 모든 행위를 할 수 있는 사용인이다(상법 제15조 제1항). 그러므로 이러한 사용인은 재판상 대리행위는 인정되지 않으며, 그 선임과 대리권의 소멸은 등기사항이 아니다. 그리고 상인은 그 대리권에 대한 제한으로 선의의 제3자에게 대항하지는 못한다(동법 제2항).

3) 물건판매점포의 사용인

물건을 판매하는 점포의 사용인은 영업주로부터 위임을 받지 아니한 경우에도 그 판매에 관한 모든 권한이 있는 것으로 본다(상법 제16조 제1항). 이는 거래의 안전을 위한 것이므로 상대방이 악의인 경우에는 적용되지 아니한다(동법 제2항). 그러나 이러한 사용인에게 주어진 대리권은 점포 내에서만 인정되는 것으로 점포 밖에서 이루어지는 행위로 인한 경우에는 상인에게 대항할 수가 없게 되고, 또한 고용관계가 없더라도 또는 상인의 영업과 상관이 없는 단순한 가족관계에 있는 경우라도 현재 상인의 물건을 팔고 있는 경우라면 동 법률의 적용에는 문제가 되지 않는다.

3. 상업사용인의 의무

상업사용인의 영업주에 대한 의무에 관해서는 민법의 고용 또는 위임의 규정에 의할 것이나, 상법은 양자 간의 충실관계 또는 경업관계에 착안하여 일정한 부작위의무를 부담하는 것으로 하였다.

(1) 겸직금지의 의무(충실의무)

상업사용인은 영업주의 허락 없이 회사의 무한책임사원, 이사 또는 다른 상인의 사용인이 되지 못한다(상법 제17조). 이는 영업주에 대한 충실 · 주의의무로 규정하게 된 것으로 상업사용인으로 하여금 정력의 분산을 피하고 전심을 다하여 상인의 영업상 활동을 보조할 수 있도록 하기 위함에 목적이 있다.

(2) 경업금지의 의무

상업사용인은 영업주의 허락 없이 자기 또는 제3자의 계산으로 영업주의 영업부류에 속하는 거래를 하지 아니할 의무를 진다(상법 제17조). 즉, 영업주의 영업목적인 사업과 동종이거나 유사한 상품 또는 용역이 아니어야 함을 뜻하는 것으로 경쟁되는 영업을 할 수 없도록 함으로서 영업주의 이익을 보호하기 위함에 목적이 있다.

(3) 의무위반 규정에 대한 법률적인 효과

상업사용인이 이상의 의무를 위반할 때에는 해임사유가 발생하는 외에 영업주는 그 거래에 대한 개입권(탈취권)과 계약의 해지권 및 손해배상청구권 등을 행사할 수 있게 된다.

1) 개입권(介入權)

상업사용인이 영업주의 허락 없이 자기의 계산으로 영업주의 영업부류에 속하는 거래를 한 때에는 영업주는 이것을 영업주의 계산으로 한 것으로 볼 수 있고, 제3자의 계산으로 한 것인 때에는 영업주는 그 사용인에 대하여 거래로 인하여 얻은 모든 재산상의 이득을 양도할 것을 청구할 수 있다(상법 제17조 제2항). 이러한 개입권은 영업주가 그 거래를 알게된 날로부터 2주간을 경과하거나, 그 거래가 있는 날로부터 1년을 경과하면 소멸하게 된다(상법 제17조 제4항). 이러한 개입권행사는 경업금시의무위반의 경우에만 인정되고, 겸직금지의무위반의 경우에는 인정될 여지가 없다.

2) 계약해지권 및 손해배상청구권

상업사용인이 겸직금지의무규정에 위반한 때나 경업금지의무규정에 위반하여 거래한 때에는 영업주는 상업사용인에 대한 계약을 해지할 수 있고, 또한 그로 인한 손해를 배상청구 할 수도 있다(상법 제17조 제3항).

실전사례 문제 2

[사례 1]

Y저축은행은 B를 명동지점장으로 발령 낸 후 서둘러 등기를 하지 아니하고 있었다. Y저축은행 명동지점장인 B는 동 지점의 중요한 고객인 유통업체 C사로부터 100억원의 지급보증을 요청받게 되었고, B는 C사의 그간의 거래실적과 장래성을 고려하여 본점의 승인을 구하지 아니한 채 그의 재량권을 발휘하여 Y저축은행 명동지점의 상호로 된 보증서를 발급해 주게 되었다(단, Y저축은행의 내규에 의하면 100억원 이상의 거래를 수행하는 경우에는 반드시 본점의 승인을 얻도록 되어 있음). 그러나 결국 C사는 부도를 내고 도산하였고 C사의 납품업체인 X사는 위의 Y저축은행 명동지점이 발행한 지급보증서에 의한 보증책임을 묻는 소를 제기하기에 이르렀다. 이에 대하여 Y저축은행은 B를 명동지점장으로 발령은 냈으나 보증서를 발급한 시점은 지점장 등기를 하기 전에 있었던 일로 아직 지점장으로서의 직위에 있었다고 볼 수는 없고, 만약 B가 지점장으로 인정된다고 하더라도 본점의 승인도 없이 지점장이 100억원 이상의 거래를 할 수 있는 것은 아니라는 점을 이유로 들어 권한이 없는 자가 발행한 지급보증서로 Y저축은행의 보증책임을 묻는 것은 잘못되었다고 주장하며 맞서고 있다. Y저축은행의 주장은 타당하다 할 것인지?

만약, 모든 저축은행의 지점장은 100억원 이내의 거래만을 스스로 결정하여 처리할 수 있다는 것이 통례이고, C사와 X사도 위와 같은 사실을 알고 있으며, 특히 C사는 당해 지급보증서를 받는 시점에 있어서 B지점장이 은행본점의 승인도 받지 아니하고 지급보증서를 발급해 주었다는 사실을 알고 있었다면, Y저축은행과 X사 간의 법률관계는 어찌되는 것인지?

[사례 2]

X는 채소도매상으로 Y사에 납품하려고 한다. X는 그와 평소 알고 지내던 Y사의 B영업부장으로부터 1억원 상당의 배추를 납품해도 좋다는 허락을 얻어 Y사에 납품하려 했으나 Y사의 구매과장인 A의 거절로 제때 납품할 수가 없게 되어 상품가치하락으로 인한 3천만원 상당의 손해를 입게 되었다. 따라서 X는 Y사를 상대로 상법과 민법의 규정에 의거하여 위의 손해에 상당한 금원을 배상해 줄 것을 청구하려고 한다. Y사는 위의 X사의 손해를 배상할 책임이 있겠는가?

[사례 3]

X는 골동품가게를 운영하는 상인이다. X는 A를 아르바이트 사원으로 고용하였고, A는 X를 대신하여 매장을 지키고 물건을 파는 일을 담당하게 되었다. 어느 날 A가 홀로 가게를 지키고 있는데 이웃에서 전자제품가게를 운영하고 있는 Y가 가게를 방문하여 정가 10,000,000원으로 적혀 있는 골동품을 마음에 들어 하면서 가격을 흥정해 왔다. A는 평소에 그 물건이 팔려 나가지 않아 고민하는 X의 마음을 알았고, 또한 평소에 Y를 잘 알고 있는 관계여서 원만하게 5,000,000원에 흥정을 보았다. Y는 계약금으로 1,000,000원을 지급하고 나머지는 Y의 가게로 오면 지급하겠노라고 약속하고 동 골동품을 가지고 돌아갔다. X가 돌아와 위의 물건이 팔린 것을 알고 크게 기뻐하며 거래내용을 묻자 A는 위의 사실을 보고하였다. 이에 X는 크게 진노하여 그 자리에서 A를 해고하였고, 해고를 당한 A는 바로 Y가게에 들려 잔금 4,000,000원을 챙긴 후 그대로 달아나 버렸다. 그 후 X는 Y에게 찾아가 A의 월권행위임을 들어 거래의 취소를 주장하였고, Y는 그럴 수 없다고 반박하며, 더욱이 잔금 4,000,000원을 지급하였으므로 모든 계산은 끝난 상태로 더 이상 줄 것도 받을 것도 없음을 주장하고 있다. 이들의 주장에 대한 법률관계를 설명하시오.

[사례풀이의 KEY]

(사례 1)

1. 지배인과 표현지배인에 관한 법리를 정리하여 대리권의 범위를 파악할 필요가 있음.
2. 지배인 등기의 법적의미를 알아보고, 통례라고 하는 것을 상관습법으로 인정할 수 있을 것인가 살핌과 동시에, 거래 당사자 일방의 악의성이 또 다른 제3자의 악의 또는 선의에까지 영향을 미칠 수 있는 것인지에 관하여 파악되어야 할 것임.

(사례 2)

1. 상법 제15조의 정함이 있는 부분적 포괄대리권을 가진 사용인에 관한 법리를 충분히 이해하는 것으로부터 문제에 접근해야할 것임. 그리고 민법 제756조의 사용자책임에 관해서도 이해의 폭을 넓혀갈 필요가 있음.

2. 민법 제756조[사용자의 배상책임]: ① 타인을 사용하여 어느 사무에 종사하게 한 자는 피용자가 그 사무집행에 관하여 제3자에게 가한 손해를 배상할 책임이 있다. 그러나 사용자가 피용자의 선임 및 그 사무감독에 상당한 주의를 한 때 또는 상당한 주의를 하여도 손해가 있을 경우에는 그러하시 아니하다. ② 사용자에 갈음하여 그 사무를 감독하는 자도 전항의 책임이 있다. ③ 전 2항의 경우에 사용자 또는 감독자는 피사용자에 대하여 구상권을 행사할 수 있다.

(사례 3)

1. 상법 제16조 물건판매 점포의 사용인에 관한 법리를 이해해야 할 것임.

2. 특히 대리권은 장소적인 범위에 한정된다는 점에 주의해야 할 것임.

제4장 상호(기업의 명칭)

1. 서설

상호제도는 상호에 의하여 특정 영업의 동일성을 유지하고 그 영업을 상속 또는 이전하는 경우에도 기업의 개성 특히, 신용과 명성을 유지할 수 있게 하기 위한 제도로서 이는 상인의 이익과 일반공중의 이익을 조정하기 위함에서 제도화 되었다.

2. 상호의 의의

상호(商號: trade name, Handelsfirma, raison de commerce)란 상인이 영업상 자기를 표시하기 위하여 사용하는 명칭을 말한다. 즉, 상호는 영업상의 명칭이고 또한 영업활동으로부터 생기는 권리와 의무의 귀속자인 상인을 표시하는 명칭이며, 사회적으로나 경제적으로 영업의 독립성과 동일성 및 영속성을 표시하여 기업의 명성과 신용을 유지하는 기능을 수행한다. 따라서 상호는 인격권적 성질을 포함한 재산권으로서의 의미를 갖는다.

상호는 상인의 명칭이므로 상인이 아닌 자, 즉 민법상의 각종 조합이나 단체의 명칭은 상호가 아니다. 소상인에게는 상호에 관한 규정이 강제되어 있지 아니하므로(상법 제9조) 만약 소상인이 자기의 명칭을 상호로 주장하게 되는 때에는 문제가 제기될 수가 있다. 이 경우 국내학설의 대다수는 상법상의 상호가 아니라고 하나, 상인의 상호임에는 다를 바가 없다할 것이므로 상법상의 상호로 보는 것이 타당하다(서성호 전게논문 참조). 그리고 상호는 영업상의 명칭이므로 상인이 영업과 관계없이 자기를 표시하기 위하여 사용하는 명칭이나 영업 외에 특정 생활에서 자기를 표시하기 위하여 사용하는 아호나 팬네임 또는 예명이나 별명 등은 상호가 될 수 없다.

상호는 한글 또는 한글과 아라비아 숫자로 기록하는 것을 원칙으로 하되, 다만 괄호 안에 로마자, 한자, 아라비아숫자 그리고 부호를 병기할 수 있도록 하였다(상업등기규칙 제2조 제2항). 따라서 한자 또는 외국어만으로 된 상호는 등기가 불가하다 할 것이나 그 자체는 미등기 상호로서 보호받을 수는 있다.

3. 상호의 선정

(1) 입법주의

1) 상호선정의 자유주의

상호의 선정 및 사용에 관하여 아무런 제한을 가하지 않는 입법주의를 말한다. 대게 영미법계 국가에서 이를 채택하고 있는 것으로 나타난다.

2) 상호선정의 진실주의

상호가 영업의 실태와 합치할 것을 요구하는 입법주의를 말한다. 대게 대륙법계 국가 중에서도 대체적으로 프랑스법의 영향을 받은 국가에서 이를 채택하고 있는 것으로 나타난다.

3) 절충주의

새로 상호를 선정하는 경우에는 진실을 요구하나 일단 진실하게 선정된 상호는 그 후 상호가 영업과 부합하지 않더라도 계속적으로 그 상호의 사용을 허용하는 주의를 말한다. 대게 대륙법계국가에서도 독일법의 영향을 받은 국가에서 이를 채택하고 있는 것으로 그 절충의 방법에는 약간의 차이가 있다. 스칸디나비아반도에 속해 있는 국가나 한국과 일본의 법제에서 나타나는 것이 그러하다.

(2) 상호선정의 자유와 제한

1) 상호선정에 관한 자유의 원칙

상법에는 "상인은 그 성명 기타의 명칭으로 상호를 정할 수 있다"고 하여 상호선정에 관하여 자유임을 원칙으로 규정하고 있다(상법 제18조). 즉, 상호와 영업의 실태가 부합하는지 여부와 관계없이 어떤 명칭으로도 상호를 선정할 수 있도록 한 것이다. 따라서 이 조항 만 보게 되면 우리나라는 상호선정에 관해 자유주의를 따르고 있는 것으로 볼 수 있으나, 다음과 같이 상호선정에 관해 제한을 가하고 있으므로 결과적으로는 절충주의를 취하는 것으로 보아야 한다.

2) 상호선정의 제한

우리의 상법에서는 상호선정에 있어서 공중의 보호와 기업주 개개의 이익조정을 위하여 먼저 회사상호의 선정 및 부당사용의 금지에 관해, 그리고 주체를 오인시킬 수 있는 상호사용의 금지 등으로 제한을 가하고 있다.

가. 회사의 상호

회사의 상호에는 그 종류에 따라 합명회사, 합자회사, 유한책임회사, 주식회사, 유한회사 등의 문자를 사용하도록 하였다(상법 제19조). 더불어 상사특별법의 적용을 받는 회사는 그 상호에 영업목적을 표시하는 문자도 사용하여야 한다(예: 은행, 신탁, 보험 등). 특히 보험업을 목적으로 하는 회사는 그 보험의 종류까지도 표시해야 한다(예: 화재, 생명, 손해, 해상 등). 이는 상호진실주의를 따르는 것으로 볼 수 있다. 그러나 이점, 최근에는 은행과 보험 및 투자회사 간의 업무확대 및 자율화가 폭넓게 교차되고 있음을 고려하게 되면 이와 관련된 법규의 정비는 물론이고, 그 해석 또한 변화되어야 할 것으로 생각한다.

나. 회사상호의 부당사용금지

회사가 아니면 상호에 '회사'라는 문자를 표시하여 사용하지 못한다. 회사의 영업을 양도한 경우에도 양수인이 회사가 아니면 회사의 문자를 사용하지 못한다(상법 제20조). 여기서 회사라고 하면 구체적으로 회사의 종류까지를 의미하는 것으로서 단순히 회사라는 문자 그 자체를 금지하는 것은 아닌 것으로 보아야 할 것이다. 현실적인 예를 들어보면, 개인기업이 '○○주식회사(酒食會社)'라는 상호를 사용한 경우는 상법 제20조에 위반된다고 할 수 있을까? 즉, 여기서 회사라는 문자 그 자체만으로는 문제될 수가 없고, 더하여 한자로 보충된 상인의 명칭이 회사의 구체적인 종류인 株式會社 그것과 다르다고 할 수 있기 때문에 상법 제20조에 저촉되는 상호로 볼 수는 없을 것이다.

다. 주체를 오인시킬 상호사용의 금지

누구든지 부정한 목적으로 타인의 영업으로 오인할 수 있는 상호를 사용하지 못한다(상법 제23조 제1항). 여기에서 부정한 목적이란 손해를 의미하고 법률상의 사용이든 사실상의 사용이든(간판, 광고, 계산서, 포장지 등) 불문한다. 그리고 이에 위반하여 상호를 사용하는 자가 있는 경우에 그로 인하여 손해를 받을 염려가 있는 자 또는 상호를 등기한 자는 그 폐지를 청구할 수가 있고, 이와는 별도로 손해배상청구권의 행사도 가능하다(동법 제2항, 제3항). 이 경우 동일한 특별시, 광역시, 시, 군에서 동종영업으로 타인이 등기한 상호를 사용하는 자는 부정한 목적으로 사용하는 것으로 추정 받게 된다(동법 제4항).

한편, 부정경쟁방지법상에 있어서는 "국내에 널리 인식된 타인의 성명이나 상호와 동일 또는 유사한 상호를 사용하는 자" "그로 인하여 영업에 침해가 우려되는 경우"에 사용중지청구 및 손해배상청구를 가능하게 하여 상호권의 보호를 보다 광범위하게 인정하고 있다.

(3) 상호단일의 원칙

이것은 동일한 영업에 관해서는 단일한 상호를 사용하여야 한다는 원칙을 말한다(상법 제21조 제

1항). 이는 영업의 혼동과 오인을 방지하고 영업의 동일성을 표시하기 위함이다. 따라서 1개의 영업에 다른 수개의 상호를 사용할 수는 없다. 일개의 영업에 수개의 영업소가 있는 때에는 본점이외는 지점으로 표기하고, 그 지점의 상호에는 본점과의 종속관계를 표시하여야 한다. 즉, 지점 소재지의 명칭과 「지점」이라는 문자를 부기하여 표시하여야 한다(동법 제2항).

4. 상호권(商號權)

(1) 상호권의 의의

상호권이란 상인이 정당하게 상호를 사용하는 것을 방해받지 아니할 권리인 동시에 정당하게 사용하는 상호를 타인이 부정한 목적으로 사용하는 것을 배척할 수 있는 권리를 말한다. 이러한 상호권은 상호등기에 의하여 강화되나 미등기인 경우에도 상호권은 인정된다.

그리고 상호등기제도 중에는 상호의 가등기제도가 있는데, 이는 주식회사 또는 유한회사를 ① 설립하거나, ② 상호나 목적 또는 상호와 목적을 변경하고자 하는 때, ③ 본점이전 등에 있어서만이 인정된다(상법 제22조의2 제1항 내지 제3항, 상법등기법 제39조). 가등기의 기간은 위의 ①과 ③의 경우는 2년을, ②의 경우는 1년을 초과할 수가 없다(상업등기법 제38조 제3항, 제39조 제2항).

(2) 상호권의 내용

1) 상호사용권

상호를 적법하게 선정한 자는 그 상호의 등기와는 관계없이 타인의 방해를 받지 않고 상호를 사용할 수 있는 권리를 말한다. 따라서 미등기상호의 사용자는 후에 타인이 그와 동일한 상호를 등기하더라도 부정한 목적이 없으므로 계속 사용할 수가 있다.

2) 상호전용권

타인이 등기한 상호는 동일한 특별시, 광역시, 시, 군에서 동종 영업의 상호로 등기하지 못한다(상법 제22조). 즉, 이미 정당하게 등기한 자만이 그 상호를 사용할 수 있는 권리이므로 부정한 목적으로 타인의 영업을 오인할 수 있는 유사상호를 사용하는 자에 대해서도 그 사용의 폐지 및 손해배상을 청구할 수 있다.

상호전용권은 미등기상호권자의 경우 손해를 받을 염려가 있는 때에 한하여 행사할 수 있고, 등기상호권자는 손해를 받을 염려의 유무와 관계없이 그 권리를 행사할 수가 있다는 점에서 다르다.

5. 상호의 대여

타인에게 상호를 사용하여 영업을 할 것을 허락한 자는 자기를 영업주로 오인하여 거래한 제3자에 대하여 그 타인과 연대하여 변제할 책임을 진다(상법 제24조). 이는 외관을 신뢰한 일반 공중을 보호하기 위해서 마련된 제도이다. 여기에서 오인이라 함은 상호대여의 사실을 모르고 있는 선의자의 경우를 말한다. 대여자는 계약 당사자로서 변제할 책임을 지고 차용인도 변제의 책임을 진다. 따라서 거래의 상대방은 선택에 따라 그 중의 1인 또는 양자 모두에 대하여 동시 또는 순차로 채권청구를 할 수가 있게 된다.

6. 상호의 양도

상호는 영업을 폐지하거나 영업과 함께 하는 경우에 한하여 이를 양도할 수 있다. 즉, 영업을 폐지하는 경우는 상호만을 양도할 수 있고, 영업을 존속하고 있는 한은 영업과 분리하여 상호만을 양도하지 못한다(상법 제25조 제1항).

상호의 양도는 당사자 간의 합의만으로 효력이 생기나 상호의 양도는 등기를 하지 아니하면 제3자에게 대항하지 못한다(상법 제25조 제2항). 그리고 상호와 함께 영업을 양도한 자는 경업금지의무를 부담한다(상법 제41조). 이 경우 영업양도인의 경업금지의무기간은 당사자 간의 특약이 없으면 10년을 넘지 못하고, 특약이 있더라도 20년을 넘지 아니 하는 범위 내에서 효력이 인정된다(상법 제41조 제1항 및 제2항). 한편 이에 관하여 1996년 10월 4일의 헌법재판소판결에서는 상법 제41조 제1항이 헌법의 직업선택의 자유를 침해거나 행정구역의 크기에 따라 그 제한이 불평등하다고 주장한 위헌심의사건에 있어서, 동 조항은 처벌규정이 아니고 다른 특약을 인정하고 있으므로 직업선택의 자유를 침해하는 것으로 볼 수 없고, 지역설정에 대해서도 입법자의 자의성이 없기 때문에 불평등하다고 볼 수 없다는 취지의 합헌결정을 내림으로써(94헌가5), 그간의 논란에 종지부를 지었다.

7. 상호의 폐지와 변경

상호를 변경 또는 폐지하였을 때에는 그 상호를 등기한 자는 2주 내에 폐지 또는 변경의 등기를 하여야 한다. 이를 해태한 때에는 이해관계인은 그 등기의 말소를 등기소에 청구할 수 있고(상법 제27조), 또한 상호를 등기한 자가 정당한 사유 없이 2년간 그 상호를 사용하지 아니하는 때에는 이것을 폐지한 것으로 본다(상법 제26조).

8. 상호 부정사용에 대한 제재

상법 제20조의 회사상호의 부당사용금지 및 동법 제23조 제1항의 정함이 있는 부정한 목적에으로 타인의 영업으로 오인할 수 있는 상호의 사용금지 규정에 위반한 자에 대해서는 민사책임과는 별도로 행정벌로써 200만 원 이하의 과태료에 처하도록 하고 있다(상법 제28조).

실전사례 문제 3

[사례]

Y1는 광주광역시에서 광일제화라는 상호로 구두제조업을 오래전부터 경영하고 있었다. X는 광주광역시에서 구두제조업을 열고 상호를 선정하던 차에 Y1이 동 상호를 등기하고 있지 않음을 알았고, 따라서 서둘러 광일제화라는 상호를 선성하여 등기를 하기에 이르렀다. 그 후에 광주광역시에서 동일하게 구두제조업을 경영하고 있던 Y2는 자기의 이름이라는 점과 광일제화라는 상호의 유명세를 이용하여 영업에 도움을 얻고자 신광일제화라는 상호로 기존의 상호를 명칭 · 변경하여 사용하게 되었다. 이에 X는 실로 손해를 입게 되었고 따라서, Y1을 상대로 상호사용중지를 청구함과 동시에, Y2에 대해서는 유사상호 사용에 따른 손해에 대한 배상청구와 함께 상호사용중지를 청구하고 있다.

X의 Y1 및 Y2에 대한 청구는 정당한가?(사법시험 제37회 문제의 변형)

[사례풀이의 KEY]

1. 미등기상호의 상호권(사용권과 전용권)에 대해서 이해하고 풀이해야 할 것임.
2. 유사상호로서 상호권의 침해에 해당될 수 있는지를 검토하고, 부정경쟁방지법의 적용여부까지를 고려해야할 것임.
3. 부정경쟁방지법에 의하면 상호의 주지성의 입증이 주가 된다. 이 경우의 주지성은 국내의 전역은 아니라도 국내의 일정한 지역에서 기업 간 또는 소비자들 사이에 널리 알려져 있으면 족하다. 그리고 동법에 의하면 국내에서 널리 인식된 타인의 상호와 동일 또는 유사한 것을 사용하여 타인의 영업상 시설 또는 활동과 혼동되는 행위를 하는 자가 있는 때에는 그로 인하여 자신의 영업상의 이익이 침해되거나 침해될 우려가 있는 자는 법원에 그 행위의 금지 또는 예방을 청구할 수 있도록 하였으며(부정경쟁방지법 제2조 1항 나, 제4조 제1항), 이 경우에 부정한 목적이나 부정경쟁행위자의 고의 또는 과실은 그 요건이 아닌 것으로 보는 것이 판례의 입장이다(대판95.9.29. 94 다 31365, 31372. 대판96.1.26. 95 도 1464).

제5장 상업장부

1. 서설

상인은 자기의 영업 및 재산상태에 정통해야 하고 또한 영업 및 재산상태를 명확하게 파악하고 있어야만 영업의 합리적인 경영을 할 수 있다. 상업장부는 기업 그 자신과 회사채권자 및 출자자(사원 및 주주)를 보호하기 위한 목적적 차원에서 제도화하게 된 것으로써 상법 제9조의 정함이 있는 소상인을 제외한 모든 상인에게 강제되는 제도이다.

2. 상업장부의 의의

상업장부(商業帳簿: trade books)란 상인이 그 영업상의 재산 및 손익의 상황을 명백히 하기 위하여 상법상 의무로 작성하는 회계장부 및 대차대조표를 말한다. 따라서 사실 상인이 작성하는 장부는 여러 가지가 있지만 상업장부는 회계장부와 대차대조표(기업회계기준에서는 「재무상태표」로 명칭변경)만을 의미한다(상법 제29조 제1항).

3. 상업장부에 관한 의무

(1) 작성원칙

소상인을 제외한 모든 상인은 상업장부를 작성할 법적 의무를 부담하고 있다. 비법인공동기업과 법인공동기업인 회사의 경우는 영업자, 업무집행사원, 이사 또는 청산인이 작성해야 하고, 개인기업의 경우는 영업주인 그 개인이 작성해야 한다. 상업장부의 작성에 관해서는 상법에 규정한 것을 제외하고는 일반적으로 공정 · 타당한 회계관행에 의하는 것을 원칙으로 하고 있다(상법 제29조 제2항).

(2) 보존

상인은 상업장부를 폐쇄한 날로부터 기산하여 10년간 그 상업장부와 영업에 관한 중요서류(주요부)를 보존하여야 한다. 다만, 전표 또는 이와 유사한 서류(보조부)는 5년간 이를 보존하여야 한다(상법 제33조 제1항 및 제2항). 그리고 주요부에 속하는 장부와 서류는 마이크로필름 기타의 전산정보처리조직에 의하여 이를 보존할 수가 있고, 이 경우 그 보존방법 기타 필요한 사항은 대통령령의 정함에 따른다(동법 제4항).

상인은 보존기간 내에 영업을 폐지하여 상인자격이 소멸된 후에도 보존의무를 부담하며, 본인이 사망했을 때에는 그 상속인이 보존하여야 하고, 또 영업양도의 경우에는 양수인이 보존의무를 부담한다. 또한 상법은 청산이 종결된 회사의 경우에 있어서 인적회사의 경우는 총사원과반수의 결의로 보존인과 보존 방법을 정하고, 물적회사의 경우는 청산인 기타 이해관계인의 청구에 의하여 법원이 보존인과 보존 방법을 정하도록 하였다(상법 제266조, 제269조, 제287조의45, 제541조, 제613조).

(3) 제출

법원은 신청에 의하여 또는 직권으로 소송당사자에게 상업장부 또는 그 일부분의 제출을 명령할 수가 있다(상법 제32조). 이 제출명령을 받았을 때 이를 제출할 것인지 아니할 것인지에 관하여는 소송당사자인 제출명령을 받은 자가 결정하게 된다. 상업장부는 영업에 관한 중요한 증거자료에 해당되므로 소송당사자가 상업장부의 제출을 거부한 때에는 그 상업장부에 관한 상대방의 주장이 진실한 것으로 받아들여지게 된다(민소법 제320조, 제321조). 상업장부의 제출의무자는 상업장부의 보존의무를 지는 자로서 장부의 소지인이라 하겠으나, 이를 대리하여 장부를 현재 소지하고 있는 자가 제출의무자가 되는 것은 아니다.

4. 상업장부의 종류

(1) 회계장부

회계장부(accounting books)는 각종의 원장으로서 회계장부에 기재할 사항은 거래와 기타 영업상의 재산에 영향이 있는 모든 사항이므로(상법 제30조 제1항) 법률행위, 불법행위, 사실행위, 자연적사건 등으로 인한 변경사항과 그 금액을 기재하여야 한다.

(2) 대차대조표

1) 의의

대차대조표(B/S: balance sheet)는 일정한 시점에 상인의 영업용 총재산을 자산, 부채, 자본의 부로 나누어 표시함으로써 기업의 재산상태와 손익계산을 명백히 하는 기능을 가진 표로서 정태장부(靜態帳簿)이다.

2) 종류

대차대조표는 그 작성의 시기 또는 목적에 의하여 통상 대차대조표와 비상 대차대조표의 두

가지로 나누어진다. 전자는 재산의 상태적 변천을 명백히 하여 손익계산의 기초가 되는 것으로 개업 시 또는 회사성립 시에 작성하는 것과 영업기말에 작성하는 것을 말하고, 작성자가 이에 기명날인 또는 서명하여야 효력이 생긴다(상법 제30조 제1항 및 제2항). 후자는 일정한 시점에서 순재산을 명백히 밝힐 필요가 있을 때 작성하는 것으로서 회사의 합병, 자본감소, 청산, 파산 등 특별한 경우에 작성하는 것을 말한다(상법 제247조 제1항 등).

5. 자산평가원칙

원래 상법상 기업의 자산평가원칙은 극히 보수적인 회계처리로 법제되어 있었으나, 국내의 기업회계수준을 국제화하기 위하여 도입되어 2011년부터 전면시행에 들어가게 된 국제회계기준(IFRS: International Finnancial Reporting Standards)에 보조하고 동 기준의 조기정착을 위하여 기존 상법 제31조의 자산평가원칙을 전면 삭제하게 되었다[2010.5.14. 상법개정(법률 제10281호)].

실전사례 문제 4

[사례]

X는 세무사로 2011년 2월 5일에 한우전문점을 운영하는 Y로부터 장부의 기장의뢰를 받아, 곧바로 결산 포함 장부 기장료 월 30만원, 세무조정은 별도로 하는 것으로 하여 계약을 체결하게 되었다. X는 20012년 1월 세무신고를 앞두고 결산금액에 따른 세무조정의 명목으로 300만원을 청구하게 되었으나, Y는 결산이 끝나고 이익금이 산출되었으면 그대로 신고를 대행하면 되는 것이지 무슨 세무조정이 필요하게 되는지 의문이고, 또한 본인은 상기 계약내용의 세무조정은 세무신고대행이라는 것으로 이해하고 있었다며 그 지급을 거절하고 있다.

X의 청구와 Y의 주장에 관하여 검토하시오.

[사례풀이의 KEY]

1. 상업장부의 기장의뢰계약은 상인의 장부작성의무의 이행차원에서 이루어짐을 먼저 이해할 필요가 있음.

2. 장부작성의 방법에서 일반적으로 공정타당한 회계관행에 의할 것으로 되어 있는데, 이 공정타당한 회계관행이 무엇인지 밝혀야 하고, 이것과 세무회계기준과의 차이점으로부터 파급되어 수행하게 되는 일이 세무조정임을 알아야 할 것임.

3. 여기서는 상법과 세법과의 관계를 파악하고 법적 충돌 또는 법적 경합의 문제점을 제시하여야 할 것임.

제6장 영업소

1. 영업소의 의의

영업소(office; place of business)란 상인의 영업상의 본거가 되는 곳을 말한다. 영업의 본거란 영업의 장소적 중심지를 가리키며, 영업에 관한 지휘와 감독이 총괄적으로 이루어지는 곳을 의미하는 것으로 정의된다.

2. 본점과 지점

상인은 수종의 영업에 대하여는 물론이고, 동일한 영업에 대하여도 수개의 영업소를 설치할 수 있다. 이런 경우는 본점과 지점관계 즉, 주종관계가 생긴다. 본점(main office)은 상인의 주된 영업소로서 영업전반을 총괄하는 장소이고, 지점(branch office)은 본점에 종속하면서 일정한 범위 내에서 독립성을 갖는 영업소를 말한다. 지점으로서의 요건으로는 ① 그 자체가 1개의 영업소로서의 조직을 가지고, ② 본점에 종속하여 본점과 동일영업을 하며, ③ 본점과 동일한 상인에 속할 것이고, ④ 본점과 장소를 달리할 것 등이 요구된다.

3. 법률상의 효과

(1) 일반적인 효과

1) 영업에 관한 채무이행의 장소

영업상 발생한 채무는 그 이행장소가 채무의 성질상 또는 당사자의 의사표시에 의하여 미리 정해져야 하는데, 그렇지 못한 때에는 특정물의 인도채무를 제외하고는 원칙으로 채권자의 현영업소를 그 이행지로 본다(민법 제467조 제2항).

2) 영업에 관한 소송관할

영업소가 있는 지에 대한 소는 그 영업소의 업무에 관한 것에 한하여 그 영업소 소재지의 법원에 제기할 수 있고, 회사의 보통 재판권은 그 주된 영업소 소재지의 관할법원에 있다(민소법 제4조).

3) 상업등기의 관할

상업등기는 당사자의 신청에 의하여 영업소의 소재지를 관할하는 법원의 등기부에 등기하도록 되어 있다(상법 제34조).

(2) 지점에 대한 효과

지점은 지점거래로 인한 채무의 이행장소가 되고, 지점의 지배인을 선임한 때의 등기장소는 당해 지점 관할법원의 등기소에 하도록 되어 있다(상법 제13조).

실전사례 문제 5

[사례 1]

Y주식회사는 서울에 본점, 부산과 대전 및 광주에 지점을 두고 있는 제빵업체이다. 광주에 거주하고 있는 X는 Y사가 제조한 빵을 먹고 심한 복통을 호소하게 되었다. Y가 병원에 가서 진료 받은 결과 원인은 빵에 있었던 것으로 밝혀졌다. 이후 X는 한 달간 병원을 다니며 치료를 받게 되었고 병원비로 50만원 이상을 지출했으며 아직도 빵에 대한 심한 불안감을 느끼고 있다. X는 Y사를 상대로 위의 손해에 대한 배상과 정신적인 위자료를 포함하여 1,000만원을 청구하고자 한다. 관할 법원은 어디가 되겠는가? 또한 X가 소송에서 승소하여 위의 배상청구금액을 지급받게 되었다면 그 손해배상금(합의금)의 지급지는 어디가 되겠는가?

[사례 2]

A는 수취인을 「Y생명보험주식회사(이하 Y회사라 함) 광주영업소」라고 기재한 약속어음 1억원을 B에게 발행하였고, B는 「Y회사 광주영업소장 B」라고 기재하여 C에게 위 어음을 배서양도하였다. C는 만기에 어음을 지급장소에 제시하였으나 무거래를 이유로 지급이 거절되었으므로 Y회사에 대하여 직접 상환청구하게 되었다. 이에 대하여 Y회사는 「광주영업소」는 상법상 영업소가 아니므로 영업소장은 지배인도 아니고 표현지배인도 해당되지 아니하므로 B의 어음배서행위에 대해 Y회사는 책임이 없다고 항변하고 있다. Y회사의 항변은 타당하다 할 것인가?

[사례풀이의 KEY]

(사례 1)

1. 상인의 영업소에 대한 법률적인 의미를 기술하면서 풀이해야 할 것임.

2. 민법상 정함이 있는 지참채무에 대한 이해가 필요하다 할 것임.

(사례 2)

1. Y회사의 광주지점이 상업상 지점에 해당될 수 있는지와 B는 표현지배인에 해당되는지를 먼저 검토하여야 할 것임.
2. 일반적으로 보험회사의 영업소는 보험모집과 보험료의 수령 등에 관하여 본점이나 지점으로부터 위임받은 사항만을 처리하게 된다는 점을 고려해야 할 것임.

제7장 상업등기(기업의 공시)

1. 상업등기의 의의

상업등기(商業登記: commercial registration)란 상법의 규정에 의하여 상업등기부에 일정 사항을 법정절차에 따라 등기하는 것을 말한다. 상업등기제도는 기업의 법률 관계의 성립과 변경 및 소멸에 관한 사항을 일반에게 공시함으로서 그 책임 관계를 명확히 하고자 하는데 의의가 있다. 그렇게 함으로써 상인 자신에게는 신용유지와 제3자에 대한 대항요건을 갖추게 되는 것에 이점이 있고, 거래의 상대방(일반공중)도 안전을 담보 받고 신속한 거래를 할 수 있다는 것에 이점이 있는 제도이다.

상업등기부에서는 상호, 무능력자, 법정대리인, 지배인, 합자조합, 합명 · 합자 · 유한책임 · 주식 · 유한회사, 외국회사에 관한 등기부 등으로 총 11가지가 있다(상업등기법 제5조 제1항).

2. 상업등기의 절차

(1) 등기의 신청

상업등기는 원칙으로 당사자의 신청에 의한다(상법 제34조, 제40조, 상업등기법 제17조 제1항). 이를 당사자신청주의라고 하고, 예외로서 법원이 등기소에 등기를 촉탁하는 경우도 있다(상업등기법 제17조 제1항, 상법 제176조). 상업등기의 신청은 당사자 또는 그 대리인이 영업소재지를 관할하는 법원의 등기소에 출석하여 신청하여야 한다. 그러나 대리인이 변호사이거나 법무사인 경우에는 대법원규칙으로 정하는 사무원을 등기소에 출석하게 하여 신청할 수 있다(상업등기법 제18조 제1항).

(2) 등기관의 심사권

등기소의 등기관은 법원직공무원으로 지방법원장이 지정한 자이다(상업등기법 제4조 제1항). 상업등기는 국가가 하는 공증행위라고 할 수 있으므로 등기의 공신력이 인정되는지의 여부와 관계없이 등기 그 자체는 실질관계와 부합하여야 한다. 그러므로 등기관은 자신이나 배우자 또는 4촌 이내의 친족이 신청인일 때에는 그의 배우자 또는 4촌 이내의 친족이 아닌 성년자 2인 이상의 참여가 없으면 등기를 하지 못하도록 하고 있으며, 이 경우 등기관은 조서를 작성하고 등기에 관여한 사람과 함께 기명한 후 서명 또는 날인하여야 한다. 그리고 친족의 경우에는 친족관계가 끝난 후에도 같다(동법 제2항 및 제3항).

등기관의 심사권이란 등기부는 공적인 장부에 해당되므로 허위로 등기가 되는 것을 방지하고 등기가 실질관계와 부합되도록 등기관이 등기절차의 모든 단계에서 등기신청에 적합여부를 심사하는 권한을 말한다. 그러나 그 권한의 범위에 관해서는 학설의 대립이 현저하다.

등기소는 등기신청의 적법성에 관하여 형식적으로만 심사할 권한과 의무가 있을 뿐이라고 하는 형식심사주의와 등기소는 신청사항에 관하여 형식적인 심사는 물론이고 그 진실성까지도 조사할 직무와 권한이 있다고 하는 실질심사주의로 대립되고, 또한 양 학설의 문제점을 수정하고 보완하여 주장하는 학설로써 수정실질심사주의와 수정형식심사주의가 대립되고 있다.

수정실질심사주의는 실질심사주의를 원칙으로 하나 신청사항에 의문이 없는 때에는 그 진실성까지 조사할 권한이 없으므로 심사를 이유로 등기절차를 지연시키는 것은 오히려 직권남용에 해당된다고 하며, 수정형식심사주의에서는 형식심사주의를 원칙으로 하나 등기사항의 진실성에 관하여 의심할 여지가 있을 때에만 조사할 권한이 있는 것으로 보고 있기 때문에, 이 양 학설은 그 원칙을 형식적이든지 실질적이든지 어느 쪽의 입장에 서서 제기되는 문제점을 바라보고 수정해 가는 형식으로 이론을 구성하고 있느냐 하는 점에서 차이가 있을 뿐이다. 생각하건대, 등기관은 법관이 아니고 단지 기록관에 불과하므로 법제에서부터 그 진실성을 심사할 권한을 준 것이 아니라고 보게 되면 형식심사주의를 원칙으로 보고 문제점을 수정하여 제시하고 있는 학설이 타당하리라 본다. 그렇다고 하여 등기사항의 진실성에 관하여 의심할 여지가 있음에도 불구하고 심사를 하지 아니하면 그것은 등기관의 직무유기에 해당되는 것으로 보아야 할 것이다.

3. 상업등기의 효력

상업등기는 거래 관계에 있어서 중요한 사항을 공시하기 위한 제도이므로 등기뿐만 아니라 이를 공고를 함으로써 그 본래의 효력이 발생하게 되는 것이다. 그러나 1995년의 개정상법에서는 상법 제36조와 제37조 중에 공고에 관한 사항의 규정을 삭제하여 상업등기의 공고제도를 폐지하게 되었다(능동적인 공시제도의 폐지). 따라서 이해관계인은 열람과 증명서면의 교부만을 청구할 수가 있게 되었다(수동적인 공시제도만이 존재). 그러므로 모든 상업등기사항은 등기만으로 일정한 효력이 발생되어 상업등기는 추정력을 가지지만 그 효력은 상대적이고 제한적인 것으로 될 수밖에 없다. 그러나 이러한 상업등기의 효력도 대체적으로 일반적인 효력과 특수적인 효력으로 구분된다.

(1) 일반적인 효력

등기사항은 그 대상이 되는 사실이 존재하더라도 등기 후가 아니면 선의의 제3자에게 대항할 수 없고(상법 제37조 제1항), 등기 후라도 정당한 사유로 인하여 알지 못한 제3자에 대해서는 대항할 수가 없다(동법 제2항). 이를 상업등기의 일반적 효력이라고 한다. 따라서 상업등기의 일반적인 효력은 등기전의 효력과 등기후의 효력으로 다시 구분된다.

1) 등기전의 효력(소극적 공시원칙)

등기할 사항(예컨대 지배인의 선임 및 해임, 회사의 설립 및 해산, 사원의 입사 및 퇴사, 대표권의 득실 등)을 등기하기 전에는 선의의 제3자에 대항하지 못한다(상법 제37조 제1항). 등기의 부존재가 당사자나 등기공무원의 과실에 의한 때에도 같다. 이를 등기의 소극적 공시원칙이라고 한다. 이 원칙은 제3자 보호를 위함에 있고, 이 경우에 제3자란 등기당사자 이외의 자로서 거래상대방을 비롯하여 등기사항에 관하여 정당한 이해관계가 있는 자이다. 여기서 등기당사자란 등기사항인 법률관계의 당사자, 즉 지배인 선임등기에 있어서는 영업주와 지배인, 합명회사 사원의 퇴사등기에 있어서 회사와 퇴사하는 사원 및 기타 사원으로 반드시 등기의 신청자와 일치하는 것은 아니다. 예컨대 영업주는 지배인의 해임등기 전에는 그 해임이 유효함에도 불구하고 해임된 지배인이 한 행위에 대하여 제3자에게 책임을 지게 되는 것이 그러한데, 이는 사실상 존재하지 않는 법률상태가 선의의 제3자를 위해서는 존재하는 것으로 취급되는 때문이기도 하다. 그리고 합명회사로부터 퇴사한 사원이 등기사항인 퇴사등기를 해태한 때에는 사실상 퇴사한 이후에도 회사가 부담한 새로운 채무에 대해서 제3자에 대한 책임을 면하지 못하게 된다(상법 제180 제1호, 제183조).

그러나 위와 같은 등기전의 효력으로써 소극적인 공시제도에 있어서도 제3자가 악의자인 경우, 즉 그 해임 또는 그 퇴사의 사실을 알고 있음이 증명되면 대항할 수 있게 됨은 당연하다. 그리고 여기서 '선의'란 거래 당시에 등기사항의 존재를 알지 못한 것을 말하며 알지 못한 사실이 제3자의 과실이나 중대한 과실로 인한 경우를 포함하는 것으로 해석한다(이기수). 등기전에는 제3자의 선의가 추정되므로 제3자가 악의인 때에는 이를 주장하는 측에 입증책임이 있고, 선의인지 또는 악의인지의 판단 시기는 거래 시를 기준으로 하기 때문에 거래 이후에 악의인 경우는 선의로 취급되어 대항하지 못하게 되는 것이다. 또한 여기서 대항하지 못한다고 하는 것은 등기당사자가 선의의 제3자에 대하여 등기사항의 내용이 사실이 아니라는 것을 주장하여 책임을 모면할 수 없다는 것을 뜻한다.

예외 그럼에도 불구하고 제3자는 사실에 따라 당사자에게 대항할 수도 있다. 즉, 영업주가 지배인을 선임하였더라도 등기를 하지 않은 때에는 영업주는 선임의 사실로서 선의의 제3자에게 대항할 수는 없으나, 반대로 제3자는 영업주에 대하여 그 선임을 사실로써 주장하여 대항할 수도 있게 된다. 그리고 상호와 대표이사의 변경등기가 없더라도 제3자는 그 실질이 동일한 회사의 대표자가 발행한 어음에 대하여 상호와 대표이사가 변경된 사실을 주장하여 회사의 지급책임을 물을 수도 있다. 이러한 것은 등기할 사항은 등기하지 아니하면 선의의 제3자에게 대항하지 못한다고 정한 상법 제37조 1항이 제3자를 위한 규정이므로 제3자는 선택권을 가지는 것으로 해석되기 때문이다. 예컨대 사실상 해임되었으나 그 등기가 되지 않은 지배인과 거래한 제3자는 해임의 사실을 몰랐다는 이유로 영업주에 대하여 거래의 이행을 청구할 수도 있고, 그 거래가 불리한 때는 그 지배인이 사실상 해임되어 대리권이 없다는 이유로 계약의 무효를 주장할 수도 있게 되는 것이다.

그러나 등기당사자간에 또는 제3자 상호간에 있어서는 등기의 유무와 관계없이 그 실질관계에 따라 정해지게 된다.

2) 등기후의 효력(적극적 공시원칙)

일정한 사항의 성립 또는 존재하는 경우에 이를 등기한 때에는 대항력이 확장되고 사실상 선의인 제3자라도 악의로 의제될 수 있으므로 등기사항만으로 대항할 수 있게 된다. 이러한 효력을 적극적 공시원칙이라 한다.

예외 **(가) 정당한 사유의 존재** :등기한 후라도 정당한 사유로 인하여 이를 알지 못한 선의의 제3자에 대하여는 그 사항으로 대항하지 못한다(상법 제37조 제2항). 여기서 정당한 사유란 교통두절이나 등기부의 소실 등의 객관적인 장애로 제3자의 등기부열람이 불가능하였거나 이를 현저하게 곤란하게 하는 특별한 사정이 있었던 경우를 말하고, 이에는 장기여행이나 질병 등의 주관적인 사유는 포함되지 않는다. 그러나 이 경우 정당한 사유로 인하여 등기부를 열람하지 못한 것에 대한 입증책임은 이를 주장하는 제3자에게 있게 된다. 그리고 여기서의 '정당한 사유'의 범위에 대해서는 종래는 공고가 객관적인 사유로 도달되지 아니하는 경우도 포함되었으나, 개정상법에서는 공고제도를 폐지하였으므로 공고에 관한 사유는 제외되고, 상업등기부의 열람 또는 등본이나 초본, 기타 증명서의 교부를 청구할 수 없었던 객관적 장애만을 말하는 것으로 해석된다.

(나) 등기의 불일치: 등기한 후라도 등기한 사항이 사실과 다른 때에는 그 효력이 생기지 않는다.

(다) 상법 제395조의 표현대리에 관한 법리의 적용: 상법 제37조 제1항은 외관에 대한 신뢰를 보호하기 위한 취지의 상법 제395조의 적용을 방해하지 않는다.

3) 제3자에 대한 효력의 적용범위

가. 거래관계

상업등기의 제3자에 대한 효력은 거래관계에만 영향을 미치는 것으로서 거래관계와 불가분의 관계가 있는 예외적인 경우를 제외하고, 단순한 부당이득 및 불법행위로서의 거래와 전혀 관련이 없는 사항 또는 청구권에는 적용되지 않는다. 예컨대 합명회사에 속해있는 자동차에 부상당한 사람에 대하여 퇴사등기 전이라도 사실상 퇴사한 사원은 책임을 지지 않으며, 퇴사 이후에 생긴 회사의 조세채무에 대해서도 책임을 지지 않는다. 또한 해임된 지배인이 해임등기 전에 교통사고를 유발하여 부상당한 사람은 영업주에 대하여 상법 제37조 제1항을 들어 불법행위로 인한 청구권을 행사할 수가 없다.

나. 소송관계

상업등기의 효력은 소송관계에도 적용된다. 예컨대 퇴임등기 전의 이사를 대표이사로 한 소장의 송달은 유효하고, 퇴임등기 전에 대표이사가 한 소의 취하에 대하여 회사는 법원에 대표이사의 무권한을 주장하지 못한다. 그러나 소송행위에는 원칙적으로 상법 제37조가 적용되지 않는다는 주장도 제기되고 있음(정동윤)은 주의할 부분이다.

다. 등기사항

(가) 상업등기의 효력은 면책적 등기사항(지배인의 해임, 사원의 퇴사 등)뿐만 아니라 선언적 등기사항(지배인의 선임, 사원의 입사 등)에도 적용된다. 예컨대 영업주가 새로 선임한 지배인이 한 계약의 해제 및 채무이행을 최고하는 경우에 선임등기가 없으면 선의의 제3자에게 대항할 수 없다.

(나) 등기사항인 이상 절대적 등기사항뿐만 아니라 상대적 등기사항에도 적용된다. 이는 상대적 등기사항도 등기를 해야 선의의 제3자에게 대항할 수 있기 때문이다. 또한 새로 생긴 사항이나 기존의 사항을 변경 또는 소멸시키는 사항의 경우도 같다. 특히 기존의 사항을 변경하거나 소멸시키는 사항은 기존의 사항이 등기되어 있지 않은 경우에도 적용된다. 예컨대 지배인을 선임한 후 선임등기를 하지 않고 있는 동안에 이를 해임한 경우에도 해임의 등기를 하지 않으면 그 해임을 선의의 제3자에게 대항하지 못한다. 왜냐하면 상업등기의 소극적 공시원칙인 상법 제37조 제1항은 모든 등기사항에 대하여 독립적으로 적용되고, 거래상대방은 등기 이외의 방법으로 지배인이 선임되었다는 사실을 알 수도 있기 때문이다.

라. 영업소

상업등기의 효력이 적용되는 지역적 범위는 등기한 영업소를 기준으로 한다. 즉, 지점의 거래에 관하여는 본점 소재지에서의 등기와는 관계없이 지점 소재지에서 한 등기만을 표준으로 한다. 그러므로 지점소재지에서 등기를 하기 전에는 본점소재지에서 등기를 하였더라도 지점과 거래한 제3자가 악의인 경우가 아니면 등기사항으로써 대항할 수 없게 된다(상법 제38조).

(2) 특수적인 효력

상업등기는 앞에서 살펴본 바와 같이 등기의 전후와 관련된 일반적인 효력 이외에도 그 자체의 법률적인 성격으로 인하여 기타의 법률제도와 관련하여 특수적인 효력을 가진다. 즉, 상업등기의 특수적인 효력은 창설적인 효력, 강화적인 효력, 보완적인 효력 또는 치유적인 효력, 해제적인 효력으로 구분되는데, 이러한 특수적인 효력은 제3자가 선의인가 악의인가를 불문하고 대항력을 가진다는 점에서 일반적인 효력과 다르다.

1) 창설적인 효력(創設的 效力)

등기함으로써 새로운 법률관계가 창설되는 것을 등기의 창설적 효력이라고 한다. 즉, 회사는 설립등기에 의하여 회사가 성립되고(상법 제172조), 회사의 합병은 그것을 등기함으로서 효력이 발생되며(상법 제234조, 제530조 제2항, 제603조), 상호의 양도는 그 사실을 등기하여야 제3자에게 대항할 수 있는 효력이 발생하게 된다는 것(상법 제25조 제2항) 등이 그 예가 될 수 있다.

2) 강화적인 효력(强化的 效力)

등기를 하지 아니하여도 그 사실이 존재하면 법률적인 보호를 받을 수 있지만, 그것을 등기함으로써 등기한 사항에 대한 법률관계의 법적보호가 더욱 강화되는 것을 등기의 강화적인 효력이라고 한다. 즉, 외국회사라도 그 실체가 있으면 외국기업으로서의 존재는 인정받을 수 있지만, 우리나라에서 계속적인 영업활동을 하기 위해서는 외국회사의 영업소에 관한 등기를 하지 아니하면 아니 된다는 것(상법 제616조 제1항), 상호는 등기하지 아니하더라도 미등기상호로서 상호권은 인정되지만, 등기함으로서 상호권은 강화된다는 것 등이 그 예가 될 수 있다.

3) 보완적인 효력(補完的 效力) 또는 치유적인 효력(治癒的 效力)

원초적으로 법률적인 하자가 존재하지만 이미 등기가 완료되었다면 그 법률관계에 존재하는 하자가 그다지 중대한 하자에 해당되지 않는 한 이상 그 하자는 치유 또는 보완된 것으로 보고 누구도 그 하자를 주장할 수 없게 되는 것을 등기의 보완적인 효력 또는 치유적인 효력이라고 한다. 즉, 설립등기에 의하여 주식회사가 성립한 후에는 주식인수인은 주식청약서의 요건흠결을 이유로 그 인수의 무효를 주장하거나 사기 · 강박 또는 착오를 이유로 그 인수를 취소하지 못하게 되는 것(상법 제320조), 신주를 발행하고 변경등기를 하여 1년이 경과한 후에는 신주인수인은 주식청약서의 요건흠결을 이유로 그 인수의 무효를 주장하거나 사기, 강박 또는 착오를 이유로 그 인수를 취소하지 못하게 되는 것(상법 제427조) 등이 그 예가 될 수 있다.

4) 해제적인 효력(解除的 效力)

등기하기 전에는 일정한 행위에 대한 제한이 있었으나 등기하게 됨으로서 그 제한 또는 책임이 해제되는 것을 등기의 해제적인 효력이라고 한다. 즉, 설립등기에 의하여 주식회사가 성립하게 되면 회사는 주권을 발행할 수 있게 되고, 주권의 이전 또한 자유롭게 되어 회사에 대하여 그 이전으로 생기는 권리를 주장할 수 있게 된다는 것(상법 제355조 제2항, 제319조), 합명회사의 사원의 책임은 퇴사등기를 한 때로부터 2년, 해산등기를 한 때부터 5년이 경과하면 소멸되는 것으로 되어 있는 것(상법 제225조, 제267조) 등이 그 예가 될 수 있다.

4. 상업등기의 추정력(推定力)과 공신력(公信力)

상업등기의 효력은 등기사항이 사실로서 존재하는 경우에 한하여 인정되므로 상업등기에는 등기사항의 존재에 대한 사실상의 추정력이 있을 뿐이다. 대법원판결에 의하면 주식회사 등기부에 대표로 등재된 자는 반증이 없는 한 정당한 절차에 의해서 선임된 대표이사로 추정 받는다고 한 바가 있다(대판 59.7.23). 그러나 등기가 진실과 일치하지 않는 경우는 그 등기에 사실상 추정력은 인정되나 일반적으로 거증책임을 전가시키는 법률상의 추정력은 없는 것으로 해석하는 것이 학설의 통설적인 견해이다. 그러므로 이 원칙을 관철하게 되면 거래상대방은 등기를 신뢰할 수 없게 되는 경우도 있게 되어 문제점으로 남게 된다.

한편으로 등기가 되어 있으나 등기사항인 사실관계가 존재하지 아니한 경우에는 그 등기를 신뢰한 선의의 제3자에게 등기된 대로의 효력이 인정될 수 있겠는가 하는 상업등기의 공신력에 관한 문제가 있다. 상업등기에 있어서는 등기가 있더라도 등기사항인 사실관계가 존재하지 아니하면, 그 등기를 신뢰한 선의의 제3자에게 등기된 대로의 효력이 발생하지 아니하여 선의의 제3자의 신뢰가 보호받지 못하게 되므로 공신력이 없다. 그러나 등기신청인이 고의 또는 과실로 인하여 등기사항인 사실관계와 상위한 사항을 등기한 경우에는 등기한대로 효력이 발생하고, 그 상위한 것을 이유로 선의의 제3자에게 대항하지 못한다(상법 제39조). 이는 등기신청인이 선의의 제3자에게 대항할 수 없다고 한 점에서는 공신력이 인정되나 등기신청인에게 고의 또는 과실이 있는 경우에 한하여 인정되므로 전체적으로 파악하게 되면 상업등기의 공신력은 상대적이고 제한적인 것으로 이해되어야 할 것이다.

5. 상업등기의 기타효력에 관한 사항

(1) 상법에 의한 법정효력

상법은 등기할 사항을 등기하지 아니하면 선의의 제3자에게 대항하지 못하고, 등기한 후라도 제3자가 정당한 사유로 인하여 이를 알지 못한 때에는 그것만으로 대항할 수 없도록 정하고 있다(상법 제37조 제1항 및 제2항). 그리고 본점 소재지에서 등기한 사항은 다른 규정이 없으면 지점 소재지에서도 등기하여야 하고, 지점 소재지에서 등기할 사항을 등기하지 아니한 때에는 상법 제37조 제1항 및 제2항의 효력은 그 지점 거래에 한하여 적용된다(동법 제35조 및 제38조). 등기할 사항은 이를 등기하지 아니하면 선의의 제3자에게 대항하지 못하고, 등기한 후라도 제3자가 정당한 사유로 인하여 이를 알지 못한 때에는 그것만으로 대항할 수는 없다(상법 제37조 제1항 및 제2항).

(2) 부실한 등기

등기부상의 기재는 사실상의 추정력을 가지는 데 불과하므로 다른 증거에 의하여 그 기재에 반하는 사실을 인정할 수 있다. 그러나 등기를 신뢰하고 거래하는 제3자 보호의 요청에 따라 상법은 고의나 과실로 인하여 사실과 상위한 사항을 등기한 자는 그 사항의 부실로써 선의의 제3자에게 대항하지 못한다(상법 제39조). 이는 외관법리 및 금반언의 법리를 등기당사자의 표시에 관한 책임의 법제에 수용한 때문이다.

(3) 상법 제39조의 유추

고의 또는 과실로 부실등기를 한 자뿐만 아니라 자기의 등기가 무권한자에 의하여 부실하게 등기되어 있음을 알고 부실등기의 경정 또는 말소를 하지 않은 자도 그 등기를 신뢰한 선의의 제3자에게 대항하지 못한다. 그리고 등기사항의 변경이 있음에도 불구하고 고의 또는 과실에 의하여 변경등기를 하지 않은 자도 마찬가지이다.

이에 관하여 판례는 "제3자가 문서위조 등의 방법으로 등기신청권자의 명의를 도용하여 부실등기를 종료한 것과 같은 경우에 회사에 과실이 있거나 그 부실등기상태의 존속에 관하여 회사에게 과실이 있다 하더라도 이러한 사유만으로는 상법 제39조를 적용하여 회사의 책임을 인정할 수 없다"(대판75,5,27, 27다1366)고 하였다. 그러나 이에 대하여 과실이 있는 경우에도 동소가 적용되어야 한다고 보는 견해가 학설의 유력설로 대두되고 있다(이철송, 김건식, 김정호 등). 생각히긴대 제3자가 부실능기를 한 때에는 회사에 고의 또는 중대한 과실이 있는 경우에만 동조를 적용하는 것으로 보고, 다만 제3자에 의하여 부실등기가 되었다는 것을 알고 이를 방치한 데 대한 과실이 있는 경우는 그 책임을 면하지 못하는 것으로 봄이 타당할 것이다(동지 정동윤, 최기원).

실전사례 문제 6

[사례 1]

A주식회사는 X 이외에 이사 4인이 있었으나 3인의 이사가 사임한 관계로 이사의 법정 정

원수에 미달하게 되었다. A사는 후임자를 선임하지 않고 변경등기신청도 하지 않고 있어서 X는 상법 제386조 제2항에 의거하여 가이사의 선임을 청구하고 A회사를 피고로 하여 변경등기절차의 이행을 청구하여 승소판결을 얻었다. 이 판결에 기하여 변경등기신청을 하였으나 등기공무원 Y는 이 경우는 이사의 법정 정원수의 미달로 후임이사가 취임할 때까지 변경등기를 할 수 없다는 이유의 취지로 그 신청을 각하하였다. Y의 행위는 정당한 것인가?

[사례 2]

Y주식회사 대표이사 A는 자신도 모르고 있는 사이에 이사의 지위에서 해임되어 대표이사의 권한도 상실하였으나, 그가 가지고 있던 대표이사 직인을 사용하여 은행으로부터 교부받은 어음용지로 Y주식회사의 대표이사 명의로 된 수통의 어음을 발행하였다. 그 중 금액 10억원의 약속어음 한 통이 대표권상실등기 후에 X사에 발행되어 B사를 거쳐 C사에 양도되었다. 위 어음의 만기에 C사는 지급제시하게 되었으나 Y사는 무권리자에 의한 어음발행을 이유로 그 지급을 거절하였다. 따라서 C사는 B사를 상대로 B사는 다시 X사를 상대로 상환을 청구하였고, 그 상환에 응한 X사는 Y사를 상대로 A의 퇴임에 의한 어음발행 권한의 소멸에 관하여 X사 자신은 선의이며 과실이 없으므로 Y사는 상법 제395조(표현대표이사의 행위와 회사의 책임)와 민법 제129조(대표권소멸후의 표현대리)의 규정에 의한 책임이 있음을 주장하는 소를 제기하였다. 이에 대해 Y사는 어음발행 당시는 A의 퇴임등기가 되어 있었으므로 상법 제37조에 의하여 선의의 제3자에게도 대항할 수 있다는 이유로 항변하며 맞서고 있는데, 누구의 주장이 타당하겠는가?

[사례풀이의 KEY]

(사례 1)

1. 등기공무원의 심사권에 관하여 학설을 설명하여야 할 것임.

2. 상업등기법 제27조는 형식적인 각하사유를 17가지로 구체화하고 있으며, 등기공무원은 그 어느 하나에 해당되는 때에는 그 이유를 기재한 결정으로 각하하여야 하는 것으로 정하고 있다. 본 사례는 동법 제27조 제10호의 「등기할 사항에 관하여 무효 또는 취소의 원인이 있을 때」에 해당되는 것인가 아닌가를 검토해야 할 것임.

3. 본 사례에서는 상법 제386조 제2항을 들고 있는데, 동법 제1항에 해당되는 사안인지 아닌지를 먼저 검토해야 할 것이고, 동법 제1항에 해당되는 사안인 경우는 등기실무상 상법 제183조의 등기사항의 변경이 있는 것으로 보지 않는다는 점을 알아야 할 것임.

(사례 2)

1. 본 사례에서는 상법 제37조와 민법 제129소 중에 어느 것이 적용되는가 하는 점을 검토하여야 한다. 즉, Y사는 전자가 후자를 배제하는 것으로 주장하고 X는 반대의 주장을 펼치고 있다.

민법 제129조(대표권소멸 후의 표현대리): 대표권의 소멸은 선의의 제3자에게 대항하지 못한다. 그러나 제3자가 과실로 인하여 그 사실을 알지 못한 때에는 그러하지 아니하다.

민법 제130조(무권대리): 대리권 없는 자가 타인의 대리인으로 한 계약은 본인이 이를 추인하지 아니하면 본인에 대하여 효력이 없다.

2. 학설의 다수설은 상법 제395조와 민법 제129조는 상법 제37조에 우선하여 적용된다고 해석하고 있는 것에 대한 이유를 잘 이해하고, 논의의 전개에 활용해야 할 것임.

3. 판례에서는 공동대표의 등기가 있음에도 불구하고 1인의 대표이사가 한 행위에 대하여 공동대표이사가 등기된 것을 알지 못한 상대방에 대하여 상법 제395조를 유추적용하여 회사의 책임을 인정한 바가 있음(대판92.10.27. 92다19033)을 참조.

제8장 영업양도(기업의 이전)

1. 영업의 의의

영업양도(營業讓渡)란 영업의 동일성을 유지하면서 객관적 의의의 영업을 계약에 의해서 양도하는 것을 말한다(상법 제41조 내지 제45조). 상법은 그 규율할 대상이 되는 기업을 영업이란 말로 표시하고 영업은 일개의 채권계약으로 일괄하여 양도할 수 있는 것으로 하였다.

영업은 단순한 물건이나 권리의 집합체가 아니라 그보다 더 큰 경제적 가치가 있는 것이므로 한 번 성립한 영업이 영업목적이나 영업주의 변경에 의하여 해체된다면 이는 영업의 당사자에게 불이익이 되고 대규모의 영업인 경우에는 사회적으로 실업의 사태를 유발하여 국민경제적으로도 커다란 손실이 아닐 수 없다. 이는 기업유지라는 상법의 기본이념에도 어긋나는 결과가 된다. 따라서 상법은 영업을 양도의 대상으로 규정하여 양도 및 양수의 자유를 보장하게 되었고, 더불어 상속의 대상에도 포함되는 것으로 하고 있다. 영업양도는 회사의 합병제도와 더불어 기업집중을 위한 수단으로 이용되고, 반대로 회사의 분할을 위한 방법으로 이용되기도 한다. 즉, 영업양도는 원래 기업의 유지라는 상법의 목적적 차원에서 제도화된 것이지만 경영상의 목적으로도 활용되고 있음을 의미하는 것인데, 이것 또한 기업의 발전이라는 목적적인 차원에 부합되는 것으로 해석될 수 있는 것이다.

2. 영업의 개념

영업은 양도의 대상이라고 할 수 있으나 상법에는 영업의 개념에 관한 규정이 존재하지 않는다. 영업이나 기업이라는 용어는 상법과 기타 법률에 의하여 자주 사용되고 있지만 그 내용은 법률의 목적과 규정의 입법취지에 따라 각각 다르게 해석된다.

(1) 주관적인 의의의 영업

주관적인 의의의 영업은 '상인의 영업상의 모든 활동'을 말하는 것으로서 상법에서는 이를 '영업을 한다'라고 표현하고 있는 경우에 해당된다(상법 제5조, 제6조, 제8조, 제29, 제53조, 제60조 등).

그러나 영업활동은 영업의 종류에 따라 다르다 할 것이므로 영업양도에 있어서 문제가 되는 것은 객관적인 의의의 영업에 해당되는 기업인 것이다(상법 제25조, 제41조).

(2) 객관적인 의의의 영업

1) 의의

객관적인 의의의 영업이란 인적, 물적 시설에 의하여 경제적 목적을 추구하는 조직적 일체로서 영업재산의 총체를 말한다.

그러므로 이 경우의 영업은 영업활동을 통하여 얻어진 재산적 가치 있는 사실관계를 포함한 영업재산의 전체를 의미하는 것으로서 단순한 영업용 재산과는 구별된다. 개인상인(개인기업)의 개인적인 사용재산은 영업에서 제외되고, 개인상인이 상호 또는 영업소를 달리하여 복수의 영업을 가지는 때에는 각 영업마다 영업재산이 별도로 존재하게 되는 것이다.

2) 영업의 구성요소

가. 적극적 재산과 소극적 재산

적극적 재산으로서는 동산(상품, 원료, 유가증권 등), 부동산(토지, 건물 등), 권리인 지상권(민법 제279조), 저당권(민법 제356조), 질권(민법 제329조) 등의 제한물권, 영업관계에서 발생된 채권, 불법행위 및 부당이득으로 인한 채권, 특허권, 상표권, 저작권, 상호권 등의 무체재산권 등이 있으며, 영업에 관하여 발생한 각종의 채무는 소극적 재산으로서 영업의 구성요소가 된다.

상인의 영업재산은 특별재산으로서 개인적인 사용재산과 구별되고 그 자체가 독립하여 양도, 임대차 등 채권계약상의 목적이 될 수 있다. 그러나 일반채권자를 포함한 영업상의 채권자도 영업재산에 대하여 또는 개인적인 사용재산에 대하여 강제집행을 할 수 있다. 이는 개인상인(개인기업)은 그 자연인이 영업주로서 기업채무에 대하여 또는 개인채무에 대하여 무한책임을 지기 때문인 것이다.

한편으로 개인상인은 영업재산의 범위를 상업장부를 기준으로 하여 정할 수밖에 없지만, 공동기업의 영업재산은 기업의 명의로 되어 있는 모든 재산이라 할 수 있다.

나. 사실관계

재산적 가치 있는 사실관계도 영업의 구성요소가 된다. 이것은 영업의 전망을 측정할 수 있는 경제적 관계이며 영업의 핵심을 이루는 것으로서 영업활동에 의하여 생긴 부수적 산물이라고 할 수 있다. 즉, 상호의 성가, 고객관계, 판매의 기회, 구입처관계, 경영내부의 조직, 영업상의 경험과 비결 등이 여기에 속한다.

3. 영업양도의 절차

(1) 양도계약의 당사자

영업의 양도인은 영업(기업)을 소유하고 있는 상인이다. 이때 상인은 개인인 경우도 있고, 회사인 경우도 있다. 영업의 양수인은 상인인 경우도 있으나 상인이 아닌 경우도 있다. 그러나 상인이 아닌 자가 영업을 양수하는 행위는 보조적 상행위에 해당된다.

(2) 양도계약의 체결

영업양도계약(營業讓渡契約)의 당사자가 개인인 경우에는 아무런 문제가 없으나 공동기업인 경우에는 영업의 소유자인 출자자단체의 일정한 의사결정절차를 밟아야 한다. 즉, 비법인공동기업으로 합자조합의 경우는 업무집행조합원이 있는 경우와 없는 경우로 나누어지는데, 업무집행조합원이 있는 경우는 업무집행조합원의 과반수의 결의로 정하고, 업무집행조합원을 정하지 아니한 경우에는 조합원총수의 3분의 2 이상의 찬성을 요한다(상법 제86조의8 제4항, 민법 제706조).

또한 법인공동기업으로 인적회사의 경우는 회사의 존속 중에 영업을 양도하는 때에는 '총사원의 동의'를 필요로 하고(상법 제230조, 제257조 제269조, 제287조의41, 제287조의45), 해산 후인 때에는 '총사원 과반수의 동의'를 요한다(상법 제257조, 제269조). 그리고 법인공동기업으로 물적회사의 경우는 회사의 해산 전후를 불문하고 영업양도를 하는 경우에는 '주주총회 또는 사원총회의 특별결의'를 거쳐야 한다(상법 제374조, 제576조).

영업양도계약은 양도계약 당사자가 개인인 경우에는 그 당사자 간에 영업양도계약을 체결하면 되지만, 회사의 경우에는 보통 위의 의사결정절차를 밟아 대표기관이 양도계약을 체결하게 된다. 그러나 먼저 양도계약을 체결하고 그 후에 의사결정절차를 밟아 추인 받아도 무방하다(단, 이 경우 추인을 못 받게 되는 것에 대한 책임은 대표기관에 있다).

(3) 양도계약의 이행

당사자 간에 영업양도계약이 체결된 경우에는 민법상 매매계약이 체결된 경우와 같이 양도인은 양수인에게 영업을 이전할 의무를 부담하고 양수인은 양도인에게 양수대금을 지급할 의무를 부담한다(민법 제563조).

4. 영업양도의 효과

(1) 당사자간의 관계

1) 영업재산의 이전

양도인은 특약이 없는 한 영업재산의 모든 구성부분을 이전하여야 한다(포괄적 이전). 특약으로 영업재산의 일부를 양도하는 경우라 하더라도 영업재산의 동일성을 해하지 않는 범위 내에서만 허용된다.

2) 경영자의 지위인계

양도인은 영업재산만을 이전하는 것이 아니고 경영자의 지위도 양수인에게 인계하여 완전하게 영업이 운영될 수 있게 할 의무를 부담한다. 이를 위하여 양도인은 법정된 기간 동안 경업금지의무를 부담한다(상법 제41조).

(2) 제3자에 대한 관계

1) 영업상의 채무

가. 상호를 계속 사용하는 경우(상호의 속용)

상법은 영업의 동일성을 신뢰한 채권자 보호를 위하여 양수인이 양도인의 상호를 계속하여 사용하는 경우에는 양도인의 영업으로 인한 제3자의 채권에 대하여 양도인은 물론 양수인도 변제할 책임을 부담하게 하고 있다(상법 제42조). 그러나 양수인이 영업을 양도받은 후 지체 없이 양도인의 채무에 대한 책임이 없음을 등기한 때에는 양수인은 모든 영업상의 채권자에 대하여 책임을 면한다. 그리고 양도인과 양수인이 제3자(채권자)에 대하여 그 뜻(양수인에게 변제책임이 없다는 취지)을 통지한 경우에는 그 통지를 받은 제3자(채권자)에 대하여 양수인의 책임은 없다(상법 제42조 제2항).

나. 상호를 계속 사용하지 아니하는 경우(상호의 불속용)

양수인이 양도인의 상호를 계속하여 사용하지 아니하는 경우에는 그 양수인은 양도인의 영업상의 채무에 대하여 당연히 책임을 부담하는 것이 아니고, 양수인이 특히 그 채무를 인수할 것을 개별적으로 채무인수의 의사표시를 한 경우를 포함하여 광고한 때에 한하여 책임을 부담하게 된다(상법 제44조).

다. 양도인 책임의 존속기간

상법은 영업양수인이 양도인의 영업상의 채무를 변제할 책임을 부담하는 경우에도 양도인의 책임은 면제되지 않는 것으로 하고 있다(상법 제42조 제1항, 제44조). 이를 양도인의 부진정연대채무라 한다. 그러나 양도인의 지위를 언제까지 불안정한 상태에 두는 것은 부당하므로 상법은 이런 경우에 양도인의 제3자에 대한 채무는 영업양도 또는 채무인수의 광고 후 2

년이 경과하면 소멸하는 것으로 하였다(상법 제44조, 제45조).

그러나 양수인에게는 변제책임이 없고 양도인만이 책임을 부담한 경우에는 당연히 그 책임의 존속기간에는 제한이 없다.

2) 영업상의 채권

영업양수인이 양도인의 상호를 계속 사용하는 경우에 양도인의 영업으로 인한 채권에 대하여 양도인이 그 채권을 양수인에게 양도하지 아니한 경우에도 채무자가 선의이며 중대한 과실이 없이 양수인에게 변제한 때에는 그 변제는 유효하다(상법 제43조). 여기에서 채무자의 선의란 영업양도가 있었다는 사실을 모르거나 또는 영업양도가 있었다는 것을 알고 있으나 채권을 이전하지 않은 것을 모르는 것을 말한다. 그러나 채무자가 양도인으로부터 변제의 청구를 받았음에도 불구하고 양수인을 채권자로 믿고 변제한 때에는 중대한 과실이 있는 것으로 볼 수 있게 된다.

5. 영업의 임대차와 경영의 위임

영업이 그 전체로서 양도의 목적이 될 수 있는 이상 영업전부의 임대차 또는 경영의 위임을 목적으로 하는 계약도 가능한 것으로 본다. 상법상에는 이러한 제도에 관한 구체적인 규정은 없으나 주식회사 또는 유한회사가 이러한 종류의 계약을 체결할 때에는 주주총회 또는 사원총회의 특별결의를 요하는 것으로 규정하고 있으므로(상법 제374조 제1항 및 제2항, 제374조의2 제1항 내지 4항, 제576조) 이를 유추 · 적용할 여지가 있게 된다.

(1) 영업의 임대차(賃貸借)

영업의 임대차란 조직적 일체로서의 영업인 영업재산을 임대하여 임차인으로 하여금 영업에서의 수익을 향유시키는 것을 계약의 본질적 내용으로 하는 것이다. 영업의 임대차에 있어서는 그 성질상 적용이 배척되는 것을 제외하고, 민법의 임대차에 관한 규정이 유추 · 적용되는 것으로 볼 수 있다.

영업을 임대한 경우에 임차인은 영업재산에 대한 점유권, 상호사용권, 영업권을 가지며, 임차료의 지급(민법 제618조 이하), 영업의 상태유지 등의 의무를 부담하는 것에 대해 임대인은 임대료를 받을 것을 조건으로 영업재산을 임대하였기 때문에 임차인의 영업활동을 방해하지 아니할 경업금지의 의무를 부담한다.

영업의 임대차계약이 성립되면 기존 영업의 주체는 임대인에서 임차인으로 바뀌게 된다.

(2) 경영의 위임(經營의 委任)

이는 기업의 경영을 타인에게 위임하는 것을 말한다. 이러한 경우는 수임자가 위임자의 명의로 영업을 경영하게 되므로 대외적 관계에 있어서는 여전히 위임자가 영업자이다. 경영위임계약에 있어서는 그 영업에 대한 손익이 수임자에게 귀속되는 것인지 또는 위임자에게 귀속되는 것인지에 따라 협의의 경영위임계약과 경영관리계약으로 구분된다.

1) 협의의 경영위임계약

이것은 수임자가 자기의 계산으로 위임자의 명의로 영업을 경영하고, 위임자에 대하여 일정한 수수료를 지급하는 경우이다. 따라서 수임자는 위임자로부터 영업에 관한 모든 대리권을 수여를 받고 자기의 재량에 의하여 영업을 경영할 수가 있게 된다. 이런 경우에 위임자는 수임자에 대하여 경업피지의 의무를 부담하게 되는 것으로 해석될 수 있다.

2) 경영관리계약

이것은 '관리위임계약'이라고도 하며 수임자가 위임자의 명의와 계산으로 영업을 경영하고 위임자로부터 일정한 보수의 지급을 받는 경우이다. 이런 경우에 위임자는 수임자에 대한 경업금지의 의무가 없다.

실전사례 문제 7

[사례]

1. Y1는 광주광역시에서 20년 전부터 「손 큰 할머니 국밥」이라는 상호로 대중음식점을 운영하여 전국적으로 유명세를 타고 있었다. 그러던 중에 부산에 연고지를 가지고 있던 A가 찾아와 Y1으로 부터 기술을 전수받게 되었고, A는 부산으로 돌아가 Y1과 관계없이 「손 큰 할머니 국밥 부산」이라는 상호로 똑 같은 대중음식점을 개점하였다. 그러나 A는 경영미숙으로 2년을 버티지 못하고 파산하였고, Y2에 대하여 영업을 양도하게 되었다. Y2는 「부산 손 큰 할머니 국밥」으로 상호를 고치고 영업을 개시하였다. 그 후 A의 납품업체였던 X1사는 3억원의 미수채권을, X2사는 2억원의 미수채권을 Y1에 대해서는 직접책임과 연대책임에 근거하여 손해배상을 각각 청구함과 동시에, Y2에 대해서도 상호속용에 따른 양수인의 연대책임을 물어 Y1과 Y2는 연대하여 위 손해에 배상할 책임이 있음을 주장하는 소를 제기하게 되었다. Y1과 Y2는 손해배상책임을 부담할 의무가 있겠는가?

2. 5억원을 배상하게 된 Y1은 병을 얻게 되어 정상적인 영업을 할 수가 없게 되어 가게 문을 닫고 있었는데, 같은 광주광역시에 거주하고 있는 X3로부터 상호를 포함한 가격으로 50억원에 영업양도의 제의를 받게 되었다. Y1은 쾌히 승낙하여 영업양도계약을 체결하게 되었다(단, 동 계약서상에는 Y1의 경업을 30년으로 제한하는 문구가 부기되어 있었으나, 상호를 포함한다는 문구는 부기되어 있지 않음). 그 후 25년이 지나 Y1은 80세가 넘은 나

이임에도 불구하고 동 지역에 「원조 큰 손 할머니 국밥」이라는 상호로 영업을 제기하게 되었다. 이에 매상이 날이 갈수록 떨어짐에 의아하게 생각하던 X3는 Y1에 대하여 위 영업양도계약상의 경업금지의무 위반과 등기상호에 대한 상호권의 침해를 이유로 그간의 산정 손해액 5억원을 청구하게 되었다. 이에 대하여 Y1은 25년이나 지났으므로 경업금지의무에 관한 기간에 해당되지 아니하고, 상기계약서상에는 상호권에 관한 정함이 없으므로 동 상호에 관한 권리는 원래 Y1에게 있는 것으로 그 후 등기가 되었다고 하더라도 Y1은 동 상호를 사용할 수 있는 권리가 보장되어 있는 한편, 동 상호는 '원조'가 추가된 것으로 다른 상호라고 주장하며 맞서고 있다. X3와 Y1에 대한 법률관계를 설명하시오.

[사례풀이의 KEY]

당해 사례는 영업양도의 법리와 상호권에 관한 법리, 명의대여자책임에 관한 법리가 종합하여 구성된 것으로 이하에서 지적하는 것을 고려하여 풀이해야할 것임.

1. 상법 제24조의 명의대여자 책임에서는 직접적인 명의사용을 허락한 적이 없더라도 제3자로가 자기를 영업주로 오인할 수 있는 상호를 누군가가 사용하고 있음을 알고 있음에도 불구하고 이를 방치한 경우에도 적용된다. 단, 이 경우는 제3자가 선의인 경우에만 인정되고 악의에 대한 입증책임은 악의를 주장하는 쪽에서 부담하게 된다.

2. 영업양도에 있어서 양도인의 채무에 대한 양수인의 책임은 상호의 속용을 기준으로 법정되어 있는데, 이 경우는 상호의 속용으로 보아야 할 것인지 또는 상호의 불속용으로 보아야 할 것인지에 따라 결과는 달라질 수 있음이다.

3. 영업양도에 있어서 양도인의 경업금지의무에 관한 법정의무 기간을 정한 상법 제41조를 이해하고 있어야 할 뿐만 아니라, 상호권에 관하여 등기상호의 상호전용권과 미등기상호의 상호사용권에 관한 것이 정리되어야 한다.

4. 부정경쟁방지법상에 있어서는 "국내에 널리 인식된 타인의 성명이나 상호와 동일 또는 유사한 상호를 사용하는 자" "그로 인하여 영업에 침해가 우려되는 경우"에 사용중지청구 및 손해배상청구를 가능하게 하여 상호권의 보호를 보다 광범위하게 인정하고 있음을 알고, '원조'가 붙은 상호의 유사성 인정 가능성까지를 고려해야 할 것이다.

제3편

상행위법

제1장 통 칙

제1절 상행위법의 개념

1. 상행위법의 의의

상행위법(商行爲法)이란 상인의 기업활동에 관한 법률의 총제를 의미하는 것으로 그 기본이 되는 법률은 상법전 제2편의「상행위」인 것이다. 그러나 그 존재 형식을 기준으로 또는 기업거래실질을 기준으로 형식적인 상행위법과 실질적인 상행위법으로 구분하여 파악하는 것이 일반적이다.

(1) 실질적 의의의 상행위법

상법은 기업에 관한 법으로 해석하는 한 실질적 의의의 상행위법은 기업거래에 관한 법규의 전체를 의미한다. 이러한 의미에서의 상행위법은 주로 상법전 제2편「상행위」의 규정을 주요한 법원으로 하나, 그 밖에 제4편「보험」, 제5편「해상」, 제6편「항공운송」의 규정 및 기업거래와 관계있는 상사특별법령, 보통거래약관, 기타 상관습법 등에도 관련규정이 내제되어 법원의 일부를 구성한다.

(2) 형식적 의의의 상행위법

이는 법제의 명칭이 상행위로 표기되는 등의 존재 형식을 갖추고 있을 것을 의미하기 때문에 상법전 제2편「상행위」의 규정에 한정된다. 형식적 의의의 상행위법인 상법전 제2편「상행위」는 그 전체적인 구성 체계가 모든 영업 형태에 일률적으로 적용되는 총론과, 특수업종 그 자체에만 적용되는 각론으로 이원화되어 있는 것이 특색이다.

2. 상행위법의 특성

상행위법은 기업활동(거래)에 관한 법으로서 간이, 신속, 자유 등의 이념이 비교적 강하게 나타나므로 상행위법은 대체로 임의법으로서의 성격을 지니는 것으로 이해된다. 그러나 상행위법은 한편으로 개체의 이익조정에 관해서는 획일적 해결을 꾀하려는 경향을 보이고, 기업과 거래하는 일반 대중의 이익보호를 위해 기업활동에 관한 국가의 감독과 강행법적 규제를 가히고 있는 부분도 적지 않다.

제2절 상행위의 의의와 종류

1. 상행위의 의의

상행위(business transaction)란 실질적 의의에 있어서는 기업거래 자체에 관한 모든 행위를 말하나, 형식적 의의에 있어서는 상법 제46조에서 열거하는 행위와 특별법에서 상행위로 규정되어 있는 경우의 행위를 말한다. 일반적으로 우리의 상법은 상행위의 개념을 정립함에 있어서 상행위법주의와 상인법주의를 병용하고 있는 것으로 설명되고 있는데, 이는 원칙적으로 상행위법주의에 의하고 보조적으로 상인법주의를 채용하고 있는 것으로 이해해야 할 것이다.

2. 상행위의 종류

(1) 기본적 상행위, 보조적 상행위, 준상행위

1) 기본적 상행위

이는 상인이 영업으로 하는 일정한 행위를 말하는 것으로 상법 제46조 각호에 열거된 상행위를 의미한다. 상인이 영업으로 한다는 점에서 이를 '영업적 상행위'로 칭하기도 한다.

① 동산, 부동산, 유가증권 기타 재산의 매매(상법 제46조 제1호): 매매는 가장 오래되고 모든 상거래의 기본이 되는 행위이다. 매매란 매도행위뿐만 아니라 매수행위를 포함한다. 그러므로 단순히 매수나 매도만을 하는 것은 매매라고 할 수 없다. 그러므로 이득의 의사 없이 무상 또는 원시적으로 취득한 물건을 매각하는 행위는 여기서 말하는 매매에서 제외되는 것으로 본다(대판1993.6.11, 93다7174). 다만 원시취득한 물건의 매각 행위가 의제상인의 요건에 충족하게 되는 때에는 준상행위로 취급받게 되는 것이다.

한편, 매수행위는 소유권의 유상취득을 전제하에 성립되므로 임대차나 사용대차에 의한 취득은 제외되는 것으로 보게 되는데, 재산의 매도에 관한 계약의 이행을 위하여 그 목적물을 취득하는 행위의 경우는 매매행위에 포함되는 것으로 볼 수 있다. 그리고 매수한 물건을 제조 또는 가공하여 매도하는 행위(상법 제46조 제3호)를 매매행위로 보는 견해가 있으나(서돈각, 서정갑 등), 이 경우는 매매행위에 속하지 않는다고 보아야 할 것이다(동지: 이병태). 목적물 중의 '기타의 재산'이란 무체재산권으로서 특허권, 저작권, 상표권과 광업권 및 어업권 등을 말한다(관계 법규: 도소매업진흥법, 자본시장법, 상품권법, 독점규제 및 공정거래에 관한 법률, 기타 세법 등).

② 동산, 부동산, 유가증권 기타 재산의 임대차(상법 제46조 제2호): 소유권의 이전이 아닌 재산의 이용을 영업의 대상으로 하는 행위이다. 즉, 이익을 얻고 임대할 의사로서 재산을 유상으로 취득하여 임대하는 행위나 원래부터 가지고 있는 재산을 임대하는 행위를 말하는 것이다. 이러한 임대에 관한 의사는 행위 당시에 존재하면 되는 것이고, 이것이 객관적으로 인식될 수 있어야 한다(관계 법규: 민사조정법).

③ 제조, 가공 또는 수선에 관한 행위(상법 제46조 제3호): 제조, 가공 또는 수선을 인수하는 행위를 말한다. 이것은 제조, 가공 또는 수선 그 자체는 사실행위에 불가하기 때문에 타인을 위하여 제조, 가공 또는 수선을 유상으로 인수하는 행위에 한정하지 아니하고 자기를 위하여 원료를 유상으로 취득한 다음 제조, 가공 또는 수선하여 판매하는 행위를 포함하는 것으로 본다(동지: 서정갑). 그러나 이와 달리 자기를 위하여 한 경우는 제외된다는 견해도 있다(서동갑, 손주찬 등).

본 호의 각 행위를 구체적으로 살펴보면 제조는 재료에 노력을 들여 새로이 전혀 다른 물건을 만드는 행위이고(양조, 직물, 제화, 기계생산 등), 가공은 재료의 동일성을 유지시키면서 약간의 변화를 가하는 행위이며(세탁, 염색, 정미 등). 수선은 효율적인 사용을 위하여 노력을 가하는 것으로서 광의의 가공에 포함시킬 수 있을 것 등으로 정리된다(관계 법규: 식품위생법, 품질경영촉진법).

④ 전기, 전파, 가스 또는 물의 공급에 관한 행위(상법 제46조 제4호): 전기사업(전기의 생산 공급), 방송사업(라디오, 텔레비전 등의 유선 또는 지상파 공중방송 등), 가스사업(도시가스 프로판가스 등의 생산 공급), 수도사업(물의 공급) 등과 같이 계속적인 급부를 인수하는 행위를 말한다. 그 법적 성질에 관해서는 도급계약설 또는 매매유사의 무명계약설이 대립되고 있으나 이는 매매계약으로 보아야 할 것이며, 설비의 임대가 수반되는 때에는 매매와 임대차의 혼합계약으로 보아야 할 것이다(관계 법규 :전기사업법, 수도법, 전파법, 방송법, 전기통신사업법, 한국가스공사법 등).

⑤ 작업 또는 노무의 도급의 인수(상법 제46조 제5호): 작업에 관한 도급의 인수는 부동산 또는 선박 등에 관한 공사를 인수하는 행위를 말하고(철도부설, 건물 등의 건축, 교량 및 도로공사 등), 노무에 관한 도급의 인수란 인부 기타의 근로자의 공급을 인수하는 계약으로 근로자의 파견 등 공급에 관한 사업이 여기에 속하다. 주로 건축 또는 토목공사 및 시설관리 등과 관련하여 계약이 이루어진다(관계 법규: 건설사업촉진법, 직업안정법, 경비업법, 파견근로자 보호 등에 관한 법률 등).

⑥ 출판, 인쇄 또는 촬영에 관한 행위(상법 제46조 제6호): 출판에 관한 행위란 문서 또는 도서를 인쇄하여 발매 또는 배포하는 행위를 말하고, 출판을 함에 있어서는 저작자와의 사이에 출판

계약, 인쇄업자와의 사이에는 인쇄계약이 필요하게 되는데, 이러한 계약은 출판업자의 부속적 상행위에 속한다. 왜냐하면 출판업자의 기본적 상행위는 출판물의 매도행위이기 때문이다. 따라서 자기가 직접 출판하거나 인쇄를 하는 경우로서 예컨대 신문사가 자기의 인쇄소에서 신문을 인쇄하여 발매하는 행위도 여기에 속한다. 인쇄에 관한 행위란 기계 또는 화학적인 방법에 의하여 문서 또는 도서를 복제하는 것을 인수하는 행위이다. 촬영에 관한 행위란 사진의 촬영을 인수하는 계약으로서 사진사의 행위를 그 예로 들 수 있다(관계 법규: 저작권법, 출판사 및 인쇄소의 등록에 관한 법률 등).

⑦ 광고, 통신 또는 정보에 관한 행위(상법 제46조 제7호): 광고란 소비자의 수요를 자극하기 위하여 널리 선전 또는 홍보하는 것을 말하고, 통신은 각종의 뉴스를 제공하는 행위이며, 정보에 관한 행위는 신용정보업자의 행위로서 타인의 자력이나 신용 및 기타 신원에 관한 사항을 수집하여 보고하는 것인데, 이러한 것을 계약의 목적으로 하는 경우를 말한다(관계 법규: 신용정보의 이용 및 보호에 관한 법률, 옥외광고물관리법 등).

⑧ 수신, 여신, 환 기타의 금융거래(상법 제46조 제8호): 금전 또는 유가증권의 수신, 여신에 관한 행위와 이종화폐 간의 교환행위, 어음의 할인이나 보증 등의 행위를 말한다. 또한 금전 또는 유가증권을 타인에게 대부하는 대금업과 전당포 등의 대금행위도 여기에 속한다(관계 법규: 은행법, 외환거래법, 전당포영업법 등).

⑨ 공중(公衆)이 이용하는 시설에 위한 거래(상법 제46조 제9호): 공중의 집래에 적합한 설비를 갖추고 그것을 객의 수요에 따라 이용하게 하려는 것을 목적으로 하는 행위이다. 여관, 다방, 음식점, 이발소, 극장, 동물원 등의 행위가 이에 속한다(관계 법규: 공중위생법, 식품위생법 등).

⑩ 상행위의 대리의 인수(상법 제46조 제10호): 독립된 상인으로서 일정한 상인을 위하여 계속적으로 상행위의 대리를 인수하는 행위이다. 상법 제37조의 정함이 있는 체약대리상의 행위가 주로 여기에 속한다.

⑪ 중개에 관한 행위(상법 제46조 제11호): 타인 간의 법률행위의 중개를 인수하는 행위로서 계약체결을 유치하기 위한 모든 활동을 말한다. 상법 제87조 및 제93조의 정함이 있는 중개인이나 중개대리상의 행위와 각종의 민사중개인(부동산, 자동차 등의 매매를 중개하는 자, 직업소개소 등) 등의 행위가 이에 해당된다(관계 법규: 상법, 부동산중개업법 등).

⑫ 위탁매매 기타의 주선에 관한 행위(상법 제46조 제12호): 자기의 명의로 타인의 계산으로 법률행위를 하는 것을 인수하는 행위로서 간접대리의 인수라고 할 수 있다. 이때 타인의 계산이란 경제적으로 그 타인이 손익의 주체가 되는 것을 말한다. 상법 제101조의 위탁매매인, 동법 제114조의 운송주선인, 동법 제113조의 준위탁매매인 등의 행위가 주로 여기에 속한다(관계 법규: 상법, 자본시장법 등).

⑬ 운송의 인수(상법 제46조 제13호): 물건 또는 사람의 운송을 인수하는 행위로서 운송계약을 말하고, 운송이라는 사실행위까지를 의미하는 것은 아니다. 운송은 목적물, 장소, 방법 등은 가리지 않는다. 그러므로 물건운송, 여객운송, 육상운송, 해상운송, 항공운송, 자동차운송, 철도운송 등이 모두 이에 해당된다(관계 법규: 철도법, 선박법, 도선법, 항공법, 삭도 · 궤도법, 자동차운수사업법 등).

⑭ 임치의 인수(상법 제46조 제14호): 임치는 타인을 위하여 물건 또는 유가증권을 보관할 것을 인수하는 행위로서 창고업자나 주차장 업주가 영업으로 하는 물건 보관인수계약이 여기에 속한다(관계 법규: 상법, 화물유통촉진법 등).

⑮ 신탁의 인수(상법 제46조 제15호): 신탁이란 신탁설정자가 특정의 재산권을 수탁자에게 이전하거나 기타의 처분을 하고 수탁자로 하여금 일정한 자의 이익 또는 특정의 목적을 위하여 그 재산권을 관리 · 처분하게 하는 법률관계이다. 이때 수탁자의 지위를 인수하는 것이 이에 해당되는 행위이다(관계 법규: 신탁법 등).

⑯ 상호부금 기타 이와 유사한 행위(상법 제46조 제16호): 상호부금이란 일정한 기간을 정하여 부금을 납입하면 중도 또는 만기에 일정한 금액을 지급할 것을 약정한 것을 말한다. 오늘날 상호신용금고에서 취급하는 상호신용계 업무가 여기에 속한다. 종래에는 은행권에서는 국민은행만이 이러한 업무를 취급하였으나 1983년 4월 이후에는 모든 금융기관에서 취급할 수 있게 되었다. 따라서 현재 이를 본연의 업무로 취급하고 있는 것으로는 각종 공제조합 등의 행위가 이에 해당되는 것으로 볼 수 있다.

⑰ 보험(상법 제46조 제17호): 보험이란 동일한 위험을 예상하는 다수인이 위험단체를 형성하고(보험상품의 개발 및 가입) 일정한 기간을 정하여 금전을 적립함으로써 위험이 현실적으로 발생된 경우에 보험계약상 수취인으로 정해진 자에게 약정된 금액의 급여를 하는 것을 목적으로 하는 행위이다. 여기에는 영리보험만 포함되고 상호보험이나 사회보험은 제외되는 것으로 본다(관계 법규: 상법, 보험업법 등).

⑱ 광물 또는 토석의 채취에 관한 행위(상법 제46조 제18호): 이러한 행위는 원래 원시생산업에 속하는 행위로 보지만, 그 기업성이 농후하여 상행위로 흡수하게 된 것이다. 여기에 속하는 행위는 채취라는 사실행위가 아니라 채취한 것을 판매하는 행위를 말한다(관계 법규: 광업법, 광업재단저당법 등).

⑲ 기계, 시설 그 밖의 재산의 금융리스에 관한 행위(상법 제46조 제19호): 이는 리스에 관한 행위를 말한다. 일반적으로 리스는 새로운 설비조달수단으로 이용자가 선정한 특정물건을 리스회사가 취득하거나 대여 받아 이용자에게 일정 기간 사용하게 함으로써 리스업자는 사용료(리스료)를 향유하여 투자금을 회수는 행위를 말한다. 이 경우 리스에 제공된 물건 또는 시설

에 대한 유지와 관리에 관해서는 이용자가 부담하게 된다(관계 법규: 민법의 일반원칙 계약법, 상법, 리스약관 등).

⑳ 상호 · 상표 등의 사용허락에 의한 영업에 관한 행위(상법 제46조 제20호): 이는 프랜차이즈 계약에 관한 행위를 말한다. 프랜차이즈 계약이란 수수료 등의 대가를 지급하고 타인의 상호, 상표, 서비스표 등의 사업적 징표 및 경영에 관한 노하우를 자기의 영업에 이용할 수 있는 허가와 더불어 그 제공자의 통제하에서 영업할 것을 내용으로 하는 독립된 상인 간의 유상 · 쌍무계약으로서 전 기업체제의 사용허가로 정의되고 있는 행위이다(관계 법규: 상표법, 상표법 시행령, 상표등록령, 상표법조약, 민법의 일반원칙 계약법, 상법, 프랜차이즈업빕, 약관 등).

㉑ 영업상 채권의 매입 · 회수 등에 관한 행위(상법 제46조 제21호): 이는 일명 팩터링으로 불리어지는 행위의 계약을 말한다. 이는 거래기업의 요청이 있으면 매출채권의 변제기 전에 채권대금에 상당하는 선급금융을 해주고 채무자로부터 채무금을 변제받게 되는 계약의 형태이다(관계 법규: 민법의 일반원칙 계약법, 상법, 약관 등).

㉒ 신용카드, 전자화폐 등을 이용한 지급결제 업무의 인수(상법 제46조 22호): 이것은 신용 및 정보통신기술의 발달로 새롭게 등장한 상거래 행위의 일종으로서 소비자의 신용을 관리 또는 담보로 공급자에게 지급을 대행하거나 보증하며, 그 거래자체를 인수하는 행위로 정의 된다(관계 법규: 정보통신사업법, 전자거래기본법, 전자금융거래법, 전자무역촉진에 관한 법률, 전자상거래 등에서의 소비자보호에 관한 법률, 전자서명법 등).

2) 보조적 상행위

상인이 영업을 위한 보조적(부수적) 상행위를 말한다. 영업을 위하여 하는 상행위에는 재산상의 행위이든 법률상의 행위이든 준법률행위(예: 광고, 최고 등)이는 또는 유상행위이든 무상행위(예: 고객에 대한 증여 등)이든 불문한다.

3) 준상행위

상법 제46조의 각호에서 열거하는 상행위에는 속하지 아니하나 상행위 규정에 준용될 수 있는 행위를 말한다. 즉, 의제상인이 영업으로 하는 행위가 이에 속하는 것이다.

(2) 일방적 상행위와 쌍방적 상행위

1) 일방적 상행위

이는 상인과 비상인 간의 매매행위에서 나타나는 것처럼 당사자의 일방에게만 상행위가 되는 행위를 말한다.

2) 쌍방적 상행위

이는 도매상과 소매상간의 매매에서와 같이 당사자의 쌍방이 상인으로서 서로 간에 상행위가 되는 경우를 말한다. 상법 제58조, 제67조, 제68조, 제69조, 제70조, 제71조 등에는 이를 '상인 간의…'로 표시하고 있다.

그러나 상법 제3조는 당사자 중 그 1인의 행위가 상행위인 때에는 전원에 대하여 상법을 적용한다고 하였으므로 그 구별의 실익은 상기한 것 외에는 거의 없다.

제3절 상행위법의 통칙

기업거래에 있어서도 사법의 일반원칙인 계약자유의 원칙이 존중되므로 이를 규정하는 민법의 제반규정이 폭넓게 적용되나, 기업의 활동에는 특수성(계속성, 집단성, 반복성, 정형성)이 내재되는 까닭에 민법의 모든 부분의 규정을 그대로 적용시킬 수만은 없게 된다. 따라서 이하에서와 같이 민법의 일부규정을 변경시키는 상법의 통칙규정이 만들어졌다.

1. 민법 총칙편에 대한 특칙

(1) 상행위의 대리

1) 현명주의의 예외

민법에 의하면 대리인은 본인을 위한 것임을 표시하거나 또는 상대방이 대리인으로서 한 것임을 알았거나 알 수 있었을 때에 한하여 그 행위가 본인을 위하여 효력이 생긴다(현명주의: 민법 제114조, 제115조 단서). 이를 상법은 상행위에 있어서는 대리인이 본인을 위한 것임을 표시하지 아니하여도 그 행위는 본인에 대하여 효력이 생기는 것으로 하였고(비현명주의: 상법 제48조), 예외로 이 경우 상대방이 본인을 위한 것인지를 알지 못한 때에는 대리인에 대해서도 이행청구를 행사할 수 있도록 하였다(부진정연대채무관계의 인정: 동법 단서). 이는 거래의 간이 및 신속을 기하고 안전을 도모하는 한편, 상대방의 不測에 의한 손해를 구제하기 위하여 제도화하게 된 것이다.

그러나 어음 및 수표행위의 대리행위에 있어서는 민법에서보다 강화하여(민법상 대리방식에는 제한이 없으므로 서면 또는 구두로도 가능) 대리인은 반드시 본인을 위하여 행함을 어음권면에 기재하고, 그 대리인이 기명날인 또는 서명하도록 하였다(어음법 제8조, 수표법 제11조: 엄격현명주의). 이는 어음 및 수표의 유통에 있어서는 간이 및 신속보다는 거래의 안전측면과 그 지급의 확실성이 보장될 필요가 있기 때문에 제도화하게 된 것이다.

2) 본인의 사망과 대리권의 존속

민법의 규정에 의하면 대리 관계에 있어서 본인의 사망은 대리권 소멸사유의 원인이 되지만(민법 제127조), 상법은 상인이 그 영업에 관하여 수여한 대리권은 본인의 사망으로 인하여 소멸하지 아니하는 것으로 하였다(상법 제50조). 이는 거래관계의 동요와 혼란을 방지하여 기업의 지속을 가능하게 하기 위함에서 마련된 것이다.

(2) 상행위의 위임(委任)

민법의 규정에 의하면 위임관계에 있어서 수임자는 위임의 본지에 따라 선량한 관리자로서의 주의를 다하여 위임사무를 처리하도록 되어 있다(민법 제681조). 그러나 상법은 상행위의 위임을 받은 자는 위임의 본지에 반하지 아니한 범위 내에서 위임을 받지 아니한 행위도 할 수 있는 것으로 하였다(상법 제49조). 이는 수임자의 권한을 위임의 본지를 기준으로 정하여 불측의 손해로부터 위임자를 구제할 목적에서 마련된 제도이다. 따라서 상인의 대리인은 위임의 본지가 무엇인지 파악하는 것이 무엇보다 중요하다 할 것이다.

(3) 소멸시효(消滅時效)

민법의 원칙에 의하면 채권의 소멸시효기간은 10년이다(민법 제162조). 그러나 상법은 상행위로 인한 채권의 소멸시효기간은 5년을 원칙으로 하되(상법 제64조), 다른 법령에 의하여 이보다 단기시효의 규정이 있는 때에는 그에 의하는 것으로 하였다(동법 단서). 이는 상거래는 신속하게 마무리 지을 필요성이 있음에 따라 마련된 것이다.

2. 민법 물권편에 대한 특칙

상거래에 있어서는 특히 상인 상호간의 신용은 매우 중요하다. 그러나 매거래 마다 신용할 수 없다하여 일일이 약정담보를 설정하게 하면 상대방에 대한 불신의 표명으로 상호간의 신용은 더욱 악화될 수밖에 없게 되고, 한편으로 약정담보설정의 번잡함으로 인하여 거래의 신속성 마저도 떨어지게 되는 불편함이 따르게 된다. 그러므로 상법은 한편으로는 상인간의 상행위로 인한 채권에 대하여는 강력한 물적담보권인 유치권(상법 58조)을 인정하는 외에, 대리상(상법 제91조), 위탁매매인(상법 제111조), 운송주선인(상법 120조), 육상운송인(상법 제147조, 제120조), 해상운송인(상법 제807조 제2항) 등의 기업 거래상의 일정한 채권을 담보하기 위하여 물적담보가 전제되는 상사특별유치권을 각각 인정하는 동시에, 다른 한편으로는 다수채무자 또는 상사보증의 경우에 그 연대성을 인정하여 인적담보를 강화하고 있다(상법 제57조). 이 밖에도 상사채권에 대한 물적담보설정을 용이하게 하기 위하여 상사질권으로 유질계약(流質契約)을 허용하고 있으며(상법 제59조), 특히 선박채권에 대한 선박담보의 경우에는 선박우선특권(상법 제777조)과 선박저당권(상법 제787조)을 별도로 인정하는 반면, 등기선박에 대해서는 입질을 불허하는 경향을 보이고 있다(상법 제789조).

(1) 상인 간의 유치권(留置權)

1) 상사유치권과 민사유치권

상인 간의 상행위로 인한 채권이 변제기에 있는 때에는 당사자 간에 다른 약정이 없는 한 채권자는 변제를 받을 때까지 그 채무자에 대한 상행위로 인하여 자기가 점유하고 있는 채무자 소유의 물건 또는 유가증권을 유치할 수 있도록 하였다(상법 제58조). 민법상으로도 타인의 물건 또는 유가증권을 점유한 자는 그 점유가 불법행위인 경우를 제외하고 그 물건이나 유가증권에 관하여 생긴 채권이 변제기에 있는 경우에는 변제를 받을 때까지 그 물건 또는 유가증권을 유치할 권리가 있다(민법 제320조 제1항, 제2항).

2) 양자의 차이

민사유치권에는 채권과 유치의 목적물(물건 또는 유가증권) 사이에 직접적이고 개별적인 관련성이 필요한 반면에, 상사유치권은 상인 간의 유치권으로서 상호간의 상행위로 인하여 점유하게 된 물건 또는 유가증권이라는 일반적인 관련성만 있으면 족하고 채권과 유치의 목적물 사이에 개별적인 관련성이 존재해야 할 것을 요구하지 않는다. 따라서 상사유치권은 민사유치권에 비하여 그 요건이 완화되어 있음을 알 수 있으나, 상사유치권에서의 채권은 쌍방을 위하여 상행위가 되는 행위에 의하여 생긴 것이어야 하므로 일방적 상행위인 경우는 행사가 불가능하고, 상행위가 아닌 행위에 의하여 생긴 채권이나 민사유치권의 경우에서와 같이 양도받은 채권으로는 유치권의 행사가 불가능하게 된다.

그리고 상사유치권에서 유치목적물의 범위에 관하여는 먼저 물건에는 부동산을 포함하지 아니하는 것으로 보는 견해가 있으나(최기원), 민사유치권의 경우에서는 민법의 동 규정에서 동산에 한하지 않는다는 점을 들어 부동산을 포함하는 것으로 보는 것이 학설의 다수설이다. 상사유치권은 민사유치권보다 상인의 채권확보의 길을 한층 수월하기 위하여 만들어진 제도임을 고려한다면 굳이 동산에 한정할 필요는 없다. 따라서 유치물의 범위에서 물건의 경우는 동산과 부동산을 포함하는 것으로 보고, 유가증권에는 사원권적 유가증권을 포함하는 것으로 해석함이 타당하리라 본다.

3) 상법상의 기타 유치권

상법 제58조의 상사일반유치권과 구별하여 상법 제91조의 대리상의 유치권, 상법 제111조의 위탁매매인의 유치권, 상법 제920조 항공운송인의 유치권은 일방적인 상행위에도 적용되는 상사특별유치권으로 법제되어 있다. 그러나 상법 제120조의 운송주선인의 유치권, 상법 제147조 육상운송인의 유치권은 일방적인 상행위에도 적용되나 보수, 운임, 위탁자를 위한 체당금, 선대금으로 유치채권의 범위를 제한하고 있는가 하면(상사특별제한유치권), 상법 제777

조 내지 제786조의 해상운송인의 유치권은 선박우선특권과 연계되어 제한적으로 법제되었다는 특이점이 있다.

(2) 유질계약의 허용(流質契約의 許容)

1) 유질계약의 금지(민법)

민법은 채무자의 궁박을 이용하여 채권자가 지나친 폭리를 얻는 것을 방지함으로써 경제적인 약자를 보호하기 위하여 유질계약을 금지하고 있다. 즉, 질권설정자는 채무변제기 전의 계약으로 질권자에게 변제에 갈음하여 질물의 소유권을 취득하게 하거나 법률에 정한 방법에 의하지 아니하고 질물을 처분할 것을 약정하지 못한다(민법 제339조). 그러나 채무변제기 이후에는 유질계약은 허용된다. 이는 변제기 이후에는 채무자의 궁박을 이용한다는 사정이 없는 것으로 보기 때문이다.

2) 유질계약의 허용(상법)

그러나 유질계약금지에 관한 민법의 이 규정은 상행위로 인하여 생긴 채권을 담보하기 위하여 설정한 질권에는 적용하지 않는다(상법 제59조). 여기에서 상행위에는 쌍방적인 상행위는 물론이고 일방적인 상행위도 포함하게 되는데, 질물의 소유권을 질권자가 취득하게 되는 때에는 특약으로 그 부족액의 청구를 약정하지 아니한 경우에는 채무도 동시에 소멸하게 되는 것이다. 상법은 채권자의 질권실행을 용이하게 함으로써 기업금융의 편의를 제공하는 한편, 상인은 자기의 이익을 타산할 수 있는 경제적인 자위능력을 가진 자로 보아 굳이 유질계약을 불허할 필요가 없다고 보기 때문에 유질계약을 허용하게 된 것이다.

3. 민법 채권편에 대한 특칙

(1) 상사계약의 성립

1) 청약의 효력

가. 민법상의 원칙

민법은 청약의 효력에 관하여 승낙의 기간을 정한 경우와 정하지 않은 경우로 나누어 규정하고 있다. 즉, ① 승낙의 기간을 정한 계약의 청약은 청약자가 그 기간 내에 승낙의 통지를 받지 못한 때에는 그 청약의 효력을 잃게 된다(도달주의: 민법 제528조 제1항). 승낙의 통지가 승낙기간 후에 도달한 경우에 보통 그 기간 내에 도달할 수 있는 발송인 때에는 청약자는 지체 없이 상대방에게 그 연착의 통지를 하여야 하나(동법 제2항), 그 도달 전에 지연의 통지를 발송한 때에는 청약자는 그 연착의 통지를 할 필요가 없다(동법 단서). 그리고 청약자가 위의 통지를 하지 아니한 때에는 승낙의 통지는 연착하지 아니한 것으로 본다(동조 제3항).

② 승낙의 기간을 정하지 아니한 계약의 청약은 청약자가 상당한 기간 내에 승낙의 통지를 받지 못한 때에는 그 효력을 잃는다(도달주의 민법 제529조).

①과 ②의 경우에 연착된 승낙은 청약자가 이를 새로운 청약으로 볼 수 있다(민법 제530조).

나. 상법상의 특칙

상법은 그간 계약의 성립시기에 관하여 대화자 간의 청약과 격지자 간의 청약으로 분리하고, 대화자 간의 계약의 청약은 상대방이 즉시 승낙하지 아니한 때에는 그 효력을 잃는다(상법 제51조). 따라서 지연된 승낙은 청약자에 대하여 구속력이 없다.

격지자 간의 청약에 있어서는 민법의 규정과는 달리 발신주의를 원칙으로 채택하였으나, 2010년 5월 14일의 상법개정을 통하여 격지자 간의 청약을 정한 상법 제52조가 삭제됨으로서 이후 민법의 도달주의로 일원화되었다.

2) 계약의 청약에 대한 낙부통지

민법의 원칙에 의하면 계약의 청약을 받은 자는 그 청약에 대하여 낙부에 관한 통지를 하여야 할 의무가 없다. 그러나 상법은 상인이 상시 거래관계가 있는 자로부터 그 영업부류에 속하는 계약의 청약을 받은 때에는 지체 없이 낙부에 관한 통지를 발송하여야 하고, 만일 그것을 해태한 때에는 승낙하는 것으로 하였다(상법 제53조). 이 경우 낙부에 관한 통지는 이를 발송함으로써 족하고 도달에 관한 위험은 청약자가 부담하게 된다(발신주의).

3) 견품 등의 물건보관의무

민법의 원칙에 의하면 계약의 청약과 함께 견품 기타의 물건을 받은 자는 그 청약을 거절한 경우에 이를 반송 또는 보관할 의무를 부담하지 아니하나, 상법은 상인은 그 영업부류에 속하는 계약의 청약을 받은 경우에 견품 기타의 물건을 함께 받은 때에는 그 청약을 거절한 경우에도 청약자의 비용으로 그 물건을 보관해야 하는 것으로 하였다(상법 제60조). 그러나 이 경우 물건의 가액이 보관비용을 상환하기에 부족하거나 보관으로 인하여 손해를 받을 염려가 있는 때에는 보관의무가 없다(동법 단서).

(2) 채무의 이행

1) 이행의 장소

민법은 특정물 인도채무의 이행장소는 채권성립 당시의 물건소재지(민법 제467조), 영업에 관한 채무의 이행장소는 채권자의 현영업소(민법 제467조 제2항: 지참채무)를 원칙으로 하나, 상법은 채무의 이행장소에 관하여 특칙을 두지 않고 있다. 그러나 상법은 채권자 지점에서의 거래로 인한 채무의 이행장소는 그 행위의 성질 또는 당사자의 의사표시에 의하여 특정되지 아니한 경우에 특정물의 인도 이외의 채무이행은 그 지점을 이행장소로 보고 있다(상법 제56조: 지참채무).

2) 이행 또는 이행청구 시간

상법은 법령 또는 관습에 의하여 영업시간이 정해져 있는 때에는 상행위로 인한 채무의 이행 또는 이행의 청구는 그 시간 내에 하는 것으로 하였다(상법 제63조). 그러나 당사자의 합의에 의하여 영업시간 외에 이행 또는 이행의 청구를 하는 것은 특약에 해당되므로 그 내용에 따른다.

(3) 다수 당사자의 채무

1) 다수채무자의 연대

민법의 원칙에 의하면 수인의 채무자가 있는 경우에 특별한 의사표시가 없으면 각 채무자는 균등한 비율에 의한 분할채무를 부담하는 것이 원칙이다(민법 제408조). 그러나 상법은 수인이 그 1인 또는 전원에게 상행위로 인하여 채무를 부담한 때에는 당사자 간에 특약이 없는 한 연대하여 변제할 것을 원칙으로 하고 있다(상법 제57조 제1항). 이는 특히 채권자를 보호함으로써 기업거래의 신용을 유지하고 거래의 안전을 도모하기 위한 것이다.

2) 보증인의 연대

민법의 원칙에 의하면 보증인은 특약이 없는 한 최고 및 검색의 항변권이 있으며(민법 제437조), 보증인이 수인 때에는 분별의 이익을 갖는다(민법 제439조). 이처럼 민법에서는 주된 채무가 보증채무인 경우에는 보증인의 보호차원에서 대항권의 마련과 함께 연대채무도 부담하지 아니하도록 하고 있는 데 반하여, 상법은 보증인이 있는 경우에도 그 보증이 상행위이거나 주된 채무가 상행위로 인한 것인 때에는 주된 채무자와 보증인은 연대하여 변제할 책임이 있는 것으로 하였다(상법 제57조 제2항). 이는 오히려 채권자를 두텁게 보호하는 것이 기업금융의 편의를 도모하고 신용유지와 거래의 안전을 추구하는 것에 합치되는 것으로 보고 있기 때문이다.

(4) 상행위의 유상성(有償性)

1) 보수지급청구권

민법에 의하면 타인을 위하여 어떤 행위를 하여도 특약이 없는 한 보수를 청구할 수 없는 것이 원칙이다(민법 제686조, 제701조, 제707조). 그러나 상법에 의하면 상인이 그 영업의 범위 내에서 타인을 위하여 행위를 한 때에는 특약이 없어도 그에 대하여 상당한 보수를 청구할 수가 있다

(상법 제61조). 이는 상인의 행위에 대한 유상성을 인정한 대표적인 규정이라 할 수 있다.

2) 법정이자청구권

가. 금전소비대차의 경우

민법은 특약이 없으면 이자가 없는 것이 원칙이나 상법은 상인이 그 영업에 관하여 금전을 대여한 경우에는 법정이자를 청구할 수 있도록 하였다(상법 제55조 제1항). 2010년 5월 14일 상법개정이전에는 쌍방적인 상행위에만 동 규정이 적용되었으나 동 개정으로 이후에는 일방적인 상행위에도 적용되는 것으로 하였다.

나. 금전체당의 경우

상인이 그 영업범위 내에서 타인을 위하여 금전을 체당(替當)한 때에는 체당한 날 이후의 법정이자를 청구할 수 있도록 하였다(상법 제55조 제2항). 이 규정 또한 2010년 5월 14일 상법개정으로 일방적인 상행위에도 적용되게 되었다.

다. 법정이율

민법상의 법정이율은 년 5分이나(민법 제379조) 상행위로 인한 채무의 법정이율은 년 6分이다(상법 제54조). 이는 상행위의 영리성에 기인해서 상사법정이율을 높인 것이다. 그리고 일반적인 경우 상행위로 인하여 발생한 채무불이행으로 인한 손해배상책임 또는 이로 인하여 계약을 해제한 경우의 원상회복의무 등에도 동 법정이율은 적용되는 것으로 본다.

실전사례 문제 8

[사례]

광주광역시에서 중고 건설기계를 수리하여 판매하는 Y사는 부산에 있는 건설사 A로부터 중고 건설장비 1대를 급히 주문을 받고 선수금으로 1천만원을 받았다. 따라서 평소 거래하고 있던 운송회사인 X사에 급하게 운송해 줄 것을 의뢰하고 운송물을 위탁하였다. 그런데 X사는 운송물을 인수해 간 뒤에 마음이 바뀌어 이전의 밀린 운송채권 5천만원을 지급해 줄 것을 요구하면서 동 운송물에 유치권의 행사를 강행한다는 통보를 보내왔다.

X의 유치권행사는 정당한 것인가?

이로 인하여 Y사는 A사에 대하여 계약을 이행할 수 없게 되었고, 결국 계약내용의 불이행에 따른 책임으로 손해배상금 3천만원을 배상하게 되었는데, 이를 X사의 책임으로 전가시킬 수는 없겠는가?

[사례풀이의 KEY]

1. 상사유치권의 성립에 관하여 설명하고 본 사례의 적용가능성을 검증해야 할 것임.

2. 민법 제2조의 정함이 있는 신의성실의 원칙의 적용가능성 또한 검토하여 논해야 할 것임.

제2장 상사매매

1. 서설

상사매매란 상인 간의 상행위인 매매를 말한다. 상법은 상사매매에 관하여 민법의 매매에 관한 규정의 적용을 전제로 약간의 특별규정을 두고 있다. 상법상 특별규정은 거래의 안전과 신속을 기하기 위한 것인데, 법제형식으로부터 볼 때 외관상 매도인만을 보호하기 위한 것처럼 비추어 질 수도 있는 것이 특징이다.

2. 매도인의 권리

(1) 목적물의 공탁권

상인 간의 매매에 있어서 매수인이 목적물의 수령을 거부하거나 수령할 수 없는 때에는 매도인은 그 목적물을 공탁할 수 있는데, 이 경우에 매도인은 지체 없이 매수인에 대하여 통지 하여야 한다(상법 제67조 제1항). 공탁 및 통지에 요하는 비용은 매수인의 부담으로 하며, 이 통지는 발신하는 것으로 족하고 도달에 관한 위험은 매수인이 부담한다.

(2) 목적물의 경매권

민법에 의하면 변제의 목적물이 공탁에 적당치 아니하거나 멸실 또는 훼손될 염려가 있거나 공탁에 과다한 비용을 요하는 경우에 한하여 법원의 허가를 얻어 그 물건을 경매하거나 시가로 방매하여 그 대금을 공탁할 수 있다(민법 제490조).

그러나 상법은 상인 간의 매매에 있어서는 매수인이 목적물의 수령을 거부하거나 수령할 수 없는 때에는 매도인은 그 물건을 공탁하거나 상당한 기간을 정하여 매수인에게 최고한 후 경매할 수 있도록 하였다. 이 경우에는 지체 없이 매수인에 대하여 그 통지를 발송하여야 한다(상법 제67조 제1항). 그러나 매수인에 대하여 최고할 수 없거나 목적물이 멸실 또는 훼손될 염려가 있는 때에는 최고 없이 경매할 수도 있는데(상법 제67조 제2항), 이를 매도인의 자조매각이라 한다.

그리고 경매가 이루어진 때에는 그 대금에서 경매비용을 공제한 잔액을 공탁하여야 하나(상법 제67조 제3항), 그 잔액의 전부나 일부를 매매대금으로 충당하여도 무방하다(동법 제3항 단서).

3. 매수인의 의무

(1) 목적물검사 및 하자통지의 의무

민법에 의하면 매매의 목적물에 하자가 있는 경우에는 매수인이 선의이고 무과실이며 또한 계약의 목적을 달성할 수 없는 경우에 한하여 계약을 해제할 수 있고, 기타의 경우에는 손해배상만을 청구할 수 있도록 되어 있다(민법 제580조, 제575조 제1항).

그러나 상법에서는 매수인이 전문적 지식을 가지고 있기 때문에 용이하게 목적물의 하자를 발견할 수 있다고 보는 것과, 매도인을 오랫동안 불안정한 상태에 두지 않게 할 것 등을 고려하여 매수인에게 지체 없이 목적물을 검사하고 하자를 통지할 의무를 부여하고 있다. 그리고 이 통지의무를 해태한 때에는 매수인은 그로 인한 계약해제, 대금감액 또는 손해배상을 청구하지 못한다(상법 제69조 제1항). 그러나 이 경우 매도인이 악의의 경우에는 이를 적용하지 아니한다(상법 제69조 제2항).

(2) 목적물보존 및 공탁의무

민법에 의하면 매매의 목적물의 하자 또는 수량부족으로 인하여 매수인이 계약을 해제한 때에는 원상회복의 의무만을 부담하므로 목적물을 매도인에게 반환하면 되고 보관할 의무까지는 없다.

그러나 상법은 상사매매에 있어서 매매의 목적물의 하자 또는 수량부족으로 인하여 매수인이 계약을 해제한 때에도 매수인은 목적물의 보관 및 공탁의무를 부담하는 것으로 하였다. 이는 매도인의 보호와 거래의 원활화를 기하고자 함에서 마련된 것이다. 그러나 목적물이 멸실 또는 훼손될 염려가 있는 때에는 법원의 허가를 얻어 경매하여 그 대금을 보관 또는 공탁하여야 하는데, 이러한 경우를 긴급매각이라 한다. 그리고 경매한 때에는 지체 없이 매도인에게 그 통지를 발송하여야 한다.

그러나 목적물의 주소와 장소가 매도인의 영업소 또는 주소와 동일한 특별시, 광역시, 시, 군에 있는 때에는 위 긴급매각은 허용되지 아니한다(상법 제70조 제1항 내지 제3항).

4. 확정기매매의 해제

민법에 의하면 확정기매매에 있어서 당사자 일방이 일정 시기에 이행하지 아니한 때는 상대방은 이행의 최고를 하지 않고 계약을 해제할 수 있으나, 이 경우 계약을 해제하려면 계약해제에 관한 의사표시를 반드시 하여야 하고, 이를 하지 아니한 경우에 계약의 효력은 존속되는 것으로 본다(민법 제544조, 제545조).

그러나 상법에서는 상인 간의 확정기매매의 경우에 당사자의 일방이 이행시기를 경과한 때에 상대방이 즉시 그 이행을 청구하지 아니하면 따로 계약해제에 관한 의사표시를 할 필요 없이 당연히 계약은 해제된 것으로 본다(상법 제68조). 따라서 상대방이 계약의 존속을 원하는 경우에는 즉시 그 이행을 청구하여야 한다. 이는 상거래의 신용을 전제로 신속한 처리와 당사자의 지위안정을 위해서 계약해제의 의사표시를 요하지 않고 당연히 계약해제의 효과가 발생하도록 한 것이다.

실전사례 문제 9

[사례 1]

슈퍼마켓을 경영하는 X는 2012년 1월 5일에 식품제조업을 경영하는 Y1에게 복숭아통조림 500상자를 주문하였고, 자동차 판매 대리점을 운영하는 Y2에게는 배달용 소형트럭 1대를 25,000,000원에 주문하고 선급금으로 15,000,000원을 지급하였다. 위의 주문품 중에 복숭아 통조림은 동년 1월 10일에 도착되어 창고에 보관 중에 있고, 배달용 소형트럭은 동년 1월 15일에 도착되었다.

동년 2월 10일에 X는 창고에 있던 위의 복숭아 통조림을 꺼내려 하였으나 상자 안의 복숭아 통조림의 상당부분이 부식되어 상품가치가 전혀 없게 되었음을 알게 되었다.

따라서 X는 Y1에게 지체 없이 통보하여 전량을 수거해 갈 것과 계약해제를 주장하게 되었는데, Y1은 이에 응해야 하는가?

이후, 동년 5월 25일에는 위의 배달용 소형트럭의 제동장치에 이상이 있음을 발견하고 지체 없이 Y2에게 하자를 통지함과 동시에 잔금에 대한 500만원의 대금감액을 청구하였다. 그러나 Y2는 이에 응하지 않고 오히려 빠른 시일 내에 잔금을 지급해 줄 것을 요구해 오고 있다. Y2에 대한 X의 청구는 정당성이 있겠는가?

[사례 2]

꽃가게를 운영하는 X는 꽃도매상 Y에게 2월 24일에 거행될 OO대학교 졸업식 수요에 맞추어야하므로 2월 23일에 도착하는 조건으로 장미 1만 송이를 1,000만원에 주문하게 되었다. 그러나 23일에 위의 물건은 도착되지 아니하였고, X는 급히 Y에게 전화하여 2월 24일 오전 7시까지는 무슨 일이 있어도 도착되어야 한다고 하였는데, 동 주문품은 동일 오후 3시경에 1,000만원의 청구서와 함께 도착되었다. X와 Y의 법률관계를 설명하시오.

[사례풀이의 KEY]

(사례 1)

1. 계약상 통지의무를 배제한다는 특약이 없는 경우에는 매도인의 악의가 의제되지 아니함.

2. 매수인의 검사 및 하자통지의무에 관한 법리를 이해할 필요가 있을 것임. 즉, 목적물의 종류에 따라서 검사의 방법과 기간이 달라질 수 있음을 이해할 필요가 있음.

3. 대금감액은 실질적인 손해부분에 대해서만 가능하다 할 것임.

(사례 2)

1. 본 사례는 확정기매매에 해당되므로 이에 관한 법리를 충분히 이해하고 정리해야 할 것임.

2. 기대수익에 대한 손실이 발생된 경우에는 그 배상청구권의 행사도 가능할 것인지를 고려해야 할 것임.

제3장 상호계산

1. 의의

상호계산(相互計算: current account)이란 상인 간 또는 상인과 비상인 간에 상시 거래관계가 있는 경우에 일정한 기간의 거래로 인한 채권과 채무의 총액에 관하여 상계하고 그 잔액을 지급할 것을 약정하는 계약을 말한다(상법 제72조). 이것은 일정한 시기에 일괄하여 결제하는 기술적 제도로서 거래 시마다 채권과 채무를 결제하는 번잡함과 금전수수에 따른 비용과 위험을 피하고 자금의 회전을 기할 수 있는 경제상의 효용에서 제도화 된 것이다. 상호계산은 ① 적어도 당사자 중 일방은 상인이어야 할 것, ② 당사자 간에 계속적인 거래관계가 유지되어야 할 것, ③ 정기적으로 상계할 일정한 기간 내의 거래자체로부터 발생되는 금전채권 · 채무가 존재해야 할 것 등을 조건으로 하고 있다.

2. 상호계산의 효력

상호계산의 효력은 상호계산기간 중의 효력인 소극적인 효력과 상호계산기간만료 후의 효력인 적극적인 효력으로 구분된다. 그러나 상호계산에 개입된 채권에 대하여 당사자 간에 그 효력이 문제될 수 있고, 특히 상호계산에 개입된 채권과 제3자 채권과의 권리관계에 있어서는 그 효력을 어떻게 볼 것인가가 문제되어 학설의 대립이 현저하게 나타나고 있는 부분이다.

(1) 소극적인 효력

1) 당사자 간의 효력

상호계산의 소극적 효력이란 상호계산기간 중의 효력을 가리키며, 상호계산기간, 즉 상계할 기간은 당사자가 정하지만 만약 정하지 않은 경우에는 이를 6월로 본다(상법 제74조). 상호계산계약의 결과, 이 기간 내의 채권과 채무는 각각 1개의 항목으로 상호계산에 개입되어 있기 때문에 그 독립성은 상실하게 되고, 일정 시기에 일괄하여 상계할 때까지 구속상태에 놓이게 된다. 이것을 상호계산불가분의 원칙(相互計算不可分의 原則)이라 한다. 이 원칙의 결과 일단 상호계산에 개입된 채권과 채무는 상대방의 동의가 없는 한 자의로 계산으로부터 제거할 수가 없게 된다.

그러나 예외적으로 어음 기타의 상업증권으로 인한 채권과 채무를 상호계산에 개입한 경우에 그 증권상의 채무자가 변제하지 아니한 때에는 당사자는 그 항목을 일방적으로 제거할 수가 있다(상법 제73조).

2) 제3자에 대한 효력

상호계산에 개입된 채권은 제3자에게도 효력이 발생되는가에 관하여 학설의 대립은 부정설에 가까운 상대적 효력설과 긍정설이라 할 수 있는 절대적 효력설, 그리고 이들의 절충설로 나뉘어 대립되는 현상을 보인다.

가. 부정설(상대적 효력설)

상호계산불가분의 원칙은 그 효력이 당사자 간에만 영향을 미치므로 당사자 일방이 이러한 원칙에 반하여 채권을 양도 또는 입질한 경우 선의의 제3자에게는 대항하지 못하고 상호계산 당사자인 상대방에게 손해배상의무가 발생할 뿐이라고 하는 견해이다(서돈각, 임홍근, 이병태, 강위두, 정동윤, 정찬형, 김성태 등). 이 학설은 일본의 유력소수설과 같은 취지의 것으로 상호계산에 개입된 채권은 원래 그 양도성이 상실되는 것이 아니고 당사자의 의사표시에 의하여 양도가 금지되어 있을 뿐인데 당사자가 이에 반하여 양도 또는 입질하게 된 때문이라고 그 이유를 설명하고 있다.

나. 긍정설(절대적 효력설)

상호계산계약의 특수성과 강행성에 의하여 상호계산기간 중에는 각 채권이 독립성을 상실하므로 당사자의 일방이 상호계산에 개입된 채권을 양도 또는 입질하더라도 양수인 또는 질권자인 제3자가 선의이거나 악의인 것을 불문하고 그 효력이 없으며, 더불어 압류도 인정될 수 없는 것으로 보는 견해이다(정희철, 손주찬, 최기원 등). 이 학설은 일본의 지배적인 견해와 판례의 입장과도 같은 취지의 것으로 상호계산의 불가분의 원칙은 단순히 채권양도를 제한하는 것을 목적으로 하는 것이 아니라 상법에서 제도화 하여 강행성의 결과로 생긴 효력이기 때문이라고 그 이유를 설명하고 있다.

상호계산계약을 상법상 법제화한 취지로부터 이러한 문제에 접근하게 되면 위 설명은 당연한 귀결로 받아들여질 수밖에 없고, 선의의 제3자 보호도 중요한 문제로 대두될 수 있지만 이보다 신의칙에 입각한 계약당사자인 상대방이 보호될 수 없다면 동제도의 발전은 기대할 수 없을 것이므로 동설에 입각한 해석 방법이 타당할 것으로 생각된다.

다. 절충설 및 단계별 상호계산이론

채권자는 채무자에 대한 통지 또는 채무자의 승낙을 대항요건으로 하며(민법 제450조 제1항),

통지와 승낙이 있더라도 채무자가 이의를 보류하지 않고 승낙한 것이 아닌 한 양도인에게 대항할 수 있는 사유로 양수인에게 대항할 수 없고(민법 제451조 제1항), 이러한 사정은 채권자의 입질에서도 같으나(민법 제349조 제1항, 제2항, 제451조) 다만, 제3자의 개입채권의 압류는 허용되지 않는다고 하는 견해이다(이철송 등). 채무자가 임의로 압류금지재산을 만드는 것을 허용하게 되어 부당하다는 다수설에 대하여 이점을 강조하면서 질권, 저당권 등 모든 약정담보에 대하여 똑같은 말을 할 수가 있다고 비판한다. 즉, 상호계산의 담보적 기능을 제3자의 압류를 허용함으로써 약화시킬 이유는 없다는 주장이다.

이러한 전통적인 상호계산이론에 대하여 새롭게 등장한 이론이 이른바 단계별 상호계산이론이라고 할 수 있는데, 동 이론에서는 상호계산불가분의 원칙을 부정하고 상호계산기간 중에도 채권, 채무가 발생할 때마다 잔액이 확정된다는 입장을 취하고 있다. 단계적 상호계산이론은 상호계산의 담보적 기능을 무시하고 당사자 간의 결재의 편의라는 측면만을 고려하여 이론을 전개한 것으로 당사자와 관련된 제3자 보호에 목적이 있겠으나, 현행상법상 상호계산에 관한 법제도론의 관점에서 생각하게 되면 결코 긍정될 수 있는 이론이라 할 수 없다.

(2) 적극적인 효력

상호계산의 적극적 효력이란 상호계산기간 경과 후의 효력을 말한다. 이 기간이 경과하면 기간 내에 발생한 채권과 채무의 총액에 관하여 결산기에 일괄 상계하게 되고, 지급할 잔액이 확정되어 그 잔액을 지급할 의무가 생기는 동시에 이로써 종래의 채권 및 채무관계가 경개(更改)되는 것이다(상법 제72조).

3. 상호계산의 종료

(1) 계약의 해지

상호계산은 일반적으로 계약의 존속기간이 만료됨으로서 종료되는 것이다. 그러나 상호계산의 각 당사자는 계약존속기간의 유무에도 불구하고 언제든지 상호계산계약을 해지할 수 있으며, 이 경우에는 즉시 계산을 폐쇄하고 잔액의 지급을 청구할 수 있게 된다(상법 제77조).

(2) 파산

당사자 일방이 파산선고를 받은 때에는 상호계산은 당연히 종료한다. 이 경우에는 당사자는 계산을 폐쇄하고 그 잔액의 지급을 청구할 수 있다(채무자 회생 및 파산에 관한 법률 제343조 제1항).

실전사례 문제 10

[사례]

Y는 주유소를 운영하는 상인이고, A는 Y주유소(이하 Y사라 칭함) 소유의 건물 2층에서 광고회사를 운영하고 있다. A는 Y사에 계속적으로 판촉물을 납품하고 Y사 또한 A의 영업용 자동차에 계속적으로 연료를 공급하는 관계에 있다. 이들은 자주 지급되는 결재의 번잡함을 피하기 위하여 매월 말일에 일괄하여 채권 및 채무를 상계하고 잔액을 결재하기로 하였다. 그러던 중에 A의 채권자인 X는 A와 Y간의 거래로 인한 A의 Y에 대한 채권을 압류하고 전부명령을 받아 Y에게 그 지급을 청구하고 있는데, X의 청구는 정당한 것인가?

[사례풀이의 KEY]

1. 본 사례에서는 먼저 Y와 A간의 상호계산계약의 성립을 설명해야 하고, 다음으로 상호계산불가분의 원칙까지를 논해야 할 것임.
2. 상호계산계약의 효력이 상대방의 채권자인 제3자에게도 효력이 인정될 수 있는지를 검토해야 할 것임. 이에 관해서는 학설의 대립이 현저한 부분으로 학설정리를 해야 할 것이며, 본인이 어떠한 학설을 따를 것인가에 따라 그 결론은 달라질 수 있다.

제4장 익명조합

1. 의의

익명조합(匿名組合: undisclosed association)이란 당사자의 일방인 익명조합원이 상대방의 영업을 위하여 출자하고, 상대방인 영업자는 그 영업으로 인한 이익을 분배할 것을 약정하는 것으로 그 효력이 생기는 계약이다(상법 제78조). 이러한 조합계약에서는 출자를 하는 자는 반드시 익명이어야 하고 그가 상인이거나 상인이 아닌 경우에도 문제될 바는 없으나, 영업을 하는 자는 반드시 상인이어야 한다.

익명조합계약의 목적은 익명조합원이 영업자의 영업을 위하여 출자하고 영업자는 영업에서 얻은 이익을 분배하는 것에 있으므로 이익분배는 계약의 요건이 되는 것이나 손실분담은 계약의 요건이 되지 않는다.

2. 익명조합의 법적 성질

익명조합계약은 유상계약이고 쌍무계약이며 낙성계약의 법적 성질을 가진다. 따라서 민법의 조합계약이나 소비대차계약과도 다르며, 또한 합자회사와 구별되는 상법이 인정한 일종의 특수계약으로 정의되고 있다. 이러한 익명조합의 법률상의 특이성을 좀 더 구체적으로 밝히기 위해서는 이와 유사한 제도와 비교하여 파악할 필요가 있게 된다.

(1) 민법상 조합 및 상법상 합자조합과의 차이

익명조합은 대외적으로는 영업자의 단독 영업이고 익명조합원의 출자재산은 영업자의 재산에 귀속되므로(상법 제79조) 외관상 공동사업으로 볼 수는 없다. 그러나 민법상의 조합과 상법상의 합자조합의 경우는 조합원 전원의 공동사업이고 조합재산은 조합원 전원의 합유(合有)에 속한다(민법 제703조, 상법 제86조의8 제4항).

또한 익명조합의 당사자는 영업자와 익명조합원 2인뿐이나 상법상 합자조합의 당사자는 무한책임을 부담하는 조합원과 유한책임을 부담하는 조합원이 각각 1인 이상으로 구성되면 족하고, 민법상의 조합은 전부가 무한책임을 부담하며 당사자의 수에 관하여는 상법상 합자조합과 같이 제한이 없다.

(2) 소비대차(消費貸借)와의 차이

익명조합에 있어서는 영업성적에 따라 이익이 발생한 경우에는 그 이익을 분배함을 요소로 하는데 반하여, 소비대차에 있어서 대주는 영업성적과는 관계없이 확정적인 이자를 받는 점에 있어서 기본적으로 다르다. 즉, 익명조합원은 기업에 출자하는 것인 반면, 소비대차의 대주는 단순히 이자를 받을 것을 목적으로 금전을 대부해 주는 것에 불과하다.

(3) 합자회사와의 차이

익명조합의 영업의 주체는 영업자이고 익명조합원은 대외적으로 권리와 의무를 가지지 못하나, 합자회사에 있어서는 법인인 회사가 권리와 의무의 귀속주체가 되고 합자회사의 사원(유한책임사원)도 회사의 구성원으로서 회사의 채권자에 대하여 출자액의 한도 내에서 변제책임을 부담한다(상법 제279조). 또한 익명조합원은 영업에 관여하지 못하나 합자회사의 유한책임사원은 회사의 기본적 사항(조직, 운영)의 결정에 참여한다. 이러한 점에서 합자회사는 상법상의 합자조합과도 유사하지만 이들은 법인성을 기준으로 다르다.

3. 익명조합의 법적 효력

(1) 당사자상호 간의 관계(내부관계)

1) 익명조합원의 출자의무

익명조합원은 영업자에 대하여 금전 또는 기타의 재산으로 출자할 의무를 부담한다(신용 또는 노무출자는 불인정). 이 경우 출자한 재산은 영업자의 재산으로 귀속된다(상법 제79조).

2) 영업자의 영업수행의무

영업자는 익명조합원의 출자재산을 영업을 위하여 사용하여야 하고, 그 영업에 관하여는 선량한 관리자로서의 주의의무를 부담한다. 따라서 영업자는 익명조합원의 의사에 반하여 영업을 개시하지 아니하거나 휴지, 변경, 폐지, 양도를 해서는 아니 되고, 이에 위반한 때에는 손해배상책임을 부담하게 되는 것이다.

3) 익명조합원의 영업감시권

익명조합원은 영업연도 말에 영업시간 내에 한하여 영업자의 재산목록, 대차대조표, 장부, 기타의 서류를 열람할 수 있고 영업자의 업무와 재산상태를 검사할 수 있다. 그러나 중요한 사유가 있는 때에는 언제든지 법원의 허가를 얻어 상기의 것들을 열람하거나 검사를 할 수 있다(상법 제86조, 제277조).

4) 익명조합원의 손실분담 의무

익명조합원에 대한 이익의 분배는 그 요소라 할 수 있으나 손실의 분담은 그 요소라 볼 수 없다. 그러나 계약에서 특별히 손실분담을 배제하고 있지 않는 한 손실분담의무가 있는 것으로 추정된다.

그리고 출자가 손실로 인하여 감소된 때에는 그 손실을 전보한 후가 아니면 이익배당을 청구하지 못한다(상법 제82조 제1항). 그러나 손실이 출자액을 초과한 경우에는 익명조합원은 이미 받은 이익의 반환 또는 증자할 의무가 없다(상법 제82조 제2항). 위 손실의 전보는 현실로 그 손실을 전보하는 것이 아니라 출자액에 그만큼 결손을 가져올 뿐이므로 계산상의 부담이 된다.

(2) 당사자와 제3자 간의 관계(외부관계)

영업자는 영업의 주체로서 제3자에 대하여 권리와 의무를 지며 익명조합원은 영업의 주체가 아닐 뿐만 아니라 업무집행이나 영업에 관한 대표권도 없다(상법 제86조, 제278조). 따라서 영업자의 행위에 관하여 제3자에 대한 권리와 의무가 없으므로 책임도 없다.

그러나 익명조합원이 자기의 성명을 영업자의 상호 중에 사용하게 하거나 자기의 상호를 영업자의 상호로 사용할 것을 허락한 때에는 그 사용 이후의 채무에 대하여 영업자와 연대하여 변제할 책임을 부담하게 된다(상법 제81조).

4. 익명조합의 종료

(1) 존속기간의 만료 등

계약의 존속기간이 만료된 때 또는 존속기간을 정하지 아니하거나 어느 당사자의 종신까지 존속할 것을 약정한 때는 영업연도 말에 계약을 해지할 수 있다. 이 경우 계약을 해지하려면 6월 전에 상대방에 예고하여야 한다(상법 제83조 제1항). 그러나 존속기간약정의 유무에 불구하고 부득이한 사정이 있는 때는 각 당사자는 언제든지 계약을 해지할 수 있다(상법 제83조 제2항).

(2) 영업자의 사망 또는 성년후견개시

영업자가 사망하거나 성년후견개시를 선고받은 때에는 익명조합계약이 종료된다(상법 제84조 제2호). 이처럼 영업자의 사망이나 성연후견개시는 익명조합계약의 종료원인이 되나, 익명조합원의 사망이나 선연후견개시는 계약의 종료원인이 아니고 상속인이 그 지위를 승계하게 되는 사유의 하나가 될 뿐이다.

(3) 영업자 또는 익명조합원의 파산

영업자 또는 익명조합원이 파산선고를 받아 그 영업능력을 상실하거나 재산처분의 능력을 상실하게 되면 익명조합계약은 종료하게 된다(상법 제84조 제3호).

5. 계약종료의 법적 효과

익명조합계약이 종료하게 되면 각 당사자는 익명조합계약상의 의무가 종료되어 익명조합원은 출자할 의무가 없어지고 영업자는 이익분배를 할 의무가 없어진다. 익명조합계약이 종료되면 영업자는 익명조합원에게 출자의 가액을 반환하여야 한다(상법 제85조). 이 경우 영업자는 반드시 익명조합원의 출자물을 반환하여야 하는 것은 아니고 금전으로 평가하여 금전으로 반환하면 된다. 그러나 당사자 간에 다른 약정이 있거나 물건의 사용권을 출자한 경우에는 영업자는 익명조합원에게 출자물 자체를 반환하여야 한다.

그리고 손실분담으로 출자가 감소된 경우에는 영업자는 출자액에서 손실분담액을 공제한 잔액을 반환하면 된다(상법 제85조 단서). 이 경우 손실분담의 계산은 익명조합계약의 종료 당시의 재산상태를 기초로 하게 된다.

익명조합은 CPA시험 제37회에서 처음 기출 된 이후 자주 출제되는 내용이다.

실전사례 문제 11

[사례]

A는 대학교수로서 여유자금 5억원을 가지고 있다. 그러나 정년을 하게 되면 적어도 30억원은 있어야 노후대책이 된다는 생각에 투자처를 물색하던 중 단란주점을 하게 되면 크게 돈을 벌 수가 있다는 말을 듣게 되었다. 따라서 이 방면에 사업수완이 있는 Y에게 영업을 하게하고 A가 출자하는 방식으로 이하의 조건에 의한 계약을 체결하게 되었다.

① A는 현금으로 5억원을 출자하여 4억원은 점포를 구입하고 나머지 1억원은 운영자금으로 사용하고, Y는 경영을 담당하되 다른 사업에는 종사하지 않는다.

② Y는 매월 수익의 유무와 상관없이 출자금의 3%에 해당하는 금액을 배당금으로 지급하고, 이익이 발생되면 이익금액의 2%를 추가로 분배한다.

③ 영업손실은 전적으로 Y의 부담으로 한다.

④ Y는 매월 5일에 전월의 영업수지계산서를 A에게 제출한다.

그러나 개업 후 8개월이 지난 후부터 Y의 무리한 경영으로 사업이 부실해지고 A는 Y가 자신을 속이는 것으로 생각하여 점포로 찾아가 강제로 문을 닫게 하는 등의 행위를 하면서 그 시정을 요구하였고, Y는 이를 이유로 그 동안 배당금과 이익분배를 하지 않고 있었다. 그러던 중에 Y의 사적채권자인 X는 채권금액 2억원의 변제를 청구하며 Y명의로 된 점포를 압류하고 경매를 신청하고 있다. 이들의 법률관계를 설명하시오.

주 : 본 사례는 김성태, 상법사례연습(최기원 · 편) 166면 변형한 것임.

[사례풀이의 KEY]

1. 본 사례에서는 익명조합의 기본적인 법률 관계에 대한 설명이 본안검토 전에 이루어져야 할 것이고, 이를 근거로 당사자 간의 행위에 대한 책임의 여부를 가려내야 할 것임.
2. 익명조합계약의 효과가 제3자에 어떠한 영향을 미치는 지를 검토해야 할 것이나, 제3자가 악의인가 선의인가에 따라 법률 관계가 달라질 수 있음을 알아야 할 것임.

제5장 합자조합

1. 서설

기업의 다양화전략이라는 국내 · 외적인 경제정세 변화에 따라 2011년 4월 14일 개정상법에서는 새로운 공동기업 형태로 상법의 상행위편에 기존의 익명조합에 더하여 합자조합(合資組合)을 도입하게 되었고, 회사법제에는 전통적인 회사제도 외에 추가적으로 유한책임회사(有限責任會社)제도를 도입하게 되었다.

합자조합은 주식회사와 조합의 장점을 살릴 수 있는 새로운 기업의 형태로 고안된 것으로 외국 법제에서는 Limited Partnership제도에 해당되고, 우리 법제에서는 유한책임조합원과 무한책임조합원으로 구성된다는 점에서 기존의 합자회사와 유사한 형태를 취한다. 그러나 합자조합은 비법인공동체기업으로 사적 자치가 광범위하게 인정되어 유한책임조합원도 기업경영에 직접 참여할 수 있다는 점에서 법인공동체기업이며 유한책임사원은 원칙적으로 기업경영에 참여할 수 없는 형태의 합자회사와는 크게 다르다. 그리고 조합원의 책임이 유한과 무한으로 양분되어 있다는 점에서 모든 조합원이 조합의 채무에 대하여 무한책임을 부담하는 민법상의 조합과도 다른 형태를 취한다.

2. 설립과 등기

합자조합의 설립은 업무집행자로서 조합의 채무에 대하여 무한책임을 부담하는 조합원과 출자가액을 한도로 유한책임을 부담하는 조합원이 상호 출자 하여 공동사업을 경영할 것을 약정하고(상법 제86조의2), 법정사항이 기재된 조합계약서에 총조합원이 기명날인하거나 서명함으로서 설립된다(동법 제86조의3). 이 경우 출자는 조합원이 무한책임인가 유한책임인가를 가리지 않고 금전, 기타의 재산 또는 노무나 신용출자도 허용되나(상법 제86조의8 제4항, 민법 제703조 제2항), 금전출자가 아닌 경우는 그 가액과 이행부분을 명시해야 하고(상법 제86조의3 제6호, 제86조의4 제1항 제2호), 출자된 조합재산은 조합원의 합유(合有)로 본다(상법 제86조의8 제4항, 민법 제704조).

조합이 설립되면 업무집행조합원은 그 설립 후 2주 내에 조합의 주된 영업소 소재지에서 법정된 사항을 등기해야 하고, 또한 그 변경이 있는 때에는 2주간 내에 변경등기를 하여야 한다(상법 제86조의4 제1항, 제2항).

1) 조합계약서에 기재할 사항

조합계약서에는 ① 목적, ② 명칭, ③ 업무집행조합원의 성명 또는 상호와 주소 및 주민등록번호, ④ 유한책임조합원의 성명 또는 상호와 주소 및 주민등록번호, ⑤ 주된 영업소의 소재지, ⑥ 조합원의 출자에 관한 사항, ⑦ 조합원에 대한 손익분배에 관한 사항, ⑧ 유한책임조합원의 지분양도에 관한 사항, ⑨ 둘 이상의 업무집행조합원이 공동으로 합자조합의 업무를 집행하거나 대리할 것을 정한 경우에는 그 규정, ⑩ 업무집행조합원 중 일부 업무집행조합원만 합자조합의 업무를 집행하거나 대리할 것을 정한 경우에는 그 규정, ⑪ 조합의 해산 시 잔여재산의 분배에 관한 사항, ⑫ 조합의 존속기간이나 그 밖의 해산사유에 관한 사항, ⑬ 조합계약의 효력 발생일 등을 기재하고, 조합원 전원이 기명날인 또는 서명하여야 한다(상법 제86조의3 제1호 내지 제13호).

2) 등기사항

합자조합이 설립된 후 2주간 내에 업무집행조합원은 주된 영업소 관할 법원의 등기소에 ① 위의 조합계약서상에 기재된 ①부터 ⑤(단, ④는 유한책임조합원이 업무를 집행하는 경우에만 적용) 및 동 ⑨, ⑩, ⑪, ⑬의 사항을 등기해야 한다. 그리고 ② 조합원의 출자목적, 재산출자의 경우에는 그 가액과 이행한 부분을 등기해야 한다(상법 제86조의4 제1항).

3. 업무집행

합자조합의 업무집행조합원은 조합계약에 다른 정함이 없으면 각자가 선량한 관리자의 주의로써 업무를 집행하고 대리할 권리와 의무가 있다(상법 제86조의5 제1항, 제2항). 그리고 복수의 업무집행조합원이 있는 경우에 조합계약상 다른 정함이 없으면 각 업무집행조합원의 업무집행에 관한 행위에 대하여 다른 업무집행조합원이 이의를 제기한 때에는 그 행위를 중지하고 업무집행조합원 과반수의 결의에 따라 업무를 집행해야 한다(동법 제3항).

4. 유한책임조합원의 책임

유한책임조합원은 조합계약서상 정한 출자가액에서 이미 이행한 부분을 뺀 가액을 한도로 조합채무에 대한 변제책임이 있다(상법 제86조의6 제1항). 이 경우 조합에 이익이 없음에도 불구하고 배당을 받은 금액은 변제책임을 정할 때에 변제책임의 한도액에 더하게 된다(동법 제2항).

5. 조합원의 지분양도

무한책임조합원을 포함한 업무집행조합원은 다른 조합원 전원의 동의를 받지 아니하면 그 지분의 전부 또는 일부를 타인에게 양도하지 못한다. 그러나 업무집행조합원이 아닌 유한책임조합원은 조합계약서상에 정해진 바에 따라 그 지분을 자유로이 양도할 수 있고(상법 제86조의7 제1항, 제2항), 이 경우 유한책임조합원으로부터 그 지분을 양수한 자는 양도인의 조합에 대한 권리와 의무를 그대로 승계하게 된다(동법 제3항).

6. 준용규정과 벌칙

합자조합에 대해서는 합명회사의 본점, 지점의 이전등기에 관한 상법 제182조 제1항과, 해산등기에 관한 상법 제228조, 청산인의 등기에 관한 상법 제253조, 청산종결의 등기에 관한 상법 제264조 및 합자회사의 해산과 계속에 관한 상법 제285조 등을 준용하도록 하고 있다(상법 제86조의8 제1항).

그리고 업무집행조합원에 대해서는 합명회사의 사원의 업무집행정지가처분 등의 등기에 관한 상법 제183조의2, 사원의 경업금지와 자기거래제한에 관한 상법 제198조 및 제199조, 직무대행자의 권한과 공동대표와 제3자 간의 의사표시 효력 및 대표사원의 권한에 관한 상법 제200조의2, 제208조 제2항, 제209조, 사원의 책임과 합자회사의 청산인의 선임에 관한 상법 제212조 및 제287조 등이 준용되고(상법 제86조의8 제2항), 위 합명회사 사원의 경업금지와 자기거래제한에 관한 상법 제198조 및 제199조의 경우는 합자조합의 계약내용에 우선하여 준용된다(동법 단서).

유한책임조합원에 대해서는 합자조합계약서상 다른 정함이 없음을 전제로 합명회사 사원의 자기거래 제한에 관한 상법 제199조, 합자회사 유한책임사원의 노무 또는 신용출자 금지를 정한 상법 제272조, 유한책임사원의 경업자유에 관한 상법 제275조, 유한책임사원의 감시권에 관한 상법 제277조, 유한책임사원의 업무집행 및 회사대표의 금지에 관한 상법 제278조, 유한책임사원의 사망과 금치산의 효력에 관한 상법 제283조 및 제284조 등이 준용된다(상법 제86조의8 제3항).

이 밖에도 합자조합에 관하여 상법과 조합계약서상에 다른 정함이 없는 경우는 민법의 조합에 관한 일반원칙이 준용되나, 유한책임조합원에 대해서는 조합원에 대한 채권자의 권리행사와 무자력조합원(無資力組合員)의 채무 및 타 조합원의 변제책임에 관한 민법 제712조 및 제713조가 적용되지 아니한다(상법 제86조의8 제4항). 그리고 합자조합의 업무집행조합원, 직무대행자, 청산인이 본 법에서 정하는 등기의무를 해태하는 때에는 벌칙으로 500만원 이하의 과태료에 처해지게 된다(상법 제86조의9).

註釋

민법 제712조(조합원에 대한 채무자의 권리행사) 조합채권자는 그 채무발생 당시에 조합원의 손실분담의 비율을 알지 못한 때에는 각 조합원에게 균분하여 그 권리를 행사할 수 있다.

민법 제713조(무자력조합원의 채무와 타 조합원의 변제책임) 조합원 중에 변제할 자력이 없는 자가 있는 때에는 그 변제할 수 없는 부분은 다른 조합원이 균분하여 변제할 책임이 있다.

실전사례 문제 12

[사례]

X는 Y1, Y2, Y3와 함께 합자조합을 결성하게 되었다. 조합계약서에는 X만이 그 경영능력을 인정받아 실질적인 투자를 하지 않고 무한책임조합원으로 등록하는 것으로 하고, 나머지 Y1, Y2, Y3는 유한책임조합원으로 각각 5억원씩 부담하며, 이들은 모두가 업무를 집행하는 것으로 정하였다. X의 경영능력은 탁월하여 창립 초기에는 큰 성과가 있었으나 이후 경기가 크게 나빠지게 됨에 따라 조합은 해산을 결의하지 아니할 수 없게 되었고, 이후 조합부채를 변제하는 등의 청산을 마친 결과 남겨진 조합의 재산은 4억원으로 확정되었다. 그러나 Y1, Y2, Y3는 잔여 조합재산 4억원을 3등분 하는 것으로 결의하고 X는 실질적인 투자를 하지 아니하였으므로 분배에서 제외시켜 버렸다. 따라서 X는 잔여재산에 대한 분배청구권을 주장하는 소를 제기하게 된 것이다.

X의 이 잔여재산 분배청구권은 인정될 수 있는 것인지 검토하시오.

[사례풀이의 KEY]

1. 합자조합을 설립등기함에 있어서는 조합원의 출자의 목적, 재산출자의 경우에는 그 가액과 이행한 부분을 등기하도록 되어 있다. 이 경우 노무출자인 경우는 어떻게 처리해야 하는지 검토해야 할 것임.
2. 본 사례에서는 해산하게 된 원인이 무엇인지를 심도 있게 고려해 보아야 할 것임.

제6장 대리상

1. 서설

대리상제도는 19세기 후반 이후 근대기업의 지역적 범위의 확대와 통신기관의 정비에 따라 발달한 것으로 구체적으로는 1897년 독일상법에서 최초로 입법화된 제도이다. 즉, 상인이 각지에 지점을 설치하고 상업사용인을 채용하는 것은 영업비의 증가와 업무감독의 불편이 따르게 되어 부적당하므로 그 지방의 사정을 잘 아는 독립의 상인에게 상시 거래의 대리 또는 중개를 위탁하고 그에 따른 보수를 지급하는 제도가 만들어지게 된 것이다. 이와 같이 일정한 상인을 위하여 상시 거래의 대리 또는 중개를 영업으로 하는 자를 대리상이라 한다.

2. 대리상의 의의

대리상(代理商: Handelsvertreter)이란 상업사용인이 아니면서 일정한 상인을 위하여 상시 그 영업부류에 속하는 거래의 대리 또는 중개를 영업으로 하는 자를 말한다(상법 제87조). 여기에서 '일정한 상인'이란 특정한 상인(위탁인)을 말하고 '상시'란 위탁자인 상인과 계속적 관계에 있음을 의미한다.

그리고 대리상은 위탁자의 영업부류에 속하는 거래의 대리나 중개를 영업으로 하는 자이므로 거래의 대리를 하는 경우는 체약대리상, 거래의 중개를 하는 경우를 중개대리상으로 구분한다. 대리상은 위탁자인 상인의 명의와 계산으로 거래의 대리 또는 중개를 하게 되고 계약고에 따른 일정한 비율의 보수를 받는 자이다.

3. 대리상의 권리와 의무

(1) 대리상과 상인과의 관계(위임관계)

1) 통지의무

대리상이 거래의 대리 또는 중개를 한 때에는 지체 없이 상인(본인)에게 그 통지를 발송하여야 한다(상법 제88조). 이는 상인(본인)이 그 거래의 당사자가 되기 때문이며, 따라서 그 거래로 인한 책무는 상인(본인)에게 있으므로 대리상에게 주어지는 기본적인 의무의 하나로 설계하게 된 것이다. 그리고 여기에서 '지체 없이'는 계약이 이루어 진 때로 보고, 통지는 발신주의에 의하는 것으로 볼 수 있기 때문에 도착의 위험부담은 상인(본인)에게 있는 것으로 해석한다. 대리상이 이러한 통지의무를 해태한 때, 그로 인하여 상인(본인)이 손해를 보게 되면 대리상은 그 손해에 대한 배상책임을 지게 된다.

2) 경업금지의무

대리상은 상인(본인)의 허락 없이 자기나 제3자의 계산으로 상인(본인)의 영업부류에 속하는 거래를 하거나 동종영업을 목적으로 하는 회사의 무한책임사원 또는 이사가 되지 못한다(상법 제89조 제1항). 이는 상인과의 이해충돌을 방지하고 상인(본인)에 대한 충실의무를 다하게 하기 위한 차원에서 대리상에게 부담으로 부여된 의무이다. 대리상이 이 의무에 위반한 때에는 상인(본인)은 계약의 해지, 손해배상청구권, 개입권을 행사할 수가 있게 된다(동법 제2항).

3) 보수청구권

대리상이 거래의 대리 또는 중개를 한 때에는 특약이 없어도 상인에 대하여 상당한 보수를 청구할 수 있다(상법 제61조). 이는 대리상과 상인과의 관계는 위임관계에 있으므로 위임의 반대적 급부로 보수청구권이 존재하는 것은 당연한 것이며, 한편으로 대리상도 독립된 상인이므로 상인의 행위에 대한 유상성을 인정한 상법의 일반원칙이 대리상계약에 있어서도 적용됨을 확인한 것에 불과하다.

4) 유치권

대리상은 당사자 간에 다른 약정이 없으면 거래의 대리 또는 중개로 인한 채권이 변제기에 있는 때에는 그 변제를 받을 때까지 상인을 위하여 점유한 물건이나 유가증권을 유치할 수 있다(상법 제91조). 예를 들어, 대리상이 상인본인에게 가지는 채권으로서는 수수료청구권, 보수청구권, 체당금반환청구권 등을 들 수 있다. 이러한 채권으로부터 행사하게 되는 대리상의 유치권은 상법 제58조의 상사일반유치권과 구별되는 상사특별유치권으로서 쌍방적인 상행위는 물론이고, 일방적인 상행위뿐만 아니라 상행위가 아닌 행위에 의하여 발생된 채권이나 양도받은 채권인 경우에도 상인본인에 대한 채권에 해당되면 피담보채권으로서 행사가 가능하다.

5) 보상청구권

대리상의 활동으로 본인이 새로운 고객을 획득하거나 영업상의 거래가 현저하게 증가하고 이로 인하여 계약의 종료 후에도 상인본인이 이익을 얻고 있는 경우에는 대리상은 상인본인에 대하여 상당한 보상을 청구할 수 있다(상법 제92조의2 제1항). 그러나 계약의 종료가 대리상의 책임 있는 사유로 인한 경우에는 그러하지 아니한다(동법 단서).

대리상의 보상청구권이 인정되는 경우에도 보상금액은 계약의 종료 전 5년간의 연평균보수액을 초과할 수 없으며, 계약의 존속기간이 5년 미만인 경우에는 그 기간의 연평균보수액을 기준으로 한다(상법 제92조의2 제2항). 이러한 대리상의 보상청구권은 계약이 종료한 날로부터 6개월이 경과되면 소멸하게 된다(동법 제3항).

6) 영업비밀 준수의무

대리상은 계약의 종료 후에도 계약과 관련하여 알게 된 상인본인의 영업상의 비밀을 준수하여야 한다(상법 제92조의3). 이는 대리상의 보상청구권을 인정하게 되면서 상인본인을 위하여 그 반대급부로 대리상의 의무로 설정하게 된 것이다. 따라서 대리상이 이에 위반하여 상인본인에게 손해가 발생된 경우에는 그 손해에 대하여 대리상은 배상책임을 지게 된다.

(2) 대리상과 제3자와의 관계

체약대리상은 대리상계약에 의하여 대리권을 가지며 상인본인의 대리인으로서 제3자와 직접 거래행위를 하게 된다. 따라서 체약대리상에게는 대리에 관한 민법 및 상법의 일반규정이 적용된다.

그러나 중개대리상의 경우는 상인본인과 제3자 간에 거래가 성립되도록 중개를 할 뿐이므로 대리권을 가지지 아니한다. 그러나 물건판매나 그 중개의 위탁을 받은 중개대리상도 제3자와의 관계에서는 매매의 목적물의 하자나 수량부족 기타 매매의 이행에 관한 통지를 받을 권한(통지수령권)을 가진다(상법 제90조).

4. 대리상계약의 종료

(1) 위임관계의 종료

대리상과 상인본인과의 관계는 위임관계에 있으므로 민법의 위임종료 원인에 해당되는 당사자 일방의 사망, 파산 또는 수임자인 대리상의 금치산 등에 의하여 대리상계약은 종료된다(민법 제690조). 그러나 체약대리상의 경우는 본인의 사망으로 대리권이 소멸하지 아니하는데(상법 제50조), 이는 영업활동의 중단을 방지하여 거래상대방의 이익을 보호하고 거래의 안전을 기하기 위함에 목적이 있는 것이다.

(2) 상인의 영업종료

대리상계약은 상인본인의 영업이 존속하는 것을 전제로 맺어지는 계약이므로 상인본인의 영업의 폐지 또는 영업의 양도 등의 원인이 발생하게 되면 대리상계약은 당연히 종료하게 된다. 그러므로 상인본인의 영업이 종료된 때에 대리상은 종임하게 된다.

(3) 대리계약의 해지

당사자가 대리상계약의 존속기간을 약정하지 아니한 때에는 각 당사자는 2개월 전에 예고를 하고 계약을 해지할 수 있다(상법 제92조 제1항). 그러나 대리상계약의 존속기간의 약정 유무에도 불구하고 부득이한 사유가 있는 때에는 각 당사자는 언제든지 계약을 해지할 수 있다(상법 제92조제2항, 제83조 제2항). 여기서 부득이한 사유란 각 계약당사자 간에 의무불이행, 상인본인의 영업종료, 당사자 일방의 파산 또는 대리상의 사망, 금치산 등이 발생한 경우이다.

제 7 장 중개업

1. 서설

중개업은 중세 이탈리아의 상업도시에서 공직적 성질을 가지고 탄생했으며 19세기 후반에 이르기까지 독점적 지위를 차지하고 있었으나, 1897년 독일상법은 영업자유의 원칙을 확립하고 중개업을 사적인 자유영업으로 편입시키게 되었다. 이것이 이후 다수 국가의 입법에 영향을 미치게 되어 독립된 자유영업으로 전환되기에 이르렀다.

중개업이란 상인 간의 계약체결을 용이하게 하는 상인의 보조상인으로서 위탁자를 위하여 거래의 상대방을 구하고 시장의 정세, 거래의 기회, 상대방의 신용상태 탐지 또는 상품의 감정 등 전문적 자료를 위탁자에게 제공함으로써 거래를 신속 · 안전하게 이루어질 수 있도록 하는 기능을 수행한다.

2. 중개인의 의의

중개인(仲介人: Handelsmakler, broker)이란 타인 간의 상행위의 중개를 영업으로 하는 자를 말한다(상법 제93조). 따라서 ① 중개인은 '중개'를 하는 자이다. 여기에서 중개란 타인 간에 계약이 성립되도록 알선하는 사실행위를 말한다. 중개인은 중개행위를 하는데 불과하고 자신이 계약의 당사자가 되지 않는다. ② 중개인은 '상행위'의 중개를 하는 자이다. 여기에서 상행위란 영업으로 하는 행위(기본적 상행위 또는 준상행위)에 한하고 영업을 위하여 하는 행위(보조적 상행위)는 포함하지 아니한다. ③ 중개인은 '타인 간'의 상행위의 중개를 '영업'으로 하는 자이다. 그러므로 적어도 그 타인 중의 1인은 상인이어야 한다. 중개인은 중개라는 사실행위를 인수하는 것을 영업으로 하는 것이므로 당연히 상인이다.

3. 중개계약의 법적 성질

중개계약은 타인과 상행위를 하려는 자가 그 중개를 할 것을 중개인에게 위탁하고 중개인이 이를 승낙함으로써 효력이 발생되는 계약이므로 그 성질은 위임계약이다(민법 제680조).

일반적으로 중개계약이라 말할 때에는 수탁자(중개인)가 계약이 성립하도록 계속적 · 적극적으로 힘을 써야 할 의무가 있는 동시에 위탁자도 계약의 성립에 대하여 보수를 지급할 의무를 지는 쌍방적 중개계약과 그렇지 않는 일방적 중개계약이 있는데, 이들의 법적 성질은 도급계약에 준하거나 유사하다고 보는 것이 학설의 다수적인 견해이다. 그러나 당해 중개계약이 어느 것인지 구별할 수 없는 경우에는 일방적 중개계약으로 보는 것이 일반적이다. 그러므로 중개인은 위임계약으로 일정한 상인을 위하여 계속적으로 중개하는 중개대리상과는 그 법적 성질에서부터 기본적으로 다른 것이다.

4. 중개계약의 법적 효력

(1) 중개인의 의무

1) 견품보관의무

중개인이 그 중개한 행위에 관하여 견품을 받은 때에는 그 행위가 완료될 때까지 이를 보관할 의무를 진다(상법 제95조). 여기에서 '완료될 때까지'란 중개계약의 성립만으로 족하지 않고 당사자 간에 목적물에 관한 분쟁이 확실하게 발생하지 않을 때라고 해석한다(당연부담의무).

2) 결약서 교부의무

당사자 간에 계약이 성립된 때에는 중개인은 지체 없이 각 당사자의 성명 또는 상호, 계약연월일과 그 요령을 기재한 서면(결약서, 체약서, 계약서 등)을 작성하여 기명날인 또는 서명한 후 각 당사자에게 교부하여야 한다(상법 제96조 제1항). 이는 계약이 성립되었음을 명확히 하여 당사자의 분쟁발생에 대비하기 위한 증거문서로 남기기 위한 것이다.

그리고 당사자가 즉시 이행 하지 않는 경우에는 기한부 또는 조건부계약으로 보아 중개인은 각 당사자로 하여금 결약서에 기명날인 또는 서명하게 한 후 상대방에게 교부하여야 한다(동법 제2항). 그러나 당사자의 일방이 결약서의 수령을 거부하거나 기명날인 또는 서명을 하지 아니한 때에는 중개인은 지체 없이 상대방에게 그 사실의 통지를 발송하여야 한다(동법 제3항).

중개인이 이러한 의무에 위반한 때 그로 인하여 계약당사자에게 손해가 발생하게 된 경우에는 중개인은 그 손해를 배상할 책임이 있다.

3) 장부작성 및 등본교부의무

중개인은 타인 간의 거래에 관한 증거보존을 위하여 중개에 의하여 성립된 계약당사자의 성명 또는 상호, 계약연월일과 그 요령을 장부에 기재하여야 한다(상법 제97조 제1항).

계약당사자는 언제든지 자기를 위하여 중개한 행위에 관한 장부의 등본을 교부해 줄 것을 청구할 수가 있고, 중개인은 그러한 요구가 있는 경우에 이를 교부할 의무를 부담한다(상법 제97조 제2항). 이러한 의무에 위반한 때에는 그로 인하여 발생된 손해에 대하여 중개인은 배상책임을 지게 된다.

4) 성명 · 상호묵비의 의무

당사자가 그 성명 또는 상호를 상대방에게 표시하지 아니할 것을 중개인에게 요구한 때에는 중개인은 그 상대에게 교부할 결약서 또는 중개인 일기장의 등본에 이것을 기재하지 못한다(상법 제98조). 이 의무에 위반하여 결약서 또는 중개인 일기장의 등본에 성명이나 상호를 기재함으로서 계약이 불성립되거나 파기됨으로써 계약당사자 일방에게 손해가 발행한 경우에는 중개인은 그로 인한 손해배상책임을 지게 된다.

5) 개입의무

중개인이 임의로 또는 당사자의 요구에 의하여 당사자 일방의 성명 또는 상호를 상대방에게 표시하지 아니한 때에는 상대방은 중개인에 대하여 그 계약내용의 이행을 청구할 수 있고(상법 제99조), 이 경우 중개인은 스스로 그 계약내용을 이행할 책임을 부담한다. 이를 중개인의 개입의무라고 하는데, 이는 상대방의 신뢰를 보호하기 위해 마련된 중개인의 특별한 이행담보책임이다.

(2) 중개인의 권리

1) 보수청수권

중개인은 특약이 없어도 그 중개행위에 대하여 상당한 보수를 청구할 수 있다(상법 제61조). 중개인의 중개행위로 발생되는 보수를 중개료 또는 구전(口錢 : courtage)이라고 한다.

중개인은 결약서 교부의 절차가 종료하지 아니하면 보수청구를 하지 못한다(상법 제100조 제1항). 중개인의 보수는 당사자 쌍방이 균분하게 부담하는 것을 원칙으로 하며(상법 제100조 제2항). 당사자 간의 보수분담의 약정이 있는 경우에 중개인이 그에 동의를 하지 아니한 경우에는 그 약정으로 중개인에게 대항하지 못한다.

그리고 중개인이 보수 이외에 지출한 비용의 상환청구는 특약 또는 관습이 없는 한 청구할 수 없는 것으로 해석하나, 개입의무와 관련된 비용의 상환청구는 가능한 것으로 보아야 한다. 왜냐하면 중개인의 개입의무는 상대방의 신뢰보호라는 차원에서 마련된 중개인의 특별한 이행담보책임이므로 일상적인 업무에서 발생되는 비용과는 그 성격이 다르기 때문이다.

2) 구상권

중개인이 위에서 설명한 개입의무를 완수한 경우에는 그 성명이나 상호의 묵비를 요구한 당사자에 대하여 중개인은 구상권을 행사할 수 있게 된다. 이때의 구상권은 그 계약의 결과물을 묵비를 청구한 당사자에게 이관시키는 것이기 때문에 그로 인한 손해가 발생된 때에는 그 손해도 구상권에 포함된다.

제8장 위탁매매업

1. 서설

위탁매매인은 타인의 위탁에 의하여 '자기의 명의로써 타인의 계산으로' 물건 또는 유가증권의 매매를 영업으로 하는 상인의 보조자이다. 이 제도는 비용을 절약할 수 있고 대리권이 남용될 염려가 없으며 위탁매매인의 신용, 수완, 경험을 활용할 수 있고, 위탁매매인으로부터 금융의 편의를 얻을 수 있으며, 거래의 상대방은 본인의 신용과 대리권의 유무를 조사할 필요가 없는 등의 유리한 바가 있기 때문에 제도화된 것이다. 특히 이 제도는 원격지 간의 거래에서 많이 활용된다.

2. 위탁매매인의 의의

위탁매매인(委託賣買人: Mercantile Agent)이란 타인의 위탁에 의하여 자기의 명의로 그 타인의 계산에서 물건 또는 유가증권의 매매를 영업으로 하는 자를 말한다(상법 제101조). 여기에서 '자기의 명의'란 위탁매매인이 스스로 매매계약의 당사자가 되는 것을 말하는 것이고, '타인의 계산에서'란 거래에서 발생한 손익이 모두 위탁자인 타인에게 귀속함을 의미하는 것이다. 그러므로 위탁매매인은 그 수고에 대한 보수만을 받게 되는 것에 불과하다.

위탁자는 상인이건 비상인이건 특정인이건 불특정 다수인이건 불문한다. 그러나 위탁매매인은 물건 또는 유가증권의 매매의 주선을 인수하는 것을 영업으로 하는 자이므로 반드시 상인이어야 한다. 그리고 물건에는 부동산이 포함되지 않는 것으로 보는 견해도 있으나(최기원, 이철송, 이기수, 김성태 외 다수), 상법에서 물건으로 폭넓게 설정하고 있는 것을 굳이 부동산을 빼고 동산으로 한정시키는 것으로 좁혀 생각할 필요는 없을 것으로 생각한다(同旨: 서돈각, 손주찬, 정동윤, 임홍근, 강위두, 정찬형 외 다수).

위탁매매계약은 위탁자가 물건 또는 유가증권 매매의 주선을 위탁하고 위탁매매인이 이것을 인수하는 계약이므로 위임계약의 일종이다.

3. 위탁매매인의 의무와 권리

(1) 위탁매매인의 의무

위탁매매인과 위탁자간의 관계는 위임에 관한 규정이 적용되므로 위탁매매인은 선량한 관리자로서 위탁자를 위하여 매매의 주선을 할 주의의무를 부담하며, 매입한 물건 또는 유가증권을 매각한 대금이나 매입한 물건 또는 유가증권을 위탁자에게 인도할 의무를 기본적으로 부담하는 것이지만, 그 밖에도 상법은 이하에서와 같은 특별한 의무를 법제화하고 있다.

1) 통지 및 계산서제출의무

위탁매매인이 위탁받은 매매를 한 때에는 지체 없이 위탁자에 대하여 그 계약의 요령과 상대방의 주소 및 성명에 관한 통지를 발송하여야 하고 또한 계산서를 제출하여야 한다(상법 제104조). 이는 거래 그 자체는 위탁매매인에게 귀속되는 것이지만 그 결과물은 모두 위탁자에게 귀속되기 때문에 특별히 인정하게 된 것이다.

2) 지정가액준수의무

위탁매매인은 위탁자가 지정한 가액에 따라 매매를 하여야 하며 이에 위반하여 매매한 때에는 위탁자는 그 결과물의 인수를 거절할 수가 있다. 그러나 위탁자가 지정한 가액보다 염가로 매도하거나 고가로 매수한 경우에도 위탁매매인이 그 차액을 부담하는 때에는 그 매매는 위탁자에 대해서도 효력이 생긴다(상법 제106조 제1항). 그러므로 이 경우에 위탁자는 그 매매의 계산상 효과의 귀속을 거부하지 못한다.

그리고 위탁자가 지정한 가액보다 고가로 매도하거나 염가로 매수한 경우에는 그 차액은 다른 약정이 없으면 위탁자의 이익으로 본다(상법 제106조 제2항). 이는 위탁자의 계산에서 매매가 이루어지기 때문에 그것이 순전히 위탁매매인의 노력에 의한 것이라 할지라도 위탁자의 이익으로 보게 되는 것은 당연한 결과이다.

3) 위탁물의 하자통지의무

위탁매매인이 위탁매매의 목적물을 인도받은 후에 그 물건의 훼손 또는 하자를 발견하거나 그 물건이 부패할 염려가 있는 때 또는 가격 저락의 상황을 안 때에는 지체 없이 위탁자에게 그 통지를 발송해야 한다(상법 제108조 제1항). 이는 그 물건이 위탁자의 것이므로 당연히 위탁자의 의사(지시)에 따라 처리해야 한다. 그러나 이 경우 위탁자의 지시를 받을 수 없거나 그 지시가 지연되는 때에는 위탁매매인은 위탁자의 이익을 위하여 적당한 처분을 할 수가 있다(상법 제108조 제2항). 이는 위탁매매인이 수임자로서 부담하는 선관의무에 입각하여 설계된 의무이며 권한이기 때문이다.

4) 이행담보의무

위탁매매인은 위탁자를 위한 매매에 관하여 상대방이 채무를 이행하지 않는 경우에는 위탁자에 대하여 이를 이행할 책임이 있다. 그러나 다른 약정이나 관습이 있으면 그러하지 아니한다(상법 제105조). 위탁매매인으로서는 선량한 관리자로서의 주의를 다하여 매매에 임한 이상 위탁매매인으로서의 의무를 전부 이행한 것으로 볼 수 있다. 그러나 거래상대방의 귀책사유로 매매의 목적물이나 대금지급채무가 이행되지 않는 경우에는 그 불이행으로 인한 손해는 결국 위탁자에게 돌아가게 된다. 그리고 상대방과의 거래는 위탁매매인의 명의로 체결하게 되는 까닭에 위탁자와 상대방 간에는 직접적인 법률관계가 성립되지 아니하여 이러한 경우가 발생되더라도 위탁자는 거래상대방에 대하여 직접적으로 법률상 그 이행을 청구할 수가 없다. 그러므로 이러한 위탁자를 보호하기 위하여 직접 상대방과 매매계약을 체결한 위탁매매인에게 무과실이행담보책임을 특별히 인정하게 된 것이다.

(2) 위탁매매인의 권리

상법에서는 위탁매매인에게 위탁자에 대한 보수청구권, 위임사무 처리에 필요한 비용의 선급, 체당한 필요비용의 상환, 법정이자의 지급 등의 청구권과 같은 기본적인 권리를 인정하고 있는 것 외에 이하에서와 같은 특별한 권리를 인정하고 있다.

1) 유치권

위탁매매인은 다른 약정이 없으면 위탁매매로 인한 채권이 변제기에 있는 때에는 그 변제를 받을 때까지 위탁자를 위하여 점유한 물건이나 또는 유가증권을 유치할 수 있다(상법 제111조, 제91조). 이는 상사특별유치권으로서 대리상의 그것과 같다.

2) 매수물의 공탁 · 경매권

위탁매매인이 위탁인으로부터 매수위탁을 받은 경우에 위탁자가 매수한 물건의 수령을 거절하거나 또는 수령할 수 없는 때에는 목적물의 공탁 · 경매권을 가진다(상법 제109조, 제67조). 이는 상사매매에서 매도인의 자조매각권의 경우와 같다.

3) 개입권

위탁매매인의 개입권이란 위탁매매인이 거래소의 시세 있는 물건 또는 유가증권의 매매를 위탁받는 경우에 직접 자신이 매도인이나 매수인의 지위를 겸할 수 있는 권리를 말한다(상법 제107조 제1항).

위탁매매인은 위탁자를 위하여 위탁을 받은 매매를 제3자와 추진하는 것이 원칙이지만, 거래소의 시세 있는 물건 또는 유가증권의 매매를 위탁받는 경우에는 그 매매에 해당되는 물건이나 유가증권의 가격이 거래소의 시세에 의해서 결정되므로 공정한 것으로 보아 위탁자의 이익을 해할 염려가 없는 것으로 보고, 더욱이 이러한 경우는 거래의 간이화를 기해 줄 필요가 있다는 점에서 위탁매매인의 개입권을 인정하는 법제를 만들게 된 것이다.

그러나 한편으로는 위탁자로부터 염가로 매수하거나 고가로 매도하여 위탁자의 이익을 해할 염려도 있으므로 상법은 일정한 조건하에서만 그 개입권을 인정하고 있다. 즉, ① 위탁매매인은 거래소의 시세가 있는 물건 또는 유가증권의 매도 또는 매수의 위탁을 받아야 하고, ② 그 개입권 행사를 금하는 특약이 없어야 한다는 것이 기본적인 요건이 되는 것이다. 그리고 개입권행사의 방법으로서는 위탁자에 대하여 개입의 의사표시를 함으로써 효과가 발생되는데, 이는 개입의 의사표시가 위탁자에게 도달한 때 효과가 발생되고 매매의 대가는 위탁매매인이 매매의 통지를 발송한 때의 거래소 시세를 기준으로 정하게 된다(상법 제107조 제1항).

이처럼 위탁매매인이 개입권을 행사하게 되는 때에도 위탁매매인은 위탁매매인으로서 지위를 상실하는 것이 아니기 때문에 개입권행사에 의한 이익과는 별도로 위탁매매계약에 의한 보수를 위탁자에게 청구할 수가 있다.

4. 위탁매매인과 제3자 및 위탁자와 제3자와의 관계

위탁매매인과 제3자(거래의 상대방)와의 관계는 사실은 위탁매매인이 위탁자를 위해서 거래를 체결하게 되는 것이지만, 법률의 외관상 위탁매매인이 자기의 명의로 매매계약을 체결하여 계약의 당사자가 되기 때문에 위탁매매인과 제3자는 보통의 매매관계에 있다. 따라서 위탁매매인 자신이 거래의 상대방인 제3자에 대하여 직접적인 매도인 또는 매수인의 지위로서의 권리와 의무를 부담하게 되는 것이다(상법 제102조).

위탁자와 제3자와의 관계는 위탁자는 제3자와 직접적인 거래행위를 하지 아니하므로 제3자에 대하여 외관상 아무런 법률관계도 성립되지 않는다. 그러므로 상대방(제3자)이 채무를 이행하지 아니한 경우에는 위탁매매인이 위탁자에 대하여 그 이행담보책임을 부담하게 되는 것이고(상법 제105조), 위탁자를 위하여 상대방(제3자)에게 손해배상을 청구하게 되는 것이며, 위탁매매인은 일단 자기의 명의로 취득한 권리나 물건을 위탁자에게 이전시켜야 할 의무가 발생되는 관계에 있는 것이다.

5. 준위탁매매인

준위탁매매인(準委託賣買人)이란 '자기명의로 타인의 계산으로 매매 아닌 행위를 영업으로 하는 자 중 운송주선인이 아닌 자'를 말한다(상법 제113조, 제114조). 그 예로서는 출판 및 광고의 주선인, 임대차의 주선인, 임치계약의 주선인, 여객운송의 주선인, 다른 주선인과의 주선계약을 주선하는 이른바 간접주선인 등이 있다. 이들에게는 위탁매매인에 관한 규정이 준용된다(상법 제113조).

제9장 운송주선업

1. 운송주선업의 의의

운송주선업이란 자기의 명의로 물건운송의 주선을 하는 것을 말하고 이러한 것을 영업으로 운영하는 자를 운송주선인이라 한다(상법 제114조). 따라서 주선이란 자기의 명의로 타인의 계산으로 주선이라는 법률행위를 하는 것을 말한다.

운송주선인(運送周旋人: Spediteur)은 물건운송의 주선을 하는 자이므로 그 주선의 목적이 물건운송에 한정되며, 이에는 육상운송이든 해상운송이든 공중운송이든 상관이 없다. 그리고 운송주선에는 운송인과 운송계약을 체결하는 것뿐만 아니라 운송의 주선에 부수되는 제반 사무로서 물건의 수령, 보관, 인도 등의 처리까지도 포함한다.

2. 운송주선인의 의무와 권리

(1) 운송주선인의 의무

1) 일반적 의무

운송주선계약은 운송주선인이 위탁자로부터 운송의 주선을 인수하는 계약이므로 위임계약의 일종이다. 따라서 운송주선인은 선량한 관리자의 주의로 운송의 주선을 하여야 한다(민법 제681조). 운송주선업과 위탁매매업은 주선에 관한 행위를 영업으로 한다는 점에서 성질이 같으므로 운송주선업에 관하여 다르게 규정하는 바가 없으면 위탁매매업에 관한 규정이 준용된다(상법 제123조). 그러므로 위탁자로부터 운임의 지정이 있는 경우에는 운송주선인은 그 차액을 부담하지 않는 한 지정가액을 준수하여야 할 의무가 있고(상법 제123조, 제106조), 또한 운송주선인이 운송계약을 체결한 경우에는 지체 없이 위탁자에게 그 통지를 발송하여야 할 의무가 기본적으로 설계되어 있다(상법 제123조, 제104조).

2) 손해배상책임

운송주선인은 자기나 그 사용인이 운송물의 수령, 인도, 보관 또는 운송인이나 다른 운송주선인의 선택, 기타 운송에 관하여 주의를 해태하지 아니하였음을 증명하지 아니하면 운송물의 멸실, 훼손, 연착으로 인한 손해를 배상할 책임이 있다(상법 제115조). 여기에서의 주의는 선량한 관리자로서의 주의를 말하며, 그 주의를 해태한 과실이 없었다면 그것을 스스로 입증하여야만이 면책된다. 그러나 운송주선인의 이러한 책임은 고의의 경우를 제외하고 특약에 의하여 경감 또는 면제될 수 있다.

위탁자가 화폐, 유가증권, 기타 고가물의 운송주선을 위탁할 때에는 그 종류와 가액을 명시하지 아니하면 운송주선인은 그 손해에 대한 배상책임을 지지 아니한다(상법 제124조, 제136조). 이러한 운송주선인의 손해배상책임은 수하인이 운송물을 수령한 날로부터 1년을 경과하면 소멸시효가 완성되어 책임을 지지 아니하는 것으로 되어 있으나(상법 제121조 제1항), 운송주선인이나 그 사용인이 악의인 경우에는 1년이 경과한 후에도 손해배상에 관한 책임을 면하지 못한다(동법 제3항).

(2) 운송주선인의 권리

1) 보수청구권

운송주선인은 상인이므로 특약이 없는 경우에도 그에 상당한 보수를 청구할 수 있다(상법 제61조). 이 경우 청구의 시기는 운송물을 운송인에게 인도한 때에 즉시 청구할 수 있다(상법 제119조 제1항). 그리고 운송주선계약으로 운임의 액을 정한 경우에는 다른 약정이 없으면 따로 보수를 청구하지 못한다(상법 제119 제2항). 이 경우에는 계약상의 운임의 액에 이미 보수가 포함되어 산정된 것으로 보기 때문이다.

2) 비용상환청구권

운송주선인이 운송의 주선에 필요한 비용을 지출했을 때 그 지출한 비용과 이자의 상환을 청구할 수가 있다(상법 제123조, 제112조, 민법 제688조).

3) 유치권

운송주선인은 운송물에 관하여 받을 보수, 운임 기타 위탁자를 위하여 지급한 체당금이나 선대금에 관하여서만이 운송물을 유치할 수 있다(상법 제120조). 이 경우의 유치권은 상사특별유치권에 해당되며, 대리인의 그것과도 같다.

4) 개입권

운송주선인은 다른 약정이 없으면 직접 운송할 수 있다. 이를 운송주선인의 개입권이라 하고, 운송주선인이 개입권을 행사하는 경우에는 운송인과 동일한 권리와 의무가 발생하게 된다(상법 제116조 제1항).

운송주선인의 개입권은 운송주선인이 단독행위로 위탁자에 대하여 행사하는 것이다. 그러므로 개입의 의사표시의 효력은 위탁자에게 도달한 때 발생하게 된다. 상법은 운송주선인이 위탁자의 청구에 의하여 화물상환증을 작성한 때에는 개입권을 행사한 것으로 보아 직접 운송인으로서의 지위를 겸하는 것으로 규정하고 있다(상법 제116조 제2항).

5) 운송주선인 채권의 소멸시효

운송주선인의 위탁자 또는 수하인에 대한 채권은 1년의 시효에 의하여 소멸한다(상법 제122조). 이는 운송주선인의 손해배상책임의 소멸시효의 정함과 균형을 유지하기 위하여 설정하게 된 것으로 이해할 필요가 있다.

(3) 수하인의 지위

운송주선계약에 있어서 당사자는 운송주선인과 위탁자이고, 수하인은 운송주선계약의 당사자가 아니다. 그러나 격지자 간의 거래에 있어서는 도착지의 수하인에게 위탁자와 동일한 권리를 부여해 주는 것이 위탁자나 수하인에게 다 같이 편리하므로 상법은 운송물이 도착지에 도착한 때에는 수하인은 위탁자와 동일한 권리를 취득하는 것으로 정하였다(상법 제124조, 제140조). 그리고 수하인이 운송물을 수령한 때에는 수하인은 운송주선인에 대하여 보수와 기타의 비용을 지급할 의무가 발생하게 되는데(상법 제124조, 제141조), 이로써 위탁자의 보수 기타 비용의 지급의무가 면제되는 것은 아니다. 이는 수하인의 의무와 위탁자의 의무가 부진정연대채무(不眞正連帶債務) 관계로 병존하기 때문이다.

3. 순차운송주선

(1) 의의

상법상 순차운송주선(順次運送周旋)이라 함은 중계운송주선인(中繼運送周旋人)을 말하는 것으로 운송물 발송지의 운송주선인은 송하인의 위탁에 의하여 운송물을 수령한 다음 운송기관에 탁송할 때까지의 사무를 담당하고, 도착지의 운송주선인은 목적지에 도착한 운송물을 수령하여 수하인에게 인도할 때까지의 사무를 담당하게 되고, 중계지의 운송주선인은 발송지와 도착지의 중간에서 운송기관에 의한 운송의 중계를 연락하는 사무를 담당한다.

(2) 순차운송주선인의 법률관계

순차운송주선의 경우에 제1운송주선인의 제2 이하의 운송주선인에 대한 법률 관계는 복위임(複委任) 관계에 있으며, 송하인과 제2 이하의 운송주선인 간에는 직접적인 법률 관계가 존재하지 아니한다. 따라서 하수운송주선(최초의 운송주선인이 전구간의 운송주선을 인수하고 주선업무의 전부 또는 일부를 자기의 명의로 자기의 계산으로 다른 운송주선인으로 하여금 수행하도록 하는 것으로서 최초의 운송주선인만이 운송주선계약의 당사자이고 다른 운송주선인은 이행보조자에 불과함)의 경우와 달리 제2 이하의 운송주선인은 제1운송주선인의 보조자가 아니므로 제1운송주선인은 제2 이하의 운송주선인의 선택에 있어서 과실이 있는 경우에만 책임을 지고(상법 제115조), 제2 이하 운송주선인의 운송주선에 대한 과실에 대하여는 책임을 지지 아니한다. 그러므로 순차운송주선인은 당사자 간에 특약이나 관습이 있는 경우가 아니면 운송의 수행을 위하여 부득이한 때에만 그 책임이 인정되는 것이다(민법 제120조, 121조).

상법은 중간운송인의 대위권에 관련하여 수인이 순차로 운송주선을 하는 경우에는 후자(중간운송주선인)는 전자(운송주선인)에 갈음하여 그 권리를 행사할 의무를 부담하는 것으로 하였다(상법 제117조 제1항). 즉, 중간운송주선인은 운송주선인(자기에 대한 위탁자)과 운송주선계약을 체결하고 있으므로 중간운송주선인은 운송주선인에 대하여 선관주의의무를 부담하고 운송주선인의 위임이 없어도 법률상 당연히 그 대리인으로서 운송주선인의 권리를 행사할 의무(보수 등을 위한 유치권 행사)를 부담하는 것이다.

그리고 수인이 순차로 운송의 주선을 하는 경우에 중간운송주선인이 운송주선인에게 변제한 때에는 운송주선인의 권리를 취득하게 되는데(상법 제117조 제2항), 이는 운송주선인이 위탁자에게 청구할 수 있는 보수, 운임, 체당금 등을 중간운송주선인이 변제한 때에는 운송주선인의 권리를 중간운송주선인이 취득하게 되는 것을 의미한다. 또한 중간운송주선인이 운송인에게 변제한 때에는 운송인의 권리를 취득하는 것으로 하고 있다(상법 제118조).

제10장 운송업

제1절 총설

1. 운송업의 의의

운송업은 물건 또는 여객을 장소적으로 이전하는 것을 목적으로 하는 영업을 말한다. 상거래는 재화의 전환을 중심으로 하여 발전해 온 것이다. 재화를 공간적으로 이동시키기 위해서는 반드시 운송이라는 수단이 필요하게 되고, 이를 위하여 탄생된 것이 운송업이다. 그러므로 운송업은 다른 상인을 보조하는 상인으로서의 역할을 수행하게 되는 것이다.

운송업은 일반적으로 운송지역에 따라 육상운송, 해상운송, 공중운송으로 구분된다. 그러나 상법에서는 육상 또는 호천, 항만에서 물건 또는 여객의 운송을 영업으로 하는 자를 육상운송인으로 정의하여 「상행위편」에 규정하였고(상법 제125조), 항해용 선박에 의하여 영리를 목적으로 항해에 선박을 사용하는 자를 해상운송인 · 해상기업으로 정의하여 「해상편」에서 규율하고 있으며(상법 제740조), 또한 영리를 목적으로 항공기를 운항하여 운송업을 영위하는 자를 항공운송인으로 정의하여 「항공운송편」(상법 제896조)에서 규율하고 있다. 그러므로 이 장에서의 운송인에는 해상운송인과 항공운송인은 포함되지 아니한다.

2. 운송인의 의의

운송인(運送人: carrier, Frachtfuhrer)이라 함은 육상 또는 호천, 항만에서 물건 또는 여객의 운송을 영업으로 하는 자를 말한다(상법 제125조). 그러므로 운송인은 물건 또는 여객의 운송을 목적으로 하는 자이다. 여기에서의 물건은 운송할 수 있는 모든 물건을 말하는 것이나 신서(信書)의 운송은 국가의 독점사업에 속하므로 영업으로서는 성립될 수는 없다. 그리고 운송인은 운송을 영업으로 하는 자이므로 운송인 스스로가 운송하지 않고 하수운송인을 두어 운송을 하더라도 운송인으로서의 지위에는 문제되지 않는다.

3. 운송계약의 법적 성질

운송계약은 운송이라는 일정한 일의 완성을 목적으로 하는 것이므로 도급계약에 속한다(민법 제664조). 그러나 상법은 운송에 관하여 상세하고 독자적인 규정을 두고 있기 때문에 민법의 도급에 관한 규정이 직접 적용될 여지는 거의 없다.

운송계약은 낙성계약이고, 불요식계약이며, 운송의 대가로서 운임이 지급되므로 원칙적으로는 유상계약이라고 할 수 있고, 또한 운송계약은 집단적 거래로서 정형화되어 약관에 의하여 계약이 체결되는 것이 보통이므로 부합계약의 성격을 갖는다.

제2절 물건운송(物件運送)

1. 물건운송계약

물건운송계약의 당사자는 송하인과 운송인이다. 송하인은 물건운송을 위탁하는 자이고 운송인은 이것을 인수하는 자이다. 수하인은 운송물의 인도를 받는 자로 지정된 자이고 계약당사자는 아니다. 그러나 운송계약을 체결함에 있어서 송하인이 수하인을 겸하는 것, 즉 송하인이 자기지시로 계약을 체결하는 것도 계약의 효력발생에는 지장이 없다.

그리고 물건운송계약의 체결에 있어서 그 형식에 관해서는 법제되어 있는 바가 없으므로 불요식계약성을 가지는 것이 원칙이지만, 화물명세서의 정형화에 기인하여 약관에 의하여 계약이 체결되는 것이 일반적이다.

2. 운송인의 의무와 책임

물건운송계약이 체결되면 운송인은 계약의 취지에 따른 운송의무를 이행하여야 한다. 즉, 운송물을 수령하여 상당한 시기에 운송하여야 하고, 그 동안 이를 보관하여야 하며, 도달지에서 수하인에게 인도함으로써 의무의 이행이 종료되는 것이다. 상법은 이 밖에도 물건운송의 특수성에 기인하여 이하에서와 같은 운송인의 의무를 규정하고 있다. 그러나 이러한 의무규정은 대체적으로 임의규정으로서의 성격을 가진다.

(1) 화물상환증교부의무

운송계약이 체결되고 운송인이 운송물을 수령한 때에 송하인의 청구가 있으면 운송인은 화물상환증을 교부하여야 한다(상법 제128조 제1항). 즉, 화물상환증의 교부는 송하인의 청구가 있어야 운송인이 발행하여 교부하는 것이다.

(2) 운송물의 보관 및 처분의무

1) 보관의무

운송계약이 체결되고 운송인이 운송물을 수령한 후에는 그 운송물을 도달지의 수하인에게 인도할 때까지 운송인은 선량한 관리자의 주의로써 운송물을 보관해야 할 의무가 있다. 그러므로 운송인이 이 보관의무를 게을리 하여 운송물에 손해가 발생되면 운송인은 그 손해에 대한 배상책임을 부담하게 된다.

2) 처분의무

가. 처분의무의 의의

송하인 또는 화물상환증이 발행된 때 그 소지인은 운송인에 대하여 운송의 중지, 운송물의 반환 및 기타의 처분을 청구할 수가 있으며(상법 제139조 제1항), 이러한 청구가 있는 때에는 운송인은 그 처분지시에 따라야 한다. 이것은 시장사정이나 매수인의 신용상태에 변화가 생긴 경우에 송하인 또는 증권소지인에게 이러한 처분을 할 수 있게 할 필요가 있기 때문에 법제화하게 된 것이다.

그리고 위 처분권의 법적성질을 형성권으로 보는 것이 학설의 통설적인 견해이고, 또한 처분권과 운송인의 처분의무는 상법상 특별히 인정된 권리와 의무로 파악하려는 법정설이 학설의 다수설로 자리 잡고 있다(임홍근, 정희철, 정찬형, 정동윤 외 다수).

나. 처분의무의 범위

상법 제139조 제1항에서 '운송물의 반환'이라 함은 운송물을 현재지에서 반환을 가리키는 것으로 운송물의 반송을 의미하는 것은 아니다. 그리고 동법에서 '기타의 처분'의 경우도 일방적으로 운송인의 계약상 의무를 가중하거나 그 의무를 본질적으로 변경하는 것은 인정되지 아니한다. 또한 수하인의 변경과 같은 것은 무방하나 다른 목적지로 운송을 변경하거나 도착지의 연장 같은 것은 그 처분을 청구하지 못한다.

다. 처분권자

운송물의 처분지시는 송하인이 하지만 화물상환증이 발행된 경우에는 그 소지인이 처분권을 가진다. 화물상환증을 교부받은 송하인이 수하인에게 그것을 교부하지 않는 동안은 송하인이 운송인에게 이를 반환하고 운송물의 처분지시를 할 수가 있다.

라. 운임 및 비용 등의 청구

운송인이 송하인, 화물상환증소지인 등의 처분지시를 받아 처분 한 때에는 이미 운송한 비율에 따른 운임과 체당금, 그리고 처분으로 인한 비용의 지급을 청구할 수 있다(상법 제139조 제1항).

마. 처분권의 순위

송하인의 위와 같은 처분권은 운송물이 도착지에 도착한 후 수하인이 그 인도를 청구한 때에는 수하인의 권리가 송하인의 권리에 우선하게 되므로(상법 제140조 제2항), 화물상환증을 발행하지 아니한 경우에 운송 중에 있는 운송물의 처분권은 송하인에게 있고, 도착지에서의 운송물의 처분권은 송하인과 수하인 모두에게 있으며, 수하인이 그 운송물의 인도를 청구한 때부터 운송물의 처분권은 수하인에게 있게 되는 것이다.

(3) 운송물의 인도의무

1) 화물상환증이 발행된 경우

가. 원칙

운송물이 목적지에 도착하면 운송인은 이를 인도하여야 하고, 이로써 운송계약상의 의무가 완료된다. 운송물의 인도는 화물상환증이 발행된 경우에는 그 증권소지인에게 그와 상환으로 인도하여야 한다(화물상환증의 상환증권성)(상법 제129조). 그러므로 화물상환증이 발행된 경우에는 운송인에 대한 모든 권리는 증권소지인에게 흡수된다.

나. 보증인도 · 가인도

실무에 있어서는 화물상환증 없이 운송물을 인도하는 수도 있는데 이를 보증인도 또는 가인도(공인도)라 한다. 보증인도는 화물상환증 대신에 은행이 발행한 보증장을 담보로 받고 운송물을 인도하는 것이고(대판 1992. 2. 25, 91 다 30026), 가인도(공인도)는 위와 같은 보증장이 없이 인도하는 것이다. 그러나 이러한 형식의 인도에 있어서 발생되는 모든 문제에 대한 책임은 운송인에게 있다.

2) 화물상환증이 발행되지 아니한 경우

화물상환증이 발행되지 아니한 경우에는 운송물이 도착지에 도착한 때에 수하인이 송하인의 권리를 취득하게 되므로(상법 제140조), 수하인이 인도를 청구하면 운송인은 이를 인도하여야 한다.

3. 수하인의 지위

(1) 수하인 지위의 법적성질

물건운송계약의 당사자는 운송인과 송하인이고 수하인은 계약의 직접적인 당사자가 아니지만, 운송의 공간적 진행에 따라 수하인도 운송인에 대하여 권리와 의무를 가지게 된다. 수하인이 운송인에 대한 권리와 의무를 가지게 되는 상법 제140조 및 제141조의 법률관계를 설명함에 있어서는 제3자를 위한 계약으로 보는 견해도 있으나(서돈각, 최기원 등), 이 경우는 제3자(수하인)의 수익에 관한 의사표시를 요하지 않으며(민법 제539조 제2항) 더욱이 수하인도 운임 기타 비용을 부담하는 것으로 되어 있기 때문에 수하인의 지위에 관한 위 상법의 규정은 운송의 특수성에 따른 특별규정으로 보는 것이 타당하다(동지: 이 특별규정설은 학설의 다수설적인 견해로 볼 수 있다).

(2) 수하인 지위의 발전

운송물이 도착하기 전에는 수하인은 아직 운송인에 대하여 아무런 권리도 없으며 송하인만이 계약상의 권리와 의무를 가진다. 그러나 운송물이 목적지에 도착한 후에는 수하인은 운송인에 대하여 송하인과 동일한 권리(운송물의 인도청구권, 처분권, 손해배상청구권 등)를 가진다(상법 제140조 제1항). 즉, 송하인과 수하인의 권리가 병존하게 되는 것이다. 그리고 운송물이 목적지에 도착한 후 수하인이 그 인도를 청구한 때에는 수하인의 권리가 비로소 송하인의 권리에 우선하게 된다(상법 제140조 제2항).

4. 수하인의 의무

수하인이 운송물을 수령한 때에는 그것과 상환으로 운송인에 대하여 송하인이 부담할 운임 기타 운송에 관한 비용과 체당금의 지급의무를 부담한다(상법 제141조). 이는 운송물이 목적지에 도착한 후 수하인이 물건인도를 청구한 때에는 수하인의 권리가 송하인의 권리에 우선하게 되므로 그 권리의 발전에 따른 반대급부로서 나타나는 의무인 것이다.

5. 운송인의 책임 및 권리의 소멸

수하인에 대한 운송인의 책임의 소멸 시기는 송하인에 대한 경우와 동일하다. 즉, 운송인의 책임은 수하인 또는 화물상환증소지인이 유보 없이 운송물을 수령하고 운임, 기타의 비용을 지급한 때에는 운송인에게 악의가 있는 경우를 제외하고 그 책임은 소멸하게 된다(상법 제146조 제1항, 제2항). 그러나 운송물에 즉시 발견할 수 없는 훼손 또는 일부멸실이 있는 경우에 운송물을 수령한 날로부터 2주간 내에 운송인에게 그 통지를 발송한 때에는 운송인의 책임은 소멸되지 않는다(동법 제1항 단서). 그리고 수하인이 운송물을 수령한 날로부터 1년을 경과하면 운송인의 책임은 소멸시효가 완성한다(상법 제147조, 제121조).

한편, 운송인의 수하인에 대한 권리의 시효는 송하인에 대한 것과 같아 운송인의 수하인에 대한 채권은 1년간 행사하지 아니하면 그 소멸시효가 완성된다(상법 제147조, 제122조).

(1) 손해배상책임

1) 책임원인

운송인은 자기 또는 운송주선인이나 사용인 그 밖에 운송을 위하여 사용한 자가 운송물의 수령, 인도, 보관 및 운송에 관하여 주의를 게을리하지 아니하였음을 증명하지 아니하면 운송물의 멸실, 훼손 또는 연착으로 인한 손해를 배상할 책임을 면하지 못한다(상법 제135조). 이러한 운송인의 손해배상책임은 원칙적으로 송하인, 수하인(운송물 도착 후)에 대하여 부담하게 되는 것이지만, 화물상환증이 발행된 때에는 예외적으로 증권의 소지자에 대해서만이 부담하게 되는 것이다.

2) 배상액

상법은 운송인의 보호와 법률관계의 획일적 처리를 위하여 손해배상액을 정형화하였다. 즉, 운송물이 전부 멸실 또는 연착된 경우의 손해배상액은 인도할 날의 도착지의 가격에 의하고(상법 제137조 제1항), 운송물이 일부멸실 또는 훼손된 경우의 손해배상액은 인도한 날의 도착지의 가격에 의한다(동법 제2항). 여기에서 인도할 날은 수하인에게 교부할 수 있는 시기를 말하는 것이다.

그리고 운송물의 멸실, 훼손 또는 연착이 운송인의 고의나 중대한 과실로 인한 때에는 운송인은 모든 손해를 배상하여야 한다(상법 제137조 제3항). 그러나 운송물의 멸실 또는 훼손으로 인하여 지급을 요하지 아니하는 운임 기타비용은 손해액의 산정에서 공제해야 한다(동법 제4항).

3) 고가물에 대한 책임

화폐, 유가증권 기타의 고가물(귀금속, 보석, 골동품, 고급미술품 등)에 대하여는 송하인이 운송물을 위탁할 때에 그 종류와 가액을 명시한 경우에 한하여 운송인이 손해를 배상할 책임이 있다(상법 제136조). 이것은 고가물의 경우는 보통의 운송물보다 손해발생의 염려가 많으므로 운송인이 고가물인 것임을 알았더라면 특별한 주의를 기하여 손해발생의 방지를 할 수 있었을 것이라는 점과, 송하인이 고가물인 것을 명시하지 않음으로서 운임과 보수 기타비용의 부담을 면탈하려는 의도가 있었다는 점 등이 고려되어 법제된 것이다.

그러나 이 경우에 있어서도 운송인의 손해배상책임은 보통물의 경우와 같이 수하인 또는 화물상환증의 소지인이 유보 없이 운송물을 수령하고 운임 기타의 비용을 지급한 때에는 그 책임이 소멸하고(상법 제146조 제1항), 운송인의 손해배상책임은 수하인이 운송물을 수령한 날로부터 또는 운송물이 전부 멸실한 경우에는 그 운송물을 인도할 날로부터 1년이 경과하면 소멸시효가 완성하게 된다(상법 제121조 제1항, 제2항).

6. 운송인의 권리

(1) 운송물의 인도청구권

운송물을 수령하지 아니하고 운송계약이 성립한 때에는 운송인은 그 운송계약에 따라 송하인에게 운송물의 인도를 청구할 수가 있다. 따라서 송하인이 운송물의 인도를 지체한 때에는 그로 인하여 발생되는 운송인의 손해에 대하여 송하인이 배상할 책임이 있게 된다.

(2) 화물명세서의 교부청구권

운송인은 송하인에 대하여 화물명세서의 교부를 청구할 수 있다(상법 제126조 제1항). 이 화물명세서에는 ① 운송물의 종류, 중량, 용적, 포장의 종별, 개수와 기호, ② 도착지, ③ 수하인과 운송인의 성명 또는 상호 및 영업소 또는 주소, ④ 운임과 그 선급 또는 착급의 구별, ⑤ 화물명세서의 작성지와 작성연월일 등의 사항을 기재하고 송하인이 기명날인 또는 서명하여야 한다(상법 제126조 제2항). 송하인이 화물명세서에 허위 또는 부정확한 기재를 한 때에는 운송인에 대하여 이로 인한 손해를 배상할 책임이 있다(상법 제127조 제1항). 그러나 이 경우 운송인이 악의인 경우는 그러하지 아니한다(동법 제2항). 여기에서 '악의'란 운송인이 화물명세서에 허위 또는 부정확한 기재가 되어 있음을 이미 알고 있음을 의미한다.

(3) 운임청구권

운송인은 특약이 없는 경우에도 운임(보수)을 청구할 수 있다(상법 제61조). 운송계약은 도급계약성을 가지므로 원칙적으로 운송물이 도착지에서 수하인에게 인도된 때에 운송인의 운임청구권이 발생하게 되는 것이다. 그러나 운송물의 전부 또는 일부가 송하인의 책임 없는 사유로 인하여 멸실한 때에는 운송인은 그 운임을 청구하지 못하고, 오히려 운송인이 그 운임의 전부 또는 일부를 받은 때에는 이를 반환하여야 한다(상법 제134조 제1항). 그러나 운송물의 전부 또는 일부가 그 성질이나 하자 또는 송하인의 과실로 인한 때에는 운송인은 운임의 전액을 청구할 수 있다(동법 제2항).

(4) 비용상환청구권

운송인은 운임에 포함되지 않은 비용(예: 통관비용, 창고보관료, 보험료 등)을 지출하였을 때에는 그 상환을 청구할 수 있다. 이 비용은 운임과 달라 운송물이 송하인의 책임 없는 사유로 인하여 멸실한 경우에도 청구할 수 있는 것이다. 수하인이 운송물을 수령한 때에는 송하인뿐만 아니라 수하인도 운송에 관한 비용과 체당금을 지급할 의무를 부담한다(상법 제141조).

(5) 유치권

운송인은 운송물에 관하여 받을 운임 기타 송하인을 위한 체당금이나 선대금(先貸金)에 관해서만 그 운송물을 유치할 수 있다(상법 제147조, 제120조). 이것은 상사특별유치권에 해당된다.

(6) 공탁권과 경매권

1) 공탁권

운송인은 수하인을 알 수 없는 때 또는 수하인이 운송물의 수령을 거부하거나 수령할 수 없는 때에는 운송물을 공탁하여 그 의무를 면할 수 있다(상법 제142조, 제143조). 이는 운송에 관하여 법률관계를 신속하게 매듭 짖고, 운송인의 신속한 의무이행을 정법하게 꾀하고자 하는 것에 입법제정의 목적이 있다.

2) 경매권

운송인은 송하인에 대하여 상당한 기간을 정하여 운송물의 처분에 대한 지시를 최고(催告)하여도 그 기간 내에 지시를 하지 아니한 때에는 운송물을 경매할 수 있다(상법 제142조 제2항). 운송인이 상법 제142조 제1항 및 제2항에 따라 최고하고 경매할 때에는 지체 없이 송하인에게 그 통지를 발송하여야 한다(상법 제142조 제3항). 그러나 송하인, 화물상환증소지인과 수하인을 알 수 없을 때에는 운송인은 권리자에 대하여 6월 이상의 기간을 정하여 그 기간 내에 권리를 주장할 것을 공고하여야 한다. 그 기간 내에 권리를 주장하는 자가 없는 때에는 운송물을 경매할 수 있다(상법 제144조). 그러나 최고를 할 수 없거나 운송물이 멸실 또는 훼손될 염려가 있는 때에는 최고 없이도 경매할 수 있다(상법 제145조, 제67조 제2항).

3) 공시최고와 경매

가. 운송인의 공시최고의 요건

앞에서 설명한 운송물의 공탁과 경매는 수하인 또는 화물상환증 소지인을 알 수 없거나 알고 있더라도 운송물의 수령을 거부하거나 수령할 수 없는 경우에 운송인이 운송채무의 이행을 위하여 하는 절차이다. 그러므로 이 경우에는 송하인은 알고 있을 것이므로 이에 대하여 최고를 하도록 되어 있으나, 이 송하인도 알 수 없는 경우에는 운송물의 처분지시를 위한 최고를 할 수가 없게 된다. 따라서 상법은 송하인, 화물상환증 소지인과 수하인을 모두 알 수 없는 때에는 운송인은 권리자에 대하여 6개월 이상의 일정한 기간을 정하여 그 기간 내에 권리를 주장할 것을 공고하도록 하고 있다(상법 제144조 제1항). 이 공고는 운송인의 의무이고, 여기에서 권리자라 함은 수하인 또는 화물상환증 소지인 및 송하인을 가리킨다.

나. 공고의 방법

이 경우의 공고는 관보나 일간신문에 2회 이상 하도록 되어 있다(상법 제144조 제2항).

다. 경매권

운송인이 위의 공고를 하여도 그 기간 내에 권리를 주장하는 자가 없는 경우에는 운송물을 경매할 수가 있게 된다(상법 제144조 제3항). 운송인이 운송물을 경매한 때에는 그 대금에서 경매비용을 공제한 잔액을 공탁하여야 하나(상법 제67조 제3항, 제145조). 이 경우 미지급운임이 있는 경우에는 운송인은 경매대금에서 이를 충당할 수 있다.

상법은 이상과 같이 운송인이 수하인을 알 수 없는 경우, 수하인을 알 수는 있으나 운송물의 수령을 거부하거나 수령을 할 수 없는 경우, 송하인과 수하인 및 화물상환증 소지인을 모두 알 수 없는 경우 등의 세 가지로 구분하여 운송인의 운송물에 대한 처분 방법을 규정하고 있는 것이다.

7. 순차운송(順次運送)

(1) 순차운송의 의의

운송거리 및 운송의 여건상 동일운송물의 운송에 다수의 운송인이 순차적으로 관여하게 되는 경우를 순차운송이라 한다. 순차운송에는 ① 수인의 운송인이 각각 독립하여 특정 구간의 운송을 인수하는 부분운송, ② 한 운송인이 전구간의 운송을 인수하고 그 전부 또는 일부에 관하여 다른 운송인을 사용하는 경우인 하수운송, ③ 수인의 운송인이 공동으로 전구간의 운송을 인수하는 동일운송 또는 공동운송(연대운송) 등으로 구분된다.

그러나 좁은 의미에서 순차운송이라 할 때에는 보통 공동운송의 경우를 가리킨다. 이것은 수인의 운송인이 보통통운송장(durchlaufender Frachtbrief)에 의하여 순차적으로 각 구간에 관하여 공동으로 운송을 인수하는 경우를 말하고, 이는 상법 제138조에서 '수인이 순차로 운송할 경우'로 표기되고 있다.

(2) 순차운송인의 책임

수인이 순차로 운송할 경우에는 각 운송인은 운송물의 멸실과 훼손 또는 연착으로 인한 손해를 연대하여 배상할 책임이 있다(상법 제138조 제1항). 이 경우에는 어느 운송인의 과실로 인하여 손해가 생겼는가를 알기 어렵기 때문이다. 순차운송인 중의 1인이 위의 손해를 배상한 때에는 그 손해의 원인이 된 행위를 한 운송인에 대하여 구상권이 생기는 것으로 하였고(동조 제2항). 이 경우에 만약 그 손해의 원인이 된 행위를 한 운송인을 알 수 없는 때에는 각 운송인은 그 운임액의 비율로 손해를 분담하도록 하였다(상법 제138조).

그러나 그 손해가 자기의 운송구간 내에서 발생하지 않았음을 증명한 때에는 손해분담의 책임을 지지 않는다(동법 제3항).

(3) 순차운송인의 대위

수인의 운송인이 순차로 운송을 하는 경우에는 후자는 전자에 갈음하여 그 권리를 행사하고 의무를 부담한다. 이 경우 후자가 전자에게 변제한 때에는 전자의 권리를 취득한다(상법 제147조, 제117조). 이것은 순차운송주선의 경우와 같은 취지이다. 이러한 순차운송인의 대위에 관한 규정은 부분운송, 하수운송 및 동일운송의 경우에도 적용되는 것으로 보는 것이 학설의 대세적인 입장이고 타당하다(서돈각, 정희철, 최기원 등).

8. 운송인의 채권시효

운송인의 송하인 또는 수하인에 대한 채권은 1년간 행사하지 아니하면 소멸시효가 완성된다(상법 제147조, 제122조).

9. 화물상환증(貨物相換證)

(1) 의의

화물상환증(Ladeschein, Bill of Lading)이란 육상운송에 있어서 운송인이 운송물을 수령하였다는 것을 승인하고 도착지에서 증권소지인에게 증권과 상환으로 그 운송물을 인도할 것을 약정한 유가증권을 말한다. 이 화물상환증에 관한 상법의 규정은 선하증권에 있어서도 준용된다(상법 제128조, 제129조, 제133조).

(2) 법적 성질

화물상환증은 송하인의 운송인에 대한 운송물인도청구권을 표창한 유가증권으로서 증권상의 권리의 행사와 이전에 있어서 증권의 점유와 이전을 요하는 증권이다. 화물상환증에는 법정의 사항을 기재하여야 하고 원칙적으로 배서에 의하여 양도할 수 있으므로 화물상환은 요식증권성을 갖는다(상법 제128조, 제130조).

운송인과 증권소지인 간의 운송에 관한 사항은 화물상환증에 적힌 대로 운송계약이 체결되고 운송물을 수령할 것으로 추정한다(상법 제131조 제1항). 따라서 화물상환증을 선의로 취득한 소지인에 대하여 운송인은 화물상환증에 적힌 대로 운송물을 수령할 것으로 보고 화물상환증에 적힌 바에 따라 운송인으로서의 책임을 지게 된다(동법 제2항). 그러므로 화물상환증은 그 한도 내에서 기재의 효력, 즉 문언증권성을 가지는 것이다.

(3) 화물상환증의 발행

1) 발행자

화물상환증은 운송인이 송하인의 청구에 의하여 작성하고 교부하는 것이다(상법 제128조 제1항). 이 청구 시기는 운송물을 운송인에게 인도한 때로부터 기산된다.

2) 발행형식(기재사항)

화물상환증에는 ① 송물의 종류, 중량 또는 용적, 포장의 종류, 개수와 기호, ② 도착지, ③ 수하인의 성명 또는 상호 및 영업소 또는 주소, ④ 송하인의 성명 또는 상호와 영업소 또는 주소, ⑤ 운임 기타 운송물에 관한 비용과 그 선급 또는 착급(着給)의 구별, ⑥ 화물상환증의 작성지와 작성연월일 등을 기재하고 운송인이 기명날인 또는 서명한다(상법 제128조 제2항, 동법 제1호 내지 제4호).

이상의 법정기재사항은 절대적인 것은 아니고 화물상환증의 본질을 유지할 수 있고 운송물의 개성, 계약의 내용을 인식할 수 있는 한 일부 기재를 결한 경우에도 유효성에는 문제되지 아니 한다(불완전유가증권에 기인된 효력).

(4) 화물상환증의 양도

화물상환증이 무기명식 또는 지명소지인 출급식인 경우에는 증권의 교부에 의하여 양도할 수 있고, 지시식인 경우는 물론이고 기명식인 경우에는 배서에 의하여 양도할 수 있다(상법 제130조). 이는 화물상환증이 유가증권으로서 양도를 전제하여 발행되는 것이기에 당연한 지시증권성을 가지기 때문이다.

그러나 이러한 화물상환증의 당연한 지시증권성도 유가증권의 안전성을 위한 문언증권성에 비추게 되면 약해질 수밖에 없다. 따라서 화물상환증에 '배서금지'문구가 기재된 경우에는 배서양도를 할 수가 없게 된다(상법 제130조 단서).

(5) 화물상환증의 효력

1) 채권적 효력

채권적 효력이라 함은 운송인과 화물상환증소지인 간의 운송에 관한 채권적 관계를 정하는 효력을 말한다.

2) 물권적 효력

화물상환증에 의하여 운송물을 받을 수 있는 자에게 화물상환증을 교부한 때에는 운송물 외에 행사하는 권리(소유권 등)의 취득에 관하여 운송물을 인도(이전 및 점유)한 것과 동일한 효력이 있다(상법 제133조). 화물상환증의 물권적효력으로서 인도증권성을 가지기 때문이다.

제3절 여객운송(旅客運送)

1. 서설

여객운송이란 자동차, 철도, 선박, 항공기 등에 의하여 자연인을 일정한 장소에서 다른 장소로 이동시키는 것을 말한다. 여객운송에 관하여 상법은 운송인의 책임에 관해서만 약간의 특별규칙을 두고 있을 뿐이므로 여객운송에 관하여는 원칙으로 민법 및 상법의 일반원칙과 약관 기타의 특별법에 의존할 수밖에 없다. 본 절에서 여객운송이라 함은 선박과 항공기를 제외한 육상운송 수단에 의한 여객운송을 의미한다.

2. 여객운송계약

(1) 계약의 의의

여객운송계약이란 여객, 즉 자연인의 청약에 대하여 운송인이 승낙함으로써 성립된 계약이다(낙성계약성). 이 계약은 유상계약이 원칙이나 무상계약인 경우도 해당된다. 계약의 체결에는 특별한 방식을 요하지 아니하므로 불요식계약성을 가지며, 계약의 성립 시기에 관하여는 승차시나 승차 전에 승차권을 발행하는 경우는 승차권을 교부한 시점에 계약이 성립되고, 승차 후에 승차권을 구매하는 경우에는 승차와 동시에 계약이 성립되는 것으로 보는 것이 학설의 통설적인 견해이다.

(2) 승차권의 법적 성질

1) 무기명승차권

개찰 전의 무기명승차권은 특약이 없으면 자유로이 양도할 수 있는 운송채권을 표창한 유가증권성을 가지지만, 개찰 후의 무기명승차권은 특정된 여객에 대해서만 운송채무를 부담하므로 양도할 수 없는 증거증권 또는 면책증권에 불과하다.

2) 회수승차권

무기명이면서 무기한의 회수승차권은 운송인이 회수권을 발행하여 운임의 선급을 증명하는 증권에 불과하므로 유가증권이라고 볼 수 없다. 따라서 회수승차권 발매 후 운임을 인상한 경우에 그 승차권의 소지인은 개정요금을 추가로 지급하고 운송을 청구할 수 있게 된다.

3) 정기승차권

정기승차권은 특정인을 위한 운송채권을 표시한 증거증권 내지 면책증권으로서의 의미를 가진다.

3. 운송인의 책임

(1) 여객의 손해에 대한 책임

여객운송인은 자기 또는 그 사용인이 운송에 관한 주의를 해태하지 아니하였음을 증명하지 아니하면 여객이 운송으로 인하여 받은 손해를 배상할 책임을 면하지 못한다(상법 제148조 제1항). 이 경우 손해배상의 범위는 여객이 운송으로 인하여 받은 모든 손해, 즉 생명, 신체, 의복의 손해, 연착으로 인한 손해, 기타 여객이 받은 유형, 무형의 모든 손해뿐만 아니라 기회상실로 인하여 실현되지 못한 이익도 포함된다.

그리고 손해배상금을 정함에 있어서는 법원은 피해자와 그 가족의 정상을 참작하여야 한다(상법 제148조 제2항). 이는 통상의 손해뿐만 아니라 특별한 사정으로 인한 손해까지를 그 배상의무에 포함시킬 수 있도록 하기 위함에서 마련된 것이다.

(2) 수하물에 대한 책임

수하물이란 여객이 여행을 함에 있어서 휴대하는 물건으로서 이에는 여행에 필요한 필수품 또는 사용품에 한하지 않고 일정한 양의 휴대가 허용되는 상품도 포함된다. 운송인의 수하물에 대한 책임에 관하여는 상법상 그것을 운송인이 인도받은 경우와 인도받지 않은 경우로 구분하여 법제되어 있다.

1) 인도를 받은 수하물(탁송수하물)

운송인은 여객으로부터 인도를 받은 수하물에 관해서는 운임을 받지 아니한 경우에도 물건운송인과 동일한 책임이 있다(상법 제149조). 수하물이 도착지에 도착한 날로부터 10일 이내에 여객이 그 인도를 청구하지 않는 때에는 수하물을 공탁 또는 상당한 기간을 정하여 최고한 후 경매할 수 있다. 이 경우에는 지체 없이 여객에 대하여 그 통지를 발송하여야 한다. 그러나 주소 또는 거소를 알지 못하는 여객에 대하여는 최고나 통지를 하지 않고도 경매할 수가 있다(상법 제149조 제2항).

2) 인도를 받지 않은 수하물(휴대수하물)

운송인은 여객으로부터 인도를 받지 아니한 수하물의 멸실 또는 훼손에 대하여는 자기 또는 사용인의 과실이 없으면 손해를 배상할 책임이 없다(상법 제150조). 이는 여객 자신이 직접 보관하고 있으므로 그 책임을 경감한 것이다.

4. 여객운송인의 권리

(1) 운임청구권

여객운송인은 운송에 대한 보수로서 여객에 대하여 운임을 청구할 수 있다(상법 제61조). 운송계약의 성질을 도급계약으로 본다면 운임은 운송이 종료한 때에 지급하는 것이 원칙이겠으나(민법 제665조), 실제에 있어서는 약관 또는 상관습에 의하여 승차권을 교부함으로써 청구하는 것이 보통이다.

(2) 유치권

탁송수하물이 있는 경우에 여객 또는 그 수하물의 운임이 지급될 때까지 운송인은 그 탁송수하물에 대하여 유치권을 행사할 수 있는 것인지에 관하여 학설은 대립되고 있다. 즉, ① 물건운송인의 유치권에 관한 규정인 상법 제147조 및 제120조를 유추·적용하여 여객운송인의 탁송수하물에 대하여 유치권을 행사할 수 있다는 견해로 일명 유추적용설이 있고(최기원, 정찬형, 정동윤, 이기수 외 다수), ② 유추적용할 필요가 없다고 하는 설로서 일명 유추적용배제설(임홍근 외 다수)이 대립된다. 유추적용설이 학설의 지배적인 견해이고, 육상운송의 경우와 형평성을 기하기 위해서라도 유추적용을 인정하는 것이 타당할 것으로 생각한다.

제11장 공중접객업

1. 공중접객업의 의의

공중접객업(公衆接客業)이란 극장, 여관, 음식점 그 밖의 공중이 이용하는 시설에 의한 거래를 영업으로 하는 자를 말한다(상법 제151조). 여기에서 '그 밖의 공중이 이용하는 시설'이란 공중이 이용하기에 적합한 인적, 물적 시설을 말하고, 이러한 시설은 극장, 여관, 음식점 이외에도 이발소, 미장원, 다방, 당구장, 목욕탕, 노래방, PC방 등 다양하다.

공중접객업자는 공중이 이용하는 시설에 의한 거래를 영업으로 하므로 당연상인이다(상법 제46조 제9호). 상법은 공중접객업는 일반 공중을 상당시간 그 영업시설 내에 체재하게 하여 그 설비를 이용하게 할 뿐만 아니라 이용자의 휴대물을 임치보관 하는 자이므로 이들의 행위로부터 일반 공중의 이익을 보호하기 위하여 공중접객업자의 책임만을 엄중하게 규율하고 있다. 하지만 공안과 위생상 본 법규로는 한계가 있기 때문에 각종의 특별법규가 마련되어 보충하고 있다.

2. 공중접객업자의 책임

(1) 임치를 받은 물건에 대한 책임

공중접객업자는 자기 또는 그 사용인이 고객으로부터 임치를 받은 물건의 보관에 관하여 주의를 게을리 하지 아니하였음을 증명하지 아니하면 그 물건의 멸실 또는 훼손으로 인한 손해를 배상할 책임을 면하지 못한다(상법 제152조 제1항). 이 책임을 면하기 위해서는 공중접객업자는 무과실의 입증과 불가항력으로 인함을 증명하여야 한다. 이 불가항력에 관하여 학설은 다음과 같이 정의하면서 대립되고 있다.

즉, 제1설은 주관설로서 불가항력에 의한 손해는 사업의 성질에 따라 주의를 다하여도 피할 수 없는 사고라고 한다. 제2설은 객관설로서 불가항력에 의한 사고는 특정사업의 외부로부터 발생한 사고로서 보통 그 발생을 예견할 수 없는 위해라고 한다. 제3설은 절충설로서 불가항력에 의한 사고는 특정사업의 외부에서 발생한 사고로서 보통 필요하다고 인정되는 예방수단을 다하더라도 이를 방지할 수 없었을 위해라고 한다. 생각하건대 공중접객업은 일반 공중이 이용하는 시설에 의한 거래를 하는 점에서 보통의 주의 보다는 책임을 가중시켜야할 필요가 있을 것이므로 제2설인 객관설이 타당하다.

(2) 임치를 받지 아니한 물건에 대한 책임

공중접객업자는 고객으로부터 임치를 받지 아니한 경우에도 그 시설내에 휴대한 물건이 자기 또는 그 사용인의 과실로 인하여 멸실 또는 훼손된 때에는 그 손해를 배상할 책임이 있다(상법 제152조 제2항). 이 책임은 과실이 없으면 책임을 면하고 과실이 있다고 하여도 그에 대한 입증 책임을 고객이 부담하게 되는 것이다. 여기에서 '과실'이란 부주의를 뜻하며 부주의는 선량한 관리자의 주의를 다하지 못한 것을 말한다.

공중접객업자가 고객에 대하여 임치를 받은 물건 또는 받지 않은 물건에 대해서 공중접객업자의 책임이 없음을 알린 경우에도 위의 책임이 없어지는 것은 아니다(상법 제152조 제3항).

(3) 고가물에 대한 책임

화폐, 유가증권 기타의 고가물(高價物)에 대하여는 고객이 그 종류와 가액을 명시하여 임치하지 아니하면 공중접객업자는 그 물건의 멸실 또는 훼손으로 인한 손해를 배상할 책임이 없다(상법 제153조). 이때에는 보통물로서의 책임도 지지 않는 것으로 본다. 이 경우 법 실무에 있어서는 민법 제393조의 규정을 유추적용하여 공중접객업자의 주의의무의 이행정도에 따라 비례하여 책임을 묻는 경향이 있으나, 그렇다고 민법의 동 법규가 이에 대한 명백한 명문규정이 되는 것은 아니다.

그러므로 상법상 입법론으로서 제안하면 고객이 그 종류와 가액을 명시하여 임치하지 아니한 경우의 고가물에 대한 책임도 공중접객업자의 주의의무위반의 정도의 따른 책임을 법문으로 명시할 필요가 있을 것이고, 이 경우에는 그 배상액을 제한하는 것도 고려해야할 것이다.

(4) 책임의 시효

공중접객업자의 위의 책임은 공중접객업자가 임치물을 반환하거나 고객이 휴대물을 가져간 후 6개월이 지나면 소멸시효가 완성된다(상법 제154조 제1항). 그리고 물건이 전부 멸실된 경우에는 고객이 그 시설을 퇴거한 날로부터 가산한다(동법 제2항). 그러나 공중접객업자나 그 사용인이 악의로 멸실 또는 훼손시킨 경우는 위의 시효를 적용하지 아니한다(동법 제3항).

제 12 장 창고업

1. 창고업자의 의의

창고업자(倉庫業者: Warehouseman)란 타인을 위하여 창고에 물건을 보관함을 영업으로 하는 자이다(상법 제155조). 따라서 창고업은 임치계약으로서 불요식계약이고 유상계약이며 낙성계약의 성격을 가진다.

창고업자는 타인을 위하여 물건을 보관하는 자이다. 여기에서 목적물인 물건은 동산이나 화폐, 유가증권 기타 동물이어도 상관없다. 보관이란 타인의 물건을 자기의 점유 내에 두고 멸실과 훼손을 방지하여 현상을 유지하는 것을 말한다. 그러므로 학설의 견해는 달라지지만 부동산을 포함하는 것으로 볼 수 있다. 그리고 창고업자는 물건을 창고에 보관하는 자이다. 창고란 물건의 보관에 사용되는 설비를 말한다.

그러나 여기에서의 창고는 반드시 설비된 창고에 한정지울 필요는 없는 것으로 생각한다. 이는 창고업은 그 중심이 보관에 있고 이를 위한 수단으로서 창고라는 시설이 필요하다. 창고업자는 물건의 보관을 영업으로 하는 자이므로 상법 제46조 제14호에 해당되는 당연상인에 해당된다.

2. 창고업자의 의무

(1) 임치물의 보존의무

창고업자는 임치계약이 유상이든 무상이든 불문하고 선량한 관리자로서의 주의를 다하여 임치물을 보관할 의무를 진다(상법 제62조). 당사자간에 임치기간을 약정하지 아니한 때에는 창고업자는 임치물을 받은날로부터 6월이 경과한 후에는 언제든지 이를 반환할 수 있고 반환할 경우에는 2주간 전에 예고를 하여야 한다(상법 제163조). 당사자 간에 임치기간을 약정한 때에는 창고업자는 약정기간 내에 임치물을 반환하지 못하지만, 임치인이나 창고증권 소지인은 언제든지 임치물의 반환을 청구할 수 있다. 그러나 부득이한 사유 즉, 임치물의 부패 또는 어쩔 수 없는 사유로 인하여 창고의 수선 등의 원인이 발생된 경우에는 예외로 언제든지 임치물을 반환할 수 있다(상법 제164조).

또한 창고업자는 임차인의 동의 없이는 임치물을 혼합하여 임치할 수 없으며, 혼합하여 임치한 경우에는 임치인은 임치물의 분할청구를 할수 있다.

(2) 임치물의 검사, 견품적취, 보존처분에 따른 의무

창고업자는 임치인이나 창고증권의 소지인이 임치물의 검사 또는 견품적취를 요구하거나 그 보존에 필요한 처분을 하고자 하는 때에는 그에 응할 의무가 있다.

(3) 창고증권교부의무

창고업자는 임치인의 청구가 있으면 창고증권을 교부하여야 한다(상법 제156조 제1항). 즉, 창고증권은 임치인의 청구에 의해서 발행되는 것으로 이점에서 화물상환증의 발행과도 유사하다.

(4) 임치물의 하자통지의무

창고업자는 임치물을 인도받은 후에 그 물건에 훼손 또는 하자를 발견하거나 그 물건이 부패할 염려가 있는 때 또는 가격하락의 상황을 안때에는 지체 없이 임치인에게 그 통지를 발송하여야 한다(상법 제168조, 제108조). 그러나 임치인의 지시를 받을 수 없거나 지시가 지연된 때에는 임치인의 이익을 위하여 적당한 처분을 할 수가 있다.

(5) 손해배상책임

창고업자는 자기 또는 사용인이 임치물의 보관에 관하여 주의를 해태하지 아니하였음을 증명하지 아니하면 임치물의 멸실 또는 훼손에 대하여 손해를 배상할 책임을 면하지 못한다. 이 책임은 그 물건을 출고한 날로부터 1년이 경과하면 소멸시효가 완성된다(상법 제166조 제1항).

이 경우 임치물이 전부 멸실한 경우에는 임치인과 알고 있는 창고증권 소지인에게 그 멸실의 통지를 발송한 날로부터 가산한다(동법 제2항). 그러나 창고업자 또는 그 사용인이 악의인 경우에는 위의 1년의 소멸시 효가 적용될 여지가 없으므로(동법 제3항) 일반 상사에 관한 소멸시효인 5년이 적용되는 것으로 보아야 한다(상법 제64조).

(6) 임치물의 반환의무

창고업자는 보관기간에 관한 약정의 유무에도 불구하고 임치인의 청구가 있는 때에는 언제든지 임치물을 반환하여야 한다(민법 제698조, 제699조). 창고증권이 발행된 경우에는 증권소지인의 청구가 있는 때에만 임치물을 반환할 의무가 있다(상법 제157조, 제129조).

3. 창고업자의 권리

(1) 보관료 및 비용상환청구권

창고업자는 무상으로 임치의 인수를 한 경우 외에는 상당한 보수, 즉 보관료를 청구할 수 있고, 임치물에 관하여 지급한 비용과 체당금의 상환을 청구할 수 있다(상법 제61조). 보관료 기타의 비용과 체당금의 지급의 청구 시기는 원칙적으로 임치물을 출고할 때이나 보관기간이 경과된 후에는 출고 전이라도 언제든지 이를 청구할 수 있고, 이 경우 임치물의 일부를 출고한 경우에는 그 비율에 따라 청구할 수 있다(상법 제162조). 또한 보관기간 경과 전에 창고업자의 책임 없는 사유로 인하여 계약이 종료된 때에는 이미 보관한 기간의 비율에 따른 보수를 청구할 수 있다.

(2) 유치권

창고업자는 임치의 인수로 인한 채권에 관하여 임치인이 비상인인 경우에는 민법상의 유치권(민법 제320조)을 가지고, 상인인 경우에는 상인간의 유치권(상법 제58조)을 가진다. 그러므로 창고업자에게 부여되는 이 유치권은 상사특별유치권으로 볼 수는 없다.

(3) 공탁 및 경매권

창고업자는 임치인 또는 창고증권소지인이 임치물의 수령을 거부하거나 수령할 수 없는 때에는 임치물의 공탁 및 경매권을 행사할 수 있다(상법 제165조, 제67조 제1항 및 제2항). 이 경우 상법 제67조는 쌍방적인 상행위에만 적용되는 것으로 되어 있으나, 창고업자의 공탁 및 경매권은 일방적인 상행위에도 적용되는 것으로 보아야 할 것이고, 경매할 때에는 상당한 기간의 최고를 요하는 것이 원칙이지만 목적물의 멸실 또는 훼손이 염려되는 경우에는 예외로 최고 없이 경매할 수도 있다.

(4) 손해배상청구권

임치물의 성질 또는 하자로 인하여 손해가 발생하였을 때에는 창고업자는 임치인에게 그 배상을 청구할 수 있다(민법 제697조). 창고업자의 임치인 또는 창고증권소지인에 대한 이 경우의 채권도 그 물건을 출고한 날로부터 1년간 행사하지 아니하면 소멸시효가 완성되는 것으로 보아야 한다(상법 제167조).

4. 창고증권

(1) 의의

창고증권(倉庫證券: Lagerschein, Warehouse Receipt)은 창고업자가 임치물의 보관을 승인하고 증권소지인에게 증권과 상환으로 그 임치물을 반환할 것을 약정한 유가증권으로서 임치 중의 물건의 양도나 입질 등의 물권적 처분행위의 편의를 위하여 법제하게 된 것이다.

(2) 입법주의

창고증권의 발행에 관한 각국의 입법주의는 다음과 같이 세 가지로 구분된다.

1) 단권주의

이것은 임치물에 관하여 1매의 창고증권을 발행하여 이것으로 소유권의 이전과 질권의 설정을 할 수 있도록 하게 한 경우로서 비교적 권리 행사가 간단한 입법주의이다. 그러나 일단 입질을 위하여 증권을 교부한 때에는 그 양도가 곤란하게 되는 불편이 따른다(미국, 독일, 스페인, 우리나라).

2) 복권주의

이것은 창고업자로 하여금 임치물의 소유권 이전을 위하여 예치증권, 임치물에 대한 질권설정을 위하여 입질증권 등의 두 개로 나누어진 증권을 발행하게 함으로써 단권주의의 불편을 극복할 수 있도록 설계된 입법주의이다(프랑스, 이탈리아).

3) 병용주의

이것은 단권주의와 복권주의를 병용하는 입법주의로서 그 이용에 관한 발행형식을 당사자의 선택에 맡기는 것이다(일본).

(3) 발행

창고업자는 임치물을 수령한 후 임치인의 청구가 있는 때에는 창고증권을 발행하여 교부하여야 한다(상법 제156조). 그리고 증권소지인은 대량의 임치물을 수인에게 양도하거나 입질하려고 할 때는 창고업자에 대하여 그 원시창고증권을 반환하고 임치물을 분할하여 각 부분에 대한 창고증권의 발행 및 교부를 청구할 수도 있다(상법 제158조).

(4) 기재사항

창고증권에는 다음의 사항을 기재하고 창고업자가 기명날인 또는 서명하여야 한다(상법 제156조 제2항). 즉, ① 임치물의 종류, 품질, 수량, 포장의 종류, 개수와 기호, ② 임치인의 성명 또는 상호, 영업소 또는 주소, ③ 보관장소, ④ 보관료, ⑤ 보관기간을 정한 때에는 그 기간, ⑥ 임치물을 보험에 붙인 때에는 보험금액, 보험기간과 보험자의 성명 또는 상호, 영업소 또는 주소, ⑦ 창고증권의 작성지와 작성연월일 등의 법 정기재사항이다.

제 13 장 금융리스업

1. 서설

2010년 5월 14일 개정상법에서는 '금융리스업'은 금융리스이용자가 선정한 기계, 시설, 그 밖의 재산(이하에서는 '금융리스물건'으로 칭함)을 제3자(이하에서는 '공급자'로 칭함)로부터 취득하거나 대여 받아 금융리스이용자에게 이용하게 하는 것을 말하고, 이를 영업으로 하는 자는 당연상인이며 금융리스업자로 정의하였다(상법 제168조의2, 제46조 제19호).

리스계약에 관하여는 동 상법개정 이전에 있어서도 학계에서는 신종 상행위의 일종으로 보고 프랜차이즈계약, 팩터링계약과 함께 정리 · 논의되고 있었으나, 동 개정상법에서는 프랜차이즈계약은 '가맹업'으로, 팩터링계약은 '채권매입업'으로, 리스계약은 '금융리스업'으로 그 명칭을 새로이 정하여 각각 상행위편의 각론부분으로 법제하게 된 것이다.

따라서 본장에서는 동법개정 전의 리스계약에 관한 기본적인 이론을 정리하는 것으로부터 금융리스계약에 접근함이 그 이해의 폭을 넓히는데 중요하다 하겠다(이점 후술의 가맹업과 채권매입업의 경우에 있어서도 같다).

리스(Lease)계약은 법률적인 형식에 있어서 임대차형식(賃貸借形式)을 취하면서도 경제적인 실질에 있어서는 기계나 설비조달을 위한 금융이기 때문에 물적금융(物的金融), 즉 물융(物融)으로 불린다. 리스계약은 물건의 이용자가 물건의 사용하고 일정한 반대급부인 대가를 리스료라는 명목으로 정기적으로 분할하여 지급하므로 할부판매 계약과 유사하다.

그러나 할부판매계약의 경우는 소유권유보를 약정하는 경우도 있지만 일반적으로 계약이 성립되는 시점에 소유권이 매도인으로부터 매수인에게 이전되는 것에 비하여, 리스의 경우는 리스회사에 소유권이 귀속된다고 하는 점에서 양자는 기본적으로 다르다.

그리고 리스계약은 그 법적형식에 있어서 임대차계약과 유사하기 때문에 항상 논란이 제기되어 왔으나 리스의 전체적인 본질을 임대차라고 한다면 양자는 같은 것으로 취급될 수 있다. 그러나 금융리스계약의 경우는 그 특수성에서부터 볼 때 순수하게 임대차계약으로 취급하기에는 무리가 따른다. 즉, 하자담보책임의 유무, 수리에 대한 책임의 소재, 금융리스물건의 일부멸실 시 리스료감액의 가부, 계약해지권의 보유 여부, 금융리스물건의 검사권 여부 등 여러 가지 면에서 임대차 계약에서의 그것과 상이하므로 양자는 구별될 수밖에 없다. 따라서 이러한 점을 고려하여 상기한 2010년 5월 14일의 개정상법에서는 리스 계약 전체에서 금융리스계약만을 분리 · 독립시켜 금융리스업으로 신설하게 된 것으로 생각된다.

리스계약은 리스이용자의 청약과 리스회사의 승낙을 전제로 하여 성립되는 계약이므로 낙성계약성을 가진다. 따라서 계약의 성립에 있어서는 리스계약의 목적물이 반드시 인도되어야 하는 것은 아니다.

2. 리스계약의 종류

리스계약은 크게 금융리스(Finance Lease)와 운용리스(Operating)로 분류되고, 그 거래의 형식에 따라 다시 단순리스(單純리스), 전대리스(轉貸리스), 리스백(Lease Back, Sale and Lease Back) 등으로 세분된다.

(1) 금융리스

이것은 이용자가 특정의 기계설비 등의 자산을 필요로 하는 경우에 리스회사가 이용자에게 구입자금을 융자하는 대신 그 물건을 구입하여 임대하는 것을 말한다. 이 경우 리스회사의 목적은 자금운영에 있다.

(2) 운용리스

이것은 금융리스 이외의 리스계약을 총칭하는 것으로 서비스 제공적 성향이 강하게 나타난다. 운용리스계약은 금융리스계약의 경우와 달리 일반적으로 리스회사가 리스물건의 하자담보책임뿐만 아니라 위험부담도 지며, 리스물건의 관리나 수리 등을 담당하고, 이용자의 중도해약을 인정하며, 계약의 당사자는 원칙상 리스회사와 이용자로서 2인이지만 예외적으로 이용자는 내용기간에 따라 1인으로 국한되지 않고 다수일 수 있다는 점에서 금융리스와 다르다.

(3) 단순리스

이것은 리스회사가 공급자로부터 물건을 매수하여 이용자에게 리스하는 가장 전형적인 리스의 방식이다.

(4) 전대리스

이것은 리스회사로부터 리스한 물건을 이용자가 다시 제3자에게 전대하는 리스의 방식이다.

(5) 리스백

판매자가 소유하는 고정자산을 리스회사에게 일단 매각하고 동시에 그것을 그대로 리스받는 방식이다. 이것은 다시 판매자가 매각한 물건을 리스 받아 그 이용자가 제3자에게 전대하는 것을 허용하는 리스 등으로 분류된다.

3. 금융리스계약당사자 간의 기본적인 의무

금융리스계약이 성립되면 금융리스업자는 금융리스이용자가 계약에서 정한 시기에 적합한 리스물건을 수령할 수 있도록 하여야 하고, 금융리스이용자는 이에 따라 리스물건을 수령함과 동시에 리스료를 지급하여야 한다(상법 제168조의3 제1항, 제2항). 그리고 금융리스물건수령증을 발급한 경우에는 금융리스계약 당사자 사이에 적합한 리스물건이 수령된 것으로 추정되고(동법 제3항), 금융리스이용자는 리스물건을 수령한 이후에는 선량한 관리자의 주의로 리스물건을 유지 및 관리할 의무를 부담한다(동법 제4항).

4. 금융리스계약당사자 간의 부수적인 의무

금융리스계약이 성립되면 리스물건의 공급자는 공급계약에서 정한 시기에 그 물건을 금융리스이용자에게 인도하여야 하고, 리스물건이 공급계약에서 정한 시기와 내용에 따라 공급되지 아니한 경우에 금융리스이용자는 공급자에게 직접 손해배상을 청구하거나 공급계약의 내용에 적합한 리스물건의 인도를 청구할 수 있다(상법 제168조의4 제1항, 제2항). 그리고 금융리스업자는 금융리스이용자가 위의 권리를 행사하는 데 필요한 협력을 하도록 의무화했다(동법 제3항).

5. 금융리스계약의 해지

금융리스이용자의 책임 있는 사유로 금융리스계약이 해지되는 경우에는 금융리스업자는 잔존 리스료에 상당한 금액의 일시지급을 청구할 수 있고, 또는 리스물건의 반환을 청구할 수 있다(상법 제168조의5 제1항). 이러한 금융리스업자의 청구는 금융리스업자가 금융리스이용자에 대한 별도의 손해배상청구를 진행하는 것에 대하여 영향을 미치지 아니한다(동법 제2항). 한편으로 금융리스이용자는 중대한 사정변경으로 인하여 리스물건을 계속 사용할 수 없는 경우에는 3개월 전에 예고하고 금융리스계약을 해지할 수 있다. 그러나 이 경우에 금융리스이용자는 계약의 해지로 인하여 금융리스업자에게 발생된 손해를 배상해줄 의무를 부담한다(동법 제3항).

제14장 가맹업

1. 서설

2010년 5월 14일 개정상법에서는 가맹업(加盟業)이란 자신의 상호, 상표 등(이하에서는 '상호 등'으로 칭함)을 제공하는 영업(프랜차이즈: franchise)으로 이를 운용하는 주체는 당연상인으로 '가맹업자(加盟業者)'라 부르고, 가맹업자로부터 그의 상호 등을 사용할 것을 허락받아 그로부터 지정하는 품질기준이나 영업 방식에 따라 영업을 하는 자도 동법상 당연상인으로 '가맹상(加盟商)'이라 칭하는 것으로 정의하고 있다(상법 제168조의6).

그러므로 가맹업자와 가맹상는 각기 독립된 상인으로서 자기의 명의와 각자의 계산으로 영업행위를 하는 것이고, 계약에서 정한 사업에 가입할 권리를 취득하기 위하여 가맹상은 요금, 로얄티, 기타 부금을 지급하거나 지급하도록 약정하는 것이다. 따라서 본 가맹계약의 법적 성질은 낙성계약이고, 유상계약이며, 쌍무계약이라고 할 수 있으나 구체적인 계약의 형태와 목적, 즉 종류에 따라 학설은 크게 판매상관계(販賣商關係)유사설과 권리용익임대차설(權利用益賃貸借)로 나뉘어 설명되고 있다.

2. 가맹계약의 종류

가맹계약(프랜차이즈계약)은 일반적으로 제조, 판매, 소매연쇄점가맹계약 등으로 구분된다.

(1) 제조가맹계약(제조프랜차이즈계약)

이것은 가맹업자가 개발한 독특한 제품제조 방법을 가맹상이 이용하여 상품을 제조해서 가맹업자의 상표로 판매하는 계약의 형태이다. 구체적인 예로는 지역을 분할하여 가맹업자로부터 원액을 공급받아 병에 주입하여 판매하는 청량음료의 생산이나 빵의 제조기술을 가맹업자로부터 전수받은 가맹상이 빵을 제조하여 가맹업자의 상표로 판매하는 것 등이다.

(2) 판매가맹계약(판매프랜차이즈계약)

이것은 가맹업자가 자사상품을 판매하기 위하여 계속적인 상품공급계약을 맺고 가맹상으로 하여금 판매하게 하는 계약의 형태이다. 구체적인 예로는 유명상표의 신발 또는 옷 등의 판매가 이에 속한다 하겠으나 이는 대리상과 구별에 있어서 문제가 될 수 있다. 즉, 대리상은 타인의 명의와 타인의 계산으로 제3자(소비자)와 계약을 체결하는 것이지만, 이 경우는 일반적으로 자기의 명의와 자기의 계산으로 제3자(소비자)와 계약을 체결한다는 차이가 있다.

(3) 소매연쇄점가맹계약(소매연쇄점프랜차이즈계약)

이것은 가맹업자가 개발한 상호, 경영노하우 등을 사용하여 가맹상이 제3자(소비자)에게 상품 또는 서비스를 제공하는 계약의 형태이다. 구체적인 예로는 패스트푸드 기타 간이음식점, 레스토랑, 호텔 등이 될수 있고, 그 대부분은 국제프랜차이즈협회(IFA)의 대상 영업이 이에 속한다.

3. 가맹업자의 법률상 기본적인 의무

가맹업자는 가맹상의 영업을 위하여 필요한 지원을 하여야 하고, 가맹업자는 다른 약정이 없으면 가맹상의 영업지역 내에서 동일 또는 유사한 업종의 영업을 하거나, 동일 또는 유사한 업종의 가맹계약을 체결할 수 없다(상법 제168조의7 제1항, 제2항). 이는 가맹상 간의 경업으로 인한 폐해를 줄이기 위하여 법제화하였다.

그러므로 가맹상은 가맹계약을 체결함에 있어서 계약내용에 대한 상당한 주의를 기울여야한다.

4. 가맹상의 법률상 기본적인 의무와 영업양도

가맹상은 가맹업자의 영업에 관한 권리가 침해되지 아니하도록 하여야 하며, 계약이 종료한 후에도 가맹계약과 관련하여 알게 된 가맹업자의 영업상의 비밀을 준수하여야 한다(상법 제168조의8 제1항, 제2항).

그리고 가맹상은 가맹업자의 동의를 받아 그 영업을 양도할 수 있는데, 이 경우 가맹업자는 특별한 사유가 없으면 가맹상의 영업양도에 동의해 주어야 한다(상법 제168조의9 제1항, 제2항). 여기서 특별한 사유라는 것은 객관적이고 보편적으로 인정될 수 있는 사유를 밀하는 것으로 가맹업자의 주관적인 사유와 가맹계약상의 사유는 배제되는 것으로 본다.

5. 계약의 해지

가맹계약상 존속기간에 대한 약정의 유무와 관계없이 부득이한 사정이 있으면 각 당사자는 상당한 기간을 정하여 예고한 후 가맹계약을 해지할 수 있다(상법 제168조의10). 여기서 상당한 기간이란 3개월 전인지 또는 6개월 전인지를 두고 논란의 여지가 있을 수 있겠으나, 상인간의 계약의 신속한 처리를 기하고자 하는 상법의 이념을 고려하게 되면 3개월 이전의 예고통지로 보는 것이 바람식하다.

제 15 장 채권매입업

1. 서설

채권매입업에 대해서는 2010년 5월 14일의 개정상법에서 "타인이 물건 · 유가증권의 판매, 용역의 제공 등에 의하여 취득하였거나 취득할 영업상의 채권(이하에서 '영업채권'으로 칭함)을 매입하여 회수하는 영업"으로 정의하고, 이러한 영업을 운영하는 자는 당연상인으로 '채권매입업자'로 부르는 것으로 하였다(상법 제168조의11, 제46조 제21호). 그러므로 이러한 업종은 일종의 팩터링(factoring)계약을 전제로 성립되는 것으로서 구체적으로는 채권매입업자가 매출채권을 상환권 없이 매입하고, 계약상 제3자인 채무자에게 그 양도에 관한 사실을 통지하고 채권의 관리와 회수 및 장부작성을 행하며, 거래상대방(Client)의 요청이 있는 때에는 선급금융(先給金融)을 해 주는 한편, 상대방의 거래선(Customer)의 신용조사, 경영상담, 자료작성 등과 같은 서비스를 제공하는 것을 주된 업무로 한다.

2. 채권매입계약의 유형과 법적성질

채권매입계약의 국제적인 유형으로는 ① 상환청구권의 유무를 기준으로 상환권이 없는 채권매입계약과 상환권이 있는 채권매입계약으로 분류되고, ② 매매대금의 선급 여하에 따라 선급식채권매입계약과 만기식채권매입계약으로 분류되며, ③ 채무자에 대한 채권양도 통지의 가부에 따라 통지식채권매입계약과 비통지식채권매입계약으로 분류된다.

우리나라의 경우는 위의 ① 에서는 상환권이 있는 채권을 원칙으로 하되, 상환권이 없는 채권은 예외적으로 인정하는 것으로 하였다(상법 제168조의12). 그러나 독일법제에서는 우리의 경우와 반대되는 것으로 상환권이 없는 것을 진정한 팩터링계약, 상환권이 있는 것은 부진정한 팩터링계약이라 부른다. 그리고 위의 ② 의 경우에 우리나라는 이를 계약상으로 정하여 거래상대방(Client)의 요청이 있는 때에는 선급금융(先給金融)을 해 주는 것이 일반화되어 있으므로 양자 모두가 채택되고 있으며, 또한 위의 ③ 의 경우도 우리나라는 거래기업이 채무자로부터 채권양도승낙서를 받아서 채권매입업자에게 제출하는 방식이 일반적이지만, 이 또한 계약에 의해서 얼마든지 달라질 수 있는 것이므로 양자 모두가 채택되고 있다. 그러나 미국과 일본은 이 경우 비통지식 팩터링계약이 일반화되어 있다.

(1) 상환청구권이 없는 채권매입계약의 법적 성질

상환청구권이 없는 채권매입계약은 채권매입업자가 채무자의 신용에 대한 위험을 부담하게 되므로 거래기업은 채권매입업자로부터 전도금융(前渡金融)을 받을 때에 채권대금을 최종적으로 회수하는 것이 된다. 그러므로 이 경우의 채권양도계약은 채권매매계약으로서의 법적 성질을 갖는다.

(2) 상환청구권이 있는 채권매입계약의 법적 성질

상환청구권이 있는 채권매입계약은 채무자가 변제기에 채무를 변제하지 못할 경우에 채권매입업자는 거래기업에 대하여 그 영업채권의 상환을 청구할 것이 예정되어 있으므로 영업채권양도의 법적 성질에 관하여 학설은 대립되고 있다. 즉, 이 경우도 영업채권양도는 채권매매로 보아야 한다는 채권매매설과, 이 경우는 채권매입업자가 전도금융의 형태로 비전형적인 소비대차를 공여한 것이므로 소비대차의 일종으로 보아야 한다는 소비대차설이 그것이다.

생각하건대 현행상법상에서 팩터링계약을 채권추심계약 또는 선급금융계약 등으로 정하지 아니하고 채권매입계약으로 정하고 있으며, 채권매입계약은 영업채권에 대한 상환청구권이 있는 것을 원칙으로 하되 예외적으로 영업채권에 대한 상환청구권이 없는 채권매입계약도 특약으로 인정하고 있다는 점을 고려하면, 채권의 상환청구권의 유무와 관계없이 그 자체의 법적 성질은 일괄되게 채권매매로 보는 것이 순리적일 것으로 생각한다. 그러므로 상환청구권이 있는 채권매입계 약은 계약당시서부터 거래상대방이 목적물에 대한 하자 담보책임을 부담하는 것으로 볼 수 있고, 채권매입업자가 영업채권의 상환청구권을 행사하는 것은 계약에 근거하여 원상회복 조치를 구하는 것으로 해석되어야 한다.

3. 채권매입업자의 상환청구권

영업채권의 채무자가 그 채무를 이행하지 아니하는 경우 채권매입계약에서 다르게 정한 경우를 제외하고 채권매입업자는 채권매입계약의 채무자에게 그 영업채권액의 상환을 청구할 수 있다(상법 제168조의12). 이는 본 계약에서는 상환청구권이 있는 것이 원칙이므로 당사자 간의 특약으로 영업채권에 대한 상환청구권을 배제하지 아니하는 한 채권 매입업자는 거래상대방에 대하여 상환청구권을 행사할 수 있도록 한것이다.

제 16 장 신종상행위(전자금융결제대행업)

1. 서설

앞서 살펴본 바와 같이 2010년 5월 14일의 상법 일부 개정에 있어서는 그간 상법 제46조의 기본적인 상행위에 설정되어 있으면서도 각론을 두지 못하였던 금융리스업(리스업), 가맹업(프랜차이즈업) 및 채권매입업(팩터링업) 등에 관하여 각기 각론을 신설하는 한편, 동법의 기본적인 상행위에 「신용카드, 전자화폐 등을 이용한 지급결제 업무의 인수」(전자금융결제대행업: 상법 제46조 제22호)에 관한 행위를 추가하였다.

전자금융결제대행업이란 신용카드의 활성화와 인터넷을 통한 전자상거래 및 전자장비기술의 발달로 "신용을 담보로 하는 개별소비자를 소비자단체를 구성하여 유상으로 가입시키고 운영하는 한편으로는 그단체의 구성원(이하, '소비자단체가입소비자'로 칭함)에 재화 및 용역 기타 서비스를 공급하고자 하는 자(이하, '공급자단체가입공급자'로 칭함)의 가입을 받아 이들이 그 소비자단체의 구성원에게 재화 및 용역 기타 서비스를 공급하였을 때 그 소비자단체의 구성원의 각자를 대신하여 그에 상당한 대금을 전자적인 방법으로 지급결재 할 것을 계약으로 인수하는 것을 영업으로 하는 자"로 정의 될 수 있다. 그러므로 전자금융결재대행업자는 전자적인 방법으로 소비자와 공급자 간의 금융결재를 매개하는 것을 주된 영업으로 하는 당연상인이다(상법 제46조 제22호).

2. 전자금융결재대행계약의 법적 성질

전자금융결재대행계약은 통상적으로 전자금융결재대행업자와 소비자단체가입소비자 간의 전자금융결재대행계약과, 전자금융결재대행업자와 공급단체가입공급자 간의 전자금융결재대행계약 등으로 이원적 계약구조를 기반으로 하고 있지만, 이들 계약은 모두가 기본적으로 유상계약이고, 쌍무계약이며, 부합계약이고 낙성계약으로서의 법적 성질을 가진다. 그리고 계약의 외형상의 형식으로 보면 전자, 즉 전자금융결재대행업자와 소비자단체가입소비자 간의 전자금융결재대행 계약은 지급결재를 대행해줄 것을 전제하는 계약이므로 위임계약의 일종으로 볼 수 있겠으나(민법 제680조), 후자, 즉 전자금융결재대행업자와 공급단체가입공급자 간의 전자금융결재대행계약은 위임계약이라기보다는 지급보증계약의 일종으로 보아야 한다.

3. 전자금융결재대행계약 당사자 간의 권리와 의무

전자금융결재대행계약에 있어서의 당사자는 전자금융결재대행업자와 소비자단체가입소비자 및 공급자단체가입공급자이며, 이들 서로간의 권리와 의무는 각기 계약의 내용에 따라 달라질 수 있겠으나, 통상적으로 영업의 형태와 특색 및 법적 성질로부터 파악될 수 있는 권리와 의무에 대한 예시는 다음과 같다.

전자금융결재대행업자의 소비자단체가입소비자에 대한 주된 권리로서 가입비 또는 연회비로 분류되는 보수청수권, 공급자단체가입공급자에 대한 주된 권리로서 매결제 시마다 지급을 청구하게 되는 수수료청구권이 등이 있고, 반대급부로 소비자단체가입소비자에 대한 의무로서는 선관주의의무, 신용정보유출금지의무, 통지의무 등이 있으며, 공급자단체가입공급자에 대해서는 지급담보의무, 회원의 신용사정변경에 등에 관한 통지의무, 계산서제출의무 등이 있다.

4. 계약의 해지

계약의 해지에 관해서는 기본적으로 당사자 간에 합의된 약관의 내용에 의하게 되지만, 계약당사자 일방의 파산, 사망, 행위무능력의 선고 등은 법정원인으로 계약은 당연히 해지된다. 또한 개별적 특정한 사정으로 인하여 소비자 또는 공급자가 소비단체 또는 공급단체를 탈퇴하는 경우에는 통지와 승인에 의하여 계약은 해지된다. 이 경우 전자금융대행업자는 특별한 사정이 없는 한 승인과 함께 정산을 해 주어야 한다.

[논술문제 예시]

1. 상사유치권의 특색
2. 상사매매의 특색
3. 익명조합계약의 법률 관계
4. 합자조합의 법률 관계 또는 합자조합과 유사한 제도와의 동이점 및 차이점
5. 대리상의 법률 관계
6. 위탁매매인과 위탁자와의 관계
7. 육상운송인의 책임
8. 화물상환증 및 창고증권의 법적 효력
9. 창고업자의 책임

10. 금융리스업자와 금융리스이용자 간의 법률 관계

11. 가맹업에 관한 구조와 법률 관계

12. 채권매입업에 관한 구조와 법률 관계

13. 전자결제대행업의 구조와 법률 관계

제4편

유가증권법

제1장 유가증권법 총론

제1절 유가증권의 개념

1. 서설

자본주의 경제발전은 거래의 목적물의 다양화를 가져왔고 무형의 권리마저도 거래의 대상으로까지 만들었다. 즉, 무형의 권리는 증권이라는 매개체를 통하여 거래의 대상물이 된 것이고, 무형의 권리가 증권이라는 매개체로 유형화된 것이 바로 유가증권인 것이다. 유가증권을 통하여 권리의 존재는 그 내용이 명백해지고 또한 권리의 이전이나 기타의 처분을 신속하고 확실하게 할 수 있게 되었다. 그러므로 이러한 유가증권은 권리를 표창하는 증권으로서 권리의 이전기능과 처분기능을 가지고 있어야 한다.

이러한 조건을 갖춘 것으로 법률상 인정된 유가증권의 종류에는 ① 주권, ② 채권(사채, 상품권 등 권리이전이 예정된 각종 증권을 포함), ③ 화물상환증, ④ 선하증권, ⑤ 창고증권과 같은 불완전유가증권과, ⑥ 어음, ⑦ 수표 등의 완전유가증권이 있다.

그러나 현행법상 유가증권의 전체를 대별하는 통일된 유가증권법은 존재하지 아니하고 어음법과 수표법만이 단일법제로 체계화되어 있으므로 어음과 수표가 유가증권의 법률상 성격과 전체적인 체계이해에 있어서 이를 대별하게 된 것이다.

2. 유가증권의 의의

유가증권(有價證券: commercial paper)이란 "재산적 가치가 있는 사권(재산권)을 표창한 증권으로써 그 권리의 발생, 행사, 이전의 전부 또는 일부를 증권에 의하여 하게 하는 것"으로 정의 된다(통설). 여기에서 재산권은 채권이든 물권이든 사원권이든 무관하고, 표창한다고 하는 것은 권리와 증권의 결합관계를 말한다. 그리고 증권에 표창된 권리의 발생과 행사 및 이전에 있어서 반드시 증권을 필요로 하는지, 그렇지 않고 일부의 행위를 위해서 만이 증권을 필요로 하는지에 따라 전자는 완전유가증권으로 후자는 불완전유가증권으로 구분된다.

따라서 완전유가증권은 원칙상 권리의 발생과 행사와 이전의 경우에 증권을 통하여 하게 되므로 증권의 소지는 반드시 필요하게 되고, 불완전유가증권의 경우는 증권소지인의 형식적 자격보다는 실질적 권리가 우선하게 되므로 그 권리의 발생, 행사, 이전에 있어서 반드시 증권의 소지를 필요하지 아니하는 경우도 있게 된다. 그러므로 이 경우에 증권상의 채무자가 증권소지자에 대하여 진정한 권리자가 아님을 증명하게 되면 그 권리행사를 거부할 수 있게 되고, 또한 제권판결을 받은 권리자는 증권 없이도 권리행사를 할 수 있게 되는 것이다.

3. 유가증권의 일반적 특성

유가증권은 고도의 법적기술의 소산이다. 이것은 본체인 권리와 수단인 증권을 결합하고 그 증권에 법적 의의를 인정함으로써 권리의 유통성을 증진시키려는 목적에서 탄생된 기술적인 제도이다. 그러므로 모든 유가증권은 공통적으로 다음과 같은 특성을 가진다.

(1) 권리증권성(權利證券性)

유가증권은 권리증권이다. 그러므로 유가증권에는 권리의 내용이 표창되어 있어야 한다. 이 권리의 내용은 재산권으로써 채권이든 물권이든 상관이 없다. 그리고 권리의 내용은 유가증권상 표창된 문언에 따라 달라진다. 따라서 표창된 문언은 사후에 당사자가 변경하거나 보충할 수 없으며, 유가증권상의 권리도 표창된 문언대로 행사하고 증권상 채무자도 그 문언에 따라 채무를 부담하며 이행하게 되는 것이다.

(2) 요식증권성(要式證券性)

유가증권은 요식증권이다. 유가증권의 유통을 촉진하기 위해서는 유가증권의 발행방식이 법정되어야 한다. 그러므로 유가증권의 발행에 있어서 반드시 그 법정사항을 기재해야 한다. 이러한 유가증권의 요식증권성을 유통증권성이라고 부르기도 한다. 그러나 이 요식증권성은 엄격성을 추구하는 것과 엄격성을 추구하지 아니한 것으로 분류된다.

(3) 자격증권성(資格證券性)

유가증권은 자격증권이다. 유가증권의 소지인은 그 증권상의 진정한 권리자로서 자격이 있다고 인정된다(추정적 효력). 따라서 증권을 소지하지 않은 자는 권리자로 인정되지 않는다. 현실적으로 증권소지인과 진정한 권리자가 반드시 일치한다는 보장은 없으나 대부분의 경우에는 양자가 일치하므로 이 일치의 개연성에 착안하여 '권리의 외관인 증권이 있는 곳에 본체인 권리의 존재가 있는 것'으로 추정하게 되는 것이 곧 유가증권의 기본법리이다. 따라서 유가증권의 소지자는 자기가 증권상의 권리자임을 증명할 필요 없이 간편하게 증권상의 권리를 행사할 수 있는 자격을 가진 것으로 보기 때문에 유가증권은 자격증권적 특성을 가진다.

(4) 제시증권성(提示證券性)

유가증권은 제시증권이요 상환증권이다. 따라서 증권의 소지인이 증권상의 권리를 행사하려면 상대방(증권상의 채무자)에게 그 증권을 제시하여야 한다. 반대로 증권상의 채무자는 상대방(증권상의 채권자)의 증권의 제시가 없는 한 자기의 채무를 이행하지 않을 것을 항변으로 할 수가 있다. 증권상의 채무자는 증권소지인이 증권을 제시하면 진정한 증권상의 권리자로 인정하고 자기의 채무를 간편하게 이행할 수가 있으며, 채무이행에 있어서는 그 증권과 반드시 상환하여 이행함으로써 증권상의 권리를 소멸시키게 되는 것이다.

4. 유가증권의 종류

유가증권의 종류로는 어음과 수표를 비롯하여, 화물상환증, 선하증권, 창고증권, 주식, 사채 등으로 분류되나, 이들 증권은 그 특성에 따라 다음과 같은 분류 방법에 의하여 다시 세분화 된다.

① 증권과 권리와의 결합정도 또는 유통성의 강약을 기준으로 완전유가증권과 불완전유가증권으로 분류

② 증권상의 권리자를 지정하는 방법에 따라 지시증권, 소지인 출급식 증권(무기명증권), 선택무기명증권, 기명증권으로 분류

③ 증권상의 권리와 원인과의 관련 여부에 따라 요인증권(유인증권)과 무인증권(추상증권)으로 분류

④ 권리의 증권화의 정도에 따라 문언증권과 비문언증권으로 분류

⑤ 증권의 특수성과 증권상의 권리 발생 관계를 기준으로 설권증권, 비설권증권, 인도증권으로 분류

⑥ 증권의 수량에 따라 집단증권과 개별증권으로 분류

⑦ 증권에 표창된 권리의 종류에 따라 물권적유가증권, 채권적 유가증권, 사원권적 유가증권으로 분류 등이다.

제2절 유가증권에 관한 통칙

1. 유가증권의 작성

유가증권의 작성은 권리의 유통성을 촉진시킬 필요가 있는 경우에 인정된다. 따라서 유가증

권의 작성이란 권리와 증권을 결합시키는 행위에 의하여 작성의 의사표시에 관한 효력이 생기게 되고 증권의 작성행위가 완료된다.

증권의 작성행위는 유통에 적합한 방식을 기재하여야 한다. 즉, 증권의 작성행위는 기존의 법률관계에 의하여 발생한 권리를 증권으로 화체시키기 위해서 하는 경우(불완전유가증권의 발행행위)와 증권상에 법률행위를 함으로써 비로소 증권상의 권리를 발생시키는 경우(완전유가증권의 발행행위)로 나뉘게 된다.

2. 유가증권상의 권리행사

(1) 증권의 제시 및 상환(환수)

유가증권은 권리증권이기 때문에 증권상의 권리를 행사하려면 증권을 제시해야한다. 한편, 유가증권은 상환증권이기 때문에 증권상의 채무자는 증권과 상환하지 아니하고는 채무를 이행할 필요가 없다.

(2) 항변의 제한

유가증권은 유통성이 전제되어 있기 때문에 증권상의 권리자가 변동될 수밖에 없다. 따라서 채무자가 증권양도인에게 대항할 수 있는 항변으로 증권의 선의취득자에게 대항할 수 없도록 하였다(어음법 제17조, 수표법 제22조).

(3) 채무자의 보호

유가증권은 채권자의 변동이 심히 이루어질 것이 예정되어 있으므로 증권소지인이 진정한 권리자인가 어떤가를 조사하기는 어렵고, 또한 그것을 요구하면 유통촉진의 효과가 저해될 수 있다. 그러므로 채무자는 일반적으로 지시증권에 관해서는 배서의 연속 여부만을 조사할 의무가 있을 뿐이다(민법 제518조).

따라서 증권소지인이 권리자가 아님을 알았거나 중대한 과실로 인하여 알지 못한 경우를 제외하고는 부진정 채권자에게 변제하였더라도 그 변제는 유효하게 되는 것이다.

3. 유가증권상의 권리이전

유가증권은 통상적으로 양도를 전제로 발행되는 것이다. 그러므로 유가증권의 양도에 관해서는 특별한 규정은 없으나 이하에서처럼 그 성질에 따라 보편적인 방법에 의하여 양도하면 효력이 발생된다.

① 기명증권의 경우는 증권에 대한 권리는 증권상의 권리에 따른다는 원칙이 적용되므로 기

명증권상의 권리는 권리 그 자체에 표준이 되는 양도의 방식에 의하여 양도할 수 있다.

② 무기명증권의 경우는 양수인에게 그 증권을 교부하는 방법에 의하여 양도한다(민법 제523조). 이 경우 교부에는 양도에 관한 합의가 있어야 한다.

③ 지시증권의 경우는 증권에 배서하여 양수인에게 교부하는 방식으로 양도한다(민법 제508조).

④ 유가증권을 입질하게 되면 용이하게 유가증권을 현금화할 수 있으므로 신용거래에 있어서 유용한 담보의 목적이 될 수 있다. 환어음과 약속어음의 입질에 대하여는 입질배서가 인정되고(어음법 제19조, 제77조), 기명주식에 대해서는 등록질 제도가 있으며(상법 제340조), 기명사채의 입질은 채권의 교부에 의하여 효력이 생긴다(민법 제347조).

그러므로 일반적으로 지시증권의 입질은 증권에 배서하여 질권자에게 교부함으로써 그 효력이 생기고, 무기명증권의 입질은 증권을 질권자에게 교부하는 것만으로써 효력이 생기게 되는 것이다(민법 제351조).

4. 유가증권의 선의취득

유가증권은 유통성이 전제되어 발행되는 것이기 때문에 거래안전을 위하여 선의취득자를 보호하고 있다. 선의취득이 인정되는 유가증권으로서는 환어음, 약속어음, 수표는 물론이고, 채권, 화물상환증, 창고증권, 선하증권, 주권에 있어서도 인정된다.

선의취득요건으로서는 ① 법이 예정하는 바에 따라 배서 또는 인도에 의하여 증권을 취득하였을 것, ② 무권리자 등으로부터 증권을 취득하였을 것, ③ 취득자에게 악의 또는 중대한 과실이 없을 것 등이 요건이다.

5. 유가증권의 상실

유가증권은 권리를 표창하는 수단이지만 권리 그 자체는 아니다. 따라서 증권을 상실하더라도 권리자체가 상실하는 것은 아니다. 따라서 법은 공시최고절차에 의해서만 증권을 무효로 할 수 있고 재발행을 청구할 수 있도록 하였다. 그러나 여기서 문제되는 것은 선의취득자가 있는 경우이다. 즉, 유가증권을 상실한 자가 공시절차를 거쳐 권리를 회복하게 되었으나 그 사실을 알지 못한 선의취득자가 있는 경우가 그것으로 이 경우는 누구를 진정한 유가증권의 권리자로 보아야 하는가에 관한 문제이다. 학설은 거래의 안전을 위해서라도 선의취득자를 보호해야한다는 견해(선의취득자 우선설)가 지배적이라 할 수 있는 반면, 법원의 입장은 반드시 그렇지만은 않고 오히려 종래의 판결에서는 제권판결을 받은 자를 우선시하는 경향을 보이고 있다(제권판결자 우선설). 생각하건대 유가증권의 유통촉진과 거래의 안전을 기하고, 공시절차의 비적극성을 고려한다면 선의취득자를 우선적으로 보호하는 것은 당연하다.

제3절 유가증권법

1. 서설

유가증권법은 넓은 의미로써 유가증권에 관한 모든 법규를 총칭하고, 좁은 의미로서는 직접 유가증권의 발행, 이용, 소멸에 관한 일련의 법규만을 의미한다. 일반적으로 유가증권법이라 말할 때에는 이 좁은 의미의 유가증권법을 가리키는데, 우리의 법제에서는 유가증권법이라는 명칭을 가진 독립된 법률은 존재하지 아니하므로 어음법과 수표법이 이를 대별한다.

2. 유가증권법의 특성

유가증권법의 기본적인 이념은 유통성의 조장과 피지급성의 확보에 있다. 이를 실현하기 위하여 다음과 같은 특이성을 지닌다.

(1) 강행법적 성질

이것은 유가증권의 유통성 확보와 안전성 확보라는 차원에서 증권의 형식적 정형화에 의한 법률관계가 강행규정으로 설정되어 있음을 의미한다.

(2) 기술적 성질

이것은 유가증권의 권리실현 또는 자본의 환원 혹은 자본조달의 수단으로서 그 기능을 다하도록 하기 위하여 법률이 기술적으로 고안되어 있음을 의미한다.

(3) 형식적 성질

이것은 유가증권은 일반적으로 유통될 것을 전제하여 발행되는 것이므로 그 유통성을 조장하고 확보하기 위하여 유가증권에 관한 법률관계는 증권상에 나타나는 형식에 기초하여 문세해결을 꾀하게 됨을 의미한다.

(4) 통일적 성질

이것은 유가증권이 국제적으로 유통되는 경우도 있으므로 국제적으로 그에 관한 통일된 표준을 만들게 되었고, 각 국가 간의 협의를 거쳐 비준함으로써 국내법화 되어가는 현상으로부터 설명되어지는 것이다. 우리나라의 경우는 1930년 제네바협약에 의해 마련된 통일어음법과 1931년 제네바조약에 의해 마련된 통일수표법에 뒤늦게 비준하게 되었지만, 이것이 오늘날 우리의 어음법과 수표법제정에 있어서 기초가 되었다.

제2장 어음 및 수표법 총론

1. 어음 및 수표제도의 의의

어음 및 수표제도는 화폐제도의 존재를 전제로 거래에 있어서 금전지급의 용구로 또는 금융의 수단으로 개발된 제도로써 유가증권제도 전체를 대별한다. 우리의 현행법제는 1962년 1월 20일 법률 제1001호로 제정된 어음법과 1962년 1월 20일 법률 제1002호로 제정된 수표법이 각각 독립된 법률로서 존재형식을 갖추고 있지만, 법률상 기본적인 성격은 같다.

어음제도는 일정한 금액의 지급을 목적으로 하는 유가증권으로써 이에는 환어음(爲替手形, bill of exchange)과 약속어음(約束手形, promissory note)이 있다. 환어음은 발행인이 지급인에 대하여 일정한 금액을 수취인 기타 증권의 정당한 소지인에게 지급할 것을 위탁하는 증권을 말하고, 약속어음은 발행인이 수취인 기타 증권의 정당한 소지인에게 일정한 금액을 지급할 것을 약속하는 증권을 말한다(어음법 제1조, 제75조).

수표(小切手, check)는 발행인이 지급인인 은행에 대하여 일정한 금액을 수취인 기타 증권의 정당한 소지인에게 지급해 줄 것을 위탁하는 증권을 말한다(수표법 제1조).

(1) 환어음

환어음은 발행인이 제3자인 지급인에 대하여 어음상의 정당한 권리자(수취인 또는 피배서인)에게 어음금액을 지급할 것을 위탁하는 형식의 증권이다. 그러므로 환어음은 지급위탁증권이라고 부른다. 즉, 환어음의 경우에는 발행인이 직접 금전의 지급을 약속하지 아니하고 제3자에게 그 지급을 의뢰하는 형식으로 발행하기 때문에 발행에서부터 발행인, 수취인, 지급인 등의 3자 관계가 형성된다. 이 경우 단순히 지급인은 지급위탁을 받았을 뿐이고 어음의 주된 채무자는 아니지만 지급인이 이를 인수를 한 때에는 인수인으로서 어음의 주된 채무자가 되는 것이다. 따라서 발행인이 발행에서부터 지급인의 지위를 겸하고 수취인 간의 양자 관계에서 발행되는 약속어음에 비하여 환어음은 발행에서부터 다수인이 어음에 대한 책임관계가 형성되는 어음이라 할 수 있다.

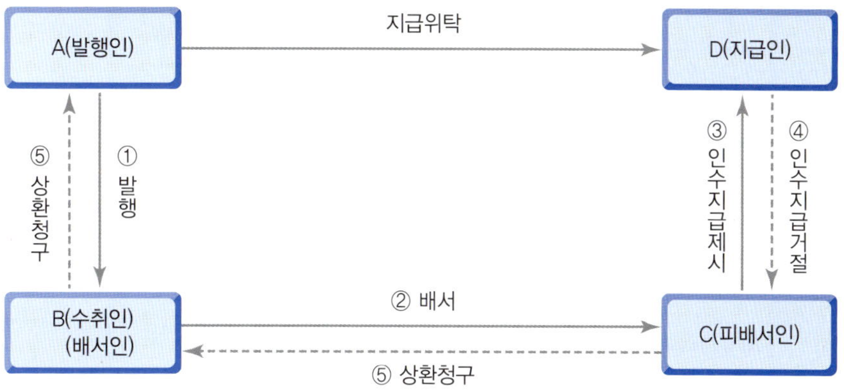

그림 2-1 환어음

(2) 약속어음

약속어음은 발행인이 지급인의 지위를 겸하고 일정 금액의 지급을 약속하는 형식으로 발행하는 증권으로서 발행인이 주된 채무자가 되는 단순한 지급약속증권이다. 그러므로 약속어음의 경우는 발행에 있어서 발행인(지급인)과 수취인 양자 간의 법률 관계가 형성될 뿐이다.

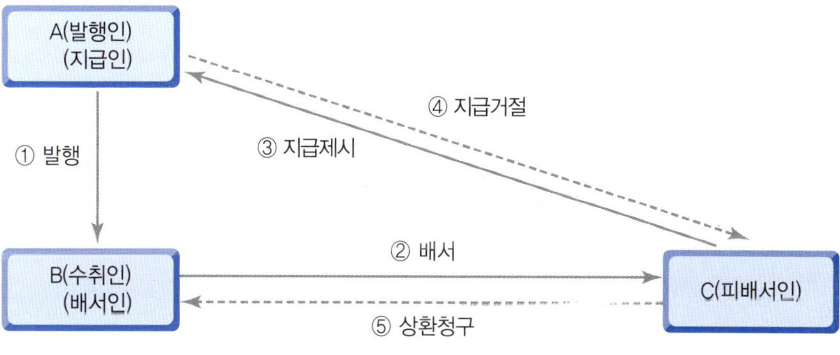

그림 2-2 약속어음

(3) 수표

수표는 발행인이 제3자(은행)에 대하여 지급을 위탁하는 증권이다. 이 점에서 지급위탁증권인 환어음과 같다고 할 수 있으나 수표의 경우에는 지급인은 반드시 은행이어야 하고(수표법 제3조), 인수제도가 존재하지 아니하는 것이 환어음의 경우와 다르다. 또한 경제적인 기능에 있어서도 환어음은 주로 신용창출수단으로 이용되는데 비하여, 수표는 단순히 지급수단에 지나지 않는다는 점에서 차이가 있다. 그러므로 어음을 발행하는 자는 지급할 돈이 수중에 없는 자이고 수표를 발행하는 자는 지급할 돈이 은행에 있는 자라고 할 수 있다.

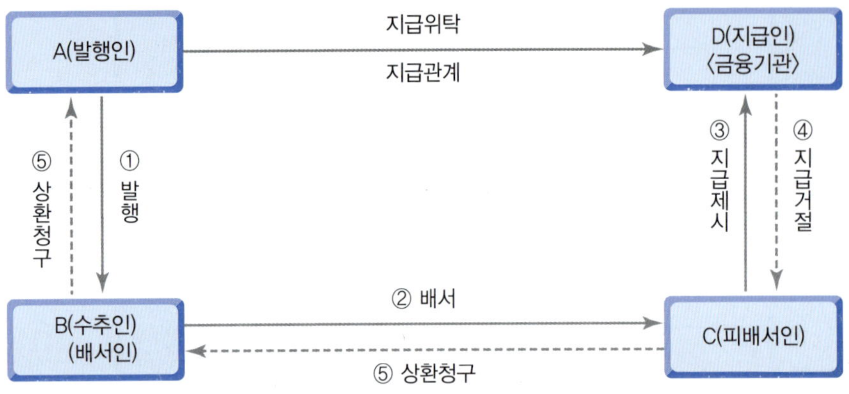

그림 2-3 수표

표 1 환어음 · 약속어음 · 수표의 차이점

	환어음	약속어음	수표
최초의 당사자	발행인 수취인 지급인	발행인 수취인	발행인 수취인(수표요건이 아님) 지급인
주된 채무자	인수한 지급인	발행인	지급인(발행인)
발행인과 지급인 간의 관계	자금관계	발행인이 지급인	자금관계
상환의무자	인수 · 지급거절의 경우 발행인, 배서인	발행인, 배서인	지급거절의 경우 발행인, 배서인
만기	일람출급, 일람후정기출급, 발행일자후정기출급, 확정일출급(어음법 제33조, 제77조)		일람출급(수표법 제28조)
기타	인수제도	인수제도 없음	인수불허(지급보증)

2. 어음 및 수표의 경제적 기능

본래 어음은 신용을 창출하고 수표는 일정한 금액의 지급을 목적으로 하는 유가증권이나 다음과 같은 경제적인 기능을 가지고 있다.

(1) 지급거래적인 기능

거래에 있어서 금전의 지급을 요하는 경우에 있어 현금수수에 따르는 불편과 위험을 덜고 지급기일까지의 시간적 여유를 이용하는 것이 기업의 합리적 정신에 합치되는바, 어음 및 수표의 이용은 바로 이러한 시간적 또는 공간적 여유를 극복하게 하면서 지급거래적인 목적 또한 달성할 수 있게 한다.

(2) 신용거래적인 기능

현대의 기업거래는 신용거래가 확대되어가는 추세에 있으므로 어음은 신용의 용구로써 이용된다. 즉, 지급이 장래의 일정한 시기에 행해질 경우에 그 지급기일 전에 어음에 의하여 금융을 융통할 수 있게 됨으로서 자금의 여유를 가질 수 있는 기능을 한다.

(3) 송금기능과 추심기능

어음은 기업거래 기타의 원인에 의하여 금전을 국내의 다른 지방 또는 타국으로 송금하려 할 때 현금수송의 위험, 비용, 번잡함 등의 불편을 해소할 대처수단으로 사용될 뿐만 아니라, 특히 국제간의 송금수단 또는 지급보증수단으로는 주로 환어음이 이용되고, 국내거래에 의한 송금은 수표, 우편환, 현금등기우편의 등의 방법이 이용된다. 그러나 근래에 들어와서는 금융권의 전산 등의 발달로 이러한 어음이나 수표의 송금기능은 은행계좌이체(무역에서는 T/T)로 대체되고, 무역거래와 기업의 거액거래에서 만이 어음이나 수표의 이러한 기능을 찾아볼 수 있게 되었다.

예컨대, 국제간의 거래에 있어서는 ① 갑지(甲地)의 A가 을지(乙地)의 B에 대하여 송금을 하여야 되는 경우에, A는 갑지(甲地)의 은행 C에 현금을 납입하여 C로부터 을지(乙地)에 있는 C의 지점이나 거래은행을 지급인으로 하고 B를 수취인으로 하는 환어음을 매수한 후, 이를 을지(乙地)의 B에 송부하여 B가 을지(乙地)에 있는 지급인인 C은행으로부터 지급을 받거나 추심함으로써 송금의 목적을 달성하게 된다.

그리고 약속어음의 경우도 같은 방법으로 이용될 수 있는데 이를 보면, ② 갑지(甲地)의 A가 을지(乙地)의 B에게 송금하려고 할 때, 갑지(甲地)의 은행 C에 송금액을 납입한 후 을지(乙地)에 있는 위 은행의 지점 또는 거래은행을 지급장소로 하고 A를 수취인으로 하는 은행발행의 약속어음을 교부받아 여기에 배서하여 을지(乙地)의 B에게 송부함으로써 송금의 목적을 달성할 수 있다.

또한 환어음의 추심에 있어서는 예컨대 갑지(甲地)의 A가 을지(乙地)의 B에게 물건을 송부하고 그 매매대금을 추심하고자 할 때에는 A는 B를 지급인으로 하고 자기를 수취인으로 하는 환어음을 발행하여 갑지(甲地)의 은행에서 할인을 받아 그 목적을 달성할 수 있다. 이 경우에 갑지(甲地)의 할인은행은 을지(乙地)에 있는 자기의 지점 또는 거래은행에 환어음을 송부하여 B에게 제시시킴으로써 할인대금을 회수할 수 있다. 그리고 이 경우 A는 은행으로부터 할인받지 아니하고 추심하고자 하는 경우에 위 환어음을 추심을 위하여 은행에 위탁할 수가 있는데, 환어음의 할인 또는 추심은행은 채권회수 또는 추심을 확실하게 하기 위하여 어음과 함께 운송증권(화물상환증 · 선하증권)을 교부시키는 경우가 있게 된다. 이를 화환이라 하며, 이와 같이 어음상의 권리가 운송증권에 의하여 담보가 되어 있는 환어음을 화환어음이라 한다.

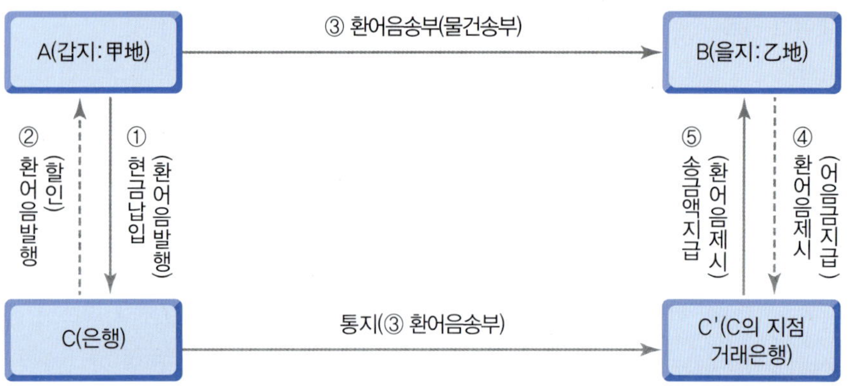

그림 2-4 송금기능(추심기능)

3. 어음의 경제적 분류

어음은 법률적으로는 환어음과 약속어음으로 구별되지만 거래 관계에 있어서는 경제적인 목적에 따라서 여러 가지의 특수한 명칭을 갖는다.

(1) 원인 관계 또는 채무부담의사의 유무에 의한 분류

1) 상업어음(진성어음)

상거래가 원인이 되어 발행하게 되는 어음으로서 그 지급이 비교적 확실하기 때문에 진정어음 또는 실어음이라고도 하며, 상품의 수수가 원인이 된 경우는 상품어음이라고도 한다.

2) 융통어음

아무런 원인이 없이 단순히 자본의 융통을 목적으로 발행하는 어음으로 빈어음, 공어음, 차어음이라고도 한다. 일반적으로 융통어음으로는 약속어음이 많이 이용되지만 환어음도 발행인이 인수인이 됨으로써 융통의 목적을 달성할 수 있다.

제3자가 융통어음임을 알고 취득한 경우에도 어음채무자는 어음상의 책임을 면하지 못한다(대판 69.9.30. 66다975 · 976, 79.10.30. 79다 479).

3) 뵈는 어음

발행인(약속어음의 경우)이 채무를 부담할 의사가 없이 유통을 예상하지 아니하고 단지 어음 소지인으로 하여금 제3자에게 보임으로써 그 제3자의 대외적인 신용을 높이게 하기 위하여 발행하는 어음이다. 즉, 이 어음은 일반적으로 그 소지인의 신용을 가장하기 위한 것으로서 어음을 양도하지 않는다는 합의에 의하여 발행되는 것이다. 그러므로 이 어음은 신용의 가장

이외의 목적을 위하여 사용할 수 없고, 목적이 달성되었을 때에는 지체 없이 어음을 발행인에게 반환하여야 한다. 일반적으로 뵈는 어음은 발행의뢰자를 수취인으로 하거나 수취인을 백지로 하는 형식으로 발행한다. 그러나 발행자는 그 유통에 따른 책임을 면할 수가 없다.

(2) 은행거래 관계에 의한 분류

1) 대부어음

금융기관 등의 금전소비대차를 하는 경우에 대금채권의 회수를 확실시하기 위하여 차용증서의 대신으로 또는 차용증서와 함께 차주로부터 받은 어음을 말한다.

2) 할인어음

어음의 현금화를 위하여 만기 전에 할인받은 어음이다. 이 경우에 어음상의 권리자는 만기까지의 중간이자를 공제한 금액을 받게 된다. 한 번 할인한 어음을 또 다시 할인하는 경우의 어음을 재할인어음이라 하며, 중앙은행에 재할인할 수 있는 어음을 '적격어음'이라 부른다.

자금의 융통이라는 점에서 대부어음과 할인어음은 유사하지만, 전자는 소비대차에 의한 채무자를 위하여 어음이 수수되는 경우이고, 후자는 어음의 매매를 목적으로 하는 것으로서 양자는 당사자의 의사에 의하여 구별된다.

3) 신종기업어음(Commercial Paper: CP어음)

일정한 기준에 의하여 선정된 우량적격업체가 기업자금의 조달을 위하여 발행한 융통어음으로서 단자회사 또는 투자금융회사를 통하여 고객에게 매출되는 어음이다. 다국적기업으로 그 지명도가 높은 기업은 이러한 어음을 외국에서 발행하여 자금조달을 하는 경우가 있다.

4) 담보어음

장래에 발생할 수 있는 채무의 담보를 위하여 발행된 어음으로서 채무자가 변제기에 채무의 이행을 하지 아니하는 때에는 채권자가 어음을 유통시킬 수 있는 것이다. 그러나 변제기 전에 채권자가 이를 유통시키더라도 채무자는 선의취득자에게 대항하지 못한다(어음법 제17조). 그러므로 실무에 있어서는 담보어음은 보통 금액을 백지로 하고 배서를 금지하는 형식으로 발행한다. 이 담보어음은 화환어음과 같이 물적 담보가 붙어 있는 '담보부어음'과는 구별된다.

5) 은행인수어음

환어음의 지급인인 은행이 인수한 어음으로서 그 지급이 확실한 어음을 말하는데, 이를 은행인수어음이라고도 한다. 광의로는 은행이 인수한 경우뿐만 아니라 은행이 발행인, 배서인, 보증인으로 되어 있어 그 신용이 높은 어음의 경우도 여기에 속하는 것으로 본다.

(3) 발행시기에 의한 분류

당사자 간에 최초로 수수된 어음을 기본어음(구어음)이라 하고, 지급기일을 연기하기 위하여 구어음을 대신하여 발행하는 어음을 개서어음(정기어음, 신어음)이라고 한다.

(4) 어음교환소를 중심으로 한 분류

어음교환소에 지급을 위한 제시가 되었으나 교환결제가 되지 아니하고 지급이 거절된 어음을 부도어음이라 하고, 어음교환소 가맹은행이 매입한 어음으로서 교환결제를 위하여 어음교환소에 지출된 어음을 지출어음이라고 하며, 어음을 어음교환소에 제시하였으나 교환결제가 되지 않아서 지급은행으로부터 지출은행에 반환된 어음을 반환어음이라 한다.

(5) 어음요건에 의한 분류

어음요건이 완비되었거나 불비하더라도 다른 기재에 의하여 보충될 수 있는 어음을 완전어음이라 하고, 어음요건에 흠결이 있거나 다른 기재로 보충될 수 없는 무효인 어음을 불완전어음이라고 하며, 어음요건이 흠결된 부분이 있지만 후일에 어음소지인에게 보충시킬 의사로 발행된 어음을 백지어음이라 한다.

(6) 기타의 분류

1) 단명어음 · 복명어음

어음대부나 어음할인 등의 거래에서 사용되는 용어로서 단명어음이란 어음채무자가 1인인 어음을 말한다. 즉, 환어음의 경우에 1인이 발행인, 지급인, 인수인을 겸한 것이며, 약속어음에 있어서는 발행인(어음채무자)이 제1수취인을 겸하는 경우이다. 보통 이러한 어음은 어음대부의 경우에 발행하게 되는데 이 경우 수취인 또는 피배서인은 은행으로 한다. 단명어음은 어음채무자가 1인뿐이므로 신용도가 낮다. 그러나 어음채무자는 타인에게 그의 책임을 전가시킬 수 없다는 특징이 있다. 이에 반하여 어음채무자가 다수인 어음을 복명어음이라고 하는데 이러한 어음은 어음할인의 경우에 많이 이용된다.

2) 위탁어음 · 자기앞어음 · 자기지시어음

발행인이 타인 또는 자기의 계산으로 발행한 어음이다. 환어음은 제3자의 계산으로 발행할 수 있는데 이를 위탁어음이라 하고(어음법 제3조 제3항), 발행인이 자신을 지급인으로 하여 발행한 경우는 자기앞어음이라 하며(동법 제2항), 발행인이 자신을 지급받을 자로 하여 발행한 경우는 자기지시어음이라 한다(동법 제3항).

그리고 위탁어음의 경우는 발행인 이외의 제3자가 지급자금을 제공하는 것으로서 위탁자가 신용이 없는 경우에만 이용된다.

3) 사고어음 · 부도어음

사고어음은 위조, 변조 등의 범죄에 기인된 어음이고, 이를 포함하여 적시에 지급불능사태에 빠진 어음을 부도어음이라 한다.

4. 어음제도의 남용

어음은 위에서 밝힌바와 같이 중요한 경제적 기능을 가지나, 그 반면에 다음과 같은 악용 · 남용의 폐단도 있다. 즉, 어음채무의 추상성을 이용하여 위법행위(예: 도박, 폭리행위)에 의한 채권을 은폐하는 수가 있고, 가공의 인물을 지급인으로 한 어음(허무어음, 연돌어음)을 발행하거나, 무자력자가 서로 상대방을 지급인으로 하는 어음을 발행하여 이것을 인수 또는 배서를 함으로써(어음기승, 기승어음) 부당한 신용의 남용을 하는 수도 있다. 또한 그 엄격한 요식성을 역이용하여 일부러 요건이 흠결된 어음을 발행해 주고 그 무효를 주장하는 수도 없지 않으며, 특히 대기업의 하청업체에 대한 결재수단의 남용으로 이용되기도 하고, 이와 연계되어 일개 기업의 도산이 연쇄도산을 가져오는 등의 폐해가 발생되는 것이 사회적인 큰 문제점으로 대두되기도 한다. 그러나 어음법의 운용과 이를 대체할 수 있는 새로운 제도가 없는 현 상황에서는 그 폐해를 줄이고 방지할 수 있도록 관련법규의 연구와 엄격한 법률적용 및 입법해석에 있어서 최선의 노력을 경주할 수밖에 없는 일이다.

5. 어음 및 수표의 법률적 차이점

(1) 서언

어음에는 환어음과 약속어음의 두 종류가 있는데, 전사는 지급위탁증권(어음법 제1조)이고 후자는 지급약속증권(어음법 제75조)이다, 양자의 법률적 차이는 지급위탁과 지급약속이라는 성실의 차이에서 생긴다고 할 수 있다. 즉, 어음법 제1편에서는 환어음에 관하여 상세하게 규정하고 있으며, 동법 제2편에 있어서는 약속어음에 대하여 법제화되어 있으나 그 성질상 허용되는 범위에서 원칙적으로 환어음에 관한 규정을 약속어음에 준용시키고 있다(어음법 제77조). 그러므로 약속어음에 관해서는 환어음과 다른 점에 대해서만 약간의 특별규정을 두고 있을 뿐이다.

수표도 지급위탁증권이라는 점에서 환어음과 비슷하여 어음법과 수표법은 서로 유사한 규정으로 존재하나, 어음은 신용수단으로 법제되어 있는 것에 비하여 수표는 지급수단으로 법제된 것이기 때문에 환어음과 수표는 법률적으로 기본적인 차이가 있다. 그러므로 별도의 법전으로 구성된 것이라 하겠다.

(2) 약속어음과 환어음

1) 주된 채무자

약속어음은 발행인이 일정한 금액의 지급을 약속하는 것으로서 어음관계의 당사자는 발행인과 수취인 등 2명이며, 발행인은 주된 채무자로서 어음금의 지급의무를 부담한다. 환어음은 지급위탁증권으로서 당사자는 발행인, 지급인, 수취인 등 3인이며, 환어음의 발행인은 주된 채무자가 아니라 지급인과 같이 상환청구의무를 부담하는 상환의무자에 불과하고, 지급인은 그 지급인의 지위를 인수한 때에 비로소 인수인으로서 주된 채무자가 되는 것이다. 그러나 환어음에서도 인수가 거절되면 발행인이 어음의 발행자로서의 주된 채무자가 되는 것이다.

2) 만기 전의 상환청구

환어음의 경우에는 인수거절에 의한 만기 전의 상환청구(어음법 제43조: 2010년 3월 31일 개정으로 소구(遡求)가 상환청구(償還請求)로 용어변경)가 인정되는데 비하여, 약속어음에는 지급인이 없고 인수제도가 없으므로 인수거절에 의한 상환청구란 있을 수가 없다. 그리고 환어음에 있어서 지급인의 파산, 지급정지, 재산에 대한 강제집행의 주효가 없는 경우 등의 어음의 지급이 불확실하게 되는 사유가 있을 때에는 만기 전의 상환청구가 인정되고(어음법 제43조 제2호), 약속어음의 경우에도 발행인에게 위와 같은 사유가 있을 때에는 만기 전의 상환청구가 인정된다(어음법 제77조: 2010년 3월 31일 개정법은 그간 판례법상으로만 인정되어 왔던 것을 법문화함).

3) 복본(複本)

환어음에 있어서는 인수를 위하여 복본제도가 존재하지만(어음법 제64 내지 제66조), 인수제도가 없는 약속어음의 경우는 인정되지 않는다.

4) 어음보증

환어음의 어음보증에 관한 규정(어음법 제30조 내지 제32조)은 약속어음에도 준용된다(어음법 제77조). 누구를 위한 보증인지를 표시하지 않은 경우에 환어음에 있어서는 발행인을 위한 것으로 보며(어음법 제31조 제4항), 약속어음의 경우에 있어서도 발행인을 위한 보증으로 본다(어음법 제77조).

5) 거절증서의 작성면제

환어음의 발행인은 거절증서의 작성을 면제할 수 있다(어음법 제46조). 약속어음의 발행인도 이를 할 수 있느냐에 관해서는 그간 학설의 대립이 현저하였으나 2010년 3월 31일의 개정법에서는 이를 환어음에 준용하는 것으로 명문화하였다(어음법 제77조 제1항 제4호).

6) 일람후정기출급어음의 만기

일람후정기출급환어음의 만기는 인수의 제시가 있은 후 어음에 기재된 일정한 기간이 경과한 날이지만, 약속어음의 경우에는 인수제도가 없으므로 지급제시가 있는 후 일정한 기간이 경과한 날이 된다(어음법 제33조, 제77조 제1항 제2호).

7) 당사자자격의 겸병

환어음의 경우에는 추심 및 신용의 기능이 중요하므로 발행인 자신을 지급인으로 하는 '자기앞어음'과 더불어 또한 발행인 자신이 지급받을 자(수취인)가 되는 '자기지시어음'이 인정되고 있다(어음법 제3조 제1항, 제2항). 그러나 약속어음에는 이에 관한 준용규정과 인수제도가 없으며 또한 자기지시약속어음은 그 실익이 없다는 점을 들어 무효로 보는 견해도 있으나(박원선), 약속어음에도 신용기능이 있고 배서에 의하여 제3자의 참가가 예상되므로 어음당사자의 자격겸병을 인정하는 일반원칙에 따라 자기지시약속어음도 유효하다고 해야 할 것이다(同旨: 최기원, 이철송 등 다수).

8) 참가인수

약속어음에는 참가지급에 관한 규정만을 준용하고 있을 뿐이고(어음법 제77조 제1항 제5호) 참가인수에 관하여는 준용규정이 없다는 이유로 약속어음의 경우에는 참가인수가 인정되지 않는다는 견해도 있으나(박원순), 약속어음의 경우도 만기 전의 소구가 가능하므로 이를 저지할 수 있는 참가인수가 인정된다고 보아야 할 것이다(同旨: 최기원, 이철송 등 다수).

표 2 약속어음과 환어음의 비교표

기 준	약속어음	환어음
주채무자	발행인	인수인(인수거절 시 발행인)
수취인의 표시	기명식, 지시식	기명식, 지시식
만기	환어음과 동일. 단, 일람후정기출급의 경우 만기의 기산점은 지급제시 후 일정한 날	일람출급, 일람후정기출급, 발행일자후정기출급, 확정일출급
지급제시기간	환어음과 동일	일람출급어음은 원칙적으로 발행일로부터 1년간, 기타 어음은 지급한 날과 그에 이은 2거래일
인수제도	없음	있음
인수거절에 의한 상환청구	없음	가능(어음법 제43조 제1호)
이자의 약정	환어음가 동일	일람출급어음 및 일람후정기출급어음의 경우만 가능(어음법 제5조)
지급인의 배서	가능	가능

보증	지급인에 의한 보증도 가능	지급인에 의한 보증도 가능
소지인의 상환청구권의 시효기간	1년(어음법 제70조 제2항, 제77조 제1항 제8호)	1년(어음법 제70조 제2항)
복본제도	없음	있음

(3) 환어음과 수표

양자는 모두 지급위탁증권이라는 점에서 같지만 환어음은 신용수단으로 이용되고 수표는 지급수단으로 이용된다는 점에서 기본적으로 차이점가 있다.

1) 지급인 및 자금관계

수표의 경우는 그 지급의 확실성을 위하여 지급인은 은행에 한정되고 그 발행을 위하여 자금관계와 수표계약이 존재한다(수표법 제3조). 그러나 환어음의 경우에는 이러한 제한이 없다.

2) 수취인

환어음에 있어서는 수취인으로서 특정인을 기재하여야 하지만(어음법 제1조 제6호), 수표는 소지인출급식 또는 지명소지인출급식의 발행이 인정되기 때문에(수표법 제5조 제1항 제3호, 제2항) 수취인의 지정 없이 발행할 수 있고(수표법 제1조), 배서하지 않고 단순교부로써 양도할 수도 있다(수표법 제14조).

3) 만기

환어음에는 만기를 기재하여야 하지만(어음법 제1조 제4호), 수표는 일람출급으로만 발행할 수 있고, 이에 위반하는 기재는 기재하지 않은 것으로 본다(수표법 제28조 제1항). 이는 수표는 신용증권인 환어음과 달리 곧 현금화될 수 있어야 하기 때문이다. 그리고 환어음의 경우에는 일람출급으로 발행되었더라도 제시기간은 발행일로부터 1년간(어음법 제34조 제1항)인데 비하여, 수표에 있어서는 원칙적으로 발행일로부터 10일 내에 지급제시를 해야 하고(수표법 제29조 제1항, 제4항), 선일자수표도 발행일자의 도래 전에 지급을 위한 제시를 할 수 있게 하였다(수표법 제28조 제2항). 그러므로 수표는 신용증권화 될 수 있는 여지가 없는 것이다. 또한 환어음은 일람출급 또는 일람후정기출급인 경우에 이자문구의 기재가 가능하지만(어음법 제5조) 수표의 경우에는 그 기재가 인정되지 않고, 만약 기재되었더라도 적지 아니한 것으로 본다(수표법 제7조).

4) 인수제도 및 보증

수표에는 인수제도가 인정되지 않으므로 인수의 기재를 하더라도 그 효력이 없다(수표법 제4조).

즉, 인수는 기재하지 않은 것으로 본다. 이것은 수표의 경우에도 인수를 인정하게 되면 수표의 현금과 같은 기능이 상실되고, 또한 지급인이 절대적 의무를 지게 됨으로써 수표가 신용증권화될 가능성이 있기 때문이다.

그리고 수표에도 지급보증제도가 있지만 지급보증을 한 지급인은 제시기간 내에 수표의 제시가 있는 경우에만 지급의무를 부담하므로(수표법 제55조 제1항) 환어음의 인수인의 경우와 같이 절대적으로 기급의무를 부담하는 것은 아니다. 그러나 수표도 보증에 의하여 그 금액의 전부 또는 일부의 지급을 보증할 수 있다. 그러나 이 경우에는 지급인을 제외한 제3자여야 한다(수표법 제25조 제1항, 제2항).

5) 시효

환어음의 경우에는 인수인에 대한 채권의 소멸시효기간은 3년이고, 어음소지인으로부터의 상환청구권은 1년이다. 배서인으로부터의 재상환청구권에서는 6월(어음법 제70조)이지만, 수표상의 채권의 소멸시효기간은 6월로써 단기이다(수표법 제51조). 그러나 지급보증을 한 지급인에 대한 청구권의 경우는 제시기간 경과 후 1년간 행사하지 아니하면 소멸한다(수표법 제58조).

6) 거절증명

환어음의 경우에 지급거절의 증명은 공정증서(인수거절증서 또는 지급거절증서)로만 하는 것으로 되어 있지만(어음법 제44조), 수표에 있어서는 이 밖에도 지급인의 지급거절선언 및 어음교환소의 부도선언증명 등의 간단한 방법이 인정되고 있다(수표법 제39조 제2호, 제3호).

7) 횡선 · 참가 · 등본

수표는 환어음과 달리 소지인출급식으로도 발행할 수 있기 때문에 지급의 안전을 위하여 횡선제도가 인정된다(수표법 제37조, 제38조). 반면에 환어음에는 존재하는 참가, 등본 등의 제도가 수표에는 없다.

표 3 환어음과 수표의 비교표

기 준	환어음	수표
주채무자	인수인	없음
지급인의 자격	특별한 제한 없음	금융기관(수표법 제3조)
수취인의 표시	기명식, 지시식(어음법 제1조 제6호)	기명식, 지시식, 소지인출급식, 지명소지인출급식(수표법 제5조)
횡선제도	없음	있음

만 기	일람출급, 일람후정기출급, 발행일자후정기출급, 확정일출급	일람출급만 인정(수표법 제28조 제1항)
지급제시기간	일람출급어음은 발행일로부터 1년간, 기타어음은 지급할 날과 그에 이은 2거래일	발행일부터 10일간(수표법 제29조 제1항)
인수제도	있음	없음(수표법 제4조)
인수거절에 의한 상환청구	가능(어음법 제43조 제1호)	없음
이자의 약정	일람출급어음 및 일람후정기출급어음의 경우만 가능(어음법 제5조)	불가능
지급인의 배서	가능	불가능
보 증	지급인에 의한 보증도 가능	지급인에 의한 보증은 불가(수표법 제25조 제2항). 다만, 지급보증은 가능(수표법 제53조 제1항)
소지인의 상환청구권의 시효기간	소지인의 배서인과 발행인에 대한 상환청구권은 적법한 기간 내에 작성시킨 거절증서의 일자로부터 무비용상환의 문언이 기재된 경우에도 만기의 날로부터 1년간 행사하지 아니하면 소멸시효가 완성된다(어음법 제70조 제2항)	소지인의 배서인, 발행인, 기타의 채무자에 대한 상환청구권은 제시기간 경과 후 6월간 행사하지 아니하면 소멸시효가 완성한다(수표법 제51조 제1항)
거절증서의 방식	거절증서	거절증서 · 지급거절선언 · 어음교환소의 부도선언증명

6. 어음 및 수표법의 의의

(1) 실질적 의의의 어음법 및 수표법

실질적 의의의 어음법과 수표법은 어음과 수표에 관한 모든 법규를 말한다. 그러므로 어음법과 수표법 외에도 어음과 수표의 법률 관계에 적용되는 민법 및 상법의 규정과 유가증권의 위조와 변조에 관한 형법규정은 물론이고, 민사소송법 중의 어음과 수표에 관계되는 규정 모두를 포함하는 것으로 보아야 한다.

(2) 형식적 의의의 어음법 및 수표법

독립된 단행법인 어음법과 수표법만을 의미하는 것으로 양 법률 모두 1963년 1월 1일에 제정되어 1995년 12월 6일 일부개정, 2010년 3월 31일 전면개정을 거쳐 오늘에 이르렀다.

7. 어음 및 수표법의 특색

(1) 목적

어음법 및 수표법의 주된 목적은 어음과 수표의 원활한 유통에 있다. 그러므로 어음과 수표의 원활한 유통을 위해서는 금전의 지급이 확실시되어야 하고 한편으로 신용창출이 용이해야한다. 따라서 어음법 및 수표법에서는 어음과 수표의 지급성을 확보하는 동시에 유통의 조장을 위하여 여러 가지 원칙과 제도를 마련하고 있는데, 구체적으로는 어음과 수표의 불요인성, 문언성, 어음수표행위의 독립의 원칙, 인적항변의 절단, 배서인의 담보책임 등의 형식으로 어음법과 수표법상에 설정되어 있다.

(2) 특색

어음법 및 수표법은 상술한 목적의 실행을 위하여 다음과 같은 특성을 가진다.

1) 강행법적 성질

어음법 및 수표법은 그 대부분이 채권법적 규정인데도 불구하고 계약자유의 원칙이 적용되지 않으며, 그 규정의 대부분이 강행법적 성질을 가진다. 이것은 어음과 수표는 당연히 유통성을 가지는 까닭에 어음법과 수표법의 규정을 당사자가 자유로 변경할 수 있게 된다면 거래선상에 있는 일반 공중을 보호할 수 없게 된다는 문제가 따른다.

2) 기술적 성질

어음과 수표는 금전지급 및 신용이용의 수단으로 만들어진 기술적인 제도이므로 어음법과 수표법도 그 성질이 극히 기술적이다. 따라서 이 법은 전체적으로 윤리적 색채가 희박하고 그 법률 관계의 판난에 있어서는 전문적 지식을 필요로 하게 된다.

3) 통일적 성질

어음과 수표제도는 본래 거래에 있어서 금전지급의 용구 또는 금융의 수단으로 이용하기 위한 기술적인 제도이므로 그 법적 규제도 각국의 인정, 풍속, 정책 등에 비교적 영향을 받지 아니한다. 따라서 국제적 유통을 촉진하기 위해서도 통일적 성질이 강하게 내포되어 있다.

4) 수단적 성질

어떤 법이든 일반적으로 사회생활을 위한 수단이라고 할 수 있겠으나, 어음법과 수표법은 그 많은 법률 중에서도 수단적 성질이 특히 강한 법률이다. 그러므로 어음법 및 수표법은 정연한 통일체를 기하고 있으므로 각개의 규정은 전체적으로 연계되어 불가분의 관계에 있다.

제3장 어음 및 수표법 각론

제1절 어음의 개념

1. 어음의 의의

어음은 일정한 금액의 지급을 목적으로 하는 완전유가증권이며 이에는 환어음과 약속어음이 있다. 환어음은 발행인이 지급인에 대하여 일정한 금액을 수취인 기타 증권의 정당한 소지인에게 지급할 것을 위탁하는 증권을 말한다. 즉, 환어음은 지급위탁증권으로써 수취인 기타 소지인은 증권기재의 문언에 따라 지급인에 대하여 어음금액의 지급을 청구할 수 있고, 특히 지급인은 지급의 위탁을 받은 자로서 어음에 지정되는 것뿐이므로 그것만으로는 아직 지급의무를 부담하지 아니하고 인수라는 어음행위를 함으로써 비로소 확정적으로 지급의무를 부담하게 되는 것이다. 발행인은 그 발행한 어음의 인수 및 지급을 담보하는 의무를 부담하며 지급인이 인수 또는 지급을 거절할 때에 한하여 스스로 상환책임을 부담하는 것이다.

약속어음은 발행인이 수취인 기타 증권의 정당한 소지인에게 일정한 금액을 지급할 것을 약속하는 증권을 말한다. 즉, 약속어음은 지급약속증권으로 인수제도는 없으며, 발행인은 처음부터 확정적으로 어음금액을 지급할 의무를 부담하게 되는 것이다.

2. 어음의 법적 성질

(1) 유가증권성(有價證券性)

어음은 수표와 더불어 유가증권을 대표한다. 어음과 수표라는 유가증권은 재산권을 표창하는 증권으로 그 권리의 발생, 행사, 이전의 전부에 있어서 증권의 소지를 필요로 한다.

(2) 금전채권증권성(金錢債權證券性)

어음은 그 표창하는 권리가 채권이며 채권의 내용이 금전의 급부라는 점에서 금전증권이다.

(3) 설권증권성(設權證券性)

어음상의 권리는 증권의 작성에 의하여 발생되는 유가증권이다. 증권의 작성은 어음상의 권리발생의 절대적 요건이다.

(4) 무인증권성 · 추상증권성(無因證券性 · 抽象證券性)

어음은 유통성을 강화하기 위하여 증권상의 권리가 증권의 발행행위에 의하여 발생되고 그 발행하게 된 원인인 법률관계의 존부 또는 유효, 무효에 의하여 영향을 받지 않는 유가증권이다. 이러한 어음상의 권리는 원인관계로부터 독립하여 발생하게 되므로 권리행사에 있어서도 원인관계의 증명을 필요로 하지 않는다.

(5) 요식증권성(要式證券性)

어음에는 법정의 사항을 기재하여야 하므로 어음은 요식증권이다. 어음에 있어서의 법정의 기재사항은 최소한의 것으로써 그 어느 것을 결하더라도 어음으로써의 효력을 발생하지 못하게 된다. 다만, 법률에 의하여 구제되거나 허용되는 경우는 별개이다.

(6) 문언증권성(文言證券性)

어음상의 권리와 의무는 증권의 문언에 따라 정해진다.

(7) 지시증권성(指示證券性)

증권에 기재되어 있는 자 또는 그 자가 지정하는 자를 권리자로 하는 유가증권이다. 권리자를 지정함에 있어서는 증권상의 기재, 즉 배서의 방식에 의하여야 한다.

(8) 제시증권성(提示證券性)

어음상의 권리를 행사하려면 의무자에게 어음증권을 제시하여야 한다.

(9) 상환증권성(相換證券性)

어음상의 채무자는 어음과 상환하지 아니하고는 어음상의 채무를 이행한 것으로 보지 않는다. 이를 환수증권성이라고도 한다.

3. 어음행위의 의의 및 종류

(1) 의의

어음행위는 어음상의 채권과 채무의 발생 또는 이전을 목적으로 하는 법률행위이며 기명날인 또는 서명을 최소한의 요건으로 하는 요식의 서면행위이다.

(2) 종류

어음행위에는 환어음의 경우는 발행, 인수, 배서, 참가인수, 보증 등의 5종이 있고, 약속어음의 경우는 발행, 배서, 보증 등의 3종이 있다. 이 중 발행은 어음을 창조하는 행위이므로 이것을 '기본적 어음행위'라 하고, 그 이외의 어음행위를 '부속적 어음행위'라 한다.

그리고 수표의 경우에도 발행, 배서, 보증, 지급보증 등의 4종의 수표행위가 있다.

4. 어음행위의 성립요건

(1) 형식적 요건

1) 요식의 서면행위

어음행위는 법정의 사항을 기재하고 행위자가 기명날인 또는 서명함으로써 성립한다. 어음행위는 요식의 서면행위이다. 따라서 어음행위가 법정의 방식을 구비하지 않은 때에는 무효가 된다. 특히 기본어음에 방식의 결함이 있는 때에는 그 발행만이 아니라 이에 행하여진 모든 어음행위는 무효가 된다.

2) 기명날인 또는 서명

모든 어음행위에 공통하는 최소한의 요건은 어음행위자의 기명날인 또는 서명이다. 누구든지 어음에 기명날인 또는 서명을 하지 않는 한 어음상의 채무를 부담하는 일이 없다. 기명날인 또는 서명이란 행위자의 명칭을 표시하고 행위자의 의사에 의하여 그 인장을 압인 또는 서명하는 것을 말한다. 회사 기타 법인의 어음행위는 대표기관에 의해서만 할 수 있으므로 대표기관이 법인을 위하여 하는 것, 즉 법인의 명칭과 대표자격을 표시하고 대표기관 자신의 기명날인 또는 서명이 있어야 한다.

이처럼 기명날인 또는 서명을 요구하는 이유는 어음행위자로 하여금 어음상의 책임을 질 것을 자각하게 하려는 주관적 이유와 어음행위자의 고유한 필적이나 인장을 어음 면에 나타내어 어음취득자로 하여금 어음행위자가 누구임을 분명히 알게 하는 한편, 어음행위의 위조를 방지하려는 것에 있다.

(2) 실질적 요건

1) 어음능력

가. 어음의 권리능력

어음의 권리능력은 어음상의 권리와 의무의 주체가 될 수 있는 능력을 말한다. 일반적으로 권리능력을 가지는 자는 모두 어음의 권리능력을 가진다. 따라서 자연인뿐만 아니라 법인도 어음의 권리능력이 있는 것으로 본다.

나. 어음의 행위능력

어음의 행위능력은 자기 스스로 유효한 어음행위를 할 수 있는 능력을 말한다. 그 자격의 유무는 민법의 행위능력에 관한 일반원칙에 의하여 결정된다.

다. 행위무능력자의 어음행위

의사무능력자의 어음행위는 무효이다. 미성년자가 법정대리인의 동의 없이 어음행위를 한 때에는 취소할 수 있다. 그러나 법정대리인이 영업의 허락을 한 경우에는 그 영업에 관하여 완전한 어음행위능력이 있다(민법 제5조, 제8조, 상법 제6조, 제7조). 한정치산자의 경우는 미성년자의 경우와 같다(민법 제10조, 제5조 내지 제8조, 상법 제6조, 제7조). 금치산자의 어음행위는 취소할 수 있다(민법 제13조). 어음행위능력은 어음행위 시에만 있으면 되고, 그 후에 능력을 상실하여도 그 어음행위의 효력에는 영향이 없다.

2) 의사표시

어음행위도 법률행위로서 의사표시를 요소로 하므로 의사표시의 요건을 구비하여야 하다. 따라서 민법의 의사표시에 관한 일반원칙이 적용된다.

가. 의사의 흠결

의사의 흠결이 의사무능력으로 인한 경우는 물론이고, 의사무능력과는 관계없이 의사가 흠결된 어음행위(예: 교재용 어음)의 경우에도 일반원칙상 무효가 된다.

나. 비진의표시(심리유보)

진의(眞意) 아닌 의사표시로 인한 행위에 대한 민법의 일반원칙은 어음행위에도 적용이 된다. 즉 어음행위자가 진의 아님을 알고 한 어음행위라도 유효하다. 그러나 상대방이 그 어음행위자의 진의 아님을 알았거나 알 수 있었을 경우에는 무효이다. 그러나 그 무효로서 선의의 제3자에게 대항하지는 못한다(민법 제107조).

다. 허위표시

상대방과 통정한 허위의 어음행위는 무효이나, 그 무효는 선의의 제3취득자에게 대항하지 못한다(민법 제108조).

라. 착오로 인한 의사표시

어음행위 내용의 중요 부분에 착오가 있는 때에는 취소할 수 있으나 그 착오가 어음행위자의 중대한 과실로 인한 때에는 취소하지 못한다. 그러나 취소되는 경우에 있어서도 그 취소로 선의의 제3자에게 대항하지는 못한다(민법 제109조).

마. 사기 또는 강박에 의한 의사표시

사기나 강박에 의한 어음행위는 취소할 수 있으나 이 취소도 선의의 어음취득자에게는 대항하지 못한다(민법 제110조).

바. 사회질서에 반하는 어음 및 수표행위

민법에 의하면 선량한 풍속 기타 사회질서에 위반한 사항을 내용으로 하는 법률행위는 무효가 되며(민법 제103조), 또한 당사자 간의 궁박, 경솔 또는 무경험으로 인하여 현저하게 불공정한 법률행위를 한 경우도 무효가 된다(민법 제104조). 그러나 어음행위는 추상적인 행위이므로 민법의 이러한 규정의 적용을 받지 않는다고 보는 것이 학설의 지배적인 견해이다. 다만, 그 원인이 되는 행위는 적용되고 이것도 어음항변(어음법 제17조)으로서 어음행위에 반영될 수는 있으나, 그렇다고 어음행위자체를 무효로 하는 것은 아니다. 그러나 이에 대하여 선량한 풍속의 위반이 어음행위 자체에까지 관련된 경우에는 그 어음행위는 무효로 해야 한다는 주장도 유력한 소수설(정동윤 등)로서 제기되고 있음이다.

5. 어음행위의 대리

어음행위도 법률행위이므로 대리인에 의하여 할 수도 있다.

(1) 대리의 방식

어음행위의 대리를 함에는 본인을 위하여 함을 표시하고 대리인이 기명날인 또는 서명하여야 한다. 즉 이 경우는 ① 본인을 표시하고, ② 대리인인 것을 표시하고(예: 대리인, 지배인), ③ 대리인이 기명날인 또는 서명해야 하는 등의 세 가지 요건을 필요로 한다. 어음법상 대리는 민법에서와 같은 현명의의(顯名主義)를 따르나 민법에서처럼 구두는 인정될 여지가 없으므로 한층 강화된 엄격현명주의(嚴格顯名主義)를 취하는 것으로 보아야 한다.

(2) 어음행위의 무권대리(無權代理)

대리인에 의하여 본인이 어음상 채무를 부담함에는 형식적 요건 외에 실질적 요건으로서 그 대리인이 대리권을 가지고 그 대리권의 범위 내에서 대리행위를 한 것이라야 한다. 이 실질적 요건이 결여된 경우에는 무권대리가 된다. 이 무권대리는 그 대리권수여의 정도에 따라 다시 협의의 무권대리, 표현대리, 월권대리로 세분된다.

1) 협의의 무권대리(俠義의 無權代理)

대리권이 전혀 없이 타인의 대리인으로 어음에 기명날인 또는 서명한 자는 그 어음에 대한 의무를 부담한다(어음법 제8조). 다만 본인의 추인을 얻은 때에는 유효한 대리행위로써 그 어음행위 시에 소급하여 효력이 발생하므로 이 경우에는 무권대리인은 어음상의 의무를 부담하지 아니한다(민법 제130조, 제133조).

따라서 무권대리인이 한 어음행위는 본인이 추인하지 아니하면 본인에 대하여 효력이 없다. 즉 본인은 책임을 지지 않는다(민법 제130조). 이러한 경우에 무권대리인의 상대방은 상당한 기간을 정하여 본인에게 추인 여부를 확답을 최고할 수 있다. 이 경우에 본인이 그 기간 내에 확답을 발하지 아니한 때에는 추인을 거절한 것으로 본다(민법 제131조).

2) 표현대리(表現代理)

표현대리에 관한 민법규정(민법 제125조, 제126조, 제129조)은 어음행위에도 적용되므로 본인은 어음상의 책임을 지게 된다. 이 경우 표현대리인도 어음법 제8조에 의하여 어음상의 책임을 부담한다. 따라서 어음소지인은 본인 또는 무권대리인에 대하여 선택적으로 어음상의 권리를 행사할 수가 있게 된다.

3) 월권대리(越權代理)

대리인이 그 대리권한을 초과하여 어음행위를 한 경우 이 월권대리인에 대하여 어음행위의 전부에 대한 책임을 인정하는 동시에 본인도 대리권을 수여한 범위 내에서 책임을 부담하여야 한다고 본다. 그러나 무권대리인이 어음상의 의무를 이행한(어음금액지급) 때에는 본인과 동일한 권리를 갖는다(어음법 제8조).

6. 어음이론(어음학설)

어음의 발행은 어음요건을 기재한 증권에 기명날인 또는 서명하여 상대방(수취인)에게 교부하는 것이 보통이다. 그러나 발행인이 어음을 작성하여 타인에게 맡겨 둔 것이 작성자의 의사에 반하여 유통되거나 도난당한 경우에 이에 관한 선의취득한 자가 있을 때 작성자는 그 어음상의 채무를 부담하게 되는가 하는 문제가 생기게 된다. 이러한 문제는 이하에서 정리하는 어음이론(어음학설) 중에 어느 학설을 취하느냐에 따라서 답이 달라진다. 실제에 있어서는 선의의 취득자 보호를 위하여 가급적 발행인의 책임을 인정하려는 경향이 강하게 나타나는데, 그렇다고 충분하게 주의를 기우린 발행자에 대하여 무작정 그 책임만을 물을 수는 없는 일이다.

(1) 창조설

이 학설에서는 어음행위는 어음발행인에 의한 채무부담의 일방적 의사표시(단독행위), 즉 어음증권에 기명날인(또는 서명)을 함으로써 어음발행이 완성되고 어음행위가 성립된다고 설명한다. 이 학설에 의하면 증권의 교부는 어음으로서의 효력발생에 영향을 미치지 아니한다. 그러므로 어음이 작성자의 의사에 반하여 유통된 경우(예: 도취된 경우)에도 취득자의 권리가 인정되므로 작성자가 지나치게 불리하고 불합리하다고 하는 지적이 제기되었다.

따라서 이 학설을 지지하는 입장에서는 이른바 수정창조설(이단계창조설)로 이를 보충하며 발전하는 모습을 보였다. 즉, 이에 의하면 어음증권의 작성에 의하여 어음상의 권리가 생기고(채무부담의 단독행위), 다음으로 그 어음증권을 교부함으로써 권리가 이전하게 된다는 것이다(채권양도계약). 따라서 어음작성 후 작성자의 의사에 반하여 유통되는 경우에는 어음의 선의취득은 인정되는 것이지만, 작성자는 어음을 교부하지 아니하였다고 하는 항변을 주장할 수가 있게 되는 것이다(교부계약의 항변). 생각하건대 이 학설은 어음행위는 어음의 작성행위(무인행위)와 교부행위(유인행위)의 두 단계행위를 거쳐 완전한 어음행위로써 성립된다고 설명하는 것이므로 이 부분에 관하여 문제제기의 여지는 없으나 어음의 작성만에 의하여 어음채무부담의 의사가 있었다고 의제할 수 있는 것인지 여전히 의문으로 남는다.

(2) 발행설

창조설처럼 어음행위자(발행인)의 의무가 발생하는 시점은 어음에 기명날인 또는 서명하여 어음을 작성한 때가 아니라 그것을 발행인의 의사에 따라 누군가에게 교부한 때에 어음행위자(발행인)의 의무가 발생한다고 하는 학설이다. 그러므로 이 학설에 의하면 어음을 절취한 자로부터 선의취득한 자는 권리를 취득하지 못하지만, 적어도 어음의 점유일탈이 기명날인한 자 또는 서명한 자의 의사에 의하여 거래관계에 놓이게 된 경우에는 어음에 기명날인 또는 서명한 자는 책임을 져야 한다는 것이다. 국내에서 이 학설을 따르는 견해는 거의 없다.

(3) 계약설(교부계약설)

어음상의 채무가 성립되기 위해서는 창조설에서 주장하는 어음의 작성행위뿐만 아니라 어음의 작성자와 최초의 취득자 사이에 유효한 교부계약이 필요하다고 하는 학설이다. 이 학설에서는 채무관계의 성립과 변경에는 원칙적으로 당사자 간의 계약이 필요하다는 독일민법 제

305조의 일반원칙에 근거를 두고, 국내법상의 근거로는 어음법 제29조 제1항을 들고 있다. 따라서 이 학설에 의하면 교부계약이 존재하지 않는 한 절도자, 습득자는 물론이고 그 후의 선의취득자에 대하여도 어음의 작성자는 책임을 지지 않게 되며, 어음에 기명날인 또는 서명을 하였더라도 교부계약이 무효이거나 취소된 때에는 어음의 작성자는 최초의 취득자를 비롯하여 이후의 선의의 취득자에 대해서도 어음채무를 부담하지 아니하게 되므로 어음의 유통을 저해하고 거래의 안전을 해한다는 비판을 받고 있다.

생각하건대 이 학설은 우리의 현행 어음법에서도 위조 변조당한 자는 그 위조 변조된 어음상의 책임을 지지 아니하는 것, 무권대리에 의애 어음이 발행된 경우에 있어서도 본인이 추인하지 아니하는 한 책임이 없음을 정한 것 등을 고려하게 되면 이론적 근거에 크게 모순되지 아니하는 것으로 볼 수 있다. 다만, 선의의 취득자를 보호할 수 없다는 점에 문제가 될 뿐이다.

(4) 권리외관설

이 학설은 어음행위의 성립에는 교부계약을 요하나, 교부계약이 유효적으로 성립되지 아니한 경우라도 증권작성자가 그 작성행위에 의하여 어음채무를 부담한 것 같은 외관을 만들어 내고 제3자가 이를 신뢰하게 된 때에는 어음상의 책임을 진다고 설명하는 학설이다.

이 학설은 교부계약설에 바탕을 두고 이론을 전개함으로서 이론적인 근거를 확보하고 외관을 만든 책임을 묻는 것으로부터 선의취득자를 보호하자는 것이어서 많은 학자들로부터 지지를 얻고 또한 찬성할 수 있을 것으로 보이나, 이 학설 또한 창조설에서와 마찬가지로 충분하게 주의를 기울였음에도 불구하고 어음을 도난당한 발행자는 구할 수 없게 되어 문제점으로 지적할 수 있다는 점에서 균형 잡힌 이론이라 할 수 없다.

(5) 수정외관설

국내학설은 대부분이 수정외관이론을 주장하고 있는데, 이들은 다음의 두 가지로 형태로 발전되고 있다. 즉, 계약설과 권리외관설을 결합하거나(정희철, 양승규, 정동윤, 최기원, 이기수 외 다수), 발행설을 권리외관설에 의하여 보충하는 입장이다(서돈각 등).

7. 어음행위의 독립의 원칙

(1) 의의

일반적인 법률행위에 대한 사법상의 원칙은 선행행위가 무효이면 후행행위도 무효가 된다. 그러나 어음형식의 흠결 이외에 동일한 어음상에 행하여진 각 개의 어음행위는 그 전제가 되는 선행어음행위가 실질적 무효임에도 불구하고 후속하는 어음행위는 이에 영향을 받지 아니하고 각자 독립하여 그 효력을 발생한다는 원칙이 있다. 이를 어음행위의 독립의 원칙이라 부른다.

(2) 근거

어음채무의 독립성을 규정한 어음법 제7조는 이 원칙을 밝힌 것이며, 보증인의 책임에 관한 어음법 제32조 제2항도 같은 취지이다. 또한 변조어음의 기명날인 또는 서명의 책임에 관한 어음법 제69조에도 동일한 취지가 나타나 있다.

(3) 적용범위

어음행위 독립의 원칙은 형식상 완전한 어음에 한 어음행위가 다른 어음행위의 무효취소 등의 영향을 받지 않고 독립하여 그 효력이 정하여지는 것을 뜻하므로 이 원칙은 형식상 완전한 어음에 한 어음행위에 대해서만 적용된다.

그리고 이 원칙은 단지 선의취득자의 보호에만 그치는 것이 아니라 어음의 신용을 높이며 유통증권성의 강화를 기하려는 것이므로 선의취득자에 대해서만 적용되는 것이 아니다.

또한 이 원칙은 배서에 대하여서도 적용되는 것으로 앞의 배서가 실질적 무효인 경우에도 뒤의 배서에 있어서 배서인에게 담보책임을 발생시키는 것은 선의취득의 결과가 아니고 어음행위 독립의 원칙에 의하여 인정된 배서의 효력에 기인하는 것으로 되어야 한다.

8. 어음의 위조와 변조

(1) 서언

어음의 위조(僞造)와 변조(變造)는 그 자체로서는 사실행위이고 어음행위는 아니나 다른 어음행위자의 책임이 문제된다. 어음의 위조와 변조에 관한 법적 규제에 있어서는 유통의 안전확보를 위한 외관존중의 요청과 진실존중의 요청을 어떻게 조화시키느냐가 문제의 중심이 된다. 그러나 이러한 경우에는 '누구라도 진실로 어음에 기명날인 또는 서명한 자가 아니면 어음상의 의무를 지지 않는다'라는 것이 법의 기본이념이다.

(2) 어음의 위조

1) 의의

어음의 위조란 권한 없이 어음상에 타인의 기명날인 또는 서명을 하여 그 타인이 어음행위를 한 것처럼 외관을 조작하는 것을 말한다. 예컨대 기명날인 또는 서명을 위조하거나 타인의 인장을 도용하거나 또는 다른 목적으로 한 타인의 기명날인 또는 서명을 악용하여 발행, 배서, 인수, 보증 등의 행위를 한 것이 위조에 해당된다.

2) 위조에 대한 법률효과

가. 위조자의 책임

위조자는 어음상에 자기의 기명날인 또는 서명이 없으므로 어음상의 책임을 부담하지 아니한다. 그러나 위조자가 형사상의 책임 또는 민사상의 책임을 부담하는 것은 별도의 문제이다. 형사상의 책임으로서는 형법 제214조는 "행사할 목적으로 유가증권을 위조 또는 변조한 자는 10년 이하의 징역에 처한다(유가증권의 위조, 변조 죄)"라고 하였고, 민사책임으로는 민법 제750조에 "고의 또는 과실로 인한 위법행위로 타인에게 손해를 가한 자는 그 손해를 배상할 책임이 있다"라고 정하여 불법행위로 인한 손해배상의 책임을 지울 수 있게 하고 있다. 그러나 위조어음에 어음행위를 한 자는 어음행위 독립의 원칙에 의하여 그 부분에 대한 각자의 어음상의 책임이 인정된다(어음법 제7조, 제77조 제2항).

나. 피위조자의 책임

피위조자는 어음상에 자신이 기명날인 또는 서명을 한 것이 아니며 타인에게 기명날인 또는 서명할 수 있는 권한을 수여한 것도 아니므로 누구에 대하여도 책임을 지지 않는다. 자기 의사에 의한 것이 아니기 때문이다. 그러나 피위조자가 위조에 대하여 기회를 준 경우는 예외로 피위조자가 책임을 져야 한다고 본다. 위조자가 피위조자의 사용인이고 사무집행에 관하여 위조한 때에는 민법 제756조의 사용자책임을 져야 할 경우가 있다.

그리고 피위조자의 기명날인 또는 서명만 있고 아직 타인에게 교부하지 아니한 어음을 도난당한 경우에 도취자가 어음요건을 기재하여 선의의 제3자에게 양도한 때에는 특수한 경우를 제외하고 피위조자는 어음상의 책임을 부담한다고 해석한다(학설의 다수설).

또한 이러한 경우에 있어서는 피위조자가 추인할 수 있느냐에 관하여 긍정하는 견해와 부정하는 견해가 대립되고 있으나 위조자에게 기명날인 또는 서명대행의 권한을 사전에 수여하였다면 유효한 어음행위가 되었을 것이므로 사후에 추인하여 권한의 흠결이 보완되어 제3자를 보호할 수 있으면 피위조자의 추인의 효력을 굳이 사안에 따라 부정할 필요는 없을 것으로 본다.

(3) 어음의 변조

1) 의의

어음의 변조란 형식상 유효한 기존 어음상의 기재사항 중 기명날인 또는 서명 이외의 사항을 권한 없이 그 내용을 변경하는 것을 말한다. 변조는 권한 없이 하는 변경이므로 다른 어음관계자의 동의를 얻어서 변경하는 경우 또는 변경이 법률상 허용되는 경우에는 변조가 아니다.

변조의 방법은 어음이 소멸을 가져오지 않은 한 법률상 제한이 없다.

2) 변조에 대한 법률효과

가. 변조자의 책임

변조자는 그 어음에 자기의 기명날인 또는 서명이 없는 한 어음상의 책임을 부담하지 아니한다. 이것은 기존 어음 문언을 단순히 변경하는 것에 그치고 어음행위를 하지 않았기 때문이다. 그러나 변조자가 변조와 동시에 어음행위를 한 때에는 그 변조된 어음 문언에 따라 책임을 진다(어음법 제69조).

나. 변조 전의 기명날인 또는 서명자의 책임

변조 전에 기명날인 또는 서명을 한 자는 원 문언에 따라 책임을 진다(어음법 제69조). 이것은 그 변조전의 어음의 내용을 자기의 어음행위의 내용으로 삼았기 때문이며, 변조 전에 발생한 책임이 변조로 인하여 소멸될 이유도 없기 때문이다.

다. 변조 후의 기명날인 또는 서명자의 책임

변조된 후에 기명날인 또는 서명한 자는 변조된 어음 문언에 따라 책임을 진다(어음법 제69조, 제77조 제1항). 이것은 어음채무의 문언성과 어음행위의 독립의 원칙에 비추어 당연하다.

라. 입증책임

변조가 되었음이 어음 면에 명백한 경우에는 어음소지인은 그 기명날인 또는 서명이 변조 전에 있었다는 것 또는 그 기명날인 또는 서명이 변조 후에 있었다는 것을 스스로 입증하여야 하고 변조된 것이 어음 면에 명백하지 않은 경우에는 변조가 있었다는 사실을 주장하는 자가 원 문언과 더불어 이를 입증하여야 한다.

9. 어음상의 권리

(1) 의의

어음상의 권리란 일정한 금액의 지급이라는 직접 어음의 목적을 달성하기 위하여 부여된 권리와 이에 갈음할 권리를 구분하여 생각할 수 있다. 전자는 환어음의 인수인 또는 약속어음의 발행인에 대하여 청구할 수 있는 어음금액지급청구권(어음법 제28조, 제78조), 상환청구권(동법 제9조, 제15조, 제77조), 보증인이나 참가인수인에 대한 권리(동법 제32조, 제58조, 제77조), 어음금을 지급한 보증인이나 참가지급인이 갖는 권리(동법 제32조, 제63조, 제77조) 등이 이에 속한다. 이러한 어음상의 권리는 어음법상의 권리와 구별된다. 어음법상의 권리는 어음법에 의하여 인정된 권리로서 어음상의 권리 이외의 권리를 말한다. 이 권리는 어음상의 권리를 실현하기 위하여 간접적 또는 보조적으로 인정된 것으로서 악의의 어음취득자에 대한 어음반환청구권(어음법 제16조, 제77조), 이득상환청구권(동법 제79조), 소구통지를 해태한 자에 대한 손해배상청구권(동법 제45조, 제77조), 복본교부청구권(동법 제64조), 복본 또는 원본반환청구권(동법 제66조, 제68조) 등이 이에 속한다.

(2) 어음상의 권리취득

1) 서언

어음은 완전한 유가증권이므로 어음상의 권리를 취득하려면 원칙적으로 어음증권 자체를 취득함을 요하고, 취득(소지)에 의하여 어음상의 권리를 취득한 것으로 인정된다. 어음상의 권리의 취득방법으로서는 배서(어음법 제11조), 단순한 어음교부(동법 제14조 제2항), 선의취득(동법 제16조), 상속, 회사합병 등에 의해서 취득된다.

2) 선의취득

선의취득을 인정하는 이유는 선의취득자를 보호하고 유통의 원활을 도모하여 거래의 동적 안전을 기하고자 함에 있다. 따라서 어음소지인이 악의 또는 중대한 과실이 없는 한 그 소지인의 경과실이 인정되는 때에도 보호를 받는다.

선의취득을 인정받기 위해서는 ① 어음취득자는 배서나 인도 등 어음법이 정하는 어음상의 권리의 양도 방법에 의하여 어음을 취득하였을 것, ② 무권리자로부터 취득하였을 것, ③ 취득자에게 악의 또는 중과실이 없었을 것이 전제요건이며, 여기서 '악의'라는 것은 양도인이 무권리자임을 알고 있었음을 말하고, '중대한 과실'이란 무권리자임을 모르는 것에 대한 부주의의 정도가 현저한 것을 의미한다. 악의 또는 중대한 과실의 입증은 어음의 반환을 청구하는 자의 부담으로 한다.

이상의 요건을 갖춘 어음취득자는 선의취득자로서 어음상의 권리를 취득하며 누구에게도 어음을 반환할 의무가 없게 된다.

(3) 어음상의 권리행사

1) 서언

어음상에 표상된 채권의 실행은 확실하고 또한 유통성이 강하게 요청된다. 그러므로 어음상의 의무도 일반채무보다 특히 엄격하며, 어음항변의 제한 등으로 인하여 더욱 엄중한 책임을 부담하게 되는 것이다. 이것을 어음의 엄정(嚴正)이라고 하며, 이하에서 설명하는 어음항변의 제한을 실질적 엄정이라고 한다.

2) 어음의 항변(抗辯)

어음의 항변(exception, defence)이란 어음에 의하여 청구를 받은 자(어음채무자)가 그 청구를 거부할 수 있는 모든 사유를 말한다.

가. 물적항변(절대적항변)

이 항변은 어음채무자가 모든 어음소지인에게 대항할 수 있는 항변을 말한다. 즉, 어음의 기재에 기인하는 항변으로서 어음요건의 흠결, 만기의 미도래, 시효의 완성 등의 사유가 이에 속하고, 어음행위의 효력에 관한 항변으로서는 행위자의 무능력, 대리권자의 흠결, 어음의 위조 및 변조, 공시최고에 의한 제권판결이 있는 것 등의 사유가 이에 속한다.

나. 인적항변(상대적항변)

이 항변은 특정된 어음채무자 또는 모든 어음채무자가 특정된 어음소지인에 대해서만이 대항할 수 있는 항변이다. 즉, ① 원인관계에 기인한 항변으로서는 원인관계(예: 매매)의 무효, 취소, 해제의 항변, 어음관계상의 채무를 이행하였다는 항변, 지급유예의 항변 등이 있고, ② 특정 어음소지인의 권리를 부정하는 항변으로서는 어음을 습득 또는 도취하였다는 항변, 배서의 연속이 없다는 항변, 어음소지인이 어음에 기재된 자와 동일인이 아니라는 항변 등이 있으며, ③ 어음행위의 하자로 인한 항변으로서는 착오, 사기, 강박 등으로 인하여 어음행위를 하였다는 항변, 백지어음의 부당보충의 항변 등이 있다.

다. 악의의 항변

악의의 항변이란 어음소지인이 그 채무자를 해할 것을 취득 당시에 알고 어음을 취득한 때에 그 소지인에게 대항할 수 있는 항변을 말한다.

(4) 어음상의 권리의 소멸

1) 일반소멸원인

어음상의 권리도 일반채권의 소멸원인인 지급(변제), 대물변제, 상계, 경개, 면제, 공탁 등에 의하여 소멸하나 혼동(일부상환변제)은 소멸의 원인이 되지 아니한다(어음법 제11조 제3항, 수표법 제14조 제3항).

2) 특별소멸원인

어음법이 규정하는 특별소멸의 원인으로 보전절차의 흠결(어음법 제53조, 제25조 제2항, 제56조 제2항, 제60조 제2항, 제77조 제1항), 일부지급의 거절(동법 제39조, 제77조), 참가지급의 거절(동법 제61조, 제77조), 거절할 수 있는 참가인수의 승낙(동법 제56조), 참가지급의 경합이 있는 자가 보다 우선하는 참가지급인이 있는 것을 알고 한 참가지급(동법 제63조, 제77조) 등이 있다.

3) 시효에 의한 소멸

어음상의 권리는 일반채권에 비하여 엄정하므로 어음채무자의 책임의 완화와 어음거래의 신속한 결제를 위하여 어음법은 단기소멸시효를 인정하고 있다. 즉, ① 주채무자인 환어음의 인수인 및 약속어음의 발행인에 대한 청구권은 3년으로써 소멸시효가 완성되고(어음법 제70조, 제77조, 제78조), ② 소지인의 전자(발행인, 배서인)에 대한 청구권(소구권)은 거절증서작성일 또는 만기일로부터 1년으로 소멸시효가 완성된다(동법 제70조, 제77조). 그리고 ③ 상환을 한 배서인, 보증인, 참가인수인의 전자에 대한 재상환청구권은 어음의 환수일 또는 제소된 날로부터 6개월로써 소멸시효가 완성된다(어음법 제32조, 제63조, 제70조, 제77조). 이러한 시효기간의 산정에 있어서 그 초일은 산입하지 않으며(어음법 제73조) 말일이 법정휴일(동법 제81조)인 경우에는 이에 이은 제1의 거래일까지 기간이 연장된다(동법 제72조, 민161조).

10. 이득상환청구권

(1) 의의

이득상황청구권(利得償還請求權)이란 어음상의 권리가 절차의 흠결이나 시효에 의하여 소멸한 경우에 이로 인하여 실질적으로 이득을 본 어음상의 채무자(발행인, 배서인, 인수인 등)에 대하여 소지인이 그 이득의 상환을 청구할 수 있는 권리를 말한다(어음법 제79조).

(2) 당사자

이득상환청구권자는 어음상의 권리가 절차의 흠결 또는 시효로 인하여 소멸한 당시의 소지인이고 이득상황의무자는 발행인, 인수인 또는 배서인이다(어음법 제79조).

(3) 효과

이득상환청구권이 발생하였을 때에는 소지인은 발행인, 인수인 또는 배서인에 대하여 그가 받은 이익의 한도 내에서 상환을 청구할 수 있다(어음법 제79조).

제2절 환어음

1. 환어음의 의의

환어음(換어음: 爲替手形, bill of exchange)은 발행인이 지급인에 대하여 수취인 기타 증권의 정당한 소지인에게 일정한 금전을 지급할 것을 위탁하는 형식으로 발행하는 어음을 말한다. 환어음의 발행인은 지급인에 대하여 어음금액의 지급을 위탁하는 자로서 지급인이 인수거절 또는 지급거절을 한 경우에 상환청구의무를 부담하는 것에 그치고 어음상의 주된 채무자는 아니며, 또한 지급인도 당연히 어음상의 채무자가 되는 것은 아니라 인수를 함으로써 비로소 어음상의 주된 채무자가 되어 지급의무를 부담하게 된다.

2. 환어음의 발행

(1) 발행의 의의

환어음의 발행(發行: 振出, drawing, issue, draft, draught)이라 함은 환어음을 작성하여 수취인에게 교부하는 것을 말한다. 환어음을 작성함에는 발행인이 일정한 법정사항을 기재하고 기명날인 또는 서명하여야 한다(어음법 제1조). 이 일정한 법정사항과 발행인의 기명날인 또는 서명을 어음의 요건이라 하고 이 어음요건에 의하여 발행된 어음을 기본어음(원형어음)이라 한다. 기본어음의 어음요건이 흠결된 때에는 어음법 제2조의 법적 구제요건에 해당되지 못하면 원칙적으로 어음으로서의 효력이 없다(완전무효). 어음요건이 흠결된 어음은 그 소지인이 후일 이를 보정하여도 발행의 효력을 보완하지 못한다.

(2) 어음요건

1) 필요적 기재사항

필요적 기재사항이란 어음의 기재사항 중에 하나라도 기재를 결한 때에는 어음으로써의 효력이 인정되지 아니하는 사항을 말한다. 환어음의 필요적 기재사항은 다음과 같다(이하 어음법 제1조 제1호 내지 제8호).

① **증권의 본문 중에 그 증권의 작성할 때 사용하는 국어로 환어음임을 표시하는 글자** : 이는 다른 증권과의 식별을 용이하게 하기 위한 것이다. 예컨대 '위의 금액을 이 환어음과 상환으로 지급하시압' 등의 기재로서도 족하다.

② **조건 없이 일정한 금액을 지급할 것을 위탁하는 뜻** : 이는 환어음은 지급위탁을 그 본질로 하기 때문이다. 그리고 금액의 표시는 일정하여야 하므로 '1만원 또는 2만원'이라는 선택적 기재나 10만 원 이상 또는 이하라고 하는 최저액 또는 최고액의 기재는 하지 못한다. 그러나 금액의 표시는 내국통화이든 외국통화이든 무방하고, 금액을 문자와 숫자로 중복하여 기재하는 경우에 양 금액에 차이가 있으면 문자로 기재된 금액을 어음금액으로 하고, 또한 문자로 중복 기재한 경우 또는 숫자로 중복 기재한 경우에 그 금액에 차가 있으면 최소금액을 어음금액으로 한다(어음법 제6조 제1항, 제2항, 제77조 제2항).

③ **지급인의 명칭 :** 지급인은 환어음에서 지급위탁을 받은 자를 말한다. 지급인의 성명이나 상호나 통칭 등 그 동일성을 인식할 수 있는 것이면 된다. 환어음의 당사자는 발행인, 수취인, 지급인의 3자가 있으나 이들은 당사자의 자격은 겸할 수도 있다. 즉, 발행인 자신을 지급인으로 하여 발행하는 경우(자기앞 환어음)도 발행할 수 있고(어음법 제3조 제2항), 수취인과 지급인과의 자격이 겸하는 경우 또는 발행인, 수취인, 지급인의 3자격이 겸하는 경우도 있다.

④ **만기의 표시 :** 만기란 어음금액이 지급될 날로써 어음에 기재된 일자를 말한다. '지급될 날'과 '지급을 할 날'은 보통 일치하나 만기가 법정휴일인 경우에는 '지급될 날'과 '지급을 할 날'은 일치하지 않는다. 또한 '지급의 날'은 현실적으로 지급이 행하여진 날로써 만기와 다르다. 또한 만기는 단일적으로 정하여야 하고 확정되어야 하며 또한 확정할 수 있어야 한다. 따라서 불확정한 것이나 만기를 기간으로 표시하는 것 등은 무효이다. 만기의 종류 4종은 다음과 같다.

즉, 일람출급은 소지인이 지급제시를 하면 그 날이 만기로 되는 형태의 것이고, 일람후정기출급은 소지인이 인수제시(발행일로부터 1년 내에 인수제시를 하여야 함)를 한 후 일정 기간이 경과함으로써 만기가 되는 형태의 것이며, 발행일자후정기출급은 발행일자로부터 일정 기간 후가 되면 만기가 되는 형태의 것이고, 확정일출급은 어음상 확정된 날이 만기가 되는 형태의 것이다.

⑤ **지급지 :** 이것은 어음금액이 지급될 일정한 지역을 말한다. 지급지는 최소단위의 독립행정구획(시, 읍, 면 등)으로 표시하면 되고, 단일적으로 확정될 수 있는 것이라야 한다. 지급지의 기재가 없는 경우 지급인의 명칭에 부기한 지가 지급지이며 지급인의 주소지로 본다(어음법 제2조 제3호).

⑥ **지급을 받을 자 또는 지급을 받을 자를 지시할 자의 명칭 :** 이것은 제1수취인을 의미하는 것이다. 그러므로 권리능력의 유무에도 불구하고 사람(자연인 또는 법인)이면 족하다.

⑦ **발행일과 발행지 :** 발행일은 어음이 발행된 날로써 어음에 기재된 일자를 말한다. 발행일은 반드시 현실로 발행한 날과 일치함을 요하지 않는다. 따라서 선일자 또는 후일자의 기재도 유효하다. 발행지라 함은 어음이 발행된 지로 어음에 기재된 지를 말한다. 발생지는 단일함을 요한다. 발행지의 기재가 없는 때는 발행인의 명칭에 부기한 지를 발행지로 본다(어음법 제2조 제3호).

⑧ **발행인의 기명날인 또는 서명 :** 발행인이란 어음을 작성하여 이것을 수취인에게 교부하는 행위를 말한다. 어음의 작성에는 발행인의 기명날인 또는 서명이 반드시 필요하다. 기명날인 또는 서명행위는 법률행위의 가장 기본이 되는 것으로 이를 통하여 책임관계가 형성되기 때문이다. 그러므로 전부 백지어음의 경우에 있어서도 최소한 기명날인 또는 서명은 되어 있어야 무효어음으로 취급되지 아니한다.

2) 유익적 기재사항

어음상에 기재함으로써 일정한 어음상의 효력이 생기는 사항을 유익적 기재사항이라 한다.

즉, 지급인의 명칭에 부기한지(어음법 제2조 제2호), 발행인의 명칭에 부기한지(동법 제2조 제3호), 제3자방 지급의 기재(동법 제4조, 제27조), 이자의 약정과 이율 또는 이자기산일의 약정(동법 제5조) 인수무담보문언(동법 제9조 제2항), 배서금지문구(동법 제11조 제2항), 인수제시의 금지문구 및 인수제시의 필요문구(동법 제22조 제2항, 제3항, 제4항) 등이 이에 속하는 것이다.

3) 무익적 기재사항

어음에 기재하여도 어음자체의 무효를 유발하는 것이 아니라 그 기재에 어음상의 효력이 인정되지 아니하는 사항을 무익적 기재사항이라 한다. 즉, 어음법에 규정이 있는 사항 또는 어음법에 규정이 없는 사항을 기재하는 경우이다. 이것은 아래에서와 같이 나누어 생각해 볼 수 있다.

가. 기재가 불필요한 사항

① **지시문구(어음법 제11조 제1항)** : 어음은 지시문구가 없어도 법률상 당연한 지시증권이므로 배서에 의하여 양도할 수 있다.

② **상환문구(어음법 제39조 제1항)** : 어음용지에는 지급위탁문구(어음법 제1조 제2호)와 함께 상환문구가 인쇄되어 있지만, 상환문구가 없어도 어음채무자는 어음과 상환함이 없이는 어음금액을 지급할 의무가 없는 것이다.

③ **제시문구(어음법 제38조 제1항)** : 상환문구의 경우와 같다.

나. 기재가 없는 것으로 인정되는 사항

확정일출급, 발행일자후정기출급어음의 이자문구(어음법 제5조 제1항 후단), 일람출급, 일람후정기출급어음의 이율 없는 이자문구(동법 제5조 제2항), 발행인의 지급무담보문구(어음법 제9조 제2항 후단) 등이 그것이다.

다. 기재가 어음상의 효력에 영향을 미치지 아니하는 사항

① **관할법원의 합의문구**

② **배상액예정문구(위약금문구)** : 이것에 관하여는 배상액예정문구(위약금문구)에 관하여는 '발행인만이 모든 어음소지인에 대하여 위약금채무를 부담한다는 뜻의 기재는 어음상의 효력을 부정할 이유가 없다'는 견해도 있다(정희철). 따라서 이는 무익적 기재사항이 아니라 법정 외의 유익적 기재사항으로 보자는 것인데, 배상액예정문구는 무익적 기재사항으로 보아야 한다.

③ **담보문구** : 이에 관하여 '화환어음' 또는 '화물담보부'라는 문구는 어음상의 권리를 강화하고 어음의 유통을 해하는 것도 아니므로 담보권의 성립에 관한 사법상의 원칙이 허용하는 한 어음상의 효력을 인정하는 것이 타당하다는 견해가 있다(정희철). 이것도 법정 외의 유익적 기재사항으로 보는 입장인데, 담보문구 역시 무익적 기재사항으로 보아야 한다.

④ **자금문구** : '본인의 계정에서 지급하시압'이라는 문구로서 발행인과 지급인 사이의 자금 관계를 근거로 한 것이다.

⑤ **통지문구** : "발행인의 통지가 있으면 지급하라"는 문구이다. 이것은 다만 발행인과 지급인 사이에 그 효력이 인정되므로 통지를 받기 전에는 지급인이 자기의 위험부담으로 인수하거나 지급할 수 있을 뿐이다.

⑥ **위탁어음문구(어음법 제3조 제3항)** : 발행인 이외의 제3자가 지급자금을 제공할 의무를 지는 어음으로 위탁문구를 기재할 수 있으나 이것은 자금문구와 마찬가지로 어음 외의 실질 관계에 관한 문제일 뿐 어음상의 효력은 없는 것이다.

⑦ **전환문구** : 어음상의 권리가 소멸한 경우에 그 기재내용의 다른 증권 또는 법률 관계로 전환된다는 문구이다.

⑧ **기타** : 어음개서의 특약문구, 지급제시의 면제문구, 상환청구통지의 면제문구, 연체이자의 약정문구 등이 있다.

4) 유해적 기재사항

이것은 기재를 하면 어음 자체를 무효로 하는 사항이다. 즉, 그 기재가 어음의 본질에 반하거나 어음요건을 파괴하는 경우는 단순히 그 기재만이 아니라 어음을 무효로 한다. 법정의 유해적 기재사항으로는 만기의 기재가 법정된 종류(어음법 제33조 제1항)와 다른 방식으로 기재한 경우와 분할출급의 문구가 있다(동법 제33조 제2항).

그리고 법정 외의 유해적 기재사항으로는 어음의 본질에 반하거나 어음요건을 파괴하는 기재사항으로 ① 어음의 단순성(어음법 제1조 제2호)을 해하는 조건부지급의 기재, ② 지급 방법의 제한이나 자금을 한정하는 기재, ③ 어음의 효력을 원인관계에 결부시키는 등의 기재이며, 이는 어음의 단순성, 확정성, 추상증권성에 반하는 것이 되기 때문에 유해적 기재에 해당되는 것이다.

3. 백지어음

(1) 의의

백지어음(白地어음: 白地手形, Incomplete or Inchoate Instrument)이란 어음행위자가 후일 소지인으로 하여금 어음요건의 일부를 보충하게 할 의사로써 이를 기재하지 않고 기명날인 또는 서명하여 타인에게 교부한 미완성어음을 말한다. 이는 거래상 어음금액(물건대금)이나 만기(변제기) 등을 어음발행 당시에 아직 결정할 수 없는 경우에 후일 확정되었을 때 보충기재 하도록 하는 것이 편리한 경우가 있기 때문에 관습법적으로 이용되어 오던 것을 후일 제정법으로 받아들이게 된 것이다.

(2) 요건

백지어음의 요건으로는 ① 어음의 절대적 기재사항 중 전부 또는 일부가 기재하지 아니하고 발행되었을 것(예: 어음금액, 지급지, 수취인, 만기), ② 기명날인 또는 서명자가 요건흠결의 보충을 타인에게 위탁하였을 것, 즉 발행인 및 어음당사자(인수인, 배서인, 보증인)의 보충권 수여의사가 있었을 것, ③ 발행인 및 어음당사자의 기명날인 또는 서명이 있을 것 등이다.

(3) 법적 효과

백지어음의 법적 효과로는 백지보충 전의 효력과 백지보충 후의 효력으로 나누어 생각해 볼 수 있다. 즉, 백지보충 전의 효력으로는 백지보충권이 있는데, 백지보충권이란 백지어음의 백지, 즉 흠결된 요건을 보충하여 완전한 어음으로 할 수 있는 권리를 말한다.

백지보충 후의 효력은 백지어음이 적법하게 보충되어 완성어음 상태로 되어 있을 때의 효력을 말하는 것으로 백지어음상의 기명날인 또는 서명자는 보충된 문언에 따라 책임을 부담하게 된다. 보충의 범위는 보충계약에 의하여 정하여진다. 이 보충권은 타인에게 양도할 수 있으므로 미완성어음으로서 완성어음과 마찬가지로 보충된다.

(4) 보충권

1) 의의

어음에 기명날인 또는 서명한 자가 요건흠결의 보충을 타인에게 위탁하여 그 타인이 흠결사항을 보충하여 완전한 어음으로 할 수 있도록 권리를 부여한 것을 백지어음의 보충권이라고 한다. 보충권은 백지어음의 어음행위자와 그 상대방 간에 어음 외의 보충계약에 의하여 부여된다. 보충권은 미완성어음을 완성어음으로 하고, 그 위에 행하여진 어음행위의 효력을 발생케 하는 것이므로 그 법적 성질은 형성권으로 보는 것이 통설이다.

2) 보충권의 범위와 남용

백지어음(수표)의 기명날인(서명)한 자는 후일 보충권의 행사에 의하여 어음상의 책임을 지게 되나, 보충의 범위는 보충계약에 의하여 정하여진다. 보충권자가 보충계약에 위반하여 보충권을 행사한 때, 이를테면 보충계약에서 100만원의 어음금액을 보충기재하게 되어 있는 경우에 200만원의 금액을 기재하였다고 하면 이것은 보충권의 남용이 되나, 이 경우에도 백지어음(수표)의 행위자는 그 위반함을 악의 또는 중과실이 없이 어음(수표)을 취득한 소지인에게 대항하지 못한다. 따라서 보충된 문언에 따라 200만원에 대한 책임을 지게 되는 것이다(어음법 제10조, 수표법 제13조). 다만 이 경우 보충계약의 당사자 간에는 보충권남용에 관한 인적 항변이 가능하고, 취득자에게 악의 또는 중대한 과실이 있는 경우에는 지급인의 책임이 면제되나, 선의의 취득자에게는 지급책임을 면할 수 없다.

3) 보충의 시기와 시효

보충의 시기는 백지어음(수표)행위자가 한정한 때에는 그에 따라야 하고, 그렇지 않으면 보충권의 남용이 된다. 그러나 만기의 기재가 있으면, 즉 확정일출급 또는 발행일자후정기출급의 어음에서는 지급을 할 날에 이은 2거래일 내에, 일람출급 또는 일람후정기출급의 어음에서는 지급 또는 인수제시기간 내에 보충하지 않으면 상환청구권을 상실하게 된다(보충의 시기). 그리고 만기 후 3년 내에 보충하지 않으면 인수인의 책임이 시효에 걸리게 된다(어음법 제70조 제1항, 제77조 제1항).

만기의 기재가 없는 경우의 소멸시효기간에 관해서는 원인관계상 채권의 성질에 따라 10년 또는 5년으로 보는 설(정희철)과 3년으로 보는 설(정동윤, 최기원 등), 보충권은 형성권이므로 교부한 때로부터 20년으로 보는 설(서돈각, 이범찬, 박원순; 일본대판1937.4.30.) 등이 주장되고 있다. 생각하건대 백지어음은 미완성어음이면서 그 유통에 있어서는 완성된 어음과 같이 취급하므로(예: 선의취득, 인적항변의 제한), 보충권의 소멸시효기간에 있어서도 통상 어음의 시효기간에 준하여 그 최장기간인 3년으로 보는 것이 합리적일 것이다.

4) 보충권의 이전

보충계약에 의하여 백지어음의 보충권을 수여받은 자는 자신만이 보충권을 행사하여야 하는 것이 아니고 다시 백지어음과 더불어 보충권을 타인에게 양도할 수도 있다. 그러므로 백지어음은 보충 전에도 미완성어음이면서 완성어음과 마찬가지로 유통되는 것이며, 백지어음을 정당하게 취득한 자는 보충권도 취득한 것이 된다(통설: 대판1960.7. 21, 4293민상113).

5) 보충의 법적 효과

보충권의 행사에 의하여 흠결된 어음요건이 보충되면 백지어음은 완성어음이 되고, 백지어음상의 발행, 인수, 배서, 보증 등의 어음행위는 보충된 문언에 따라서 그 효력이 동시에 발생하게 된다. 발생된 효력의 내용은 어음에 기재된 문언에 따르게 되나, 효력발생 시기는 보충한 때가 된다(불소급설: 同旨 정희철, 양승규, 서돈각, 정찬형, 이범찬, 정동윤, 강위두).

4. 배서

(1) 의의

배서(背書: 裏書, Indorement)란 어음상의 권리의 양도 방법으로서 요식의 어음행위를 말하며, 배서인이 어음의 이면에 일정한 사항을 기재하고 기명날인 또는 서명하여 피배서인에게 교부하는 행위를 말한다. 이는 권리이전 자체의 요건이지 단순한 대항요건은 아니다. 배서인의 양도를 위한 의사표시는 증권상의 기재와 어음의 교부에 의하여 행해진다.

(2) 배서의 방식

배서는 요식의 서면(증권)행위로서 어음의 본 지면에 또는 이에 접속한 보전(보충지) 혹은 등본에 일정한 사항을 기재하고 배서인이 기명날인 또는 서명함으로써 완결된다(어음법 제13조 제1항, 제67조 제3항).

1) 기명식배서(완전배서 · 정식배서)

기명식배서는 피배서인을 지정하는 경우의 배서를 말한다. 배서의 의사표시에는 제한이 없으나 실제에 있어서는 "표기의 금액을 ○○○씨 또는 그 지정인에게 지급하시압"의 문구를 관용하고 있다.

2) 백지식배서(약식배서 · 무기명식배서)

백지식배서는 피배서인을 지정하지 않은 배서를 말한다. 이에는 배서문언은 기재하고 피배서인을 표시하지 않은 경우와 배서문언의 기재도 피배서인의 표시도 하지 않고 단지 배서인의 기명날인 또는 서명만 있는 경우가 있다(어음법 제13조 제2항). 백지식배서의 효력은 ① 소지인은 자기 또는 타인의 명칭으로 백지를 보충하고, ② 소지인은 백지식으로 또는 타인을 표시하여 다시 어음에 배서할 수 있고, ③ 소지인은 백지를 보충하지 않고 또는 어음을 제3자에게 양도할 수 있다(어음법 제14조 제2항).

3) 소지인출급식배서

소지인출급식배서는 어음의 소지인(지참인)에게 지급하여 달라는 뜻을 기재한 배서를 말한다. 그 효력은 백지식배서와 같다(어음법 제12조 제3항).

4) 선택무기명식배서(지명소지인출급식배서)

"갑 또는 소지인에게 지급하여 주십시오"라는 뜻을 기재한 배서로서 그 취지는 지정된 갑 또는 그 밖의 어떠한 소지인이라도 지급을 받을 수 있다는 뜻이 된다. 이러한 배서의 효력에 관하여는 어음관계를 불명확하게 하는 것이므로 배서로서 무효라고 하는 주장(무효설)이 있으나, 소지인출급식배서로서 효력이 있다고 하는 것(유효설)이 지배적이다.

(3) 배서의 효력

통상 배서의 효력으로는 양도배서의 효력은 권리이전적 효력, 담보적 효력, 자격수여적 효력이 인정 된다. 그러나 특수배서에 있어서는 특수한 효력이 인정된다.

1) 권리의 이전적 효력

배서에 의하여 어음상의 권리는 어음과 더불어 배서인으로부터 피배서인에게 이전한다(어음법 제14조 제1항). 이것을 배서의 권리 이전적 효력이라 한다. 어음배서에는 인적항변이 절단된다. 즉, 배서인에 대한 인적관계에 기인한 항변으로써 선의의 피배서인에게 대항할 수 없다(어음법 제17조).

2) 담보적 효력

배서인은 배서에 의하여 피배서인 및 그 후자전원에 대하여 어음의 인수와 지급을 담보한다(어음법 제15조 제1항). 이것을 배서의 담보적 효력이라고 한다. 이것은 어음 유통의 강화를 위하여 특히 인정한 것이다. 다만 무담보배서(어음법 제15조 제2항), 기한후배서(동법 제20조), 추심위임배서(동법 제18조)의 경우에는 그 후자의 전원에 대하여 담보책임을 지지 아니하고, 배서금지배서의 경우에는 직접 피배서인을 제외한 후자에 대하여 담보책임을 지지 아니한다(동법 제15조 제2항).

3) 자격의 수여적 효력

어음의 점유자가 형식상(어음의 기재상) 배서의 연속에 의하여 그 권리를 증명하는 때에는 적법한 소지인(권리자)으로 추정되어 어음상의 권리를 행사할 수 있는 자격을 취득한다(어음법 제16조 제1항). 이것을 배서의 자격수여적 효력이라고 한다. 그러나 자격수여적 효력은 어음소지인을 권리자인 것으로 추정하는 것에 불과하기 때문에 어음채무자는 배서가 형식상 연속되어 있는 경우에도 소지인이 진정한 권리자가 아님을 증명하여 어음상의 의무를 거부할 수 있다.

이러한 배서의 자격수여적 효력이 발생되기 위해서는 배서의 연속이 필요하다. 배서의 연속이라 함은 수취인으로부터 소지인에 이르기까지 일련의 배서가 어음상 기재의 외관에 있어서 최초의 배서에 있어서는 수취인이 배서인이 되고, 그 이후의 각 배서에 있어서는 앞의 피배서인이 뒤의 배서의 배서인이 되도록 순차적으로 연속되어 있는 것을 말한다. 배서의 연속은 어음상 기재 자체에 의하여 형식적으로 판단해야 하고 실질상의 권리승계 부여는 불문한다.

(4) 특수배서

1) 무담보배서

무담보배서란 배서인이 어음상의 책임을 지지 않는 뜻을 기재한 배서를 말한다(어음법 제15조 제1항). 배서인이 배서함에 있어서 인수무담보, 지급무담보문구를 기재할 수 있으며, 또한 그 책임을 어음금액의 일부에 제한할 수도 있다.

2) 배서금지배서

배서금지배서란 새로운 배서를 금하는 뜻을 기재한 배서를 말한다. 이 경우에는 배서인은 자기의 피배서인에 대해서만 담보책임을 지고, 그 후의 피배서인에 대하여는 어음상의 책임을 지지 않는다(어음법 제15조 제2항).

3) 추심위임배서

추심위임배서란 배서인이 피배서인에게 어음상 권리행사의 대리권을 수여할 목적으로 그 뜻을 기재하는 배서를 말한다. 이에는 "공연한 추심위임배서"와 "숨은 추심위임배서"가 있다.

전자의 배서에 "회수하기 위하여", "추심하기 위하여", "대리를 위하여" 등의 문언을 부기하는 배서로써 피배서인은 배서인의 대리권으로서 어음추심의 대리권을 취득한다. 후자의 배서는 추심위임의 목적으로 하는 통상의 양도배서이다. 이런 배서는 어음상의 권리는 피배서인에게 이전한다, 다만 피배서인은 추심을 위하여서만 어음상의 권리를 행사할 수 있게 된다.

4) 입질배서

입질배서란 어음상의 권리에 질권을 설정할 목적으로 어음에 "담보하기 위하여", "입질하기 위하여"와 같은 뜻의 문언을 부기하는 배서를 말한다. 입질배서의 피배서인은 어음상의 권리 위에 질권을 취득하고 어음으로부터 생기는 모든 권리를 행사할 수 있다(어음법 제19조 제1항).

5) 기한후배서

기한후배서란 지급거절증서작성 후 또는 지급거절증서작성기간 경과 후의 배서를 말한다(어음법 제20조 제1항). 이러한 배서의 경우는 배서인이 가졌던 어음상의 권리가 피배서인에게 이전되고 배서인은 어음상 담보책임을 부담하지 아니한다. 그러나 배서의 형식에 의한 권리의 이전을 인정하는 것이므로 배서가 연속되어 있는 한 권리행사자격의 추정력이 생기는 것은 보통의 배서의 경우와 같다.

6) 환배서(역배서)

환배서라 함은 어음상의 채무자를 피배서인으로한 양도배서를 말하며, 발행인, 인수인, 배서인, 보증인 또는 참가인수인에 대한 배서가 이것이다. 인수하지 아니한 지급인을 피배서인으로 한 배서도 편의상 이에 포함된다(어음법 제11조 제3항). 그러나 무담보배서의 배서인, 추심위임배서의 배서인 또는 제3자방지급어음의 지급담당자를 피배서인으로 하는 배서는 환배서가 아니다. 환배서의 방식은 통상의 배서와 같다.

환배서에 의하여 종전의 어음상의 채무자가 어음상의 권리자로 되지만 민법상의 혼동(민법 제507조)의 원칙은 적용되지 않는다. 어음은 객관적인 재산적 가치를 가지는 유가증권으로서 유통성이 인정되는 것이므로 혼동의 원칙이 적용되지 않는 것은 당연한 것이다. 그러므로 환배서의 피배서인은 다시 배서를 할 수 있다고 규정한 어음법 제11조 제3항은 주의적 규정에 해당된다.

5. 인수

(1) 의의

인수(引受: Acceptance)라 함은 환어음의 지급인이 어음금액을 지급할 채무를 부담하기 위하여 하는 어음행위를 말한다. 환어음의 지급인은 어음에 지급인으로서 기재되어 있는 것만으로는 아직 어음상의 채무를 부담하지 아니하고 '인수'라고 하는 어음행위를 함으로써 비로소 확정적으로 어음상의 주된 지급의무자가 되는 것이다. 인수는 지급인이 일방적으로 채무를 부담하는 단독행위이다. 그러므로 소지인이나 발행인이 무능력자 또는 무권리자인 경우에도 인수의 효력에는 영향이 없다

(2) 인수제시

인수제시란 환어음의 소지인이 지급인에게 어음을 제시하여 어음의 인수를 청구하는 행위를 말한다, 환어음은 지급인의 인수가 있음으로써 그 신용이 높아지고 소지인의 지급제시가 있음으로써 지급인의 지급준비를 할 수 있으며, 또한 일람후정기출급환어음에서는 지급제시를 함으로써 만기를 결정할 수 있게 되어 소지인의 인수제시는 반드시 필요하게 되는 것이다. 인수제시의 시기는 만기까지는 언제라도 인수제시할 수 있으나(어음법 제21조), 제시기간이 법정되어 있거나 지정되어 있는 경우에는 그 기간 내에 제시를 하여야 한다(동법 제22조, 제23조). 그리고 인수를 제시할 장소는 지급인의 영업소, 주소 또는 거소이다.

(3) 인수의 방법

인수를 함에 있어서는 환어음에 "인수"라는 문구를 기재하고 지급인이 기명날인 또는 서명하

여야 한다(정식인수: 어음법 제25조 제1항). 그러나 인수문구의 기재는 인수의 절대적 요건은 아니므로 어음의 표면에 지급인의 기명날인 또는 서명만 있으면 이를 인수로 본다(약식인수: 어음법 제25조 제1항). 또한 인수는 지급인만이 할 수 있다.

(4) 인수의 효력

지급인이 인수를 하면 인수인이 되고 어음상의 주된 채무자로서 만기에 어음금액을 지급할 의무를 부담한다(어음법 제28조 제1항). 인수인의 이 의무는 제1차적인 무조건적, 절대적, 최종적인 것이며 보전절차의 흠결로 인하여 소멸하는 것이 아니다.

6. 지급

(1) 의의

지급(支給: 支払, payment)이란 환어음 관계를 전부 소멸시키는 효과를 가지는 변제를 말한다. 인수한 지급인 또는 지급담당자의 지급을 말한다.

(2) 지급제시

지급제시(支給提示: 支払呈示, presentation for payment)란 어음소지인이 지급을 청구하기 위하여 지급인, 인수인 또는 지급담당자에게 어음을 제시하는 것을 말한다. 어음소지인이 지급제시기간 내에 지급을 위한 제시를 하지 않으면 지급거절을 이유로 전자에 대하여 소구권을 행사할 수 없고 또한 거절증서를 작성시킬 수 없다. 그리고 만기거래 후 소지인이 지급제시를 하지 않으면 인수인이 지연책임을 지지 않는다(상법 제65조, 민법 제517조). 지급제시자는 어음소지인 또는 그 대리인이어야 한다.

(3) 지급시기

1) 만기 전의 지급

어음소지인은 만기 전에는 지급청구를 할 수 없고 지급인은 지급할 의무도 없다. 지급인이 만기 전에 지급한 때에는 그 지급에 대한 위험부담을 지급인이 진다(어음법 제40조 제1항, 제2항).

2) 만기 후의 지급

만기 후에는 어음소지인은 인수인에 대하여 지급청구를 할 수 있으며, 인수인도 지급의 수령을 요구할 수 있고, 또한 자금의무자에게 보상청구를 할 수 있다. 지급인이 인수를 한 때에는 지급제시기간경과 후에도 시효완성 전에는 지급을 하고 발행인에게 보상청구를 할 수 있다. 그러나 인수를 하지 않은 때에는 제시기간 경과 후에 지급하여도 특약이 없으면 지급인이 위험부담을 하게 된다.

3) 지급의 유예 또는 연기

이는 당사자의 의사에 의한 경우와 법률에 의한 경우가 있다. 먼저 당사자의 의사에 의한 경우로는 어음 관계자 전원의 동의가 있으면 만기를 변경할 수 있고, 또한 만기연기를 위하여 구어음을 없애고 동일 내용의 신어음을 발행하게 되면 지급연기의 효과를 발생시키게 된다. 다음은 법률의 규정에 의하는 경우로 전쟁, 천재지변, 금융공황 등의 경우에 있어서 법률규정에 의하여 일정기간 채무의 이행기를 연장해 주는 것이다.

(4) 지급할 화폐

어음지급의 목적물은 일정액의 금전이다. 어음금액이 내국화폐로 기재된 경우에는 지급을 하는 자의 선택에 따라서 각종의 통화로 지급할 수 있고, 어음금액이 외국화폐로 기재된 경우에도 지급인은 내국통화 중 어느 것을 선택하여 지급할 수 있다. 그러나 "외국화폐현실지급"이라는 문구의 기재가 있는 경우는 지급인은 지정된 외국통화로 그 지급의무를 이행해야 한다.

(5) 지급인의 조사의무

어음 채무는 원래 진정한 어음상의 권리자에게 이행하여야 한다. 이를 위하여 어음 채무자가 진정한 권리자인가의 여부를 조사하여야 한다면 어음거래의 원활을 기할 수 없다는 문제가 발생하게 된다. 그러므로 법은 어음지급의 신속과 그 유통의 확보를 위하여 지급인의 조사의무를 경감하고 있다.

1) 조사의무의 내용

만기에 지급하는 지급인은 소지인의 형식적 자격, 즉 어음의 방식에 적합한가의 여부, 소지인에 이르기까지 배서가 연속되어 있는가의 여부, 지급인(자기)의 기명날인 또는 서명이 있을 때에는 진정한 것인가의 여부를 조사할 의무를 부담한다(어음법 제40조 제3항). 그러나 소지인의 실질적 자격에 관해서는 조사할 의무는 없다.

2) 조사자의 면책

지급인은 어음금 청구자에 대하여 형식적 자격만 조사하면 되고 실질적 자격을 조사할 의무는 없다. 그러나 만약 어음 청구자가 진실한 권리자가 아니라는 것을 지급인이 알고 있었다면 이런 경우에는 그 사실을 주장하여 어음지급을 거절할 수 있다. 이렇게 지급을 거절할 수 있게 한 것은 그것이 신의성실의 원칙에 합치되기 때문이다. 따라서 어음법은 만기에 지급하는 지급인은 사기 또는 중대한 과실이 지급에 임하였다면 아무런 책임을 부담하지 않도록 하였다.

(6) 지급의 방법

1) 영수증명의 기재

지급인은 지급을 할 때에 소지인에 대하여 어음을 교부할 것을 청구할 수 있다(어음법 제39조 제1항). 따라서 어음과 상환하지 아니하면 지급을 거절할 수 있게 되는 것이다. 이는 이중지급의 위험을 방지하기 위한 것이다. 지급인이 지급을 할 때에는 소지인에 대하여 어음에 영수를 증명하는 기재를 할 것을 청구할 수도 있는데, 이것은 지급관계에 있어서 어음금액지급의 증명을 대비하기 위하여 필요하기 때문에 인정하고 있다.

2) 일부지급

지급인은 전액인수를 한 경우에도 어음금액의 일부지급을 할 수 있으며, 이 경우에 소지인은 이를 거절하지 못한다(어음법 제39조 제2항). 그러나 이 경우 어음소지인은 잔액에 대하여 그 상환을 청구할 수는 있다(어음법 제39조 제3항).

3) 어음금액의 공탁

어음 지급제시기간 내에 지급제시가 없는 때에는 어음 채무자는 어음소지인의 비용과 위험부담으로 어음금액을 관할관서에 공탁하여 그 채무를 면할 수 있다(어음법 제42조). 어음채무는 지급, 공탁 외에도 상계, 면제, 대물변제, 소멸시효, 경개 등의 원인으로 소멸하게 된다.

7. 어음보증

(1) 의의

어음보증(어음保證: aval)이란 어음상의 채무를 담보할 목적으로 하는 부속적이고 종적인 어음행위를 말한다. 이는 주채무가 존재하지 아니하면 어음보증채무도 존재하지 않는다. 어음보증은 민법상의 보증과 다르다. 즉, ① 민법상의 보증은 계약이나 어음보증은 단독행위이고, ② 민법상의 보증은 주채무에 대한 보충성으로 인하여 보증인이 최고와 검색의 항변권을 가지나 어음보증에 있어서의 보증인은 피보증인(주채무자)과 동일한 책임을 부담하므로 항변권이 인정되지 아니하며, ③ 민법상의 보증은 주채무에 대한 종속성으로 인하여 주채무가 실질적 무효인 때에는 당연히 무효인데 대하여 어음보증은 어음행위독립의 원칙에 의하여 피보증채무가 그 방식에 하자가 있는 경우를 제외하고는 그 어떠한 사유로 인하여 무효가 되는 때에도 유효하다(어음법 제32조 제2항).

(2) 요건

1) 당사자

가. 보증인

보증인의 자격에는 제한이 없다. 따라서 제3자는 물론이고 이미 어음상의 채무자가 된 자도 보증인이 될 수 있다.

나. 피보증인

피보증인이 될 수 있는 자는 어음상의 채무자이다. 즉, 발행인, 인수인, 배서인, 참가인수인 등이다.

2) 어음보증의 방식

어음보증은 어음 또는 그 보전 또는 등본에 하여야 한다. 어음보증은 "보증"이라는 문언을 표시하고 보증인이 기명날인 또는 서명하여야 한다. 어음보증은 어음금액의 일부에 대하여서도 할 수 있다. 또한 보증인은 거절증서작성면제(어음법 제46조 제1항)와 예비지급인(동법 제55조 제1항)을 기재할 수 있다.

(3) 어음보증의 효력

1) 보증인의 책임

보증인은 피보증인과 동일한 책임을 부담한다(어음법 제32조 제1항). 그러므로 주채무가 지급, 상계, 면제, 시효 등으로 소멸하면 보증채무도 소멸한다. 그리고 어음보증인은 자기의 어음행위에 의하여 독립해서 어음상의 채무를 부담한다. 따라서 어음보증인은 주채무자가 가지는 인적항변으로써 어음소지인에게 대항하지 못한다.

2) 보증채무이행의 법적 효과

보증인이 보증채무를 이행하면 보증채무는 물론 주채무도 소멸한다. 그러므로 보증인은 법률상 당연히 피보증인의 권리 및 피보증인의 어음상의 채무에 대하여 어음으로부터 생기는 권리를 취득하게 된다(어음법 제32조 제3항).

8. 상환청구

(1) 의의

상환청구(償還請求: 遡求, Recourse)란 만기에 어음금액의 지급이 없거나 또는 만기 전에도 지급이 현저하게 불확실하게 되었을 때 어음소지인이 그 어음을 유통시킨 발행인, 배서인에 대하여 어음금액 기타의 비용의 변제를 청구하는 것으로 그 권리를 '상환청구권'이라고 한다.

상환청구권은 어음소지인을 보호하여 어음금액이 지급된 것과 동일한 경제적 효과를 거두도록 해줄 필요가 있었기 때문에 주어진 권리이다.

(2) 상환청구의 당사자

1) 상환청구권자

첫째는 어음소지인, 둘째는 상환을 하여 어음을 환수하여 소지인이 된 자이다(어음법 제43조, 제47조, 제49조, 제77조). 담보의무를 이행한 보증인, 참가지급인도 상환청구의 권리자가 될 수 있다(어음법 제32조, 제63조).

2) 상환의무자

환어음의 발행인과 배서인이고 보증인, 참가인도 이에 준한다(어음법 제9조, 제58조).

(3) 상환청구의 요건

1) 만기 전의 상환청구

가. 실질적 요건(상환청구 원인)

만기 전이라도 발행인의 신용이 떨어져 만기까지 그 자력이 회복될 가망이 없고, 만기에 지급이 거절될 것이 확실시 된 경우에는 만기 전이라도 상환청구를 할 수 있다고 본다. 그 실질적 요건으로서는 ① 인수의 전부 또는 일부의 거절이 있는 때이다(어음법 제43조 제1호). 여기서 인수거절이란 지급인이 적극적으로 인수를 거절하거나 또는 지급인이 사망하고 그 상속인이 불분명인 경우이며, 이에는 지급인의 소재가 불분명한 경우도 포함된다. ② 인수를 하였거나 하지 아니한 지급인이 파산한 경우 외에 그 지급정지의 경우 또는 그 재산에 대한 강제집행이 주효하지 아니한 경우이다(어음법 제43조 제2호). ③ 인수를 위한 어음의 제시를 금지한 어음의 발행인이 파산한 경우에는 만기 전에도 상환청구권을 행사할 수 있다(어음법 제43조 제3호).

나. 형식적 요건

그 첫째는 인수제시가 있었을 것이다. 이는 만기 전에 인수거절로 인한 상환청구를 하기 위해서는 인수제시기간 내에 인수를 위한 제시가 있어야 한다는 것이다. 그 둘째는 인수거절증서를 작성시켰어야 할 것이다. 이는 정당한 인수제시가 있음에도 불구하고 지급인이 거절하면 이 사실을 증명하기 위하여 인수거절증서를 작성하게 하여야 한다는 것이다(어음법 제44조). 그리고 이 거절증서는 인수제시기간 내에 작성하게 하고 기간이 없는 경우는 만기의 전일까지 작성하지 않으면 아니 된다(어음법 제44조 제2항). 그러나 인수인 또는 지급인의 파산으로 인하여 상환청구를 하는 경우에는 거절증서의 작성을 요하지 아니하고 파산결정서를 제출하면 된다(어음법 제44조 제6항).

2) 만기 후의 상환청구

가. 실질적 요건

만기에 있어서 어음소지인이 적법하게 지급제시를 하였으나 지급인이 어음금액을 지급하지 못한 경우에 상환청구할 수 있다. 지급인이 지급을 못한 것은 지급인이 적극적으로 지급을 거절한 경우뿐만 아니라 소재불명 기타의 사유로 지급을 하지 못하는 모든 경우를 포함한다.

나. 형식적 요건

형식적 요건으로는 첫째, 어음소지인은 먼저 적법한 지급제시를 하여야 하고(어음법 제46조), 둘째, 지급거절을 증명하기 위하여 지급거절증서를 작성시켜야 한다(어음법 제44조). 그러나 그 작성이 면제된 경우에는 작성할 필요가 없다(동법 제46조).

3) 재상환청구

가. 의의

상환의무자가 그 상환의무를 이행하고 어음을 환수한 경우 자기의 전자에 대하여 다시 상환을 청구하는 것을 재상환청구라고 한다.

나. 요건

첫째, 실질적 요건으로는 재상환청구를 하고자 하는 자는 상환의무를 이행하여 어음을 환수한 자라야 한다. 재상환청구자는 배서인, 보증인, 참가지급인 등이다. 상환의무가 시효 또는 절차의 흠결로 인하여 소멸한 후에 상환을 하였다면 재상환청구는 하지 못한다.

둘째, 형식적 요건으로는 재상환청구를 하고자 하는 자는 어음지급거절증서와 영수를 증명하는 계산서를 교부받아야 하고(어음법 제50조, 제77조), 이들 서류를 다시 피상환청구자인 자기의 전자에게 교부하지 않으면 상환을 청구할 수 없다.

(4) 거절증서작성면제

1) 의의

인수 또는 지급의 거절로 인하여 상환청구를 함에 있어서는 거절증서에 의하여 증명하여야 한다. 그러나 상환청구의무자가 그 이익을 포기하고 소지인에 대하여 상환청구권을 행사하기 위한 거절증서의 작성을 면제할 수 있도록 하였다(어음법 제46조). 이 거절증서작성의 면제는 상환청구권자인 소지인에게 간편할 뿐만 아니라 상환청구의무자에게도 거절증서작성비용의 부담을 면하고, 또한 어음부도의 사실이 공표되지 않는다는 실익이 있다.

2) 면제권자

거절증서작성을 면제할 수 있는 자는 발행인, 배서인, 보증인 등이 있으며(어음법 제46조 제1항), 참가인수인도 면제할 수 있다. 그러나 인수인은 면제권을 가지지 못한다.

3) 면제의 방식

거절증서의 작성을 면제함에는 어음에 "무비용상환" 또는 "거절증서불요"라는 문자 또는 이것과 동일한 의미를 가진 문언을 기재하고 면제자가 기명날인 또는 서명하여야 한다(어음법 제46조 제1항).

4) 면제의 효력

발행인이 면제의 문언을 기재한 경우에는 모든 기명날인 또는 서명자에 대하여 효력이 발생하나, 배서인 또는 보증인 등이 이 문언을 기재한 때에는 그 기재를 한 자에 대하여만 효력이 있다(어음법 제46조 제3항).

5) 불가항력으로 인한 기간연장

상환청구권을 보전하기 위해서는 일정한 기간 내에 인수 또는 지급의 제시와 거절증서가 필요하나 그 기간 내에 불가항력의 사유가 있어서 이 권리보전절차를 밟지 못한 때에는 어느 정도 이 사정을 고려할 필요가 있게 된다. 따라서 어음법 제54조 제1항은 "법정기간 내에 환어음의 제시 또는 거절증서의 작성이 피할 수 없는 장애, 국가법령에 의한 금제, 기타의 불가항력으로 인하여 방해된 때에는 그 기간을 연장 한다"고 하였다. 여기서 불가항력이라 함은 외부적인 사변으로써 보통 필요하다고 인정되는 수단에 의해서는 방지할 수 없는 것을 말한다. 예컨대 전쟁, 내란, 화재, 홍수, 전염병, 교통두절, 거래의 휴지, 법령에 의한 금제 등의 사유로 방해되는 경우를 말한다.

그리고 이러한 불가항력의 사유가 있으면 그 기간 동안 만큼 권리보전절차를 밟을 기간이 연장되고, 그러한 사유가 없어지면 지체 없이 보전절차(인수 또는 지급을 위하여 어음을 제시하고 필요한 경우에는 거절증서작성)를 밟아야 한다(어음법 제54조 제1항, 제3항). 또한 불가항력이 만기로부터 30일을 넘어 계속하는 때에는 어음제시 또는 거절증서의 작성 없이 상환청구권을 행사할 수 있다(어음법 제54조 제4항).

(5) 상환청구의 통지

1) 서언

상환청구를 하려면 먼저 그 뜻을 상환청구권자가 상환청구의무자에 대하여 통지하여야 한다. 통지를 함으로써 상환청구의무자는 상환준비를 할 수 있어서 이후 상환금액의 증대를 막을 수 있기 때문이다.

2) 상환청구의 통지

가. 통지의 의의

상환청구의 통지는 인수 또는 인수거절이 있는 경우에 하여야 하는데, 지급인의 지급정지, 강제집행부주효의 경우에도 이 통지를 요한다.

나. 통지의 방법

통지를 할 자는 어음의 소지인 및 상환청구의 통지를 받은 배서인이다. 통지를 받는 자는 발행인, 배서인 및 이들의 보증인이다(어음법 제45조). 통지의 방법은 구두에 의하든 서면에 의하든 상관없다. 그러므로 단순히 어음을 반환함으로써 할 수도 있다(어음법 제45조, 제77조). 소지인은 거절증서작성일이나 어음제시일 또는 이에 이은 4거래일 내에 통지를 하여야 하고, 배서인은 통지를 받은 날 또는 이에 이은 2거래일 내에 통지를 하여야 한다(어음법 제45조 제1항, 제5항).

다. 통지의무위반의 효과

통지의무자는 통지의무를 해태하더라도 상환청구권을 상실하는 것은 아니다. 다만 과실로 인하여 손해가 생긴 때에는 어음금액의 한도 내에서 후자 전원에 대하여 그 손해를 배상할 책임을 진다(어음법 제45조 제6항).

(6) 상환청구의 금액

상환청구금액과 재상환청구금액은 아래에서와 같이 법으로 정해져 있다(어음법 제48조, 제49조, 제77조). 원래 상환청구권은 소지인으로 하여금 만기에 있어 지급을 받은 것과 동일한 경제적 효과를 거두게 하기 위하여 부여된 것이다. 그러므로 거래의 안정을 기하기 위해서 미리 상환금액을 일정하게 정해 놓은 것이다.

1) 상환청구인의 상환청구금액

소지인은 인수 또는 지급되지 아니한 어음금액과 이자의 기재가 있으면 그 이자, 연 6퍼센트의 이율로 계산한 만기 이후의 이자, 거절증서의 작성비용 및 그 밖의 비용을 상환청구금액으로 청구할 수 있다(어음법 제48조 제1항). 그리고 만기 전에 상환청구권을 행사하는 경우에는 할인에 의하여 어음금액을 줄인다. 이 경우의 할인은 소지인의 주소지에서 상환청구 하는 날의 공정할인율(은행률)에 의하여 계산한다(어음법 제48조 제2항).

2) 재상환청구금액

상환청구의무를 이행하여 어음을 환수한 자는 그 전자에 대하여 지급한 총금액, 이 금액에 대한 연 6퍼센트의 이율에 의하여 계산한 지급한 날 이후의 이자, 지출한 비용의 지급을 청구할 수 있다(어음법 제49조).

9. 참가

(1) 의의

참가(參加: intervention for honour)란 소지인이 상환청구권을 행사할 수 있는 모든 경우에 인수인 이외의 자가 상환청구의무자 중의 어느 자에 대한 상환청구를 저지하기 위하여 인수 또는 지급을 하는 것을 말한다. 이는 어음 신용의 유지 및 상환청구금액의 증대를 방지하려는 제도이다.

(2) 참가의 종류

참가에는 참가인수와 참가지급이 있다. 전자는 만기 전의 상환청구를 저지하기 위하여 제3자가 지급인을 대신하여 인수하는 것이고, 후자는 만기 전 또는 만기 후의 상환청구를 저지하기 위하여 제3자가 지급인 또는 인수인을 대신하여 지급하는 것이다.

(3) 참가의 당사자 및 통지

참가인은 참가를 하는 자를 말한다. 참가인은 참가의 종류에 따라 참가인수인과 참가지급인이 있으나 그 자격에는 제한이 없다. 따라서 발행인, 지급인, 배서인, 보증인, 제3자, 이미 어음채무를 부담한 자 등도 참가인이 될 수 있으며, 피참가인은 상환의무자 또는 그 보증인은 다 피참가인이 될 수 있다. 그러나 인수인은 참가인이 될 수 없다(어음법 제55조 제1항 내지 제3항).

참가인이 참가를 하게 되면 피참가인에 대하여 참가일로부터 2 거래일 내에 참가하였음을 통지를 하여야 하며, 이 기간을 준수하지 않는 경우에 과실로 인하여 손해가 생기면 참가인은 어음금액의 한도 내에서 배상할 책임을 진다(어음법 제55조 제4항).

(4) 참가인수

1) 의의

참가인수는 만기 전의 상환청구를 저지하기 위하여 지급인 이외의 자가 어음지급을 약속하는 어음행위이다.

2) 요건

참가인수를 함에는 만기 전의 상환청구원인이 발생하고 그 사실이 인수거절증서에 의하여 확정되어 있어야 한다(어음법 제56조 제1항). 참가인수는 어음자체에 반드시 기재하고 참가인이 기명날인 또는 서명으로 한다. 피참가인을 표시하여야 하나 그렇지 않은 경우에는 발행인을 위한 것으로 본다(어음법 제57조).

3) 참가인수의 효력

참가인수인의 의무로는 어음소지인과 피참가인의 후자에 대하여 피참가인과 동일한 의무를 진다(어음법 제58조 제1항). 이 의무는 제2차적 의무이며 지급할 금액도 피참가인의 상환금액과 같다.

참가인수가 있는 때에는 소지인은 피참가인과 그 후자에 대하여 만기일에 행사할 수 있는 상환청구권을 잃는다(어음법 제56조 제3항). 그러나 피참가인의 전자에 대하여는 만기 전에 상환청구권을 행사할 수 있다.

(5) 참가지급

1) 의의

참가지급이란 소지인이 만기 또는 만기 전에 상환청구권을 행사할 수 있는 모든 경우에 인수인 이외의 자가 상환청구의무 중의 어느 자(피참가인 및 그 후자)에 대한 소지인의 상환청구권행사를 저지하기 위하여 그 자를 위하여 지급을 하는 경우를 말한다.

2) 요건

참가지급을 함에는 만기 전 또는 만기 후의 상환청구원인이 발생하고 이 사실이 거절증서에 의하여 입증되어야 한다. 참가지급인이 될 수 있는 자는 참가인수인 · 예비지급인 기타의 제3자이며 인수인은 참가지급인이 되지 못한다(어음법 제55조 제3항). 참가인수인은 원칙적으로 지급거절증서 작성기간의 익일까지 참가지급을 하여야 한다(어음법 제59조 제3항).

참가지급의 금액은 피참가인이 지급할 금액이며, 소지인은 일부참가지급을 거절할 수 있다(어음법 제59조, 제39조). 참가지급이 있었으면 어음면에 피참가인을 표시하고 소지인으로 하여금 그 영수를 증명하는 문언을 기재하여야 하며, 그 표시가 없을 때에는 발행인을 위하여 지급한 것으로 본다(어음법 제62조 제1항).

3) 참가지급의 효력

참가지급인은 피참가인과 그의 어음상의 채무자에 대하여 어음으로부터 생기는 권리를 취득하지만, 다시 어음에 배서하지 못한다(어음법 제63조 제1항). 참가지급으로 인한 피참가인 보다 후의 배서인은 상환청구의무를 면한다(동법 제2항). 참가지급이 경합하는 경우에는 가장 많은 수의 어음채무자의 위무를 면하게 하는 자가 우선하게 된다. 이러한 사정을 알고도 이에 위반하여 참가지급을 한 자는 의무를 면할 수 있었던 자에 대한 상환청구권을 잃게 된다(동법 제3항).

10. 복본과 등본

(1) 복본

1) 의의

복본(複本: part of set, Wechselduplikat)이란 일개의 어음관계에 있어서 동일한 내용의 어음상의 권리를 표창하는 수통의 어음증권을 말한다. 이 수통의 복본은 각각 독립하여 완전한 어음으로서의 효력을 가지며 모두 정본이라 할 수 있다. 그러나 표창하는 권리는 오직 하나이므로 복본의 1통에 의한 권리의 이전과 행사는 당연히 다른 복본에 효력을 미친다. 복본은 환어음에만 있는 특유한 제도로서 실제로는 어음의 분실 및 멸실을 대비하고, 또한 인수를 위하여 복본의 1통을 타지에 송부한 경우에도 다른 1통에 의하여 배서양도할 수 있는 편의가 있으므로 원격지간의 거래에서 많이 이용된다.

2) 복본의 발행

복본은 어음발행인만이 발행할 수 있으며 발행 시에 수통을 작성하여 이를 교부할 수 있다(어음법 제64조 제1항). 복본의 수에는 제한이 없고, 각 통의 내용이 동일하여야 하고 증권의 본문 중에 번호를 붙여야 하는데, 이 증권번호가 없으면 각기 다른 어음으로 간주된다(어음법 제64조 제2항). 그리고 어음에 한 통만을 발행한다는 문구가 없을 때에는 소지인은 자기의 비용으로 복본의 발행을 청구할 수 있다(어음법 제64조 제3항). 이 경우 소지인은 자기에게 직접 배서한 배서인에게 그 교부를 청구하고, 그 배서인은 다시 자기의 배서인에게 청구함으로써 차근차근 발행인에게 그 청구가 미치게 하여야 한다. 그리고 각 배서인은 새 복본에 다시 차례로 배서하여 청구인에게 돌려주어야 한다.

3) 복본의 법적효력

원칙으로 복본 상호간에는 주종의 구별이 없고 각각 독립하여 어음으로서의 효력을 가진다. 따라서 지급 또는 인수의 제시 기타 어음상의 권리를 행사함에는 그 1통으로서 족하다(어음법 제65조 제1항). 그러나 수통을 인수한 인수인은 1통에 대하여 지급을 하더라도 반환을 받지 아니한 다른 인수 복본에 대하여 책임을 진다(어음법 제65조 제1항 단서). 그리고 여러 사람에게 각별로 복본을 양도한 배서인과 그 후의 배서인은 그가 기명날인하거나 서명한 각 통의 복본으로서 반환을 받지 아니한 것에 대하여 책임을 진다(어음법 제65조 제2항).

복본소지인이 인수를 구하기 위하여 그 1통을 송부한 때에는 다른 각 통에 그 송부한 복본을 보유하는 자의 명칭을 기재하여야 하며, 송부된 복본을 보유하는 자는 복본의 정당한 소지인에게 그 복본을 교부할 의무가 있다(어음법 제66조 제1항). 이 경우 복본의 정당한 소지인이 복본의 교부를 거절당한 때에는 인수를 위하여 송부한 1통의 복본이 소지인의 청구에도 불구하고 교부되지 아니하였다는 것과 다른 1통의 복본으로는 인수 또는 지급을 받을 수 없었다는 것을 증명하지 아니하면 상환청구권의 행사를 할 수가 없다(어음법 제66조 제2항).

(2) 등본

1) 의의

등본(謄本: Copy, Wechselabschrift)이란 어음을 등사한 것을 말하며, 그 등사의 기본이 된 어음을 원본이라고 한다. 등본은 그 자체는 어음으로서의 효력이 없으나 어음 원본의 상실을 방지하기 위하여 또는 어음 원본의 인수를 위하여 송부한 경우에 등본에 의한 배서 또는 보증을 인정함으로써 어음 유통의 편의를 도모한 것이다. 등본은 약속어음에도 인정되어 있다(어음법 제67조, 제68조, 제77조 제1항 제6호). 그리고 어음소지인은 등본을 작성할 수 있는데, 등본에는 배서 기타 원본에 기재한 모든 사항을 정확히 재기하고 그 말미를 표시하는 기재(예: 이상 등사)를 하여야 한다(어음법 제67조 제2항).

2) 등본의 법적 효력

등본에는 원본과 동일한 방법과 효력으로써 배서 또는 보증을 할 수 있으나(어음법 제67조 제3항) 어음상의 권리를 주장함에는 항상 원본이 있어야 한다.

등본의 소지인이 인수를 받기 위하여 원본을 송부한 경우에는 등본에 그 원본의 보유자를 기재하여야 하며(어음법 제68조 제1항), 등본의 소지인은 원본 보유자에 대하여 그 반환을 청구할 수 있다. 이 경우 원본 반환이 거절되면 등본 소지인은 원본반환거절증서를 작성시켜서 등본에 배서, 보증을 한 자에 대하여 상환청구권을 행사할 수 있다(어음법 제68조 제2항). 등본 작성 전에 최후의 배서 뒤에 "이후의 배서는 등본에 한 것만이 효력이 있다"는 문언과 이와 같은 뜻을 기재한 때에는 원본에 기재한 그 후의 배서는 무효로 한다(어음법 제68조 제3항).

11. 거절증서

(1) 의의

거절증서(拒絕證書: Protest)는 어음상의 권리의 행사 또는 보전에 필요한 행위를 적법하게 하였다는 것과 그 결과를 등기하는 유일한 요식의 공증증서이다. 이는 어음상의 권리를 행사하기 위하여 일정한 사실의 증명을 간이, 신속, 확실하게 공인하기 위하여 인정된 제도인 것이다. 그러나 거절증서는 어음상의 권리의 행사 또는 보전의 요건인 사실의 존재를 증명하는 증명증서이므로 반증으로써 거절증서에 기재한 사실을 다툴 수는 있다. 거절증서는 일정한 사실의 증명을 반드시 거절증서로만 하는 것을 요하고 다른 증명방법으로 이에 대치하지는 못한다.

(2) 거절증서의 작성

1) 작성기관

거절증서는 어음의 소지인 또는 그 대리인의 위탁에 의하여 공증인 또는 집달리가 작성한다(거절증서령 제2조).

2) 작성 장소

거절증서는 청구를 한 장소, 즉 거절증서에 의하여 증명하고자 하는 행위를 한 장소에서 작성하나 거절자의 승낙이 있으면 다른 장소에서 작성할 수 있으며, 청구할 장소를 알 수 없는 때에는 관공서 또는 작성자의 사무소에서 작성할 수도 있다(거절증서령 제8조).

3) 작성 방법

거절증서의 작성은 원칙으로 어음이나 수표 또는 이에 결합한 부전(附箋)에 하여야 하고, 이 경우 부전에 하는 때에는 공증인 또는 집달리가 그 접목에 간인을 하도록 되어 있다(거절증서령 제4조 제1항). 거절증서에는 다음의 사항을 기재하고 공증인 또는 집달리가 기명날인 또는 서명하여야 한다(거절증서령 제3조).

즉, 거절자와 피거절자의 성명 또는 명칭, 거절자에 대하여 청구를 한 뜻 및 거절자가 그 청구에 응하지 아니하였거나 거절자의 면회를 할 수 없었던 것 또는 청구를 할 장소를 알 수 없었던 뜻, 청구를 하였거나 이를 할 수 없었던 장소 및 연월일, 법정장소 이외의 곳에서 거절증서를 작성하는 때에는 거절자가 이를 승낙한 것을 기재하여야 하고(동법 제1항), 지급인이 어음법 제24조 제1항 전단의 규정에 의하여 제2의 제시를 할 것을 청구한 때에는 거절증서에 그 뜻도 기재하도록 되어 있다(동법 제2항).

제3절 약속어음

1. 약속어음의 의의

약속어음(約束어음: 約束手形, Promissory Note)은 발행인이 수취인 또는 증권의 정당한 소지인에게 일정한 금액을 지급할 것을 약속하는 형식의 신용증권이다. 약속어음은 발행인과 수취인의 2인 사이에서 발행되고, 자금관계가 없으며, 인수제도가 없고, 발행인이 처음부터 주된 채무자이며, 주로 국내거래에서만 이용된다는 것 등이 환어음과 다르다. 그러나 환어음과 공통된 점은 다 같이 신용을 증권화하여 금전지급의 수단으로 이용된다는 점에 있다. 그러므로 어음법은 약속어음에 관하여는 몇 개의 조문과 특별규정을 두고 그 외는 모두 환어음에 관한 규정을 준용시키고 있다.

2. 약속어음의 발행

(1) 발행의 성질

약속어음의 발행은 어음증권의 작성행위와 교부행위에 의하여 완성하는 단독행위이나 증권에 처음부터 발행인에 대한 어음금액지급청구권이 표창된다. 약속어음의 발행인은 자기의 의사에 의하여 어음상의 주된 채무자가 된다.

(2) 기재사항

1) 필요적 기재사항(어음요건)

약속어음에는 이하의 어음요건을 기재하여 발행해야 하고, 그중 어느 하나라도 기재에서 누락하여 발행하게 때에는 법에 의하여 구제되지 아니하는 한 약속어음으로서의 효력을 잃는다(어음법 제75조, 제76조).

즉, ① 증권의 본문 중에 그 증권의 작성에 사용하는 국어로 "약속어음"임을 표시하는 글자(어음법 제75조 제1호), ② 조건 없이 일정한 금액을 지급할 것을 약속하는 뜻(동법 제2호), ③ 만기(동법 제3호). 단, 이 경우 만기가 적혀 있지 아니한 경우는 일람출급의 약속어음으로 본다(어음법 제76조 제1호). ④ 지급지(어음법 제75조 제4호). 단 이 경우 지급지의 기재가 없는 때에는 다른 표시가 없는 한 발행지(발행인의 주소지)를 지급지로 본다(어음법 제76조 제2호). ⑤ 수취인의 명칭(어음법 제75조 제5호), ⑥ 발행일과 발행지(동법 제6호). 단, 이 경우 발행지가 적혀 있지 아니한 때에는 발행인의 명칭에 부기한 지를 발행지로 본다(어음법 제76조 제3호). ⑦ 발행인의 기명날인 또는 서명(어음법 제75조 제7호) 등의 사항이다.

2) 어음요건 이외의 기재사항

필요적 기재사항에 속하지 아니하는 사항으로서 유익적 기재사항, 무익적 기재사항, 유해적 기재사항이 있으며, 이에 관해서는 환어음의 그것과 같다(본서 제4장 환어음 참조).

3. 발행의 효력

약속어음의 발행인은 상환의무자인 어음의 주된 채무자이다. 약속어음 발행인의 책임은 법정 책임이 아니고 자기의 의사표시에 의하여 발생된 책임이다. 따라서 발행인의 면책문구의 기재는 약속어음 자체를 무효로 한다. 이점에 있어서 법률에 의하여 책임을 지는 환어음의 경우에 발행인의 책임과는 다르다. 이 의무는 배서인, 보증인, 환어음 및 수표의 발행인이 지는 상환의무와 달리 제1차적이고, 절대적이며 최종적인 의무라고 할 수 있다.

4. 환어음에 관한 규정의 준용

우리 어음법은 환어음 중심주의의 입법형식을 취하여 먼저 환어음에 관하여 규정하였고, 그 대부분을 약속어음에 준용시키는 등의 형식을 취하고 있다. 환어음에 관한 것들이 그대로 약속어음에 준용되는 것으로는 이하에서 열거하는 것들이다(어음법 제77조).

① 어음행위에 있어서 어음채무의 독립성(어음법 제7조)과 어음행위의 무권대리에 관한 규정(어음법 제8조).

② 발행에 있어서 제3자 지급의 기재(어음법 제4조, 제27조), 이자의 약정(동법 제5조), 어음금액의 중복기재(동법 제6조), 백지어음(동법 제10조)에 관한 규정.

③ 배서에 있어서 환어음의 배서에 관한 규정(어음법 제11조 내지 제20조).

④ 보증에 있어서 환어음의 보증에 관한 규정(어음법 제30조 내지 제32조).

⑤ 만기에 있어서 환어음의 만기에 관한 규정(어음법 제33조 내지 제37조).

⑥ 지급에 있어서 환어음의 지급에 관한 규정(어음법 제38조 내지 제42조).

⑦ 지급거절로 인한 상환청구에 있어서 환어음의 보증에 관한 규정(어음법 제43조 내지 제50조).

⑧ 참가지급에 있어서 환어음의 참가지급에 관한 규정(어음법 제55조, 제59조 내지 제63조).

⑨ 등본에 있어서 환어음의 등본에 관한 규정(어음법 제67조, 제68조).

⑩ 변조에 있어서 환어음의 변조에 관한 규정(어음법 제69조).

⑪ 시효에 있어서 환어음의 시효에 관한 규정(어음법 제70조, 제71조).

⑫ 휴일, 기간의 계산과 은혜일의 인정금지에 관한 규정에 있어서 환어음의 동 규정(어음법 제72조 내지 제74조).

제4절 수표

1. 수표의 의의

수표(手票: 小切手, Cheque, Scheck)는 발행인이 지급인(금융기관)에 대하여 수취인 기타 증권의 정당한 소지인에게 일정한 금액을 지급할 것을 위탁하는 증권이다. 금전지급의 위탁증권이라는 점에서 환어음과 같으며, 그 법률적 성질과 형식도 비슷하다. 그러므로 환어음과 수표에 관한 규정에는 공통되는 점이 많아 환어음에 관한 설명은 그 대부분이 수표에도 통용된다.

2. 수표의 경제적 기능

수표는 법률상으로는 환어음과 극히 비슷하나 경제적 작용에 있어서는 다르다. 즉, 환어음은 원래 신용증권이지만 수표는 금전대용증권이다. 수표는 발행인 자신의 현금지급에 따르는 위험성과 번잡함을 피하기 위하여 현금지급의 대용으로 지급증권인 수표를 발행하고 지급인(은행)으로 하여금 현금을 지급하게 하는 것이다. 수표에 관한 법규제의 특색도 이러한 현금대용작용에 기초한 것이며, 지급인 중심주의로 되어 있는 것도 이 때문이다.

3. 수표의 신용증권화 방지

수표는 주로 지급증권으로서의 기능을 수행하기 위하여 탄생된 것이지만, 수표에 지급보증이 되어 있는 경우에는 신용증권으로서, 또한 송금수표의 경우에는 송금의 수단으로도 이용하게 된다. 그러나 수표법은 가급적 수표의 신용증권화를 피하고 있다. 이러한 차원에서 수표법은 ① 일람지급만을 인정하고(수표법 제28조 제1항), ② 이자를 인정하지 않으며(수표법 제7조), ③ 참가제도가 없고, ④ 제시기간은 10일로 단축되어 있으며(수표법 제29조 제1항), ⑤시효기간도 6개월로 설정하는(수표법 제51조) 등으로 법제화 하고 있는 것이다.

4. 수표와 환어음과의 비교

유가증권으로서의 수표는 완전유가증권성, 금전채권증권성, 절대적 요식증권성, 무인증권성, 설권증권성, 지시증권성, 제시증권성, 상환증권성 등의 법률상 성질을 가지며, 이점 환어음의 그것과 공통된다. 그러므로 ① 수표행위독립의 원칙(수표법 제10조), ② 선의취득(동법 제21조), ③ 무권대리(동법 제11조), ④ 위조와 변조(동법 제10조, 제50조), ⑤ 백지수표(동법 제13조), ⑥ 수표의 인적항변의 절단(동법 제22조), ⑦ 상환청구(동법 제44조, 제45조), ⑧ 시효(동법 제51조, 제52조), ⑨ 기간의 계산(동법 제60조, 제62조) 등에 관해서도 환어음의 경우와 유사하게 법제화하게 된 것이다.

5. 수표의 특성

(1) 표창하는 권리상의 특성

수표는 발행인 자신이 현금지급에 따르는 위험성과 번잡성을 피하기 위하여 현실에 금전지급을 하는 대신에 발행인이 지급인인 은행과의 사이에 수표계약을 체결하고, 이 계약에 의하여 지급인으로 하여금 소지인에게 수표금액을 지급받을 수 있는 권한을 표창하게 하는 증권이다.

(2) 경제적 기능상의 특성

수표는 지급의 용구로서 발행인이 지급인인 은행에 대하여 자금을 예탁하고 지급인으로 하여금 수표소지인에게 지급하게 하는 지급증권이다.

(3) 법률상의 특성

수표는 지급인의 자격이 은행에 한정되어 있고(수표법 제3조), 수표자금과 수표계약의 존재를 필요로 하며(동법 제3조), 항상 일람출급으로 발행하고(동법 제28조), 제시기간은 10일로 단기이며(동법 제29조), 이자의 기재가 불인정 되고(동법 제7조), 횡선수표제도가 있으며(동법 제37조, 제38조), 지급보증제도가 인정된다(동법 제53조).

6. 수표의 종류

수표의 종류는 여러 가지의 기준에 따라서 분류하고 있는데, 먼저 수표는 수취인의 지정방식에 따라 ① 기명식수표, ② 지시식수표, ③ 지시금지가 있는 기명식수표, ④ 소지인출급식수표, ⑤ 지명소지인출급식수표, ⑥ 무기명식수표(수표법 제5조) 등으로 분류된다. 다음으로 발행형식에 따라 ① 자기지시수표, ② 위탁수표, ③ 자기앞수표(수표법 제6조), ④ 타소출급(제3자방출급)수표(동법 제8조), ⑤ 백지수표(동법 제13조), ⑥ 선일자수표(동법 제28조 제2항), ⑦ 후일자수표,

⑧ 횡선수표(동법 제37조) 등으로 분류된다. 그리고 특별법에 의하여 발행되는 것으로서는 국고수표와 우편수표가 있다. 이하에서 세분하여 분설하면 다음과 같다.

(1) 당좌수표

당좌수표는 수표의 발행인이 은행과 당좌거래계약(당좌예금계약, 당좌차월계약을 포함)을 체결하고 은행에 미리 예치한 예금(당좌예금, 당좌차월계약의 한도액)의 범위 내에서 발행하는 수표로서 수표법에서 말하는 전형적인 형태의 수표이다. 당좌거래계약은 주로 기업거래를 위한 예금의 일종이다.

(2) 가계수표

가계수표는 은행과 가계종합예금계약을 체결한 자가 이를 기본거래로 하여 가계당좌예금계약에 기인하여 그 거래은행을 지급인으로 하여 발행하는 수표이다. 일반당좌계약은 사업자인 상인 중에서 일정한 요건을 갖춘 자를 대상으로 하나 가계당좌예금은 봉급생활자, 연금수급권자 또는 자영업자들 중 일정한 자격이 있는 개인을 그 대상으로 한다.

(3) 위탁수표

제3자의 계산으로 발행한 수표가 위탁수표이다(수표법 제6조 제2항). 이것은 어음법 제3조 3항에서 규정한 위탁어음과 동일한 성격을 가지는 것으로 발행인에게 제3자가 지급자금을 제공한 경우에만 그 지급이 가능한 수표이다. 그러므로 발행인이 제3자에 대하여 채권이 있는 것만으로는 발행할 수 없는 것이다. 위탁수표는 위탁자가 발행인이 되기를 원하지 않거나 신용이 없는 경우에 발행된다.

(4) 자기앞수표(금융기관발행수표)

발행인 자신을 지급인으로 하여 발행한 수표가 자기앞수표이며(수표법 제6조 제3항) 지급보증에 갈음하여 발행된다. 자기앞수표는 은행과 당좌거래를 하고 있는 자나 당좌거래가 없는 제3자의 의뢰에 의하여 은행이 발행하게 되는데, 발행의뢰인과 은행 사이의 법률관계는 은행이 의뢰인으로부터 대가를 받고 수표인 유가물을 교부하기 때문에 매매의 일종인 유상계약이라고 할 것이다. 자기앞수표는 발행인과 지급인이 동일은행인 수표로서 점포와 다른 경우와 점포까지 동일한 경우가 있는데, 보통 자기앞수표라고 할 때에는 점포까지 같은 경우를 가리킨다.

일반수표와 다른 점은 발행인과 지급인이 동일은행이므로 수표계약이 필요 없고, 발행인의 지급위탁의 취소도 존재하지 않는다는 점에 있다. 그러므로 자기앞수표를 상실한 경우에 자기앞수표의 발행의뢰인에 의한 지급정지의 의뢰는 무권리자에 대한 지급을 방지하기 위한 사고계이고, 지급위탁의 취소는 아니다. 따라서 지급정지의 청구가 있으면 주의의무가 가중된다고 할 수 있다. 그렇다고 은행이 형식적인 자격이 있는 자에게 선의로 지급한 경우에 무조건 면책 되는 것은 아니다.

(5) 제3자방출급수표(타소출급수표)

지급인의 영업소 이외의 제3자의 주소(영업소)에서 지급하라는 문구를 발행인이 기재하여 발행한 수표를 제3자방출급수표(타소출급수표)라고 한다(수표법 제8조). 이는 지급은행이 지급지 내에 영업소를 가지고 있지 아니한 경우라든지 지급은행을 지급인으로 하지 아니하는 경우에 이용된다. 그러나 여기서 제3자는 반드시 금융기관이 된다.

(6) 백지수표

수표요건을 백지로 하여 기명날인 또는 서명한 미완성의 수표를 백지수표라 한다. 이것은 후일에 소지인으로 하여금 그 요건의 기재를 보충시킬 의사로 발행되는 것으로(수표법 제13조) 어음법 제10조의 정함이 있는 백지어음의 경우와 같은 법률이 적용된다.

(7) 선일자수표(연수표)

발행인이 발행일자를 실제로 발행한 일자가 아닌 장래의 일자로 기재하여 발행한 수표를 선일자수표(연수표)라고 한다. 이는 형식상으로 요건의 불비는 아니므로 무효가 되는 수표가 아니다. 이 수표는 만기 전이라도 지급제시가 있으면 그 지급을 거절할 수가 없다.

(8) 후일자수표

선일자수표와 반대로 발행일자가 발행된 날 이전으로 기재된 수표이다. 이러한 수표를 왜 발행하는 것일까? 의문이 있을 수 있겠으나 실무에 있어서는 여러 가지 목적, 즉 서류상의 일치를 위해서 반드시 지나간 날짜와 수표발행일을 맞추어야 하는 등의 필요에 의해서 발행되는 것이다.

(9) 횡선수표

수표의 분실, 도난 등에 대비하여 수표의 부정소지인이 그 수표에 의하여 지급을 받지 못하도록 하기 위하여 수표상의 표면에 두 줄의 평행선을 그은 수표를 말하며, 이에는 일반횡선수표와 특정횡선수표의 두 가지가 있다(수표법 제37조, 제38조). 횡선수표의 구체적인 사항은 후술한다.

(10) 송금수표(D/D)

송금의 목적으로 발행된 수표이다. 송금수표라는 용어는 법률상의 의미는 없다. 송금방식 중 보통송금환의 방식으로 발행되는 것이 송금수표이다.

(11) 쿠폰(Coupon, 은행수표)

여러 가지의 액면으로 정해진 자기앞수표를 회수권식으로 발행한 수표철이다.

(12) 여행자수표(T/C)

여행자수표(Traveler's Check, T/C)는 해외여행자가 현금을 휴대하는 경우에 분실이나 도난 등의 위험을 피하기 위하여 고안된 수표로서 각국의 제도가 반드시 일치하지는 않는다. 일반적으로 미국의 여행자수표란 은행이 발행인이 되고 여행자를 수취인으로 하여 발행인인 은행이 그의 해외지점 또는 거래은행에 대하여 지급인 또는 상대방의 면전에서의 부서를 조건으로 증권에 기재된 금액의 지급을 지시하는 내용의 수표라고 할 수 있다.

(13) 국고수표

각 중앙관서의 장 또는 지출원인행위의 위임을 받은 공무원(재무관)이 그 소관에 속하는 세출예금에 의하여 지출을 하고자 할 때에는 소속중앙관서의 장이 임명한 지출관에게 지출원인행위의 관계서류를 송부하게 되는데, 이 경우에 지출관이 지출원인행위에 의하여 지출하고자 할 때에는 현금을 교부하는 대신 한국은행을 지급인으로 하는 수표를 발행할 수 있는데(예산회계법 제63조), 이 경우 발행되는 수표이다.

(14) 우편수표(대체수표)

우편수표는 체신관서에 계좌를 갖고 있는 자가 정보통신부령에 의하여 체신관서를 지급인으로 발행한 수표라고 할 수 있다. 이 우편수표에 대하여는 우편대체법이 적용되지만 특별한 규정이 없는 때에는 수표법의 규정을 적용한다(우편대체법 제14조 제4항).

7. 수표에 관한 통칙

(1) 수표의 법적 성질

수표는 지급위탁증권으로서 완전한 유가증권, 금전채권증권, 절대적 요식증권, 문언증권, 제시증권 또는 지시증권, 상환증권으로서의 법적 성질을 가진다.

(2) 수표행위

수표행위는 수표상의 법률관계를 발생, 변동시키는 요건인 법률행위로서 수표에 기명날인 또는 서명하는 것을 불가결의 요건으로 하는 요식의 서면행위이다. 이러한 수표행위로는 수표의 발행, 수표의 배서, 수표보증, 수표의 지급보증 등이 있다. 수표행위는 법률행위이므로 법률행위에 관한 일반원칙, 즉 능력, 대리, 의사표시 등에 관한 법률이 적용된다.

8. 수표의 발행

(1) 발행의 의의

수표의 발행이란 발행인이 지급인에 대하여 수취인에게 일정한 금액을 지급할 것을 지시하는 요식적 단독행위이다.

(2) 기재사항

수표를 발행하려면 수표증권을 작성하여 상대방에게 교부하여야 한다. 수표증권을 작성함에 있어서는 발행인이 법정사항을 기재하고 기명날인 또는 서명하여야 한다. 수표의 기재사항으로는 필요적 기재사항 외에도, 유익적(임의적) 기재사항, 무익적 기재사항, 유해적 기재사항이 있다.

1) 필요적 기재사항

필요적 기재사항이란 일정한 사항을 기재하지 않으면 수표로서의 효력이 없는 사항을 말하고, 이 요건이 흠결된 상태로 수표가 발행된 경우에는 법률로 그 구제가 예정되어 있지 아니하는 한 무효가 되는 사항이다(수표법 제1조, 제2조). 이를 보면 다음과 같다.

① 증권의 본문 중에 그 증권의 작성에 사용하는 국어로 수표임을 표시하는 글자(수표법 제1조 제1호).

② 조건 없이 일정한 금액을 지급할 것을 약속하는 뜻(수표법 제1조 제2호).

③ 지급인의 명칭(수표법 제1조 제3호), 즉 수표의 지급인은 은행에 한정되므로 은행명칭이 기재되어 있어야 한다. 그러나 발행인이 지급인을 겸하는 이른바 자기앞수표로 발행할 수도 있다(동법 제6조).

④ 지급지(수표법 제1조 제4호). 지급지의 기재가 없는 때에는 지급인의 명칭에 부기한 지를 지급지로 본다. 지급인의 명칭에 여러 개의 지(地)를 부기한 경우에는 수표의 맨 앞에 적은 지(地)에서 지급할 것으로 한다(수표법 제2조 제1호). 그러나 이것마저 없으면 발행지에서 지급할 것으로 한다(수표법 제2조 제2호).

⑤ 발행일과 발행지(수표법 제1조 제5호). 실제에 있어서 발행일자를 장래의 일자로 기재한 경우도 선일자수표로서 발행일자의 도래 전이라도 지급을 위하여 제시하면 그 제시한 날에 지급하여야 한다(수표법 제28조). 발행지가 적혀 있지 아니한 경우는 발행인의 명칭에 부기한 지(地)를 발행지로 본다(수표법 제2조 제3호).

⑥ 발행인의 기명날인 또는 서명(수표법 제1조 제6호). 이 경우 발행인이 수인인 경우에는 발행인

각자가 기명날인 또는 서명하여야 한다.

2) 유익적 기재사항

필요적 기재사항 이외의 사항으로서 수표에 기재함으로써 비로소 수표상의 효력이 발생하는 사항을 말한다. 이에 해당되는 것으로는 ① 지급인의 명칭에 부기한 지(수표법 제2조), ② 발행인 명칭의 부기지(동법 제2조), ③ 수취인의 표시(동법 제5조), ④ 제3자방지급의 기재(동법 제8조), ⑤ 배서금지문언(동법 제5조, 제14조) 등이 있다.

3) 무익적 기재사항

수표상에 기재하여도 그 기재사항은 수표상 효력을 갖지 못하는 사항을 말한다. 이러한 무익적 기재사항은 그 기재사항만 무효가 될 뿐이고 수표 자체의 효력에는 아무런 영향을 미치지 아니한다. 이에 해당되는 것으로 수표법상 정함이 있는 것으로는 ① 이자약정문구(수표법 제7조), ② 발행인의 지급무담보문구(동법 제12조), ③ 일람출급 이외의 만기표시(동법 제28조 제1항), ④ 위탁문구(동법 제6조 제2항: 본 조항에 의하여 당연히 제3자의 계산으로 발행할 수 있는 것이므로 무익적재사항에 해당) 등이 있고, 이 외에도 수표법상 규정이 없는 것으로는 ⑤ 대가문구, ⑥ 통지문구, ⑦ 담보부문구, ⑧ 위약금문구 등을 들 수 있겠다.

4) 유해적 기재사항

어떠한 사항을 수표에 기재하면 그 기재사항만 무효가 되는 것이 아니고 수표 자체가 무효로 되는 사항을 말한다. 수표의 경우에는 유해적 기재사항으로 법으로 규정하고 있는 것은 없다. 따라서 그것이 유해적 기재사항에 해당 되는가 아닌가에 관해서는 수표의 성질 등을 감안하여 종합적인 해석을 통하여 판단해야 한다.

(3) 발행의 효력

1) 발행인의 지급담보책임

수표발행의 효력은 발행인에게 지급을 담보하게 하는데 있다. 수표는 신용증권이 아니고 지급증권으로서 이용되므로 지급이 확실하여야 한다. 이를 확실하게 하기 위해서는 수표자금과 수표계약이 존재해야 한다.

2) 발행인의 사망과 능력상실

수표를 발행한 후 발행인이 사망하거나 무능력자가 된 경우에도 그 수표의 효력에는 영향을 미치지 아니한다(수표법 제33조).

(4) 발행의 제한

수표는 신용증권이 아니고 오로지 지급증권으로 이용되기 때문에 그 지급이 확실하여야 한다. 따라서 다음과 같은 제한을 두어서 지급의 확보를 도모하고 있다.

1) 지급인의 자격

수표의 지급인은 은행 기타 금융기관으로 제한하고 있다. 이와 같이 지급인의 자격을 제한하는 것은 신용유지를 도모하기 위한 것이다.

2) 수표자금

발행인이 수표를 발행함에 있어서는 발행인이 처분할 수 있는 자금이 지급인인 은행에 존재하여야 하는데 이를 수표자금이라고 한다. 수표자금은 당좌예금계약 또는 당좌대월계약의 형식으로 존재하는 것이 통례이다. 수표자금은 적어도 수표를 제시하는 당시에는 존재해야 하는 것으로 이것이 존재하지 아니하면 처벌의 대상이 된다고 해야 할 것이나, 그렇다고 수표로서의 효력에 영향을 미치는 것은 아니다(수표법 제3조).

3) 수표계약

발행인이 지급인으로 하여금 자기가 발행하는 수표의 지급을 하게 하기 위해서는 지급인인 은행에 자금이 있는 것만으로는 족하지 않고, 발행인이 그 자금을 수표에 의하여 처분할 수 있는 명시 또는 묵시의 계약이 존재하여야 한다. 이를 수표계약이라 한다. 이 수표계약상의 의무를 이행하기 위하여 지급인은 지급을 하게 되는 것이다. 이와 같은 수표계약이 없이 발행된 수표의 경우에는 처벌의 대상이 된다고 할 것이나, 그렇다고 수표 자체가 무효로 되는 것은 아니다. 따라서 지급이 거절되면 발행인은 상환청구의무를 지게 된다(수표법 제3조).

9. 수표의 양도

(1) 의의

수표의 양도는 반드시 배서에 의해서만 양도하는 것이 아니고, 오히려 증권의 교부에 의하여 하는 것이 보통이다. 기명식 또는 지시식수표의 양도 방법은 배서에 의하여 양도하고, 배서금지수표의 경우는 지명채권양도방식에 의해서만 양도할 수 있다(수표법 제14조 제2항). 그리고 소지인 및 지명소지인 출급식수표의 경우에는 인도에 의하여 양도한다(수표법 제5조 제1항 제1호).

(2) 수표의 배서

수표의 배서는 종류, 방식, 효력이 대체로 어음의 배서와 같으나, 수표가 지급증권으로서 단기간 이용되고 또한 인수제도가 없으므로 어음의 배서에 비하면 이하의 점에서 다르다. 즉, 수표에는 등본제도가 없으므로 등본에 의한 배서는 존재하지 아니한다. 그리고 수표에는 인수제도가 없으므로 배서인은 지급담보의무만을 부담하고 인수담보의무는 없다(수표법 제18조 제1항). 지급인이 한 배서는 무효이다(수표법 제15조 제3항). 그러나 지급인에 대한 배서는 영수증의 효력만이 있다(수표법 제15조 재5항). 또한 수표에는 참가제도가 없으므로 예비지급인의 기재는 인정되지 아니하고, 수표는 입질배서를 인정하지 아니하며, 소지인출급식의 배서가 인정된다는 점 등에서 환어음과 다르다.

(3) 수표의 배서방식

수표의 배서에는 수표 또는 이에 결합한 보전(補箋)에 기재하고 배서인이 기명날인 또는 서명하여야 한다(수표법 제16조 제1항). 수표의 배서는 피배서인을 지명하지 아니하고 할 수 있고 또한 배서인의 기명날인 또는 서명만으로도 할 수 있다(백지식배서). 이 경우에는 수표의 이면이나 보전에 기재하지 아니하면 효력이 없다(수표법 제16조 제2항).

10. 수표의 보증

(1) 수표보증의 의의

수표에는 인수가 인정되지 않으며 주된 채무자가 없고 그 신용이 매우 약하므로 신용을 높이기 위하여 수표보증이 인정되고 있다. 수표의 보증은 지급인이 보증인으로 될 수는 없다(수표법 제25조 제2항). 이것은 지급인이 보증인이 될 수 있게 한다면 실질적으로 인수를 인정한 것과 같게 되기 때문이다. 따라서 수표의 보증은 지급인 이외의 자가 할 수 있다(수표법 제25조 제2항). 수표보증은 타인의 수표상 의무의 존재를 전제로 히여 성립되는 것이므로 이하에서 설명하는 지급보증과 그 성격을 달리한다.

(2) 지급보증

1) 지급보증의 의의

지급보증이란 수표의 지급인이 제시기간 내에 수표의 제시가 있은 때에 그 수표금액을 지급할 채무를 부담할 것을 약정하는 부속적 수표행위를 말한다. 지급인이 지급보증을 하게 되면 지급의무자가 된다. 지급보증을 함으로써 수표는 부도가 되지 않는다. 이러한 보장이 있다면 수표유통에 원활을 기할 수 있다고 하는 것에 입법의 의의가 있는 것이다.

2) 지급보증의 방식

지급보증은 수표의 표면에 "지급보증" 기타 지급할 뜻을 기재하고 일자를 부기하여 지급인이 기명날인 또는 서명하여야 한다. 지급보증은 무조건이어야 하며, 지급보증에 의하여 수표의 기재사항에 가한 변경은 이를 기재하지 아니한 것으로 본다(수표법 제53조, 제54조 제1항, 제2항).

3) 지급보증의 효력

지급보증을 한 지급인은 모든 수표소지인에 대하여 수표대금을 지급할 수표상의 의무자인 것이다. 이 의무는 제시기간 경과 전에 수표를 제시한 경우에 한하여 지급할 의무를 부담한다(수표법 제55조 제1항). 그리고 지급보증인에 대한 수표상의 청구권의 소멸시효기간은 제시기간 경과 후 1년이다(수표법 제58조). 또한 발행인 기타 수표상의 채무자는 지급보증으로 인하여 그 책임이 면제되는 것은 아니다(수표법 제56조).

11. 지급제시와 지급

(1) 지급제시

1) 수표의 일람출급성

수표는 지급증권이므로 그 성질상 당연히 일람출급식으로만 발행되며, 언제라도 제시하여 지급청구를 할 수 있다(수표법 제28조). 그러므로 수표는 만기라는 것이 없다. 발행일자를 사실상의 발행일보다 후일로 기재하는 선일자수표의 경우에도 소지인은 기재된 발행일자의 거래 전에도 지급제시를 할 수가 있고, 그러한 지급제시가 있는 경우에는 지급인은 그 제시한 날에 지급하여야 한다(수표법 제28조 제2항). 이는 선의취득자 보호, 수표의 일람출급성 확보 및 수표의 신용증권화를 억제하기 위함이다.

2) 지급제시기간

수표는 단기의 지급제시기간으로 정하고 있다. 국내에서 발행되어 지급할 수표는 10일내에 지급제시를 하여야 하고, 지급지의 지급국가와 다른 국가에서 발행된 수표는 발행지와 지급지가 동일 주에 있는 경우에는 20일내에, 다른 주에 있는 경우에는 70일내에 제시하여야 한다(수표법 제29조 제2항). 제시기간은 수표에 기재한 발행일자로부터 기산하나 초일(初日)은 산입하지 아니한다(수표법 제29조 제4항, 제61조).

3) 지급제시의 장소

수표의 지급제시는 원칙으로 지급인인 은행의 영업소에서, 제3자방지급의 경우에는 그 제3자의 영업소에서 하여야 한다. 그러나 어음교환소에서 한 수표의 제시도 지급제시의 효력이 있다(수표법 제31조).

(2) 지급

1) 지급의 방법

수표의 지급인이 지급을 할 때에는 소지인에 대하여 수표에 영수를 증명하는 기재를 하여 교부할 것을 청구할 수 있다(수표법 제34조 제1항). 지급할 화폐가 지급지의 통화로 기재된 수표는 그 통화로 지급하고, 지급지의 통화가 아닌 통화로 지급할 것을 기재한 수표는 그 제시기간 내에는 지급하는 날의 가격에 의하여 지급지의 통화로 지급한다. 또한 제출기간 내에 제시하여도 지급이 없을 경우에는 소지인은 그 선택에 따라 제시한 날이나 지급하는 날의 환시세에 의하여 지급지의 통화로 지급할 것을 청구할 수 있다(수표법 제36조 제1항).

2) 지급인의 조사의무

배서로 양도할 수 있는 수표의 지급인은 배서의 연속의 정부(正否)를 조사할 의무가 있으나 배서인의 기명날인 또는 서명을 조사할 의무는 없다(수표법 제35조 제1항). 그러므로 지급인은 사기 또는 중대한 과실이 없으면 그 책임을 면한다고 보아야 할 것이다. 따라서 지급인은 소지인의 실질적 권리의 유무 또는 청구자의 동일성 등에 관해서는 조사할 의무가 없고, 수표요건을 구비한 수표를 제시하는 자에게 지급하면 사기 또는 중대한 과실이 없는 한 그 책임을 면한다.

(3) 지급위탁의 취소

지급위탁의 취소란 수표의 발행이 있는 경우에 지급인이 발행인의 계산에서 지급할 수 있는 권한을 발행인이 철회하는 것을 말한다. 이것은 수표의 도난, 유실(遺失), 변조 등의 경우에 수표의 지급을 중지시키는데 실익이 있다.

수표의 지급위탁의 취소는 제시기간 경과 후에만 그 효력이 생긴다(수표법 제32조 제1항). 제시기간 경과 후에 지급위탁의 취소가 없는 때에는 지급인은 제시기간 경과 후에도 발행인의 계산에서 지급을 할 수 있다(수표법 제32조 제2항). 취소방식은 시면에 의하든 구두에 의하는 상관없다. 취소의 의사표시는 지급인에 도달한 때에 발생한다(민법 제111조 제1항). 그리고 지급위탁의 취소는 수표자체의 무효를 가져오지는 않는다.

12. 횡선수표

(1) 횡선수표의 의의

횡선수표(橫線手票)란 발행인 또는 소지인이 수표의 표면에 횡선으로 두 줄의 평행선을 그은 수표를 말한다(수표법 제37조 제1항). 횡선수표는 그 지급을 받을 수 있는 자가 은행(지정된 은행)

또는 지급인의 거래처에 한정되어 있기 때문에 수표의 도난과 분실 등의 경우에 부정소지인이 지급 받을 위험을 예방하고자 하는 취지에서 발행되는 것이다.

(2) 횡선수표의 종류

수표에 횡선을 그을 수 있는 자는 발행인과 소지인이다. 횡선수표에는 일반횡선수표와 특정횡선수표가 있다(수표법 제37조 제2항).

1) 일반횡선수표

일반횡선수표는 수표의 표면에 횡선으로 두 줄의 평행선을 긋고 그 평행선 내에 아무런 지정도 하지 아니하거나 "은행" 또는 이와 동일한 의미가 있는 문자를 기재한 수표를 말한다(수표법 제37조 제3항).

2) 특정횡선수표

특정횡선수표는 수표의 표면에 횡선으로 두 줄의 평행선을 긋고 그 평행선 내에 특정 은행의 명칭을 기재한 수표를 말한다(수표법 제37조 제3항).

(3) 횡선의 변경과 말소

일반횡선을 특정횡선으로 변경할 수 있으나 역으로 특정횡선을 일반횡선으로 변경하지는 못한다(수표법 제37조 제4항). 또한 횡선을 말소하거나 특정횡선에 의하여 지정한 은행의 명칭을 말소하지도 못한다. 만약 말소된 경우에도 말소하지 아니한 것으로 본다(수표법 제37조 제5항).

(4) 횡선수표의 효력

1) 지급의 제한

일반횡선수표의 경우는 지급인이 은행 또는 지급인의 거래처에 대해서만 지급할 수 있다(수표법 제38조 제1항). 그러므로 은행과의 거래가 없거나 은행을 통할 수 없는 자는 지급을 받을 수 없다. 여기에서 거래처란 현재 지급인과의 사이에 거래관계(예금, 대부 등)가 있는 자로서 그 신원이 지급인에 의하여 알려져 있는 자를 의미하는 것으로 해석한다.

특정횡선수표의 경우는 지급인은 지정된 은행에 대해서만 지급할 수 있고 지정된 은행이 지급인인 때에는 지급인의 거래처에 대해서만 지급할 수 있다(수표법 제38조 제2항).

2) 취득의 제한

은행은 자기의 거래처 또는 다른 은행으로부터만 횡선수표를 취득할 수 있도록 제한하였다(수표법 제38조 제3항).

3) 위반의 효과

이상의 제한규정을 위반하여 지급인이 수표의 지급을 하거나 은행이 수표의 취득 또는 추심을 한 때에 이로 인하여 손해가 발생한 경우에는 수표금액의 한도 내에서 배상책임을 진다(수표법 제38조 제5항).

13. 지급거절로 인한 상환청구

수표의 소지인이 제시기간 내에 지급제시 하였어도 지급을 받지 못하면 전자에 대하여 그 상환을 청구할 수 있다. 이러한 상환청구의 요건은 ① 제시기간 내에 지급제시를 하였어야 할 것, ② 거절증서 또는 이에 갈음할 지급인 또는 어음교환소의 선언에 의하여 지급거절을 증명할 것 등의 두 가지이다. 수표의 상환청구금액은 제시일 이후의 이자를 가산할 수 있다(수표법 제44조). 이 상환청구권의 소멸시효기간은 6개월이다(수표법 제51조 제1항).

14. 복본

수표의 복본은 유통조장을 위한 것이 아니라 오로지 안전보호를 위한 것이다. 즉, 수표를 원격지에 송부하는 경우 송부도중에 분실의 위험이 있으므로 이를 대비하기 위하여 복본제도를 인정하고 있다.

(1) 복본을 인정하는 경우

수표의 복본은 다음과 같이 발행지와 지급지가 원격지인 수표에만 인정된다. 즉, ① 일국에서 발행하여 타국이나 발행국의 해외영토에서 지급할 수표, ② 일국의 해외영토에서 발행하여 그 본국에서 지급할 수표, ③ 일국의 동일해외영토에서 발행하고 지급할 수표, ④ 일국의 해외영토에서 발행하여 그 나라의 다른 해외영토에서 지급할 수표 등이 그것이다(수표법 제48조 제1호 내지 제4호). 그러나 이러한 복본이 인정되는 수표는 어느 것이나 기명식 또는 지시식인 경우에 한정되어 있고, 소지인 출급식의 경우에는 인정되지 아니한다(수표법 제48조).

(2) 복본의 작성과 효력

복본은 발행인이 작성하며, 각 복본에는 그 본문 중에 번호를 붙여야 한다. 이를 붙이지 아니한 때에는 그 수통 복본은 각각 다른 수표로 본다(수표법 제48조). 그리고 복본의 1통에 대하여 지급이 있으면 그 지급이 다른 복본을 무효로 한다는 뜻의 기재가 없어도 의무를 면하게 된다(수표법 제49조 제1항).

15. 시효

수표소지인의 상환청구권의 소멸시효기간은 제시기간경과 후 6개월이며(수표법 제51조), 지급보증인에 대한 청구권은 제시기간 경과 후 1년이다(수표법 제58조). 그리고 상환을 한 자의 재상환청구권의 소멸시효기간은 6개월이다(수표법 제51조 제2항).

16. 수표의 위조와 변조

(1) 수표의 위조

1) 위조의 의의

수표의 위조란 수표를 작성 발행할 권한이 없는 자가 작성 발행할 권한이 있는 자의 기명날인 또는 서명을 위작하여 마치 작성 권한이 있는 자가 작성한 것처럼 외관을 조작한 수표를 말한다. 위조의 방법은 인장을 위조하여 수표행위를 하든 진정한 인장을 도용하든 혹은 타인의 기명날인 또는 서명이 되어 있는 지편을 이용하여 수표발행행위를 하든 상관없다.

2) 위조의 효과

가. 위조자의 책임

수표의 위조자는 그 수표상에 자기 자신의 기명날인 또는 서명이 없으므로 그 위조된 수표상의 책임은 부담하지 아니한다. 그러나 수표를 위조한 자로서 민법상의 불법행위책임(민법 제750조)에 기인된 손해배상의 책임과 형법상의 유가증권위조죄(형법 제214조)에 의하여 형벌 10년 이상의 징역을 면하지 못한다. 또한 부정수표단속법에 의거 1년 이상의 유기징역과 수표금액의 10배 이상의 벌금형을 받게 된다(부정수표단속법 제5조).

나. 피위조자의 책임

피위조자는 자신이 기명날인 또는 서명을 한 것이 아니므로 누구에 대해서도 수표상의 책임을 지지 아니한다(절대적 무책임). 즉, 누구의 청구에 대해서도 위조의 항변으로 대항할 수 있다. 이는 "누구라도 진실로 수표상에 기명날인 또는 서명한 자가 아니면 수표상의 의무를 지지 아니 한다"라는 법의 기본이념으로 보아 당연하다. 이 경우 위조의 입증책임은 피위조자가 부담한다.

다. 지급인의 책임

지급인(은행)은 수표소지인의 지급제시가 있는 때에는 사기 또는 중과실이 없이 지급을 하여야 한다. 이러한 지급을 하려면 지급은행으로서의 상당한 주의의무가 요구된다. 이러한 주의를 다하여 이상이 없다고 확인한 후 지급을 하여야만 수표의 지급금액을 발행인의 계산으로 귀속시킬 수 있다. 수표의 진위를 확인한려면 대체로 다음과 같은 점에 주의를 기울여야 할 것이다. 즉, ① 수표용지가 지급은행에서 교부한 것인가, ② 수표번호가 맞는지, ③ 인감의 상위가 없는지(이 경우 인감의 대조에 있어서는 육안의 감별력에 의해서 동일성을 판정하면 된다). ④ 금액 등의 변조가 없는지, ⑤ 분실 등 사고에 관한 접수는 없었는지 등에 대해 주의를 기울여야 한다.

(2) 수표의 변조

1) 변조의 의의

수표를 작성 발행할 권한이 있는 자가 진정하게 작성하여 발행한 기존의 수표상의 기명날인 또는 서명 이외의 기재사항을 권한 없이 변경한 수표를 말한다. 변조의 방법은 기존문서의 변조, 말소 또는 새로운 문언의 기입이든 상관없다.

2) 변조의 효과

가. 변조자의 책임

변조자가 단순히 변조를 하였을 뿐이고 수표행위를 하지 않은 경우에는 그 수표상의 책임은 부담하지 아니한다. 그러나 위조의 경우와 같이 민사상의 책임과 형사상의 책임은 면하지 못한다.

나. 변조 전에 또는 변조 후에 기명날인 또는 서명한 자의 책임

변조 후에 기명날인 하거나 서명한 자는 변조된 문구에 따라 책임을 지고, 변조 전에 기명날인 또는 서명한 자는 원래 문구에 따라 책임을 진다(수표법 제50조). 이는 각 문구에 대한 내용을 인식하고 각자의 수표행위가 이루어졌기 때문이다.

[논술문제 예시]

1. 유가증권의 일반적 특성
2. 어음 · 수표의 경제적 기능
3. 어음행위독립의 원칙
4. 어음의 위조와 변조
5. 어음상의 권리의 소멸
6. 백지어음의 보충권

7. 이득상환청구권

8. 어음항변

9. 배서의 효력

10. 어음의 선의취득

11. 어음 · 수표의 지급인의 조사의무

12. 어음의 소구제도

13. 선일자수표의 법률 관계

14. 수표지급인의 지위

15. 위조 · 변조수표의 지급효과

16. 횡선수표

17. 수표의 지급인의 책임

제5편

회사법

제1장 총 론
제2장 통 칙
제3장 주식회사
제4장 합명회사
제5장 합자회사
제6장 유한책임회사
제7장 유한회사
제8장 외국회사
제9장 벌 칙

제1장 총론

1. 회사의 경제적기능

회사는 모두 공동기업의 형태로 법인격이 주어진 기업을 말한다. 여기서 공동기업이란 개인기업과 비교되는 개념으로 다수의 개인이 공동으로 출연하여 1개의 기업을 만들고 공동으로 운영하는 형태의 기업을 말하고, 법인격이 주어졌다는 것은 그 투자주체인 구성원과 기업이 분리되어 기업 스스로가 권리와 의무의 주체가 된다는 것을 의미한다. 이러한 법인공동기업 형태인 회사는 개인기업보다 자본조달이 용이하고 손실이 발생하였을 때도 다수의 구성원이 그 손실을 부담함으로써 위험분산의 효과가 기대되는 등의 장점이 있지만, 일부 기업 특히 물적회사의 경우는 법인격이 남용되는 등의 폐해를 수반하기도 한다.

그러나 국가와 국민경제적으로 볼 때 법인공동기업 형태인 회사제도는 산재된 유휴자금의 흡수, 손실의 분담 등의 장점은 별도로 특히, 소유와 경영의 분리를 기초하여 제도화된 주식회사의 경우는 전문경영인의 경영능력 발휘에 기대되는 바가 크고, 대기업 또는 기간산업으로 발전할 수 있는 가능성이 높게 나타나기 때문에 국가산업발전에 기여하는 바가 크다.

또한 세원조달의 면에서도 그 중요성이 한층 높아지고 있음에 따라 국가경제발전의 초석이 되고 있음은 물론이고, 고용의 장을 제공하는 중요한 역할과 기능을 수행함으로서 국민경제 발전에 이바지하는 바가 크다. 그러므로 회사제도는 결코 포기할 수 없는 제도로서 국가 · 국민경제의 미래를 책임지는 차원에서 그 기능을 보완해 가며 발전에 발전을 거듭해 나아가야 할 제도이다.

2. 회사법의 의의

회사법(Corporation Law)은 실질적으로는 법인공동기업 형태인 회사에 관한 법규의 전체를 말한다. 회사법은 회사에 관한 개체의 이익조정을 본래의 임무로 하므로 당연히 사법적 법규를 중심으로 하나, 사법적 법규의 실현을 직접적으로 보장하는 것을 목적으로 하는 공법적 법규(예: 비송사건절차법, 법인세법 등)도 이에 포함하여 종합적으로 고찰하는 것이 타당하다.

따라서 실질적인 회사법은 회사의 조직구조와 그 성립 및 운영에서부터 해체 · 소멸에 이르는 모든 법규를 말하는 것으로 정의되는 한편, 형식적인 회사법은 회사에 관한 성문법규로서 다만 규정의 형식에 '회사'라는 명칭을 사용하고 있는 법률, 즉 상법전 제3편「회사」의 규정 전체를 말하는 것으로 정의된다.

3. 회사법의 지위 및 특성

(1) 회사법의 지위

형식적인 회사법은 기업주체로서의 법인공동기업에 관한 법규로서 상법의 일부분을 구성하고, 기업주체 일반에 관한 규율을 목적으로 하는 법규이기 때문에 기업 관련 특별법규에 대한 일반법이며 기본법적 지위에 있다. 그러므로 기업의 특수성을 고려한 기술적인 법률이라 할 수 있으나 기업에 대한 국가의 감독 및 통제를 위한 법률 및 소비자보호를 위하여 특별히 제정한 법률(은행법, 보험업법, 자본시장법, 공정거래 및 독점규제에 관한 법률, 제조물책임법(PL법) 등 다수) 등은 법인공동기업에 관한 일반적인 회사법에 대하여 특별법적인 지위에 있게 되어 특별법우선주의 원칙을 적용받게 된다(단, 사안에 따라서는 "특별법우선주의 원칙"이 배제되는 경우도 있음).

(2) 회사법의 특성

회사법은 법인공동기업에 관한 법률이지만 넓게는 기업 관련 기본법인 상법전의 일부를 구성하고 있기 때문에 상법의 기본적인 이념 또는 사상을 구현하면서도 아래와 같은 특성에서 나타나는 원리나 원칙이 보다 강하게 지배한다.

1) 단체성

회사법은 대부분이 회사라는 단체의 내부적인 조직에 관한 법이다. 즉, 단체와 그 구성원 간의 이해관계 및 단체 속의 기관 간의 권한과 의무 관계를 정하는 규정으로서 개인기업 관련 법률에서는 찾아 볼 수 없는 다수결의 원칙, 사원평등의 원칙 등의 법률적 원칙이 작용한다.

2) 영리성

회사법은 영리단체를 규율대상으로 하는 법률이다. 회사는 영리단체이며 그 목적은 사원의 경제적 이익을 도모하는 데 있다. 즉, 사원의 지분 또는 주식의 양도, 이익배당, 잔여재산의 분배 등 사원의 경제적 이익을 도모하는 것이라고 할 수 있다.

3) 거래성

회사법은 거래의 안전과 채권자의 보호를 위하여 회사와의 거래관계에 있어서는 이해관계인들의 이해를 조정함을 목적으로 한다. 따라서 외관주의, 공시주의 등의 원리가 폭넓게 적용되고 있다.

4. 법원(法源)

회사법의 존재형식을 알 수 있는 법원은 제정법과 비제정법으로 존재한다. 회사에 관련 사건에 있어서의 법률적용은먼저, 회사자치법인 정관(회사의 본질이나 강행규정에 저촉되지 않는 규정이라야 함)의 규정이 우선하여 적용되고, 다음으로 상법 제3편「회사」의 규정이 적용되나 회사에 관한 특별법령 또는 조약이 있는 경우에는 상법 제3편「회사」의 규정에 우선하여 적용된다. 이 밖에도 상법 제1편「총칙」및 제2편「상행위」와 상관습법도 회사법의 법원이 되며, 법률의 적용여지가 없는 경우는 사법영역의 기본법인 민법의 관련 규정의 적용여지가 있게 된다(상법 제1조).

상술한 회사 관련 특별법령 중 특히 중요한 것을 대략 간추려보면 상법시행법(1962. 12.12 법률 제1213호), 어음법(1962.1.20 법률 제1001호), 수표법(1962.1.20 법률 제1002호), 채무자회생 및 파산에 관한 법률(2006.3.24 법률 제7895호), 동법시행령(제정 2006.3.29 대통령령 제19422호), 은행법(1998.5.25 등 개정), 보험업법(2008.2.19 법률개정), 신탁업법(1961.12.31 법률 제945호), 담보부사채신탁법(1962.1.20 법률 제991호), 자산재평가법(1965.3.31 법률 제1691호), 자본시장법(2007.8.3 법률 제8635호, 2009.1.13 법률개정), 증권투자신탁업법(1998.9.16 등 개정), 공사채등록법(1970.1.1 법률 제2164호), 동법시행령(1971.3.4 대통령령 제5543호), 주식회사의 외부감사에 관한 법률(2009.1.13 법률개정), 동법시행령(1998.9.22 대통령령 제15896 등 개정), 중소기업창업지원 법률(2009.1.8 법률개정), 소형선박저당법(2007.7.3 법률개정), 금융지주회사법(2008.2.19 법률개정), 종합금융회사에 관한 법률(2008.2.19 법률개정), 중소기업상생협력촉진에 관한 법률(2008.12.13 법률개정), 독점규제 및 공정거래에 관한 법률(1990.1.13 법률 제4198호), 전자상거래 등에서의 소비자보호에 관한 법률(2002.3.30 법률 제6687호), 신용정보의 이용 및 보호에 관한 법률(1995.1.5 법률 제4866호) 등을 들 수 있겠고, 이 밖에도 다수의 법률과 법령이 존재한다.

제2장 통 칙

제1절 회사의 개념(會社의 槪念)

상법 제169조에서는 회사에 관해 "이 법에서 '회사'란 상행위나 그 밖의 영리를 목적으로 하여 설립한 법인을 말한다"고 정의하고 있다. 동 조항은 2011년 4월 14일 전문개정을 통해 개정 전의 법문에서 '社團'으로 표기되었던 것을 삭제하고 한편으로 동법 제171조 1항의 회사의 法人性에 관한 정의를 옮겨 합체시킨 것으로 그간 1인 회사의 존속 및 설립인정을 둘러싸고 학자들 간에 첨예하게 대립되어 왔던 문제점을 해소시키는 기회로 삼았다.

註釋 社團性 論爭

사단성 논쟁의 시발은 종전의 회사법제에서는 회사는 상행위 기타 영리를 목적으로 설립한 사단법인(구 · 상법 제169조, 제171조 제1항)으로 정의되어 있는 점에 있었다. 여기서 사단법인이라고 하는 것은 공동목적을 가진 복수인의 결합단체를 말하는 것이기 때문에 회사는 2인 이상의 사원의 존재가 반드시 필요하다. 그러나 한편으로 법제는 주식회사를 설립함에는 발기인이 정관을 작성하여야 한다(구 · 상법 제288조: 2001년 개정)고만 정의하고 있을 뿐, 회사설립 후에는 사원이 1인으로 된 때에도 해산사유로 하지 아니한 때문에(상법 제517조, 제227조 제3항) 이른바 1인회사의 존속 가능성이 이미 설정되어 있었다. 그러므로 2001년 상법개정에서는 주식회사는 설립 시 발기인의 최저 수(종전에는 3인 이상의 발기인)의 제한을 풀었고, 또한 유한회사도 사원 최저 수의 제한을 삭제함으로써 1인회사의 설립 및 존속을 정식으로 인정하게 되었다(상법 제543조, 제609조: 2001년 개정). 이 때문에 논쟁은 가시화되기 시작되었으나, 따지고 보면 이는 물적 중심회사의 경우는 재원의 복수성에 근거되어 인적구성요소의 1인 존재는 일시적인 현상으로 보아 사단성에는 문제될 바 없다는 그간의 지배적인 이론을 배경으로 이를 설립 시부터 적용시킨 것에 지나지 않은 것이었나. 그럼에도 불구하고 학계일부의 반발은 적지만은 않았다. 그러나 2011년 4월 14일 개정으로 상법상 사단은 더 이상 존재하지 아니하므로 다툼의 소지는 일소되었다고 할 것이다.

참고로 민법상 財團과 社團 및 組合을 간단히 比較해 보면 다음과 같다.

원래 사단(법인)은 재단(법인) 또는 조합과 대립되는 개념이다. 사단이란 사람의 집합체인 단체를 말하고, 재단은 재원의 집합체인 단체를 말하며, 조합은 수인이 출자하여 공동사업을 영위하는 계약인 바, 이들을 비교하면 전자인 사단과 재단는 단체의 단일성이 보다 강하게 나타나고 구성원의 개성이 중시되지 않는 데 비하여(그러므로 법인성을 인정할 여지가 있게 됨) 후자는 단체의 단일성과 더불어 조합원의 개성이 중시된다. 따라서 조합은 그 자체가 법인이 될 수 없고 조합원의 개성이 중시되는 까닭에 조합은 단체의 책임과는 별개로 구성원의 개별책임이 요구되는 것이다.

이하 현행상법 제169조를 중심으로 회사의 개념을 분설하면 다음과 같다.

1. 법인성(法人性)

회사는 법인이다(상법 제169조). 법인이란 자연인 이외의 자로서 법률상 권리의무의 주체로 인정되는 자를 말한다(법인격 남용에 따른 책임 및 채권자보호와 관련하여 "法人格否認의 法理"가 영미법상 탄생되어 우리의 법률실무에 있어서도 적용되어진 사례가 있다: 대법원판례 1988년 11월 12일 87다카1671). 그러므로 회사는 자기를 표시하는 명칭인 상호를 가져야 하고 그 상호 중에는 회사의 종류(합명, 합자, 주식, 유한, 유한책임)를 표시하여야 한다(상법 제19조). 또한 회사는 주소를 가져야 하고 그 주소는 영업활동의 중심지가 되며 이를 회사의 정관에 기재하도록 되어 있다.

2. 영리성(營利性)

회사는 상행위 기타 영리를 목적으로 한다(상법 제169조). 여기서 '영리를 목적으로 한다'라고 하는 것은 회사가 계속적인 기업활동을 통해서 얻은 이익을 구성원에게 분배하는 것이 본래의 목적임을 뜻한다. 그러므로 이익이 있음에도 분배를 하지 아니하는 것은 회사의 본질에 반하는 것이 된다. 이익분배의 방법은 결산기마다 결산하여 이익배당을 하든 회사 해산 시에 잔여재산을 분배하든 상관이 없다. 그러나 회사가 이익의 분배를 일시 제한 또는 정지하거나 부수적으로 공익사업을 경영하는 것은 반드시 법률상 회사의 본질에 반하는 것은 아니다. 회사는 영리를 목적으로 하는 한 상법 제46조를 근거로 하는 상행위를 하든 상행위 이외의 영리행위를 하든 이 영리성과 관련하여 문제되지 않는다.

3. 공공성(公共性)

회사는 사원(주주)을 포함한 다수의 여러 계층 간의 이해관계자 집단과 공존하면서 국제·국가사회와 지역사회의 일원으로 존재하게 된다. 그리고 회사의 경영은 국민경제에 많은 영향을 미치게 되므로 회사의 목적은 영리추구에 있는 것이지만 공공의 이익도 고려해 가며 이루어질 필요가 있게 되는 것이다. 그러므로 회사법제에서도 이점을 고려하여 그 자체는 사법임에는 다를 바 없으나 엄격주의, 간섭주의의 등의 원리가 채택되어 강행법적 성질을 가지게 된다.

한편, 오늘날에는 기업의 사회적 역할이 증대되어 기업의 사회적 책임론(CSR: Corporate Social Responsibility)이 대두되고 있는데, 이러한 논의도 기업 공공성과 관련된 이해관계자 집단에 관한 연구에 기반을 두고 전개되는 것이다.

註釋 企業 관련 利害關係者集團

기업 관련 이해관계자집단은 기업을 중심으로 1차적 이해관계자집단(주주=사원, 종업원), 2차적 이해관계자집단(거래처, 채권자), 3차적 이해관계자집단(지역사회, 국가), 4차적 이해관계자집단(국제사회, 다국적 주주 및 채권자)으로 분류된다(서성호 「會計監査人의 法的責任에 관한 硏究」 企業法硏究 第15輯 29면 이하 참조(2003년)).

제2절 회사의 종류(會社의 種類)

1. 상법상의 회사

우리나라의 상법전은 합명회사, 합자회사, 유한책임회사, 주식회사, 유한회사 등의 5종류의 회사만을 인정하고 있다(상법 제170조). 이 회사의 종류에 관한 법적 기준은 회사의 구성원인 사원(주주)의 대외적 책임관계에 있는 것이다.

(1) 합명회사(合名會社)

합명회사(Partnership)는 2인 이상의 무한책임사원만으로 조직되는 회사로서 회사재산으로 회사의 채무를 완제할 수 없는 경우에는 사원이 회사 채권에 대하여 직접 · 연대 · 무한의 변제책임을 부담하고, 원칙으로 사원은 각자가 회사의 업무집행에 관여하며 회사를 대표할 권한을 가진다.

사원은 재산출자 이외의 노무 또는 신용출자가 인정되고, 사원의 지위이전(지분양도)에는 타사원의 동의를 요하며, 사원의 퇴사, 제명의 제도가 있는 인적결합의 색채가 강하여 전형적인 인적 중심회사이다.

(2) 합자회사(合資會社)

합자회사(Limited Partnership)는 무한책임사원과 유한책임사원의 각 1인 이상으로 조직되는 이원적인 회사로서 무한책임사원이 회사의 업무집행권과 회사의 대표권을 가지고, 유한책임사원은 재산출자만을 할 수가 있으며 그 지분의 양도는 무한책임사원 전원의 동의를 얻어야 하고 회사에 대한 제한된 감시 권한만을 가지다. 그러므로 무한책임사원은 회사채권지에 대하여 회사의 재산으로 그 채무를 모두 갚을 수 없는 경우에는 직접 · 연대 · 무한의 변제책임을 부담하고, 유한책임사원은 이 경우 자기의 출자가액에 이미 이행한 부분을 공제한 가액을 한도로 직접 · 연대의 변제책임을 부담하는 형태의 인적 중심회사이다.

(3) 유한책임회사(有限責任會社)

유한책임회사(Limited Liability Company)는 2011년 4월 14일의 상법개정을 통하여 새롭게 도입된 회사로서 인적 중심회사의 특성과 물적 중심회사의 특성이 결합된 모습을 보이는 회사이다. 즉, 사원은 1인 이상의 유한책임을 지는 사원만으로 조직되고(상법 제287조의7, 제287조의38 제1항 및 제2항), 자본금을 정해야 하며 업무집행자를 반드시 선임해야 한다(동법 제287조의3 제3호 및 4호). 회사의 조직은 유한책임사원으로만 구성되기 때문에 사원은 신용이나 노무출자가 인정되지 않으며, 회사를 대표하는 자는 업무집행자가 되는데, 업무집행자는 반드시 사원일 필요는 없다(동법 제287조의19 제1항, 제287조의12 제1항). 이점 전문경영자의 도입으로 소유와 경영의 분리가 가능한 형태이다.

그리고 업무집행자가 아닌 사원은 감시권한을 가지는데, 이 경우의 감시권한은 합자회사의 유한책임사원의 감시권한의 그것과 같다(동법 제287조의14, 제277조). 또한 유한책임회사의 전체적인 법제구성은 내부 관계와 외부 관계로 구분되어 인적 중심회사의 법제구성을 따르고 있으나, 회사와 사원 간의 소에 있어서는 회사를 대표할 자를 선정해야하는 것과 사원의 업무집행자에 대한 대표소송의 인정이 법제되어 있는 것은 전형적인 물적 중심회사의 특성을 가지는 것으로 볼 수 있다. 그러므로 인적 중심회사와 물적 중심회사의 중간적인 형태를 취하는 중간적 회사이다.

(4) 주식회사(株式會社)

주식회사(public company limited by shares, stock corporation)는 주주로 조직된 회사로써 주주는 회사에 대하여 자기가 인수한 주식의 가액을 납입할 의무를 부담하고 회사채권자에 대해서는 아무런 책임을 부담하지 아니한다(간접유한책임). 투자된 자본은 주식으로 증권화하고, 회사의 업무집행권과 회사대표권은 타 기관(전문경영자: 이사회 및 대표이사)에 일임하는 지배구조를 갖추게 함으로써 소유와 경영의 분리를 획책한다. 주주는 사원의 지위인 주식을 자유로이 양도할 수 있다. 이러한 특질에서 주식회사는 자본단체적 성향이 강하게 나타나는 회사로서 전형적인 물적 중심회사로서 대규모 기업으로 성장할 수 있는 법적 여건을 갖추고 있는 회사라 할 수 있다.

(5) 유한회사(有限會社)

유한회사(private company)는 유한책임사원만으로 조직된 회사로서 사원은 회사채권자에 대하여 간접유한책임을 진다. 사원의 지분 양도에는 제한을 받으며(사원총회의 결의 요함) 사원은 특정의 경우에 자본에 대한 전보책임을 부담한다. 이 책임은 총사원의 동의로도 면책될 수 없다. 회사의 업무집행권과 회사대표권은 기관(이사회 및 대표이사, 감사는 임의기관)에 일임하는 회사로서 자본적 결합과 인적결합을 병유한 회사이다. 사원의 수에 대한 제한은 없지만 비교적 소수의 사원으로 조직되며, 폐쇄적 · 비공개적인 회사로 이는 중소기업에 적합한 형태의 회사라 할 수 있다.

2. 기타 회사의 분류

상기한 상법상 회사종류의 분류 방법 외에도 강학상, 실정법상, 소유와 경영 및 조직의 형태상, 특별법령과의 관계상 등, 여러 가지 척도에서 회사는 이하에서와 같이 다양하게 분류되고 있다.

(1) 인적 중심회사(人的中心會社 · 組合的會社) · 물적 중심회사(物的中心會社) · 중간적회사(中間的會社)

이것은 강학상의 개념이며, 그 분류의 표준이 반드시 명확한 것은 아니다. 그러나 보통 인적 중심회사는 사원의 수가 많지 않고 그 개성이 농후하며, 사원의 인적신용이 회사신용의 기초가 되는 회사를 가리킨다. 이에 대하여 물적 중심회사는 사원의 수가 일반적으로 많고 그 개성이 희박하며, 회사재산이 회사신용의 기초가 되는 회사를 가리킨다. 합명회사와 합자회사는 전자에 속하고 주식회사는 후자의 전형적인 것이며, 유한회사와 유한책임회사는 양자의 중간적인 성향을 가지나 후자에 가깝다. 전형적인 물적 중심회사인 주식회사와 전형적인 인적 중심회사인 합명회사를 비교하면 전자는 법인성이 철저하고 후자는 조합적인 성질을 가지고 있음에 따라 주식회사를 전형적인 법인회사, 합명회사를 조합적회사라고도 한다.

(2) 개인주의적회사(個人主義的會社) · 단체주의적회사(團體主義的會社)

사원의 자격 및 업무집행과의 관계, 즉 기업의 소유와 경영의 분리 관계를 표준으로 분류하는 방법이다. 이 양자가 일치하는 것을 개인주의적회사, 분리된 것을 단체주의적회사라고 한다. 원칙적으로는 전자의 경우는 사원자신이 업무집행을 담당하는 회사, 즉 자기기관에 의해 경영되는 회사라 할 수 있으므로 합명회사, 합자회사, 유한회사가 이에 속하고, 후자의 경우는 업무집행을 사원자신이 담당하지 않고 타 기관(전문경영인, 경영기관)에 의해 경영되는 회사이므로 주식회사, 유한책임회사가 이에 속한다.

그러나 통상적으로는 외관상 타 기관에 의해 경영되는 것처럼 보이나 실제로는 사원(주주)의 일부가 회사의 경영권을 장악하고 있거나 이와 유사한 경우는 단체주의적회사이지만 개인주의적회사라고 부르기도 하고, 이와 반대인 경우는 개인주의적회사이지만 단체주의적회사라고 부르기도 한다.

(3) 상사회사(商事會社) · 민사회사(民事會社)

종래로부터 분류 · 사용되어 오던 개념으로 상사회사는 상행위(상법 제46조)를 목적으로 설립된 회사를 말하고, 민사회사는 상행위 이외의 영리를 목적으로 하는 회사(상법 제5조 제2항)를 말한다. 그러나 상법적용에 있어서는 차이가 없다.

(4) 모회사(母會社) · 자회사(子會社), 완전모회사(完全母會社) · 완전자회사(完全子會社)

상법상 법인 간의 소유와 관련하여 분류되는 개념이다. 상법에 의하면 다른 회사의 발행주식 총수의 100분의 50을 초과하는 주식을 가진 회사를 모회사로 하고, 그 상대회사를 자회사로 칭하고 있다. 자회사는 일정한 경우를 제외하고 모회사의 주식을 취득하지 못하며(상법 제342조의2 제1항 및 제2항), 예외로 취득한 모회사의 주식은 6월 내에 처분하여야 한다. 상법에 따르면,

갑회사의 자회사인 을의 자회사 병은 갑회사의 자회사가 된다(의제자회사)(동법 제3항). 2001년 상법개정에 의하여 법제된 완전모회사는 자회사 주식 전부를 소유하는 회사이며, 이 경우 상대회사인 자회사를 완전자회사라 칭한다(상법 제360조의2 이하).

(5) 거래소 관련 분류 회사

1) 상장법인(주권상장법인) · 비상장법인(주권비상장법인)

상장법인(주권상장법인)은 증권시장에 상장된 주권을 발행한 주식회사를 말하고, 그렇지 아니하는 주식회사를 비상장법인(주권비상장법인)이라 한다(상법 제542조의2).

상장법인에 대해서는 기존의 증권거래법의 폐지와 함께 자본시장법의 신설 및 2009년 1월 30일 상법개정으로 폐지된 증권거래법의 일부규정이 상법에 수용되면서(상법 제13절 신설) 이후 자본시장법과 상법의 규정이 규율법률로 되었다 . 즉, 신설된 상법 제13절의 주식매수선택권(상법 제542조의3), 주주총회 소집공고 등(동법 제542조의4), 이사 · 감사의 선임 방법(동법 제542조의5), 소수주주권(동법 제542조의6), 집중투표에 관한 특례(동법 제542조의7), 사외이사의 선임(동법 제542조의8), 주요 주주 등 이해관계자와의 거래(동법 제542조의9), 상근감사(동법 제542조의10), 감사위원회(동법 제542조의11), 감사위원회의 구성 등(동법 제542조의12)의 특례 등이 그러하다. 그러므로 주식회사에 대한 법제 또한 상법 속에서 이원화하게 된 샘이다.

2) 집합투자기구등록법인

집합투자기구등록법인은 자본시장법 제8조에 의하여 금융감독위원회에 인가 또는 등록된 법인을 말한다. 이것은 유가증권발행의 공정과 기업의 공시를 위하여 금융감독위원회에 등록하게 하고, 위원회가 이 등록법인에 대하여 자금조달, 재무구조의 개선 등을 위한 관리를 하게 된다.

3) 한국금융투자협회등록법인

한국금융투자협회등록법인은 한국금융투자협회에 등록한 법인을 말하며, 협회중개시장에서 소정의 유가증권이 거래되도록 하고자 하는 법인은 금융투자회사를 통하여 협회에 등록을 하여야 한다.

(6) 지주회사(持株會社) · 계열회사(系列會社)

지주회사와 계열회사는 독점규제 및 공정거래에 관한 법률(이하에서는 "공정거래법"으로 칭함)에 의한 개념이다. 지주회사는 주식(지분을 포함)의 소유를 통하여 국내회사의 사업내용을 지배하는 것을 주된 사업으로 하는 회사를 말하며, 그 설립과 전환은 공정거래위원회에 신고를 요한다(공정거래법 제2조 제1호의 2, 제8조 제1항). 신고를 요하는 지주회사는 대차대조표상의 회사자산총액이 100억원 이상인 회사를 말하며, 위에서 "주된 사업"의 기준은 회사가 소유하고 있는 자회사의 주식(지분을 포함)의 가액의 합계액이 당해 회사의 자산총액의 100분의 50 이상인 것으로 한다(공정거래법시행령 제2조). 그리고 계열회사는 2 이상의 회사가 동일한 기업집단에 속하는 경우에 이들 회사를 서로 상대방 회사의 계열회사라 한다(동법시행령 제2조 제3항).

(7) 지배회사(支配會社) · 종속회사(從屬會社)

지배회사와 종속회사는 주식회사외부감사에 관한 법률(外監法) 시행령이 정하는 개념이다. 주식회사(갑)가 다른 주식회사(을)의 발행주식총수의 100분의 50을 초과하여 소유하는 경우, 또는 갑회사가 을회사의 발행주식 총수의 100분의 30을 초과하여 소유하면서 을회사의 최대주주인 경우에 갑회사를 지배회사, 을회사를 종속회사라 한다(동법시행령 제1조의3 제1항). 상법상의 모회사 · 자회사와는 그 요건이 반드시 같지는 않다.

(8) 일반법상 회사(一般法上 會社) · 특별법상 회사(特別法上 會社)

일반법상의 회사는 상법상의 회사라고도 하며, 상법의 일반적인 규정만을 적용받고 다른 특별법의 적용을 받지 않는 회사를 말하고, 이에 대하여 특별법상의 회사라 하면 상법의 일반규정 이외에 특별법의 적용을 받는 회사를 말한다. 후자는 다시 당해 회사 설립과 운영 및 감독을 위해 특별하게 법이 제정되어 설립, 운영, 감독 하게 되는 특수회사(예: 한국전력공사법)와 동종업종의 설립과 운영 및 감독을 위해 제정된 일반적 특별법(예: 은행법, 보험업법 등)에 의한 회사로 구분된다.

(9) 내국회사(內國會社) · 외국회사(外國會社) · 다국적기업(多國籍企業)

내국회사라 함은 우리나라의 법률에 의하여 설립된 회사이며(① 설립준거법주의(다수설): 서(돈), 정(회), 차(낙), 정(동), 이(기), 시(정), 정(찬), ② 영업중심지설로는 성(우), ③ 설립준거법주의에 영업중심지설이 가미되어 있다고 보는 학설로는 최(기) 등이 제기됨. 이점 설립준거법주의로 보는 것이 타당할 것임), 외국회사는 외국법에 준거하여 설립된 회사이다. 외국회사가 우리나라에서 영업을 하기 위해서는 법정 요건을 갖추어야 한다(상법 제614조).

다국적회사(다국적기업)의 개념은 일정하지 못하나 경영 · 경제학상으로는 2 이상의 국가에 생산, 판매, 원료구입 등의 거점을 두고 기업활동을 국제적으로 전개하는 회사(기업)로 정의되고 있다. 그러므로 이 개념에 따르면 다국적기업은 해외에 산재하고 있는 여러 자회사를 거느리는 모회사로서 국제적인 기업활동의 중심, 기업본부로서의 기능을 하게 되는 회사를 지칭하는 것이 되겠지만, 모회사 자체는 어느 특정국가 내에서 그 국내법에 준거하여 설립되는 것이므로 회사법상으로 내국회사가 되는 것에 지나지 않는다.

한편, 우리나라의 경우 1990년대 후반 자본시장이 개방화되면서 기업소유의 국제화 및 그에 따른 회사지배구조의 국제화 바람이 불기 시작하였고, 이를 계기로 회사법학적인 입장에서 다국적기업의 새로운 개념을 설정해 보아야 할 필요가 있게 되었다. 그러므로 본서에서 "다국적기업이란 기업이 다국적 주주에 의해 소유되고 있거나 회사의 지배구조 핵심부문인 경영자의 국적이 외국인으로 구성되어 있는 회사"를 말하는 것으로 정의해 볼 수 있다(이러한 정의는 회사법학적 차원에서는 우리나라에서는 처음으로 하는 시도이지만 이미 일본에서는 이러한 관점에서의 정의를 내리려는 학자들의 노력이 있었고, 이는 오늘날 일본의 회사법제가 글로벌화 되는 밑거름이 되고 있다는 평가를 받고 있다.

제3절 능력(能力)

1. 회사의 권리능력(會社의 權利能力)

상법상 모든 회사는 법인이므로 자연인과 같은 일반적인 권리능력이 있으나 그 성격상 권리능력의 특별한 부분에 관하여는 차이가 발생될 수밖에 없으므로 다음과 같은 제한이 존재하게 된다.

(1) 성질에 의한 제한

회사는 법인이므로 자연인으로서의 성질에 기하는 권리의무, 즉 생명이나 신체에 관한 권리, 친족법상의 권리의무는 가질 수가 없다. 그러나 회사도 명예나 신용훼손의 경우에는 손해배상 외에 사죄광고와 같은 명예회복조치를 구하는 등의 권리능력을 가지는 것으로 볼 수 있다.

(2) 법률에 의한 제한

회사의 법인격은 법률로 부여하게 된 것이므로 그 권리능력은 필요에 따라 법률에 의하여 제한을 받게 된다. 즉, 상법은 "회사는 다른 회사의 무한책임사원이 되지 못한다"고 규정하고 있다(상법 제173조). 이는 회사의 존립 자체를 위태롭게 할 수 있기 때문에 법률로 정하게 된 것이다.

(3) 목적에 의한 제한

민법 제34조는 법인은 사회적 존재로써 활동할 수 있는 범위를 법인의 목적으로 제한하고 있으며, 동법 제40조 1호에는 법인의 권리능력 범위를 명확히 하기 위하여 법인이 목적으로 하는 사업내용을 정관에 구체적으로 기재하지 않으면 안 되는 것으로 정하고 있다.

따라서 상법상 논의에 있어서 법인제한설(法人擬制說)에 의하면 "법인은 법률의 규정에 좇아 정관으로 정한 목적의 범위 내에서 권리와 의무의 주체가 된다"(민법 제34조)고 한 민법의 규정을 유추 · 적용하여 정관소정의 목적에 의한 회사의 권리능력의 제한을 인정함으로써 대표이사 등 회사의 기관이 이에 반한 행위를 한때에는 그 행위는 무효가 되고 회사는 거래상대방에 대하여 책임을 지지 않는 것으로 본다고 주장한다. 그러나 이 제한설에 의하게 되면 회사에 대하여 책임을 회피할 수 있는 구실을 줌으로써 분쟁과 소송사태가 빈발하게 되어 거래의 신속과 안전에 저해가 될 우려를 낳게 된다. 그러므로 회사는 본래의 목적인 영리의 목적범위 내에서 광범위한 권리능력을 가지는 것이며, 정관소정의 목적인 사업은 다만 내부적으로 회사 대표기관의 권한을 제한하는 것에 지나지 않는다고 보는 법인제한부정설(法人制限否定說 또는 法人實際說)이 제기되어 짐으로써 양 학설 간의 첨예한 대립이 시작되었다. 기업거래의 안전적인 측면을 고려하게 되면 법인제한부정설 또는 법인실제설이라 할 수 있는 학설의 견해가 타당할 것으로 생각한다.

이러한 문제에 관하여 판례에서는 일괄되게 회사의 권리능력은 정관상 목적에 제한된다는 것을 전제하면서, "회사의 목적에는 없으나 목적수행에 필요한 직 · 간접적인 행위는 목적범위에 속하고, 회사의 행위가 그 목적수행에 필요한 것인지 아닌지에 관하여는 객관적인 성질에 따라 추상적으로 판단할 것이지 행위자의 주관적 · 구체적인 의사에 따라 판단할 것이 아니라"고 판시하고 있다. 이점 우리의 판례의 입장은 기본적으로는 회사의 권리능력은 정관에 제한된다고 보고, 한편으로는 그 목적범위를 기업거래의 상대방 보호차원에서 넓게 해석하려는 경향을 보이고 있는 것으로 판단된다.

2. 회사의 의사능력 · 행위능력(會社의 意思能力 · 行爲能力)

회사는 그 탄생에서부터 법인으로서 상인이므로 자연인과 달리 완전한 의사능력과 행위능력을 가지게 된다. 그러나 이러한 회사의 의사나 행위능력은 자연인으로 구성되는 기관에 의해서만이 표출된다. 즉, 법인의 의사능력과 행위능력은 기관을 통하여 실행에 옮겨지게 되므로 기관의 행위는 법률상 당연히 회사의 행위가 되고, 따라서 기관의 행위에 대한 주된 책임은 회사가 부담하게 되는 것이다.

3. 회사의 불법행위능력(會社의 不法行爲能力)

앞서 살펴본 바와 같이 회사의 기관의 행위는 바로 회사의 행위가 된다. 따라서 기관이 불법행위를 한 때에도 회사가 불법행위를 한 것으로 볼 수 있기 때문에 회사는 불법행위능력이 있는 것으로 볼 수 있다. 여기서 불법행위란 고의나 과실로 인하여 타인에게 손해를 발생시킨 행위를 말하는 것이므로 기관이 불법행위를 한 때에는 회사는 그로 인하여 손해를 입은 제3자에 대하여 배상책임을 부담하게 된다(상법 제210조, 민법 제750조). 이처럼 회사가 기관의 불법행위에 따른 민사상의 책임을 부담하는 것에 관해서는 학설이 일치되고 있으나, 기관의 불법행위에 따른 형사상의 책임까지도 회사가 질 수 있는 것으로 보아야 할 것인지에 관해서는 학설이 대립되는 양상을 보인다. 생각하건대 회사의 경우도 강제해산제도, 영업정지, 과징금, 과태료, 벌금 등의 부가가 가해질 수 있는 바, 이를 달리 해석하게 되면 행정상의 책임은 물론이고 형사상의 책임 또한 부담하는 것으로 보아야 한다.

제4절 회사의 설립(會社의 設立)

회사의 설립이란 회사가 법인격을 취득하기 위한 일정한 법률요건으로서 정관의 작성행위로부터 시작하여 설립등기에 이르는 모든 행위를 말한다. 그리고 회사설립행위의 법적성질은 회사설립이라는 공통되는 목적을 위한 복수인의 일방적 의사표시가 결합된 것으로서 합동행위에 해당된다.

1. 입법주의(立法主義)

(1) 자유설립주의(自由設立主義)

회사의 설립에 관하여 제한을 가하지 않고 회사의 실체가 존재하면 당연히 회사로서의 법인격을 부여하는 주의이다. 이러한 주의는 법인의 권리능력의 발생시기가 불명확하고 회사의 남설, 투기의 조장 등 폐해가 따르기 쉬우므로 현재는 채용하고 있지 않다.

(2) 면허주의(免許主義)

회사의 설립에 관한 요건을 미리 법률로써 정하고 회사설립시마다 행정관청의 허가를 얻게 하는 주의이다(허가주의). 우리 법제에서는 공익법인의 설립에 관해서만 이 주의에 의하고 있으나(민법 제32조) 상법상의 회사설립에 관해서는 채용하지 않고 있다.

(3) 준칙주의(準則主義)

회사의 설립에 관한 요건을 미리 법률로써 정하고 그 요건을 구비하여 회사설립등기만 하면 당연히 회사설립을 인정하는 주의이다. 영업자유의 원칙에도 적합하고 근대경제생활의 수요에도 적합하므로 우리나라뿐만 아니라 각국에서 폭넓게 채용하고 있다.

2. 설립등기(設立登記)

회사는 설립등기를 함으로써 비로소 법인격을 취득하게 되고 법적으로 존재하게 된다. 이처럼 회사설립에 있어서 반드시 등기를 요하게 되는 것은 회사의 다양한 이해관계자에 대하여 회사의 내부 또는 외부적 조직의 대강을 공시함으로써 불측의 손해로부터 그들을 보호하려는 데 그 목적이 있다.

등기사항은 주로 회사의 거래상대방인 제3자에 대한 대외적인 사항과 사원의 이해관계에 관한 대내적인 사항을 내용으로 하나 회사의 종류에 따라 다르게 법정되어 있다(상법 제180조, 제271조, 제287조의5, 제317조, 제549조).

그리고 회사의 설립등기는 본점 소재지에서 하여야 하고(상법 제172조), 설립등기를 함으로써 부수적인 효력으로 상호전용권이 생긴다.

제5절 회사의 합병(會社의 合併)

1. 합병의 의의 및 성질

(1) 의의

회사의 합병(合併 : amalgametion fusion)이란 법정절차에 따라 회사 간에 이루어지는 법률 및 사실행위로서 당사자인 회사의 일부 또는 전부가 해산하고 그 재산이 존속회사 또는 신설회사에 이전함과 동시에 그 사원도 존속회사 또는 신설회사의 사원이 되는 효과를 가져 오는 것을 말한다. 즉, 2개 이상의 회사가 법정절차에 의하여 단일회사가 된다.

(2) 합병의 방법

합병의 방법으로는 특수합병을 제외하고 합병대상 회사 중 하나의 회사가 존속하고 다른 회사는 해산하여 그 사원 및 재산이 존속회사에 포괄적으로 승계되는 흡수합병(merger)과, 모든 합병대상 회사가 해산하여 새로운 회사를 설립하고 해산회사의 사원 및 재산이 신설회사에 포괄적으로 승계되는 신설합병(consolidation) 두가지 방법으로 대변된다.

(3) 합병의 성질

합병은 회사를 당사자로 하는 법인의 특별한 계약으로서 계약의 결과 권리와 의무의 포괄적인 승계와 사원의 수용을 발생시키는 법적성질이 있다.

2. 합병의 자유와 제한

회사는 상법상의 어떠한 종류의 회사와도 합병할 수 있다(상법 제174조 제1항). 그러나 당사회사의 일방 또는 쌍방이 주식회사, 유한회사 또는 유한책임회사인 경우는 합병 후 존속하는 회사나 합병으로 설립되는 회사는 주식회사, 유한회사 또는 유한책임회사이어야 한다(동법 제2항). 주식회사와 유한회사가 합병하는 경우에 존속회사 또는 신설회사가 주식회사인 경우에는 법원의 허가를 받아야 하고(상법 제600조 제1항), 존속 또는 신설회사가 유한회사인 경우에는 주식회사가 사채상환을 완료하여야 한다(동법 제2항).

표 4 합병과 영업양도의 차이

기 준	합 병	영업양도
성질	단체법적 전사적 계약행위	개인법적 거래행위 회사인 경우 부분적 거래행위
당사자	회사	회사, 개인기업, 비상인
방식	법정절차	특별방식불요
재산이전	포괄승계	포괄승계를 전제로 한 개별이전
사원지위	존속 또는 신설회사에 수용	불변 또는 자격상실
사용인수용	원칙상 동의불요, 새로운 고용계약체결	원칙상 동의필요, 새로운 고용계약체결
회사 · 상인의 존재 여부	해산회사의 소멸	양수자가 상인으로 존속
채무이전	당연이전 (법정 채권자보호절차 필요)	채무인수에 의한 이전 및 상호의 속용 여부에 따라 법정(채권자보호규정)
무효의 주장	소의 방법으로 제한	민법상 일반원칙 적용

그리고 유한책임회사의 경우에 있어서는 현행법상 명문의 조항은 없으나 입법취지를 고려하게 되면 이는 유한책임회사의 경우에도 준용되는 것으로 본다. 2011년 4월 14일의 개정상법에서 동법 제600조 제1항 및 제2항에 유한책임회사를 부기하지 못한 것은 입법제작상의 실수가 아닌가 생각되므로 이는 법제상 모순되는 것으로 입법불비(立法不備)에 해당된다.

3. 합병계약서 작성상 주의점(진술과 보증규정)

합병계약서 작성(합병의 실무)에 있어서 무엇보다 중요한 것은 진술과 보증(Representation and Warranties)의 내용을 표시한 합병계약서의 작성이다. 이러한 내용은 계약당사자가 어떻게 위험을 분배할 것인가를 계약당시에 결정하는 것으로 그 내용을 담은 합병계약서의 작성을 통해서만이 합병계약당사자는 거래의 목적물이 되는 대상회사에 대한 주요한 사항을 확인하고 보장받을 수 있고, 사후에 계약당사자가 소송을 통하여 배상청구를 할 경우에 그 내용이 중요한 근거로 작용하게 되는 것이다. 따라서 이러한 내용을 담은 합병계약서의 작성에 있어서 매도인은 전체내용을 거부하기 보다는 원칙적으로 수용하되, 예외적인 사항에 대하여 매수인이 위험을 부담하도록 작성함이 바람직하다. 보통 이에 관한 작성방법은 3가지의 유형이 있으나 매도인이 알고 있는 한도 내에서만 진술 보증하는 것이 최적의 방법이다. 예를 들어 「합병대상회사는 환경오염물질을 배출한 사실이 없다」는 진술보증을 추가하게 되면, 사후에 환경오염물질의 배출이 발견되어 문제된 하더라도 매도인이 책임을 부담하게 되므로 매수인은 안심 할 수 있다. 이 밖에도 중요한 진술과 보증의 내용으로는 대상회사의 세무관련 상태, 법령준수상태, 자산상태, 재무상황, 상업장부상에 나타나지 않는 채무상태 등이 있다.

제6절 회사의 해산(會社의 解散)

1. 해산의 의의

회사의 해산(dissolution, winding-up)이란 회사의 법인격을 소멸시키는 법률사실을 말한다. 즉, 해산은 직접 회사의 소멸자체를 가져오는 것이 아니라 법인격 소멸의 원인이 될 뿐이다. 해산에 의하여 즉시 법인격이 소멸된다면 회사 내외의 이해관계인들이 피해를 받을 우려가 있으므로 법률관계의 정리를 위하여 청산절차가 종료된 때에 회사는 소멸하는 것으로 되어 있다.

2. 해산사유

회사의 해산사유는 회사의 종류에 따라 다르므로 각종 회사의 해산사유에서 설명하기로 하고, 여기서는 모든 회사에 공통되는 사유로서 법원에 의해 내려지는 해산명령과 해산판결에 대해서만 논의하겠다.

(1) 해산명령(解散命令)

법원에 의한 해산명령제도는 회사제도가 남용되어 회사가 사회적 임무를 이행하기에 앞서 공익을 해하게 되는 때에 법원의 명령으로 법인격을 박탈하기 위해 비송사건절차법에 따라 결정함으로써 회사의 해산을 명령하는 제도이다. 그러므로 해산명령은 공익을 유지하기 위하여 회사의 존립을 더 이상 허용할 수 없는 때에 한하여 이해관계인이나 검사의 청구에 의하여 또는 법원의 직권으로 회사의 해산을 명하게 되는 것이다(상법 제176조 제1항). 그리고 법원은 위의 청구가 있는 때에는 해산을 명하기 전일지라도 직권으로 관리인의 선임 기타 회사재산의 보전처분을 할 수 있고, 이해관계인이 청구를 한 때에 회사가 그 청구가 악의임을 소명하면서 상당한담보제공을 요구하는 청구를 하게 되는 경우에는 법원은 그에 상당한 담보제공을 명할 수 있다(동법 제2항 내지 4항).

법원이 위의 해산명령을 내릴 수 있는 사유로는 ① 회사의 설립 목적이 불법인 경우, ② 회사가 정당한 사유 없이 설립 후 1년 내에 영업을 개시하지 아니하거나 1년 이상 영업을 휴지하는 경우, ③ 이사 또는 회사의 업무를 집행하는 사원이 법령 또는 정관에 위반하여 회사의 존속을 허용할 수 없는 행위를 한 경우 등이다(동법 제176조 제1항 제1호 내지 제3호).

(2) 해산판결(解散判決)

해산판결은 대내적인 사원들 간의 이익을 위한 소송사건의 결과, 판결에 의하여 강제로 회사를 해산시키는 제도이다. 해산판결은 사원의 청구가 전제되기 때문에 해산사유가 있어도 사원이 판결을 청구하지 않으면 그럴만한 '부득이한 사유'가 있기 때문에 재판은 진행되지 않는다. 즉, 회사의 목적을 달성할 수 없거나 회사의 존속이 불가능하거나 회사의 존립이 위태롭게 된 경우에 청구한다.

법원의 해산명령에 의하여 해산되는 경우나 해산판결에 의하여 해산하는 경우에 회사는 법정기일 내에 해산등기를 하여야 한다(상법 제228조, 제269조, 제530조, 제613조, 비송사건절차법 제238조, 제248조, 제255조, 제266조).

제7절 회사의 계속(會社의 繼續)

1. 회사의 계속의 의의와 효과

(1) 의의

회사의 계속이란 기업의 유지를 위하여 해산 후 청산이 종료되기 전의 회사를 해산 전의 회사로 복귀시키는 것을 말한다. 즉, 해산에 의하여 청산 또는 파산의 목적범위 내로 축소된 회사의 권리능력은 회사의 계속에 의하여 그 범위가 해산 전의 상태로 회복됨으로써 해산 전의 회사와 동일한 회사가 되어 권리 · 의무의 이전이 생기지 아니하는 것을 의미한다.

(2) 효과

회사의 계속에는 해산이 없었던 것과 같은 소급효과가 생기는 것은 아니므로 해산 중에 청산인이 한 행위는 그 효력을 상실하지 않는다. 또한 계속의 결과 청산인은 그 권한을 잃고 해산 전의 회사대표 및 업무집행관계인은 그의 권한을 회복하여 업무에 복귀하고 경업금지의무를 부담하게 된다.

(3) 등록

회사의 계속이 결정된 때에 회사가 이미 해산등기를 하였을 때에는 소정기간 내에 그에 관한 등기를 하여야 한다(상법 제229조 제3항, 제530조 제1항, 제611조).

2. 종류별 회사의 계속

(1) 합명회사(合名會社)

회사의 존립기간의 만료 기타 정관에서 정하고 있는 해산사유의 발생 또는 총사원의 동의에 의하여 해산할 경우는 사원의 전부 또는 일부의 동의로써 청산절차가 종료되기 전에 회사를 계속할 수 있다. 그러나 회사의 계속에 동의하지 아니한 사원은 퇴사한 것으로 본다(상법 제229조 제1항). 사원이 1인이 되어 회사가 해산한 경우는 새로 사원을 가입시켜서 회사를 계속할 수 있다(상법 제229조 제2항). 그리고 사원의 가입은 정관변경 사항이므로 총사원의 동의가 있어야 하는 것이 원칙이지만(상법 제204조) 이 경우는 1인의 사원이 가입을 결정함으로써 정관은 변경되는 것으로 본다.

(2) 합자회사(合資會社)

합자회사는 무한책임사원과 유한책임사원으로 구성되는 회사이기 때문에 2인 이상의 사원이 존재하더라도 어느 한 종류의 사원 전원이 퇴사한 때에는 회사의 해산사유가 된다. 그러나 이 경우에 잔존하는 무한책임사원 또는 유한책임사원은 전원의 동의로서 새로 유한책임사원 또는 무한책임사원을 가입시켜서 회사를 계속할 수 있고(상법 제285조), 새로 사원을 가입시키지 않고 총사원의 동의로써 사원의 책임을 변경하여 무한책임사원 또는 유한책임사원으로 정함으로써 회사를 계속할 수도 있다. 그리고 유한책임사원 전원이 퇴사한 경우에 무한책임사원은 전원의 동의로 합명회사로 조직을 변경하여 회사를 계속할 수도 있다(상법 제286조 제2항).

(3) 유한책임회사(有限責任會社)

유한책임회사는 존립기간의 만료 및 기타 정관으로 정한 사유의 발생과 사원의 동의 및 합병, 파산, 법원의 강제해산에 의해서 해산하게 되는데(상법 제287조의38, 제227조 제1호, 제2호, 제4호 내지 제6호), 이중 존립기간의 만료 및 기타 정관으로 정한 사유의 발생과 사원의 동의에 의해서 해산하게 된 때에는 청산이 완료되기 전까지 사원의 전부 또는 일부의 동의로 회사를 계속할 수 있다. 이 경우 동의하지 아니한 사원은 퇴사한 것으로 본다(상법 제287조의40, 제229조 제1항). 그리고 이미 회사의 해산등기가 이루어진 때에는 본점소재지에서는 2주간 내에, 지점소재지에서는 3주간 내에 계속등기를 하여야 한다(상법 제287조의40, 제229조 제3항).

(4) 주식회사(株式會社)

주식회사는 존립기간의 만료 기타 정관에서 정한 사유의 발생 또는 주주총회의 결의에 의하여 임의적으로 해산한 경우에 한하여 주주총회의 특별결의로 회사를 계속할 수 있다(상법 제519조). 즉, 주식회사는 해산 후 청산절차가 종료하기 전까지는 주주총회의 특별결의로써 회사를 계속할 수 있다.

(5) 유한회사(有限會社)

유한회사는 회사의 존립기간의 종료 기타 정관에서 정한 사유의 발생 또는 사원총회의 결의에 의하여 해산한 경우에는 사원총회의 특별결의로써 회사를 계속할 수가 있다(상법 제610조 제1항, 제2항).

제3장 주식회사

제1절 총설

1. 주식회사의 개념

주식회사(株式會社 : company limited by shares, Aktiengesellshaft, corporation)란 자본을 주식으로 균일하게 분할하여 사원의 지위(지분)의 단위로 하고, 사원은 각자 인수한 주식의 가액을 회사에 대하여 납입할 의무를 부담할 뿐 회사채권자에 대한 책임은 회사가 지고 주주는 아무런 책임도 부담하지 아니하는 회사를 말한다. 따라서 주식회사의 주요 특색으로는 ① 자본(유가증권의 발행, 주식, 사채), ② 주주의 유한책임, ③ 소유와 경영의 분리원칙 등이 있다.

2. 자본

(1) 의의

자본(資本 : stated capital; fund)은 회사사업을 위하여 총사원이 급부한 기금을 표시하는 일정한 금액으로써 회사가 늘 보유하여야 할 재산액이다. 주식회사의 자본은 원칙적으로 발행주식의 액면총액이다(상법 제451조). 주식회사에서는 주주유한책임의 결과 자본은 회사채권자에게 유일한 담보물이 되므로 상법은 회사가 자본적 기초를 견고히 하고 가급적 자본액에 상당하는 현실의 재산을 보유하도록 하기 위하여 자본에 관한 제반원칙을 설정한다.

(2) 자본의 3원칙(資本의 3原則)

1) 자본확정의 원칙

회사설립에 있어서 자본의 총액을 정관으로 확정하고 이 자본총액에 상당하는 주식 전부의 인수가 확정되어야 한다는 원칙이다. 자본확정의 원칙은 회사의 설립 시에 회사의 재산적 기초를 공고히 하고 회사의 건전한 존립과 회사채권자를 보호할 수 있다는 장점이 있지만, 회사설립이 어렵게 되는 단점을 수반하게 되므로 현행 우리 상법에서는 수권자본제도(授權資本制

度)를 채택하고 있다.

수권자본제도란 자본의 총액을 정관에 확정(기재)하고, 회사설립 시에는 확정된 자본의 전액을 인수 · 납입할 것을 요하지 아니하고 그 일부의 인수로 족하며, 회사설립 이후에 잔여분을 적당한 시기에 회사가 주식을 적의에 발행하여 자본을 조달할 수 있게 하는 제도를 말한다.

우리 상법은 그간 회사설립 시에 발행하는 주식의 총수는 회사가 발행할 주식 총수의 4분의 1 이상만 발행하면 회사설립이 인정되고 잔여분은 이사회에 수권하여 적기에 적의하게 주식을 발행하여 자본을 조달할 수 있도록 하고 있었으나(상법 제289조), 2011년 4월 14일 개정상법에서는 회사설립의 원활을 기하기 위하여 동법 제2항을 삭제함으로써 설립 시의 확정자본의 4분의 1 이상의 납입에 관한 제한을 철폐함으로써 그 수권의 폭을 한층 확대시키는 조치가 내려졌다. 그러나 학계의 일부에서는 이를 수권자본주의의 폐지로 보는 견해가 있는데, 신주발행에 관한 규정이 여전히 존재하고 회사설립 시에 발행하는 주식의 수를 정하도록 되어 있으므로 수권자본제도의 폐지로 보기는 어렵다. 또한 회사가 설립 시에 발행하는 주식의 총수를 정한 경우에는 이를 전부 인수하여야 하므로 그 범위에서 자본확정의 원칙은 여전히 존속하는 것으로 보아야 한다.

2) 자본충실(유지 · 구속)의 원칙

주식회사는 회사의 존속 중에는 언제나 회사의 자본액에 상당하는 재산을 실질적으로 유지 · 확보하여야 한다는 원칙이다. 기업의 유지와 회사채권자의 보호 및 장래에 주식을 취득하는 자를 보호하려고 마련되었다.

상법은 주금전액납입주의(상법 제305조, 제421조), 신주인수인의 주식납입채무와 채권간의 상계금지(상법 제421조 제2항: 2011.4.14.상법개정으로 동법 제334조 전문삭제), 주식의 액면미달발행의 금지(상법 제330조), 자본금과 준비금 및 대통령령으로 정한 미실현이익 등을 공제한 후가 아니면 이익배당의 금지(상법 제462조: 2011.4.14.전문개정)하는 등은 자본충실을 기하기 위한 규정들이다.

3) 자본불변의 원칙(자본감소 제한의 원칙)

일단 확정된 주식회사의 자본액을 임의로 감소시키지 못한다는 원칙이다. 자본은 회사에 유보된 최소한도의 담보액이기 때문에 자본의 감소는 회사채권자를 위한 담보액이 감소하는 결과를 초래하게 되므로 회사채권자를 보호하기 위해서 마련되었다.

자본충실의 원칙은 형식적으로 회사재산을 유지하게 하려는 데 목적이 있고, 자본불변의 원칙은 형식적인 자본액의 감소를 방지하기 위함에 목적이 있다. 따라서 자본감소의 결의는 원칙상 주주총회의 특별결의를 요하게 된다[상법 제438조 제1항, 제434조, 예외로 결손의 본전을 위한 경우는 주주총회의 보통결의에 의함(상법 제438조 제2항(2011.4.14.전문개정), 제368조 제1항)].

반면에 자본의 증가는 회사채권자를 위하여 유리하게 작용할 것이 예측되므로 수권의 범위 내에서는 언제든지 이사회의 결의만으로 실행할 수 있도록 하고 있다(상법 제416조). 그러나 이 경우 무액면주식을 발행하는 회사의 경우에는 신주의 발행가액 중 자본금으로 계상하는 금액을 정관으로 주주총회의 결의사항으로 정하지 아니한 경우에 한하여 이사회가 결정하게 된다(2011.4.14.동법개정: 본문개정 및 동법 제2의2호 추가).

3. 주식

주식회사의 자본은 주식(株式 : shares, stocks, Aktien)으로 균등하게 분할하고 출자자인 주주(사원)의 회사에 대한 권리의무는 주식을 기초단위로 하여 정한다. 따라서 주식이란 채권적 성향을 가진 유가증권인 사채와 구별되는 사원권적 또는 자본지분권적 성향을 가진 유가증권으로서 ① 자본의 구성분자인 금액을 의미하고, ② 주식회사의 사원으로서의 권리발생의 기초인 사원의 지위 또는 자격을 의미하며, ③ 사원권을 표창하는 유가증권인 주권을 의미한다.

우리나라는 정관으로 주식의 전부를 무액면주식으로 발행할 것을 정할 수 있으나 이 경우는 액면주식의 발행은 금지된다(상법 제329조 제1항: 2011.4.14.전문개정). 액면주식의 발행이 예정된 경우에는 1주의 금액은 100원 이상으로 균일해야 하고, 정관으로 정하는 바에 따라 액면주식을 무액면주식으로 전환하거나 무액면주식을 액면주식으로 전환하는 것도 가능하다(상법 제329조 제2항 내지 제5항: 2011.4.14.전문개정).

4. 주주의 유한책임

주식회사의 사원인 주주는 회사에 대하여 자기가 인수한 주식의 가액을 납입할 의무(출자의무) 이외에는 아무런 급부의무도 부담하지 아니한다(상법 제331조). 주식회사의 특질인 소유와 경영의 분리에 근거를 둔 원칙으로, 주주는 회사에 자본을 투자한 자로 실질적인 회사의 소유자이지만 주주총회를 통하여 회사경영에 간접적으로 참여할 뿐 직접적으로 회사의 경영에는 참여하지 않는다.

따라서 주주가 회사경영에 직접 관여하게 되면 주주 유한책임의 원칙적용은 배제되고, 상법 제401조의2의 정함이 있는 업무지시자 등의 책임을 부담하게 되거나 더 나아가 실정법상에서는 법인격부인의 법리의 적용대상이 되어 무한책임을 부담하기도 한다.

이처럼 주주는 회사에 대한 출자의무만을 부담하므로 회사경영에 직접 관여하지 않는다면 회사채권자에 대하여 회사의 채무불이행에 따른 아무런 책임도 부담하지 아니한다. 이러한 의미에서 주주는 출자지분을 한도로 간접유한책임을 부담하기 때문에 주주의 출자는 금전을 원칙으로 하되 예외적으로 현물출자가 인정되지만 노무출자나 신용출자는 원초적으로 금지된다.

5. 주식회사의 법적규제

주식회사는 회사법제상 회사종류의 일개에 지나지 않지만 사실상 회사법제를 대별하는 위치에 있고 그 순기능 또한 국가 · 국민경제에 지대한 영향을 미친다. 그러므로 그 경제적 기능을 조장하고 폐해를 방지하기 위하여 다음에서와 같은 제도적 특질을 부여하고 있다.

(1) 강행법규제

주주는 출자지분을 한도로 간접유한책임을 부담하므로 회사의 재산은 회사채권자의 유일한 담보가 된다. 따라서 채권자를 보호하기 위하여 회사재산의 건전한 유지와 일반주주의 이익 보호차원에서 이사나 대주주의 전횡을 방지할 필요가 있게 됨에 따라 주식회사법제는 사법임에도 불구하고 강행법적 규정을 마련하여 규제수단으로 활용되고 있는 것이다. 즉, 강행법적 규정의 위반에 대해서는 엄중한 제재규정으로 민사책임을 지는 것은 물론이고 형사책임까지도 지게 되는 등의 공법적인 성향이 대체적으로 강하게 나타난다(각종 기관의 책임규정과 벌칙규정을 참조).

(2) 공시주의

주식회사는 특히 이해관계인의 범위가 광범위하게 나타나므로 회사의 중요한 사항을 공시 · 공고하는 등의 제도를 통하여 공개하게 하여 주주 및 회사채권자 등이 불측의 손해를 보지 않도록 하고 있다(상법 제289조, 제396조, 제448조, 제449조 등 다수 조문을 참조).

(3) 국가적 감독

주식회사의 법률관계에 관하여는 국가기관, 특히 법원의 광범위한 관여를 인정하고 있다(상법 제298조, 제306조, 제417조 등 다수 조문을 참조).

제2절 회사의 설립(會社의 設立)

1. 서설

회사가 법인격을 취득하기 위한 절차를 '설립절차'라 하고 회사의 설립을 목적으로 하는 법률행위를 '설립행위'라고 한다. 설립행위는 회사의 설립이라는 단일 공동의 목적을 위한 다수인의 의사표시의 합치로써 성립되므로 합동행위에 해당된다.

주식회사의 일반적인 설립 방법으로는 크게 발기설립과 모집설립이 있다. 발기설립은 발기인이 회사의 설립 시에 발행하는 주식의 총수를 인수하는 형태이고, 모집설립은 발기인이 설립

시에 발행하는 주식총수의 일부를 인수하고 잔여주식에 대해서는 일반 공중으로부터 주주를 모집하게 되는 형태이다.

2. 설립절차

(1) 발기인(發起人)

발기인이란 정관에 발기인으로서 기명날인 또는 서명한 자를 말한다. 따라서 실질적으로 회사의 설립에 진력한 자라도 정관에 발기인으로서 기명날인 또는 서명을 하지 아니한 자는 발기인이 아니다. 주식회사를 설립함에 있어서는 발기인이 정관을 작성하는 것으로부터 시작된다(상법 제288조). 발기인의 자격에는 제한이 없으며, 발기인은 적어도 1주 이상의 주식을 서면에 의하여 인수하여야 한다(상법 제293조, 제301조). 발기인이 복수일 때에는 설립조합을 구성해야 하나 2001년 개정상법에서 상법 제288조의 정함이 있었던 발기인 수에 관한 문구가 삭제되어 이후 1인 주식회사의 설립이 인정되었으므로 이러한 경우는 발기인조합이 구성될 여지가 없게 되었다.

(2) 완전모회사(지주회사) 설립절차의 특수성

주식의 포괄적 교환 또는 이전방식에 의한 완전모회사 설립의 경우에는 다음에 설명하는 일반적인 설립절차는 적용되지 않으며, 기존 회사 간의 주식교환계약서 또는 자회사가 될 회사의 주식이전계약서의 총회승인 등의 특수한 절차만으로 이루어지게 된다(상법 제360조의2 내지 제360조의23). 따라서 새롭게 법인이 설립되는 절차가 진행되어도 본 장에서 설명하는 주식회사의 일반적인 설립에 해당되지 아니하는 특수한 설립으로 구분하게 된다(이점 후술함).

(3) 정관의 작성

1) 정관의 의의

정관(定款: charter, articles)이란 실질적으로는 회사의 조직활동에 관한 근본규칙의 정함을 의미하고 형식적으로는 이것을 기재한 서면을 말한다. 주식회사의 정관은 일정한 사항을 기재하여 각 발기인이 이에 기명날인 또는 서명하여야 하고(상법 제289조 제1항), 공증인으로부터 인증을 받음으로써 효력이 생긴다(상법 제292조, 공증인법 제62조, 제63조). 이는 정관의 내용을 명확히 하여 후일의 분쟁이나 부정을 방지하기 위한 것이다.

그러나 2009년 5월 28일 상법의 일부개정법률(법률 제9746호)에서는 자본금 총액이 10억원 미만인 회사를 상법 제295조 제1항에 따라 발기설립 하는 경우에는 발기인이 정관에 기명날인 서명함으로써 효력이 생기고 정관의 인증을 별도로 받을 필요가 없도록 하였다(상법 제292조 단서). 이는 소규모 주식회사의 설립에 부담을 덜게 해줌으로써 기업설립의 활성화를 꾀하고자 하는 취지에서 이루어진 것이다.

2) 정관의 기재사항

가. 절대적 기재사항(絕對的 記載事項)

정관에 기재하지 아니하면 정관이 무효로 되는 사항을 말한다. 따라서 기재하지 아니하면 회사의 설립 자체가 이루어질 수 없게 되는 사항이다(상법 제289조 제1항 제1호 내지 제8호).

① **목적** : 회사가 영위하고자 하는 사업의 업종을 구체적이고 명확하게 기재하여야 한다(예: 건축 및 토목 등의 건설업, 식품류의 수출 및 수입업, 호텔의 직영 등). 그리고 주된 업종과 관계없이 복수의 기재가 허용되며, 마지막에는 '위와 관련된 부대사업'등으로 기재하는 것이 일반적이다.

② **상호** : 상법 제19조에서는 회사의 상호에는 그 종류를 구체적으로 기재해야하므로 '000 주식회사' 또는 '주식회사000'라는 형식으로 기재하여야 한다.

③ **회사가 발행할 주식의 총수** : 자본 확정의 원칙에 따라 발행예정주식 총수를 기재해야 한다.

④ **액면주식을 발행하는 경우 1주의 금액** : 주식의 금액은 100원 이상으로 균일해야 한다(상법 제329조 제2항, 제3항). 액면미달발행은 원칙적으로 금지되어 있다(상법 제330조). 그리고 상법 제329조 제1항에 의거하여 회사가 정관으로 주식의 전부를 무액면주식으로 발행할 것을 정한 경우에는 본 기재상항에서 제외가 된다(2011.4.14. 본 호 전문개정).

⑤ **회사의 설립 시에 발행하는 주식의 총수** : 이것은 발행예정주식 총수 중에서 회사의 설립 시에 발행하는 주식의 총수를 기재해야 함을 뜻하는 것으로 수권자본주의의 채택에 따라 설정된 것이라 할 수 있다. 그러나 회사의 설립 시에 발행하는 주식의 총수가 확정된 때에는 그 전부의 인수와 납입이 이루어져야 회사를 설립할 수 있게 된다.

⑥ **본점의 소재지** : 소재지는 최소행정구역만 표시하면 된다(예: 서울특별시 동대문구, 광주광역시 북구 등). 그리고 지점의 소재지는 지점을 설치하고자 하는 때에는 정관에 기재하여야 하나 그러하지 않는 경우는 기재할 필요가 없다.

⑦ **회사가 공고를 하는 방법** : 주주와 회사채권자를 보호하기 위한 것으로서 공고는 관보 또는 시사에 관한 사항을 게재하는 일간신문에 하여야 한다(상법 제289조 제1항 제7호, 동법 제3항). 예를 들어 "본 회사의 공고는 00일보에 기재한다. 또는 우리 회사의 공고는 00일보에 한다"는 등으로 표기한다. 그리고 회사는 그 공고를 정관으로 정하는 바에 따라 전자적 방법으로 할 수도 있는데(상법289조 제3항 단서, 2009.5.28. 신설), 회사가 전자적 방법으로 공고할 경우는

대통령령(상법시행령 제3조의2 제5항 제1호 내지 제3호)으로 정하는 기간까지 계속 공고하고, 재무제표를 전자적 방법으로 공고할 경우에는 상법 제450조에서 정한 기간(정기총회에서 승인을 한 후 2년 내에 다른 결의가 없는 기간)까지 계속 공고해야 한다. 그러나 공고기간 이후에도 누구나 그 내용을 열람할 수 있도록 하여야 한다(상법 제289조 제4항, 2009.5.28.신설). 또한 회사가 전자적 방법으로 공고할 경우에는 게시 기관과 그 내용에 대하여 증명하여야 하고(동법 제5항, 2009.5.28. 신설), 회사의 전자적 방법으로 하는 공고에 관하여 필요한 사항은 대통령령으로 정한다(동법 제6호, 2009.5.28.신설).

⑧ **발기인의 성명 · 주민등록번호 및 주소** : 발기인의 동일성을 인식시켜 그 책임을 명확하게 하기 위함에서 기재하도록 한 것이다.

나. 상대적 기재사항(相對的 記載事項)

정관에 기재하지 아니하여도 정관 자체의 효력에는 영향을 미치지 아니하나, 정관에 정하지 아니하면 그 사항의 효력이 인정되지 않는 것이다. 상대적 기재사항에는 이른바 변태설립사항인 일반적상대적 기재사항과 개별적상대적 기재사항으로 구분된다.

⇒ **일반적상대적 기재사항(변태설립사항)** : 일반적상대적 기재사항(상법 제290조 제1호 내지 제4호)은 잘못 정하면 회사의 재산적 기초를 위태롭게 할 염려가 있기 때문에 위험한 약속이라고도 하며 변태설립사항으로 정의된다. 변태설립사항이 있는 경우는 법원에 의하여 선임된 검사인의 조사를 받아야 하고, 그 결과 정관의 규정이 부당하다고 인정된 때에는 법원에 의하여 정관변경이 강제되는 수가 있다(상법 제299조, 제310조, 제314조, 제300조 제1항 내지 제3항).

① **발기인이 받을 특별이익과 이를 받을 자의 성명(상법 제290조 제1호)** : 여기에서 특별이익이란 회사설립을 위한 공로에 대하여 회사가 발기인에게 주는 이익을 말하는 것으로(Sondervorteil), 발기인의 보수와는 다른 개념이다. 이익배당이나 신주인수권에 관한 우선권과 회사시설의 이용권 등이 이에 속한다.

② **현물출자를 하는 자의 성명 및 그 목적재산의 종류, 수량, 가격과 이에 대하여 부여할 주식의 종류와 수(상법 제290조 제2호)** : 현물출자자는 회사성립 후 신주발행의 경우에는 그 자격에 제한이 없고, 회사설립의 경우에는 1995년 상법개정 전에는 발기인에 한정되었으나(구상법 제294조) 1995년 개정에 의하여 동조가 삭제됨으로써 회사설립의 경우에도 그에 관한 제한이 없어지게 되었다. 현물출자는 예외적인 출자로 금전 이외의 재산의 출자를 말한다. 즉, 동산, 부동산, 채권, 유가증권 등을 출자의 목적으로 하는 것이다. 그러나 이 경우 출자 목적물의 재산총액이 자본금의 5분의 1을 초과하지 아니하면서 대통령령으로 정한 금액을 초과하지 아니하는 경우와, 그 재산이 거래소에서 시세가 있는 유가증권인 경우로서 정관에 적힌 가격이 대통령령으로 정한 방법으로 산정된 시세를 초과하지 아니하는 경우 및, 위에 준하는 경

우로서 대통령령으로 정한 경우에 해당되는 때에는 검사인의 조사에서 제외된다(상법 제299조 제2항 제1호 내지 제3호. 2011.4. 14. 전문개정으로 항의 변경 및 추가 후 제2항 제1호 내지 제3호 신설). 이는 회사가 설립된 이후 신주를 발행하는 경우에 있어서도 위의 적시한 내용 외에 변제기가 돌아온 회사에 대한 금전채권을 출자의 목적으로 하는 경우로서 그 가액이 회사장부에 적혀있는 초과하지 아니하는 경우와, 이에 준하여 대통령령으로 정하는 경우에는 검사인의 조사 또는 공인감정인의 감정에서 제외되는 것으로 하고 있다(상법 제422조. 2011.4.14. 신설).

③ **회사성립 후에 양수할 것을 약정한 재산의 종류, 수량, 가격과 그 양도인의 성명(상법 제290조 제3호)** : 회사설립에 있어서 그 성립 후에 특정인으로부터 일정한 재산을 회사가 매수할 것을 약정하는 것을 재산인수라 한다. 이것을 현물출자와 비교하면 현물출자자는 특정 재산의 출자를 하고 주식을 받게 됨에 따라 주주가 되지만, 재산인수의 경우는 특정 재산을 양도하고 그 대가를 받는 데 그치고 주주가 되는 것은 아니다. 그러나 목적재산을 과대평가하게 되면 실질적인 회사재산의 기초를 약화시킬 염려가 있게 된다는 점에서 공통되고, 또한 이것을 방임하게 되면 현물출자를 잠탈하는 방법으로 쓰여 질 우려를 낳게 된다는 것이다. 그러므로 재산인수를 정관에 기재하게 하여 엄격한 조사를 거치도록하게 한 것이다. 그러나 신주발행의 경우에는 현물출자와는 달리 재산인수는 그다지 문제될 바가 없는데 이는 회사성립 후에는 거래행위가 이사의 주도 하에 이루어지기 때문이다.

④ **회사가 부담할 설립비용과 발기인이 받을 보수액(상법 제290조 제4호)** : 설립비용은 발기인이 설립 중의 회사의 기관으로서 회사설립을 위하여 지출한 비용을 말하며, 정관작성, 광고, 주식청약서의 인쇄, 사무소의 대차 등에 관한 비용 등이 모두 이것이다. 설립비용은 이와 같이 정관에 기재되고 검사에 통과되어야만 회사가 부담하게 되며, 실제에 있어서 아무리 많이 지출되었다고 하여도 정관에 기재되지 않거나 검사에 통과되지 않으면 발기인 자신이 부담하게 된다. 그리고 발기인의 보수는 발기인이 설립 중의 회사의 기관으로서 회사설립을 위하여 노력한 공로에 대하여 주어지는 보수이며, 보통 금액으로 확정되어 회사성립에 의하여 일시에 지급되는 것이 일반적이다. 설립비용과 발기인의 보수는 그간 설립등기 시에 지출한 세액과 더불어 대차대조표의 자산의 부에 창업비로 계상하여 회사성립 후 5년 내의 매 결산기에 균등액 이상을 상각하도록 되어 있었으나(구상법 제453조), 2011년 4월 14일의 개정상법에서는 국제회계기준(IFRS)의 도입(K-IFRS)에 따른 조치로서 상법 제452조의 자산의 평가 방법, 제453조의 창업비 계상, 제453조의2의 개업비 계상, 제454조의 신주발행비용의 계상, 제455조의 액면미달금액의 계상, 제456조의 사채차액의 계상, 제457조의 배당건설이자의 계상, 제457조의2의 연구개발비의 계상 등에 관한 규정을 모두 삭제하게 됨에 따라 이후에는 이러한 이연자산은 당기에 일괄적으로 상각할 수밖에 없게 되었다.

⇒ **개별적상대적 기재사항** : 개별적상대적 기재사항은 변태설립사항과도 같이 정관에 기재하

여야만 효력이 생기는 사항이지만, 이를 정관에 기재하여도 검사인의 조사대상에 속하는 사안이 아니라는 점에서 변태설립사항과는 다르다. 이것은 회사에 재산적인 부담을 가져다주는 사항이 아니고, 회사의 각 기관의 권한을 명확히 하여 경영의 합리화를 꾀하기 위해 회사법상 기본적인 원칙을 일부 제한하는 것으로 정관의 위임규정에 근거하여 선택적이고 자율적으로 정하는 사항이기 때문이다. 이에 해당되는 것으로는 다음과 같은 것들이 있으나, 그 구체적인 내용에 관해서는 각각 해당되는 장의 각 절에서 설명하고 있다.

❶ 주식발행사항(상법 제291조) 및 주식의 양도제한(동법 제335조 제1항 단서 및 제2항).

❷ 명의주식 이전의 대항요건으로 명의개서 대리인의 설치(상법 제337조 제2항).

❸ 수종의 주식을 발행하는 경우(상법 제344조 제2항).

❹ 주권불소지제의 불채택(상법 제358조의2 제1항).

❺ 주주총회 권한의 확대에 관한 사항(상법 제361조).

❻ 무기명식주권의 발행(상법 제357조 제1항). ← 2014년 상법개정으로 삭제

❼ 주주총회의 결의방법(상법 제368조 제1항) 및 집중투표제도의 배제(동법 제382조의2 제1항).

❽ 이사의 임기의 연장(상법 제383조 제3항) 및 소규모회사의 이사의 수(동법 제383조 제1항 단서).

❾ 이사의 보수(상법 제388조).

❿ 이사회의 소집기간의 단축(상법 제390조 제2항 단서).

⓫ 신주인수권의 제3자 배당(상법 제418조 제2항) 및 주주총회에서 신주발행사항의 결정(동법 제416조 본문단서).

⓬ 주주총회에서 준비금의 자본전입에 관한 결의(상법 제461조 제1항 단서).

⓭ 중간배당에 관한 규정(상법 제462조의3 제1항).

⓮ 주주총회에 의한 전환사채 또는 신주인수권부사채 발행사항의 결정(상법 제513조 제2항 본문 및 단서, 제516조의2 제2항 본문 및 단서).

⓯ 해산사유(상법 제517조 제1호).

⓰ 무액면주식의 발행 및 전환(상법 제329조 제1항, 제4항).

⓱ 주식매수선택권의 부여(상법 제340조의2 제1항).

다. 임의적 기재사항(任意的 記載事項)

이상 열거한 절대적 기재사항 및 상대적 기재사항 이외에도 회사의 본질과 법률의 강행규

정이나 사회질서에 반하지 않는 것을 내용으로 하는 것은 임의로 정관에 기재할 수 있다. 이러한 기재를 임의적 기재사항이라 한다. 즉, 주권의 종류, 주식의 명의개서의 절차, 정기총회의 구체적인 소집 시기나 장소, 회사의 영업연도, 법정된 이사나 감사의 수를 초과하여 정하고자 하는 경우 등이 이에 속한다.

(4) 정관의 인증

발기인은 정관의 기재가 완료된 후 전원이 기명날인 또는 서명하여 공증인의 인증을 받아야 한다. 이로써 정관은 효력이 생긴다(상법 제292조). 그러나 자본금 총액이 10억원 미만인 소규모 회사의 발기설립의 경우는 신속한 창업과 활발한 투자여건을 조성하기 위하여 공증인의 인증이 면제되었다(동법 단서조항, 2009.5.28 상법일부개정). 따라서 이 경우는 각 발기인이 정관에 기명날인 서명함으로써 곧바로 정관의 효력이 생기게 된다.

(5) 사후설립(事後設立)

1) 의의 및 적용범위

회사가 그 성립 전부터 존재하는 재산을 성립 후 단기간 내에 인수하는 계약을 사후설립이라 한다. 이는 현물출자 또는 재산인수에 대한 규제를 탈법하는 수단으로 이용될 염려가 있으므로 이하 요건에서와 같은 특별규정을 두게 된 것이며, 이러한 규제는 유한회사의 설립과 자본증가의 경우에도 적용규정이 마련되어 있다(상법 제576조 제2항, 제596조).

2) 요건

주식회사가 성립 후 2년 내에 성립 전부터 존재하는 재산으로서 영업을 위하여 계속하여 사용할 것을 자본금의 100분의 5 이상에 해당하는 대가로 취득하는 경우에는 주주총회의 특별결의가 있어야 한다(상법 제375조). 여기서 정한 주주총회의 특별결의는 취득행위에 대한 절차상의 요건에 해당되므로 이러한 결의를 거치지 아니하게 되거나 부결된 때에는 그 계약은 무효가 된다. 회사의 성립 전에 이루어진 계약이지만 회사가 성립된 후에 주주총회의 특별한 결의를 요하는 사후에 절차상의 요건을 갖추게 하는 계약이므로 사후설립이라 한다.

註釋 유한회사의 사후설립

유한회사의 경우도 그 성립 후 2년 내에 성립 전으로부터 존재하는 재산으로서 영업을 위하여 계속하여 사용할 것을 자본금의 20분의 1 이상에 상당한 대가로 취득하는 계약을 체결하는 경우에는 사원총회의 특별결의가 있어야 함을 정하고 있으나(상법 제576조 제2항), 2011년 4월 14일의 상법개정으로 도입된 유한책임회사에는 이러한 제도가 마련되어 있지 않고 또한 준용규정도 없음에 유의해야 할 것이다.

(6) 회사설립 시의 주식발행사항의 결정

1) 발기인이 결정할 사항

회사설립 당시의 주식발행에 관한 사항 가운데 ① 주식의 종류와 수, ② 액면주식의 경우에 액면 이상의 주식을 발행할 때에는 그 수와 금액, ③ 무액면주식을 발행하는 경우에는 주식의 발행가액과 그 주식의 발행가액 중 자본금으로 계상하는 금액을 정관으로 미리 정하지 아니한 때에는 발기인 전원의 동의로 이를 정한다(상법 제291조). 위의 ①은 정관으로 우선주식, 후배주식, 상환주식, 전환주식, 무의결권주식 등을 발행할 수 있음을 규정하고 있는 경우에 정관이 정하는 범위에서 설립시에 발기인 등이 이를 정하는 것이고, 위의 ②는 액면초과발행가액은 정관의 작성시에는 정하기 어려운 때가 있을 것이므로 정관의 작성 후에 발기인들이 정할 수 있게 한 것이며, 위의 ③은 2011년 4월 14일 상법개정을 통하여 법제된 무액면주식의 발행을 전제하여 시가에 영향을 받아 설정된 주식의 발행가액 중에서 실질적으로 회사의 자본금으로 확정시킬 주식의 발행가액을 발기인들이 정한다.

이것은 매우 중요한 사항이기 때문에 특히 발기인 전원의 동의를 요하게 한 것이다. 실질적으로는 발기인이 결정한다는 점에서 정관에 미리 정해진 것과 다를 바 없으나, 정관의 작성과 인증 후의 사정변화에 대하여 발기인에게 인식하게 하고 결정할 권한을 주게 됨으로써 설립 중의 회사가 임기응변적으로 대처하여 설립이 원만하게 진행될 수 있도록 하였다는 점에 법적 특이성을 갖는다.

2) 발기인의 동의

발기인의 동의방식에는 제한이 없다. 따라서 명시 또는 묵시의 어느 것이든 무방하다. 발기인의 동의 시기는 보통 정관작성 후 발기인의 주식인수 이전이지만 주식인수 이후에 동의한 경우에도 회사설립이 무효는 아니다.

3. 발기설립과 모집설립(發起設立과 募集設立)

(1) 발기설립

1) 주식의 인수

회사의 설립 시에 발행되는 주식의 총수를 발기인이 전부 인수하는 방식이다. 인수는 서면에 의해 이루어져야 하고(상법 제293조), 인수 시기는 정관작성과 동시에 또는 전후라도 무관하다.

2) 출자의 이행

주식의 총수를 발기인이 인수한 때에는 지체 없이 각 주식에 대하여 그 인수가액의 전액을 납입하여야 한다(전액납입주의). 이 경우 발기인은 납입을 맡을 은행 기타 금융기관과 납입장소를 지정하여야 한다(상법 제295조 제1항). 그리고 현물출자를 하는 발기인은 납입기일에 지체 없이 출자의 목적인 재산을 인도하고 등기, 등록, 기타 권리의 설정 또는 이전을 요할 경우에는 이에 관한 서류를 완비하여 교부하여야 한다(동법 제2항).

3) 납입금보관자의 증명과 책임

납입금을 보관한 은행이나 그 밖의 금융기관은 발기인 또는 이사의 청구를 받으면 그 보관금액에 관하여 증명서를 발급하여야 한다(상법 제318조 제1항). 그리고 납입금을 보관한 은행이나 그 밖의 금융기관은 증명한 보관금액에 대해서는 납입이 부실하거나 그 금액의 반환에 제한이 있다는 것을 이유로 회사에 대항하지 못한다(동법 제2항).

그러나 자본금 총액이 10억원 미만인 회사를 발기설립 하는 경우에는 상기한 증명서를 은행이나 그 밖의 금융기관의 잔고증명서로 대체할 수도 있다(동법 제3항). 이는 상법상 소회사의 설립에 편의성을 도모함으로서 창업의 활성화를 기하고자 하는 조치로 볼 수 있지만, 가장납입을 조장하여 회사자본이 형해화 될 소지가 있다는 문제점이 있다.

4) 임원의 선임

출자의 이행이 완료된 때에는 발기인은 지체 없이 발기인 전원의 의결권의 과반수로 이사와 감사를 선임하여야 한다(상법 제296조 제1항). 이 경우 발기인의 의결권은 그 인수주식의 1주에 대하여 1개의 의결권을 가지며, 발기인은 의사록을 작성하여 의사의 경과와 그 결과를 기재하고 기명날인 또는 서명하여야 한다(상법 제296조 제2항, 제297조).

5) 설립경과의 조사 및 보고의무와 법원의 변경처분

가. 설립경과의 조사 및 보고의무

⇒ **상법개정의 배경** : 1995년 12월 29일의 상법개정에 의하여 발기설립의 경우는 그 설립 과정의 조사 및 보고절차가 크게 완화되었다. 여기서 완화라는 표현을 쓰는 것은 법원의 관여가 배제되었기 때문이다. 즉, 종래는 발기설립절차에 있어서는 모집설립절차(상법 제313조, 제314조)에서와는 달리, 상법 제290조의 변태설립사항의 유무를 묻지 않고 모든 설립사항에 관해 법원이 선임한 검사인의 조사를 요하였고, 그 보고도 법원에 하도록 되어 있었다(구상법 제298조, 제299조). 그 결과 실질적으로는 발기설립에도 불구하고 형식상 발기설립의 방법을 기피하여 모집설립의 방식을 취하는 경향이 있다. 따라서 동 개정법에서는 발기설립의

조사절차에서 법원의 관여를 배제하고 그에 대체할 수 있는 제도를 마련하였다.

그러나 이처럼 개정한 이후에도 2011년 4월 14일에는 다시 상법의 일부개정을 통하여 상법 제299조에 설정되어 있던 3개의 조항을 4개의 조항으로 추가하고 전문개정을 하게 되었는데, 동 개정에서는 그간 검사인(공증인 및 감정인을 포함)의 조사 대상이었던 변태설립사항 중에서 상대적으로 설립된 회사에 부담이 되지 아니하는 범위를 대통령령으로 별도로 정함과 동시에 위의 검사인의 조사대상에서 제외시키는 등의 조치가 내려지게 되었다.

⇒ **개정상법의 내용과 해설** : 위의 개정상법상 중요한 내용을 보면, 조사 및 보고해야 할 설립사항 중에 정관에 변태설립사항이 없는 경우와 있는 경우로 구분하고, 먼저 변태설립사항이 없는 경우에는 원칙적으로 이사와 감사가 조사하여 발기인에게 보고하되, 이사와 감사 전원이 상법 제298조 제2항의 정함(이사와 감사 중 발기인이었던 자와 현물출자자 또는 회사성립 후 양수할 재산의 계약당사자인 자는 설립조사 및 보고에 참가하지 못함)에 해당되는 때에는 예외적으로 이사는 공증인으로 하여금 조사하여 발기인에게 보고하도록 하여야 하는 것으로 하였다(상법 제298조 제1항, 제3항).

이처럼 공증인으로 하여금 조사와 보고를 대신하게 한 것은 조사의 공정성을 기하기 위함에 있었는데, 특히 이 경우는 현물출자 등의 재산평가에 관한 문제발생의 여지가 없을 뿐만 아니라 단지 출자의 인수나 이행 등의 확인을 조사대상으로 하기 때문에 공증인의 조사로서도 그 목적은 충분히 달성될 수 있다고 보기 때문이었다. 그리고 이 경우의 공증인은 상법 제292조의 정관을 인증한 공증인이 겸무하여도 문제될 바가 없다.

다음으로 정관에 변태설립사항의 정함이 있는 경우에는 원칙적으로 법원이 선임한 검사인이 조사하고 법원에 보고하도록 하는 한편(이 경우는 상법 제299조의2의 현물출자 등의 증명에 관한 경우를 제외하고 이사가 법원에 검사인의 선임을 청구하도록 함)(상법 제299조, 제298조 제4항), 예외적으로 상법 제290조의 정함이 있는 변태설립사항 중 발기인이 받을 특별이익과 이를 받을 자의 성명(동법 제1호), 회사가 부담할 설립비용과 발기인이 받을 보수(동법 제4호) 등에 관해서는 공증인의 조사 및 보고로 대체할 수 있도록 함과 동시에, 현물출자에서 목적물의 구체성 및 사후설립에 해당되는 것(동법 제2호, 제3호)과 상법 제295조 제2항의 현물출자 이행에 관한 사항에 대해서는 공인된 감정인의 감정으로 검사인의 검사에 갈음할 수 있도록 하였다. 이 경우 공증인 또는 감정인은 조사 또는 감정결과를 법원에 직접 보고해야 한다(상법 제299조의2).

한편, 변태설립사항 중 검사인 또는 공증인 또는 감정인의 조사, 보고, 감정의 대상으로부터 제외되는 것은 ① 현물출자의 경우 목적물과 사후설립에 해당되는 대상재산의 총액이 자본금의 5분의 1을 초과하지 아니하고 대통령령으로 정한 금액을 초과하지 아니하는 경우

(상법 제299조 제2항 제1호). ② 현물출자의 경우 목적물과 사후설립에 해당되는 대상재산이 거래소에서 시세가 있는 유가증권인 경우로서 정관에 적힌 가격이 대통령령으로 정한 방법으로 산정된 시세를 초과하지 아니하는 경우(동법 제2호). ③ 그 밖에 앞에서 제시한 것에 준하는 경우로서 대통령령으로 정하는 경우 등이다.

이처럼 개정된 법제는 2005년 7월 26일 상법으로부터 분리되어 새롭게 제정된 일본회사법 제33조 제10항 제1호 내지 제3호의 규정이 우리와 동일한 내용체계로 설계되어 있음을 볼 때 그 영향을 받은 것으로 파악된다.

나. 법원의 변경처분

변태설립사항에 관해서는 위에서 설명한 바와 같이 검사인 또는 공증인 또는 감정인이 법원에 직접 조사 · 보고를 해야 하고, 그 조사보고서의 등본을 각 발기인에게도 교부해야 한다(상법 제299조 제1항, 제3항, 제299조의2). 위의 조사 · 보고서에 사실과 다른 사항이 있는 경우에는 발기인은 그에 대한 설명서를 법원에 제출할 수 있다(동법 제4항). 법원은 이 조사보고서와 발기인의 설명서를 심사하여 변태설립사항을 부당하다고 인정한 때에는 이를 변경하여 각 발기인에게 통고할 수 있으며(상법 제300조 제1항), 이 경우 법원의 변경처분에 불복하는 발기인이 있으면 그 발기인은 주식의 인수를 취소할 수 있고, 정관을 변경하여 설립에 관한 절차를 속행할 수도 있다(동법 제2항). 그러나 법원의 변경 통고가 있는 후 2주간 내에 주식의 인수를 취소한 발기인이 없는 때에는 정관은 통고에 따라서 변경된 것으로 본다(동법 제3항).

(2) 모집설립

1) 발기인의 주식인수 및 주주모집

회사의 설립 시에 발행하는 총 주식 중 각 발기인은 적어도 1주 이상의 주식을 서면에 의하여 인수하고(상법 제293조), 발기인에 의하여 인수되지 아니한 잔여주식에 대해서는 주주를 모집하게 된다(상법 제301조).

2) 청약서작성 및 출자이행

주식의 청약서는 발기인이 다음의 사항을 기재하여 작성한다(상법 제302조 제2항). 즉, 정관의 인증일과 공증인의 성명(동법 제1호), 정관의 절대적 기재사항과 변태설립사항이 있는 경우는 그 사항(동법 제2호), 회사의 존립기간 또는 해산사유를 정한 때에는 그 규정(동법 제3호), 각 발기인이 인수한 주식의 종류와 수(동법 제4호), 설립 당시의 주식발행사항에 대하여 결정된 사항(동법 제5호), 주식의 양도제한을 정한 때에는 그 규정(동법 제5의2호), 주주에게 배당할 이익으로 주식을 소각할 것을 정한 때에는 그 규정(동법 제7호), 일정한 시기까지 창립총회를 종결하지 아니한 때에는 주식의 인수를 취소할 수 있다는 뜻(동법 제8호), 납입을 맡은 은행 기타 금융기관과 납입장소(동법 제9호), 명의개서 대리인을 둔 때에는 그 성명과 주소 및 영업소(동법 제10호) 등이며, 이 경우는 청약서의 기재내용이 사실과 다른 경우에도 그 효력은 인정되고, 주식의 청약자가 청약서의 기재내용이 사실과 다름을 알았거나 알 수 있었을 경우에도 청약의 효력에는 영향을 미치지 아니한다(민법 제107조의 진의 아닌 의사표시의 효력에 관한 특칙)(상법 제302조 제3항).

註釋

민법 제107조(眞意 아닌 意思表示)

① 意思表示는 表意者가 眞意 아님을 알고한 것이라도 그 效力이 있다. 그러나 相對方이 表意者의 眞意 아님을 알았거나 알 수 있었을 境遇에는 無效로 한다.

② 前項의 意思表示의 無效는 善意의 第三者에게 對抗하지 못한다.

그리고 주식인수의 청약을 하고자 하는 자는 위의 주식청약서 2통에 인수할 주식의 종류와 수 및 주소를 기재하고 기명날인 서명하여야 청약을 해야 하며, 발기인이 배정한 주식의 수에 따라서 인수가액을 납입할 의무를 부담한다(상법 제302조 제1항 제303조). 주식인수인 또는 주식청약인에 대한 통지나 최고를 주식인수증 또는 주식청약서에 기재한 주소 또는 이들로부터 회사에 통지된 주소지로 하면 되고, 그 통지 또는 최고는 통상적으로 도착될 시기에 도달된 것으로 본다(상법 제304조 제1항, 제2항). 이는 도달주의를 원칙으로 하되 업무처리의 신속을 기하기 위하여 실질적으로는 발신주의를 허용하고 있는 것이다.

회사의 설립시에 발행하는 주식의 총수가 인수된 때에는 발기인은 지체 없이 주식인수인에 대하여 각자가 인수한 가액의 전액을 주식청약서에 기재된 납입장소에 납입할 수 있도록 해야 하고, 현물출자를 하는 발기인은 납입기일에 지체 없이 출자의 목적인 재산을 인도하고 등기, 등록, 기타 권리의 설정 또는 이전을 요할 경우에는 이에 관한 서류를 완비하여 교부하여야 한다(상법 제305조 제1항, 제2항, 제3항). 이 경우 납입금의 보관자 또는 납입장소를 변경할 때에는 법원의 허가를 얻어야 하고, 주식인수인의 위의 납입이 이루어지지 아니한 때에는 발기인은 일정한 기일을 정하여 그 기일 2주 전에 당해 주식인수인에 대하여 그 기일 내에 납입을 하지 아니하면 권리를 잃는다는 뜻을 통지하여야 한다(상법 제306조, 제307조 제1항). 그리고 통지를 받은 주식인수인이 그 기일 내에 납입을 하지 아니한 때에는 그 권리는 잃게 되므로 발기인은 그 부분에 대한 주주를 다시 모집해야 하는데, 그로 인한 손해가 발생된 때에는 당해 주식인수인에 대하여 손해배상청구권을 행사할 수도 있다(상법 제307조 제1항, 제3항).

3) 검사인의 선임

정관으로 변태설립사항을 정한 때에 한하여 발기인은 그에 관한 조사를 하기 위하여 검사인의 선임을 법원에 청구하여야 하고, 검사인의 보고서는 창립총회에 제출하여야 한다(상법 제310조 제1항, 제2항). 그러나 발기설립의 경우에서와 같이 모집설립에 있어서도 발기인이 받을 특별이익과 이를 받을 자의 성명 및 회사가 부담할 설립비용과 발기인이 받을 보수에 관하여는 공증인의 조사보고로 대체할 수 있고, 현물출자를 하는 자의 성명과 그 목적인 재산의 종류, 수량, 가격과 이에 대하여 부여할 주식의 종류와 수 및 사후설립에 관한 사항과 현물출자의 이행에 관하여는 감정인의 감정으로 검사인의 조사에 갈음할 수 있다(상법 제310조 제3항). 그리고 상법 제310조 제3항에는 명시되어 있지 아니하지만, 발기설립의 경우에서와 같이 검사인의 조사 · 보고 대상항목에서도 상법 제299조 제2항에 열거된 세 가지 사항(현물출자의 경우 재산총액이 자본금의 5분의1을 초과하지 아니하는 경우, 거래소에서 시세가 있는 유가증권인 경우로서 정관에 적힌 가격이 대통령령으로 정한 방법으로 산정된 시세를 초과하지 아니하는 경우, 그 밖에 이에 준하는 경우로서 대통령령으로 정하는 경우)에 해당되는 때에는 제외되는 것으로 보아야 할 것이다(1995년 12월 29일 상법개정으로 신설된 동법 제3항에는 제299조 제2항이 추가되어 준용규정으로 바뀌어야할 필요가 있었다. 이점 입법불비에 해당되는 것으로 지적해 두고자 한다).

4) 창립총회

창립총회는 주식 인수인으로서 구성되는 '설립 중의 회사'의 최고의사결정기관이다. 창립총회의 결의는 출석한 주식인수인의 의결권의 3분의 2 이상이며 인수된 주식총수의 과반수에 해당하는 다수로 결정한다(상법 제309조). 창립총회는 창립에 관한 발기인의 보고서를 청취 및 검토하고, 이사와 감사를 선임하며, 선임된 이사와 감사로 하여금 회사설립에 관한 모든 사항이 법령 또는 정관의 규정에 위반되지 아니한지 그 여부를 조사하게 하여 보고를 받고, 변태설립사항이 부당하다고 인정된 때에는 이를 변경하고 발기인에 대하여 손해배상청구를 결의 할 수가 있으며, 소집통지서에 정관변경 또는 설립의 폐지에 관한 사항이 없어도 이를 결의 할 수 있는 등의 권한을 가지고 있다(상법 제311조 제1항 및 제2항, 제312조, 제313조 제1항, 제314조, 제315조, 제316조 제1항 및 제2항).

이상에서 설명한 것처럼 발기설립과 모집설립의 설립절차는 각각 다르게 법정되어 있지만, 그 법정된 모든 설립절차가 종료하게 되면 당해이사는 상법 제317조 제2항 및 제3항의 등기사항을 갖추어 각 설립절차의 종료일로부터 2주간 내에 본점소재지에 등기함으로써 회사의 설립준비행위가 모두 종료하게 되고, 이후 등기가 완료된 때에 회사는 성립하게 되는 것이다(상법 제172조, 제317조 제1항).

표 5 발기설립과 모집설립의 비교표

설립사항/설립방법	발기설립	모집설립
정관의 작성 공증인의 인증	발기인이 작성(법정사항 준수) 필요(자본금 10억원 미만 불요)	좌동 필요(예외규정 없음)
주식발행사항의 결정	정관 및 발기인 전원의 동의	좌동
주식의 인수	발기인의 전부인수	발기인 1주 이상 인수 잔여 주식은 모집
주식인수 방법	서면인수	주식청약서, 발기인 주식배정
출자의 이행	인수가액의 전액납입 현물출자의 이행	좌동
주금납입기관	은행 기타 금융기관	주식청약서에 기재된 은행 기타 금융기관
납입금보관자의 변경과 책임	보관자의 변경제한(법원허가)	좌동
	보관금액에 대한 증명서발급에 관한 책임(자본금 10억원 미만의 회사 잔고증명으로 대체 가능. 이 경우 보관자 책임 없음)	좌동(예외규정 없음)
실권절차	없음	필요. 주주 재공모 및 주식인수인에 대한 손해배상청구 가능
임원(이사 · 감사) 선임기관	발기인	창립총회
설립절차의 검사기관	이사 · 감사 또는 공증인이 발기인에게 보고	발기인이 창립총회에 서면보고. 이사 · 감사 또는 공증인이 설립사항 조사 후 창립총회에 보고
	변태설립사항: 법원에 의해선임된 검사인이 조사 후법원에 보고. 공증인 및 감정인이 조사 및 감정하여 그 결과를 법원에 보고하는 것으로 검사인의 조사에 대체	변태설립사항: 법원에 의해선임된 검사인이 조사 후창립총회에 보고. 공증인 및 감정인이 조사 및 감정하여 그 결과를 창립총회에 보고하는 것으로 검사인의 조사에 대체
변태설립사항의 변경권	법원	창립총회
설립등기	설립절차의 검사기관에 의한 보고와 변경지시사항이 있는 경우는 그 이행이 끝난 날로부터 2주간 내에 이사가 상법 제317조 제2항 및 제3항의 사항을 기재하여 본점소재지에 설립등기 함.	좌동

4. 설립등기(設立登記)

(1) 의의 및 절차

설립등기란 설립 중의 회사가 회사의 실체를 완성하고 법인격을 취득하기 위하여 일정한 사항을 법원에 비치하는 공부에 기재하는 것을 말한다. 회사는 그 본점소재지에서 설립등기를 함으로써 성립한다(회사의 성립요건)(상법 제172조). 설립등기는 발기설립의 경우 변태설립사항이 있는 경우에는 상법 제299조 내지 제300조에 의해 설립 경과에 관한 조사절차가 완료되고 법원의 변경처분에 따른 날로부터, 모집설립의 경우에는 창립총회가 종료한 날 또는 상법 제314조에 따라 변태설립에 관한 사항의 변경절차가 종료한 날로부터 2주간 내에 이사의 공동신청으로 본점소재지에 있는 등기소에서 등기를 하여야 한다(상법 제317조 제1항 내지 제4항, 제172조).

설립등기에 있어서는 다음 사항을 등기해야 한다. 즉, 정관에 정한 절대적 기재사항 중에서는 목적, 상호, 회사가 발행할 주식의 총수, 액면주식을 발행할 경우 1주의 금액, 본점의 소재지, 회사가 공고를 하는 방법과 더불어 자본금의 액, 발행주식의 총수와 그 종류 및 각종 주식의 내용과 수 등을 등기하여야 하고, 기타 상대적 기재사항 또는 임의적 기재사항 중에서는 주식의 양도제한을 정한 때에는 그 규정, 주식매수선택권을 정한 때에는 그 규정, 지점을 둘 경우는 그 소재지, 회사의 존립기간 또는 해산사유를 정한 때에는 그 기간 또는 사유, 주주에게 배당할 이익으로 주식을 소각할 것을 정한 때에는 그 규정, 전환주식을 발행하는 경우에는 상법 제347조의 정함이 있는 전환주식발행절차에 관한 사항, 사내이사, 사외이사, 그 밖에 상무에 종사하지 아니하는 이사, 감사 및 집행임원의 성명과 주민등록번호, 회사를 대표할 이사 또는 집행임원의 성명과 주민등록번호 및 주소, 둘 이상의 대표이사 또는 대표집행임원이 공동으로 회사를 대표할 것을 정한 경우에는 그 규정, 명의개서인 대리인을 둔 때에는 그 상호 및 본점소재지, 감사위원회를 설치한 때에는 감사위원회 위원의 성명 및 주민등록번호 등을 등기하여야 한다(상법 제317조 제2항 제1호 내지 12호).

지점설치 및 이전 시 지점소재지 또는 신 지점소재지에서 등기할 때에는 정관에 정한 절대적 기재사항 중에서 목적, 상호, 본점소재지, 회사가 공고하는 방법 등을 등기해야 하고, 상대적 기재사항 또는 임의적 기재사항 중에서는 회사의 존립기간 또는 해산사유를 정한 때에는 그 기간 또는 사유, 회사를 대표할 이사 또는 집행임원의 성명과 주민등록번호 및 주소, 둘 이상의 대표이사 또는 대표집행임원이 공동으로 회사를 대표할 것을 정한 경우에는 그 규정 등을 등기하여야 한다(상법 제317조 제3항).

그리고 회사설립과 동시에 지점을 설치하는 경우는 설립등기를 한 후 2주 내에 지점소재지에서 등기하여야 하고, 회사성립 후에 지점을 설치하는 경우에는 본점소재지에서는 2주 내에 그 지점소재지와 설치 연월일을 등기해야하며, 그 지점소재지에서는 3주 내에 등기해야 한다.

또한 회사가 지점을 이전하는 경우에는 2주 내에 본점과 구 지점소재지에서는 신 지점소재지와 이전 연월일을 등기하고, 신 지점소재지에서는 위에서 제시한 사항들을 등기하여야 한다. 이 경우 회사를 대표할 사원을 정한 경우에는 그 밖의 사원은 등기하지 아니하고, 기재한 사항에 변경이 있을 때에는 본점소재지에서는 2주간 내에 지전소재지에서는 3주간 내에 변경등기를 하여야 한다(상법 제317조 제4항, 제181조 내지 183조).

(2) 설립등기의 효력

1) 본래의 효력

회사는 본점소재지에서 설립등기를 함으로써 회사의 실체에 법인격이 부여되어 완전한 회사로 성립하게 된다(상법 제172조). 그러므로 이 시기를 기점으로 그때까지 회사설립을 위하여 발기인이 취득 또는 부담하였던 권리와 의무는 이후 성립된 회사에 귀속하게 되고, 종래의 주식인수인은 주주가 되며, 이사와 감사는 회사의 기관으로써 정식으로 활동을 개시하게 되는 것이다.

2) 특수적 효력

회사설립등기에는 다음과 같은 특수적인 효력이 존재한다. 즉, ① 주식인수인은 주식청약서상의 요건의 흠결을 이유로 한 인수의 무효나 사기 · 강박 또는 착오를 이유로 한 인수의 취소를 주장하지 못하게 된다(보완 · 치유적인 효력)(상법 제320조 제1항). ② 권리주의 양도제한이 해제되는데(해제적인 효력), 여기서 권리주란 주식인수인의 지위를 말하고, 회사가 설립 중에 있는 경우의 양도는 당사자 간에서만 유효하며 회사에 대해서는 그 효력이 인정되지 않는다(상법 제319조). ③ 회사성립 전에는 주권발행이 금지되어 있으나 성립 후에는 이를 발행할 수 있게 된다(해제적인 효력)(상법 제355조 제2항, 제3항). ④ 설립절차에 하자가 있는 경우에 회사성립 전에는 항변으로 이를 주장할 수 있으나 성립 후에는 회사성립의 날로부터 2년 내에 訴만으로 이를 주장할 수가 있다(상법 제328조). ⑤ 이 밖에도 이사와 발기인의 자본충실의 책임도 회사가 성립한 때부터 생기게 되고(창조적인 효력)(상법 제321조), ⑥ 회사상호는 등기상호로 그 권리를 강하게 보호받게 된다(강화적인 효력).

5. 회사설립에 관한 책임

상법은 회사설립에 관하여 준칙주의를 채용하는 한편, 회사설립에 관여하는 자의 부정, 임무해태 등으로 인한 불건전한 회사설립을 억제함과 동시에 다수의 이해관계인을 보호하기 위하여 발기인(유사발기인을 포함), 이사, 감사, 검사인 등에 대한 엄중한 민사책임을 부담하게 하고 있다.

(1) 발기인의 책임

상법은 발기인의 책임에 관해서는 먼저 회사가 성립된 경우와 회사가 불성립된 경우로 구분하여 전자인 경우에는 다시 회사에 대한 책임과 제3자에 대한 책임으로 나누어 책임을 법정하는 한편, 후자인 경우는 연대책임을 전제로 한 민사책임만을 인정하고 있다.

1) 회사가 성립된 경우

가. 회사에 대한 책임

❶ **자본충실에 근거한 책임(발기인의 인수 및 납입담보책임):** 회사의 설립시에 발행한 주식으로서 아직 인수되지 아니한 주식이 있거나 주식인수의 청약이 취소된 때에는 발기인이 이를 공동으로 인수하는 것으로 보고, 회사성립 후에 발기인이 각 주식에 대하여 전액을 납입완료하지 아니한 때와 주식 인수인이 각 주식의 가액을 전액 납입완료하지 아니한 때에는 최종적으로 발기인은 연대하여 그 납입을 완료하여야 한다(상법 제321조). 이것은 발기인의 자본충실에 근거한 무과실책임이며, 회사에 대한 자본납입에 관한 담보책임인 것이다.

❷ **손해배상책임:** 발기인이 회사의 설립에 관하여 그 임무를 해태한 때에는 회사에 대하여 연대하여 손해를 배상할 책임을 진다(상법 제322조 제1항). 이것은 발기인이 회사설립준비행위에 전력해야함에도 불구하고 그 임무를 해태함으로써 성립된 회사의 손해와 연계됨을 전제로 하는 과실책임이다. 따라서 발기인에게 이러한 책임을 부담시키기 위해서는 발기인의 임무해태와 성립된 회사의 손해간의 인과관계가 성립되어야하므로 그것을 입증할 수 있어야만 한다.

나. 제3자에 대한 책임

발기인의 악의 또는 중대한 과실로 인하여 임무를 해태한 때에는 그 발기인은 제3자에 대해서도 연대하여 손해를 배상할 책임을 진다(상법 제322조 제2항). 이것은 회사설립과 관련된 제3자를 보호하기 위하여 마련한 조치라 할 수 있는데, 이 경우 제3자에게도 과실이 있는 때에는 과실상계의 원칙을 정한 민법 제396조가 준용될 여지가 있다.

註釋

민법 제396조(過失相計) 債務不履行에 관하여 債權者에게 過失이 있는 때에는 法院은 損害賠償의 責任 및 그 金額을 定함에 이를 參酌하여야 한다.

2) 회사불성립 경우의 책임

회사가 설립되지 못한 경우에는 발기인은 회사설립에 관한 행위에 대하여 연대하여 책임을 지는 동시에 회사설립에 관하여 지급한 비용도 발기인이 부담한다(상법 제326조 제1항, 제2항). 회사설립에 관한 행위라 함은 설립자체에 관한 행위뿐만 아니라 설립에 필요한 준비행위를 포함한다. 이 책임은 발기인 전원에게 공동으로 부여된 책임이고, 발기인의 과실 유무를 불문한다. 예컨대 주식 인수인에 대한 원상회복의 의무, 설립준비비용으로 지출될 수 있는 인건비, 공증인의 인증관련 비용, 등기관련비용, 사무실유지비 등의 부담의무 등이 이에 속한다.

(2) 이사 · 감사의 책임

이사와 감사가 상법 제313조 제1항의 정함에 위반하는 행위로 회사의 설립경과의 법령위반에 관한 모든 사항을 조사하여 창립총회에 보고할 임무를 해태한 때에는 회사 또는 제3자에 대하여 손해를 배상할 책임이 있고, 이 경우 발기인도 책임을 질 때에는 그 이사와 감사는 발기인과 연대하여 손해배상책임을 지게 된다(상법 제323조). 이 책임을 면제받기 위해서는 발기인의 경우와 같이 총주주의 동의를 요한다(상법 제324조, 제400조 제1항, 제415조).

한편, 이 경우에 있어서는 2011년 4월 14일 상법개정으로 도입된 이사의 책임감면에 관한 규정인 상법 제400조 제2항의 적용은 이사들의 회사에 대한 책임의 감면에 관한 정관의 정함이 있다고 하더라도 동법 문언은 “회사는 정관으로 정하는 바에 따라 … 이사가 그 행위를 한 날 이전 최근 1년간의 보수액(상여금과 주식매수선택권의 행사로 인한 이익 등을 포함)의 6배(사외이사의 경우는 3배)를 초과하는 금액에 대하여 면제…”로 되어 있으므로 사실상 그 적용은 불가하다.

(3) 검사인의 책임

법원이 선임한 검사인이 악의 또는 중대한 과실로 인하여 그 임무를 해태한 때에는 검사인은 회사 또는 제3자에 대하여 손해를 배상할 책임을 지게 된다(상법 제325조).

(4) 유사발기인의 책임

정관에 발기인으로서 기명날인 또는 서명하지 않는 자는 발기인은 아니나 주식청약서 기타 주식모집에 관한 서면에 성명과 회사설립에 찬조하는 뜻을 기재할 것을 승낙한 자는 유사발기인으로서 발기인과 동일한 책임을 지게 된다(상법 제327조).

본 규정은 영미법상 금반언의 법리에 기인하여 제정된 것이며, 유사발기인이 그에 대한 책임을 부담한 경우에도 이후 그 자가 발기인이 되는 것은 아니다. 따라서 발기인의 직무권한을 가지는 것도 아니므로 이 경우는 발기인의 임무해태를 전제로 한 손해배상책임으로 볼 수는 없고, 민법상 신의성실의 원칙에 근거하여 마련된 상법상 특별책임으로 보아야 한다.

註釋

민법 제2조(信義誠實)

① 權利의 行使와 義務의 履行은 信義에 좇아 誠實히 하여야 한다.

② 權利는 濫用하지 못한다.

6. 회사설립의 무효(會社設立의 無效)

상법은 회사설립의 무효 또는 취소는 소에 의해서만 주장할 수 있게 하였고, 무효 · 취소판결의 효과를 소급시키지 아니함으로써 법률관계의 획일적 처리와 거래의 안전을 도모하고 있다. 주식회사의 경우는 설립취소의 소에 관한 제도는 없고 설립무효의 소만이 인정되는데, 설립무효는 주주 · 이사 또는 감사에 한하여 회사성립의 날로부터 2년 내에 주장하여야 하고, 이 경우에도 법정의 설립절차에 객관적인 하자가 있는 경우에만 인정된다.

설립무효의 원인은 일반적으로 설립절차가 강행법규 또는 선량한 풍속 기타 사회질서 혹은 주식회사의 본질에 반하는 경우로 정의되는데, 구체적으로는 ① 정관의 절대적 기재사항의 흠결 또는 위법 기재한 경우(상법 제289조), ② 소규모회사 설립의 경우를 제외하고 정관에 공증인의 인증이 없는 경우(상법 제292조), ③ 설립등기에 무효원인이 있는 경우(상법 제317조), ④ 창립총회의 소집이 없거나 총회에서의 조사 · 보고가 없는 경우(상법 제308조, 제309조, 제313조 제1항, 제2항) 등이다. 설립무효의 소는 본점소재지의 지방법원의 관할에 전속한다(상법 제328조, 제186조). 설립무효의 청구가 인용되어 무효판결이 확정되면, 즉 원고가 승소한 때에는 소급적인 효력은 없으나 그 효력은 당사자뿐만 아니라 제3자에게도 미치고 누구도 이것을 다투지 못하므로 대세적인 효력이 있다(상법 제328조, 제190조). 반대로 설립무효의 청구가 기각되면 즉, 원고가 패소한 때에는 그 효력은 당사자 간에만 인정된다. 이는 당해 제소자의 무효의 주장이 이유 없다는 것뿐이고, 설립에 관하여 일반적으로 무효원인이 없다는 것을 확인하는 것이 아니기 때문이다. 원고가 패소한 경우에 원고에게 악의 또는 중과실이 있는 때에는 회사에 대하여 연대하여 손해를 배상할 책임이 발생하게 된다(상법 제328조, 제191조).

제3절 주식과 주주(株式과 株主)

1. 주식

(1) 의의

주식(株式: shares, stocks)은 주식회사의 자본의 구성단위로서 사원(주주)의 지위를 결정하고, 또한 주식은 주권이라는 유가증권에 의하여 표창되므로 주권의 의미로도 사용된다. 이를 분설하면 다음과 같다.

1) 자본의 구성단위로서의 주식

주식회사의 자본은 주식으로 분할하여야 하고 주식의 금액은 균일하여야 하므로 주식은 자본의 균등한 구성단위로서의 의미를 가진다(상법 제329조). 액면주식을 발행할 경우 주식 1주의 금액은 100원 이상이라야 하고 정관과 주권에도 1주의 금액을 기재하여야 하며, 이러한 주식을 액면주식 또는 금액주라고 한다(상법 제289조 제1항 제4호, 제356조 제4호). 따라서 발행주식의 액면총액이 회사의 자본금총액이 되는 것이다(상법 제451조 제1항).

한편, 정관의 정함에 따라 무액면주식을 발행하기로 한 경우에는 액면주식을 발행할 수가 없고, 이 경우에는 주식의 발행가액과 그 주식의 발행 중 자본금으로 계상하는 금액을 정하여야 한다(회사의 설립 시에는 정관 또는 발기인 전원의 동의를 요하나, 회사가 성립된 후에 신주를 발행할 경우에 있어서 정관의 정함이 없는 때에는 이사회의 권한에 속함)(상법 제329조, 제291조 제3호, 제416조 제2의2호). 여기에서 자본금으로 계상된 금액은 회사의 자본금이 되고, 발행가액과 자본금으로 계상된 금액과의 차액은 자본준비금으로 처리하여야 한다. 그리고 회사는 정관으로 정하는 바에 따라 발행된 액면주식을 무액면주식으로 전환하거나 무액면주식을 액면주식으로 전환할 수도 있다(상법 제329조 제4항). 이 경우 진행절차에 관해서는 주식병합에 관한 절차와 신주권의 교부에 관한 규정인 상법 제440조, 제441조 본문, 제442조가 준용된다(상법 제329조 제4항, 제5항).

2) 주주의 지위를 표창하는 것으로서의 주식

주식은 주식회사의 사원인 주주의 지위(지분)로서의 의미를 가진다. 주식은 균등한 비율적 지위로서 주주 1인이 수개의 주식을 가질 수 있다. 따라서 주주의 회사에 대한 권리와 의무는 주식을 기초로 하여 발생되고 주식 수에 따라 권리를 행사하며 의무를 이행하게 된다(상법 제369조, 제464조, 제538조, 제421조). 이처럼 주식을 균등한 비율적 지위의 단위로 한 것은 자본구성을 용이하게 하고 출자주식 수에 대응하는 균등한 기업이윤과 기업지배를 가능하게 하기 위한 것이다.

3) 주권으로서의 주식

주식이라고 할 때에는 일반적으로 주주의 권한을 표창하는 자본적 유가증권인 주권의 전체를 의미하는 것이지만, 주권은 주식의 구체적인 권리의 내용을 표현하는 것이다.

(2) 주식의 종류

상법은 자기자본 조달의 편의를 위해서 이익배당 또는 잔여재산의 분배, 주주총회에서 의결권의 행사, 상환 및 전환 등에 관하여 내용이 다른 수종의 주식을 발행할 수 있도록 하였다(상법 제344조 제1항). 이러한 종류주식을 발행하는 경우에는 내용과 수를 정해야 하고, 정관에 다른 정함이 없는 경우에도 주식의 종류에 따라 신주의 인수, 주식의 병합, 분할, 소각 또는 회사의 합병이나 분할로 인한 주식의 배정에 관하여 특수하게 정할 수 있으며, 정관을 변경함으로써 어느 종류주식의 주주에게 손해를 미치게 될 때에는 의결권이 없는 종류의 주식에 관한 것은 제외하고 주주총회의 결의 외에도 그 종류주식의 주주총회의 결의를 거치도록 하였다(상법 제344조 제2항 내지 제4항, 제435조 제1항, 제3항). 이 경우 종류주주총회는 출석한 주주의 의결권의 3분의 2 이상의 수와 그 종류의 발행주식 총수의 3분의 1 이상의 수로 결의하여야 한다(상법 제435조 제2항).

1) 이익배당 또는 잔여재산의 분배에 관한 종류주식

보통주식을 기준으로 기준보다 이익배당과 잔여재산의 분배에 있어서 유리하거나 불리하게 또는 혼합하는 형식으로 주식을 발행하는 경우를 말하는 것으로 투자자인 주주가 그 투자의 목적에 따라 주식을 선택할 수 있기 때문에 회사는 투자자를 모집할 때 편리하다. 회사가 이런 주식을 발행하는 경우에는 정관에 그 종류주식의 주주에게 교부하는 배당재산의 종류, 배당재산의 가액의 결정방법, 이익을 배당하는 조건 등 이익배당에 관한 내용을 정하여야 하고, 또한 정관에 잔여재산의 종류, 잔여재산의 가액의 결정방법, 그 밖에 잔여재산분배에 관한 내용을 정하여야 한다(상법 제344조의2 제1항, 제2항).

가. 우선주

우선주(優先株 : preference share)는 이익배당 또는 잔여재산의 분배에 관하여 보통주(common shares)보다 우선적 지위를 인정받은 주식을 말한다. 다음은 구체적인 권리의 내용에 따라 우선주를 구분하였다.

❶ **참가적우선주**(participating preference share) · **비참가적우선주**(non-participating preference share) : 전자는 우선배당 부분만큼의 우선 배당을 받고 다시 잔여이익이 있으면 이에 참가할 수 있는 것이고, 후자는 한정우선주라고 하며, 우선배당률이 동시에 배당의 최고한도가 되므로 잔여이익이 아무리 많아도 참가할 수 없다.

❷ **누적적우선주**(cumulative preference share) · **비누적적우선주**(non-cumulative preference share) : 전자는 특정 영업연도의 배당이 소정의 우선배당률에 달하지 못하는 경우에 그 부족분을 추징적으로 지급받을 수 있는 것이고, 후자는 이러한 추징권이 없는 것이다.

나. 후배주

후배주(後配株 : deferred share)는 이익 · 이자배당 또는 잔여재산의 분배에 관하여 보통주보다 후순위에 있는 주식을 말한다.

다. 혼합주

혼합주(混合株 : mixed a share)는 일면에서는 유리한 취급을 받고 일면에서는 불리한 취급을 받는 주식을 말한다. 즉, 이익배당에 관하여는 보통주보다 우선하나 잔여재산의 분배에 관하여는 불리한 지위에 있는 주식을 말한다.

2) 의결권의 배제 · 제한에 관한 종류주식

회사가 의결권이 없는 주식이나 의결권이 제한되는 주식을 발행할 수 있게 한 것을 말하며, 이 경우 의결권을 행사할 수 없는 사항과 의결권행사 또는 부활의 조건을 정한 경우에는 그 조건을 정관에 명시해야 한다. 이러한 종류주식의 발행은 회사의 발행주식 총수의 4분의 1을 초과하여 발행할 수 없는 것을 원칙으로 하되, 이를 초과하여 발행된 경우에는 회사는 지체없이 그 제한을 초과하지 아니하도록 하기 위하여 필요한 조치를 취해야 한다(상법 제344조의3 제1항, 제2항).

주주총회에서 의결권 없는 주식의 수는 발행주식 총수에 산입되지 아니하나, 이러한 주식을 가지는 주주도 총회에 출석하여 의견을 진술할 수 있고, 결의취소 및 무효의 소를 제기할 수 있으며, 소수주주권의 행사나 신주인수권 등의 권리는 인정된다.

3) 주식상환에 관한 종류주식

원칙상 주식은 상환될 수 없지만, 납입자본으로 상환하는 것이 아니고 별도의 이익금 또는 임의준비금을 재원으로 하여 상환하는 경우에는 발행주식 총수의 변동은 줄 수 있으나 자본은 감소되지 않으므로 자본조달의 편의를 위하여 특별히 법으로 인정한 상환을 전제 한 종류주식의 일종으로 상환주식(償還株式: redeemable share or callable stock)의 발행을 허용한다.

상환주식은 상환청구권이 회사에 있는 경우와 주주에 있는 경우로 분류된다. 전자의 경우는 정관으로 정하는 바에 따라 회사의 이익으로써 소각할 수 있는 종류주식의 발행을 의미하는 것으로 정관에 상환가액, 상환기간, 상환의 방법과 상환할 주식의 수를 정해야 하고, 회사는 상한대상인 주식의 취득일로부터 2주간 전에 그 사실을 그 주식의 주주 및 주주명부에 적힌 권리자에게 따로 통지해야 한다. 그러나 경우 통지는 공고로 갈음할 수 있다. 후자의 경우는 정관의 정함이 있는 경우에 해당되는 것으로 회사는 정관에 주주가 회사에 대하여 상환을 청구할 수 있다는 뜻으로, 상환가액, 상환청구기간, 상환의 방법을 정하여야 한다(상법 제345조 제1항 내지 제3항).

위의 두 종류의 상환주식의 상환에 있어서는 회사는 주식의 취득대가로 현금 외에 유가증권(다른 종류주식은 제외)이나 그 밖의 자산으로 교부할 수도 있지만, 그 자산의 장부가액이 상법 제462조의 정함이 있는 배당가능이익을 초과해서는 안 된다(상법 제345조 제4항). 그리고 이러한 주식은 종류주식(상환과 전환에 관한 것은 제외)에 한정하여 발행할 수 있다(동법 제5항).

4) 주식의 전환에 관한 종류주식

회사가 종류주식을 발행하는 경우에는 정관으로 정하는 바에 따라 주주는 인수한 주식을 다른 종류주식으로 전환할 것을 청구할 수 있고, 회사는 다른 종류의 주식으로 전환할 수 있음을 정할 수도 있다(상법 제346조 제1항, 제2항). 이러한 전환주식(轉換株式: convertible share)을 발행함에 있어서 그 전환권이 회사에 있는 경우는 전환의 사유, 전환의 조건, 전환의 기간, 전환으로 인하여 발생할 주식의 수와 내용을 정관에 명시하여야 하고, 그 전환권이 주주에게 있는 경우는 전환의 조건, 전환의 청구기간, 전환으로 발행할 주식의 수와 내용 등을 정관에 명시하여야 한다. 그리고 회사가 전환권을 가지는 것으로 정한 경우에는 이사회는 전환할 주식, 2주 이상의 일정한 기간 내에 그 주권을 회사에 제출하여야 한다는 뜻, 그 기간 내에 주권을 제출하지 아니할 때에는 그 주권이 무효로 된다는 뜻 등을 그 주식의 주주 및 주주명부상에 적힌 권리자에게 따로 통지하여야 한다. 다만, 이 통지는 공고에 갈음할 수도 있다(동법 제3항).

그리고 회사가 종류주식의 발행을 정한 경우에는 종류주식의 수 중 새로 발행할 주식의 수는 전환청구기간 또는 전환의 기간 내에는 그 발행을 유보하지 않으면 안 된다(상법 제 346조 제4항).

2. 주주

(1) 의의

주주(株主: shareholder, stockholder)란 주식이 표창하는 권리와 의무의 주체가 되는 자를 말한다(주식의 귀속자). 주주는 실질적으로 기업의 소유자로서 회사의 최고의사결정기관인 주주총회를 구성한다. 인원수에 제한이 없고, 일단 회사가 성립된 후에는 주식의 양도는 자유이다. 한 개의 주식을 수인에게 분할하여 그 일부에 대한 주주는 인정되지 않는다(주식불가분성). 그러나 1주를 수인이 공유하는 것은 상관없다(주식의 공유제). 이러한 주식의 공유에 있어서는 공유자가 연대하여 납입책임을 부담하고 그 중 권리를 행사할 1인을 정하여야 한다(상법 제333조 제2항). 또한 주주의 자격에는 제한이 없다. 그러므로 자연인은 물론이고 법인 또는 무능력자나 외국인도 주주가 될 수 있다.

(2) 주주평등의 원칙(株主平等의 原則)

각 주주는 주주의 자격에서 가지는 권리와 의무에 관하여 자기가 가지는 주식의 수에 비례하여 평등한 대우를 받는다는 원칙을 말한다(각 주식에 대한 평등취급의 원칙). 이는 대주주에 의한 다수결의 남용과 경영자의 전횡으로부터 일반주주를 보호하려는데 목적이 있으며, 회사와 주주 간에 있어서만 적용된다. 이 주주평등의 원칙은 강행법적인 성질이 있는 기본적인 원칙으로 이에 위반한 정관의 규정이나 주주총회의 결의는 무효의 원인이 된다.

그러나 회사의 자금조달의 편의를 위하여 우선주식, 후배주식, 의결권의 배제 · 제한주식, 전환주식, 상환주식 등의 종류주식의 발행에 있어서는 예외가 인정되고 있다(상법 제344조, 제344조의2, 제344조의3, 제345조, 제346조). 그러나 이 경우에 있어서도 동일 종류의 주식을 가진 주주 간에 있어서는 주주평등의 원칙이 작용된다. 이는 같은 것은 같게 취급하여야 평등하다는 원리의 작용에 기인된 것이다.

(3) 주주의 권리와 의무

1) 주주의 권리(株主의 權利)

주주의 권리라 함은 주주가 주주의 자격으로서 회사에 대하여 가지는 권리를 말하는 것으로 이는 크게 자익권, 공익권, 고유권으로 구분되고, 또한 단독주주권과 소수주주권 등으로도 분류된다.

가. 자익권(自益權)

자익권이란 주식회사의 투자자로서의 주주 개인의 재산적 이익을 위하여 인정된 제반권리를 말한다. 즉, 이익배당청구권(상법 제462조 내지 제464조), 잔여재산분배청구권(상법 제538조), 주식전환청구권(상법 제349조), 주권발행 또는 반환청구권(상법 제358조의2 제4항), 주권재발행청구권(상법 제360조 제2항) 등이 이에 해당된다.

나. 공익권(共益權)

공익권이란 주주가 회사 또는 주주공동의 이익을 위하여 행사하는 권리로서 회사활동의 기초가 되는 권리를 말한다. 즉, 회사의 각종사안에 대한 의결권(상법 제369조), 결의취소의 소의 제기권(상법 제376조), 부당결의 취소의 소 또는 변경의 소 제기권(상법 제381조), 성관 등의 열람 또는 등사청구권(상법 제396조 제2항), 신주발행무효의 소 제기권(상법 제429조), 회사설립무효의 소 제기권(상법 제328조), 주주대표소송 제기권(상법 제403조), 이사의 위법행위 유지청구권(상법 제402조), 임시수수총회의 소집청구권(상법 제366조), 이사, 감시의 해임청구권(상법 제385조 제2항, 제415조), 청산인의 해임권 및 해임청구권(상법 제539조 제1항, 제2항), 해산판결의 청구권(상법 제520조) 등이 이에 해당된다.

다. 고유권(固有權)

주주가 가지는 권리 중에서 주주총회의 다수결이나 정관변경에 의하여서도 회사가 일방적으로 제한하거나 박탈할 수 없는 권리를 말한다. 무엇이 고유권에 속하는가는 주식회사의 본질과 그 권리의 성격에 의하여 결정할 수밖에 없다. 예컨대, 공익권 중의 의결권이나 자익권 중의 이익배당청구권, 잔여재산분배청구권 등이 이에 속한다.

라. 단독주주권(單獨株主權)과 소수주주권(小數株主權)

단독주주권은 1주 만의 주식을 가진 주주라도 행사할 수 있는 권리를 말하고, 소수주주권은 발행주식 총수의 100분의 3 또는 100분의 1 따위의 일정한 비율 이상의 주식을 가진 주주만이 행사할 수 있는 권리를 말한다. 소수주주권은 위의 비율적인 요건을 갖추기만 하면 1인 주주라도 행사할 수 있고, 수인이 합산하여 비율적인 요건을 갖추게 되면 행사할 수도 있다. 그러나 주주의 권리행사의 대부분은 단독주주권이다.

마. 소수주주권 및 그 행사요건의 완화

종전에는 소수주주권의 행사요건으로서 대체로 발행주식 총수의 100분의 5 이상에 해당하는 주식을 가지는 주주라야 하였으나 1998년 개정상법에서는 소수주주의 감시권한을 강화 차원에서 이러한 요건을 다음의 표에서와 같이 대폭 완화하는 조치가 내려지게 되었다. 그리고 2020년 12월 29일에는 경제계로부터 과잉입법이라는 비난을 받으면서도 일부상법개정을 강행하였는데, 그 중 하나가 소수주주권의 행사로 이루어지는 다중대표소송제기권의 도입과 상장회사의 소수주주는 상장회사의 특례에 따른 소수주주의 행사요건과 일반규정에 따른 소수주주권 행사요건을 선택적으로 주장할 수 있도록 한 것이라 하겠다(상법 제542조의6 제10항 신설).

표 6 1998년 개정상법 전 · 후의 소수주주권 행사요건에 관한 비교 및 2020년 상법개정에 따른 소수주주권의 추가에 관한 표

소수주주권	1998년 개정이전	1998년 개정이후
1. 주주총회소집청구권(상법 제366조)	5%	3%
2. 이사해임청구권(상법 제385조 제2항)	5%	3%
3. 감사해임청구권(상법 제415조, 385조)	5%	3%
4. 회계장부열람권(상법 제466조 제1항)	5%	3%
5. 업무 및 재산상태 검사청구권(상법 제467조 제1항)	5%	3%
6. 청산인 해임청구권(상법 제539조 제2항)	5%	3%
7. 이사 위법행위 유지청구권(상법 제402조)	5%	1%
8. 주주대표소송 제기권(상법 제403조 제1항)	5%	1%
9. 해산청구권(상법 제520조 제1항)	10%	10%
10. 주주제안권(상법 제363조의2 제1항)(1998년 신설)	–	3%
11. 집중투표청구권(상법 제383조의2 제1항) (1998년 신설)(2009년 동법 제2항 개정 및 제542조의7 신설)	–	3%
12. 다중대표소송 제기권(상법 제406조의2) (2020년 신설)	–	1% (상장사인 경우 6개월 전부터 보유한 소수주주는 0.5%)

바. 다중대표소송제도

2020년 12월 29일에 도입된 다중대표소송제도란 모회사 발행주식총수의 1%에 주식을 가진 주주는 자회사에 대하여 자회사 이사의 책임을 추궁할 소의 제기를 청구할 수 있도록 하는 제도를 말한다(다만, 모회사가 상장회사인 경우에 6개월 전부터 계속하여 발행주식총수의 0.5%에 해당하는 주식을 보유한 소수주주는 이와 더불어 다중대표소송을 제기권이 인정됨(상법 제542조의6 제7항 신설)). 다중대표소송을 제기한 후 모회사가 보유한 자회사의 주식이 자회사 발행주식총수의 50%이하로 감소한 경우에도 제소의 효력에는 영향이 없으나 발행된 주식을 보유하지 아니하게 된 경우는 그러하지 아니하다(즉, 소송의 유지가 불가능함)(상법 제406조의2 신설).

2) 기관투자가들의 역할증대

연기금과 자산운용사와 같은 기관투자자들이 기업의 의사결정에 직접 참여하여 주주로서의 역할을 충실히 이행할 수 있도록 하는 제도를 스튜어드십 코드(Stewardship code)라고 하는데, 이 제도는 2008년 세계적인 금융위기를 거치는 과정에서 그 원인으로 지목받은 방만한 경영과 도덕적 해이에 대한 문제해결 수단으로 기관투자자들의 역할증대가 거론되면서 2010년 영국에서 처음으로 도입하게 된 제도이다. 이후 2011년에는 네덜란드, 2013년에는 스위스, 2014년에는 일본, 2016에는 대만과 홍콩 등이 순차적으로 도입하였다. 우리나라의 경우는 금융위원회 중심으로 태스크포스를 구성하여 추진해 왔으나 전국경제인연합 등 경제단체의 완강한 반대에 부딪쳐 시행이 늦추어지다가 2016년 12월 19일 한국판 스튜어드십 코드인 7가지 원칙으로 이루어진「기관투자자의 수탁자 책임」에 관한 원칙을 공표하고 2017년부터 정식시행되었다. 이 「기관투자자의 수탁자 책임」원칙에 따르면, 스튜어드십코드는 주요기관투자자가 주식을 보유하는데 그치지 않고 투자기업의 주요의사결정에 적극적으로 참여함으로써 주주와 기업의 이익을 추구하고 지속가능한 성장과 경영의 투명성을 이끌어 내는 것을 목적으로 한다. 이를 위해서 다음과 같은 원칙을 제시한다.

① 기관투자자는 고객, 수익자 등 타인자산을 관리 · 운영하는 수탁자로서 책임을 충실히 이행하기 위해 명확한 정책을 마련하여 공개해야 한다.

② 수탁자로서 책임을 이행하는 과정에서 실제 직면하거나 직면할 가능성이 있는 이해 상충 문제를 어떻게 해결할지에 관해 효과적이고 명확한 정책을 마련하고 그 내용을 공개해야 한다.

③ 기관투자자는 투자대상 회사의 중 · 장기적인 가치를 제고하고 투자자산의 가치를 보존하고 높일 수 있도록 투자대상 회사를 주기적으로 점검해야한다.

④ 기관투자자는 투자대상 회사와의 공감대 형성을 지향하되 필요한 경우 수탁자 책임이행을

위한 활동 전개 시기와 절차 및 방법에 관한 내부지침을 마련한다.

⑤ 기관투자자는 충실한 의결권 행사를 위한 지침, 절차, 세부기준을 포함한 의결권 정책을 마련하여 공개해야 하며, 의결권 행사의 적정성을 파악 할 수 있도록 의결권 행사의 구체적인 내용과 그 사유를 함께 공개해야 한다.

⑥ 기관투자자는 의결권 행사와 수탁자 책임이행 활동에 관해 고객과 수익자에게 주기적으로 보고해야 한다.

⑦ 기관투자자는 수탁자 책임의 적극적이고 효과적인 이행을 위해 필요한 역량과 전문성을 갖추어야 한다.

그러나 이는 강행법제가 아닌 임의적 · 자율적 성격의 제도인 것으로 한국형수탁자책임에 관한 원칙이 제정된 후 5년이 지난 현재 국민연금이 2018년 7월 스튜어드십 코드를 도입하면서 기업의 주주가치 재고, 대주주의 전횡저지 등 주주권행사를 하고 있는 것 외에는 개별기관투자자들의 도입은 극히 저조한 것이 현실에 부딪치고 있다. 참여가 저조한 이유로는 첫째, 기업의 자율권을 침해할 수 있다는 점, 둘째, 공시의무과정에서 전략이 노출될 수 있다는 점, 셋째, 의결자문 등에 따른 비용이 증가된다는 점, 넷째, 향후 이해상충 등의 우려가 있다는 점 등이 제시되고 있다.

생각하건대, 스튜어드십 코드란 기업의 방만한 경영과 도덕적 해이에 대한 문제해결의 수단으로 기관투자자의 역할증대에 기대하는 차원에서 제도화 된 것으로 그 도입이 국제적 흐름인 것은 사실이다. 우리나라의 경우도 그러한 국제적인 흐름에 편승하여 경제계의 반대에도 불구하고 도입하게 된 것은 어쩔 수 없는 선택이었다고 생각한다. 더욱이 강제법제가 아닌 기업이 임의적 선택적으로 도입할 수 있도록 한 것은 현명한 입법조치인 것으로 평가된다. 그러나 이 제도에 대한 우려의 목소리도 적지 않아 제도도입 이래 그 이용이 현저하게 저조한 것으로 나타나고 있다. 그럼에도 불구하고 일각에서는 오히려 이의 활성화 필요성을 주장한다든지 이에 더하여 강제성을 갖게 해야 한다는 주장까지도 나오고 있다. 우리나라는 기관투자자의 자율기관성과 독립성이 얼마나 확보되어 있는지(기관투자가의 정권으로부터의 독립성 확보 문제)와, 기업에 부담을 주는 환경을 자꾸 만들어 가는 것이 과연 바람직한 것(사기업의 자율성 침해 문제와 입법만능주의에 대한 비판)일까 하는 의문 때문에 심히 우려가 된다.

3) 주주의 의무(株主의 義務)

주주의 의무는 주주로서 회사에 대해 부담하는 의무를 말한다. 주주의 주된 의무는 출자의무이다. 따라서 주주는 자기가 인수한 주식의 가액을 회사에 납입할 의무를 부담하고, 회사의 채무에 관하여 회사 채권자가 가진 주식의 인수가액을 한도로 책임을 부담할 뿐이다(주주의 유한책임의 원칙)(상법 제331조). 이러한 주주의 의무는 정관이나 주주총회의 결의에 의해서도 달리 정할 수는 없다. 주주의 출자의무는 회사성립 전 또는 신주발행의 효력발생 전에 그 전부를 이행해야 하므로 이미 출자의무를 이행하여 주주가 된 후에는 회사에 대하여 아무런 의무를 부담하지 아니한다(상법 제295조 제1항, 제305조 제1항, 제421조 제1항, 제423조 제1항). 그러나 최근에는 지배주주의 지배권남용에 대한 문제점을 해결하기 위한 차원에서 지배주주에게는 충실의무를 부가시켜야 한다는 주장이 제기되기도 한다.

지배주주에게는 충실의무를 부가시켜야 한다는 주장은 주식회사의 기본원칙에 반하는 것으로 굳이 지배주주의 충실의무를 입안하지 않아도 현행 상법 제401조의2(1998년 12월 28일 본조신설)에는 업무집행지시자 등의 책임에 관한 규정이 마련되어 있으므로 전체적인 입장에서 볼 때 지배주주의 지배권남용에 대한 대책이 마련되었다. 그러므로 위의 주장에 무작정 찬성할 수는 없다. 그러나 지배주주가 간접적으로 경영권에 참여하여 그 영향력을 확대시킴으로서 채권자와 소수주주의 이해 및 회사의 이익에 중대한 영향을 미치는 경우가 발생되는 때에는 그 개별적 사안에 대한 책임을 추궁할 수 있는 구체적인 법제마련은 필요하다고 생각한다(서성호 · 김진환, 「주주유한책임과 채권자보호에 관한 고찰」 기업법연구 제24권 제3호(2010.09. 30.) 서성호, 「소규모주식회사의 감사제도에 관한 비판적 고찰」기업법연구 제28권 제4호(2014.12.31.)를 참조).

3. 주권 · 주주명부

(1) 주권(株券)

1) 의의

주권(share certificate)은 주주권을 표칭하는 유가증권이다. 주권은 회사의 성립 후 또는 신주의 납입기일 후가 아니면 발행하지 못한다(상법 제355조 제2항). 주식의 이전에는 반드시 주권의 교부를 요하고, 주권에는 법정사항을 기재하여야 한다(상법 제356조).

주권에 관하여 2014년 5월 20일 개성상법에서는 "1963년 시행된 제정 상법에서부터 존재한 무기명주식 제도는, 현재까지 발행 사례가 없어 기업의 자본조달에 기여하지 못하고, 소유자 파악이 곤란하여 양도세 회피 등 과세사각지대의 발생 우려가 있으며, 조세 및 기업 소유구조의 투명성 결여로 인한 국가의 대외신인도를 저하시키는 원인이 되는 등으로 더 이상 유지할 실익이 없는바, 현행 무기명주식 제도를 폐지하여 주식을 기명주식으로 일원화함으로써 조세 및 기업 소유구조의 투명성 제고"를 확립한다고 개정이유가 설명되고 있다. 따라서 이것과 관련된 제반제도가 동시에 개정되기에 이르렀다.

2) 주권의 종류

가. 주권

주주의 성명이 주권에 표기된 주권을 말한다(기명주권발행만이 인정됨). 당사자 간에는 주권의 교부와 배서에 의하여 권리가 이전되고, 취득자는 주주명부상에 성명과 주소를 기재해야 만이 회사에 대항할 수 있다(상법 제337조 제1항). 회사는 정관의 정하는 바에 따라 명의개서 대리인을 둘 수 있고, 이 경우 명의개서 대리인이 취득자의 성명과 주소를 주주명부의 복본에 기재한 때에는 위의 주주명부에 기재한 것으로 보아 회사에 대하여 대항력이 생긴다(상법 제337조 제2항).

나. 단일주권과 병합주권

단일주권은 1개의 주식에 반드시 1개의 주권이 표창된 형식으로 발행된 주식을 말하고, 병합주권은 1개의 주식에 10주권, 50주권, 100주권 등과 같이 복수의 주권을 1개의 주식에 표창하는 형식으로 발행된 주식을 말한다.

3) 발행

주식회사는 성립 후 또는 신주의 납입기일 후 지체 없이 법정사항을 기재한 주권을 발행하여야 하는데, 이러한 주권발행이 주식회사의 특색의 하나이다(상법 제355조 제1항). 따라서 정관으로 주권을 발행하지 않을 것을 정할 수는 없다.

주식발행의 시기는 회사가 성립된 후 또는 신주의 납입기일 후가 되며, 이전에 발행한 주식은 주권으로서의 효력이 없고, 만약 그 전에 발행함으로써 손해가 생긴 때에는 발행한 자에 대하여 그 배상의 청구를 할 수가 있다(상법 제355조 제1항 내지 제3항). 그리고 주권에는 회사의 상호, 회사의 성립연월일, 회사가 발행할 주식의 총수, 액면주식을 발행할 경우는 1주의 금액, 회사가 성립된 후 발행된 주식에 관하여는 그 발행연월일, 종류주식이 있는 경우에는 그 주식의 종류와 내용, 주식의 양도에 관하여 이사회의 승인을 얻도록 정한 때에는 그 규정 등을 기재하고 대표이사가 기명날인 또는 서명하여 발행한다(상법 제356조 제1호 내지 6의2호).

그러나 회사는 주권을 발행하는 대신 정관으로 정하는 바에 따라 전자등록기관(유가증권 등의 전자등록업무를 취급하는 것으로 지정된 기관을 말함)의 전자등록부에 주식을 등록할 수도 있다. 이 경우 전자등록부에 등록된 주식의 양도나 입질은 전자등록부에 등록해야만 효력이 생기고, 전자등록부에 주식을 등록한 자는 그 등록된 주식에 대한 권리를 적법하게 보유한 것으로 추정되며, 이러한 전자등록부를 선의로 또한 중대한 과실 없이 신뢰하고 권리를 양도받아 등록함으로써 새롭게 권리를 취득한 자는 그 권리를 적법하게 취득한 것으로 본다. 그리고 전자등록의 절차 · 방법 및 효과, 전자등록기관의 지정 · 감독 등 주식의 전자등록 등에 관하여 필요한 사항은 대통령령으로 정하는 것으로 하였다(상법 제356조의2 제1항 내지 제4항: 2011.4.14. 주식의 전자등록제도 신설).

4) 주권의 효력발생시기

주권의 효력발생시기에 관하여는 ① 회사가 주권을 작성한 때로 보는 설(작성시설 · 창조설), ② 회사가 주권을 작성하여 주주에게 교부한 때, 즉, 주주에게 도달한 때로 보는 설(교부시설 · 교부계약설, 다수설, 대법원판례 1977.4.12, 76 다 2766), ③ 회사가 작성한 주권을 그 의사에 따라 누군가에게 교부한 때로 보는 설[발행설: 이점 대법원은 주주에게 교부할 의사로써 교부하였으나 착오로 주주 아닌 자에게 교부한 때에도 주권발행은 유효하고, 주주의 주주권은 상실되었다고 판시한 바가 있다(대법원판례 1965.8.24, 65 다 968)] 등이 대립되고 있다. ①설 및 ③설을 따를 때에는 주권이 주주에게 교부되기 전에 분실되거나 선의취득 된 경우에 주주는 자기도 모르는 사이에 주주권을 잃게 되어 부당하다. 그러므로 ②설이 타당할 것으로 생각된다.

주) 주권의 효력발생시기에 관하여는 본서 제4편 제3장 제1절의 6.어음이론(어음학설)을 참조.

5) 주권의 불소지제도

주권의 불소지제도란 주주는 정관에 다른 정함이 있는 경우를 제외하고 그 기명주식에 대하여 주권을 소지하지 아니하겠다는 뜻을 회사에 신고할 수 있는 제도이다(상법 제58조의2 제1항). 주주로부터 위의 신고가 있는 때에는 회사는 지체 없이 주권을 발행하지 아니한다는 뜻을 주주명부와 그 복본에 기재하고, 그 사실을 주주에게 통지하여야 한다. 이 경우 회사는 그 주권을 발행할 수 없고, 이미 발행된 주권이 있는 때에는 이를 회사에 제출하여야 하며, 회사는 제출된 주권을 무효로 하거나 명의개서 대리인에게 임치하여야 한다(상법 제358조의2 제2항, 제358조의2 제3항). 그러나 주주는 이러한 경우에 있어서도 언제든지 회사에 대하여 다시 주권의 발행 또는 반환을 청구할 수 있다(상법 제358의2 제4항).

이러한 주권의 불소지 제도는 주주가 주권을 분실하거나 노취낭하여 소유주식을 잃을 염려가 있음을 전제로 주주를 위하여 특별히 인정하게 된 제도이다.

6) 주권의 상실

주권이 훼손된 때에는 주주는 그 주권을 회사에 제출하고 신 주권의 교부를 청구할 수 있지만, 주권을 유실, 도난 등으로 인하여 상실한 경우에는 주주는 민사소송법 제446조 및 그 이하의 규정에 따라 공시최고(公示催告)의 절차를 거쳐 제권판결(除權判決)을 구함으로써 상실한 주권을 무효로 하는 경우에 한하여 신 주권의 교부를 청구할 수 있다(상법 제360조 제1항, 제2항). 이는 주권도 기타의 법정유가증권의 일종으로써 그 상실과 재발행에 있어서의 법률관계가 같게 나타남을 의미하는 것에 지나지 않는다.

주) 주권의 효력발생시기에 관하여는 본서 제4편 제1장 제2절의 5. 유가증권의 상실을 참조.

(2) 주주명부(株主名簿)

1) 의의

주주명부는 주주와 주권에 관한 사항을 명백히 하기 위하여 작성 · 비치하는 장부이다. 주권을 발행한 때에는 주주명부에 주주의 성명과 주소, 주식의 종류와 그 수, 각 주주가 가진 주식의 주권을 발행한 때에는 그 주권의 번호, 각 주식의 취득연월일 등을 기재하여야 하고(상법 제352조 제1항), 전환주식을 발행한 때에는 이에 더하여 상법 제347조의 정함이 있는 전환주식 발행절차에 기재한 사항도 주주명부에 기재하여야 한다(상법 제352조 제3항). 그러나 회사는 정관으로 정하는 바에 따라 전자문서로 전자명부(전자주주명부)를 작성할 수도 있다. 이 경우에는 상기한 상법 제352조의 제1항의 기재사항 외에 전자우편주소를 적어야 하고, 이러한 전자주주명부의 비치 · 공시 및 열람에 관하여 필요한 사항은 대통령령으로 정하는 것으로 하였다(상법 제352조의2 제1항 내지 제3항: 2009.5.28. 본조신설).

이사는 회사의 정관과 주주총회의 회의록을 본점과 지점에, 주주명부, 사채원부를 본점에 비치하고(이 경우 명의개서 대리인을 둔 때에는 주주명부, 사채원부 또는 그 복본은 명의개서 대리인의 영업소에 비치하는 것도 가능함), 주주와 회사채권자는 영업시간 내에 언제든지 이러한 서류를 열람 등사를 청구할 수 있다(상법 제396조 제1항, 제2항).

2) 주주명부의 폐쇄와 기준일

회사는 의결권을 행사하거나 이익배당을 받을 자 기타 주주 또는 질권자로써 권리를 행사할 자를 정하기 위하여 일정한 기간을 정하여 주주명부의 기재변경을 정지하거나(株主名簿의 閉鎖) 일정한 날에 주주명부에 기재된 주주 또는 질권자를 그 권리를 행사할 주주 또는 질권자로 볼 수도 있다(基準日)(상법 제354조 제1항). 이 경우 주주명부의 폐쇄기간은 3개월을 초과하지 못하고, 폐쇄일 또는 기준일은 주주 또는 질권자로서 권리를 행사할 날에 앞선 3개월 내의 날로 정하여야 하며, 정관으로 폐쇄일과 기준일이 정해지지 아니하고 별도로 이를 정한 때에는 그 기간 또는 그 날의 2주간 전에 통지하여야 한다(상법 제354조 제2항, 제4항).

그러나 주주명부 폐쇄 기간 중에도 전환주식의 전환청구권이나 신주인수청구권의 등은 위의 폐쇄와 기준일을 정하게 한 입법목적에 합치되지 아니하므로 그 행사가 가능한 것으로 보아야 할 것이다.

한편, 2020년 12월 29일 개정상법은 배당실무에서의 혼란을 해소하고 주주총회의 분산개최를 유도할 목적으로 영업년도 말을 배당기준일로 정한 상법 제350조 제3항을 삭제하였다.

4. 주식의 양도

(1) 주식의 자유양도성과 정관에 의한 제한

1) 주식의 양도성과 제한

상법은 주주에게 투자자본을 회수할 수 있는 기회를 주기 위하여 주식은 타인에게 자유롭게 양도할 수 있음을 원칙으로 한다(株式의 自由讓渡原則)(상법 제335조 제1항). 그러나 한편으로 주식의 자유양도는 회사경영에 있어서 중대한 영향을 미칠 수 있으므로 예외적으로 정관으로 정함에 따라 이사회의 승인을 받아 양도 하는 방식의 제한을 가하게 된 것이다(상법 제335조 제1항 단서). 따라서 정관의 정함이 있음에도 불구하고 이사회의 승인을 얻지 아니한 주식의 양도는 회사에 대한 효력이 인정되지 않는다(상법 제335조 제2항).

그리고 주권발행 전에 한 주식의 양도는 회사에 대하여 효력이 없으나, 회사성립 후 또는 신주의 납입기일 후 6개월이 경과한 때에는 그러하지 아니한다(상법 제335조 제3항).

2) 양도승인의 청구

주식의 양도에 관하여 이사회의 승인을 얻어야 하는 경우에는 주식을 양도하고자 하는 주주는 회사에 대하여 양도의 상대방 및 양도하고자 하는 주식의 종류와 수를 기재한 서면으로 양도의 승인을 청구할 수 있다(상법 제335조2 제1항). 이 경우 회사는 위의 청구가 있는 날부터 1개월 이내에 수수에게 그 승인 여부를 서면으로 통지하여야 한다(동법 제2항). 그러나 회사가 위의 기간 내에 주주에게 거부의 통지를 하지 아니한 때에는 주식의 양도에 관하여 이사회의 승인이 있는 것으로 보고, 수수가 이사회로부터 양도승인을 거부하는 통지를 받은 때에는 그 통지를 받은 날부터 20일내에 회사에 대하여 양도 상대방의 지정 또는 그 주식의 매수를 청구할 수가 있게 된다(동법 제3항, 제4항).

3) 양도상대방의 지정청구

주주가 양도의 상대방을 지정하여 줄 것을 청구한 경우에는 이사회는 이를 지정해 주어야 하고, 그 청구가 있는 날부터 2주간 내에 주주 및 지정된 상대방에게 서면으로 이를 통지하여야 한다(상법 제335조의3 제1항). 회사가 위의 기간 내에 주주에게 상대방지정의 통지를 하지 아니한 때에는 주식의 양도에 관하여 이사회의 승인이 있는 것으로 본다(동법 제2항).

4) 지정된 자의 선매권

이사회로부터 주식을 매수할 상대방으로 지정된 자는 지정통지를 받은 날부터 10일 이내에 지정청구를 한 주주에 대하여 서면으로 그 주식을 자기에게 매도할 것을 청구할 수 있다(상법 제335조의4 제1항). 이 경우 상대방으로 지정된 자가 위의 기간 내에 매도청구를 하지 아니한 때에는 주식의 양도에 관하여 이사회의 승인이 있는 것으로 본다(동법 제2항).

5) 매수가액의 결정

주식매수 상대방으로 지정된 자는 당해주주와 협의하여 주식의 매수가액을 결정해야 한다. 그러나 그 매수청구를 받은 날로부터 30일 이내에 위의 매수가액에 관한 협의가 이루어지지 아니한 경우에는 회사 또는 주식의 매수를 청구한 주주는 법원에 대하여 매수가액의 결정을 청구할 수 있고, 이 경우 법원은 회사의 재산상태 기타의 사정을 참작하여 공정한 가액으로 이를 산정하여야 한다(상법 제335조의5 제1항, 제2항, 제374조의2 제4항, 제5항).

6) 주식의 매수청구

주주가 이사회로부터 양도승인을 거부하는 통지를 받은 때에는 그 통지를 받은 날부터 20일 내에 회사에 대하여 선택적으로 양도상대방의 지정을 청구하거나 회사에 대하여 주식매수청구권을 행사할 수 있다. 이 경우는 주주가 후자인 주식매수청구권행사를 선택한 것으로서 회사는 위의 청구를 받은 날로부터 2개월 이내에 그 주식을 매수하여야 한다. 그리고 이 경우의 주식매수가격에 대해서는 회사와 당해 주주 간의 협의에 의하여 결정해야 할 것이나, 그 매수청구를 받은 날로부터 30일 이내에 위의 매수가액에 관한 협의가 이루어지지 아니한 경우에는 회사 또는 주식의 매수를 청구한 주주는 법원에 대하여 매수가액의 결정을 청구할 수 있고, 이 경우 법원은 회사의 재산상태 기타의 사정을 참작하여 공정한 가액으로 이를 산정하여야 한다(상법 제335조의6, 제374조의2 제3항 내지 제5항).

7) 주식의 양수인에 의한 승인청구

주식의 양도에 관하여 이사회의 승인을 얻어야 하는 경우에 주식을 취득한 자는 회사에 대하여 그 주식의 종류와 수를 기재한 서면으로 그 취득의 승인을 청구할 수 있다(상법 제335조의7 제1항). 이 경우 회사는 위의 청구가 있는 날로부터 1개월 이내에 주식을 취득한 자에게 그 승인여부를 서면으로 통지해야 하고, 이 통지가 없는 경우에는 이사회의 승인이 있는 것으로 본다. 주식을 취득한 자가 회사로부터 양수승인거부의 통지를 받은 때에는 통지를 받은 날로부터 20일 내에 양수 상대방의 지정 또는 그 주식의 매수를 청구할 수 있다(상법 제335조의7 제2항, 제335조의2 제2항 내지 제4항). 그리고 나머지의 절차는 위에서 설명한 바와 같이 진행된다(상법 제335조의3 내지 제335조의6).

(2) 주식양도의 기타 제한

1) 자기주식의 취득제한

가. 의의

자기주식의 유상취득을 허용하게 되면 ① 주금의 환급과 같은 결과가 되고, ② 주가가 하락하는 경우에 회사의 자본충실을 위태롭게 할 우려가 있으며, ③ 회사의 기관이 투기행위로 인하여 주가의 조작을 할 수 있고, ④ 특정인에게 유리한 가격으로 자기주식을 취득하게 하면 주주평등의 원칙에 위배될 뿐만 아니라 회사의 지배권유지를 위하여 악용될 수 있기 때문에 상법은 원칙적으로 자기주식의 취득을 금지하는 것을 원칙으로 하되, 예외적으로 일정한 조건을 전제로 그 취득을 허용하고, 또한 특정목적을 위한 경우에 한하여 그 취득을 허용하고 있다.

여기에서 특정한 목적이 아닌 경우로 자기주식취득의 경우에는 그 취득가액의 총액은 직전 결산기의 대차대조표상의 순자산액에서 제46조의 제1항에서 정한 배당 가능한 이익을 뺀 금액을 초과할 수 없다(상법 제341조 제1항 단서). 이 경우의 취득 방법에 대해서도 거래소에서 시세가 있는 주식의 경우에는 거래소에서 취득하는 방법, 주식상환에 관한 종류주식의 경우 외에 각 주주가 가진 주식 수에 따라 균등한 조건으로 취득하는 것으로서 대통령령으로 정하는 방법 등으로 취득해야하며, 자기주식을 취득하려는 회사는 사전에 주주총회의 결의로 취득할 수 있는 주식의 종류 및 수, 취득가액의 총액의 한도, 1년을 초과하지 아니하는 범위에서 자기주식을 취득할 수 있는 기간 등을 정해야 한다(상법 제341조 제2항). 그러나 이 경우 이사회의 결의로 이익배당을 할 수 있다고 정관으로 정하고 있는 경우에는 이사회의 결의로써 주주총회의 결의에 갈음할 수 있다(상법 제340조 제2항 단서). 자기주식취득 제한에 관한 규정은 회사가 자기의 명의와 계산으로 자기주식을 취득한 경우뿐만 아니라 회사가 제3자의 명의로 자기의 계산으로 자기주식을 취득한 경우에도 적용된다.

나. 자기주식의 취득제한에 관한 위반효과

회사는 해당 영업연도의 결산기에 대차대조표의 순자산액이 제46조의 제1항 각 호의 금액의 합계액(배당 가능한 이익)에 미치지 못할 우려가 있는 경우는 자기주식 취득을 해서는 안되지만 위의 합계액에 미치지 못함에도 불구하고 자기주식을 취득한 경우 이사는 회사에 대하여 연대하여 그 미치지 못한 금액을 배상할 책임이 있다. 그러나 이 경우에 이사가 위의 합계액에 미치지 못할 우려가 없다고 판단한 때에 주의를 게을리 하지 아니하였음을 증명하게 되면 그 책임을 면할 수가 있다(상법 제341조 제3항, 제4항).

다. 특정목적에 의한 자기주식의 취득

상법은 특정목적을 위하여 자기주식을 취득할 수 있는 경우를 다음과 같이 정하고 있다. 즉, ① 회사의 합병 또는 다른 회사의 영업전부의 양수로 인한 경우, ② 회사의 권리를 실행함에 있어 그 목적을 달성하기 위하여 필요한 경우, ③ 단주의 처리를 위하여 필요한 경우, ④ 주주가 주식매수청구권을 행사한 경우 등이다. 그리고 이 경우에는 자기주식취득을 허용하기 위하여 일반적인 조건을 설정한 상법 제341조가 배제되는 것으로 하였다(상법 제341조의2).

라. 자기주식의 처분

회사가 보유하는 자기주식을 처분하는 경우에 처분할 주식의 수, 처분할 주식의 처분가액과 납입기일, 주식을 처분할 상대방 및 처분 방법 등에 관하여 정관의 정함이 없는 경우에는 이를 이사회가 결정한다(상법 제342조).

2) 자기주식의 질취제한(質取制限)

자기주식을 질권의 목적으로 취득하는 것을 무제한으로 허용하게 되면 자기주식 취득제한을 탈법화 하는 수단으로 활용되어질 수 있다. 따라서 이에 관해서도 회사는 발행주식 총수의 20분의 1을 초과하여 자기주식을 질권의 목적으로 받을 수 없도록 하였고, 예외적으로 회사의 합병 또는 다른 회사의 영업전부의 양수로 인한 경우와 회사의 권리를 실행함에 있어서 그 목적을 달성하기 위하여 필요한 경우에는 그 제한의 적용을 배제하는 것으로 하였다(상법 제341조의3).

3) 주식의 상호소유금지 및 제한

가. 의의

주식의 상호소유란 2개의 회사가 서로 상대방 회사의 주식을 교환적으로 소유하는 것을 말한다. 예컨대 A회사는 B회사의 주식을, B회사는 A회사의 주식을 소유하는 것으로 주식의 상호소유를 제한 없이 허용하게 된다면 그 폐해로 2개의 회사가 실질적인 출자를 하지 않아도 서로 상대방의 주주가 되어 형식적인 자본만 증가하는 형상을 초래한다.

그 결과로 주주와 회사채권자의 이익을 해할 수 있고, 한편으로 회사의 경영자가 타 회사의 주주총회에서 강력한 영향력을 행사하여 일반주주의 이익을 해할 수 있을 뿐만 아니라 특정회사의 주가를 조작하기 위한 투기행위가 자행될 위험성마저 있게 된다. 따라서 주식의 상호소유를 금지 및 제한하는 법제가 만들어졌다.

나. 자회사의 모회사주식 취득금지

상법은 자회사에 의한 모회사주식의 취득을 금지하였고, 모회사의 기준을 실질적인 지배종속관계가 없는 경우에도 소유주식의 수만을 기준으로 하여 정하고 있다. 모회사란 다른 회사의 발행주식의 총수의 100분의 50을 초과하는 주식을 가진 회사를 말하고, 자회사란 자기회사의 발행주식의 총수의 100분의 50을 초과하는 주식을 다른 회사에 의하여 소유되고 있는 회사를 말한다. 이 경우 상법은 원칙적으로 자회사에 의한 모회사주식의 취득을 허용하지 않는다(상법 제342조의2).

그러나 예외적으로 자회사는 ① 주식의 포괄적 교환, 주식의 포괄적 이전, 회사의 합병 또는 다른 회사의 영업전부의 양수로 인한 때, ② 회사의 권리를 실행함에 있어서 그 목적을 달성하기 위하여 필요한 때 등의 경우에는 일시적으로 모회사의 주식을 취득할 수 있도록 하였다(상법 제342조의2 제1항제1호, 제2호). 이 경우 자회사는 그 주식을 취득한 날로부터 6월 이내에 처분하여야 하는데, 이에 위반한 경우는 2천만원 이하의 벌금형의 제재를 받게 된다(상법 제342조의2 제2항, 제625조의2).

한편, 다른 회사의 발행주식 총수의 100분의 50을 초과하는 주식을 모회사 및 자회사 또는 자회사가 가지고 있는 경우에 그 다른 회사도 모회사의 자회사가 되고(상법 제342조의2 제3항), 회사가 다른 회사의 발행주식 총수의 10분의 1을 초과하여 취득하게 된 때에는 그 다른 회사에 대하여 지체 없이 그 사실을 통지해야 한다(상법 제432조의3). 이렇게 통지의무를 부가시키게 된 것은 그 다른 회사가 통지의무를 부담하는 모회사 또는 자회사의 주식을 소유한 경우에도 그 소유분에 대한 의결권행사를 할 수 없게 되었음을 알려줌으로써 이후 의결권분쟁을 조정하기 위함에 있는 것이다.

다. 모자관계가 없는 회사 간의 상호소유

상법은 모자관계가 없는 회사 간의 주식의 상호소유는 이를 금지하지 않고 의결권의 행사만을 제한하고 있다. 즉, 회사와 모회사 및 자회사 또는 자회사가 다른 회사의 발행주식 총수의 10분의 1을 초과하는 주식을 가지고 있는 경우에 그 다른 회사가 가지고 있는 자회사 또는 모회사의 주식은 의결권이 없다(상법 제369조 제3항). 이는 상대회사의 경영권은 이미 모회사와 자회사에 의해 중대한 영향을 받고 있음이 전제되어 모회사 또는 자회사의 경영진에 의하여 모자회 또는 자회사의 주주총회의 의사결정에 악용되어질 수 있는 소지가 있기 때문에 제도화하게 된 것이다.

(3) 주식양도의 방법

주식양도에 있어서는 주권을 교부하여야 한다(상법 제336조 제1항). 즉, 주식의 양도는 일반적으로 양도의 의사표시와 함께 주권의 교부가 이루어져야 하는데, 여기서 주권의 교부라 함은 주권의 인도, 즉 그 점유를 이전하는 것을 말한다. 따라서 주식의 양도는 주권의 교부에 의하여 하게 되는 것이므로 주권을 점유하고 있으면 점유 자체만으로 적법한 소지인으로 추정되고,

주식의 점유가 무권리임을 주장하는 자는 무권리에 대한 입증책임을 스스로 부담하게 되는 것이다(상법 제336조 제2항).

(4) 주식의 이전

주식의 이전은 취득자의 성명과 주소를 주주명부에 기재하지 아니하면 회사에 대항하지 못한다(상법 제337조 제1항). 이것을 명의개서라 한다. 이처럼 주주명부의 기재를 기준으로 해서 주주로서의 권리를 행사할 수 있게 하는 것이 주주나 회사에 있어서도 편리하므로 이를 제도화하게 된 것이다. 그러나 주식의 빈번한 거래로 인하여 회사의 업무에 지장이 초래될 수 있으므로 법은 정관의 정함으로 명의개서 대리인을 둘 수 있도록 하였고, 이 경우 명의개서 대리인이 취득자의 성명과 주소를 주주명부 복본에 기재한 때에는 명의개서 효력이 발생되는 것으로 하였다(상법 제337조 제2항).

5. 주권의 선의취득

주식의 양도는 전술한 바와 같이 기명주식이든 무기명주식이든 불문하고 주권의 교부에 의하는 것이기 때문에 주권의 점유자는 적법한 소지인으로 추정된다. 그러므로 이러한 권리자의 외관을 신뢰하고 악의 또는 중대한 과실이 없이 주식을 취득한 자는 양도인이 비록 도취자, 습득자 등 무권리자인 경우에도 유효하게 그 주식을 취득했음을 증명하게 되면 선의취득자로 간주되어 주주가 된다(상법 제359조, 수표법 제21조). 여기에서 '악의'란 타인을 해할 목적으로 또는 해할 목적이 없는 경우라도 양도인이 무권리자임을 알고 있었음을 뜻하고, '중대한 과실이 없이'란 그 취득에 있어서 취득자가 취했어야할 보통의 요구되는 행위(즉, 배서의 연속 등의 확인절차의 이행, 조금만 관심을 기울였어도 쉽게 양도인이 무권리자임을 알았을 것 등)를 하였을 것을 뜻한다. 따라서 보통의 요구되는 행위 이상의 확인절차를 거치지 않았음을 이유로 그 선의취득을 부정할 수는 없다. 이는 보통의 요구되는 행위 이상의 확인절차를 거치지 않았다는 것은 취득자의 경과실에 해당되기 때문이다.

주) 주권의 효력발생시기에 관하여는 본서 제4편 제1장 제2절의 4. 유가증권의 선의취득을 참조.

6. 주식의 입질

(1) 서설

주식은 재산적 가치를 가지는 것이므로 질권의 목적이 될 수 있다. 주식의 입질은 주식의 재산적 가치만을 대상으로 하는 것이기 때문에 주주는 입질 후에도 여전히 주주로서의 지위를 유지하고 의결권 등의 공익권을 행사할 수 있으며, 질권자는 의결권을 행사하지 못한다. 그리고 회사가 자기주식을 질권의 목적물로 받는 것에 대해서는 법적으로 제한되어 있다(상법 제341조의3).

(2) 자기주식 질취 제한

1) 제한의 이유

회사가 자기주식을 질권의 목적으로 받는 경우에는 상법 제341조의 정함이 있는 자기주식 취득에 관한 제한규정을 탈법화 하는 수단으로 악용될 수 있고, 한편으로 채무자가 도산하게 되면 자기주식을 질취한 회사 또한 채권을 회수할 길이 없게 되어 재무의 불건전성을 초래하게 되는 등의 위험성이 존재하기 때문에 법은 일정한 범위 내에서만 자기주식 질취를 허용하게 되었다.

2) 자기주식 질취가 인정되는 범위

회사는 발행주의 총수의 20분의 1을 초과하여 자기주식을 질권의 목적으로 받지 못한다(상법 제341조의3). 그러나 회사의 합병 또는 다른 회사의 영업전부의 양수로 인한 경우와 회사의 권리를 실행함에 있어서 그 목적을 달성하기 위하여 필요한 경우에는 위의 한도를 초과하여 자기주식을 질권의 목적으로 받을 수 있다(상법 제341조의3 단서). 그리고 이 경우, 법문에서는 '질권의 목적으로' 자기주식을 받는 것을 제한하는 것으로 한정되어 있기 때문에 '권리의 양도를 담보하기 위하여' 자기주식을 받는 경우는 본 조의 준용이 허용될 수 없다는 견해가 있으나 자기주식의 질취제한에 관한 입법취지로부터 고려하게 되면 그러한 경우에도 본 조의 규정이 준용되는 것으로 보아야 할 것이다.

3) 위법 질취의 효과

가. 이사의 책임

이사가 업무를 집행함에 있어서 회사의 합병 또는 다른 회사의 영업전부의 양수로 인한 경우와 회사의 권리를 실행함에 있어서 목적을 달성하기 위하여 필요한 경우 등의 사유가 없음에도 불구하고 발행주식 총수의 20분의 1을 초과하여 자기주식을 질권의 목적으로 받은 때에는 이사는 회사재산을 위태롭게 한 죄에 관한 상법 제625조의2에 의거하여 2천만원 이하의 벌금형에 처해지게 되고(주식의 취득제한 등에 위반한 죄의 규정인 상법 제625조의2를 유추적용), 그로 인하여 회사 또는 제3자에게 손해가 발생하게 된 때에는 그 손해에 대해서도 연대하여 배상책임을 부담하게 된다.

나. 사법상의 효과에 대한 학설의 대립

위법하게 자기주식을 회사가 질취한 경우의 사법상의 효과에 관해서는 학설은 다음과 같이 대립되고 있다.

즉, 자기주식취득의 경우와는 달리 질취제한을 완화한 상법의 취지에 비추어 무효로 볼 것이 아니고, 더욱이 질취를 무효로 하더라도 회사의 이익보호가 되지는 않는다고 하는 유효설(정(동), 정(찬))과 제한을 초과하여 질취한 경우는 무효이지만 질권설정자에게 악의가 없으면 무효를 주장할 수 없다고 하는 상대적 무효설(정(희) · 양(승) · 박(길)), 제한을 초과하여 질취한 경우는 주식의 상호소유를 통한 폐해를 방지하기 위하여 정책적으로 법정한 강제규정이기 때문에 무효로 보아야한다는 무효설(서(돈), 김(용), 정(무), 최(기))이 대립되고 있다. 생각하건대 자본시장의 활성화 차원에서 완화하는 조치가 취해지고 있는 것은 사실이지만 제도 자체를 폐지할 수 없는 정책적인 입장을 고려하게 되면 무효설이 타당하다고 본다.

4) 자기주식의 처분

회사가 예외적으로 발행주식 총수의 20분의 1을 초과하여 자기주식을 질권으로 받은 때에는 자기주식의 취득제한의 경우에 준하여 1년을 초과하지 아니하는 범위 내에서 이사회의 결정으로 처분해야 한다(상법 제341조 제2항 제3호, 제342조).

5) 주식의 입질

주식의 입질 방법에는 약식질과 등록질로 구분된다.

가. 약식질(略式質)

약식질은 질권설정에 관한 합의를 전제로 주권을 질권자에게 교부함으로써 성립하고, 질권자는 계속하여 그 주권을 점유하지 아니하면 그 질권으로서 제3자에게 대항하지 못한다(상법 제338조 제1항, 제2항). 이것은 단기금융 또는 비밀을 요하는 입질에 있어서 편리하다.

나. 등록질(登錄質)

등록질(Registerpfand)은 상술한 약식질의 요건을 갖추고, 그 밖에 회사가 질권설정자의 청구에 의하여 질권자의 성명과 주소를 주주명부에 부기하고 그 성명을 주권에 기재하는 경우를 말한다(상법 제340조 제1항). 이 경우에 질권자는 회사로부터 이익배당, 잔여재산의 분배 또는 상법 제339조의 정함이 있는 '질권의 물상대위권'을 행사하여 금전의 지급을 받아 다른 채권자에 우선하여 자기채권의 변제에 충당할 수 있고, 배당 및 분배의 시기가 질권자의 채권의 변제시기보다 먼저 도래한 때에는 질권자는 회사에 대하여 위의 지급예정 금액의 공탁을 청구할 수 있으며, 이 경우 질권은 그 공탁금을 내용으로 존재하게 된다(상법 제340조 제1항, 제2항, 민법 제353조 제3항). 그리고 회사가 명의개서 대리인을 둔 경우에는 그 영업소에 비치된 주주명부 또는 그 복본 및 주권에 질권자의 성명과 주소를 기재할 수 있으며, 이 경우는 등록질의 효력이 동일하게 발생된다(상법 제337조 제2항 준용).

회사는 정당한 사유 없이는 질권의 등록을 거부할 수 없으나, 주주명부 폐쇄기간 중에는 질권의 등록 또는 그 말소를 거부할 수 있다(상법 제354조). 이러한 등록질은 질권자가 회사에 대하여 자기의 권리를 주장할 수 있는 질권설정의 방법이므로 질권자의 지위가 약식질보다 안정적이기 때문에 장기금융에 있어서 적합한 형태이다.

7. 주식의 소각

(1) 의의

주식의 소각이란 자본감소의 일종으로 특정의 주식을 절대적으로 소각시키는 회사의 행위를 말한다. 주식의 소각은 원칙으로 자본감소에 관한 규정에 의하여서만 소각할 수 있으나 이사회의 결의에 의하여 회사가 보유하는 자기주식을 소각하는 경우에는 그 예외가 인정된다(상법 제343조 제1항).

(2) 소각의 방법

자본감소에 관한 규정에 의하여 주식을 소각하는 경우에는 회사는 1개월 이상의 기간을 정하여 그 뜻과 그 기간 내에 주권을 회사에 제출할 것을 공고하고 주주명부에 기재된 주주와 질권자에 대하여는 각기 개별적으로 통지를 해야 한다. 위의 기간이 만료되면 주식을 소각할 수 있게 된다. 그러나 상법 제232조의 규정에 의한 채권자보호절차가 종료하지 아니한 때에는 그 종료한 때에 주식의 소각이 이루어져야한다(상법 제343조 제2항, 제440조, 제441조). 즉, 회사는 주식소각의 결의가 있는 날로부터 2주간 이내에 회사채권자에 대하여 이의가 있으면 일정한 기간(1개월 이상) 내에 이를 제출할 것을 공고하고, 알고 있는 채권자에 대해서는 각기 이를 최고하여야 한다(상법 제232조 제1항). 그러나 채권자가 위의 기간 내에 이의신청을 제출하지 아니하면 주식소각을 승인한 것으로 보고, 이의를 제출한 채권자가 있는 때에는 회사는 그 채권자에 대하여 변제 또는 상당한 담보를 제공하거나 이를 목적으로 하여 상당한 재산을 신탁회사에 신탁하여야 한다(상법제 232조 제2항, 제3항).

8. 지배주주에 의한 소수주식의 전부 취득

(1) 의의

2011년 4월 14일 개정상법에서는 회사의 발행주식 총수의 100분의 95 이상을 자기의 계산으로 보유하고 있는 지배주주는 회사의 경영상 목적을 달성하기 위하여 필요한 경우에는 회사의 다른 소수주주에게 그 보유하는 주식의 매도를 청구할 수 있는 것으로 하였고, 지배주주가 있는 회사의 소수주주도 언제든지 지배주주에게 그 보유주식의 매수를 청구할 수 있도록 하였다(상법 제360조의24 제1항, 제360조의25 제1항). 이를 지배주주의 매도청구권, 소수주주의 매수청구권이라 한다.

그리고 위의 지배주주의 보유주식의 수를 산정함에 있어서는 모회사와 자회사가 보유한 주식을 합산하고, 이 경우 회사가 아닌 주주가 발행주식 총수의 100분의 50을 초과하는 주식을 가진 회사가 보유하는 주식도 그 주주가 보유하는 주식과 합산하는 것으로 하였다(동법 제2항).

(2) 지배주주의 매도청구권

지배주주가 소수주주에게 주식의 매도를 청구하기 위해서는 미리 주주총회의 승인을 받아야 하는 것을 요건으로 하고, 이를 위하여 주주총회를 소집하기 위해서는 그 소집통지서에 ① 지배주주의 회사 주식의 보유 현황, ② 매도청구의 목적, ③ 매매가액의 산정 근거와 적정성에 관한 공인된 감정인의 평가, ④ 매매가액의 지급보증 등을 적어야 하며, 매도를 청구하는 지배주주는 소집되는 주주총회에서 그 내용을 설명하여야 한다(상법 제360조의 24 제3항, 제4항).

지배주주는 매도청구의 날 1개월 전까지 소수주주는 매매가액의 수령과 동시에 주권을 지배주주에게 교부하여야 한다는 뜻과, 교부하지 아니할 경우 매매가액을 수령하거나 지배주주가 매매가액을 공탁(供託)한 날에 주권은 무효가 된다는 뜻을 공고하고,주주명부에 적힌 주주와 질권자에게 개별적으로 그 사실을 통지를 하여야 한다(동법 제5항). 매도청구를 받은 소수주주는 매도청구를 받은 날부터 2개월 내에 지배주주에게 그 주식을 매도하여야 하고, 이 경우 그 매매가액은 매도청구를 받은 소수주주와 매도를 청구한 지배주주 간의 협의로 결정한다. 그러나매도청구를 받은 날부터 30일 내에 그 매매가액에 대한 협의가 이루어지지 아니한 경우에는 매도청구를 받은 소수주주 또는 매도청구를 한 지배주주는 법원에 매매가액의 결정을 청구할 수 있는데,이 경우 법원은 회사의 재산상태와 그 밖의 사정을 고려하여 공정한 가액으로 산정하여 결정해야 한다(동법 제6항 내지 제9항).

(3) 소수주주의 매수청구권

소수주주로부터 주식의 매수청구를 받은 지배주주는 매수를 청구한 날을 기준으로 2개월 내에 매수를 청구한 주주로부터 그 주식을 매수하여야 한다(상법 제360조의25 제2항). 이 경우 그 매매가액은 매수를 청구한 주주와 매수청구를 받은 지배주주 간의 협의로 결정해야 하나, 매수청구를 받은 날부터 30일 내에 그 매매가액에 대한 협의가 이루어지지 아니한 경우에는 매수청구를 받은 지배주주 또는 매수청구를 한 소수주주는 법원에 대하여 매매가액의 결정을 청구할 수 있고, 법원은 그 매매가액을 회사의 재산상태와 그 밖의 사정을 고려하여 공정한 가액으로 산정하여 결정해야 한다(동법 제3항 내지 제5항).

(4) 주식의 이전시기

지배주주의 매도청구권 및 소수주주의 매수청구권의 행사에 따른 주식은 취득하는지배주주가 매매가액을 소수주주에게 지급한 때에 주식은 이전되는 것으로 보고, 매매가액을 지급할 소수주주를 알 수 없거나 소수주주가 수령을 거부할 경우에는 지배주주는 그 가액을 공탁할 수가 있으며, 이 경우는 주식은 공탁한 날에 지배주주에게 이전되는 것으로 본다(상법 제360조의 26 제1항, 제2항).

제4절 주식회사의 기관

1. 서설

주식회사는 법인이므로 독자적인 권리능력과 행위능력을 갖는다. 그러나 회사가 직접 의사를 결정하고 이를 집행할 수가 없으므로 이를 대신해 줄 일정한 기관을 필요로 하게 되는데, 이를 법정한 것이 주식회사의 기관인 것이다. 즉, 회사의 의사를 결정하는 기관으로서 주주총회가 있고, 업무를 집행하는 기관으로서의 이사회와 대표이사가 있으며, 회계 및 업무집행 일반을 감시하는 기관으로서 감사가 있다. 이 밖에도 회사의 규모 및 상황에 따라 강제 또는 임의적으로 감사위원회, 회계감사인, 준법지원인, 집행임원, 검사인 등을 선임하기도 한다.

이처럼 주식회사의 기본직인 기관구조가 주주총회, 이사회 및 대표이사, 감사 등으로 3권분립 형태의 구성 체계를 갖추게 된 것은 독인인 헤르만 · 뢰슬러(Hermann Rösler)의 「(일본)상법 초안」에서 최초로 설계된 것에 기인된다. 이후 주식회사법제에서는 기업의 소유와 경영의 분리와 더불어 아시아법계의 특성으로 일본, 한국, 대만, 중국법제의 기반이 되었으며, 기업경영의 합리적 요청에 기인하여 설계된 것으로 이해되기에 이르렀다. 그러나 우리나라의 경우는 1999년 12월의 상법개정을 통하여 기존의 감사제도에 일부 대체되는 수단으로 감사위원회제도가 새롭게 도입됨에 따라 기관구조에 변화의 조짐이 나타나기 시작하였다. 그렇지만 최근 개정입법에서는 감사위원회제도의 시행에 따른 문제점으로부터 그 실효성 확보를 위하여 독립성 보장에 관한 특별한 조치가 마련되는 등, 기존의 3권분립 체제의 기관구조의 특성을 유지하면서 변형 · 계수되는 현상을 보이고 있다.

註釋 아시아법계의 특성

아시아법계의 특성이란 용어는 일본, 한국, 대만, 중국의 주식회사법상 기관구조체계가 영미법계 및 대륙법계 국가(특히, 미국의 2원화 구조체제 및 독일의 수직적 구조체제)의 그것과 다르게 설계되어 있음을 설명하기 위하여 일본 慶應義塾大学의 倉澤康一郎 교수가 처음으로 사용한 용어로 오늘날 학계의 일부에서는 이에 대한 공감대가 형성되고 있다.

2. 주주총회

(1) 서언

주주총회(株主總會: general meeting of shareholders)는 주식회사의 소유주인 주주로 구성되고(이점, 주주주권론의 입장에서 견해를 펼칠 때이고, 주주채권론의 견해에서는 주주도 회사의 채권자에 불과하다고 주장함), 회사의 기본적인 사항 및 회사의 존립에 영향을 미칠 수 있는 중요한 사항을 결정하는 회사의 최고의사결정기관으로써 회사의 필요적 상설기관이다(이점, 주주총회가 상설기관인가 임시기관인가에 관해서는 학설의 다툼이 있으나, 추상적인 의미의 존재형식에서 상설기관성을 인정함이 타당할 것으로 본다). 그러나 근래에 들어와 학계의 일부에서는 주주총회는 상법 또는 정관의 정함이 있는 사항만을 의결하는 것으로 그 권한이 축소 · 제한되고 있음을 들어 오히려 이사회에 대하여 최고의사결정기관으로서의 성격을 부여하자는 주장이 표출되기도 한다. 이점 생각하건대, 현행법상 법정된 권한 내에서는 주주총회의 결의가 업무집행기관을 구속할 뿐만 아니라 이사 및 감사의 임명권도 주주총회에 있으므로 주주총회가 회사의 최고의사결정기관으로 존재함을 부정하기에는 논리의 정합성에 있어서 부족함이 있다. 그렇다면 오히려 주주총회의 최고의사결정권한을 회사로부터 위임받은 것으로 이해하고, 주주총회의 구성원인 주주에 대하여 총회의사결정에 대한 책임을 물을 수 없다는 점을 감안하여 이 부분에 대한 주주총회와 회사와의 관계는 상법상 특별히 인정되는 위임관계로 보아야 함이 논리적으로 타당하다 할 것으로 본다.

주주총회의 의장은 정관에 정함이 없는 때에는 총회에서 선임하고(일반적으로는 정관에 의해 대표이사가 총회의 의장을 겸직함), 주주총회의 질서를 유지하며, 고의로 의사진행을 방해하기 위한 발언 및 행동을 하는 등 현저한 질서 문란자에 대해서는 그 발언의 정지 또는 퇴장을 명할 수 있는 권한을 가진다(상법 제366조의2). 이에 관한 구체적인 예를 들면 발언을 1회에 3분, 1인당 3회 등으로 제한하는 것도 가능하나, 이러한 경우에는 사전에 공지를 필요로 한다.

(2) 주주총회의 소집

1) 소집권자

가. 이사회

주주총회의 소집은 원칙적으로 이사회의 권한에 속한다. 총회는 이사회의 결의에 의하여 대표이사 또는 대표집행임원이 소집한다(상법 제362조, 제408조의2 제1항, 제408조의 1항).

나. 소수주주

발행주식 총수의 100분의 3 이상에 해당하는 주식을 가진 소수주주도 회의의 목적사항과 소집의 이유를 적은 서면 또는 전자문서를 이사회에 제출하여 임시총회소집을 청구할 수 있다(상법 제366조 제1항). 위의 요건을 갖춘 소수주주의 임시총회 소집청구가 있는 후 지체 없이 총회소집절차를 밟지 아니한 때에는 청구한 주주는 법원의 허가를 받아 스스로 총회소집을 할 수 있는데, 이 경우 총회의 의장은 법원이 이해관계인의 청구나 직권으로 선임할 수 있게 된다(상법 제366조 제2항). 이러한 소수주주의 청구에 의해 소집되는 주주총회에 있어서는 사전에 회사의 업무와 재산상태를 조사하기 위하여 검사인을 선임할 수도 있다(상법 제366조 제3항).

다. 감사 및 감사위원회

1995년 상법개정에 의하여 감사도 임시주주총회의 소집청구를 할 수 있게 되었다. 즉, 감사(감사위원회 포함)는 회의 목적사항과 소집의 이유를 기재한 서면을 이사회에 제출하여 임시총회의 소집을 청구할 수 있는데, 이 소집청구가 있은 후 지체 없이 총회소집의 절차를 밟지 아니한 때에는 소집청구를 한 감사는 법원의 허가를 얻어 스스로 총회를 소집할 수도 있다(상법 제412조의3 제1항, 제2항, 제366조 제2항, 제415조의2 제7항).

2) 소집시기

주주총회는 소집의 시기를 기준으로 정기총회(annual meeting)와 임시총회(special meeting)로 나뉜다. 정기총회는 매년 1회 일정한 시기에 소집하여야 하고, 년 2회 이상의 결산기를 정한 때에는 매기에 소집하여야 하며, 임시총회는 필요한 경우에 수시로 소집할 수 있다(상법 제365조 제1항 내지 제3항).

3) 소집지

총회는 정관에 다른 정함이 없으면 본점 소재지 또는 이에 인접한 장소에 소집하여야 한다(상법 제364조).

4) 소집절차

총회를 소집함에는 회일을 정하여 2주 전에 주주에 대하여 서면으로 통지를 발송하거나 주주의 동의를 받아 전자문서로 통지를 발송하여야 하고(2001년 상법개정에 의하여 통지서 대신에 "전자문서"에 의한 소집통지가 선택적으로 인정), 그 통지서에는 회의의 목적사항이 기재되어야 한다(상법 제363조 제1항 내지 제3항). 통지가 주주명부상의 주주의 주소에 계속 3년간 도달하지 아니한 때에는 회사는 그 주주에게 총회의 소집을 통지하지 아니할 수도 있다(상법 제363조 제1항 단서).

자본금 총액이 10억원 미만인 회사는 주주전원의 동의가 있을 경우에는 소집절차 없이 주주총회를 개최할 수 있고, 서면에 의한 결의로써 주주총회의 결의를 갈음할 수 있다. 이 경우 결의의 목적사항에 대하여 주주 전원이 서면동의를 한 때에는 서면에 의한 결의가 있는 것으로 본다(상법 제363조 제5항). 서면에 의한 결의는 주주총회와 동일한 효력이 생기며, 서면에 의한 결의에 대해서는 주주총회에 관한 규정을 준용하고, 이 모든 규정은 의결권 없는 주주에게는 적용되지 아니한다(상법 제363조 제6항 내지 제8항).

3. 주주제안권(株主提案權)

(1) 의의

1998년 12월 28일 개정상법은 소수주주권의 강화차원에서 주주제안제도를 신설하였다. 주주제안권이라 함은 일정한 요건을 갖춘 소수주주가 주주총회의 의제 · 의안을 제안할 수 있는 권리를 말한다. 상법 제363조의2 제1항에 의하면 의결권 없는 주식을 제외한 발행주식 총수의 100분의 3 이상에 해당하는 주식을 가진 주주는 이사에 대하여 주주총회일(정기주주총회의 경우는 직전 연도의 정기주주총회일에 해당하는 그 해의 해당일)의 6주 전에 서면 또는 전자문서로 일정한 사항을 주주총회의 목적사항으로 할 것을 제안(주주제안)할 수 있는 것으로 하였고(2009.1.30. 개정). 또한 주주제안권을 행사하는 주주는 이사에게 주주총회일의 6주 전에 서면 또는 전자문서로 회의의 목적으로 할 사항에 추가하여 당해 주주가 제출하는 의안의 요령을 주주총회 소집의 통지와 공고에 기재할 것을 청구할 수 있도록 하였다(상법 제363조의2 제2항: 2009.1.30 동법개정).

(2) 제안권행사의 효과

이사는 상기한 주주제안이 있는 경우에는 이를 이사회에 보고하고, 이사회는 주주제안의 내용이 법령 또는 정관을 위반하는 경우와 그 밖에 대통령령으로 정하는 경우를 제외하고(예컨대 의안의 내용이 이사의 자격요건에 해당하지 아니하는 이사의 선임의안, 이익배당요건에 해당하지 아니하는 이익처분의안 등이 이에 해당됨)는 이를 주주총회의 목적사항으로 정하여야 한다. 이 경우 주주제안을 한 자의 청구가 있는 때에는 주주총회에서 당해 의안을 설명할 기회를 주어야 한다(상법 제363조의2 제3항: 2009.1.30 동법개정).

(3) 부당거절의 효과

1) 벌칙

적법한 주주제안을 회사가 정당한 사유 없이 총회의 목적으로 추가하지 아니한 때에는 500만 원의 과태료에 의한 벌칙이 적용된다(상법 제635조 제1항 제19호).

2) 총회결의 하자에 관한 문제

주주제안이 부당하게 거절된 경우 즉, 의안의 요령이 소집통지에 기재되지 아니한 경우에는 총회소집절차 및 결의 방법이 위법에 해당하여 상법 제376조의 정함이 있는 결의취소의 소의 원인이 된다. 그러나 주주제안이 의제로서 채택되지 아니한 경우에는 결의취소의 소의 대상인 결의 자체가 없으므로 결의취소의 소를 제기할 수 있는지가 문제된다. 이에 관해서는 의제제안권의 부당거절은 중대한 하자이기는 하지만 다른 결의의 효력에는 영향이 없다고 하는 이론을 생각할 수 있다.

4. 주주의 의결권

(1) 의의

주주의 의결권(議決權: voting right)이란 주주가 주주총회에 출석하여 그 결의에 있어서 질문을 하고 의견의 진술과 찬부의 의사를 표명하며 회사의 의사결정에 참여할 수 있는 권리를 말한다. 이는 주주의 기본적인 권리로써 고유권이며 공익권에 속한다.

(2) 결의 방법

주주총회는 상법 또는 정관에 정하는 사항에 한하여 결의할 수 있다. 총회의 결의 방법에는 보통결의와 특별결의 및 특수결의로 분류된다.

1) 보통결의사항

보통결의는 원칙으로 이 법 또는 정관에 다른 정함이 있는 경우를 제외하고 출석한 주주의 의결권 과반수와 발행주식 총수의 4분의 1 이상의 수로 의결해야 한다(상법 제368조 제1항).

보통결의 사항으로는 검사인의 선임(상법 제366조 제3항, 제367조, 제542조 제2항), 이사, 감사의 선임(상법 제382조 제1항, 제409조 제1항), 이사, 감사, 청산인의 보수의 결정(상법 제388조, 제415조, 제543조

제2호), 재무제표의 승인, 이익배당 및 주식배당, 배당금지급시기의 결정(상법 제449조 제1항,462조 제2항, 제462조의2 제1항, 제464조의2 제1항), 준비금의 자본전입과 감소(상법 제461조 제1항 단서, 제461조의2), 전환사채발행사항의 결정(상법 제513조 제2항 단서), 신주인수권부사채의 발행사항의 결정(상법 제516조의2 제2항 단서), 청산인의 선임 및 해임(상법 제531조 제1항, 제539조 제1항), 청산종결의 승인(상법 제540조 제1항) 등이 있다. 이 중에는 정관으로 이사회의 권한사항으로 정할 수 있는 것도 일부 존재한다.

2020년 12월 29일 개정상법에서는 회사가 전자적 방법으로 의결권을 행사할 수 있도록 한 경우에 있어서 감사 또는 감사위원회위원의 선임은 출석한 주주의 의결권의 과반수로 결의할 수 있도록 하였다(상법 제409조 제3항, 제542조의12 제8항 신설)

2) 특별결의사항

특별결의는 출석한 주주의 의결권의 3분의 2이상의 수와 발행주식 총수의 3분의 1이사의 수로 의결해야 한다(상법 제434조).

특별결의 사항으로는 설립위원의 선임(상법 제175조 제2항), 주식의 분할(상법 제329조의2 제1항), 영업의 전부 또는 중요한 일부의 양도, 영업전부의 임대 또는 경영위임, 타인과 영업의 손익전부를 같이 하는 계약, 그 밖에 이에 준하는 계약의 체결 · 변경 또는 해약, 회사의 영업에 중대한 영향을 미치는 다른 회사의 영업전부 또는 일부의 양수(상법 제374조 제1항 제1호 내지 제3호), 사후설립(상법 제375조), 이사 · 감사의 해임(상법 제385조 제1항, 제415조), 정관변경(상법 제433조, 제434조), 자본감소(상법 제438조), 주주 이외의 자에게 전환사채 또는 신주인수권부사채를 발행하는 경우(상법 제513조 제3항, 제516조의2 제4항), 임의해산(상법 제517조 제2항, 제518조), 회사의 계속(상법 제519조), 휴면회사가 해산의제 된 경우의 계속결의(상법 제520조의2 제3항), 회사의 합병승인(상법 제522조), 회사의 분할(상법 제530조의2 이하), 스톡옵션에 관한(상법 제340조의2), 대주주로부터의 자기주식의 유상취득(상법 제341조 제2항), 주식의 포괄적 교환 · 이전(상법 제360조의2 이하) 등이 있다. 이 중에는 결의에 반대하는 소수주주에게 주식매수청구권 행사가 가능하게 되는 것도 일부 존재한다.

3) 특수결의사항

발기인, 이사, 감사의 책임을 면제하기 위해서는 총주주의 동의를 요하고(상법 제400조, 제415조, 제324조), 주식회사를 유한회사로 조직변경을 함에는 총주주의 일치에 의한 총회의 결의가 있어야 한다(상법 제604조 제1항).

4) 정족수 및 의결권수의 계산

총회결의의 정족수 계산에 있어서는 의결권의 배제 · 제한에 관한 종류주식과 자기주식, 모자회사와 관련하여 발행주식 총수의 10분의 1을 초과하는 주식을 소유당한 다른 회사가 가지는 모자회사의 주식은 발행주식 총수에 산입하지 아니한다.

또한 의결권의 계산에 있어서도 총회의 결의에 관하여 특별한 이해관계가 있는 자의 주식, 감사선임에 있어서 발행주식 총수의 100분의 3을 초과하는 주식 또는 정관으로 이보다 낮은 비율로 정한 경우의 초과하는 주식을 가진 주주의 주식, 상장회사의 최대주주, 최대주주의 특수관계인, 그 밖에 대통령령으로 정하는 자가 소유하는 상장회사의 의결권이 있는 주식의 합계가 발행주식 총수의 100분의 3을 초과하는 경우 그 초과하는 주식에 관하여 감사 또는 사외이사가 아닌 감사위원회위원, 사외이사인 감사위원회위원의 선임이나 해임의 의결에 있어서 의결권 행사가 배제된 주식의 의결권 수는 출석한 주주의 의결권 수에 산입하지 아니한다(상법 제371조 제1항, 제2항).

(3) 의결권의 행사

모든 주주는 1주마다 1개의 의결권을 갖는다. 주주가 2 이상의 의결권을 가지고 있는 때에는 이를 통일하지 아니하고 행사할 수 있다(불통일행사). 이 경우는 회일의 3일 전에 회사에 대하여 서면 또는 전자문서로 그 뜻과 이유를 통지하여야 한다(상법 제369조 제1항, 제368조의2 제1항). 회사가 가진 자기주식은 의결권이 없으며, 회사, 모회사 및 자회사 또는 자회사가 다른 회사의 발행주식 총수의 10분의 1을 초과하는 주식을 가지고 있는 경우 그 다른 회사가 가지고 있는 자회사 또는 모회사의 주식은 의결권이 없음은 상기한 바와 같다(상법 제369조 제2항, 제3항).

의결권은 주주 자신이 직접 행사하거나 주주는 정관이 정한 바에 따라 총회에 출석하지 않고 서면에 의하여 의결권을 행사할 수 있다. 이때는 총회소집통지서에 첨부된 참고자료를 검토하여 첨부된 서면에 권리를 행사하고 회사에 발송하는 것으로 의결권행사가 완료된다(상법 제368조의3 제1항, 제2항, 1999.12.31 본조신설). 또한 주주는 자기의 대리인을 통하여 의결권을 행사할 수도 있다. 이 경우에는 그 대리인은 대리권을 증명하는 서면(위임장)을 총회에 제출하여야 한다(상법 제368조 제3항). 그러나 총회의 결의에 관하여 특별한 이해관계가 있는 자는 의결권을 행사하지 못한다(상법 제368조 제4항).

(4) 중복된 위임장의 처리문제

중복된 위임장은 주주의 대리권에 기인된 것으로 주주총회의 실무상 적대적 의사결정에 있어서 종종 발생되는 문제인데, 그 처리기준을 미리 정하는 것이 문제해결의 방법이다. 즉, 중복된 위임장에 대해서는 ① 무효처리 한다든지, ② 위임장 기재일자의 선후에 따라 결정한다든지, ③ 실제로 주주의 의사를 확인한다든지 하는 등의 방법이 있다.

(5) 전자적 방법에 의한 의결권행사

인터넷 기술 등의 발달에 기인하여 이사회의 결의로 주주가 주주총회에 출석하지 아니하고 전자적인 방법으로 의결권행사가 가능하게 되었다(상법 제368조의4 제1항, 2009.5. 28. 본조신설). 이를 위해서는 회사는 주주총회의 소집통지를 할 때에 전자적인 방법으로 의결권을 행사할 수 있다는 내용을 통지해야 하고, 의결권 행사에 필요한 양식과 참고자료를 주주에게 전자적 방법으로 제공하여야 한다. 이 경우 주주는 주주확인절차 등 대통령령으로 정하는 바에 따라 의결권을 행사하여야 한다(동법 제2항, 제3항). 동일한 주식에 관하여 전자적 방법에 의한 의사결정 또는 서면에 의한 의결권을 행사하는 경우는 어느 하나를 선택해야 하는데, 전자를 선택한 경우에 회사는 의결권행사에 관한 전자적 기록을 총회가 끝난 날로부터 3개월간 본점에 비치하여 열람할 수 있도록 해야 하고, 총회가 끝난 날로부터 5년간 이를 보존해야 한다(동법 제4항, 제5항). 그리고 주주확인절차 등 전자적 방법에 의한 의결권행사 절차와 그 밖에 필요한 사항은 대통령령으로 정하는 바에 따라야 한다(동법 제6조).

(6) 특별결의 반대 주주의 주식매수청구권

회사 영업의 전부 또는 중요한 일부의 양도, 양수, 임대, 경영위임, 타인과의 공동경영 그 밖에 이에 준하는 계약의 체결 및 변경 등을 위한 주주총회의 특별결의사항에 반대하는 주주는 총회 전에 회사에 대하여 서면으로 그 결의에 반대하는 의사를 통지하고, 그 총회의 결의일로부터 20일 내에 주식의 종류와 수를 기재한 서면으로 회사에 대하여 자기가 소유하고 있는 주식의 매수를 청구할 수 있다(株式買受請求權: 상법 제374조의2 제1항, 제374조 제1항 제1호 내지 제3호).

회사는 위의 청구를 받은 날로부터 2개월 이내에 그 주식을 매수하여야 하고, 이때의 매수가액은 당해 주주와 회사 간의 협의에 의하여 결정한다. 이때 매수가액의 협의가 이루어지지 아니하는 경우에는 회사 또는 당해 주주는 법원에 대하여 매수가액을 청구할 수 있으며, 이러한 청구가 있으면 법원은 회사의 재산상태와 그 밖의 사정을 참작하여 공정한 가액으로 이를 산정하여야 한다(상법 제374조의2 제2항 내지 제5항). 이는 구 · 증권거래법이 주권상장법인의 주주에 대하여 인정하고 있는 것을 일반법화한 것이다.

주식매수청구권은 이 밖에도 주주가 회사로부터 주식양도승인거부의 통지를 받은 때 및 회사합병 또는 회사분할합병에 반대하는 경우에도 인정된다(상법 제335조의2 제4항, 제522조의3, 제530조의11 제2항).

(7) 주주총회결의의 하자

1) 서언

회사의 의사결정은 다수결의 방법으로 이루어지는 것이기 때문에 의사결정의 형식이나 내용에 관하여 하자가 있는 때는 복잡한 법률문제가 뒤따르게 된다. 주식회사에는 다수인의 이해관계가 있으며 일단 결의가 성립되면 이를 전제로 하여 모든 법률 관계가 진행되기 때문에 법률관계의 안정성이나 이해관계자 등에 대한 법적 확실성을 보장하기 위하여 주주총회의 결의에 하자가 있다고 하더라도 그 하자의 주장 방법을 무제한으로 인정할 수 없다. 따라서 상법은 하자(瑕疵)의 주장을 다음과 같이 소(訴)에 의해서만 할 수 있도록 하고 있다. 그리고 이들 소의 관할법원은 본점소재지의 지방법원이 되고, 소송이 제기되면 회사는 지체 없이 공고해야 한다. 법원은 이들 소송이 중복되어 제기된 경우에는 병합심리할 수 있고, 회사의 현황과 제반사정을 참작하여 이들 소송의 제기가 부적당하다고 인정한 때에는 그 청구를 기각할 수 있으며, 판결은 제3자에게도 효력이 생기고, 소를 제기한 자가 패소한 경우에 악의 또는 중대한 과실이 있는 때에는 회사에 대하여 연대하여 손해를 배상할 책임이 있게 된다(상법 제376조 제2항, 제380조, 제381조 제2항, 제185조 내지 제190조).

2) 결의취소의 소

주주총회의 소집절차 또는 그 결의 방법이 법령 또는 정관에 위반하고 또는 현저하게 불공정한 때 또는 그 결의의 내용이 정관에 위반한 때에는 주주 · 이사 또는 감사는 결의한 날로부터 2개월 내에 결의의 취소의 소를 법원에 제기할 수 있다(상법 제376조 제1항).

3) 결의무효 및 부존재확인의 소

주주총회의 결의의 내용이 법령에 위반하는 하자가 있는 경우에는 그 결의는 당연히 무효이다. 그러므로 누구든지 그 무효의 확인을 청구하는 소와 총회소집의 절차 또는 그 결의의 방법에 총회결의가 존재한다고 볼 수 없을 정도의 중대한 하자가 있는 것을 이유로 하여 결의부존재의 확인을 청구하는 소를 법원에 청구할 수가 있다(상법 제380조).

4) 불당결의취소, 변경의 소

주주총회 결의에 관하여 특별한 이해관계가 있음으로 인하여 의결권을 행사할 수 없었던 주주는 그 결의가 현저하게 부당하고, 그 주주가 의결권을 행사하였더라면 이를 저지할 수 있었을 때에는 그 결의의 날로부터 2개월 내에 결의의 취소 또는 변경의 소를 제기할 수 있다(상법 제381조 제1항).

5. 경영기관(이사 · 이사회 · 대표이사 · 집행임원)

(1) 이사

1) 의의

이사(理事: director)는 단독으로 회사의 업무를 집행하거나 회사를 대표할 권한을 가지지 아니하고 업무집행에 관한 의사결정에 참여하는 데 그치며, 이사 그 자체만으로는 회사의 기관이 될 수 없다. 따라서 이사는 경영의사결정기관인 이사회의 구성원으로서의 지위와 대표이사로 선정될 수 있는 전제자격이 주어지는 것이다. 그리고 이사는 아래에서와 같이 여러 종류의 이사로 분류된다.

2) 사외이사

가. 개요

❶ 사외이사(社外理事: outside director)라 함은 이사로서 상무에 종사하지 아니하는 자를 말하며, 비경영이사(non management director)라고도 한다. 이것과 대립되는 개념이 사내이사(inside director) 또는 경영이사(management director)이다. 경영이사는 대표이사를 비롯하여 회사의 경영업무 집행을 담당하는 이사를 말하고, 사외이사는 회사경영과 상무에 종사하지 않는 자로서 사내이사가 아닌 자를 말하는 것이다.

❷ 사외이사제도는 회사경영자에 대하여 독립적이고 객관적인 입장에서 감시기능을 수행할 수 있게 하는 제도로써 회사의 신용을 높이는 기능도 가진다는 점에 바람직한 제도로 평가 받기도 한다.

❸ 사외이사의 수에 관하여 주권상장회사의 경우는 이사 총수의 4분의 1 이상으로 하여야 하는 것을 원칙으로 하되, 예외적으로 자산규모 등을 고려하여 대통령령으로 정하는 상장회사의 경우는 사외이사를 3명 이상으로 할 수 있도록 하였다. 다만, 이 경우는 이사총수의 과반수가 되어야 한다(상법 제542조의8 제1항).

❹ 사외이사도 상법상의 이사라는 점에서 사내이사, 즉 통상의 이사와 다를 것이 없다. 그러므로 선임 · 종임 · 해임의 절차, 임기, 의무, 책임 등이 모두 통상의 이사의 그것과 동일하다. 다만 사외이사는 그 특수한 기능과 지위(독립성, 객관성, 경영진의 독주의 견제기능 등)에서 통상의 이사와는 다른 면이 존재한다.

나. 비상근이사와의 관계 및 사외이사의 자격

사외이사는 이사회의 결의에는 참석하나 업무집행은 담당하지 아니하므로 이 점에서 '비상근이사'에 속하며 업무를 담당하는 상근이사와 구별된다. 상법상 비상근이사나 상근이사는 다 같은 이사이므로 회사경영에 참여한다. 그러나 비상근이사와 사외이사 간에는 다음과 같은 차이점이 있다.

즉, 비상근이사는 그 자격에 제한이 없으므로 지배주주의 가족이나 친족, 기타 이해관계를 같이 하는 사람도 될 수 있다. 그러나 사외이사는 그 자격이 상법 제382조 제3항에 의하여 엄격하게 제한되어 있고, 상장회사의 경우는 더욱 그러하다(상법 제542조의8 제2항 제1호 내지 7호, 2009.1.30 본조신설). 또한 사외이사는 회사 경영의 공정성과 투자자의 보호를 위하여 선임되나, 일반적인 비상근이사는 선관의무 및 충실의무의 범위 안에서 회사의 이익을 위하여 선임된다. 이러한 점에서 일반적인 비상근이사는 상근이사(사내이사)와 같은 위치에 있는 것으로 볼 수 있으나, 사외이사는 그 지위의 독립성 및 기능과 역할의 면에 있어서도 일반 비상근이사와 다르다(이점, 후술하는 「상장회사에 대한 특례」를 참조).

다. 사외이사의 의무 · 책임

사외이사도 상법상의 이사이므로 일반적 의무로서의 선관의무(상법 제382조 제2항), 충실의무(상법 제382조의3)를 지는 동시에 구체적 의무로서 경업금지의무(상법 제397조), 회사의 기회 및 자산의 유용금지의무(상법 제397조의2), 자기거래의 제한에 따른 의무(상법 제398조), 감사에 대한 보고의무(상법 제412조의2) 등을 부담한다.

그리고, 회사에 대한 책임(상법 제399조), 제3자에 대한 책임(상법 제401조)에 관한 규정의 적용을 받으며, 책임추궁의 대표소송에 관한 규정(상법 제403조 이하)의 적용도 예외가 될 수는 없다(이점, 후술하는 「상장회사에 대한 특례」를 참조).

라. 사외이사의 권한

사외이사도 이사회의 구성원이므로 이사회소집권이 있고, 소집통지를 받을 권리가 있으며 결의에 참가할 수 있음은 물론이다(상법 제390조 제1항, 제2항). 이 밖에도 주주총회 결의취소의 소, 주주총회 결의무효 및 부존재확인의 소, 신주발행무효의 소, 합병무효의 소 등을 제기할 권리가 인정된다(상법 제376조, 제380조, 제429조, 제529조 등).

그리고 「사외이사 직무수행기준」에 의하면, 이상의 상법상의 여러 가지 권한 이외에도 그 직무수행을 위하여 ① 경영이사에게 그 담당업무에 관하여 질문하고 의견을 제시할 권리, ② 각종 회의록, 장부 기타 자료를 열람 · 등사할 권리, ③ 사업의 현장 및 시설들을 조사할 권리, ④ 회사의 자문위원, 나아가 필요하면 외부의 전문가에게 회사의 비용으로 직접 자문을 구할 권리를 행사할 수 있는 것으로 되어 있다.

그러나 주식 또는 사채청약서의 작성(상법 제420조, 제474조 제2항), 신주인수권증서 및 신주인수권증권의 기명날인 또는 서명(상법 제470조의2 제2항, 제516조의5 제2항), 재무제표(영업보고서를 포함)의 작성 · 제출 · 비치 · 공고(상법 제447조 내지 제447조의3, 제448조, 제449조) 등은 업무집행적인 성질의 사항에 해당되기 때문에 사외이사의 직무권한에는 속하지 아니하는 것으로 보아야 한다.

3) 총회에서 이사의 선임결의 방법

주주총회에서 이사를 선임하는 경우의 결의 방법은 보통결의에 의하도록 되어 있으므로 정관에 다른 정함이 없는 한 출석한 주주의 의결권의 과반수와 발행주식 총수의 4분의 1 이상의 수로써 선임하게 된다(상법 제368조 제1항, 제382조 제1항).

1995년 개정상법 이전에는 이사선임에 관하여 특별규정을 두어 정관에 다른 정함이 있는 경우에도 발행주식 총수의 과반수에 해당하는 주식을 가진 주주의 출석으로 그 의결권의 과반수로 선임하도록 되어 있었으나, 1995년의 상법개정으로 동법 제384조가 삭제됨으로써 이후 제368조 제1항에서 정하는 보통결의 방법으로 선임결의를 하게 된 것이다. 따라서 이사의 선임에 있어서는 종전의 특별요건규정이 없어지고(개정전 상법 제384조) 또한 보통결의(상법 제368조 제1항)의 요건도 정족수 요건이 배제되는 등으로 완화조치가 내려져 이중으로 그 요건이 완화된 것이다.

그러나 2020년 12월 29일 개정 상법은 주주총회에서 이사의 선임 시 감사위원 중 1명은 다른 이사와 분리하여 감사위원회위원이 되는 이사로 선임할 것을 강제하였다(상법 제542조의12 제2항 단서신설). 그리고 상장회사의 감사위원회위원의 선임 · 해임 시 적용되던 3%의 의결권 제한 규정을 정비하여 사외이사가 아닌 감사위원회위원의 경우 최대주주는 특수관계인 등의 소유주식을 합산 하여 3%, 그 외의 주주는 3%를 초과하는 주식에 대하여 의결권이 제한되도록 하고, 사외이사인 감사위원회위원의 경우 모든 주주는 3%를 초과하는 주식에 대하여 의결권이 제한되도록 법제하였다(상법 제542조의12 제4항 및 제7항). 이에 대해 경제계에서는 주주의 권리를 심히 침해하기 때문에 과잉규제입법이라는 비난과 함께 심히 우려되는 입법조치인 것으로 평가할 수밖에 없다.

4) 집중투표

가. 내용

1998년 12월 28일 개정상법에서는 이사선임에 관하여 집중투표 또는 누적투표(cumulative voting)제도를 도입하게 되었다. 집중투표제도는 2인 이상의 이사를 선임하는 것을 목적으로 하는 주주총회의 소집이 있을 때에는 소수주주(의결권 없는 주식을 제외한 발행주식 총수의 100분의 3 이상에 해당하는 주식을 가진 주주)가 정관에서 달리 정한 경우를 제외하고 회사에 대하여 주주총회일 7일 전까지 서면(서면은 총회의 종결 시까지 본점에 비치하여 주주로 하여금 영업시간 내에 열람할 수 있도록 하여야 함) 또는 전자문서로 집중투표의 방법으로 이사를 선임할 것을 청구할 수 있도록 한 제도를 말한다(상법 제382조의2 제1항, 제2항, 제6항).

위의 청구가 있는 경우에는 의장은 결의에 앞서 그러한 청구가 있다는 취지를 알려야 하고, 이사의 선임결의에 관하여 각 주주는 1주마다 선임할 이사의 수와 동일한 수의 의결권을 가지며, 그 의결권은 이사 후보자 1인 또는 수인에게 집중하여 투표하는 방법으로 행사할 수 있으며, 이 경우 투표의 최다수를 얻은 자부터 순차적으로 이사에 선임되는 것이다(동법 제3항 내지 제5항).

나. 집중투표의 청구권자

집중투표를 청구할 수 있는 자는 단독이든 연합이든 의결권 있는 발행주식 총수의 100분의 3 이상에 해당하는 주식을 가진 소수주주이다(상법 제382조의2 제1항). 이 경우 소수주주가 가지는 주식이 기명주식인 경우는 주주명부에 기재된 주주이어야 하고, 무기명주식인 경우는 회사에 공탁하여야 하며, 주식의 보유기간에는 제한이 없다(상법 제337조 제1항, 제358조). 그리고 무의결권주(상법 제370조), 회사가 가진 자기주식(상법 제369조 제2항), 모회사의 주식을 가진 자회사의 주식(상법 제342조의2), 주식의 상호보유관계에 있는 회사가 가진 주식(상법 제369조 제3항)은 의결권이 없으므로 집중투표의 청구권 또한 없다.

다. 집중투표의 청구가 인정되는 총회

집중투표의 청구는 회사설립 후에 개최되는 주주총회에서 2인 이상의 이사를 선임하는 경우에만 인정되므로, 복수의 이사를 선임하는 경우라도 창립총회에서 최초의 이사를 선임하는 경우에는 집중투표의 청구가 인정될 수 없다.

5) 이사의 선임 및 임기

이사는 주주총회에서 선임한다(상법 제382조 제1항). 사외이사를 제외한 이사의 자격에는 제한이 없으나(상법 제382조 제3항 제1호 내지 7호, 제542조의8 제2항 제1호 내지 제7호), 정관으로 이를 주주에 제한하는 것은 상관없다. 이사는 3인 이상이어야 하나 자본총액이 10억원 미만인 회사는 이사의 수는 1명 또는 2명으로 할 수 있다(상법 제383조 제1항). 이사의 임기는 3년을 초과하지 못한다. 그러나 재선되어 임기가 새롭게 시작되는 것도 문제될 바 없으나, 그 임기 중의 최종 결산기에 관한 정기주주총회의 종결에 이르기까지 임기를 연장하기 위해서는 정관의 정함이 있어야 한다(상법 제383조 제2항, 제3항).

6) 종임

이사와 회사와의 관계는 위임관계에 있으므로 이사는 위임의 법정종료사유가 발생한 때 종임됨은 물론이고, 이 밖에 회사의 해산, 정관소정의 자격상실, 임기의 만료, 사임과 해임에 의해서도 종임 된다(상법 제382조 제2항, 민법 제690조, 제385조 제1항).

7) 이사결원의 경우

임기만료 또는 사임으로 인하여 퇴임하는 이사로 인하여 법률 또는 정관에 정한 이사의 수가 결원되는 경우에는 새로 선임된 이사가 취임할 때까지 기존의 이사에게 이사로서의 권리와 의무를 부여된다(상법 제386조 제1항). 그러나 이것이 부적당하거나 기타의 사유가 있는 경우에는 이사, 감사 기타의 이해관계인은 법원에 대하여 일시 이사의 직무를 행할 자, 즉 가이사(假理事)를 선임해 줄 것을 청구할 수 있고, 선임된 가이사는 본점 소재지에서 등기를 해야 하며, 이 경우 가이사의 권한과 의무는 이사의 본래의 이사의 그것과 같다(동조 제2항).

8) 자격주 및 이사의 보수

정관으로 이사가 가질 주식의 수를 정한 경우에 다른 규정이 없는 때에는 이사는 그 수의 주식을 감사에게 공탁해야 하는데, 이를 자격주라 한다(상법 제387조). 그리고 이사의 보수에 관하여 정관의 정함이 없는 경우에는 주주총회의 결의로 이를 정하는 것으로 하고 있다(상법 제388조).

(2) 이사회

1) 의의

이사회(理事會: board of directors)는 3인 이상의 이사전원으로 구성되는 회의체의 기관을 말한다. 이사회는 주식회사의 업무집행에 관한 의사결정권한이 부여되어 있는 회사의 필요적 · 상설기관이다. 이사회가 그 의사를 결정하기 위해서는 법정절차에 따라 이사회를 개최하여야 하고, 법정된 결의 방법에 의해 결정하도록 되어 있다. 따라서 이사회를 개최하지 아니하고 의사를 결정하는 것은 이사 전원의 동의가 있는 경우라도 이사회의 결의로서의 효력이 없다.

2) 소규모회사의 특례

가. 소규모회사의 이사의 수

2009년 5월 28일의 개정상법은 자본의 총액이 10억원 미만인 주식회사, 즉 소규모회사의 이사의 수는 1인 또는 2인으로 할 수 있도록 하였다(상법 제383조 제1항단서). 이는 회사의 규모와 사정에 따라서 이사의 수를 자유롭게 정할 수 있도록 하자는 취지에서 마련된 것이다. 그러나 이러한 소규모회사도 3인 또는 그 이상의 이사를 둘 수 있음은 물론이고, 이 경우에는 비록 소규모회사라 할지라도 이사회에 관한 상법의 규정이 예외 없이 적용된다. 그러므로 소규모회사에는 이사회가 존재하는 회사와 그렇지 않은 회사로 두 유형이 존재할 수 있다.

나. 이사가 1인 또는 2인인 회사와 이사회

이사가 1인 또는 2인밖에 없는 소규모회사는 이사회라는 경영의사결정기관이 존재할 수 없게 된다. 따라서 이 경우의 이사회에 관한 상법 제반규정은 적용될 여지가 없고, 회사대표는 그 1인 또는 2인(이 경우는 공동대표이사)의 이사가 하게 됨으로 따로 대표이사를 선임할 필요도 없다(상법 제389조 제1항 참조). 그리고 업무집행은 그 1인 또는 2인의 이사가 결정하고 실행하면 된다(상법 제383조 제6항). 이사회의 법정권한의 행사에 관하여는 이를 주주총회의 권한으로 보고, 이사회의 의무를 정한 각 종의 강제조항은 특별규정에 의해 적용이 배제된다(상법 제383조 제4항, 제5항).

3) 이사회의 권한

이사는 이사회의 구성원으로서 업무집행에 관한 회사의 의사결정에 참여하는 권한을 가진다. 이사회는 정관이 정한 바에 따라 위원회(위원회는 2人 이상)를 설치할 수 있고, 이 경우에는 이사회의 권한으로 설정된 것들 중 ① 주주총회의 승인을 요하는 사항의 제안, ② 대표이사의 선임 및 해임, ③ 위원회의 설치와 그 위원의 선임 및 해임, ④ 정관에서 정하는 사항 등을 제외하고, 나머지는 위원회에 위임할 수 있도록 하였다(상법 제393조의2 제2항, 제3항). 위원회는 결의된 사항을 각 이사에게 통지해야 하고, 통지를 받은 각 이사는 이사회의 소집을 요구할 수 있으며, 이사회는 위원회가 결의한 사항에 대하여 다시 결의할 수 있다(상법 제393조의2, 제4항). 그리고 위원회는 법정 인수의 설원, 소집, 결의 방법, 회의록, 위원회 연기와 속행 등에 관하여 이사 및 이사회의 그것에 관한 규정을 준용하는 것으로 하였다(동법 제5항).

이사회는 중요한 자산의 처분 양도, 대규모 자산의 차입, 지배인의 선임 또는 해임과 지점의 설치 및 이전 또는 폐지 등의 회사 업무집행에 관한 사항을 의결할 권한을 가진다(상법 제393조 제1항). 그리고 이사에게는 대표이사로 하여금 다른 이사 또는 피용자의 업무에 관하여 이사회에 보고할 것을 요구할 수 있는 권한이 부여되어 있는데(상법 제393조 제3항), 이는 주로 사외이사의 회사 업무에 관한 정보의 필요성을 고려하여 규정한 것으로 볼 수 있으나, 모든 이사에 적용되는 것이다. 또한 이사는 3개월에 1회 이상 업무의 집행상황을 이사회에 보고하도록 되어 있는데(상법 제393조 제4항), 이는 이사회의 운영의 효율성을 높이기 위하여 각 이사의 업무집행에 관한 정보의 필요성 때문에 입법화 된 것으로 볼 수 있다.

4) 소집(召集)

이사회의 소집은 각 이사가 소집하나 정관 또는 이사회에서 대표이사 등 소집권자인 이사를 정한 때에는 그 이사가 소집한다(상법 제390조 제1항). 이사회의 소집권을 가진 이사가 정해져 있는 경우에 다른 이사는 소집권자에게 소집을 요구할 수 있으며, 소집권자가 정당한 이유 없이 이에 응하지 아니하는 경우에는 다른 이사가 이사회를 소집할 수 있다(동법 제2항). 이사회를 소집하려면 회일을 정하고 그 1주 전에 각 이사 및 감사에 대하여 통지를 발송하여야 하나, 정관으로 그 기간을 단축할 수도 있고, 이사 및 감사 전원의 동의가 있는 때에는 위의 소집절차 없이 언제든지 소집하여 회의할 수 있다(동법 제3항, 제4항).

5) 결의(決議)

이사회의 결의는 이사 과반수의 출석과 출석 이사의 과반수로 하여야 한다. 그러나 정관으로 그 비율을 높게 정할 수 있으나 경감하지 못한다(상법 제391조 제1항). 이사는 1인 1의결권을 가지며, 주주총회와는 달리 대리인으로 하여금 의결권을 행사시킬 수는 없다. 결의에 관하여 특별한 이해관계가 있는 이사는 의결권을 행사하지 못한다(상법 제391조 제3항, 제368조 제4항).

그리고 정관에서 달리 정하는 경우를 제외하고 이사회는 이사의 전부 또는 일부가 직접회의에 출석하지 아니하고 모든 이사가 음성을 동시에 송수신하는 원격통신수단에 의하여 결의에 참가하는 것을 허용할 수 있다. 이 경우 당해 이사는 이사회에 직접 출석한 것으로 본다(상법 제391조 제2항, 1999.12.31.신설 2011.4.14.개정).

(3) 대표이사

1) 의의

대표이사(代表理事: president, chief executive officer)는 대외적으로 회사를 대표하고 대내적으로 주주총회 또는 이사회의 결의에 따라 업무집행을 담당 및 총괄하는 이사로서 회사의 필요적 상설기관이다. 회사의 업무집행의 권한은 원래 이사회에 속하는 것이나 이사회를 구성하는 이사 전원에 의한 공동집행은 실제상 불가능하기 때문에 이사회 또는 주주총회에서에서 선정한 대표이사에게 그 임무를 위임한 것으로 볼 수 있다. 그리고 대표이사의 임기에 관해서는 법률상의 제한이 없으나, 이사임에는 다를 바 없으므로 이사와 같이 3년의 임기로 보아야 할 것이다.

2) 선임과 종임

대표이사는 원칙적으로 이사회의 결의로 선임하나, 정관으로 주주총회에서 선임할 것을 정할 수도 있다(상법 제389조 제1항). 대표이사는 이사 중에서 선임하여야 하며 그 수에는 제한이 없다. 그러므로 수인의 대표이사가 공동으로 회사를 대표할 것을 정할 수도 있다(동법 제2항). 이 경우 제3자는 공동대표이사 1인에 대하여 회사에 대한 의사표시를 함으로써 효력이 생긴다(상법 제

389조 제3항, 제208조 제2항). 대표이사의 임기에 관하여는 별도의 정함은 없으나 이사임에는 다를 바 없으므로 3년으로 보아야 하고, 대표이사는 이사로서의 지위를 상실한 때에는 당연히 종임한다. 또한 대표이사를 선임한 이사회 또는 주주총회는 그 결의로서 대표이사를 해임시킬 수 있으나, 이 경우 이사로서의 지위마저 상실하는 것은 아니고, 그 권리와 의무도 새로운 대표이사가 취임할 때까지 유지된다. 그리고 필요하다고 인정할 때에는 법원은 이사, 감사, 기타의 이해관계인의 청구에 의하여 가대표이사를 선임할 수 있는데, 이 경우는 등기를 해야 한다(상법 제389조 제3항, 제386조).

3) 권한

가. 업무집행권

대표이사는 이사회가 결의한 바에 따라 대내적으로 업무집행을 실행하고, 이 밖에 이사회에서 위임된 일상 업무도 결정하고 실행한다. 상법은 대표이사의 권한사항으로 규정한 것도 있으나, 이사의 직무권한으로 규정하는 것 중 주식 또는 사채 청약서의 작성(상법 제420조, 제474조 제2항), 정관 등의 비치(상법 제396조 제1항),신주인수권증서 및 신주인수권증권의 기명날인 또는 서명(상법 제420조의2 제2항, 제516조의5 제2항), 재무제표와 영업보고서의 작성, 제출, 비치(상법 제447조 내지 제447조의3, 제448조, 제449조) 등 업무집행적인 성질의 것은 모두 대표이사의 직무에 속한다.

나. 대표권

대표이사는 회사를 대표하고 회사의 영업에 관한 재판상 또는 재판 외의 모든 행위를 할 권한이 있다. 수인의 대표이사를 선임한 경우에는 공동으로 회사를 대표할 수 있다(상법 제389조). 이 경우에도 회사에 대한 의사표시는 그 한 사람에 대하여 하면 된다(상법 제389조 제3항, 제208조). 회사를 대표할 권한이 없는 이사가 사장, 부사장, 전무, 상무 기타 회사를 대표할 권한이 있는 것으로 인정될 만한 명칭을 사용한 행위에 대하여 회사는 선의의 제3자에 대하여 그 책임을 진다(표현대표이사의 행위에 대한 회사의 책임)(상법 제395조).

(4) 집행임원(執行任員)

2011년 4월 14일 개정상법에서는 대표이사를 대신하여 집행임원을 선택적으로 둘 수 있도록 하는 집행임원제도를 전면 도입하게 되었다(상법 제408조의2 제1항). 집행임원 설치회사와 집행임원의 관계는 민법의 위임에 관한 규정이 준용되고, 집행임원 설치회사의 이사회는 ① 집행임원과 대표집행임원을 선임 또는 해임할 수 있는 권한, ② 집행임원의 업무집행에 대한 감독권, 집행임원과 집행임원 실치회사의 소송에 있어서 집행임원 설치회사를 대표할 자의 선임권, ③ 상법에서 이사회의 권한사항으로 정한 경우를 제외하고 집행임원에게 업무집행에 관한 의사결정권의 위임, ④ 집행임원이 여러 명인 경우에 집행임원의 직무분담 및 지휘, 명령 관계, 그 밖에 집행임원의 상호관계에 관한 사항의 결정권, ⑤ 정관에 규정이 없거나 주주총회의 승인이 없는 경우에 집행임원의 보수 결정권 등의 권한을 가진다.

그리고 집행임원설치회사는 이사회의 회의를 주관하기 위하여 이사회 의장을 두어야 하는데, 이사회 의장은 정관의 규정이 없으면 이사회의 결의로 선임해야 한다(동법 제2항 내지 제4항).

1) 대표집행임원

2명 이상의 집행임원이 선임된 경우에는 이사회의 결의로 집행임원 설치회사를 대표할 대표집행임원을 선임하여야 하고, 집행임원이 1명인 경우에는 그 집행임원이 대표집행임원이 된다. 그리고 대표집행임원의 권한과 직무는 대표이사의 그것과도 같으며, 표현집행임원의 행위에 대한 회사의 책임 또한 표현대표이사의 회사에 대한 책임의 경우와도 같다(상법 제408조의5 제1항 내지 제3항).

2) 집행임원의 임기

집행임원의 임기는 정관에 다른 정함이 없으면 2년을 초과하지 못하고, 임기에 관하여는 정관으로 그 임기 중의 최종 결산기에 관한 정기주주총회가 종결한 후 먼저 소집하는 이사회의 종결 시까지로 정할 수 있다(상법 제408조의3 제1항, 제2항).

3) 집행임원의 직무권한

집행임원은 회사의 업무를 집행하고, 정관이나 이사회의 결의에 의하여 위임받은 업무집행에 관하여 의사결정을 하는 권한을 가진다(상법 제408조의4). 집행임원은 3개월에 1회 이상의 업무집행 상황을 이사회에 보고해야 하고, 이사회의 요구가 있으면 언제든지 이사회에 출석하여 요구한 사항을 보고해야 하며, 대표집행임원으로 하여금 다른 집행임원 또는 피용자의 업무에 관하여 이사회에 보고할 것을 요구할 수도 있다(상법 제408조의6 제1항 내지 제3항). 그리고 집행임원은 필요하면 회의의 목적사항과 소집이유를 적은 서면을 이사, 소집권자가 있는 경우는 그 소집권자에게 제출하여 이사회의 소집을 청구할 수가 있다. 이 경우 청구를 한 이사가 지체 없이 이사회의 소집절차를 밟지 아니하면 소집을 청구한 집행임원은 법원의 허가를 받아 이사회를 소집할 수 있다. 이때의 이사회 의장은 법원이 이해관계자의 청구에 의하여 또는 직권으로 선임할 수 있게 된다(상법 제408조의7 제1항, 제2항).

4) 집행임원의 책임

집행임원이 고의 또는 과실로 법령이나 정관을 위반한 행위를 하거나 그 임무를 게을리 한 경우에는 그 집행임원은 회사에 대하여 손해를 배상할 책임이 있고, 또한 고의 또는 중대한 과실로 그 임무를 게을리 하여 제3자에게 손해가 발생된 때에는 그 손해를 배상할 책임도 있다(상법 제408조의8 제1항, 제2항). 그리고 집행임원이 회사 또는 제3자에게 손해를 배상할 책임이 있는 경우에 다른 집행임원, 이사, 감사도 책임이 있는 경우에는 이들은 그 손해에 대하여 연대하여 배상할 책임이 있다(동법 제3항).

이 밖에도 집행임원에게는 이하에서 설명하는 정관 등의 비치공시의무(상법 제396조), 충실의무(동법 제382조의3), 비밀유지의무(동법 제382조의4), 경업피지의무(동법 제397조), 자기거래의 제한(동법 제398조), 회사에 대한 책임의 감면(동법 제400조), 업무집행지시자 등의 책임(동법 제401조의2), 유지청구권 및 주주대표소송과 관련된 규정(동법 제402조 내지 제408조), 감사의 직무보고요구 및 조사권 행사에 응할 의무(동법 제412조), 회사에 현저하게 손해를 미칠 염려가 있는 사실을 발견한 때 즉시 감사에게 보고해야 할 의무(동법 제412조의2) 등, 이사의 의무 또는 행위의 제한 등을 정한 상법의 제반규정이 그대로 적용된다(동법 제408조의9).

(5) 이사의 행위제한

1) 선관주의의무

회사와 이사의 관계는 위임에 관한 규정이 준용되므로, 이사는 회사의 업무를 집행함에 있어서 선량한 관리자의 주의의무를 부담한다(상법 제382조 제2항, 민법 제681조). 또한, 이사는 다른 이사의 업무집행을 감시 · 감독할 의무가 있으므로 이의 수행을 위해서도 선관주의의무를 부담하는 것으로 해석하게 된다(대법원 1985.6.25. 선고 84다가1954 판결).

2) 충실의무

1998년 12월 28일 개정상법에서는 "이사는 법령과 정관의 규정에 따라 회사를 위하여 직무를 충실하게 수행"해야 하는 것을 규정하였다(상법 제382조의3). 이는 일본회사법 제355조의 영향을 받아 제정하게 된 것으로 우리나라에서는 영미의 보통법에서 인정하는 이사의 신인의무(信認義務)의 개념을 성문법으로 표현한 것에 불과한 것으로 보는 견해가 시배직이다.

註釋 일본 회사법 제355조의 도입배경과 해석론

일본법상에서도 이사의 선관주의의무가 기존에 법제되어 있음에도 불구하고 1947년 상법개정을 통하여 이사회제도의 도입과 함께 충실의무를 새롭게 도입하게 되었는데, 이는 이사의 책임을 강화한다는 명목아래 영미법제의 영향을 받아 법제화하게 된 것이다. 그러나 이러한 충실의무의 도입 이후 기존의 선관주의의무와 무엇이 다른지에 관하여 해석론이 다양하게 제기되어 왔으나, 八幡製鐵政治獻金事件에 관한 일본의 최고재판소의 판결에서는 "충실의무는 선관주의의무를 보다 명확히 한 것에 지나지 아니하며 통상의 위임관계에서 수반되는 선관주의의무와는 별개의 고도한 의무를 규정한 것은 아닌"것으로 정의하고, "이사가 회사를 대표하여 정치자금을 기부하는 것은 그 회사의 규모 및 경영실적 그밖에 사회적 · 경제적인 지위와 상대방 등의 제반 사정을 고려하여 합리적인 범위 내에서 행해진 경우에만, 이사의 충실의무에 위반되는 것이 아닌 것"으로 판시한 바가 있다(日最大判 1970.6.24. 民集24-6-625).

3) 경업금지(피지)의무

이사는 이사회의 승인 없이 자기 또는 제3자의 계산으로 회사의 영업부류에 속하는 거래를 하거나 동종 영업을 목적으로 하는 다른 회사의 무한책임사원이나 이사가 되지 아니할 의무를 부담한다(상법 제397조 제1항). 이에 위반한 때에는 이사회의 결의로 회사는 이사의 해임권(상법 제385조), 손해배상청구권(동법 제399조), 개입권 또는 이득양도청구권(동법 제397조 제2항) 등을 행사할 수 있다. 그러나 이사가 1인인 회사에는 이사회가 구성되지 않으므로 위의 이사의 경업행위의 승인 및 개입권 행사는 주주총회가 결정하게 된다(동법 제383조 제4항).

4) 회사의 기회 및 자산의 유용금지

이사는 이사회의 이사 3분의 2 이상의 승인 없이는 현재 또는 장래에 회사의 이익이 될 수 있는 사업의 기회, 즉 ① 직무를 수행하는 과정에서 알게 되거나 회사의 정보를 이용한 사업의 기회, ② 회사가 수행하고 있거나 수행할 사업과 밀접한 관계가 있는 사업의 기회 등을 자기 또는 제3자의 이익을 위하여 이용해서는 아니 된다(상법 제397조의2 제1항). 이를 위반한 경우에 그로 인한 이사 또는 제3자가 얻은 이익은 회사의 손해로 추정하게 되며, 당해 이사 및 승인한 이사는 회사의 손해에 대하여 연대하여 배상할 책임이 있다(동법 제2항).

5) 이사등과 회사 간의 거래

① 이사 또는 주요주주(상장회사에서 명의와 관계없이 자기의 계산으로 의결권이 없는 주식을 제외한 발행주식 총수의 100분의 10 이상의 주식을 소유하거나 이사, 집행임원, 감사의 선임과 해임 등 회사의 주요 경영사하에 대하여 사실상의 영향력을 행사하는 주주), ② 이들의 배우자 또는 직계존비속 또는 이들 배우자의 존비속, ③ 이상의 자가 단독 또는 공동으로 의결권이 있는 발행주식 총수의 100분의 50 이상을 가진 회사 및 그 자회사, ④ 이사 또는 주요주주, 이들의 배우자 또는 직계존비속 또는 이들 배우자의 존비속이 위 ③의 회사 또는 그 자회사와 합하여 의결권이 있는 발행주식 총수의 100분의 50 이상을 가진 회사 등, 어느 하나에 해당되는 자가 자기 또는 제3자의 계산으로 회사와 거래하기 위해서는 미리 이사회에서 해당 거래에 관한 중요한 사실을 밝히고 이사회의 승인을 받아야 한다.

이 경우 이사회의 승인은 이사 3분의 2 이상의 수로 결의하고, 그 거래의 내용과 절차는 공정하게 해야 한다(상법 제398조, 제542조의8 제2항 제6호). 여기서 말하는 회사와의 거래는 회사의 이익을 해할 염려가 있는 재산적 거래를 말하는 것이므로 이사와 회사 사이에 이해충돌의 염려가 없는 행위는 포함되지 아니한다. 이 경우도 소규모회사는 그 승인은 주총의 보통결의로 한다(상법 제383조 제4항). 따라서 총회의 번거로움을 피하려면 이사를 3인 이상으로 늘리는 수밖에 없을 것이다.

6) 비밀유지의무

2001년 7월 24일 개정상법은 이사는 재임 중 뿐만 아니라 퇴임 후에도 직무상 알게 된 회사의 영업상 비밀을 누설하여서는 아니 되는 것으로 하였다(상법 제382조의4). 이는 사외이사제도 도입에 따른 회사기밀의 외부누출에 따른 문제점을 해소하기 위해서 마련된 조치였으나, 모든 이사에게 적용되는 것으로 보아야 한다.

(6) 이사의 책임

1) 회사에 대한 책임

가. 손해배상책임

이사는 민법의 일반원칙에 따라 회사에 대하여 채무불이행 또는 불법행위에 대한 책임을 지는 것이나, 상법은 다음과 같은 특별책임을 인정하고 있다. 즉, 이사가 법령 또는 정관에 위반한 행위를 하거나 그 임무를 게을리 한 경우에는 그 이사는 회사에 대하여 연대하여 손해배상책임을 부담하고, 그 행위가 이사회의 결의에 의한 것인 때에는 그 결의에 찬성한 이사도 회사에 연대하여 손해배상책임을 진다(상법 제399조 제1항, 제2항). 그리고 그 결의에 참가한 이사로서 이의를 한 기재가 의사록에 없는 자는 그 결의에 찬성한 것으로 추정된다(동법 제3항).

나. 자본충실의 책임

신주발행 시에 발행으로 인한 변경등기가 있는 후에 아직 인수하지 아니한 주식이 있거나 신주인수의 청약이 취소된 때에는 이사가 그 주식을 공동으로 인수한 것으로 간주된다(상법 제428조 제1항). 즉, 회사자본의 충실을 기하기 위하여 이사에게 그 주식을 공동으로 인수할 책임을 부여한 것이다. 그러나 이 경우에 있어서도 이사회의 신주발행에 당해 결의에 반대한 기재가 의사록에 있는 자는 그 주식에 관하여 인수할 책임이 없다.

2) 제3자에 대한 책임

이사가 악의 또는 중대한 과실로 인하여 그 임무를 해태한 때에는 그 이사는 제3자에 대하여 연대하여 손해를 배상할 책임을 부담한다(상법 제401조 제1항). 손해를 배상할 책임이 있는 이사는 임무를 해태한 당해 이사이나, 이 경우에 있어서도 그것이 이사회의 결의에 의한 것일 때에는 그 결의에 찬성한 이사도 연대하여 책임을 지게 된다(상법 제401조 제2항, 제399조 제2항, 제3항).

이는 주식회사는 일반국민경제와 공중에 미치는 영향이 크므로 본래 직접적인 법률관계에 있는 제3자에 대한 책임은 회사가 부담해야 할 부분이나, 이사에 대해서도 직접 책임을 부담시키게 된 것이므로 이를 상법상 특별책임이라 한다. 이처럼 이사의 경영책임은 크게는 회사에 대한 책임과 제3자에 대한 책임으로 법정되어 있지만, 이사의 충실의무 및 선관주의의무 위반에 기인된 소송에 있어서 이사의 책임이 면제되기 위해서는 물론 중대한 과실이 없음이 입증되어야 할 것이나, 법적용상 실무에서는 과실이 있다고 하더라도 그것이 경영자로서 어쩔 수 없는 판단 또는 소신경영에 의한 판단인 경우에는 그 책임이 면제되는 경우가 있다. 이는 실정법상 經營判斷의 法則(business judgement rule)이 적용되는 경우라 하겠다.

3) 회사에 대한 책임의 감면

이사의 회사에 대한 책임은 주주총회의 특수결의로 면제될 수 있고, 회사는 정관으로 정하는 바에 따라 이사의 책임을 이사가 그 행위를 한 날 이전 최근 1년간의 상여금과 주식매수선택권의 행사로 인한 이익 등을 포함한 보수액의 6배(사회이사의 경우는 3배)를 초과하는 금액에 대하여 면제할 수 있다(상법 제400조 제1항, 제2항). 그러나 이사가 고의 또는 중대한 과실로 손해를 발생시킨 경우와 경업금지위반 또는 회사와의 거래 관계를 규정한 상법 제397조 및 제398조를 위반한 경우에는 위 책임감면의 대상이 되지 아니한다(동법 제2항 단서).

(7) 사실상 이사

이사가 아니면서 대내 · 외적으로 중요사항에 대하여 결정권이 있는 실질적 경영자인 사실상의 이사도 회사와 제3자에 대하여 책임을 진다. 1998년 12월 28일 개정상법에서는 이사가 아니면서 회사에 대한 영향력을 이용하여 이사에게 업무집행을 지시하거나 이사의 명의로 직접 회사의 업무를 집행한 자, 그리고 이사가 아니면서 명예회장, 회장, 사장, 부사장, 기획조정실장, 전무, 상무, 기타 회사의 업무를 집행할 권한이 있는 것으로 인정될 만한 명칭을 사용하여 회사의 업무를 집행한 자는 그 지시하거나 집행할 업무에 관하여 회사와 제3자에 대하여 이사와 동일한 책임을 지고, 소수주주권자는 그 책임을 추궁하기 위하여 대표소송을 제기할 수 있게 하였다(상법 제401조의2 제2항).

(8) 이사와 주주와의 관계

1) 서설

이사의 위법행위로 회사에 손해가 생길 염려가 있으면 소수주주 또는 감사는 사전에 유지청구를 할 수 있고, 또한 이사가 회사에 대하여 책임이 있는 경우에는 회사가 이를 추궁하여야 할 것이나, 이것은 기대하기 어려울 때가 있을 것이므로 이러한 때 주주가 회사를 대신하여 그 이사에 대한 책임을 추궁을 할 수 있다. 이는 회사의 소유자는 주주이지만, 주식회사의 기본적인 특질 중의 하나인 소유와 경영의 분리원칙에 따라 이사는 회사의 경영을 담당하고, 주주는 최고의사결정기관인 주주총회를 통해서만이 회사경영에 간접적으로 참여할 수 있을 뿐이며, 주주라고 하더라도 의사 결정권에서 밀리는 소수주주에게는 그러한 회사경영에 대한 간접적인 참여의 기회마저 주어지기 어려우므로 오히려 감시기능의 수행을 원활히 하기 위하여 부여된 권한으로 볼 수 있다.

2) 이사의 위법행위에 대한 유지청구권

가. 유지청구의 요건

상법 제402조에서는 이사가 법령 또는 정관에 위반한 행위를 하여 회사에 회복할 수 없는 손해가 생길 염려가 있는 경우에는 감사 또는 발생주식 총수의 100분의 1 이상에 해당하는 주식을 가진 주주는 회사를 위하여 이사에 대하여 그 행위를 유지할 것을 청구할 수 있도록 정하고 있다. 이사가 위법행위를 하면 회사에 대하여 손해를 배상할 책임을 당연히 지게 되나, 이러한 사후조치를 기다리지 아니하고 사전에 이를 방지하려는 것이 이 유지청구권제도의 주된 목적이다. 따라서 이사의 그러한 위법행위가 끝난 후에는 이러한 유지청구권은 행사하지 못하게 되고 대표소송만을 제기할 수 있다.

나. 유지청구권자 및 방법

이사의 위법행위가 있는 때에는 감사(감사위원회) 또는 소수주주는 직접 그 이사에 대하여 그러한 행위를 중지할 것을 청구할 수 있는데, 그 청구의 방법에는 특별한 제한이 없다. 그러므로 반드시 소에 의할 필요도 없으며, 구두 또는 서면으로 그 행위의 유지를 청구하면 되는 것이다(상법 제402조, 제415조의2 제7항).

다. 유지청구의 효과

이사가 만일 감사(감사위원회) 또는 소수주주의 유지청구를 받고도 그 행위를 중지하지 아니할 때에는 감사(감사위원회) 또는 소수주주권자는 그 이사를 피고로 하여 소를 제기할 수도 있는데, 이 경우에는 가처분신청으로 그 행위를 중지시킬 수 있음은 물론이다(민소법 제714조).

라. 준용범위

이사의 위법행위에 대한 제402조의 유지청구권제도는 주식회사의 청산인(상법 제542조 제2항), 유한회사의 이사(동법 제567조) 및 청산인(동법 제613조 제2항) 등의 경우에 있어서도 준용된다.

3) 주주의 대표소송(대위소송), 다중대표소송

가. 의의 및 입법취지

주주의 대표소송이라 함은 이사의 회사에 대한 책임을 소수주주(발행주식총수의 1%)가 추궁하는 제도를 말하고, 다중대표소송이란 모회사 발행주식총수의 1% 이상에 해당하는 주식을 가진 주주가 자회사 이사의 책임을 추궁하는 소를 제기할 수 있는 제도를 말한다. 이 책임은 원래 회사가 추궁해야 할 것이지만, 이사와 회사 간의 특수한 관계에서 기대하기 어려운 면이 있다. 그 결과 회사의 이익을 해치게 되고 나아가서 주주의 이익에도 영향을 미치게 된다. 상법에서 이처럼 소수주주에게 대표소송을 제기할 수 있는 권한을 인정한 것은 그러한 면을 고려하여 자익보호 차원에서 미국법제를 참작함으로써 입법하게 된 것이다.

나. 소송당사자와 소송방법 및 절차

이사가 회사에 대한 책임을 져야할 경우에는 발행주식 총수의 100분의 1 이상에 해당하는 주식을 가진 주주는 먼저 회사에 대하여 이사의 책임을 추궁할 소를 제기할 것을 그 이유를 기재한 서면으로 청구해야 하고, 다음으로 회사가 이 청구를 받은 날로부터 30일 내에 소를 제기하지 아니한 때에는 위의 청구를 한 소수주주는 회사를 위하여 소를 제기할 수 있게 된다. 만일 위의 기간의 경과로 인하여 회사에 회복할 수 없는 손해가 생길 염려가 있는 경우에는 그 기간을 기다리지 아니하고 그 소수주주는 즉시 이사의 책임을 추궁하는 소를 회사 본점소재지의 지방법원에 제기할 수도 있다(상법 제403조 제1호 내지 제4호). 이러한 주주대표소송 (representative suit, derivative suit)은 사후적인 구제를 목적으로 하는 점과 그 자체가 소를 통해서만 가능하다는 점에서 유지청구제도와 기본 적으로 다르다.

그리고 주주대표소송이 제기되면 법원은 이사의 청구에 의하여 소를 제기한 주주에게 담보제공을 명할 수 있다. 이사가 위의 청구를 하기 위해서는 소를 제기한 주주의 악의를 소명해야 한다(상법 제403조 제7항, 제176조 제3항, 제4항).

다. 대표소송이 인정되는 이사의 책임발생 시기와 범위

소수주주가 대표소송에 의하여 추궁할 수 있는 이사의 책임의 범위에 관하여는 ① 상법 제399조의 규정에 의한 법령 및 정관의 위반과 임무해태에 대한 책임, 그리고 상법 제428조에 의한 신주발행의 경우 인수담보책임(자본충실의 책임)에 한정된다고 하는 설이 있으나(제한설), ② 이사가 회사에 대하여 부담하는 모든 책임이 대표소송의 적용대상이 된다고 보는 것이 학설의 지배적인 견해이다(다수설). 주주대표소송은 회사를 위하여 주주가 이사의 책임을 추궁하는 제도이므로 책임추궁의 범위를 제한하는 것은 입법취지로부터 보아도 맞지 않기 때문에 다수설의 견해가 타당하다.

그리고 대표소송에 의하여 추궁할 수 있는 이사의 책무에 관하여 학설은 ① 이사의 지위에 있는 동안에 부담한 것에 한하고, 동시에 일단 발생한 이상은 퇴임한 후에도 대표소송의 대상이 된다는 견해가 있고, ② 이사로 취임하기 전에 부담한 책무 즉, 상속 또는 책무인수에 의하여 승계 취득한 책무도 포함된다고 하는 견해로 대립되고 있다. 생각하건대, 이사의 직위에 있는 동안 발생한 책무에 관해서는 퇴임 후에도 책임지게 되어 있으므로 이사 직위에 취임하기 이전의 책무는 전임이사의 책임범위에 속한다고 보아야 할 것이다. 그러므로 ① 의 견해가 타당하다.

라. 소송참가와 소송고지

주주대표소송이 일단 제기되면 회사는 다시 별소(別訴)를 제기할 수가 없게 되고 판결의 효력은 회사에도 미치게 되므로 회사는 주주가 제기한 대표소송에 참가만 할 수 있다(상법 제404조 제1항, 민소법 제76조). 따라서 회사가 소송참가를 결정할 수 있는 기회를 주기 위하여 대표소송을 제기한 주주는 제소 후 지체 없이 회사에 대하여 그 소송의 고지를 하도록 하고 있다(상법 제404조 제2항).

마. 소의 취하 및 청구포기 등의 제한

주주가 대표소송을 일단 제기하게 된 경우에는 당사자, 즉 회사와 제소 주주는 법원의 허가 없이는 소의 취하, 청구의 포기, 인락, 화해 등을 하지 못한다(상법 제403조 제6항). 이는 종전의 해석상의 견해를 1998년 12월 28일 개정상법에서 명문화하게 된 것이다.

바. 판결의 효과

대표소송을 제기한 주주가 승소한 때에는 그 주주는 회사에 대하여 소송비용 외에도 소송으로 인하여 실질적으로 지출된 비용의 범위 내에서 그에 상당한 금액의 지급을 청구할 수 있으며, 이 경우 소송비용을 지급한 회사는 이사 또는 감사에 대하여 구상권을 행사할 수 있다(상법 제405조 제1항). 그러나 만약 대표소송을 제기한 주주가 패소한 때에는 악의인 경우를 제외하고 회사에 대하여 손해배상책임을 지지 아니한다(동법 제2항).

사. 재심의 소

주주 대표소송이 제기된 경우에 원고와 피고의 공모(共謀)로 인하여 소송의 목적인 회사의 권리가 사해(詐害)된 판결을 하게 된 때에는 회사 또는 주주는 확정된 종국판결에 대하여 재심의 소를 제기할 수 있다(상법 제406조 제1항). 이 재심의 소도 주주대표소송의 그것과 같다(동법 제2항).

아. 주주 대표소송의 준용

주주 대표소송은 발기인, 감사, 청산인, 이익 공여를 받은 자의 반환의무, 불공정한 가액으로 주식을 인수한 자의 차액지급의무 등의 경우에도 준용된다(상법 제324조, 제415조, 제542조, 467조의2, 제424조의2 제2호). 그리고 소수주주의 이러한 권리행사를 방해할 것을 청탁을 받고 재산상의 이익을 수수, 요구 또는 약속한 자 및 이익을 약속, 공여 또는 공여의 의사표시를 한 자는 1년 이하의 징역 또는 300만원 이하의 벌금형에 처해지게 된다(상법 631조 제1항 제2호, 제2항).

6. 감독기관(감사 · 감사위원회)

(1) 서언

감사(監事: Auditors)는 자본금 10억원 미만의 소규모회사를 제외하고 이사의 직무의 집행을 감사하는 필요 · 상설기관이다(상법 제412조 제1항, 제409조 제4항). 그러므로 감사는 이사의 업무집행이 법령이나 정관에 위반하는 때에는 사전에 이를 유지시키거나 감사보고서에 기재하여 주주총회에 보고하는 등의 조치를 취해야 한다. 상법은 감사에게 회계감사의 권한뿐만 아니라 업무감사의 권한까지를 부여하고 있다(상법 제412조 제2항).

회사는 정관이 정한 바에 따라 감사에 갈음하여 이사회 내에 설치하는 위원회의 하나인 감사위원회를 둘 수 있다. 감사위원회(監査委員會)를 두는 경우에는 감사를 둘 수 없고, 감사위원회가 결의한 사항에 대해서는 이사회에서 다시 결의할 수 없다(상법 제415조의2 제1항, 제6항, 제393조의2 제4항 후단). 감사 및 감사위원회는 그 업무를 수행함에 있어서 전문가의 조력을 구할 수 있는데, 이 경우 그 비용은 회사가 부담한다(상법 412조 제3항, 제415조의2 제5항). 그리고 감사위원회를 설치한 경우에는 기존의 감사에 관한 규정의 대부분이 감사위원회에 준용되는 것으로 하였다(상법 제415조의2 제7항).

(2) 선임 · 자격 · 임기 및 종임

1) 선임 · 자격 · 임기

감사는 주주총회의 보통결의에 의하여 선임한다(상법 제409조 제1항). 그러나 주주총회 결의를 전자투표로 할 것을 정한 경우는 감사 등의 선임 시 발행주식의 4분의 1 이상의 결의 요건은 적용되지 않는다(상법 제 409조 제3항, 452조의12 제8항 2020년신설). 감사는 중립적인 입장에서 공정한 감사를 수행해야 하므로 그 선임에서부터 대주주의 의결권 남용에 의한 폐단을 줄일 필요가 있을 것이므로 상법은 의결권 없는 주식을 제외한 발행주식 총수의 100분의 3을 초과하는 수의 주식을 가진 주주는 그 초과하는 주식에 대하여 감사의 선임결의에 있어서 의결권을 행사하지 못하도록 하는 한편, 회사는 정관으로 이 보다 낮은 비율을 정하는 것은 가능하도록 하였다(상법 제409조 제2항, 제3항). 그러나 자본금 총액이 10억원 미만인 소규모주식회사의 경우는 감사(감사위원회 포함)를 선임하지 아니할 수 있다(상법 제409조 제4항). 이 경우 회사가 이사에 대하여 또는 이사가 회사에 대하여 소를 제기하는 경우에는 회사, 이사 또는 이해관계인은 법원에 회사를 대표할 자를 선임하여 줄 것을 신청해야 하고, 감사의 직무권한을 정한 상법의 규정은 주주총회의 직무권한으로 이관된다(상법 제409조 제5항, 제412조, 제412조의2, 제412조의5 제1항, 제2항).

감사의 자격에는 특별한 제한이 없고 그 인원수에도 제한이 없으나 회사 및 자회사의 이사 또는 지배인 기타의 사용인을 겸하지 못한다(상법 제411조). 상법은 감사의 지위를 안정시키기 위하여 감사의 임기는 취임 후 3년 내의 최종결산기에 관한 정기총회의 종결 시까지로 하였다(상법 제410조). 그리고 감사를 선임한 때에는 그 성명 및 주민등록번호도 등기의 대상이 된다(상법 제317조 제2항 제8호).

위원회설치회사의 경우 각 위원회는 2인 이상의 이사로 구성하면 되나, 이 경우에 있어서도 감사위원회 만큼은 3인 이상의 이사로 구성해야 하고, 이중 3분의 2 이상은 사외이사로 채워야 한다(상법 제393조의2 제3항, 제415조의2 제2항). 그리고 감사위원회는 그 결의로 위원회를 대표할 자를 선정하여야 한다(상법 제415조의2 제4항).

2) 종임

감사의 종임사유는 이사의 경우와 같다(상법 제415조, 제385조, 제386조). 그러나 회사가 해산한 후 청산중에 있는 경우에도 감사는 종임하지 아니한다는 점이 이사의 그것과 다르다. 그리고 감사의 임기만료로 정관소정의 인원수를 결한 때에는 후임 감사의 취임 시까지 임무를 계속해야 하나, 필요에 따라서는 임시감사를 선임할 수도 있다(상법 제415조, 제386조 제1항).

위원회설치회사의 경우에 감사위원회의 위원의 해임에 관한 이사회의 결의는 이사총수의 3분의 2 이상의 결의로 하여야 한다(상법 제415조의2 제3항).

(3) 감사의 직무권한

감사는 이사의 직무집행을 감사해야 하는 기관이므로 그 직무권한은 회계감사뿐만 아니라 업무감사에까지 미친다. 따라서 감사는 언제든지 이사에 대하여 영업전반에 관한 보고를 요구할 수 있고, 회사의 업무와 재산상태를 조사할 수 있으며, 필요한 경우에는 회사의 비용으로 전문가의 도움을 구할 수도 있다(상법 제412조 제1항 내지 제3항).

감사는 이사가 주주총회에 제출할 의안과 서류를 조사하여 법령 또는 정관에 위반하거나 현저하게 부당한 사항이 있는지의 여부에 관하여 조사하고 주주총회에 그 의견을 진술하여야 한다(상법 제413조). 그리고 감사는 이사가 법령이나 정관에 위반한 행위를 하거나 그 행위를 할 염려가 있다고 인정한 때에는 이사회에 이를 보고하여야 하고, 이사회에 출석하여 의견을 진술할 수도 있다(상법 제391조의2 제1항, 제2항).

이 밖에도 감사에게는 법정소송에 관한 대표권(상법 제394조), 이사의 위법행위에 대한 유지청구권(동법 제402조), 회사설립무효의 제소권(동법 제329조), 총회결의취소의 제소권(동법 제376조), 신주발행무효의 제소권(동법 제429조), 자회사의 조사권(동법 제412조의4 제1항), 주주총회 소집청구권(동법 제412조의3 제1항), 자본감소무효의 제소권(동법 제445조) 등의 직무권한이 부여되어 있다.

(4) 감사의 책임

1) 회사에 대한 책임

감사가 임무를 해태한 때에는 회사에 대하여 연대하여 손해배상책임을 지게 된다(상법 제414조 제1항). 이 경우에 이사와 집행임원도 그 책임이 있는 때에는 그 감사와 이사 및 집행임원은 연대하여 손해를 배상할 책임이 있다(상법 제414조 제1항, 제3항, 제408조의8 제3항).

2) 제3자에 대한 책임

감사가 악의 또는 중대한 과실로 인하여 그 임무를 해태한 때에는 그 감사는 제3자에 대하여 연대하여 손해를 배상할 책임이 있다(상법 제414조 제2항). 이 경우에 이사와 집행임원도 책임이 있을 때에는 이사, 집행임원도 감사와 연대하여 손해를 배상할 책임이 있다(상법 제414조 제2항, 제3항, 제408조의8 제3항).

7. 검사인

(1) 서설

검사인(檢査人: Inspector, Prufer)은 회사의 설립절차 또는 업무와 재산상태에 관한 발기인이나 이사의 조치가 적당한가의 여부 및 계산의 정부의 조사를 임무로 하는 주식회사의 임시감사기관이다. 그 기능이 감사의 그것과 비슷하나 상설기관이 아니고 일정한 경우에 일시적으로 선임되는 데 불과하며, 직무권한의 범위도 선임되는 경우에 따라 다르다.

(2) 선임

검사인은 법원이 선임하는 경우와 주주총회 또는 창립총회에서 선임하는 경우가 있다. 검사인의 자격에는 제한이 없으나 직무의 성질상 이사, 집행임원, 감사 또는 사용인, 지배인은 검사인으로 선임될 수 없다. 인원수에서도 제한이 없고 임기는 보통 그 임무가 종료됨으로써 종임이 된다.

(3) 검사인의 직무권한

검사인의 직무권한은 선임되는 경우에 따라 달라지는데, 이를 정리하면 이하에서와 같다.

1) 법원에 의하여 선임되는 경우

법원에 의하여 검사인이 선임되는 경우에는 ① 발기설립에서의 설립경과의 조사(상법 제298조 제4항), ② 모집설립에서의 변태설립사항의 조사(동법 제310조 제1항, 제290조), ③ 주식의 액면미달발행을 법원이 인가하는 경우에 회사재산상태 기타 필요한 사항의 조사(동법 제417조 제3항), ④ 신주발행의 경우에 현물출자사항의 조사(동법 제422조), ⑤ 소수주주의 청구에 의한 회사의 업무 및 재산상태의 조사(동법 제467조) 등이 검사인의 직무사항이 된다.

2) 주주총회에 의하여 선임되는 경우

창립총회를 포함한 주주총회에 의하여 검사인이 선임되는 경우에는 ① 소수주주에 의하여 임시주주총회가 소집된 경우에 회사의 업무와 재산상태의 조사(상법 제366조 제3항), ② 이사가 제출한 서류와 감사의 보고서의 조사(동법 제367조), ③ 청산인이 제출한 서류와 감사의 보고서의 조사(동법 제542조 제2항, 제367조) 등이 검사인의 직무사항이 된다.

(4) 종임

직무가 종료됨으로써 종임이 되며, 그 전에는 선임기관인 법원 또는 주주총회(창립총회)가 해임할 수 있다. 이 밖에 총회가 선임한 검사인은 위임의 종료사유에 의해서도 종임 된다(민법 제680조, 제690조).

(5) 의무와 책임

총회에 의하여 선임된 검사인은 회사에 대하여 수임인의 지위에 있으므로 그 직무의 수행에 있어서 선량한 관리자의 주의로써 임무를 수행해야 한다(민법 제681조). 설립절차의 조사를 위하여 법원에 의하여 선임된 검사인은 악의 또는 중대한 과실로 인하여 그 임무를 해태함으로써 회사 또는 제3자에 손해를 생기게 한 때에는 이를 배상할 책임이 있고, 그 밖에 회사 또는 제3자에 대하여 불법행위에 따른 책임을 지는 수가 있으며, 또한 일정한 경우에 형벌 또는 과태료의 제재를 받는 수도 있다(상법 제325조, 제625조, 제630조, 제635조).

8. 외부감사인(회계감사인, 감사인)

외부감사인(外部監査人)은「주식회사 등의 외부감사에 관한 법률」(2020년 5월 명칭개정 : 이하,「외감법」이라 함)에 의하여 회사로부터 독립하여 회계감사를 행하는 회계법인 또는 감사반을 말한다(외감법 제3조 제1항). 외감법상 대상기업으로 법정된 일정규모의 주식회사나 유한회사는 감사(감사위원회 포함, 감사의 임의기관성은 무관)에 의한 감사뿐만 아니라 외감법에 의한 외부감사인의 감사를 별도로 받아야 한다(외감법 제2조, 동법시행령 제2조 제1항). 다만, 정부투자관리기본법의 적용을 받는 주식회사와 기타 대통령령이 정하는 주식회사는 제외된다(외감법 제2조 단서).

감사대상회사는 매 사업연도 개시일로부터 4월 이내에 외부감사인을 선임하여야 하며, 회사가 감사인을 선임함에 있어서는 감사 또는 전문성과 독립성이 확보된 감사선임위원회의 승인을 얻도록 되어 있다(외감법 제4조 제1항, 제2항).

주) 외감법 및 동법시행령상 외부감사대상기업

☞ 외감법 제4조(외부감사의 대상) :

① 다음 각 호의 어느 하나에 해당하는 회사는 재무제표를 작성하여 회사로부터 독립된 외부의 감사인(재무제표 및 연결재무제표의 감사인은 동일하여야 한다. 이하 같다)에 의한 회계감사를 받아야 한다.

1. 주권상장법인
2. 해당 사업연도 또는 다음 사업연도 중에 주권상장법인이 되려는 회사
3. 그 밖에 직전 사업연도 말의 자산, 부채, 종업원수 또는 매출액 등 대통령령으로 정하는 기준에 해당하는 회사. 다만, 해당 회사가 유한회사인 경우에는 본문의 요건 외에 사원 수, 유한회사로 조직변경 후 기간 등을 고려하여 대통령령으로 정하는 기준에 해당하는 유한회사에 한정한다.

② 제1항에도 불구하고 다음 각 호의 어느 하나에 해당하는 회사는 외부의 감사인에 의한 회계감사를 받지 아니할 수 있다.

1. 「공공기관의 운영에 관한 법률」에 따라 공기업 또는 준정부기관으로 지정받은 회사 중 주권상장법인이 아닌 회사
2. 그 밖에 대통령령으로 정하는 회사

☞ 외감법시행령 제5조(외부감사의 대상) :

① 법 제4조제1항제3호 본문에서 "직전 사업연도 말의 자산, 부채, 종업원 수 또는 매출액 등 대통령령으로 정하는 기준에 해당하는 회사"란 다음 각 호의 어느 하나에 해당하는 회사를 말한다. 〈개정 2020. 10. 13.〉

1. 직전 사업연도 말의 자산총액이 500억원 이상인 회사
2. 직전 사업연도의 매출액(직전 사업연도가 12개월 미만인 경우에는 12개월로 환산하며, 1개월 미만은 1개월로 본다. 이하 같다)이 500억원 이상인 회사
3. 다음 각 목의 사항 중 2개 이상에 해당하는 회사

가. 직전 사업연도 말의 자산총액이 120억원 이상

나. 직전 사업연도 말의 부채총액이 70억원 이상

다. 직전 사업연도의 매출액이 100억원 이상

라. 직전 사업연도 말의 종업원(「근로기준법」 제2조제1항제1호에 따른 근로자를 말하며, 다음의 어느 하나에 해당하는 사람은 제외한다. 이하 같다)이 100명 이상

1) 「소득세법 시행령」 제20조제1항 각 호의 어느 하나에 해당하는 사람

2) 「파견근로자보호 등에 관한 법률」 제2조제5호에 따른 파견근로자

② 법 제4조제1항제3호 단서에서 "대통령령으로 정하는 기준에 해당하는 유한회사"란 다음 각 호의 어느 하나에 해당하는 유한회사를 말한다. 다만, 2019년 11월 1일 이후 「상법」 제604조에 따라 주식회사에서 유한회사로 조직을 변경한 유한회사의 경우에는 같은 법 제606조에 따라 등기한 날부터 5년까지는 제1항 각 호의 어느 하나에 해당하는 회사를 말한다. 〈개정 2020. 10. 13.〉

1. 제1항제1호 또는 제2호에 해당하는 유한회사
2. 다음 각 목의 사항 중 3개 이상에 해당하는 유한회사

가. 직전 사업연도 말의 자산총액이 120억원 이상

나. 직전 사업연도 말의 부채총액이 70억원 이상

다. 직전 사업연도의 매출액이 100억원 이상

라. 직전 사업연도 말의 종업원이 100명 이상

마. 직전 사업연도 말의 사원(「상법」 제543조 제2항 제1호에 따라 정관에 기재된 사원을 말한다. 이하 같다)이 50명 이상

③ 법 제4조제2항제2호에서 "대통령령으로 정하는 회사"란 다음 각 호의 회사를 말한다.

1. 해당 사업연도에 최초로 「상법」 제172조에 따라 설립등기를 한 회사

2. 법 제10조제1항 및 제2항에 따른 감사인 선임기간의 종료일에 다음 각 목의 어느 하나에 해당되는 회사[감사인을 선임한 후 다음 각 목의 어느 하나에 해당하게 된 회사로서 「금융위원회의 설치 등에 관한 법률」 제19조에 따른 증권선물위원회(이하 "증권선물위원회"라 한다)가 인정하는 회사를 포함한다]

가. 「지방공기업법」에 따른 지방공기업 중 주권상장법인이 아닌 회사

나. 「자본시장과 금융투자업에 관한 법률」 제9조제18항제2호 및 제3호에 따른 투자회사 및 투자유한회사, 같은 법 제249조의13에 따른 투자목적회사

다. 「기업구조조정투자회사법」 제2조제3호에 따른 기업구조조정투자회사

라. 「자산유동화에 관한 법률」 제2조제5호에 따른 유동화전문회사

마. 「민법」 제32조에 따라 금융위원회의 허가를 받아 설립된 금융결제원으로부터 거래정지처분을 받고 그 처분의 효력이 지속되고 있는 회사. 다만, 「채무자 회생 및 파산에 관한 법률」에 따라 회생절차의 개시가 결정된 회사는 제외한다.

바. 해산 · 청산 또는 파산 사실이 등기되거나 1년 이상 휴업 중인 회사

사. 「상법」 제174조에 따라 합병절차가 진행 중인 회사로서 해당 사업연도 내에 소멸될 회사

아. 그 밖에 가목부터 사목까지에 준하는 사유로 외부감사를 할 필요가 없는 회사로서 금융위원회가 고시하는 기준에 해당하는 회사

(1) 외부감사인의 결격사유 및 보수

회계법인 또는 감사반이 감사의 대상인 회사와 공인회계사법 제33조 제1항의 각 호와 공인회계사법 제21조 제1항 각 호에서 정함이 있는 어느 하나의 이해관계에 해당되는 경우는 감사인이 될 수 없으며, 회계법인인 감사인은 동일한 이사(회계법인의 이사로 공인회계사)로 하여금 연속하는 6개 사업연도에 대한 감사업무를 행하게 할 수 없다(외감법 제3조 제3항, 제4항). 그리고 감사인의 보수 및 감사시간은 감사 또는 감사선임위원회와 미리 협의하여 결정하도록 하였다(외감법 제4조 제7항).

註釋

공인회계사법 제33조 제1항(직무제한)

① 회계법인은 다음 각 호의 1에 해당하는 자에 대한 재무제표를 감사하거나 증명하는 직무를 행하지 못한다.

1. 회계법인이 주식을 소유하거나 출자하고 있는 자(회사를 포함)

2. 회계법인의 사원이 제21조 제1항 각 호의 1에 해당하는 관계가 있는 자

3. 제1호 및 제2호 외에 회계법인이 뚜렷한 이해관계를 가지고 있거나 1년 이내에 그러한 이해관계를 가지고 있었던 것으로 인정되는 자로서 대통령령이 정하는 자

공인회계사법 제21조 제1항(직무제한)

①공인회계사는 다음 각 호의 해당하는 자에 대한 재무제표를 감사하거나 증명하는 직무를 할 수 없다.

1. 자기 또는 배우자가 임원이나 그에 준하는 직위(재무에 관한 사무의 책임 있는 담당자를 포함)에 있거나, 과거 1년 이내에 그러한 직위에 있었던 자(회사를 포함)

2. 자기 또는 배우자가 그 사용인이거나 과거 1년 이내에 사용인이었던 자
3. 제1호 및 제2호외에 자기 또는 배우자와 뚜렷한 이해관계가 있어서 그 직무를 공정하게 행하는 데 지장이 있다고 인정되어 대통령령으로 정하는 자

(2) 권한 및 임기

외부감사인은 언제든지 감사대상회사 및 계열회사의 회계에 관한 장부와 서류를 등사하거나 회계에 관한 자료의 제출을 요구할 수 있으며, 그 직무수행을 위하여 특히 필요한 때에는 업무와 재산상태를 조사할 수 있는 권한을 가진다(외감법 제6조 제1항).

그리고 감사인의 임기에 대해서는 법제되어 있지 않으나, 매 사업연도 개시일로부터 4개월 이내에 선임하도록 되어있으므로 보통은 1년으로 보아야 하고, 주권상장법인의 경우는 연속하는 3개 사업연도의 감사인을 동일한 감사인으로 하여 최초의 사업연도 개시일로부터 4개월 이내에 선임하도록 되어 있으므로 3년으로 보아야 할 것이다(외감법 제4조 제1항, 제4조의2 제1항).

(3) 의무

감사인은 공정타당하다고 인정되는 감사기준에 따라 감사하고(외감법 제5조), 감사인의 명칭과 감사의견이 명기된 감사보고서를 작성하여 주주총회 1주일 전까지 회사에, 그리고 주주총회 2주일 전까지 증권선물위원회 및 공인회계사회에 제출하여야 한다(외감법 제5조, 제8조, 동법시행령 제7조). 이 경우 회사는 감사인의 감사보고서를 비치 · 공시해야 하고, 대차대조표를 공고할 때에는 감사인의 명칭과 감사의견을 병기해야 하며, 증권선물위원회와 공인회계사회는 이를 일정한 장소에 2년간 비치하여 일반인이 이를 열람할 수 있도록 해야 한다(상법 제449조 제3항, 외감법 제14조 제1항 및 제2항, 제4항).

감사인은 감사와 더불어 그 업무를 수행함에 있어서 이사의 부정행위 등을 발견한 경우에는 상호간의 통보의무를 부담하며, 주주총회에도 보고해야 할 의무를 진다(외감법 제10조 제1호 내지 제3호). 이 밖에도 감사인은 주주총회에 출석하여 답변할 의무(외감법 제11조), 비밀의무(동법 제9조), 매 사업연도 종료 후 3개월 이내에 법정사항을 기재한 사업보고서를 증원선물위원회 및 공인회계사회에 제출할 의무를 부담하고 있다(동법 제3조의2).

(4) 책임

감사인이 그 임무를 해태하여 회사에 대하여 손해를 발생하게 한 때에는 회사에 대하여 이사 및 감사와 연대하여 손해배상책임을 져야 하고, 중요한 사항에 관하여 감사보고서에 기재하지 아니하거나 허위기재함으로써 제3자에게 손해를 발생하게 한 때에는 그 제3자에게도 손해배상책임을 진다(외감법 제17조 제1항). 그리고 감사인은 위의 책임에 대한 이행의 담보를 위해 총리령으로 정하는 바에 따라 보험에 가입하거나 손해배상공동기금을 적립하는 등 필요한 조치

를 취해야 한다(외감법 제17조 제6항). 이 밖에도 감사인을 포함한 감사업무와 관련된 자의 의무위반행위에 대해서는 외감법 제19조 내지 21조에 의거하여 엄격한 벌칙이 따른다.

9. 준법지원인

2011년 4월 14일 개정상법에서는 상법 이외의 다른 법률에 따라 내부통제기준 및 준법감시인을 두어야 하는 상장회사를 제외하고 최근 사업연도 말 현재의 자산총액이 5천억원 이상인 상장회사는 법령을 준수하고 회사경영을 적정하게 하기 위하여 임직원이 그 직무를 수행할 때 따라야 할 준법통제에 관한 기준 및 절차(이하「준법통제기준」이라 함)를 마련해야 하고, 준법통제기준의 준수에 관한 업무를 담당할 1인 이상의 준법지원인을 두도록 하였다(상법 제542조의13 제1항, 제2항, 동법시행령 제39조).

(1) 직무권한 및 의무

준법지원인은 준법통제기준의 준수여부를 점검하여 그 결과를 이사회에 보고하는 직무권한을 가진다(상법 제542조의13 제3항). 준법지원인은 자신의 업무수행에 영향을 줄 수 있는 영업 관련 업무를 담당해서는 아니 되며 선량한 관리자의 주의로 그 직무를 수행해야 하고, 그 재임 중뿐만 아니라 퇴임 후에도 직무상 알게 된 회사의 영업상 비밀을 누설하여서는 아니 된다(동법 제7항, 제8항 동법시행령 제42조). 회사는 준법지원인이 그 직무를 독립적으로 수행할 수 있도록 하여야 하고, 회사의 임직원은 준법지원인이 그 직무를 수행함에 있어서 필요한 자료나 정보의 제출을 요구하는 경우에 성실히 응해야 할 의무를 부담하며, 회사는 또한 준법지원인이었던 사람에 대하여 그 직무수행과 관련된 사유로 부당한 인사상의 불이익을 주어서는 아니 된다(동법 제9항, 제10항).

(2) 선임 · 임기 및 자격

회사는 이사회의 결의에 의하여 준법지원인을 임면하는 것으로 하고, 그 임기는 3년간 상근으로 하되 다른 법률에 의해서도 이를 바꿀 수 없도록 하였으며, 그 자격요건에 관해서는 상법과 대통령령으로 구체화 하였다(상법 제542조의13 제4항, 제5항, 제6항, 제11항).

즉, ① 변호사 자격을 가진 사람, ② 고등교육법 제2조에 따른 학교에서 법률학을 가르치는 조교수 이상의 직에 5년 이상 근무한 사람, ③ 그 밖에 법률적인 지식과 경험이 풍부한 사람으로서 대통령령으로 정하는 사람 등으로 그 자격을 제한하고 있다.

註釋

상법시행령 제41조(준법지원인 자격요건 등) 상법 제542조의 13제5항제3호에서 "대통령령으로 정하는 사람"이란 다음 각 호의 어느 하나에 해당하는 사람을 말한다.

1. 상장회사에서 감사 · 감사위원 · 준법감시인 또는 이와 관련된 법무부서에서 근무한 경력이 합산하여 10년 이상인 사람

2. 법률학 석사학위 이상의 학위를 취득한 사람으로서 상장회사에서 감사 · 감사위원 · 준법감시인 또는 이와 관련된 법무부서에서 근무한 경력이 합산하여 5년 이상인 사람

제5절 신주의 발행

1. 서설

회사가 그 성립 후에 수권자본인 발행예정주식의 총수 중 미 발행부분의 주식을 발행하는 것을 신주(new stocks)의 발행이라 한다. 신주의 발행은 회사설립 후에 원칙으로 이사회의 결정에 의해 회사가 자기자본을 조달하기 위하여 발행하게 되는 것이다. 그러나 상법에 다른 정함이 있거나 정관으로 신주발행을 주주총회에서 결정하는 것으로 되어 있는 경우는 그에 따른다.

2. 신주발행사항의 결정

회사가 성립된 후에 주식을 발행하는 경우에는 ① 신주의 종유와 수, ② 신주의 발행가액과 납입기일, ③ 무액면주식의 경우에는 신주의 발행가액 중 자본금으로 계상하는 금액, ④ 신주의 인수 방법, ⑤ 현물출자를 하는 자의 성명과 그 목적인 재산의 종류, 수량, 가액과 이에 대하여 부여할 주식의 종류와 수, ⑥ 주주가 가지는 신주인수권을 양도할 수 있는 것에 관한 사항, ⑦ 주주의 청구가 있는 때에만 신주인수권증서를 발행한다는 것과 그 청구기간 등을 정해야 한다. 이에 관하여 정관의 규정이 없는 것은 이사회가 결정하되 상법의 다른 규정 또는 정관의 다른 정함이 있는 경우에는 주주총회의 결의로서 결정하게 된다(상법 제416조).

3. 신주의 액면미달발행

자본충실의 원칙에 의하여 주식을 액면미달의 가액으로 발행하지 못한다(상법 제330조). 그러나 회사성립 후에 신주를 발행하고자 할 때에 이미 발행한 주식의 시가가 그 권면을 하회하고 있다면, 신주발행이 사실상 곤란하므로 이를 시정하는 제도로서 주식을 액면미달의 가액으로 할인하여 발행하는 예외적인 제도를 인정하게 되었다. 우리 상법은 엄격한 요건아래 주식의 액면미달의 발행을 허용하고 있다(상법 제330조, 제417조). 즉, ① 회사가 성립한 날로부터 2년을 경과한 후일 것, ② 주주총회의 특별결의에서 그 발행과 주식의 최저발행가액을 정하고 법원의 인가를 얻을 것, ③ 법원의 인가를 얻은 날로부터 1개월 이내에 발행할 것(법원은 이 기간을 연장하여 인가할 수 있음) 등을 요건으로 한다(상법 제417조 제1항, 제2항, 제4항). 이 경우 법원은 회사의 현황과 제반사정을 참작하여 최저발행가액을 변경하여 인가할 수 있고, 회사의 재

산상태 기타 필요한 사항을 조사하기 위하여 검사인을 선임하여 할 수도 있다(동법 제3항). 그리고 신주의 액면미달발행의 경우에 주식의 발행에 따른 변경등기에는 미상각액을 등기하여야 한다(상법 제426조).

4. 신주인수권

(1) 의의

회사의 성립 후 신주가 발행되는 경우에 그 신주를 우선적으로 인수하는 권리를 신주인수권이라 한다. 주주는 정관에 다른 정함이 없으면 그가 가진 주식의 수에 따라서 신주의 배정을 받을 권리가 있다(상법 제418조 제1항, 제2항). 회사는 일정한 날을 정하여 그 날에 주주명부에 기재된 주주가 신주를 인수할 수 있는 권리가 있다는 뜻과 이 신주인수권을 양도할 수 있을 경우에는 그 뜻을 그 날의 2주간 전에 공고하여야 한다(상법 제418조 제3항).

(2) 제3자의 신주인수

이는 주주 이외의 제3자에게 신주인수권을 부여하여 신주를 배정받을 수 있게 하는 것을 말한다. 제3자에게 신주인수권을 부여하는 경우는 기존주주의 이익을 침해하게 되므로 상법은 정관의 정함으로 특정한 제3자에게 신주인수권을 부여할 수 있도록 하였다(상법 제418조 제2항). 이 경우에 있어서도 제3자에게 배정되는 신주인수권은 신기술의 도입, 재무구조의 개선 등 회사의 경영상 목적을 달성하기 위하여 필요한 경우에 한하여 인정된다.

5. 신주발행의 절차

(1) 신주인수권자에 대한 최고

신주인수권은 권리이기 때문에 회사는 먼저 신주인수권을 가진 자에 대하여 권리의 행사여부를 확실하게 해야하므로 권리행사에 관한 최고를 하여야 한다. 최고할 경우는 ① 인수권을 가지는 주식의 종류 및 수, ② 일정한 기일까지 주식인수의 청약을 하지 아니하면 그 권리를 잃는다는 뜻을 기일의 2주 전에 통지 또는 공고(무기명주식을 발행하는 경우)하여야 하는데, 이 경우 주주가 가지는 신주인수권을 양도할 수 있는 것에 관한 사항 및 주주의 청구가 있는 때에만 신주인수권증서를 발행한다는 것과 그 청구기간에 관해서도 정함이 있는 때에는 그 내용도 함께 통지 또는 공고하여야 한다(상법 제419조 제1항 내지 제3항, 제416조 제5호, 제6호).

신주인수권자가 위의 최고에 응하지 아니함으로써 실권한 주식에 대하여는 회사는 일반 공중으로부터 주주를 모집할 수 있다(상법 제419조 제4항, 제425조, 제302조 제1항).

(2) 신주인수의 청약

신주인수의 청약을 하고자 하는 사람은 주식청약서 2통에 인수할 주식의 종류 및 수와 주소를 기재하고 기명날인 또는 서명하여 청약을 하여야 한다(상법 제420조, 제302조).

(3) 신주의 배정과 인수

신주인수의 청약이 있으면 대표이사 또는 대표집행임원은 주식을 배정하고 청약인은 주식 인수인으로 배정된 주식의 수에 따라 주식가액을 납입할 의무를 부담한다(상법 제408조의4, 제408조의5, 제425조, 제303조). 현물출자를 하는 자가 있는 경우에는 ① 현물출자의 목적인 재산의 가액이 자본금의 5분의 1을 초과하지 아니하고 대통령령으로 정한금액을 초과하지 아니하는 경우, ② 현물출자의 목적인 재산이 거래소의 시세 있는 유가증권인 경우 이사회 또는 주주총회에서 결정된 가격이 대통령령으로 정한 방법으로 산정된 시세를 초과하지 아니하는 경우, ③ 변제기가 돌아온 회사에 대한 금전채권을 출자의 목적으로 하는 경우로서 그 가액이 회사장부에 적혀 있는 가액을 초과하지 아니하는 경우, ④ 그 밖에 위에 준하는 경우로서 대통령령으로 정하는 경우를 제외하고는 이사는 이를 조사하게 하기 위하여 검사인의 선임을 법원에 청구하여야 한다(상법 제422조 제1항, 제2항). 이 경우 공인된 감정인의 감정으로 검사인의 조사에 갈음할 수도 있는데, 법원은 검사인의 조사보고서 또는 감정인의 감정결과를 심사하여 부당하다고 인정한 경우에는 이사와 현물출자자에게 이를 변경하여 통보할 수 있다(동법 제3항). 그러나 법원의 위의 통보에 불복하는 현물출자자는 그 주식의 인수를 취소할 수 있고, 통고가 있는 후 2주간 내에 주식의 취소를 한 현물출자자가 없는 경우는 법원의 변경통고에 따라 변경된 것으로 본다(동법 제4항, 제5항).

(4) 신주발행의 효력발생

신주인수인은 신주발행결의에서 정한 납입기일까지 납입 또는 현물출자의 이행을 한 때에는 그 납입기일의 다음 날로부터 신주발행의 효력이 생기어 주주의 권리와 의무가 발생된다(상법 제423조 제1항 전단). 그러나 이에 반하여 납입기일에 납입 또는 현물출자를 하지 아니한 신주인수인은 당연히 실권한다(동법 제2항). 납입기일까지 인수 또는 납입이 없는 주식은 미 발행주식으로 남게 되는데, 신주의 발행으로 인한 등기가 있는 후에 아직 인수하지 아니한 주식이 있거나 주식인수의 청약이 취소된 때에는 이사가 이를 공동으로 인수한 것으로 본다(상법 제428조). 이를 이사의 인수담보책임이라 한다.

6. 신주발행의 유지청구권

회사가 법령 또는 정관에 위반하거나 현저하게 불공정한 방법, 즉 임원 및 특정인에 대한 신주의 과다배정, 주주의 신주인수권을 배제하기 위한 불필요한 현물출자의 과대평가 등에 의하여 주식을 발행함으로써 주주가 불이익을 받을 염려가 있는 경우에는 주주는 회사에 대하여 그 발행을 유지할 것을 청구할 수 있다(상법 제424조). 이 유지청구는 신주의 납입기일 전에 하여야 하고 유지청구 방법에는 제한이 없으며, 소에 의하여야 하는 것은 아니다. 다만, 유지청구의 소를 제기할 수도 있으며, 이 경우에는 그 소를 본안소송으로 하여 발행유지의 가처분명령을 신청할 수 있게 된다.

7. 신주발행의 무효

(1) 서언

신주발행에 관한 법령 또는 정관에 위반하는 경우와 정관에 정한 발행예정주식의 총수를 초과하여 발행한 경우 등에는 그 발행 자체가 무효로 된다. 상법은 법률관계의 안정을 위하여 신주발행무효의 소 제도를 두고 있다.

(2) 인수의 무효주장 및 취소의 제한

신주의 발행으로 인한 변경등기를 한 날로부터 1년을 경과한 후에는 신주를 인수한 자는 신주청약서 또는 신주인수증서의 요건의 결함을 이유로 하여 그 인수의 무효를 주장하거나 사기, 강박 또는 착오를 이유로 하여 그 인수를 취소하지 못하고, 그 주식에 대하여 주주의 권리를 행사하는 때에도 위와 같다(상법 제427조).

(3) 무효의 소

신주발행의 무효는 주주 · 이사 또는 감사에 한하여 신주를 발행한 날로부터 6월 내에 소만으로 이를 주장할 수 있다(상법 제429조). 신주발행 무효판결이 확정된 때에는 신주는 장래에 대하여 그 효력을 상실하게 되므로 회사는 지체 없이 그 뜻과 3개월 이상의 일정한 기간을 정하여 신주의 주권을 회사에 제출할 것을 공고하고 주주명부에 기재된 주주와 질권자에 대해서는 개별로 그 통지를 하여야 한다(상법 제431조 제1항, 제2항). 그리고 회사는 주권회수 절차를 밟아 신주의 주주에 대하여 그 납입한 금액을 반환하여야 한다(상법 제432조 제1항, 제3항). 그러나 그 반환금액이 회사의 재산상태에 비추어 현저하게 부당한 때에는 법원은 회사 또는 신주를 반환하게 되는 주주의 청구에 의하여 그 금액의 증감을 명할 수도 있다(동법 제2항).

8. 특수한 신주발행

(1) 특수한 신주발행의 특색

다음에 설명하는 특수한 신주발행은 통상의 신주발행과 비교하면 몇 가지 공통점과 차이점을 들 수가 있다. 특수한 신주발행도 ① 정관 소정의 발행예정주식 총수의 범위 내에서 발행되고, ② 수종의 주식을 발행하는 경우에는 정관에서 정하여진 내용과 수의 범위 내에서 발행하여야 한다(상법 제289조 제1항 제3호, 제344조). 이러한 점은 통상의 신주발행의 경우와 다를 것이 없다.

그러나 특수한 신주발행은 ① 발행절차에 있어서 청약과 배정 등의 절차를 요하지 않으며, ② 신주인수권부사채의 인수권의 행사에 의한 신주발행의 경우에는 주금납입을 할 수도 있고 납입을 하지 않을 수도 있으나(代用納入), 통상적으로 특수한 신주발행의 경우에는 인수한 주금액을 납입하지 않으므로 회사 재산의 현실적인 증가가 없다고 하는 등 차이점이 있다.

(2) 주식분할 경우의 신주발행

1998년 12월 28일 상법개정으로 신설된 상법 제329조의2에 의하여 주식분할을 하는 경우에는 자본액은 변동이 없고 회사자산에도 변함이 없으나 발행주식의 수는 증가하므로 그 증가하는 수의 신주를 발행하게 된다. 이것은 주주총회의 특별결의에 의하여 하게 되며, 기존 주주에게 그 주식의 종류와 수에 따라서 신주가 배정되어 진다. 이것은 총회의 특별결의에 의하여 이루어진다는 점과 자본의 변동이 없는 점에서 후술하는 준비금의 자본전입에 의한 신주발행 및 전환사채의 전환권행사에 따른 신주발행 등과 다르다.

(3) 준비금의 자본전입으로 인한 신주발행

회사는 정관으로 주주총회에서 결정하는 것으로 정한 경우를 제외하고 이사회의 결의에 의하여 준비금의 전부 또는 일부를 자본금에 전입할 수 있다(상법 제461조 제1항). 이 경우에는 주주에 대하여 그가 가진 주식의 수에 따라 무상으로 신주를 발행해야 하고, 주주는 이사회의 자본전입결의가 있은 후의 신주배정(기준)일 당시의 주주명부상의 주주가 신주의 주주로 되며, 정관에 따라 주주총회에서 자본전입 결의를 하게 되는 때에는 그 결의가 있은 때부터 신주의 주주가 된다(동법 제2항, 제3항, 제4항).

이 경우의 신주발행은 정관으로 별도의 정함이 있는 경우를 제외하고 통상의 신주발행과 같이 이사회에서 결정하고 계수상의 자본은 증가되지만 새로운 출자가 없으므로 회사재산이 현실적으로 증가하는 것은 아니다.

(4) 주식배당에 의한 신주발행

회사는 주주총회의 이익처분에 관한 결의에서 주주에게 배당할 이익을 이익배당 총액의 2분의 1의 금액을 초과하지 아니하는 한도 내에서 주식으로 배당할 것을 정할 수 있다. 그리고 정기주주총회에서 주식배당결의가 있으면 그 총회가 종결한 때 배당받은 주주는 신주의 주주가 된다(상법 제462조의2 제1항, 제4항).

이 경우의 신주발행은 주주는 이익배당을 받는 대신에 신주를 받게 되는 것이므로 새롭게 출자하는 것이 아니다. 따라서 회사재산 자체의 변동은 없다. 그러나 배당되는 주식의 수만큼 발행주식 총수가 증가하게 되므로 그에 따른 자본의 증가는 있게 되는 것이다.

(5) 전환주식의 전환으로 인한 신주발행

상법 제346조에 의하여 전환권이 인정되어 있는 특정의 종류주식(전환주식)에 대해서는 동법 제349조에 의거하여 그 주주로부터 전환의 청구가 있으면 기존의 전환주식은 소멸하고 이것에 대신하여 정관소정의 종류와 수의 주식이 새로 발행되어 종래의 주주에게 주어진다. 이 경우에는 전환주주의 전환권 행사에 의하여 신주가 발행되나 주주는 새로운 출자를 하지 아니하므로 회사재산에는 변동이 없다.

자본구성의 변동을 보면 신 · 구주식의 수가 같으면 자본에 변동이 없고, 전환 후의 신주식의 수가 원주식의 수보다 많은 경우에는 신주식의 액면총액과 원주식의 액면총액과의 차액만큼 자본증가를 가져오게 된다(다수설: 자본변동설). 그러나 이에 대해서 신 · 구주식이 교환되는 것이므로 자본액에 변동이 없다고 하는 주장도 제기되고 있다(자본불변설).

일반적으로 자본은 변동이 없을 것이므로 자본불변설이 타당하다고 할 것으로 보이나 종류주식을 발행하는 경우에 민감한 주식시장의 여러 가지 상황을 고려하게 된다면 종류주식에 대한 가격평가도 당연히 달라질 수 있을 것이므로 자본변동설이 타당할 것으로 생각된다.

(6) 전환사채의 전환으로 인한 주식발행

상법 제513조에 의거하여 전환사채가 발행된 경우에 사채권자에 의한 전환청구가 있으면 기존의 사채가 소멸하고 그 대신 정관이나 이사회 또는 주주총회의 결의에서 정하여진 주식이 새로이 발행되어 종전의 사채권자에게 교부된다.

이 경우에는 신주의 발행대가는 이미 회사내부에 들어와 있으므로 실질적으로는 전환주식의 경우와 같이 회사재산이 현실적으로 증가하는 것은 아니고, 다만 새로 사채권자에게 주어지는 주식의 금액만큼의 자본증가가 생기게 된다.

(7) 신주인수권부사채권자의 인수권행사에 의한 신주발행

상법 제516조의2에 의거하여 신주인수권부사채가 발행된 경우에 사채권자 또는 신주인수권증권의 취득자가 신주인수권을 행사한 때에는 신주의 청약과 배정 등의 절차를 요하지 아니하고 신주를 발행하게 되며 신주의 발행가액의 금액을 납입한 때 주주가 된다(상법 제516조의10). 인수권을 행사하는 자는 위에서와 같이 주금을 납입을 하는 경우와 주금을 납입하지 아니하는 경우가 있다(대용납입)(상법 제516조의2 제2항 제5호). 전자의 경우는 실질적인 자본의 증가를 가져오지만 후자의 경우는 실질적인 자본의 증가를 가져오지 아니한다. 그러나 어느 경우이든 신주발행에 의하여 늘어나는 주식의 액면금액 만큼의 형식적인 자본의 증가는 이루어지게 된다. 그리고 주금을 납입하는 경우에 액면 가액 초과발행인 경우에는 그 초과액은 자본준비금으로 적립하여야 한다.

(8) 흡수합병으로 인한 신주발행

회사가 다른 회사를 흡수합병하게 되면 승계 받은 재산에 대하여 신주를 발행하여 소멸하는 회사의 주주에게 직접 교부하게 된다.

이 경우는 회사에 새로이 재산이 늘어나고 그에 대한 대가의 일환으로 신주가 발행된다는 점에서 위의 경우와 다르고 통상의 신주발행과 비슷하다. 그러나 개별적으로 직접 출자되는 것과는 달리 합병으로 인하여 소멸하는 회사의 전 재산이 포괄적으로 승계되는 데 대하여 신주가 발행되어 소멸회사의 주주에게 주어지는 점에서 통상의 신주발행의 그것과는 다르다. 그리고 이 경우에는 회사의 합병이라는 점에서 합병에 관한 일련의 절차의 일부로서 이루어지기 때문에 현저한 특색을 가지게 되는 것이다.

(9) 주식병합에 의한 신주발행

주식병합이란 2주를 합쳐서 1주로 하는 경우와 같이 수 개의 주식을 합하여 그보다 적은 수의 주식으로 만드는 것을 말한다. 이것은 단순하게 10주권의 10장 합쳐서 1장의 100주권으로 만드는 것과 같이 회사재산이나 자본은 그대로 두고 주식만을 병합하는 경우가 있는 반면, 대게의 주식병합은 상법 제440조 이하의 주식병합절차에 따라 자본감소의 일환으로 이루어지는 경우와 회사합병에 따라서 하게 되는 경우로 나뉜다.

(10) 분할 · 분할합병에 의한 신주발행

1998년 12월 28일 상법개정에서는 회사의 분할 · 분할합병제도가 새롭게 도입되었다. 이에 의하면 회사는 주주총회의 특별결의에 의하여 분할하여 1개 또는 수개의 회사를 설립할 수 있고, 분할에 의하여 1개 또는 수개의 존립 중의 회사와 분할합병할 수 있으며, 분할에 의하여 1개 또는 수개의 회사를 설립함과 동시에 분할합병할 수 있고, 또한 해산 후의 회사는 설립 중의 회사를 존속하는 회사로 하거나 새로 회사를 설립하는 경우에 한하여 분할 또는 분할합병할 수 있는 것으로 하였다(상법 제530조의2 제1항 내지 제4항, 제530조의3 제1항, 제2항).따라서 이에 의하여 신주를 발행하는 경우는 ① 분할에 의하여 신설된 회사 또는 ② 분할합병의 경우에 합병상대회사는 신주를 발행하여 피분할회사의 주주에게 주게 된다. 이 경우의 신주발행은 단체법적인 절차에 따르게 되므로 개별적인 청약이나 주금납입 등의 절차가 없다는 점에서 여타의 특수한 신주발행의 경우와 같으나, 위 ②의 경우는 특히 흡수합병의 경우와 유사하다.

9. 주식매수선택권

회사는 정관의 정함에 의해 상법 제434조에서 정한 주주총회의 특별결의로 회사의 설립과 경영 및 기술혁신 등에 기여하거나 기여할 수 있는 회사의 이사, 집행임원, 감사 또는 피용자에게 미리 정한 가액(주식매수선택권의 행사가액)으로 신주를 인수하거나 자기의 주식을 매수할 수 있는 권리를 부여할 수 있다(상법 제340조의2 제1항). 이 경우 주식매수선택권의 행사일을 기준으로 평가한 주식의 실질가액이 주식매수선택권의 행사가액보다 높은 경우에 회사는 그 차액을 금전으로 지급하거나 그 차액에 상당하는 자기주식을 양도할 수도 있다(상법 제340조의2 제1항 단서). 그러나 ① 의결권 없는 주식을 제외한 발행주식 총수의 100분의10 이상을 가진 주주, ② 이사, 집행임원, 감사의 선임과 해임 등 회사의 주요 경영사항에 대하여 사실상 영향력을 행사하는 자, ③ 이들의 배우자 및 직계존비속 등에게는 주식매수선택권을 부여할 수 없고, 주식매수선택권의 행사에 따라 발행할 신주 또는 양도할 자기주식은 회사의 발행주식 총수의 100분의 10을 초과할 수는 없다(동법 제2항, 제3항).

주식매수선택권의 행사가액은 ① 신주를 발행하는 경우에는 주식매수선택권의 부여 일을 기준으로 한 주식의 실질가액과 주식의 권면액(무액면주식을 발행한 경우에는 자본으로 계상되는 금액 중 1주에 해당하는 금액을 권면액) 중 높은 금액 이상의 금액, ②자기주식을 양도하는 경우에는 주식매수선택권의 부여 일을 기준으로 한 주식의 실질가액 이상의 금액이 되도록 하여야 한다(상법 제340조의2 제4항).

(1) 주식매수선택권에 관한 정관의 기재사항과 총회의 결의사항

주식매수선택권에 관한 정관의 규정에는 ① 일정한 경우 주식매수선택권을 부여할 수 있다는 뜻, ② 주식매수선택권의 행사로 발행하거나 양도할 주식의 종류와 수, ③ 주식매수선택권을 부여받을 자의 자격요건, ④ 주식매수선택권의 행사기간, ⑤ 일정한 경우 이사회결의로 주식매수선택권의 부여를 취소할 수 있다는 뜻 등을 기재하여야 하고, 주주총회에서는 ① 주식매수선택권을 부여받을 자의 성명, ② 주식매수선택권의 부여방법, ③ 주식매수선택권의 행사가액과 그 조정에 관한 사항, ④ 주식매수선택권의 행사기간, ⑤ 주식매수선택권을 부여받을 자 각각에 대하여 주식매수선택권의 행사로 발행하거나 양도할 주식의 종류와 수 등에 관하여 결정해야 한다(상법 제340조의3 제1항, 제2항).

회사는 위의 주주총회의 결의에 의하여 주식매수선택권을 부여받은 자와 계약을 체결하고 상당한 기간 내에 그에 관한 계약서를 작성해야 하며, 주식매수선택권의 행사기간이 종료할 때까지 본점에 비치하고 주주로 하여금 영업시간 내에 이를 열람할 수 있도록 하여야 한다(동법

제3항, 제4항).

(2) 주식매수선택권의 행사

주식매수선택권은 그 사항을 정한 주주총회 결의일로부터 2년 이상 재임 또는 재직해야 만이 행사할 수 있고, 이를 양도할 수는 없다. 그러나 주식매수선택권을 행사할 수 있는 자가 사망하는 경우에는 그 상속인이 양도 받아 행사할 수도 있게 된다(상법 제340조의4 제1항, 제2항).

제6절 정관의 변경

1. 서설

(1) 정관변경의 의의

정관의 변경이란 회사의 조직과 활동에 관한 근본규칙인 실질적 의의의 정관을 변경하는 것을 말한다. 정관변경에는 현존하는 규정의 삭제 및 변경뿐만 아니라 새로운 규정을 추가하거나 내용의 변경인 자구의 정정도 포함된다.

(2) 정관변경의 범위

정관변경의 범위에 대해서는 특별한 제한이 없다. 그러므로 선량한 풍속 또는 회사의 질서 및 강행법규에 반하지 아니하고 주식회사의 본질인 주주의 고유권이나 주주평등의 원칙 등을 침해하지 아니하는 범위 내에서는 어떠한 사항이라도 변경할 수가 있다.

2. 정관변경의 절차 및 효력

(1) 정관변경의 결의

정관의 변경은 주주총회의 특별결의에 의하여야 하므로 그 결의는 출석한 주주의 의결권의 3분의 2 이상의 수와 발행주식 총수의 3분의 1 이상의 수로서 하여야 하고, 정관변경에 관한 의안의 요령은 상법 제363조의 규정에 의한 통지와 공고에 기재해야 한다(상법 제433조 제1항, 제2항, 제434조). 그리고 회사가 종류주식을 발행하는 경우에는 정관을 변경함으로써 어느 종류주식의 주주에게 손해를 미치게 될 때에는 위의 주주총회결의 외에도 의결권이 없는 주식을 제외하고 기타 종류주식의 각 주주총회의 결의가 별도로 있어야 하며, 그 결의방법은 위의 특별결의의 방법과 같다(상법 제435조 제1항 내지 제3항). 그러나 정관의 기재사항이 어떠한 사실에만 기초를 두고 있는 경우는 그 사실의 변경에 의하여 주주총회의 결의 없이도 변경할 수 있다. 예를 들면, 본점 소재지의 지명이 변경되거나, 회사가 공고하는 일간신문의 명칭이 변경되거나, 법령의 개정으로 인하여 정관의 규정이 실효되는 경우 등에는 주주총회의 결의는 요하지 아니한다.

(2) 정관변경의 효력

정관변경의 효력은 주주총회의 결의와 동시에 발생한다. 정관변경이 등기사항의 변경을 생기게 할 때에는 본점 소재지에서는 2주간 내에 지점 소재지에서는 3주간 내에 변경등기를 하여야 한다(상법 제317조 제3항, 제183조).

제7절 자본감소

1. 서설

(1) 의의

자본감소(Reduction of Capital)란 회사의 자본액을 일정한 방법에 의하여 감소시키는 것을 말한다. 회사의 자본감소는 회사채권자에게 중대한 영향을 미칠 수 있으므로 상법은 일정한 절차에 의해서만 가능하도록 하였다.

(2) 자본의 실질적 감소와 명의적 감소

자본감소에는 실질적인 자본감소와 명의적인 자본감소로 나뉜다. 전자는 법률상의 자본 감소와 더불어 실질적으로 회사의 자본금을 감소시키는 것으로서 그 감소액은 실제로 주주에게 영향을 미치게 되는 경우를 말하고, 후자는 회사의 결손으로 자본이 감소된 경우로서 법률상으로는 자본을 감소시키지 아니하므로 주주에게 현실적으로 영향을 미치지는 아니하고 계산상으로만 자본이 감소되는 것이다.

2. 자본감소의 절차

(1) 주주총회의 특별결의

자본금의 감소는 주주총회의 특별결의를 요하고, 동 특별결의에서는 자본금 감소의 방법도 정하여야 하며, 자본금 감소에 관한 의안의 주요내용은 상법 제363조에 따른 주주총회 소집의 통지와 공고에 기재하여야 한다(상법 제438조 제1항, 제3항, 제439조 제1항). 그러나 결손의 보전을 위한 자본금의 감소는 주주총회의 보통결의에 의한다(상법 제438조 제2항, 제368조 제1항).

(2) 채권자보호절차

자본금의 감소는 회사채권자에게는 그 담보가 줄어들게 되는 것에 해당하는 것이기 때문에 상법은 결손의 보전을 위하여 자본금을 감소하는 경우를 제외하고 특히 채권자의 보호를 위한 엄격한 절차를 요구하고 있다(상법 제439조 제2항, 제232조). 즉, 회사는 자본금의 감소 결의가 있는 날로부터 2주간 내에 회사 채권자에 대하여 자본감소에 이의가 있으면 1개월 이상의 일정기간 내에 이를 제출할 것을 공고하여야 하고, 만약 이의를 제출한 채권자가 있으면 변제 또는 상당한 담보를 제공하거나 이를 목적으로 하여 상당한 재산을 신탁회사에 신탁하여야 한다(상법 제439조 제2항 전단, 제232조 제1항 내지 제3항). 위의 경우에 사채권자가 이의를 제기하기 위해서는 사채권자집회의 결의가 있어야 하고, 이 경우 법원은 이해관계인의 청구에 의하여 사채권자를 위하여 위의 이의 제기 기간을 연장할 수 있다(상법 제439조 제3항).

회사가 위에서와 같은 이러한 채권자보호절차를 밟지 아니한 때에는 자본금 감소의 무효의 원인이 된다(상법 제445조).

(3) 자본감소의 실행

자본감소의 실행절차는 감자의 방법에 따라 다르다. 감자의 방법에는 주식금액의 감소, 주식수의 감소로서 주식의 소각, 주식금액과 주식수의 감소로서 주식의 병합 등의 세 가지가 있다.

1) 주식금액의 감소

자본금 감소는 정관을 변경하여 1주의 금액을 낮게 정하는 방법으로 할 수 있다. 그러나 주식금액은 최저액이 법정되어 있기 때문에 이 방법은 주식금액이 100원 이상인 경우에만 가능하다(상법 제329조 제3항). 이러한 주식금액의 감소에 의한 자본감소의 경우는 주식 수에는 변동이 생기지 않는 점이 주식의 소각이나 합병의 경우와 다르다. 주식금액을 감소하는 경우에는 회사가 그 뜻을 주주에게 통지하고 구 주권을 회사에 제출하게 하여 신 주권을 교부하면 된다.

가. 주식금액의 일부반환

이것은 납입한 주식금액의 일부를 주주에게 반환하여 실질적으로 자본을 감소하는 방법이다. 각 주주에게 반환하고 나머지 납입금을 새로운 주식금액으로 하는 것으로서 자본감소의 전형적인 방법이다.

나. 손실에 의한 주식금액의 감소

주주가 이미 납입한 주식금액 중에서 일부를 주주의 손실로서 삭제하여 나머지 납입액을 주식금액으로 하는 방법이다.

2) 주식수의 감소(주식의 소각)

주식을 소각하는 경우란 회사가 특정한 주식을 소멸시키는 것을 말한다(상법 제343조). 주식의 소각에는 주주의 의사와 관계없이 하는 강제소각의 방법과 주주의 동의를 얻어서 하는 임의소각의 방법이 있다. 또한 그 대가의 유무에 따라 유상소각과 무상소각으로 구분된다. 임의소각의 경우에는 회사가 주주와의 합의에 의하여 자기주식을 감자수량에 달하기까지 취득하여 실효처분하면 된다(상법 제343조, 제341조 1호, 제342조). 주식소각(임의 · 강제)의 경우에는 주식병합의 경우와 동일한 방법으로 주권을 회사에 제출시켜야 한다(상법 제343조 제2항, 제440조, 제441조).

3) 주식의 병합

주식을 병합하는 경우란 두 개 이상의 주식을 합하여 주식금액의 합계를 병합 전보다 적게 하는 방법이다. 주식병합의 경우에는 회사는 1개월 이상의 기간을 정하여 그 뜻과 그 기간 내에 주권을 회사에 제출할 것을 공고하고 주주명부에 기재된 주주와 질권자에 대해서는 각별로 그 통지하여야 하며, 그 효력은 위 기간이 만료한 때에 생긴다. 그러나 채권자보호절차가 종료하지 아니한 때에는 종료된 때에 효력이 생긴다(상법 제440조, 제441조). 그리고 신주를 병합하는 경우에 구 주권을 회사에 제출할 수 없는 자가 있는 때에는 회사는 그 자의 청구에 의하여 3개월 이상의 기간을 정하고 이해관계인에 대하여 그 주권에 대한 이의가 있으면 그 기간 내에 제출할 뜻을 공고하여 그 기간이 경과한 후에 신 주권을 교부할 수 있다. 이 경우의 비용은 청구자가 부담하게 된다(상법 제442조 제1항, 제2항). 그리고 단주의 처리 및 무기명식의 주권으로서 위 제출기간 내에 제출하지 아니한 것에 관해서는 별도로 상법 제443조의 정함에 따른다.

3. 자본감소의 효력

(1) 자본감소의 효력발생

자본감소의 적법 · 적당한 절차가 끝나면 그 효력이 발생한다. 그러나 자본금의 총액, 1주의 금액 또는 발행주식 총수의 변경(감소)은 등기사항의 변경을 가져오므로 본점소재지에서 2주간 내에 지점소재지에서 3주간 내에 변경등기를 하여야 한다(상법 제317조 제2항 제2호, 제183조).

(2) 자본감소의 무효

자본금 감소는 그 절차 또는 내용에 어떠한 하자가 있을 때에는 무효의 원인이 된다. 즉 ① 자본금 감소에 관한 주주총회의 결의가 없거나 하자가 있는 경우, ② 자본금 감소의 방법이 주주평등의 원칙에 반한 경우, ③ 채권자보호절차를 밟지 않은 경우, ④ 이의 제출 채권자 및 사채권자를 위한 조치를 취하지 않은 경우 등에 하자가 있는 경우이다. 자본감소의 무효는 주주 · 이사 · 감사 · 청산인 · 파산관재인 또는 자본감소를 승인하지 아니한 채권자에 한하여 자본감소의 변경등기가 있는 날로부터 6개월 내에 감자무효의 소만으로 주장할 수 있다(상법 제445조).

제8절 회사의 회계

1. 서설

회사는 영리법인이므로 일정한 사업을 경영하여 얻은 이익을 사원(주주)에게 분배하는 것이 목적이다. 따라서 회사는 재산적 기초를 확고히 하고 경영의 건전화를 기하기 위하여 회사의 회계를 명확히 해야 할 필요가 있게 된다. 특히 주식회사에서는 ① 회사의 재산이 회사채권자의 유일한 담보가 되고, ② 일부 대주주의 전권으로부터 일반주주의 이익이 보호되어야 하며, ③ 국가 · 국민경제에 미치는 영향이 크기 때문에 공익보호를 위하여 상법은 강행규정으로 또는 관련법령의 지원을 얻어 회사의 회계에 관하여 신중하고 엄격히 통제하고 있다.

그러므로 회사의 회계는 상법과 대통령령으로 규정하는 것을 제외하고는 일반적으로 공정하고 타당한 회계관행에 따르는 것을 원칙으로 하고 있다(상법 제446조의2).

2. 재무제표(財務諸表)

(1) 작성

이사는 매 결산기에 ① 대차대조표, ② 손익계산서, ③ 자본변동표 또는, 이익잉여금 처분계산서 또는 결손금 처리계산서(다만, 「주식회사의 외부감사에 관한 법률」(이하, 「외감법」으로 약함)제2조에 따른 외부감사 대상 회사의 경우에는 이들 모든 서류와 현금흐름표 및 주석을 포함)와 그 부속명세서를 작성하여 이사회의 승인을 받아야 하고, 또한 대통령령으로 정하는 회사(외감법 제2조에 따른 외부감사의 대상이 되는 회사 중 같은 동법 제1조의2 제2호에 규정된 지배회사)의 이사는 연결재무제표를 작성하여 이사회의 승인을 받아야 한다(상법 제447조 제1항, 제2항, 동법시행령 제16조 제1항, 제2항). 그리고 이사는 매 결산기에 대통령령으로 정하는 바에 의하여 영업에 관한 중요한 사항을 기재한 영업보고서를 작성하여 이사회의 승인을 얻어야 한다(상법 제447조의2 제1항, 제2항, 동법시행령 제17조).

(2) 제출 및 감사보고서

이사회의 승인을 받은 재무제표와 부속명세서 및 영업보고서는 정기총회 개최일 6주 전에 감사에게 제출하여야 하고, 감사는 그 서류를 받은 날로부터 4주 내에 이하의 법정된 사항을 갖춘 감사보고서를 작성하여 이사에게 제출해야 한다(상법 제477조의3, 제477조의4 제1항).

즉, 감사보고서에는 ① 감사 방법의 개요, ② 회계장부에 기재될 사항이 기재되지 아니하거나 부실기재 된 경우 또는 대차대조표나 손익계산서의 기재 내용이 회계장부와 맞지 아니하는 경우에는 그 뜻, ③ 대차대조표 및 손익계산서가 법령과 정관에 따라 회사의 재무상태와 경영성과를 적정하게 표시하고 있는 경우에는 그 뜻, ④ 대차대조표 또는 손익계산서가 법령이나 정관을 위반하여 회사의 재무상태와 경영성과를 적정하게 표시하지 아니하는 경우에는 그 뜻과 이유, ⑤ 대차대조표 또는 손익계산서의 작성에 관한 회계방침의 변경이 타당한지 여부와 그 이유, ⑥ 영업보고서가 법령과 정관에 따라 회사의 상황을 적정하게 표시하고 있는지 여부, ⑦ 이익잉여금의 처분 또는 결손금의 처리가 법령 또는 정관에 맞는지 여부, ⑧ 이익잉여금의 처분 또는 결손금의 처리가 회사의 재무상태나 그 밖의 사정에 비추어 현저하게 부당한 경우에는 그 뜻, ⑨ 부속명세서에 기재할 사항이 기재되지 아니하거나 부실기재 된 경우 또는 회계장부 · 대차대조표 · 손익계산서나 영업보고서의 기재 내용과 맞지 아니하게 기재된 경우에는 그 뜻, ⑩ 이사의 직무수행에 관하여 부정한 행위 또는 법령이나 정관의 규정을 위반하는 중대한 사실이 있는 경우에는 그 사실 등을 기재하여야 하고, 감사가 감사를 하기 위하여 필요한 조사를 할 수 없었던 경우에는 감사보고서에 그 뜻과 이유를 적어야 한다(상법 제447조의4 제2항, 제3항).

(3) 비치 · 공시 및 승인 · 공고

이사는 정기총회 개최일의 1주 전부터 재무제표, 부속명세서, 영업보고서, 감사보고서를 본점에 5년간, 그 등본을 지점에 3년간 비치하여야 하여 주주와 채권자로 하여금 영업시간 내에 언제든지 그 비치서류를 열람할 수 있도록 하여야 하고, 필요한 경우에는 회사가 정한 비용을 지급하고 그 서류의 등본이나 초본의 교부를 청구할 수 있도록 하여야 한다(상법 제448조 제1항, 제2항). 그리고 이사는 재무제표와 부속명세서를 정기총회에 제출하여 그 승인을 요구하는 한편, 영업보고서에 대해서는 그 내용을 보고해야 하고, 제출된 서류에 대해 총회의 승인이 있는 때에는 지체 없이 재무제표 중 대차대조표를 공고해야 한다(상법 제449조 제1항 내지 제3항).

그러나 이러한 재무제표와 부속명세서에 대한 주주총회의 승인에 관한 권한사항은 정관의 정하는 바에 따라 이사회의 결의에 의해 승인하는 것으로 할 수도 있다. 이 경우에는 ① 재무제표와 부속명세서가 법령 및 정관에 따라 회사의 재무상태 및 경영성과를 적정하게 표시하고 있다는 외부감사인의 의견이 있을 것, ② 감사(감사위원회 설치회사의 경우에는 감사위원) 전원의 동의가 있을 것 등의 요건이 충족되어야 하며, 이사회가 승인한 경우에는 이사는 그 재무제표와 부속명세서의 내용을 주주총회에 보고하여야 한다(상법 제449조의2 제1항, 제2항).

(4) 이사와 감사의 책임해제

정기총회에서 재무제표와 부속명세서에 대한 승인이 있는 후 2년 내에 다른 결의가 없으면 회사는 이사와 감사의 책임을 해제한 것으로 본다. 그러나 이사 또는 감사의 부정행위에 대하여는 그러하지 아니한다(상법 제450조).

3. 자본금(資本金)

회사의 자본금은 상법에서 달리 규정한 경우를 제외하고 발행주식의 액면총액이며, 회사가 무액면주식을 발행하는 경우에 있어서의 자본금은 주식 발행가액의 2분의 1이상의 금액으로서 이사회(상법 제416조 단서에 의한 경우는 주주총회)에서 자본금으로 계상하기로 한 금액의 총액이다(상법 제451조 제1항, 제2항). 이 경우 주식의 발행가액 중 자본금으로 계상하지 아니하는 금액은 자본준비금으로 계상해야 하고, 회사의 자본금은 액면주식을 무액면주식으로 전환하거나 무액면주식을 액면주식으로 전환함으로써 변경할 수는 없다(동법 제2항 후단, 제3항).

4. 준비금(準備金)

(1) 서언

준비금이란 회사의 순재산액이 자본액을 초과하는 액을 일정한 목적을 위하여 회사에 보유할 재산액을 말한다. 준비금에는 법률이 적립을 강요하는 법정준비금과 정관 또는 주주총회의 결의에 의하여 적립하는 임의준비금이 있다.

(2) 법정준비금

법정준비금은 그 재원에 따라서 이익준비금과 자본준비금으로 구분되고, 자본금의 결손 보전에 충당하는 외에는 처분이 불가한 상법상 그 적립이 강제되는 준비금을 말한다(상법 제458조 내지 제460조).

1) 이익준비금

이것은 매 결산기의 이익의 일부를 적립하는 준비금으로서 회사는 주식배당의 경우는 제외하고 그 자본의 2분의 1에 달할 때까지 매 결산기의 이익배당액의 10분의 1 이상의 금액을 이익준비금으로 적립해야 한다(상법 제458조).

2) 자본준비금

이것은 자본거래에서 발생한 잉여금을 대통령령(회계기준)에 따라 적립하는 준비금으로서 그 적립의 한도에는 제한이 없다(상법 제459조 제1항). 자본준비금의 주된 재원으로는 ① 액면 이상으로 주식을 발행한 때의 그 액면을 초과한 금액, ② 자본감소의 경우에 그 감소액이 주식을 소각, 주금을 반환에 요한 금액과 결손의 전보에 충당한 금액을 초과한 때에 그 초과금액, ③ 합병잉여금, ④ 회사분할잉여금(합병차익금), ⑤ 주식교환잉여금 및 주식이전잉여금, 기타 자본잉여금, 재평가적립금 등이 있다(자산재평가법 제28조). 그리고 합병, 분할, 분할합병의 경우 소멸 또는 분할되는 회사의 이익준비금이나 그 밖의 법정준비금은 합병, 분할, 분할합병 후 존속되거나 새로 설립되는 회사가 승계할 수 있다(상법 제459조 제2항).

3) 법정준비금의 자본금 전입 및 감소

법정준비금의 전부 또는 일부를 자본에 전입하는 데는 정관으로 주주총회에서 결정하기로 정한 경우 외에는 이사회의 의결로 정한다(상법 제461조 제1항). 법정준비금을 자본에 전입하면 준비금은 그만큼 감소되고 자본은 증가하게 된다. 그러므로 회사는 주주에게 그가 가진 주식의 수에 따라 신주를 발행해 주어야 한다(상법 제461조 제2항 내지 제7항). 그리고 회사는 적립된 자본준비금 및 이익준비금의 총액이 자본금의 1.5배를 초과하는 경우에 주주총회의 결의에 따라 그 초과한 금액 범위에서 자본준비금과 이익준비금을 감액할 수 있다(상법 제461조의2).

(3) 임의준비금

임의준비금은 정관 또는 주주총회의 결의에 의하여 적립되는 준비금으로서 장래 사업의 확장, 사옥의 건축, 사채의 상환, 손실의 전보, 주식의 소각 등에 대비할 목적으로 적립되는 준비금이나 그 목적은 법률상 제한이 없다.

5. 이익배당

(1) 의의

이익배당(利益配當)이란 회사의 영업활동에서 얻게 된 이익을 주주에게 분배하는 것을 말한다. 회사는 정기에 결산을 하여 이익이 있으면 그때마다 주주에게 배당하는 것이 주식회사의 본질적 요소이며 이익이 없으면 당연히 배당도 없다. 그리고 주주의 이익배당청구권은 투자가로서 당연한 권리의 행사이고, 주주의 이러한 권리행사는 장기간 박탈 또는 제한해서는 아니된다.

(2) 이익배당의 요건

이익배당은 주주총회의 결의로 정한다(다만, 상법 제449조의2 제1항에 따라 재무제표를 이사회가 승인하는 경우에는 이사회의 결의로 정함)(상법 제462조 제2항). 회사의 이익은 대차대조표상의 순재산액으로부터 ① 자본금의 액, ② 그 결산기까지 적립된 자본준비금과 이익준비금의 합계액 ③ 그 결산기에 적립하여야 할 이익준비금의 액, ④ 대통령령으로 정하는 미실현이익(상법 제446조의2의 회계 원칙에 따른 자산 및 부채에 대한 평가로 인하여 증가한 대차대조표상 순자산액으로서, 미실현손실과 상계(相計)하지 아니한 금액)을 공제한 잔액을 말한다(상법 제462조 제1항, 상법시행령 제19조). 이에 위반하여 이익이 없는 데도 이익배당을 한 때에는 그 배당은 무효이다. 그러므로 회사는 주주에 대하여 배당무효에 대한 부당이득반환청구권을 가지며 또한 회사채권자도 주주에 대하여 위법으로 수령한 배당금을 회사에 반환할 것을 청구할 수 있다(상법 제462조 제3항).

반환의 성과를 기대할 수 없는 경우는 위법배당의 의안을 총회에 제출한 대표이사와 이사회에서 이를 찬성한 이사는 회사에 대하여 연대하여 손해배상책임을 부담하고, 또한 5년 이하의 징역 또는 1,500만원 이하의 벌금형에 처해지게 된다(상법 제399조, 제625조 제3호).

(3) 이익배당의 시기 · 기준

이익배당은 이익배당에 차등을 주는 종류주식의 발행의 경우를 제외하고, 주주평등의 원칙에 의하여 각 주주가 가진 주식의 수에 따라 평등하게 지급해야 한다(상법 제464조). 배당금의 지급시기는 주주총회 또는 이사회에서 배당금의 지급시기를 따로 정한 경우를 제외하고, 원칙으로 주주총회의 결의 또는 이사회의 결의가 있었던 날로부터 1개월 이내에 지급하여야 하며, 주주의 배당금지급청구권은 5년간 이를 행사하지 아니하면 소멸시효가 완성된다(상법 제464조의2 제1항, 제2항).

(4) 주식배당

회사는 주주총회의 결의에 의하여 이익의 배당을 이익배당 총액의 2분의 1에 상당하는 금액을 초과하지 아니하는 범위 내에서 새로이 발행하는 주식으로 할 수 있다. 이 경우의 배당은 주식의 권면액으로 하며, 회사가 종류주식을 발행한 때에는 각각 그와 같은 종류의 주식으로 할 수 있고, 주식으로 배당할 이익의 금액 중 주식의 권면액에 미달하는 단수가 있는 때에는 그 부분에 대하여는 각 주식의 수에 따라 주주에게 그 대금을 지급해야 한다(상법 제462조의2 제1항 내지 제3항, 제443조). 주식으로 배당을 받은 주주는 주식배당 결의를 한 주주총회가 종결한 때부터 신주의 주주가 되지만, 정관으로 정한 바가 있는 경우는 그에 따라 주주가 청구한 때에 신주의 주주가 된다(동법 제4항, 제350조 제3항).

그리고 이사는 주주총회의 주식배당 결의가 있는 때에는 지체 없이 배당을 받을 주주와 주주명부에 기재된 질권자에게 그 주주가 받을 주식의 종류와 수를 통지하여야 한다. 이 경우 질권자의 권리는 주주가 받을 주식에 미치게 되므로 질권자는 회사에 대하여 신주권의 교부를 청구할 수 있다(동법 제5항, 제6항, 제340조 제3항).

(5) 중간배당

1) 성격

년 1회 결산기를 정한 회사는 정관의 정하는 바에 따라 영업연도 중 1회에 한하여 이사회의 결의로 일정한 날을 정하여 그 날의 주주에 대하여 이익을 배당할 수 있는데, 이를 중간배당(interim dividend)이라 한다(상법 제462조의3 제1항). 원래 회사는 결산을 통하여 이익이 발생한 경우에 한하여 그 이익을 배당해야 할 것이나 중간배당은 결산절차를 밟지 아니하고 이익을 예상하고 이를 선급으로 배당하는 것이므로 실질적으로는 이익배당의 가지급 성격을 가지는 것이다. 그러나 상법은 중간배당에 대하여 여러 가지 점에서 이익배당과 같은 취급을 하고 있다(상법 제462조의3 제5항, 제6항).

2) 중간배당의 형식적인 요건

가. 년 1회 결산기를 정한 회사일 것

중간배당은 년 1회의 결산기를 정한 회사에만 인정되므로 정관으로 년 2회의 결산기를 정한 법인이 중간배당을 하기 위해서는 반드시 정관의 변경이 필요하다. 이 경우 정관을 변경하는 때에는 경과조치로 그 첫 영업연도가 예를 들어 10개월 또는 6개월 등으로 1년 미만인 경우에는 중간배당을 실시하지 못한다.

나. 정관의 규정이 있을 것

중간배당은 정관이 정하는 바에 따라 사업연도 중 1회에 한하여 일정한 날을 정하여 그 날의 주주에게 이사회의 결의로 이익배당을 하게 되는 것이므로 중간배당을 하기 위해서는 정관의 정함이 반드시 필요하다. 여기에서 정관으로 '일정한 날'을 정하여야 한다고 하는 것은 일종의 이익배당의 기준일을 정하는 것으로써 'O월 OO일'이라고 하는 것처럼 구체적인 날을 정하는 것을 의미한다. 그리고 '일정한 날'은 사업연도 중 1회에 한하여 정할 수 있으므로 만일 정관에 2회 또는 그 이상의 날을 정한 경우에는 중간배당에 관한 형식적인 요건을 갖추지 못한 것이 되기 때문에 그 정관의 정함은 무효가 된다.

3) 중간배당의 한도액과 제한(실질적인 요건)

중간배당은 직전 결산기의 대차대조표상의 순자산액에서 ① 직전 결산기의 자본금의 액, ② 직전 결산기까지 적립된 자본준비금과 이익준비금의 합계액, ③ 직전 결산기의 정기총회에서 이익으로 배당하거나 또는 지급하기로 정한 금액, ④ 중간배당에 따라 당해 결산기에 적립하여야 할 이익준비금 등을 공제한 액을 한도로 하여 설정해야 한다(상법 제462조의3 제2항). 그러나 중간배당금의 산정액이 위의 한도액의 범위 이내라 할지라도 당해 결산기의 대차대조표상의 순자산액이 ① 자본금의 액, ② 그 결산기까지 적립된 자본준비금과 이익준비금의 합계액, ③ 그 결산기에 적립하여야 할 이익준비금의 액, ④ 대통령령으로 정한 미실현이익 등을 공제한 금액의 합계액에 미치지 못할 우려가 있는 경우에는 중간배당을 하여서는 아니 된다(상법 제462조의3 제3항, 제462조 제1항).

4) 임의준비금의 중간배당

임의준비금을 처분하여 중간배당을 할 수 있는지에 관해서는 임의준비금의 성격과 목적에 의해서 달라진다. 즉, ① 특정목적을 위하여 적립하기로 정관으로 정한 경우 및 주주총회의 결의에 의하여 적립한 임의적립금은 이사회가 처분하지 못하며 따라서 중간배당을 할 수 없다. ② 특정목적을 정하지 않고 적립한 임의적립금, 즉 별도적립금은 총회의 결의로 처분할 수 있지만 이사회의 결의에 의해서는 처분할 수 없으므로 중간배당을 하지 못한다. ③ 중간배당을 위한 준비금, 즉 중간배당적립금은 배당준비금 내지 배당평균적립금과 더불어 이사회의 결의로 처분하여 중간배당을 할 수 있다.

5) 중간배당의 절차

가. 이사회의 중간배당결의

중간배당은 정관의 규정에 따라서 이사회의 결의에 의하여 하게 된다(상법 제462조의3 제1항). 이처럼 중간배당은 원칙적으로 이사회의 결정사항이지만 이사가 1인인 소규모 회사인 경우는 이사회가 없으므로 중간배당의 결정은 주주총회가 하게 된다(상법 제383조 제4항).

나. 중간배당금의 지급시기

중간배당금은 정관에서 정하는 일정한 날(기준일)에 주주에게 지급된다. 즉, 이 기준일에 주주명부상의 주주는 중간배당금의 지급청구권을 가지게 되는 것이다. 그리고 중간배당금은 이사회에서 중간배당금의 지급시기를 따로 정한 경우를 제외하고 이사회의 결의가 있은 날로부터 1월 이내에 지급하는 것을 원칙하며, 그 배당금의 지급청구권은 5년간 이를 행사하지 아니하면 소멸시효가 완성된다(상법 제464조의2 제1항, 제2항).

6) 위법 중간배당금의 효력

가. 한도액을 초과한 중간배당의 효력

법정의 한도액을 초과한 중간배당은 위법배당이므로 무효이다. 따라서 회사채권자는 회사에 이를 반환할 것을 청구할 수 있다(상법 제462조의3 제6항, 462조의 제3항, 제4항). 그리고 중간배당금을 받은 주주는 부당이득을 취하게 된 것이므로 회사에 대하여 이를 반환하여야 한다(민법 제741조).

나. 이사의 책임

중간배당을 한 후 결산기에 결손이 생긴 경우에는 중간배당을 한 이사는 결손이 생길 우려가 없다고 판단함에 있어 주의를 게을리 하지 아니하였음을 증명하지 못한 때에는 회사에 대하여 연대하여 그 차액 또는 중간배당액을 배상할 책임이 있다(상법 제462조의3 제4항). 이사가 위의 책임을 지는 경우에 이사회의 결의에 참가한 이사로서 이의를 한 기재가 의사록에 없는 자는 그 결의에 찬성한 것으로 추정하여 연대책임을 부담하고, 이사가 이러한 책임을 면제받기 위해서는 총주주의 동의를 요하게 된다(상법 제462조의3 제6항, 제399조 제3항, 제400조).

(6) 현물배당

회사는 정관으로 금전이외의 재산으로 배당을 할 것을 정할 수 있다. 이 경우 ① 주주가 배당되는 금전 외의 재산 대신 금전의 지급을 회사에 청구할 수 있도록 한 경우에는 그 금액 및 청구할 수 있는 기간, ② 일정 수 미만의 주식을 보유한 주주에게 금전 외의 재산 대신 금전을 지급하기로 한 경우에는 그 일정 수 및 금액 등도 함께 정하게 된다(상법 제462조의4 제1항, 제2항).

6. 주주의 회계장부열람권 및 업무, 재산상태의 조사

발행주식의 총수의 100분의 3이상에 해당하는 주식을 가진 주주는 이유를 붙인 서면으로 회계의 장부와 서류의 열람 또는 등사를 청구할 수 있고, 회사는 주주의 청구가 부당함을 증명하지 아니하면 이를 거부할 수 없다(상법 제466조 제1항, 제2항). 그리고 회사의 업무집행에 관하여 부정행위 또는 법령이나 정관에 위반한 중대한 사실이 있음을 의심할 이유가 있는 때에는 회사의 업무와 재산상태를 조사하기 위하여 위의 주주는 법원에 검사인의 선임을 청구할 수 있다(상법 제467조 제1항). 이 경우 선임된 검사인은 그 조사의 결과를 법원에 보고해야 하고, 법원은 그 보고에 의하여 필요하다고 인정한 때에는 대표이사 또는 집행임원에게 주주총회의 소집을 명할 수 있다(동법 제2항 제3항). 이렇게 소집된 주주총회에는 위 검사인의 조사 결과가 제출되어야 하고, 또한 이사와 감사는 검사인이 제출한 보고서의 정확성 여부를 조사하여 그 결과를 주주총회에 보고해야 한다(동법 제3항, 제4항).

7. 이익공여의 금지

회사는 누구에게든지 주주의 권리행사와 관련하여 재산상의 이익을 공여할 수 없다(상법 제467조의2 제1항). 이는 회사의 자산을 낭비하고 기업경영의 공정성을 잃게 됨을 방지하기 위하여 법제화하게 된 것으로 입법취지를 설명하고 있으나, 실질적으로는 총회꾼(總會屋)의 활동에 대한 대비책의 일환으로 일본법제의 영향을 받아 제정하게 된 것이다.

1) 범위

이익공여의 범위는 회사가 특정의 주주에 대하여 무상으로 재산상의 이익을 공여한 경우뿐만 아니라, 회사가 특정의 주주에 대하여 유상으로 재산상의 이익을 공여한 경우에 있어서도 회사가 얻은 이익이 공여한 이익에 비하여 현저하게 적은 때에는 주주의 권리행사와 관련하여 이를 공여한 것으로 추정한다(상법 제467조의2 제2항).

2) 위반에 대한 효과

회사가 이익공여의 금지원칙에 위반하여 재산상의 이익을 공여한 때에는 그 이익을 공여 받은 자는 이를 회사에 반환하여야 하고, 이 경우 회사에 대하여 대가를 지급한 것이 있는 때에는 그 반환을 받을 수 있다. 상법은 공여된 이익의 반환청구소송에 관하여는 주주대표소송에 관한 규정을 준용도록 하였으며, 이사, 집행임원, 감사위원회 위원, 감사, 직무대행자, 지배인, 그 밖의 사용인이 주주의 권리의 행사와 관련하여 회사의 계산으로 재산상의 이익을 공여한 때 또는 이익을 수수하거나 제3자에게 이를 공여하게 한 경우에는 1년 이하의 징역 또는 300만원 이하의 벌금에 처하도록 하였다(상법 제467조2 제4항, 제634조의2 제1항, 제2항).

8. 사용인의 우선변제권

상법은 회사에 불상사가 발생하는 경우에 있어서도 사용인의 보호차원에서 신원보증금의 반환을 받을 채권 기타 회사와 사용인간의 고용관계로 인한 채권에 대해서는 회사의 총재산에서 타 채권에 대하여 우선하여 변제받을 수 있는 권리를 인정하였다. 그러나 질권, 저당권, 「동산 · 채권 등의 담보에 관한 법률」에 따른 담보권 등에 대해서는 그 우선권이 인정되지 않는다(상법 제468조).

제9절 사채

1. 의의

사채(社債: debenture, bond)란 주식회사가 채권(bond certificate)의 발행 방법에 의하여 일반 공중으로부터 직접 또는 간접적으로 자금을 조달함으로써 부담하는 채무를 말한다. 사채는 주식회사의 자본조달의 한 방법으로 회사가 장기간 거액의 자금조달을 필요로 하는 경우에 이용되는 제도이다. 타인으로부터 자금을 조달하는 방법이라는 점에서 사채와 금전소비대차는 그 경제적 기능이 같으나, 사채는 주식과 더불어 주식회사가 발행하는 유가증권으로써 다수인과의 이해관계가 발생될 수 있고, 그에 따른 많은 법적규제를 받는 등의 특이성이 존재하므로 금전소비대차와는 기본적으로 다르다.

사채의 금전소비대차에 대한 특이성은 ① 차입금액이 일반적으로 거액이고, ② 차입총액이 동일금액으로 나누어지고, ③ 차입기간이 장기일 뿐만 아니라 계속적이며, ④ 일반 공중으로부터 모집되며, ⑤ 각 채권자에게 동일한 조건이 주어지고, ⑥ 유가증권인 사채권이 발행되는 점 등이다.

2. 사채와 주식

(1) 공통점

사채와 주식은 ① 발행목적이 회사의 자금조달에 있고, ② 유통성을 높이기 위하여 유가증권이 발행되며(주권, 사채권), ③ 발행결정기관이 원칙적으로 이사회의 결의에 의하고, ④ 인수는 서면방식으로 하게 되며(주식청약서, 사채청약서), ⑤ 기명주식과 사채의 이전에는 모두 대항요건이 법정되어 있으며(상법 제337조, 제479조), ⑥ 무기명주식과 사채는 기명식으로 전환할 것을 회사에 대하여 청구할 수 있는 점(상법 제357조 제2항, 제480조 전단) 등에서 공통된다.

(2) 차이점

1) 출자성질의 차이

① **출자성질의 차이** : 주식은 회사의 자기자본을 형성하지만, 사채는 타인자본을 형성한다. 이것과 관련하여 주주는 회사의 구성원으로써 주주의 지위를 갖지만, 사채권자는 어디까지나 회사의 채권자에 지나지 않는다.

② **의결권의 유무** : 주식에 대하여는 의결권이 없는 주식을 제외하고 주주총회를 통하여 회사사업에 참여의 기회를 인정하지만, 사채에 대해서는 이러한 권리가 인정되지 않는다(단, 2012년 4월 14일 개정상법은 사채권자집회 및 사채관리회사의 회사에 대한 권한을 강화하였다).

③ **투자자에 대한 반대급부** : 주식에 대하여는 이익을 배당하나, 상법 제469조 제2항 제1호의 정함이 있는 이익배당에 참가할 수 있는 사채를 제외하고 원칙적으로 사채에 대해서는 이자가 지급된다.

④ **출자금의 반환** : 주식에 대하여는 상법 제345조의 정함이 있는 상환주식을 제외하고 주금액(출자금)의 반환이라는 것은 없지만, 사채에 대해서는 상환기한이 도래하면 사채를 상환하게 되므로 출자금의 반환은 당연히 존재하는 것이다. 그러나 전환사채의 경우는 약간의 성격을 달리한다.

⑤ **회사해산의 경우에 우열순위** : 회사가 해산하는 경우는 사채에 대한 상환을 한 후에 주식에 대

하여 잔여재산의 분배를 하게 된다. 즉, 사채에 대하여 우선권이 인정된다.

2) 발행에 관한 차이

① **납입 방법** : 사채의 경우에는 상법 제476조 제1항에 의거하여 분할납입이 인정되나, 주식에 대해서는 전액납입이 인정될 뿐이다.

② **출자수단** : 주식에는 현물출자가 인정되나, 사채에 대해서는 금전납입만이 인정된다.

③ **상계금지의 유무** : 주식의 납입에 있어서는 원칙상 상계가 금지되나(회사의 동의가 있으면 상계가능)(상법 제421조 제1항, 제2항), 사채에 대해서는 이러한 제한이 없다.

④ **자기주식취득에 대한 제한** : 회사가 자기주식을 취득함에는 일정한 제한이 있으나, 자기사채의 취득에는 이러한 제한이 없고 오히려 장려된다.

⑤ **무기명사채의 발행** : 회사가 무기명식의 채권을 발행한 경우에는 주주총회일의 3주(자본금 총액이 10억원 미만인 회사는 2주) 전에 사채권자집회를 소집하는 뜻과 회의의 목적사항을 공고하여야 한다(상법 제419조의2 제2항).

3) 담보화의 방법

주식의 입질에 관하여는 특별규정이 있으나(상법 제338조 내지 제340조), 사채의 입질에 관하여는 이러한 특별규정이 없으므로 민법의 일반원칙에 따르게 된다.

(3) 주식과 사채의 접근

사채와 주식은 상기한 바와 같이 여러 가지 측면에서 그 차이는 있으나, 경제적 또는 기능적인 측면에서 매우 접근되어가는 현상을 보인다. 즉, 법률상으로는 주식이면서 사채의 성질을 가진 것이 있는가 하면 사채이면서도 잠재적인 주식의 성질을 가진 것도 있다. 전자에 속하는 것으로는 비참가적 우선주(상법 제344조의3), 상환주식(동법 제345조) 등이 있고(주식의 사채화 현상), 후자에 속하는 것으로는 전환사채(상법 제513조 내지 제516조), 신주인수권부사채(동법 제516조의2 내지 제516조의6)를 들 수 있다.

따라서 이를 반영하고 회사 자금조달의 편의성을 기하기 위하여 2011년 4월 14일의 개정상법에서는 종류주식의 발행을 확대하는 한편으로 사채권자의 권리를 강화하는 조치가 마련됨에 따라 이후 주식과 사채는 더욱 접근되어 가는 현상을 보이고 있다.

3. 사채발행의 방법 및 특수유형의 사채

(1) 방법

회사는 이사회의 결의에 의하여 사채를 직접 또는 사채모집의 위탁회사나 사채관리회사를 통한 간접의 형식으로 발행할 수 있고, 정관의 정함이 있으면 이사회는 대표이사에게 사채의 금액 및 종류를 정하여 1년을 초과하지 아니하는 기간 내에 사채발행을 위임하여 발행할 수도 있다(상법 제469조 제1항, 제4항, 제474조 제2항 제13호, 제13의2호).

(2) 특수유형의 사채

사채는 보통의 일반적인 사채와 전환사채 및 신주인수권부사채로만 분류되어 있었으나, 2012년 1월 14일 개정상법에서는 회사 자본조달의 편의성을 도모하기 위하여 다양한 특수한 유형의 사채발행을 인정하게 되었다. 새롭게 법정된 특수한 유형의 사채로서는 ① 이익배당에 참가할 수 있는 사채(이익참가부사채), ② 주식이나 그 밖의 다른 유가증권으로 교환 또는 상환할 수 있는 사채(교환사채, 상환사채), ③ 유가증권이나 통화 또는 그 밖에 대통령령으로 정하는 자산이나 지표 등의 변동과 연계하여 미리 정하여진 방법에 따라 상환 또는 지급금액이 결정되는 사채(파생결합사채) 등이 있다(상법 제469조 제2항, 동법시행령 제21조 내지 제24조).

1) 이익참가부사채

이익배당에 참가할 수 있는 권한이 부여된 이익참가부사채의 발행에 있어서는 정관으로 주주총회에서 결정할 것을 정한 경우를 제외하고, 이사회에서 이익참가부사채의 총액, 이익배당 참가의 조건 및 내용, 주주에게 이익참가부사채의 인수권을 준다는 뜻과 인수권의 목적인 이익참가부사채의 금액 등을 결정해야 한다(상법시행령 제21조 제1항). 주주 외의 자에게 이익참가부사채를 발행하는 경우에 그 발행할 수 있는 이익참가부사채의 가액(價額)과 이익배당 참가의 내용에 관하여 정관에 규정이 없으면 주주총회의 특별결의로 정하여야 하고, 이익참가부사채 발행에 관한 의안의 요령은 주주총회의 소집에 따른 통지와 공고에 적어야 한다(동시행령 제2항, 제3항).

이익참가부사채의 인수권을 가진 주주는 각 이익참가부사채의 금액 중 최저액에 미달하는 끝수를 제외하고 그가 가진 주식의 수에 따라 이익참가부사채의 배정을 받을 권리가 있다(동시행령 제4항). 회사는 일정한 날을 정하여, 그 날에 주주명부에 기재된 주주가 이익참가부사채의 배정을 받을 권리를 가진다는 뜻을 그 날의 2주일 전에 공고하여야 하고, 주주가 이익참가부사채의 인수권을 가진 경우에는 각 주주에게 그 인수권을 가진 이익참가부사채의 액, 발행가액, 이익참가의 조건과 일정한 기일까지 이익참가부사채 인수의 청약을 하지 아니하면 그 권리를 잃는다는 뜻을 그 기일의 2주일 전까지 통지 또는 공고해야 하며, 그 통지와 공고에도 불구하고 공고에도 불구하고 그 기일까지 이익참가부사채 인수의 청약을 하지 아니한 경우에는 이익참가부사채의 인수권을 가진 자는 그 권리를 잃게 된다(동시행령 제5항 내지 제9항).

회사가 이익참가부사채를 발행하였을 때에는 각 사채의 전액 또는 제1회의 납입이 완료된 날부터 2주일 내에 이익참가부사채의 총액, 각 이익참가부사채의 금액, 각 이익참가부사채의 납입금액, 이익배당에 참가할 수 있다는 뜻과 이익배당 참가의 조건 및 내용 등을 본점 소재지에서 등기하여야 하고, 내용의 변경이 있는 경우는 본점 소재지에서는 2주일 내, 지점 소재지에서는 3주일 내에 변경등기를 하여야 한다(동시행령 제10호, 제11호, 상법 제476조 제1항). 그리고 외국에서 이익참가부사채를 모집한 경우에 등기할 사항이 외국에서 생겼을 때에는 그 등기기간은 그 통지가 도달한 날부터 기산(起算)하게 된다(동시행령 제12호).

2) 교환사채 및 상환사채

사채권자에게 회사 소유의 주식이나 그 밖의 다른 유가증권으로 교환해 줄 수 있는 교환사채를 발행하는 경우에는 교환할 주식이나 유가증권의 종류 및 내용, 교환의 조건, 교환을 청구할 수 있는 기간 등을 이사회가 결정해야 하고, 주주 외의 자에게 발행회사의 자기주식으로 교환할 수 있는 사채를 발행하는 경우에 사채를 발행할 상대방에 관하여 정관에 규정이 없으면 이사회가 이를 결정하게 된다(상법시행령 제22조 제1항, 제2항). 그리고 교환사채를 발행하는 회사는 사채권자가 교환청구를 하는 때 또는 그 사채의 교환청구기간이 끝나는 때까지 교환에 필요한 주식 또는 유가증권을 한국예탁결제원에 예탁하여야 하며, 한국예탁결제원은 그 주식 또는 유가증권을 신탁재산임을 표시하여 관리하여야 한다(동시행령 제3항). 사채의 교환을 청구하는 자는 청구서 2통에 사채권을 첨부하여 회사에 제출하여야 하고, 청구서에는 교환하려는 주식이나 유가증권의 종류 및 내용, 수와 청구 연월일을 적고 기명날인 또는 서명하여야 한다(동시행령 제4항, 제5항).

회사가 그 소유의 주식이나 그 밖의 다른 유가증권으로 상환할 수 있는 상환사채를 발행하는 경우에는 상환할 주식이나 유가증권의 종류 및 내용, 상환의 조건, 회사의 선택 또는 일정한 조건의 성취나 기한의 도래에 따라 주식이나 그 밖의 다른 유가증권으로 상환한다는 뜻 등을 이사회가 결정해야 하고, 주주 외의 자에게 발행회사의 자기주식으로 상환할 수 있는 사채를 발행하는 경우에 사채를 발행할 상대방에 관하여 정관에 규정이 없으면 이사회가 이를 결정하게 된다(상법시행령 제23조 제2항, 제2항). 그리고 일정한 조건의 성취나 기한의 도래에 따라 상환할 수 있는 경우에는 상환사채를 발행하는 회사는 조건이 성취되는 때 또는 기한이 도래하는 때까지 상환에 필요한 주식 또는 유가증권을 한국예탁결제원에 예탁하여야 하며, 한국예탁결제원은 그 주식 또는 유가증권을 신탁재산임을 표시하여 관리하여야 한다(동시행령 제3항).

3) 파생결합사채

유가증권이나 통화 또는 그 밖에 자산이나 지표(이는「자본시장과 금융투자업에 관한 법률」제4조 제10항에 따른 기초자산의 가격, 이자율, 지표, 단위 또는 이를 기초로 하는 지수를 말함) 등의 변동과 연계하여 미리 정하여진 방법에 따라 상환 또는 지급금액이 결정되는 파생결합사채를 발행하는 경우에는 이사회는 상환 또는 지급 금액을 결정하는 데 연계할 유가증권이나 통화 또는 그 밖의 자산이나 지표, 이들 자산이나 지표와 연계하여 상환 또는 지급 금액을 결정하는 방법 등을 결정해야 한다(상법시행령 제24조, 제20조).

4) 특수유형의 사채발행 시의 기재사항

상기한 특수유형 사채를 발행하는 경우에는 사채청약서, 채권 및 사채 원부에 다음의 사항들을 각각 기재하고 발행하여야 한다(상법 제469조 제3항, 동법시행령 제25조).

① **이익참가부사채** : 이익참가부사채의 총액, 이익배당 참가의 조건 및 내용, 주주에게 이익참가부사채의 인수권을 준다는 뜻과 인수권의 목적인 이익참가부사채의 금액 등.

② **교환사채** : 교환할 주식이나 유가증권의 종류 및 내용, 교환의 조건, 교환을 청구할 수 있는 기간 등.

③ **상환사채** : 상환할 주식이나 유가증권의 종류 및 내용, 상환의 조건, 회사의 선택 또는 일정한 조건의 성취나 기한의 도래에 따라 주식이나 그 밖의 다른 유가증권으로 상환한다는 뜻 등.

④ **파생결합사채** : 상환 또는 지급 금액을 결정하는 데 연계할 유가증권이나 통화 또는 그 밖의 자산이나 지표, 제1호의 자산이나 지표와 연계하여 상환 또는 지급금액을 결정하는 방법 등.

4. 사채의 공모발행

일반적인 사채의 발행은 공모를 통하여 발행하게 되는데, 공모에 응하고자 하는 자는 사채청약서 2통에 그 인수할 사채의 수와 주소를 기재하고 기명날인 서명하여 기채회사에 제출하여야 한다(상법 제474조 제1항).

(1) 사채청약서의 기재사항

사채청약서는 이사가 법정사항을 기재하고 작성하여야 한다(상법 제474조 제2항). 즉, 법정된 사채청약서의 기재사항으로는 ① 회사의 상호, ② 자본금과 준비금의 총액, ③ 최종의 대차대조표에 의하여 회사에 현존하는 순재산액, ④ 사채의 총액, ⑤ 각사채의 금액, ⑥ 사채발행의 가액 또는 그 최저가액, ⑦ 사채의 이율, ⑧ 사채의 상환과 이자지급의 방법과 기한, ⑨ 사채를 수회에 분납할 것을 정한 때에는 그 분납금액과 시기, ⑩ 채권을 기명식 또는 무기명식에 한한 때에는 그 뜻, ⑪ 채권을 발행하는 대신 전자등록기관의 전자등록부에 사채권자의 권리를 등록하는 때에는 그 뜻, ⑫ 전에 모집한 사채가 있는 때에는 그 상환하지 아니한 금액, ⑬ 사채모집의 위탁을 받은 회사가 있는 때에는 그 상호와 주소, ⑭ 사채관리회사가 있는 때에는 그 상호와 주소, ⑮ 사채관리회사가 사채권자집회결의에 의하지 아니하고 상법 제484조 제4항 제2호의 정함이 있는 해당 사채 전부에 관한 소송행위 또는 채무자회생 및 파산에 관한 절차에 속하는 행위를 할 수 있도록 정한 때에는 그 뜻, ⑯ 위 ⑬에서의 위탁을 받은 회사가 그 모집액이 총액에 달하지 못한 경우에 그 잔액을 인수할 것을 약정한 때에는 그 뜻, ⑰ 명의개서대리인을 둔 때에는 그 성명 · 주소 및 영업소 등이 법정되어 있다(동법 제1호 내지 15호). 그리고 사채발행의 최저가액이 정해진 경우에 응모자는 사채청약서에 응모가액을 기재해야 하는 것으로 하였다(상법 제474조 제3항). 그러나 응모자 어느 한사람이 사채의 총액을 인수하거나 사채모집의 위탁을 받은 회사가 사채의 일부를 인수하는 경우에는 그 일부 또는 총액에 대해서는 사채청약서의 위 법정기재사항의 적용을 받지 아니한다(상법 제475조).

(2) 납입 및 채권의 발행

사채의 모집이 완료된 때에는 이사는 지체 없이 인수인에 대하여 각 사채의 전액 또는 제1회의 납입을 시켜야 하고, 사채모집의 위탁을 받은 회사는 그 명의로 위탁회사를 위하여 제474조 제2항의 법정기재사항을 기재한 사채청약서를 작성할 수 있다(상법 제476조 제1항, 제2항). 그리고 사채전액의 납입이 완료하게 되면 채권(債券)을 발행하게 되는데, 채권에는 다음과 같은 사항을 기재하고 대표이사가 기명날인 또는 서명하여야 한다(상법 제478조 제2항). 즉, ① 채권번호, ② 회사의 상호, ③ 사채의 총액, ④ 각 사채의 금액, ⑤ 사채의 이율, ⑥ 사채의 상환과 이자지급의 방법과 기한, ⑦ 채권을 기명식 또는 무기명식에 한한 때에는 그 뜻, ⑧ 사채모집의 위탁을 받은 회사가 있는 때에는 그 상호와 주소, ⑨ 사채관리회사가 있는 때에는 그 상호와 주소, ⑩ 사채관리회사가 사채권자집회결의에 의하지 아니하고 상법 제484조 제4항 제2호의 정함이 있는 해당 사채 전부에 관한 소송행위 또는 채무자회생 및 파산에 관한 절차에 속하는 행위를 할 수 있도록 정한 때에는 그 뜻 등이다(동법 제1호, 제2호). 그리고 회사는 위의 채권을 발행하는 대신에 정관으로 전자등록기관의 전자등록부에 채권을 등록하게 할 수 있는데, 이 경우는 주식의 전자등록에 관한 정함이 있는 상법 제356조의2 제2항 내지 제4항의 규정을 준용하도록 하였다(상법 제478조 제3항).

(3) 사채의 이전과 전환

기명사채의 이전 또는 전환은 취득자의 성명과 주소를 사채원부에 기재하고 그 성명을 채권에 기재하지 아니하면 회사 기타의 제3자에게 대항하지 못하고, 사채권자는 채권을 기명식 또는 무기명식에 한할 것으로 정한 경우가 아니면 언제든지 기명식의 채권을 무기명식으로, 무기명식의 채권을 기명식으로 할 것을 회사에 청구할 수 있다(상법 제479조 제1항, 제2항, 제480조).

5. 사채관리회사(社債管理會社)

(1) 사채관리회사의 지정 · 위탁 및 자격

회사는 사채를 발행하는 경우에 사채관리회사를 지정하여 변제의 수령, 채권의 보전, 그 밖의 관리를 위탁할 수가 있다(상법 제480조의2). 이 경우 사채관리회사는 은행, 신탁회사, 그 밖에 대통령령(상법시행령 제26조)으로 정하는 자로 그 자격을 제한하고, 사채의 인수인은 그 사채의 사채관리회사가 될 수 없으며, 사채를 발행하는 회사와 특수한 이해관계가 있는 자로서 대통령령(상법시행령 제27조)으로 정하는 자는 사채관리회사가 될 수 없다(상법 제480조의2, 제480조의3 제1항 내지 제3항).

(2) 사채관리회사의 사임 · 해임 및 사무승계자

사채관리회사는 사채를 발행한 회사와 사채권자집회의 동의를 받은 경우와 부득이한 사유가 있어 법원의 허가를 받은 경우에 사임할 수 있다(상법 제481조). 그리고 사채관리회사가 그 사무를 처리하기에 적임이 아니거나 그 밖에 정당한 사유가 있을 때에는 법원은 사채를 발행하는 회사 또는 사채권자집회의 청구에 의하여 사채관리회사를 해임할 수 있다(상법 제482조). 이처럼 사채관리회사가 사임 또는 해임으로 인하여 없게 된 때에는 사채를 발행한 회사는 그 사무를 승계할 사채관리회사를 정하여 사채권자를 위하여 사채 관리를 위탁하여야 하는데 이 경우에 회사는 지체 없이 사채권자집회를 소집하여 동의를 받아야 하고, 부득이한 사유가 있는 때에는 이해관계인은 사무승계자의 선임을 법원에 청구할 수 있다(상법 제483조 제1항, 제2항).

(3) 사채관리회사의 권한과 의무 및 책임

1) 권한

사채관리회사는 사채권자를 위하여 사채에 관한 채권을 변제받거나 채권의 실현을 보전하기 위하여 필요한 재판상 또는 재판 외의 모든 행위를 할 수 있다(상법 제484조 제1항). 사채관리회사는 채권을 변제받으면 지체 없이 그 뜻을 공고하고, 알고 있는 사채권자에게 통지하여야 하고, 이 경우 사채권자는 사채관리회사에 대하여 사채권과 이권(利券)이 발행된 때에는 사채권과 상환하여 상환액 및 이자지급을 청구하여야 한다(동법 제2항, 제3항). 사채권자는 사채에 관한 채권을 변제받거나 채권의 실현을 보전하기 위하여 하는 행위를 제외하고, ① 해당 사채 전부에 대한 지급의 유예, 그 채무의 불이행으로 발생한 책임의 면제 또는 화해행위, ② 해당 사채 전부에 관한 소송행위 또는 채무자회생 및 파산에 관한 절차에 속하는 행위 등을 하려고

할 때에는 사채권자집회의 결의를 거쳐야 한다(동법 제4항). 그러나 사채를 발행하는 회사는 위 ②의 행위에 대해서는 사채권자집회의 결의가 없어도 할 수 있도록 정하는 것이 가능하고, 이에 따라 사채관리회사가 사채권자집회의 결의 없이 위 ②의 행위를 한 때에는 지체 없이 공고해야 하고, 알고 있는 사채권자에게는 따로 통지를 해야 한다(동법 제4항 단서, 제5항).이 경우 사채관리회사의 공고는 사채발행회사의 공고 방법과 같은 방법으로 하면 되고, 사채관리회사는 사채권자를 위하여 하는 행위를 하기 위하여 필요하면 법원의 허가를 받아 사채를 발행한 회사의 업무와 재산상태를 조사할 수도 있다(동법 제6항, 제7항).

2) 의무 및 책임

사채관리회사는 사채권자를 위하여 공평하고 성실하게 선량한 관리자의 주의로 사채를 관리하여야 한다(상법 제484조의2 제1항, 제2항). 사채관리회사는 상법과 사채권자집회결의를 위반한 행위를 한 때에는 사채권자에 대하여 연대하여 그로 인하여 발생한 손해를 배상할 책임이 있다(동법 제3항).

3) 사채관리회사가 복수로 있는 경우의 권한과 의무

사채관리회사가 2 이상 복수로 있을 때에는 그 권한에 속하는 행위는 공동으로 하여야 하고, 사채관리회사가 사채권자를 위하여 변제를 받은 때에는 사채관리회사는 사채권자에 대하여 연대하여 변제액을 지급할 의무가 있다(상법 제485조 제1항, 제2항).

6. 이권흠결의 경우 및 원리금청구권의 시효

이권이 있는 무기명식의 사채를 상환하는 경우에 이권이 흠결된 때에는 그 이권에 상당한 금액을 상환액으로부터 공제하고, 이권소지인은 언제든지 그 이권과 상환하여 공제액의 지급을 청구할 수가 있다(상법 제486조 제1항, 제2항). 그리고 사채의 상환청구권과 사채관리회사에 대한 상환액 및 이자지급청구권은 10년간 행사하지 아니하면 소멸시효가 완성되며, 사채의 이자 및 이권흠결에 따른 공제액지급청구권은 5년간 행사하지 아니하면 소멸시효가 완성된다(상법 제487조 제1항 내지 제3항).

7. 회사의 사채원부 작성의무 및 기타 사무

(1) 회사의 사채원부 작성의무

회사는 법정된 기재사항을 갖춘 사채원부를 작성하여야 한다. 사채원부의 법정된 기재사항으로는 ① 사채권자(무기명식 채권이 발행되어 있는 사채의 사채권자는 제외)의 성명과 주소, ② 채권의 번호, ③ 사채청약서의 기재사항 중 사채의 총액, 각 사채의 금액, 사채의 이율, 사채의 상환과 이자지급의 방법과 기한, 사채를 수회에 분납할 것을 정한 때에는 그 분납금액과 시기, 사채모집의 위탁을 받은 회사가 있는 때에는 그 상호와 주소, 사채관리회사가 있는 때에는 그 상호와 주소, 사채관리회사가 사채권자집회 결의에 의하지 아니하고 해당 사채 전부에 관한 소송행위 또는 채무자회생 및 파산에 관한 절차에 속하는 행위를 할 수 있도록 정한 때에는 그 뜻 등의 기재, ④ 각 사채의 납입금액과 납입연월일, ⑤ 채권의 발행연월일 또는 채권을 발행하는 대신 전자등록기관의 전자등록부에 사채권자의 권리를 등록하는 때에는 그 뜻, ⑥ 각 사채의 취득연월일, ⑦ 무기명식 채권을 발행한 때에는 그 종류, 수, 번호와 발행연월일 등이다(상법 제488조 제1호 내지 제7호).

(2) 기타 사무

회사의 사채응모자 또는 사채권자에 대한 통지와 최고는 사채원부에 기재한 주소 또는 이들로부터 회사에 통지한 주소지로 하면 된다(상법 제489조 제1항, 제353조). 사채가 수인에 의하여 공유되는 경우에는 공유자가 연대하여 납입할 책임이 있고, 공유자 중 1인을 선정하여 권리를 행사해야 하며, 사채권자의 권리를 행사할 자가 없는 때에는 공유자에 대한 통지나 고지는 그 중 1인에 대하여 하는 것으로 족하다(상법 제489조 제2항, 제333조).

8. 사채권자집회

사채권자집회는 사채를 발행하는 회사의 경우에 한하여 법정되는 특별한 기관으로써 상법에서 규정하는 사항과 사채권자의 이해관계가 있는 사항에 관하여 결의를 하게 된다(상법 제490조).

(1) 소집권자

사채권자집회는 원칙으로 사채를 발행하는 회사 또는 사채관리회사가 소집한다(상법 제491조 제1항). 그러나 사채의 종류별로 해당 종류의 사채 총액(상환받은 액은 제외)의 10분의 1 이상에 해당하는 사채를 가진 사채권자는 회의 목적인 사항과 소집 이유를 적은 서면 또는 전자문서를 사채를 발행한 회사 또는 사채관리회사에 제출하여 사채권자집회의 소집을 청구할 수 있다. 이 경우 무기명식의 채권을 가진 자는 그 채권을 공탁하지 아니하면 그 권리행사를 하지 못한다. 위 사채권자의 소집청구가 있음에도 불구하고 사채를 발행한 회사 또는 사채관리회사가 지체 없이 사채권자집회의 소집절차를 밟지 아니한 때에는 그 청구한 사채권자는 법원의 허가를 받아 직접 소집할 수 있고, 이때의 의장은 법원이 이해관계인의 청구나 직권으로 선임할 수 있게 된다(상법 제491조 제2항 내지 제4항).

(2) 대표자의 출석

사채권자집회의 소집은 사채권자집회일 2주전에 각 사채권자에게 그 통지서를 서면(공고) 또는 전자문서로 발송해야 하고, 그 통지서에 사채를 발행한 회사 또는 사채관리회사는 그 대표자를 사채권자집회에 출석하게 한다는 것 또는 서면으로 의견을 제출한다는 것 등을 밝혀야 한다(상법 제493조 제1항 내지 제3항, 제363조 제1항, 제2항). 이 경우 사채권자집회 또는 그 소집자는 필요하다고 인정하는 때에는 사채를 발행한 회사에 대하여 그 대표자의 출석을 청구할 수 있다(상법 제494조).

(3) 의결권의 행사 및 결의방법

각 사채권자는 그가 가지는 해당 종류의 사채 금액의 합계액(상환받은 액은 제외)에 따라 의결권을 가지며, 무기명식의 채권을 가진 자는 회일로부터 1주 전에 채권을 공탁하지 아니하면 그 의결권을 행사하지 못한다(상법 제492조 제1항, 제2항).

사채권자집회의 결의는 출석한 사채권자의 의결권의 3분의 2 이상의 수와 발행된 사채총액의 3분의 1 이상의 수로 한다. 그러나 사채관리회사의 사임, 해임, 사무승계에 관한 동의와 사채발행회사 대표자의 출석청구의 경우는 출석한 사채권자 의결권의 과반수로 결정한다(상법 제495조 제1항, 제2항, 제434조). 그리고 사채권자는 사채권자집회에 출석하지 아니하고 서면에 의하여 의결권을 행사할 수가 있으며, 서면에 의한 의결권을 행사하기 위해서는 의결권행사서면에 필요한 사항을 적어 사채권자집회 전일까지 의결권행사서면을 소집자에게 제출하면 되고, 이처럼 서면에 의하여 행사한 의결권의 수는 출석한 의결권자의 의결권 수에 포함한다(상법 제495조 제3항 내지 제5항).

사채발행회사는 이사회의 결의로 사채권자가 사채권자집회에 출석하지 아니하고 전자적 방법으로 의결권을 행사할 수 있음을 정할 수 있으며, 이 경우는 주주의 전자적 방법에 의한 의결권행사에 관한 상법의 제반규정이 준용되어 진다(상법 제495조 재6항, 제368조의4).

(4) 결의의 효력 및 인가의 청구 등

사채권자집회의 소집자는 결의한 날로부터 1주간 내에 결의의 인가를 법원에 청구하여야 하고, 법원의 인가를 받음으로써 그 효력이 생긴다. 그러나 그 종류의 사채권자 전원이 동의한 결의는 법원의 인가를 필요로 하지 아니하며, 사채권자집회의 결의는 그 종류의 사채를 가진 모든 사채권자에게 그 효력이 있다(상법 제496조, 제498조 제1항, 제2항). 법원은 ① 사채권자집회소집의 절차 또는 그 결의 방법이 법령이나 사채모집의 계획서의 기재에 위반한 때, ② 결의가 부당한 방법에 의하여 성립하게 된 때, ③ 결의가 현저하게 불공정한 때, ④ 결의가 사채권자의 일반의 이익에 반하는 때 등의 경우에는 사채권자집회의 결의를 원칙상 인가하여서는 아니 되나, 위 ①과 ②의 경우에는 결의의 내용과 기타 모든 사정을 참작하여 그 결의를 인가할 수가 있다(상법 제497조 제1항, 제2항). 그리고 사채권자집회의 결의에 대하여 인가 또는 불인가의 결정이 있은 때에는 사채를 발행한 회사는 지체 없이 그 뜻을 공고하여야 한다(상법 제499조).

(5) 사채권자집회의 대표자 등

사채권자집회는 해당 종류의 사채 총액(상환받은 금액은 제외)의 500분의 1 이상을 가진 사채권자 중에서 1명 또는 여러 명의 대표자를 선임하여 그 결의할 사항의 결정을 위임할 수 있고, 대표자가 수인인 때에는 그 과반수로 결정하여야 한다(상법 제500조 제1항, 제2항). 사채권자집회의 결의는 사채관리회사가 집행하여야 하는 것을 원칙으로 하되, 사채관리회사가 없는 때에는 사채권자집회의 결의로써 따로 집행자를 정하지 아니한 때에는 그 대표자가 집행을 하게 되고, 대표자나 집행자가 수인인 경우에는 공동으로 집행하여야 한다(상법 제501조, 제502조). 이 경우 사채관리회사의 권한과 의무 및 청구권의 소멸시효 등을 정한 상법의 제반규정은 대표자나 집행자가 사채의 상환에 관한 결의를 집행하는 때에 준용되고, 사채권자집회는 언제든지 대표자나 집행자를 해임하거나 위임한 사항을 변경할 수도 있다(상법 제503조, 제484조, 제485조 제2항, 제487조 제2항, 제504조).

(6) 사채권자집회의 비용과 사채관리회사 등의 보수 및 비용

사채권자집회에 관한 비용과 결의의 인가를 청구하는 것과 관련되는 비용은 사채를 발행한 회사가 부담하나, 이 중 결의의 인가를 청구하는 것과 관련되는 비용은 법원이 이해관계인의 신청에 의하여 또는 직권으로 그 전부 또는 일부에 관하여 따로 부담자를 정할 수가 있다(상법 제508조 제1항, 제2항, 제496조).

사채관리회사, 대표자 또는 집행자에게 줄 보수와 그 사무 처리에 필요한 비용은 사채를 발행한 회사와의 계약에 약정된 경우 외에는 법원의 허가를 받아 사채를 발행한 회사로 하여금 부담하게 할 수 있고, 사채관리회사, 대표자 또는 집행자는 사채에 관한 채권을 변제받은 금액에서 사채권자보다 우선하여 그 보수와 비용을 변제받을 수 있다(상법 제507조 제1항, 제2항).

(7) 수종의 사채가 있는 경우의 사채권자집회 등

수종의 사채를 발행한 경우의 사채권자집회는 각 종류의 사채에 관하여 사채권자집회를 소집하여야 한다(상법 제509조). 이 밖에도 사채권자집회의 소집에 따른 통지와 공고에 관한 방법, 대리인의 의결권행사, 특별한 이해관계가 있는 자의 의결권배제, 회사가 가진 사채에 대한 의결권배제, 정족수 및 의결권 수의 계산, 집회의 연기와 속행의 결의, 의사록의 작성 등에 관하여는 주주총회에 관한 상법의 규정이 준용되고, 사채권자집회의 의사록은 사채를 발행한 회사가 그 본점에 비치하여야 하며, 사채관리회사와 사채권자는 영업시간 내에 언제든지 그 의사록의 열람을 청구할 수가 있다(상법 제510조 제1항 내지 제3항, 제363조, 제368조 제3항 및 제4항, 제369조 제2항, 제371조 내지373조).

(8) 사채관리회사, 대표자 등에 의한 취소의 소

회사가 어느 사채권자에게 한 변제, 화해, 그 밖의 행위가 현저하게 불공정한 때에는 사채관리회사는 소(訴)만으로 그 행위의 취소를 청구할 수 있는데, 이 소는 사채관리회사가 취소의 원인인 사실을 안 때부터 6개월, 행위가 있은 때부터 1년 내에 본점소재지의 지방법원에 제기하여야 하며, 민법 제406조 제1항 단서에서 정한 채권자 취소권의 예외 및 회사의 행위에 대한 가처분신청이 인정된다(상법 제511조 제1항 내지 제3항, 상법 제186조, 제407조). 그리고 사채권자집회의 결의가 있는 때에는 대표자 또는 집행자도 이와 같은 소를 제기할 수 있는데, 이 경우는 그 행위가 있은 때로부터 1년 내에 제기해야만 하는 것으로 제한되어 있다(상법 제512조).

9. 전환사채

(1) 의의

회사는 전환사채(轉換社債: convertible bonds)를 발행할 수 있다. 전환사채란 사채권자가 소정기간 내에 사채를 주식으로 바꿀 수 있는 권리가 인정된 사채를 말한다. 전환사채의 사채권자는 ① 회사로부터 확정이자를 받는 자이며, ② 회사의 이익을 배당받는 주식으로 전환하여 주주가 될 수 있는 자격을 가지므로 사채의 모집이 보다 용이하다는 장점을 가지고 있다. 전환사채의 전환청구권은 일종의 형성권이므로 이를 청구한 때에 효력이 생기고 당해 사채는 소멸하며 새 주식이 발행되어 그 사채권자가 주주로 된다. 그러나 이익이나 이자의 배당에 관하여는 영업연도 중간에는 계산이 곤란하므로 전환의 청구를 한 때가 속하는 영업연도 말에 전환된 것으로 본다(상법 제350조).

(2) 발행

회사가 전환사채를 발행함에는 정관으로 주주총회가 이를 결정하기로 한 경우를 제외하고는 이사회의 결의에 의하여 발행한다(상법 제513조 제2항). 전환사채를 발행할 경우는 ① 전환사채의 총액, ② 전환의 조건, ③ 전환으로 인하여 발행할 주식의 내용, ④ 전환을 청구할 수 있는 기간, ⑤ 주주에게 전환사채의 인수권을 준다는 뜻과 인수권의 목적인 전환사채의 액, ⑥ 주주외의 자에게 전환사채를 발행하는 것과 이에 대하여 발행할 전환사채의 액 등에 관하여 정하여야 하고, 주주외의 자에 대하여 전환사채를 발행하는 경우에는 정관에 규정이 없으면 주주총회의 특별결의로써 그 전환사채의 액, 전환의 조건, 전환으로 인하여 발행할 주식의 내용과 전환을 청구할 수 있는 기간을 정하여야 한다(상법 제513조 제2항 제1호 내지 제6호, 제3항).

전환사채의 발행절차는 상술한 특별한 사채의 발행절차와 대략적으로 같으나 다만 사채청약서, 채권과 사채원부에 전환에 관한 사항을 기재하여야 함이 다르다. 전환사채는 잠재적 주식이므로 회사가 전환사채를 발행한 때에는 납입이 완료된 날로부터 2주 내에 본점의 소재지에서 전환사채의 등기를 하여야 한다(상법 제514조, 514조의2 제1항, 제2항).

(3) 전환권행사

전환사채의 주식으로의 전환은 사채권자의 청구에 의하며, 그 청구에는 청구서 2통에 채권을 첨부하여 회사에 제출하여야 하는데, 채권을 발행하는 대신에 전자등록기관의 전자등록부에 채권을 등록한 경우에는 그 채권을 증명할 수 있는 자료를 첨부하여 회사에 제출하여야 하고, 전환의 효력은 청구를 한 때에 생긴다(상법 제515조, 제516조). 이렇게 함으로써 사채권자는 새로 주주의 자격을 취득하게 되고, 사채에 갈음하여 신주가 발행되는 주식은 회사의 발행예정주식 총수의 범위 이내이어야 하므로 회사는 장래에 전환으로 인하여 발행할 주식의 수만큼 미발행주식으로 확보하고 있어야 한다(상법 제516조).

10. 신주인수권부사채

(1) 의의

회사는 신주인수권부사채를 발행할 수 있다(상법 제516조의2 제1항). 신주인수권부사채(新株引受權附社債)란 사채권자에 대하여 사채발행회사의 신주인수권이 부여된 사채를 말한다. 회사가 채권을 발행하여 일반 공중으로부터 영세한 자금을 흡수하여 거액의 자금을 구성하는 타인자본의 조달 방법의 하나로 사채에 신주인수권이 부여되면 사채에 의한 투자의 확실성과 주식에 의한 투기성을 아울러 보유함으로써 회사의 자금조달이 매우 용이하다. 전환사채나 신주인수권부사채는 회사의 자금조달이 용이하다는 점에서 같은 것이나 전자의 경우에는 사채권자가 전환권을 행사하면 그 사채는 소멸하는 동시에 주주가 되고, 후자의 경우에는 신주인수권을 행사한 후에도 사채는 그냥 남게 되어 사채권자는 사채권자인 동시에 신주의 주주가 된다는 점에서 다르다. 신주인수권부사채에는 신주인수권을 사채로부터 분리하여 양도할 수 있는 여부에 따라 분리형과 비분리형으로 나눌 수 있으나 상법은 양자 모두를 인정한다.

(2) 발행

신주인수권부사채를 발행함에는 정관으로 주주총회에서 이를 결정하기로 한 경우를 제외하고는 이사회의 결의로 법정사항을 정하여 발행한다(상법 제516조의2 제2항). 주주 이외의 자에 대하여 신주인수권부사채를 발행하는 경우에는 주주총회의 특별결의를 거쳐야 한다(상법 제516조의2 제4항). 또한 각 신주인수권사채에 부여된 신주인수권의 행사로 인하여 발행할 주식의 발행가액의 합계액은 각 신주인수권부사채의 금액을 초과할 수 없다(상법 제516조의2 제3항).

(3) 신주인수권의 양도

신주인수권사채의 발행에 관한 이사회의 결의에서 신주인수권만을 사채와 분리하여 따로 양도할 수 있도록 정한 경우에는 회사는 채권과 함께 그 기재사항이 법정된 신주인수권증권을 발행하여야 하며, 신주인수권의 양도는 신주인수권증권의 교부에 의해서만 행해져야 한다(상법 제516조의5 제1항 및 제2항, 제516조의6 제1항). 그러나 비분리형의 경우에는 채권의 교부에 의하여 사채와 신주인수권이 동시에 양도된다.

(4) 신주인수권의 행사

신주인수권을 행사하려면 권리자는 인수할 신주식의 수 등을 기재한 청구서 2통을 회사에 제출하고 신주의 발행가액 전액을 납입하여야 한다(상법 제516조의9 제1항). 이 청구서를 제출하는 때에 신주인수권증권이 발행된 분리형인 경우에는 신주인수권증권을 첨부하고, 비분리형인 경우에는 채권만을 제시하여야 한다. 그러나 회사가 채권이나 신주인수권증권을 발행하는 대신 전자등록기관의 전자등록부에 채권이나 신주인수권을 등록한 경우에는 그 채권이나 신주인수권을 증명할 수 있는 자료를 첨부하여 회사에 제출하여야 한다(동법 제2항). 신주인수권을 행사한 자가 신주발행가액의 전액을 납입한 때에 신주발행의 효력이 발생하고 신주인수권을 행사한 자는 주주가 된다(상법 제516조의10). 그리고 신주인수권의 행사로 신주를 발행하는 경우는 주식매수선택권의 행사로 신주를 발행하는 경우에서와 같다(상법 제340조의5).

제10절 합병과 조직변경

1. 합병(合倂)

(1) 총설

주식회사는 동종 또는 이종의 사업을 목적으로 하는 다른 주식회사와 합병할 수 있음은 물론이고, 다른 종류의 회사와도 합병할 수 있다(상법 제174조). 상법은 주식회사의 특수성에 비추어 합병에 관하여 여러 가지 특별한 규정을 두고 있다.

(2) 합병계약서의 작성

합병에 있어서는 먼저 합병당사회사의 대표이사가 합병계약을 체결하여 합병에 관한 여러 가지 사항을 정하게 되나, 상법은 이 경우에 합병계약서의 작성을 강제하고 있으며, 계약서는 흡수합병의 경우와 신설합병의 경우로 분류하여 각각 아래에서와 같이 그 기재해야 할 사항을 분리하여 법정하고 있다. 이 법정기재사항의 기재가 누락되거나 위법한 것이 있는 때에는 합병은 무효가 되나 법정이외의 사항이라도 합병의 본질 또는 강행법규에 반하지 아니하면 기재할 수가 있다(상법 제523조, 제524조).

1) 흡수합병의 합병계약서

흡수합병계약서에는 다음의 사항이 기재되어야 한다.

즉, ① 존속하는 회사가 합병으로 인하여 그 발행할 주식의 총수를 증가하는 때에는 그 증가할 주식의 총수, 종류와 수, ② 존속하는 회사의 증가할 자본금과 준비금의 총액, ③ 존속하는 회사가 합병당시에 발행하는 신주의 총수, 종류와 수 및 합병으로 인하여 소멸하는 회사의 주주에 대한 신주의 배정에 관한 사항, ④ 존속하는 회사가 합병으로 소멸하는 회사의 주주에게 위 ③의 정함에도 불구하고 그 대가의 전부 또는 일부로서 금전이나 그 밖의 재산을 제공하는 경우에는 그 내용 및 배정에 관한 사항, ⑤ 각 회사에서 합병의 승인결의를 할 사원 또는 주주총회의 기일, ⑥ 합병을 할 날, ⑦ 존속하는 회사가 합병으로 인하여 정관을 변경하기로 정한 때에는 그 규정, ⑧ 각 회사가 합병으로 이익의 배당을 할 때에는 그 한도액, ⑨ 합병으로 인하여 존속하는 회사에 취임할 이사와 감사 또는 감사위원회의 위원을 정한 때에는 그 성명 및 주민등록번호 등이다(상법 제523조 제1호 내지 9호). 그리고 자회사의 모회사주식 취득금지에 관한 상법 제342조의2의 정함에도 불구하고 위의 ④에 따라 소멸하는 회사의 주주에게 제공하는 재산이 존속하는 회사의 모회사주식을 포함하는 경우에는 존속하는 회사는 그 지급을 위하여 모회사주식을 취득할 수 있다(상법 제523조의2).

2) 신설합병의 합병계약서

신설합병계약서에는 다음의 사항이 기재되어야 한다.

즉, ① 설립되는 회사에 대하여 제289조 제1항 제1호 내지 제4호의 성하는 바와 같이 목적, 상호, 회사가 발행할 주식의 총수, 액면주식을 발행하는 경우 1주의 금액 등과 종류주식을 발행할 때에는 그 종류, 수와 본점 소재지, ② 설립되는 회사가 합병 당시에 발행하는 주식의 총수와 종류, 수 및 각 회사의 주주에 대한 주식의 배정에 관한 사항, ③ 설립되는 회사의 자본금과 준비금의 총액, ④ 각 회사의 주주에게 지급할 금액을 정한 때에는 그 규정, ⑤ 각 회사에서 합병의 승인결의를 할 사원 또는 주주총회의 기일과 합병을 할 날, ⑥ 합병으로 인하여 설립되는 회사의 이사와 감사 또는 감사위원회의 위원을 정한 때에는 그 성명 및 주민등록번호 등이다(상법 제524조 제1호 내지 6호).

(3) 합병계약서 등의 공시

합병당사회사의 이사는 합병승인총회 회일의 2주 전부터 합병을 한 날 이후 6월이 경과하는 날까지 ① 합병계약서, ② 소멸회사의 주주에게 발행하는 주식의 배정에 관하여 그 이유를 기재한 서면, ③ 각 합병당사회사의 최종 대차대조표와 손익계산서 등의 서류를 회사 본점에 비치하여야 한다(상법 제522조의2 제1항). 이들 서류는 주주에게는 합병에 반대할 것인가의 여부를, 채권자에게는 이의를 제출할 것인가의 여부를 판단하는 중요한 자료로서 의미가 있기 때문이다. 그러므로 주주 및 회사채권자는 영업시간 내에는 언제든지 위의 서류에 대한 열람을 청구하거나 소정의 비용을 지급하고 그 등본 또는 초본의 교부를 청구할 수 있게 되는 것이다(동법 제2항).

(4) 합병승인의 결의

1) 합병당사회사의 특별결의

합병당사회사는 합병계약서에 정하여진 기일에 주주총회를 열고 합병계약서를 제출하여 특별결의에 의한 승인을 얻어야 한다(상법 제522조 제1항, 제3항). 이 경우 합병을 위하여 소집하는 주주총회의 소집통지와 공고에는 합병계약의 요령을 기재하여야 한다(상법 제522조 제2항, 제363조).

2) 총회결의가 생략되는 경우

합병당사회사는 상기한 바와 같이 합병을 승인받기 위하여 주주총회를 개최하여야 하나 예외로 상법 제527조의2 제1항 및 제527조의2 제1항의 정함이 있는 간이합병과 소규모합병의 경우에는 총회를 개최하는 대신에 이사회의 승인으로 갈음할 수가 있다. 이것은 승인총회를 폐지하는 것이 아니고 이사회의 결의와 선택적으로 회사가 임의로 결정할 수 있게 한 것이다.

3) 합명회사 · 합자회사 유한책임회사의 경우 총사원의 동의

존속회사 또는 신설회사가 주식회사인 경우에 합병할 회사의 일방 또는 쌍방이 유한회사일 경우는 특별결의에 의하지만 합명회사 또는 합자회사 및 유한책임회사인 때에는 합병계약서는 총사원의 동의에 의하여 합병계약서를 작성하여야 하여야 하고, 계약서의 내용은 상법 제523조와 제524조의 정함이 있는 흡수 또는 신설합병계약서가 준용된다(상법 제525조 제1항 및 제2항, 제287조의41, 제598조, 제585조).

4) 종류주주총회

회사가 수종의 주식을 발행한 경우에는 주식의 병합이나 신주의 배정에 관하여 특수한 정함을 할 수 있으나, 어느 종류의 주주에게 손해를 미치게 될 때에는 주주총회의 결의 외에 그 종류의 주주총회의 결의가 있어야 한다(상법 제344조 제3항, 제435조).

(5) 합병반대주주의 주식매수청구권

상법은 다음의 4가지의 경우에 한하여 주주의 회사에 대한 주식매수청구권을 인정하고 있다.

즉, ① 주주가 회사로부터 주식양도승인거부의 통지를 받은 때이며, 이는 주주의 투하자본의 회수를 보장할 필요가 있기 때문에 인정하게 된 것이다(상법 제335조의2 제4항). ② 회사의 영업전부의 양도 기타 일정한 총회의 특별결의사항에 대한 결의에서 반대하는 경우이며, 이는 다수결의 원칙에 대한 소수주주의 이익보호를 위함과 동시에 투하자본의 회수를 보장하려는 취지에서 인정하게 된 것이다(상법 제374조, 제374조의2). ③ 회사합병에 반대하는 경우(상법 제522조의3) 및, ④ 회사분할 · 합병에 반대하는 경우(상법 제530조의11 제2항, 제522조의3)이며, 이는 합병조건이나 합병상대방 또는 분할합병의 상대방회사의 여하에 따라서는 주주가 불이익을 입을 염려가 있으므로 주주의 이익을 보호하기 위하여 그가 가지는 주식의 매수청구를 회사에 대하여 할 수 있게 한 것이다.

합병결의에 반대하는 소수주주는 결의가 있는 날로부터 20일 이내에 주식의 종류와 수를 기재한 서면으로 회사에 대하여 자기가 소유하고 있는 주식의 매수를 청구할 수 있고, 신설합병의 경우 창립총회의 정관변경의 결의에 관한 공고 또는 통지를 받은 날로부터 2주 내에 회사에 대하여 서면으로 합병에 반대하는 의사를 통지하고, 그 기간이 경과한 날로부터 20일 이내에 주식의 종류와 수를 기재한 서면으로 회사에 대하여 자기가 소유하고 있는 주식의 매수를 청구할 수 있다(상법 제522조의3 제1항, 제2항).

(6) 채권자 보호절차

1) 공고 및 최고

회사는 합병승인총회의 결의가 있은 날로부터 2주간 내에 채권자에 대하여 합병에 이의가 있으면 1개월 이상의 기간 내에 이의를 제출할 것을 공고하고 또 알고 있는 채권자에 대하여는 개별로 이의 제출을 최고하여야 한다(상법 제522조, 제527조의5 제1항).

2) 간이합병 및 소규모합병의 경우 공고기한 기산일

상술한 회사의 공고는 합병승인총회의 결의가 있은 날로부터 2주 내에 하도록 되어 있으나 간이합병 및 소규모합병이 경우에는 승인총회를 열지 않고 이사회의 승인결의로 갈음할 수 있게 되어 있다(상법 제522조, 제527조의2, 527조의3). 그러므로 이러한 특수합병의 경우에는 그 이사회의 결의 일을 위의 2주간을 기산일로 한다(상법 제527조의5 제2항).

3) 이의의 효과

채권자가 소정의 기간(1개월 이상) 내에 이의를 제출하지 아니한 때에는 합병을 승인한 것으로 본다(상법 제527조의5 제3항, 제232조 제2항).

(7) 주식합병 · 분할합병(주식배정의 준비)

1) 주식합병 · 분할절차가 필요한 경우

해산회사의 주주에 대하여 해산회사의 주식 1주에 대한 비율로써 존속회사 또는 신설회사의 주식이 배정되는 이른바 대등합병의 경우에는 주식합병이나 분할의 문제가 생기지 않는다. 그러나 2주에 대한 1주 또는 5주에 대한 4주라고 하는 경우와 같이 해산회사의 다수의 주식에 대하여 그것보다 소수의 존속회사 또는 신설회사의 주식이 배정되는 경우 또는 그 반대의 경우에는 그 배정을 가능하게 하기 위하여 해산회사에 있어서 자본감소의 경우의 주식병합절차에 따라 주식합병을 하거나 주식분할을 하여야 한다.

2) 주식의 합병절차

회사는 1개월 이상의 기간을 정하여 합병의 뜻과 그 기간 내에 주권을 회사에 제출할 것을 공고하고 주주명부에 기재된 주주와 질권자에 대하여는 각별로 그 통지를 하여야 하며, 주식의 합병은 이 기간이 만료한 때에 효력이 생기게 되나(다만, 상법 제232조의 규정에 의한 절차가 종료하지 아니한 때에는 그 종료한 때)(상법 제441조).

이 효력은 자본감소의 경우와 같이 이때에 확정적으로 생기는 것이 아니고, 등기에 의한 성립을 조건으로 한 것이다(상법 제530조 제2항, 제234조). 그러므로 병합된 해산회사의 주식 1주에 대하여 합병기일에 존속회사 또는 신설회사의 주식 1주가 1대 1의 비율로써 배정되는 것이다.

3) 단주의 처리

병합으로 인하여 단주가 생긴 때에는 합병기일 후에 존속회사 또는 신설회사의 설립위원이 법원의 허가를 얻어서 이를 경매 기타의 방법으로 매각하여 그 대금을 해산회사의 주주에게 지급하여야 한다(상법 제530조 제3항, 제443조, 제526조 제1항, 제527조 제1항).

4) 주식의 분할절차

해산회사의 합병으로 인한 주식의 분할은 총회에서 분할비율 등을 결의한 후 소정의 기간(1개월 이상) 내에 주식분할의 뜻과 그 기간 내에 주권을 회사에 제출할 것을 공고하고 주주와 질권자에게 개별로 그 통지를 하는 등의 방법으로 하게 되며, 대게는 주식병합의 경우에 준하여 하게 된다(상법 제530조 제2항, 329조의2, 329조의3).

(8) 특수한 회사합병

1) 의의

특수한 합병이라 함은 주식회사 간의 합병으로서 ① 모회사와 자회사 간의 합병(간이합병)(상법 제527조의2), ② 합병으로 소멸하는 회사의 자본규모가 존속회사의 자본규모의 5%를 넘지 않는 회사 간의 합병(소규모합병)(상법 제527조의3)의 경우를 말한다. 이 두 가지 합병은 흡수합병이라는 점에서 공통된다.

2) 간이합병

가. 요건

간이합병은 ① 합병회사의 한쪽(甲)이 존속하는 경우에 소멸회사(乙)의 총주주의 동의가 있거나, ② 그 회사(乙)의 발행주식 총수의 100분의 90 이상을 합병 후 존속하는 회사가 소유하는 경우를 요건으로 한다(상법 제527조의2 제1항). 이러한 요건 중 ②의 경우에서 모회사가 주식의 90% 이상을 소유해야 한다는 것은 미국의 Delaware주 회사법 제253조(a)의 영향을 받은 것으로 볼 수 있다.

나. 소규모회사에 대한 적용배제

자본금이 5억원 미만인 회사로서 이사가 1인인 회사에는 이사회가 없으므로 간이합병제도가 적용될 여지가 없다(상법 제527조의2 제1항, 제383조 제1항 단서). 이는 소멸회사의 이사회의 승인이 간이합병의 전제가 되어 있기 때문이다. 다만 이러한 소규모회사라도 이사를 2인 이상 둘 수 있으며 그러한 경우에는 이사회가 성립하게 되므로 간이합병이 가능하다.

다. 소멸회사의 합병승인총회의 생략

간이합병의 경우에는 소멸회사의 합병승인총회를 개최하는 대신에 이사회의 승인으로 갈음할 수 있다(상법 제527조의2 제1항). 총회를 개최할 것인가 또는 이사회를 개최할 것인가에 관해서는 소멸회사가 선택하게 된다. 이는 소멸회사의 합병절차를 간소화하기 위한 것이므로 존속회사의 합병승인총회에는 영향을 주지 아니한다.

라. 소멸회사의 공고 · 통지

간이합병의 경우에 합병으로 인하여 소멸하는 회사는 합병계약서를 작성한 날로부터 2주 내에 주주총회의 승인을 얻지 아니하고 합병을 한다는 뜻을 공고하거나 주주에게 통지하여야 한다. 그러나 총주주의 동의가 있는 때에는 공고와 통지는 생략된다(상법 제527조의2 제2항).

마. 주식매수청구권

특수합병 중에 소규모합병의 경우에는 합병에 반대하는 주주의 주식매수청구권(appraisal right)이 인정되지 아니하나 간이합병의 경우에는 매수청구권이 인정된다(상법 제522조의3 제2항). 그러나 간이합병의 경우에 합병에 반대하는 주주는 회사에 대하여 자기가 소유하는 주식의 매수청구를 할 수 있음에도 합병승인총회가 없으므로 청구권행사시점의 기산점이 문제로 지적되어 왔다.

따라서 1998년 12월 28일 개정상법에서는 특별규정을 두게 되었고, 이에 의하면 간이합병의 경우에는 총회의 승인결의 없이 합병한다는 뜻의 공고 또는 통지를 하게 되므로, 이 공고 또는 통지가 있은 날을 기산일로 하여 2주간 내에 회사에 대하여 서면으로 합병반대의 의사를 통지하고, 그 2주간이 경과한 날로부터 20일 내에 주식의 종류와 수를 기재한 서면으로 회사에 대하여 매수청구를 할 수 있도록 하게 한 것이다(상법 제522조의3 제2항, 제527조의3 제5항).

3) 소규모합병

가. 요건

합병 후 존속하는 회사가 합병으로 인하여 발행하는 신주의 총수를 그 회사의 발행주식 총수의 100분의 5를 초과하지 아니하는 범위 내에서 발행하면서 합병하는 경우를 소규모합병이라 한다(상법 제527조의3 제1항). 이 경우는 존속회사의 자본규모의 5% 이하의 회사(소멸회사)를 흡수하는 경우이므로 그 절차의 간소화를 기하려는 취지에서 마련된 것으로 이는 미국의 「small scale merger」에 해당된다.

나. 소규모회사에 대한 적용배제

소규모합병은 존속회사는 이사회의 승인으로 갈음할 수 있는 것이므로 이사회가 없는 소규모회사로서 이사가 1인인 회사의 경우에는 적용될 수가 없다(상법 제527조의3, 제383조 제1항 단서). 그러나 이러한 소규모회사라도 이사를 2인 이상 둘 수는 있으므로 그러한 경우에는 소규모합병이 적용됨은 물론이고, 이점은 간이합병의 경우에서와 동일하다.

다. 존속회사의 합병승인총회의 생략

소규모합병의 경우에는 존속회사의 합병승인총회를 개최하는 대신에 이사회의 승인으로 갈음할 수 있다(상법 제527조의3 제1항). 이 경우에 존속회사는 총회 또는 이사회의 어느 쪽을 택할 것인가의 선택권을 가진다. 이는 존속회사의 합병절차의 간소화를 기하기 위한 것이므로 소멸회사의 합병승인총회가 필요함은 당연하다. 존속회사는 이사회의 결의로 합병을 진행할 것을 선택한 경우는 총회의 합병승인결의 없이 합병을 추진하게 된다는 그 뜻을 합병계약서에 기재하여야 한다(상법 제527조의3 제2항).

라. 존속회사의 공고 · 통지

존속회사가 주주총회의 승인 없이 합병을 하는 경우에는 존속회사는 합병계약서를 작성한 날로부터 2주간 내에 소멸하는 회사의 상호 및 본점의 소재지, 합병을 할 날, 주주총회의 승인 없이 합병을 한다는 뜻을 공고하거나 주주에게 통지하여야 한다(상법 제527조의3 제3항).

마. 주식매수청구권의 불인정

존속회사가 주주총회의 승인결의에 갈음하여 이사회의 결의로 합병을 진행하는경우에는 합병에 반대하는 주주의 주식매수청구권의 행사가 인정되지 아니한다(상법 제527조의3 제5항).

바. 존속회사의 승인총회가 필요한 경우

합병으로 소멸하는 회사의 주주에게 지급할 금액(합병교부금)을 정한 경우에 그 금액이 존속회사의 대차대조표상에 현존하는 순자산액의 100분의 5를 초과하는 경우에는 존속회사의 합병승인총회를 열어야 한다(상법 제527조의3 제1항 후단).

사. 대주주의 소규모합병의 반대

합병 후 존속하는 회사의 발행주식 총수의 100분의 20 이상에 해당하는 주식을 소유하는 주주가 총회의 승인 없이 합병한다는 내용의 회사의 공고 또는 통지를 받은 날로부터 2주간 내에 회사에 대하여 서면으로 소규모합병에 반대하는 의사를 통지한 때에는 소규모합병을 진행할 수가 없다(상법 제527조 제4항). 따라서 이 경우에는 일반적인 합병의 경우와 같이 주주총회의 특별결의에 의할 수밖에 없다할 것이나 합병은 사실상 불가한 것으로 보아야 할 것이다.

(9) 합병의 등기(합병의 효력발생)

합병절차가 모두 끝나게 되면 존속회사에 있어서는 변경등기, 해산회사에 있어서는 해산등기, 신설회사에 있어서는 설립등기를 하여야 하는데, 등기는 본점소재지의 지방법원 등기소에서 하게 되고, 이러한 등기절차가 끝나게 되면 합병의 대외적인 효력이 발생하게 된다(상법 제530조 제2항, 제234조).

합병등기는 본점소재지에서는 2주간 내에, 지점소재지에서는 3주간 내에 하도록 되어 있는데 이 등기기간의 기산일은 흡수합병의 경우에는 보고총회가 종결한 날, 이 보고총회가 생략되는 경우에는 그 보고에 갈음하는 공고일이 되고, 신설합병의 경우에는 창립총회가 종결한 날 또는 이 총회가 생략되는 경우에는 총회에서의 보고에 갈음하는 공고일이 기산일이 되므로 이날부터 2주간 또는 3주간을 기산하게 된다(상법 제528조 제1항). 그리고 존속회사 또는 신설회사가 합병으로 인하여 전환사채 또는 신주인수권부사채를 승계한 때에는 위의 합병의 등기와 동시에 사채의 등기를 하여야 한다(상법 제528조 제2항).

(10) 합병의 효과

흡수합병의 경우에는 당사회사의 일부가 해산하고, 신설합병의 경우에는 당사회사의 전부가 해산한다. 해산회사의 주주는 존속회사 또는 신설회사의 주주가 되고, 해산회사의 모든 권리와 의무는 당연히 존속회사 또는 신설회사에 포괄적으로 승계된다. 따라서 해산회사는 청산절차 없이 합병과 동시에 소멸하게 되는 것이다.

(11) 합병의 무효

상술한 합병절차에 하자가 있으면 합병은 무효가 된다. 그러므로 이러한 무효의 원인이 있는 경우에는 각 회사의 주주, 이사, 감사, 청산인, 파산관재인 또는 합병을 승인하지 아니한 채권자에 한하여 합병등기일로부터 6개월 내에 소만으로 이를 주장할 수 있도록 하였다. 합병무효의 판결이 내려지게 되면 그 무효의 효과는 획일적으로 확정되고 소급효도 인정되지 아니한다(상법 제529조, 제530조 제2항, 제240조, 제190조).

2. 분할(分割)

(1) 개념

회사분할(division, coporate separation, Spaltung von Gesellschaften, scission)이라 함은 회사(피분할회사)가 분할에 의하여 1개 또는 수개의 회사를 설립하거나(단순분할) 분할하여 1개 또는 수개의 존립중의 회사와 합병(분할합병, 물적분할)하고신설된 회사 또는 존립중인 회사의 주식이 분할된 회사의 출자자(주주)에게 귀속하되(인적분할) 해산하는 회사는 청산을 요하지 아니하는 회사법상의 절차를 말한다. 상법에서는 단순분할과 분할합병을 구별하는 형식으로 법제하였다(상법 제530조의 2 제1항, 제2항).

(2) 분할의 목적(경제적 기능)

회사분할은 ① 일반적으로 기업의 규모가 비대한 회사가 영업부문별 지역별로 분할하여 경영규모를 조절하려는 경우, ② 채산이 부진한 사업부문을 분리하여 별개의 독립회사로서 자조적으로 운영하게 함으로써 경영의 효율화를 기하려는 경우, ③ 신규사업을 개시하는 경우의 위험부담을 자회사를 통하여 회피하고자 하는 경우, ④ 이익을 분산하여 절세의 효과를 기하려는 경우 ⑤ 임원의 자리증설, 인사재배치 등의 노무관리상의 필요가 있는 경우 등에 이용된다.

(3) 분할의 유형

1) 회사분할 방법의 분류

가. 완전분할과 불완전분할

피분할회사가 분할 후 존속 또는 소멸하느냐의 여부에 따른 분류이며, 소멸(해산)하는 경우는 완전분할이 되고 분할 후에도 존속하는 경우는 불완전분할이 된다.

나. 단순분할과 분할합병

분할당사회사가 단수인가 또는 복수인가에 따른 구분이다. 단수인 경우는 단순분할이고, 복수인 경우는 분할합병이 된다. 즉, ① 단순분할의 경우에는 피분할회사인 단일회사가 분할하여 독자적으로 새로운 회사를 설립하는 경우이지만(피분할회사는 해산하는 수도 있고 존속하는 수도 있다). ② 분할합병의 경우에는 피분할회사가 분할하면서 다른 회사와 결합(합병)하는 경우이므로 2 이상의 회사 간의 계약에 의하여 이루어지는 형태이다.

다. 물적분할과 인적분할

회사분할의 범위에 따른 분류이다. 재산적 분할에 그치는 경우는 물적분할이고 피분할회사의 출자자(주주)에게 분할의 효력이 미치는 경우(주식의 배정)는 인적분할이다. 상법상의 회사분할의 개념은 인적분할을 요소로 하고 있으며, 물적분할 만의 경우는 예외로 취급하고 있다(상법 제530조의12).

2) 완전분할(소멸분할)

완전분할은 피분할회사가 소멸(해산)하는 분할형태로 다음과 같은 유형이 있다.

가. 단순분할(소멸신설분할)

피분할회사가 해산하고 그 분할재산에 의하여 복수의 회사로 설립되는 경우이다(Aufspaltung zur Neugrundung, scission). 이 경우에 신설되는 회사는 2 이상이라야 하고, 분할 후 피분할회사의 주주는 신설되는 회사의 주주가 되는 것이다.

나. 분할합병

① **소멸흡수분할(소멸분할합병)**: 피분할회사가 해산하고 그 분할 재산에 의하여 존속중인 기존의 복수의 회사에 출자하는 경우이다(Aufspaltung). 이 경우에도 출자를 받는 회사는 2 이상이라야 한다. 출자를 받는 회사는 피분할회사의 분할에 의한 재산의 출자를 받아 그에 상응하는 자본증가가 이루어지기 때문에 신주를 발행해야 하고, 신주는 피분할회사의 주주에게 배정된다.

② **소멸혼합분할**: 피분할회사가 해산하고 그 분할출자에 의하여 존속중인 기존의 회사에 일부출자를 하고 나머지 재산으로 새로운 회사를 설립하는 방법이다(Mischfor- men)(상법 제530조의2 제3항). 즉, 피분할회사가 동시에 기존의 회사와 새롭게 신설되는 회사로 분할되는 것이다.

3) 불완전분할(존속분할)

피분할회사가 존속하는 경우이다(존속분할: Abspaltung). 이러한 불완전분할을 '일부분할' 또는 '분리'라 부르기도 한다. 이러한 불완전분할에 있어서도 단순분할과 분할합병의 형태가 나타난다.

4) 물적분할

물적분할의 경우에도 단순분할과 분할합병의 두 가지 유형이 있음은 협의의 회사분할인 인적분할의 경우와 같다. 다만 물적분할의 경우에는 분할 또는 분할합병 후의 회사의 주식이 피분할회사에 귀속되므로 이른바 불완전분할(존속분할)만 인정되고 완전분할(소멸분할)은 불가능하다. 이는 완전분할은 피분할회사가 소멸(해산)하게 됨으로 주식의 귀속주체가 없어지기 때문이다.

5) 등기

회사가 분할을 한 때에는 신설회사의 창립총회 또는 분할합병의 경우의 보고총회가 종결한 날로부터 본점소재지에서는 2주간 내에, 지점소재지에서는 3주간 내에, 분할 후 존속하는 회사에 있어서는 변경의 등기, 분할로 인하여 소멸하는 회사에 있어서는 해산의 등기, 분할로 인하여 설립된 회사에 있어서는 상법 제317조에 정하는 설립등기를 하여야 한다(상법 제530조의11 제1항, 제526조 제1항, 제527조 제1항, 제528조 제1항).

창립총회 또는 보고총회를 개최하는 대신에 이사회의 보고로 갈음하는 경우에는 위의 등기기간의 기산점은 이 이사회의 보고를 한 날이 된다(상법 제530조의11 제1항, 제527조 제4항, 제526조 제3항).

(4) 분할의 효력

1) 분할의 효과발생

회사분할 또는 분할합병은 분할로 인하여 설립된 회사 또는 존속하는 회사의 본점과 지점 소재지에서 설립등기 또는 변경등기(자본증가 또는 자본감소 등)를 함으로써 그 효력이 생긴다(상법 제530조의11, 제234조).

2) 효력의 내용

분할 또는 분할합병의 효력의 내용은 분할계획서 또는 분할합병계약서에서 정하여진 바에 따라서 정하여진다(상법 제530조의5, 제530조의6).

(5) 분할의 무효

1) 분할무효의 소

회사분할계약에 하자가 있는 경우, 분할의 방식 또는 절차가 적법하지 못한 경우, 분할의 요건에 해당하지 않은 등의 경우에는 분할이 무효가 되고, 이러한 분할무효는 분할무효의 소를 통해서만이 주장할 수가 있다.

2) 소의 당사자 및 제소기간

원고는 각 분할당사회사의 주주, 이사, 감사 또는 분할을 승인하지 아니한 채권자에 한하고, 피고는 분할 후의 존속회사 또는 신설회사이다(상법 제530조의11 제1항, 제529조 제1항). 그리고 분할무효의 소의 제소기간은 분할등기의 날로부터 6월 내에 제기하여야 한다(상법 제530조의11 제1항, 제528조, 제529조 제2항).

3) 회사채권자의 담보제공 기타

회사채권자가 분할무효의 소를 제기하는 경우에 있어서는 담보제공, 회사의 공고, 병합심리, 소의 관할, 법원의 청구기각 등은 모두 합명회사의 합병무효의 소의 경우와 같다(상법 530조의11 제1항, 제176조 제3항 및 제4항, 제186조 내지 제189조, 제237조, 제240조, 240).

4) 무효판결의 효력

원고승소의 경우 판결의 대세적 효력은 합병무효판결이 확정된 경우와 동일하다(상법 제530조의11 제1항, 제240조, 제190조 제1항). 그리고 판결의 불소급효 및 회사의 권리의무의 귀속, 분할 후의 취득재산의 공유, 부담부분의 결정 등에 관하여는 합명회사의 합병무효판결에 관한 규정이 준용되고, 원고패소판결의 경우 패소원고의 책임도 합명회사의 합병무효판결의 경우와 같다(상법 제530조의11 제1항, 제240조, 제190조 제1항, 제191조, 제239조 제1항 내지 제3항, 제240).

3. 조직변경

주식회사는 유한회사, 유한책임회사로 조직변경을 할 수 있고, 합명회사나 합자회사로는 될 수가 없다(상법 제287조의43 제1항, 제604조 제1항).

(1) 요건과 절차

주식회사가 그 조직을 변경을 하기 위해서는 ① 총주주의 일치에 의한 동의가 있어야 하며(상법 제287조의43 제1항, 제604조 제1항), ② 합병의 경우와 같이 일정 기간 내에 이의제출의 기회부여 및 담보제공 등의 채권자보호절차를 밟아야 하고(상법 제608조, 제232조), ③ 사채를 발행한 경우에는 그 상환을 완료한 후가 아니면 아니 되며(상법 제604조 제1항 단서), ④ 최종절차로 본점소재지에서는 2주간 내에 지점소재지에서는 3주간 내에 주식회사는 해산등기, 유한회사 또는 유한책임회사는 설립등기를 하여야 한다(상법 제606조).

(2) 이사와 주주의 자본금 전보책임

회사에 현존하는 순재산액이 자본금의 총액에 부족한 때에는 조직변경 결의당시의 이사와 주주는 회사에 대하여 연대하여 그 부족액을 지급할 책임이 있다(상법 제605조 제1항). 이 경우 주주의 자본금 전보책임은 면제될 수 없으나, 이사의 자본금 전보책임은 면제될 수 있다(동법 제2항, 제550조 제2항 제551조 제3항).

제11절 주식의 포괄적 교환 및 이전

1. 서설

주식의 포괄적교환 및 이전에 관한 제도는 2001년 7월 24일 상법개정으로 도입된 제도로써 그간 기존회사 간의 합병제도의 적용상 나타나는 문제점을 보완하여 완전모회사(지주회사)로의 전환을 용이하게 하기 위함에서 마련된 제도이다(상법 제360조의2 제1항, 제360조의15 제1항). 본 제도는 그간 몇 차례 부분적 개정이 이루어 졌으나 2015년 12월 1일 상법개정에서는 대폭적으로 개정되기에 이르렀다. 즉, 본 개정은 기업의 인수 · 합병 시장의 확대 및 경제 활성화를 도모하기 위하여 기업의 원활한 구조조정 및 투자활동이 가능하도록 다양한 형태의 기업 인수 · 합병 방식을 도입하는 한편, 반대주주의 주식매수청구권 제도를 정비하는 등 현행 법제의 운영상 나타난 일부 미비점을 개선 및 보완하고자 하는 취지에서 이루어 졌음을 밝히고 있다(법제처 개정이유). 동 개정의 주요내용은 다음과 같다.

첫째, 삼각주식교환, 역삼각합병 및 삼각분할합병 제도의 도입(상법 제360조의3 및 제530조의6 등) : 주식의 포괄적 교환 시에 모회사주식을 지급할 수 있도록 하는 삼각주식교환을 도입하고 이러한 삼각주식교환을 통하여 역삼각합병이 가능하도록 하며, 회사 분할합병 시 분할회사의 주주에게 모회사 주식이 지급될 수 있도록 하는 삼각분할합병 제도를 도입한 것이다. 이로 인하여 자회사를 활용한 다양한 기업 인수 · 합병의 구조를 마련한 것으로써 기업 인수 · 합병에 대한 경제적 수요를 원활히 뒷받침할 수 있을 것이라고 기대한다는 것이 그 이유이다.

역삼각합병이란 A회사의 자회사인 S회사가 T회사와 주식의 포괄적 교환을 하는 경우 T회사의 주주에게 모회사인 A회사의 주식을 교부하면서 T회사를 존속회사로 하는 합병방식을 말한다.

둘째, 반대주주의 주식매수청구권 제도의 정비(상법 제360조의5 제1항 및 제374조의2 등) : 무의결권 주주에게도 반대주주 주식매수청구권이 인정되는지에 대한 현행법의 명확한 규정이 없었기 때문에 실무상 혼란을 초래할 소지가 있을 뿐만 아니라 무의결권 주주의 권리보호에 미흡한 점이 있었다. 따라서 무의결권 주주도 주식매수청구권을 행사할 수 있도록 명문으로 규정함과 동시에, 주식매수청구권이 인정되는 경우에는 무의결권 주주에게도 주주총회 소집통지를 하도록 규정한 것이다. 이로 인해 기업 인수 · 합병 과정에서 반대 주주의 보호에 한층 효과를 낼 것으로 기대한다는 것이 그 이유이다.

셋째, 소규모 주식교환의 요건 완화 등(상법 제360조의10 제1항 및 제527조의3 제1항 등) : 이전 상법 일부개정에 있어서 소규모합병의 요건은 완화되었으나, 경제적 기능 · 효과가 실질적으로 동일한 소규모 주식교환의 요건은 그대로 유지되고 있었기 때문에 소규모 주식교환을 활용하는데 어려움이 있었고, 소규모합병이나 소규모주식교환의 요건에 관해 신주를 발행하는 대신 자기주식을 교부하는 경우에 대한 명확한 법문이 없어 혼란이 야기되었다. 따라서 신주발행과 자기주식의 교부를 포함하여 소규모 주식교환과 소규모합병의 요건을 규정하고, 소규모 주식교환과 소규모합병의 요건을 동일하게 설정하게 된 것이다. 이로 인해 해당제도를 이용한 기업인수 · 합병거래의 안정성을 도모하고 소규모 주식교환이 활성화될 것으로 기대한다는 것이 그 이유이다.

넷째, 간이한 영업양도, 양수, 임대 제도의 도입(상법 제374조의3 신설) : 영업양도, 양수, 임대 등의 행위를 하려는 회사의 총주주의 동의가 있거나, 주식 90% 이상을 그 거래의 상대방 회사가 소유하고 있는 경우에는 그 행위를 하려는 회사의 주주총회 승인은 이사회의 승인으로 갈음할 수 있도록 하였다. 이러한 제도의 도입으로 기업의 효율적인 구조 조정이 원활히 이루어질 수 있을 것으로 기대한다는 것이 그 이유이다.

다섯째, 회사의 분할 · 합병 관련 규정의 정비(상법 제530조의5 등) : 회사의 분할 시 분할하는 당해 회사를 분할회사로, 분할을 통하여 새로이 설립되는 회사를 단순분할신설회사로, 분할흡수합병의 존속회사를 분할승계회사로, 분할신설합병으로 새로이 설립되는 회사를 분할합병신설회사로 용어를 명확히 정비함과 동시에, 분할 시 자기주식의 이전을 허용하는 등 회사 분할 관련 제도를 정비하고자 한 것이라는 입장을 표명하고 있다.

이처럼 2015년 12월 1일 상법개정(시행 2016년 3월 2일)에서는 주식의 포괄적 교환 및 이전에 관한 제도를 전반적으로 크게 변화시키는 작업이 이루어 진 것으로 평가할 수 있다.

2. 주식의 포괄적 교환

(1) 의의

본 제도는 주식의 포괄적 교환에 의하여 완전자회사가 되는 회사의 주주가 가지는 그 회사의 주식은 주식을 교환하는 날에 주식교환에 의하여 완전모회사가 되는 회사에 이전하고, 그 완전자회사가 되는 회사의 주주는 그 완전모회사가 되는 회사가 주식교환을 위하여 발행하는 신주의 배정을 받거나 그 회사 자기주식의 이전을 받음으로써 그 회사의 주주가 되는 제도를 말한다(상법 제360조의2 제2항 : 2001년 본조신설, 2015년 개정). 즉, 주식의 포괄적 교환을 통하여 다른 회사의 발행주식의 총수를 소유하는 회사(완전모회사)가 될 수 있도록 하는 제도이다(동법 제1항).

(2) 적용범위 및 절차

1) 적용범위

주식의 포괄적 교환 및 이전에 의한 완전모회사의 설립은 주식회사 상호간에만 적용된다. 그러므로 주식회사와 유한회사간의 계약에 의한 지분의 이전에 의한 지주회사의 설립은 여기서 말하는 주식의 포괄적 교환에 의한 완전모회사의 설립이 아니다.

2) 절차

가. 주주총회의 특별결의 및 주식교환계약서 등의 기재사항

주식교환을 하고자 하는 회사는 주식교환계약서를 작성하여 주주총회의 특별결의에 의해 승인을 얻어야 한다(상법 제360조의3 제1항, 제2항). 이 경우 주식교환으로 인하여 주식교환에 관련되는 각 회사의 주주의 부담이 가중되는 경우에는 위 주주총회의 특별결의 및 종류주주총회의 결의 외에도 총주주의 동의를 얻어야 한다(동법 제5항).

주식교환계약서의 기재사항으로는 ① 완전모회사가 되는 회사가 주식교환으로 인하여 정관을 변경하는 경우에는 그 규정, ② 완전모회사가 되는 회사가 주식교환을 위하여 신주를 발행하거나 자기주식을 이전하는 경우에는 발행하는 신주 또는 이전하는 자기주식의 총수 · 종류와 종류별 주식의 수 및 완전자회사가 되는 회사의 주주에 대한 신주의 배정 또는 자기주식 이전에 관한 사항, ③ 완전모회사가 되는 회사의 증가할 자본금과 자본준비금에 관한 사항, ④ 완전자회사가 되는 회사의 주주에게 앞②에도 불구하고 그 대가의 전부 또는 일부로서 금전이나 그 밖의 재산을 제공하는 경우에는 그 내용 및 배정에 관한 사항, ⑤ 주식교환계약서의 승인결의를 할 주주총회의 기일, ⑥ 주식교환을 할 날, ⑦ 각 회사가 주식교환을 할 날까지 이익배당을 할 때에는 그 한도액, ⑧ 완전모회사가 되는 회사에 취임할 이사와 감사 또는 감사위원회의 위원을 정한 때에는 그 성명 및 주민등록번호 등 이다(상법 제360조의3 제3항 제1호 내지 제9호 : 2015년 동조 일부개정).

그리고 회사는 상법 제363조의 규정에 의하여 통지와 공고를 할 때에는 ① 주식교환계약서의 주요내용, ② 상법 제360조의5 제1항의 규정에 의한 주식매수청구권의 내용 및 행사방법, ③ 일방회사의 정관에 주식의 양도에 관하여 이사회의 승인을 요한다는 뜻의 규정이 있고 다른 회사의 정관에 그 규정이 없는 경우 그 뜻 등을 기재하여야 한다(동법 제4항 제1호 내지 제3호 : 2014년 동조 일부개정).

가-1. 주식교환대가가 모회사 주식인 경우의 특칙

주식교환으로 인하여 주식교환에 관련되는 각 회사의 주주의 부담이 가중되는 경우에는 포괄적 주식교환계약서 승인의 주주총회의 결의 및 종류주주총회결의 외에도 그 주주 전원의 동의를 구해야 한다(상법 제360조의3 제5항 : 2011년 동조신설). 그리고 자회사에 의한 모회사주식의 취득금지를 규정한 제342조의2제1항에도 불구하고 완전자회사가 되는 회사의 주주에게 제공하는 재산이 완전모회사가 되는 회사의 모회사 주식을 포함하는 경우에는 완전모회사가 되는 회사는 그 지급을 위하여 그 모회사의 주식을 취득할 수 있다. 이 경우 완전모회사가 되는 회사는 취득한 그 회사의 모회사 주식을 주식교환 후에도 계속 보유하고 있는 경우 주식교환의 효력이 발생하는 날부터 6개월 이내에 그 주식을 처분하여야 한다(상법 제360조의3 제6항 및 제7항 : 2015년 동조신설).

나. 주식교환계약서 등의 공시

이사는 주식의 포괄적 교환을 결의하게 되는 주주총회의 회일의 2주전부터 주식교환의 날 이후 6개월이 경과하는 날까지 ① 주식교환계약서, ② 완전모회사가 되는 회사가 주식교환을 위하여 신주를 발행하거나 자기주식을 이전하는 경우에는 완전자회사가 되는 회사의 주주에 대한 신주의 배정 또는 자기주식 이전에 관하여 그 이유를 기재한 서면(2015년 동법개정), ③ 주식의 포괄적 교환을 결의하게 되는 주주총회의 회일(간이주식교환의 경우에는 공고 또는 통지를 한 날)전 6개월 이내의 날에 작성한 주식교환을 하는 각 회사의 최종대차대조표 및 손익계산서 등의 서류를 본점에 비치하여야 하고, 주주는 영업시간 내에 그 열람 또는 등사를 청구할 수 있다(상법 제360조의4 제1항, 제2항, 제391조의3 제3항).

다. 반대주주의 주식매수청구권

주식의 포괄적 교환에 관한 주주총회의 승인사항에 관하여 이사회의 결의가 있는 때에 그 결의에 반대하는 주주(2016년 상법일부개정 : 의결권이 없거나 제한된 주주를 포함)는 주주총회 전에 회사에 대하여 서면으로 그 결의에 반대하는 의사를 통지한 경우에는 그 총회의 결의일로부터 20일 이내에 주식의 종류와 수를 기재한 서면으로 회사에 대하여 자기가 소유하고 있는 주식의 매수를 청구할 수 있다(상법 제360조의5 제1항). 간이주식교환의 경우에 완전자회사가 되는 회사의 경우는 이사회가 공고 또는 통지를 한 날부터 2주 내에 회사에 대하여 서면으로 주식교환에 반대하는 의사를 통지한 주주는 그 기간이 경과한 날부터 20일 이내에 주식의 종류와 수를 기재한 서면으로 회사에 대하여 자기가 소유하고 있는 주식의 매수를 청구할 수 있다(동법 제2항). 이점은 주식의 포괄적 이전에 있어서도 같다(동법 제360조의22).

라. 주권의 실효절차

주식교환에 의하여 완전자회사가 되는 회사는 주주총회의 특별결의에 의한 승인이 있을 때에는 ① 주주총회의 특별결의에 의한 승인이 있었다는 뜻, ② 주식교환의 날의 전날까지 주권을 회사에 제출하여야 한다는 뜻, ③ 주식교환의 날에 주권이 무효가 된다는 뜻 등을 주식교환의 날 1개월 전에 공고하고, 주주명부에 기재된 주주와 질권자에 대해서는 개별적으로 그 통지를 하여야 한다(상법 제360조의8 제1항).

(3) 완전모회사의 자본금 증가의 한도액

완전모회사가 되는 회사의 자본금은 주식교환의 날에 완전자회사가 되는 회사에 현존하는 순자산액에서 ① 완전자회사가 되는 회사의 주주에게 지급할 금액과 ② 완전자회사가 되는 회사의 주주에게 이전하는 자기주식의 회계장부가액의 합계액을 공제한 금액을 뺀 금액을 초과하여 증가시킬 수 없다(상법 제360조의7 제1항). 그리고 완전모회사가 되는 회사가 주식교환 이전에 완전자회사가 되는 회사의 주식을 이미 소유하고 있는 경우에는 완전모회사가 되는 회사의 자본금은 주식교환의 날에 완전자회사가 되는 회사에 현존하는 순자산액에 그 회사의 발행주식 총수에 대한 주식교환으로 인하여 완전모회사가 되는 회사에 이전하는 주식의 수의 비율을 곱한 금액에서 위의 ①, ②의 금액을 뺀 금액의 한도를 초과하여 이를 증가시킬 수도 없다(동법 제2항).

(4) 간이주식교환 · 소규모주식교환

상법에서는 주식의 포괄적 교환에 있어서도 절차의 간소화를 위하여 간이합병 및 소규모합병과 같은 취지의 간이주식교환제도를 마련하고 있다(상법 제360조의9, 360조의10).

간이주식교환은 완전자회사가 되는 회사의 총주주의 동의가 있거나 그 회사의 발행주식 총수의 100분의 90이상을 완전모회사가 되는 회사가 소유하고 있는 때에는 완전자회사가 되는 주주총회의 승인은 이를 이사회의 승인으로 갈음할 수 있음을 정한 것이고, 소규모주식교환은 완전모회사가 되는 회사가 주식교환을 위하여 발행하는 신주 및 이전하는 자기주식의 총수가 그 회사의 발행주식 총수의 100분의 10을 초과하지 아니하는 경우(단, 완전자회사가 되는 회사의 주주에게 지급할 금액을 정한 경우에 그 금액이 완전모회사가 되는 회사의 최종대차대조표상의 순자산액의 100분의 5를 초과하지 아니 하는 범위)에는 주주총회의 승인을 이사회의 승인으로 갈음할 수 있음을 정한 것이다(2016년 상법일부개정 : 상법 제360조의9 제1항, 제360조의10 제1항). 그러나 완전모회사가 된 회사의 발행주식 총수의 100분의 20이상에 해당하는 주식을 가지는 주주가 이사회의 이러한 뜻의 공고 또는 통지를 한 날로부터 2주 내에 회사에 대하여 서면으로 주식교환에 반대하는 의사를 통지한 경우에는 소규모주식교환은 하지 못한다(상법 제360조의10 제5항).

(5) 완전모회사의 이사 · 감사의 임기

주식교환에 의하여 완전모회사가 되는 회사의 이사 및 감사로서 주식교환 전에 취임한 자는 주식교환계약서에 다른 정함이 있는 경우를 제외하고는 주식교환 후 최초로 도래하는 결산기에 관한 정기총회가 종료하는 때에 퇴임한다(상법 제360조의13).

3. 주식의 포괄적 이전

(1) 의의

주식의 포괄적 이전이란 주식이전에 의하여 완전자회사가 되는 회사의 주주가 소유하는 그 회사의 주식은 주식이전에 의하여 설립하는 완전모회사에 이전하고, 그 완전자회사가 되는 회사의 주주는 그 완전모회사가 주식이전을 위하여 발행하는 주식의 배정을 받음으로써 그 완전모회사의 주주가 되는 제도를 말한다(상법 제360조의15 제2항). 즉, 주식의 포괄적 이전에 의하여 완전모회사를 설립하고 완전자회사가 되는 제도이다(동법 제1항).

(2) 절차

주식의 포괄적 이전에는 자회사가 되는 회사만 존재하고 스스로 완전모회사를 설립하는 것이므로 계약이라는 것이 없고 이하의 사항을 기재한 주식이전계획서를 작성하여 주주총회의 특별결의에 의하여 승인되어야 한다(상법 제360조의16 제1항). 이 경우 주식이전으로 인하여 주식이전에 관련되는 각 회사의 주주의 부담이 가중되는 경우에는 위 주주총회의 특별결의 및 종류주주총회의 결의 외에도 총주주의 동의를 얻어야 한다(동법 제4항). 주식이전에 의하여 완전자회사가 되는 회사는 주주총회의 특별결의에 의해 승인을 받은 때에는 ① 상법 제360조의16 제1항의 규정에 의한 주주총회의 특별결의에서 승인이 있었다는 뜻, ② 1개월을 초과하여 정한 기간 내에 주권을 회사에 제출하여야 한다는 뜻, ③ 주식이전의 날에 주권이 무효가 된다는 뜻 등의 사항을 공고하고, 주주명부에 기재된 주주와 질권자에 대하여 각각 그 통지를 하여야 한다(상법 제360조의19 제1항).

가. 주식이전계획서 작성 및 공시

주주총회의 승인을 받아야 할 주식이전계획서에 기재할 사항으로는 ① 설립하는 완전모회사의 정관의 규정, ② 설립하는 완전모회사가 주식이전에 있어서 발행하는 주식의 종류와 수 및 완전자회사가 되는 회사의 주주에 대한 주식의 배정에 관한 사항, ③ 설립하는 완전모회사의 자본금 및 자본준비금에 관한 사항, ④ 완전자회사가 되는 회사의 주주에 대하여 지급할 금액을 정한 때에는 그 규정, ⑤ 주식이전을 할 시기, ⑥ 완전자회사가 되는 회사가 주식이전의 날까지 이익배당을 할 때에는 그 한도액, ⑦ 설립하는 완전모회사의 이사와 감사 또는 감사위원회의 위원의 성명 및 주민등록번호, ⑧ 회사가 공동으로 주식이전에 의하여 완전모회사를 설립하는 때에는 그 뜻 등이 있다(상법 360조의16 제1항 제1호 내지 제8호).

이사는 주식의 포괄적 이전에 의한 완전모회사의 설립을 결의할 주주총회의 회일의 2주전부터 주식이전의 날 이후 6월을 경과하는 날까지 ① 주식이전계획서, ② 완전자회사가 되는 회사의 주주에 대한 주식의 배정에 관하여 그 이유를 기재한 서면, ③ 승인결의를 위한 주주총회의 회일전 6개월 이내의 날에 작성한 완전자회사가 되는 회사의 최종 대차대조표 및 손익계산서 등의 서류를 본점에 비치하여야 하고, 주주는 영업시간 내에 이의 열람 또는 등사를 청구할 수 있다(상법 제360조의17 제1항, 제2항, 제391조의3 제3항).

나. 주권의 실효절차, 주식이전에 의한 등기 및 효력발생시기

주식이전에 의하여 완전자회사가 되는 회사는 주주총회의 주식이전 승인결의가 있었다는 뜻, 1월을 초과하여 정한 기간내에 주권을 회사에 제출하여야 한다는 뜻, 주식이전의 날에 주권이 무효가 된다는 뜻을 담은 내용을 공고하고, 주주명부에 기재된 주주와 질권자에 대하여 따로 따로 그 통지를 하여야 한다(상법 제260조의19 제1한 및 제2항).

주식이전을 한 때에는 설립한 완전모회사의 본점의 소재지에서는 2주내에, 지점의 소재지에서는 3주내에 회사설립에 관한 사항을 등기해야 한다. 그리고 이 등기가 완료된 날로부터 주식이전의 효력은 발생하게 된다(동법 제360조의20, 제317조 제2항, 제360조의21).

(3) 완전모회사의 자본금 한도액

주식이전에 있어서도 주식교환에 있어서처럼 상법은 설립하는 완전모회사의 자본금은 주식이전의 날에 완전자회사가 되는 회사에 현존하는 순자산액에서 그 회사의 주주에게 지급할 금액을 뺀 액을 초과하지 못하도록 완전모회사의 자본금의 한도액을 설정하였다(상법 제360조의18).

4. 주식교환 및 이전의 무효의 소

상법은 주식교환 및 이전의 무효는 각 회사의 주주, 이사, 감사, 감사위원회의 위원 또는 청산인에 한하여 주식교환 및 이전의 날부터 6개월 내에 소만으로 이를 주장할 수 있는 것으로 하였다(상법 제360조14 제1항, 제360조의23 제1항). 이 소송은 완전모회사가 되는 회사의 본점소재지의 지방법원의 관할에 전속하고, 주식교환 및 이전을 무효로 하는 판결이 확정된 때에는 주식교환의 경우는 완전모회사가 된 회사는 주식교환을 위하여 발행한 신주 또는 이전한 자기주식의 주주에 대하여 그가 소유하였던 완전자회사가 된 회사의 주식을 이전하여야 하며(상법 제360조14 제2항 및 제3항 : 2015년 동조개정), 주식이전의 경우는 완전모회사가 된 회사는 주식이전을 위하여 발행한 주식의 주주에 대하여 그가 소유하였던 완전자회사가 된 회사의 주식을 이전하여야 한다(제360조의23 제2항 및 제3항).

제12절 회사의 해산 · 계속 · 청산

1. 회사의 해산

(1) 해산원칙

회사의 해산이란 회사의 법인격의 소멸을 가져오는 원인이 되는 법률사실을 말한다. 주식회사는 ① 존립기간의 만료 기타 정관으로 정한 사유의 발생, ② 회사의 합병 및 파산, ③ 법원의 명령 또는 판결, ④ 주주총회의 결의, ⑤ 소수주주의 해산청구에 의한 해산판결, ⑥ 상법 제530조의 2의 규정에 의한 회사의 분할 또는 분할합병 등의 해산사유가 발생되면 주주총회의 특별결의에 의한 해산결의를 하여야 한다(상법 제517조, 제227조 제1호, 제4호 내지 제6호, 제250조, 제520조, 제518조).

(2) 해산의 공시

회사가 파산하는 경우를 제외하고 해산한 때에는 이사는 지체 없이 주주에 대하여 그 통지를 하고 무기명주권을 발행한 경우에는 이를 공고하여야 한다(상법 제521조). 그리고 해산사유가 있는 날로부터 본점소재지에서는 2주간 내에 지점소재지에서는 3주간 내에 해산등기를 하여야 한다(상법 제228조).

(3) 휴면회사의 해산

회사가 영업활동을 사실상 폐지하고 있으면서 오랫동안 변경등기 등, 등기한 사실이 없고, 또한 해산과 청산의 절차도 밟지 아니하고 등기부에만 존속하고 있는 회사를 휴면회사라 부른다. 휴면회사를 방치하면 회사를 새로 설립하려는 사람들에 대하여 상호선정의 자유를 제약하게 되고, 또한 거래의 안전을 해하게 되므로 이러한 휴면회사는 법적으로 정리의 대상이 되는 것이다.

상법은 휴면회사의 등기부를 폐쇄에 관한 법적정리 수순에 대하여 다음과 같이 정하고 있다. 즉, ① 최후의 등기 후 5년을 경과한 회사는 본점의 소재지를 관할하는 법원에 아직 영업을 폐지하지 아니하였다는 뜻의 신고를 할 것을 법원행정처장이 관보로써 공고한 경우에 그 공고한 날에 이미 최후의 등기 후 5년을 경과한 회사로서 공고한 날로부터 2개월 이내에 신고를 하지 아니한 때에는 그 회사는 신고기간이 만료된 때에 해산한 것으로 본다. 그러나 그 기간 내에 등기를 한 회사에 대하여는 계속할 의사가 있는 것으로 보아 예외로 한다(상법 제520조의2 제1항). ② 위 ①의 공고가 있는 때에는 법원은 해당 회사에 대하여 그 공고가 있었다는 뜻의 통지를 발송하여야 한다(동법 제2항). ③ 위의 ①에 의하여 해산한 것으로 본 회사는 해산의제일로부터 3년 이내에 주주총회의 특별결의에 의하여 회사를 계속할 수 있다(동법 제3항). ④ 해산이 의제된 휴면회사가 위의 ③에 의하여 회사를 계속하지 아니하는 경우에는 그 회사는 3년이 경과한 때에 회사의 청산이 종결된 것으로 본다(동법 제4항). 따라서 이하에서 설명하는 청산절차의 번거러움을 회피할 목적에서 특히 소규모회사의 청산실무에서는 이러한 법적제도를 많이 이용하는 것을 볼 수 있다.

2. 회사의 계속

회사가 존립기간의 만료, 기타 정관에 정한 사유의 발생 또는 주주총회의 결의에 의하여 해산한 경우에도 이하에서 설명하는 청산이 종결되기 전에는 언제라도 주주총회의 결의로 회사를 계속할 수 있다(상법 제519조).

3. 회사의 청산

회사가 해산한 때에는 청산단계에 들어간다. 그리고 회사의 권리능력은 청산의 목적범위 내에서 인정한다. 회사가 해산한 때에는 합병, 분할, 분할합병, 파산의 경우를 제외하고 정관의 정함이나 주주총회의 특별한 결의가 없음을 전제로 이사가 청산인이 된다(상법 제531조 제1항). 청산회사는 영업능력이 없으므로 영업활동을 전제로 하는 상법의 제반규정은 적용되지 아니한다.

(1) 청산인

청산회사에서는 주주총회나 감사는 그대로 존속하나, 이사는 그 지위를 잃고 청산인이 이에 갈음하여 청산사무를 담당한다. 청산인은 그 전원으로 회사의 사무집행기관인 청산인회를 구성하고 대표청산인을 정하여야 하고, 청산인회는 청산사무에 관한 의사를 결정하고 그 집행은 대표청산인이 하게 한다(상법 제542조 제2항).

(2) 청산사무

상법상 정해진 청산사무는 다음과 같다. 즉, ① 현존사무의 종결, ② 채권의 추심과 채무의 변제, ③ 재산의 환가처분, ④ 잔여재산의 분배 등이다(상법 제542조 제1항).

청산인은 상기한 주된 청산사무에 부수하여 다음과 같은 사무를 집행하여야 한다. 즉, ① 법원에 대한 해산사유 등의 신고, ② 회사재산의 조사보고, ③ 주주총회의 소집, ④ 대차대조표 · 사무보고서의 작성 · 제출 · 공고, ⑤ 제반서류를 비치 등을 하여야 한다(상법 제532조 내지 제534조, 542조). 이러한 청산사무가 종결한 때에는 청산인은 지체 없이 결산보고서를 작성하여 주주총회에 제출하고 승인을 얻어야 하며, 청산종결의 등기를 법정기간 내에 하여야 한다(상법 제540조, 제542조 제1항, 제264조).

그리고 법원은 청산인, 기타 이해관계인의 청구에 의하여 장부의 보존인과 보존 방법에 관하여 정하여야 하는데, 보존인으로 정해지는 자는 영업과 청산에 관한 중요한 서류는 종결등기 후 10년간, 전표 또는 이와 유사한 서류는 5년간 이를 보존하여야 할 의무를 부담한다(상법 제541조 제1항, 제2항).

제13절 상장회사에 대한 특례

1. 서설

본 절의 상장회사에 대한 특례조항은 「자본시장과 금융투자업에 관한 법률(이하, '자본시장법'이라 함」(법률 제8635호, 2007.8.3. 공포)이 2009년 2월 4일부터 전격시행하게 됨에 따라, 폐지가 예정된 「증권거래법」상의 상장법인의 지배구조에 관한 규정을 상법 회사편에 포함시키는 조치의 일환으로 2009년 1월31일 개정상법(법률 제9362호)을 통하여 상법에 편재하게 된 것이다. 이에 관한 입법취지로는 법적용의 계속성을 유지하고 회사법제의 완결성을 추구하고자 한 것으로 설명되고 있으며, 이하에서 설명하는 바와 같이 8가지의 주요 내용을 구성요소로 하고 있다.

2. 적용범위

상장회사에 대한 상법의 특례조항의 적용범위에 관하여는 대통령령으로 정하는 증권시장(증권의 매매를 위하여 개설된 시장)에 상장된 주권을 발행한 주식회사(상장회사)에 대하여 적용하는 것으로 하되, 집합투자(2인 이상에세 투자권유를 하여 모은 금전이나 그 밖의 재산적 가치가 있는 재산을 취득 · 처분, 그 밖의 방법으로 운용하고 그 결과를 투자자에게 배분하여 귀속시키는 것)를 수행하기 위한 기구로서 대통령령으로 정하는 주식회사는 적용에서 배제되고, 상법 회사편의 주식회사에 관한 제반규정에 우선하는 것으로 하였다(상법 제542조의2 제1항, 제2항).

3. 주식매수선택권에 대한 특칙

상장회사는 정관이 정하는 바에 따라 주주총회의 특별결의로 설립 · 경영과 기술혁신 등에 기여하거나 기여할 수 있는 이사, 감사 또는 피용자에게 주식매수선택권을 부여하는 것 외에도 대통령령으로 정하는 관계 회사의 이사, 감사 또는 피용자에게 주식매수선택권을 부여할 수 있다. 그러나 이 경우 제542조의8 제2항 제5호의 최대주주(의결권 없는 주식을 제외한 발행주식 총수를 기준으로 본인 및 그와 대통령령으로 정하는 특수한 관계에 있는 자(이하 "특수관계인"이라 한다)가 소유하는 주식의 수가 가장 많은 경우 그 본인) 등 대통령령으로 정하는 자에게는 주식매수선택권을 부여할 수는 없다(상법 제542조의3 제1항). 그리고 이 경우 상법 제340조의2 제3항에서 상장회사는 보통회사의 경우 발행주식 총수의 100분의 10을 초과할 수 없다고 정하고 있음에도 불구하고 발행주식 총수의 100분의 20의 범위에서 대통령령으로 정하는 한도까지 주식매수선택권을 부여할 수 있고, 정관으로 정하는 바에 따라 발행주식 총수의 100분의 10의 범위 내에서 대통령령으로 정하는 한도까지 이사회가 당해 회사의 감사 또는 피용자 및 관계 회사의 이사 · 감사 또는 피용자에게 주식매수선택권을 부여는 결의를 할 수 있는데, 이 경우는 주식매수선택권을 부여한 후 처음으로 소집되는 주주총회의 승인을 받아야 한다(동법 제2항, 제3항).

상장회사의 주식매수선택권을 부여받은 자는 제340조의4 제1항에서 주주총회 결의일로부터 2년 이상 재임 또는 재직해야 행사 가능함을 정하고 있음에도 불구하고 대통령령으로 정하는 경우를 제외하고는 주식매수선택권을 부여하기로 한 주주총회 또는 이사회의 결의일로부터 2년 이상 재임하거나 재직하여야 주식매수선택권을 행사할 수 있는 것으로 하였고, 그 밖에 상장회사의 주식매수선택권에 관한 필요한 구체적인 사항은 대통령령으로 정하는 바에 따르는 것으로 하였다(동법 제4항, 제5항).

4. 주주총회의 소집 및 공고에 관한 특칙

상장회사가 주주총회를 소집하는 경우 대통령령으로 정하는 수 이하의 주식을 소유하는 주주에게는 정관으로 정하는 바에 따라 주주총회일의 2주 전에 주주총회를 소집하는 뜻과 회의의 목적사항을 둘 이상의 일간신문에 각각 2회 이상 공고하거나 대통령령으로 정하는 바에 따라 전자적 방법으로 공고함으로써 제363조제1항(각 주주에 대한 직접통지)의 소집통지에 갈음할 수 있도록 하였다(상법 제542조의4 제1항). 이는 상장회사의 경우 주주의 수가 비상장회사보다 현저히 많을 것으로 예상하여 주주총회 소집에 따른 사무처리의 간소화를 기하기 위한 조치인 것으로 파악해 볼 수 있다. 그리고 상장회사가 이사, 감사의 선임에 관한 사항을 목적으로 하는 주주총회를 소집통지 또는 공고하는 경우에는 이사 및 감사 후보자의 성명, 약력, 추천인, 그 밖에 대통령령으로 정하는 후보자에 관한 사항을 통지하거나 공고하도록 하였으며, 사외이사 등의 활동내역과 보수에 관한 사항, 사업개요 등도 대통령령으로 정하는 사항으로 통지 또는 공고하도록 하였다(동법 제2항, 제3항). 그러나 상장회사가 그 사항을 대통령령으로 정하는 방법으로 일반인이 열람할 수 있도록 하는 경우에는 예외가 된다(동법 제3항 단서).

5. 이사 · 감사의 선임방법과 소수주주권에 관한 특칙

상장회사가 주주총회에서 이사 또는 감사를 선임하려는 경우에는 상법 제542조의4 제2항에 따른 주주총회의 소집공공의 방식에 의해서 통지하거나 공고한 후보자 중에서 선임하여야 한다(상법 제542조의5). 상장회사의 소수주주권에 관해서는 먼저 6개월 전부터 계속하여 상장회사 발행주식 총수의 1천분의 15 이상에 해당하는 주식을 보유한 자는 상법 제366조(제542조에서 준용하는 경우를 포함) 및 제467조에 따른 소수주주의 권리[소수주주(발행주식 총수의 100분의 3 이상을 소유하는 주주)의 주주총회 소집청구권 및 회사의 업무 및 재산상태 조사권]를 행사할 수 있게 하였고, 동 의결권 없는 주식을 제외한 발행주식 총수의 1천분의 10(대통령령으로 정하는 상장회사의 경우에는 1천분의 5)이상에 해당하는 주식을 보유한 자는 상법 제363조의2(제542조에서 준용하는 경우를 포함)에 따른 주주의 권리(주주제안권)를 행사할 수 있도록 하였다(상법 제542조의6 제1항, 제2항). 그리고 6개월 전부터 계속하여 상장회사 발행주식 총수의 1만분의 50(대통령령으로 정하는 상장회사의 경우에는 1만분의 25) 이상에 해당하는 주식을 보유한 자는 상법 제385조(제415조에서 준용하는 경우를 포함) 및 제539조에 따른 주주의 권리(이사 및 청산인해임에 대한 총회의 부결처리에 따른 이사 및 청산인의 해임에 관한 사항을 법원에 청구할 수 있는 권리)를 행사할 수 있으며, 동 발행주식 총수의 1만분의 10(대통령령으로 정하는 상장회사의 경우에는 1만분의 5)이상에 해당하는 주식을 보유한 자는 상법 제466조(제542조에서 준용하는 경우를 포함한다)에 따른 주주의 권리(회계장부의 열람권)를 행사할 수 있는 것으로 하였다(동법 제3항, 제4항). 또한 6개월 전부터 계속하여 상장회사 발행주식 총수의 10만분의 50(대통령령으로 정하는 상장회사의 경우에는 10만분의 25) 이상에 해당하는 주식을 보유한 자는 상법 제402조(제542조에서 준용하는 경우를 포함)에 따른 주주의 권리[소수주주(발행주식 총수의 100분의 1 이상을 소유한 주주)의 유지청구권]를 행사할 수 있으며, 동 발행주식 총수의 1만분의 1 이상에 해당하는 주식을 보유한 자는 상법 제403조(동법 제324조, 제415조, 제424조의2, 제467조의2 및 제542조에서 준용하는 경우를 포함)에 따른 주주의 권리[소수주주(발행주식 총수의 100분의 1이상을 소유한 주주)의 주주대표소송]를 행사할 수 있는 것으로 하였다(동법 제5항, 제6항). 이와 더불어 6개월 전부터 계속하여 상장회사 발행주식총수의 1만분의 50 이상에 해당하는 주식을 보유한 자는 제406조의2(제324조, 제408조의9, 제415조 및 제542조에서 준용하는 경우를 포함)에 따른 주주의 권리를 행사할 수 있는 것으로 하였으며, 이상의 소수주주권 행사는 기타 상사회사에 대한 특례규정의 다른 규정에 영향을 받지 않는 것으로 하였다(542조의6 제7항 및 제10항 : 2020년 동법신설).

그리고 회사는 정관으로 이상에서 정한 것보다 단기의 주식 보유기간을 정하거나 낮은 주식 보유비율을 정할 수 있도록 하고, 앞에서 "주식을 보유한 자" 와 이하에서 정리하는 상법 제542조의7 제2항(집중투표에 관한 특칙)에서 "주식을 보유한 자"는 주식을 소유한 자, 주주권 행사에 관한 위임을 받은 자, 2명 이상 주주의 주주권을 공동으로 행사하는 자를 칭하는 것으로 하였다(동법 제8항, 제9항).

6. 집중투표에 관한 특칙

상장회사에 대해서는 상법 제382조의2에 따라 집중투표의 방법으로 이사를 선임할 것을 청구하는 경우에 주주총회일(정기주주총회의 경우에는 직전 연도의 정기주주총회 회일에 해당하는 그 해의 해당일. 이하 상법 제542조의8 제5항에서와 같다)의 6주 전까지 서면 또는 전자문서로 회사에 청구하도록 하였고(비상장회사일 경우는 7일 전까지 서면 또는 전자문서로 청구), 자산 규모 등을 고려하여 대통령령으로 정하는 상장회사(최근 사업연도 말 현재의 자산총액이 2조원 이상인 상장회사)의 의결권 없는 주식을 제외한 발행주식 총수의 100분의 1이상에 해당하는 주식을 보유한 자는 상법 제382조의2에 따라 집중투표의 방법으로 이사를 선임할 것을 청구할 수 있는 것으로 하였다(비상장회사일 경우는 발행주식 총수의 100분의 3이상을 소유한 주주인 경우에 해당)(상법 제542조의7 제1항, 제2항, 동법시행령 제33조).

그리고 위의 상장회사가 정관으로 집중투표를 배제하거나 그 배제된 정관을 변경하려는 경우에는 의결권 없는 주식을 제외한 발행주식 총수의 100분의 3을 초과하는 수의 주식을 가진 주주는 그 초과하는 주식에 관하여 의결권을 행사하지 못하며, 정관에서 이보다 낮은 주식 보유비율을 정할 수는 있는 것으로 하였다(동법 제3항). 또한 상장회사가 주주총회의 목적사항으로 집중투표 배제에 관한 정관변경에 관한 의안을 상정하려는 경우에는 그 밖의 사항의 정관변경에 관한 의안과 별도로 상정하여 의결하여야 하는 것으로 정하는 등, 지배주주의 권한의 범위를 엄격히 제한하였다(동법 제4항).

7. 사외이사의 선임에 관한 특칙

상장회사는 자산 규모 등을 고려하여 대통령령으로 정하는 경우를 제외하고는 이사 총수의 4

분의 1 이상을 사외이사로 하여야 한다(상법 제542조의8 제1항, 동법시행령 제34조 참조). 그러나 자산규모 등을 고려하여 대통령령으로 정하는 상장회사의 사외이사는 3명 이상으로 하되, 이사 총수의 과반수가 되도록 하여야 한다(동법 제1항 단서). 그리고 사외이사의 사임 및 사망 등의 사유로 인하여 사외이사의 수가 위의 구성요건에 미달하게 되면 그 사유가 발생한 후 처음으로 소집되는 주주총회에서 위의 구성요건에 합치되도록 사외이사를 선임하여야 하고, 위 단서조항에 해당되는 상장회사의 경우는 사외이사 후보를 추천하기 위하여 제393조의2의 위원회(사외이사 후보추천위원회)를 설치하여야 하는데, 이 경우의 사외이사 후보추천위원회는 사외이사가 총 위원의 2분의 1 이상이 되도록 구성하는 것으로 하였다(동법 제3항, 제4항). 또한 위 단서조항에 해당되는 상장회사가 주주총회에서 사외이사를 선임하려는 경우에는 사외이사 후보추천위원회의 추천을 받은 자 중에서 선임하여야 하고, 이 경우 사외이사 후보추천위원회가 사외이사 후보를 추천할 때에는 제542조의6 제2항에 따른 주주제안권을 행사할 수 있는 요건을 갖춘 주주가 주주총회일의 6주 전에 추천한 사외이사 후보를 포함시켜야 한다(동법 제5항).

이 밖에도 상장회사의 사외이사는 제382조 제3항 각 호에서 정하는 제한자격조건 외에 아래와 같은 제한자격조건을 추가하여 이에 해당하게 된 경우에는 그 직을 상실하게 된다(상법 제542조의8 제2항). 즉, ① 미성년자, 피성년후견인 또는 피한정후견인, ② 파산선고를 받고 복권되지 아니한 자, ③ 금고 이상의 형을 선고받고 그 집행이 끝나거나 집행이 면제된 후 2년이 지나지 아니한 자, ④ 대통령령으로 별도로 정하는 법률을 위반하여 해임되거나 면직된 후 2년이 지나지 아니한 자, ⑤ 상장회사의 주주로서 의결권 없는 주식을 제외한 발행주식 총수를 기준으로 본인 및 그와 대통령령으로 정하는 특수한 관계에 있는 자(특수관계인)가 소유하는 주식의 수가 가장 많은 경우 그 본인(최대주주) 및 그의 특수관계인, ⑥ 누구의 명의로 하든지 자기의 계산으로 의결권 없는 주식을 제외한 발행주식 총수의 100분의 10 이상의 주식을 소유하거나 이사, 감사의 선임과 해임 등 상장회사의 주요 경영사항에 대하여 사실상의 영향력을 행사하는 주주(주요 주주) 및 그의 배우자와 직계 존속 · 비속, ⑦ 그 밖에 사외이사로서의 직무를 충실하게 수행하기 곤란하거나 상장회사의 경영에 영향을 미칠 수 있는 자로서 대통령령으로 정하는 자 등이다.

8. 주요 주주 등 이해관계자와의 거래 및 거래제한에 관한 특칙

상장회사는 주요 주주 및 그의 특수관계인, 이사(상법 제401조의2 제1항에서 정한 업무집행지시자를 포함), 감사를 상대방으로 하거나 그를 위하여 신용공여(금전 등 경제적 가치가 있는 재산의 대여, 채무이행의 보증, 자금 지원적 성격의 증권 매입, 그 밖에 거래상의 신용위험이 따르는 직접 · 간접적인 거래로서 대통령령으로 정하는 거래)를 하여서는 아니 된다(상법 제542조의9 제1항 제1호 내지 제3호). 이를 위반하여 신용공여를 한 자는 5년 이하의 징역 또는 2억원 이하의 벌금에 처한다(상법 제624조의2). 그러나 ① 복리후생을 위한 이사 또는 감사에 대한 금전대여 등으로서 대통령령으로 정하는 신용공여, ② 다른 법령에서 허용하는 신용공여, ③ 그 밖에 상장회사의 경영건전성을 해칠 우려가 없는 금전대여 등으로서 대통령령으로 정하는 신용공여 등의 경우에는 위의 제한을 받지 아니한다(상법 제542조의9 제2항 제1호 내지 3호, 동법시행령 제35조 참조).

그리고 자산 규모 등을 고려하여 대통령령으로 정하는 상장회사는 최대주주, 그의 특수관계인 및 그 상장회사의 특수관계인으로서 대통령령으로 정하는 자를 상대방으로 하거나 그를 위하여 이하의 거래(상술한 신용공여를 금지하는 거래는 제외)를 하려는 경우에는 이사회의 승인을 받아야 한다. 즉, ① 단일 거래규모가 대통령령으로 정하는 규모 이상인 거래, ② 해당 사업연도 중에 특정인과의 해당 거래를 포함한 거래총액이 대통령령으로 정하는 규모 이상이 되는 경우의 해당 거래 등이며, 이 경우의 상장회사는 이사회에서의 승인결의 후 처음으로 소집되는 정기주주총회에서 해당 거래의 목적, 상대방, 그 밖에 대통령령으로 정하는 사항 등을 보고해야 한다(상법 제542조의9 제3항, 제4항, 동법시행령 제35조 참조).

이처럼 정함에도 불구하고 상장회사가 경영하는 업종을 고려한 일상적인 거래로서 ① 약관에 따라 정형화된 거래로서 대통령령으로 정하는 거래, ② 이사회에서 승인한 거래총액의 범위 안에서 이행하는 거래의 경우는 이사회 별도의 승인이 필요 없고, 특히 위 ②의 경우는 그 거래 내용을 주주총회에 보고하지 아니할 수 있는 것으로 하였다(상법 제542조의9 제5항 제1호 내지 제2호).

9. 상근감사 및 감사위원회에 관한 특칙

대통령령으로 정하는 상장회사는 주주총회 결의에 의하여 회사에 상근하면서 감사업무를 수행하는 감사(상근감사)를 1명 이상 두어야 한다(상법 제542조의10 제1항). 그러나 상법과 다른 법률에 의하여 감사위원회를 설치한 경우(감사위원회 설치 의무가 없는 상장회사가 감사위원회를 설치한 경우를 포함)에는 그러하지 아니한다(동법 단서). 그리고 상근감사의 자격제한사유로 ① 상법 제542조의8 제2항 제1호부터 제4호 및 제6호에 해당하는 자, ② 회사의 상무(常務)에 종사하는 이사 및 피용자 또는 최근 2년 이내에 회사의 상무에 종사한 이사 및 피용자(감사위원회위원으로 재임 중이거나 재임하였던 이사는 제외), ③ 위의 ①과 ②외에 회사의 경영에 영향을 미칠 수 있는 자로서 대통령령으로 정하는 자 등은 상근감사가 되지 못하고, 현직에 있는 경우라도 이에 해당하게 되는 때에는 그 직을 상실하는 것으로 정하였다(상법 제542조의10 제2항 제1호 내지 제3호).

한편, 자산 규모 등을 고려하여 대통령령으로 정하는 상장회사는 감사위원회를 설치하여야 하는데, 이 경우 감사위원회는 상법 제415조의2 제2항의 요건 외에도 ① 위원 중 1명 이상은 대통령령으로 정하는 회계 또는 재무 전문가일 것과 ② 감사위원회의 대표는 사외이사일 것 등의 추가적인 요건을 갖추도록 하였다(상법 제542조의11 제1항, 상법시행령 제37조 참조, 제542조의11 제

2항 제1호, 제2호). 이러한 상근감사의 자격제한사유에 해당되는 자는 사외이사가 아닌 감사위원회위원이 될 수 없고, 현직에 있는 경우라도 이에 해당되는 때에는 그 직을 상실하게 된다(상법 제542조의11 제3항). 그리고 상장회사는 감사위원회위원인 사외이사의 사임 및 사망 등의 사유로 인하여 사외이사의 수가 법정된 감사위원회의 구성요건에 미달하게 되면 그 사유가 발생한 후 처음으로 소집되는 주주총회에서 그 요건에 합치되도록 해야 한다(상법 제542조의11 제4항).

10. 감사위원회의 구성 등에 관한 특칙

자산 규모 등을 고려하여 대통령령으로 정하는 상장회사의 경우는 제393조의2(이사회가 이사회 내의 각종 위원회를 설치할 수 있는 권한)의 정함에도 불구하고 감사위원회위원을 선임하거나 해임하는 권한은 주주총회에 있으며, 주주총회에서는 이사를 선임한 후 선임된 이사 중에서 감사위원회위원을 선임해야 한다(상법 제542조의12 제1항, 제2항). 다만, 감사위원회위원 중 1명(정관으로 2명이상으로 정할 수 있으며, 정관으로 정한 경우에는 그에 따른 인원으로 함)은 주주총회 결의로 다른 이사들과 분리하여 감사위원회위원이 되는 이사로 선임해야 한다(동법 단서 : 2020년 동법개정). 감사위원회위원은 주주총회의 특별결의로 해임할 수 있는데, 앞서 이사와 분리하여 선임된 감사위원회위원의 경우는 그 결의에 의해 이사와 감사위원회위원의 지위를 모두 상실하게 된다(상법 제542조의12 제3항 : 2020년 동법개정).

주주총회에서 감사위원회위원을 선임 · 해임 할 때에는 상장회사의 의결권이 없는 주식을 제외한 발행주식 총수의 100분의 3(정관으로 이보다 더 낮은 주식 보유비율로 정할 수 있으며, 이 경우는 그 보유비율을 따름)을 초과하는 수의 주식을 가진 주주(최대주주인 경우에는 사외이사가 아닌 감사위원회위원을 선임 또는 해임할 때에 그의 특수관계인, 그 밖에 대통령령으로 정하는 자가 소유하는 주식을 합산함)는 그 초과하는 주식에 관하여 의결권을 행사할 수 없는데, 이는 상장회사가 감사를 선임하거나 해임하는 경우에 있어서도 준용된다(상법 제542조의12 제4항, 제7항 : 2020년 동법개정 및 신설). 그리고 회사가 이사의 결의로 전자적 방법으로 의결권을 행사하도록 한 경우에는 보통결의에 준하는 의결권행사가 적용되지만, 이 경우는 출석한 주주의 의결권 과반수 결의만으로 감사위원회위원을 선임할 수 있다(상법 제542조의12 제8항 : 2020년 동법신설, 상법 제368조의4 제1항, 제368조 제1항).

또한 상장회사가 주주총회의 목적사항으로 감사의 선임 또는 감사의 보수결정을 위한 의안을 상정하려는 경우에는 이사의 선임 또는 이사의 보수결정을 위한 의안과는 별도로 상정하여 의결하여야 하고, 상장회사의 감사 또는 감사위원회는 상법 제447조의4 제1항(서류를 받은 날로부터 4주간 내에 감사보고서를 이사에게 제출하게 한 규정)의 정함에도 불구하고 이사에게 감사보고서를 주주총회일의 1주 전까지 제출할 수 있도록 정하였다(상법 제542조의12 제5항, 제6항).

주) 상장회사에 대한 특례조항 중 준법통제기준 및 준법지원인에 관한 상법 제542조의13은 본서 회사편 · 기관에서 정리하였음에 본절에서는 생략함.

[논술문제 예시]

1. 주식회사의 지배구조(기관)에 관하여 설명
2. 주주총회의 기능과 소수주주(스튜어드십코드 포함)의 역할에 관하여 설명
3. 주식회사의 경영기관 및 감사기관에 관하여 설명
4. 주식회사의 설립방법과 정관의 기재사항에 관하여 설명
5. 주식회사의 자본조달에 관하여 설명

제4장 합명회사

제1절 총설

1. 의의

합명회사(合名會社: partnership)는 2인 이상의 무한책임사원으로 조직되는 회사이며 그 사원은 회사에 대하여 출자의무를 부담할 뿐만 아니라 대외적으로 회사채권자에 대해서도 회사채무에 관하여 직접 · 연대 · 무한의 책임을 부담하고 정관에 다른 정함이 없는 한 각자 회사의 업무를 집행하는 대표행위를 하는 권한을 가진다.

합명회사는 사원들로 직접 경영기관이 구성되며, 따라서 기업의 소유와 경영이 일치하고 사원의 개성과 신용이 중시되므로 전형적인 인적회사이다.

2. 합명회사의 설립

합명회사는 2인 이상의 사원이 공동으로 정관을 작성하고 설립등기를 함으로써 성립한다(상법 제178조, 제172조, 제180조).

(1) 정관의 작성

합명회사의 설립에는 정관의 작성을 하여야 하나 공증인의 인증은 필요 없다(상법 제178조).

1) 절대적 기재사항

정관에는 다음 사항을 기재하고 총사원이 기명날인 또는 서명하여야 한다. 즉, ① 목적, ② 상호, ③ 사원의 성명 · 주민등록번호 및 주소, ④ 사원의 출자의 목적과 그 가격 또는 평가의 표준, ⑤ 본점과 지점의 소재지, ⑥ 정관의 작성년월일 등이다(상법 제179조). 이러한 절대적 기재사항이 하나라도 누락되면 회사의 성립은 불가하게 된다.

2) 상대적 기재사항

정관에 기재하여야 효력이 있는 것으로는 다음과 같은 것이 있다. ① 사원의 업무집행의 제한

(상법 제200조), ② 대표사원의 결정(상법 제207조), ③ 공동대표의 결정(상법 제208조), ④ 회사의 존립기간(상법 제217조 제1항), ⑤ 사원의 퇴사사유(상법 제218조), ⑥ 퇴사사원의 지분환급의 제한(상법 제222조), ⑦ 회사의 해산사유(상법 제227조), ⑧ 임의청산(상법 제247) 등이다.

3) 임의적 기재사항

절대적 또는 상대적 기재사항 이외에도 필요에 따라 합명회사의 본질과 강행법규에 반하지 않는 범위 내에서 정관에 규정을 둘 수 있는데, 이를 임의적 기재사항이라 한다(예: 사원총회, 감사제도 등).

(2) 설립등기

합명회사는 본점소재지에서 설립등기를 함으로써 성립하며, 총사원의 공동신청으로 상법 제180조의 게기된 다음의 사항을 등기 하여야 한다(상법 제172조). 즉, ① 목적, ② 상호, ③ 사원의 성명 및 주민등록번호와 주소, ④ 본점의 소재지, ⑤ 지점을 둔 때에는 그 지점의 소재지(다만, 회사의 대표사원을 정한 때에는 그 외의 사원의 주소는 제외), ⑥ 사원의 출자의 목적, 재산출자에는 그 가격과 이행한 부분, ⑦ 존립기간 기타 해산사유를 정한 때에는 그 기간 또는 사유, ⑧ 회사를 대표할 사원을 정한 경우에는 그 성명, 주소, 주민등록번호, ⑨ 수인의 사원이 공동으로 회사를 대표할 것을 정한 때에는 그 규정 등이다(상법 제180조 제1호 내지 제6호). 특히 하명회사의 경우는 지점설치의 등기와 본점 · 지점의 이전등기에 관해서는 상법 제181조 및 제182조의 특별규정을 두고 있으며, 등기사항에 변경이 있으면 본점의 소재지에서는 2주 내에, 지점의 소재지에서는 3주 내에 변경등기를 하는 것으로 하였다(상법 제183조).

(3) 설립의 하자

합명회사의 설립절차에 하자가 있는 경우에는 회사의 설립이 무효로 되는 것은 물론이나, 특정사원의 설립행위에 하자가 있는 경우에도 회사설립 자체의 무효 또는 취소의 원인이 된다. 즉, 설립무효의 원인으로는 정관의 절대적 기재사항의 불기재나 무효기재 같은 객관적인 하자가 있는 경우와 사원의 심신상실로 인한 등의 주관적인 하자가 있는 경우가 있다. 그리고 설립취소의 원인으로서는 무능력자가 능력의 보충 없이 설립에 참가하거나 착오, 사기, 강박 등의 행위로 인한 주관적인 하자가 있는 경우가 이에 속한다.

회사설립의 무효는 그 사원에 한하여, 설립의 취소는 그 취소권이 있는 자에 한하여 회사성립일로부터 2년 내에 소(설립무효의 소, 서립취소의 소)만으로 이를 주장할 수 있다(상법 제184조).

(4) 법원의 판결

위의 소가 제기되면 회사는 이를 공고하여야 하고, 법원은 이를 심리하여 설립의 무효는 취소하는 것이 부적당하다고 인정한 때에도 이 청구를 기각할 수 있으며, 설립의 무효 또는 취소의 청구를 인용한 때에는 그 판결의 효력은 소송당사자뿐만 아니라 제3자에게도 미치나 소급효는 인정되지 아니한다(상법 제187조, 제189조, 제190조).

원고가 패소한 경우에는 판결의 효력은 당사자 간에만 미치며, 이 경우에 원고에 악의 또는 중대한 과실이 있는 때에는 회사에 대하여 연대하여 손해배상책임을 진다(상법 제191조). 설립무효 또는 취소의 판결이 확정되면 등기하여야 하고, 해산의 경우에 준하여 청산을 하여야 한다(상법 제192조, 제193조).

제2절 내부관계

1. 서설

합명회사의 내부관계는 회사와 사원과의 관계 및 사원 상호간의 관계를 말하며 이에 대하여는 자치에 일임하고 있다. 내부관계에 관하여는 정관 또는 상법에 다른 규정이 없으면 조합에 관한 민법의 규정이 준용된다(상법 제195조).

2. 출자

(1) 의의

출자란 사원이 사원자격에서 회사에 대하여 사업목적을 달성하기 위한 수단으로서 금전 기타 재산, 노무 또는 신용을 제공하는 것을 말한다.

(2) 출자의무의 발생과 이행

출자의무는 사원자격에 대한 의무이므로 회사설립 또는 입사와 같은 사원자격의 취득과 동시에 발생하고, 출자의 이행은 정관에 정한 그 시기와 과정에 따르며, 이러한 정함이 없으면 보통 업무집행의 방법에 의하여 자유로이 정할 수 있다. 출자의무의 불이행에 대한 효과, 출자목적물에 관한 위험부담 및 담보책임 등은 민법의 규정에 따른다(민법 제567조, 제580조, 제537조).

3. 지분

(1) 사원권

사원은 사원의 자격에서 회사에 대하여 여러 가지 권리(자익권, 공익권)를 가지며의무를 부담하게 되는데, 이러한 권리와 의무의 기초가 되는 사원의 법률상의 지위를 사원권이라 한다.

(2) 지분

지분에는 두 가지 의미가 있다. 하나는 사원의 지위 또는 이것으로부터 발생하는 권리와 의무의 총체(사원권)를 말하고, 또 다른 하나는 사원이 회사재산에 대하여 가지는 몫을 표시하는 계산상의 수액을 의미한다. 사원의 지분은 다른 사원의 동의를 얻은 때에는 그 전부 또는 일부를 타인에게 양도할 수 있다(상법 제197조). 지분의 입질에 관하여는 명문의 규정은 없으나 사원권은 재산적 가치가 있는 권리로서 권리질의 목적이 된다고 볼 수 있다. 그러므로 회사의 채권자는 그 지분을 압류할 수 있으며, 정관으로 상속인의 사원지위승계를 정한 경우에는 지분도 상속될 수 있는 것이다.

4. 업무집행

(1) 의의

합명회사의 각 사원은 정관에 다른 규정이 없는 때에는 회사의 업무를 집행할 권리와 의무가 있다(상법 제200조). 업무집행이란 회사사업의 경영을 위하여 사무를 집행함을 말한다. 이에는 계약체결 등의 법률행위뿐만 아니라 상품관리 등의 사실행위도 포함된다.

(2) 업무집행기관

합명회사는 사원자격과 기관자격이 일치하고 기업의 소유와 경영이 일치하므로 정관에 다른 규정이 없으면 사원 전원이 업무집행기관이다. 다만 정관으로 사원 중 1인 또는 수인만을 업무집행사원으로 정할 수 있다.

(3) 업무집행의 방법

업무집행의 방법에 관하여 정관 또는 상법에 규정이 있으면 그에 의하고, 아무런 규정이 없는 때는 총사원의 과반수로서 결정하며, 업무집행사원을 정한 때는 이들의 과반수로 결정한다(상법 제195조, 민법 제706조 제2항). 결정된 의사의 실행은 각 업무집행사원이 단독으로 할 수 있다. 업무집행에 관한 사원의 행위에 대하여 다른 사원의 이의제기가 있는 때에는 곧 그 행위를 중지하고 업무집행사원의 과반수 결의에 의하여야 결정한다(상법 제200조, 제201조).

(4) 업무집행의 감시

업무집행권이 없는 사원도 무한책임을 부담함으로 회사의 업무와 재산상태를 언제든지 검시할 수 있다(상법 제195조, 민법 제710조). 이것을 업무집행의 감시권이라 한다.

5. 정관의 변경

정관의 변경은 합명회사의 본질이나 강행법규에 반하지 않는 한 자유로이 변경할 수 있다. 이 경우에는 총사원의 동의를 요한다(상법 제204조). 그러나 예를 들어 사원의 사망 등의 사실의 변경으로 인한 정관변경에는 총사원의 동의가 필요 없다.

6. 사원의 경업금지의무와 자기거래의 제한

(1) 사원의 경업금지의무

각 사원은 원칙으로 다른 사원의 동의가 없으면 자기 또는 제3자의 계산으로 회사의 영업부류에 속하는 거래를 못하며, 동종영업을 목적으로 하는 다른 회사의 무한책임사원 또는 이사가 되지 못한다. 이는 각 사원이 회사의 기밀을 잘 알고 있으므로 경업적인 활동에 의하여 회사의 희생으로 개인적인 이익을 추구하는 것을 방지하기 위한 것이다. 사원이 이에 위반한 때에는 손해배상청구를 할 수 있고, 또한 다른 사원의 과반수 결의에 의해 개입권을 행사할 수가 있다(상법 제198조).

(2) 사원의 자기거래 제한(사원과 회사 간의 거래)

사원은 자기 또는 제3자의 계산으로 회사와 거래를 함에 있어서는 다른 사원의 과반수 결의가 있어야 한다(상법 제199조). 이는 회사와의 이익충돌을 피하기 위한 것이다. 사원이 자기거래의 제한에 위반 한때에는 회사에 대하여 그로 인한 손해를 배상할 책임이 있다(상법 제198조).

7. 회사의 계산

합명회사의 이익은 대차대조표상의 순재산이 사원의 출자재산의 총액(자본)을 초과하는 금액이고, 이에 반하여 순새산이 지본액에 달하지 못한 그 부족액이 손실이다. 이 경우 노무 또는 신용의 출지의 평가액은 손익의 계산에는 산입하지 아니한다. 손익분배의 표준은 정관에 정한 바에 따르나 규정이 없는 때에는 각 사원의 출자액에 비례하여 정하고, 이익 또는 손실에 대하여 분배비율을 정한 때에는 그 비율은 이익과 손실에 공통되는 것으로 추정한다(상법 제195조, 민법 제711조). 손실분배의 시기는 정관의 정함에 따르며 영업연도 말에 손익분배를 하게 된다. 합명회사의 계산에 있어서는 주식회사와 유한회사에서와 같은 자본충실을 위한 법적간섭이 없으며, 법정준비금의 제도도 없다.

제3절 외부관계

1. 서설

합명회사의 외부관계라 함은 회사와 제3자와의 관계, 사원과 제3자와의 관계를 말한다. 외부관계에 관한 규정은 원칙상 강행규정으로 설계되어 있다. 따라서 정관의 규정 또는 총사원의 동의에 의하여도 이를 변경하지 못한다. 이는 회사의 채권자와 기타 회사와의 이해관계에 있는 제3자를 보호할 목적에서 마련된 때문이다.

2. 회사의 대표

(1) 대표기관

회사의 대외적 활동을 담당하는 기관을 대표기관이라 한다. 합명회사의 대표기관은 업무집행사원으로 구성된다. 따라서 업무집행권이 없는 사원은 대표권이 없다. 정관으로 업무집행사원을 정하지 아니한 때에는 각자 단독으로 회사를 대표하고, 수인의 업무집행사원을 정한 경우에는 각 업무집행사원만이 회사를 대표한다. 또한 회사는 정관 또는 총사원의 동의로 수인의 사원이 공동으로 회사를 대표할 공동대표를 정할 수도 있다(상법 제207조, 제208조 제1항).

(2) 대표기관의 권한

회사를 대표할 권한이 있는 사원은 회사의 영업에 관하여 재판상 또는 재판외의 모든 행위를 할 권한을 가진다(상법 제209조 제1항). 이 권한에 대하여 정관 또는 총사원의 동의로 제한한 때에도 선의의 제3자에 대하여는 대항하지 못한다(상법 제209조 제2항).

(3) 회사와 사원간의 소에 관한 회사대표

회사가 사원에 대하여 또는 사원이 회사에 대하여 소를 제기하는 경우에 회사를 대표할 사원이 없을 때에는 다른 사원의 과반수 결의로 임시 대표자를 선정하여야 한다(상법 제211조).

3. 사원의 책임

(1) 책임

사원의 책임은 출자의무와 구별된다. 사원의 책임은 회사채권자에 대하여 회사의 재산으로써 회사의 채무를 완제할 수 없는 경우에 회사채권자에 대하여 연대하여 변제할 책임이 있다(상법 제212조 제1항). 이 책임의 성질은 회사채무의 발생과 동시에 성립하고 인적, 무한, 연대, 직접의 책임이다. 즉, 자기의 재산으로 회사채무 전부를 사원 각자가 독립하여 회사채권자에게 직접 변제할 책임을 말한다.

(2) 책임부담자

합명회사원은 업무집행권과 회사대표권의 유무, 출자의 종류를 불문하고 사원전원이 회사의 채무불이행에 관한 책임을 부담한다. 회사성립 후에 가입한 사원도 그 가입 전에 생긴 회사의 채무에 대하여 이행책임을 진다(상법 제213조).

제4절 입사와 퇴사

1. 입사(入社)

(1) 의의

입사란 회사성립 후 사원의 자격을 원시적으로 취득하는 것을 말한다. 예를 들어 지분양도 및 양수, 상속 등으로 기존의 사원의 지위를 승계하여 사원자격을 취득하는 경우는 승계적 입사로 여기서 말하는 입사에는 해당하지 않는다.

(2) 절차

입사행위는 입사하는 자와 회사 간의 합의에 의하여 효과가 생기는 계약으로써 입사는 정관의 변경을 가져오므로 총사원의 동의가 있어야 하고, 이것은 또한 등기사항 변경을 가져오므로 등기를 하여야 한다(상법 제183조).

2. 퇴사(退社)

정관으로 회사의 존립기간을 정하지 아니하거나 어느 사원의 종신까지 존속할 것을 정한 때에는 사원은 영업년도말에 한하여 퇴사할 수 있는데, 이 경우는 6월전에 예고하여야 한다. 그러나 사원이 부득이한 사유가 있을 때에는 언제든지 퇴사할 수 있다(상법 제217조 제1항 및 제2항).

사원의 퇴사원인으로는 ① 정관에 정한 사유의 발생, ② 총사원의 동의, ③ 사망, ④ 성년후견개시, ⑤ 파산, ⑥ 제명 등이 있다(상법 제218조 제1호 내지 제6호 : 2018년 동조 전문개정). 정관으로 사원이 사망한 경우에 그 상속인이 회사에 대한 피상속인의 권리의무를 승계하여 사원이 될 수 있음을 정한 때에는 상속인은 상속의 개시를 안 날로부터 3월내에 회사에 대하여 승계 또는 포기의 통지를 발송해야 하는데, 상속인이 그 통지를 발송하지 않고 3월을 경과한 때에는 사원이 될 권리를 포기한 것으로 본다(상법 제219조 제1항 및 제2항). 그리고 사원이 출자의 의무를 이행하지 아니한 때, 사원은 다른 사원의 동의가 없으면 자기 또는 제3자의 계산으로 회사의 영업부류에 속하는 거래를 하지 못하며 동종영업을 목적으로 하는 다른 회사의 무한책임사원 또는 이사가 되지 못하는 것으로 정한 상법 제198조제1항의 규정에 위반한 행위가 있는 때, 회사의 업무집행 또는 대표에 관하여 부정한 행위가 있는 때 권한 없이 업무를 집행하거나 회사를 대표한 때, 기타 중요한 사유가 있는 때에는 회사는 다른 사원 과반수의 결의에 의하여 그 사원의 제명의 선고를 법원에 청구할 수 있다(상법 제220조). 이 경우 제명된 사원과 회사와의 계산은 제명의 소를 제기한 때의 회사재산의 상태에 따라서 하며 그 때부터 법정이자를 붙여야 한다(동법 제221조).

(1) 지분의 환급 및 압류, 압류채권자에 의한 퇴사청구

퇴사한 사원은 노무 또는 신용으로 출자의 목적으로 한 경우에도 그 지분의 환급을 받을 수 있으나, 정관에 다른 규정이 있는 때에는 그러하지 아니한다(상법 제222조). 그리고 사원의 지분의 압류는 사원이 장래이익의 배당과 지분의 환급을 청구하는 권리에 대하여도 그 효력이 있다(동법 제223조). 사원의 지분을 압류한 채권자는 영업년도말에 그 사원을 퇴사시킬 수 있는데, 이 경우는 회사와 그 사원에 대하여 6월전에 그 예고를 하여야 한다. 이때의 예고는 사원이 변제를 하거나 상당한 담보를 제공한 때에는 그 효력을 잃는다(동법 제224조 제1항 및 제2항).

(2) 퇴사 사원의 책임과 상호변경청구권

퇴사한 사원은 본점소재지에서 퇴사등기를 하기 전에 생긴 회사채무에 대하여는 등기 후 2년 내에는 다른 사원과 동일한 책임이 있고, 이는 지분을 양도한 사원도 준용된다(상법 제255조 제1항 및 제2항). 그리고 퇴사한 사원의 성명이 회사의 상호 중에 사용된 경우에는 그 사원은 회사에 대하여 그 사용의 폐지를 청구할 수 있도록 하고 있다(동법 제225조 제1항 및 제2항, 제226조).

제5절 합병과 조직변경

1. 합병(合倂)

(1) 합병의 절차

합명회사는 어떠한 종류의 회사와도 합병을 할 수 있다. 합병을 함에 있어서는 총사원의 동의가 있어야 하고, 요식의 합병계약서는 합병 후의 존속회사 또는 신설회사가 주식회사인 경우에 총사원의 동의를 얻어 작성하여야 한다(상법 제230조, 제525조). 그리고 회사의 채권자에게는 이의를 제출할 기회를 주는 등, 채권자보호절차를 거쳐야 한다(상법 제232조).

(2) 합병등기

합병을 한 때에는 본점소재지에서 등기를 하여야 하고, 이 등기에 의하여 합병의 효력이 생긴다(상법 제233조, 제234조).

(3) 합병의 효과

합병의 결과 존속회사 또는 신설회사는 소멸회사의 권리와 의무를 승계한다(상법 제235조).

(4) 합병무효의 소

상법은 합병무효사유가 있는 경우에는 각 회사의 사원, 청산인, 파산관재인 또는 합병을 승인하지 아니한 회사채권자에 한하여 합병등기일로부터 6개월 내에 소만으로 합병무효를 주장할 수 있는 것으로 하고 있다(상법 제236조). 이 경우 제소자는 담보제공을 하는 수가 있으며, 이것은 회사의 해산판결의 경우에서와 같다(상법 제237조, 제176조 제3항, 제4항).

합병무효판결이 확정되면 회사에 따라 각각 변경등기, 회복등기 또는 해산등기를 하여야 한다(상법 제238조). 그리고 합병으로 인한 존속회사 또는 신설회사가 부담한 채무는 합병당사회사가 연대하여 변제할 책임을 지고, 합병 후 취득한 재산은 합병당사회사의 공유로 한다. 그러나 이 경우에 부담부분 또는 지분을 협의로 정하지 못하면 법원이 정하게 된다(상법 제239조). 합병무효판결의 효력은 제3자에게도 미치나 소급효는 없다(상법 제190조). 이 밖에 합병무효의 소에는 설립무효 또는 취소의 소에 관하여 정한 상법 제186조 내지 제191조가 준용된다(상법 제240조).

2. 조직변경(組織變更)

(1) 방법

합명회사는 총사원의 동의로 일부사원을 유한책임사원으로 하거나 유한책임사원을 새로 가입시켜서 합자회사로 조직변경을 할 수 있고, 사원이 1인으로 되어 해산하게 된 때에는 유한책임사원을 가입시킴으로써 합자회사로 변경할 수도 있다(상법 제229조 제2항, 제242조).

(2) 해산등기 · 설립등기

합명회사가 합자회사로 조직변경한 때에는 일정기간 내에 전자에 있어서는 해산등기, 후자에 있어서는 설립등기를 하여야 한다(상법 제243조).

(3) 유한책임사원의 책임

합명회사의 사원이 조직변경으로 인하여 유한책임사원이 된 때에도 그 사원은 위의 등기 전의 회사의 채무에 대하여 등기 후 2년 내에는 무한책임사원의 책임을 면치 못한다(상법 제244조).

제6절 회사의 해산과 청산

1. 회사의 해산

합명회사는 ① 존립기간의 만료 기타 정관으로 정한 사유의 발생, ② 총사원의 동의, ③ 합병, ④ 사원이 1인으로 된 때, ⑤ 파산, ⑥ 법원의 해산명령 또는 판결 등의 원인으로 해산하게 된다(상법 제227조).

2. 회사의 청산

청산이란 회사가 해산한 경우에 회사의 법률관계를 정리하고 그 재산을 처분하는 일련의 절차를 말한다. 합명회사의 청산에는 임의청산과 법정청산의 방법이 있다.

(1) 임의청산

임의청산의 경우에는 해산된 회사의 재산처분을 정관에 따라 또는 총사원의 동의로 자유로이 그 방법을 정할 수 있다. 이 경우는 해산사유가 있는 날로부터 2주 내에 재산목록과 대차대조표를 작성하여야 하고, 채권자보호절차를 거쳐야 한다(상법 제247조 내지 제249조).

(2) 법정청산

합명회사가 정관 또는 총사원의 동의로 재산의 처분방법을 정하지 않는 때에는 합병과 차산의 경우를 제외하고 법정된 청산의 방법에 의하여야 한다(상법 제250조). 즉, 총 사원 과반수의 결의로 청산인을 선임하고, 현존사무의 종결, 채권추심 채무변제, 재산의 환가처분, 잔여재산의 분배, 계산서의 작성과 승인, 등기와 장부 · 서류의 보존 등의 임무를 종료하여야 한다(상법 제251조, 제254조, 제263조 제1항, 제266조).

제5장 합자회사

제1절 총설

1. 의의

합자회사(合資會社: limited partnership)는 무한책임사원과 유한책임사원으로 조직된 회사이다(상법 제268조). 무한책임사원은 회사의 재산으로 회사의 채무를 완제할 수 없는 경우 회사의 채권자에 대하여 직접, 연대, 무한의 변제책임을 부담하고, 또한 원칙적으로 회사의 업무를 집행할 권리와 의무가 있다. 유한책임사원은 일정한 재산출자를 하고 회사의 채무에 관하여는 회사채권자에 대하여 자기의 출자가액에서 이미 이행한 부분을 공제한 가액을 한도로 하여 직접, 연대하여 변제책임을 부담하고, 회사의 업무집행이나 회사대표에는 참여하지 못한다(상법 제272조, 제279조). 합자회사는 조직에 있어서 합명회사와 다르나 사원 간의 개인적 신뢰를 기초로 하는 까닭에 조합적 성격을 가지며, 또한 무한책임사원의 지위는 합명회사의 사원과 같을 뿐만 아니라 유한책임사원의 지위도 책임이 유한한 점을 제외하고는 원칙적으로 같으므로 상법에서는 합자회사에 관하여 약간의 특별규정만을 두고, 그 외는 모두 합명회사에 관한 규정을 준용시키는 것으로 설계하였다(상법 제269조).

2. 합자회사의 설립

합자회사의 설립절차는 합명회사의 경우와 같다. 다만 유한책임사원이 있기 때문에 정관의 절대적 기재사항과 등기사항에 약간의 차이가 있을 뿐이다.

합자회사는 무한책임사원이 될 자와 유한책임사원이 될 자 각 1인 이상이 정관을 작성하고, 설립등기를 함으로써 성립한다(상법 제268조, 제269조, 제178조, 제172조). 정관에는 사원의 책임의 유한 또는 무한인 것을 기재하여야 하고, 설립등기에도 이를 표기하여 등기하여야 한다(상법 제270조, 제271조). 그리고 설립의 무효 또는 취소의 소에 관하여도 특별규정이 없고 모두 합명회사에 관한 규정이 준용된다(상법 제269조).

제2절 내부관계

1. 서설

합자회사의 내부관계에 관하여는 정관 또는 상법에 다른 규정이 없으면 합명회사의 경우와 같다(상법 제269조, 제195조). 그러나 합자회사는 유한책임사원을 가지는 까닭에 사원 상호간의 관계, 사원과 회사와의 관계에 관하여 다음의 여러 가지 점에서 차이가 있다.

2. 사원의 권리 · 의무

(1) 출자의무

무한책임사원은 재산 이외에 노무 또는 신용을 출자의 목적으로 할 수 있으나, 유한책임사원은 재산출자(금전, 현물출자)에 한하여 인정된다(상법 제269조, 제222조, 제272조).

(2) 업무집행권

무한책임사원은 정관에 다른 약정이 없는 때에는 각자가 회사의 업무를 집행할 권리와 의무가 있는 반면, 유한책임사원은 업무집행권이 없다(상법 제273조, 제274조, 제278조).

(3) 업무감시권

유한책임사원은 업무집행권을 가지지 못하나, 영업연도 말에 있어서 영업시간 내에 한하여 회사의 재산목록, 대차대조표, 장부 기타의 서류를 열람할 수 있고,회사의 업무와 재산상태를 검사할 수 있으며, 중요한 사유가 있는 때에는 언제든지 법원의 허가를 얻어 위의 열람과 검사를 할 수 있다(상법 제277조, 제278조).

(4) 경업금지의무

무한책임사원은 경업금지의무를 부담하나, 유한책임사원은 업무집행권이 없으므로 경업행위를 부담하지 아니한다(상법 제269조, 제198조, 제275조).

3. 손익의 분배

손익의 분배도 합명회사의 경우와 같이 정관에 다른 규정이 없으면 각 사원의 출자의 가액에 비례하여 행한다(상법 제269조, 제195조, 민법 제711조).

4. 지분의 양도

무한책임사원의 지분을 양도하려면 다른 사원전원(무한책임사원과 유한책임사원)의 동의를 얻어야 하나, 유한책임사원의 지분을 양도하려면 무한책임사원 전원의 동의만 얻으면 된다(상법 제276조).

제3절 외부관계

1. 회사의 대표

무한책임사원만이 회사를 대표하고, 유한책임사원은 정관 또는 총사원의 동의에 의해서도 회사를 대표하지 못한다(상법 제269조, 제207조, 제278조).

2. 사원의 책임

무한책임사원의 책임은 합명회사사원의 경우와 같고, 유한책임사원은 출자의 가액에서 이미 이행한 부분을 공제한 가액을 한도로 하여 회사의 채무를 변제할 책임이 있다(상법 제269조, 제212조, 제279조 제1항). 유한책임사원이 무한책임사원으로 된 경우에는 그 전에 생긴 회사의 채무에 대하여도 무한책임을 부담하고, 무한책임사원이 유한책임사원으로 된 경우에도 그 전에 생긴 회사의 채무에 대하여 무한책임을 부담한다(상법 제225조, 제282조). 그러나 자칭 무한책임사원, 즉 유한책임사원이 타인에게 자기를 무한책임사원이라고 오인시키는 행위를 한 때에는 오인으로 인하여 회사와 거래한 자에 대하여는 무한책임사원과 동일한 책임이 있다(상법 제281조 제1항).

한편, 유한책임사원이 사망한 때에는 그 상속인이 그 지분을 승계하여 사원이 될 수 있는데, 이 경우 상속인이 수인인 때에는 사원의 권리를 행사할 자 1인을 정하여야 한다. 이를 정하지 아니한 때 회사의 통지 또는 최고는 그 중의 1인에 대하여 하게 되면 전원에 대하여 그 효력이 발생한다(상법 제 283조 제1항 및 제2항). 또한, 유한책임사원은 성년후견개시 심판을 받은 경우에도 퇴사되지 아니한다(상법 제284조 : 2018년 동법 전문개정).

제4절 합병과 조직변경

1. 합병(合倂)

합자회사는 어떠한 종류의 회사와도 합병을 할 수 있으며, 이에 관해서도 합명회사의 경우와 같다.

2. 조직변경(組織變更)

합자회사는 합명회사로만 조직변경을 할 수 있으나, 이 경우에는 사원전원의 동의가 있어야 한다. 조직변경을 한 때에는 합자회사에서는 해산등기, 합명회사에서는 설립등기를 하여야 한다(상법 제286조).

제5절 회사의 해산과 청산

1. 회사의 해산

합자회사는 합명회사의 해산사유와 동일한 사유로 인하여 해산하는 외에도 무한책임사원 또는 유한책임사원 어느 일방의 사원 전원이 퇴사한 때에는 해산한다(상법 제269조, 제227조, 제285조 제1항). 총사원의 동의로 해산하는 경우에는 무한책임사원과 유한책임사원 전원의 동의를 요한다.

2. 회사의 계속

무한책임사원 또는 유한책임사원 전원이 퇴사하면 회사는 해산하게 되나, 이 경우 잔존하는 무한책임사원 또는 유한책임사원은 전원의 동의로 새로 무한책임사원 또는 유한책임사원을 가입시켜서 회사를 계속할 수 있다(상법 제285조, 제229조, 제213조).

3. 회사의 청산

합자회사의 청산에 있어서도 합명회사의 경우와 같이 임의청산과 법정청산의 두 가지 방법이 있으며, 기타 청산 관련 일련의 절차에 있어서도 같다. 청산인은 원칙으로 업무집행사원이 되나, 무한책임사원 과반수의 결의로 청산인을 선임할 수 있다(상법 제287조, 제252조).

제6장 유한책임회사

제1절 총설

1. 의의

유한책임회사(有限責任會社)는 회사자본시장의 활성화를 기하기 위해서 2011년 4월 14일 개정상법으로 도입된 것으로 인적회사 형태에 기반을 두고 물적회사의 장점을 접목시켜 만든 새로운 형태의 회사유형의 제도이다. 따라서 학계에서는 유한책임회사를 인적회사의 유형으로 볼 것인지 아니면 물적회사의 유형으로 볼 것인지에 관하여 논란이 제기되고 있는데, 유한책임회사는 법제의 체계적인 점에서는 인적회사에 편재되어 있으나 대외적인 책임과 관련해서는 물적회사에 속하는 형태로 완성되어 있으므로 어느 한쪽에 편재시키려 하기 보다는 새롭게 인적회사와 물적회사의 중간적인회사로 구분하여 취급함이 타당할 것으로 생각한다.

2. 유한책임회사의 설립

유한책임회사는 1인 이상의 유한책임사원이 정관을 작성하고 설립등기 함으로써 성립하게 된다(상법 제287조의2, 제287조의38).

(1) 정관의 기재사항

유한책임회사의 설립 시에는 정관에 다음의 사항을 기재하고, 각 사원이 기명날인 서명하여야 한다. 즉, ① 목적, ② 상호, ③ 사원의 성명, 주민등록번호 및 주소, 본점의 소재시, ④ 정관의 작성연월일, ⑤ 사원의 출자의 목적 및 가액, ⑥ 자본금의 액, ⑦ 업무집행자의 성명(법인인 경우에는 명칭) 및 주소 등이다.

(2) 사원의 출자

사원은 신용이나 노무를 출자의 목적으로 하지 못하고, 정관의 작성 후 설립등기를 하는 때까지 금전이나 그 밖의 재산의 출자를 전부 이행하여야 한다(상법 제287조의4 제1항, 제2항). 현물출자를 하는 사원은 납입기일에 지체 없이 유한책임회사에 출자의 목적인 재산을 인도하고, 등기, 등록, 그 밖의 권리의 설정 또는 이전이 필요한 경우에는 이에 관한 서류를 모두 갖추어 교부하여야 한다(동법 제3항).

(3) 설립등기 등

유한책임회사는 본점의 소재지에서 다음 각 호의 사항을 등기함으로써 성립한다. 즉, ① 목적, ② 상호, ③ 본점의 소재지와 지점을 둔 경우에는 그 소재지, ④ 존립기간 기타 해산사유를 정한 때에는 그 기간 또는 그 사유, ⑤ 자본금의 액, ⑥ 업무집행자의 성명, 주소 및 주민등록번호(법인인 경우에는 명칭, 주소 및 법인등록번호). 다만, 유한책임회사를 대표할 업무집행자를 정한 경우에는 그 외의 업무집행자의 주소는 제외한다. ⑦ 유한책임회사를 대표할 자를 정한 경우에는 그 성명 또는 명칭과 주소, ⑧ 정관으로 공고방법을 정한 경우에는 그 공고방법, ⑨ 둘 이상의 업무집행자가 공동으로 회사를 대표할 것을 정한 경우에는 그 규정 등이다(상법 제287조의5 제1항 제1호 내지 제7호).

그리고 유한책임회사가 지점을 설치하는 경우에는 합명회사의 지점설치에 관하여 정한 상법 제181조를 준용하고, 유한책임회사가 본점이나 지점을 이전하는 경우에 있어서도 합명회사의 본점이나 지점을 이전하는 경우에 관하여 정한 상법 제182조를 준용하며, 이들 등기사항의 변경이 있는 경우에는 본점소재지에서는 2주 내에 지점소재지에서는 3주 내에 변경등기를 하여야 한다(상법 제287조의5 제3항, 제4항).

또한 유한책임회사의 업무집행자의 업무집행을 정지하거나 직무대행자를 선임하는 가처분을 하거나 그 가처분을 변경 또는 취소하는 경우에는 본점 및 지점이 있는 곳의 등기소에서 등기하여야 한다(동법 제5항).

제2절 내부관계

1. 사원의 책임과 지분관계

(1) 사원의 책임 및 지분의 양도

사원의 책임은 원칙으로 그 출자금을 한도로 책임을 부담한다(상법 제287조의7). 사원의 지분양도에 관하여는 정관으로 정할 수 있지만 정관의 정함이 없으면, 사원은 다른 사원의 동의를 받지 아니하고 그 지분의 전부 또는 일부를 타인에게 양도하지 못하는 것을 원칙으로 하되, 업무를 집행하지 아니한 사원은 업무를 집행하는 사원 전원의 동의가 있으면 지분의 전부 또는 일부를 타인에게 양도할 수 있다. 이 경우 업무를 집행하는 사원이 없는 경우에는 사원 전원의 동의를 받아야 한다(상법 제287조의8 제1항 내지 제3항).

(2) 회사의 자기지분양수의 금지

유한책임회사는 사원의 지분의 전부 또는 일부를 양수할 수 없으며, 이를 어기고 유한책임회사가 지분을 취득하는 경우에 그 지분은 취득한 때에 소멸한다(상법 제287조의9).

2. 사원의 업무집행권과 감시권

(1) 업무집행자 및 직무대행자의 업무집행권

유한책임회사는 정관으로 사원 또는 사원이 아닌 자를 업무집행자로 정하여야 하고, 1인 또는 둘 이상의 업무집행자를 정한 경우에는 업무집행자 각자가 회사의 업무를 집행할 권리와 의무가 있다. 이 경우 그 각 사원의 업무집행에 관한 행위에 대하여 다른 업무집행사원의 이의가 있는 때에는 곧 행위를 중지하고 업무집행사원 과반수의 결의에 의하여 결정해야 한다(상법 제287조의12 제1항, 제2항, 제201조 제2항). 그러나 정관으로 둘 이상을 공동업무집행자로 정한 경우에는 그 전원의 동의가 없으면 업무집행에 관한 행위를 하지 못한다(상법 제287조의12 제3항).

그리고 업무집행자의 직무를 대표할 대행자를 선임한 경우는 가처분명령에 다른 정함이 있는 경우 외에는 법원의 허가를 얻지 아니하면 법인의 통상업무에 속하지 아니한 행위를 하지 못하고, 직무대행자가 이에 위반한 행위를 한 경우에도 회사는 선의의 제3자에 대하여 책임을 진다(상법 제287조의13, 제200조의2).

(2) 사원의 감시권

업무집행자가 아닌 사원은 영업연도 말에 있어서 영업시간 내에 한하여 회사의 회계장부, 대차대조표 기타의 서류를 열람할 수 있고, 회사의 업무와 재산상태를 검사할 수 있다. 그러나 중요한 사유가 있을 때에는 언제든지 법원의 허가를 얻어 그에 관한 열람과 조사를 할 수 있다(상법 제287조의14, 제277조).

(3) 법인이 업무집행자인 경우의 특칙

법인이 업무집행자인 경우에는 그 법인은 해당 업무집행자의 직무를 행할 자를 선임하고, 그 자의 성명과 주소를 다른 사원에게 통지하여야 한다. 이 경우 선임된 직무수행자에 대하여는 상법 제287조의11의 정함이 있는 이하에서 설명하는「업무집행자와 회사 간의 거래」및 동법 제287조의12의 정함이 있는 상술한「업무의 집행」을 준용한다(상법 제287조의15 제1항, 제2항).

3. 업무집행자의 부작위의무 등

(1) 업무집행자의 경업금지

업무집행자는 사원 전원의 동의를 받지 아니하고는 자기 또는 제3자의 계산으로 회사의 영업부류(營業部類)에 속한 거래를 하지 못하며, 같은 종류의 영업을 목적으로 하는 다른 회사의 업무집행자, 이사 또는 집행임원이 되지 못한다. 업무집행자가 이에 위반하여 거래를 한 경우에는 그 거래가 자기의 계산으로 한 것일 때에는 회사는 이를 회사의 계산으로 한 것으로 볼 수 있고, 제3자의 계산으로 한 것인 때에는 그 업무집행자에 대하여 회사는 이로 인한 이득의 양도를 청구할 수 있다(개입권). 이는 회사의 업무집행자에 대한 손해배상의 청구에 영향을 미치지 아니한다(손해배상청구권).그리고 위의 개입권은 다른 사원 과반수의 결의에 의하여 행사하여야 하고, 다른 사원의 1인이 그 거래를 안 날로부터 2주간을 경과하거나 거래가 있는 날로부터 1년을 경과하면 소멸한다(상법 제287조의10 제1항 및 제2항, 제198조 제2항 내지 제4항).

(2) 업무집행자와 회사 간의 거래

업무집행자는 다른 사원 과반수의 결의가 있는 경우에만 자기 또는 제3자의 계산으로 회사와 거래를 할 수 있다. 이 경우에는 대리인의 자기계약 및 쌍방거래의 제한에 관하여 정함이 있는 민법 제124조를 적용하지 아니한다(상법 제287조의11).

(3) 업무집행자 등의 권한 상실 선고

업무집행자가 업무를 집행함에 현저하게 부적임하거나 중대한 의무에 위반한 행위가 있는 때에는 법원은 사원의 청구에 의하여 업무집행권한의 상실을 선고할 수 있다. 이 경우 소의 제기는 본점소재지의 지방법원의 관할에 전속한다(상법 제287조의17 제1항 및 제2항, 제205조).

(4) 합명회사법제의 준용

유한책임회사의 내부관계에 관하여 정관이나 상법의 다른 규정이 없는 때에는 합명회사에 관한 규정을 준용한다(상법 제287조의18).

제3절 외부관계 및 사원, 회계, 해산, 조직변경, 청산

1. 회사의 대표자

(1) 대표자의 선정 및 권한

유한책임회사의 업무집행자는 회사를 대표하고, 업무집행자가 둘 이상인 경우는 정관 또는 총사원의 동의로 회사를 대표할 업무집행자를 정할 수 있고, 둘 이상의 업무집행자가 공동으로 회사를 대표할 것을 정할 수도 있다(상법 제287조의19 제1항 내지 제3항).

회사를 대표할 자가 둘 이상인 경우는 제3자의 회사에 대한 의사표시는 공동대표의 권한이 있는 자 1인에 대하여 함으로써 그 효력이 생긴다(동법 제4항).

유한책임회사를 대표하는 업무집행자는 회사의 영업에 관하여 재판상 또는 재판외의 모든 행위를 할 권한이 있고, 이 권한에 대한 제한은 선의의 제3자에게 대항하지 못한다(상법 제287조의19 제5항, 제209조).

(2) 대표자의 책임

유한책임회사를 대표하는 업무집행자가 그 업무집행으로 인하여 타인에게 손해를 입힌 경우에는 회사는 그 업무집행자와 연대하여 배상할 책임이 있다(상법 제287조의20). 이는 업무집행자의 제3자에 대한 직접책임을 정한 것으로 회사와의 연대책임으로 법제화함으로써 제3자의 보호를 강화한 것으로 볼 수 있다. 회사가 제3자에 대한 손해배상을 하게 된 때에는 회사는 업무집행자에 대한 구상권을 행사할 수 있다.

(3) 회사와 사원간의 소

유한책임회사가 사원(사원이 아닌 업무집행자를 포함)에 대하여 또는 사원이 유한책임회사에 대하여 소를 제기하는 경우에 유한책임회사를 대표할 사원이 없을 때에는 다른 사원 과반수의 결의로 대표할 사원을 선정하여야 한다(상법 제287조의21).

(4) 대표소송

사원은 회사에 대하여 업무집행자의 책임을 추궁하는 소의 제기를 청구할 수 있다(상법 제287조의22 제1항). 이는 그간 전형적인 물적회사로서 소유와 경영이 분리된 주식회사제도에서만이 소수주주의 감시권강화의 차원에서 인정되어 왔던 것이었으나, 유한책임회사제도에 도입하게 됨으로써 유한책임회사를 물적회사로 취급하려는 견해를 뒷받침하는 근거조항이 되고 있다. 그리고 대표소송에 관하여는 주주의 대표소송에 관하여 정함이 있는 상법 제403조 제2항부터 제4항까지, 제6항, 제7항 및 제404조부터 제406조까지의 규정이 준용된다(동법 제2항).

2. 사원의 가입과 탈퇴

(1) 사원의 가입

유한책임회사는 정관을 변경함으로써 새로운 사원을 가입시킬 수 있고, 정관을 변경한 때에 사원의 가입은 그 효력이 발생한다. 다만, 정관을 변경한 때에 해당 사원이 출자에 관한 납입 또는 재산의 전부 또는 일부의 출자를 이행하지 아니한 경우에는 그 납입 또는 이행을 마친 때에 사원이 된다(상법 제287조의23 제1항, 제2항). 이 경우 사원의 가입 시 현물출자를 하는 사원은 납입기일에 지체 없이 유한책임회사에 출자의 목적인 재산을 인도하고, 등기, 등록, 그 밖의 권리의 설정 또는 이전이 필요한 경우에는 이에 관한 서류를 모두 갖추어 교부하여야 한다(동법 제3항, 제287조의4 제3항).

(2) 사원의 퇴사

사원의 퇴사에 관하여는 정관으로 달리 정하지 아니하는 경우에는 영업연도 말에 한하여 퇴사할 수 있으며, 6개월 전에 이를 예고하여야 한다(상법 제287조의24, 제217조 제1항).

1) 사원의 퇴사원인

사원의 퇴사원인으로는 ① 정관에 정한 사유의 발생, ② 총사원의 동의, ③ 사망, ④ 성년후견개시, ⑤ 파산, ⑥ 제명 등이 있다(상법 제287조의25 : 2011년 동법신설, 제218조). 이중 사원이 사망하게 된 경우에는 정관으로 그 상속인이 회사에 대한 피상속인의 권리와 의무를 승계하여 사원이 될 수 있음을 정한 때에는 상속인은 상속의 개시를 안 날로부터 3개월 내에 회사에 대하여 승계 또는 포기의 통지를 발송하여 하고, 상속인으로부터 이러한 통지가 없이 3개월이 경과한 때에는 사원이 될 권리를 포기한 것으로 본다(상법 제287조의26 : 2011년 본조신설 , 제219조 제1항, 제2항). 그리고 제명의 경우는 합명회사의 제명의 경우를 준용한다. 즉, 사원이 ① 출자의 의무를 이행하지 아니한 때, ② 경업금지의무를 위반한 때, ③ 회사의 업무집행 또는 대표에 관하여 부정한 행위가 있는 때, 권한 없이 업무를 집행하거나 회사를 대표한 때, ④ 기타 중요한 사유가 있는 때 등의 사유가 있는 때에는 회사는 정관으로 달리 정하는 경우를 제외하고 사원의 과반수 결의에 의하여 당해사원의 재명을 법원에 청구할 수 있고, 이 경우 법원으로부터 제명의 선고가 내려지면 제명되는 것이다(상법 제287조의27 : 2011년 본조신설, 제220조).

2) 퇴사사원의 지분환급 및 채권자의 이의

퇴사 사원은 그 지분의 환급을 금전으로 받을 수 있는데, 퇴사 사원에 대한 환급금액은 퇴사 시의 회사의 재산 상황에 따라 정한다. 그러나 퇴사 사원의 지분 환급에 대하여는 정관으로 달리 정할 수 있다(상법 제287조의28 제1항 내지 제3항 : 2011년 본조신설). 유한책임회사의 채권자는 퇴사하는 사원에게 환급하는 금액이 제287조의37에 따른 잉여금을 초과한 경우에는 그 환급에 대하여 회사에 이의를 제기할 수 있는데, 이 이의제기에 관하여는 지분을 환급하더라도 채권자에게 손해를 끼칠 우려가 없는 경우를 제외하고 합명회사의 해산의 경우 채권자의 이의제기에 관하여 정함이 있는 상법 제232조를 준용한다(상법 제287조의30 제1항 및 제2항 : 2011년 본조신설).

3) 지분압류채권자에 의한 퇴사

사원의 지분을 압류한 채권자는 영업연도 말에 그 사원을 퇴사시킬 수 있다. 이 경우 압류채권자는 회사와 사원에 대하여 그 6개월 전에 예고하여야 하고, 그 예고기간에 사원이 변제하거나 상당한 담보를 제공한 때에는 그 사원을 퇴사시킬 수 없게 된다(상법 제287조의29 : 2011년 본조신설, 제224조 제1항, 제2항).

4) 퇴사사원의 상호변경청구권

퇴사한 사원의 성명이 유한책임회사의 상호 중에 사용된 경우에는 그 사원은 유한책임회사에 대하여 그 사용의 폐지를 청구할 수 있다(상법 제287조의31 : 2011년 본조신설).

3. 회계

유한책임회사의 회계는 상법과 대통령령으로 규정한 것 외에는 일반적으로 공정하고 타당한 회계관행에 따른다(상법 제287조의32 : 2011년 본조신설).

(1) 재무제표의 작성, 비치, 공시 및 보존

업무집행자는 결산기마나 대치대조표, 손익계산서, 그 밖에 유한책임회사의 재무상태와 경영성과를 표시하는 것으로서 대통령령으로 정하는 서류를 작성하여야 하고, 본점에서는 5년간 지점에서는 그 등본을 3년간 비치하여, 사원 및 채권자로 하여금 회사의 영업시간 내에는 언제든지 열람과 등사를 청구할 수 있게 해야 한다(상법 제287조의33, 제287조의34 : 2011년 본조신설). 그리고 재무제표의 보존기간에 대해서는 별도의 명문이 없으나 상업장부의 일반원칙을 정한 상법 제33조에 의거하여 주요부는 10년간 보조부는 5년간의 보존해야 한다.

(2) 자본금의 감소, 잉여금의 분배

사원이 출자한 금전이나 그 밖의 재산의 가액을 유한책임회사의 자본금으로 한다(상법 제287조의35 : 2011년 본조신설).

1) 자본금의 감소

유한책임회사는 정관 변경의 방법으로 자본금을 감소할 수 있다. 이 경우에는 정관변경의 결의가 있는 날로부터 2주간 내에 채권자에 대하여 자본감소에 이의가 있으면 1개월 이상의 일정기간 내에 이를 제출할 것을 공고하고 알고 있는 채권자에 대해서는 개별적으로 최고하여야 하며, 이 기간 내에 이의를 제출 하지 아니한 때에는 자본감소를 승인한 것으로 본다. 그러나 이의를 제출한 자가 있는 때에는 회사는 그 채권자에 대하여 변제 또는 상당한 담보를 제공 하거나 이를 목적으로 하여 재산을 신탁회사에 공탁하여야 한다(상법 제287조의36, 제232조 제1항 내지 제3항 : 2011년 본조신설). 그러나 자본감소 후의 자본금의 액이 순자산액 이상인 경우에는 그러하지 아니하다(상법 제287조의36 단서).

2) 잉여금의 분배

유한책임회사는 대차대조표상의 순자산액으로부터 자본금의 액을 뺀 액(잉여금)을 한도로 하여 잉여금을 분배할 수 있다. 이에 위반하여 잉여금을 분배한 경우에는 유한책임회사의 채권자는 그 잉여금을 분배받은 자에 대하여 회사에 반환할 것을 본점소재지의 지방법원에 청구할 수 있다(상법 제287조의37 제1항 내지 제3항 : 2011년 본조신설). 잉여금은 정관에 다른 규정이 없으면 각 사원이 출자한 가액에 비례하여 분배한다. 잉여금의 분배를 청구하는 방법이나 그 밖에 잉여금의 분배에 관한 사항은 정관으로 정할 수 있으며, 사원의 지분의 압류는 잉여금의 배당을 청구하는 권리에 대하여도 그 효력이 있다(동법 제4항 내지 제6항).

4. 해산

유한책임회사의 해산의 경우도 강제해산과 임의해산으로 구분된다.

(1) 해산사유와 해산등기

유한책임회사의 해산사유로는 ① 존립기간의 만료 기타 정관으로 정한 사유의 발생, ② 총사원의 동의, ③ 합병, ④ 파산, ⑤ 법원의 명령 또는 판결, ⑥ 사원이 없게 된 경우 등이다. 유한책임회사가 해산된 경우에는 합병과 파산의 경우 외에는 그 해산사유가 있었던 날부터 본점소재지에서는 2주 내에 해산등기를 하고, 지점소재지에서는 3주 내에 해산등기를 하여야 한다(상법 제287조의38, 제227조, 제287조의39).

(2) 유한책임회사의 계속 및 합병

유한책임회사의 위에서 설명한 해산 원인 중 ① 존립기간의 만료 기타 정관으로 정한 사유의 발생 및 ② 총사원의 동의에 의한 때에는 사원의 전부 또는 일부의 동의로 회사를 계속할 수 있으며, 이 경우에 동의하지 아니한 사원은 퇴사한 것으로 보고, 이미 해산등기를 하였을 때에는 본점소재지에서 2주간 내에, 지점소재지에서는 3주간 내에 회사의 계속 등기를 하여야 한다(상법 제287조의40 : 2011년 본조신설, 제227조, 제229조 제1항, 제3항). 그리고 유한책임회사가 합병하기 위해서는 총사원의 동의가 있어야 하고, 합명회사의 합병에 관하여 정함이 있는 상법 제232조 내지 제240조의 규정이 그대로 준용되어 진다(상법 제287조의41 : 2011년 본조신설).

(3) 사원의 해산청구

부득이한 사유가 있는 때에는 각 사원은 회사의 해산을 본점소재지의 지방법원에 청구할 수 있다. 이 경우에 회사는 지체 없이 공고해야 하고, 법원은 회사의 현황과 제반사정을 참작하여 해산청구가 부적당하다고 인정한 때에는 그 청구를 기각할 수가 있으며, 해산청구를 제기한 자가 패소한 경우에 악의 또는 중대한 과실이 있는 때에는 회사에 대하여 연대하여 손해를 배상할 책임이 있다(상법 제287조의42 : 2011년 본조신설, 제241조, 제186조 내지 제191조).

5. 조직변경

주식회사는 총회에서 총주주의 동의로 결의한 경우에는 그 조직을 변경하여 유한책임회사로 할 수 있고, 유한책임회사는 총사원의 동의에 의하여 주식회사로 변경할 수 있다(상법 제287조의43 제1항 및 제2항 : 2011년 본조신설). 유한책임회사가 조직변경을 함에 있어서는 합명회사의 조직변경에서의 채권자보호 절차를 정한 상법 제232조와 주식회사의 유한회사에의 조직변경 및 유한회사의 주식회사로의 조직변경의 경우에 관하여 정한 상법 제604조 내지 제607조를 준용한다(상법 제287조의44 : 2011년 본조신설).

6. 청산

유한책임회사의 청산에 관하여는 합명회사의 청산에 관하여 정함이 있는 상법 제245조, 제246조, 제251조 내지 제257조, 제259조 내지 제267조의 규정을 준용한다(상법 제287조의45 : 2011년 본조신설).

제7장 유한회사

제1절 총설

1. 의의

유한회사(有限會社: private company)는 지분을 가진 사원으로 구성되는 사단법인이며 사원 전원이 회사에 대하여 원칙적으로 출자액을 한도로 하여 유한책임을 지는 회사이다. 사원은 회사채권자에 대하여는 직접 아무런 책임도 지지 아니하며, 따라서 회사재산만이 채권자를 위한 담보가 되는 물적회사에 속한다.

2. 유한회사의 특성

유한회사의 자본은 회사채권자에 대한 최소한도의 담보이므로, 주식회사에서와 같은 자본의 확정, 자본의 유지, 자본의 불변(자본감소의 제한) 등의 3원칙이 존재한다.

(1) 사원의 지위와 책임

유한회사의 각 사원은 그 출자좌수에 따라 지분을 가지며, 회사성립 후에 출자금액의 납입 또는 현물출자의 이행이 완료되지 아니하였음이 발견된 때에는 회사성립 당시의 사원, 이사와 감사는 회사에 대하여 그 납입하지 아니한 금액 또는 이행되지 아니한 현물의 가액을 연대하여 지급할 책임이 있다(상법 제551조, 제554조).

(2) 폐쇄성 · 비공중성

유한회사는 사원의 지위가 개성화 하고 사원은 정관에 확정되고 공모는 인정되지 아니한다(상법 제543조 제2항 제1호, 제179조 제3호, 제589조 제2항). 또한 출자 1좌의 금액도 100원 이상으로 균일하게 하여야 한다(상법 제546조). 사원의 지분의 전부 또는 일부를 양도하거나 상속할 수 있으나, 지분의 양도를 정관으로 제한할 수 있으며, 유가증권(사채 및 지분증권)의 발행이 인정되지 아니한다(상법 제555조, 제556조).

표 7 주식회사와 유한회사 차이점

기 준	주식회사	유한회사
1. 성질	물적회사	인적회사성의 물적회사
2. 기업형태	대기업	중소기업
3. 수권자본제	인정	불인정
4. 방법	발기설립 · 모집설립	단순설립
5. 최저자본금	없음	없음
6. 최초의 이사	선임	정관규정 · 선임
7. 법원의 변태설립사항의 감독	필요	불요
8. 설립취소제도	불인정	인정
9. 사원의 수	1인 이상 무제한	1인 이상 무제한
10. 지분의 증권화	인정	불인정
11. 사원의 자본전보책임	인정(조직변경의 경우에만)	인정
12. 소수사원(주주)권	1%, 3%, 10% 이상 주식소유	3% 이상 지분소유
13. 이사의 임기	3년(연장가능)	무제한
14. 이사의 원수	3인 이상, 소규모회사는 1인 또는 2인 가능	1인 이상
15. 이사회제도	있음	없음
16. 감사 · 감사위원회	필요기관(감사위원회 대체가능)	임의기관(감사위원회 없음)
17 사원총회의 서면결의	인정	인정
18. 자본의 증감	정관변경 필요	정관변경 필요
19. 사채발행	인정	불인정
20. 대차대조표의 공고	필요	불요
21. 건설이자배당	불인정(2011.4.14. 개정상법)	불인정
22. 회사정리재건	인정	인정

(3) 회사조직의 간이성

유한회사의 설립에는 발기설립만이 인정될 뿐이고 설립경과의 조사를 위한 검사인제도가 없으므로 그 설립절차가 주식회사에 비하여 비교적 간단하고, 회사기관의 경우도 이사의 수는 1인 또는 수인의 이사이면 족하고 감사는 정관으로 1인 또는 수인을 두되 임의적인 성격을 가지므로 주식회사의 그것보다는 간단하다(상법 제561조, 제568조). 또한 사원총회의 결의를 하여야 할 경우에 총사원의 동의가 있는 때에는 서면에 의한 결의를 할 수 있고, 소집절차의 생략이 가능하다(상법 제573조, 제577조).

제2절 회사의 설립

1. 설립절차

(1) 정관의 작성

회사설립에는 사원이 정관을 작성하여 이에 각 사원이 기명날인 또는 서명하여야 한다(상법 제543조). 이는 공증인의 인증이 있음으로써 효력이 생기나, 자본금 총액이 10억 미만인 회사 설립의 경우는 발기인의 기명날인 또는 서명만으로 효력이 생긴다(상법 제543조 제3항, 제292조). 2011년 4월 14일의 상법개정에서는 이전의 개정법에서 사원의 최저 수 제한을 없게 한 것에 이어 최대 수의 제한마저 없게 함으로써 1인 이상이면 족하고 그 수에는 제한이 없다(상법 제543조, 제609조, 제545조 삭제). 정관에 기재할 사항은 다음과 같다.

1) 절대적 기재사항

정관의 절대적 기재사항으로는 목적, 상호, 사원의 성명, 주민등록번호 및 주소, 자본금의 총액, 출자 1좌의 금액, 각 사원의 출자 좌수, 본점의 소재지 등이 있다(상법 제543조 제2항 제1호 내지 제5호).

2) 상대적 기재사항

상대적 기재사항은 변태설립사항으로 이에는 ① 현물출자자의 성명과 그 목적인 재산의 종류, 수량, 가격과 이에 대하여 부여하는 출자좌수, ② 회사의 설립 후에 양수할 것을 약정한 재산의 종류, 수량, 가격과 그 양도인의 성명, ③ 회사가 부담할 설립비용 등이 있다(상법 제544조 제1호 내지 제3호).

(2) 이사 · 감사의 선임 및 출자의 이행

이사는 정관에 정할 수 있으나 정관에 정함이 없는 때에는 회사성립 전에 사원총회를 열어 이사를 선임하여야 한다(상법 제547조 제1항). 감사는 필요기관이 아니나 정관에 감사를 둘 것을 정할 수 있다. 이 경우 그 선임은 이사의 경우와 같다(상법 제547조, 제568조). 그리고 사원총회는 각 사원이 소집할 수 있다(상법 제547조 제2항).

이사는 회사설립 전에 사원으로 하여금 출자 전액의 납입 또는 현물출자의 목적인 재산전부의 급여를 시켜야 한다(상법 제548조).

(3) 설립등기

출자의 이행이 끝나면 2주간 이내에 본점 소재지에서의 설립등기를 함으로써 회사는 성립한다(상법 제549조 제1항 내지 제3항, 제172조).

2. 설립에 관한 책임

유한회사의 설립에 관해서는 이사, 감사와 사원의 특별책임을 규정하고 있다. 이것은 모두 자본충실의 책임에 속한다. 설립절차의 간소화로 인한 회사의 남설을 방지하기 위하여 사원의 출자의무 외에 이를 인정하게 된 것이다.

(1) 회사성립 시의 사원의 현물출자 등에 관한 책임

현물출자 또는 재산인수의 목적인 재산이 회사성립 당시의 실가가 정관에 정한 가격에 현저하게 부족한 때에는 회사설립 당시의 사원은 회사에 대하여 그 부족액을 연대하여 지급할 책임을 진다(상법 제550조, 제544조 제1호 내지 제2호). 사원은 이 책임은 면제하지 못하는 무과실책임이다(상법 제550조 제2항).

(2) 미출자액에 대한 전보책임

회사성립 후에 출자금액의 납입 또는 현물출자의 이행이 완료되지 아니 하였음이 발견된 때에는 회사성립 당시의 사원, 이사와 감사는 회사에 대하여 납입되지 아니한 금액 또는 이행되지 아니한 현물의 가액을 연대하여 지급할 책임을 진다(상법 제551조 제1항). 이 책임은 주식회사의 발기인의 책임에 해당하는 일종의 무과실책임이며, 이 경우 사원의 책임은 면제하지 못하고, 이사와 감사의 책임은 총사원의 동의가 있을 때에만 면제될 수 있다(상법 제551조 제2항 및 제3항, 제301조).

3. 설립의 무효와 취소

회사설립의 무효는 그 사원, 이사와 감사에 한하여, 설립의 취소는 그 취소권 있는 자에 한하여 회사성립의 날로부터 2년 내에 소만으로 이를 주장할 수 있다(상법 제552조 제1항).

제3절 사원

1. 사원의 자격

사원(社員)의 자격에는 법률상 제한이 없다. 사원의 수도 제한이 없으므로 1인 이상이면 회사는 설립되고 존속할 수가 있다(2011.4.14. 상법개정 상법 제545조 삭제).

2. 사원의 지분

사원의 지분이란 사원이 회사에 대하여 가지는 법률상의 지위를 말하고, 각 사원은 출자 좌수에 따라 지분을 가진다(상법 제554조). 지분의 내용이 되는 권리에는 자익권과 공익권으로 나눌 수 있고, 사원의 의무는 원칙적으로 출자의무와 자본전보의무만으로 한정되고, 회사채무에 관하여는 대외적으로 직접적인 책임을 부담하지 아니하는 것은 주식회사의 경우와 같이 유한회사의 특색에 해당된다(상법 제553조).

3. 사원의 권리 · 의무

(1) 사원의 권리

1) 자익권

사원의 권리로써 자익권으로는 이익배당청구권, 잔여재산분배청구권, 자본증가의 경우 출자인수권 등이 있다(상법 제580조, 제612조, 제588조).

2) 공익권

사원의 권리로써 공익권 중에는 단독사원권으로 의결권(상법 제575조), 회사의 설립무효, 증자무효, 감자무효, 합병무효 등에 관한 제반소권(상법 제552조, 제595조, 제597조, 제445조, 제603조, 제529조), 사원총회결의의 무효, 취소, 변경 등에 관한 제반소권(상법 제578조, 제376조, 제381조), 서류의 열람청구권(상법 제566조, 제583조, 제448조) 등이 있고, 자본금총액의 100분의 3 이상의 수로 행사가 가능한 소수사원권으로는 사원총회소집청구권(상법 제572조), 회계장부열람권(상법 제581조), 업무재산상태검사청구권(상법 제582조), 이사해임청구권(상법 제567조, 제385조), 청산인해임청구권(상법 제613조, 제539조) 등이 있다.

(2) 사원의 의무

1) 출자의무

사원은 재산출자의 의무를 부담하고 회사성립 전에 그 전부를 이행하여야 한다(상법 제548조).

2) 자본금 전보의무

회사성립 당시의 사원은 자본금의 전보책임을 진다(상법 제550조 제1항, 제551조). 이러한 사원의 자본금 전보책임은 면제할 수 없는 것으로 하고 있다(동법 제2항).

4. 지분의 양도 · 입질

(1) 지분의 양도

사원은 그 지분의 전부 또는 일부를 양도하거나 상속할 수 있다. 그러나 정관으로 지분의 양도를 제한할 수 있으며, 이 경우에 타인에게 양도함에는 총사원의 과반수 이상이며 총사원의 4분의 3 이상을 가지는 자의 동의를 요건으로 하는 사원총회의 특별결의가 있어야 한다(상법 제556조, 제585조).

(2) 지분의 입질

지분은 사원의 재산적 권리이므로 질권의 목적으로 할 수 있다(상법 제559조 제1항).

제4절 회사의 기관

1. 서설

유한회사의 필요기관으로는 사원총회와 이사가 있고 임의기관으로 감사가 있으며 그 밖에 임시기관으로서 검사인이 있다. 주식회사와 달라서 이사가 수인인 경우에도 법률상 이사회제도를 인정하지 아니한다.

2. 사원총회

(1) 의의

사원총회는 사원의 총의에 의하여 회사의 의사를 결정하는 유한회사의 필요적 기관이다. 사원총회는 법령이나 정관에 반하지 않는 한 회사에 관한 모든 사항의 의사를 결정하는 권한을 가진다.

(2) 소집권자

사원총회의 소집권자는 원칙으로 이사이고 청산중의 회사에서는 청산인이다. 그러나 임시총회만은 감사도 소집할 수 있다(상법 제613조, 제571조 제1항). 그리고 정관의 다른 정함이 없으면 자본의 총액의 100분의 3 이상에 해당하는 출자좌수를 가진 소수사원도 회의의 목적사항과 소집의 이유를 기재한 서면을 이사에게 제출하여 총회의 소집을 청구할 수가 있다(상법 제572조 제1항, 제2항).

(3) 소집절차

사원총회를 소집함에는 먼저 회일을 정하고 그 1주간 전에 각 사원에 대하여 서면으로 회의의 목적사항을 기재한 서면으로 통지를 하거나 각 사원의 동의를 받아 전자문서로 통지서를 발송하여야 한다(상법 제571조 제2항). 그러나 총사원의 동의가 있을 때에는 소집절차 없이 총회를 열 수 있다(상법 제573조).

(4) 의결권

각 사원은 정관에 의결권에 관한 다른 정함이 없으면 출자 1좌마다 1개의 의결권을 가진다(상법 제575조). 그러나 정관의 규정으로도 전사원 또는 특정사원의 의결권을 아주 박탈하지 못한다.

(5) 결의 방법

1) 보통결의

상법과 정관에 다른 정함이 없는 경우에는 총사원의 의결권의 과반수를 가지는 사원이 출석하고 그 의결권의 과반수로써 결의한다(상법 제574조).

2) 특별결의

의결권을 행사할 수 없는 사원을 제외한 총사원의 과반수로써 결의하고, 총사원의 의결권의 4분의 3이상을 가지는 자의 동의를 요하는 결의이다. 이러한 특별결의를 요하는 것으로는 ① 정관변경, ② 영업의 전부 또는 일부의 양도, 영업 전부의 임대 또는 경영위임, 타인과 영업의 손익 전부를 같이 하는 계약, 그 밖에 이에 준하는 계약의 체결, 변경, 해약, ③ 회사의 영업에 중대한 영향을 미치는 다른 회사의 영업 전부 또는 일부의 양수 등이 있다(상법 제585조, 제374조 제1항 제1호 내지 제3호).

3) 특수결의

유한회사를 주식회사로 조직변경을 할 때 및 이사와 감사의 책임을 면제할 때에는 전사원의 일치에 의한 총회의 결의가 있어야 한다(상법 제607조 제1항, 제551조 제3항).

4) 서면결의

절차를 간편하게 하기 위하여 사원총회의 결의에 갈음하는 회사의 의사결정 방법으로서 서면에 의한 결의를 할 수 있게 하였다. 서면에 의한 결의는 총회의 결의와 동일한 효력을 가진다(상법 제577조).

3. 이사

(1) 의의

이사는 회사의 업무를 집행하고 회사를 대표하는 필요적 상설기관이다. 이사는 원칙으로 각자 업무를 집행하고 회사를 대표한다. 이사의 수에는 제한이 없고 1인 이상으로 족하다(상법 제561조, 제562조). 이사가 수인인 때에는 정관에 다른 정함이 없으면 사원총회에서 회사를 대표할 이사를 선정하여야 한다(상법 제562조 제2항). 정관 또는 사원총회는 수인의 이사가 공동으로 회사를 대표할 것을 정할 수도 있다(동법 제3항).

(2) 이사의 선임 · 종임

회사의 설립 시에는 정관으로 특정한 사람을 이사로 지정할 수 있으나 정관에 정함이 없는 때에는 회사의 성립 전에 사원총회를 열어 이사를 선임하여야 하고, 회사설립 후의 이사의 선임은 사원총회의 권한이나(상법 제547조, 제567조, 제382조). 이사의 임기에는 제한이 없고, 해임은 사원총회의 특별결의에 의하여야 하며, 사임, 위임의 법정 종료 등의 사유로 종임한다(상법 제567조).

(3) 이사의 직무권한 및 의무

이사는 회사에 대하여 위임관계에 있으므로 그 직무권한의 행사에 있어서는 선량한 관리자의 주의의무를 부담한다(상법 제567조, 제382조 제2항, 민법 제681조). 이 밖에도 법률상 특별히 규정한 의무로서는 ① 이사는 정관, 사원총회 의사록 및 사원명부를 본점 또는 지점에 비치하여 채권자가 열람할 수 있게 하여야 하고, ② 이사는 자기 또는 제3자의 계산으로 회사와 거래를 함에는 감사가 있는 때에는 그 승인을 얻어야 하며, 감사가 없는 때에는 사원총회의 승인을 얻어야 한다(상법 제564조 제3항, 제566조).

유한회사는 법률상 이사회제도를 인정하지 아니하므로 각 이사가 원칙으로 업무집행과 회사대표의 직무와 권한을 가진다. 그러나 이사가 수인인 경우에 정관에 다른 정함이 없으면 사원총회에서 대표이사를 선정하여야 하고, 수인의 이사가 공동으로 회사를 대표할 것을 정할 수도 있으며, 회사의 업무집행, 지배인의 선임 또는 해임과 지점의 설치 및 이전 또는 폐지는 이사 과반수의 의결로 정한다. 이 경우 지배인의 선임 또는 해임에 관해서는 사원총회에서 할 수도 있다(상법 제562조 제3항, 제564조 제1항 및 제2항).

(4) 이사의 위법행위에 대한 유지청구, 대표소송, 책임

이사가 법령 또는 정관에 위반한 행위를 하여 이로 인하여 회사에 회복할 수 없는 손해가 생길 염려가 있는 경우에는 감사 또는 자본총액의 100분의 3 이상에 해당하는 출자좌수를 가진 사원은 회사를 위하여 이사에 대하여 그 행위를 유지할 것을 청구할 수 있으며, 사후적인 차원에서 위 소수사원은 이사의 회사에 대한 책임을 추궁하는 대표소송을 제기할 수도 있다(상법 제564조의2, 제565조). 이 밖에 이사의 위법행위가 있는 경우의 회사에 대한 책임(상법 제399조), 이사의 회사에 대한 책임면제(동법 제400조), 제3자에 대한 책임(동법 제401조), 경업금지의무(동법 제397조), 표현대표이사의 행위와 회사의 책임(동법 제395조), 직무집행정지 또는 직무대행자의 선임 및 권한(동법 제407조, 제408조) 등은 모두 주식회사의 이사의 그것과 같고, 대표이사의 권한과 손해배상책임(상법 제209조, 제210조) 등은 합명회사의 그것과 같다(상법 제567조).

4. 감사 및 회계감사인

(1) 의의

유한회사는 정관에 의하여 1인 또는 수인의 감사를 둘 수 있으며, 이 경우의 감사는 회계감사뿐만 아니라 업무감사의 권한을 가지는 임의기관의 성격을 가진다(상법 제568조 제1항, 제2항, 제569조). 그러나 일정 조건을 갖춘 유한회사는 외감법 대상기업에 포함되었기 때문에 그러한 기업은 외부감사인의 감사가 강제된다.

(2) 선임 및 해임

유한회사가 감사를 두는 경우에 그 선임은 회사성립 후는 사원총회를 열어 이를 선임하여야 하고, 감사는 사원총회의 특별결의에 의하여 언제든지 해임할 수 있다(상법 제570조, 제382조 제1항). 그러나 소수사원에 의한 감사해임의 청구는 인정되지 않는다.

(3) 권한

감사는 언제든지 회사의 업무와 재산상태를 조사할 수 있고 이사에 대하여 영업에 관한 보고를 요구할 수 있다(상법 제569조).

(4) 책임

감사의 겸직금지, 감사의 책임에 관하여는 주식회사의 감사의 경우와 같다(상법 제570조). 감사의 회사에 대한 책임추궁을 위해서는 이사의 경우와 같이 소수사원에 의한 대표소송(대위소송)이 인정된다(상법 제570조, 제565조).

(5) 회계감사인

일정조건(직전 사업연도 말의 자산, 부채, 종업원수 또는 매출액, 사원수 등 대통령령으로 정하는 기준, 유한회사로 조직 변경한 경우는 조직변경 후 기간 등을 고려하여 대통령령으로 정한 기준)을 갖춘 유한회사는 회계감사인에 의한 감사를 받도록 되어 있다(외감법 제4조, 외감법시행령 제5조).

주) 이에 관하여는 본서 제5편 제3장 「주식회사」의 「회계감사인」을 참조.

5. 검사인

검사인은 회사의 업무와 재산상태를 조사하는 일시적 · 임의적인 기관이다. 검사인의 선임에는 다음의 두 가지 경우가 있다.

(1) 사원총회에 의한 선임

사원총회는 이사가 제출한 서류와 감사의 보고서를 조사시키기 위하여 검사인을 선임할 수 있다(상법 제578조, 제367조).

(2) 법원에 의한 선임

회사의 업무집행에 관하여 부정행위 또는 법령이나 정관에 위반한 중대한 사유가 있는 때에는 자본금총액의 100분의 3 이상에 해당하는 출자좌수를 가진 사원은 회사의 업무와 재산상태를 조사시키기 위하여 법원에 검사인의 선임을 청구할 수 있다(상법 제582조 제1항).

제5절 회사의 계산

1. 서설

유한회사는 물적회사로서 회사재산이 회사채권자에 대한 유일한 담보가 되므로 회사의 계산관계를 특히 명확하게 할 필요가 있다. 유한회사는 비공중적이고 폐쇄적 성질의 회사이므로 대차대조표의 공고를 요구하지 아니하는 것이 특색이다.

2. 계산서류의 작성

유한회사의 이사는 매 결산기에 대차대조표, 손익계산서, 이익잉여금처분계산서 또는 결손금처리계산서와 그 부속명세서를 작성하여 감사가 있는 때에는 정기총회의 회일로부터 4주간 전에 이러한 서류를 감사에게 제출하여야 한다(상법 제579조 제1항, 제2항). 감사는 이를 받은 날로부터 3주간 내에 감사보고서를 작성하여 이사에게 제출하여야 한다(동법 제3항). 이 경우 감사가 없는 때에는 곧 정기총회에 제출하여 승인을 요구하여야 한다(상법 제583조, 제449조). 그리고 이사는 매 결산기에 영업보고서를 작성하여 재무제표와 더불어 감사에게 제출하는 등의 절차를 거쳐 정기총회에 그 내용을 보고하여야 한다(상법 제579조, 제583조, 제449조). 또한 재무제표 등의 비치, 공시, 그 열람과 등본 또는 초본의 교부, 총회 승인의 효과 등은 주식회사의 경우와 거의 같다(상법 제579조, 제448조, 제583조, 제450조).

제6절 정관의 변경

1. 서설

유한회사에서는 자본이 정관의 절대적 기재사항이므로 자본의 증가와 감소는 모두 정관변경을 요하는 사안이고 그 변경에는 사원총회의 특별결의가 있어야 한다(상법 제543조 제2항, 제584조, 제585조). 이 경우 특별결의는 총사원의 과반수이상이며 총사원의 의결권의 4분의 3이상을 가지는 자의 동의를 요한다(상법 제585조).

2. 자본의 증가

자본증가의 방법에는 각 사원이 가지는 ① 출자 1좌의 금액을 증가하는 방법, ② 출자좌수를 증가하는 방법, ③ 양자를 병용하는 방법이 있다. 이 중에서 출자 1좌의 금액의 증가의 경우에는 원칙으로 총사원의 동의가 필요하며, 또한 출자좌수의 증가는 사원총회의 특별결의를 필요로 한다(상법 제584조, 제585조). 현물출자 및 재산의 인수, 출자인수권 등에 관하여는 정관에 다른 정함이 없더라도 자본증가의 결의에서 이를 정할 수 있다(상법 제586조).

기존사원은 원칙으로 그가 가진 지분에 따라서 신출자를 인수하는 권리를 가지나, 회사가 정관 또는 사원총회의 특별결의로 특정인에게 신출자인수권을 부여할 수도 있다(상법 제586조, 제587조, 제588조). 출자의 이행이 완료된 때에는 회사는 2주간 내에 본점의 소재지에서 자본금증가로 인한 변경등기를 하여야 하고, 자본금의 증가는 본점소재지에서 그 등기를 함으로써 효력이 생긴다(상법 제591조, 592조). 자본금증가의 경우에 이사와 사원은 자본충실의 책임을 지며, 그 무효는 사원, 이사, 감사에 한하여 등기일로부터 6월내에 소만으로 주장할 수 있다(상법 제593조, 594조, 제595조).

3. 자본의 감소

자본감소의 방법에는 ① 출자 1좌의 금액을 감소하는 방법, ② 출자좌수를 감소하는 방법, ③ 양자를 병용하는 방법이 있다. 자본 감소의 경우에 있어서도 채권자보호절차, 감자무효 등은 주식회사의 관련규정을 준용한다(상법 제597조, 제439조, 제232조, 제443조, 제445조, 제446조).

제7절 합병과 조직변경

1. 합병

(1) 합병과 제한

회사는 원칙적으로 어떠한 종류의 회사와도 합병할 수 있다(상법 제174조). 이종의 회사 간의 합병이란 종래의 회사형태에 변형을 초래하게 하여 기존의 회사 체제는 소멸하지만 그 영업은 종래의 존재를 유지하면서 다른 회사에 승계되어 그 활동을 계속하는 것을 말한다. 다만 형태상의 제한으로서는 합병당사회사의 일방 또는 쌍방이 주식회사 또는 유한회사, 유한책임회사인 때에는 합병 후 존속하는 회사 또는 신설회사는 주식회사 또는 유한회사, 유한책임회사이어야 하며(상법 제174조 제2항) 유한회사와 주식회사의 합병에서 존속회사 또는 신설회사가 주식회사인 때에는 법원의 인가를 얻어야 하고, 합병을 하는 회사의 일방이 사채의 상환을 완료하지 아니한 주식회사인 때에는 합병 후 존속하는 회사 또는 합병으로 인하여 설립되는 회사는 유한회사 또는 유한책임회사로 하지 못한다(상법 제600조 제1항, 제2항).

(2) 절차

유한회사가 다른 회사와 합병함에는 사원총회의 결의가 있어야 하고, 신설합병의 경우에는 각 회사에서 선임한 설립위원이 공동으로 하여야 한다(상법 제175조). 합병절차가 종료한 때에는 본점의 소재지에서는 2주간, 지점의 소재지에서는 3주간 내에 등기함으로써 효력이 생긴다(상법 제603조, 제233조, 제234조).

2. 조직변경

(1) 의 의

유한회사의 조직변경이라 함은 회사인격의 동일성은 변하지 아니하고 법률상의 조직을 변경하여 다른 종류의 회사로 되는 것을 말한다. 즉, 주식회사의 유한회사로의 조직변경, 유한회사의 주식회사로의 조직변경 등이 있다. 그러나 유한회사가 유한책임회사로 또는 유한책임회사가 유한회사로 조직을 병경할 수 있는지에 관하여는 명문의 법조문은 없으나, 합병의 경우를 정한 상법 제174조 제2항과 유한책임회사가 주식회사로 또는 주식회사가 유한책임회사로 조직변경을 할 경우에 유한회사의 동일 법조항을 준용하고 있는 것으로 보아 가능한 것으로 볼 수 있다(상법 제287조의44). 이러한 조직변경은 총사원의 일치에 의한 총회의 결의로 할 수 있다(상법 제607조).

(2) 조직변경의 효력발생 시점

조직변경도 종래의 회사에는 해산등기를 하고 변경된 종류의 회사에는 설립등기를 하여야 한다(상법 제243조, 제286조, 제606조, 제607조). 그리고 조직변경의 효력발생 시점은 등기한 때가 아니고 현실로 조직이 변경되었을 때라고 해석한다.

제8절 해산과 청산

1. 해산

유한회사의 해산원인에 관하여는 대체로 주식회사와 같다. ① 존립기간의 만료 기타 정관으로 정한 사유발생, ② 합병, ③ 파산, ④ 법원의 해산명령 또는 해산판결, ⑤ 사원총회의 해산결의 등에 의한다(상법 제609조).

2. 청산

유한회사는 자본단체이므로 인적회사에서와 같은 임의청산은 인정되지 아니한다. 그 청산절차는 대체로 주식회사의 청산에 준한다(상법 제613조). 청산사무는 ① 현재사무의 종결, ② 채권의 추심과 채무의 변제, ③ 재산의 환가처분과 잔여재산의 분배 등이다(상법 제612조, 제254조).

제8장 외국회사

1. 외국회사의 의의

외국회사(foreign company)란 외국법에 준거하여 설립된 회사를 말한다. 우리 상법은 설립준거법주의를 채택하고 있으며, 외국회사는 우리나라의 동종의 회사 또는 가장 유사한 회사의 지점과 동일한 등기를 하되, 등기에는 회사설립의 준거법과 우리나라에서의 대표자의 성명과 주소도 함께 등기하는 것으로 하고 있다(상법 제614조 제2항, 제3항). 그러므로 외국에 본점을 두고 한국에서 영업을 할 것을 주된 목적으로 하는 회사는 모두 외국회사라고 할 수 있다.

2. 외국회사의 권리능력

(1) 법인 외국회사

외국회사 중 법인인 회사는 특히 인허가를 요하지 않고 법인으로 취급하며, 외국인이 향유할 수 없는 권리 및 법률 또는 조약 중에 특별규정이 있는 것을 제외하고는 국내회사와 동일한 권리를 가진다. 그러나 외국인 법인에 대하여는 개별적 권리능력을 제한하고 있다.

(2) 비법인 외국회사

외국회사가 그 설립준거법에 의하여 법인성이 인정되지 아니하는 경우에도 우리 상법상 법인성이 인정되는 때에는 법인인 외국회사와 동일하게 취급하여야 할 것이다. 이에 반하여 우리 상법상 법인성이 인정되지 아니하는 외국회사는 설립준거법에 의하여 법인성이 인정되는 경우에도 법인인 외국회사로는 취급하지 아니한다.

3. 외국회사에 관한 법규

(1) 대표자의 선정

외국회사가 대한민국에서 영업을 하고자 하는 때에는 대한민국에서의 대표자를 선정하여야 하고 대표자 중 1명 이상이 대한민국에 주소를 두어야 한다(상법 제614조 제1항). 대표자는 외국회사의 영업에 관한 모든 재판상 또는 재판외의 행위를 할 권한을 가지며, 대표자의 대표권에 대한 제한은 선의의 제3자에게 대항하지 못하고, 또한 대표자가 그 업무집행으로 인하여 타인에게 손해를 가한 때에는 외국회사는 그 대표자와 연대하여 배상하여야 할 책임이 있다(상법 제614조 제4항, 제209조, 제210조).

(2) 영업소의 설치

외국회사가 대한민국에서 영업을 하고자 하는 때에는 영업소를 설치하여야 한다(상법 제614조 제1항). 이 경우에는 국내에서 설립되는 동종 또는 가장 유사한 회사의 지점과 같은 등기를 하여야 하고, 등기에는 국내에서의 대표자의 성명과 주소를 표기하여야 하며, 등기사항이 외국에서 생긴 때에는 등기기간은 그 통지가 도달한 날부터 기산한다(상법 제614조 제2항 및 제3항, 제615조).

(3) 대차대조표 등의 공고 및 유사외국회사

외국회사로서 상법에 따라 등기한 외국회사 중 대한민국에서의 같은 종류의 회사 또는 가장 비슷한 회사가 주식회사인 경우는 주식회사의 재무제표의 승인 및 공고에 관하여 정한 상법 제449조에 따른 승인과 같은 종류의 절차 또는 이와 비슷한 절차가 종결된 후 지체 없이 대차대조표 또는 이에 상당하는 것으로서 대통령령으로 정한 것을 대한민국에서 공고해야 한다(상법 제612조의2 제1항).

외국에서 설립된 회사라도 대한민국에 그 본점을 설치하거나 대한민국에서 영업할 것을 주된 목적으로 하는 때에는 대한민국에서 설립된 회사와 같은 규정에 따라야 한다(상법 제617조).

(4) 영업소의 폐쇄명령

외국회사가 대한민국에 영업소를 설치한 경우에 다음의 사유가 있는 때에는 법원은 이해관계인 또는 검사의 청구에 의하여 그 영업소의 폐쇄를 명할 수 있다(상법 제619조 제1항). 즉, ① 영업소의 설치목적이 불법한 것인 때, ② 영업소의 설치등기를 한 후 정당한 사유 없이 1년 내에 영업을 개시하지 아니하거나 1년 이상 영업을 휴지한 때 또는 정당한 사유 없이 지급을 정지한 때, ③ 회사를 대표하는 자 또는 업무를 집행하는 자가 법령 또는 선량한 풍속 기타 사회질서에 위반한 행위를 한 때 이고, 회사의 해산명령에 관하여 정한 상법 제176조의 제2항 내지 제4항도 이에 준용된다(상법 제619조 제1항, 제2항).

(5) 회사재산의 청산

영업소의 폐쇄명령을 한 경우에는 법원은 이해관계인의 신청에 의하여 또는 직권으로 국내에 있는 그 회사재산의 전부에 대한 청산의 개시를 명할 수 있으며, 이 경우에는 법원은 청산인을 선임하여야 한다(상법 제620조 제1항). 이 청산에 관하여는 국내법상의 회사 청산에 관한 약간의 규정이 준용된다(동법 제2항 및 제3항).

제9장 벌칙

1. 서설

회사제도는 사회경제의 발전에 기여하는 바가 지대하나 그 반면에 남용에 의한 폐해도 적지 않다. 이는 특히 물적회사에 있어서 현저하게 나타난다. 그러므로 상법은 그러한 행위에 대한 제재조치로 회사에 민사책임을 부담하게 하는 것 외에도 기업경영자의 위반행위에 대한 특별책임을 인정하고는 있으나 이것만으로는 불충함에 따라 다시 벌칙규정을 두고 있다.

2. 제재의 종류

벌칙규정에서 정하는 제재에는 형벌과 행정벌이 있다. 형벌로서는 징역, 벌금, 몰수가 있고, 행정벌로는 과태료가 있다. 형벌은 형사소송법의 규정에 의하여, 행정벌은 징계벌로서 비송사건절차법의 규정에 의하여 과해진다(비송법 제276조 내지 제279조).

징역 등의 형벌을 과하는 행위로서는 ① 발기인, 이사, 기타의 임원 등의 특별배임죄, 사채권자집회의 대표자 등의 특별배임죄, 특별배임죄의 미수범(상법 제622조, 제623조, 제624조), ② 주요주주 등 이해관계자와의 거래 위반의 죄 및 회사의 방조에 대한 벌금형(상법 제624조의2, 제634조의3), ③ 회사재산을 위태롭게 하는 죄(상법 제625조), ④ 주식의 취득제한 등에 위반한 죄(상법 제625조의2), ⑤ 부실보고죄(상법 제626조), ⑥ 부실문서행사죄(상법 제627조), ⑦ 납입가장죄 등(상법 제628조), ⑧ 주식초과발행죄(상법 제629조), ⑨ 발기인, 이사 기타 임원의 독직죄(상법 제630조), ⑩ 권리행사방해 등에 관한 증수뢰죄(상법 제631조), ⑪ 주주의 권리행사에 관한 이익공여의 죄(상법 제634조의2), ⑫ 납입책임면탈의 죄(상법 제634조) 등이 있다.

과태료에 처하는 행위로서는 ① 상법 제635조에 열거하는 각 행위를 한 때에 500만원 이하의 과태료에 처하며(상법 제635조 제3항 및 제4항), ② 회사의 성립 전에 회사명의로 영업을 한 때에는 회사설립의 등록세의 배액에 상당한 과태료에 처한다(상법 제636조). 그리고 위 상법 제622조, 제623조, 제625조, 제627조, 제628조 또는 제630조 제1항에 규정된 자가 법인인 경우에는 그 벌칙은 그 행위를 한 이사, 집행임원, 감사, 그 밖에 업무를 집행한 사원 또는 지배인에게 적용하고, 과태료는 대통령령으로 정하는 바에 따라 법무부장관이 부과 · 징수권을 갖는다(상법 제637조, 제637조의2).

제6편

보험법

제1장 총 설

제1절 보험제도

1. 보험의 개념

보험(保險: Insurance)이란 인간의 경제생활의 위험에 대비하기 위한 제도로서 같은 위험에 놓여 있는 여러 사람이 우연한 사고가 발생한 경우에 재산상의 수요를 충족시키기 위하여 미리 일정률의 금액을 출연하여 공통준비재산을 구성하고 현실적으로 재해를 입은 자에게 일정한 금액을 지급하여 경제생활의 불안을 제거 또는 경감시키는 제도이다.

인간 생활에는 천재지변, 화재, 수재, 실업, 부상, 질병, 사망 등 예측할 수 없는 사고가 일어나 경제생활을 위협하고 있다. 보험은 적극적으로 이러한 사고 발생을 예방하는 것이 아니라 소극적으로 사고 발생으로 인한 경제생활의 불안정에 대처하기 위한 제도이다.

2. 보험의 기능

(1) 보험의 사적기능

보험의 사적 기능에 대해서 알아보면, ① 보험은 가계나 기업에 안정성을 부여한다. ② 보험은 기업능률을 향상한다. ③ 보험은 평등한 비용을 부과할 수 있게 한다. ④ 보험은 기업체나 가계의 신용도를 증가시킨다. ⑤ 보험은 저축을 가능하게 한다. ⑥ 보험은 가계에 대하여 미래가동능력의 현존 가치 계상을 가능하게 하는 등의 기능을 수행한다.

(2) 보험의 공적 기능

보험의 공적 기능에 대해서 알아보면, ① 보험은 장래에 일어날 여러 가지 불의의 사고에 대한 경제적 대비책을 장려한다. ② 보험은 기업체에 직접 · 간접으로 투자를 하게 하여 국가 경제 발전에 기여한다. ③ 보험은 빈곤의 정도를 완화한다. ④ 보험은 사고 예방적 역할을 한다. ⑤ 보험은 중소기업체들로 하여금 기업경쟁을 조장시키는 등의 기능을 수행한다.

3. 보험의 종류

(1) 공영보험 · 사영보험

국가 기타의 공법인이 경영하는 보험을 공영보험, 개인 또는 조합이나 사법인이 경영하는 보험을 사영보험이라 한다.

(2) 영리보험 · 상호보험

일반적인 보험은 모두 사영보험에 속하나, 영리보험은 보험업자(주식회사)가 보험자로 되어 영리를 목적으로 제3자와 보험계약을 체결하여 운영하는 보험의 형태이고, 상호보험은 가입자 상호 간의 이익을 목적으로 하는 비영리조직(상호회사)에 의해 운영된다.

(3) 물건보험 · 인보험

물건에 관하여 발생하는 사고에 대한 보험이 물건보험, 사람에 관하여 발생하는 사고에 대한 보험이 인보험이다.

(4) 손해보험 · 생명보험

손해보험은 우연한 일정한 사고로 인하여 발생할 손해를 보상하는 것을 목적으로 하는 것이고, 생명보험은 손해의 유무 · 다소를 불문하고 사람의 생존 · 사망에 관하여 일정한 금액의 지급 기타의 급여를 할 것을 목적으로 하는 것이다.

(5) 육상보험 · 해상보험 · 항공보험

육상보험은 육상에서의 각종의 보험(생명보험 · 화재보험 · 운송보험 · 자동차보험)을 총칭하는 것이고, 해상보험은 선박보험 · 적하보험 기타 해상사고에 대한 보험이며, 항공보험은 항공기에 의한 각종 위험을 보험사고로 하는 보험이다.

(6) 개별보험 · 집합보험

개별보험은 개개의 자연인이나 물체를 보험의 목적으로 하는 것이며, 집합보험은 다수인 또는 물체의 집단을 보험의 목적으로 하는 것이다.

(7) 총괄보험 · 특별보험

내용이 변동하는 다수의 자연인 또는 물체의 집단을 포괄적으로 1개의 보험 목적으로 하는 것이 총괄 보험이고, 이에 속하지 않는 일반의 보험을 특정물에 관한 보험이라는 의미에서 특별보험이라 한다.

(8) 원(원수)보험 · 재보험

어떠한 보험자가 보험자로서 보험금을 지급할 책임을 지는 경우에 이로 인하여 그 보험자가 입는 손해에 대하여 다시 제2의 보험자가 보험을 인수하는 경우가 있는데, 이 경우 제2의 보험을 재보험이라 하고, 제1의 보험을 원수보험 또는 원보험이라 한다.

(9) 기업보험 · 가계보험

기업보험은 기업이 그의 기업경제활동의 불안에 대비하여 이용하는 것이고, 가계보험은 주로 가계경제에 대비하여 이용하는 보험이다. 보험계약자 등 이익변경금지원칙이 기업보험에 있어서는 적용 · 배제된다(상법 제663조).

(10) 임의보험 · 강제보험

보험가입이 강제되지 아니한 것이 임의보험이고, 자동차손해배상 보장법에 의한 책임보험 또는 「화재로 인한 재해보상과 보험가입에 관한 법률」에 의한 특수건물의 화재에 관한 신체손해배상특약부화재보험 등과 같이 가입이 강제된 것이 강제보험이다(자배법 제5조 내지 제7조, 재해보상법 제5조 제1항).

(11) 정액보험 · 부정액보험

정액보험은 보험사고가 발생했을때 실손해와는 관계없이 계약상 정하여진 일정액의 보험금을 급여하는 경우이고(예: 생명보험, 상해보험 등의 인보험), 부정액보험은 보험사고가 발생했을 경우에 실제의 손해액에 따라 보험금액이 결정되는 경우의 보험이다(예: 화재보험, 운송보험 등의 물건보험).

제2절 보험법

1. 보험법의 의의

보험법은 광의에 있어서는 보험에 관한 법의 총체를 말한다. 따라서 이에는 보험공법과 보험사법이 포함된다. 협의에 있어서는 보험사법만을 말한다. 실정 보험법으로서 상법이 대상으로 하는 것은 이 협의의 보험법이다. 실질적 의의의 보험법은 보험계약법을 말한다. 그 법원으로서는 상법전 제4편의 보험의 규정, 특별법령 중 보험계약에 관한 규정으로 보험업법, 보험모집단속법, 보통 보험약관, 그 밖에 관습법 등이 존재한다. 형식적 의의의 보험법은 상법전 제4편 「보험」의 규정을 말한다. 상법 제4편 보험의 전체적인 체계는 통칙, 손해보험, 인보험 등으로 구성되어 있다.

2. 보험법의 특성

(1) 기술성

보험은 사고발생 시의 수요충족을 위한 제도인 동시에 수리적 계산을 전제로 하는 계획적 기초 위에서 세워지기 때문에 고도의 합리적 · 기술적 방법이 따른다. 따라서 보험에 관한 법적 규제도 단순한 당사자의 의사나 통속적 의미의 형평 관념에만 의존할 수 없다.

(2) 단체성

보험자와 보험가입자 간의 계약관계는 개별적 법률관계이나 보험가입자 전체적인 면으로 보면 하나의 위험단체를 형성하고 있으므로 그 법적 규제에 있어서는 보험단체의 구성분자인 보험계약자를 평등하게 취급할 것이 요청되고 또한 보험단체 전체의 이익을 위하여 어느 정도의 제약을 받지 아니할 수 없다.

(3) 사회성

보험은 국민경제 면에서나 공중의 이익에도 큰 영향을 주고 있으므로 보험사업에 대한 국가의 감독적 규제가 필요할 뿐만 아니라 대중보호를 위한 법적 보장이 요청된다.

(4) 강행법성

보험의 기술적 · 단체적 · 사회적 성질에 대응하여 보험계약에 있어서 계약자유의 원칙을 그대로 통용할 수 없으므로 보험계약법에는 강행법적 성질이 현저하다.

제2장 보험계약

제1절 보험계약의 개념

1. 보험계약의 의의

보험계약이란 당사자의 일방(보험계약자)이 약정한 보험료를 지급하고 상대방(보험업자)이 재산 또는 생명이나 신체에 관하여 불확정한 사고가 생기면 일정한 보험금액의 지급과 기타의 급여를 할 것을 약정함으로써 효력이 생기는 계약을 말한다.

2. 보험계약의 특성

(1) 유상 · 쌍무계약

보험계약은 당사자 일방(보험자)이 일정한 사고가 발생한 경우에 보험금액을 지급할 것을 약정하고, 상대방(보험계약자)은 이에 대하여 보험료를 지급할 것을 약정하는 계약이므로 유상계약이다. 또한 보험자는 보험금액 급부 의무를 지며, 보험계약자는 보험료 급부 의무를 지므로 쌍무계약이라 할 수 있다.

(2) 낙성 · 불요식계약

보험계약은 당사자의 합의만으로 성립하는 계약이므로 낙성계약이고, 또한 보험계약의 체결에 특별한 방식을 필요로 하지 않으므로 불요식계약이다.

(3) 부합계약

보험계약은 그 성질상 여러 사람의 집단적 거래에 있어서 간이, 신속을 필요로 하기 때문에 정형계약(약관)에 의하여 체결하게 되는 것이 일반적이다.

(4) 최대선의의 계약

보험제도는 사회보장제도의 일환으로 탄생된 것이므로 보험계약의 당사자는 자기의 유리한 지위를 이용해서 부당하게 계약을 체결해서는 아니 되는 등 신의성실의 원칙이 강하게 요구되는 계약이다. 이는 보험계약에서만 특히 볼 수 있는 성질의 것으로 보험의 사행성 및 도박화를 방지하고자 하는 차원에서 의의가 있게 된다.

제2절 보험계약의 요소

1. 보험계약의 관계자

(1) 보험계약의 당사자

보험계약당사자는 보험자(insurer)와 보험계약자이다. ① 보험자는 보험사고가 발생한 경우에 보험금과 기타급여의 지급의무를 부담한 자이며 일정 금액 이상의 자본 또는 기금을 가진 주식회사 또는 상호회사로서 주무관청(재정경제부장관)의 면허를 얻은 자라야 한다. ② 보험계약자는 자기명의로 보험자와 보험계약을 체결하고 자신이 보험료를 지급할 의무를 부담하는 자이다. 보험계약자는 자기를 피보험자 또는 보험수익자로 하는 경우와 타인을 피보험자 또는 보험수익자로 하는 경우가 있다.

(2) 보험계약의 당사자 이외의 보조자

보험계약에서는 당사자 이외에도 이에는 피보험자(insured)와 보험수익자(beneficiary)가 있다. 피보험자는 손해보험에 있어서는 보험사고가 발생한 경우에 보험자로부터 손해의 보상을 받는 자를 말하고, 인보험에 있어서는 그 자의 생명 또는 신체가 보험사고의 대상이 되는 자를 말한다.

(3) 보험자의 보조자

보험기업은 그 성질상 광범위한 지역에서 다수의 보험계약자를 모집하여야 하므로 보조자를 필요로 한다. 이 보조자에는 보험중개인, 보험대리상, 보험모집인(보험설계사) 등이 있다. 이 보조자는 단지 보험계약성립에 관해서만 보험자를 보조하는 지위에 있을 뿐이다. 그러나 보험계약자의 폭넓은 보호를 위하여 2015년 개정상법에서는 보험대리상(체약대리상은 물론이고 중개대리상을 포함)의 권한을 정하는 규정을 만들었고, 또한 보험자와 보험대리상 간의 권한에 관한 내부적 제한으로 선의의 보험계약자에게 대항할 수 없도록 법제하였다(상법 제646조의2 : 2015년 본조신설).

2. 보험사고

(1) 의의

보험사고(Accident or risk covered)란 사고가 발생한 때에 보험자가 보험금액 기타의 급여를 하여야 할 책임을 발생시키는 일정한 사실을 말한다(예: 화재보험에서의 화재, 생명보험에서의 사망 등).

(2) 보험사고의 요건

1) 우연한 사고일 것

보험사고는 우연한 것이어야 한다. '우연'이란 계약체결 당시에 사고의 발생, 불발생 등, 사고발생과 그 시기 등이 불확정한 것을 말한다.

2) 발생이 가능할 것

보험사고는 원칙으로 발생할 수 있어야 하고, 또한 장래의 것에 한한다. 따라서 보험계약 당시에 이미 보험사고가 발생하였거나 또는 발생할 수 없는 것인 때에는 무효이다(상법 제644조).

3) 보험의 목적에 대한 것

보험사고는 일정한 보험의 목적에 대한 것이어야 한다. 보험자는 일정한 대상이 없는 모든 사고에 대하여 책임을 지는 것은 아니고, 보험의 위험단체에 들어온 경제상의 재화 또는 사람에 대하여 일어나는 사고에 대해서만 담보하기 때문이다.

3. 보험료

(1) 의의

보험료(Premium)란 보험계약자가 보험자의 위험부담에 대하여 지급하는 보수이며 보험금액의 급여와 대가적 관계에 있는 반대급여이다.

(2) 보험료의 산정

보험료는 당사자의 합의에 따라 정할 것이나, 그 액은 보상액 또는 보험금액에 보험료율을 곱하여 산출하는 것이 보통이다. 이는 보험의 특성 중 기술성과도 밀접한 관계가 있다.

(3) 보험료 불가분의 원칙

보험료는 일정한 기간(보험료기간)을 단위로 하여 위험을 측정하고, 이것을 기초로 하여 정하여지는 까닭에 보험료기간 내의 보험료는 불가분의 성질을 가지며, 따라서 이 기간 도중에 보험계약이 소멸하더라도 특약(저축성보험 등)이 없는 한 그 기간에 대한 보험료는 지급해야 한다는 원칙을 말한다.

4. 보험금액 · 보험금

보험금액이란 보험계약상 보험사고발생의 경우에 보험자가 지급하여야 할 금액 또는 최고한도액을 말하고, 보험금은 보험사고 발생의 경우에 보험수익자가 실지로 지급받는 금액을 말한다.

인보험 등과 같은 정액보험에서는 보험금액과 사고발생 시에 급여되는 보험금이 일치하나, 손해보험과 같은 부정액보험에서는 보험금액은 보험자가 급여할 금액의 최고한도금액에 불과하기 때문에 보험금액과 보험금이 반드시 일치하는 것은 아니다(손해보험에 있어서는 실손해보상주의 원칙이 존재하여 초과보험, 중복보험에 관한 문제가 제기되어지는 경우가 있다).

보험금액은 금전으로 지급하는 것이 원칙이나 현물로 급여할 수도 있고, 또한 기타의 급여(치료행위)로 대치할 수도 있다. 보험자의 보험금액 지급의무는 보험사고 발생을 조건으로 하는 것이므로, 사고가 발생하지 않고 보험기간을 경과하게 되면 특약이 없는 한 보험금의 지급 없이 계약은 종료하게 된다.

5. 보험기간

보험자의 책임의 개시 및 종료하는 기간을 보험기간(위험기간)이라 한다. 당사자 간에 특약이 없으면 보험자의 책임은 최초보험료의 지급을 받은 때로부터 개시된다(상법 제656조). 최초보험료는 보험자의 책임 발생의 기초가 되므로 현금으로 지급된 경우는 문제 될 바 없으나, 신용 지급(수표, 어음, 카드 등)의 경우에 문제가 된다. 학설은 일반 법리에 따른다는 설, 해제조건부 대물변제설(일본의 판례와 학설의 입장), 유예설(독일 판례 입장) 등으로 대립하나, 보험계약사의 보다 폭넓은 보호와 보험자의 위험부담을 최소화할 수 있는 견지에서 해제조건부 대물변제설이 타당할 것으로 생각한다[이점 유예설에서도 크게 다를 바는 없다. 그러나 기존의 대법원판례에서는 일반 법리에 따르는 판결이 내려져 학설의 비판대상이 되고 있다(대판 89.11.28. 88다카33367)].

6. 보험자의 책임개시

보험자의 책임은 당사자 간의 다른 약정이 없으면 최초 보험료의 지급을 받은 때부터 개시된다(상법 제656조).

제3절 보험계약의 체결 및 법적효과

1. 서설

보험계약은 보통 가입희망자가 보험가입청약서에 소정의 사항을 기입하여 보험료와 함께 교부하고, 보험자는 보험의 목적을 검사하여 승낙함으로써 보험계약은 체결되며, 그 증표로 보험자는 보험계약자에게 보험증권을 교부하게 된다.

보험자는 보험계약자로부터 위 보험계약의 청약이 있는 때에는 다른 약정이 없으면 30일 내에 낙부통지를 발송해야 하고(인보험에서 신체검사를 받아야 하는 경우는 신체검사를 받은 날로부터 기산), 이 기간 내에 낙부통지의 해태가 있는 경우는 보험자의 승낙이 있는 것으로 본다(상법 제638조의2 제1항, 제2항). 그리고 보험자가 보험계약자로부터 보험계약의 청약과 함께 보험료 상당액의 전부 또는 일부를 받은 경우에 그 청약에 대해 승낙을 하기 전에 보험계약에서 정한 사고가 발생한 때에는 그 청약을 거절할 사유가 없는 한 보험자는 보험계약상의 책임을 진다. 그러나 인보험계약의 피보험자가 신체검사를 받아야 하는 경우에 그 검사를 받지 아니한 때에는 그러하지 아니 한다(동법 제3항).

한편, 보험계약은 여타의 계약과 달리 계약이 체결되기 전에 있어서도 당사자 간의 의무가 발생된다는 점에서 특이성이 있다.

2. 보험계약 성립전의 의무

보험자는 보험계약을 체결할 때에 보험계약자에게 보험약관을 교부하고 그 약관의 중요한 내용을 설명할 의무가 있는데, 이를 위반한 경우 보험계약자는 보험계약이 성립한 날로부터 3개월 이내에 그 계약을 취소할 수 있다(상법 제638조의3 제1항, 제2항 : 2014년 본조전문개정).

고지의무란 보험계약 성립 전 위 보험자가 부담하는 보험약관의 설명의무에 대칭되는 의무로써 보험계약체결 당시에 보험계약자나 피보험자가 보험자에 대하여 중요한 사항을 고지할 의무 또는 부실고지를 하지 아니할 의무를 말한다. 보험계약자가 이를 위반한 때에는 보험자는 그 사실을 안 날로부터 1개월 이내에, 계약을 체결한 날로부터 3년 이내에 한하여 계약을 해지할 수 있다(상법 제651조). 그러나 보험자가 계약 당시에 그 사실을 알았거나 중대한 과실로 인하여 알지 못한 때는 그러하지 아니한다(동법 단서). 그리고 고지의무 이행의 실전으로 보험자가 서면으로 질문한 사항은 중요한 사항으로 추정하게 된다(상법 제651조의2).

3. 보험증권

보험증권(保險證券: insurance policy)이란 보험계약의 성립과 그 내용을 증명하기 위하여 보험계약성립 후 보험자가 발행하는 증권을 말한다. 이 경우 보험계약자가 보험료의 전부 또는 최초의 보험료를 지급하지 아니한 때에는 보험자는 보험증권의 발행의무가 없다(상법 제640조 제1항). 기존의 보험계약을 연장하거나 변경한 경우에 보험자는 그 보험증권에 그 사실을 기재함으로써 보험증권의 교부에 갈음할 수 있다(동법 제2항). 보험증권을 멸실 또는 현저하게 훼손한 때에는 보험계약자는 보험자에 대하여 보험증권의 재발행을 청구할 수 있는데, 이 경우 그 증권작성의 비용은 보험계약자가 부담하게 된다(상법 제642조).

4. 보험대리상의 권한

보험대리인에 의해 보험계약이 체결되는 경우에 대리인이 알게 된 사유는 보험자가 알게 된 사유로 보며(상법 제646조), 그 밖에 보험대리인의 권한으로 다음과 같은 것을 법제하고 있다(상법 646조의2 : 2014년 본조신설).

① 보험계약자로부터 보험료를 수령할 수 있는 권한

② 보험자가 작성한 보험증권을 보험계약자에게 교부할 수 있는 권한

③ 보험계약자로부터 청약, 고지, 통지, 해지, 취소 등 보험계약에 관한 의사표시를 수령할 수 있는 권한

④ 보험계약자에게 보험계약의 체결, 변경, 해지 등 보험계약에 관한 의사표시를 할 수 있는 권한

즉, 보험자는 위 대리상의 권한 중 일부를 제한할 수 있지만 그것으로 선의의 보험계약자에게는 대항하지 못한다(동법 제2항). 그리고 보험대리상이 아니면서 특정한 보험자를 위하여 계속적으로 보험계약의 체결을 중개하는 자(보험설계사 등)도 위 ①의 보험계약자로부터 보험료를 수령할 수 있는 권한(이 경우는 보험자가 작성한 영수증을 보험계약자에게 교부하는 경우에만 해당)과 ②의 보험자가 작성한 보험증권을 보험계약자에게 교부할 수 있는 권한이 있다(동법 제3항). 또한 피보험자나 보험수익자가 보험료를 지급하거나 보험계약에 관한 의사표시를 할 의무가 있는 경우에는 위 ①의 보험계약자로부터 보험료를 수령할 수 있는 권한과 ②의 보험자가 작성한 보험증권을 보험계약자에게 교부할 수 있는 권한 및 ③의 보험계약자로부터 청약, 고지, 통지, 해지, 취소 등 보험계약에 관한 의사표시를 받을 수 있는 권한을 그 피보험자나 보험수익자에게도 확대 · 적용하는 것으로 하였다(동법 제4항).

5. 보험기간 중의 의무(위험변경 · 증가의 통지의무)

보험기간 중에 보험계약자 또는 피보험자가 사고 발생의 위험이 현저하게 변경 또는 증가한 된 사실을 안 때에는 지체 없이 보험자에게 통지해야 하고, 이를 해태한 때에는 보험자는 그

사실을 안 날로부터 1개월 이내에 한하여 계약을 해지 할 수 있다(상법 제652조 제1항). 보험자는 위 위험변경 · 증가의 통지를 받은 때에는 1개월 이내에 보험료의 증액을 청구하거나 계약 해지를 할 수 있다(동법 제2항). 또한 보험기간 중에 보험계약자, 피보험자 또는 보험수익자의 고의 또는 중대한 과실로 인하여 사고 발생의 위험이 현저하게 변경 또는 증가한 때에는 보험자는 그 사실을 안 날로부터 1개월 이내에 보험료의 증액을 청구하거나 계약 해지를 할 수 있다(상법 제653조).

한편, 보험계약의 당사자가 특별한 위험을 예기하여 보험료의 액을 정한 경우에 보험기간 중 예기한 위험이 소멸한 때에는 보험계약자는 그 후의 보험료의 감액을 청구할 수도 있다(상법 제647조).

6. 보험사고 발생의 통지 의무

보험계약자 또는 피보험자나 보험수익자는 보험사고가 발생된 것을 안 때에 지체 없이 보험자에게 통지 해야 한다. 보험계약자 또는 피보험자나 보험수익자가 이러한 의무의 해태로 인하여 손해가 증가된 때에 보험자는 그 증가된 부분에 관한 손해를 보상할 책임을 지지 않는다(상법 제657조 제1항, 제2항).

7. 보험자의 보험금지급의무 및 보험료 반환의무

(1) 보험금 지급의무

1) 보험금의 지급과 소멸시효

보험자는 보험사고가 발생한 때에는 보험금액을 지급할 의무가 있다(상법 제638조). 보험금액은 약정기간이 있으면 그 기간 내에, 약정기간이 없으면 보험사고발생의 통지를 받은 날로부터 10일 이내에 지급하여야 한다. 또는 보험수익자에게 보험금액을 지급하여야 한다(상법 제658조). 보험금청구권은 3년간, 보험료 또는 적립금의 반환청구권은 3년간, 보험료청구권은 2년간 행사하지 소멸시효가 완성된다(상법 제662조).

2) 면책사유

보험자는 보험사고가 발생한 때에도 다음과 같은 경우에는 보험금액을 지급할 책임이 없다. 즉, ① 보험사고가 보험계약자 또는 피보험자나 보험수익자의 고의 또는 중대한 과실로 인하여 생긴 때에는 원칙으로 지급책임이 없다(상법 제659조). ② 보험사고가 전쟁 기타의 변란으로 인하여 생긴 때에는 당사자 간에 다른 약정이 없는 한 지급책임이 없다(상법 제660조). ③ 손해가 보험목적의 성질, 하자 또는 자연적 소모로 인하여 생긴 때에는 그 손해를 보상할 책임이 없다(상법 제678조). ④ 보험사고가 발생한 후에도 보험자가 일정한 사유에 의하여 보험계약을 해지한 때에는 지급책임이 없고, 이미 보험금을 지급한 때에는 그 반환을 청구할 수 있다(동법 제650조, 제651조, 제652조, 제653조). 그러나 고지의무에 위반한 사실 또는 위험의 현저한 변경이나 증가된 사실이 보험사고의 발생에 영향을 미치지 아니하였음이 증명된 때에는 보험금을 지급할 책임이 있다(동법 제655조). ⑤ 기타 보험약관에 의하여 특수한 사고원인을 정하고 그로 인하여 보험사고가 발생한 경우에도 보험자가 책임을 부담하지 아니한다는 약정을 한 때에는 보험금액 지급책임을 면할 수 있다. 그러나 이 경우는 그 약정이 강행법규나 공서양속, 신의성실의 원칙에 반하지 아니한 때에 한한다고 보아야 한다.

(2) 보험료 반환의무

보험계약의 전부 또는 일부가 무효인 경우에 보험계약자와 피보험자 또는 보험수익자가 선의이며 중대한 과실이 없는 때에는 보험자는 그 보험료의 전부 또는 일부의 반환을 청구할 수 있다(상법 제648조). 그리고 보험사고가 발생하기 전에는 보험계약자는 언제든지 계약의 전부 또는 일부를 해지할 수 있다. 이 경우에는 당사자 간에 다른 약정이 없으면 미경과 보험료의 반환을 청구할 수 있다. 그러나 상법 제639조의 정함이 있는 타인을 위한 보험계약의 경우에는 보험계약자는 그 타인의 동의를 얻지 아니하거나 보험증권을 소지하지 아니하면 그 계약을 해지하지 못한다(상법 제649조 제1항). 보험사고의 발생으로 보험자가 보험금액을 지급한 때에도 보험금액이 감액되지 아니하는 보험의 경우에는 보험계약자는 그 사고발생 후에도 보험계약을 해지할 수 있다(상법 제649조 제2항).

8. 보험계약자 등의 보험료지급의무

보험계약자는 계약체결 한 다음 바로 보험료의 전부 또는 제1회 보험료를 지급해야 하고, 이의 지급이 없는 경우에는 다른 약정이 없는 한 계약성립 후 2개월이 지나면 그 계약은 해제된 것으로 본다(상법 제650조 제1항). 계속보험료가 약정시기에 지급되지 아니한 때에는 보험자는 상당한 기간을 정하여 보험계약자에게 최고하고 그 기간 내에도 지급되지 아니한 때에는 그 계약을 해지할 수 있다(동법 제2항). 그러나 특정한 타인을 위한 보험의 경우에 보험계약자가 보험금의 지급을 지체한 때에는 보험자는 그 타인에게도 상당한 기간을 정하여 보험료 지급을 최고한 후가 아니면 그 계약을 해제 또는 해지하지 못한다(동법 제3항).

제4절 보험계약의 효과

1. 보험계약의 무효

보험계약의 무효가 되는 경우는 보험계약 당시에 보험사고가 이미 발생하였거나 발생할 수 없는 때에는 그 계약은 무효가 된다(상법 제644조). 이것은 보험사고의 불확정성(우연성)에 반하는 까닭이다. 그러나 당사자 쌍방과 피보험자가 이것을 알지 못하고 계약을 체결하였을 때에는 그 보험계약은 유효하다(상법 제644조 단서). 또한 초과보험 또는 중복보험에 있어서 보험계약이 보험계약자의 사기로 인하여 체결된 때에는 그 계약은 무효이다(상법 제669조, 제672조 제3항). 이 경우에는 보험계약자는 보험료반환청구권이 없다(상법 제669조 제4항).

2. 보험계약의 소멸

(1) 당연소멸

보험계약은 다음의 경우에는 당사자의 의사표시를 요하지 않고 당연히 소멸한다.

1) 보험사고의 발생

보험계약은 목적의 달성으로 인하여 당연히 소멸(종료)한다.

2) 보험기간의 만료

보험사고의 발생 없이 보험기간이 만료한 때에는 보험계약은 소멸한다.

3) 피보험이익 · 위험의 소멸

보험자가 부담하여야 할 보험사고 이외의 사유로 인하여 보험의 목적 전부 또는 일부가 소멸하여 피보험이익의 전부 또는 일부를 상실한 때에는 보험계약은 그 전부 또는 일부에 관하여 장래에 향하여 당연히 실효한다. 위험(보험사고 발생의 가능성)이 소멸한 경우에도 같다.

(2) 당사자의 의사에 의한 소멸

1) 보험계약자에 의한 임의해지

보험계약자는 보험사고가 발생하기 전에는 언제든지 계약의 전부 또는 일부를 해지할 수 있다. 그러나 상법 제639조의 보험계약의 경우에는 보험계약자는 타인의 동의를 얻지 아니하거나 보험증권을 소지하지 아니하면 그 계약을 해지하지 못한다(상법 제649조 제1항). 또한 보험자가 파산선고를 받은 때에는 보험계약자는 계약을 해지할 수 있는데, 해지하지 아니한 보험계약은 파산선고 후 3개월이 경과하면 그 효력을 잃게 된다(상법 제654조 제1항, 제2항).

2) 보험자에 의한 임의해지

보험계약자가 지급할 보험료가 적당한 시기에 지급되지 아니한 때에는 보험자는 상당한 기간을 정하여 보험계약자에게 최고하고 그 기간 내에 지급하지 아니한 때에는 계약을 해지할 수 있다(상법 제650조). 그러나 보험계약이 해지되고 해지환급금이 지급되지 아니한 경우에 보험계약자는 일정한 기간 내에 연체보험료에 약정이자를 붙여 보험자에게 지급하고 그 계약을 청구할 수 있다(상법 제650조의2). 이렇게 보험계약의 부활을 인정하게 된 것은 새로이 같은 보험을 가입하게 되는 보험계약자의 증액되는 보험료부담을 해소하기 위함에서 마련하게 된 것이다.

보험계약 당시에 보험계약자 또는 피보험자가 고의 또는 중대한 과실로 인하여 중요한 사항을 고지하지 아니하거나 부실의 고지를 한 때에도 보험자는 그 사실을 안 날로부터 1월 내에, 계약을 체결한 날로부터 3년 내에 한하여 계약을 해지할 수 있다. 그러나 보험자가 계약당시에 그 사실을 알았거나 중대한 과실로 인하여 알지 못한 때에는 그러하지 아니한다(상법 제651조). 그리고 보험기간 중에 보험계약자 또는 피보험자가 사고발생의 위험이 현저하게 변경 또는 증가된 사실을 안 때에는 지체 없이 보험자에게 통지해야 하는데, 이를 해태한 때에는 보험자는 그 사실을 안 날로부터 1월 내에 한하여 계약을 해지할 수 있다(상법 제652조 제1항). 보험자가 위의 위험변경증가의 통지를 받은 때에는 1개월 내에 보험료의 증액을 청구하거나 계약을 해지할 수 있다(동법 제2항). 또한 보험계약자 등의 고의나 과실로 인한 위험증가의 경우에는 보험자는 그 사실을 안 날로부터 1개월 내에 보험료의 증액을 청구하거나 계약을 해지할 수 있다(상법 제653조). 이상의 것 외에도 앞에서 설명한 고지의무위반으로 인한 보험자의 계약해지권 등이 있다.

3. 기타

(1) 재보험

보험자는 보험사고로 인하여 부담할 책임에 대하여 다른 보험자와 재보험계약을 체결할 수 있다. 이 경우 재보험계약은 원보험계약의 효력에 영향을 미치니 아니 한다(상법 제661조).

(2) 보험계약자 등의 불이익변경금지원칙

보험계약은 당사자 간의 특약으로 보험계약자 또는 피보험자나 보험수익자의 불이익으로 변경하지 못하도록 하는 원칙이 강제되고 있다(상법 제663조). 이 원칙은 약관의 해석에도 적용되는데, 이는 보험자에 비하여 약자의 지위에 있는 보험계약자 등을 두텁게 보호하려는 취지에서 설계된 것이다. 따라서 이 원칙은 보험자와 대등한 지위에 있는 기업관련 보험(재보험, 해상보험, 이와 유사한 보험)에 있어서는 그 적용의 여지가 없다(상법 제663조).

(3) 상호보험, 공제 등에의 준용

상법 제4편 보험은 그 성질에 반하지 아니하는 범위에서 상호보험, 공제, 그 밖의 에 준하는 계약에 준용한다(상법 제664조 : 2014년 전문개정).

제3장 손해보험

제1절 총론

1. 의의

손해보험계약(損害保險契約: contract of property insurance)이란 당사자의 일방(보험자)이 불확정한 사고로 인하여 생길 재산상의 손해를 보상할 것을 약정하고 상대방(보험계약자)은 이에 대하여 보험료를 지급할 것을 약정함으로써 성립되는 계약을 말한다(상법 제638조, 제665조). 상법은 손해보험으로 ① 화재보험, ② 운송보험, ③ 해상보험, ④ 책임보험, ⑤ 자동차보험, ⑥ 보증보험 등 6개의 보험을 각론으로 설계하고 있다.

2. 손해보험계약의 요소

(1) 보험사고

보험사고(保險事故)라 함은 그것이 발생하였을 때 보험자가 손해보상을 할 책임을 지게 되는 원인인 사실(자연의 사건 또는 사람의 행위)을 가리킨다. 보험사고의 요건으로는 ① 성질상 그 발생의 여부(발생 자체, 그 시기, 발생의 태양의 모든 것)가 계약 당시에 적어도 주관적으로 불확실한 것(우연한 것)이라야 한다. ② 그것은 계약 당시에 발생의 가능성이 있어야 하며, ③ 사고의 기초가 되는 사실이 적법한 것이라야 한다. ④ 손해보험의 경우에는 이 밖에 보험사고로 인하여 피보험자에게 경제적 손해가 생길 수 있는 것이어야 한다.

(2) 피보험이익

1) 의의

손해보험계약은 손해의 보상을 목적으로 하는 것이므로 보험사고가 발생하지 아니하였더라면 유지할 수 있는 이익 또는 가치를 일반적으로 피보험이익(被保險利益)이라 한다(즉, 피보험이익이 없으면 보험도 존재할 수 없다).

2) 요건

피보험이익의 요건으로는 ① 적법한 것이어야 하고, ② 금전으로 산정할 수 있어야 하며, ③ 확정하거나 또는 확정할 수 있는 것이어야 한다.

(3) 보험가액과 보험금액

1) 보험가액

보험가액(保險價額: insurable value)은 보험계약의 목적, 즉 피보험이익의 평가액을 말한다. 이 경우 평가는 사회 통념상 합리적이라고 생각되는 객관적 기준에 의해 평가되어야 한다. 당사자 간에 보험가액을 정한 경우는 그 가액은 사고발생시의 가액으로 정한 것으로 추정하고(단, 그 가액이 사고발생 시의 가액을 현저하게 초과할 때는 사고발생시의 가액을 보험가액으로 함), 보험가액을 정하지 아니한 경우는 사고발생 시의 가액을 보험가액으로 한다(상법 제670조, 제671조).

2) 보험금액

보험금액(保險金額)은 계약상 보험자가 손해의 보상으로서 지급하여야 할 금액의 최고한도를 말한다. 보험금액은 보험가액보다 적게 정하는 것은 자유이나 보험금액이 보험가액을 초과하여 정하는 것은 허용하지 아니한다.

보험금액이 보험가액을 초과한 경우는 '초과보험'이라 하고 보험금액이 보험가액에 미달하는 경우를 '일부보험'이라 하며, 동일한 목적과 동일한 사고 및 동일한 보험기간에 관하여 수인의 보험자와 각별로 동시에 또는 순차로 보험계약을 체결한 경우에 그 보험금액이 보험가액을 초과한 경우를 '중복보험'이라 한다.

3. 손해보험계약의 효과

(1) 서언

손해보험계약도 보험계약의 일종이므로 보험계약 일반적인 효력이 그대로 적용된다. 그리고 손해보험계약에 있어서 공통되는 효력으로서는 ① 보험자의 손해보상의무, ② 보험계약자 및 피보험자의 손해방지의무, ③ 보험자의 대위권 등이 법정되어 있다.

(2) 보험자의 손해보상의무(보험금 지급의무)

1) 요건

보험자는 보험기간 중에 보험사고가 발생하고 그로 인하여 손해가 발생된 때에는 면책사유가 없는 한 이를 보상할 의무를 지며, 이 책임은 특별한 약정이 없는 한 최초의 보험료지급을 받은 때로부터 개시한다(상법 제656조). 그러나 보험기간이 보험사고 없이 경과되면 손해가 없으므로 보상의무도 없다. 또한 보험자는 보험사고로 인하여 생긴 손해를 보상할 의무를 지므로 보험사고와 손해발생 사이에 상당한 인과관계가 있어야 한다.

2) 손해보상의 방법

손해보상의 방법에 관해서는 특별한 규정이 없으나 금전급여를 원칙으로 한다. 그러나 특약으로서 현물급여의 방법에 의한 것도 상관없다(대물교부).

3) 손해보상의 범위

손해보상의 범위를 정하려면 먼저 손해액을 산정하여야 한다. 손해액의 산정은 그 손해가 발생한 때와 곳의 가액에 의하여 산정한다. 그러나 당사자 간에 다른 약정이 있는 때에는 그 신품가액에 의하여 손해액을 산정할 수 있다(상법 제676조 제1항). 손해의 산정에 필요한 비용은 원칙으로 보험자가 부담한다(동법 제2항). 손해보상의 범위는 이와 같이 하여 정하여진 손해액을 초과하지 않는 것이 원칙이다. 그러나 보험자는 언제나 손해액 전부를 지급해야 하는 것은 아니다. 피보험이익의 전부가 멸실한 경우(전손)에는 협정보험가액 또는 보험금액을 지급하고, 그 일부가 멸실한 경우(분손)에는 보험가액과 잔존가액과의 차이에 대하여 손해를 보상한다. 이는 보험의 사행성을 방지하기 위한 차원에서 마련된 실손해보상에 관한 원칙이 적용되기 때문이다.

4) 손해보상의무의 이행

손해보상의 이행기에 관하여 다른 약정이 없는 한 보험사고발생 통지를 받은 날로부터 10일 이내에 지급하여야 한다. 이 의무는 3년의 시효의 완성으로 소멸한다(상법 제658조, 제662조).

(3) 보험계약자 · 피보험자의 손해방지의무

1) 의의

손해방지의무는 보험사고가 발생한 때에 적극적으로 손해의 확대를 방지하는데 노력해야할 의무를 말한다(상법 제680조). 이 의무는 신의성실의 원칙과 공익보험의 요청에 의하여 인정한 것이다.

2) 의무해태의 효과

보험계약자 또는 피보험자가 고의 또는 중대한 과실로 인하여 이 의무를 해태한 때에는 그 의무를 성실히 이행하였으면 생기지 아니하였으리라고 기대되는 손해에 대해서는 보험자는 그 배상을 청구하든가 또는 상계에 의하여 지급할 손해보상액으로부터 이를 공제할 수 있는 것으로 해석할 수 있다.

3) 손해방지비용의 부담

보험계약자와 피보험자의 손해방지행위에 든 비용은 보험금액을 초과한 경우라도 보험자가 부담한다(상법 제680조). 이는 손해의 방지가 공익적인 이유도 있지만 보험자의 이익에도 이바지한 것이므로 그 비용을 보험자가 부담하도록 한 것이다.

4. 보험대위

보험자가 보험금액을 지급한 때에는 보험의 목적에 관한 권리(일부보험일 경우는 보험금액의 보험가액에 대한 비율로 인정)나 제3자에 대한 권리(이 경우는 보험금액의 한도 내의 권리로 제한)를 보험계약자 또는 피보험자를 대신하여 법률상 당연히 취득하는 것을 말한다(상법 제681조, 제682조). 보험자대위는 보험사고가 발생한 경우에 보험계약자나 피보험자가 이중이득을 얻지 못하도록 방지하기 위한 제도이다. 그러나 보험자의 위 제3자에 대한 권리취득은 그 의무자가 보험계약자나 피보험자와 생계를 같이 하는 가족일 때에는 그 가족의 고의에 의한 보험사고 발생인 경우는 제외하고 권리취득(보험자의 대위권의 행사)이 인정되지 아니 한다(상법 제682조 : 2014년 본조 전문개정).

5. 초과보험

보험금액이 보험계약의 목적의 가액(계약당시의 가액을 기준으로 산정)을 현저하게 초과한 때나 보험가액이 보험기간 중에 현저하게 감소된 때에는 보험자 또는 보험계약자는 보험료와 보험금액의 감액을 청구할 수 있다(상법 제 669조 제1항 내지 제3항). 이 경우 그 감액은 장래에만 효력이 있고, 이와 같은 초과보험계약이 보험계약자의 사기로 인하여 체결된 것일 때는 그 보험계약은 무효가 된다(동법 제1항 및 제3항). 보험계약이 무효가 되더라도 보험자는 그 원인이 된 계약자의 사기를 안 때까지의 보험료는 청구할 수 있다(동법 제3항).

6. 중복보험

보험계약자가 동일한 보험계약의 목적과 동일한 보험사고에 관하여 여러개의 보험계약을 동시에 또는 순차적으로 체결한 때에는 각 보험자에게 그 사실을 통보해야 하는데, 그 보험금액의 총액이 보험가액을 초과한 때를 중복보험이라고 한다(상법 제672조 제1항, 제2항). 이 경우 보험사고가 발생한 때에는 보험자는 각자의 보험금액의 한도에서 그 비율로 연대책임을 부담한다(동법 제1항). 이와 같은 중복보험계약이 보험계약자의 사기로 인하여 체결된 것일 때는 그 보험계약은 무효가 되는데, 보험계약이 무효가 되더라도 각 보험자는 그 원인이 된 계약자의 사기를 안 때까지의 보험료는 청구할 수 있다(동법 제4항, 상법 제669조 제4항).

제2절 화재보험

1. 의의

화재보험계약(火災保險契約: contract of fire insuance)이란 화재로 인하여 생긴 손해를 보상할 것을 목적으로 하는 손해보험계약을 말한다(상법 제683조). 화재보험계약의 목적은 화재로 인하여 손상될 염려가 있는 유체물임을 요하나 동산이든 부동산이든 불문한다.

(1) 집합보험의 경우

집합된 물건을 일괄하여 보험의 목적으로 한 때에는 피보험자의 가족과 사용인의 물건도 이에 포함한 것으로 하고 그 보험은 그 가족 또는 사용인을 위해서도 체결한 것으로 본다(상법 제686조).

(2) 총괄보험의 경우

집합된 물건을 일괄하여 보험의 목적으로 한 때에는 그 목적에 속한 물건의 보험기간 중에 수시로 교체된 경우에도 사고발생에 현존하는 물건은 보험의 목적에 포함된 것으로 한다(상법 제687조).

2. 손해보상책임

화재로 인하여 생긴 손해에 관하여는 그 화재의 원인 여하를 묻지 아니하고 보험자는 그 보상책임을 진다. 그러나 특약에 의하여 이것을 한정할 수 있다(예: 지진 또는 폭발에 의한 화재는 제외한다는 등). 화재에 의하여 생긴 손해는 화재와 손해 사이에 상대인과관계가 있는 것이어야 한다. 더욱 보험자는 화재의 소방 또는 손해의 감소를 위하여 필요한 조치로 인하여 생긴 손해에 대하여도 이를 보상할 책임이 있다(상법 제684조). 그러나 화재가 보험계약자 또는 피보험자의 고의 또는 중대한 과실로 인하여 생긴 때, 전쟁 기타의 변란으로 인하여 생긴 때에는 보험자가 이를 보상할 책임이 없다(상법 제659조, 제660조).

제3절 운송보험

1. 의의

운송보험계약(運送保險契約: contract of transport insurance)이란 육상운송에서의 운송물에 관한 사고로 인하여 발생할 손해를 보상할 것을 목적으로 하는 손해보험계약을 말한다. 여기서 육상이란 육지 이외의 호천 · 항만도 포함된다(상법 제125조). 보험의 목적은 운송물이며 운송 중 여객의 생명 · 신체에 관한 보험은 인보험에 속한다.

운송보험에서 보험사고는 운송 중에 운송물에 생길 수 있는 모든 사고이므로 차의 충돌이나 전복으로 인한 운송물의 멸실 · 훼손과 운송하면서 생길 수 있는 화재, 도난, 수해 기타의 모든 위험을 포함한다.

2. 보험기간

운송보험의 성질상 운송인이 운송물을 보관하는 기간 안의 위험에 관하여 보험자의 보상책임을 인정하는 것이므로 보험기간은 운송인이 운송물을 수령한 때로부터 운송물을 수하인에게 인도할 때까지를 이 기간으로 한다(상법 제688조). 그러나 운송물을 수하인에게 인도할 수 없거나 이것을 공탁 또는 경매한 때에는 보험기간이 종료한다(상법 제142조).

3. 보험가액

운송물의 보험에서는 사고발생시의 가액을 정확하게 산정하기 어렵기 때문에 보험가액에 대한 협정이 없으면 발송한 때와 곳의 가액과 도착지까지의 운송 기타의 비용을 보험가액으로 한다(상법 제671조, 제689조 제1항). 또한 운송물의 도착으로 인하여 얻은 이익(희망이익)은 약정이 있는 때에 한하여 보험가액에 산입한다(상법 제689조 제2항).

4. 계약의 변경

운송보험계약은 운송의 필요에 의하여 일시 운송을 중지하거나 운송의 노순(路順) 또는 방법을 변경한 경우에도 그 효력을 잃지 아니한다(상법 제691조).

5. 보험자의 책임

운송보험자는 다른 약정이 없는 한 보험기간 중에 생긴 손해를 보상할 책임을 진다(상법 제688조). 그러나 보험사고가 운송인 또는 수하인의 고의나 과실로 인하여 발생한 때에는 보험자는 이로 인하여 생긴 손해를 보상할 책임이 없다(상법 제692조).

제4절 해상보험

1. 의의

해상보험계약(海上保險契約: contract of marine insurance)이란 해상사업에 관한 사고로 인하여 생길 손해를 보상할 것을 목적으로 하는 손해보험계약을 말한다(상법 제693조). 보험의 목적은 선박 또는 적하이다. 해상에 관한 사고란 침몰, 좌초, 충돌, 투하, 포획, 도난, 화재, 불가항력으로 인한 피난 등 항해에 관련하여 생길 수 있는 모든 사고를 포함한다. 그러나 약관으로 특정 사고를 제외하는 것은 무관하다.

2. 해상보험의 종류와 보험가액

해상보험은 그 분류방법이 여러 가지가 있다. 즉, 피보험이익에 관한 분류로서는 선박보험, 적하보험, 운임보험, 희망이익보험 등이 있고, 보험기간에 의한 분류로서는 항해보험, 정시보험, 혼합보험 등이 있다. 그리고 해상보험의 보험기간은 당사자의 약정에 따르나 항해보험의 경우에 개시와 종료에 대하여 상법은 특별규정을 두고 있다.

(1) 선박보험

선박보험은 선박은 물론이고 선박의 속구, 연료, 양식 기타 항해에 필요한 모든 물건은 보험의 목적에 포함되고, 이 선박의 보험가액은 보험자의 책임이 개시되는 때의 가액으로 결정된다(상법 제696조 제1항 제2항).

항해단위로 한 선박보험의 경우에는 보험자의 책임은 화물 또는 적하의 선적에 착수한 때에 개시하고, 하물 또는 저하의 선적에 도착힌 후에 보험계약을 체결한 때에는 그 계약이 성립된 때에 보험자의 책임을 개시한다(상법 제699조). 이상의 경우 보험자의 책임은 도착항에서 하물 또는 저하를 양륙한 때에 종료된다(상법 제700조).

(2) 적하보험 · 희망이익보험

적하보험은 선적한 때와 장소의 적하의 가액과 선적 및 보험에 관한 비용을 보험가액으로 한다(상법 제697조). 항해단위로 선박을 보험에 붙인 경우에는 보험기간은 하물 또는 저하의 선적에 착수한 때에 개시하고, 적하를 보험에 붙인 경우에는 보험기간은 하물의 선적에 착수한 때에 개시하나, 출하지를 정한 경우에는 그곳에서 운송에 착수한 때에 개시한다(상법 제699조 제1항, 제2항). 하물 또는 저하의 선적에 착수한 후에 항해단위로 선박을 보험에 붙인 경우 또는 적하를 보험에 붙인 경우에 보험계약이 체결된 경우에는 보험기간은 계약이 성립한 때에 개시한다(동법 제3항).

희망이익보험의 보험가액은 적하의 도착으로 인하여 얻을 이익 또는 보수의 보험에 있어서는 계약으로 보험가액을 정하지 아니한 때에는 보험금액을 보험가액으로 한 것으로 추정한다(상법 제698조).

3. 손해배상책임

(1) 공동해손으로 인한 손해

선장의 공동해손처분은 항해에 관한 사고이므로 그 처분으로 인하여 피보험자가 직접 손해를 입은 때에는 보험자가 그 손해를 보상하여 줄 책임을 진다(상법 제832조).

(2) 선박의 충돌로 인한 손해

선박의 충돌로 인한 피보험자의 직접손해에 대하여는 보험자가 이를 부담한다.

4. 해상보험자의 면책사유

해상보험계약의 보험자는 원칙적으로 해상사업에 관한 사고로 인하여 피보험이익에 생긴 모든 손해를 보상할 책임이 있으나(상법 제693조), 상법은 이에 대하여 약간의 면책사유에 관한 특칙을 두고 있다. 이 밖에 일반적인 면책사유(상법 제659조, 660조, 678조 등)가 적용되며, 약관에 의한 면책의 특칙(verwirkungsklausel)을 두는 수도 있다.

(1) 항해변경

항해변경(change of voyage)에는 다음의 세 가지 경우가 있다. 즉, ① 선박이 보험계약에서 정하여진 발항항이 아닌 다른 항에서 출항한 때가 그 하나이며(발항항의 변경), 이 경우에는 보험자는 책임을 지지 아니한다(상법 제701조 제1항). ② 선박이 보험계약에서 정하여진 도착항이 아닌 다른 항을 향하여 출항한 때이며(도착항의 변경), 이 경우에도 보험자는 면책이 된다(동법 제2항). ③ 보험자의 책임이 개시된 후에 보험계약에서 정하여진 도착항이 변경된 경우이며(책임개시 후 도착항의 변경), 이 경우에는 보험자는 그 항해의 변경이 결정된 때부터의 책임이 면제된다(동법 제3항).

(2) 이로(離路)

선박이 정당한 사유 없이 보험계약에서 정하여진 항로를 이탈한 경우에는(이로) 보험자는 그 때부터 책임을 지지 아니하며, 선박이 손해발생 전에 원항로로 돌아온 경우에도 동일하게 면책이 된다(상법 제701조의2).

(3) 항해지연

피보험자가 정당한 사유없이 발항 또는 항해를 지연한 때에는 보험자는 발항 또는 항해를 지연한 이후의 사고에 대하여 책임을 지지 아니한다(상법 제702조).

(4) 선박변경

적하보험의 경우에 보험계약자 또는 피보험자의 책임있는 사유로 인하여 선박을 변경한 때에는 보험자는 그 변경 후의 사고에 대하여 책임을 지지 않는다(상법 제703조). 선박은 그 종류와 규모에 따라서 보험사고발생에 크게 영향을 미치는 것이므로 그 변경을 면책사유로 정한 것이다. 희망이익보험의 경우에도 동일한데. 이는 적하보험과 같이 이용되기 때문이다. 그러나 선장의 변경은 계약의 효력에 영향이 없다.

(5) 감항능력의 결여로 인한 손해

선박 또는 운임을 보험에 붙인 경우에 발항 당시 안전하게 항해를 하기에 필요한 준비를 하지 아니하거나 필요한 서류를 비치하지 아니함으로 인하여 손해가 생긴 때에는 보험자는 이를 보상할 책임이 없다(상법 제706조 제1호). 이것은 감항능력을 갖추지 못함으로 인한 손해이며(상법 제787조: 독일상법 제821조 제1항 및 프랑스상법 제352조와 동일), 항해보험이든 기간보험이든 동일하다. 또한 감항능력의 흠결에 대한 보험계약자 또는 피보험자의 과실의 유무를 불문한다.

(6) 용선자 · 송하인 · 수하인의 고의 · 중과실로 인한 손해

적하를 보험에 붙인 경우에는 용선자 · 송하인 또는 수하인의 고의 또는 중대한 과실로 인하여 손해가 생긴 때에도 보험자는 보상할 책임이 없다(상법 제706조 제2호). 희망이익보험은 적하보험과 함께 그 일부로서 들게 되므로 면책사유노 적하보험의 경우와 같다.

(7) 도선료 기타 항해중의 통상비용

도선료, 입항료, 등대료, 검역료 기타 선박 또는 적하에 관한 항해중의 통상비용은 보험자가 보상할 책임이 없다(상법 제706조 제3호). 이러한 비용은 이른바 소규모 해손으로 항해에 관하여 당연히 지출될 것이 예상되는 비용이며, 우연한 사고로 인한 손해라고는 할 수 없기 때문이다.

(8) 약관에 의한 면책의 특칙(보상책임의 범위)

보험자가 부담하는 상법상의 광범위한 보상책임의 범위를 명확히 하기 위하여 약관으로 미리 정하는 것인데, 이는 영국의 관행으로부터 발전한 것으로 해상보험실무에 있어서 통상적으로 사용되고 있다.

1) 전손만의 담보(Total Loss Only, T.L.O.: Free of All Average, F.A.A.)

전손 또는 이에 준하는 추정전손의 경우에만 보험자가 책임을 지는 것이다. 그러므로 분손인 공동해손, 단독해손, 구조해손 등의 손해와 비용에 대해서는 보험자의 책임이 면책된다. 보험료가 소액이라는 특색이 있으며 주로 선박보험에서 이용된다.

2) 단독해손부담보(Free from Particular Average, F.P.A.)

적하보험의 경우에 전손과 공동해손에 의한 손해 및 구조비 또는 손해방지비용에 대해서는 보험자의 보상책임이 발생하나, 적하의 일부만 해당하는 손해 및 단독해손에 대해서는 보험자의 보상책임이 발생되지 않는 것이다. 이는 선박보험에서도 그 취지는 유사하다. 그러나 선박보험에서는 F.P.A.의 특별약관(London Clause)에 의거하여 계약이 체결되면, 선박의 침몰, 화재, 좌초 및 충돌로 인한 손해의 경우에 그 손해가 단독해손이라 할지라도 보험자의 책임이 면책되지 않는다.

3) 분손담보(With Average, W.A.)

상법과 기본적인 약관의 내용으로 정해진 면책사유 이외의 모든 손해에 대해서 보험자의 보상책임이 발생하는 것이다. 그러므로 보험자의 책임은 무겁고 따라서 보험료는 고액이 될 수 밖에 없다.

5. 손해액의 산정

(1) 전손

전손의 경우는 보험가액 또는 보험금액이 보상액으로 된다.

(2) 선박의 분손

선박의 분손인 경우는 분손담보의 특약이 없으면 약정에 의하여 보상액을 정하나 실제에 있어서는 수선비에서 신구교체로 인한 증가액을 공제한 것을 보상액으로 하는 예가 많다(상법 제707조의2).

(3) 적하의 훼손

보험의 목적인 적하가 훼손되어 양륙항에 도착한 때에는 그 적하의 훼손가액과 건전가액과의 차액의 건전가액에 대한 비율을 산정하고 이것을 보험가액에 곱한 액을 보험자가 보상한다(상법 제708조).

(4) 적하의 매각

항해 도중에 불가항력으로 보험의 목적인 적하를 매각한 때에는 보험자는 그 대금에서 운임 기타 필요한 비용을 공제한 금액과 보험가액과의 차액을 보상하여야 한다(상법 제709조 제1항).

6. 보험위부

보험위부(保險委付: abandonment)란 보험의 목적이 전부 멸실한 것과 동시할 일정한 경우에 피보험자에게 보험금의 금액을 청구할 수 있게 하고 피보험자가 가졌던 보험목적상의 권리를 보험자가 취득할 수 있게 하는 제도를 말한다(이 제도는 해상보험에서만 인정된다).

(1) 보험위부의 원인

다음의 경우에는 피보험자는 보험의 목적을 보험자에게 위부하고 보험금액의 전부를 청구할 수 있다. 즉, ① 피보험자가 보험사고로 인하여 자기의 선박 또는 적하의 점유를 상실하여 이를 회복할 가능성이 없거나 회복하기 위한 비용이 회복하였을 때의 가액을 초과하리라고 예상될 경우, ② 선박이 보험사고로 인하여 심하게 훼손되어 이를 수선하기 위한 비용이 수선하였을 때의 가액을 초과하리라고 예상될 경우, ③ 적하가 보험사고로 인하여 심하게 훼손되어서 이를 수선하기 위한 비용과 그 적하를 목적지까지 운송하기 위한 비용과의 합계액이 도착하는 때의 적하의 가액을 초과하리라고 예상될 경우 등이다(상법 제710조).

(2) 위부의 통지

피보험자가 위부를 하고자 할 때에는 2개월 내에 보험자에게 그 통지를 발송하여야 하며(구두, 서면), 보험자는 이 통지를 받을 때까지 보험금액의 지급을 거절할 수 있다(상법 제715조 제1항, 제2항).

(3) 위부권의 행사

위부는 무조건이어야 하며, 또한 보험목적의 전부에 대하여 하여야 한다. 위부로 인하여 보험자는 그 보험에 관한 피보험자의 모든 권리를 취득한다. 취득의 시기는 의사표시가 보험자에게 도달한 때이며 위부한 경우에는 목적에 관한 제서류를 보험자에게 교부하여야 한다(상법 제718조). 위부의 효력이 생기면 피보험자는 보험금액의 전부를 보험자에게 청구할 수 있다(상법 제714조).

제5절 책임보험

1. 의의

책임보험계약(責任保險契約: Contract of liability insurance)이란 피보험자가 보험기간 중의 사고로 인하여 제3자에게 손해배상의 책임을 진 경우에 보험자가 이로 인한 손해를 보상할 것을 목적으로 하는 손해배상계약을 말한다(상법 제719조).

2. 책임보험계약의 특성

(1) 보험의 목적

책임보험은 일반 손해보험과는 달리 피보험자의 배상책임으로 인한 재산상의 손해를 목적으로 하므로 보험의 목적은 특정의 개개의 재화가 아니고 피보험자가 지는 배상책임이며 그 배상책임의 담보가 되는 것은 바로 피보험자의 모든 재산이다. 그리고 피보험자가 경영하는 사업에 관한 책임을 보험의 목적으로 한 때에는 피보험자의 대리인 또는 그 사업감독자의 제3자에 대한 책임도 보험의 목적에 포함된다(상법 제721조).

(2) 피보험이익

책임보험의 목적은 피보험자의 재산전체에 해당되므로 피보험이익도 피보험자의 재산전체에 대하여 감소하게 할 사고가 발생하지 않음으로써 피보험자가 가지게 되는 이익이다. 그러나 보험자가 제3자에게 손해배상 기타 재산적 급여를 할 액은 미리 알 수 없으므로 피보험이익의 가액, 즉 보험가액은 원칙적으로 계약당시에 정할 수 없고, 따라서 보험자는 산정보험금액의 한도 내에서 손해액을 보상할 책임을 부담하게 된다.

(3) 보험사고

책임보험에서는 어떠한 사고를 보험사고로 하는가에 대하여 종래 여러 가지 설이 있으나 책임보험의 보험사고는 제3자에 손해를 발생시킨 사고(손해사고)가 발생하여 피보험자가 배상할 법적 책임을 부담하게 된 것으로 해하는 것(법적 책임발생설)이 타당할 것이다(상법 제719조).

피보험자가 제3자의 청구를 방어하기 위하여 지출된 재판상 또는 재판 외에 필요비용을 부담하도록 하고 있다. 따라서 피보험자는 보험자에 대하여 그 비용의 선급을 청구할 수 있다(상법 제720조 제1항). 또한 피보험자가 담보의 제공 또는 공탁으로서 재판의 집행을 면할 수 있는 경우에는 보험자에 대하여 보험금액의 한도 내에서 그 담보의 제공 또는 공탁을 청구할 수 있다(동법 제2항). 위의 행위가 보험자의 지시에 의한 경우에는 그 금액에 손해액을 가산한 금액이 보험금액을 초과하는 때에도 보험자는 이를 부담해야 한다(동법 제3항).

3. 책임보험계약의 효과

(1) 보험자의 손해보상의무

보험자는 피보험자가 보험기간 중의 사고로 인하여 제3자에 대한 배상책임을 진 경우에 이를 보상할 책임을 진다(상법 제719조).

1) 손해보상의 범위

보험자의 책임범위는 당사자의 특약에 의하여 정한다.

2) 보험금지급시기

보험자는 특별한 기간의 약정이 없으면 피보험자의 채무확정통지를 받은 날로부터 10일내에 보험금액을 지급하여야 한다(상법 제723조 제2항).

(2) 피보험자의 의무

1) 통지의무

피보험자가 제3자로부터 배상의 청구를 받은 때 또는 제3자에 대하여 변제, 승인, 화해 또는 재판으로 인하여 채무가 확정된 때에는 지체 없이 보험자에게 그 통지를 발송하여야 한다(상법 제722조, 제723조). 이것은 보험자로 하여금 보상책임의 이행을 위하여 준비할 수 있도록 하기 위한 것이다. 그러나 피보험자가 제3자로부터 배상을 청구 받았거나 재판을 통해서 채무가 확정된 것을 알면서도 통지를 해태하여 손해가 증가된 경우는 보험사는 그 증가된 손해를 보상할 책임이 없다(상법 제722조 제2항, 제657조 제1항).

2) 협의의무

피보험자가 보험자의 동의 없이 제3자에 대하여 변제, 승인 또는 화해를 한 경우에는 보험자가 그 책임을 면하게 되는 합의가 있는 때에도 그 행위가 현저하게 부당한 것이 아니면 보험자는 보상할 책임을 면하지 못한다(상법 제723조 제3항).

(3) 보험자와 제3자의 관계

보험자는 피보험자가 책임을 질 사고로 이하여 생긴 손해에 대하여 제3자가 그 배상을 받기 전에는 보험금액의 전부 또는 일부를 피보험자에게 지급하지 못한다(상법 제724조 제1항). 제3자는 피보험자가 책임을 질 사고로 입은 손해에 대하여 보험금액의 한도 내에서 보험자에게 직접 보상을 청구할 수 있다. 그러나 보험자는 피보험자가 그 사고에 관하여 가지는 항변으로써 제3자에게 대항할 수 있다(동법 제2항). 제3자로부터 위의 청구를 받은 때에는 보험자는 지체 없이 피보험자에게 그 사실을 통지해야 하고, 피보험자는 보험자의 요구가 있는 때에는 필요한 서류 · 증거의 제출, 증언 또는 증인의 출석에 협조해야 한다(동법 제3항, 제4항).

(4) 보관자의 책임보험, 수개의 책임보험 및 재보험에의 준용

1) 보관자의 책임보험

임차인 기타 타인의 물건을 보관하는 자가 그 타인에 대하여 손해배상책임을 부담함으로써 입을 손해의 보상을 위하여 그 물건을 보험에 붙인 경우를 보관자의 책임보험이라 한다. 이 경우 보험계약은 보관자가 타인에 대하여 손해배상책임을 부담함으로 인하여 입은 손해의 보상을 목적으로 하는 본인을 위한 책임보험계약이며 따라서 피보험자는 보관자 자신이다.

2) 수개의 책임보험 및 재보험에의 준용

피보험자가 동일한 사고로 제3자에게 배상할 책임을 부담함으로써 입은 손해를 보상하는 것을 목적으로 하는 수개의 책임보험계약을 동시에 또는 순차적으로 체결한 경우에 그 보험금액의 총액이 피보험자의 제3자에 대한 손해배상액을 초과하는 때에는 초과보험 및 중복보험의 법리가 적용된다(상법 제725조의2, 제672조, 제673조).

그리고 재보험계약은 원수보험과의 관계에서 그 성질상 책임보험의 일종으로 볼 수 있기 때문에 책임보험계약은 그 성질에 반하지 아니하는 범위 내에서 재보험계약을 준용하는 것으로 명문화하고 있다(상법 제726조 : 2014년 본조 전문개정).

제6절 자동차보험

1. 서언

(1) 자동차보험의 의의

자동차보험(自動車保險: automobile insurance, Automobilversicherung)계약이라 함은 자동차를 소유, 사용 또는 관리하는 동안에 발생한 사고로 인하여 생긴 손해를 보상할 것을 내용으로 하는 손해보험계약을 말한다(상법 제726조의2).

(2) 자동차보험에 관한 1991년 개정상법

1991년 12월 31일 개정상법은 「손해보험」(제4편 제2장)에 제6절을 신설하여 자동차보험에 관한 약간의 규정을 두고 있다. 그 내용은 자동차보험의 정의로 보험자의 책임(상법 제726조의2)과 보험증권의 기재사항(상법 제726조의3) 및 자동차 양도의 경우의 보험관계(상법 제726조의4) 등으로 단조롭게 구성하였다. 따라서 그 밖에 중요한 내용에 대해서는 자동차보험약관과 손해보험의 일반규정에 따를 수밖에 없게 되어 있다.

(3) 자동차보험에 관한 상법의 규정

1) 자동차보험증권의 기재 사항

자동차보험계약이 성립한 때에는 보험자는 보험증권을 작성하여 보험자계약자에게 교부하여야 하는데, 보험증권에는 상법 제666조의 정함이 있는 일반적인 손해보험증권의 기재상항(①보험의 목적, ②보험사고의 성질, ③보험금액, ④보험료와 그 지급방법, ⑤보험기간을 정한 때에는 그 시기와 종기, ⑥무효와 실권의 사유, ⑦보험계약자의 주소와 성명 또는 상호, ⑧피보험자의 주소와 성명 또는 상호, ⑨보험계약의 연원일, ⑩보험증권의 작성지와 그 작성년월일 등) 외에도 ① 자동차소유자와 그 밖의 보유자의 성명과 생년월일 또는 상호, ② 피보험자동차의 등록번호, 차대번호, 차형년식과 기계장치, ③ 차량가액을 정한 때에는 그 가액 등을 기재하도록 되어 있다(상법 제640조 제1항, 제666조, 제726조의3).

2) 자동차의 양도

피보험자가 보험기간 중에 자동차를 양도한 때에는 양수인은 보험자의 승낙을 얻은 경우에 한하여 양도인의 보험계약으로 인하여 생긴 권리와 의무를 승계할 수 있고, 보험자가 양수인으로부터 양수 사실을 통지 받은 때에는 지체 없이 낙부를 통지해야하며, 그 통지를 받은 날로부터 10일 내에 낙부의 통지를 하지 않은 때에는 승낙한 것으로 간주된다(상법 제726조의4 제1항, 제2항).

2. 강제보험–자동차손해배상책임보험계약

(1) 체결강제

1) 자동차 등록자 등의 책임보험가입의무

자동차손해배상 보장법에 의하면, 자동차의 등록 또는 사용신고를 한 자는 자동차의 운행으로 다른 사람이 사망하거나 부상할 경우에 피해자에게 일정한 금액의 지급책임을 지는 자동차손해배상책임보험에 가입하여야 한다(자배법 제5조 제1항). 즉, 자동차보유자를 알 수 없는 자동차의 운행으로 인한 사고(뺑소니사고, 자동차의 운행 중 낙하된 물체로 인한 사고, 등)로 입은 인적피해(사망 또는 상해)의 배상을 보장하기 위한 책임보험가입이 법에 의하여 강제되어 있는 것이다. 이 책임보험(또는 통합보험)에 가입하지 않는 자동차는 운행할 수 없으며(동법 제6조), 이에 위반하여 운행한 자는 형사처벌의 대상이 된다(동법 제29조 제1호).

2) 보험사업자의 체결의무

보험사업자는 정당한 사유가 있는 경우를 제외하고 「자동차손해배상 보장법」(이하, 자배법으로 칭함)에 의한 책임보험가입을 거절하지 못한다(자배법시행령 제13조, 제21조).

(2) 자동차손해배상책임보험의 내용

1) 보험사고

자동차의 운행으로 다른 사람을 사망하게 하거나 부상을 입게 함으로써 손해배상책임을 지게 된 것이 이 책임보험의 보험사고가 된다(자배법 제5조 제1항). 즉, 제3자의 인적 손해의 배상에 대한 책임발생이 보험사고가 되는 것이다.

2) 보험금액

자배법에 의한 자동차책임보험의 보험금액은 사망사고 및 부상의 경우에 따라 각각 법령에서 그 한도액이 정하여져 있다(자배법 제5조 제1항: 동법 시행령 제3조 제1항). 사망사고의 경우는 물론, 부상의 경우도 그 급별에 따라 보험금액이 법정되어 있으므로 모두 정액보험이다.

3) 보험금청구(피해자의 직접 청구권)

자배법은 피해자의 직접 청구권을 인정하고 있다. 즉, 보장자(가입자)에게 손해배상책임이 발생한 때에는 피해자는 보험사업자에게 책임보험금액의 한도 안에서 보험금의 지급을 청구할 수 있다(자배법 제12조, 동법시행령 제6조 내지 제8조).

4) 면책사유

자배법은 승객의 고의로 인한 사망, 부상 등 일정한 면책사유를 규정하고 있으며(자배법 제3조, 제12조), 이것은 동시에 면책사유를 제한한 것이므로 이 밖에 약관에 의한 면책은 인정되지 않는다.

3. 임의자동차보험

(1) 서언

자동차보험은 약관에 의하여 ① 개인용 자동차보험(보통약관, 개인약관), ② 업무용 자동차보험(보통약관, 업무약관), ③ 영업용 자동차보험(보통약관, 영업약관) 등 세 개로 구분되고, 이 밖에 ④ 운전자보험, ⑤ 자동차취급자종합보험, ⑥ 이륜자동차보험, ⑦ 운전면허교습자동차보험 등이 있다. 위 ①과 ② 및 ③의 자동차보험은 다시 대인배상책임보험, 대물배상책임보험, 자기신체사고보험 및 자기차량손해보험 등으로 각각 재분류된다.

(2) 대인배상책임보험계약(개인용, 업무용, 영업용 자동차보험)

대인배상책임보험이란 피보험 자동차의 사고로 인한 타인의 사망 또는 상해에 대한 피보험자의 책임손해를 보험자가 보상하는 것을 목적으로 하는 보험이며, 개인용 자동차보험과 업무용 자동차보험 및 영업용 자동차보험의 세 가지 종류가 있다.

1) 2단계 책임보험

개인용 자동차보험(보통약관), 업무용 자동차보험(보통약관) 및 영업용 자동차보험(보통약관)은 대인배상책임에 있어서 보험자가 보상하는 한도액을 2단계로 나누어, 제1단계의 책임보험(대인배상－Ⅰ)은 자동차손해배상 보장법시행령 제3조에서 정하는 금액을 한도로 보상을 하고, 제2단계의 책임보험(초과손해)(대인배상－Ⅱ)은 그 한도액을 초과하여 약관에 따라 보상하는 이중구조로 되어 있다.

2) 대인배상책임(Ⅰ)

피보험자가 소정의 자동차 운행으로 인하여 사람을 죽게 하거나 다치게 하여 자동차손해배상 보장법(자배법)에 의한 손해배상책임을 짐으로써 입은 손해를 보험자가 보상한다(개인약관 1, 업무약관 1, 영업약관 1).

보험자가 보상하는 금액은 자배법시행령 제3조에 규정된 금액을 한도로 한다(개인약관 2 제1항, 업무약관 2 제1항, 영업약관 2 제1항).

(3) 대인배상책임보험(Ⅱ)(개인용, 업무용, 영업용 자동차보험)

상술한 「대인배상책임보험－Ⅰ」에 가입한 경우에 체결할 수 있으나, 대인배상책임(Ⅱ)는 책임보험만을 단독으로 이용하는 경우에는 「대인배상책임보험－Ⅰ」에 의하여 지급될 수 있는 금액을 초과하는 손해만을 보상한다.

1) 보험자의 보상책임(개인용, 업무용, 영업용 자동차보험)

보험자는 피보험자가 피보험자동차를 소유, 사용, 관리하는 동안에 생긴 피보험 자동차의 사고로 인하여 남을 죽게 하거나 다치게 하여(대인사고) 법률상 손해배상책임을 짐으로써 입은 손해 중 위에서 설명한「대인배상 I」에 의하여 지급될 수 있는 금액을 초과한 손해를 보상한다(개인약관 10, 업무약관 10, 영업약관 10).

2) 면책사유

다음의 손해에 대하여는 보험자는 보상의무가 없다(개인약관 11, 업무약관 11, 영업약관 11).

① 보험계약자 또는 피보험자의 고의로 인한 손해, ② 전쟁, 혁명, 내란, 홍수, 소요 기타 이들과 유사한 사태로 인한 손해, ③ 지진 분화, 태풍, 홍수, 해일 또는 이들과 유사한 천재지변으로 인한 손해, ④ 핵연료물질의 직접 또는 간접적인 영향으로 인한 손해, ⑤ 피보험자가 손해배상에 관하여 제3자와의 사이에 다른 계약을 맺고 있을 때에 그 계약으로 말미암아 늘어난 손해, ⑥ 피보험자 본인이 무면허운전을 하였거나 피보험자의 명시적 · 묵시적 승인하에 피보험자동차의 운전자가 무면허운전을 하였을 때에 생긴 사고로 인한 손해, ⑦ 피보험자 자신이 음주운전을 하였거나 피보험자의 명시적 · 묵시적 승인 하에 피보험자동차의 운전자가 음주운전을 하였을 때에 생긴 사고로 인한 손해 중 200만원. 이 밖에 개인용 자동차보험 및 업무용 자동차보험의 경우는 ⑧ 요금이나 대가를 목적으로 반복적으로 피보험자동차를 사용하거나 대여한 때에 생긴 사고로 인한 손해도 보상하지 않는다. 다만 개인용 자동차보험의 경우에는 1개월 이상의 기간을 정한 임대차계약에 의하여 임대인이 피보험자동차를 전속적으로 사용하는 경우는 예외가 된다. 그러나 임차인이 피보험자동차를 요금이나 대가를 목적으로 반복적으로 사용하는 경우는 면책이 된다(개인약관 11 제1항, 업무약관 11 제1항, 영업약관 11 제1항).

(4) 대물배상책임보험의 종류(개인용, 업무용, 영업용 자동차보험)

대물배상책임보험이란 피보험자동차의 사고로 타인의 재물에 멸실 또는 파손 등의 손해를 가한 경우 보험자가 이를 보상하는 것을 목적으로 하는 보험이며, 대인배상의 경우와 동일하게 개인용 자동차보험과 업무용 자동차모험 및 영업용 자동차보험의 세 가지 종류가 있다. 앞서 설명한 대인배상책임보험의 경우와 동일하다.

(5) 보험자의 보상책임

보험자가 보상하는 책임은 피보험자동차를 소유, 사용, 관리하는 동안에 생긴 피보험자동차의 사고로 타인의 재물을 멸실, 파손 또는 오손하여(대물사고) 법률상 손해배상책임을 짐으로써 입은 손해의 보상을 목적으로 하는 손해보험의 일종이다(개인약관 21, 업무약관 21, 영업약관 21).

(6) 자기신체사고보험(개인용, 업무용, 영업용 자동차보험)

1) 의의 및 성질

자기신체사고보험이라 함은 피보험자가 피보험자동차의 사고로 인하여 상해를 입었을 때에 보험자가 보상할 것을 목적으로 하는 보험이며, 개인용 자동차보험과 업무용 자동차보험 및 영업용 자동차보험의 세 가지 종류가 있다.

자기신체사고보험은 위에서 설명한 바와 같이 피보험자의 상해를 보험사고로 하는 것이므로 그 성질은 상법 제737조 이하에서 정함이 있는 상해보험으로 인보험에 속한다. 다만 그것이 자동차의 사고로 인한 상해라는 점에서 자동차보험의 일부로서 취급된다.

2) 보험자의 보상책임

보험자가 보상할 내용은 피보험자가 피보험자동차를 소유, 사용, 관리하는 동안에 생긴 피보험자동차의 사고로 인하여 상해를 입었을 때에 소정의 보험금을 지급하는 것이다(개인약관 32, 업무약관 32, 영업약관 32).

(7) 무보험자동차에 의한 상해(개인용 및 업무용 자동차보험)

1) 의의 및 종류

피보험자가 무보험자동차에 의하여 생긴 사고로 사망하거나 상해를 입은 때에 그 손해에 대하여 배상의무가 있는 보험자가 보상하는 보험이며, 약관이 정하는 바에 따라서 개인용 자동차보험 및 영업용 자동차보험의 경우에 적용된다(개인약관 38 제1항, 업무약관 38 제1항).

위에서 '무보험자동차'라 함은 '피보험자동차' 이외의 자동차로서 피보험자를 죽게 하거나 다치게 한 다음 자동차를 말한다. ① 자동차보험 대인배상(Ⅱ)이나 공제계약이 없는 자동차, ② 자동차보험 대인배상(Ⅱ)이나 공제계약에서 보상하지 아니하는 경우에 해당하는 자동차, ③ 이 약관에서 보상될 수 있는 금액보다 보상한도가 낮은 자동차보험의 대인배상(Ⅱ)이나 공제계약이 적용되는 자동차 및 ④ 피보험자를 죽게 하거나 다치게 한 자동차가 명확히 밝혀지지 아니한 경우의 그 자동차. 다만 피보험자가 소유하는 자동차는 제외한다.

2) 보험자의 보상범위

보험자가 보상할 보험금액은 무보험자동차에 의한 사고로 피보험자가 입은 위의 손해에 대하여 다음의 합계액을 초과하는 경우의 그 초과금액이다(개인약관 38 제2항, 업무약관 38 제2항). ① 대임배상(Ⅰ)에 의하여 지급되는 금액 또는 대인배상(Ⅰ)에 가입되지 아니한 경우에 대인배상(Ⅰ)에 의하여 지급되는 금액, ② '배상의무자'가 피보험자에게 법률상 손해배상책임을 짐으로써 입은 손해를 보상받을 수 있는 자동차보험 대인배상(Ⅱ)이나 공제계약이 있을 때에는 이러한 대인배상(Ⅱ)이나 공제계약에 의하여 보상될 수 있는 금액. 여기서 '배상의무자'라 함은 무보험자동차의 사고로 인하여 피보험자를 죽게 하거나 다치게 함으로써 피보험자에게 입힌 손해에 대하여 법률상 배상책임이 있는 자를 말한다.

(8) 자기차량손해보험(개인용, 업무용, 영업용 자동차보험)

1) 의의 및 종류

자기차량손해보험은 피보험자의 자동차에 관한 일정한 사고로 인하여 생긴 손해의 보상을 목적으로 하는 손해보험이며, 앞서 설명한 자기신체사고보험이 성질상 인보험에 속하는 것과 대립되는 개념이다. 개인용 자동차보험, 업무용 자동차보험 및 영업용 자동차보험의 3종이 있다.

2) 담보손해

보험자가 보상할 손해는 피보험자가 피보험자동차를 소유, 사용, 관리하는 동안에 다음의 사고로 인하여 피보험자동차(피보험자동차에 통상 붙어 있거나 장치되어 있는 부속품과 부속기계장치는 피보험자동차의 일부로 본다)에 직접적으로 생긴 손해이다. ① 다른 차 또는 물체와의 충돌, 접촉, 추락, 전복 또는 도로운행 중 차량의 침수로 인한 손해, ② 화재, 폭발, 낙뢰, 날아온 물체 또는 떨어지는 물체에 의한 손해, ③ 피보험자동차 전부의 도난(자동차에 장착 또는 장치되어 있는 일부 부분품, 부속품, 부속기계장치만의 도난은 제외)(개인약관 44, 업무약관 44, 영업약관 38).

(9) 자동차보험통칙(개인용, 업무용, 영업용 자동차보험)

개인용, 업무용 및 영업용 자동차보험 보통약관에 공통된 조항 중 중요한 부분은 다음과 같다.

1) 보험계약의 성립

보험자는 계약의 청약을 받고 보험료 전액 또는 제1의 분할보험료를 받은 날로부터 30일 이내에 승낙 또는 거절의 통지를 하여야 하며, 통지가 없으면 승낙한 것으로 본다(개인약관 55 제2항, 업무약관 55 제2항, 영업약관 49 제2항).

2) 보험료분납과 보험자의 책임개시시기

약관에 의하면 보험계약자는 보험료(보험기간에 해당하는 보험료의 전액)를 보험증권에 기재될 횟수 및 금액으로 분할하여 납입할 수 있다(대인배상(Ⅰ)에 대해서는 적용제외). 분할납입의 경우 제2회 이후의 보험료를 약정한 납입일까지 납입하지 아니한 때에는 약정한 납입일로부터 30일간의 최고기간을 두고, 이 최고기간 내에 분할보험료를 납입하지 아니한 때에는 최고기간이 끝나는 날의 24시부터 보험계약은 해지된다(개인용 자동차보험 특별약관 1 제1항).

3) 보험계약의 부활

약관은 보험계약의 부활을 인정하고 있다. 즉, 위의 조항에 따라서 계약이 해지되고 해지환급금이 지급되지 아니한 경우에는 보험계약이 해지된 후 30일 안에 보험계약자가 보험계약의 부활을 청구하고, 부활보험료를 납입한 때에는 보험계약은 유효하게 계속된다. 이 경우 보험자는 계약이 해지된 때로부터 분할보험료를 영수한 날의 24시까지에 생긴 사고에 대하여는 보상하지 아니한다(개인용 자동차보험 특별약관 5).

4. 자동차의 양도-상법을 기초한 보통약관

(1) 자동차의 양도와 보험관계승계의 요건

피보험자가 보험기간 중에 자동차를 양도한 때에는 양수인은 보험자의 승인을 얻은 경우에 한하여 보험계약으로 인하여 생긴 권리와 의무를 승계한다(상법 제726조의4 제1항). 이것은 보험의 목적을 양도한 때에는 보험계약상의 권리와 의무를 양수인이 승계한 것으로 추정한다고 한 상법 제679조에서의 손해보험의 일반원칙에 대한 예외가 되는 것이다. 그러나 개인자동차보험 보통약관에 의하면 피보험자가 보험기간 중 피보험자동차를 양도한 때에는 당해 보험계약상의 권리와 의무를 양수인이 승계하는 것이 아니고, 보험계약자가 당해 보험계약상의 권리와 의무를 양수인에게 양도한다는 뜻을 서면으로 보험자에게 통지하고, 보험증권에 승인의 배서를 청구하고 보험자가 이를 승인한 때에는 그 때부터 양수인에 대하여 당해 보험계약이 적용된다. 보험자가 위의 서면통지를 받은 때부터 10일이 경과한 때에는 보험자가 승인한 것으로 본다(개인용 자동차보험보통약관 59, 영업용 자동차보험약관 53, 업무용 자동차보험약관 59).

(2) 보험자의 낙부통지의무 및 승낙의제

보험자가 양수인으로부터 양수 사실을 통지받은 때에는 지체 없이 승낙 여부를 통지하여야 한다. 위의 통지를 받은 날로부터 10일 내에 승낙 여부의 통지가 없을 때에는 승낙한 것으로 본다(승낙의 의제)(상법 제726조의4 제2항). 이것은 상법 제53조와 같은 취지이다.

제7절 보증보험

1. 의의

보증보험계약은 보험계액자가 피보험자에게 계약상의 채무불이행 또는 법령상의 의무불이행으로 입힌 손해를 보험자로 하여금 보상할 수 있도록 하는 계약을 말한다(상법 제726조의5 : 2014년 본조신설 이하 같음). 이 보증보험제도는 2014년 3월11일 상법개정(2015년 3월12일 시행)을 통하여 손해보험의 일종으로 정식 도입하게 된 제도이다. 상법상 보증보험에 관한 규정은 보증보험의 정의라 할 수 있는 보증보험자의 책임(상법제726조의5), 적용의 제외(상법 제726조의6), 준용규정(상법 제726조의7) 등 총 3개의 조항으로 구축되어 있다.

2. 적용의 제외

보증보험계약에 있어서는 상법 제639조 제2항 단서(타인을 위한 손해보험계약의 경우에 보험계약자가 그 타인에게 보험사고의 발생으로 생긴 손해의 배상을 한 때에는 보험계약자는 그 타인의 권리를 해하지 아니하는 범위 안에서 보험자에게 보험금액의 지급을 청구할 수 있다)를 적용하지 않는 것으로 하고 있다(상법 제726조의6 제1항 : 2014년 본조신설)). 따라서 보증보험에서는 그 계약자가 보험사고의 피해 당사자인 제3자에게 직접 손해를 배상을 하였더라도 그것으로 보험자에 대한 보험금의 청구권을 행사할 수 없는 것으로 한 것이다.

그리고 보험계약자의 사기, 고의 또는 중대한 과실이 있는 경우에도 이에 대한 피보험자의 책임 있는 사유가 없으면 상법 제651조(고지의무위반으로 인한 계약해지), 동법 제652조(위험변경증가의 통지와 계약해지), 동법 제653조(보험계약자 등의 고의나 중과실로 인한 위험증가와 해지), 동법 제659조 제1항(보험사고가 보험계약자 또는 피보험자나 보험수익자의 고의 또는 중대한 과실로 인하여 생긴 때에는 보험자는 보험금지급의 의무가 없다고 정한 보험자 면책사유)의 규정은 적용하지 않는 것으로 하고 있다(상법 제726조의6 제2항 : 2014년 본조신설).

3. 준용규정

보증보험계약에 관해서는 그 성질에 반하지 아니하는 범위에서 보증채무에 관한 민법의 규정을 준용하는 것으로 하고 있다(상법 제726조의7 : 2014년 본조신설).

제4장 인보험

제1절 총론

1. 의의

인보험계약(人保險契約: Contract of person insurance)이란 당사자의 일방(보험자)이 피보험자의 생명 또는 신체에 관하여 보험사고가 생길 경우에 보험수익자에 대하여 일정한 보험금액의 지급 기타의 급여(예: 치료비 등)를 할 것을 약정하고 상대방(보험계약자)이 이에 대하여 보수(보험료)를 지급할 것을 약정함으로써 효력이 생기는 계약을 말한다(상법 제727조, 제638조). 상법상 인보험으로는 생명보험, 상해보험, 질병보험 등으로 설계되어 있는데, 인보험계약의 특색을 들면 이하에서와 같다.

(1) 보험계약의 관계자

계약당사자인 보험자와 보험계약자 이외에도 피보험자와 보험수익자의 지위가 인정되어 있다. 피보험자는 보험사고의 대상이 되는 사람(자연인)을 말하며 보험계약자는 자기를 피보험자로 할 수도 있고 제3자를 피보험자로 할 수도 있다. 보험수익자는 보험사고의 발생 시에 보험자로부터 보험금액의 지급을 받을 자를 말한다. 보험수익자는 보험계약자와 동일인인 경우도 있고 또 타인이 보험수익자가 될 수도 있다.

(2) 보험사고

인보험에서의 보험사고는 피보험자의 생사(생명보험), 상해(상해보험), 또는 질병(질병보험) 등이다.

(3) 보험금액

인보험에서의 보험금액은 보험사고가 발생한 때 그로 인한 손해와는 관계없이 정액보험으로서 약정한 일정한 보험금액을 지급하도록 하는 것이 보통이나 인보험에 있어서도 상해보험이나 질병보험의 경우에는 상해나 질병의 정도에 따라 일정액의 급여를 하는 수도 있다. 그러나 인보험에 있어서는 그 대상이 사람이기 때문에 보험가액을 산정할 수 없음에 따라 초과보험,

중복보험, 일부보험의 문제는 생길 여지가 없다.

2. 보험자대위의 금지

계약에 있어서 보험자는 보험사고로 인하여 생긴 보험계약자 또는 보험수익자의 제3자에 대한 권리를 대위하여 행사하지 못한다(상법 제729조). 그러나 상해보험계약의 경우에 당사자 간의 다른 약정이 있는 때에는 보험자는 피보험자의 권리를 해하지 아니하는 범위 안에서 그 권리를 대위하여 행사할 수 있는 것으로 하고 있다(동법 단서조항).

제2절 생명보험

1. 의의

생명보험계약(生命保險契約: Contract of life insurance)이란 보험자가 피보험자의 생명에 관한 보험사고가 생길 경우에 보험수익자에 대하여 일정한 금액(보험금액) 기타 급여를 지급하고 보험계약자는 이에 대하여 보험료를 납부할 것을 약정하는 계약을 말한다(상법 제730조, 제638조). 생명보험은 대표적인 정액보험이다.

2. 생명보험계약의 종류

(1) 보험사고에 따른 구별

1) 사망보험

피보험자의 사망을 보험사고로 하는 보험계약으로서 이에는 보험기간을 피보험자의 종신까지로 하는 종신보험과 일정 기간 내의 사망을 보험사고로 하는 정기보험이 있다.

2) 생존보험

일정한 시기까지 생존하는 것을 보험사고로 하는 보험계약으로서 교육자금보험, 혼자보험(婚資保險) 등이 속한다.

3) 혼합보험

일정한 시기까지의 생존과 그 시기까지의 사망을 교체적으로 보험사고로 하는 보험계약으로서 생사혼합보험 또는 양로보험이라고도 한다.

(2) 피보험자의 수에 따른 구별

1) 단독보험

피보험자 1인의 생사를 보험사고로 하는 보험계약을 말한다.

2) 연생보험, 생존보험

연생보험이란 수인의 피보험자(예: 부부) 중 1인이 사망한 경우에 다른 피보험자가 보험금액의 지급을 받는 것으로 하는 보험계약을 말하고, 생존보험이란 수인의 피보험자 중 특정의 1인이 사망한 경우에 다른 피보험자가 생존하는 것을 조건으로 하여 보험금액을 지급 받는 것으로 하는 보험을 말한다.

3) 단체보험

어떤 단체(공장의 종업원)에 속하는 자를 포괄적으로 피보험자로 하는 보험계약을 말한다. 이런 경우는 피보험자의 교체에도 보험계약의 동일성은 유지된다.

(3) 보험금액의 지급방법에 따른 구별

1) 자금보험

이것은 보험사고가 발생한 때에 보험금액의 전부를 지급하는 보험계약을 말한다.

2) 연금보험

이것은 보험금액을 연금으로서 순차적으로 지급하는 보험계약을 말한다. 이에는 종신연금보험, 정기연금보험 등이 있다.

3. 타인의 생명보험

타인의 생명보험이란 보험계약자 이외의 제3자를 피보험자로 하여 그 생사를 보험사고로 하는 생명보험을 말한다. 이 경우에는 불법목적으로 이용될 우려가 있기 때문에 계약에 있어서 제한규정을 두고 있다. 즉, 타인의 사망을 보험사고로 하는 보험계약의 체결 시에는 사전에 그 타인의 서면(「전자서명법」 제2조 제2호에 따른 전자서명이 있는 경우로서 대통령령으로 정하는 바에 따라 본인 확인 및 위조 · 변조 방지에 대한 신뢰성을 갖춘 전자문서를 포함)에 의한 동의를 얻어야 하는 것으로 하고 있다(동의주의 : 상법 제731조 제1항 : 2017년 및 2020년 본조개정). 그리고 보험계약으로 인하여 생긴 권리를 피보험자가 아닌 자에게 양도하는 경우에 있어서도 위 방법에 의한 서면동의는 반드시 필요한 것으로 하고 있다(동법 제2항).

의사능력이 없는 15세 미만자, 심신상실자 또는 심신박약자의 사망을 보험사고로 한 보험계약은 무효로 한다(상법 제732조). 그러나 심신박약자가 보험계약을 체결하거나 단체가 규약에 따라 구성원의 전부 또는 일부를 피보험자로 하는 생명보험계약을 체결하는 경우에 있어서 그 피보험자 또는 심신박약자가 의사능력이 있는 경우에는 무효가 되지 않는다(동법 단서조항).

4. 타인을 위한 생명보험

타인을 위한 생명보험이란 보험계약자가 타인(처자, 유족)을 보험수익자로 하여 체결하는 생명보험을 말한다. 이 계약이 성립되기 위해서는 보험계약자가 제3자를 보험수익자로 지정하여야 하며, 그 지정이 없는 한 보험계약자 자신을 보험수익자로 하는 계약으로 해석하게 된다.

5. 고의 및 중과실로 인한 보험사고 등

사망보험계약에서는 사고가 보험계약자 또는 피보험자나 보험수익자의 중대한 과실로 인하여 발생한 경우에도 보험자는 보험금지급책임을 면하지 못하고, 둘 이상의 보험수익자가 있는 경우 그 일부가 고의로 피보험자를 사망하게 한 경우에 있어서도 보험자는 다른 보험수익자에 대한 보험금지급책임을 면하지 못한다(상법 제732조의2 제1항, 제2항 : 2014년 동조 전문개정).

그리고 피보험자의 고의로 인한 보험사고의 경우에 보험자의 책임은 발생하지 않는 것이 원칙이나 예외로 인정된 경우로는 서울고법 2005년 나 8301호의 판례(자궁암말기 암환자의 자살 : 계약체결 후 2년 이내 자살사건), 금감원 고시 2007-56(약관상 면책제외 : 정신질환이 자살의 원인, 계약체결 후 2년이 경과된 이후 자살(대법원판결반영)), 금감원 고시2006-15호(상해사망 : 계약체결 후 2년 이내 자살(급격하고 우연한 사실에 의한 사망인 경우에도 보험자가 고의적 자살인 것에 대한 입증책임) 등이 있다.

6. 보험수익자의 지정 또는 변경의 권리, 보험수익자지정권 등의 통지

보험계약자는 보험수익자를 지정하거나 변경할 권리를 가지고 있는데, 그 지정권을 행사하지 아니하고 사망한 때에는 피보험자를 보험수익자로 하고 그 변경권을 행사하지 아니하고 사망한 때에는 보험수익자의 권리가 확정된다(상법 제733조 제1항, 제2항). 그러나 보험계약자가 사망한 경우에는 그 승계인이 지정권과 변경권을 가지는 것으로 약정되어 있는 경우는 그 약정에 따른다(동법 제2항 단서조항). 그리고 보험수익자가 보험존속 중에 사망한 때에는 보험계약자는 보험수익자를 다시 지정할 수 있는데, 이 경우 보험계약자도 그 지정권을 행사하기 전에 사망한 때에는 보험수익자의 상속인이 보험수익자로 된다(상법 제733조 제3항). 또한 보험계약자가 위의 2가지 경우의 지정권을 행사하기 전에 보험사고가 생긴 경우에는 피보험자 또는 보험수익자의 상속인이 보험수익자로 된다(동법 제4항).

보험계약자가 보험계약이 체결된 후에 보험수익자 지정권 및 변경권을 행사한 때에는 보험자에 대하여 그 사실을 통지해야 하는데, 이를 해태하게 되면 보험자에 대항하지 못한다(상법 제734조 제1항). 이는 타인의 생명보험의 경우에도 적용된다(동법 재2항).

7. 단체보험, 보험적립금 반환의무 등

(1) 단체보험

생명보험의 단체보험은 단체가 규약에 따라 구성원의 전부 또는 일부를 피보험자로 하는 생명보험을 체결하는 경우를 말하고, 이러한 보험계약이 체결되면 자는 보험계약자에게만 보험증권을 교부하게 된다(상법 제735조의3 제1항, 제2항).

그리고 단체보험계약에서 보험계약자가 피보험자 또는 그 상속인이 아닌 자를 보험수익자로 지정할 때에는 단체의 규약에서 명시적으로 정하는 경우를 제외하고 그 피보험자의 서면동의(「전자서명법」 제2조 제2호에 따른 전자서명이 있는 경우로서 대통령령으로 정하는 바에 따라 본인 확인 및 위조 · 변조 방지에 대한 신뢰성을 갖춘 전자문서를 포함)를 받아야 한다(동법 제3항 : 2014년 및 2017년 본조신설).

(2) 보험적립금반환의무

보험자는 일정한 경우(상법 제649조, 제650조, 제651조 및 제652조 내지 제655조의 보험계약의 해지, 제659조, 제669조의 보험금지급책임면제)에 보험계약이 해지된 때 및 보험금의 지급책임이 면제된 때에는 보험수익자를 위하여 이미 적립한 금액을 보험계약자에게 지급할 의무가 있다(상법 제736조). 그러나 다른 약정이 없으면 상법 제659조 제1항의 보험사고(보험사고가 고의 또는 중대한 과실로 발생하여 보험자의 책임이 면책되는 경우)가 보험계약자에 의하여 발생된 때에는 그러하지 아니 한다(동법 단서조항).

제3절 상해보험

1. 의의

상해보험계약(傷害保險契約 : Contract of personal accident insurance)이라 함은 당사자의 일방(보험자)이 상대방, 즉 보험계약자 또는 제3자(피보험자)의 신체의 상해에 관한 보험사고가 생길 경우에 보험금액의 지급 기타의 급여를 하고, 상대방(보험계약자)이 이에 대하여 보수(보험료)를 지급할 것을 약정한 계약을 말한다. 상해보험은 신체의 상해에 관한 보험사고가 발생한 경우에 약정한 보험금액을 지급하는 정액보험과 상해의 정도에 따라 치료비 기타의 비용을 지급하는 부정액보험이 있다. 상해보험의 보험사고는 피보험자의 신체에 대하여 외부적인 돌발사건으로 인하여 입은 상해이어야만 한다(예: 교통사고, 낙상 등). 따라서 내부적인 원인으로 인하여 발생한 질병을 보험사고로 하는 경우는 질병보험이지 상해보험은 아니다.

2. 상해보험자의 책임

상해보험의 보험자는 신체의 상해에 관한 보험사고가 생길 경우에 보험금액 기타의 급여를 할 책임 있다(상법 제737조). 다만, 보험사고가 보험계약자 또는 피보험자나 보험수익자의 고의 또는 중대한 과실로 인하여 생긴 때에는 보험자는 보험금액을 지급할 책임이 없다(상법 제659조). 보험사고가 전쟁 기타의 변란으로 인하여 생긴 때에는 당사자 간에 다른 약정이 없으면 보험자는 보험금액을 지급할 책임이 없다(상법 제660조).

3. 상해보험증권

상해보험의 경우에는 인보험의 통칙에서 보험증권의 기재사항을 정한 상법 제728조(1.보험계약의 종류, 2.피보험자의 주소 · 성명 및 생년월일, 3.보험수익자를 정한 때에는 그 주소 · 성명 및 생년월일)를 그대로 적용하나, 피보험자와 보험계약자가 동일인이 아닐 경우는 피보험자의 주소 · 성명 및 생년월일에 갈음하여 피보험자의 직무 또는 직위만을 기재할 수 있도록 하고 있다(상법 제738조).

4. 준용규정

상해보험은 생명보험과 같이 인보험에 속하기 때문에 상법은 보험편 통칙은 물론이고 생명보험에 관한 규정을 준용하고 있다. 그러나 생명보험에서 15세미만자, 심신상실자 또는 심신박약자 등을 피보험자로 하는 계약을 금지하는 상법 제732조의 규정만은 예외로 하고 있다(상법 제739조).

제4절 질병보험

1. 의의

질병보험계약(疾病保險契約 : A disease insurance contract)이라 함은 보험계약자 또는 제

3자(피보험자)가 질병으로 인한 보험사고가 생길 경우에 보험자는 보험금액의 지급 기타의 급여를 하고, 보험계약자는 이에 대하여 보수(보험료)를 지급할 것을 약정한 계약을 말한다(상법 제739조의2). 질병보험은 신체에 질병으로 인한 보험사고가 발생한 경우에 약정한 보험금액을 지급하는 정액보험과 질병의 정도에 따라 치료비 기타의 비용을 지급하는 부정액보험이 있다. 2014년 3월 11일 상법개정에서는 그간 보험실무에서 존재해 오던 질병보험계약을 정식으로 입법하기에 이르렀다.

2. 내용 및 준용규정

질병보험에 관하여는 그 성질에 반하지 아니하는 범위에서 생명보험 및 상해보험에 관한 규정을 준용하는 것으로 하고 있다(상법 제739조의3). 따라서 질병보험계약은 상법의 인보험에 관한 통칙규정의 적용에 관해서는 해석의 여지가 없지만, 생명보험의 규정과 상해보험의 규정을 준용하여 적용하는데 있어서는 해석의 여지를 남기고 있음이 특이하다.

제7편
해상법

제1장 총 론

1. 실질적 의의의 해상법

실질적 의의의 해상법(海商法)은 해상기업에 관한 법규의 전체를 말한다. 해상기업(海上企業)이라 함은 선박을 해상항행에 사용하여 상행위 기타의 영업을 하는 것을 말한다. 해상법은 해상기업에 관한 법규의 전체이다.

2. 형식적 의의의 해상법

형식적 의의의 해상법은 상법전 제5편 해상의 규정을 말한다. 상법은 「상행위 기타 영리를 목적으로 항해에 사용하는 선박」을 해상법의 적용대상으로 하고 있으므로 상행위를 목적으로 하는 선박뿐만 아니라 상행위 이외의 영리를 목적으로 하는 선박도 해상법의 적용을 받게 된다(상법 제740조).

3. 해상법의 지위 및 특성

(1) 해상법의 지위

해상법은 해상기업에 관한 법규로서 상법 일부를 이루고 있으나 상법은 기업 일반을 규제대상으로 하는 데 대하여 해상법은 특히 해상기업을 규제의 대상으로 하므로 상법에 대하여 특별한 지위에 있다. 또한, 해상법은 기업의 특수적 수요에 따라 민법의 규정을 변경한 부분도 적지 않다.

(2) 해상법의 특성

해상법은 다른 법역에 비하여 독특한 성격을 가진다. 즉, 항해의 위험성, 해상기업의 대자본성, 해상기업의 내재적 기술성으로 보아 기업 일반적 성격과는 달리 특수성과 또한 해상법이 사법적 영역 내에서 독립적 부문으로서 존재할 수 있는 실제성과 가능성을 지니고 있어 해상법 중에 직접 규정이 없는 경우에는 해상관습 또는 합리적 해석 방법에 따라 해결하는 자주성도 가지고 있다.

4. 2007년 8월 3일 개정상법

상법 제5편에 편재된 해상법은 1962년 상법제정 이후부터 2007년 7월 3일 상법 일부개정법률(안)이 국회의 법제사법위원회에서 의결되기 전까지는 개정된 바가 전혀 없었다. 그러나 동 법제사법위원회에서는 이번 개정이유를 "해상운송계약 관련 법체계를 국제무역 실무에 맞게 재정비하고, 전자선하증권 및 해상화물운송장 제도 등 새로운 무역환경에 부합하는 제도를 마련하는 한편, 해운 강국으로서 세계적인 지위에 걸맞게 해상법제를 마련하기 위하여 선박소유자의 책임한도와 운송물의 포장 · 선적단위당 책임한도를 국제기준에 맞게 상향 조정하는 등 상법 제5편 해상 부분을 전면적으로 개선 · 보완"해야 할 필요가 있게 되었다고 밝혔다. 주요 개정내용은 아래와 같이 총 7가지로 요약할 수 있다.

① 여객손해에 대한 선박소유자의 책임한도를 "여객의 정원에 46,666 계산단위(약 7천만원)를 곱한 금액"에서 "여객의 정원에 175,000 계산단위(약 2억원)를 곱한 금액"으로 상향 조정함(상법 제770조 제1항).

② 개별물품을 컨테이너 선박에 의하여 운송하는 개품운송계약과 선박의 전부나 일부를 물건의 운송에 제공하는 용선계약을 구별하여 각각의 계약에 적용될 조항들을 분리 규정함(상법 제791조 내지 제851조).

③ 세계적으로 널리 통용되는 「헤이그-비스비 규칙」을 참고하여 매 포장당 또는 선적단위당 책임한도 금액을 현행 500 계산단위(약 75만원)에서 666.67 계산단위(약 90만원)로 상향조정하고, 총중량 1 킬로그램당 책임한도 금액을 2 계산단위로 하는 중량당 책임제한제도를 새로이 도입함(상법 제797조 제1항).

④ 「1980년 국제복합운송에 관한 국제연합협약」 등을 참조하여 원칙적으로 복합운송인은 손해가 발생한 운송구간에 적용될 법에 따라 책임을 지도록 하되, 손해발생 구간이 불분명한 경우에는 주된 운송구간에 적용될 법에 따라 책임을 정하도록 하는 내용의 복합운송인의 책임에 관한 규정을 마련함(상법 제816조).

⑤ 종이선하증권 대신 법무부장관이 지정하는 관리기관의 정보통신망에서 전자문서로 하여 발행 · 등록 · 배서 · 지급제시 되는 전자선하증권제도를 도입함(상법 제862조).

⑥ 현행 선하증권은 유가증권으로서 전전유통(轉轉流通)이 가능하므로 화물의 도착보다 최종 소지인의 권리행사가 늦어짐으로써 화물인도가 지연되는 경우를 초래하였고, 그 효력이 선하증권과 유사하나 유통성이 없어서 화물인도 지연의 우려가 적어 1970년대 이래 단기 국제운송분야에서 많이 사용되고 있는 해상화물운송장제도를 도입함(상법 제863조, 제864조).

⑦ 환경오염의 방지 또는 경감작업을 장려하기 위하여 환경손해방지작업에 종사한 경우 구조의 성공 여부에 관계없이 특별보상을 청구할 수 있도록 함(상법 제885조). 등이다.

한편, 2007년 7월 3일에는 국회 농림해양수산위원회에서는 정부의 안으로 제출된 「소형선박저당법(안)」을 의결함으로써, 그간 총톤수 20톤 미만의 소형선박은 「선박등기법」의 적용 대상에서 제외되어 저당권설정이 불가하였던 것을 보완하는 등의 조치가 마련되어 소형선박금융의 편익을 도모할 수 있도록 하였다.

제2장 해상기업

제1절 선박

1. 의의

상법상 선박(船舶)이란 상행위나 그 밖의 영리를 목적으로 항해에 사용하는 선박으로 사회 통념상의 선박을 말한다. 따라서 선박이란 물체의 부범성을 응용하여 일반적으로 수상 또는 수중을 선행하고 사람 또는 물건을 실을 수 있는 구조물이라고 할 수 있다. 선박은 항해에 사용되고 상행위 그 밖의 영리를 목적으로 하는 선박이어야 한다. 여기서 말하는 선박에는 국유선과 공유선은 제외되고 호천 · 항만만을 항행하는 선박도 제외된다(상법 제740조, 선박법 제29조 단서). 단정(短艇), 노 또는 상앗대로 운전하는 선박도 제외된다(상법 제741조 제2항).

2. 선박의 종물

선박의 속구목록(屬具目錄)에 기재한 물건은 선박의 종물(從物)로 추정하는데, 이것은 선박의 구성부분이 아니고 독립한 물건으로 선박의 상용에 제공되는 것이며, 선박에 부속된 것으로 나침반, 해도, 성묘, 돛, 구명구, 신호기구 등을 말한다(상법 제742조).

3. 선박의 국적

선박의 국적, 즉 선적은 선박이 어느 국가에 속하는가 하는 것이며, 국적에 따라서 우리나라 선박과 외국선박을 구별하게 된다. 선박의 국적은 국제법 및 행정법상 큰 의미를 가진다.

4. 선박의 공시

(1) 선박의 등기

선박의 등기란 선박등기부에 일정 사항을 기재하는 것을 말한다. 선박등기는 선적항을 관할하는 지방법원, 동 지원 또는 등기소에서 한다(선박법 제4조). 선박등기는 총톤수 20톤 이상의 선박에 대하여서만 인정된다.

(2) 선박의 등록

선박소유자는 선박등기를 한 다음 선적항을 관할하는 해무관청에 비치한 선박원부에 일정한 사항을 기재하여 등록하고 선박국적증서를 교부받아야 한다(선박법 제6조).

5. 선박의 권리이전

선박은 동산이므로 원래는 그에 관한 권리의 양도에는 목적선박을 인도하여야 하나 상법은 특별규정을 두고 있다. 즉, 상법은 의사주의를 취하여 선박에 관한 권리의 이전은 당사자 간의 합의만으로써 효력이 생긴다. 그러나 이를 등기하고 선박국적증서에 기재하지 아니하면 제3자에게 대항하지 못한다(상법 제743조). 총톤수 20톤 이하의 선박(소형선박)도 위의 등록은 해야 한다.

제2절 해상기업의 주체

1. 서설

해상기업의 주체에는 물적 주체와 인적 주체로 구분되는데, 전자는 선박을 의미하고, 후자에는 해상기업의 운영 주체로써 선박소유자, 선박공유자 등이 있다.

2. 선박소유자

(1) 선박소유자의 의의

선박소유자라 함은 선박의 소유권을 가지고 그 선박을 상행위 기타 영리를 목적으로 항해에 사용하는 자를 말한다. 즉, 자선의장자를 말한다. 선박소유자를 선주라고도 한다.

(2) 선박소유자의 책임제한

1) 책임

해상기업을 경영하는 선박소유자는 그 기업의 채무에 대하여 무한책임을 부담하여야 할 것이나 상법은 해상기업의 특수성에 비추어 책임을 일정한 한도에 제한하는 제도를 인정하고 있다(상법 제769조 내지 제776조).

2) 책임제한의 근거

선박소유자의 책임제한의 근거로는 ① 해상기업의 위험성이 크고 손해가 거액에 달한다는 것, ② 선장의 대리권한의 법정범위가 광범하다는 것, ③ 선박소유자는 선적항 외에 있는 선장과 해원에 대한 지휘감독이 곤란하다는 것 등을 들 수 있다. 또한 책임의 제한을 인정하는 상법의 입법주의로는 통일조약주의에 따라 선가책임주의와 금액책임주의를 병용하고 있다(상법 제770조 제1항 제1호 내지 제3호).

가. 선가책임주의

이것은 선박소유자는 원칙으로 항해 종료 후의 해산의 가액을 한도로 하여 인적 책임을 부담하는 것으로 하는 입법주의이다.

나. 금액책임주의

이것은 선박소유자의 책임의 한도를 사고마다 정하고 채무를 발생시킨 선박의 총톤수에 따라서 인적손해와 물적손해에 대하여는 법으로 정한 산출금액을 한도로 하여 선박소유자의 책임을 인정한 입법주의이다.

다. 유한책임의 배제

선박소유자는 청구원인의 여하에도 불구하고 상법 제770조에 따른 금액의 한도로 책임을 제한할 수 있지만, 그 채권이 선박소유자 자신의 고의 또는 손해발생의 염려가 있음을 인식하면서 무모하게 한 작위 또는 부작위로 인하여 생긴 손해(상법 제769조)와 이하에서 열거하는 경우에는 그 책임을 제한하지 못한다. 즉, ① 선장, 해원, 그 밖의 사용인으로서 그 직무가 선박의 업무에 관련된 자 또는 그 상속인, 피부양자 그 밖의 이해관계인의 선박소유자에 대한 채권(상법 제773조 제1호), ② 해난구조로 인한 구조료 채권 및 공동해손의 분담에 관한 채권(동법 제2호), ③ 1969년 11월 29일 성립한 「유류오염손해에 대한 민사책임에 관한 국제조약」또는 그 조약의 개정조항이 적용되는 유류오염손해에 관한 채권(동법 제3호), ④ 침몰 · 난파 · 좌초 · 유기, 그 밖의 해양사고를 당한 선박 및 그 선박 안에 있거나 있었던 적하와 그 밖의 물건의 인양 · 제거 · 파괴 또는 무해조치에 관한 채권(동법 제4호), ⑤ 원자력손해에 관한 채권(동법 제5호).

라. 책임제한을 할 수 있는 자의 범위

이하에 해당하는 경우는 선박소유자의 경우와 동일하게 책임을 제한할 수 있다. 즉, ① 용선자 · 선박관리인 및 선박운항자, ② 법인인 선박소유자 및 제1호에 규정된 자의 무한책임사원, 3. 자기의 행위로 인하여 선박소유자 또는 용선자, 선박관리인, 선박운항자에 대하여 상법 제769조 각 호에 따른 채권(1. 선박에서 또는 선박의 운항에 직접 관련하여 발생한 사람의 사망, 신체의 상해 또는 그 선박 외의 물건의 멸실 또는 훼손으로 인하여 생긴 손해에 관한 채권, 2. 운송물, 여객 또는 수하물의 운송의 지연으로 인하여 생긴 손해에 관한 채권,

3. 앞 1 및 2 이외에 선박의 운항에 직접 관련하여 발생한 계약상의 권리 외의 타인의 권리의 침해로 인하여 생긴 손해에 관한 채권, 4. 앞 1부터 3까지의 채권의 원인이 된 손해를 방지 또는 경감하기 위한 조치에 관한 채권 또는 그 조치의 결과로 인하여 생긴 손해에 관한 채권)이 성립하게 한 선장 · 해원 · 도선사, 그 밖의 선박소유자 또는 용선자, 선박관리인, 선박운항자의 사용인 또는 대리인(상법 제774조 제1항 제1호 내지 제3호).

동일한 사고에서 발생한 모든 채권에 대한 선박소유자 및 위에서 정리한 자에 의한 책임제한의 총액은 선박마다 상법 제770조에 따른 책임한도액을 초과하지 못하는 것으로 하였고(상법 제774조 제2항), 또한 선박소유자 또는 위에서 정리한 자(상법 제774조 제1항 1호 내지 3호)의 1인이 책임제한절차개시의 결정을 받은 때에는 책임제한을 할 수 있는 다른 자도 이를 원용할 수 있도록 하였다(상법 제774조 제3항).

마. 구조자의 책임제한

구조자 또는 그 피용자의 구조활동과 직접 관련하여 발생한 사람의 사망 · 신체의 상해, 재산의 멸실이나 훼손, 계약상 권리 외의 타인의 권리의 침해로 인하여 생긴 손해에 관한 채권 및 그러한 손해를 방지 혹은 경감하기 위한 조치에 관한 채권 또는 그 조치의 결과로 인하여 생긴 손해에 관한 채권에 대하여는 제769조부터 제774조(상법 제769조 제2호 및 제770조 제1항 제1호를 제외한다)까지의 규정에 따라 구조자도 책임을 제한할 수 있도록 하였으며(상법 제775조 제1항), 이 경우 구조활동을 선박으로부터 행하지 아니한 구조자 또는 구조를 받는 선박에서만 행한 구조자는 상법 제770조에 따른 책임의 한도액에 관하여 1,500톤의 선박에 의한 구조자로 보는 것으로 하였다(동법 제2항). 그리고 구조자의 책임의 한도액은 구조선마다 또는 제2항의 경우에는 구조자마다 동일한 사고로 인하여 생긴 모든 채권에 미치고(동법 제3항), 전제1항에서 '구조자'란 구조활동에 직접 관련된 용역을 제공한 자를 말하며, '구조활동'이란 해난구조 시의 구조활동은 물론 침몰, 난파, 좌초, 유기, 그 밖의 해양사고를 당한 선박 및 그 선박 안에 있거나 있었던 적하와 그 밖의 물건의 인양, 제거, 파괴 또는 무해조치 및 이와 관련된 손해를 방지 또는 경감하기 위한 모든 조치를 말하는 것으로 용어정리하였다(동법 제4항).

바. 책임제한의 절차

책임제한의 제반규정에 따라 책임을 제한하고자 하는 자는 채권자로부터 책임한도액을 초과하는 청구금액을 명시한 서면에 의한 청구를 받은 날부터 1년 이내에 법원에 책임제한절차개시의 신청을 해야 하는 것으로 하였고(상법 제776조 제1항), 이 책임제한 절차 개시의 신청, 책임제한의 기금의 형성, 공고, 참가, 배당, 그 밖에 필요한 사항은 별도로 법률로 정하는 것으로 하였다(동법 제2항).

3. 선박공유자

(1) 의의

선박공유자란 선박을 공유하고 상행위 기타 영리를 목적으로 그 선박을 항해에 사용하는 자를 말한다. 선박공유자 관계는 통상 선박공유자 간의 선박공유에 관한 민사계약(조합계약을 포함)에 의하여 이루어진다.

(2) 선박공유자의 업무결정

선박공유자의 업무결정에 관한 사항 즉, 선박의 이용에 관한 사항은 공유자의 지분의 가격에 따라 그 과반수로 결정하고, 선박공유에 관한 계약의 내용을 변경하는 사항은 공유자의 전원일치로 결정하도록 되어 있다(상법 제756조 제1항, 제2항).

(3) 비용의 분담과 손익분배

선박공유자는 그 지분의 가격에 따라 선박의 이용에 관한 비용과 이용에 관하여 생긴 채무를 부담하고, 손익의 분배는 매 항해의 종료 후에 있어서 선박공유자의 지분의 가격에 따라서 한다(상법 제757조, 제758조).

(4) 지분의 양도와 지분매수청구권 등

선박공유자 간에 조합관계가 있는 경우에도 각 공유자는 다른 공유자의 승낙 없이 그 지분을 타인에게 양도할 수 있다(상법 제759조). 그러나 이하에서 설명하는 선박관리인의 경우에는 그러하지 아니 한다(동조 단서). 선박공유자의 지분의 이전 또는 그 국적상실로 인하여 선박이 대한민국의 국적을 상실할 때에는 다른 공유자는 상당한 대가로 그 지분을 매수하거나 그 경매를 법원에 청구할 수 있고(상법 제760조), 선박공유자가 신 항해를 개시하거나 선박을 대수선할 것을 결의한 때에는 그 결의에 이의가 있는 공유자는 다른 공유자에 대하여 상당한 가액으로 자기의 지분을 매수할 것을 청구할 수 있다(상법 제761조 제1항). 결의 반대에 따른 지분매수청구권을 행사 하고자 하는 자는 그 결의가 있은 날부터, 결의에 참가하지 아니한 경우에는 결의 통지를 받은 날부터 3일 이내에 다른 공유자 또는 선박관리인에 대하여 그 통지를 발송하여야 한다(동법 제2항). 그리고 선박공유자인 선장(후술)이 그 의사에 반하여 해임된 때에는 다른 공유자에 대하여 상당한 가액으로 그 지분을 매수할 것을 청구할 수 있으며, 이러한 경우에는 지체 없이 다른 공유자 또는 선박관리인에 대하여 그 통지를 발송하여야 한다(상법 제762조 제1항, 제2항). 또한 항해 중에 있는 선박이나 그 지분을 양도한 경우에 당사자 사이에 다른 약정이 없으면 양수인이 그 항해로부터 생긴 이익을 얻고 손실을 부담하는 것으로 하였다(상법 제763조).

(5) 선박관리인

선박관리인이란 선박공유자 등의 대리인으로서 선박의 이용에 관한 재판상 또는 재판 외의 모든 행위를 할 권한을 가진 자를 말한다(상법 제765조 제1항).

1) 선임 · 해임

선박공유자는 선박관리인을 선임해야 한다(상법 제764조 제1항). 선박공유자가 아닌 자를 선박관리인으로 선임하는 경우에는 공유자 전원의 동의가 있어야 하고, 이 선박관리인의 선임과 그 대리권의 소멸은 등기사항이다(동법 제2항, 제3항).

2) 권한

선박관리인은 대내적으로 업무집행권을 갖는 동시에 대외적으로 선박의 이용에 관한 재판상 또는 재판 외의 모든 행위를 할 권한이 있다(상법 제765조 제1항). 그러나 선박의 양도, 임대, 담보제공, 신 항해개시, 선박보험계약, 대수선(大修繕), 차재(借財) 등을 함에는 선박공유자의 서면에 의한 위임이 있어야 한다(상법 제766조). 그리고 선박관리인의 대리권에 대한 제한은 선의의 제3자에게 대항하지 못한다(상법 제765조 제2항).

3) 의무

선박관리인의 의무로는 업무집행에 관한 장부를 비치하고 그 선박의 이용에 관한 모든 사항을 기재하여야 한다(상법 제767조). 또한 매 항해 종료 후에 지체 없이 그 항해의 경과상황과 계산에 관한 서면을 작성하여 선박공유자에게 보고하고 승인을 얻어야 한다(상법 제768조).

제3절 선장 · 대선장

1. 의의

선장(船長)이라 함은 특정의 선박에 승선하여 그 선박을 지휘하고 또 선박소유자의 대리인으로서 특정의 권한을 가지며 그 밖에 공법상의 직무권한을 가지는 자를 말한다. 대선장(代船長)이라 함은 선장이 불가항력으로 인하여 그 직무를 집행하기가 불가능할 때에 법령에 다른 규정이 있는 경우를 제외하고, 선장이 자기의 책임으로 선임하여 그 직무를 집행케 한 자이다(상법 제748조). 이 경우 선장은 대선장에 대한 감독의 책임이 없다(통설).

2. 선장의 선임 · 해임

선장은 선박소유자(선박공유자 포함)가 선임 또는 해임한다(상법 제745조). 그러나 해임에 있어서 정당한 사유 없이 선장을 해임한 때에는 선장은 이로 인하여 생긴 손해의 배상을 청구할 수 있다(상법 제746조). 그러나 선장은 항해 중에 해임 또는 임기가 만료된 경우에도 다른 선장이 그 업무를 처리할 수 있는 때 또는 그 선박이 선적항에 도착할 때까지 그 직무를 집행할 책임이 있다(상법 제747조).

3. 선장의 대리권의 범위와 제한 및 특수한 행위에 대한 권한

선장의 대리권에 관한 기본적인 범위는 선적항내 · 외에 따라 달라지는데, 먼저 선적항 외에서는 선장은 항해에 필요한 재판상 또는 재판 외의 모든 행위를 할 권한이 있고, 선적항에서는 선장은 특히 위임을 받은 경우 외에는 해원의 고용과 해고를 할 권한만을 가진다(상법 제749조 제1항, 제2항). 선장의 이러한 대리권에 대한 제한은 선의의 제3자에게 대항하지 못한다(상법 제751조).

그리고 선장의 특수한 행위에 대한 권한으로 선적항 외에서 ① 선박 또는 속구를 담보에 제공하는 일, ② 차재(借財)하는 일, ③ 적하의 전부나 일부를 처분하는 일 등은 선박수선료, 해난구조료, 그 밖에 항해의 계속에 필요한 비용을 지급해야할 경우에만 인정하고 있다(상법 제750조 제1항 제1호 내지 제3호). 선장이 적하를 처분할 경우의 손해배상액은 그 적하가 도달할 시기의 양륙항의 가격에 의하여 정해지지만, 그 가격 중에서 지급을 요하지 아니하는 비용을 공제하여야 한다(상법 제750조 제2항).

4. 이해관계인을 위한 적하의 처분

선장이 항해 중에 적하를 처분하는 경우에는 이해관계인의 이익을 위하여 가장 적당한 방법으로 하여야 한다(상법 제752조 제1항). 이 경우에 이해관계인은 선장의 처분으로 인하여 생긴 채권자에게 적하의 가액을 한도로 하여 그 책임을 지게 되나, 그 이해관계인에게 과실이 있는 때에는 그러하지 아니하다(동법 제2항).

5. 선장의 의무와 선박경매권 및 수선불능

선장은 항해에 관한 중요한 사항을 지체 없이 선박소유자에게 보고하여야 한다(상법 제755조 제1항). 선장은 매 항해를 종료한 때에는 그 항해에 관한 계산서를 지체 없이 선박소유자에게 제출하여 그 승인을 받아야 하고, 또 선박소유자의 청구가 있을 때에는 언제든지 항해에 관한 사항과 계산의 보고를 하여야 한다(동법 제2항 및 제3항). 그리고 선적항 외에서 선박이 수선하기 불가능하게 된 때에는 선장은 해무관청의 인가를 받아 이를 경매할 수 있다(상법 제753조). 선박은 ① 선박이 그 현재지에서 수선을 받을 수 없으며 또 그 수선을 할 수 있는 곳에 도달하기 불가능한 때, ② 수선비가 선박의 가액의 4분의 3을 초과할 때에 수선하기 불가능하게 된 것으로 보는데, 앞 ②의 경우의 가액은 선박이 항해 중 훼손된 경우에는 그 발항한 때의 가액으로 하고 그 밖의 경우에는 그 훼손 전의 가액으로 한다(상법 제754조 제1항, 제2항).

제4절 선박담보

1. 선박우선특권과 선박저당권의 의의

선박우선특권(船舶優先特權: Maritime lien, gesetzliches Pfandrecht)이라 함은 법정채권의 채권자가 선박과 그 부속물로부터 다른 채권자보다 우선변제를 받을 수 있는 상법상의 특수한 담보물권이다. 선박우선특권에 관해서는 1923년과 1926년에 통일조약이 성립된 바 있으며(해사우선특권 및 저당권에 관한 규정의 통일을 위한 조약), 그 후 1967년에 새로운 조약이 제정되었으나, 1993년에는 다시 새로운 조약(International Convention on Maritime Lien and Mortgages, 1993)이 제정되어 유엔 사무국에 서명을 위하여 기탁되었다. 선박우선특권은 우리의 법률상 당연히 인정되는 법정담보권인데 대하여 저당권은 설정계약에 의하여 성립되는 약정담보권이라는 데서 양자의 차이가 있으나 우선변제권이 있고, 타물권이며, 부속성 · 불가분성을 갖는 점에서는 공통되므로, 우선특권에 대하여는 민법의 저당권에 관한 규정이 준용된다(상법 제787조 제3항).

선박저당권(船舶抵當權: ship mortgage)이란 등기한 선박을 목적으로 계약에 의하여 설정되는 상법상 특수한 저당권을 말한다(상법 제787조). 선박저당권에는 민법의 저당권에 관한 규정이 준용되고 그 순위, 효력, 소멸 등에 관하여도 그 성질에 반하지 아니하는 한 민법의 규정에 의한다. 선박저당의 목적물은 선박과 그 속구이고 운임은 포함되지 아니한다.

2. 선박우선특권이 있는 채권

상법은 ① 채권자의 공동이익을 위한 소송비용, 항해에 관하여 선박에 과한 제세금, 도선료 · 예선료, 최후 입항 후의 선박과 그 속구의 보존비 · 검사비 등, ② 선원과 그 밖의 선박사용인의 고용계약으로 인한 채권, ③ 해난구조로 인한 선박에 대한 구조료 채권과 공동해손의 분담에 대한 채권, ④ 선박의 충돌과 그 밖의 항해사고로 인한 손해, 항해시설 · 항만시설 및 항로에 대한 손해와 선원이나 여객의 생명, 신체에 대한 손해의 배상채권 등의 채권을 가진 자는 선박, 그 속구, 그 채권이 생긴 항해의 운임, 그 선박과 운임에 부수한 채권에 대하여 우선특권이 있는 것으로 하였다(상법 제777조 제1항).

그리고 이러한 우선특권을 가진 선박채권자는 이 법과 그 밖의 법률의 규정에 따라 위의 채권 재산에 대하여 다른 채권자보다 자기채권의 우선변제를 받을 권리가 있고, 이 경우 그 성질에 반하지 아니하는 한 「민법」의 저당권에 관한 규정을 준용하는 것으로 하였다(동법 제2항). 그리고 위의 선박과 운임에 부수한 채권으로는 ① 선박 또는 운임의 손실로 인하여 선박소유자에게 지급할 손해배상, ② 공동해손으로 인한 선박 또는 운임의 손실에 대하여 선박소유자에게 지급할 상금, ③ 해난구조로 인하여 선박소유자에게 지급할 구조료 등이 해당되는 것으로 하였고(상법 제778조), 운임에 대한 우선특권은 지급을 받지 아니한 운임 및 지급을 받은 운임 중 선박소유자나 그 대리인이 소지한 금액에 한하여 행사할 수 있으며(상법 제779), 보험계약에 의하여 선박소유자에게 지급할 보험금과 그 밖의 장려금이나 보조금에 대하여는 위 상법 제778조를 적용하지 아니하는 것으로 하였다(상법 제780조).

또한 상법 제777조 제1항 제2호에 따른 채권(선원과 그 밖의 선박사용인의 고용계약으로 인한 채권)은 고용계약 존속 중의 모든 항해로 인한 운임의 전부에 대하여 우선특권이 있는 것으로 하였다(상법 제781조).

3. 우선특권 간의 순위와 경합 및 추급권과 소멸

동일항해로 인한 채권의 우선특권이 경합하는 때에는 그 우선의 순위는 상법 제777조 제1항 각 호의 순서에 따르고(상법 제782조 제1항), 동법 제777조 제1항 제3호에 따른 채권(해난구조로 인한 선박에 대한 구조료 채권과 공동해손의 분담에 대한 채권)의 우선특권이 경합하는 때에는 후에 생긴 채권이 전에 생긴 채권에 우선하며, 동일한 사고로 인한 채권은 동시에 생긴 것으로 본다(동법 제2항). 그리고 수회의 항해에 관한 채권의 우선특권이 경합하는 때에는 후의 항해에 관한 채권이 전의 항해에 관한 채권에 우선하는데, 선원과 그 밖의 선박사용인의 고용계약으로 인한 채권의 우선특권은 그 최후의 항해에 관한 다른 채권과 동일한 순위로 한다(상법 제783조 제1항, 제2항). 또한 상법 제781조(선박사용인의 고용계약으로 인한 채권), 동법 제782조(동일항해로 인한 채권에 대한 우선특권의 순위), 동법 제783조(수회항해에 관한 우선특권의 순위)의 규정에 따른 동일순위의 우선특권이 경합하는 때에는 각 채권액의 비율에 따라 변제한다(상법 제784조).

그리고 선박채권자의 우선특권은 그 선박소유권의 이전으로 인하여 영향을 받지 아니하고 우선특권의 추급권이 인정되며, 선박채권자의 우선특권은 그 채권이 생긴 날부터 1년 이내에 실행하지 아니하면 소멸한다(상법 제785조, 제786조).

4. 선박저당권

등기한 선박은 저당권의 목적으로 할 수 있다(상법 제787조 제1항). 이 선박의 저당권은 그 속구에도 미치고 선박의 저당권에는 「민법」의 저당권에 관한 규정이 준용된다(동법 제2항, 제3항). 그러나 선박채권자의 우선특권은 질권과 저당권에 우선하고, 등기한 선박은 질권의 목적으로 하지 못한다(상법 제788조, 제789조).

그리고 상법은 이상에서 설명한 선박담보에 관한 제반규정은 건조 중에 있는 선박에도 준용되는 것으로 하였다(상법 제790조).

제3장 운송과 용선

제1절 총설

해상기업의 주된 활동은 선박을 이용하여 해상운송을 영위하는 것이다. 그러므로 육상운송 및 항공운송과 구별된다. 그리고 항공운송에 관해서는 상법상 별도의 규정이 마련되어 있으나 해상기업의 특성(국제성)과 관련하여 유사하므로 해상운송에 관한 제반규정이 준용된다.

그리고 2007년 8월 3일 개정된 해상법상 해상운송계약은 개품운송, 여객운송, 항해용선, 선체용선계약으로 크게 나누어 구분하고 있는 것이 특색이다.

제2절 개품운송계약

1. 의의

개품운송계약(個品運送契約)이란 운송인이 개개의 물건을 해상에서 선박으로 운송할 것을 인수하고, 송하인이 이에 대하여 운임을 지급하기로 약정함으로써 효력이 생기는 계약을 말한다(상법 제791조).

2. 송하인의 의무

송하인은 당사자 사이의 합의 또는 선적항의 관습에 의한 때(시기)와 곳(장소)에서 운송인에게 운송물을 제공하여야 하는데(운송물의 제공의무), 이 계약에 따른 때와 곳에서 송하인이 운송물을 제공하지 아니한 경우에는 계약을 해제한 것으로 보아 선장은 즉시 발항할 수 있고, 송하인은 계약상의 운임의 전액을 지급할 의무만을 부담하게 되는 것이다(상법 제792조 제1항, 제2항).

그리고 송하인은 선적기간 이내에 운송에 필요한 서류를 선장에게 교부하여야 하는데(운송에 필요한 서류의 교부의무), 이 교부된 서류를 바탕으로 선장은 운송에 관한 사항(선적방법 기타)을 결정하게 되는 것이다(상법 제739조).

3. 운송인의 의무

운송인의 의무는 크게 감항능력 주의의무와 운송물에 관한 주의의무로 대별된다.

(1) 감항능력 주의의무

운송인은 자기 또는 선원이나 그 밖의 선박사용인이 발항 당시 ① 선박이 안전하게 항해를 할 수 있게 할 것, ② 필요한 선원의 승선, 선박의장(艤裝)과 필요품의 보급, ③ 선창, 냉장실, 그 밖에 운송물을 적재할 선박의 부분을 운송물의 수령, 운송과 보존을 위하여 적합한 상태에 둘 것, 등에 관하여 주의를 해태하지 아니하였음을 증명하지 아니하면 운송물의 멸실, 훼손 또는 연착으로 인한 손해를 배상할 책임을 부담하게 되는데, 이러한 의무가 운송인의 감항능력 주의의무인 것이다(상법 제794조).

(2) 운송물에 관한 주의의무

운송인은 자기 또는 선원이나 그 밖의 선박사용인이 운송물의 수령, 선적, 적부(積付), 운송, 보관, 양륙과 인도에 관하여 주의를 해태하지 아니하였음을 증명하지 아니하면 운송물의 멸실, 훼손 또는 연착으로 인한 손해를 배상할 책임이 있다(상법 제795조 제1항). 그러나 운송인은 선장, 해원, 도선사, 그 밖의 선박사용인의 항해 또는 선박의 관리에 관한 행위 또는 화재로 인하여 생긴 운송물에 관한 손해를 배상할 책임을 면한다(동법 제2항). 다만, 이 경우 운송인의 고의 또는 과실로 인한 화재의 경우에는 그러하지 아니한다(동법 제2항 단서).

4. 운송인의 면책사유

운송인은 ① 해상이나 그 밖에 항행할 수 있는 수면에서의 위험 또는 사고, ② 불가항력, ③ 전쟁 · 폭동 또는 내란, ④ 해적행위나 그 밖에 이에 준한 행위, ⑤ 재판상의 압류, 검역상의 제한, 그 밖에 공권에 의한 제한, ⑥ 송하인 또는 운송물의 소유자나 그 사용인의 행위, ⑦ 동맹파업이나 그 밖의 쟁의행위 또는 선박폐쇄, ⑧ 해상에서의 인명이나 재산의 구조행위 또는 이로 인한 항로이탈이나 그 밖의 정당한 사유로 인한 항로이탈, ⑨ 운송물의 포장의 불충분 또는 기호의 표시의 불완전, ⑩ 운송물의 특수한 성질 또는 숨은 하자, ⑪ 선박의 숨은 하자, 등의 사실이 있었다는 것과 운송물에 관한 손해가 그 사실로 인하여 보통 생길 수 있는 것임을 증명한 때에는 이를 배상할 책임을 면한다(상법 제796조). 그러나 감항능력 주의의무 및 운송물에 대한 주의의무를 이행하였더라면 그 손해를 피할 수 있었음에도 불구하고 그 주의를 다하지 아니하였음을 증명한 때에는 그러하지 아니한다(상법 제796조, 제795조 제1항). 이에 관한 증명책임은 운송인의 책임을 추궁하는 자에게 있다.

5. 운송인의 책임한도, 책임경감금지, 비계약적 청구

(1) 운송인 책임한도

상법 제797조에서는 동법 제794조부터 제796조까지의 규정에 따른 운송인의 손해배상의 책임은 당해 운송물의 매 포장당 또는 선적단위당 666과 100분의 67 계산단위의 금액과 중량 1킬로그램당 2 계산단위의 금액 중 큰 금액을 한도로 제한할 수 있는 것하고 있다(운송인의 법정책임의 한도). 그러나 이 경우 운송물에 관한 손해가 운송인 자신의 고의 또는 손해발생의 염려가 있음을 인식하면서 무모하게 한 작위 또는 부작위로 인하여 생긴 것인 때에는 적용을 하지 아니한다(상법 제797조 제1항 단서).

그리고 위 운송인의 법정책임의 한도를 적용함에 있어서 운송물의 포장 또는 선적단위의 수는 ① 컨테이너나 그 밖에 이와 유사한 운송용기가 운송물을 통합하기 위하여 사용되는 경우에 그러한 운송용기에 내장된 운송물의 포장 또는 선적단위의 수를 선하증권이나 그 밖에 운송계약을 증명하는 문서에 기재한 때에는 그 각 포장 또는 선적단위를 하나의 포장 또는 선적단위로 보고, 이 경우를 제외하고는 이러한 운송용기 내의 운송물 전부를 하나의 포장 또는 선적단위로 보며, ② 운송인이 아닌 자가 공급한 운송용기 자체가 멸실 또는 훼손된 경우에는 그 용기를 별개의 포장 또는 선적단위로 본다(상법 제797조 제2항 제1호 내지 제2호).

또한 위 운송인의 법정책임의 한도를 정한 동법 제1항 및 제2항은 송하인이 운송인에게 운송물을 인도할 때에 그 종류와 가액을 고지하고 선하증권이나 그 밖에 운송계약을 증명하는 문서에 이를 기재한 경우에는 적용하지 아니한다. 다만, 송하인이 운송물의 종류 또는 가액을 고의로 현저하게 부실의 고지를 한 때에는 운송인은 자기 또는 그 사용인이 악의인 경우를 제외하고 운송물의 손해에 대하여 책임을 면한다(상법 제797조 제3항). 그리고 이러한 정함은 선박소유자 등의 유한책임을 정한 동법 제769조부터 제774조 및 동 책임제한 절차를 정한 상법 제776조의 적용에 영향을 미치지 아니한다(동법 제4항).

(2) 비계약적 청구에 대한 적용

개품운송계약에 관하여 정하는 제2장 제1절에서의 운송인의 책임에 관한 규정은 운송인의 불법행위로 인한 손해배상의 책임에도 적용하고, 운송물에 관한 손해배상청구가 운송인의 사용인 또는 대리인에 대하여 제기된 경우에 그 손해가 그 사용인 또는 대리인의 직무집행에 관하여 생긴 것인 때에는 그 사용인 또는 대리인은 운송인이 주장할 수 있는 항변과 책임제한을 원용할 수 있다(상법 제798조 제1항, 제2항). 그러나 이 경우 그 손해가 그 사용인 또는 대리인의 고의 또는 운송물의 멸실 · 훼손 또는 연착이 생길 염려가 있음을 인식하면서 무모하게 한 작위 또는 부직위로 인하여 생긴 것인 때에는 그러하지 아니한다(상법 제798조 제2항 단서). 또한 위 상법 제978조 제2항 본문의 경우에 운송인과 그 사용인 또는 대리인의 운송물에 대한 책임제한

금액의 총액은 위에서 정리한 제797조 제1항에 따른 한도를 초과하지 못한다(상법 제798조 제3항). 이상은 운송물에 관한 손해배상청구가 운송인 외의 실제운송인 또는 그 사용인이나 대리인에 대하여 제기된 경우에도 적용한다(동법 제4항).

(3) 운송인의 책임경감금지

상법 제794조(감항능력 주의의무)부터 제798조(비계약적 청구에 대한 적용)까지의 규정에 반하여 운송인의 의무 또는 책임을 경감 또는 면제하는 당사자 사이의 특약은 효력이 없고, 운송물에 관한 보험의 이익을 운송인에게 양도하는 약정 또는 이와 유사한 약정도 또한 같다(운송인의 책임을 임의적으로 경감 또는 면제에 관한 합의 등의 금지)(상법 제799조 제1항). 그러나 이 제1항은 산 동물의 운송 및 선하증권이나 그 밖에 운송계약을 증명하는 문서의 표면에 갑판적(甲板積)으로 운송할 취지를 기재하여 갑판적으로 행하는 운송에 대하여는 적용하지 아니한다(동법 제2항).

6. 위법선적물 · 위험물의 처분

(1) 위법선적물의 처분

선장은 법령 또는 계약을 위반하여 선적된 운송물은 언제든지 이를 양륙할 수 있고, 그 운송물이 선박 또는 다른 운송물에 위해를 미칠 염려가 있는 때에는 이를 포기할 수 있다(상법 제800조 제1항). 선장이 이러한 물건을 운송하는 때에는 선적한 때와 곳에서의 동종 운송물의 최고운임의 지급을 청구할 수 있고(동법 제2항), 이 경우는 운송인과 그 밖의 이해관계인의 손해배상청구에 영향을 미치지 아니한다(동법 제3항).

(2) 위험물의 처분

인화성, 폭발성이나 그 밖의 위험성이 있는 운송물은 운송인이 그 성질을 알고 선적한 경우에도 그 운송물이 선박이나 다른 운송물에 위해를 미칠 위험이 있는 때에는 선장은 언제든지 이를 양륙, 파괴 또는 무해조치할 수 있다(상법 제801조 제1항). 운송인의 이러한 무해조치 처분에 의하여 그 운송물에 발생한 손해에 대하여는 공동해손분담책임을 제외하고 그 배상책임을 면한다(동법 제2항).

7. 운송물의 수령 및 공탁과 일부 멸실 · 훼손에 관한 통지

운송물의 도착통지를 받은 수하인은 당사자 사이의 합의 또는 양륙항의 관습에 의한 때와 곳에서 지체 없이 운송물을 수령하여야 한다(상법 제802조). 수하인이 운송물의 수령을 게을리한 때에는 선장은 이를 공탁하거나 세관이나 그 밖에 법령으로 정한 관청의 허가를 받은 곳에 인도할 수 있다. 이 경우 지체 없이 수하인에게 그 통지를 발송해야 하고, 수하인을 확실히 알 수 없거나 수하인이 운송물의 수령을 거부한 때에는 선장은 이를 공탁하거나 세관이나 그 밖에 법령으로 정한관청의 허가를 받은 곳에 인도하고 지체 없이 용선자 또는 송하인 및 알고 있는 수하인에게 그 통지를 발송해야 한다(상법 제803조 제1항, 제2항). 상법 제803조 제1항 및 제2항에 따라 운송물을 공탁하거나 세관이나 그 밖에 법령으로 정한 관청의 허가를 받은 곳에 인도한 때에는 선하증권소지인이나 그 밖의 수하인에게 운송물을 인도한 것으로 본다(동법 제3항). 수하인이 운송물을 수령하는 때에는 운송계약 또는 선하증권의 취지에 따라 운임 · 부수비용 · 체당금 · 체선료, 운송물의 가액에 따른 공동해손 또는 해난구조로 인한 부담액을 지급하여야 하고, 선장은 그에 따른 금액의 지급과 상환하지 아니하면 운송물을 인도할 의무가 없다(상법 제807조 제1항, 제2항). 이를 선장의 유치권이라 한다.

그리고 운송인은 위 상법 제807조 제1항에 기인된 금액의 지급을 받기 위하여 법원의 허가를 받아 운송물을 경매하여 우선변제를 받을 권리가 있다(상법 제808조 제1항). 이 권리는 선장이 수하인에게 운송물을 인도한 후에도 행사 가능하나, 인도한 날부터 30일을 경과하거나 제3자가 그 운송물에 점유를 취득한 때에는 그러하지 아니한다(동법 제2항). 또한 수하인이 운송물의 일부 멸실 또는 훼손을 발견한 때에는 수령 후 지체 없이 그 개요에 관하여 운송인에게 서면에 의한 통지를 발송해야 한다. 다만, 그 멸실 또는 훼손이 즉시 발견할 수 없는 것인 때에는 수령한 날부터 3일 이내에 그 통지를 발송해야 하고(상법 제804조 제1항), 이러한 통지가 없는 경우에는 운송물이 멸실 또는 훼손 없이 수하인에게 인도된 것으로 추정하며(동법 제2항), 이 경우는 운송인 또는 그 사용인이 악의인 경우에는 적용하지 아니한다(동법 제3항). 그리고 운송물에 멸실 또는 훼손이 발생하였거나 그 의심이 있는 경우에는 운송인과 수하인은 서로 운송물의 검사를 위하여 필요한 편의를 제공하여야 하고, 이에 반하여 수하인에게 불리한 당사자 사이의 특약은 효력이 없는 것으로 하였다(동법 제4항, 제5항).

8. 운임

(1) 운송물의 중량 · 용적에 따른 운임

운송물의 중량 또는 용적으로 운임을 정한 때에는 운송물을 인도하는 때의 중량 또는 용적에 의하여 그 액을 정한다(상법 제805조).

(2) 운송기간에 따른 운임

기간으로 운임을 정한 때에는 운송물의 선적을 개시한 날부터 그 양륙을 종료한 날까지의 기간에 의하여 그 액을 정한다(상법 제806조 제1항). 그러나 이 기간에는 불가항력으로 인하여 선박이 선적항이나 항해 도중에 정박한 기간 또는 항해 도중에 선박을 수선한 기간을 산입하지 아니한다(동법 제2항).

9. 항해용선자 등의 재운송계약시 선박소유자의 책임

항해용선자 또는 정기용선자가 자기의 명의로 제3자와 운송계약을 체결한 경우에는 그 계약의 이행이 선장의 직무에 속한 범위 안에서 선박소유자도 그 제3자에 대하여 감항능력 주의의무 및 운송물에 관한 주의의무에 따른 책임을 진다(상법 제809조).

10. 운송계약의 종료 및 해제

운송계약은 ① 선박이 침몰 또는 멸실한 때, ② 선박이 수선할 수 없게 된 때, ③ 선박이 포획된 때, ④ 운송물이 불가항력으로 인하여 멸실된 때 등에 종료한다(상법 제810조 제1항). 이 경우 앞 ①부터 ③까지의 사유가 항해 도중에 생긴 때에는 송하인은 운송의 비율에 따라 현존하는 운송물의 가액의 한도에서 운임을 지급하여야 한다(동법 제2항). 그리고 항해 또는 운송이 법령을 위반하게 되거나 그 밖에 불가항력으로 인하여 계약의 목적을 달할 수 없게 된 때에는 각 당사자는 계약을 해제할 수 있다(상법 제811조 제1항). 이는 법정사유로 인한 해제라도 하고, 이 경우 그 사유가 항해 도중에 생긴 경우에 계약을 해지한 때에는 송하인은 운송의 비율에 따라 운임을 지급하여야 한다(동법 제2항). 또한 상법 제810조 1항 4호에서 정한 "운송물이 불가항력으로 인하여 멸실된 때" 및 동법 제811조 1항에서 정한 "항해 또는 운송이 법령을 위반하게 되거나 그 밖에 불가항력으로 인하여 계약의 목적을 달할 수 없게 된 때" 등의 사유가 운송물의 일부에 대하여 생긴 때에는 송하인은 운송인의 책임이 가중되지 아니하는 범위 안에서 다른 운송물을 선적할 수 있고, 송하인이 위의 권리를 행사하고자 하는 때에는 지체 없이 운송물의 양륙 또는 선적을 하여야 한다. 그 양륙 또는 선적을 게을리 한 때에는 운임의 전액을 지급하여야 한다(상법 제812조 제1항, 제2항). 이를 운송물의 일부에 관한 불가항력이라고 한다.

11. 선장의 적하처분 및 운임과 운송인의 채권 · 채무의 소멸

운송인은 선장이 상법 제750조 제1항(선장의 특수한 행위에 대한 권한)의 정함에 따라 적하를 처분하였을 때나 동법 제865조(공동해손의 요건)에 따라 적하를 처분하였을 때에는 그 운임의 전액을 청구할 수 있다(상법 제813조). 그리고 운송인의 송하인 또는 수하인에 대한 채권 및 채무는 그 청구원인의 여하에 불구하고 운송인이 수하인에게 운송물을 인도한 날 또는 인도할 날부터 1년 이내에 재판상 청구가 없으면 소멸한다. 다만, 이 기간은 당사자의 합의에 의하여 연장할 수 있다(상법 제814조 제1항). 운송인이 인수한 운송을 다시 제3자에게 위탁한 경우에 송하인 또는 수하인이 위에서 정한 기간 이내에 운송인과 배상 합의를 하거나 운송인에게 재판상 청구를 하였다면, 그 합의 또는 청구가 있은 날부터 3개월이 경과하기 이전에는 그 제

3자에 대한 운송인의 채권 · 채무는 위의 경우에도 불구하고 소멸하지 아니한다. 위의 단서와 동일한 취지의 약정이 있는 경우에도 또한 같다(동법 제2항). 그리고 위 제2항의 경우에 있어서 재판상 청구를 받은 운송인이 그로부터 3개월 이내에 그 제3자에 대하여 소송고지를 하면 3개월의 기간은 그 재판이 확정되거나 그 밖에 종료된 때부터 기산한다(동법 제3항).

12. 복합운송인의 책임

복합운송의 경우에는 운송인이 인수한 운송에 해상 외의 운송구간이 포함된 경우 운송인은 손해가 발생한 운송구간에 적용될 법에 따라 책임을 지게 되는데, 어느 운송구간에서 손해가 발생하였는지 불분명한 경우 또는 손해의 발생이 성질상 특정한 지역으로 한정되지 아니하는 경우에는 운송인은 운송거리가 가장 긴 구간에 적용되는 법에 따라 책임을 진다. 다만, 운송거리가 같거나 가장 긴 구간을 정할 수 없는 경우에는 운임이 가장 비싼 구간에 적용되는 법에 따라 책임을 진다(상법 제816조 제1항, 제2항).

13. 준용규정

육상운송업에서 정함이 있는 상법 제134조(운송물의 멸실과 운임), 동법 제136조(고가물에 대한 책임)부터 제140조(수하인의 지위)까지의 규정은 여기에서 정한 개품운송계약상의 운송인에도 준용한다(상법 제815조).

제3절 여객운송계약

1. 의의

해상여객운송계약은 운송인이 특정한 여객을 출발지에서 도착지까지 해상에서 선박으로 운송할 것을 인수하고, 이에 대하여 상대방이 운임을 지급하기로 약정함으로써 그 효력이 생기는 계약을 말한다(상법 제817조). 이 계약으로 인하여 운송인이 여객에 발행하는 선표 중 기명식 선표의 경우는 타인에게 양도할 수 없고, 운송인은 이 계약에 의하여 여객이 선내에 휴대할 수 있는 수하물에 대해서는 다른 약정이 없으면 별도로 운임을 청구할 수 없으며, 여객은 발항 전에 계약을 해제하는 경우에는 운임의 반액을 지급하고, 발항 후에 계약을 해제하는 경우에는 운임의 전액을 지급하여야 한다(상법 제818조, 제820조, 제822조).

2. 승선지체에 따른 선장의 발항권, 운송인의 식사 · 거처제공의무 등

여객이 승선시기까지 승선하지 아니한 때에는 선장은 즉시 발항할 수 있다(상법 제821조 제1항),

이는 항해 도중의 정박항에서도 같으며, 이러한 경우에 여객은 운임의 전액을 지급하여야 한다(동법 제2항).

운송인은 다른 약정이 없으면 항해 중에 여객에게 식사를 제공하여야 한다(상법 제819조 제1항). 또한 항해 도중에 선박을 수선하는 경우에는 운송인은 그 수선 중 여객에게 상당한 거처와 식사를 제공하여야 한다(동법 제2항). 그러나 여객의 권리를 해하지 아니하는 범위 안에서 상륙항까지의 운송의 편의를 제공한 때에는 그러하지 아니하고, 이 경우에 여객은 항해의 비율에 따른 운임을 지급하고 계약을 해지할 수 있다(동법 제2항 단서, 제3항).

3. 여객의 사망으로 인한 수하물처분권

여객이 사망한 때에는 선장은 그 상속인에게 가장 이익이 되는 방법으로 사망자가 휴대한 수하물을 처분하여야 한다(상법 제824조).

4. 여객운송계약의 법정종료 및 해제

여객이 발항 전에 사망, 질병이나 그 밖의 불가항력으로 인하여 항해할 수 없게 된 때에는 운송인은 운임의 10분의 3을 청구할 수 있고, 발항 후에 그 사유가 생긴 때에는 운송인의 선택으로 운임의 10분의 3 또는 운송의 비율에 따른 운임을 청구할 수 있다(상법 제823조). 여객운송계약은 상법 제810조 제1항 제1호부터 제3호까지에서 정함이 있는 사유(선박이 침몰 또는 멸실한 때, 선박이 수선할 수 없게 된 때, 선박이 포획된 때)로 인하여 종료한다. 그 사유가 항해 도중에 생긴 때에는 여객은 운송의 비율에 따른 운임을 지급하여야 한다(상법 제825조).

5. 준용규정

상법 제148조(육상운송의 여객이 받은 손해의 배상책임), 제794조(감항능력 주의의무), 제799조 제1항(운송인의 책임경감금지) 및 제809조(항해용선자 등의 재운송계약시 선박소유자의 책임)는 해상여객운송에 준용한다(상법 제826조 제1항). 동법 제134조(운송물 멸실과 운임), 제136조(고가물에 대한 책임), 제149조 제2항(인도를 받은 수하물에 대한 책임), 제794조(감항능력 주의의무)부터 제801조(위험물의 처분)까지 및 제804조(운송물의 일부 멸실, 훼손에 관한 통지), 제807조(수하인의 의무, 선장의 유치권), 제809조(항해용선자 등의 재운송계약시 선박소유자의 책임), 제811조(법정사유로 인한 해제 등), 제814조(운송인의 채권, 채무의 소멸)는 운송인이 위탁을 받은 여객의 수하물의 운송에 준용한다(상법 제826조 제1항). 상법 제150조(인도를 받지 아니한 수하물에 대한 책임), 제797조(책임의 한도) 제1항, 제4항, 제798조(비계약적 청구에 대한 적용), 제799조(운송인의 책임경감금지) 제1항, 제809조(항해용선자 등의 재운송계약시 선박소유자의 책임) 및 제814조(운송인의 채권, 채무의 소멸)는 운송인이 위탁을 받지 아니한 여객의 수하물에 준용한다(상법 제826조 제3항).

제4절 항해용선계약

1. 의의

항해용선계약(航海傭船契約)이라 함은 특정한 항해를 할 목적으로 선박소유자가 용선자에게 선원이 승무하고 항해장비를 갖춘 선박의 전부 또는 일부를 물건의 운송에 제공하기로 약정하고 용선자가 이에 대하여 운임을 지급하기로 약정함으로써 그 효력이 생기는 계약을 말한다(상법 제827 제1항).

이 절의 규정은 그 성질에 반하지 아니하는 한 여객운송을 목적으로 하는 항해용선계약에도 준용하고, 선박소유자가 일정한 기간 동안 용선자에게 선박을 제공할 의무를 지지만 항해를 단위로 운임을 계산하여 지급하기로 약정한 경우에도 그 성질에 반하지 아니하는 한 이 절의 규정을 준용한다(동법 제2항, 제3항). 용선계약의 당사자는 상대방의 청구에 의하여 용선계약서를 교부하여야 한다(상법 제828조).

2. 선적준비완료의 통지, 선적기간, 용선자의 발항청구권, 선장의 발항권

(1) 선적준비완료의 통지, 선적기간

선박소유자는 운송물을 선적함에 필요한 준비가 완료된 때에는 지체 없이 용선자에게 그 통지를 발송하여야 한다(상법 제829조 제1항). 운송물을 선적할 기간의 약정이 있는 경우에는 그 기간은 제1항의 통지가 오전에 있은 때에는 그 날의 오후 1시부터 기산하고, 오후에 있은 때에는 다음날 오전 6시부터 기산한다. 이 기간에는 불가항력으로 인하여 선적할 수 없는 날과 그 항의 관습상 선적작업을 하지 아니하는 날을 산입하지 아니한다(동법 제2항). 이 경우의 기간을 경과한 후 운송물을 선적한 때에는 선박소유자는 상당한 보수를 청구할 수 있다(동법 제3항).

(2) 제3자가 선적인인 경우의 통지 및 선적

용선자 외의 제3자가 운송물을 선적할 경우에 선장이 그 제3자를 확실히 알 수 없거나 그 제3자가 운송물을 선적하지 아니한 때에는 선장은 지체 없이 용선자에게 그 통지를 발송하여야 한다. 이 경우 선적기간 이내에 한하여 용선자가 운송물을 선적할 수 있다(상법 제830조).

(3) 용선자의 발항청구권, 선장의 발항권

용선자는 운송물의 전부를 선적하지 아니한 경우에도 선장에게 발항을 청구할 수 있고, 선적

기간의 경과 후에는 용선자가 운송물의 전부를 선적하지 아니한 경우에도 선장은 즉시 발항할 수 있다(상법 제831조 제1항, 제2항). 이 경우에 용선자는 운임의 전액과 운송물의 전부를 선적하지 아니함으로 인하여 생긴 비용을 지급하고, 또한 선박소유자의 청구가 있는 때에는 상당한 담보를 제공하여야 한다(동법 제3항).

3. 계약의 해제와 해지

(1) 발항 전의 계약해제

발항 전에 정기용선자는 운임의 반액을 지급하고 계약을 해제할 수 있다(상법 제832조 제1항). 이 경우 왕복항해의 용선계약인 경우에 전부용선자가 그 회항 전에 계약을 해지하는 때에는 운임의 3분의 2를 지급하여야 하고, 선박이 다른 항에서 선적항에 항행하여야 할 경우에 전부용선자가 선적항에서 발항하기 전에 계약을 해지하는 때에도 운임의 3분의 2를 지급하여야 한다(동법 제2항, 제3항). 일부용선자나 송하인은 다른 용선자와 송하인 전원과 공동으로 하는 경우에 한하여 발항 전에 계약을 해제 또는 해지를 할 수 있다(상법 제833조 제1항). 이 경우 외에는 일부용선자나 송하인이 발항 전에 계약을 해제 또는 해지한 때에도 운임의 전액을 지급하여야 한다(동법 제2항). 그러나 발항 전이라도 일부용선자나 송하인이 운송물의 전부 또는 일부를 선적한 경우에는 다른 용선자와 송하인의 동의를 받지 아니하면 계약을 해제 또는 해지하지 못한다(동법 제3항).

용선자나 송하인이 위의 요건에 따라 계약을 해제 또는 해지를 한 때에도 부수비용과 체당금을 지급할 책임을 면하지 못하고, 위의 경우에는 용선자나 송하인은 법제된 부수비용과 체당금을 지급할 책임을 면하지 못하는 것 외에도 운송물의 가액에 따라 공동해손 또는 해난구조로 인하여 부담할 금액을 지급하여야 한다(상법 제834조 제1항, 제2항). 그리고 이 경우에 운송물의 전부 또는 일부를 선적한 때에는 그 선적과 양륙의 비용은 용선자 또는 송하인이 부담하고, 용선자가 선적기간 내에 운송물의 선적을 하지 아니한 때에는 계약을 해제 또는 해지한 것으로 본다(상법 제835조, 제836조).

(2) 발항 후의 계약해지

발항 후에는 용선자나 송하인은 운임의 전액, 체당금, 체선료와 공동해손 또는 해난구조의 부담액을 지급하고 그 양륙하기 위하여 생긴 손해를 배상하거나 이에 대한 상당한 담보를 제공하지 아니하면 계약을 해지하지 못한다(상법 제837조).

4. 선박소유자의 책임경감금지, 선박소유자의 채권 · 채무의 소멸

운송물을 양륙함에 필요한 준비가 완료된 때에는 선장은 지체 없이 수하인에게 그 통지를 발송하여야 한다(상법 제838조 제1항). 상법 제829조(선적준비완료통지, 선적기간) 제2항은 양륙기간의 계산에 준용하고, 양륙기간을 경과한 후 운송물을 양륙한 때에는 선박소유자는 상당한 보수를 청구할 수 있다(동법 제2항, 제3항).

상법 제794조의 감항능력 주의의무에 반하여 이 절에서 정한 선박소유자의 의무 또는 책임을 경감 또는 면제하는 당사자 사이의 특약은 효력이 없으며, 운송물에 관한 보험의 이익을 선박소유자에게 양도하는 약정 또는 이와 유사한 약정의 경우도 이와 같다(상법 제839조 제1항). 그러나 동법 제799조 제2항을 준용하여 산 동물의 운송 및 선하증권이나 그 밖의 운송계약을 증명하는 문서의 표면에 갑판적으로 운송할 취지를 기재하여 갑판적으로 행하는 운송에 대해서는 이를 적용하지 아니한다(동법 제2항). 선박소유자의 용선자 또는 수하인에 대한 채권 및 채무는 그 청구원인의 여하에 불구하고 선박소유자가 운송물을 인도한 날 또는 인도할 날부터 2년 이내에 재판상 청구가 없으면 소멸하고, 기간을 단축하는 선박소유자와 용선자의 약정은 이를 운송계약에 명시적으로 기재하지 아니하면 그 효력이 없다(상법 제814조 제1항 단서, 제840조 제1항, 제2항).

5. 준용규정

상법 제134조(운송물의 멸실과 운임), 제136조(고가물에 대한 책임), 제137조(손해배상의 액), 제140조(수하인의 지위), 제793조(운송물에 필요한 서류의 교부)부터 제797조(책임의 한도)까지, 제798조(비계약적 청구에 대한 적용) 제1항부터 제3항까지, 제800조(위법선적물의 처분), 제801조(위험물의 처분), 제803조(운송물의 공탁 등), 제804조(운송물의 일부 멸실, 훼손에 관한 통지) 제1항부터 제4항까지, 제805조(운송물의 중량, 용적에 따른 운임) 부터 제808조(운송인의 운송물경매)까지와 제810조(운송계약의 종료사유)부터 제813조(선장의 적하처분과 운임)까지의 규정은 항해용선계약에 준용하고(상법 제841조 제1항), 이에 따라 제806조(운송기간에 따른 운임)의 운임을 계산함에 있어서 제829조(선적준비완료의 통지, 선적기간) 제2항의 선적기간 또는 제838조(운송물의 양륙) 제2항의 양륙기간이 경과한 후에 운송물을 선적 또는 양륙한 경우에는 그 기간경과 후의 선적 또는 양륙기간은 선적 또는 양륙기간에 산입하지 아니하고 제829조(선적준비완료의 통지, 선적기간) 제3항 및 제838조(운송물의 양륙) 제3항에 따라 별도로 보수를 정한다(상법 제841조 제2항).

제5절 정기용선계약

1. 의의

정기용선계약(定期傭船契約)이라 함은 선박소유자가 용선자에게 선원이 승무하고 항해장비를 갖춘 선박을 일정한 기간동안 항해에 사용하게 할 것을 약정하고 용선자가 이에 대하여 기간으로 정한 용선료를 지급하기로 약정함으로써 그 효력이 생기는 계약을 말한다.

2. 선장의 지휘권, 선박소유자의 운송물유치권 · 경매권

정기용선자는 약정한 범위 안의 선박의 사용을 위하여 선장을 지휘할 권리가 있고, 선장, 해원, 그 밖의 선박사용인이 정기용선자의 정당한 지시를 위반하여 정기용선자에게 손해가 발생한 경우에는 선박소유자가 이를 배상할 책임이 있다(상법 제834조 제1항, 제2항). 상법 제807조(수하인의 의무, 선장의 유치권) 제2항 및 제808조(운송인의 운송물 경매권)는 정기용선자가 선박소유자에게 용선료, 체당금, 그 밖에 이와 유사한 정기용선계약에 의한 채무를 이행하지 아니하는 경우에 준용한다. 다만, 선박소유자는 정기용선자가 발행한 선하증권을 선의로 취득한 제3자에게 대항하지 못한다(상법 제844조 제1항). 그리고 이에 따른 선박소유자의 운송물에 대한 권리는 정기용선자가 운송물에 관하여 약정한 용선료 또는 운임의 범위를 넘어서 행사하지 못한다(동법 제2항).

3. 용선료의 연체와 계약해지 및 채권의 소멸

정기용선자가 용선료를 약정기일에 지급하지 아니한 때에는 선박소유자는 계약을 해제 또는 해지할 수 있고, 제3자와 운송계약을 체결하여 운송물을 선적한 후 선박의 항해 중에 선박소유자가 계약을 해제 또는 해지한 때에는 선박소유자는 적하이해관계인에 대하여 정기용선자와 동일한 운송의무가 있다(상법 제845조 제1항, 제2항). 이에 따라 선박소유자가 계약의 해제 또는 해지 및 운송계속의 뜻을 적하이해관계인에게 서면으로 통지를 한 때에는 선박소유자의 정기용선자에 대한 용선료, 체당금, 그 밖에 이와 유사한 정기용선계약상의 채권을 담보하기 위하여 정기용선자가 적하이해관계인에 대하여 가지는 용선료 또는 운임의 채권을 목적으로 질권을 설정한 것으로 본다(동법 제3항). 이러한 경우는 선박소유자 또는 적하이해관계인의 정기용선자에 대한 손해배상청구에 영향을 미치지 아니한다(동법 제4항).

그리고 정기용선계약에 관하여 발생한 당사자 사이의 채권은 선박이 선박소유자에게 반환된 날부터 2년 이내에 재판상 청구가 없으면 소멸한다. 이 경우 상법 제814조 제1항 단서(운송인의 채권 · 채무 소멸에 관한 당사자 간의 합의에 의한 연장)를 준용하고, 동법 제840조 제2항(선박소유자의 채권 · 채무의 소멸에 관한 기간단축의 특약)도 이에 준용한다(상법 제846조 제1항, 제2항).

제6절 선체용선계약

1. 의의

선체용선계약(船體傭船契約)이라 함은 용선자의 관리 · 지배 하에 선박을 운항할 목적으로 선박소유자가 용선자에게 선박을 제공할 것을 약정하고 용선자가 이에 따른 용선료를 지급하기로 약정함으로써 그 효력이 생기는 계약을 말한다(상법 제847조 제1항). 선박소유자가 선장과 그 밖의 해원을 공급할 의무를 지는 경우에도 용선자의 관리와 지배하에서 해원이 선박을 운항하는 것을 목적으로 하면 이를 선체용선계약으로 본다(동법 제2항). 선체용선계약은 그 성질에 반하지 아니하는 한「민법」상 임대차에 관한 규정을 준용하고, 용선기간이 종료된 후에 용선자가 선박을 매수 또는 인수할 권리를 가지는 경우 및 금융의 담보를 목적으로 채권자를 선박소유자로 하여 선체용선계약을 체결한 경우에도 용선기간 중에는 당사자 사이에서는 이 절의 규정에 따라 권리와 의무가 발생된다(상법 제848조 제1항, 제2항).

2. 선체용선자의 등기청구권, 효력, 제3자에 대한 법률관계 등

선체용선자는 선박소유자에 대하여 선체용선등기에 협력할 것을 청구할 수 있고, 등기한 때에는 그 때부터 제3자에 대하여 효력이 생긴다(상법 제849조 제1항, 제2항). 선체용선자가 상행위나 그 밖의 영리를 목적으로 선박을 항해에 사용하는 경우에는 그 이용에 관한 사항에는 제3자에 대하여 선박소유자와 동일한 권리의무가 있고, 이 경우에 선박의 이용에 관하여 생긴 우선특권은 선박소유자에 대하여도 그 효력이 있다. 다만, 우선특권자가 그 이용의 계약에 반함을 안 때에는 그러하지 아니한다(상법 제850조 제1항, 제2항).

선체용선계약에 관하여 발생한 당사자 사이의 채권은 선박이 선박소유자에게 반환된 날부터 2년 이내에 재판상 청구가 없으면 소멸하나, 이 경우는 상법 제814조 제1항 단서(운송인의 채권 · 채무 소멸에 관한 당사자 간의 합의에 의한 연장)가 준용된다(상법 제851조 제1항). 그리고 동법 제840조 제2항(선박소유자의 채권 · 채무의 소멸에 관한 기간단축의 특약)도 이 경우에 준용된다(동법 제2항).

제7절 운송증서

1. 선하증권의 발행, 기재사항, 효력

운송인은 운송물을 수령한 후 송하인의 청구에 의하여 1통 또는 수통의 선하증권(船荷證券)을 교부하여야 한다(상법 제852조 제1항). 운송인은 운송물을 선적한 후 송하인의 청구에 의하여 1통 또는 수통의 선적선하증권을 교부하거나 송하인의 청구에 의해 발행하는 선하증권에 선적의 뜻을 표시하여야 한다(동법 제2항). 운송인은 선장 또는 그 밖의 대리인에게 선하증권의 교부 또는 선적의 뜻의 표시를 위임할 수 있다(동법 제3항).

선하증권에는 ① 선박의 명칭 · 국적 및 톤수, ② 송하인이 서면으로 통지한 운송물의 종류, 중량 또는 용적, 포장의 종별, 개수와 기호, ③ 운송물의 외관상태, ④ 용선자 또는 송하인의 성명 · 상호, ⑤ 수하인 또는 통지수령인의 성명 · 상호, ⑥ 선적항, ⑦ 양륙항, ⑧ 운임, ⑨ 발행지와 그 발행연월일, ⑩ 수통의 선하증권을 발행한 때에는 그 수, ⑪ 운송인의 성명 또는 상호, ⑫ 운송인의 주된 영업소 소재지, 등을 기재하고 운송인이 기명날인 또는 서명하여야 한다(상법 제853조 제1항 제1호 내지 제12호). 위의 ②송하인이 서면으로 통지한 운송물의 종류, 중량 또는 용적, 포장의 종별, 개수와 기호의 기재사항 중 운송물의 중량 · 용적 · 개수 또는 기호가 운송인이 실제로 수령한 운송물을 정확하게 표시하고 있지 아니하다고 의심할 만한 상당한 이유가 있는 때 또는 이를 확인할 적당한 방법이 없는 때에는 그 기재를 생략할 수도 있다(동법 제2항). 위의 ②의 기재사항에 관한 송하인의 통지는 그것이 정확함을 운송인에게 담보하는 것으로 보고, 운송인이 선하증권에 기재된 통지수령인에게 운송물에 관한 통지를 한 때에는 송하인 및 선하증권소지인과 그 밖의 수하인에게 통지한 것으로 본다(동법 제3항, 제4항).

상법 제853조 제1항에 따라 선하증권이 발행된 경우 운송인과 송하인 사이에 선하증권에 기재된 대로 개품운송계약이 체결되고 운송물을 수령 또는 선적한 것으로 추정하고, 이러한 선하증권을 선의로 취득한 소지인에 대하여 운송인은 선하증권에 기재된 대로 운송물을 수령 혹은 선적한 것으로 보고 선하증권에 기재된 바에 따라 운송인으로서 책임을 진다(상법 제854조 제1항, 제2항).

2. 용선계약에서의 선하증권과 등본의 교부의무

용선자의 청구가 있는 경우 선박소유자는 운송물을 수령한 후에 선하증권을 발행해야 한다(상법 제855조 제1항). 이에 따라 선하증권이 발행된 경우 선박소유자는 선하증권에 기재된 대로 운송물을 수령 또는 선적한 것으로 추정한다(동법 제2항). 제3자가 선의로 제1항의 선하증권을 취득한 경우 선박소유자는 상법 제제854조 제2항에 따라 운송인으로서 권리와 의무가 있다. 용선자의 청구에 따라 선박소유자가 제3자에게 선하증권을 발행한 경우에도 또한 같다(동법 제3항). 이 경우 상법 제799조(운송인의 책임경감 금지)를 위반하여 운송인으로서의 의무와 책임을 감경 또는 면제하는 특약을 하지 못한다(상법 제855조 제3항). 선하증권의 교부를 받은 용선자 또는 송하인은 발행자의 청구가 있는 때에는 선하증권의 등본에 기명날인 또는 서명하여 교부할 의무가 있다(상법 제856조).

3. 운송물의 인도 및 공탁, 선하증권소지인 간의 순위

양륙항에서 수통의 선하증권 중 1통을 소지한 자가 운송물의 인도를 청구하는 경우에도 선장은 그 인도를 거부하지 못하고, 수통의 선하증권 중 1통의 소지인이 운송물의 인도를 받은 때에는 다른 선하증권은 그 효력을 잃는다(상법 제857조 제1항, 제2항). 그러나 양륙항 외에서는 선장은 선하증권의 각 통의 반환을 받지 아니하면 운송물을 인도하지 못한다(상법 제858조).

2인 이상의 선하증권소지인이 운송물의 인도를 청구한 때에는 선장은 지체 없이 운송물을 공탁하고 각 청구자에게 그 통지를 발송하여야 하고, 선장이 위 상법 제857조 제1항에 따라 운송물의 일부를 인도한 후 다른 소지인이 운송물의 인도를 청구한 경우에도 그 인도하지 아니한 운송물에 대하여 선장은 지체 없이 운송물을 공탁하고 각 청구자에게 그 통지를 발송하여야 한다(상법 제859조 제1항, 제2항). 이에 따라 공탁한 운송물에 대하여는 수인의 선하증권소지인에게 공통되는 전 소지인으로부터 먼저 교부를 받은 증권소지인의 권리가 다른 소지인의 권리에 우선하며, 격지자에 대하여 발송한 선하증권은 그 발송한 때를 교부받은 때로 본다(상법 제860조 제1항, 제2항). 그리고 상법 제129조(화물상환증의 상환증권성), 제130조(화물상환증의 지시증권성), 제132조(화물상환증의 처분증권성) 및 제133조(화물상환증교부의 물권적효력)는 제852조(선하증권의 발행)는 용선계약에서의 선하증권에 준용한다(상법 제861조).

4. 전자선하증권

운송인은 상법 제852조 또는 제855조의 선하증권을 발행하는 대신에 송하인 또는 용선자의 동의를 받아 법무부장관이 지정하는 등록기관에 등록을 하는 방식으로 전자선하증권을 발행할 수 있다. 이 경우 전자선하증권은 선하증권과 동일한 법적 효력을 갖는다(상법 제862조 제1항). 전자선하증권에는 상법 제853조 제1항 각 호의 정보가 포함되어야 하며, 운송인이 전자서명을 하여 송신하고 용선자 또는 송하인이 이를 수신하여야 그 효력이 생기고, 전자선하증권의 권리자는 배서의 뜻을 기재한 전자문서를 작성한 다음 전자선하증권을 첨부하여 지정된 등록기관을 통하여 상대방에게 송신하는 방식으로 그 권리를 양도할 수 있다(동법 제2항, 제3항). 위의 방식에 따라 배서의 뜻을 기재한 전자문서를 상대방이 수신하면 제852조 및 제855조의 선하증권을 배서하여 교부한 것과 동일한 효력이 있고, 이 경우 전자문서를 수신한 권리자는 선하증권을 교부받은 소지인과 동일한 권리를 취득한다(동법 제4항). 그리고 전자선하증권의 등록기관의 지정요건, 발행 및 배서의 전자적인 방식, 운송물의 구체적인 수령절차와 그 밖에 필요한 사항은 대통령령으로 정하는 것으로 되어 있다(동법 제5항).

(1) 화물운송장의 대체발행

운송인은 용선자 또는 송하인의 청구가 있으면 상법 제852조 또는 제855조의 선하증권을 발행하는 대신 해상화물운송장을 발행할 수 있고, 해상화물운송장에는 해상화물운송장임을 표시하는 외에 제853조제1항 각 호 사항을 기재하고 운송인이 기명날인 또는 서명하여야 한다(상법 제863조 제1항, 제2항). 그리고 해상화물운송장은 당사자 사이의 합의에 따라 전자식으로도 발행할 수 있다(동법 제1항 단서). 상법 제853조 제2항 및 제4항은 해상화물운송장에 준용한다(동법 제3항).

(2) 화물운송장의 효력

상법 제863조 제1항의 규정에 따라 해상화물운송장이 발행된 경우 운송인이 그 운송장에 기재된 대로 운송물을 수령 또는 선적한 것으로 추정하고, 운송인이 운송물을 인도함에 있어서 수령인이 해상화물운송장에 기재된 수하인 또는 그 대리인이라고 믿을만한 정당한 사유가 있는 때에는 수령인이 권리자가 아니라고 하더라도 운송인은 그 책임을 면하는 것으로 하였다(상법 제864조 제1항, 제2항).

제4장 해상위험

제1절 공동해손

1. 의의

선박이 해상기업에 종사하는 경우에는 그 항해에 관련하여 선박이나 적하에 보통 생기는 손해 · 비용이 있고, 비상사고로 인하여 생기는 손해 · 비용이 있으며, 이를 총칭하여 광의의 해손이라 한다. 이 가운데 전자는 이를 소해손(小海損)이라 하며, 운임이나 적하의 가격에 각각 가산될 성질의 것이다. 후자, 즉 비상해손은 이를 협의의 해손이라 한다. 이것은 다시 선박 또는 적하만에 대한 사고로 인하여 생기는 단독해손(單獨海損: Particular average, Besondere Haverei)과 양자에 공통된 사고로 인한 공동해손의 두 가지로 나누어진다. 공동해손(共同海損: General average, Grosse Haverei)은 선장이 선박과 적하의 공동위험을 면하기 위하여 한 처분으로 인하여 생긴 손해 · 비용을 말하며, 이것은 선박 · 적하 · 운임에 의하여 공동으로 분담된다. 공동해손에 관한 규정은 대체로 1950년의 요크앤트워프규칙(York Antwerp Rules)에 따른 것이다.

2. 공동해손의 요건

선박과 적하의 공동위험을 면하기 위한 선장의 선박 또는 적하에 대한 처분으로 인하여 생긴 손해 또는 비용은 공동해손으로 한다(상법 제865조).

3. 공동해손의 분담과 분담액의 산정 · 책임제한

공동해손은 그 위험을 면한 선박 또는 적하의 가액과 운임의 반액과 공동해손의 액과의 비율에 따라 각 이해관계인이 이를 분담한다(상법 제866조). 이 분담액을 정함에 있어서는 선박의 가액은 도달의 때와 곳의 가액으로 하고, 적하의 가액은 양륙의 때와 곳의 가액으로 하여야 하는데, 다만, 적하에 관하여는 그 가액 중에서 멸실로 인하여 지급을 면하게 된 운임과 그 밖의 비용을 공제하여야 한다(상법 제867조). 그리고 위 2개 조항에 따라 공동해손의 분담책임이 있는 자는 선박이 도달하거나 적하를 인도한 때에 현존하는 가액의 한도에서 책임을 진다(상법 제868조).

4. 공동해손의 손해액산정과 구상권

공동해손의 액을 정함에 있어서는 선박의 가액은 도달의 때와 곳의 가액으로 하고, 적하의 가액은 양륙의 때와 곳의 가액으로 한다. 다만, 적하에 관하여는 그 손실로 인하여 지급을 면하게 된 모든 비용을 공제하여야 한다(상법 제869조). 그리고 선박과 적하의 공동위험이 선박 또는 적하의 하자나 그 밖의 과실 있는 행위로 인하여 생긴 경우에는 공동해손의 분담자는 그 책임이 있는 자에 대하여 구상권을 행사할 수 있다(상법 제870조).

5. 공동해손분담 및 공동해손분담청구의 예외

선박에 비치한 무기, 선원의 급료, 선원과 여객의 식량 · 의류는 보존된 경우에는 그 가액을 공동해손의 분담에 산입하지 아니하고, 손실된 경우에는 그 가액을 공동해손의 액에 산입한다(상법 제871조). 속구목록에 기재하지 아니한 속구, 선하증권이나 그 밖에 적하의 가격을 정할 수 있는 서류 없이 선적한 하물 또는 종류와 가액을 명시하지 아니한 화폐나 유가증권과 그 밖의 고가물은 보존된 경우에는 그 가액을 공동해손의 분담에 산입하고, 손실된 경우에는 그 가액을 공동해손의 액에 산입하지 아니하고, 갑판에 적재한 하물에 대하여도 같다(상법 제872조 제1항, 제2항). 그러나 갑판에 선적하는 것이 관습상 허용되는 경우와 그 항해가 연안항행에 해당되는 경우에는 그러하지 아니한다.

6. 적하가격의 부실기재와 공동해손

선하증권이나 그 밖에 적하의 가격을 정할 수 있는 서류에 적하의 실가보다 고액을 기재한 경우에 그 하물이 보존된 때에는 그 기재액에 의하여 공동해손의 분담액을 정하고, 적하의 실가보다 저액을 기재한 경우에 그 하물이 손실된 때에는 그 기재액을 공동해손의 액으로 한다(상법 제873조 제1항). 그리고 이 경우는 적하의 가격에 영향을 미칠 사항에 관하여 거짓 기재를 한 경우에 준용한다(동법 제2항).

7. 공동해손인 손해의 회복과 공동해손 채권의 소멸

선박소유자, 용선자, 송하인, 그 밖의 이해관계인이 공동해손의 액을 분담한 후 선박 및 속구 또는 적하의 전부나 일부가 소유자에게 복귀된 때에는 그 소유자는 공동해손의 상금으로 받은 금액에서 구조료와 일부손실로 인한 손해액을 공제하고 그 잔액을 반환하여야 한다(상법 제874조). 그리고 공동해손으로 인하여 생긴 채권 및 제870조에 따른 구상채권은 그 계산이 종료한 날부터 1년 이내에 재판상 청구가 없으면 소멸하며, 이 경우 상법 제814조 제1항 단서를 준용하는 것으로 하였다(상법 제875조).

제2절 선박충돌

1. 의의

선박충돌(Ollision of ship)이란 2척 이상의 선박이 그 운용상 작위 또는 부작위로 선박 상호 간에 다른 선박 또는 선박 내에 있는 사람 또는 물건에 손해를 생기게 하는 것을 말하는 것으로 이에는 직접적인 접촉의 유무를 묻지 아니한다(상법 제876조 제2항). 항해선 상호 간 또는 항해선과 내수항행선 간의 충돌이 있은 경우에 선박 또는 선박 내에 있는 물건이나 사람에 관하여 생긴 손해의 배상에 대하여는 어떠한 수면에서 충돌한 때라도 이 절의 법규를 적용한다(동법 제1항).

2. 충돌의 유형

(1) 불가항력으로 인한 충돌

선박의 충돌이 불가항력으로 인하여 발생하거나 충돌의 원인이 명백하지 아니한 때에는 피해자는 충돌로 인한 손해의 배상을 청구하지 못한다(상법 제877조).

(2) 일방의 과실로 인한 충돌

선박의 충돌이 일방의 선원의 과실로 인하여 발생한 때에는 그 일방의 선박소유자는 피해자에 대하여 충돌로 인한 손해를 배상할 책임이 있다(상법 제878조).

(3) 쌍방의 과실로 인한 충돌

선박의 충돌이 쌍방의 선원의 과실로 인하여 발생한 때에는 쌍방의 과실의 경중에 따라 각 선박소유자가 손해배상의 책임을 분담한다. 이 경우 그 과실의 경중을 판정할 수 없는 때에는 손해배상의 책임을 균분하여 부담한다. 또한 이 경우에 제3자의 사상에 대한 손해배상은 쌍방의 선박소유자가 연대하여 그 책임을 진다(상법 제879조 제1항, 제2항).

(4) 도선사의 과실로 인한 충돌

선박의 충돌이 도선사의 과실로 인하여 발생한 경우에도 선박소유자는 상법 제878조 및 제879조를 준용하여 손해를 배상할 책임이 있다(상법 제880조).

3. 선박충돌채권의 소멸

선박의 충돌로 인하여 생긴 손해배상의 청구권은 그 충돌이 있은 날부터 2년 이내에 재판상 청구가 없으면 소멸하며, 이 경우에 제814조 제1항 단서를 준용하는 것으로 하였다(상법 제881조).

제3절 해난구조

1. 의의

해난구조(海難救助: Salvage)란 해난에 조우한 선박 또는 적하를 의무 없이 구조하는 것을 말한다(2007.8.3. 개정전 상법 제849조). 해난구조의 법률상 성질을 민법상의 채권발생 원인으로 해석할 수 없으므로 「해상법상의 특수한 법률요건」으로 해석할 수밖에 없다는 것이 통설이다.

2. 해난구조의 요건

항해선 또는 그 적하 그 밖의 물건이 어떠한 수면에서 위난에 조우한 경우에 의무 없이 이를 구조한 자는 그 결과에 대하여 상당한 보수를 청구할 수 있다. 항해선과 내수항행선 간의 구조의 경우에도 또한 같다(상법 제882조).

3. 보수의 결정 및 한도

구조의 보수에 관한 약정이 없는 경우에 그 액에 대하여 당사자 사이에 합의가 성립하지 아니한 때에는 법원은 당사자의 청구에 의하여 구조된 선박 · 재산의 가액, 위난의 정도, 구조자의 노력과 비용, 구조자나 그 장비가 조우했던 위험의 정도, 구조의 효과, 환경손해방지를 위한 노력, 그 밖의 제반사정을 참작하여 그 액을 정한다(상법 제883조). 그러나 구조의 보수액은 다른 약정이 없으면 구조된 목적물의 가액을 초과하지 못하고, 선순위의 우선특권이 있는 때에는 구조의 보수액은 그 우선특권자의 채권액을 공제한 잔액을 초과하지 못한다(상법 제884조 제1항, 제2항).

4. 환경손해방지작업에 대한 특별보상

선박 또는 그 적하로 인하여 환경손해가 발생할 우려가 있는 경우에 손해의 경감 또는 방지의 효과를 수반하는 구조작업에 종사한 구조자는 구조의 성공 여부 및 상법 제884조와 상관없이 구조에 소요된 비용을 특별보상으로 청구할 수 있다(상법 제885조 제1항). 이 경우의 '비용'이란 구조작업에 실제로 지출한 합리적인 비용 및 사용된 장비와 인원에 대한 정당한 보수를 말하고, 구조자는 발생할 환경손해가 구조작업으로 인하여 실제로 감경 또는 방지된 때에는 보상의 증액을 청구할 수 있고, 법원은 제883조의 사정을 참작하여 증액 여부 및 그 금액을 정한다. 이 경우 증액된다 하더라도 구조료는 제1항의 비용의 배액을 초과할 수 없다(동법 제2항, 제3항). 구조자의 고의 또는 과실로 인하여 손해의 감경 또는 방지에 지장을 가져 온 경우 법원은 제1항 및 제3항에서 정한 금액을 감액 혹은 부인할 수 있으며, 하나의 구조작업을 시행한 구조자가 제1항부터 제4항까지의 규정에서 정한 특별보상을 청구하는 것 외에 제882조에서 정한 보수도 청구할 수 있는 경우 그 중 큰 금액을 구조료로 청구할 수도 있다(동법 제4항, 제5항).

5. 구조료의 지급의무와 구조에 관한 약정

선박소유자와 그 밖에 구조된 재산의 권리자는 그 구조된 선박 또는 재산의 가액에 비례하여 구조에 대한 보수를 지급하고 특별보상을 하는 등 구조료를 지급할 의무가 있다(상법 제886조). 당사자가 미리 구조계약을 하고 그 계약에 따라 구조가 이루어진 경우에도 그 성질에 반하지 아니하는 한 구조계약에서 정하지 아니한 사항은 이 절에서 정한 바에 따른다(상법 제887조 제1항). 그러나 해난 당시에 구조료의 금액에 대하여 약정을 한 경우에도 그 금액이 현저하게 부당한 때에는 법원은 상법 제883조의 사정을 참작하여 그 금액을 증감할 수 있다(동법 제2항).

6. 구조료 분배

수인이 공동으로 구조에 종사한 경우에 그 구조료의 분배비율에 관하여는 상법 제883조를 준용하고, 인명의 구조에 종사한 자도 이에 따라 구조료의 분배를 받을 수 있다(상법 제888조 제1항, 제2항). 그리고 1선박 내부의 구조료 분배에 있어서는 선박이 구조에 종사하여 그 구조료를 받은 경우에는 먼저 선박의 손해액과 구조에 들어간 비용을 선박소유자에게 지급하고 잔액을 절반하여 선장과 해원에게 지급하여야 하고, 이에 따라 해원에게 지급할 구조료의 분배는 선장이 각 해원의 노력, 그 효과와 사정을 참작하여 그 항해의 종료 전에 분배안을 작성하여 해원에게 고시하여야 한다(상법 제889조 제1항, 제2항). 그러나 예선의 본선 또는 그 적하에 대한 구조에 관하여는 예선계약의 이행으로 볼 수 없는 특수한 노력을 제공한 경우가 아니면 구조료를 청구하지 못한다(상법 제890조). 한편, 동일소유자에 속한 선박의 상호 간에 있어서도 구조에 종사한 자는 상당한 구조료를 청구할 수 있다(상법 제891조).

7. 구조료청구권 없는 자와 구조자의 우선특권

다음의 경우에 해당되는 경우는 구조료를 청구하지 못한다. 즉, ① 구조 받은 선박에 종사하는 자, ② 고의 또는 과실로 인하여 해난사고를 야기한 자, ③ 정당한 거부에도 불구하고 구조를 강행한 자, ④ 구조된 물건을 은닉하거나 정당한 사유 없이 처분한 자 등이다(상법 제892조 제1호 내지 제4호). 그리고 구조에 종사한 자의 구조료채권은 구조된 적하에 대하여 우선특권이 있으나, 다만, 채무자가 그 적하를 제3취득자에게 인도한 후에는 그 적하에 대하여 이 권리를 행사하지 못한다(상법 제893조 제1항). 이 경우의 우선특권에는 그 성질에 반하지 아니하는 한 상법 제777조의 우선특권에 관한 규정을 준용하도록 하였다(동법 제2항).

8. 구조료지급에 관한 선장의 권한과 구조료청구권의 소멸시효

선장은 구조료를 지급할 채무자에 갈음하여 그 지급에 관한 재판상 또는 재판 외의 모든 행위를 할 권한이 있고, 그 구조료에 관한 소송의 당사자가 될 수 있으며, 그 확정판결은 구조료의 채무자에 대하여도 효력이 있다(상법 제894조 제1항, 제2항). 그리고 구조료청구권은 구조가 완료된 날부터 2년 이내에 재판상 청구가 없으면 소멸하고, 이 경우는 운송인의 채권과 채무의 소멸시효에 관한 합의를 정한 상법 제814조 제1항 단서가 준용된다(상법 제895조).

제8편

항공운송법

제1장 통 칙

1. 서설

2011년 5월 23일 개정상법에서는 상법 제6편 「항공운송」에 관한 규정을 새롭게 법제화하게 되었다. 그간 항공기를 수단으로 하는 운송의 꾸준한 발달에도 불구하고 항공운송에 관하여는 개별적인 법률이 존재하지 아니하였으므로 운송의 국제성과 위험성에 착안하여 상법 제5편 「해상」이 항공운송에 준용되어 기본법적인 역할을 수행해 오고 있었다. 그러나 그 법률의 준용적용에 있어서는 항상 문제점이 남아 있었던 것으로 이의 해결과 항공운송 기업의 발전을 기하는 차원에서 이번 항공운송법의 도입은 중요한 의미가 있는 것으로 평가된다.

그리고 근래에 들어와 과학의 발전에 따른 드론 등의 출현과 그러한 드론 등을 이용한 운송영업행위(드론을 통한 유료물건운송, 유료농약살포 등, 우버에어택시를 이용한 여객운송)가 새롭게 출현하고 있다. 그러나 그에 관련된 법률은 아직 갖추고 있지를 못한 형편에 있다. 그러므로 상법은 무엇보다 우선하여 드론과 우버에어택시와 같은 운송기구 등을 이용한 운송의 행위가 육상운송의 영역에 속하는 것인지 또는 항공운송의 영역에 속하는 것인지를 정할 필요가 있을 것이고, 그에 관한 상법개정을 서둘러야 할 필요가 있을 것이다. 이 경우 해상운송과 육상운송을 구분하는 상법 제740조는 중요한 의미를 제공하는 것으로 볼 수 있다.

2. 항공기의 의의

법에서 '항공기'란 상행위나 그 밖의 영리를 목적으로 운항에 사용하는 항공기를 말하는 것으로 대통령령으로 정하는 초경량 비행장치(超輕量 飛行裝置)는 제외되는 것으로 정의되고 있다(상법 제896조).

3. 항공법의 적용범위

운항용 항공기에 대하여는 상행위나 그 밖의 영리를 목적으로 하지 아니하더라도 상법이 준용된다. 그러나 국유(國有) 또는 공유(公有) 항공기에 대하여는 운항의 목적과 성질 등을 고려하여 그 준용이 적합하지 아니한 경우로서 대통령령으로 정하는 경우에는 준용하지 아니 한다(상법 제897조).

4. 운송인 등의 책임감면

운송인은 여객의 사망 또는 신체의 상해로 인한 손해에 대해 그 손해의 원인이 된 사고가 항공기상에서 또는 승강(乘降)을 위한 작업 중에 발생한 경우에만 책임을 지고, 이 경우 그 책임의 한도액은 여객 1명당 11만3천100 계산단위의 금액까지는 운송인의 배상책임을 면제하거나 제한할 수 없도록 한 상법 제905조 제1항을 포함하여 기타 상법에서 정한 운송인이나 항공기 운항자의 손해배상책임과 관련하여 운송인이나 항공기 운항자가 손해배상청구권자의 과실 또는 그 밖의 불법한 작위나 부작위가 손해를 발생시켰거나 손해에 기여하였다는 것을 증명한 경우에는 그 과실 또는 그 밖의 불법한 작위나 부작위가 손해를 발생시켰거나 손해에 기여한 정도에 따라 운송인이나 항공기 운항자의 책임은 감경되거나 면제될 수 있다(상법 제898조).

제2장 운송

제1절 통칙

1. 비계약적 청구에 대한 적용

항공운송인의 책임에 관한 본 장의 제반규정은 운송계약에 근거되지 아니하는 운송인의 불법행위로 인한 손해배상책임에 있어서도 적용된다(상법 제899조 제1항). 그리고 여객, 수하물 또는 운송물에 관한 손해배상청구가 운송인의 사용인이나 대리인에 대하여 제기된 경우에 그 손해가 그 사용인이나 대리인의 직무집행에 관하여 생겼을 때에는 그 사용인이나 대리인은 운송인이 주장할 수 있는 항변과 책임제한을 원용할 수 있으나, 여객 또는 수하물의 손해가 운송인의 사용인이나 대리인의 고의로 인하여 발생하였거나 또는 여객의 사망 · 상해 · 연착(수하물의 경우 멸실 · 훼손 · 연착)이 생길 염려가 있음을 인식하면서 무모하게 한 작위 또는 부작위로 인하여 발생하였을 때에는 그 사용인이나 대리인은 운송인이 주장할 수 있는 항변과 책임제한을 원용할 수 없다(동법 제2항, 제3항). 항공운송인의 사용인이나 대리인이 운송인의 주장할 수 있는 항변과 책임제한을 원용하는 경우에는 운송인과 그 사용인이나 대리인의 여객, 수하물 또는 운송물에 대한 책임제한금액의 총액은 각각 제905조(운송인의 책임한도액, 제907조(연착에 대한 책임), 제910조(수하물에 대한 책임한도액), 제915조(운송물에 대한 책임한도액)에 따른 한도를 초과하지 못한다(동법 제4항).

2. 실제운송인에 대한 청구

운송계약을 체결한 운송인(이하 "계약운송인"이라 한다)의 위임을 받아 운송의 전부 또는 일부를 수행한 운송인(이하 "실제운송인"이라 한다)이 있을 경우에 실제운송인이 수행한 운송에 관하여는 실제운송인에 대하여도 본 장의 정함이 있는 운송인의 책임에 관한 규정을 하였다. 그러나 제901조의 정함이 있는 순차운송에 해당하는 경우는 그 적용을 배제한다(상법 제900조 제1항 및 동법 단서). 그리고 실제운송인이 여객 · 수하물 또는 운송물에 대한 손해배상책임을 지는 경우 계약운송인과 실제운송인은 연대하여 그 책임을 지고, 이 경우 제899조 제2항부터 제4항까지를 준용하게 되는데, 제899조 제2항 및 제3항 중 "운송인"은 "실제운송인"으로, 같은 조 제4항 중 "운송인"은 "계약운송인과 실제운송인"으로 보게 된다(동법 제2항, 제3항).

그리고 이 장에서 정한 운송인의 책임과 의무 외에 운송인이 책임과 의무를 부담하기로 하는 특약 또는 이 장에서 정한 운송인의 권리나 항변의 포기는 실제운송인이 동의하지 아니하는 한 실제운송인에게 영향을 미치지 아니하는 것으로 하였다(동법 제4항).

3. 순차운송

순차운송이라 함은 둘 이상이 순차(順次)로 운송하는 것을 말하고, 이 경우 각 운송인의 운송구간에 관하여 그 운송인도 운송계약의 당사자가 되는 것이다(상법 제901조 제1항).

순차운송에서 여객의 사망, 상해 또는 연착으로 인한 손해배상은 그 사실이 발생한 구간의 운송인에게만 청구할 수 있는데, 이 경우 최초 운송인이 명시적으로 전 구간에 대한 책임을 인수하기로 약정한 경우에는 최초 운송인과 그 사실이 발생한 구간의 운송인이 연대하여 그 손해를 배상할 책임이 있게 된다(동법 제2항). 그리고 수하물의 멸실, 훼손 또는 연착으로 인한 손해배상은 최초 운송인, 최종 운송인 및 그 사실이 발생한 구간의 운송인에게 각각 청구할 수 있으며, 운송물의 멸실, 훼손 또는 연착으로 인한 손해배상은 송하인이 최초 운송인 및 그 사실이 발생한 구간의 운송인에게 각각 청구할 수 있다(동법 제3항 제4항). 그러나 제918조제1항에 따라 수하인이 운송물의 인도를 청구할 권리를 가지는 경우에는 수하인이 최종 운송인 및 그 사실이 발생한 구간의 운송인에게 그 손해배상을 각각 청구할 수 있다(동법 제4항 단서).

그리고 이 경우 각 운송인은 연대하여 그 손해를 배상할 책임을 지게 되는데, 최초 운송인 또는 최종 운송인이 위에서와 같이 손해를 배상한 경우에는 여객의 사망, 상해 또는 연착이나 수하물 · 운송물의 멸실, 훼손 또는 연착이 발생한 구간의 운송인에 대하여 구상권을 가지게 된다(동법 제5항 제6항).

4. 운송인의 책임소멸과 계약조항의 무효

운송인의 여객, 송하인 또는 수하인에 대한 책임은 그 청구원인에 관계없이 여객 또는 운송물이 도착지에 도착한 날, 항공기가 도착할 날 또는 운송이 중지된 날 가운데 가장 늦게 도래한 날부터 2년 이내에 재판상 청구가 없으면 소멸하며(상법 제902조), 또한 본 장의 규정에 반하여 운송인의 책임을 감면하거나 책임한도액을 낮게 정하는 특약은 효력이 없다(상법 제 903조).

제2절 여객운송

본 절에서는 그 대부분이 여객운송에 대한 항공운송인의 책임관계를 규정하는 것으로 되어 있다.

1. 운송인의 책임과 한도액

운송인은 여객의 사망 또는 신체의 상해로 인한 손해에 관하여는 그 손해의 원인이 된 사고가 항공기상에서 또는 승강(乘降)을 위한 작업 중에 발생한 경우에만 책임을 진다(상법 제904조). 이 경우 여객의 손해 중 여객 1명당 11만3천100 계산단위의 금액까지는 운송인의 배상책임을 면제하거나 제한할 수 없으나, 여객 1명당 11만3천100 계산단위의 금액을 초과하는 부분에 대하여는 그 손해가 운송인 또는 그 사용인이나 대리인의 과실 또는 그 밖의 불법한 작위나 부작위에 의하여 발생하지 아니하였다는 것, 또는 그 손해가 오로지 제3자의 과실 또는 그 밖의 불법한 작위나 부작위에 의하여만 발생하였다는 것 중 어느 하나를 증명하면 배상책임을 지지 아니한다(상법 제905조 제 1항, 제2항 : 2014년 동조 일부개정).

2. 선급금의 지급의무

여객의 사망 또는 신체의 상해가 발생한 항공기사고의 경우에 운송인은 손해배상청구권자가 청구하면 지체 없이 선급금(先給金)을 지급하여야 하는데, 이 경우 선급금의 지급만으로 운송인의 책임이 있는 것으로 보지 아니한다(상법 제906조 제1항). 그리고 지급한 선급금은 운송인이 손해배상으로 지급하여야 할 금액에 충당할 수 있으며, 선급금의 지급액, 지급 절차 및 방법 등에 관하여는 대통령령으로 정한다(동법 제2항 및 제3항).

3. 연착에 대한 책임

운송인은 여객의 연착으로 인한 손해에 대하여 책임을 지지만, 운송인이 자신과 그 사용인 및 대리인이 손해를 방지하기 위하여 합리적으로 요구되는 모든 조치를 하였다는 것 또는 그 조치를 하는 것이 불가능하였다는 것을 증명한 경우에는 그 책임을 면한다(상법 제907조 제1항). 그리고 연착으로 인한 운송인의 책임은 여객 1명당 4천694 계산단위의 금액을 한도로 하는데, 다만, 여객과의 운송계약상 그 출발지, 도착지 및 중간 착륙지가 대한민국 영토 내에 있는 운송의 경우에는 여객 1명당 1천 계산단위의 금액을 한도로 한다(동법 제2항 : 2014년 동조 일부개정). 이 경우 운송인 또는 그 사용인이나 대리인의 고의로 또는 연착이 생길 염려가 있음을 인식하면서 무모하게 한 작위 또는 부작위에 의하여 손해가 발생한 것이 증명된 경우에는 적용하지 아니한다(동법 제3항).

4. 수하물에 대한 책임

(1) 수하물의 멸실 · 훼손에 대한 책임

운송인은 위탁수하물의 멸실 또는 훼손으로 인한 손해에 대하여는 그 손해의 원인이 된 사실이 항공기상에서 또는 위탁수하물이 운송인의 관리하에 있는 기간 중에 발생한 경우에만 책임을 진다. 다만, 그 손해가 위탁수하물의 고유한 결함, 특수한 성질 또는 숨은 하자로 인하여 발생한 경우에는 그 범위에서 책임을 지지 아니한다(상법 제908조 제1항). 그러나 운송인은 휴대수하물의 멸실 또는 훼손으로 인한 손해에 대하여는 그 손해가 자신 또는 그 사용인이나 대리인의 고의 또는 과실에 의하여 발생한 경우에만 책임을 진다(동법 제2항).

(2) 수하물의 연착에 대한 책임

운송인은 수하물의 연착으로 인한 손해에 대하여 책임을 진다. 다만, 운송인이 자신과 그 사용인 및 대리인이 손해를 방지하기 위하여 합리적으로 요구되는 모든 조치를 하였다는 것 또는 그 조치를 하는 것이 불가능하였다는 것을 증명한 경우에는 그 책임을 면한다(상법 제909조).

(3) 수하물에 대한 책임한도액

수하물관련 운송인의 손해배상책임은 여객 1명당 1천131 계산단위의 금액을 한도로 한다. 다만, 여객이 운송인에게 위탁수하물을 인도할 때에 도착지에서 인도받을 때의 예정가액을 미리 신고한 경우에는 운송인은 신고 가액이 위탁수하물을 도착지에서 인도할 때의 실제가액을 초과한다는 것을 증명하지 아니하는 한 신고 가액을 한도로 책임을 진다(상법 제910조 제1항 : 2014년 동조개정). 이 경우 운송인 또는 그 사용인이나 대리인의 고의로 또는 수하물의 멸실, 훼손 또는 연착이 생길 염려가 있음을 인식하면서 무모하게 한 작위 또는 부작위에 의하여 손해가 발생한 것이 증명된 경우에는 적용하지 아니한다(동법 제2항).

(4) 위탁수하물의 일부 멸실 · 훼손 등에 관한 통지

여객이 위탁수하물의 일부 멸실 또는 훼손을 발견하였을 때에는 위탁수하물을 수령한 후 지체 없이 그 개요에 관하여 운송인에게 서면 또는 전자문서로 통지를 발송하여야 한다. 다만, 그 멸실 또는 훼손이 즉시 발견할 수 없는 것일 경우에는 위탁수하물을 수령한 날부터 7일 이내에 그 통지를 발송하여야 한다(상법 제911조 제1항). 위탁수하물이 연착된 경우 여객은 위탁수하물을 처분할 수 있는 날부터 21일 이내에 이의를 제기하여야 하고, 위탁수하물이 일부 멸실, 훼손 또는 연착된 경우에는 운송물의 일부 멸실 · 훼손 등에 관한 통지에 관하여 정한 상법 제916조 제3항부터 제6항까지를 준용하는 것으로 하였다(동법 제2항 및 제3항).

(5) 휴대수하물의 무임운송의무

운송인은 휴대수하물에 대하여는 다른 약정이 없으면 별도로 운임을 청구하지 못한다(상법 제912조).

제3절 물건운송

1. 운송물의 멸실 · 훼손에 대한 책임

운송인은 운송물의 멸실 또는 훼손으로 인한 손해에 대하여 그 손해가 항공운송 중(운송인이 운송물을 관리하고 있는 기간을 포함)에 발생한 경우에만 책임을 진다. 다만, 운송인이 운송물의 멸실 또는 훼손이 ① 운송물의 고유한 결함, 특수한 성질 또는 숨은 하자, ② 운송인 또는 그 사용인이나 대리인 외의 자가 수행한 운송물의 부적절한 포장 또는 불완전한 기호 표시, ③ 전쟁, 폭동, 내란 또는 무력충돌, ④ 운송물의 출입국, 검역 또는 통관과 관련된 공공기관의 행위, ⑤ 불가항력 등의 사유로 인하여 발생하였음을 증명하였을 경우에는 그 책임을 면한다(상법 제913조 제1항).

위 항공운송 중에는 공항 외부에서 한 육상, 해상 운송 또는 내륙 수로운송은 포함되지 아니한다. 다만, 그러한 운송이 운송계약을 이행하면서 운송물의 적재(積載), 인도 또는 환적(換積)할 목적으로 이루어졌을 경우에는 항공운송 중인 것으로 추정한다(동법 제2항). 그리고 운송인이 송하인과의 합의에 따라 항공운송하기로 예정된 운송의 전부 또는 일부를 송하인의 동의 없이 다른 운송수단에 의한 운송으로 대체하였을 경우에는 그 다른 운송수단에 의한 운송은 항공운송으로 본다(동법 제3항).

2. 운송물 연착에 대한 책임

운송인은 운송물의 연착으로 인한 손해에 대하여 책임을 진다. 다만, 운송인이 자신과 그 사용인 및 대리인이 손해를 방지하기 위하여 합리적으로 요구되는 모든 조치를 하였다는 것 또는 그 조치를 하는 것이 불가능하였다는 것을 증명한 경우에는 그 책임을 면한다(상법 제914조).

3. 운송물에 대한 책임한도액

위 운송인의 손해배상책임은 손해가 발생한 해당 운송물의 1킬로그램당 19 계산단위의 금액을 한도로 하되, 송하인과의 운송계약상 그 출발지, 도착지 및 중간 착륙지가 대한민국 영토 내에 있는 운송의 경우에는 손해가 발생한 해당 운송물의 1킬로그램당 15 계산단위의 금액을 한도로 한다. 다만, 송하인이 운송물을 운송인에게 인도할 때에 도착지에서 인도받을 때의 예정가액을 미리 신고한 경우에는 운송인은 신고 가액이 도착지에서 인도할 때의 실제가액을 초과한다는 것을 증명하지 아니하는 한 신고 가액을 한도로 책임을 진다(상법 제915조 제1항). 그리고 항공운송인의 책임한도를 결정할 때 고려하여야 할 중량은 해당 손해가 발생된 운송물의 중량을 말한다. 다만, 운송물의 일부 또는 운송물에 포함된 물건의 멸실, 훼손 또는 연착이 동일한 항공화물운송장(제924조에 따라 항공화물운송장의 교부에 대체되는 경우를 포함한

다) 또는 화물수령증에 적힌 다른 운송물의 가치에 영향을 미칠 때에는 운송인의 책임한도를 결정할 때 그 다른 운송물의 중량도 고려하여야 한다(동법 제2항).

4. 운송물의 일부 멸실 · 훼손 등에 관한 통지

수하인은 운송물의 일부 멸실 또는 훼손을 발견하면 운송물을 수령한 후 지체 없이 그 개요에 관하여 운송인에게 서면 또는 전자문서로 통지를 발송하여야 한다. 다만, 그 멸실 또는 훼손이 즉시 발견할 수 없는 것일 경우에는 수령일부터 14일 이내에 그 통지를 발송하여야 한다(상법 제916조 제1항). 운송물이 연착된 경우 수하인은 운송물을 처분할 수 있는 날부터 21일 이내에 이의를 제기하여야 하고, 위 통지가 없는 경우에는 운송물이 멸실 또는 훼손 없이 수하인에게 인도된 것으로 추정한다(동법 제2항, 제3항). 그리고 운송물에 멸실 또는 훼손이 발생하였거나 그런 것으로 의심되는 경우에는 운송인과 수하인은 서로 운송물의 검사를 위하여 필요한 편의를 제공하여야 하고, 위 기간 내에 통지나 이의제기가 없을 경우에는 수하인은 운송인에 대하여 제소할 수 없으나 운송인 또는 그 사용인이나 대리인이 악의인 경우에는 그러하지 아니한다(동법 제4항, 제5항). 위의 사항에 반하여 수하인에게 불리한 당사자 사이의 특약은 효력이 없다(동법 제6항).

5. 운송물의 처분청구권

송하인은 운송인에게 운송의 중지, 운송물의 반환, 그 밖의 처분을 청구(이하 "처분청구권"으로 칭함)할 수 있다. 이 경우에 운송인은 운송계약에서 정한 바에 따라 운임, 체당금과 처분으로 인한 비용의 지급을 청구할 수 있다(상법 제917조 제1항). 송하인은 운송인 또는 다른 송하인의 권리를 침해하는 방법으로 처분청구권을 행사하여서는 아니 되며, 운송인이 송하인의 청구에 따르지 못할 경우에는 지체 없이 그 뜻을 송하인에게 통지하여야 한다(동법 제2항). 운송인이 송하인에게 교부한 항공화물운송장 또는 화물수령증을 확인하지 아니하고 송하인의 처분청구에 따른 경우, 운송인은 그로 인하여 항공화물운송장 또는 화물수령증의 소지인이 입은 손해를 배상할 책임을 진다(동법 제3항). 그리고 운송물의 인도를 정한 상법 제918조제1항에 따라 수하인이 운송물의 인도를 청구할 권리를 취득하였을 때에는 송하인의 처분청구권은 소멸한다. 다만, 수하인이 운송물의 수령을 거부하거나 수하인을 알 수 없을 경우에는 그러하지 아니하다(동법 제4항).

6. 운송물의 인도

운송물이 도착지에 도착한 때에는 수하인은 운송인에게 운송물의 인도를 청구할 수 있다. 다만, 송하인이 제917조 제1항에 따라 처분청구권을 행사한 경우에는 그러하지 아니하다(상법 제

918조 제1항). 그리고 운송물이 도착지에 도착하면 다른 약정이 없는 한 운송인은 지체 없이 수하인에게 통지하여야 한다(동법 제2항).

7. 운송인의 채권의 시효 및 준용

운송인의 송하인 또는 수하인에 대한 채권은 2년간 행사하지 아니하면 소멸시효가 완성한다(상법 제919조). 그리고 항공화물 운송에 관하여는 제120조, 제134조, 제141조부터 제143조까지, 제792조, 제793조, 제801조, 제802조, 제811조 및 제812조를 준용하고, 이 경우 "선적항"은 "출발지 공항"으로, "선장"은 "운송인"으로, "양륙항"은 "도착지 공항"으로 보는 것으로 하고 있다(상법 제920조).

제4절 운송증서

1. 여객항공권

운송인이 여객운송을 인수하면 여객에게 다음 사항을 적은 개인용 또는 단체용 여객항공권을 교부하여야 한다. 즉, 항공권에는 ① 여객의 성명 또는 단체의 명칭, ② 출발지와 도착지, ③ 출발일시, ④ 운항할 항공편, ⑤ 발행지와 발행연월일, ⑥ 운송인의 성명 또는 상호 등을 기재해야 한다(상법 제921조 제1항). 그리고 운송인은 위 정보를 전산정보처리조직에 의하여 전자적 형태로 저장하거나 그 밖의 다른 방식으로 보존함으로써 여객항공권 교부를 갈음할 수 있으며, 이 경우 운송인은 여객이 청구하면 위 정보를 적은 서면을 교부하여야 한다(상법 제921 제1항, 제2항).

2. 수하물표 및 항공화물운송장의 발행과 대체

운송인은 여객에게 개개의 위탁수하물마다 수하물표를 교부하여야 한다(상법 제922조). 송하인은 운송인의 청구를 받아 ① 송하인의 성명 또는 상호, ② 수하인의 성명 또는 상호, ③ 출발지와 도착지, ④ 운송물의 종류, 중량, 포장의 종별 · 개수와 기호, ⑤ 출발일시, ⑥ 운송할 항공편, ⑦ 발행지와 발행연월일, ⑧ 운송인의 성명 또는 상호 등을 적은 항공화물운송장 3부를 작성하여 운송인에게 교부하여야 한다(상법 제923조 제1항). 그리고 운송인이 송하인의 청구에 따라 항공화물운송장을 작성한 경우에는 송하인을 대신하여 작성한 것으로 추정하고, 항공화물운송장 중 제1원본에는 "운송인용"이라고 적고 송하인이 기명날인 또는 서명하여야 하며, 제2원본에는 "수하인용"이라고 적고 송하인과 운송인이 기명날인 또는 서명하여야 하고, 제3원본에는 "송하인용"이라고 적고 운송인이 기명날인 또는 서명하여야 한다(동법 제2항, 제3항). 이

때의 서명은 인쇄 또는 그 밖의 다른 적절한 방법으로 할 수 있고, 운송인은 송하인으로부터 운송물을 수령한 후 송하인에게 항공화물운송장 제3원본을 교부하여야 한다(동법 제4항, 제5항).

그리고 운송인은 위 항공권에 기재한 정보를 전산정보처리조직에 의하여 전자적 형태로 저장하거나 그 밖의 다른 방식으로 보존함으로써 항공화물운송장의 교부에 대체할 수 있는데, 이 경우 운송인은 송하인의 청구에 따라 송하인에게 위 항공권에 기재한 정보를 적은 화물수령증을 교부하여야 한다(상법 제924조).

한편, 2개 이상의 운송물이 있는 경우에는 운송인은 송하인에 대하여 각 운송물마다 항공화물운송장의 교부를 청구할 수 있는데, 항공화물운송장의 교부가 위의 저장 · 보존으로 대체되는 경우에는 송하인은 운송인에게 각 운송물마다 화물수령증의 교부를 청구할 수 있게 된다(상법 제925조).

3. 운송물의 성질에 관한 서류와 항공운송증서에 관한 규정 위반의 효과

송하인은 세관, 경찰 등 행정기관이나 그 밖의 공공기관의 절차를 이행하기 위하여 필요한 경우 운송인의 요청을 받아 운송물의 성질을 명시한 서류를 운송인에게 교부하여야 하나, 이 경우 운송인은 이와 관련된 어떠한 의무나 책임도 부담하지 아니한다(상법 제926조). 그리고 운송인 또는 송하인이 위 제921조부터 제926조까지의 정함을 위반하는 경우에도 운송계약의 효력 및 본 법의 다른 규정의 적용에 영향을 미치지 아니하는 것으로 하였다(상법 제 927조).

4. 항공운송증서 등의 기재사항에 관한 책임과 항공운송증서 기재의 효력

송하인은 항공화물운송장에 적었거나 운송인에게 통지한 운송물의 명세 또는 운송물에 관한 진술이 정확하고 충분함을 운송인에게 담보한 것으로 본다. 따라서 송하인은 위 운송물의 명세 또는 운송물에 관한 진술이 정확하지 아니하거나 불충분하여 운송인이 손해를 입은 경우에는 운송인에게 배상할 책임이 발생된다(상법 제928조 제1항, 제2항). 운송인은 여객항공권에 기재한 정보의 저장 · 보존되는 운송에 관한 기록이나 화물수령증에 적은 운송물의 명세 또는 운송물에 관한 진술이 정확하지 아니하거나 불충분하여 송하인이 손해를 입은 경우 송하인에게 배상할 책임이 있다. 그러나 위에서 설명한 바와 같이 송하인이 그 정확하고 충분함을 담보한 것으로 보는 경우에는 그러하지 아니하다(동법 제3항 및 단서).

항공화물운송장 또는 화물수령증이 교부된 경우 그 운송증서에 적힌 대로 운송계약이 체결된 것으로 추정한다(상법 제929조 제1항). 그리고 운송인은 항공화물운송장 또는 화물수령증에 적힌 운송물의 중량, 크기, 포장의 종별 · 개수 · 기호 및 외관상태대로 운송물을 수령한 것으로 추정하고, 또한 운송물의 종류, 외관상태 외의 상태, 포장 내부의 수량 및 부피에 관한 항공화물운송장 또는 화물수령증의 기재 내용은 송하인이 참여한 가운데 운송인이 그 기재 내용의 정확함을 확인하고 그 사실을 항공화물운송장이나 화물수령증에 적은 경우에만 그 기재 내용대로 운송물을 수령한 것으로 추정한다(동법 제2항, 제3항).

제 3 장 지상 제3자의 손해에 대한 책임

1. 항공기 운항자의 배상책임과 면책

항공기 운항자는 비행 중인 항공기 또는 항공기로부터 떨어진 사람이나 물건으로 인하여 사망하거나 상해 또는 재산상 손해를 입은 지상(지하, 수면 또는 수중을 포함)의 제3자에 대하여 손해배상책임을 진다(상법 제930조 제1항). 여기서 "항공기 운항자"란 사고 발생 당시 항공기를 사용하는 자를 말한다. 다만, 항공기의 운항을 지배하는 자(이하 "운항지배자"라 한다)가 타인에게 항공기를 사용하게 한 경우에는 운항지배자를 항공기 운항자로 본다(동법 제2항). 그리고 항공기등록원부에 기재된 항공기 소유자는 항공기 운항자로 추정하고, "비행 중"이란 이륙을 목적으로 항공기에 동력이 켜지는 때부터 착륙이 끝나는 때까지를 말한다(동법 제3항, 제4항).

또한 2대 이상의 항공기가 관여하여 위의 사고가 발생한 경우 각 항공기 운항자는 연대하여 책임을 지고, 운항지배자의 승낙 없이 항공기가 사용된 경우 운항지배자는 이를 막기 위하여 상당한 주의를 하였음을 증명하지 못하는 한 승낙 없이 항공기를 사용한 자와 연대하여 제932조에서 정한 한도 내의 책임을 진다(동법 제5항, 제6항). 항공기 운항자는 위의 사고에 따른 사망, 상해 또는 재산상 손해의 발생이 ① 전쟁, 폭동, 내란 또는 무력충돌의 직접적인 결과로 발생하였다는 것, ② 항공기 운항자가 공권력에 의하여 항공기 사용권을 박탈당한 중에 발생하였다는 것, ③ 오로지 피해자 또는 피해자의 사용인이나 대리인의 과실 또는 그 밖의 불법한 작위나 부작위에 의하여서만 발생하였다는 것, ④ 불가항력 등의 어느 하나에 해당함을 증명하면 책임을 지지 아니한다(상법 제931조).

2. 항공기 운항자의 유한책임과 배제

항공기 운항자의 배상책임은 하나의 항공기가 관련된 하나의 사고에 대하여 항공기의 이륙을 위하여 법으로 허용된 최대중량(이하 "최대중량"으로 칭함)에 따라 ① 최대중량이 2천킬로그램 이하의 항공기의 경우 30만 계산단위의 금액, ② 최대중량이 2천킬로그램을 초과하는 항공기의 경우 2천킬로그램까지는 30만 계산단위, 2천킬로그램 초과 6천킬로그램까지는 매 킬로그램당 175 계산단위, 6천킬로그램 초과 3만킬로그램까지는 매 킬로그램당 62.5 계산단위, 3만킬로그램을 초과하는 부분에는 매 킬로그램당 65 계산단위를 각각 곱하여 얻은 금액을 순차로 더한 금액을 한도로 한다(상법 제932조 제1항, 제2항).

그리고 하나의 항공기가 관련된 하나의 사고로 인하여 사망 또는 상해가 발생한 경우 항공기 운항자의 책임은 위의 금액의 범위에서 사망하거나 상해를 입은 사람 1명당 12만5천 계산단위의 금액을 한도로 하고, 하나의 항공기가 관련된 하나의 사고로 인하여 여러 사람에게 생긴 손해의 합계가 위의 한도액을 초과하는 경우, 각각의 손해는 제1항의 한도액에 대한 비율에 따라 배상하며, 하나의 항공기가 관련된 하나의 사고로 인하여 사망, 상해 또는 재산상의 손해가 발생한 경우 위의 정한 금액의 한도에서 사망 또는 상해로 인한 손해를 먼저 배상하고, 남는 금액이 있으면 재산상의 손해를 배상한다(동법 제2 내지 제4항).

항공기 운항자 또는 그 사용인이나 대리인이 손해를 발생시킬 의도로 상법 제930조 제1항의 사고를 발생시킨 경우에는 동법 제932조를 적용을 배제한다. 이 경우 항공기 운항자의 사용인이나 대리인의 행위로 인하여 사고가 발생한 경우에는 그가 권한 범위에서 행위하고 있었다는 사실이 증명되어야 한다. 그리고 항공기를 사용할 권한을 가진 자의 동의 없이 불법으로 항공기를 탈취(奪取)하여 사용하는 중 상법 제930조 제1항의 사고를 발생시킨 자에 대하여는 동법 제932조를 적용을 배제한다.

3. 책임제한의 절차와 항공기 운항자의 책임소멸

본 장의 규정에 따라 책임을 제한하려는 자는 채권자로부터 책임한도액을 초과하는 청구금액을 명시한 서면에 의한 청구를 받은 날부터 1년 이내에 법원에 책임제한절차 개시의 신청을 하여야 하고, 책임제한절차 개시의 신청, 책임제한 기금의 형성, 공고, 참가, 배당, 그 밖에 필요한 사항에 관하여는 성질에 반하지 아니하는 범위에서 「선박소유자 등의 책임제한절차에 관한 법률」의 예를 따르는 것으로 하였다(상법 제935조).

그리고 항공기 운항자의 상법 제930조의 책임은 사고가 발생한 날부터 3년 이내에 재판상 청구가 없으면 소멸한다(상법 제934조).

부록

1 상 법

2 상법시행법

3 상법시행령

4 어음법

5 수표법

6 전자어음의 발행 및 유통에 관한 법률

상법

[시행 2020. 12. 29.] [법률 제17764호, 2020. 12. 29., 일부개정], [시행 2020. 12. 10.] [법률 제17354호, 2020. 6. 9., 타법개정], [시행 2020. 9. 10.] [법률 제17362호, 2020. 6. 9., 일부개정], [시행 2019. 9. 16.] [법률 제14096호, 2016. 3. 22., 타법개정], [시행 2018. 12. 19.] [법률 제15755호, 2018. 9. 18., 일부개정], [시행 2018. 11. 1.] [법률 제14969호, 2017. 10. 31., 일부개정], [시행 2016. 3. 2.] [법률 제13523호, 2015. 12. 1., 일부개정], [시행 2015. 3. 12.] [법률 제12397호, 2014. 3. 11., 일부개정], [시행 2014. 5. 20.] [법률 제12591호, 2014. 5. 20., 일부개정], [시행 2012. 6. 11.] [법률 제10366호, 2010. 6. 10., 타법개정], [시행 2012. 4. 15.] [법률 제10600호, 2011. 4. 14., 일부개정], [시행 2011. 11. 24.] [법률 제10696호, 2011. 5. 23., 일부개정], [시행 2010. 11. 15.] [법률 제10281호, 2010. 5. 14., 일부개정], [시행 2010. 5. 29.] [법률 제9746호, 2009. 5. 28., 일부개정], [시행 2010. 2. 7.] [법률 제9416호, 2009. 2. 6., 타법개정], [시행 2009. 2. 4.] [법률 제9362호, 2009. 1. 30., 일부개정], [시행 2008. 8. 4.] [법률 제8581호, 2007. 8. 3., 일부개정], [시행 2008. 1. 1.] [법률 제8582호, 2007. 8. 3., 타법개정], [시행 2002. 7. 1.] [법률 제6545호, 2001. 12. 29., 일부개정], [시행 2001. 7. 24.] [법률 제6488호, 2001. 7. 24., 일부개정], [시행 1999. 12. 31.] [법률 제6086호, 1999. 12. 31., 일부개정], [시행 1999. 8. 6.] [법률 제5809호, 1999. 2. 5., 타법개정], [시행 1999. 6. 29.] [법률 제5591호, 1998. 12. 28., 일부개정], [시행 1998. 12. 28.] [법률 제5591호, 1998. 12. 28., 일부개정], [시행 1996. 10. 1.] [법률 제5053호, 1995. 12. 29., 일부개정], [시행 1995. 1. 1.] [법률 제4796호, 1994. 12. 22., 타법개정], [시행 1993. 1. 1.] [법률 제4470호, 1991. 12. 31., 일부개정], [시행 1991. 5. 31.] [법률 제4372호, 1991. 5. 31., 일부개정], [시행 1984. 9. 1.] [법률 제3724호, 1984. 4. 10., 일부개정], [시행 1963. 1. 1.] [법률 제1212호, 1962. 12. 12., 일부개정], [시행 1963. 1. 1.] [법률 제1000호, 1962. 1. 20., 제정]

제1편 총칙

제1장 통칙

제1조(상사적용법규) 상사에 관하여 본법에 규정이 없으면 상관습법에 의하고 상관습법이 없으면 민법의 규정에 의한다.

제2조(공법인의 상행위) 공법인의 상행위에 대하여는 법령에 다른 규정이 없는 경우에 한하여 본법을 적용한다.

제3조(일방적 상행위) 당사자중 그 1인의 행위가 상행위인 때에는 전원에 대하여 본법을 적용한다.

제2장 상인

제4조(상인-당연상인) 자기명의로 상행위를 하는 자를 상인이라 한다.

제5조(동전-의제상인) ①점포 기타 유사한 설비에 의하여 상인적 방법으로 영업을 하는 자는 상행위를 하지 아니하더라도 상인으로 본다.

②회사는 상행위를 하지 아니하더라도 전항과 같다.

제6조(미성년자의 영업과 등기) 미성년자가 법정대리인의 허락을 얻어 영업을 하는 때에는 등기를 하여야 한다.

[전문개정 2018. 9. 18.]

제7조(미성년자와 무한책임사원) 미성년자가 법정대리인의 허락을 얻어 회사의 무한책임사원이 된 때에는 그 사원자격으로 인한 행위에는 능력자로 본다.

[전문개정 2018. 9. 18.]

제8조(법정대리인에 의한 영업의 대리) ① 법정대리인이 미성년자, 피한정후견인 또는 피성년후견인을 위하여 영업을 하는 때에는 등기를 하여야 한다. 〈개정 2018. 9. 18.〉

②법정대리인의 대리권에 대한 제한은 선의의 제삼자에게 대항하지 못한다.

[제목개정 2018. 9. 18.]

제9조(소상인) 지배인, 상호, 상업장부와 상업등기에 관한 규정은 소상인에게 적용하지 아니한다.

제3장 상업사용인

제10조(지배인의 선임) 상인은 지배인을 선임하여 본점 또는 지점에서 영업을 하게 할 수 있다.

제11조(지배인의 대리권) ①지배인은 영업주에 갈음하여 그 영업에 관한 재판상 또는 재판외의 모든 행위를 할 수 있다.

②지배인은 지배인이 아닌 점원 기타 사용인을 선임 또는 해임할 수 있다.

③지배인의 대리권에 대한 제한은 선의의 제3자에게 대항하지 못한다.

제12조(공동지배인) ①상인은 수인의 지배인에게 공동으로 대리권을 행사하게 할 수 있다.

②전항의 경우에 지배인 1인에 대한 의사표시는 영업주에 대하여 그 효력이 있다.

제13조(지배인의 등기) 상인은 지배인의 선임과 그 대리권의 소멸에 관하여 그 지배인을 둔 본점 또는 지점소재지에서 등기하여야 한다. 전조제1항에 규정한 사항과 그 변경도 같다.

제14조(표현지배인) ① 본점 또는 지점의 본부장, 지점장, 그 밖에 지배인으로 인정될 만한 명칭을 사용하는 자는 본점 또는 지점의 지배인과 동일한 권한이 있는 것으로 본다. 다만, 재판상 행위에 관하여는 그러하지 아니하다.

② 제1항은 상대방이 악의인 경우에는 적용하지 아니한다.

[전문개정 2010. 5. 14.]

제15조(부분적 포괄대리권을 가진 사용인) ①영업의 특정한 종류 또는 특정한 사항에 대한 위임을 받은 사용인은 이에 관한 재판외의 모든 행위를 할 수 있다.

②제11조제3항의 규정은 전항의 경우에 준용한다.

제16조(물건판매점포의 사용인) ①물건을 판매하는 점포의 사용인은 그 판매에 관한 모든 권한이 있는 것으로 본다.

②제14조제2항의 규정은 전항의 경우에 준용한다.

제17조(상업사용인의 의무) ①상업사용인은 영업주의 허락없이 자기 또는 제삼자의 계산으로 영업주의 영업부류에 속한 거래를 하거나 회사의 무한책임사원, 이사 또는 다른 상인의 사용인이 되지 못한다.

②상업사용인이 전항의 규정에 위반하여 거래를 한 경우에 그 거래가 자기의 계산으로 한 것인 때에는 영업주는 이를 영업주의 계산으로 한 것으로 볼 수 있고 제3자의 계산으로 한 것인 때에는 영업주는 사용인에 대하여 이로 인한 이득의 양도를 청구할 수 있다. 〈개정 1962. 12. 12.〉

③전항의 규정은 영업주로부터 사용인에 대한 계약의 해지 또는 손해배상의 청구에 영향을 미치지 아니한다.

④제2항에 규정한 권리는 영업주가 그 거래를 안 날로부터 2주간을 경과하거나 그 거래가 있은 날로부터 1년을 경과하면 소멸한다.

제4장 상호

제18조(상호선정의 자유) 상인은 그 성명 기타의 명칭으로 상호를 정할 수 있다.

제19조(회사의 상호) 회사의 상호에는 그 종류에 따라 합명회사, 합자회사, 유한책임회사, 주식회사 또는 유한회사의 문자를 사용하여야 한다.

[전문개정 2011. 4. 14.]

제20조(회사상호의 부당사용의 금지) 회사가 아니면 상호에 회사임을 표시하는 문자를 사용하지 못한다. 회사의 영업을 양수한 경우에도 같다.

제21조(상호의 단일성) ①동일한 영업에는 단일상호를 사용하여야 한다.

②지점의 상호에는 본점과의 종속관계를 표시하여야 한다.

제22조(상호등기의 효력) 타인이 등기한 상호는 동일한 특별시 · 광역시 · 시 · 군에서 동종영업의 상호로 등기하지 못한다. 〈개정 1984. 4. 10., 1994. 12. 22., 1995. 12. 29.〉

제22조의2(상호의 가등기) ①유한책임회사, 주식회사 또는 유한회사를 설립하고자 할 때에는 본점의 소재

지를 관할하는 등기소에 상호의 가등기를 신청할 수 있다. 〈개정 2020. 6. 9.〉

②회사는 상호나 목적 또는 상호와 목적을 변경하고자 할 때에는 본점의 소재지를 관할하는 등기소에 상호의 가등기를 신청할 수 있다.

③회사는 본점을 이전하고자 할 때에는 이전할 곳을 관할하는 등기소에 상호의 가등기를 신청할 수 있다.

④상호의 가등기는 제22조의 적용에 있어서는 상호의 등기로 본다.

⑤ 삭제 〈2007. 8. 3.〉

[본조신설 1995. 12. 29.]

제23조(주체를 오인시킬 상호의 사용금지) ①누구든지 부정한 목적으로 타인의 영업으로 오인할 수 있는 상호를 사용하지 못한다.

②제1항의 규정에 위반하여 상호를 사용하는 자가 있는 경우에 이로 인하여 손해를 받을 염려가 있는 자 또는 상호를 등기한 자는 그 폐지를 청구할 수 있다. 〈개정 1984. 4. 10.〉

③제2항의 규정은 손해배상의 청구에 영향을 미치지 아니한다. 〈개정 1984. 4. 10.〉

④동일한 특별시 · 광역시 · 시 · 군에서 동종영업으로 타인이 등기한 상호를 사용하는 자는 부정한 목적으로 사용하는 것으로 추정한다. 〈개정 1984. 4. 10., 1994. 12. 22., 1995. 12. 29.〉

제24조(명의대여자의 책임) 타인에게 자기의 성명 또는 상호를 사용하여 영업을 할 것을 허락한 자는 자기를 영업주로 오인하여 거래한 제3자에 대하여 그 타인과 연대하여 변제할 책임이 있다.

제25조(상호의 양도) ①상호는 영업을 폐지하거나 영업과 함께 하는 경우에 한하여 이를 양도할 수 있다.

②상호의 양도는 등기하지 아니하면 제3자에게 대항하지 못한다.

제26조(상호불사용의 효과) 상호를 등기한 자가 정당한 사유없이 2년간 상호를 사용하지 아니하는 때에는 이를 폐지한 것으로 본다.

제27조(상호등기의 말소청구) 상호를 변경 또는 폐지한 경우에 2주간내에 그 상호를 등기한 자가 변경 또는 폐지의 등기를 하지 아니하는 때에는 이해관계인은 그 등기의 말소를 청구할 수 있다.

제28조(상호 부정사용에 대한 제재) 제20조와 제23조 제1항에 위반한 자는 200만원 이하의 과태료에 처한다. 〈개정 1984. 4. 10., 1995. 12. 29.〉

제5장 상업장부

제29조(상업장부의 종류 · 작성원칙) ①상인은 영업상의 재산 및 손익의 상황을 명백히 하기 위하여 회계장부 및 대차대조표를 작성하여야 한다.

②상업장부의 작성에 관하여 이 법에 규정한 것을 제외하고는 일반적으로 공정 · 타당한 회계관행에 의한다.

[전문개정 1984. 4. 10.]

제30조(상업장부의 작성방법) ①회계장부에는 거래와 기타 영업상의 재산에 영향이 있는 사항을 기재하여야 한다.

②상인은 영업을 개시한 때와 매년 1회 이상 일정시기에, 회사는 성립한 때와 매 결산기에 회계장부에 의하여 대차대조표를 작성하고, 작성자가 이에 기명날인 또는 서명하여야 한다. 〈개정 1995. 12. 29.〉

[전문개정 1984. 4. 10.]

제31조 삭제 〈2010. 5. 14.〉

제32조(상업장부의 제출) 법원은 신청에 의하여 또는 직권으로 소송당사자에게 상업장부 또는 그 일부분의 제출을 명할 수 있다.

제33조(상업장부등의 보존) ①상인은 10년간 상업장부와 영업에 관한 중요서류를 보존하여야 한다. 다만, 전표 또는 이와 유사한 서류는 5년간 이를 보존하여야 한다. 〈개정 1995. 12. 29.〉

②전항의 기간은 상업장부에 있어서는 그 폐쇄한 날로부터 기산한다.

③제1항의 장부와 서류는 마이크로필름 기타의 전산

정보처리조직에 의하여 이를 보존할 수 있다. 〈신설 1995. 12. 29.〉

④제3항의 규정에 의하여 장부와 서류를 보존하는 경우 그 보존방법 기타 필요한 사항은 대통령령으로 정한다. 〈신설 1995. 12. 29.〉

제6장 상업등기

제34조(통칙) 이 법에 따라 등기할 사항은 당사자의 신청에 의하여 영업소의 소재지를 관할하는 법원의 상업등기부에 등기한다.

[전문개정 2010. 5. 14.]

제34조의2 삭제 〈2007. 8. 3.〉

제35조(지점소재지에서의 등기) 본점의 소재지에서 등기할 사항은 다른 규정이 없으면 지점의 소재지에서도 등기하여야 한다.

제36조 삭제 〈1995. 12. 29.〉

제37조(등기의 효력) ①등기할 사항은 이를 등기하지 아니하면 선의의 제3자에게 대항하지 못한다.

②등기한 후라도 제3자가 정당한 사유로 인하여 이를 알지 못한 때에는 제1항과 같다.

[전문개정 1995. 12. 29.]

제38조(지점소재지에서의 등기의 효력) 지점의 소재지에서 등기할 사항을 등기하지 아니한 때에는 전조의 규정은 그 지점의 거래에 한하여 적용한다.

제39조(부실의 등기) 고의 또는 과실로 인하여 사실과 상위한 사항을 등기한 자는 그 상위를 선의의 제3자에게 대항하지 못한다.

제40조(변경, 소멸의 등기) 등기한 사항에 변경이 있거나 그 사항이 소멸한 때에는 당사자는 지체없이 변경 또는 소멸의 등기를 하여야 한다.

제7장 영업양도

제41조(영업양도인의 경업금지) ①영업을 양도한 경우에 다른 약정이 없으면 양도인은 10년간 동일한 특별시 · 광역시 · 시 · 군과 인접 특별시 · 광역시 · 시 · 군에서 동종영업을 하지 못한다. 〈개정 1984. 4. 10., 1994. 12. 22., 1995. 12. 29.〉

②양도인이 동종영업을 하지 아니할 것을 약정한 때에는 동일한 특별시 · 광역시 · 시 · 군과 인접 특별시 · 광역시 · 시 · 군에 한하여 20년을 초과하지 아니한 범위내에서 그 효력이 있다. 〈개정 1984. 4. 10., 1994. 12. 22., 1995. 12. 29.〉

제42조(상호를 속용하는 양수인의 책임) ①영업양수인이 양도인의 상호를 계속사용하는 경우에는 양도인의 영업으로 인한 제3자의 채권에 대하여 양수인도 변제할 책임이 있다.

②전항의 규정은 양수인이 영업양도를 받은 후 지체없이 양도인의 채무에 대한 책임이 없음을 등기한 때에는 적용하지 아니한다. 양도인과 양수인이 지체없이 제3자에 대하여 그 뜻을 통지한 경우에 그 통지를 받은 제3자에 대하여도 같다.

제43조(영업양수인에 대한 변제) 전조제1항의 경우에 양도인의 영업으로 인한 채권에 대하여 채무자가 선의이며 중대한 과실없이 양수인에게 변제한 때에는 그 효력이 있다.

제44조(채무인수를 광고한 양수인의 책임) 영업양수인이 양도인의 상호를 계속사용하지 아니하는 경우에 양도인의 영업으로 인한 채무를 인수할 것을 광고한 때에는 양수인도 변제할 책임이 있다.

제45조(영업양도인의 책임의 존속기간) 영업양수인이 제42조제1항 또는 전조의 규정에 의하여 변제의 책임이 있는 경우에는 양도인의 제3자에 대한 채무는 영업양도 또는 광고후 2년이 경과하면 소멸한다.

제2편 상행위

제1장 통칙

제46조(기본적 상행위) 영업으로 하는 다음의 행위를 상행위라 한다. 그러나 오로지 임금을 받을 목적으로 물건을 제조하거나 노무에 종사하는 자의 행위는 그러하지 아니하다. 〈개정 1995. 12. 29., 2010. 5. 14.〉

1. 동산, 부동산, 유가증권 기타의 재산의 매매
2. 동산, 부동산, 유가증권 기타의 재산의 임대차
3. 제조, 가공 또는 수선에 관한 행위
4. 전기, 전파, 가스 또는 물의 공급에 관한 행위
5. 작업 또는 노무의 도급의 인수
6. 출판, 인쇄 또는 촬영에 관한 행위
7. 광고, 통신 또는 정보에 관한 행위
8. 수신 · 여신 · 환 기타의 금융거래
9. 공중(公衆)이 이용하는 시설에 의한 거래
10. 상행위의 대리의 인수
11. 중개에 관한 행위
12. 위탁매매 기타의 주선에 관한 행위
13. 운송의 인수
14. 임치의 인수
15. 신탁의 인수
16. 상호부금 기타 이와 유사한 행위
17. 보험
18. 광물 또는 토석의 채취에 관한 행위
19. 기계, 시설, 그 밖의 재산의 금융리스에 관한 행위
20. 상호 · 상표 등의 사용허락에 의한 영업에 관한 행위
21. 영업상 채권의 매입 · 회수 등에 관한 행위
22. 신용카드, 전자화폐 등을 이용한 지급결제 업무의 인수

제47조(보조적 상행위) ①상인이 영업을 위하여 하는 행위는 상행위로 본다.

②상인의 행위는 영업을 위하여 하는 것으로 추정한다.

제48조(대리의 방식) 상행위의 대리인이 본인을 위한 것임을 표시하지 아니하여도 그 행위는 본인에 대하여 효력이 있다. 그러나 상대방이 본인을 위한 것임을 알지 못한 때에는 대리인에 대하여도 이행의 청구를 할 수 있다.

제49조(위임) 상행위의 위임을 받은 자는 위임의 본지에 반하지 아니한 범위내에서 위임을 받지 아니한 행위를 할 수 있다.

제50조(대리권의 존속) 상인이 그 영업에 관하여 수여한 대리권은 본인의 사망으로 인하여 소멸하지 아니한다.

[전문개정 2010. 5. 14.]

제51조(대화자간의 청약의 구속력) 대화자간의 계약의 청약은 상대방이 즉시 승낙하지 아니한 때에는 그 효력을 잃는다.

제52조 삭제 〈2010. 5. 14.〉

제53조(청약에 대한 낙부통지의무) 상인이 상시 거래관계에 있는 자로부터 그 영업부류에 속한 계약의 청약을 받은 때에는 지체없이 낙부의 통지를 발송하여야 한다. 이를 해태한 때에는 승낙한 것으로 본다.

제54조(상사법정이율) 상행위로 인한 채무의 법정이율은 연 6분으로 한다. 〈개정 1962. 12. 12.〉

제55조(법정이자청구권) ① 상인이 그 영업에 관하여 금전을 대여한 경우에는 법정이자를 청구할 수 있다.

② 상인이 그 영업범위 내에서 타인을 위하여 금전을 체당(替當)하였을 때에는 체당한 날 이후의 법정이자를 청구할 수 있다.

[전문개정 2010. 5. 14.]

제56조(지점거래의 채무이행장소) 채권자의 지점에서의 거래로 인한 채무이행의 장소가 그 행위의 성질 또는 당사자의 의사표시에 의하여 특정되지 아니한 경우 특정물 인도 외의 채무이행은 그 지점을 이행장소로 본다.

[전문개정 2010. 5. 14.]

제57조(다수채무자간 또는 채무자와 보증인의 연대) ① 수인이 그 1인 또는 전원에게 상행위가 되는 행위로 인하여 채무를 부담한 때에는 연대하여 변제할 책임이 있다.

②보증인이 있는 경우에 그 보증이 상행위이거나 주채무가 상행위로 인한 것인 때에는 주채무자와 보증인은 연대하여 변제할 책임이 있다.

제58조(상사유치권) 상인간의 상행위로 인한 채권이

변제기에 있는 때에는 채권자는 변제를 받을 때까지 그 채무자에 대한 상행위로 인하여 자기가 점유하고 있는 채무자소유의 물건 또는 유가증권을 유치할 수 있다. 그러나 당사자간에 다른 약정이 있으면 그러하지 아니하다.

제59조(유질계약의 허용) 민법 제339조의 규정은 상행위로 인하여 생긴 채권을 담보하기 위하여 설정한 질권에는 적용하지 아니한다.

제60조(물건보관의무) 상인이 그 영업부류에 속한 계약의 청약을 받은 경우에 견품 기타의 물건을 받은 때에는 그 청약을 거절한 때에도 청약자의 비용으로 그 물건을 보관하여야 한다. 그러나 그 물건의 가액이 보관의 비용을 상환하기에 부족하거나 보관으로 인하여 손해를 받을 염려가 있는 때에는 그러하지 아니하다.

제61조(상인의 보수청구권) 상인이 그 영업범위내에서 타인을 위하여 행위를 한 때에는 이에 대하여 상당한 보수를 청구할 수 있다.

제62조(임치를 받은 상인의 책임) 상인이 그 영업범위내에서 물건의 임치를 받은 경우에는 보수를 받지 아니하는 때에도 선량한 관리자의 주의를 하여야 한다.

제63조(거래시간과 이행 또는 그 청구) 법령 또는 관습에 의하여 영업시간이 정하여져 있는 때에는 채무의 이행 또는 이행의 청구는 그 시간내에 하여야 한다.

제64조(상사시효) 상행위로 인한 채권은 본법에 다른 규정이 없는 때에는 5년간 행사하지 아니하면 소멸시효가 완성한다. 그러나 다른 법령에 이보다 단기의 시효의 규정이 있는 때에는 그 규정에 의한다.

제65조(유가증권과 준용규정) ① 금전의 지급청구권, 물건 또는 유가증권의 인도청구권이나 사원의 지위를 표시하는 유가증권에 대하여는 다른 법률에 특별한 규정이 없으면 「민법」 제508조부터 제525조까지의 규정을 적용하는 외에 「어음법」 제12조제1항 및 제2항을 준용한다.

② 제1항의 유가증권으로서 그 권리의 발생 · 변경 · 소멸을 전자등록하는 데에 적합한 유가증권은 제356조의2제1항의 전자등록기관의 전자등록부에 등록하여 발행할 수 있다. 이 경우 제356조의2제2항부터 제4항까지의 규정을 준용한다. 〈개정 2016. 3. 22.〉

[전문개정 2011. 4. 14.]

제66조(준상행위) 본장의 규정은 제5조의 규정에 의한 상인의 행위에 준용한다.

제2장 매매

제67조(매도인의 목적물의 공탁, 경매권) ①상인간의 매매에 있어서 매수인이 목적물의 수령을 거부하거나 이를 수령할 수 없는 때에는 매도인은 그 물건을 공탁하거나 상당한 기간을 정하여 최고한 후 경매할 수 있다. 이 경우에는 지체없이 매수인에 대하여 그 통지를 발송하여야 한다.

②전항의 경우에 매수인에 대하여 최고를 할 수 없거나 목적물이 멸실 또는 훼손될 염려가 있는 때에는 최고없이 경매할 수 있다.

③전2항의 규정에 의하여 매도인이 그 목적물을 경매한 때에는 그 대금에서 경매비용을 공제한 잔액을 공탁하여야 한다. 그러나 그 전부나 일부를 매매대금에 충당할 수 있다.

제68조(확정기매매의 해제) 상인간의 매매에 있어서 매매의 성질 또는 당사자의 의사표시에 의하여 일정한 일시 또는 일정한 기간내에 이행하지 아니하면 계약의 목적을 달성할 수 없는 경우에 당사자의 일방이 이행시기를 경과한 때에는 상대방은 즉시 그 이행을 청구하지 아니하면 계약을 해제한 것으로 본다.

제69조(매수인의 목적물의 검사와 하자통지의무) ①상인간의 매매에 있어서 매수인이 목적물을 수령한 때에는 지체없이 이를 검사하여야 하며 하자 또는 수량의 부족을 발견한 경우에는 즉시 매도인에게 그 통지를 발송하지 아니하면 이로 인한 계약해제, 대

금감액 또는 손해배상을 청구하지 못한다. 매매의 목적물에 즉시 발견할 수 없는 하자가 있는 경우에 매수인이 6월내에 이를 발견한 때에도 같다.

②전항의 규정은 매도인이 악의인 경우에는 적용하지 아니한다.

제70조(매수인의 목적물보관, 공탁의무) ①제69조의 경우에 매수인이 계약을 해제한 때에도 매도인의 비용으로 매매의 목적물을 보관 또는 공탁하여야 한다. 그러나 그 목적물이 멸실 또는 훼손될 염려가 있는 때에는 법원의 허가를 얻어 경매하여 그 대가를 보관 또는 공탁하여야 한다. 〈개정 1984. 4. 10.〉

②제1항의 규정에 의하여 매수인이 경매한 때에는 지체없이 매도인에게 그 통지를 발송하여야 한다. 〈개정 1984. 4. 10.〉

③제1항 및 제2항의 규정은 목적물의 인도장소가 매도인의 영업소 또는 주소와 동일한 특별시 · 광역시 · 시 · 군에 있는 때에는 이를 적용하지 아니한다. 〈개정 1995. 12. 29.〉

제71조(동전-수량초과 등의 경우) 전조의 규정은 매도인으로부터 매수인에게 인도한 물건이 매매의 목적물과 상위하거나 수량이 초과한 경우에 그 상위 또는 초과한 부분에 대하여 준용한다.

제3장 상호계산

제72조(의의) 상호계산은 상인간 또는 상인과 비상인간에 상시 거래관계가 있는 경우에 일정한 기간의 거래로 인한 채권채무의 총액에 관하여 상계하고 그 잔액을 지급할 것을 약정함으로써 그 효력이 생긴다.

제73조(상업증권상의 채권채무에 관한 특칙) 어음 기타의 상업증권으로 인한 채권채무를 상호계산에 계입한 경우에 그 증권채무자가 변제하지 아니한 때에는 당사자는 그 채무의 항목을 상호계산에서 제거할 수 있다.

제74조(상호계산기간) 당사자가 상계할 기간을 정하지 아니한 때에는 그 기간은 6월로 한다.

제75조(계산서의 승인과 이의) 당사자가 채권채무의 각 항목을 기재한 계산서를 승인한 때에는 그 각 항목에 대하여 이의를 하지 못한다. 그러나 착오나 탈루가 있는 때에는 그러하지 아니하다.

제76조(잔액채권의 법정이자) ①상계로 인한 잔액에 대하여는 채권자는 계산폐쇄일 이후의 법정이자를 청구할 수 있다.

②전항의 규정에 불구하고 당사자는 각 항목을 상호계산에 계입한 날로부터 이자를 붙일 것을 약정할 수 있다.

제77조(해지) 각 당사자는 언제든지 상호계산을 해지할 수 있다. 이 경우에는 즉시 계산을 폐쇄하고 잔액의 지급을 청구할 수 있다.

제4장 익명조합

제78조(의의) 익명조합은 당사자의 일방이 상대방의 영업을 위하여 출자하고 상대방은 그 영업으로 인한 이익을 분배할 것을 약정함으로써 그 효력이 생긴다.

제79조(익명조합원의 출자) 익명조합원이 출자한 금전 기타의 재산은 영업자의 재산으로 본다.

제80조(익명조합원의 대외관계) 익명조합원은 영업자의 행위에 관하여서는 제3자에 대하여 권리나 의무가 없다.

제81조(성명, 상호의 사용허락으로 인한 책임) 익명조합원이 자기의 성명을 영업자의 상호 중에 사용하게 하거나 자기의 상호를 영업자의 상호로 사용할 것을 허락한 때에는 그 사용 이후의 채무에 대하여 영업자와 연대하여 변제할 책임이 있다.

제82조(이익배당과 손실분담) ①익명조합원의 출자가 손실로 인하여 감소된 때에는 그 손실을 전보한 후가 아니면 이익배당을 청구하지 못한다.

②손실이 출자액을 초과한 경우에도 익명조합원은 이미 받은 이익의 반환 또는 증자할 의무가 없다.

③전2항의 규정은 당사자간에 다른 약정이 있으면 적용하지 아니한다.

제83조(계약의 해지) ①조합계약으로 조합의 존속기간을 정하지 아니하거나 어느 당사자의 종신까지 존속할 것을 약정한 때에는 각 당사자는 영업연도말에 계약을 해지할 수 있다. 그러나 이 해지는 6월전에 상대방에게 예고하여야 한다.

②조합의 존속기간의 약정의 유무에 불구하고 부득이한 사정이 있는 때에는 각 당사자는 언제든지 계약을 해지할 수 있다.

제84조(계약의 종료) 조합계약은 다음의 사유로 인하여 종료한다.

1. 영업의 폐지 또는 양도
2. 영업자의 사망 또는 성년후견개시
3. 영업자 또는 익명조합원의 파산

[전문개정 2018. 9. 18.]

제85조(계약종료의 효과) 조합계약이 종료한 때에는 영업자는 익명조합원에게 그 출자의 가액을 반환하여야 한다. 그러나 출자가 손실로 인하여 감소된 때에는 그 잔액을 반환하면 된다.

제86조(준용규정) 제272조, 제277조와 제278조의 규정은 익명조합원에 준용한다.

제4장의2 합자조합 <신설 2011. 4. 14.>

제86조의2(의의) 합자조합은 조합의 업무집행자로서 조합의 채무에 대하여 무한책임을 지는 조합원과 출자가액을 한도로 하여 유한책임을 지는 조합원이 상호출자하여 공동사업을 경영할 것을 약정함으로써 그 효력이 생긴다.

[본조신설 2011. 4. 14.]

제86조의3(조합계약) 합자조합의 설립을 위한 조합계약에는 다음 사항을 적고 총조합원이 기명날인하거나 서명하여야 한다.

1. 목적
2. 명칭
3. 업무집행조합원의 성명 또는 상호, 주소 및 주민등록번호
4. 유한책임조합원의 성명 또는 상호, 주소 및 주민등록번호
5. 주된 영업소의 소재지
6. 조합원의 출자(出資)에 관한 사항
7. 조합원에 대한 손익분배에 관한 사항
8. 유한책임조합원의 지분(持分)의 양도에 관한 사항
9. 둘 이상의 업무집행조합원이 공동으로 합자조합의 업무를 집행하거나 대리할 것을 정한 경우에는 그 규정
10. 업무집행조합원 중 일부 업무집행조합원만 합자조합의 업무를 집행하거나 대리할 것을 정한 경우에는 그 규정
11. 조합의 해산 시 잔여재산 분배에 관한 사항
12. 조합의 존속기간이나 그 밖의 해산사유에 관한 사항
13. 조합계약의 효력 발생일

[본조신설 2011. 4. 14.]

제86조의4(등기) ① 업무집행조합원은 합자조합 설립 후 2주 내에 조합의 주된 영업소의 소재지에서 다음의 사항을 등기하여야 한다.

1. 제86조의3제1호부터 제5호까지(제4호의 경우에는 유한책임조합원이 업무를 집행하는 경우에 한정한다), 제9호, 제10호, 제12호 및 제13호의 사항
2. 조합원의 출자의 목적, 재산출자의 경우에는 그 가액과 이행한 부분

② 제1항 각 호의 사항이 변경된 경우에는 2주 내에 변경등기를 하여야 한다.

[본조신설 2011. 4. 14.]

제86조의5(업무집행조합원) ① 업무집행조합원은 조합계약에 다른 규정이 없으면 각자가 합자조합의 업무를 집행하고 대리할 권리와 의무가 있다.

② 업무집행조합원은 선량한 관리자의 주의로써 제1항에 따른 업무를 집행하여야 한다.

③ 둘 이상의 업무집행조합원이 있는 경우에 조합계약에 다른 정함이 없으면 그 각 업무집행조합원의 업무집행에 관한 행위에 대하여 다른 업무집행조합

원의 이의가 있는 경우에는 그 행위를 중지하고 업무집행조합원 과반수의 결의에 따라야 한다.

[본조신설 2011. 4. 14.]

제86조의6(유한책임조합원의 책임) ① 유한책임조합원은 조합계약에서 정한 출자가액에서 이미 이행한 부분을 뺀 가액을 한도로 하여 조합채무를 변제할 책임이 있다.

② 제1항의 경우 합자조합에 이익이 없음에도 불구하고 배당을 받은 금액은 변제책임을 정할 때에 변제책임의 한도액에 더한다.

[본조신설 2011. 4. 14.]

제86조의7(조합원의 지분의 양도) ① 업무집행조합원은 다른 조합원 전원의 동의를 받지 아니하면 그 지분의 전부 또는 일부를 타인에게 양도(讓渡)하지 못한다.

② 유한책임조합원의 지분은 조합계약에서 정하는 바에 따라 양도할 수 있다.

③ 유한책임조합원의 지분을 양수(讓受)한 자는 양도인의 조합에 대한 권리 · 의무를 승계한다.

[본조신설 2011. 4. 14.]

제86조의8(준용규정) ① 합자조합에 대하여는 제182조제1항, 제228조, 제253조, 제264조 및 제285조를 준용한다.

② 업무집행조합원에 대하여는 제183조의2, 제198조, 제199조, 제200조의2, 제208조제2항, 제209조, 제212조 및 제287조를 준용한다. 다만, 제198조와 제199조는 조합계약에 다른 규정이 있으면 그러하지 아니하다.

③ 조합계약에 다른 규정이 없으면 유한책임조합원에 대하여는 제199조, 제272조, 제275조, 제277조, 제278조, 제283조 및 제284조를 준용한다.

④ 합자조합에 관하여는 이 법 또는 조합계약에 다른 규정이 없으면 「민법」 중 조합에 관한 규정을 준용한다. 다만, 유한책임조합원에 대하여는 「민법」 제712조 및 제713조는 준용하지 아니한다.

[본조신설 2011. 4. 14.]

제86조의9(과태료) 합자조합의 업무집행조합원, 제86조의8에 따라 준용되는 제183조의2 또는 제253조에 따른 직무대행자 또는 청산인이 이 장(章)에서 정한 등기를 게을리한 경우에는 500만원 이하의 과태료를 부과한다.

[본조신설 2011. 4. 14.]

제5장 대리상

제87조(의의) 일정한 상인을 위하여 상업사용인이 아니면서 상시 그 영업부류에 속하는 거래의 대리 또는 중개를 영업으로 하는 자를 대리상이라 한다.

제88조(통지의무) 대리상이 거래의 대리 또는 중개를 한 때에는 지체없이 본인에게 그 통지를 발송하여야 한다.

제89조(경업금지) ①대리상은 본인의 허락없이 자기나 제3자의 계산으로 본인의 영업부류에 속한 거래를 하거나 동종영업을 목적으로 하는 회사의 무한책임사원 또는 이사가 되지 못한다.

②제17조제2항 내지 제4항의 규정은 대리상이 전항의 규정에 위반한 경우에 준용한다.

제90조(통지를 받을 권한) 물건의 판매나 그 중개의 위탁을 받은 대리상은 매매의 목적물의 하자 또는 수량부족 기타 매매의 이행에 관한 통지를 받을 권한이 있다.

제91조(대리상의 유치권) 대리상은 거래의 대리 또는 중개로 인한 채권이 변제기에 있는 때에는 그 변제를 받을 때까지 본인을 위하여 점유하는 물건 또는 유가증권을 유치할 수 있다. 그러나 당사자간에 다른 약정이 있으면 그러하지 아니하다.

제92조(계약의 해지) ①당사자가 계약의 존속기간을 약정하지 아니한 때에는 각 당사자는 2월전에 예고하고 계약을 해지할 수 있다.

②제83조제2항의 규정은 대리상에 준용한다.

제92조의2(대리상의 보상청구권) ①대리상의 활동으로 본인이 새로운 고객을 획득하거나 영업상의 거래

가 현저하게 증가하고 이로 인하여 계약의 종료후에도 본인이 이익을 얻고 있는 경우에는 대리상은 본인에 대하여 상당한 보상을 청구할 수 있다. 다만, 계약의 종료가 대리상의 책임있는 사유로 인한 경우에는 그러하지 아니하다.

②제1항의 규정에 의한 보상금액은 계약의 종료전 5년간의 평균년보수액을 초과할 수 없다. 계약의 존속기간이 5년 미만인 경우에는 그 기간의 평균년보수액을 기준으로 한다.

③제1항의 규정에 의한 보상청구권은 계약이 종료한 날부터 6월을 경과하면 소멸한다.

[본조신설 1995. 12. 29.]

제92조의3(대리상의 영업비밀준수의무) 대리상은 계약의 종료후에도 계약과 관련하여 알게 된 본인의 영업상의 비밀을 준수하여야 한다.

[본조신설 1995. 12. 29.]

제6장 중개업

제93조(의의) 타인간의 상행위의 중개를 영업으로 하는 자를 중개인이라 한다.

제94조(중개인의 급여수령대리권) 중개인은 그 중개한 행위에 관하여 당사자를 위하여 지급 기타의 이행을 받지 못한다. 그러나 다른 약정이나 관습이 있으면 그러하지 아니하다.

제95조(견품보관의무) 중개인이 그 중개한 행위에 관하여 견품을 받은 때에는 그 행위가 완료될 때까지 이를 보관하여야 한다.

제96조(결약서교부의무) ①당사자간에 계약이 성립된 때에는 중개인은 지체없이 각 당사자의 성명 또는 상호, 계약년월일과 그 요령을 기재한 서면을 작성하여 기명날인 또는 서명한 후 각 당사자에게 교부하여야 한다. 〈개정 1995. 12. 29.〉

②당사자가 즉시 이행을 하여야 하는 경우를 제외하고 중개인은 각 당사자로 하여금 제1항의 서면에 기명날인 또는 서명하게 한 후 그 상대방에게 교부하여야 한다. 〈개정 1995. 12. 29.〉

③제1항 및 제2항의 경우에 당사자의 일방이 서면의 수령을 거부하거나 기명날인 또는 서명하지 아니한 때에는 중개인은 지체없이 상대방에게 그 통지를 발송하여야 한다. 〈개정 1995. 12. 29.〉

제97조(중개인의 장부작성의무) ①중개인은 전조에 규정한 사항을 장부에 기재하여야 한다.

②당사자는 언제든지 자기를 위하여 중개한 행위에 관한 장부의 등본의 교부를 청구할 수 있다.

제98조(성명, 상호 묵비의 의무) 당사자가 그 성명 또는 상호를 상대방에게 표시하지 아니할 것을 중개인에게 요구한 때에는 중개인은 그 상대방에게 교부할 제96조제1항의 서면과 전조 제2항의 등본에 이를 기재하지 못한다.

제99조(중개인의 이행책임) 중개인이 임의로 또는 전조의 규정에 의하여 당사자의 일방의 성명 또는 상호를 상대방에게 표시하지 아니한 때에는 상대방은 중개인에 대하여 이행을 청구할 수 있다.

제100조(보수청구권) ①중개인은 제96조의 절차를 종료하지 아니하면 보수를 청구하지 못한다.

②중개인의 보수는 당사자쌍방이 균분하여 부담한다.

제7장 위탁매매업

제101조(의의) 자기명의로써 타인의 계산으로 물건 또는 유가증권의 매매를 영업으로 하는 자를 위탁매매인이라 한다.

제102조(위탁매매인의 지위) 위탁매매인은 위탁자를 위한 매매로 인하여 상대방에 대하여 직접 권리를 취득하고 의무를 부담한다.

제103조(위탁물의 귀속) 위탁매매인이 위탁자로부터 받은 물건 또는 유가증권이나 위탁매매로 인하여 취득한 물건, 유가증권 또는 채권은 위탁자와 위탁매매인 또는 위탁매매인의 채권자간의 관계에서는 이를 위탁자의 소유 또는 채권으로 본다.

제104조(통지의무, 계산서제출의무) 위탁매매인이 위탁받은 매매를 한 때에는 지체없이 위탁자에 대하여

그 계약의 요령과 상대방의 주소, 성명의 통지를 발송하여야 하며 계산서를 제출하여야 한다.

제105조(위탁매매인의 이행담보책임) 위탁매매인은 위탁자를 위한 매매에 관하여 상대방이 채무를 이행하지 아니하는 경우에는 위탁자에 대하여 이를 이행할 책임이 있다. 그러나 다른 약정이나 관습이 있으면 그러하지 아니하다.

제106조(지정가액준수의무) ①위탁자가 지정한 가액보다 염가로 매도하거나 고가로 매수한 경우에도 위탁매매인이 그 차액을 부담한 때에는 그 매매는 위탁자에 대하여 효력이 있다.

②위탁자가 지정한 가액보다 고가로 매도하거나 염가로 매수한 경우에는 그 차액은 다른 약정이 없으면 위탁자의 이익으로 한다.

제107조(위탁매매인의 개입권) ① 위탁매매인이 거래소의 시세가 있는 물건 또는 유가증권의 매매를 위탁받은 경우에는 직접 그 매도인이나 매수인이 될 수 있다. 이 경우의 매매대가는 위탁매매인이 매매의 통지를 발송할 때의 거래소의 시세에 따른다.

② 제1항의 경우에 위탁매매인은 위탁자에게 보수를 청구할 수 있다.

[전문개정 2010. 5. 14.]

제108조(위탁물의 훼손, 하자 등의 효과) ①위탁매매인이 위탁매매의 목적물을 인도받은 후에 그 물건의 훼손 또는 하자를 발견하거나 그 물건이 부패할 염려가 있는 때 또는 가격저락의 상황을 안 때에는 지체없이 위탁자에게 그 통지를 발송하여야 한다.

②전항의 경우에 위탁자의 지시를 받을 수 없거나 그 지시가 지연되는 때에는 위탁매매인은 위탁자의 이익을 위하여 적당한 처분을 할 수 있다.

제109조(매수물의 공탁, 경매권) 제67조의 규정은 위탁매매인이 매수의 위탁을 받은 경우에 위탁자가 매수한 물건의 수령을 거부하거나 이를 수령할 수 없는 때에 준용한다.

제110조(매수위탁자가 상인인 경우) 상인인 위탁자가 그 영업에 관하여 물건의 매수를 위탁한 경우에는 위탁자와 위탁매매인간의 관계에는 제68조 내지 제71조의 규정을 준용한다.

제111조(준용규정) 제91조의 규정은 위탁매매인에 준용한다.

제112조(위임에 관한 규정의 적용) 위탁자와 위탁매매인간의 관계에는 본장의 규정외에 위임에 관한 규정을 적용한다.

제113조(준위탁매매인) 본장의 규정은 자기명의로써 타인의 계산으로 매매아닌 행위를 영업으로 하는 자에 준용한다.

제8장 운송주선업

제114조(의의) 자기의 명의로 물건운송의 주선을 영업으로 하는 자를 운송주선인이라 한다.

제115조(손해배상책임) 운송주선인은 자기나 그 사용인이 운송물의 수령, 인도, 보관, 운송인이나 다른 운송주선인의 선택 기타 운송에 관하여 주의를 해태하지 아니하였음을 증명하지 아니하면 운송물의 멸실, 훼손 또는 연착으로 인한 손해를 배상할 책임을 면하지 못한다.

제116조(개입권) ①운송주선인은 다른 약정이 없으면 직접운송할 수 있다. 이 경우에는 운송주선인은 운송인과 동일한 권리의무가 있다.

②운송주선인이 위탁자의 청구에 의하여 화물상환증을 작성한 때에는 직접운송하는 것으로 본다.

제117조(중간운송주선인의 대위) ①수인이 순차로 운송주선을 하는 경우에는 후자는 전자에 갈음하여 그 권리를 행사할 의무를 부담한다.

②전항의 경우에 후자가 전자에게 변제한 때에는 전자의 권리를 취득한다.

제118조(운송인의 권리의 취득) 전조의 경우에 운송주선인이 운송인에게 변제한 때에는 운송인의 권리를 취득한다.

제119조(보수청구권) ①운송주선인은 운송물을 운송인에게 인도한 때에는 즉시 보수를 청구할 수 있다.

②운송주선계약으로 운임의 액을 정한 경우에는 다른 약정이 없으면 따로 보수를 청구하지 못한다.

제120조(유치권) 운송주선인은 운송물에 관하여 받을 보수, 운임, 기타 위탁자를 위한 체당금이나 선대금에 관하여서만 그 운송물을 유치할 수 있다.

제121조(운송주선인의 책임의 시효) ①운송주선인의 책임은 수하인이 운송물을 수령한 날로부터 1년을 경과하면 소멸시효가 완성한다.

②전항의 기간은 운송물이 전부멸실한 경우에는 그 운송물을 인도할 날로부터 기산한다. 〈개정 1962. 12. 12.〉

③전2항의 규정은 운송주선인이나 그 사용인이 악의인 경우에는 적용하지 아니한다.

제122조(운송주선인의 채권의 시효) 운송주선인의 위탁자 또는 수하인에 대한 채권은 1 년간 행사하지 아니하면 소멸시효가 완성한다.

제123조(준용규정) 운송주선인에 관하여는 본장의 규정외에 위탁매매인에 관한 규정을 준용한다.

제124조(동전) 제136조, 제140조와 제141조의 규정은 운송주선업에 준용한다.

제9장 운송업

제125조(의의) 육상 또는 호천, 항만에서 물건 또는 여객의 운송을 영업으로 하는 자를 운송인이라 한다.

제1절 물건운송

제126조(화물명세서) ①송하인은 운송인의 청구에 의하여 화물명세서를 교부하여야 한다. 〈개정 2007. 8. 3.〉

②화물명세서에는 다음의 사항을 기재하고 송하인이 기명날인 또는 서명하여야 한다. 〈개정 1995. 12. 29., 2007. 8. 3.〉

1. 운송물의 종류, 중량 또는 용적, 포장의 종별, 개수와 기호
2. 도착지
3. 수하인과 운송인의 성명 또는 상호, 영업소 또는 주소
4. 운임과 그 선급 또는 착급의 구별
5. 화물명세서의 작성지와 작성년월일

[제목개정 2007. 8. 3.]

제127조(화물명세서의 허위기재에 대한 책임) ①송하인이 화물명세서에 허위 또는 부정확한 기재를 한 때에는 운송인에 대하여 이로 인한 손해를 배상할 책임이 있다. 〈개정 2007. 8. 3.〉

②전항의 규정은 운송인이 악의인 경우에는 적용하지 아니한다.

[제목개정 2007. 8. 3.]

제128조(화물상환증의 발행) ①운송인은 송하인의 청구에 의하여 화물상환증을 교부하여야 한다.

②화물상환증에는 다음의 사항을 기재하고 운송인이 기명날인 또는 서명하여야 한다. 〈개정 1995. 12. 29.〉

1. 제126조제2항제1호 내지 제3호의 사항
2. 송하인의 성명 또는 상호, 영업소 또는 주소
3. 운임 기타 운송물에 관한 비용과 그 선급 또는 착급의 구별
4. 화물상환증의 작성지와 작성년월일

제129조(화물상환증의 상환증권성) 화물상환증을 작성한 경우에는 이와 상환하지 아니하면 운송물의 인도를 청구할 수 없다.

제130조(화물상환증의 당연한 지시증권성) 화물상환증은 기명식인 경우에도 배서에 의하여 양도할 수 있다. 그러나 화물상환증에 배서를 금지하는 뜻을 기재한 때에는 그러하지 아니하다.

제131조(화물상환증 기재의 효력) ① 제128조에 따라 화물상환증이 발행된 경우에는 운송인과 송하인 사이에 화물상환증에 적힌 대로 운송계약이 체결되고 운송물을 수령한 것으로 추정한다.

② 화물상환증을 선의로 취득한 소지인에 대하여 운송인은 화물상환증에 적힌 대로 운송물을 수령한 것으로 보고 화물상환증에 적힌 바에 따라 운송인으로

서 책임을 진다.
[전문개정 2010. 5. 14.]

제132조(화물상환증의 처분증권성) 화물상환증을 작성한 경우에는 운송물에 관한 처분은 화물상환증으로써 하여야 한다.

제133조(화물상환증교부의 물권적 효력) 화물상환증에 의하여 운송물을 받을 수 있는 자에게 화물상환증을 교부한 때에는 운송물 위에 행사하는 권리의 취득에 관하여 운송물을 인도한 것과 동일한 효력이 있다.

제134조(운송물멸실과 운임) ①운송물의 전부 또는 일부가 송하인의 책임없는 사유로 인하여 멸실한 때에는 운송인은 그 운임을 청구하지 못한다. 운송인이 이미 그 운임의 전부 또는 일부를 받은 때에는 이를 반환하여야 한다.

②운송물의 전부 또는 일부가 그 성질이나 하자 또는 송하인의 과실로 인하여 멸실한 때에는 운송인은 운임의 전액을 청구할 수 있다.

제135조(손해배상책임) 운송인은 자기 또는 운송주선인이나 사용인, 그 밖에 운송을 위하여 사용한 자가 운송물의 수령, 인도, 보관 및 운송에 관하여 주의를 게을리하지 아니하였음을 증명하지 아니하면 운송물의 멸실, 훼손 또는 연착으로 인한 손해를 배상할 책임이 있다.
[전문개정 2010. 5. 14.]

제136조(고가물에 대한 책임) 화폐, 유가증권 기타의 고가물에 대하여는 송하인이 운송을 위탁할 때에 그 종류와 가액을 명시한 경우에 한하여 운송인이 손해를 배상할 책임이 있다.

제137조(손해배상의 액) ① 운송물이 전부멸실 또는 연착된 경우의 손해배상액은 인도할 날의 도착지의 가격에 따른다. 〈개정 2011. 4. 14.〉

②운송물이 일부 멸실 또는 훼손된 경우의 손해배상액은 인도한 날의 도착지의 가격에 의한다.

③운송물의 멸실, 훼손 또는 연착이 운송인의 고의나 중대한 과실로 인한 때에는 운송인은 모든 손해를 배상하여야 한다.

④운송물의 멸실 또는 훼손으로 인하여 지급을 요하지 아니하는 운임 기타 비용은 전3항의 배상액에서 공제하여야 한다.

제138조(순차운송인의 연대책임, 구상권) ①수인이 순차로 운송할 경우에는 각 운송인은 운송물의 멸실, 훼손 또는 연착으로 인한 손해를 연대하여 배상할 책임이 있다.

②운송인중 1인이 전항의 규정에 의하여 손해를 배상한 때에는 그 손해의 원인이 된 행위를 한 운송인에 대하여 구상권이 있다.

③전항의 경우에 그 손해의 원인이 된 행위를 한 운송인을 알 수 없는 때에는 각 운송인은 그 운임액의 비율로 손해를 분담한다. 그러나 그 손해가 자기의 운송구간내에서 발생하지 아니하였음을 증명한 때에는 손해분담의 책임이 없다.

제139조(운송물의 처분청구권) ①송하인 또는 화물상환증이 발행된 때에는 그 소지인이 운송인에 대하여 운송의 중지, 운송물의 반환 기타의 처분을 청구할 수 있다. 이 경우에 운송인은 이미 운송한 비율에 따른 운임, 체당금과 처분으로 인한 비용의 지급을 청구할 수 있다.

② 삭제 〈1995. 12. 29.〉

제140조(수하인의 지위) ①운송물이 도착지에 도착한 때에는 수하인은 송하인과 동일한 권리를 취득한다.

②운송물이 도착지에 도착한 후 수하인이 그 인도를 청구한 때에는 수하인의 권리가 송하인의 권리에 우선한다. 〈신설 1995. 12. 29.〉

제141조(수하인의 의무) 수하인이 운송물을 수령한 때에는 운송인에 대하여 운임 기타 운송에 관한 비용과 체당금을 지급할 의무를 부담한다.

제142조(수하인불명의 경우의 공탁, 경매권) ①수하인을 알 수 없는 때에는 운송인은 운송물을 공탁할 수 있다.

②제1항의 경우에 운송인은 송하인에 대하여 상당

한 기간을 정하여 운송물의 처분에 대한 지시를 최고하여도 그 기간내에 지시를 하지 아니한 때에는 운송물을 경매할 수 있다. 〈개정 1995. 12. 29.〉
③운송인이 제1항 및 제2항의 규정에 의하여 운송물의 공탁 또는 경매를 한 때에는 지체없이 송하인에게 그 통지를 발송하여야 한다. 〈개정 1995. 12. 29.〉

제143조(운송물의 수령거부, 수령불능의 경우) ①전조의 규정은 수하인이 운송물의 수령을 거부하거나 수령할 수 없는 경우에 준용한다.
②운송인이 경매를 함에는 송하인에 대한 최고를 하기 전에 수하인에 대하여 상당한 기간을 정하여 운송물의 수령을 최고하여야 한다. 〈개정 1995. 12. 29.〉

제144조(공시최고) ①송하인, 화물상환증소지인과 수하인을 알 수 없는 때에는 운송인은 권리자에 대하여 6월 이상의 기간을 정하여 그 기간 내에 권리를 주장할 것을 공고하여야 한다.
②제1항의 공고는 관보나 일간신문에 2회 이상 하여야 한다. 〈개정 1984. 4. 10.〉
③운송인이 제1항 및 제2항의 규정에 의한 공고를 하여도 그 기간내에 권리를 주장하는 자가 없는 때에는 운송물을 경매할 수 있다. 〈개정 1984. 4. 10.〉

제145조(준용규정) 제67조제2항과 제3항의 규정은 전3조의 경매에 준용한다.

제146조(운송인의 책임소멸) ①운송인의 책임은 수하인 또는 화물상환증소지인이 유보없이 운송물을 수령하고 운임 기타의 비용을 지급한 때에는 소멸한다. 그러나 운송물에 즉시 발견할 수 없는 훼손 또는 일부 멸실이 있는 경우에 운송물을 수령한 날로부터 2주간내에 운송인에게 그 통지를 발송한 때에는 그러하지 아니하다.
②전항의 규정은 운송인 또는 그 사용인이 악의인 경우에는 적용하지 아니한다.

제147조(준용규정) 제117조, 제120조 내지 제122조의 규정은 운송인에 준용한다.

제2절 여객운송

제148조(여객이 받은 손해의 배상책임) ①운송인은 자기 또는 사용인이 운송에 관한 주의를 해태하지 아니하였음을 증명하지 아니하면 여객이 운송으로 인하여 받은 손해를 배상할 책임을 면하지 못한다.
②손해배상의 액을 정함에는 법원은 피해자와 그 가족의 정상을 참작하여야 한다.

제149조(인도를 받은 수하물에 대한 책임) ①운송인은 여객으로부터 인도를 받은 수하물에 관하여는 운임을 받지 아니한 경우에도 물건운송인과 동일한 책임이 있다.
②수하물이 도착지에 도착한 날로부터 10일내에 여객이 그 인도를 청구하지 아니한 때에는 제67조의 규정을 준용한다. 그러나 주소 또는 거소를 알지 못하는 여객에 대하여는 최고와 통지를 요하지 아니한다.

제150조(인도를 받지 아니한 수하물에 대한 책임) 운송인은 여객으로부터 인도를 받지 아니한 수하물의 멸실 또는 훼손에 대하여는 자기 또는 사용인의 과실이 없으면 손해를 배상할 책임이 없다.

제10장 공중접객업 〈개정 2010. 5. 14.〉

제151조(의의) 극장, 여관, 음식점, 그 밖의 공중이 이용하는 시설에 의한 거래를 영업으로 하는 자를 공중접객업자(公衆接客業者)라 한다.
[전문개정 2010. 5. 14.]

제152조(공중접객업자의 책임) ① 공중접객업자는 자기 또는 그 사용인이 고객으로부터 임치(任置)받은 물건의 보관에 관하여 주의를 게을리하지 아니하였음을 증명하지 아니하면 그 물건의 멸실 또는 훼손으로 인한 손해를 배상할 책임이 있다.
② 공중접객업자는 고객으로부터 임치받지 아니한 경우에도 그 시설 내에 휴대한 물건이 자기 또는 그 사용인의 과실로 인하여 멸실 또는 훼손되었을 때에는 그 손해를 배상할 책임이 있다.

③ 고객의 휴대물에 대하여 책임이 없음을 알린 경우에도 공중접객업자는 제1항과 제2항의 책임을 면하지 못한다.
[전문개정 2010. 5. 14.]

제153조(고가물에 대한 책임) 화폐, 유가증권, 그 밖의 고가물(高價物)에 대하여는 고객이 그 종류와 가액(價額)을 명시하여 임치하지 아니하면 공중접객업자는 그 물건의 멸실 또는 훼손으로 인한 손해를 배상할 책임이 없다.
[전문개정 2010. 5. 14.]

제154조(공중접객업자의 책임의 시효) ① 제152조와 제153조의 책임은 공중접객업자가 임치물을 반환하거나 고객이 휴대물을 가져간 후 6개월이 지나면 소멸시효가 완성된다.
② 물건이 전부 멸실된 경우에는 제1항의 기간은 고객이 그 시설에서 퇴거한 날부터 기산한다.
③ 제1항과 제2항은 공중접객업자나 그 사용인이 악의인 경우에는 적용하지 아니한다.
[전문개정 2010. 5. 14.]

제11장 창고업

제155조(의의) 타인을 위하여 창고에 물건을 보관함을 영업으로 하는 자를 창고업자라 한다.

제156조(창고증권의 발행) ①창고업자는 임치인의 청구에 의하여 창고증권을 교부하여야 한다.
②창고증권에는 다음의 사항을 기재하고 창고업자가 기명날인 또는 서명하여야 한다. 〈개정 1995. 12. 29.〉
1. 임치물의 종류, 품질, 수량, 포장의 종별, 개수와 기호
2. 임치인의 성명 또는 상호, 영업소 또는 주소
3. 보관장소
4. 보관료
5. 보관기간을 정한 때에는 그 기간
6. 임치물을 보험에 붙인 때에는 보험금액, 보험기간과 보험자의 성명 또는 상호, 영업소 또는 주소
7. 창고증권의 작성지와 작성년월일

제157조(준용규정) 제129조 내지 제133조의 규정은 창고증권에 준용한다.

제158조(분할부분에 대한 창고증권의 청구) ①창고증권소지인은 창고업자에 대하여 그 증권을 반환하고 임치물을 분할하여 각부분에 대한 창고증권의 교부를 청구할 수 있다.
②전항의 규정에 의한 임치물의 분할과 증권교부의 비용은 증권소지인이 부담한다.

제159조(창고증권에 의한 입질과 일부출고) 창고증권으로 임치물을 입질한 경우에도 질권자의 승낙이 있으면 임치인은 채권의 변제기전이라도 임치물의 일부반환을 청구할 수 있다. 이 경우에는 창고업자는 반환한 임치물의 종류, 품질과 수량을 창고증권에 기재하여야 한다.

제160조(손해배상책임) 창고업자는 자기 또는 사용인이 임치물의 보관에 관하여 주의를 해태하지 아니하였음을 증명하지 아니하면 임치물의 멸실 또는 훼손에 대하여 손해를 배상할 책임을 면하지 못한다.

제161조(임치물의 검사, 견품적취, 보존처분권) 임치인 또는 창고증권소지인은 영업시간 내에 언제든지 창고업자에 대하여 임치물의 검사 또는 견품의 적취를 요구하거나 그 보존에 필요한 처분을 할 수 있다.

제162조(보관료청구권) ①창고업자는 임치물을 출고할 때가 아니면 보관료 기타의 비용과 체당금의 지급을 청구하지 못한다. 그러나 보관기간 경과후에는 출고전이라도 이를 청구할 수 있다.
②임치물의 일부출고의 경우에는 창고업자는 그 비율에 따른 보관료 기타의 비용과 체당금의 지급을 청구할 수 있다.

제163조(임치기간) ①당사자가 임치기간을 정하지 아니한 때에는 창고업자는 임치물을 받은 날로부터 6월을 경과한 후에는 언제든지 이를 반환할 수 있다.
②전항의 경우에 임치물을 반환함에는 2주간전에 예고하여야 한다.

제164조(동전-부득이한 사유가 있는 경우) 부득이한 사유가 있는 경우에는 창고업자는 전조의 규정에 불구하고 언제든지 임치물을 반환할 수 있다.

제165조(준용규정) 제67조제1항과 제2항의 규정은 임치인 또는 창고증권소지인이 임치물의 수령을 거부하거나 이를 수령할 수 없는 경우에 준용한다.

제166조(창고업자의 책임의 시효) ①임치물의 멸실 또는 훼손으로 인하여 생긴 창고업자의 책임은 그 물건을 출고한 날로부터 1년이 경과하면 소멸시효가 완성한다.

②전항의 기간은 임치물이 전부 멸실한 경우에는 임치인과 알고 있는 창고증권소지인에게 그 멸실의 통지를 발송한 날로부터 기산한다.

③전2항의 규정은 창고업자 또는 그 사용인이 악의인 경우에는 적용하지 아니한다.

제167조(창고업자의 채권의 시효) 창고업자의 임치인 또는 창고증권소지인에 대한 채권은 그 물건을 출고한 날로부터 1년간 행사하지 아니하면 소멸시효가 완성한다.

제168조(준용규정) 제108조와 제146조의 규정은 창고업자에 준용한다. 〈개정 1962. 12. 12.〉

제12장 금융리스업 〈신설 2010. 5. 14.〉

제168조의2(의의) 금융리스이용자가 선정한 기계, 시설, 그 밖의 재산(이하 이 장에서 "금융리스물건"이라 한다)을 제3자(이하 이 장에서 "공급자"라 한다)로부터 취득하거나 대여받아 금융리스이용자에게 이용하게 하는 것을 영업으로 하는 자를 금융리스업자라 한다.

[본조신설 2010. 5. 14.]

제168조의3(금융리스업자와 금융리스이용자의 의무) ① 금융리스업자는 금융리스이용자가 금융리스계약에서 정한 시기에 금융리스계약에 적합한 금융리스물건을 수령할 수 있도록 하여야 한다.

② 금융리스이용자는 제1항에 따라 금융리스물건을 수령함과 동시에 금융리스료를 지급하여야 한다.

③ 금융리스물건수령증을 발급한 경우에는 제1항의 금융리스계약 당사자 사이에 적합한 금융리스물건이 수령된 것으로 추정한다.

④ 금융리스이용자는 금융리스물건을 수령한 이후에는 선량한 관리자의 주의로 금융리스물건을 유지 및 관리하여야 한다.

[본조신설 2010. 5. 14.]

제168조의4(공급자의 의무) ① 금융리스물건의 공급자는 공급계약에서 정한 시기에 그 물건을 금융리스이용자에게 인도하여야 한다.

② 금융리스물건이 공급계약에서 정한 시기와 내용에 따라 공급되지 아니한 경우 금융리스이용자는 공급자에게 직접 손해배상을 청구하거나 공급계약의 내용에 적합한 금융리스물건의 인도를 청구할 수 있다.

③ 금융리스업자는 금융리스이용자가 제2항의 권리를 행사하는 데 필요한 협력을 하여야 한다.

[본조신설 2010. 5. 14.]

제168조의5(금융리스계약의 해지) ① 금융리스이용자의 책임 있는 사유로 금융리스계약을 해지하는 경우에는 금융리스업자는 잔존 금융리스료 상당액의 일시 지급 또는 금융리스물건의 반환을 청구할 수 있다.

② 제1항에 따른 금융리스업자의 청구는 금융리스업자의 금융리스이용자에 대한 손해배상청구에 영향을 미치지 아니한다.

③ 금융리스이용자는 중대한 사정변경으로 인하여 금융리스물건을 계속 사용할 수 없는 경우에는 3개월 전에 예고하고 금융리스계약을 해지할 수 있다. 이 경우 금융리스이용자는 계약의 해지로 인하여 금융리스업자에게 발생한 손해를 배상하여야 한다.

[본조신설 2010. 5. 14.]

제13장 가맹업 〈신설 2010. 5. 14.〉

제168조의6(의의) 자신의 상호·상표 등(이하 이 장에서 "상호등"이라 한다)을 제공하는 것을 영업으로

하는 자[이하 "가맹업자"(加盟業者)라 한다]로부터 그의 상호등을 사용할 것을 허락받아 가맹업자가 지정하는 품질기준이나 영업방식에 따라 영업을 하는 자를 가맹상(加盟商)이라 한다.
[본조신설 2010. 5. 14.]
제168조의7(가맹업자의 의무) ① 가맹업자는 가맹상의 영업을 위하여 필요한 지원을 하여야 한다.
② 가맹업자는 다른 약정이 없으면 가맹상의 영업지역 내에서 동일 또는 유사한 업종의 영업을 하거나, 동일 또는 유사한 업종의 가맹계약을 체결할 수 없다.
[본조신설 2010. 5. 14.]
제168조의8(가맹상의 의무) ① 가맹상은 가맹업자의 영업에 관한 권리가 침해되지 아니하도록 하여야 한다.
② 가맹상은 계약이 종료한 후에도 가맹계약과 관련하여 알게 된 가맹업자의 영업상의 비밀을 준수하여야 한다.
[본조신설 2010. 5. 14.]
제168조의9(가맹상의 영업양도) ① 가맹상은 가맹업자의 동의를 받아 그 영업을 양도할 수 있다.
② 가맹업자는 특별한 사유가 없으면 제1항의 영업양도에 동의하여야 한다.
[본조신설 2010. 5. 14.]
제168조의10(계약의 해지) 가맹계약상 존속기간에 대한 약정의 유무와 관계없이 부득이한 사정이 있으면 각 당사자는 상당한 기간을 정하여 예고한 후 가맹계약을 해지할 수 있다.
[본조신설 2010. 5. 14.]

제14장 채권매입업 〈신설 2010. 5. 14.〉

제168조의11(의의) 타인이 물건·유가증권의 판매, 용역의 제공 등에 의하여 취득하였거나 취득할 영업상의 채권(이하 이 장에서 "영업채권"이라 한다)을 매입하여 회수하는 것을 영업으로 하는 자를 채권매입업자라 한다.
[본조신설 2010. 5. 14.]
제168조의12(채권매입업자의 상환청구) 영업채권의 채무자가 그 채무를 이행하지 아니하는 경우 채권매입업자는 채권매입계약의 채무자에게 그 영업채권액의 상환을 청구할 수 있다. 다만, 채권매입계약에서 다르게 정한 경우에는 그러하지 아니하다.
[본조신설 2010. 5. 14.]

제3편 회사

제1장 통칙

제169조(회사의 의의) 이 법에서 "회사"란 상행위나 그 밖의 영리를 목적으로 하여 설립한 법인을 말한다.
[전문개정 2011. 4. 14.]
제170조(회사의 종류) 회사는 합명회사, 합자회사, 유한책임회사, 주식회사와 유한회사의 5종으로 한다.
[전문개정 2011. 4. 14.]
제171조(회사의 주소) 회사의 주소는 본점소재지에 있는 것으로 한다.
[전문개정 2011. 4. 14.]
제172조(회사의 성립) 회사는 본점소재지에서 설립등기를 함으로써 성립한다.
제173조(권리능력의 제한) 회사는 다른 회사의 무한책임사원이 되지 못한다.
제174조(회사의 합병) ①회사는 합병을 할 수 있다.
② 합병을 하는 회사의 일방 또는 쌍방이 주식회사, 유한회사 또는 유한책임회사인 경우에는 합병 후 존속하는 회사나 합병으로 설립되는 회사는 주식회사, 유한회사 또는 유한책임회사이어야 한다. 〈개정 2011. 4. 14.〉
③해산후의 회사는 존립 중의 회사를 존속하는 회사로 하는 경우에 한하여 합병을 할 수 있다.
제175조(동전-설립위원) ①회사의 합병으로 인하여 신회사를 설립하는 경우에는 정관의 작성 기타 설립

에 관한 행위는 각 회사에서 선임한 설립위원이 공동으로 하여야 한다.

②제230조, 제434조와 제585조의 규정은 전항의 선임에 준용한다.

제176조(회사의 해산명령) ①법원은 다음의 사유가 있는 경우에는 이해관계인이나 검사의 청구에 의하여 또는 직권으로 회사의 해산을 명할 수 있다.

1. 회사의 설립목적이 불법한 것인 때
2. 회사가 정당한 사유없이 설립후 1년내에 영업을 개시하지 아니하거나 1년 이상 영업을 휴지하는 때
3. 이사 또는 회사의 업무를 집행하는 사원이 법령 또는 정관에 위반하여 회사의 존속을 허용할 수 없는 행위를 한 때

②전항의 청구가 있는 때에는 법원은 해산을 명하기 전일지라도 이해관계인이나 검사의 청구에 의하여 또는 직권으로 관리인의 선임 기타 회사재산의 보전에 필요한 처분을 할 수 있다.

③이해관계인이 제1항의 청구를 한 때에는 법원은 회사의 청구에 의하여 상당한 담보를 제공할 것을 명할 수 있다.

④회사가 전항의 청구를 함에는 이해관계인의 청구가 악의임을 소명하여야 한다.

제177조(등기기간의 기산점) 본편의 규정에 의하여 등기할 사항으로서 관청의 허가 또는 인가를 요하는 것에 관하여는 그 서류가 도달한 날로부터 등기기간을 기산한다.

제2장 합명회사

제1절 설립

제178조(정관의 작성) 합명회사의 설립에는 2인 이상의 사원이 공동으로 정관을 작성하여야 한다.

제179조(정관의 절대적 기재사항) 정관에는 다음의 사항을 기재하고 총사원이 기명날인 또는 서명하여야 한다. 〈개정 1995. 12. 29.〉

1. 목적
2. 상호
3. 사원의 성명 · 주민등록번호 및 주소
4. 사원의 출자의 목적과 가격 또는 그 평가의 표준
5. 본점의 소재지
6. 정관의 작성년월일

제180조(설립의 등기) 합명회사의 설립등기에 있어서는 다음의 사항을 등기하여야 한다. 〈개정 1995. 12. 29., 2011. 4. 14.〉

1. 제179조제1호 내지 제3호 및 제5호의 사항과 지점을 둔 때에는 그 소재지. 다만, 회사를 대표할 사원을 정한 때에는 그 외의 사원의 주소를 제외한다.
2. 사원의 출자의 목적, 재산출자에는 그 가격과 이행한 부분
3. 존립기간 기타 해산사유를 정한 때에는 그 기간 또는 사유
4. 회사를 대표할 사원을 정한 경우에는 그 성명 · 주소 및 주민등록번호
5. 수인의 사원이 공동으로 회사를 대표할 것을 정한 때에는 그 규정

제181조(지점 설치의 등기) ① 회사의 설립과 동시에 지점을 설치하는 경우에는 설립등기를 한 후 2주 내에 지점소재지에서 제180조제1호 본문(다른 지점의 소재지는 제외한다) 및 제3호부터 제5호까지의 사항을 등기하여야 한다. 다만, 회사를 대표할 사원을 정한 경우에는 그 외의 사원은 등기하지 아니한다.

② 회사의 성립 후에 지점을 설치하는 경우에는 본점소재지에서는 2주 내에 그 지점소재지와 설치 연월일을 등기하고, 그 지점소재지에서는 3주 내에 제180조제1호 본문(다른 지점의 소재지는 제외한다) 및 제3호부터 제5호까지의 사항을 등기하여야 한다. 다만, 회사를 대표할 사원을 정한 경우에는 그 밖의 사원은 등기하지 아니한다.

[전문개정 2011. 4. 14.]

제182조(본점, 지점의 이전등기) ①회사가 본점을 이

전하는 경우에는 2주간내에 구소재지에서는 신소재지와 이전년월일을, 신소재지에서는 제180조 각호의 사항을 등기하여야 한다. 〈개정 1995. 12. 29.〉

② 회사가 지점을 이전하는 경우에는 2주 내에 본점과 구지점소재지에서는 신지점소재지와 이전 연월일을 등기하고, 신지점소재지에서는 제180조제1호 본문(다른 지점의 소재지는 제외한다) 및 제3호부터 제5호까지의 사항을 등기하여야 한다. 다만, 회사를 대표할 사원을 정한 경우에는 그 밖의 사원은 등기하지 아니한다. 〈개정 2011. 4. 14.〉

③ 삭제 〈1995. 12. 29.〉

제183조(변경등기) 제180조에 게기한 사항에 변경이 있는 때에는 본점소재지에서는 2주간 내, 지점소재지에서는 3주간 내에 변경등기를 하여야 한다.

제183조의2(업무집행정지가처분 등의 등기) 사원의 업무집행을 정지하거나 직무대행자를 선임하는 가처분을 하거나 그 가처분을 변경 · 취소하는 경우에는 본점 및 지점이 있는 곳의 등기소에서 이를 등기하여야 한다.

[본조신설 2001. 12. 29.]

제184조(설립무효, 취소의 소) ①회사의 설립의 무효는 그 사원에 한하여, 설립의 취소는 그 취소권있는 자에 한하여 회사성립의 날로부터 2년내에 소만으로 이를 주장할 수 있다.

②민법 제140조의 규정은 전항의 설립의 취소에 준용한다.

제185조(채권자에 의한 설립취소의 소) 사원이 그 채권자를 해할 것을 알고 회사를 설립한 때에는 채권자는 그 사원과 회사에 대한 소로 회사의 설립취소를 청구할 수 있다.

제186조(전속관할) 전2조의 소는 본점소재지의 지방법원의 관할에 전속한다.

제187조(소제기의 공고) 설립무효의 소 또는 설립취소의 소가 제기된 때에는 회사는 지체없이 공고하여야 한다.

제188조(소의 병합심리) 수개의 설립무효의 소 또는 설립취소의 소가 제기된 때에는 법원은 이를 병합심리하여야 한다.

제189조(하자의 보완 등과 청구의 기각) 설립무효의 소 또는 설립취소의 소가 그 심리중에 원인이 된 하자가 보완되고 회사의 현황과 제반사정을 참작하여 설립을 무효 또는 취소하는 것이 부적당하다고 인정한 때에는 법원은 그 청구를 기각할 수 있다.

제190조(판결의 효력) 설립무효의 판결 또는 설립취소의 판결은 제3자에 대하여도 그 효력이 있다. 그러나 판결확정전에 생긴 회사와 사원 및 제3자간의 권리의무에 영향을 미치지 아니한다.

제191조(패소원고의 책임) 설립무효의 소 또는 설립취소의 소를 제기한 자가 패소한 경우에 악의 또는 중대한 과실이 있는 때에는 회사에 대하여 연대하여 손해를 배상할 책임이 있다.

제192조(설립무효, 취소의 등기) 설립무효의 판결 또는 설립취소의 판결이 확정된 때에는 본점과 지점의 소재지에서 등기하여야 한다.

제193조(설립무효, 취소판결의 효과) ①설립무효의 판결 또는 설립취소의 판결이 확정된 때에는 해산의 경우에 준하여 청산하여야 한다.

②전항의 경우에는 법원은 사원 기타의 이해관계인의 청구에 의하여 청산인을 선임할 수 있다.

제194조(설립무효, 취소와 회사계속) ①설립무효의 판결 또는 설립취소의 판결이 확정된 경우에 그 무효나 취소의 원인이 특정한 사원에 한한 것인 때에는 다른 사원 전원의 동의로써 회사를 계속할 수 있다.

②전항의 경우에는 그 무효 또는 취소의 원인이 있는 사원은 퇴사한 것으로 본다.

③제229조제2항과 제3항의 규정은 전2항의 경우에 준용한다.

제2절 회사의 내부관계

제195조(준용법규) 합명회사의 내부관계에 관하여는 정관 또는 본법에 다른 규정이 없으면 조합에 관한

민법의 규정을 준용한다.

제196조(채권출자) 채권을 출자의 목적으로 한 사원은 그 채권이 변제기에 변제되지 아니한 때에는 그 채권액을 변제할 책임을 진다. 이 경우에는 이자를 지급하는 외에 이로 인하여 생긴 손해를 배상하여야 한다.

제197조(지분의 양도) 사원은 다른 사원의 동의를 얻지 아니하면 그 지분의 전부 또는 일부를 타인에게 양도하지 못한다.

제198조(사원의 경업의 금지) ①사원은 다른 사원의 동의가 없으면 자기 또는 제3자의 계산으로 회사의 영업부류에 속하는 거래를 하지 못하며 동종영업을 목적으로 하는 다른 회사의 무한책임사원 또는 이사가 되지 못한다.

②사원이 전항의 규정에 위반하여 거래를 한 경우에 그 거래가 자기의 계산으로 한 것인 때에는 회사는 이를 회사의 계산으로 한 것으로 볼 수 있고 제3자의 계산으로 한것인 때에는 그 사원에 대하여 회사는 이로 인한 이득의 양도를 청구할 수 있다. 〈개정 1962. 12. 12.〉

③전항의 규정은 회사의 그 사원에 대한 손해배상의 청구에 영향을 미치지 아니한다.

④제2항의 권리는 다른 사원 과반수의 결의에 의하여 행사하여야 하며 다른 사원의 1인이 그 거래를 안 날로부터 2주간을 경과하거나 그 거래가 있은 날로부터 1년을 경과하면 소멸한다.

제199조(사원의 자기거래) 사원은 다른 사원 과반수의 결의가 있는 때에 한하여 자기 또는 제삼자의 계산으로 회사와 거래를 할 수 있다. 이 경우에는 민법 제124조의 규정을 적용하지 아니한다.

제200조(업무집행의 권리의무) ①각 사원은 정관에 다른 규정이 없는 때에는 회사의 업무를 집행할 권리와 의무가 있다.

②각 사원의 업무집행에 관한 행위에 대하여 다른 사원의 이의가 있는 때에는 곧 행위를 중지하고 총사원과반수의 결의에 의하여야 한다.

제200조의2(직무대행자의 권한) ①제183조의2의 직무대행자는 가처분명령에 다른 정함이 있는 경우 외에는 법인의 통상업무에 속하지 아니한 행위를 하지 못한다. 다만, 법원의 허가를 얻은 경우에는 그러하지 아니하다.

②직무대행자가 제1항의 규정에 위반한 행위를 한 경우에도 회사는 선의의 제3자에 대하여 책임을 진다.

[본조신설 2001. 12. 29.]

제201조(업무집행사원) ①정관으로 사원의 1인 또는 수인을 업무집행사원으로 정한 때에는 그 사원이 회사의 업무를 집행할 권리와 의무가 있다.

②수인의 업무집행사원이 있는 경우에 그 각 사원의 업무집행에 관한 행위에 대하여 다른 업무집행사원의 이의가 있는 때에는 곧 그 행위를 중지하고 업무집행사원 과반수의 결의에 의하여야 한다.

제202조(공동업무집행사원) 정관으로 수인의 사원을 공동업무집행사원으로 정한 때에 그 전원의 동의가 없으면 업무집행에 관한 행위를 하지 못한다. 그러나 지체할 염려가 있는 때에는 그러하지 아니하다.

제203조(지배인의 선임과 해임) 지배인의 선임과 해임은 정관에 다른 정함이 없으면 업무집행사원이 있는 경우에도 총사원 과반수의 결의에 의하여야 한다.

제204조(정관의 변경) 정관을 변경함에는 총사원의 동의가 있어야 한다.

제205조(업무집행사원의 권한상실선고) ①사원이 업무를 집행함에 현저하게 부적임하거나 중대한 의무에 위반한 행위가 있는 때에는 법원은 사원의 청구에 의하여 업무집행권한의 상실을 선고할 수 있다.

②전항의 판결이 확정된 때에는 본점과 지점의 소재지에서 등기하여야 한다.

제206조(준용규정) 제186조의 규정은 전조의 소에 준용한다.

제3절 회사의 외부관계

제207조(회사대표) 정관으로 업무집행사원을 정하지 아니한 때에는 각 사원은 회사를 대표한다. 수인의 업무집행사원을 정한 경우에 각 업무집행사원은 회사를 대표한다. 그러나 정관 또는 총사원의 동의로 업무집행사원중 특히 회사를 대표할 자를 정할 수 있다.

제208조(공동대표) ①회사는 정관 또는 총사원의 동의로 수인의 사원이 공동으로 회사를 대표할 것을 정할 수 있다.

②전항의 경우에도 제삼자의 회사에 대한 의사표시는 공동대표의 권한있는 사원 1인에 대하여 이를 함으로써 그 효력이 생긴다.

제209조(대표사원의 권한) ①회사를 대표하는 사원은 회사의 영업에 관하여 재판상 또는 재판외의 모든 행위를 할 권한이 있다.

②전항의 권한에 대한 제한은 선의의 제삼자에게 대항하지 못한다.

제210조(손해배상책임) 회사를 대표하는 사원이 그 업무집행으로 인하여 타인에게 손해를 가한 때에는 회사는 그 사원과 연대하여 배상할 책임이 있다.

제211조(회사와 사원간의 소에 관한 대표권) 회사가 사원에 대하여 또는 사원이 회사에 대하여 소를 제기하는 경우에 회사를 대표할 사원이 없을 때에는 다른 사원 과반수의 결의로 선정하여야 한다.

제212조(사원의 책임) ①회사의 재산으로 회사의 채무를 완제할 수 없는 때에는 각 사원은 연대하여 변제할 책임이 있다.

②회사재산에 대한 강제집행이 주효하지 못한 때에도 전항과 같다.

③전항의 규정은 사원이 회사에 변제의 자력이 있으며 집행이 용이한 것을 증명한 때에는 적용하지 아니한다.

제213조(신입사원의 책임) 회사성립후에 가입한 사원은 그 가입전에 생긴 회사채무에 대하여 다른 사원과 동일한 책임을 진다.

제214조(사원의 항변) ①사원이 회사채무에 관하여 변제의 청구를 받은 때에는 회사가 주장할 수 있는 항변으로 그 채권자에게 대항할 수 있다.

②회사가 그 채권자에 대하여 상계, 취소 또는 해제할 권리가 있는 경우에는 사원은 전항의 청구에 대하여 변제를 거부할 수 있다.

제215조(자칭사원의 책임) 사원이 아닌 자가 타인에게 자기를 사원이라고 오인시키는 행위를 하였을 때에는 오인으로 인하여 회사와 거래한 자에 대하여 사원과 동일한 책임을 진다.

제216조(준용규정) 제205조와 제206조의 규정은 회사의 대표사원에 준용한다.

제4절 사원의 퇴사

제217조(사원의 퇴사권) ①정관으로 회사의 존립기간을 정하지 아니하거나 어느 사원의 종신까지 존속할 것을 정한 때에는 사원은 영업년도말에 한하여 퇴사할 수 있다. 그러나 6월전에 이를 예고하여야 한다.

②사원이 부득이한 사유가 있을 때에는 언제든지 퇴사할 수 있다.

제218조(퇴사원인) 사원은 전조의 경우 외에 다음의 사유로 인하여 퇴사한다.

1. 정관에 정한 사유의 발생
2. 총사원의 동의
3. 사망
4. 성년후견개시
5. 파산
6. 제명

[전문개정 2018. 9. 18.]

제219조(사원사망 시 권리승계의 통지) ①정관으로 사원이 사망한 경우에 그 상속인이 회사에 대한 피상속인의 권리의무를 승계하여 사원이 될 수 있음을 정한 때에는 상속인은 상속의 개시를 안 날로부터 3월내에 회사에 대하여 승계 또는 포기의 통지를 발송하여야 한다.

②상속인이 전항의 통지 없이 3월을 경과한 때에는 사원이 될 권리를 포기한 것으로 본다.

제220조(제명의 선고) ①사원에게 다음의 사유가 있는 때에는 회사는 다른 사원 과반수의 결의에 의하여 그 사원의 제명의 선고를 법원에 청구할 수 있다.

1. 출자의 의무를 이행하지 아니한 때
2. 제198조제1항의 규정에 위반한 행위가 있는 때
3. 회사의 업무집행 또는 대표에 관하여 부정한 행위가 있는 때, 권한없이 업무를 집행하거나 회사를 대표한 때
4. 기타 중요한 사유가 있는 때

②제205조제2항과 제206조의 규정은 전항의 경우에 준용한다.

제221조(제명사원과 회사간의 계산) 제명된 사원과 회사와의 계산은 제명의 소를 제기한 때의 회사재산의 상태에 따라서 하며 그 때부터 법정이자를 붙여야 한다.

제222조(지분의 환급) 퇴사한 사원은 노무 또는 신용으로 출자의 목적으로 한 경우에도 그 지분의 환급을 받을 수 있다. 그러나 정관에 다른 규정이 있는 때에는 그러하지 아니하다.

제223조(지분의 압류) 사원의 지분의 압류는 사원이 장래이익의 배당과 지분의 환급을 청구하는 권리에 대하여도 그 효력이 있다.

제224조(지분 압류채권자에 의한 퇴사청구) ①사원의 지분을 압류한 채권자는 영업년도말에 그 사원을 퇴사시킬 수 있다. 그러나 회사와 그 사원에 대하여 6월전에 그 예고를 하여야 한다.

②전항 단서의 예고는 사원이 변제를 하거나 상당한 담보를 제공한 때에는 그 효력을 잃는다.

제225조(퇴사원의 책임) ①퇴사한 사원은 본점소재지에서 퇴사등기를 하기 전에 생긴 회사채무에 대하여는 등기후 2년내에는 다른 사원과 동일한 책임이 있다.

②전항의 규정은 지분을 양도한 사원에 준용한다.

제226조(퇴사원의 상호변경청구권) 퇴사한 사원의 성명이 회사의 상호 중에 사용된 경우에는 그 사원은 회사에 대하여 그 사용의 폐지를 청구할 수 있다.

제5절 회사의 해산

제227조(해산원인) 회사는 다음의 사유로 인하여 해산한다.

1. 존립기간의 만료 기타 정관으로 정한 사유의 발생
2. 총사원의 동의
3. 사원이 1인으로 된 때
4. 합병
5. 파산
6. 법원의 명령 또는 판결

제228조(해산등기) 회사가 해산된 때에는 합병과 파산의 경우 외에는 그 해산사유가 있은 날로부터 본점소재지에서는 2주간내, 지점소재지에서는 3주간내에 해산등기를 하여야 한다.

제229조(회사의 계속) ①제227조제1호와 제2호의 경우에는 사원의 전부 또는 일부의 동의로 회사를 계속할 수 있다. 그러나 동의를 하지 아니한 사원은 퇴사한 것으로 본다.

②제227조제3호의 경우에는 새로 사원을 가입시켜서 회사를 계속할 수 있다.

③전2항의 경우에 이미 회사의 해산등기를 하였을 때에는 본점소재지에서는 2주간내, 지점소재지에서는 3주간내에 회사의 계속등기를 하여야 한다.

④제213조의 규정은 제2항의 신입사원의 책임에 준용한다.

제230조(합병의 결의) 회사가 합병을 함에는 총사원의 동의가 있어야 한다.

제231조 삭제 〈1984. 4. 10.〉

제232조(채권자의 이의) ①회사는 합병의 결의가 있은 날부터 2주내에 회사채권자에 대하여 합병에 이의가 있으면 일정한 기간내에 이를 제출할 것을 공고하고 알고 있는 채권자에 대하여는 따로따로 이를 최고하여야 한다. 이 경우 그 기간은 1월 이상이어야

한다. 〈개정 1984. 4. 10., 1998. 12. 28.〉

②채권자가 제1항의 기간내에 이의를 제출하지 아니한 때에는 합병을 승인한 것으로 본다. 〈개정 1984. 4. 10.〉

③이의를 제출한 채권자가 있는 때에는 회사는 그 채권자에 대하여 변제 또는 상당한 담보를 제공하거나 이를 목적으로 하여 상당한 재산을 신탁회사에 신탁하여야 한다.

제233조(합병의 등기) 회사가 합병을 한 때에는 본점소재지에서는 2주간 내, 지점소재지에서는 3주간 내에 합병후 존속하는 회사의 변경등기, 합병으로 인하여 소멸하는 회사의 해산등기, 합병으로 인하여 설립되는 회사의 설립등기를 하여야 한다.

제234조(합병의 효력발생) 회사의 합병은 합병후 존속하는 회사 또는 합병으로 인하여 설립되는 회사가 그 본점소재지에서 전조의 등기를 함으로써 그 효력이 생긴다.

제235조(합병의 효과) 합병후 존속한 회사 또는 합병으로 인하여 설립된 회사는 합병으로 인하여 소멸된 회사의 권리의무를 승계한다.

제236조(합병무효의 소의 제기) ①회사의 합병의 무효는 각 회사의 사원, 청산인, 파산관재인 또는 합병을 승인하지 아니한 회사채권자에 한하여 소만으로 이를 주장할 수 있다.

②전항의 소는 제233조의 등기가 있은 날로부터 6월내에 제기하여야 한다.

제237조(준용규정) 제176조제3항과 제4항의 규정은 회사채권자가 전조의 소를 제기한 때에 준용한다.

제238조(합병무효의 등기) 합병을 무효로 한 판결이 확정된 때에는 본점과 지점의 소재지에서 합병후 존속한 회사의 변경등기, 합병으로 인하여 소멸된 회사의 회복등기, 합병으로 인하여 설립된 회사의 해산등기를 하여야 한다.

제239조(무효판결확정과 회사의 권리의무의 귀속) ①합병을 무효로 한 판결이 확정된 때에는 합병을 한 회사는 합병후 존속한 회사 또는 합병으로 인하여 설립된 회사의 합병후 부담한 채무에 대하여 연대하여 변제할 책임이 있다.

②합병후 존속한 회사 또는 합병으로 인하여 설립한 회사의 합병후 취득한 재산은 합병을 한 회사의 공유로 한다.

③전2항의 경우에 각 회사의 협의로 그 부담부분 또는 지분을 정하지 못한 때에는 법원은 그 청구에 의하여 합병당시의 각 회사의 재산상태 기타의 사정을 참작하여 이를 정한다.

제240조(준용규정) 제186조 내지 제191조의 규정은 합병무효의 소에 준용한다.

제241조(사원에 의한 해산청구) ①부득이한 사유가 있는 때에는 각 사원은 회사의 해산을 법원에 청구할 수 있다.

②제186조와 제191조의 규정은 전항의 경우에 준용한다.

제242조(조직변경) ①합명회사는 총사원의 동의로 일부사원을 유한책임사원으로 하거나 유한책임사원을 새로 가입시켜서 합자회사로 변경할 수 있다.

②전항의 규정은 제229조제2항의 규정에 의하여 회사를 계속하는 경우에 준용한다.

제243조(조직변경의 등기) 합명회사를 합자회사로 변경한 때에는 본점소재지에서는 2주간내, 지점소재지에서는 3주간내에 합명회사에 있어서는 해산등기, 합자회사에 있어서는 설립등기를 하여야 한다.

제244조(조직변경에 의하여 유한책임사원이 된 자의 책임) 합명회사사원으로서 제242조제1항의 규정에 의하여 유한책임사원이 된 자는 전조의 규정에 의한 본점등기를 하기 전에 생긴 회사채무에 대하여는 등기 후 2년내에는 무한책임사원의 책임을 면하지 못한다.

제6절 청산

제245조(청산 중의 회사) 회사는 해산된 후에도 청산의 목적범위내에서 존속하는 것으로 본다.

제246조(수인의 지분상속인이 있는 경우) 회사의 해산 후 사원이 사망한 경우에 그 상속인이 수인인 때에는 청산에 관한 사원의 권리를 행사할 자 1인을 정하여야 한다. 이를 정하지 아니한 때에는 회사의 통지 또는 최고는 그 중의 1인에 대하여 하면 전원에 대하여 그 효력이 있다.

제247조(임의청산) ①해산된 회사의 재산처분방법은 정관 또는 총사원의 동의로 이를 정할 수 있다. 이 경우에는 해산사유가 있는 날로부터 2주간내에 재산목록과 대차대조표를 작성하여야 한다.

②전항의 규정은 회사가 제227조제3호 또는 제6호의 사유로 인하여 해산한 경우에는 이를 적용하지 아니한다.

③제232조의 규정은 제1항의 경우에 준용한다.

④제1항의 경우에 사원의 지분을 압류한 자가 있는 때에는 그 동의를 얻어야 한다.

⑤제1항의 회사는 그 재산의 처분을 완료한 날부터 본점소재지에서는 2주간내에, 지점소재지에서는 3주간내에 청산종결의 등기를 하여야 한다. 〈신설 1995. 12. 29.〉

제248조(임의청산과 채권자보호) ①회사가 전조제3항의 규정에 위반하여 그 재산을 처분함으로써 회사채권자를 해한 때에는 회사채권자는 그 처분의 취소를 법원에 청구할 수 있다.

②제186조와 민법제406조제1항 단서, 제2항 및 제407조의 규정은 전항의 취소의 청구에 준용한다.

제249조(지분압류채권자의 보호) 회사가 제247조제4항의 규정에 위반하여 그 재산을 처분한 때에는 사원의 지분을 압류한 자는 회사에 대하여 그 지분에 상당하는 금액의 지급을 청구할 수 있다. 이 경우에는 전조의 규정을 준용한다.

제250조(법정청산) 제247조제1항의 규정에 의하여 회사재산의 처분방법을 정하지 아니한 때에는 합병과 파산의 경우를 제외하고 제251조 내지 제265조의 규정에 따라서 청산을 하여야 한다.

제251조(청산인) ①회사가 해산된 때에는 총사원 과반수의 결의로 청산인을 선임한다.

②청산인의 선임이 없는 때에는 업무집행사원이 청산인이 된다.

제252조(법원선임에 의한 청산인) 회사가 제227조제3호 또는 제6호의 사유로 인하여 해산된 때에는 법원은 사원 기타의 이해관계인이나 검사의 청구에 의하여 또는 직권으로 청산인을 선임한다.

제253조(청산인의 등기) ①청산인이 선임된 때에는 그 선임된 날로부터, 업무집행사원이 청산인이 된 때에는 해산된 날로부터 본점소재지에서는 2주간내, 지점소재지에서는 3주간내에 다음의 사항을 등기하여야 한다. 〈개정 1995. 12. 29.〉

1. 청산인의 성명 · 주민등록번호 및 주소. 다만, 회사를 대표할 청산인을 정한 때에는 그 외의 청산인의 주소를 제외한다.
2. 회사를 대표할 청산인을 정한 때에는 그 성명
3. 수인의 청산인이 공동으로 회사를 대표할 것을 정한 때에는 그 규정

②제183조의 규정은 제1항의 등기에 준용한다. 〈개정 1995. 12. 29.〉

제254조(청산인의 직무권한) ①청산인의 직무는 다음과 같다.

1. 현존사무의 종결
2. 채권의 추심과 채무의 변제
3. 재산의 환가처분
4. 잔여재산의 분배

②청산인이 수인인 때에는 청산의 직무에 관한 행위는 그 과반수의 결의로 정한다.

③회사를 대표할 청산인은 제1항의 직무에 관하여 재판상 또는 재판외의 모든 행위를 할 권한이 있다.

④민법 제93조의 규정은 합명회사에 준용한다.

제255조(청산인의 회사대표) ①업무집행사원이 청산인으로 된 경우에는 종전의 정함에 따라 회사를 대표한다.

②법원이 수인의 청산인을 선임하는 경우에는 회사를 대표할 자를 정하거나 수인이 공동하여 회사를 대표할 것을 정할 수 있다.

제256조(청산인의 의무) ①청산인은 취임한 후 지체없이 회사의 재산상태를 조사하고 재산목록과 대차대조표를 작성하여 각 사원에게 교부하여야 한다.

②청산인은 사원의 청구가 있는 때에는 언제든지 청산의 상황을 보고하여야 한다.

제257조(영업의 양도) 청산인이 회사의 영업의 전부 또는 일부를 양도함에는 총사원 과반수의 결의가 있어야 한다.

제258조(채무완제불능과 출자청구) ①회사의 현존재산이 그 채무를 변제함에 부족한 때에는 청산인은 변제기에 불구하고 각 사원에 대하여 출자를 청구할 수 있다.

②전항의 출자액은 각 사원의 출자의 비율로 이를 정한다.

제259조(채무의 변제) ①청산인은 변제기에 이르지 아니한 회사채무에 대하여도 이를 변제할 수 있다.

②전항의 경우에 이자없는 채권에 관하여는 변제기에 이르기까지의 법정이자를 가산하여 그 채권액에 달할 금액을 변제하여야 한다.

③전항의 규정은 이자있는 채권으로서 그 이율이 법정이율에 달하지 못하는 것에 이를 준용한다.

④제1항의 경우에는 조건부채권, 존속기간이 불확정한 채권 기타 가액이 불확정한 채권에 대하여는 법원이 선임한 감정인의 평가에 의하여 변제하여야 한다.

제260조(잔여재산의 분배) 청산인은 회사의 채무를 완제한 후가 아니면 회사재산을 사원에게 분배하지 못한다. 그러나 다툼이 있는 채무에 대하여는 그 변제에 필요한 재산을 보류하고 잔여재산을 분배할 수 있다.

제261조(청산인의 해임) 사원이 선임한 청산인은 총사원 과반수의 결의로 해임할 수 있다.

제262조(동전) 청산인이 그 직무를 집행함에 현저하게 부적임하거나 중대한 임무에 위반한 행위가 있는 때에는 법원은 사원 기타의 이해관계인의 청구에 의하여 청산인을 해임할 수 있다.

제263조(청산인의 임무종료) ①청산인은 그 임무가 종료한 때에는 지체없이 계산서를 작성하여 각 사원에게 교부하고 그 승인을 얻어야 한다.

②전항의 계산서를 받은 사원이 1월내에 이의를 하지 아니한 때에는 그 계산을 승인한 것으로 본다. 그러나 청산인에게 부정행위가 있는 경우에는 그러하지 아니하다.

제264조(청산종결의 등기) 청산이 종결된 때에는 청산인은 전조의 규정에 의한 총사원의 승인이 있은 날로부터 본점소재지에서는 2주간내, 지점소재지에서는 3주간내에 청산종결의 등기를 하여야 한다.

제265조(준용규정) 제183조의2 · 제199조 · 제200조의2 · 제207조 · 제208조 · 제209조제2항 · 제210조 · 제382조제2항 · 제399조 및 제401조의 규정은 청산인에 준용한다.

[전문개정 2001. 12. 29.]

제266조(장부, 서류의 보존) ①회사의 장부와 영업 및 청산에 관한 중요서류는 본점소재지에서 청산종결의 등기를 한 후 10년간 이를 보존하여야 한다. 다만, 전표 또는 이와 유사한 서류는 5년간 이를 보존하여야 한다. 〈개정 1995. 12. 29.〉

②제1항의 경우에는 총사원 과반수의 결의로 보존인과 보존방법을 정하여야 한다. 〈개정 1995. 12. 29.〉

제267조(사원의 책임의 소멸시기) ①제212조의 규정에 의한 사원의 책임은 본점소재지에서 해산등기를 한 후 5년을 경과하면 소멸한다.

②전항의 기간경과후에도 분배하지 아니한 잔여재산이 있는 때에는 회사채권자는 이에 대하여 변제를 청구할 수 있다.

제3장 합자회사

제268조(회사의 조직) 합자회사는 무한책임사원과 유한책임사원으로 조직한다.

제269조(준용규정) 합자회사에는 본장에 다른 규정이 없는 사항은 합명회사에 관한 규정을 준용한다.

제270조(정관의 절대적 기재사항) 합자회사의 정관에는 제179조에 게기한 사항외에 각 사원의 무한책임 또는 유한책임인 것을 기재하여야 한다.

제271조(등기사항) ① 합자회사의 설립등기를 할 때에는 제180조 각 호의 사항 외에 각 사원의 무한책임 또는 유한책임인 것을 등기하여야 한다.

② 합자회사가 지점을 설치하거나 이전할 때에는 지점소재지 또는 신지점소재지에서 제180조제1호 본문(다른 지점의 소재지는 제외한다) 및 제3호부터 제5호까지의 사항을 등기하여야 한다. 다만, 무한책임사원만을 등기하되, 회사를 대표할 사원을 정한 경우에는 다른 사원은 등기하지 아니한다.

[전문개정 2011. 4. 14.]

제272조(유한책임사원의 출자) 유한책임사원은 신용 또는 노무를 출자의 목적으로 하지 못한다.

제273조(업무집행의 권리의무) 무한책임사원은 정관에 다른 규정이 없는 때에는 각자가 회사의 업무를 집행할 권리와 의무가 있다.

제274조(지배인의 선임, 해임) 지배인의 선임과 해임은 업무집행사원이 있는 경우에도 무한책임사원 과반수의 결의에 의하여야 한다.

제275조(유한책임사원의 경업의 자유) 유한책임사원은 다른 사원의 동의없이 자기 또는 제삼자의 계산으로 회사의 영업부류에 속하는 거래를 할 수 있고 동종영업을 목적으로 하는 다른 회사의 무한책임사원 또는 이사가 될 수 있다.

제276조(유한책임사원의 지분양도) 유한책임사원은 무한책임사원 전원의 동의가 있으면 그 지분의 전부 또는 일부를 타인에게 양도할 수 있다. 지분의 양도에 따라 정관을 변경하여야 할 경우에도 같다.

제277조(유한책임사원의 감시권) ①유한책임사원은 영업년도말에 있어서 영업시간 내에 한하여 회사의 회계장부 · 대차대조표 기타의 서류를 열람할 수 있고 회사의 업무와 재산상태를 검사할 수 있다. 〈개정 1984. 4. 10.〉

②중요한 사유가 있는 때에는 유한책임사원은 언제든지 법원의 허가를 얻어 제1항의 열람과 검사를 할 수 있다. 〈개정 1984. 4. 10.〉

제278조(유한책임사원의 업무집행, 회사대표의 금지) 유한책임사원은 회사의 업무집행이나 대표행위를 하지 못한다.

제279조(유한책임사원의 책임) ①유한책임사원은 그 출자가액에서 이미 이행한 부분을 공제한 가액을 한도로 하여 회사채무를 변제할 책임이 있다.

②회사에 이익이 없음에도 불구하고 배당을 받은 금액은 변제책임을 정함에 있어서 이를 가산한다.

제280조(출자감소의 경우의 책임) 유한책임사원은 그 출자를 감소한 후에도 본점소재지에서 등기를 하기 전에 생긴 회사채무에 대하여는 등기후 2년내에는 전조의 책임을 면하지 못한다.

제281조(자칭 무한책임사원의 책임) ①유한책임사원이 타인에게 자기를 무한책임사원이라고 오인시키는 행위를 한 때에는 오인으로 인하여 회사와 거래를 한 자에 대하여 무한책임사원과 동일한 책임이 있다.

②전항의 규정은 유한책임사원이 그 책임의 한도를 오인시키는 행위를 한 경우에 준용한다.

제282조(책임을 변경한 사원의 책임) 제213조의 규정은 유한책임사원이 무한책임사원으로 된 경우에, 제225조의 규정은 무한책임사원이 유한책임사원으로 된 경우에 준용한다.

제283조(유한책임사원의 사망) ①유한책임사원이 사망한 때에는 그 상속인이 그 지분을 승계하여 사원이 된다.

②전항의 경우에 상속인이 수인인 때에는 사원의 권리를 행사할 자 1인을 정하여야 한다. 이를 정하지 아니한 때에는 회사의 통지 또는 최고는 그 중의 1인에 대하여 하면 전원에 대하여 그 효력이 있다.

제284조(유한책임사원의 성년후견개시) 유한책임사원은 성년후견개시 심판을 받은 경우에도 퇴사되지 아니한다.

[전문개정 2018. 9. 18.]

제285조(해산, 계속) ①합자회사는 무한책임사원 또는 유한책임사원의 전원이 퇴사한 때에는 해산된다.

②전항의 경우에 잔존한 무한책임사원 또는 유한책임사원은 전원의 동의로 새로 유한책임사원 또는 무한책임사원을 가입시켜서 회사를 계속할 수 있다.

③제213조와 제229조제3항의 규정은 전항의 경우에 준용한다.

제286조(조직변경) ①합자회사는 사원전원의 동의로 그 조직을 합명회사로 변경하여 계속할 수 있다.

②유한책임사원전원이 퇴사한 경우에도 무한책임사원은 그 전원의 동의로 합명회사로 변경하여 계속할 수 있다.

③전2항의 경우에는 본점소재지에서는 2주간내, 지점소재지에서는 3주간내에 합자회사에 있어서는 해산등기를, 합명회사에 있어서는 설립등기를 하여야 한다.

제287조(청산인) 합자회사의 청산인은 무한책임사원 과반수의 의결로 선임한다. 이를 선임하지 아니한 때에는 업무집행사원이 청산인이 된다.

제3장의2 유한책임회사 〈신설 2011. 4. 14.〉

제1절 설립 〈신설 2011. 4. 14.〉

제287조의2(정관의 작성) 유한책임회사를 설립할 때에는 사원은 정관을 작성하여야 한다.

[본조신설 2011. 4. 14.]

제287조의3(정관의 기재사항) 정관에는 다음 각 호의 사항을 적고 각 사원이 기명날인하거나 서명하여야 한다.

1. 제179조제1호부터 제3호까지, 제5호 및 제6호에서 정한 사항
2. 사원의 출자의 목적 및 가액
3. 자본금의 액
4. 업무집행자의 성명(법인인 경우에는 명칭) 및 주소

[본조신설 2011. 4. 14.]

제287조의4(설립 시의 출자의 이행) ① 사원은 신용이나 노무를 출자의 목적으로 하지 못한다.

② 사원은 정관의 작성 후 설립등기를 하는 때까지 금전이나 그 밖의 재산의 출자를 전부 이행하여야 한다.

③ 현물출자를 하는 사원은 납입기일에 지체 없이 유한책임회사에 출자의 목적인 재산을 인도하고, 등기, 등록, 그 밖의 권리의 설정 또는 이전이 필요한 경우에는 이에 관한 서류를 모두 갖추어 교부하여야 한다.

[본조신설 2011. 4. 14.]

제287조의5(설립의 등기 등) ① 유한책임회사는 본점의 소재지에서 다음 각 호의 사항을 등기함으로써 성립한다.

1. 제179조제1호 · 제2호 및 제5호에서 정한 사항과 지점을 둔 경우에는 그 소재지
2. 제180조제3호에서 정한 사항
3. 자본금의 액
4. 업무집행자의 성명, 주소 및 주민등록번호(법인인 경우에는 명칭, 주소 및 법인등록번호). 다만, 유한책임회사를 대표할 업무집행자를 정한 경우에는 그 외의 업무집행자의 주소는 제외한다.
5. 유한책임회사를 대표할 자를 정한 경우에는 그 성명 또는 명칭과 주소
6. 정관으로 공고방법을 정한 경우에는 그 공고방법
7. 둘 이상의 업무집행자가 공동으로 회사를 대표할 것을 정한 경우에는 그 규정

② 유한책임회사가 지점을 설치하는 경우에는 제181조를 준용한다.

③ 유한책임회사가 본점이나 지점을 이전하는 경우에는 제182조를 준용한다.

④ 제1항 각 호의 사항이 변경된 경우에는 본점소재

지에서는 2주 내에 변경등기를 하고, 지점소재지에서는 3주 내에 변경등기를 하여야 한다.

⑤ 유한책임회사의 업무집행자의 업무집행을 정지하거나 직무대행자를 선임하는 가처분을 하거나 그 가처분을 변경 또는 취소하는 경우에는 본점 및 지점이 있는 곳의 등기소에서 등기하여야 한다.

[본조신설 2011. 4. 14.]

제287조의6(준용규정) 유한책임회사의 설립의 무효와 취소에 관하여는 제184조부터 제194조까지의 규정을 준용한다. 이 경우 제184조 중 "사원"은 "사원 및 업무집행자"로 본다.

[본조신설 2011. 4. 14.]

제2절 유한책임회사의 내부관계 〈신설 2011. 4. 14.〉

제287조의7(사원의 책임) 사원의 책임은 이 법에 다른 규정이 있는 경우 외에는 그 출자금액을 한도로 한다.

[본조신설 2011. 4. 14.]

제287조의8(지분의 양도) ① 사원은 다른 사원의 동의를 받지 아니하면 그 지분의 전부 또는 일부를 타인에게 양도하지 못한다.

② 제1항에도 불구하고 업무를 집행하지 아니한 사원은 업무를 집행하는 사원 전원의 동의가 있으면 지분의 전부 또는 일부를 타인에게 양도할 수 있다. 다만, 업무를 집행하는 사원이 없는 경우에는 사원 전원의 동의를 받아야 한다.

③ 제1항과 제2항에도 불구하고 정관으로 그에 관한 사항을 달리 정할 수 있다.

[본조신설 2011. 4. 14.]

제287조의9(유한책임회사에 의한 지분양수의 금지) ① 유한책임회사는 그 지분의 전부 또는 일부를 양수할 수 없다.

② 유한책임회사가 지분을 취득하는 경우에 그 지분은 취득한 때에 소멸한다.

[본조신설 2011. 4. 14.]

제287조의10(업무집행자의 경업 금지) ① 업무집행자는 사원 전원의 동의를 받지 아니하고는 자기 또는 제3자의 계산으로 회사의 영업부류(營業部類)에 속한 거래를 하지 못하며, 같은 종류의 영업을 목적으로 하는 다른 회사의 업무집행자 · 이사 또는 집행임원이 되지 못한다.

② 업무집행자가 제1항을 위반하여 거래를 한 경우에는 제198조제2항부터 제4항까지의 규정을 준용한다.

[본조신설 2011. 4. 14.]

제287조의11(업무집행자와 유한책임회사 간의 거래) 업무집행자는 다른 사원 과반수의 결의가 있는 경우에만 자기 또는 제3자의 계산으로 회사와 거래를 할 수 있다. 이 경우에는 「민법」 제124조를 적용하지 아니한다.

[본조신설 2011. 4. 14.]

제287조의12(업무의 집행) ① 유한책임회사는 정관으로 사원 또는 사원이 아닌 자를 업무집행자로 정하여야 한다.

② 1명 또는 둘 이상의 업무집행자를 정한 경우에는 업무집행자 각자가 회사의 업무를 집행할 권리와 의무가 있다. 이 경우에는 제201조제2항을 준용한다.

③ 정관으로 둘 이상을 공동업무집행자로 정한 경우에는 그 전원의 동의가 없으면 업무집행에 관한 행위를 하지 못한다.

[본조신설 2011. 4. 14.]

제287조의13(직무대행자의 권한 등) 제287조의5제5항에 따라 선임된 직무대행자의 권한에 대하여는 제200조의2를 준용한다.

[본조신설 2011. 4. 14.]

제287조의14(사원의 감시권) 업무집행자가 아닌 사원의 감시권에 대하여는 제277조를 준용한다.

[본조신설 2011. 4. 14.]

제287조의15(법인이 업무집행자인 경우의 특칙) ① 법인이 업무집행자인 경우에는 그 법인은 해당 업무집행자의 직무를 행할 자를 선임하고, 그 자의 성명과

주소를 다른 사원에게 통지하여야 한다.

② 제1항에 따라 선임된 직무수행자에 대하여는 제287조의11과 제287조의12를 준용한다.

[본조신설 2011. 4. 14.]

제287조의16(정관의 변경) 정관에 다른 규정이 없는 경우 정관을 변경하려면 총사원의 동의가 있어야 한다.

[본조신설 2011. 4. 14.]

제287조의17(업무집행자 등의 권한상실 선고) ① 업무집행자의 업무집행권한의 상실에 관하여는 제205조를 준용한다.

② 제1항의 소(訴)는 본점소재지의 지방법원의 관할에 전속한다.

[본조신설 2011. 4. 14.]

제287조의18(준용규정) 유한책임회사의 내부관계에 관하여는 정관이나 이 법에 다른 규정이 없으면 합명회사에 관한 규정을 준용한다.

[본조신설 2011. 4. 14.]

제3절 유한책임회사의 외부관계 〈신설 2011. 4. 14.〉

제287조의19(유한책임회사의 대표) ① 업무집행자는 유한책임회사를 대표한다.

② 업무집행자가 둘 이상인 경우 정관 또는 총사원의 동의로 유한책임회사를 대표할 업무집행자를 정할 수 있다.

③ 유한책임회사는 정관 또는 총사원의 동의로 둘 이상의 업무집행자가 공동으로 회사를 대표할 것을 정할 수 있다.

④ 제3항의 경우에 제3자의 유한책임회사에 대한 의사표시는 공동대표의 권한이 있는 자 1인에 대하여 함으로써 그 효력이 생긴다.

⑤ 유한책임회사를 대표하는 업무집행자에 대하여는 제209조를 준용한다.

[본조신설 2011. 4. 14.]

제287조의20(손해배상책임) 유한책임회사를 대표하는 업무집행자가 그 업무집행으로 타인에게 손해를 입힌 경우에는 회사는 그 업무집행자와 연대하여 배상할 책임이 있다.

[본조신설 2011. 4. 14.]

제287조의21(유한책임회사와 사원 간의 소) 유한책임회사가 사원(사원이 아닌 업무집행자를 포함한다. 이하 이 조에서 같다)에 대하여 또는 사원이 유한책임회사에 대하여 소를 제기하는 경우에 유한책임회사를 대표할 사원이 없을 때에는 다른 사원 과반수의 결의로 대표할 사원을 선정하여야 한다.

[본조신설 2011. 4. 14.]

제287조의22(대표소송) ① 사원은 회사에 대하여 업무집행자의 책임을 추궁하는 소의 제기를 청구할 수 있다.

② 제1항의 소에 관하여는 제403조제2항부터 제4항까지, 제6항, 제7항 및 제404조부터 제406조까지의 규정을 준용한다.

[본조신설 2011. 4. 14.]

제4절 사원의 가입 및 탈퇴 〈신설 2011. 4. 14.〉

제287조의23(사원의 가입) ① 유한책임회사는 정관을 변경함으로써 새로운 사원을 가입시킬 수 있다.

② 제1항에 따른 사원의 가입은 정관을 변경한 때에 효력이 발생한다. 다만, 정관을 변경한 때에 해당 사원이 출자에 관한 납입 또는 재산의 전부 또는 일부의 출자를 이행하지 아니한 경우에는 그 납입 또는 이행을 마친 때에 사원이 된다.

③ 사원 가입 시 현물출자를 하는 사원에 대하여는 제287조의4제3항을 준용한다.

[본조신설 2011. 4. 14.]

제287조의24(사원의 퇴사권) 사원의 퇴사에 관하여는 정관으로 달리 정하지 아니하는 경우에는 제217조제1항을 준용한다.

[본조신설 2011. 4. 14.]

제287조의25(퇴사 원인) 사원의 퇴사 원인에 관하여는 제218조를 준용한다.

[본조신설 2011. 4. 14.]

제287조의26(사원사망 시 권리승계의 통지) 사원이 사망한 경우에는 제219조를 준용한다.

[본조신설 2011. 4. 14.]

제287조의27(제명의 선고) 사원의 제명에 관하여는 제220조를 준용한다. 다만, 사원의 제명에 필요한 결의는 정관으로 달리 정할 수 있다.

[본조신설 2011. 4. 14.]

제287조의28(퇴사 사원 지분의 환급) ① 퇴사 사원은 그 지분의 환급을 금전으로 받을 수 있다.

② 퇴사 사원에 대한 환급금액은 퇴사 시의 회사의 재산 상황에 따라 정한다.

③ 퇴사 사원의 지분 환급에 대하여는 정관으로 달리 정할 수 있다.

[본조신설 2011. 4. 14.]

제287조의29(지분압류채권자에 의한 퇴사) 사원의 지분을 압류한 채권자가 그 사원을 퇴사시키는 경우에는 제224조를 준용한다.

[본조신설 2011. 4. 14.]

제287조의30(퇴사 사원의 지분 환급과 채권자의 이의) ① 유한책임회사의 채권자는 퇴사하는 사원에게 환급하는 금액이 제287조의37에 따른 잉여금을 초과한 경우에는 그 환급에 대하여 회사에 이의를 제기할 수 있다.

② 제1항의 이의제기에 관하여는 제232조를 준용한다. 다만, 제232조제3항은 지분을 환급하더라도 채권자에게 손해를 끼칠 우려가 없는 경우에는 준용하지 아니한다.

[본조신설 2011. 4. 14.]

제287조의31(퇴사 사원의 상호변경 청구권) 퇴사한 사원의 성명이 유한책임회사의 상호 중에 사용된 경우에는 그 사원은 유한책임회사에 대하여 그 사용의 폐지를 청구할 수 있다.

[본조신설 2011. 4. 14.]

제5절 회계 등 〈신설 2011. 4. 14.〉

제287조의32(회계 원칙) 유한책임회사의 회계는 이 법과 대통령령으로 규정한 것 외에는 일반적으로 공정하고 타당한 회계관행에 따른다.

[본조신설 2011. 4. 14.]

제287조의33(재무제표의 작성 및 보존) 업무집행자는 결산기마다 대차대조표, 손익계산서, 그 밖에 유한책임회사의 재무상태와 경영성과를 표시하는 것으로서 대통령령으로 정하는 서류를 작성하여야 한다.

[본조신설 2011. 4. 14.]

제287조의34(재무제표의 비치 · 공시) ① 업무집행자는 제287조의33에 규정된 서류를 본점에 5년간 갖추어 두어야 하고, 그 등본을 지점에 3년간 갖추어 두어야 한다.

② 사원과 유한책임회사의 채권자는 회사의 영업시간 내에는 언제든지 제287조의33에 따라 작성된 재무제표(財務諸表)의 열람과 등사를 청구할 수 있다.

[본조신설 2011. 4. 14.]

제287조의35(자본금의 액) 사원이 출자한 금전이나 그 밖의 재산의 가액을 유한책임회사의 자본금으로 한다.

[본조신설 2011. 4. 14.]

제287조의36(자본금의 감소) ① 유한책임회사는 정관 변경의 방법으로 자본금을 감소할 수 있다.

② 제1항의 경우에는 제232조를 준용한다. 다만, 감소 후의 자본금의 액이 순자산액 이상인 경우에는 그러하지 아니하다.

[본조신설 2011. 4. 14.]

제287조의37(잉여금의 분배) ① 유한책임회사는 대차대조표상의 순자산액으로부터 자본금의 액을 뺀 액(이하 이 조에서 "잉여금"이라 한다)을 한도로 하여 잉여금을 분배할 수 있다.

② 제1항을 위반하여 잉여금을 분배한 경우에는 유한책임회사의 채권자는 그 잉여금을 분배받은 자에 대하여 회사에 반환할 것을 청구할 수 있다.

③ 제2항의 청구에 관한 소는 본점소재지의 지방법원의 관할에 전속한다.

④ 잉여금은 정관에 다른 규정이 없으면 각 사원이 출자한 가액에 비례하여 분배한다.
⑤ 잉여금의 분배를 청구하는 방법이나 그 밖에 잉여금의 분배에 관한 사항은 정관으로 정할 수 있다.
⑥ 사원의 지분의 압류는 잉여금의 배당을 청구하는 권리에 대하여도 그 효력이 있다.
[본조신설 2011. 4. 14.]

제6절 해산 〈신설 2011. 4. 14.〉

제287조의38(해산 원인) 유한책임회사는 다음 각 호의 어느 하나에 해당하는 사유로 해산한다.
1. 제227조제1호 · 제2호 및 제4호부터 제6호까지에서 규정한 사항에 해당하는 경우
2. 사원이 없게 된 경우

[본조신설 2011. 4. 14.]

제287조의39(해산등기) 유한책임회사가 해산된 경우에는 합병과 파산의 경우 외에는 그 해산사유가 있었던 날부터 본점소재지에서는 2주 내에 해산등기를 하고, 지점소재지에서는 3주 내에 해산등기를 하여야 한다.
[본조신설 2011. 4. 14.]

제287조의40(유한책임회사의 계속) 제287조의38의 해산 원인 중 제227조제1호 및 제2호의 경우에는 제229조제1항 및 제3항을 준용한다.
[본조신설 2011. 4. 14.]

제287조의41(유한책임회사의 합병) 유한책임회사의 합병에 관하여는 제230조, 제232조부터 제240조까지의 규정을 준용한다.
[본조신설 2011. 4. 14.]

제287조의42(해산청구) 유한책임회사의 사원이 해산을 청구하는 경우에는 제241조를 준용한다.
[본조신설 2011. 4. 14.]

제7절 조직변경 〈신설 2011. 4. 14.〉

제287조의43(조직의 변경) ① 주식회사는 총회에서 총주주의 동의로 결의한 경우에는 그 조직을 변경하여 이 장에 따른 유한책임회사로 할 수 있다.
② 유한책임회사는 총사원의 동의에 의하여 주식회사로 변경할 수 있다.
[본조신설 2011. 4. 14.]

제287조의44(준용규정) 유한책임회사의 조직의 변경에 관하여는 제232조 및 제604조부터 제607조까지의 규정을 준용한다.
[본조신설 2011. 4. 14.]

제8절 청산 〈신설 2011. 4. 14.〉

제287조의45(청산) 유한책임회사의 청산(清算)에 관하여는 제245조, 제246조, 제251조부터 제257조까지 및 제259조부터 제267조까지의 규정을 준용한다.
[본조신설 2011. 4. 14.]

제4장 주식회사

제1절 설립

제288조(발기인) 주식회사를 설립함에는 발기인이 정관을 작성하여야 한다.
[전문개정 2001. 7. 24.]

제289조(정관의 작성, 절대적 기재사항) ①발기인은 정관을 작성하여 다음의 사항을 적고 각 발기인이 기명날인 또는 서명하여야 한다. 〈개정 1984. 4. 10., 1995. 12. 29., 2001. 7. 24., 2011. 4. 14.〉
1. 목적
2. 상호
3. 회사가 발행할 주식의 총수
4. 액면주식을 발행하는 경우 1주의 금액
5. 회사의 설립 시에 발행하는 주식의 총수
6. 본점의 소재지
7. 회사가 공고를 하는 방법
8. 발기인의 성명 · 주민등록번호 및 주소
9. 삭제 〈1984. 4. 10.〉

② 삭제 〈2011. 4. 14.〉
③ 회사의 공고는 관보 또는 시사에 관한 사항을 게재하는 일간신문에 하여야 한다. 다만, 회사는 그 공

고를 정관으로 정하는 바에 따라 전자적 방법으로 할 수 있다. 〈개정 2009. 5. 28.〉

④ 회사는 제3항에 따라 전자적 방법으로 공고할 경우 대통령령으로 정하는 기간까지 계속 공고하고, 재무제표를 전자적 방법으로 공고할 경우에는 제450조에서 정한 기간까지 계속 공고하여야 한다. 다만, 공고기간 이후에도 누구나 그 내용을 열람할 수 있도록 하여야 한다. 〈신설 2009. 5. 28.〉

⑤ 회사가 전자적 방법으로 공고를 할 경우에는 게시 기간과 게시 내용에 대하여 증명하여야 한다. 〈신설 2009. 5. 28.〉

⑥ 회사의 전자적 방법으로 하는 공고에 관하여 필요한 사항은 대통령령으로 정한다. 〈신설 2009. 5. 28.〉

제290조(변태설립사항) 다음의 사항은 정관에 기재함으로써 그 효력이 있다.

1. 발기인이 받을 특별이익과 이를 받을 자의 성명
2. 현물출자를 하는 자의 성명과 그 목적인 재산의 종류, 수량, 가격과 이에 대하여 부여할 주식의 종류와 수
3. 회사성립후에 양수할 것을 약정한 재산의 종류, 수량, 가격과 그 양도인의 성명
4. 회사가 부담할 설립비용과 발기인이 받을 보수액

제291조(설립 당시의 주식발행사항의 결정) 회사설립 시에 발행하는 주식에 관하여 다음의 사항은 정관으로 달리 정하지 아니하면 발기인 전원의 동의로 이를 정한다.

1. 주식의 종류와 수
2. 액면주식의 경우에 액면 이상의 주식을 발행할 때에는 그 수와 금액
3. 무액면주식을 발행하는 경우에는 주식의 발행가액과 주식의 발행가액 중 자본금으로 계상하는 금액

[전문개정 2011. 4. 14.]

제292조(정관의 효력발생) 정관은 공증인의 인증을 받음으로써 효력이 생긴다. 다만, 자본금 총액이 10억원 미만인 회사를 제295조제1항에 따라 발기설립(發起設立)하는 경우에는 제289조제1항에 따라 각 발기인이 정관에 기명날인 또는 서명함으로써 효력이 생긴다.

[전문개정 2009. 5. 28.]

제293조(발기인의 주식인수) 각 발기인은 서면에 의하여 주식을 인수하여야 한다.

제294조 삭제 〈1995. 12. 29.〉

제295조(발기설립의 경우의 납입과 현물출자의 이행) ①발기인이 회사의 설립 시에 발행하는 주식의 총수를 인수한 때에는 지체없이 각 주식에 대하여 그 인수가액의 전액을 납입하여야 한다. 이 경우 발기인은 납입을 맡을 은행 기타 금융기관과 납입장소를 지정하여야 한다. 〈개정 1995. 12. 29.〉

②현물출자를 하는 발기인은 납입기일에 지체없이 출자의 목적인 재산을 인도하고 등기, 등록 기타 권리의 설정 또는 이전을 요할 경우에는 이에 관한 서류를 완비하여 교부하여야 한다.

제296조(발기설립의 경우의 임원선임) ①전조의 규정에 의한 납입과 현물출자의 이행이 완료된 때에는 발기인은 지체없이 의결권의 과반수로 이사와 감사를 선임하여야 한다.

②발기인의 의결권은 그 인수주식의 1주에 대하여 1개로 한다.

제297조(발기인의 의사록작성) 발기인은 의사록을 작성하여 의사의 경과와 그 결과를 기재하고 기명날인 또는 서명하여야 한다. 〈개정 1995. 12. 29.〉

제298조(이사·감사의 조사·보고와 검사인의 선임청구) ①이사와 감사는 취임후 지체없이 회사의 설립에 관한 모든 사항이 법령 또는 정관의 규정에 위반되지 아니하는지의 여부를 조사하여 발기인에게 보고하여야 한다.

②이사와 감사중 발기인이었던 자·현물출자자 또는 회사성립후 양수할 재산의 계약당사자인 자는 제

1항의 조사 · 보고에 참가하지 못한다.

③이사와 감사의 전원이 제2항에 해당하는 때에는 이사는 공증인으로 하여금 제1항의 조사 · 보고를 하게 하여야 한다.

④정관으로 제290조 각호의 사항을 정한 때에는 이사는 이에 관한 조사를 하게 하기 위하여 검사인의 선임을 법원에 청구하여야 한다. 다만, 제299조의2의 경우에는 그러하지 아니하다.

[전문개정 1995. 12. 29.]

제299조(검사인의 조사, 보고) ① 검사인은 제290조 각 호의 사항과 제295조에 따른 현물출자의 이행을 조사하여 법원에 보고하여야 한다.

② 제1항은 다음 각 호의 어느 하나에 해당할 경우에는 적용하지 아니한다.

1. 제290조제2호 및 제3호의 재산총액이 자본금의 5분의 1을 초과하지 아니하고 대통령령으로 정한 금액을 초과하지 아니하는 경우
2. 제290조제2호 또는 제3호의 재산이 거래소에서 시세가 있는 유가증권인 경우로서 정관에 적힌 가격이 대통령령으로 정한 방법으로 산정된 시세를 초과하지 아니하는 경우
3. 그 밖에 제1호 및 제2호에 준하는 경우로서 대통령령으로 정하는 경우

③ 검사인은 제1항의 조사보고서를 작성한 후 지체 없이 그 등본을 각 발기인에게 교부하여야 한다.

④ 검사인의 조사보고서에 사실과 다른 사항이 있는 경우에는 발기인은 이에 대한 설명서를 법원에 제출할 수 있다.

[전문개정 2011. 4. 14.]

제299조의2(현물출자 등의 증명) 제290조제1호 및 제4호에 기재한 사항에 관하여는 공증인의 조사 · 보고로, 제290조제2호 및 제3호의 규정에 의한 사항과 제295조의 규정에 의한 현물출자의 이행에 관하여는 공인된 감정인의 감정으로 제299조제1항의 규정에 의한 검사인의 조사에 갈음할 수 있다. 이 경우 공증인 또는 감정인은 조사 또는 감정결과를 법원에 보고하여야 한다. 〈개정 1998. 12. 28.〉

[본조신설 1995. 12. 29.]

제300조(법원의 변경처분) ①법원은 검사인 또는 공증인의 조사보고서 또는 감정인의 감정결과와 발기인의 설명서를 심사하여 제290조의 규정에 의한 사항을 부당하다고 인정한 때에는 이를 변경하여 각 발기인에게 통고할 수 있다. 〈개정 1998. 12. 28.〉

②제1항의 변경에 불복하는 발기인은 그 주식의 인수를 취소할 수 있다. 이 경우에는 정관을 변경하여 설립에 관한 절차를 속행할 수 있다. 〈개정 1998. 12. 28.〉

③법원의 통고가 있은 후 2주내에 주식의 인수를 취소한 발기인이 없는 때에는 정관은 통고에 따라서 변경된 것으로 본다. 〈개정 1998. 12. 28.〉

제301조(모집설립의 경우의 주식모집) 발기인이 회사의 설립시에 발행하는 주식의 총수를 인수하지 아니하는 때에는 주주를 모집하여야 한다.

제302조(주식인수의 청약, 주식청약서의 기재사항) ① 주식인수의 청약을 하고자 하는 자는 주식청약서 2통에 인수할 주식의 종류 및 수와 주소를 기재하고 기명날인 또는 서명하여야 한다. 〈개정 1995. 12. 29.〉

②주식청약서는 발기인이 작성하고 다음의 사항을 적어야 한다. 〈개정 1962. 12. 12., 1984. 4. 10., 1995. 12. 29., 2011. 4. 14.〉

1. 정관의 인증년월일과 공증인의 성명
2. 제289조제1항과 제290조에 게기한 사항
3. 회사의 존립기간 또는 해산사유를 정한 때에는 그 규정
4. 각 발기인이 인수한 주식의 종류와 수
5. 제291조에 게기한 사항

5의2. 주식의 양도에 관하여 이사회의 승인을 얻도록 정한 때에는 그 규정

6. 삭제 〈2011. 4. 14.〉

7. 주주에게 배당할 이익으로 주식을 소각할 것을 정한 때에는 그 규정
8. 일정한 시기까지 창립총회를 종결하지 아니한 때에는 주식의 인수를 취소할 수 있다는 뜻
9. 납입을 맡을 은행 기타 금융기관과 납입장소
10. 명의개서대리인을 둔 때에는 그 성명 · 주소 및 영업소

③민법 제107조제1항 단서의 규정은 주식인수의 청약에는 적용하지 아니한다. 〈개정 1962. 12. 12.〉

제303조(주식인수인의 의무) 주식인수를 청약한 자는 발기인이 배정한 주식의 수에 따라서 인수가액을 납입할 의무를 부담한다.

제304조(주식인수인 등에 대한 통지, 최고) ①주식인수인 또는 주식청약인에 대한 통지나 최고는 주식인수증 또는 주식청약서에 기재한 주소 또는 그 자로부터 회사에 통지한 주소로 하면 된다.

②전항의 통지 또는 최고는 보통 그 도달할 시기에 도달한 것으로 본다.

제305조(주식에 대한 납입) ①회사설립시에 발행하는 주식의 총수가 인수된 때에는 발기인은 지체없이 주식인수인에 대하여 각 주식에 대한 인수가액의 전액을 납입시켜야 한다.

②전항의 납입은 주식청약서에 기재한 납입장소에서 하여야 한다.

③제295조제2항의 규정은 제1항의 경우에 준용한다.

제306조(납입금의 보관자 등의 변경) 납입금의 보관자 또는 납입장소를 변경할 때에는 법원의 허가를 얻어야 한다.

제307조(주식인수인의 실권절차) ①주식인수인이 제305조의 규정에 의한 납입을 하지 아니한 때에는 발기인은 일정한 기일을 정하여 그 기일내에 납입을 하지 아니하면 그 권리를 잃는다는 뜻을 기일의 2주간전에 그 주식인수인에게 통지하여야 한다.

②전항의 통지를 받은 주식인수인이 그 기일내에 납입의 이행을 하지 아니한 때에는 그 권리를 잃는다. 이 경우에는 발기인은 다시 그 주식에 대한 주주를 모집할 수 있다.

③전2항의 규정은 그 주식인수인에 대한 손해배상의 청구에 영향을 미치지 아니한다.

제308조(창립총회) ①제305조의 규정에 의한 납입과 현물출자의 이행을 완료한 때에는 발기인은 지체없이 창립총회를 소집하여야 한다.

②제363조제1항 · 제2항, 제364조, 제368조제2항 · 제3항, 제368조의2, 제369조제1항, 제371조제2항, 제372조, 제373조, 제376조 내지 제381조와 제435조의 규정은 창립총회에 준용한다. 〈개정 1984. 4. 10., 2014. 5. 20.〉

제309조(창립총회의 결의) 창립총회의 결의는 출석한 주식인수인의 의결권의 3분의 2 이상이며 인수된 주식의 총수의 과반수에 해당하는 다수로 하여야 한다.

제310조(변태설립의 경우의 조사) ①정관으로 제290조에 게기한 사항을 정한 때에는 발기인은 이에 관한 조사를 하게 하기 위하여 검사인의 선임을 법원에 청구하여야 한다.

②전항의 검사인의 보고서는 이를 창립총회에 제출하여야 한다.

③제298조제4항 단서 및 제299조의2의 규정은 제1항의 조사에 관하여 이를 준용한다. 〈신설 1995. 12. 29.〉

제311조(발기인의 보고) ①발기인은 회사의 창립에 관한 사항을 서면에 의하여 창립총회에 보고하여야 한다.

②전항의 보고서에는 다음의 사항을 명확히 기재하여야 한다.

1. 주식인수와 납입에 관한 제반상황
2. 제290조에 게기한 사항에 관한 실태

제312조(임원의 선임) 창립총회에서는 이사와 감사를 선임하여야 한다.

제313조(이사, 감사의 조사, 보고) ①이사와 감사는 취

임후 지체없이 회사의 설립에 관한 모든 사항이 법령 또는 정관의 규정에 위반되지 아니하는지의 여부를 조사하여 창립총회에 보고하여야 한다. 〈개정 1962. 12. 12., 1995. 12. 29.〉

②제298조제2항 및 제3항의 규정은 제1항의 조사와 보고에 관하여 이를 준용한다. 〈개정 1995. 12. 29.〉

③ 삭제 〈1995. 12. 29.〉

제314조(변태설립사항의 변경) ①창립총회에서는 제290조에 게기한 사항이 부당하다고 인정한 때에는 이를 변경할 수 있다.

②제300조제2항과 제3항의 규정은 전항의 경우에 준용한다.

제315조(발기인에 대한 손해배상청구) 전조의 규정은 발기인에 대한 손해배상의 청구에 영향을 미치지 아니한다.

제316조(정관변경, 설립폐지의 결의) ①창립총회에서는 정관의 변경 또는 설립의 폐지를 결의할 수 있다.

②전항의 결의는 소집통지서에 그 뜻의 기재가 없는 경우에도 이를 할 수 있다.

제317조(설립의 등기) ①주식회사의 설립등기는 발기인이 회사설립시에 발행한 주식의 총수를 인수한 경우에는 제299조와 제300조의 규정에 의한 절차가 종료한 날로부터, 발기인이 주주를 모집한 경우에는 창립총회가 종결한 날 또는 제314조의 규정에 의한 절차가 종료한 날로부터 2주간내에 이를 하여야 한다.

②제1항의 설립등기에 있어서는 다음의 사항을 등기하여야 한다. 〈개정 1962. 12. 12., 1984. 4. 10., 1995. 12. 29., 1999. 12. 31., 2009. 1. 30., 2011. 4. 14.〉

1. 제289조제1항제1호 내지 제4호, 제6호와 제7호에 게기한 사항
2. 자본금의 액
3. 발행주식의 총수, 그 종류와 각종주식의 내용과 수

3의2. 주식의 양도에 관하여 이사회의 승인을 얻도록 정한 때에는 그 규정

3의3. 주식매수선택권을 부여하도록 정한 때에는 그 규정

3의4. 지점의 소재지

4. 회사의 존립기간 또는 해산사유를 정한 때에는 그 기간 또는 사유
5. 삭제 〈2011. 4. 14.〉
6. 주주에게 배당할 이익으로 주식을 소각할 것을 정한 때에는 그 규정
7. 전환주식을 발행하는 경우에는 제347조에 게기한 사항
8. 사내이사, 사외이사, 그 밖에 상무에 종사하지 아니하는 이사, 감사 및 집행임원의 성명과 주민등록번호
9. 회사를 대표할 이사 또는 집행임원의 성명 · 주민등록번호 및 주소
10. 둘 이상의 대표이사 또는 대표집행임원이 공동으로 회사를 대표할 것을 정한 경우에는 그 규정
11. 명의개서대리인을 둔 때에는 그 상호 및 본점소재지
12. 감사위원회를 설치한 때에는 감사위원회 위원의 성명 및 주민등록번호

③ 주식회사의 지점 설치 및 이전 시 지점소재지 또는 신지점소재지에서 등기를 할 때에는 제289조제1항제1호 · 제2호 · 제6호 및 제7호와 이 조 제2항제4호 · 제9호 및 제10호에 따른 사항을 등기하여야 한다. 〈개정 2011. 4. 14.〉

④제181조 내지 제183조의 규정은 주식회사의 등기에 준용한다.

제318조(납입금 보관자의 증명과 책임) ① 납입금을 보관한 은행이나 그 밖의 금융기관은 발기인 또는 이사의 청구를 받으면 그 보관금액에 관하여 증명서를 발급하여야 한다.

② 제1항의 은행이나 그 밖의 금융기관은 증명한 보관금액에 대하여는 납입이 부실하거나 그 금액의 반

환에 제한이 있다는 것을 이유로 회사에 대항하지 못한다.

③ 자본금 총액이 10억원 미만인 회사를 제295조제1항에 따라 발기설립하는 경우에는 제1항의 증명서를 은행이나 그 밖의 금융기관의 잔고증명서로 대체할 수 있다.

[전문개정 2009. 5. 28.]

제319조(권리주의 양도) 주식의 인수로 인한 권리의 양도는 회사에 대하여 효력이 없다.

제320조(주식인수의 무효 주장, 취소의 제한) ①회사성립후에는 주식을 인수한 자는 주식청약서의 요건의 흠결을 이유로 하여 그 인수의 무효를 주장하거나 사기, 강박 또는 착오를 이유로 하여 그 인수를 취소하지 못한다.

②창립총회에 출석하여 그 권리를 행사한 자는 회사의 성립전에도 전항과 같다.

제321조(발기인의 인수, 납입담보책임) ①회사설립시에 발행한 주식으로서 회사성립후에 아직 인수되지 아니한 주식이 있거나 주식인수의 청약이 취소된 때에는 발기인이 이를 공동으로 인수한 것으로 본다.

②회사성립후 제295조제1항 또는 제305조제1항의 규정에 의한 납입을 완료하지 아니한 주식이 있는 때에는 발기인은 연대하여 그 납입을 하여야 한다.

③제315조의 규정은 전2항의 경우에 준용한다.

제322조(발기인의 손해배상책임) ①발기인이 회사의 설립에 관하여 그 임무를 해태한 때에는 그 발기인은 회사에 대하여 연대하여 손해를 배상할 책임이 있다.

②발기인이 악의 또는 중대한 과실로 인하여 그 임무를 해태한 때에는 그 발기인은 제삼자에 대하여도 연대하여 손해를 배상할 책임이 있다.

제323조(발기인, 임원의 연대책임) 이사 또는 감사가 제313조제1항의 규정에 의한 임무를 해태하여 회사 또는 제삼자에 대하여 손해를 배상할 책임을 지는 경우에 발기인도 책임을 질때에는 그 이사, 감사와 발기인은 연대하여 손해를 배상할 책임이 있다.

제324조(발기인의 책임면제, 주주의 대표소송) 제400조, 제403조부터 제406조까지 및 제406조의2는 발기인에 준용한다. 〈개정 2020. 12. 29.〉

제325조(검사인의 손해배상책임) 법원이 선임한 검사인이 악의 또는 중대한 과실로 인하여 그 임무를 해태한 때에는 회사 또는 제삼자에 대하여 손해를 배상할 책임이 있다.

제326조(회사불성립의 경우의 발기인의 책임) ①회사가 성립하지 못한 경우에는 발기인은 그 설립에 관한 행위에 대하여 연대하여 책임을 진다.

②전항의 경우에 회사의 설립에 관하여 지급한 비용은 발기인이 부담한다.

제327조(유사발기인의 책임) 주식청약서 기타 주식모집에 관한 서면에 성명과 회사의 설립에 찬조하는 뜻을 기재할 것을 승낙한 자는 발기인과 동일한 책임이 있다.

제328조(설립무효의 소) ①회사설립의 무효는 주주·이사 또는 감사에 한하여 회사성립의 날로부터 2년내에 소만으로 이를 주장할 수 있다. 〈개정 1984. 4. 10.〉

②제186조 내지 제193조의 규정은 제1항의 소에 준용한다. 〈개정 1984. 4. 10.〉

제2절 주식

제1관 주식과 주권 〈신설 2001. 7. 24.〉

제329조(자본금의 구성) ① 회사는 정관으로 정한 경우에는 주식의 전부를 무액면주식으로 발행할 수 있다. 다만, 무액면주식을 발행하는 경우에는 액면주식을 발행할 수 없다.

② 액면주식의 금액은 균일하여야 한다.

③ 액면주식 1주의 금액은 100원 이상으로 하여야 한다.

④ 회사는 정관으로 정하는 바에 따라 발행된 액면주식을 무액면주식으로 전환하거나 무액면주식을 액면주식으로 전환할 수 있다.

⑤ 제4항의 경우에는 제440조, 제441조 본문 및 제442조를 준용한다.
[전문개정 2011. 4. 14.]

제329조의2(주식의 분할) ①회사는 제434조의 규정에 의한 주주총회의 결의로 주식을 분할할 수 있다.
② 제1항의 경우에 분할 후의 액면주식 1주의 금액은 제329조제3항에 따른 금액 미만으로 하지 못한다. 〈개정 2011. 4. 14.〉
③제440조부터 제443조까지의 규정은 제1항의 규정에 의한 주식분할의 경우에 이를 준용한다. 〈개정 2014. 5. 20.〉
[본조신설 1998. 12. 28.]

제330조(액면미달발행의 제한) 주식은 액면미달의 가액으로 발행하지 못한다. 그러나 제417조의 경우에는 그러하지 아니하다.

제331조(주주의 책임) 주주의 책임은 그가 가진 주식의 인수가액을 한도로 한다.

제332조(가설인, 타인의 명의에 의한 인수인의 책임) ①가설인의 명의로 주식을 인수하거나 타인의 승락없이 그 명의로 주식을 인수한 자는 주식인수인으로서의 책임이 있다.
②타인의 승락을 얻어 그 명의로 주식을 인수한 자는 그 타인과 연대하여 납입할 책임이 있다.

제333조(주식의 공유) ①수인이 공동으로 주식을 인수한 자는 연대하여 납입할 책임이 있다.
②주식이 수인의 공유에 속하는 때에는 공유자는 주주의 권리를 행사할 자 1인을 정하여야 한다.
③주주의 권리를 행사할 자가 없는 때에는 공유자에 대한 통지나 최고는 그 1인에 대하여 하면 된다.

제334조 삭제 〈2011. 4. 14.〉

제335조(주식의 양도성) ① 주식은 타인에게 양도할 수 있다. 다만, 회사는 정관으로 정하는 바에 따라 그 발행하는 주식의 양도에 관하여 이사회의 승인을 받도록 할 수 있다. 〈개정 2011. 4. 14.〉
②제1항 단서의 규정에 위반하여 이사회의 승인을 얻지 아니한 주식의 양도는 회사에 대하여 효력이 없다. 〈신설 1995. 12. 29.〉
③주권발행전에 한 주식의 양도는 회사에 대하여 효력이 없다. 그러나 회사성립후 또는 신주의 납입기일후 6월이 경과한 때에는 그러하지 아니하다. 〈개정 1984. 4. 10.〉

제335조의2(양도승인의 청구) ①주식의 양도에 관하여 이사회의 승인을 얻어야 하는 경우에는 주식을 양도하고자 하는 주주는 회사에 대하여 양도의 상대방 및 양도하고자 하는 주식의 종류와 수를 기재한 서면으로 양도의 승인을 청구할 수 있다.
②회사는 제1항의 청구가 있는 날부터 1월 이내에 주주에게 그 승인여부를 서면으로 통지하여야 한다.
③회사가 제2항의 기간내에 주주에게 거부의 통지를 하지 아니한 때에는 주식의 양도에 관하여 이사회의 승인이 있는 것으로 본다.
④제2항의 양도승인거부의 통지를 받은 주주는 통지를 받은 날부터 20일내에 회사에 대하여 양도의 상대방의 지정 또는 그 주식의 매수를 청구할 수 있다.
[본조신설 1995. 12. 29.]

제335조의3(양도상대방의 지정청구) ①주주가 양도의 상대방을 지정하여 줄 것을 청구한 경우에는 이사회는 이를 지정하고, 그 청구가 있은 날부터 2주간내에 주주 및 지정된 상대방에게 서면으로 이를 통지하여야 한다.
②제1항의 기간내에 주주에게 상대방지정의 통지를 하지 아니한 때에는 주식의 양도에 관하여 이사회의 승인이 있는 것으로 본다.
[본조신설 1995. 12. 29.]

제335조의4(지정된 자의 매도청구권) ①제335조의3 제1항의 규정에 의하여 상대방으로 지정된 자는 지정통지를 받은 날부터 10일 이내에 지정청구를 한 주주에 대하여 서면으로 그 주식을 자기에게 매도할 것을 청구할 수 있다.
②제335조의3제2항의 규정은 주식의 양도상대방으

로 지정된 자가 제1항의 기간내에 매도의 청구를 하지 아니한 때에 이를 준용한다.
[본조신설 1995. 12. 29.]
[제목개정 2001. 7. 24.]

제335조의5(매도가액의 결정) ①제335조의4의 경우에 그 주식의 매도가액은 주주와 매도청구인간의 협의로 이를 결정한다. 〈개정 2001. 7. 24.〉
②제374조의2제4항 및 제5항의 규정은 제335조의4제1항의 규정에 의한 청구를 받은 날부터 30일 이내에 제1항의 규정에 의한 협의가 이루어지지 아니하는 경우에 이를 준용한다. 〈개정 2001. 7. 24.〉
[본조신설 1995. 12. 29.]
[제목개정 2001. 7. 24.]

제335조의6(주식의 매수청구) 제374조의2제2항 내지 제5항의 규정은 제335조의2제4항의 규정에 의하여 주주가 회사에 대하여 주식의 매수를 청구한 경우에 이를 준용한다. 〈개정 2001. 7. 24.〉
[본조신설 1995. 12. 29.]

제335조의7(주식의 양수인에 의한 승인청구) ①주식의 양도에 관하여 이사회의 승인을 얻어야 하는 경우에 주식을 취득한 자는 회사에 대하여 그 주식의 종류와 수를 기재한 서면으로 그 취득의 승인을 청구할 수 있다.
②제335조의2제2항 내지 제4항, 제335조의3 내지 제335조의6의 규정은 제1항의 경우에 이를 준용한다.
[본조신설 1995. 12. 29.]

제336조(주식의 양도방법) ①주식의 양도에 있어서는 주권을 교부하여야 한다.
②주권의 점유자는 이를 적법한 소지인으로 추정한다.
[전문개정 1984. 4. 10.]

제337조(주식의 이전의 대항요건) ①주식의 이전은 취득자의 성명과 주소를 주주명부에 기재하지 아니하면 회사에 대항하지 못한다. 〈개정 2014. 5. 20.〉
②회사는 정관이 정하는 바에 의하여 명의개서대리인을 둘 수 있다. 이 경우 명의개서대리인이 취득자의 성명과 주소를 주주명부의 복본에 기재한 때에는 제1항의 명의개서가 있는 것으로 본다. 〈신설 1984. 4. 10.〉
[제목개정 2014. 5. 20.]

제338조(주식의 입질) ①주식을 질권의 목적으로 하는 때에는 주권을 질권자에게 교부하여야 한다. 〈개정 2014. 5. 20.〉
②질권자는 계속하여 주권을 점유하지 아니하면 그 질권으로써 제삼자에게 대항하지 못한다.
[제목개정 2014. 5. 20.]

제339조(질권의 물상대위) 주식의 소각, 병합, 분할 또는 전환이 있는 때에는 이로 인하여 종전의 주주가 받을 금전이나 주식에 대하여도 종전의 주식을 목적으로한 질권을 행사할 수 있다. 〈개정 1998. 12. 28.〉

제340조(주식의 등록질) ① 주식을 질권(質權)의 목적으로 한 경우에 회사가 질권설정자의 청구에 따라 그 성명과 주소를 주주명부에 덧붙여 쓰고 그 성명을 주권(株券)에 적은 경우에는 질권자는 회사로부터 이익배당, 잔여재산의 분배 또는 제339조에 따른 금전의 지급을 받아 다른 채권자에 우선하여 자기 채권의 변제에 충당할 수 있다. 〈개정 2011. 4. 14., 2014. 5. 20.〉
②민법 제353조제3항의 규정은 전항의 경우에 준용한다.
③제1항의 질권자는 회사에 대하여 전조의 주식에 대한 주권의 교부를 청구할 수 있다.
[제목개정 2014. 5. 20.]

제340조의2(주식매수선택권) ① 회사는 정관으로 정하는 바에 따라 제434조의 주주총회의 결의로 회사의 설립·경영 및 기술혁신 등에 기여하거나 기여할 수 있는 회사의 이사, 집행임원, 감사 또는 피용자(被用者)에게 미리 정한 가액(이하 "주식매수선택권의 행사가액"이라 한다)으로 신주를 인수하거나 자

기의 주식을 매수할 수 있는 권리(이하 "주식매수선택권"이라 한다)를 부여할 수 있다. 다만, 주식매수선택권의 행사가액이 주식의 실질가액보다 낮은 경우에 회사는 그 차액을 금전으로 지급하거나 그 차액에 상당하는 자기의 주식을 양도할 수 있다. 이 경우 주식의 실질가액은 주식매수선택권의 행사일을 기준으로 평가한다.

② 다음 각 호의 어느 하나에 해당하는 자에게는 제1항의 주식매수선택권을 부여할 수 없다.

1. 의결권 없는 주식을 제외한 발행주식총수의 100분의 10 이상의 주식을 가진 주주
2. 이사 · 집행임원 · 감사의 선임과 해임 등 회사의 주요 경영사항에 대하여 사실상 영향력을 행사하는 자
3. 제1호와 제2호에 규정된 자의 배우자와 직계존비속

③ 제1항에 따라 발행할 신주 또는 양도할 자기의 주식은 회사의 발행주식총수의 100분의 10을 초과할 수 없다.

④ 제1항의 주식매수선택권의 행사가액은 다음 각 호의 가액 이상이어야 한다.

1. 신주를 발행하는 경우에는 주식매수선택권의 부여일을 기준으로 한 주식의 실질가액과 주식의 권면액(券面額) 중 높은 금액. 다만, 무액면주식을 발행한 경우에는 자본으로 계상되는 금액 중 1주에 해당하는 금액을 권면액으로 본다.
2. 자기의 주식을 양도하는 경우에는 주식매수선택권의 부여일을 기준으로 한 주식의 실질가액

[전문개정 2011. 4. 14.]

제340조의3(주식매수선택권의 부여) ①제340조의2제1항의 주식매수선택권에 관한 정관의 규정에는 다음 각호의 사항을 기재하여야 한다.

1. 일정한 경우 주식매수선택권을 부여할 수 있다는 뜻
2. 주식매수선택권의 행사로 발행하거나 양도할 주식의 종류와 수
3. 주식매수선택권을 부여받을 자의 자격요건
4. 주식매수선택권의 행사기간
5. 일정한 경우 이사회결의로 주식매수선택권의 부여를 취소할 수 있다는 뜻

②제340조의2제1항의 주식매수선택권에 관한 주주총회의 결의에 있어서는 다음 각호의 사항을 정하여야 한다.

1. 주식매수선택권을 부여받을 자의 성명
2. 주식매수선택권의 부여방법
3. 주식매수선택권의 행사가액과 그 조정에 관한 사항
4. 주식매수선택권의 행사기간
5. 주식매수선택권을 부여받을 자 각각에 대하여 주식매수선택권의 행사로 발행하거나 양도할 주식의 종류와 수

③회사는 제2항의 주주총회결의에 의하여 주식매수선택권을 부여받은 자와 계약을 체결하고 상당한 기간내에 그에 관한 계약서를 작성하여야 한다.

④회사는 제3항의 계약서를 주식매수선택권의 행사기간이 종료할 때까지 본점에 비치하고 주주로 하여금 영업시간내에 이를 열람할 수 있도록 하여야 한다.

[본조신설 1999. 12. 31.]

제340조의4(주식매수선택권의 행사) ①제340조의2제1항의 주식매수선택권은 제340조의3제2항 각호의 사항을 정하는 주주총회결의일부터 2년 이상 재임 또는 재직하여야 이를 행사할 수 있다.

②제340조의2제1항의 주식매수선택권은 이를 양도할 수 없다. 다만, 동조제2항의 규정에 의하여 주식매수선택권을 행사할 수 있는 자가 사망한 경우에는 그 상속인이 이를 행사할 수 있다.

[본조신설 1999. 12. 31.]

제340조의5(준용규정) 제350조제2항, 제351조, 제516조의9제1항 · 제3항 · 제4항 및 제516조의10 전단은 주식매수선택권의 행사로 신주를 발행하는 경우에 이를 준용한다. 〈개정 2011. 4. 14., 2020. 12.

29.〉

[본조신설 1999. 12. 31.]

제341조(자기주식의 취득) ① 회사는 다음의 방법에 따라 자기의 명의와 계산으로 자기의 주식을 취득할 수 있다. 다만, 그 취득가액의 총액은 직전 결산기의 대차대조표상의 순자산액에서 제462조제1항 각 호의 금액을 뺀 금액을 초과하지 못한다.

1. 거래소에서 시세(時勢)가 있는 주식의 경우에는 거래소에서 취득하는 방법
2. 제345조제1항의 주식의 상환에 관한 종류주식의 경우 외에 각 주주가 가진 주식 수에 따라 균등한 조건으로 취득하는 것으로서 대통령령으로 정하는 방법

② 제1항에 따라 자기주식을 취득하려는 회사는 미리 주주총회의 결의로 다음 각 호의 사항을 결정하여야 한다. 다만, 이사회의 결의로 이익배당을 할 수 있다고 정관으로 정하고 있는 경우에는 이사회의 결의로써 주주총회의 결의를 갈음할 수 있다.

1. 취득할 수 있는 주식의 종류 및 수
2. 취득가액의 총액의 한도
3. 1년을 초과하지 아니하는 범위에서 자기주식을 취득할 수 있는 기간

③ 회사는 해당 영업연도의 결산기에 대차대조표상의 순자산액이 제462조제1항 각 호의 금액의 합계액에 미치지 못할 우려가 있는 경우에는 제1항에 따른 주식의 취득을 하여서는 아니 된다.

④ 해당 영업연도의 결산기에 대차대조표상의 순자산액이 제462조제1항 각 호의 금액의 합계액에 미치지 못함에도 불구하고 회사가 제1항에 따라 주식을 취득한 경우 이사는 회사에 대하여 연대하여 그 미치지 못한 금액을 배상할 책임이 있다. 다만, 이사가 제3항의 우려가 없다고 판단하는 때에 주의를 게을리하지 아니하였음을 증명한 경우에는 그러하지 아니하다.

[전문개정 2011. 4. 14.]

제341조의2(특정목적에 의한 자기주식의 취득) 회사는 다음 각 호의 어느 하나에 해당하는 경우에는 제341조에도 불구하고 자기의 주식을 취득할 수 있다.

1. 회사의 합병 또는 다른 회사의 영업전부의 양수로 인한 경우
2. 회사의 권리를 실행함에 있어 그 목적을 달성하기 위하여 필요한 경우
3. 단주(端株)의 처리를 위하여 필요한 경우
4. 주주가 주식매수청구권을 행사한 경우

[전문개정 2011. 4. 14.]

제341조의3(자기주식의 질취) 회사는 발행주식총수의 20분의 1을 초과하여 자기의 주식을 질권의 목적으로 받지 못한다. 다만, 제341조의2제1호 및 제2호의 경우에는 그 한도를 초과하여 질권의 목적으로 할 수 있다.

[전문개정 2011. 4. 14.]

제342조(자기주식의 처분) 회사가 보유하는 자기의 주식을 처분하는 경우에 다음 각 호의 사항으로서 정관에 규정이 없는 것은 이사회가 결정한다.

1. 처분할 주식의 종류와 수
2. 처분할 주식의 처분가액과 납입기일
3. 주식을 처분할 상대방 및 처분방법

[전문개정 2011. 4. 14.]

제342조의2(자회사에 의한 모회사주식의 취득) ①다른 회사의 발행주식의 총수의 100분의 50을 초과하는 주식을 가진 회사(이하 "母會社"라 한다)의 주식은 다음의 경우를 제외하고는 그 다른 회사(이하 "子會社"라 한다)가 이를 취득할 수 없다. 〈개정 2001. 7. 24.〉

1. 주식의 포괄적 교환, 주식의 포괄적 이전, 회사의 합병 또는 다른 회사의 영업전부의 양수로 인한 때
2. 회사의 권리를 실행함에 있어 그 목적을 달성하기 위하여 필요한 때

②제1항 각호의 경우 자회사는 그 주식을 취득한

날로부터 6월 이내에 모회사의 주식을 처분하여야 한다.

③다른 회사의 발행주식의 총수의 100분의 50을 초과하는 주식을 모회사 및 자회사 또는 자회사가 가지고 있는 경우 그 다른 회사는 이 법의 적용에 있어 그 모회사의 자회사로 본다. 〈개정 2001. 7. 24.〉

[본조신설 1984. 4. 10.]

제342조의3(다른 회사의 주식취득) 회사가 다른 회사의 발행주식총수의 10분의 1을 초과하여 취득한 때에는 그 다른 회사에 대하여 지체없이 이를 통지하여야 한다.

[본조신설 1995. 12. 29.]

제343조(주식의 소각) ① 주식은 자본금 감소에 관한 규정에 따라서만 소각(消却)할 수 있다. 다만, 이사회의 결의에 의하여 회사가 보유하는 자기주식을 소각하는 경우에는 그러하지 아니하다.

② 자본금감소에 관한 규정에 따라 주식을 소각하는 경우에는 제440조 및 제441조를 준용한다.

[전문개정 2011. 4. 14.]

제343조의2 삭제 〈2011. 4. 14.〉

제344조(종류주식) ① 회사는 이익의 배당, 잔여재산의 분배, 주주총회에서의 의결권의 행사, 상환 및 전환 등에 관하여 내용이 다른 종류의 주식(이하 "종류주식"이라 한다)을 발행할 수 있다.

② 제1항의 경우에는 정관으로 각 종류주식의 내용과 수를 정하여야 한다.

③ 회사가 종류주식을 발행하는 때에는 정관에 다른 정함이 없는 경우에도 주식의 종류에 따라 신주의 인수, 주식의 병합·분할·소각 또는 회사의 합병·분할로 인한 주식의 배정에 관하여 특수하게 정할 수 있다.

④ 종류주식 주주의 종류주주총회의 결의에 관하여는 제435조제2항을 준용한다.

[전문개정 2011. 4. 14.]

제344조의2(이익배당, 잔여재산분배에 관한 종류주식) ① 회사가 이익의 배당에 관하여 내용이 다른 종류주식을 발행하는 경우에는 정관에 그 종류주식의 주주에게 교부하는 배당재산의 종류, 배당재산의 가액의 결정방법, 이익을 배당하는 조건 등 이익배당에 관한 내용을 정하여야 한다.

② 회사가 잔여재산의 분배에 관하여 내용이 다른 종류주식을 발행하는 경우에는 정관에 잔여재산의 종류, 잔여재산의 가액의 결정방법, 그 밖에 잔여재산분배에 관한 내용을 정하여야 한다.

[본조신설 2011. 4. 14.]

제344조의3(의결권의 배제·제한에 관한 종류주식) ① 회사가 의결권이 없는 종류주식이나 의결권이 제한되는 종류주식을 발행하는 경우에는 정관에 의결권을 행사할 수 없는 사항과, 의결권행사 또는 부활의 조건을 정한 경우에는 그 조건 등을 정하여야 한다.

② 제1항에 따른 종류주식의 총수는 발행주식총수의 4분의 1을 초과하지 못한다. 이 경우 의결권이 없거나 제한되는 종류주식이 발행주식총수의 4분의 1을 초과하여 발행된 경우에는 회사는 지체 없이 그 제한을 초과하지 아니하도록 하기 위하여 필요한 조치를 하여야 한다.

[본조신설 2011. 4. 14.]

제345조(주식의 상환에 관한 종류주식) ① 회사는 정관으로 정하는 바에 따라 회사의 이익으로써 소각할 수 있는 종류주식을 발행할 수 있다. 이 경우 회사는 정관에 상환가액, 상환기간, 상환의 방법과 상환할 주식의 수를 정하여야 한다.

② 제1항의 경우 회사는 상환대상인 주식의 취득일부터 2주 전에 그 사실을 그 주식의 주주 및 주주명부에 적힌 권리자에게 따로 통지하여야 한다. 다만, 통지는 공고로 갈음할 수 있다.

③ 회사는 정관으로 정하는 바에 따라 주주가 회사에 대하여 상환을 청구할 수 있는 종류주식을 발행할 수 있다. 이 경우 회사는 정관에 주주가 회사에 대하여 상환을 청구할 수 있다는 뜻, 상환가액, 상환

청구기간, 상환의 방법을 정하여야 한다.

④ 제1항 및 제3항의 경우 회사는 주식의 취득의 대가로 현금 외에 유가증권(다른 종류주식은 제외한다)이나 그 밖의 자산을 교부할 수 있다. 다만, 이 경우에는 그 자산의 장부가액이 제462조에 따른 배당가능이익을 초과하여서는 아니 된다.

⑤ 제1항과 제3항에서 규정한 주식은 종류주식(상환과 전환에 관한 것은 제외한다)에 한정하여 발행할 수 있다.

[전문개정 2011. 4. 14.]

제346조(주식의 전환에 관한 종류주식) ① 회사가 종류주식을 발행하는 경우에는 정관으로 정하는 바에 따라 주주는 인수한 주식을 다른 종류주식으로 전환할 것을 청구할 수 있다. 이 경우 전환의 조건, 전환의 청구기간, 전환으로 인하여 발행할 주식의 수와 내용을 정하여야 한다.

② 회사가 종류주식을 발행하는 경우에는 정관에 일정한 사유가 발생할 때 회사가 주주의 인수 주식을 다른 종류주식으로 전환할 수 있음을 정할 수 있다. 이 경우 회사는 전환의 사유, 전환의 조건, 전환의 기간, 전환으로 인하여 발행할 주식의 수와 내용을 정하여야 한다.

③ 제2항의 경우에 이사회는 다음 각 호의 사항을 그 주식의 주주 및 주주명부에 적힌 권리자에게 따로 통지하여야 한다. 다만, 통지는 공고로 갈음할 수 있다.

1. 전환할 주식
2. 2주 이상의 일정한 기간 내에 그 주권을 회사에 제출하여야 한다는 뜻
3. 그 기간 내에 주권을 제출하지 아니할 때에는 그 주권이 무효로 된다는 뜻

④ 제344조제2항에 따른 종류주식의 수 중 새로 발행할 주식의 수는 전환청구기간 또는 전환의 기간 내에는 그 발행을 유보(留保)하여야 한다.

[전문개정 2011. 4. 14.]

제347조(전환주식발행의 절차) 제346조의 경우에는 주식청약서 또는 신주인수권증서에 다음의 사항을 적어야 한다. 〈개정 1984. 4. 10., 2011. 4. 14.〉

1. 주식을 다른 종류의 주식으로 전환할 수 있다는 뜻
2. 전환의 조건
3. 전환으로 인하여 발행할 주식의 내용
4. 전환청구기간 또는 전환의 기간

제348조(전환으로 인하여 발행하는 주식의 발행가액) 전환으로 인하여 신주식을 발행하는 경우에는 전환전의 주식의 발행가액을 신주식의 발행가액으로 한다.

제349조(전환의 청구) ①주식의 전환을 청구하는 자는 청구서 2통에 주권을 첨부하여 회사에 제출하여야 한다.

②제1항의 청구서에는 전환하고자 하는 주식의 종류, 수와 청구년월일을 기재하고 기명날인 또는 서명하여야 한다. 〈개정 1995. 12. 29.〉

③ 삭제 〈1995. 12. 29.〉

제350조(전환의 효력발생) ① 주식의 전환은 주주가 전환을 청구한 경우에는 그 청구한 때에, 회사가 전환을 한 경우에는 제346조제3항제2호의 기간이 끝난 때에 그 효력이 발생한다. 〈개정 2011. 4. 14.〉

②제354조제1항의 기간 중에 전환된 주식의 주주는 그 기간 중의 총회의 결의에 관하여는 의결권을 행사할 수 없다.

③ 삭제 〈2020. 12. 29.〉

[전문개정 1995. 12. 29.]

제351조(전환의 등기) 주식의 전환으로 인한 변경등기는 전환을 청구한 날 또는 제346조제3항제2호의 기간이 끝난 날이 속하는 달의 마지막 날부터 2주 내에 본점소재지에서 하여야 한다.

[전문개정 2011. 4. 14.]

제352조(주주명부의 기재사항) ①주식을 발행한 때에는 주주명부에 다음의 사항을 기재하여야 한다. 〈개정 1984. 4. 10., 2014. 5. 20.〉

1. 주주의 성명과 주소

2. 각 주주가 가진 주식의 종류와 그 수
2의2. 각 주주가 가진 주식의 주권을 발행한 때에는 그 주권의 번호
3. 각주식의 취득년월일
②제1항의 경우에 전환주식을 발행한 때에는 제347조에 게기한 사항도 주주명부에 기재하여야 한다. 〈개정 1984. 4. 10., 2014. 5. 20.〉

제352조의2(전자주주명부) ① 회사는 정관으로 정하는 바에 따라 전자문서로 주주명부(이하 "전자주주명부"라 한다)를 작성할 수 있다.
② 전자주주명부에는 제352조제1항의 기재사항 외에 전자우편주소를 적어야 한다.
③ 전자주주명부의 비치 · 공시 및 열람의 방법에 관하여 필요한 사항은 대통령령으로 정한다.
[본조신설 2009. 5. 28.]

제353조(주주명부의 효력) ①주주 또는 질권자에 대한 회사의 통지 또는 최고는 주주명부에 기재한 주소 또는 그 자로부터 회사에 통지한 주소로 하면 된다.
②제304조제2항의 규정은 전항의 통지 또는 최고에 준용한다.

제354조(주주명부의 폐쇄, 기준일) ①회사는 의결권을 행사하거나 배당을 받을 자 기타 주주 또는 질권자로서 권리를 행사할 자를 정하기 위하여 일정한 기간을 정하여 주주명부의 기재변경을 정지하거나 일정한 날에 주주명부에 기재된 주주 또는 질권자를 그 권리를 행사할 주주 또는 질권자로 볼 수 있다. 〈개정 1984. 4. 10.〉
②제1항의 기간은 3월을 초과하지 못한다. 〈개정 1984. 4. 10.〉
③제1항의 날은 주주 또는 질권자로서 권리를 행사할 날에 앞선 3월내의 날로 정하여야 한다. 〈개정 1984. 4. 10.〉
④회사가 제1항의 기간 또는 날을 정한 때에는 그 기간 또는 날의 2주간전에 이를 공고하여야 한다. 그러나 정관으로 그 기간 또는 날을 지정한 때에는 그러하지 아니하다.

제355조(주권발행의 시기) ①회사는 성립후 또는 신주의 납입기일후 지체없이 주권을 발행하여야 한다.
②주권은 회사의 성립후 또는 신주의 납입기일후가 아니면 발행하지 못한다.
③전항의 규정에 위반하여 발행한 주권은 무효로 한다. 그러나 발행한 자에 대한 손해배상의 청구에 영향을 미치지 아니한다.

제356조(주권의 기재사항) 주권에는 다음의 사항과 번호를 기재하고 대표이사가 기명날인 또는 서명하여야 한다. 〈개정 1995. 12. 29., 2011. 4. 14.〉
1. 회사의 상호
2. 회사의 성립년월일
3. 회사가 발행할 주식의 총수
4. 액면주식을 발행하는 경우 1주의 금액
5. 회사의 성립후 발행된 주식에 관하여는 그 발행연월일
6. 종류주식이 있는 경우에는 그 주식의 종류와 내용
6의2. 주식의 양도에 관하여 이사회의 승인을 얻도록 정한 때에는 그 규정
7. 삭제 〈2011. 4. 14.〉
8. 삭제 〈2011. 4. 14.〉

제356조의2(주식의 전자등록) ① 회사는 주권을 발행하는 대신 정관으로 정하는 바에 따라 전자등록기관(유가증권 등의 전자등록 업무를 취급하는 기관을 말한다. 이하 같다)의 전자등록부에 주식을 등록할 수 있다. 〈개정 2016. 3. 22.〉
② 전자등록부에 등록된 주식의 양도나 입질(入質)은 전자등록부에 등록하여야 효력이 발생한다.
③ 전자등록부에 주식을 등록한 자는 그 등록된 주식에 대한 권리를 적법하게 보유한 것으로 추정하며, 이러한 전자등록부를 선의(善意)로, 그리고 중대한 과실 없이 신뢰하고 제2항의 등록에 따라 권리를 취득한 자는 그 권리를 적법하게 취득한다.

④ 전자등록의 절차 · 방법 및 효과, 전자등록기관에 대한 감독, 그 밖에 주식의 전자등록 등에 필요한 사항은 따로 법률로 정한다. 〈개정 2016. 3. 22.〉

[본조신설 2011. 4. 14.]

제357조 삭제 〈2014. 5. 20.〉

제358조 삭제 〈2014. 5. 20.〉

제358조의2(주권의 불소지) ①주주는 정관에 다른 정함이 있는 경우를 제외하고는 그 주식에 대하여 주권의 소지를 하지 아니하겠다는 뜻을 회사에 신고할 수 있다. 〈개정 2014. 5. 20.〉

②제1항의 신고가 있는 때에는 회사는 지체없이 주권을 발행하지 아니한다는 뜻을 주주명부와 그 복본에 기재하고, 그 사실을 주주에게 통지하여야 한다. 이 경우 회사는 그 주권을 발행할 수 없다.

③제1항의 경우 이미 발행된 주권이 있는 때에는 이를 회사에 제출하여야 하며, 회사는 제출된 주권을 무효로 하거나 명의개서대리인에게 임치하여야 한다.

④제1항 내지 제3항의 규정에 불구하고 주주는 언제든지 회사에 대하여 주권의 발행 또는 반환을 청구할 수 있다.

[전문개정 1995. 12. 29.]

제359조(주권의 선의취득) 수표법 제21조의 규정은 주권에 관하여 이를 준용한다.

[전문개정 1984. 4. 10.]

제360조(주권의 제권판결, 재발행) ①주권은 공시최고의 절차에 의하여 이를 무효로 할 수 있다.

②주권을 상실한 자는 제권판결을 얻지 아니하면 회사에 대하여 주권의 재발행을 청구하지 못한다.

제2관 주식의 포괄적 교환 〈신설 2001. 7. 24.〉

제360조의2(주식의 포괄적 교환에 의한 완전모회사의 설립) ①회사는 이 관의 규정에 의한 주식의 포괄적 교환에 의하여 다른 회사의 발행주식의 총수를 소유하는 회사(이하 "완전모회사"라 한다)가 될 수 있다. 이 경우 그 다른 회사를 "완전자회사"라 한다.

②주식의 포괄적 교환(이하 이 관에서 "주식교환"이라 한다)에 의하여 완전자회사가 되는 회사의 주주가 가지는 그 회사의 주식은 주식을 교환하는 날에 주식교환에 의하여 완전모회사가 되는 회사에 이전하고, 그 완전자회사가 되는 회사의 주주는 그 완전모회사가 되는 회사가 주식교환을 위하여 발행하는 신주의 배정을 받거나 그 회사 자기주식의 이전을 받음으로써 그 회사의 주주가 된다. 〈개정 2015. 12. 1.〉

[본조신설 2001. 7. 24.]

제360조의3(주식교환계약서의 작성과 주주총회의 승인 및 주식교환대가가 모회사 주식인 경우의 특칙) ①주식교환을 하고자 하는 회사는 주식교환계약서를 작성하여 주주총회의 승인을 얻어야 한다.

②제1항의 승인결의는 제434조의 규정에 의하여야 한다.

③주식교환계약서에는 다음 각호의 사항을 적어야 한다. 〈개정 2011. 4. 14., 2015. 12. 1.〉

1. 완전모회사가 되는 회사가 주식교환으로 인하여 정관을 변경하는 경우에는 그 규정
2. 완전모회사가 되는 회사가 주식교환을 위하여 신주를 발행하거나 자기주식을 이전하는 경우에는 발행하는 신주 또는 이전하는 자기주식의 총수 · 종류, 종류별 주식의 수 및 완전자회사가 되는 회사의 주주에 대한 신주의 배정 또는 자기주식의 이전에 관한 사항
3. 완전모회사가 되는 회사의 자본금 또는 준비금이 증가하는 경우에는 증가할 자본금 또는 준비금에 관한 사항
4. 완전자회사가 되는 회사의 주주에게 제2호에도 불구하고 그 대가의 전부 또는 일부로서 금전이나 그 밖의 재산을 제공하는 경우에는 그 내용 및 배정에 관한 사항
5. 각 회사가 제1항의 결의를 할 주주총회의 기일
6. 주식교환을 할 날
7. 각 회사가 주식교환을 할 날까지 이익배당을 할

때에는 그 한도액
8. 삭제 〈2015. 12. 1.〉
9. 완전모회사가 되는 회사에 취임할 이사와 감사 또는 감사위원회의 위원을 정한 때에는 그 성명 및 주민등록번호

④회사는 제363조의 규정에 의한 통지에 다음 각호의 사항을 기재하여야 한다. 〈개정 2014. 5. 20.〉
1. 주식교환계약서의 주요내용
2. 제360조의5제1항의 규정에 의한 주식매수청구권의 내용 및 행사방법
3. 일방회사의 정관에 주식의 양도에 관하여 이사회의 승인을 요한다는 뜻의 규정이 있고 다른 회사의 정관에 그 규정이 없는 경우 그 뜻

⑤ 주식교환으로 인하여 주식교환에 관련되는 각 회사의 주주의 부담이 가중되는 경우에는 제1항 및 제436조의 결의 외에 그 주주 전원의 동의가 있어야 한다. 〈신설 2011. 4. 14.〉

⑥ 제342조의2제1항에도 불구하고 제3항제4호에 따라 완전자회사가 되는 회사의 주주에게 제공하는 재산이 완전모회사가 되는 회사의 모회사 주식을 포함하는 경우에는 완전모회사가 되는 회사는 그 지급을 위하여 그 모회사의 주식을 취득할 수 있다. 〈신설 2015. 12. 1.〉

⑦ 완전모회사가 되는 회사는 제6항에 따라 취득한 그 회사의 모회사 주식을 주식교환 후에도 계속 보유하고 있는 경우 주식교환의 효력이 발생하는 날부터 6개월 이내에 그 주식을 처분하여야 한다. 〈신설 2015. 12. 1.〉

[본조신설 2001. 7. 24.]

[제목개정 2015. 12. 1.]

제360조의4(주식교환계약서 등의 공시) ①이사는 제360조의3제1항의 주주총회의 회일의 2주전부터 주식교환의 날 이후 6월이 경과하는 날까지 다음 각호의 서류를 본점에 비치하여야 한다. 〈개정 2015. 12. 1.〉
1. 주식교환계약서
2. 완전모회사가 되는 회사가 주식교환을 위하여 신주를 발행하거나 자기주식을 이전하는 경우에는 완전자회사가 되는 회사의 주주에 대한 신주의 배정 또는 자기주식의 이전에 관하여 그 이유를 기재한 서면
3. 제360조의3제1항의 주주총회의 회일(제360조의9의 규정에 의한 간이주식교환의 경우에는 동조제2항의 규정에 의하여 공고 또는 통지를 한 날) 전 6월 이내의 날에 작성한 주식교환을 하는 각 회사의 최종 대차대조표 및 손익계산서

②제1항의 서류에 관하여는 제391조의3제3항의 규정을 준용한다.

[본조신설 2001. 7. 24.]

제360조의5(반대주주의 주식매수청구권) ①제360조의3제1항의 규정에 의한 승인사항에 관하여 이사회의 결의가 있는 때에 그 결의에 반대하는 주주(의결권이 없거나 제한되는 주주를 포함한다. 이하 이 조에서 같다)는 주주총회전에 회사에 대하여 서면으로 그 결의에 반대하는 의사를 통지한 경우에는 그 총회의 결의일부터 20일 이내에 주식의 종류와 수를 기재한 서면으로 회사에 대하여 자기가 소유하고 있는 주식의 매수를 청구할 수 있다. 〈개정 2015. 12. 1.〉

②제360조의9제2항의 공고 또는 통지를 한 날부터 2주내에 회사에 대하여 서면으로 주식교환에 반대하는 의사를 통지한 주주는 그 기간이 경과한 날부터 20일 이내에 주식의 종류와 수를 기재한 서면으로 회사에 대하여 자기가 소유하고 있는 주식의 매수를 청구할 수 있다.

③제1항 및 제2항의 매수청구에 관하여는 제374조의2제2항 내지 제5항의 규정을 준용한다.

[본조신설 2001. 7. 24.]

제360조의6 삭제 〈2015. 12. 1.〉

제360조의7(완전모회사의 자본금 증가의 한도액) ①완전모회사가 되는 회사의 자본금은 주식교환의 날에

완전자회사가 되는 회사에 현존하는 순자산액에서 다음 각호의 금액을 뺀 금액을 초과하여 증가시킬 수 없다. 〈개정 2011. 4. 14., 2015. 12. 1.〉

1. 완전자회사가 되는 회사의 주주에게 제공할 금전이나 그 밖의 재산의 가액
2. 제360조의3제3항제2호에 따라 완전자회사가 되는 회사의 주주에게 이전하는 자기주식의 장부가
②완전모회사가 되는 회사가 주식교환 이전에 완전자회사가 되는 회사의 주식을 이미 소유하고 있는 경우에는 완전모회사가 되는 회사의 자본금은 주식교환의 날에 완전자회사가 되는 회사에 현존하는 순자산액에 그 회사의 발행주식총수에 대한 주식교환으로 인하여 완전모회사가 되는 회사에 이전하는 주식의 수의 비율을 곱한 금액에서 제1항 각호의 금액을 뺀 금액의 한도를 초과하여 이를 증가시킬 수 없다. 〈개정 2011. 4. 14.〉

[본조신설 2001. 7. 24.]

[제목개정 2011. 4. 14.]

제360조의8(주권의 실효절차) ①주식교환에 의하여 완전자회사가 되는 회사는 주주총회에서 제360조의3제1항의 규정에 의한 승인을 한 때에는 다음 각호의 사항을 주식교환의 날 1월전에 공고하고, 주주명부에 기재된 주주와 질권자에 대하여 따로 따로 그 통지를 하여야 한다.

1. 제360조의3제1항의 규정에 의한 승인을 한 뜻
2. 주식교환의 날의 전날까지 주권을 회사에 제출하여야 한다는 뜻
3. 주식교환의 날에 주권이 무효가 된다는 뜻

②제442조의 규정은 제360조의3제1항의 규정에 의한 승인을 한 경우에 이를 준용한다. 〈개정 2014. 5. 20.〉

[본조신설 2001. 7. 24.]

제360조의9(간이주식교환) ①완전자회사가 되는 회사의 총주주의 동의가 있거나 그 회사의 발행주식총수의 100분의 90 이상을 완전모회사가 되는 회사가 소유하고 있는 때에는 완전자회사가 되는 회사의 주주총회의 승인은 이를 이사회의 승인으로 갈음할 수 있다.

②제1항의 경우에 완전자회사가 되는 회사는 주식교환계약서를 작성한 날부터 2주내에 주주총회의 승인을 얻지 아니하고 주식교환을 한다는 뜻을 공고하거나 주주에게 통지하여야 한다. 다만, 총주주의 동의가 있는 때에는 그러하지 아니하다.

[본조신설 2001. 7. 24.]

제360조의10(소규모 주식교환) ①완전모회사가 되는 회사가 주식교환을 위하여 발행하는 신주 및 이전하는 자기주식의 총수가 그 회사의 발행주식총수의 100분의 10을 초과하지 아니하는 경우에는 그 회사에서의 제360조의3제1항의 규정에 의한 주주총회의 승인은 이를 이사회의 승인으로 갈음할 수 있다. 다만, 완전자회사가 되는 회사의 주주에게 제공할 금전이나 그 밖의 재산을 정한 경우에 그 금액 및 그 밖의 재산의 가액이 제360조의4제1항제3호에서 규정한 최종 대차대조표에 의하여 완전모회사가 되는 회사에 현존하는 순자산액의 100분의 5를 초과하는 때에는 그러하지 아니하다. 〈개정 2015. 12. 1.〉

② 삭제 〈2015. 12. 1.〉

③제1항 본문의 경우에는 주식교환계약서에 완전모회사가 되는 회사에 관하여는 제360조의3제1항의 규정에 의한 주주총회의 승인을 얻지 아니하고 주식교환을 할 수 있는 뜻을 기재하여야 하며, 동조제3항제1호의 사항은 이를 기재하지 못한다.

④완전모회사가 되는 회사는 주식교환계약서를 작성한 날부터 2주내에 완전자회사가 되는 회사의 상호와 본점, 주식교환을 할 날 및 제360조의3제1항의 승인을 얻지 아니하고 주식교환을 한다는 뜻을 공고하거나 주주에게 통지하여야 한다.

⑤ 완전모회사가 되는 회사의 발행주식총수의 100분의 20 이상에 해당하는 주식을 가지는 주주가 제4항에 따른 공고 또는 통지를 한 날부터 2주 내에 회

사에 대하여 서면으로 제1항 본문에 따른 주식교환에 반대하는 의사를 통지한 경우에는 이 조에 따른 주식교환을 할 수 없다. 〈개정 2011. 4. 14.〉

⑥제1항 본문의 경우에 완전모회사가 되는 회사에 관하여 제360조의4제1항의 규정을 적용함에 있어서는 동조동항 각호외의 부분중 "제360조의3제1항의 주주총회의 회일의 2주전" 및 동조동항제3호중 "제360조의3제1항의 주주총회의 회일"은 각각 "이 조 제4항의 규정에 의한 공고 또는 통지의 날"로 한다.

⑦제1항 본문의 경우에는 제360조의5의 규정은 이를 적용하지 아니한다.

[본조신설 2001. 7. 24.]

제360조의11(단주처리 등에 관한 규정의 준용) ①제443조의 규정은 회사의 주식교환의 경우에 이를 준용한다.

②제339조 및 제340조제3항의 규정은 주식교환의 경우에 완전자회사가 되는 회사의 주식을 목적으로 하는 질권에 이를 준용한다.

[본조신설 2001. 7. 24.]

제360조의12(주식교환사항을 기재한 서면의 사후공시) ①이사는 다음 각호의 사항을 기재한 서면을 주식교환의 날부터 6월간 본점에 비치하여야 한다.

1. 주식교환의 날
2. 주식교환의 날에 완전자회사가 되는 회사에 현존하는 순자산액
3. 주식교환으로 인하여 완전모회사에 이전한 완전자회사의 주식의 수
4. 그 밖의 주식교환에 관한 사항

②제1항의 서면에 관하여는 제391조의3제3항의 규정을 준용한다.

[본조신설 2001. 7. 24.]

제360조의13(완전모회사의 이사 · 감사의 임기) 주식교환에 의하여 완전모회사가 되는 회사의 이사 및 감사로서 주식교환전에 취임한 자는 주식교환계약서에 다른 정함이 있는 경우를 제외하고는 주식교환 후 최초로 도래하는 결산기에 관한 정기총회가 종료하는 때에 퇴임한다.

[본조신설 2001. 7. 24.]

제360조의14(주식교환무효의 소) ①주식교환의 무효는 각 회사의 주주 · 이사 · 감사 · 감사위원회의 위원 또는 청산인에 한하여 주식교환의 날부터 6월내에 소만으로 이를 주장할 수 있다.

②제1항의 소는 완전모회사가 되는 회사의 본점소재지의 지방법원의 관할에 전속한다.

③주식교환을 무효로 하는 판결이 확정된 때에는 완전모회사가 된 회사는 주식교환을 위하여 발행한 신주 또는 이전한 자기주식의 주주에 대하여 그가 소유하였던 완전자회사가 된 회사의 주식을 이전하여야 한다. 〈개정 2015. 12. 1.〉

④제187조 내지 제189조, 제190조 본문, 제191조, 제192조, 제377조 및 제431조의 규정은 제1항의 소에, 제339조 및 제340조제3항의 규정은 제3항의 경우에 각각 이를 준용한다.

[본조신설 2001. 7. 24.]

제3관 주식의 포괄적 이전 〈신설 2001. 7. 24.〉

제360조의15(주식의 포괄적 이전에 의한 완전모회사의 설립) ①회사는 이 관의 규정에 의한 주식의 포괄적 이전(이하 이 관에서 "주식이전"이라 한다)에 의하여 완전모회사를 설립하고 완전자회사가 될 수 있다.

②주식이전에 의하여 완전자회사가 되는 회사의 주주가 소유하는 그 회사의 주식은 주식이전에 의하여 설립하는 완전모회사에 이전하고, 그 완전자회사가 되는 회사의 주주는 그 완전모회사가 주식이전을 위하여 발행하는 주식의 배정을 받음으로써 그 완전모회사의 주주가 된다.

[본조신설 2001. 7. 24.]

제360조의16(주주총회에 의한 주식이전의 승인) ①주식이전을 하고자 하는 회사는 다음 각호의 사항을 적은 주식이전계획서를 작성하여 주주총회의 승인을 받아야 한다. 〈개정 2011. 4. 14., 2015. 12. 1.〉

1. 설립하는 완전모회사의 정관의 규정
2. 설립하는 완전모회사가 주식이전에 있어서 발행하는 주식의 종류와 수 및 완전자회사가 되는 회사의 주주에 대한 주식의 배정에 관한 사항
3. 설립하는 완전모회사의 자본금 및 자본준비금에 관한 사항
4. 완전자회사가 되는 회사의 주주에게 제2호에도 불구하고 금전이나 그 밖의 재산을 제공하는 경우에는 그 내용 및 배정에 관한 사항
5. 주식이전을 할 시기
6. 완전자회사가 되는 회사가 주식이전의 날까지 이익배당을 할 때에는 그 한도액
7. 설립하는 완전모회사의 이사와 감사 또는 감사위원회의 위원의 성명 및 주민등록번호
8. 회사가 공동으로 주식이전에 의하여 완전모회사를 설립하는 때에는 그 뜻

②제1항의 승인결의는 제434조의 규정에 의하여야 한다.

③제360조의3제4항의 규정은 제1항의 경우의 주주총회의 승인에 이를 준용한다.

④ 주식이전으로 인하여 주식이전에 관련되는 각 회사의 주주의 부담이 가중되는 경우에는 제1항 및 제436조의 결의 외에 그 주주 전원의 동의가 있어야 한다. 〈신설 2011. 4. 14.〉

[본조신설 2001. 7. 24.]

제360조의17(주식이전계획서 등의 서류의 공시) ①이사는 제360조의16제1항의 규정에 의한 주주총회의 회일의 2주전부터 주식이전의 날 이후 6월을 경과하는 날까지 다음 각호의 서류를 본점에 비치하여야 한다.

1. 제360조의16제1항의 규정에 의한 주식이전계획서
2. 완전자회사가 되는 회사의 주주에 대한 주식의 배정에 관하여 그 이유를 기재한 서면
3. 제360조의16제1항의 주주총회의 회일전 6월 이내의 날에 작성한 완전자회사가 되는 회사의 최종 대차대조표 및 손익계산서

②제1항의 서류에 관하여는 제391조의3제3항의 규정을 준용한다.

[본조신설 2001. 7. 24.]

제360조의18(완전모회사의 자본금의 한도액) 설립하는 완전모회사의 자본금은 주식이전의 날에 완전자회사가 되는 회사에 현존하는 순자산액에서 그 회사의 주주에게 제공할 금전 및 그 밖의 재산의 가액을 뺀 액을 초과하지 못한다. 〈개정 2011. 4. 14., 2015. 12. 1.〉

[본조신설 2001. 7. 24.]

[제목개정 2011. 4. 14.]

제360조의19(주권의 실효절차) ①주식이전에 의하여 완전자회사가 되는 회사는 제360조의16제1항의 규정에 의한 결의를 한 때에는 다음 각호의 사항을 공고하고, 주주명부에 기재된 주주와 질권자에 대하여 따로 따로 그 통지를 하여야 한다.

1. 제360조의16제1항의 규정에 의한 결의를 한 뜻
2. 1월을 초과하여 정한 기간내에 주권을 회사에 제출하여야 한다는 뜻
3. 주식이전의 날에 주권이 무효가 된다는 뜻

②제442조의 규정은 제360조의16제1항의 규정에 의한 결의를 한 경우에 이를 준용한다. 〈개정 2014. 5. 20.〉

[본조신설 2001. 7. 24.]

제360조의20(주식이전에 의한 등기) 주식이전을 한 때에는 설립한 완전모회사의 본점의 소재지에서는 2주내에, 지점의 소재지에서는 3주내에 제317조제2항에서 정하는 사항을 등기하여야 한다.

[본조신설 2001. 7. 24.]

제360조의21(주식이전의 효력발생시기) 주식이전은 이로 인하여 설립한 완전모회사가 그 본점소재지에서 제360조의20의 규정에 의한 등기를 함으로써 그 효력이 발생한다.

[본조신설 2001. 7. 24.]

제360조의22(주식교환 규정의 준용) 제360조의5, 제360조의11 및 제360조의12의 규정은 주식이전의 경우에 이를 준용한다.

[본조신설 2001. 7. 24.]

제360조의23(주식이전무효의 소) ①주식이전의 무효는 각 회사의 주주·이사·감사·감사위원회의 위원 또는 청산인에 한하여 주식이전의 날부터 6월내에 소만으로 이를 주장할 수 있다.

②제1항의 소는 완전모회사가 되는 회사의 본점소재지의 지방법원의 관할에 전속한다.

③주식이전을 무효로 하는 판결이 확정된 때에는 완전모회사가 된 회사는 주식이전을 위하여 발행한 주식의 주주에 대하여 그가 소유하였던 완전자회사가 된 회사의 주식을 이전하여야 한다.

④제187조 내지 제193조 및 제377조의 규정은 제1항의 소에, 제339조 및 제340조제3항의 규정은 제3항의 경우에 각각 이를 준용한다.

[본조신설 2001. 7. 24.]

제4관 지배주주에 의한 소수주식의 전부 취득 〈신설 2011. 4. 14.〉

제360조의24(지배주주의 매도청구권) ① 회사의 발행주식총수의 100분의 95 이상을 자기의 계산으로 보유하고 있는 주주(이하 이 관에서 "지배주주"라 한다)는 회사의 경영상 목적을 달성하기 위하여 필요한 경우에는 회사의 다른 주주(이하 이 관에서 "소수주주"라 한다)에게 그 보유하는 주식의 매도를 청구할 수 있다.

② 제1항의 보유주식의 수를 산정할 때에는 모회사와 자회사가 보유한 주식을 합산한다. 이 경우 회사가 아닌 주주가 발행주식총수의 100분의 50을 초과하는 주식을 가진 회사가 보유하는 주식도 그 주주가 보유하는 주식과 합산한다.

③ 제1항의 매도청구를 할 때에는 미리 주주총회의 승인을 받아야 한다.

④ 제3항의 주주총회의 소집을 통지할 때에는 다음 각 호에 관한 사항을 적어야 하고, 매도를 청구하는 지배주주는 주주총회에서 그 내용을 설명하여야 한다.

1. 지배주주의 회사 주식의 보유 현황
2. 매도청구의 목적
3. 매매가액의 산정 근거와 적정성에 관한 공인된 감정인의 평가
4. 매매가액의 지급보증

⑤ 지배주주는 매도청구의 날 1개월 전까지 다음 각 호의 사실을 공고하고, 주주명부에 적힌 주주와 질권자에게 따로 그 통지를 하여야 한다.

1. 소수주주는 매매가액의 수령과 동시에 주권을 지배주주에게 교부하여야 한다는 뜻
2. 교부하지 아니할 경우 매매가액을 수령하거나 지배주주가 매매가액을 공탁(供託)한 날에 주권은 무효가 된다는 뜻

⑥ 제1항의 매도청구를 받은 소수주주는 매도청구를 받은 날부터 2개월 내에 지배주주에게 그 주식을 매도하여야 한다.

⑦ 제6항의 경우 그 매매가액은 매도청구를 받은 소수주주와 매도를 청구한 지배주주 간의 협의로 결정한다.

⑧ 제1항의 매도청구를 받은 날부터 30일 내에 제7항의 매매가액에 대한 협의가 이루어지지 아니한 경우에는 매도청구를 받은 소수주주 또는 매도청구를 한 지배주주는 법원에 매매가액의 결정을 청구할 수 있다.

⑨ 법원이 제8항에 따라 주식의 매매가액을 결정하는 경우에는 회사의 재산상태와 그 밖의 사정을 고려하여 공정한 가액으로 산정하여야 한다.

[본조신설 2011. 4. 14.]

제360조의25(소수주주의 매수청구권) ① 지배주주가 있는 회사의 소수주주는 언제든지 지배주주에게 그 보유주식의 매수를 청구할 수 있다.

② 제1항의 매수청구를 받은 지배주주는 매수를 청

구한 날을 기준으로 2개월 내에 매수를 청구한 주주로부터 그 주식을 매수하여야 한다.
③ 제2항의 경우 그 매매가액은 매수를 청구한 주주와 매수청구를 받은 지배주주 간의 협의로 결정한다.
④ 제2항의 매수청구를 받은 날부터 30일 내에 제3항의 매매가액에 대한 협의가 이루어지지 아니한 경우에는 매수청구를 받은 지배주주 또는 매수청구를 한 소수주주는 법원에 대하여 매매가액의 결정을 청구할 수 있다.
⑤ 법원이 제4항에 따라 주식의 매매가액을 결정하는 경우에는 회사의 재산상태와 그 밖의 사정을 고려하여 공정한 가액으로 산정하여야 한다.
[본조신설 2011. 4. 14.]

제360조의26(주식의 이전 등) ① 제360조의24와 제360조의25에 따라 주식을 취득하는 지배주주가 매매가액을 소수주주에게 지급한 때에 주식이 이전된 것으로 본다.
② 제1항의 매매가액을 지급할 소수주주를 알 수 없거나 소수주주가 수령을 거부할 경우에는 지배주주는 그 가액을 공탁할 수 있다. 이 경우 주식은 공탁한 날에 지배주주에게 이전된 것으로 본다.
[본조신설 2011. 4. 14.]

제3절 회사의 기관

제1관 주주총회

제361조(총회의 권한) 주주총회는 본법 또는 정관에 정하는 사항에 한하여 결이할 수 있다.

제362조(소집의 결정) 총회의 소집은 본법에 다른 규정이 있는 경우 외에는 이사회가 이를 결정한다.

제363조(소집의 통지) ① 주주총회를 소집할 때에는 주주총회일의 2주 전에 각 주주에게 서면으로 통지를 발송하거나 각 주주의 동의를 받아 전자문서로 통지를 발송하여야 한다. 다만, 그 통지가 주주명부상 주주의 주소에 계속 3년간 도달하지 아니한 경우에는 회사는 해당 주주에게 총회의 소집을 통지하지 아니할 수 있다.
② 제1항의 통지서에는 회의의 목적사항을 적어야 한다.
③ 제1항에도 불구하고 자본금 총액이 10억원 미만인 회사가 주주총회를 소집하는 경우에는 주주총회일의 10일 전에 각 주주에게 서면으로 통지를 발송하거나 각 주주의 동의를 받아 전자문서로 통지를 발송할 수 있다. 〈개정 2014. 5. 20.〉
④ 자본금 총액이 10억원 미만인 회사는 주주 전원의 동의가 있을 경우에는 소집절차 없이 주주총회를 개최할 수 있고, 서면에 의한 결의로써 주주총회의 결의를 갈음할 수 있다. 결의의 목적사항에 대하여 주주 전원이 서면으로 동의를 한 때에는 서면에 의한 결의가 있는 것으로 본다. 〈개정 2014. 5. 20.〉
⑤ 제4항의 서면에 의한 결의는 주주총회의 결의와 같은 효력이 있다. 〈개정 2014. 5. 20.〉
⑥ 서면에 의한 결의에 대하여는 주주총회에 관한 규정을 준용한다. 〈개정 2014. 5. 20.〉
⑦ 제1항부터 제4항까지의 규정은 의결권 없는 주주에게는 적용하지 아니한다. 다만, 제1항의 통지서에 적은 회의의 목적사항에 제360조의5, 제360조의22, 제374조의2, 제522조의3 또는 제530조의11에 따라 반대주주의 주식매수청구권이 인정되는 사항이 포함된 경우에는 그러하지 아니하다. 〈개정 2014. 5. 20., 2015. 12. 1.〉
[전문개정 2009. 5. 28.]
[제목개정 2014. 5. 20.]

제363조의2(주주제안권) ①의결권없는 주식을 제외한 발행주식총수의 100분의 3 이상에 해당하는 주식을 가진 주주는 이사에게 주주총회일(정기주주총회의 경우 직전 연도의 정기주주총회일에 해당하는 그 해의 해당일. 이하 이 조에서 같다)의 6주 전에 서면 또는 전자문서로 일정한 사항을 주주총회의 목적사항으로 할 것을 제안(이하 '株主提案'이라 한다)할 수 있다. 〈개정 2009. 1. 30.〉
②제1항의 주주는 이사에게 주주총회일의 6주 전에

서면 또는 전자문서로 회의의 목적으로 할 사항에 추가하여 당해 주주가 제출하는 의안의 요령을 제363조에서 정하는 통지에 기재할 것을 청구할 수 있다. 〈개정 2009. 1. 30., 2014. 5. 20.〉

③이사는 제1항에 의한 주주제안이 있는 경우에는 이를 이사회에 보고하고, 이사회는 주주제안의 내용이 법령 또는 정관을 위반하는 경우와 그 밖에 대통령령으로 정하는 경우를 제외하고는 이를 주주총회의 목적사항으로 하여야 한다. 이 경우 주주제안을 한 자의 청구가 있는 때에는 주주총회에서 당해 의안을 설명할 기회를 주어야 한다. 〈개정 2009. 1. 30.〉

[본조신설 1998. 12. 28.]

제364조(소집지) 총회는 정관에 다른 정함이 없으면 본점소재지 또는 이에 인접한 지에 소집하여야 한다.

제365조(총회의 소집) ①정기총회는 매년 1회 일정한 시기에 이를 소집하여야 한다.

②연 2회 이상의 결산기를 정한 회사는 매기에 총회를 소집하여야 한다.

③임시총회는 필요있는 경우에 수시 이를 소집한다.

제366조(소수주주에 의한 소집청구) ① 발행주식총수의 100분의 3 이상에 해당하는 주식을 가진 주주는 회의의 목적사항과 소집의 이유를 적은 서면 또는 전자문서를 이사회에 제출하여 임시총회의 소집을 청구할 수 있다. 〈개정 2009. 5. 28.〉

② 제1항의 청구가 있은 후 지체 없이 총회소집의 절차를 밟지 아니한 때에는 청구한 주주는 법원의 허가를 받아 총회를 소집할 수 있다. 이 경우 주주총회의 의장은 법원이 이해관계인의 청구나 직권으로 선임할 수 있다. 〈개정 2011. 4. 14.〉

③제1항 및 제2항의 규정에 의한 총회는 회사의 업무와 재산상태를 조사하게 하기 위하여 검사인을 선임할 수 있다. 〈개정 1998. 12. 28.〉

제366조의2(총회의 질서유지) ①총회의 의장은 정관에서 정함이 없는 때에는 총회에서 선임한다.

②총회의 의장은 총회의 질서를 유지하고 의사를 정리한다.

③총회의 의장은 고의로 의사진행을 방해하기 위한 발언·행동을 하는 등 현저히 질서를 문란하게 하는 자에 대하여 그 발언의 정지 또는 퇴장을 명할 수 있다.

[본조신설 1999. 12. 31.]

제367조(검사인의 선임) ① 총회는 이사가 제출한 서류와 감사의 보고서를 조사하게 하기 위하여 검사인(檢査人)을 선임할 수 있다.

② 회사 또는 발행주식총수의 100분의 1 이상에 해당하는 주식을 가진 주주는 총회의 소집절차나 결의방법의 적법성을 조사하기 위하여 총회 전에 법원에 검사인의 선임을 청구할 수 있다.

[전문개정 2011. 4. 14.]

제368조(총회의 결의방법과 의결권의 행사) ①총회의 결의는 이 법 또는 정관에 다른 정함이 있는 경우를 제외하고는 출석한 주주의 의결권의 과반수와 발행주식총수의 4분의 1 이상의 수로써 하여야 한다. 〈개정 1995. 12. 29.〉

②주주는 대리인으로 하여금 그 의결권을 행사하게 할 수 있다. 이 경우에는 그 대리인은 대리권을 증명하는 서면을 총회에 제출하여야 한다. 〈개정 2014. 5. 20.〉

③총회의 결의에 관하여 특별한 이해관계가 있는 자는 의결권을 행사하지 못한다. 〈개정 2014. 5. 20.〉

제368조의2(의결권의 불통일행사) ①주주가 2 이상의 의결권을 가지고 있는 때에는 이를 통일하지 아니하고 행사할 수 있다. 이 경우 주주총회일의 3일전에 회사에 대하여 서면 또는 전자문서로 그 뜻과 이유를 통지하여야 한다. 〈개정 2009. 5. 28.〉

②주주가 주식의 신탁을 인수하였거나 기타 타인을 위하여 주식을 가지고 있는 경우외에는 회사는 주주의 의결권의 불통일행사를 거부할 수 있다.

[본조신설 1984. 4. 10.]

제368조의3(서면에 의한 의결권의 행사) ①주주는 정관이 정한 바에 따라 총회에 출석하지 아니하고 서면에 의하여 의결권을 행사할 수 있다.

②회사는 총회의 소집통지서에 주주가 제1항의 규정에 의한 의결권을 행사하는데 필요한 서면과 참고자료를 첨부하여야 한다.

[본조신설 1999. 12. 31.]

제368조의4(전자적 방법에 의한 의결권의 행사) ① 회사는 이사회의 결의로 주주가 총회에 출석하지 아니하고 전자적 방법으로 의결권을 행사할 수 있음을 정할 수 있다.

② 회사는 제363조에 따라 소집통지를 할 때에는 주주가 제1항에 따른 방법으로 의결권을 행사할 수 있다는 내용을 통지하여야 한다. 〈개정 2014. 5. 20.〉

③ 회사가 제1항에 따라 전자적 방법에 의한 의결권 행사를 정한 경우에 주주는 주주 확인절차 등 대통령령으로 정하는 바에 따라 의결권을 행사하여야 한다. 이 경우 회사는 의결권행사에 필요한 양식과 참고자료를 주주에게 전자적 방법으로 제공하여야 한다.

④ 동일한 주식에 관하여 제1항 또는 제368조의3제1항에 따라 의결권을 행사하는 경우 전자적 방법 또는 서면 중 어느 하나의 방법을 선택하여야 한다.

⑤ 회사는 의결권행사에 관한 전자적 기록을 총회가 끝난 날부터 3개월간 본점에 갖추어 두어 열람하게 하고 총회가 끝난 날부터 5년간 보존하여야 한다.

⑥ 주주 확인절차 등 전자적 방법에 의한 의결권행사의 절차와 그 밖에 필요한 사항은 대통령령으로 정한다.

[본조신설 2009. 5. 28.]

제369조(의결권) ①의결권은 1주마다 1개로 한다.

②회사가 가진 자기주식은 의결권이 없다.

③회사, 모회사 및 자회사 또는 자회사가 다른 회사의 발행주식의 총수의 10분의 1을 초과하는 주식을 가지고 있는 경우 그 다른 회사가 가지고 있는 회사 또는 모회사의 주식은 의결권이 없다. 〈신설 1984. 4. 10.〉

제370조 삭제 〈2011. 4. 14.〉

제371조(정족수, 의결권수의 계산) ① 총회의 결의에 관하여는 제344조의3제1항과 제369조제2항 및 제3항의 의결권 없는 주식의 수는 발행주식총수에 산입하지 아니한다.

② 총회의 결의에 관하여는 제368조제3항에 따라 행사할 수 없는 주식의 의결권 수와 제409조제2항 및 제542조의12제4항에 따라 그 비율을 초과하는 주식으로서 행사할 수 없는 주식의 의결권 수는 출석한 주주의 의결권의 수에 산입하지 아니한다. 〈개정 2014. 5. 20., 2020. 12. 29.〉

[전문개정 2011. 4. 14.]

제372조(총회의 연기, 속행의 결의) ①총회에서는 회의의 속행 또는 연기의 결의를 할 수 있다.

②전항의 경우에는 제363조의 규정을 적용하지 아니한다.

제373조(총회의 의사록) ①총회의 의사에는 의사록을 작성하여야 한다.

②의사록에는 의사의 경과요령과 그 결과를 기재하고 의장과 출석한 이사가 기명날인 또는 서명하여야 한다. 〈개정 1995. 12. 29.〉

제374조(영업양도, 양수, 임대등) ① 회사가 다음 각 호의 어느 하나에 해당하는 행위를 할 때에는 제434조에 따른 결의가 있어야 한다. 〈개정 2011. 4. 14.〉

1. 영업의 전부 또는 중요한 일부의 양도
2. 영업 전부의 임대 또는 경영위임, 타인과 영업의 손익 전부를 같이 하는 계약, 그 밖에 이에 준하는 계약의 체결 · 변경 또는 해약
3. 회사의 영업에 중대한 영향을 미치는 다른 회사의 영업 전부 또는 일부의 양수

②제1항의 행위에 관한 주주총회의 소집의 통지를 하는 때에는 제374조의2제1항 및 제2항의 규정에 의한 주식매수청구권의 내용 및 행사방법을 명시하여야 한다. 〈신설 1995. 12. 29., 2014. 5. 20.〉

제374조의2(반대주주의 주식매수청구권) ① 제374조에 따른 결의사항에 반대하는 주주(의결권이 없거나 제한되는 주주를 포함한다. 이하 이 조에서 같다)는 주주총회 전에 회사에 대하여 서면으로 그 결의에 반대하는 의사를 통지한 경우에는 그 총회의 결의일부터 20일 이내에 주식의 종류와 수를 기재한 서면으로 회사에 대하여 자기가 소유하고 있는 주식의 매수를 청구할 수 있다. 〈개정 2015. 12. 1.〉

② 제1항의 청구를 받으면 해당 회사는 같은 항의 매수 청구 기간(이하 이 조에서 "매수청구기간"이라 한다)이 종료하는 날부터 2개월 이내에 그 주식을 매수하여야 한다. 〈개정 2015. 12. 1.〉

③제2항의 규정에 의한 주식의 매수가액은 주주와 회사간의 협의에 의하여 결정한다. 〈개정 2001. 7. 24.〉

④매수청구기간이 종료하는 날부터 30일 이내에 제3항의 규정에 의한 협의가 이루어지지 아니한 경우에는 회사 또는 주식의 매수를 청구한 주주는 법원에 대하여 매수가액의 결정을 청구할 수 있다. 〈개정 2001. 7. 24., 2015. 12. 1.〉

⑤법원이 제4항의 규정에 의하여 주식의 매수가액을 결정하는 경우에는 회사의 재산상태 그 밖의 사정을 참작하여 공정한 가액으로 이를 산정하여야 한다. 〈신설 2001. 7. 24.〉

[본조신설 1995. 12. 29.]

[제목개정 2015. 12. 1.]

제374조의3(간이영업양도, 양수, 임대 등) ① 제374조제1항 각 호의 어느 하나에 해당하는 행위를 하는 회사의 총주주의 동의가 있거나 그 회사의 발행주식총수의 100분의 90 이상을 해당 행위의 상대방이 소유하고 있는 경우에는 그 회사의 주주총회의 승인은 이를 이사회의 승인으로 갈음할 수 있다.

② 제1항의 경우에 회사는 영업양도, 양수, 임대 등의 계약서 작성일부터 2주 이내에 주주총회의 승인을 받지 아니하고 영업양도, 양수, 임대 등을 한다는 뜻을 공고하거나 주주에게 통지하여야 한다. 다만, 총주주의 동의가 있는 경우에는 그러하지 아니하다.

③ 제2항의 공고 또는 통지를 한 날부터 2주 이내에 회사에 대하여 서면으로 영업양도, 양수, 임대 등에 반대하는 의사를 통지한 주주는 그 기간이 경과한 날부터 20일 이내에 주식의 종류와 수를 기재한 서면으로 회사에 대하여 자기가 소유하고 있는 주식의 매수를 청구할 수 있다. 이 경우 제374조의2제2항부터 제5항까지의 규정을 준용한다.

[본조신설 2015. 12. 1.]

제375조(사후설립) 회사가 그 성립 후 2년 내에 그 성립 전부터 존재하는 재산으로서 영업을 위하여 계속하여 사용하여야 할 것을 자본금의 100분의 5 이상에 해당하는 대가로 취득하는 계약을 하는 경우에는 제374조를 준용한다.

[전문개정 2011. 4. 14.]

제376조(결의취소의 소) ①총회의 소집절차 또는 결의방법이 법령 또는 정관에 위반하거나 현저하게 불공정한 때 또는 그 결의의 내용이 정관에 위반한 때에는 주주·이사 또는 감사는 결의의 날로부터 2월 내에 결의취소의 소를 제기할 수 있다. 〈개정 1984. 4. 10., 1995. 12. 29.〉

②제186조 내지 제188조, 제190조 본문과 제191조의 규정은 제1항의 소에 준용한다. 〈개정 1984. 4. 10., 1995. 12. 29.〉

제377조(제소주주의 담보제공의무) ①주주가 결의취소의 소를 제기한 때에는 법원은 회사의 청구에 의하여 상당한 담보를 제공할 것을 명할 수 있다. 그러나 그 주주가 이사 또는 감사인 때에는 그러하지 아니하다. 〈개정 1984. 4. 10.〉

②제176조제4항의 규정은 제1항의 청구에 준용한다. 〈개정 1984. 4. 10.〉

제378조(결의취소의 등기) 결의한 사항이 등기된 경우에 결의취소의 판결이 확정된 때에는 본점과 지점의 소재지에서 등기하여야 한다.

제379조(법원의 재량에 의한 청구기각) 결의취소의 소가 제기된 경우에 결의의 내용, 회사의 현황과 제반사정을 참작하여 그 취소가 부적당하다고 인정한 때에는 법원은 그 청구를 기각할 수 있다.

제380조(결의무효 및 부존재확인의 소) 제186조 내지 제188조, 제190조 본문, 제191조, 제377조와 제378조의 규정은 총회의 결의의 내용이 법령에 위반한 것을 이유로 하여 결의무효의 확인을 청구하는 소와 총회의 소집절차 또는 결의방법에 총회결의가 존재한다고 볼 수 없을 정도의 중대한 하자가 있는 것을 이유로 하여 결의부존재의 확인을 청구하는 소에 이를 준용한다. 〈개정 1984. 4. 10., 1995. 12. 29.〉

제381조(부당결의의 취소, 변경의 소) ①주주가 제368조제3항의 규정에 의하여 의결권을 행사할 수 없었던 경우에 결의가 현저하게 부당하고 그 주주가 의결권을 행사하였더라면 이를 저지할 수 있었을 때에는 그 주주는 그 결의의 날로부터 2월내에 결의의 취소의 소 또는 변경의 소를 제기할 수 있다. 〈개정 2014. 5. 20.〉

②제186조 내지 제188조, 제190조 본문, 제191조, 제377조와 제378조의 규정은 제1항의 소에 준용한다. 〈개정 1998. 12. 28.〉

제2관 이사와 이사회

제382조(이사의 선임, 회사와의 관계 및 사외이사) ① 이사는 주주총회에서 선임한다.

② 회사와 이사의 관계는 「민법」의 위임에 관한 규정을 준용한다.

③ 사외이사(社外理事)는 해당 회사의 상무(常務)에 종사하지 아니하는 이사로서 다음 각 호의 어느 하나에 해당하지 아니하는 자를 말한다. 사외이사가 다음 각 호의 어느 하나에 해당하는 경우에는 그 직을 상실한다. 〈개정 2011. 4. 14.〉

1. 회사의 상무에 종사하는 이사 · 집행임원 및 피용자 또는 최근 2년 이내에 회사의 상무에 종사한 이사 · 감사 · 집행임원 및 피용자
2. 최대주주가 자연인인 경우 본인과 그 배우자 및 직계 존속 · 비속
3. 최대주주가 법인인 경우 그 법인의 이사 · 감사 · 집행임원 및 피용자
4. 이사 · 감사 · 집행임원의 배우자 및 직계 존속 · 비속
5. 회사의 모회사 또는 자회사의 이사 · 감사 · 집행임원 및 피용자
6. 회사와 거래관계 등 중요한 이해관계에 있는 법인의 이사 · 감사 · 집행임원 및 피용자
7. 회사의 이사 · 집행임원 및 피용자가 이사 · 집행임원으로 있는 다른 회사의 이사 · 감사 · 집행임원 및 피용자

[전문개정 2009. 1. 30.]

제382조의2(집중투표) ①2인 이상의 이사의 선임을 목적으로 하는 총회의 소집이 있는 때에는 의결권없는 주식을 제외한 발행주식총수의 100분의 3 이상에 해당하는 주식을 가진 주주는 정관에서 달리 정하는 경우를 제외하고는 회사에 대하여 집중투표의 방법으로 이사를 선임할 것을 청구할 수 있다.

②제1항의 청구는 주주총회일의 7일 전까지 서면 또는 전자문서로 하여야 한다. 〈개정 2009. 5. 28.〉

③제1항의 청구가 있는 경우에 이사의 선임결의에 관하여 각 주주는 1주마다 선임할 이사의 수와 동일한 수의 의결권을 가지며, 그 의결권은 이사 후보자 1인 또는 수인에게 집중하여 투표하는 방법으로 행사할 수 있다.

④제3항의 규정에 의한 투표의 방법으로 이사를 선임하는 경우에는 투표의 최다수를 얻은 자부터 순차적으로 이사에 선임되는 것으로 한다.

⑤제1항의 청구가 있는 경우에는 의장은 의결에 앞서 그러한 청구가 있다는 취지를 알려야 한다.

⑥제2항의 서면은 총회가 종결될 때까지 이를 본점에 비치하고 주주로 하여금 영업시간내에 열람할 수

있게 하여야 한다.
[본조신설 1998. 12. 28.]

제382조의3(이사의 충실의무) 이사는 법령과 정관의 규정에 따라 회사를 위하여 그 직무를 충실하게 수행하여야 한다.
[본조신설 1998. 12. 28.]

제382조의4(이사의 비밀유지의무) 이사는 재임중 뿐만 아니라 퇴임후에도 직무상 알게된 회사의 영업상 비밀을 누설하여서는 아니된다.
[본조신설 2001. 7. 24.]

제383조(원수, 임기) ① 이사는 3명 이상이어야 한다. 다만, 자본금 총액이 10억원 미만인 회사는 1명 또는 2명으로 할 수 있다. 〈개정 2009. 5. 28.〉
②이사의 임기는 3년을 초과하지 못한다. 〈개정 1984. 4. 10.〉
③제2항의 임기는 정관으로 그 임기 중의 최종의 결산기에 관한 정기주주총회의 종결에 이르기까지 연장할 수 있다. 〈개정 1984. 4. 10.〉
④ 제1항 단서의 경우에는 제302조제2항제5호의2, 제317조제2항제3호의2, 제335조제1항 단서 및 제2항, 제335조의2제1항 · 제3항, 제335조의3제1항 · 제2항, 제335조의7제1항, 제340조의3제1항제5호, 제356조제6호의2, 제397조제1항 · 제2항, 제397조의2제1항, 제398조, 제416조 본문, 제451조제2항, 제461조제1항 본문 및 제3항, 제462조의3제1항, 제464조의2제1항, 제469조, 제513조제2항 본문 및 제516조의2제2항 본문(준용되는 경우를 포함한다) 중 "이사회"는 각각 "주주총회"로 보며, 제360조의5제1항 및 제522조의3제1항 중 "이사회의 결의가 있는 때"는 "제363조제1항에 따른 주주총회의 소집통지가 있는 때"로 본다. 〈개정 2009. 5. 28., 2011. 4. 14.〉
⑤ 제1항 단서의 경우에는 제341조제2항 단서, 제390조, 제391조, 제391조의2, 제391조의3, 제392조, 제393조제2항부터 제4항까지, 제399조제2항, 제408조의2제3항 · 제4항, 제408조의3제2항, 제408조의4제2호, 제408조의5제1항, 제408조의6, 제408조의7, 제412조의4, 제449조의2, 제462조제2항 단서, 제526조제3항, 제527조제4항, 제527조의2, 제527조의3제1항 및 제527조의5제2항은 적용하지 아니한다. 〈개정 2009. 5. 28., 2011. 4. 14.〉
⑥ 제1항 단서의 경우에는 각 이사(정관에 따라 대표이사를 정한 경우에는 그 대표이사를 말한다)가 회사를 대표하며 제343조제1항 단서, 제346조제3항, 제362조, 제363조의2제3항, 제366조제1항, 제368조의4제1항, 제393조제1항, 제412조의3제1항 및 제462조의3제1항에 따른 이사회의 기능을 담당한다. 〈개정 2009. 5. 28., 2011. 4. 14.〉

제384조 삭제 〈1995. 12. 29.〉

제385조(해임) ①이사는 언제든지 제434조의 규정에 의한 주주총회의 결의로 이를 해임할 수 있다. 그러나 이사의 임기를 정한 경우에 정당한 이유없이 그 임기만료전에 이를 해임한 때에는 그 이사는 회사에 대하여 해임으로 인한 손해의 배상을 청구할 수 있다.
②이사가 그 직무에 관하여 부정행위 또는 법령이나 정관에 위반한 중대한 사실이 있음에도 불구하고 주주총회에서 그 해임을 부결한 때에는 발행주식의 총수의 100분의 3 이상에 해당하는 주식을 가진 주주는 총회의 결의가 있은 날부터 1월내에 그 이사의 해임을 법원에 청구할 수 있다. 〈개정 1998. 12. 28.〉
③제186조의 규정은 전항의 경우에 준용한다.

제386조(결원의 경우) ①법률 또는 정관에 정한 이사의 원수를 결한 경우에는 임기의 만료 또는 사임으로 인하여 퇴임한 이사는 새로 선임된 이사가 취임할 때까지 이사의 권리의무가 있다.
②제1항의 경우에 필요하다고 인정할 때에는 법원은 이사, 감사 기타의 이해관계인의 청구에 의하여 일시 이사의 직무를 행할 자를 선임할 수 있다. 이 경우에는 본점의 소재지에서 그 등기를 하여야 한다. 〈

개정 1995. 12. 29.〉

제387조(자격주) 정관으로 이사가 가질 주식의 수를 정한 경우에 다른 규정이 없는 때에는 이사는 그 수의 주권을 감사에게 공탁하여야 한다.

제388조(이사의 보수) 이사의 보수는 정관에 그 액을 정하지 아니한 때에는 주주총회의 결의로 이를 정한다.

제389조(대표이사) ①회사는 이사회의 결의로 회사를 대표할 이사를 선정하여야 한다. 그러나 정관으로 주주총회에서 이를 선정할 것을 정할 수 있다.

②전항의 경우에는 수인의 대표이사가 공동으로 회사를 대표할 것을 정할 수 있다.

③제208조제2항, 제209조, 제210조와 제386조의 규정은 대표이사에 준용한다. 〈개정 1962. 12. 12.〉

제390조(이사회의 소집) ①이사회는 각 이사가 소집한다. 그러나 이사회의 결의로 소집할 이사를 정한 때에는 그러하지 아니하다.

②제1항 단서의 규정에 의하여 소집권자로 지정되지 않은 다른 이사는 소집권자인 이사에게 이사회 소집을 요구할 수 있다. 소집권자인 이사가 정당한 이유 없이 이사회 소집을 거절하는 경우에는 다른 이사가 이사회를 소집할 수 있다. 〈신설 2001. 7. 24.〉

③이사회를 소집함에는 회일을 정하고 그 1주간전에 각 이사 및 감사에 대하여 통지를 발송하여야 한다. 그러나 그 기간은 정관으로 단축할 수 있다. 〈개정 1984. 4. 10.〉

④이사회는 이사 및 감사 전원의 동의가 있는 때에는 제3항의 절차없이 언제든지 회의할 수 있다. 〈개정 1984. 4. 10., 2001. 7. 24.〉

제391조(이사회의 결의방법) ①이사회의 결의는 이사과반수의 출석과 출석이사의 과반수로 하여야 한다. 그러나 정관으로 그 비율을 높게 정할 수 있다.

②정관에서 달리 정하는 경우를 제외하고 이사회는 이사의 전부 또는 일부가 직접 회의에 출석하지 아니하고 모든 이사가 음성을 동시에 송수신하는 원격통신수단에 의하여 결의에 참가하는 것을 허용할 수 있다. 이 경우 당해 이사는 이사회에 직접 출석한 것으로 본다. 〈신설 1999. 12. 31., 2011. 4. 14.〉

③제368조제3항 및 제371조제2항의 규정은 제1항의 경우에 이를 준용한다. 〈개정 2014. 5. 20.〉

[전문개정 1984. 4. 10.]

제391조의2(감사의 이사회출석 · 의견진술권) ①감사는 이사회에 출석하여 의견을 진술할 수 있다.

②감사는 이사가 법령 또는 정관에 위반한 행위를 하거나 그 행위를 할 염려가 있다고 인정한 때에는 이사회에 이를 보고하여야 한다.

[본조신설 1984. 4. 10.]

제391조의3(이사회의 의사록) ①이사회의 의사에 관하여는 의사록을 작성하여야 한다.

②의사록에는 의사의 안건, 경과요령, 그 결과, 반대하는 자와 그 반대이유를 기재하고 출석한 이사 및 감사가 기명날인 또는 서명하여야 한다. 〈개정 1995. 12. 29., 1999. 12. 31.〉

③주주는 영업시간내에 이사회의사록의 열람 또는 등사를 청구할 수 있다. 〈신설 1999. 12. 31.〉

④회사는 제3항의 청구에 대하여 이유를 붙여 이를 거절할 수 있다. 이 경우 주주는 법원의 허가를 얻어 이사회의사록을 열람 또는 등사할 수 있다. 〈신설 1999. 12. 31.〉

[본조신설 1984. 4. 10.]

제392조(이사회의 연기 · 속행) 제372조의 규정은 이사회에 관하여 이를 준용한다.

[전문개정 1984. 4. 10.]

제393조(이사회의 권한) ①중요한 자산의 처분 및 양도, 대규모 재산의 차입, 지배인의 선임 또는 해임과 지점의 설치 · 이전 또는 폐지 등 회사의 업무집행은 이사회의 결의로 한다. 〈개정 2001. 7. 24.〉

②이사회는 이사의 직무의 집행을 감독한다.

③이사는 대표이사로 하여금 다른 이사 또는 피용자의 업무에 관하여 이사회에 보고할 것을 요구할 수

있다. 〈신설 2001. 7. 24.〉

④이사는 3월에 1회 이상 업무의 집행상황을 이사회에 보고하여야 한다. 〈신설 2001. 7. 24.〉

[전문개정 1984. 4. 10.]

제393조의2(이사회내 위원회) ①이사회는 정관이 정한 바에 따라 위원회를 설치할 수 있다.

②이사회는 다음 각호의 사항을 제외하고는 그 권한을 위원회에 위임할 수 있다.

1. 주주총회의 승인을 요하는 사항의 제안
2. 대표이사의 선임 및 해임
3. 위원회의 설치와 그 위원의 선임 및 해임
4. 정관에서 정하는 사항

③위원회는 2인 이상의 이사로 구성한다.

④위원회는 결의된 사항을 각 이사에게 통지하여야 한다. 이 경우 이를 통지받은 각 이사는 이사회의 소집을 요구할 수 있으며, 이사회는 위원회가 결의한 사항에 대하여 다시 결의할 수 있다.

⑤제386조제1항 · 제390조 · 제391조 · 제391조의3 및 제392조의 규정은 위원회에 관하여 이를 준용한다.

[본조신설 1999. 12. 31.]

제394조(이사와 회사간의 소에 관한 대표) ①회사가 이사에 대하여 또는 이사가 회사에 대하여 소를 제기하는 경우에 감사는 그 소에 관하여 회사를 대표한다. 회사가 제403조제1항 또는 제406조의2제1항의 청구를 받은 경우에도 또한 같다. 〈개정 2020. 12. 29.〉

②제415조의2의 규정에 의한 감사위원회의 위원이 소의 당사자인 경우에는 감사위원회 또는 이사는 법원에 회사를 대표할 자를 선임하여 줄 것을 신청하여야 한다. 〈신설 1999. 12. 31.〉

[전문개정 1984. 4. 10.]

제395조(표현대표이사의 행위와 회사의 책임) 사장, 부사장, 전무, 상무 기타 회사를 대표할 권한이 있는 것으로 인정될 만한 명칭을 사용한 이사의 행위에 대하여는 그 이사가 회사를 대표할 권한이 없는 경우에도 회사는 선의의 제삼자에 대하여 그 책임을 진다.

제396조(정관 등의 비치, 공시의무) ①이사는 회사의 정관, 주주총회의 의사록을 본점과 지점에, 주주명부, 사채원부를 본점에 비치하여야 한다. 이 경우 명의개서대리인을 둔 때에는 주주명부나 사채원부 또는 그 복본을 명의개서대리인의 영업소에 비치할 수 있다. 〈개정 1984. 4. 10., 1999. 12. 31.〉

②주주와 회사채권자는 영업시간 내에 언제든지 제1항의 서류의 열람 또는 등사를 청구할 수 있다. 〈개정 1984. 4. 10.〉

제397조(경업금지) ①이사는 이사회의 승인이 없으면 자기 또는 제삼자의 계산으로 회사의 영업부류에 속한 거래를 하거나 동종영업을 목적으로 하는 다른 회사의 무한책임사원이나 이사가 되지 못한다. 〈개정 1995. 12. 29.〉

②이사가 제1항의 규정에 위반하여 거래를 한 경우에 회사는 이사회의 결의로 그 이사의 거래가 자기의 계산으로 한 것인 때에는 이를 회사의 계산으로 한 것으로 볼 수 있고 제삼자의 계산으로 한 것인 때에는 그 이사에 대하여 이로 인한 이득의 양도를 청구할 수 있다. 〈개정 1962. 12. 12., 1995. 12. 29.〉

③제2항의 권리는 거래가 있은 날로부터 1년을 경과하면 소멸한다. 〈개정 1995. 12. 29.〉

제397조의2(회사의 기회 및 자산의 유용 금지) ① 이사는 이사회의 승인 없이 현재 또는 장래에 회사의 이익이 될 수 있는 다음 각 호의 어느 하나에 해당하는 회사의 사업기회를 자기 또는 제3자의 이익을 위하여 이용하여서는 아니 된다. 이 경우 이사회의 승인은 이사 3분의 2 이상의 수로써 하여야 한다.

1. 직무를 수행하는 과정에서 알게 되거나 회사의 정보를 이용한 사업기회
2. 회사가 수행하고 있거나 수행할 사업과 밀접한 관계가 있는 사업기회

② 제1항을 위반하여 회사에 손해를 발생시킨 이사 및 승인한 이사는 연대하여 손해를 배상할 책임이 있으며 이로 인하여 이사 또는 제3자가 얻은 이익은 손해로 추정한다.
[본조신설 2011. 4. 14.]

제398조(이사 등과 회사 간의 거래) 다음 각 호의 어느 하나에 해당하는 자가 자기 또는 제3자의 계산으로 회사와 거래를 하기 위하여는 미리 이사회에서 해당 거래에 관한 중요사실을 밝히고 이사회의 승인을 받아야 한다. 이 경우 이사회의 승인은 이사 3분의 2 이상의 수로써 하여야 하고, 그 거래의 내용과 절차는 공정하여야 한다.
1. 이사 또는 제542조의8제2항제6호에 따른 주요주주
2. 제1호의 자의 배우자 및 직계존비속
3. 제1호의 자의 배우자의 직계존비속
4. 제1호부터 제3호까지의 자가 단독 또는 공동으로 의결권 있는 발행주식 총수의 100분의 50 이상을 가진 회사 및 그 자회사
5. 제1호부터 제3호까지의 자가 제4호의 회사와 합하여 의결권 있는 발행주식총수의 100분의 50 이상을 가진 회사

[전문개정 2011. 4. 14.]

제399조(회사에 대한 책임) ① 이사가 고의 또는 과실로 법령 또는 정관에 위반한 행위를 하거나 그 임무를 게을리한 경우에는 그 이사는 회사에 대하여 연대하여 손해를 배상할 책임이 있다. 〈개정 2011. 4. 14.〉
②전항의 행위가 이사회의 결의에 의한 것인 때에는 그 결의에 찬성한 이사도 전항의 책임이 있다.
③전항의 결의에 참가한 이사로서 이의를 한 기재가 의사록에 없는 자는 그 결의에 찬성한 것으로 추정한다.

제400조(회사에 대한 책임의 감면) ① 제399조에 따른 이사의 책임은 주주 전원의 동의로 면제할 수 있다.
② 회사는 정관으로 정하는 바에 따라 제399조에 따른 이사의 책임을 이사가 그 행위를 한 날 이전 최근 1년간의 보수액(상여금과 주식매수선택권의 행사로 인한 이익 등을 포함한다)의 6배(사외이사의 경우는 3배)를 초과하는 금액에 대하여 면제할 수 있다. 다만, 이사가 고의 또는 중대한 과실로 손해를 발생시킨 경우와 제397조 제397조의2 및 제398조에 해당하는 경우에는 그러하지 아니하다.
[전문개정 2011. 4. 14.]

제401조(제삼자에 대한 책임) ① 이사가 고의 또는 중대한 과실로 그 임무를 게을리한 때에는 그 이사는 제3자에 대하여 연대하여 손해를 배상할 책임이 있다. 〈개정 2011. 4. 14.〉
②제399조제2항, 제3항의 규정은 전항의 경우에 준용한다.

제401조의2(업무집행지시자 등의 책임) ①다음 각 호의 어느 하나에 해당하는 자가 그 지시하거나 집행한 업무에 관하여 제399조, 제401조, 제403조 및 제406조의2를 적용하는 경우에는 그 자를 "이사"로 본다. 〈개정 2020. 12. 29.〉
1. 회사에 대한 자신의 영향력을 이용하여 이사에게 업무집행을 지시한 자
2. 이사의 이름으로 직접 업무를 집행한 자
3. 이사가 아니면서 명예회장 · 회장 · 사장 · 부사장 · 전무 · 상무 · 이사 기타 회사의 업무를 집행할 권한이 있는 것으로 인정될 만한 명칭을 사용하여 회사의 업무를 집행한 자

②제1항의 경우에 회사 또는 제3자에 대하여 손해를 배상할 책임이 있는 이사는 제1항에 규정된 자와 연대하여 그 책임을 진다.
[본조신설 1998. 12. 28.]

제402조(유지청구권) 이사가 법령 또는 정관에 위반한 행위를 하여 이로 인하여 회사에 회복할 수 없는 손해가 생길 염려가 있는 경우에는 감사 또는 발행

주식의 총수의 100분의 1 이상에 해당하는 주식을 가진 주주는 회사를 위하여 이사에 대하여 그 행위를 유지할 것을 청구할 수 있다. 〈개정 1984. 4. 10., 1998. 12. 28.〉

제403조(주주의 대표소송) ①발행주식의 총수의 100분의 1 이상에 해당하는 주식을 가진 주주는 회사에 대하여 이사의 책임을 추궁할 소의 제기를 청구할 수 있다. 〈개정 1998. 12. 28.〉

②제1항의 청구는 그 이유를 기재한 서면으로 하여야 한다. 〈개정 1998. 12. 28.〉

③회사가 전항의 청구를 받은 날로부터 30일내에 소를 제기하지 아니한 때에는 제1항의 주주는 즉시 회사를 위하여 소를 제기할 수 있다.

④제3항의 기간의 경과로 인하여 회사에 회복할 수 없는 손해가 생길 염려가 있는 경우에는 전항의 규정에 불구하고 제1항의 주주는 즉시 소를 제기할 수 있다. 〈개정 1998. 12. 28.〉

⑤제3항과 제4항의 소를 제기한 주주의 보유주식이 제소후 발행주식총수의 100분의 1 미만으로 감소한 경우(發行株式을 보유하지 아니하게 된 경우를 제외한다)에도 제소의 효력에는 영향이 없다. 〈신설 1998. 12. 28.〉

⑥회사가 제1항의 청구에 따라 소를 제기하거나 주주가 제3항과 제4항의 소를 제기한 경우 당사자는 법원의 허가를 얻지 아니하고는 소의 취하, 청구의 포기·인락·화해를 할 수 없다. 〈신설 1998. 12. 28., 2011. 4. 14.〉

⑦제176조제3항, 제4항과 제186조의 규정은 본조의 소에 준용한다.

제404조(대표소송과 소송참가, 소송고지) ①회사는 전조제3항과 제4항의 소송에 참가할 수 있다.

②전조제3항과 제4항의 소를 제기한 주주는 소를 제기한 후 지체없이 회사에 대하여 그 소송의 고지를 하여야 한다.

제405조(제소주주의 권리의무) ①제403조제3항과 제4항의 규정에 의하여 소를 제기한 주주가 승소한 때에는 그 주주는 회사에 대하여 소송비용 및 그 밖에 소송으로 인하여 지출한 비용중 상당한 금액의 지급을 청구할 수 있다. 이 경우 소송비용을 지급한 회사는 이사 또는 감사에 대하여 구상권이 있다. 〈개정 1962. 12. 12., 2001. 7. 24.〉

②제403조제3항과 제4항의 규정에 의하여 소를 제기한 주주가 패소한 때에는 악의인 경우 외에는 회사에 대하여 손해를 배상할 책임이 없다.

제406조(대표소송과 재심의 소) ①제403조의 소가 제기된 경우에 원고와 피고의 공모로 인하여 소송의 목적인 회사의 권리를 사해할 목적으로써 판결을 하게 한 때에는 회사 또는 주주는 확정한 종국판결에 대하여 재심의 소를 제기할 수 있다.

②전조의 규정은 전항의 소에 준용한다.

제406조의2(다중대표소송) ① 모회사 발행주식총수의 100분의 1 이상에 해당하는 주식을 가진 주주는 자회사에 대하여 자회사 이사의 책임을 추궁할 소의 제기를 청구할 수 있다.

② 제1항의 주주는 자회사가 제1항의 청구를 받은 날부터 30일 내에 소를 제기하지 아니한 때에는 즉시 자회사를 위하여 소를 제기할 수 있다.

③ 제1항 및 제2항의 소에 관하여는 제176조제3항·제4항, 제403조제2항, 같은 조 제4항부터 제6항까지 및 제404조부터 제406조까지의 규정을 준용한다.

④ 제1항의 청구를 한 후 모회사가 보유한 자회사의 주식이 자회사 발행주식총수의 100분의 50 이하로 감소한 경우(발행주식을 보유하지 아니하게 된 경우를 제외한다)에도 제1항 및 제2항에 따른 제소의 효력에는 영향이 없다.

⑤ 제1항 및 제2항의 소는 자회사의 본점소재지의 지방법원의 관할에 전속한다.

[본조신설 2020. 12. 29.]

제407조(직무집행정지, 직무대행자선임) ①이사선임

결의의 무효나 취소 또는 이사해임의 소가 제기된 경우에는 법원은 당사자의 신청에 의하여 가처분으로써 이사의 직무집행을 정지할 수 있고 또는 직무대행자를 선임할 수 있다. 급박한 사정이 있는 때에는 본안소송의 제기전에도 그 처분을 할 수 있다.

②법원은 당사자의 신청에 의하여 전항의 가처분을 변경 또는 취소할 수 있다.

③전2항의 처분이 있는 때에는 본점과 지점의 소재지에서 그 등기를 하여야 한다.

제408조(직무대행자의 권한) ①전조의 직무대행자는 가처분명령에 다른 정함이 있는 경우 외에는 회사의 상무에 속하지 아니한 행위를 하지 못한다. 그러나 법원의 허가를 얻은 경우에는 그러하지 아니하다.

②직무대행자가 전항의 규정에 위반한 행위를 한 경우에도 회사는 선의의 제삼자에 대하여 책임을 진다.

제408조의2(집행임원 설치회사, 집행임원과 회사의 관계) ① 회사는 집행임원을 둘 수 있다. 이 경우 집행임원을 둔 회사(이하 "집행임원 설치회사"라 한다)는 대표이사를 두지 못한다.

② 집행임원 설치회사와 집행임원의 관계는 「민법」 중 위임에 관한 규정을 준용한다.

③ 집행임원 설치회사의 이사회는 다음의 권한을 갖는다.

1. 집행임원과 대표집행임원의 선임ㆍ해임
2. 집행임원의 업무집행 감독
3. 집행임원과 집행임원 설치회사의 소송에서 집행임원 설치회사를 대표할 자의 선임
4. 집행임원에게 업무집행에 관한 의사결정의 위임(이 법에서 이사회 권한사항으로 정한 경우는 제외한다)
5. 집행임원이 여러 명인 경우 집행임원의 직무 분담 및 지휘ㆍ명령관계, 그 밖에 집행임원의 상호관계에 관한 사항의 결정
6. 정관에 규정이 없거나 주주총회의 승인이 없는 경우 집행임원의 보수 결정

④ 집행임원 설치회사는 이사회의 회의를 주관하기 위하여 이사회 의장을 두어야 한다. 이 경우 이사회 의장은 정관의 규정이 없으면 이사회 결의로 선임한다.

[본조신설 2011. 4. 14.]

제408조의3(집행임원의 임기) ① 집행임원의 임기는 정관에 다른 규정이 없으면 2년을 초과하지 못한다.

② 제1항의 임기는 정관에 그 임기 중의 최종 결산기에 관한 정기주주총회가 종결한 후 가장 먼저 소집하는 이사회의 종결 시까지로 정할 수 있다.

[본조신설 2011. 4. 14.]

제408조의4(집행임원의 권한) 집행임원의 권한은 다음 각 호의 사항으로 한다.

1. 집행임원 설치회사의 업무집행
2. 정관이나 이사회의 결의에 의하여 위임받은 업무집행에 관한 의사결정

[본조신설 2011. 4. 14.]

제408조의5(대표집행임원) ① 2명 이상의 집행임원이 선임된 경우에는 이사회 결의로 집행임원 설치회사를 대표할 대표집행임원을 선임하여야 한다. 다만, 집행임원이 1명인 경우에는 그 집행임원이 대표집행임원이 된다.

② 대표집행임원에 관하여는 이 법에 다른 규정이 없으면 주식회사의 대표이사에 관한 규정을 준용한다.

③ 집행임원 설치회사에 대하여는 제395조를 준용한다.

[본조신설 2011. 4. 14.]

제408조의6(집행임원의 이사회에 대한 보고) ① 집행임원은 3개월에 1회 이상 업무의 집행상황을 이사회에 보고하여야 한다.

② 집행임원은 제1항의 경우 외에도 이사회의 요구가 있으면 언제든지 이사회에 출석하여 요구한 사항을 보고하여야 한다.

③ 이사는 대표집행임원으로 하여금 다른 집행임원

또는 피용자의 업무에 관하여 이사회에 보고할 것을 요구할 수 있다.

[본조신설 2011. 4. 14.]

제408조의7(집행임원의 이사회 소집 청구) ① 집행임원은 필요하면 회의의 목적사항과 소집이유를 적은 서면을 이사(소집권자가 있는 경우에는 소집권자를 말한다. 이하 이 조에서 같다)에게 제출하여 이사회 소집을 청구할 수 있다.

② 제1항의 청구를 한 후 이사가 지체 없이 이사회 소집의 절차를 밟지 아니하면 소집을 청구한 집행임원은 법원의 허가를 받아 이사회를 소집할 수 있다. 이 경우 이사회 의장은 법원이 이해관계자의 청구에 의하여 또는 직권으로 선임할 수 있다.

[본조신설 2011. 4. 14.]

제408조의8(집행임원의 책임) ① 집행임원이 고의 또는 과실로 법령이나 정관을 위반한 행위를 하거나 그 임무를 게을리한 경우에는 그 집행임원은 집행임원 설치회사에 손해를 배상할 책임이 있다.

② 집행임원이 고의 또는 중대한 과실로 그 임무를 게을리한 경우에는 그 집행임원은 제3자에게 손해를 배상할 책임이 있다.

③ 집행임원이 집행임원 설치회사 또는 제3자에게 손해를 배상할 책임이 있는 경우에 다른 집행임원·이사 또는 감사도 그 책임이 있으면 다른 집행임원·이사 또는 감사와 연대하여 배상할 책임이 있다.

[본조신설 2011. 4. 14.]

제408조의9(준용규정) 집행임원에 대해서는 제382조의3, 제382조의4, 제396조, 제397조, 제397조의2, 제398조, 제400조, 제401조의2, 제402조부터 제406조까지, 제406조의2, 제407조, 제408조, 제412조 및 제412조의2를 준용한다. 〈개정 2020. 12. 29.〉

[본조신설 2011. 4. 14.]

제3관 감사 및 감사위원회 〈개정 1999. 12. 31.〉

제409조(선임) ①감사는 주주총회에서 선임한다.

②의결권없는 주식을 제외한 발행주식의 총수의 100분의 3(정관에서 더 낮은 주식 보유비율을 정할 수 있으며, 정관에서 더 낮은 주식 보유비율을 정한 경우에는 그 비율로 한다)을 초과하는 수의 주식을 가진 주주는 그 초과하는 주식에 관하여 제1항의 감사의 선임에 있어서는 의결권을 행사하지 못한다. 〈개정 1984. 4. 10., 2020. 12. 29.〉

③ 회사가 제368조의4제1항에 따라 전자적 방법으로 의결권을 행사할 수 있도록 한 경우에는 제368조제1항에도 불구하고 출석한 주주의 의결권의 과반수로써 제1항에 따른 감사의 선임을 결의할 수 있다. 〈개정 2020. 12. 29.〉

④ 제1항, 제296조제1항 및 제312조에도 불구하고 자본금의 총액이 10억원 미만인 회사의 경우에는 감사를 선임하지 아니할 수 있다. 〈신설 2009. 5. 28.〉

⑤ 제4항에 따라 감사를 선임하지 아니한 회사가 이사에 대하여 또는 이사가 그 회사에 대하여 소를 제기하는 경우에 회사, 이사 또는 이해관계인은 법원에 회사를 대표할 자를 선임하여 줄 것을 신청하여야 한다. 〈신설 2009. 5. 28.〉

⑥ 제4항에 따라 감사를 선임하지 아니한 경우에는 제412조, 제412조의2 및 제412조의5제1항·제2항 중 "감사"는 각각 "주주총회"로 본다. 〈신설 2009. 5. 28., 2011. 4. 14.〉

제409조의2(감사의 해임에 관한 의견진술의 권리) 감사는 주주총회에서 감사의 해임에 관하여 의견을 진술할 수 있다.

[본조신설 1995. 12. 29.]

제410조(임기) 감사의 임기는 취임후 3년내의 최종의 결산기에 관한 정기총회의 종결시까지로 한다. 〈개정 1995. 12. 29.〉

[전문개정 1984. 4. 10.]

제411조(겸임금지) 감사는 회사 및 자회사의 이사 또는 지배인 기타의 사용인의 직무를 겸하지 못한다. 〈개정 1995. 12. 29.〉

제412조(감사의 직무와 보고요구, 조사의 권한) ①감사는 이사의 직무의 집행을 감사한다.

②감사는 언제든지 이사에 대하여 영업에 관한 보고를 요구하거나 회사의 업무와 재산상태를 조사할 수 있다.

③ 감사는 회사의 비용으로 전문가의 도움을 구할 수 있다. 〈신설 2011. 4. 14.〉

[전문개정 1984. 4. 10.]

[제목개정 2011. 4. 14.]

제412조의2(이사의 보고의무) 이사는 회사에 현저하게 손해를 미칠 염려가 있는 사실을 발견한 때에는 즉시 감사에게 이를 보고하여야 한다.

[본조신설 1995. 12. 29.]

제412조의3(총회의 소집청구) ①감사는 회의의 목적사항과 소집의 이유를 기재한 서면을 이사회에 제출하여 임시총회의 소집을 청구할 수 있다.

②제366조제2항의 규정은 감사가 총회를 소집하는 경우에 이를 준용한다.

[본조신설 1995. 12. 29.]

제412조의4(감사의 이사회 소집 청구) ① 감사는 필요하면 회의의 목적사항과 소집이유를 서면에 적어 이사(소집권자가 있는 경우에는 소집권자를 말한다. 이하 이 조에서 같다)에게 제출하여 이사회 소집을 청구할 수 있다.

② 제1항의 청구를 하였는데도 이사가 지체 없이 이사회를 소집하지 아니하면 그 청구한 감사가 이사회를 소집할 수 있다.

[본조신설 2011. 4. 14.]

[종전 제412조의4는 제412조의5로 이동 〈2011. 4. 14.〉]

제412조의5(자회사의 조사권) ①모회사의 감사는 그 직무를 수행하기 위하여 필요한 때에는 자회사에 대하여 영업의 보고를 요구할 수 있다.

②모회사의 감사는 제1항의 경우에 자회사가 지체없이 보고를 하지 아니할 때 또는 그 보고의 내용을 확인할 필요가 있는 때에는 자회사의 업무와 재산상태를 조사할 수 있다.

③자회사는 정당한 이유가 없는 한 제1항의 규정에 의한 보고 또는 제2항의 규정에 의한 조사를 거부하지 못한다.

[본조신설 1995. 12. 29.]

[제412조의4에서 이동 〈2011. 4. 14.〉]

제413조(조사 · 보고의 의무) 감사는 이사가 주주총회에 제출할 의안 및 서류를 조사하여 법령 또는 정관에 위반하거나 현저하게 부당한 사항이 있는지의 여부에 관하여 주주총회에 그 의견을 진술하여야 한다.

[전문개정 1984. 4. 10.]

제413조의2(감사록의 작성) ①감사는 감사에 관하여 감사록을 작성하여야 한다.

②감사록에는 감사의 실시요령과 그 결과를 기재하고 감사를 실시한 감사가 기명날인 또는 서명하여야 한다. 〈개정 1995. 12. 29.〉

[본조신설 1984. 4. 10.]

제414조(감사의 책임) ①감사가 그 임무를 해태한 때에는 그 감사는 회사에 대하여 연대하여 손해를 배상할 책임이 있다.

②감사가 악의 또는 중대한 과실로 인하여 그 임무를 해태한 때에는 그 감사는 제삼자에 대하여 연대하여 손해를 배상할 책임이 있다.

③감사가 회사 또는 제삼자에 대하여 손해를 배상할 책임이 있는 경우에 이사도 그 책임이 있는 때에는 그 감사와 이사는 연대하여 배상할 책임이 있다.

제415조(준용규정) 제382조제2항, 제382조의4, 제385조, 제386조, 제388조, 제400조, 제401조, 제403조부터 제406조까지, 제406조의2 및 제407조는 감사에 준용한다. 〈개정 1984. 4. 10., 2001. 7. 24., 2020. 12. 29.〉

제415조의2(감사위원회) ①회사는 정관이 정한 바에 따라 감사에 갈음하여 제393조의2의 규정에 의한 위원회로서 감사위원회를 설치할 수 있다. 감사위원

회를 설치한 경우에는 감사를 둘 수 없다.

② 감사위원회는 제393조의2제3항에도 불구하고 3명 이상의 이사로 구성한다. 다만, 사외이사가 위원의 3분의 2 이상이어야 한다. 〈개정 2009. 1. 30.〉

③감사위원회의 위원의 해임에 관한 이사회의 결의는 이사 총수의 3분의 2 이상의 결의로 하여야 한다.

④감사위원회는 그 결의로 위원회를 대표할 자를 선정하여야 한다. 이 경우 수인의 위원이 공동으로 위원회를 대표할 것을 정할 수 있다.

⑤감사위원회는 회사의 비용으로 전문가의 조력을 구할 수 있다.

⑥ 감사위원회에 대하여는 제393조의2제4항 후단을 적용하지 아니 한다. 〈신설 2009. 1. 30.〉

⑦제296조 · 제312조 · 제367조 · 제387조 · 제391조의2제2항 · 제394조제1항 · 제400조 · 제402조 내지 제407조 · 제412조 내지 제414조 · 제447조의3 · 제447조의4 · 제450조 · 제527조의4 · 제530조의5제1항제9호 · 제530조의6제1항제10호 및 제534조의 규정은 감사위원회에 관하여 이를 준용한다. 이 경우 제530조의5제1항제9호 및 제530조의6제1항제10호중 "감사"는 "감사위원회 위원"으로 본다. 〈개정 2009. 1. 30.〉

[본조신설 1999. 12. 31.]

제4절 신주의 발행

제416조(발행사항의 결정) 회사가 그 성립 후에 주식을 발행하는 경우에는 다음의 사항으로서 정관에 규정이 없는 것은 이사회가 결정한다. 다만, 이 법에 다른 규정이 있거나 정관으로 주주총회에서 결정하기로 정한 경우에는 그러하지 아니하다. 〈개정 1984. 4. 10., 2011. 4. 14.〉

1. 신주의 종류와 수
2. 신주의 발행가액과 납입기일

2의2. 무액면주식의 경우에는 신주의 발행가액 중 자본금으로 계상하는 금액

3. 신주의 인수방법
4. 현물출자를 하는 자의 성명과 그 목적인 재산의 종류, 수량, 가액과 이에 대하여 부여할 주식의 종류와 수
5. 주주가 가지는 신주인수권을 양도할 수 있는 것에 관한 사항
6. 주주의 청구가 있는 때에만 신주인수권증서를 발행한다는 것과 그 청구기간

제417조(액면미달의 발행) ①회사가 성립한 날로부터 2년을 경과한 후에 주식을 발행하는 경우에는 회사는 제434조의 규정에 의한 주주총회의 결의와 법원의 인가를 얻어서 주식을 액면미달의 가액으로 발행할 수 있다. 〈개정 1962. 12. 12.〉

②전항의 주주총회의 결의에서는 주식의 최저발행가액을 정하여야 한다.

③법원은 회사의 현황과 제반사정을 참작하여 최저발행가액을 변경하여 인가할 수 있다. 이 경우에 법원은 회사의 재산상태 기타 필요한 사항을 조사하게 하기 위하여 검사인을 선임할 수 있다.

④제1항의 주식은 법원의 인가를 얻은 날로부터 1월내에 발행하여야 한다. 법원은 이 기간을 연장하여 인가할 수 있다.

제418조(신주인수권의 내용 및 배정일의 지정 · 공고) ①주주는 그가 가진 주식 수에 따라서 신주의 배정을 받을 권리가 있다. 〈개정 2001. 7. 24.〉

②회사는 제1항의 규정에 불구하고 정관에 정하는 바에 따라 주주 외의 자에게 신주를 배정할 수 있다. 다만, 이 경우에는 신기술의 도입, 재무구조의 개선 등 회사의 경영상 목적을 달성하기 위하여 필요한 경우에 한한다. 〈신설 2001. 7. 24.〉

③회사는 일정한 날을 정하여 그 날에 주주명부에 기재된 주주가 제1항의 권리를 가진다는 뜻과 신주인수권을 양도할 수 있을 경우에는 그 뜻을 그 날의 2주간전에 공고하여야 한다. 그러나 그 날이 제354조제1항의 기간 중인 때에는 그 기간의 초일의 2주간전에 이를 공고하여야 한다. 〈신설 1984. 4. 10.〉

④ 제2항에 따라 주주 외의 자에게 신주를 배정하는 경우 회사는 제416조제1호, 제2호, 제2호의2, 제3호 및 제4호에서 정하는 사항을 그 납입기일의 2주 전까지 주주에게 통지하거나 공고하여야 한다. 〈신설 2011. 4. 14.〉

제419조(신주인수권자에 대한 최고) ①회사는 신주의 인수권을 가진 자에 대하여 그 인수권을 가지는 주식의 종류 및 수와 일정한 기일까지 주식인수의 청약을 하지 아니하면 그 권리를 잃는다는 뜻을 통지하여야 한다. 이 경우 제416조제5호 및 제6호에 규정한 사항의 정함이 있는 때에는 그 내용도 통지하여야 한다.

②제1항의 통지는 제1항의 기일의 2주간전에 이를 하여야 한다. 〈개정 2014. 5. 20.〉

③제1항의 통지에도 불구하고 그 기일까지 주식인수의 청약을 하지 아니한 때에는 신주의 인수권을 가진 자는 그 권리를 잃는다. 〈개정 2014. 5. 20.〉

[전문개정 1984. 4. 10.]

제420조(주식청약서) 이사는 주식청약서를 작성하여 다음의 사항을 적어야 한다. 〈개정 1984. 4. 10., 2011. 4. 14.〉

1. 제289조제1항제2호 내지 제4호에 게기한 사항
2. 제302조제2항제7호ㆍ제9호 및 제10호에 게기한 사항
3. 제416조제1호 내지 제4호에 게기한 사항
4. 제417조에 따른 주식을 발행한 경우에는 그 발행조건과 미상각액(未償却額)
5. 주주에 대한 신주인수권의 제한에 관한 사항 또는 특정한 제삼자에게 이를 부여할 것을 정한 때에는 그 사항
6. 주식발행의 결의연월일

제420조의2(신주인수권증서의 발행) ①제416조제5호에 규정한 사항을 정한 경우에 회사는 동조제6호의 정함이 있는 때에는 그 정함에 따라, 그 정함이 없는 때에는 제419조제1항의 기일의 2주간전에 신주인수권증서를 발행하여야 한다.

②신주인수권증서에는 다음 사항과 번호를 기재하고 이사가 기명날인 또는 서명하여야 한다. 〈개정 1995. 12. 29.〉

1. 신주인수권증서라는 뜻의 표시
2. 제420조에 규정한 사항
3. 신주인수권의 목적인 주식의 종류와 수
4. 일정기일까지 주식의 청약을 하지 아니할 때에는 그 권리를 잃는다는 뜻

[본조신설 1984. 4. 10.]

제420조의3(신주인수권의 양도) ①신주인수권의 양도는 신주인수권증서의 교부에 의하여서만 이를 행한다.

②제336조제2항 및 수표법 제21조의 규정은 신주인수권증서에 관하여 이를 준용한다.

[본조신설 1984. 4. 10.]

제420조의4(신주인수권의 전자등록) 회사는 신주인수권증서를 발행하는 대신 정관으로 정하는 바에 따라 전자등록기관의 전자등록부에 신주인수권을 등록할 수 있다. 이 경우 제356조의2제2항부터 제4항까지의 규정을 준용한다.

[본조신설 2011. 4. 14.]

[종전 제420조의4는 제420조의5로 이동 〈2011. 4. 14.〉]

제420조의5(신주인수권증서에 의한 청약) ①신주인수권증서를 발행한 경우에는 신주인수권증서에 의하여 주식의 청약을 한다. 이 경우에는 제302조제1항의 규정을 준용한다.

②신주인수권증서를 상실한 자는 주식청약서에 의하여 주식의 청약을 할 수 있다. 그러나 그 청약은 신주인수권증서에 의한 청약이 있는 때에는 그 효력을 잃는다.

[본조신설 1984. 4. 10.]

[제420조의4에서 이동 〈2011. 4. 14.〉]

제421조(주식에 대한 납입) ① 이사는 신주의 인수인

으로 하여금 그 배정한 주수(株數)에 따라 납입기일에 그 인수한 주식에 대한 인수가액의 전액을 납입시켜야 한다.

② 신주의 인수인은 회사의 동의 없이 제1항의 납입채무와 주식회사에 대한 채권을 상계할 수 없다.

[전문개정 2011. 4. 14.]

제422조(현물출자의 검사) ①현물출자를 하는 자가 있는 경우에는 이사는 제416조제4호의 사항을 조사하게 하기 위하여 검사인의 선임을 법원에 청구하여야 한다. 이 경우 공인된 감정인의 감정으로 검사인의 조사에 갈음할 수 있다. 〈개정 1998. 12. 28.〉

② 다음 각 호의 어느 하나에 해당할 경우에는 제1항을 적용하지 아니한다. 〈신설 2011. 4. 14.〉

1. 제416조제4호의 현물출자의 목적인 재산의 가액이 자본금의 5분의 1을 초과하지 아니하고 대통령령으로 정한 금액을 초과하지 아니하는 경우
2. 제416조제4호의 현물출자의 목적인 재산이 거래소의 시세 있는 유가증권인 경우 제416조 본문에 따라 결정된 가격이 대통령령으로 정한 방법으로 산정된 시세를 초과하지 아니하는 경우
3. 변제기가 돌아온 회사에 대한 금전채권을 출자의 목적으로 하는 경우로서 그 가액이 회사장부에 적혀 있는 가액을 초과하지 아니하는 경우
4. 그 밖에 제1호부터 제3호까지의 규정에 준하는 경우로서 대통령령으로 정하는 경우

③법원은 검사인의 조사보고서 또는 감정인 감정결과를 심사하여 제1항의 사항을 부당하다고 인정한 때에는 이를 변경하여 이사와 현물출자를 한 자에게 통고할 수 있다. 〈개정 1998. 12. 28., 2011. 4. 14.〉

④전항의 변경에 불복하는 현물출자를 한 자는 그 주식의 인수를 취소할 수 있다. 〈개정 2011. 4. 14.〉

⑤법원의 통고가 있은 후 2주내에 주식의 인수를 취소한 현물출자를 한 자가 없는 때에는 제1항의 사항은 통고에 따라 변경된 것으로 본다. 〈개정 1998. 12. 28., 2011. 4. 14.〉

제423조(주주가 되는 시기, 납입해태의 효과) ①신주의 인수인은 납입 또는 현물출자의 이행을 한 때에는 납입기일의 다음 날로부터 주주의 권리의무가 있다. 〈개정 1984. 4. 10., 1995. 12. 29., 2020. 12. 29.〉

②신주의 인수인이 납입기일에 납입 또는 현물출자의 이행을 하지 아니한 때에는 그 권리를 잃는다.

③제2항의 규정은 신주의 인수인에 대한 손해배상의 청구에 영향을 미치지 아니한다. 〈개정 1984. 4. 10.〉

제424조(유지청구권) 회사가 법령 또는 정관에 위반하거나 현저하게 불공정한 방법에 의하여 주식을 발행함으로써 주주가 불이익을 받을 염려가 있는 경우에는 그 주주는 회사에 대하여 그 발행을 유지할 것을 청구할 수 있다.

제424조의2(불공정한 가액으로 주식을 인수한 자의 책임) ①이사와 통모하여 현저하게 불공정한 발행가액으로 주식을 인수한 자는 회사에 대하여 공정한 발행가액과의 차액에 상당한 금액을 지급할 의무가 있다.

②제403조 내지 제406조의 규정은 제1항의 지급을 청구하는 소에 관하여 이를 준용한다.

③제1항 및 제2항의 규정은 이사의 회사 또는 주주에 대한 손해배상의 책임에 영향을 미치지 아니한다.

[본조신설 1984. 4. 10.]

제425조(준용규정) ①제302조제1항, 제3항, 제303조, 제305조제2항, 제3항, 제306조, 제318조와 제319조의 규정은 신주의 발행에 준용한다.

②제305조제2항의 규정은 신주인수권증서를 발행하는 경우에 이를 준용한다. 〈신설 1984. 4. 10.〉

426조(미상각액의 등기) 제417조에 따른 주식을 발행한 경우에 주식의 발행에 따른 변경등기에는 미상각액을 등기하여야 한다.

[전문개정 2011. 4. 14.]

제427조(인수의 무효주장, 취소의 제한) 신주의 발행으로 인한 변경등기를 한 날로부터 1년을 경과한 후

에는 신주를 인수한 자는 주식청약서 또는 신주인수권증서의 요건의 흠결을 이유로 하여 그 인수의 무효를 주장하거나 사기, 강박 또는 착오를 이유로 하여 그 인수를 취소하지 못한다. 그 주식에 대하여 주주의 권리를 행사한 때에도 같다. 〈개정 1962. 12. 12., 1984. 4. 10.〉

제428조(이사의 인수담보책임) ①신주의 발행으로 인한 변경등기가 있은 후에 아직 인수하지 아니한 주식이 있거나 주식인수의 청약이 취소된 때에는 이사가 이를 공동으로 인수한 것으로 본다.

②전항의 규정은 이사에 대한 손해배상의 청구에 영향을 미치지 아니한다.

제429조(신주발행무효의 소) 신주발행의 무효는 주주 · 이사 또는 감사에 한하여 신주를 발행한 날로부터 6월내에 소만으로 이를 주장할 수 있다. 〈개정 1984. 4. 10.〉

제430조(준용규정) 제186조 내지 제189조 · 제190조 본문 · 제191조 · 제192조 및 제377조의 규정은 제429조의 소에 관하여 이를 준용한다.

[전문개정 1995. 12. 29.]

제431조(신주발행무효판결의 효력) ①신주발행무효의 판결이 확정된 때에는 신주는 장래에 대하여 그 효력을 잃는다.

②전항의 경우에는 회사는 지체없이 그 뜻과 일정한 기간내에 신주의 주권을 회사에 제출할 것을 공고하고 주주명부에 기재된 주주와 질권자에 대하여는 각별로 그 통지를 하여야 한다. 그러나 그 기간은 3월 이상으로 하여야 한다.

제432조(무효판결과 주주에의 환급) ①신주발행무효의 판결이 확정된 때에는 회사는 신주의 주주에 대하여 그 납입한 금액을 반환하여야 한다.

②전항의 금액이 전조제1항의 판결확정시의 회사의 재산상태에 비추어 현저하게 부당한 때에는 법원은 회사 또는 전항의 주주의 청구에 의하여 그 금액의 증감을 명할 수 있다.

③제339조와 제340조제1항, 제2항의 규정은 제1항의 경우에 준용한다.

제5절 정관의 변경

제433조(정관변경의 방법) ①정관의 변경은 주주총회의 결의에 의하여야 한다.

②정관의 변경에 관한 의안의 요령은 제363조에 따른 통지에 기재하여야 한다. 〈개정 2014. 5. 20.〉

제434조(정관변경의 특별결의) 제433조제1항의 결의는 출석한 주주의 의결권의 3분의 2 이상의 수와 발행주식총수의 3분의 1 이상의 수로써 하여야 한다.

[전문개정 1995. 12. 29.]

제435조(종류주주총회) ① 회사가 종류주식을 발행한 경우에 정관을 변경함으로써 어느 종류주식의 주주에게 손해를 미치게 될 때에는 주주총회의 결의 외에 그 종류주식의 주주의 총회의 결의가 있어야 한다. 〈개정 2011. 4. 14.〉

②제1항의 결의는 출석한 주주의 의결권의 3분의 2 이상의 수와 그 종류의 발행주식총수의 3분의 1 이상의 수로써 하여야 한다. 〈개정 1995. 12. 29.〉

③주주총회에 관한 규정은 의결권없는 종류의 주식에 관한 것을 제외하고 제1항의 총회에 준용한다.

제436조(준용규정) 제344조제3항에 따라 주식의 종류에 따라 특수하게 정하는 경우와 회사의 분할 또는 분할합병, 주식교환, 주식이전 및 회사의 합병으로 인하여 어느 종류의 주주에게 손해를 미치게 될 경우에는 제435조를 준용한다.

[전문개정 2011. 4. 14.]

제437조 삭제 〈1995. 12. 29.〉

제6절 자본금의 감소 〈개정 2011. 4. 14.〉

제438조(자본금 감소의 결의) ① 자본금의 감소에는 제434조에 따른 결의가 있어야 한다.

② 제1항에도 불구하고 결손의 보전(補塡)을 위한 자본금의 감소는 제368조제1항의 결의에 의한다.

③ 자본금의 감소에 관한 의안의 주요내용은 제363조에 따른 통지에 적어야 한다. 〈개정 2014. 5. 20.〉

[전문개정 2011. 4. 14.]

제439조(자본금 감소의 방법, 절차) ① 자본금 감소의 결의에서는 그 감소의 방법을 정하여야 한다.

② 자본금 감소의 경우에는 제232조를 준용한다. 다만, 결손의 보전을 위하여 자본금을 감소하는 경우에는 그러하지 아니하다.

③ 사채권자가 이의를 제기하려면 사채권자집회의 결의가 있어야 한다. 이 경우에는 법원은 이해관계인의 청구에 의하여 사채권자를 위하여 이의 제기 기간을 연장할 수 있다.

[전문개정 2011. 4. 14.]

제440조(주식병합의 절차) 주식을 병합할 경우에는 회사는 1월 이상의 기간을 정하여 그 뜻과 그 기간 내에 주권을 회사에 제출할 것을 공고하고 주주명부에 기재된 주주와 질권자에 대하여는 각별로 그 통지를 하여야 한다. 〈개정 1995. 12. 29.〉

제441조(동전) 주식의 병합은 전조의 기간이 만료한 때에 그 효력이 생긴다. 그러나 제232조의 규정에 의한 절차가 종료하지 아니한 때에는 그 종료한 때에 효력이 생긴다.

제442조(신주권의 교부) ①주식을 병합하는 경우에 구주권을 회사에 제출할 수 없는 자가 있는 때에는 회사는 그 자의 청구에 의하여 3월 이상의 기간을 정하고 이해관계인에 대하여 그 주권에 대한 이의가 있으면 그 기간 내에 제출할 뜻을 공고하고 그 기간이 경과한 후에 신주권을 청구자에게 교부할 수 있다.

②전항의 공고의 비용은 청구자의 부담으로 한다.

제443조(단주의 처리) ①병합에 적당하지 아니한 수의 주식이 있는 때에는 그 병합에 적당하지 아니한 부분에 대하여 발행한 신주를 경매하여 각 주수에 따라 그 대금을 종전의 주주에게 지급하여야 한다. 그러나 거래소의 시세있는 주식은 거래소를 통하여 매각하고, 거래소의 시세없는 주식은 법원의 허가를 받아 경매외의 방법으로 매각할 수 있다. 〈개정 1984. 4. 10.〉

②제442조의 규정은 제1항의 경우에 준용한다. 〈개정 1984. 4. 10.〉

제444조 삭제 〈2014. 5. 20.〉

제445조(감자무효의 소) 자본금 감소의 무효는 주주 · 이사 · 감사 · 청산인 · 파산관재인 또는 자본금의 감소를 승인하지 아니한 채권자만이 자본금 감소로 인한 변경등기가 된 날부터 6개월 내에 소(訴)만으로 주장할 수 있다.

[전문개정 2011. 4. 14.]

제446조(준용규정) 제186조 내지 제189조 · 제190조 본문 · 제191조 · 제192조 및 제377조의 규정은 제445조의 소에 관하여 이를 준용한다.

[전문개정 1995. 12. 29.]

제7절 회사의 회계 〈개정 2011. 4. 14.〉

제446조의2(회계의 원칙) 회사의 회계는 이 법과 대통령령으로 규정한 것을 제외하고는 일반적으로 공정하고 타당한 회계관행에 따른다.

[본조신설 2011. 4. 14.]

제447조(재무제표의 작성) ① 이사는 결산기마다 다음 각 호의 서류와 그 부속명세서를 작성하여 이사회의 승인을 받아야 한다.

1. 대차대조표
2. 손익계산서
3. 그 밖에 회사의 재무상태와 경영성과를 표시하는 것으로서 대통령령으로 정하는 서류

② 대통령령으로 정하는 회사의 이사는 연결재무제표(聯結財務諸表)를 작성하여 이사회의 승인을 받아야 한다.

[전문개정 2011. 4. 14.]

제447조의2(영업보고서의 작성) ①이사는 매결산기에 영업보고서를 작성하여 이사회의 승인을 얻어야 한다.

②영업보고서에는 대통령령이 정하는 바에 의하여 영업에 관한 중요한 사항을 기재하여야 한다.

[본조신설 1984. 4. 10.]

제447조의3(재무제표등의 제출) 이사는 정기총회회일의 6주간전에 제447조 및 제447조의2의 서류를 감사에게 제출하여야 한다.

[본조신설 1984. 4. 10.]

제447조의4(감사보고서) ① 감사는 제447조의3의 서류를 받은 날부터 4주 내에 감사보고서를 이사에게 제출하여야 한다.

② 제1항의 감사보고서에는 다음 각 호의 사항을 적어야 한다.

1. 감사방법의 개요
2. 회계장부에 기재될 사항이 기재되지 아니하거나 부실기재된 경우 또는 대차대조표나 손익계산서의 기재 내용이 회계장부와 맞지 아니하는 경우에는 그 뜻
3. 대차대조표 및 손익계산서가 법령과 정관에 따라 회사의 재무상태와 경영성과를 적정하게 표시하고 있는 경우에는 그 뜻
4. 대차대조표 또는 손익계산서가 법령이나 정관을 위반하여 회사의 재무상태와 경영성과를 적정하게 표시하지 아니하는 경우에는 그 뜻과 이유
5. 대차대조표 또는 손익계산서의 작성에 관한 회계방침의 변경이 타당한지 여부와 그 이유
6. 영업보고서가 법령과 정관에 따라 회사의 상황을 적정하게 표시하고 있는지 여부
7. 이익잉여금의 처분 또는 결손금의 처리가 법령 또는 정관에 맞는지 여부
8. 이익잉여금의 처분 또는 결손금의 처리가 회사의 재무상태나 그 밖의 사정에 비추어 현저하게 부당한 경우에는 그 뜻
9. 제447조의 부속명세서에 기재할 사항이 기재되지 아니하거나 부실기재된 경우 또는 회계장부 · 대차대조표 · 손익계산서나 영업보고서의 기재 내용과 맞지 아니하게 기재된 경우에는 그 뜻
10. 이사의 직무수행에 관하여 부정한 행위 또는 법령이나 정관의 규정을 위반하는 중대한 사실이 있는 경우에는 그 사실

③ 감사가 감사를 하기 위하여 필요한 조사를 할 수 없었던 경우에는 감사보고서에 그 뜻과 이유를 적어야 한다.

[전문개정 2011. 4. 14.]

제448조(재무제표 등의 비치 · 공시) ①이사는 정기총회회일의 1주간전부터 제447조 및 제447조의2의 서류와 감사보고서를 본점에 5년간, 그 등본을 지점에 3년간 비치하여야 한다. 〈개정 1962. 12. 12., 1984. 4. 10.〉

②주주와 회사채권자는 영업시간내에 언제든지 제1항의 비치서류를 열람할 수 있으며 회사가 정한 비용을 지급하고 그 서류의 등본이나 초본의 교부를 청구할 수 있다. 〈개정 1984. 4. 10.〉

제449조(재무제표 등의 승인 · 공고) ① 이사는 제447조의 각 서류를 정기총회에 제출하여 그 승인을 요구하여야 한다. 〈개정 2011. 4. 14.〉

②이사는 제447조의2의 서류를 정기총회에 제출하여 그 내용을 보고하여야 한다. 〈신설 1984. 4. 10.〉

③이사는 제1항의 서류에 대한 총회의 승인을 얻은 때에는 지체없이 대차대조표를 공고하여야 한다. 〈개정 1984. 4. 10.〉

제449조의2(재무제표 등의 승인에 대한 특칙) ① 제449조에도 불구하고 회사는 정관으로 정하는 바에 따라 제447조의 각 서류를 이사회의 결의로 승인할 수 있다. 다만, 이 경우에는 다음 각 호의 요건을 모두 충족하여야 한다.

1. 제447조의 각 서류가 법령 및 정관에 따라 회사의 재무상태 및 경영성과를 적정하게 표시하고 있다는 외부감사인의 의견이 있을 것
2. 감사(감사위원회 설치회사의 경우에는 감사위원을 말한다) 전원의 동의가 있을 것

② 제1항에 따라 이사회가 승인한 경우에는 이사는 제447조의 각 서류의 내용을 주주총회에 보고하여

야 한다.

[본조신설 2011. 4. 14.]

제450조(이사, 감사의 책임해제) 정기총회에서 전조 제1항의 승인을 한 후 2년내에 다른 결의가 없으면 회사는 이사와 감사의 책임을 해제한 것으로 본다. 그러나 이사 또는 감사의 부정행위에 대하여는 그러하지 아니하다.

제451조(자본금) ① 회사의 자본금은 이 법에서 달리 규정한 경우 외에는 발행주식의 액면총액으로 한다.

② 회사가 무액면주식을 발행하는 경우 회사의 자본금은 주식 발행가액의 2분의 1 이상의 금액으로서 이사회(제416조 단서에서 정한 주식발행의 경우에는 주주총회를 말한다)에서 자본금으로 계상하기로 한 금액의 총액으로 한다. 이 경우 주식의 발행가액 중 자본금으로 계상하지 아니하는 금액은 자본준비금으로 계상하여야 한다.

③ 회사의 자본금은 액면주식을 무액면주식으로 전환하거나 무액면주식을 액면주식으로 전환함으로써 변경할 수 없다.

[전문개정 2011. 4. 14.]

제452조 삭제 〈2011. 4. 14.〉

제453조 삭제 〈2011. 4. 14.〉

제453조의2 삭제 〈2011. 4. 14.〉

제454조 삭제 〈2011. 4. 14.〉

제455조 삭제 〈2011. 4. 14.〉

제456조 삭제 〈2011. 4. 14.〉

제457조 삭제 〈2011. 4. 14.〉

제457조의2 삭제 〈2011. 4. 14.〉

제458조(이익준비금) 회사는 그 자본금의 2분의 1이 될 때까지 매 결산기 이익배당액의 10분의 1 이상을 이익준비금으로 적립하여야 한다. 다만, 주식배당의 경우에는 그러하지 아니하다.

[전문개정 2011. 4. 14.]

제459조(자본준비금) ① 회사는 자본거래에서 발생한 잉여금을 대통령령으로 정하는 바에 따라 자본준비금으로 적립하여야 한다.

② 합병이나 제530조의2에 따른 분할 또는 분할합병의 경우 소멸 또는 분할되는 회사의 이익준비금이나 그 밖의 법정준비금은 합병 · 분할 · 분할합병 후 존속되거나 새로 설립되는 회사가 승계할 수 있다.

[전문개정 2011. 4. 14.]

제460조(법정준비금의 사용) 제458조 및 제459조의 준비금은 자본금의 결손 보전에 충당하는 경우 외에는 처분하지 못한다.

[전문개정 2011. 4. 14.]

제461조(준비금의 자본금 전입) ①회사는 이사회의 결의에 의하여 준비금의 전부 또는 일부를 자본금에 전입할 수 있다. 그러나 정관으로 주주총회에서 결정하기로 정한 경우에는 그러하지 아니하다. 〈개정 2011. 4. 14.〉

②제1항의 경우에는 주주에 대하여 그가 가진 주식의 수에 따라 주식을 발행하여야 한다. 이 경우 1주에 미달하는 단수에 대하여는 제443조제1항의 규정을 준용한다.

③제1항의 이사회의 결의가 있은 때에는 회사는 일정한 날을 정하여 그 날에 주주명부에 기재된 주주가 제2항의 신주의 주주가 된다는 뜻을 그 날의 2주간전에 공고하여야 한다. 그러나 그 날이 제354조제1항의 기간 중인 때에는 그 기간의 초일의 2주간전에 이를 공고하여야 한다.

④제1항 단서의 경우에 주주는 주주총회의 결의가 있은 때로부터 제2항의 신주의 주주가 된다.

⑤제3항 또는 제4항의 규정에 의하여 신주의 주주가 된 때에는 이사는 지체없이 신주를 받은 주주와 주주명부에 기재된 질권자에 대하여 그 주주가 받은 주식의 종류와 수를 통지하여야 한다. 〈개정 2014. 5. 20.〉

⑥제339조의 규정은 제2항의 규정에 의하여 주식의 발행이 있는 경우에 이를 준용한다. 〈개정2020. 12. 29.〉

[전문개정 1984. 4. 10.]
[제목개정 2011. 4. 14.]

제461조의2(준비금의 감소) 회사는 적립된 자본준비금 및 이익준비금의 총액이 자본금의 1.5배를 초과하는 경우에 주주총회의 결의에 따라 그 초과한 금액 범위에서 자본준비금과 이익준비금을 감액할 수 있다.
[본조신설 2011. 4. 14.]

제462조(이익의 배당) ① 회사는 대차대조표의 순자산액으로부터 다음의 금액을 공제한 액을 한도로 하여 이익배당을 할 수 있다.
1. 자본금의 액
2. 그 결산기까지 적립된 자본준비금과 이익준비금의 합계액
3. 그 결산기에 적립하여야 할 이익준비금의 액
4. 대통령령으로 정하는 미실현이익

② 이익배당은 주주총회의 결의로 정한다. 다만, 제449조의2제1항에 따라 재무제표를 이사회가 승인하는 경우에는 이사회의 결의로 정한다.
③ 제1항을 위반하여 이익을 배당한 경우에 회사채권자는 배당한 이익을 회사에 반환할 것을 청구할 수 있다.
④ 제3항의 청구에 관한 소에 대하여는 제186조를 준용한다.
[전문개정 2011. 4. 14.]

제462조의2(주식배당) ①회사는 주주총회의 결의에 의하여 이익의 배당을 새로이 발행하는 주식으로써 할 수 있다. 그러나 주식에 의한 배당은 이익배당총액의 2분의 1에 상당하는 금액을 초과하지 못한다.
②제1항의 배당은 주식의 권면액으로 하며, 회사가 종류주식을 발행한 때에는 각각 그와 같은 종류의 주식으로 할 수 있다. 〈개정 1995. 12. 29., 2011. 4. 14.〉
③주식으로 배당할 이익의 금액중 주식의 권면액에 미달하는 단수가 있는 때에는 그 부분에 대하여는 제443조제1항의 규정을 준용한다. 〈개정 1995. 12. 29.〉
④주식으로 배당을 받은 주주는 제1항의 결의가 있는 주주총회가 종결한 때부터 신주의 주주가 된다. 〈개정 1995. 12. 29., 2020. 12. 29.〉
⑤이사는 제1항의 결의가 있는 때에는 지체없이 배당을 받을 주주와 주주명부에 기재된 질권자에게 그 주주가 받을 주식의 종류와 수를 통지하여야 한다. 〈개정 2014. 5. 20.〉
⑥제340조제1항의 질권자의 권리는 제1항의 규정에 의한 주주가 받을 주식에 미친다. 이 경우 제340조제3항의 규정을 준용한다.
[본조신설 1984. 4. 10.]

제462조의3(중간배당) ①년 1회의 결산기를 정한 회사는 영업년도중 1회에 한하여 이사회의 결의로 일정한 날을 정하여 그 날의 주주에 대하여 이익을 배당(이하 이 條에서 "中間配當"이라 한다)할 수 있음을 정관으로 정할 수 있다. 〈개정 2011. 4. 14.〉
②중간배당은 직전 결산기의 대차대조표상의 순자산액에서 다음 각호의 금액을 공제한 액을 한도로 한다. 〈개정 2001. 7. 24., 2011. 4. 14.〉
1. 직전 결산기의 자본금의 액
2. 직전 결산기까지 적립된 자본준비금과 이익준비금의 합계액
3. 직전 결산기의 정기총회에서 이익으로 배당하거나 또는 지급하기로 정한 금액
4. 중간배당에 따라 당해 결산기에 적립하여야 할 이익준비금

③회사는 당해 결산기의 대차대조표상의 순자산액이 제462조제1항 각호의 금액의 합계액에 미치지 못할 우려가 있는 때에는 중간배당을 하여서는 아니된다. 〈개정 2001. 7. 24.〉
④당해 결산기 대차대조표상의 순자산액이 제462조제1항 각호의 금액의 합계액에 미치지 못함에도 불구하고 중간배당을 한 경우 이사는 회사에 대하여

연대하여 그 차액(配當額이 그 差額보다 적을 경우에는 配當額)을 배상할 책임이 있다. 다만, 이사가 제3항의 우려가 없다고 판단함에 있어 주의를 게을리하지 아니하였음을 증명한 때에는 그러하지 아니하다. 〈개정 2001. 7. 24.〉

⑤제340조제1항, 제344조제1항, 제354조제1항, 제458조, 제464조 및 제625조제3호의 규정의 적용에 관하여는 중간배당을 제462조제1항의 규정에 의한 이익의 배당으로 본다. 〈개정 2011. 4. 14., 2020. 12. 29.〉

⑥제399조제2항 · 제3항 및 제400조의 규정은 제4항의 이사의 책임에 관하여, 제462조제3항 및 제4항은 제3항의 규정에 위반하여 중간배당을 한 경우에 이를 준용한다. 〈개정 2011. 4. 14.〉

[본조신설 1998. 12. 28.]

제462조의4(현물배당) ① 회사는 정관으로 금전 외의 재산으로 배당을 할 수 있음을 정할 수 있다.

② 제1항에 따라 배당을 결정한 회사는 다음 사항을 정할 수 있다.

1. 주주가 배당되는 금전 외의 재산 대신 금전의 지급을 회사에 청구할 수 있도록 한 경우에는 그 금액 및 청구할 수 있는 기간
2. 일정 수 미만의 주식을 보유한 주주에게 금전 외의 재산 대신 금전을 지급하기로 한 경우에는 그 일정 수 및 금액

[본조신설 2011. 4. 14.]

제463조 삭제 〈2011. 4. 14.〉

제464조(이익배당의 기준) 이익배당은 각 주주가 가진 주식의 수에 따라 한다. 다만, 제344조제1항을 적용하는 경우에는 그러하지 아니하다.

[전문개정 2011. 4. 14.]

제464조의2(이익배당의 지급시기) ① 회사는 제464조에 따른 이익배당을 제462조제2항의 주주총회나 이사회의 결의 또는 제462조의3제1항의 결의를 한 날부터 1개월 내에 하여야 한다. 다만, 주주총회 또는 이사회에서 배당금의 지급시기를 따로 정한 경우에는 그러하지 아니하다. 〈개정 2011. 4. 14.〉

②제1항의 배당금의 지급청구권은 5년간 이를 행사하지 아니하면 소멸시효가 완성한다.

[본조신설 1984. 4. 10.]

[제목개정 2011. 4. 14.]

제465조 삭제 〈1984. 4. 10.〉

제466조(주주의 회계장부열람권) ①발행주식의 총수의 100분의 3 이상에 해당하는 주식을 가진 주주는 이유를 붙인 서면으로 회계의 장부와 서류의 열람 또는 등사를 청구할 수 있다. 〈개정 1998. 12. 28.〉

②회사는 제1항의 주주의 청구가 부당함을 증명하지 아니하면 이를 거부하지 못한다. 〈개정 1998. 12. 28.〉

제467조(회사의 업무, 재산상태의 검사) ①회사의 업무집행에 관하여 부정행위 또는 법령이나 정관에 위반한 중대한 사실이 있음을 의심할 사유가 있는 때에는 발행주식의 총수의 100분의 3 이상에 해당하는 주식을 가진 주주는 회사의 업무와 재산상태를 조사하게 하기 위하여 법원에 검사인의 선임을 청구할 수 있다. 〈개정 1998. 12. 28.〉

②검사인은 그 조사의 결과를 법원에 보고하여야 한다.

③법원은 제2항의 보고에 의하여 필요하다고 인정한 때에는 대표이사에게 주주총회의 소집을 명할 수 있다. 제310조제2항의 규정은 이 경우에 준용한다. 〈개정 1962. 12. 12., 1995. 12. 29.〉

④이사와 감사는 지체없이 제3항의 규정에 의한 검사인의 보고서의 정확여부를 조사하여 이를 주주총회에 보고하여야 한다. 〈신설 1995. 12. 29.〉

제467조의2(이익공여의 금지) ①회사는 누구에게든지 주주의 권리행사와 관련하여 재산상의 이익을 공여할 수 없다.

②회사가 특정의 주주에 대하여 무상으로 재산상의 이익을 공여한 경우에는 주주의 권리행사와 관련하

여 이를 공여한 것으로 추정한다. 회사가 특정의 주주에 대하여 유상으로 재산상의 이익을 공여한 경우에 있어서 회사가 얻은 이익이 공여한 이익에 비하여 현저하게 적은 때에도 또한 같다.

③회사가 제1항의 규정에 위반하여 재산상의 이익을 공여한 때에는 그 이익을 공여받은 자는 이를 회사에 반환하여야 한다. 이 경우 회사에 대하여 대가를 지급한 것이 있는 때에는 그 반환을 받을 수 있다.

④제403조 내지 제406조의 규정은 제3항의 이익의 반환을 청구하는 소에 대하여 이를 준용한다.

[본조신설 1984. 4. 10.]

제468조(사용인의 우선변제권) 신원보증금의 반환을 받을 채권 기타 회사와 사용인간의 고용관계로 인한 채권이 있는 자는 회사의 총재산에 대하여 우선변제를 받을 권리가 있다. 그러나 질권 · 저당권이나 「동산 · 채권 등의 담보에 관한 법률」에 따른 담보권에 우선하지 못한다. 〈개정 2010. 6. 10.〉

제8절 사채

제1관 통칙

제469조(사채의 발행) ① 회사는 이사회의 결의에 의하여 사채(社債)를 발행할 수 있다.

② 제1항의 사채에는 다음 각 호의 사채를 포함한다.

1. 이익배당에 참가할 수 있는 사채
2. 주식이나 그 밖의 다른 유가증권으로 교환 또는 상환할 수 있는 사채
3. 유가증권이나 통화 또는 그 밖에 대통령령으로 정하는 자산이나 지표 등의 변동과 연계하여 미리 정하여진 방법에 따라 상환 또는 지급금액이 결정되는 사채

③ 제2항에 따라 발행하는 사채의 내용 및 발행 방법 등 발행에 필요한 구체적인 사항은 대통령령으로 정한다.

④ 제1항에도 불구하고 정관으로 정하는 바에 따라 이사회는 대표이사에게 사채의 금액 및 종류를 정하여 1년을 초과하지 아니하는 기간 내에 사채를 발행할 것을 위임할 수 있다.

[전문개정 2011. 4. 14.]

제470조 삭제 〈2011. 4. 14.〉

제471조 삭제 〈2011. 4. 14.〉

제472조 삭제 〈2011. 4. 14.〉

제473조 삭제 〈2011. 4. 14.〉

제474조(공모발행, 사채청약서) ①사채의 모집에 응하고자 하는 자는 사채청약서 2통에 그 인수할 사채의 수와 주소를 기재하고 기명날인 또는 서명하여야 한다. 〈개정 1995. 12. 29.〉

②사채청약서는 이사가 작성하고 다음의 사항을 적어야 한다. 〈개정 1984. 4. 10., 1995. 12. 29., 2011. 4. 14.〉

1. 회사의 상호
2. 자본금과 준비금의 총액
3. 최종의 대차대조표에 의하여 회사에 현존하는 순재산액
4. 사채의 총액
5. 각 사채의 금액
6. 사채발행의 가액 또는 그 최저가액
7. 사채의 이율
8. 사채의 상환과 이자지급의 방법과 기한
9. 사채를 수회에 분납할 것을 정한 때에는 그 분납금액과 시기
10. 채권을 기명식 또는 무기명식에 한한 때에는 그 뜻

10의2. 채권을 발행하는 대신 전자등록기관의 전자등록부에 사채권자의 권리를 등록하는 때에는 그 뜻

11. 전에 모집한 사채가 있는 때에는 그 상환하지 아니한 금액
12. 삭제 〈2011. 4. 14.〉
13. 사채모집의 위탁을 받은 회사가 있는 때에는 그 상호와 주소

13의2. 사채관리회사가 있는 때에는 그 상호와 주소

13의3. 사채관리회사가 사채권자집회결의에 의하지 아니하고 제484조제4항제2호의 행위를 할 수 있도록 정한 때에는 그 뜻

14. 제13호의 위탁을 받은 회사가 그 모집액이 총액에 달하지 못한 경우에 그 잔액을 인수할 것을 약정한 때에는 그 뜻

15. 명의개서대리인을 둔 때에는 그 성명 · 주소 및 영업소

③사채발행의 최저가액을 정한 경우에는 응모자는 사채청약서에 응모가액을 기재하여야 한다.

제475조(총액인수의 방법) 전조의 규정은 계약에 의하여 사채의 총액을 인수하는 경우에는 이를 적용하지 아니한다. 사채모집의 위탁을 받은 회사가 사채의 일부를 인수하는 경우에는 그 일부에 대하여도 같다.

제476조(납입) ①사채의 모집이 완료한 때에는 이사는 지체없이 인수인에 대하여 각 사채의 전액 또는 제1회의 납입을 시켜야 한다.

②사채모집의 위탁을 받은 회사는 그 명의로 위탁회사를 위하여 제474조제2항과 전항의 행위를 할 수 있다.

제477조 삭제 〈1984. 4. 10.〉

제478조(채권의 발행) ①채권은 사채전액의 납입이 완료한 후가 아니면 이를 발행하지 못한다.

② 채권에는 다음의 사항을 적고 대표이사가 기명날인 또는 서명하여야 한다. 〈개정 2011. 4. 14.〉

1. 채권의 번호
2. 제474조제2항제1호 · 제4호 · 제5호 · 제7호 · 제8호 · 제10호 · 제13호 · 제13호의2 및 제13호의3에 규정된 사항

③ 회사는 제1항의 채권(債券)을 발행하는 대신 정관으로 정하는 바에 따라 전자등록기관의 전자등록부에 채권(債權)을 등록할 수 있다. 이 경우 제356조의2제2항부터 제4항까지의 규정을 준용한다. 〈신설 2011. 4. 14.〉

제479조(기명사채의 이전) ①기명사채의 이전은 취득자의 성명과 주소를 사채원부에 기재하고 그 성명을 채권에 기재하지 아니하면 회사 기타의 제3자에게 대항하지 못한다.

②제337조제2항의 규정은 기명사채의 이전에 대하여 이를 준용한다. 〈신설 1984. 4. 10.〉

제480조(기명식, 무기명식간의 전환) 사채권자는 언제든지 기명식의 채권을 무기명식으로, 무기명식의 채권을 기명식으로 할 것을 회사에 청구할 수 있다. 그러나 채권을 기명식 또는 무기명식에 한할 것으로 정한 때에는 그러하지 아니하다.

제480조의2(사채관리회사의 지정 · 위탁) 회사는 사채를 발행하는 경우에 사채관리회사를 정하여 변제의 수령, 채권의 보전, 그 밖에 사채의 관리를 위탁할 수 있다.

[본조신설 2011. 4. 14.]

제480조의3(사채관리회사의 자격) ① 은행, 신탁회사, 그 밖에 대통령령으로 정하는 자가 아니면 사채관리회사가 될 수 없다.

② 사채의 인수인은 그 사채의 사채관리회사가 될 수 없다.

③ 사채를 발행한 회사와 특수한 이해관계가 있는 자로서 대통령령으로 정하는 자는 사채관리회사가 될 수 없다.

[본조신설 2011. 4. 14.]

제481조(사채관리회사의 사임) 사채관리회사는 사채를 발행한 회사와 사채권자집회의 동의를 받아 사임할 수 있다. 부득이한 사유가 있어 법원의 허가를 받은 경우에도 같다.

[전문개정 2011. 4. 14.]

제482조(사채관리회사의 해임) 사채관리회사가 그 사무를 처리하기에 적임이 아니거나 그 밖에 정당한 사유가 있을 때에는 법원은 사채를 발행하는 회사 또는 사채권자집회의 청구에 의하여 사채관리회사를 해임할 수 있다.

[전문개정 2011. 4. 14.]

제483조(사채관리회사의 사무승계자) ① 사채관리회사의 사임 또는 해임으로 인하여 사채관리회사가 없게 된 경우에는 사채를 발행한 회사는 그 사무를 승계할 사채관리회사를 정하여 사채권자를 위하여 사채 관리를 위탁하여야 한다. 이 경우 회사는 지체 없이 사채권자집회를 소집하여 동의를 받아야 한다. 〈개정 2011. 4. 14.〉

②부득이한 사유가 있는 때에는 이해관계인은 사무승계자의 선임을 법원에 청구할 수 있다.

[제목개정 2011. 4. 14.]

제484조(사채관리회사의 권한) ① 사채관리회사는 사채권자를 위하여 사채에 관한 채권을 변제받거나 채권의 실현을 보전하기 위하여 필요한 재판상 또는 재판 외의 모든 행위를 할 수 있다.

② 사채관리회사는 제1항의 변제를 받으면 지체 없이 그 뜻을 공고하고, 알고 있는 사채권자에게 통지하여야 한다.

③ 제2항의 경우에 사채권자는 사채관리회사에 사채 상환액 및 이자 지급을 청구할 수 있다. 이 경우 사채권이 발행된 때에는 사채권과 상환하여 상환액 지급청구를 하고, 이권(利券)과 상환하여 이자지급 청구를 하여야 한다.

④ 사채관리회사가 다음 각 호의 어느 하나에 해당하는 행위(사채에 관한 채권을 변제받거나 채권의 실현을 보전하기 위한 행위는 제외한다)를 하는 경우에는 사채권자집회의 결의에 의하여야 한다. 다만, 사채를 발행하는 회사는 제2호의 행위를 사채관리회사가 사채권자집회결의에 의하지 아니하고 할 수 있음을 정할 수 있다.

1. 해당 사채 전부에 대한 지급의 유예, 그 채무의 불이행으로 발생한 책임의 면제 또는 화해
2. 해당 사채 전부에 관한 소송행위 또는 채무자회생 및 파산에 관한 절차에 속하는 행위

⑤ 사채관리회사가 제4항 단서에 따라 사채권자집회의 결의에 의하지 아니하고 제4항제2호의 행위를 한 때에는 지체 없이 그 뜻을 공고하고, 알고 있는 사채권자에게는 따로 통지하여야 한다.

⑥ 제2항과 제5항의 공고는 사채를 발행한 회사가 하는 공고와 같은 방법으로 하여야 한다.

⑦ 사채관리회사는 그 관리를 위탁받은 사채에 관하여 제1항 또는 제4항 각 호에서 정한 행위를 위하여 필요하면 법원의 허가를 받아 사채를 발행한 회사의 업무와 재산상태를 조사할 수 있다.

[전문개정 2011. 4. 14.]

제484조의2(사채관리회사의 의무 및 책임) ① 사채관리회사는 사채권자를 위하여 공평하고 성실하게 사채를 관리하여야 한다.

② 사채관리회사는 사채권자에 대하여 선량한 관리자의 주의로 사채를 관리하여야 한다.

③ 사채관리회사가 이 법이나 사채권자집회결의를 위반한 행위를 한 때에는 사채권자에 대하여 연대하여 이로 인하여 발생한 손해를 배상할 책임이 있다.

[본조신설 2011. 4. 14.]

제485조(둘 이상의 사채관리회사가 있는 경우의 권한과 의무) ① 사채관리회사가 둘 이상 있을 때에는 그 권한에 속하는 행위는 공동으로 하여야 한다.

② 제1항의 경우에 사채관리회사가 제484조제1항의 변제를 받은 때에는 사채관리회사는 사채권자에 대하여 연대하여 변제액을 지급할 의무가 있다.

[전문개정 2011. 4. 14.]

제486조(이권흠결의 경우) ①이권있는 무기명식의 사채를 상환하는 경우에 이권이 흠결된 때에는 그 이권에 상당한 금액을 상환액으로부터 공제한다.

②전항의 이권소지인은 언제든지 그 이권과 상환하여 공제액의 지급을 청구할 수 있다.

제487조(원리청구권의 시효) ①사채의 상환청구권은 10년간 행사하지 아니하면 소멸시효가 완성한다.

②제484조제3항의 청구권도 전항과 같다.

③사채의 이자와 전조제2항의 청구권은 5년간 행사

하지 아니하면 소멸시효가 완성한다.

제488조(사채원부) 회사는 사채원부를 작성하고 다음 각 호의 사항을 적어야 한다.

1. 사채권자(무기명식 채권이 발행되어 있는 사채의 사채권자는 제외한다)의 성명과 주소
2. 채권의 번호
3. 제474조제2항제4호, 제5호, 제7호부터 제9호까지, 제13호, 제13호의2 및 제13호의3에 규정된 사항
4. 각 사채의 납입금액과 납입연월일
5. 채권의 발행연월일 또는 채권을 발행하는 대신 전자등록기관의 전자등록부에 사채권자의 권리를 등록하는 때에는 그 뜻
6. 각 사채의 취득연월일
7. 무기명식 채권을 발행한 때에는 그 종류, 수, 번호와 발행연월일

[전문개정 2011. 4. 14.]

제489조(준용규정) ①제353조의 규정은 사채응모자 또는 사채권자에 대한 통지와 최고에 준용한다.

②제333조의 규정은 사채가 수인의 공유에 속하는 경우에 준용한다.

제2관 사채권자집회

제490조(결의사항) 사채권자집회는 이 법에서 규정하고 있는 사항 및 사채권자의 이해관계가 있는 사항에 관하여 결의를 할 수 있다.

[전문개정 2011. 4. 14.]

제491조(소집권자) ① 사채권자집회는 사채를 발행한 회사 또는 사채관리회사가 소집한다. 〈개정 2011. 4. 14.〉

② 사채의 종류별로 해당 종류의 사채 총액(상환받은 액은 제외한다)의 10분의 1 이상에 해당하는 사채를 가진 사채권자는 회의 목적인 사항과 소집 이유를 적은 서면 또는 전자문서를 사채를 발행한 회사 또는 사채관리회사에 제출하여 사채권자집회의 소집을 청구할 수 있다. 〈개정 2011. 4. 14.〉

③제366조제2항의 규정은 전항의 경우에 준용한다.

④무기명식의 채권을 가진 자는 그 채권을 공탁하지 아니하면 전2항의 권리를 행사하지 못한다.

제491조의2(소집의 통지, 공고) ① 제363조제1항 및 제2항은 사채권자집회를 소집할 경우에 이를 준용한다.

② 제1항에도 불구하고 회사가 무기명식의 채권을 발행한 경우에는 주주총회일의 3주(자본금 총액이 10억원 미만인 회사는 2주) 전에 사채권자집회를 소집하는 뜻과 회의의 목적사항을 공고하여야 한다.

[본조신설 2014. 5. 20.]

제492조(의결권) ① 각 사채권자는 그가 가지는 해당 종류의 사채 금액의 합계액(상환받은 액은 제외한다)에 따라 의결권을 가진다. 〈개정 2011. 4. 14.〉

②무기명식의 채권을 가진 자는 회일로부터 1주간전에 채권을 공탁하지 아니하면 그 의결권을 행사하지 못한다.

제493조(사채발행회사 또는 사채관리회사 대표자의 출석 등) ① 사채를 발행한 회사 또는 사채관리회사는 그 대표자를 사채권자집회에 출석하게 하거나 서면으로 의견을 제출할 수 있다. 〈개정 2011. 4. 14.〉

②사채권자집회의 소집은 전항의 회사에 통지하여야 한다.

③제363조제1항과 제2항의 규정은 전항의 통지에 준용한다.

[제목개정 2011. 4. 14.]

제494조(사채발행회사의 대표자의 출석청구) 사채권자집회 또는 그 소집자는 필요있다고 인정하는 때에는 사채를 발행한 회사에 대하여 그 대표자의 출석을 청구할 수 있다.

제495조(결의의 방법) ①제434조의 규정은 사채권자집회의 결의에 준용한다.

② 제481조부터 제483조까지 및 제494조의 동의 또는 청구는 제1항에도 불구하고 출석한 사채권자 의결권의 과반수로 결정할 수 있다. 〈개정 2011.

4. 14.〉

③ 사채권자집회에 출석하지 아니한 사채권자는 서면에 의하여 의결권을 행사할 수 있다. 〈신설 2011. 4. 14.〉

④ 서면에 의한 의결권행사는 의결권행사서면에 필요한 사항을 적어 사채권자집회 전일까지 의결권행사서면을 소집자에게 제출하여야 한다. 〈신설 2011. 4. 14.〉

⑤ 제4항에 따라 서면에 의하여 행사한 의결권의 수는 출석한 의결권자의 의결권 수에 포함한다. 〈신설 2011. 4. 14.〉

⑥ 사채권자집회에 대하여는 제368조의4를 준용한다. 〈신설 2011. 4. 14.〉

제496조(결의의 인가의 청구) 사채권자집회의 소집자는 결의한 날로부터 1주간내에 결의의 인가를 법원에 청구하여야 한다.

제497조(결의의 불인가의 사유) ①법원은 다음의 경우에는 사채권자집회의 결의를 인가하지 못한다.

1. 사채권자집회소집의 절차 또는 그 결의방법이 법령이나 사채모집의 계획서의 기재에 위반한 때
2. 결의가 부당한 방법에 의하여 성립하게 된 때
3. 결의가 현저하게 불공정한 때
4. 결의가 사채권자의 일반의 이익에 반하는 때

②전항제1호와 제2호의 경우에는 법원은 결의의 내용 기타 모든 사성을 참작하여 결의를 인가할 수 있다.

제498조(결의의 효력) ① 사채권자집회의 결의는 법원의 인가를 받음으로써 그 효력이 생긴다. 다만, 그 종류의 사채권자 전원이 동의한 결의는 법원의 인가가 필요하지 아니하다.

② 사채권자집회의 결의는 그 종류의 사채를 가진 모든 사채권자에게 그 효력이 있다.

[전문개정 2011. 4. 14.]

제499조(결의의 인가, 불인가의 공고) 사채권자집회의 결의에 대하여 인가 또는 불인가의 결정이 있은 때에는 사채를 발행한 회사는 지체없이 그 뜻을 공고하여야 한다.

제500조(사채권자집회의 대표자) ① 사채권자집회는 해당 종류의 사채 총액(상환받은 금액은 제외한다)의 500분의 1 이상을 가진 사채권자 중에서 1명 또는 여러 명의 대표자를 선임하여 그 결의할 사항의 결정을 위임할 수 있다. 〈개정 2011. 4. 14.〉

②대표자가 수인인 때에는 전항의 결정은 그 과반수로 한다.

제501조(결의의 집행) 사채권자집회의 결의는 사채관리회사가 집행하고, 사채관리회사가 없는 때에는 제500조의 대표자가 집행한다. 다만, 사채권자집회의 결의로써 따로 집행자를 정한 때에는 그러하지 아니하다.

[전문개정 2011. 4. 14.]

제502조(수인의 대표자, 집행자가 있는 경우) 제485조제1항의 규정은 대표자나 집행자가 수인인 경우에 준용한다.

제503조(사채상환에 관한 결의의 집행) 제484조, 제485조제2항과 제487조제2항의 규정은 대표자나 집행자가 사채의 상환에 관한 결의를 집행하는 경우에 준용한다.

제504조(대표자, 집행자의 해임 등) 사채권자집회는 언제든지 대표자나 집행자를 해임하거나 위임한 사항을 변경할 수 있다.

제505조 삭제 〈2011. 4. 14.〉

제506조 삭제 〈2011. 4. 14.〉

제507조(사채관리회사 등의 보수, 비용) ① 사채관리회사, 대표자 또는 집행자에게 줄 보수와 그 사무 처리에 필요한 비용은 사채를 발행한 회사와의 계약에 약정된 경우 외에는 법원의 허가를 받아 사채를 발행한 회사로 하여금 부담하게 할 수 있다.

② 사채관리회사, 대표자 또는 집행자는 사채에 관한 채권을 변제받은 금액에서 사채권자보다 우선하여 제1항의 보수와 비용을 변제받을 수 있다.

[전문개정 2011. 4. 14.]

제508조(사채권자집회의 비용) ①사채권자집회에 관한 비용은 사채를 발행한 회사가 부담한다.

②제496조의 청구에 관한 비용은 회사가 부담한다. 그러나 법원은 이해관계인의 신청에 의하여 또는 직권으로 그 전부 또는 일부에 관하여 따로 부담자를 정할 수 있다.

제509조(수종의 사채있는 경우의 사채권자집회) 수종의 사채를 발행한 경우에는 사채권자집회는 각종의 사채에 관하여 이를 소집하여야 한다.

제510조(준용규정) ①제368조제2항 · 제3항, 제369조제2항 및 제371조부터 제373조까지의 규정은 사채권자집회에 준용한다. 〈개정 2014. 5. 20.〉

② 사채권자집회의 의사록은 사채를 발행한 회사가 그 본점에 비치하여야 한다.

③ 사채관리회사와 사채권자는 영업시간 내에 언제든지 제2항의 의사록 열람을 청구할 수 있다. 〈개정 2011. 4. 14.〉

제511조(사채관리회사에 의한 취소의 소) ① 회사가 어느 사채권자에게 한 변제, 화해, 그 밖의 행위가 현저하게 불공정한 때에는 사채관리회사는 소(訴)만으로 그 행위의 취소를 청구할 수 있다. 〈개정 2011. 4. 14.〉

② 제1항의 소는 사채관리회사가 취소의 원인인 사실을 안 때부터 6개월, 행위가 있은 때부터 1년 내에 제기하여야 한다. 〈개정 2011. 4. 14.〉

③제186조와 민법 제406조제1항 단서 및 제407조의 규정은 제1항의 소에 준용한다.

[제목개정 2011. 4. 14.]

제512조(대표자등에 의한 취소의 소) 사채권자집회의 결의가 있는 때에는 대표자 또는 집행자도 전조제1항의 소를 제기할 수 있다. 그러나 행위가 있은 때로부터 1년내에 한한다.

제3관 전환사채

제513조(전환사채의 발행) ①회사는 전환사채를 발행할 수 있다.

②제1항의 경우에 다음의 사항으로서 정관에 규정이 없는 것은 이사회가 이를 결정한다. 그러나 정관으로 주주총회에서 이를 결정하기로 정한 경우에는 그러하지 아니하다.

1. 전환사채의 총액
2. 전환의 조건
3. 전환으로 인하여 발행할 주식의 내용
4. 전환을 청구할 수 있는 기간
5. 주주에게 전환사채의 인수권을 준다는 뜻과 인수권의 목적인 전환사채의 액
6. 주주외의 자에게 전환사채를 발행하는 것과 이에 대하여 발행할 전환사채의 액

③주주외의 자에 대하여 전환사채를 발행하는 경우에 그 발행할 수 있는 전환사채의 액, 전환의 조건, 전환으로 인하여 발행할 주식의 내용과 전환을 청구할 수 있는 기간에 관하여 정관에 규정이 없으면 제434조의 결의로써 이를 정하여야 한다. 이 경우 제418조제2항 단서의 규정을 준용한다. 〈개정 2001. 7. 24.〉

④제3항의 결의에 있어서 전환사채의 발행에 관한 의안의 요령은 제363조의 규정에 의한 통지에 기재하여야 한다. 〈개정 2014. 5. 20.〉

[전문개정 1984. 4. 10.]

제513조의2(전환사채의 인수권을 가진 주주의 권리) ① 전환사채의 인수권을 가진 주주는 그가 가진 주식의 수에 따라서 전환사채의 배정을 받을 권리가 있다. 그러나 각 전환사채의 금액중 최저액에 미달하는 단수에 대하여는 그러하지 아니하다.

②제418조제3항은 주주가 전환사채의 인수권을 가진 경우에 이를 준용한다. 〈개정 2011. 4. 14.〉

[본조신설 1984. 4. 10.]

제513조의3(전환사채의 인수권을 가진 주주에 대한 최고) ①주주가 전환사채의 인수권을 가진 경우에는 각 주주에 대하여 그 인수권을 가지는 전환사채의 액,

발행가액, 전환의 조건, 전환으로 인하여 발행할 주식의 내용, 전환을 청구할 수 있는 기간과 일정한 기일까지 전환사채의 청약을 하지 아니하면 그 권리를 잃는다는 뜻을 통지하여야 한다.

②제419조제2항 및 제3항의 규정은 제1항의 경우에 이를 준용한다. 〈개정 2014. 5. 20.〉

[본조신설 1984. 4. 10.]

제514조(전환사채발행의 절차) ①전환사채에 관하여는 사채청약서, 채권과 사채원부에 다음의 사항을 기재하여야 한다. 〈개정 1995. 12. 29.〉

1. 사채를 주식으로 전환할 수 있다는 뜻
2. 전환의 조건
3. 전환으로 인하여 발행할 주식의 내용
4. 전환을 청구할 수 있는 기간
5. 주식의 양도에 관하여 이사회의 승인을 얻도록 정한 때에는 그 규정

② 삭제 〈1984. 4. 10.〉

제514조의2(전환사채의 등기) ①회사가 전환사채를 발행한 때에는 제476조의 규정에 의한 납입이 완료된 날로부터 2주간내에 본점의 소재지에서 전환사채의 등기를 하여야 한다. 〈개정 1995. 12. 29.〉

②제1항의 규정에 의하여 등기할 사항은 다음 각호와 같다.

1. 전환사채의 총액
2. 각 전환사채의 금액
3. 각 전환사채의 납입금액
4. 제514조제1호 내지 제4호에 정한 사항

③제183조의 규정은 제2항의 등기에 대하여 이를 준용한다.

④외국에서 전환사채를 모집한 경우에 등기할 사항이 외국에서 생긴 때에는 등기기간은 그 통지가 도달한 날로부터 기산한다.

[본조신설 1984. 4. 10.]

제515조(전환의 청구) ①전환을 청구하는 자는 청구서 2통에 채권을 첨부하여 회사에 제출하여야 한다. 다만, 제478조제3항에 따라 채권(債券)을 발행하는 대신 전자등록기관의 전자등록부에 채권(債權)을 등록한 경우에는 그 채권을 증명할 수 있는 자료를 첨부하여 회사에 제출하여야 한다. 〈개정 2011. 4. 14.〉

②제1항의 청구서에는 전환하고자 하는 사채와 청구의 연월일을 기재하고 기명날인 또는 서명하여야 한다. 〈개정 1995. 12. 29.〉

제516조(준용규정) ①제346조제4항, 제424조 및 제424조의2의 규정은 전환사채의 발행의 경우에 이를 준용한다. 〈개정 2011. 4. 14.〉

②제339조, 제348조, 제350조 및 제351조의 규정은 사채의 전환의 경우에 이를 준용한다. 〈개정 1995. 12. 29.〉

[전문개정 1984. 4. 10.]

제4관 신주인수권부사채

제516조의2(신주인수권부사채의 발행) ①회사는 신주인수권부사채를 발행할 수 있다.

②제1항의 경우에 다음의 사항으로서 정관에 규정이 없는 것은 이사회가 이를 결정한다. 그러나 정관으로 주주총회에서 이를 결정하도록 정한 경우에는 그러하지 아니하다. 〈개정 2011. 4. 14.〉

1. 신주인수권부사채의 총액
2. 각 신주인수권부사채에 부여된 신주인수권의 내용
3. 신주인수권을 행사할 수 있는 기간
4. 신주인수권만을 양도할 수 있는 것에 관한 사항
5. 신주인수권을 행사하려는 자의 청구가 있는 때에는 신주인수권부사채의 상환에 갈음하여 그 발행가액으로 제516조의9제1항의 납입이 있는 것으로 본다는 뜻
6. 삭제 〈1995. 12. 29.〉
7. 주주에게 신주인수권부사채의 인수권을 준다는 뜻과 인수권의 목적인 신주인수권부사채의 액
8. 주주외의 자에게 신주인수권부사채를 발행하는 것과 이에 대하여 발행할 신주인수권부사채의 액

③각 신주인수권부사채에 부여된 신주인수권의 행사로 인하여 발행할 주식의 발행가액의 합계액은 각 신주인수권부사채의 금액을 초과할 수 없다.

④주주외의 자에 대하여 신주인수권부사채를 발행하는 경우에 그 발행할 수 있는 신주인수권부사채의 액, 신주인수권의 내용과 신주인수권을 행사할 수 있는 기간에 관하여 정관에 규정이 없으면 제434조의 결의로써 이를 정하여야 한다. 이 경우 제418조제2항 단서의 규정을 준용한다. 〈개정 2001. 7. 24.〉

⑤제513조제4항의 규정은 제4항의 경우에 이를 준용한다.

[본조신설 1984. 4. 10.]

제516조의3(신주인수권부사채의 인수권을 가진 주주에 대한 최고) ①주주가 신주인수권부사채의 인수권을 가진 경우에는 각 주주에 대하여 인수권을 가지는 신주인수권부사채의 액, 발행가액, 신주인수권의 내용, 신주인수권을 행사할 수 있는 기간과 일정한 기일까지 신주인수권부사채의 청약을 하지 아니하면 그 권리를 잃는다는 뜻을 통지하여야 한다. 이 경우 제516조의2제2항제4호 또는 제5호에 규정한 사항의 정함이 있는 때에는 그 내용도 통지하여야 한다.

②제419조제2항 및 제3항의 규정은 제1항의 경우에 이를 준용한다. 〈개정 2014. 5. 20.〉

[본조신설 1984. 4. 10.]

제516조의4(사채청약서 · 채권 · 사채원부의 기재사항) 신주인수권부사채에 있어서는 사채청약서 · 채권 및 사채원부에 다음의 사항을 기재하여야 한다. 그러나 제516조의5제1항의 신주인수권증권을 발행할 때에는 채권에는 이를 기재하지 아니한다. 〈개정 1995. 12. 29., 2011. 4. 14.〉

1. 신주인수권부사채라는 뜻
2. 제516조의2제2항제2호 내지 제5호에 정한 사항
3. 제516조의9에 따라 납입을 맡을 은행이나 그 밖의 금융기관 및 납입장소
4. 주식의 양도에 관하여 이사회의 승인을 얻도록 정한 때에는 그 규정

[본조신설 1984. 4. 10.]

제516조의5(신주인수권증권의 발행) ①제516조의2제2항제4호에 규정한 사항을 정한 경우에는 회사는 채권과 함께 신주인수권증권을 발행하여야 한다.

②신주인수권증권에는 다음의 사항과 번호를 기재하고 이사가 기명날인 또는 서명하여야 한다. 〈개정 1995. 12. 29.〉

1. 신주인수권증권이라는 뜻의 표시
2. 회사의 상호
3. 제516조의2제2항제2호 · 제3호 및 제5호에 정한 사항
4. 제516조의4제3호에 정한 사항
5. 주식의 양도에 관하여 이사회의 승인을 얻도록 정한 때에는 그 규정

[본조신설 1984. 4. 10.]

제516조의6(신주인수권의 양도) ①신주인수권증권이 발행된 경우에 신주인수권의 양도는 신주인수권증권의 교부에 의하여서만 이를 행한다.

②제336조제2항, 제360조 및 수표법 제21조의 규정은 신주인수권증권에 관하여 이를 준용한다.

[본조신설 1984. 4. 10.]

제516조의7(신주인수권의 전자등록) 회사는 신주인수권증권을 발행하는 대신 정관으로 정하는 바에 따라 전자등록기관의 전자등록부에 신주인수권을 등록할 수 있다. 이 경우 제356조의2제2항부터 제4항까지의 규정을 준용한다.

[본조신설 2011. 4. 14.]

[종전 제516조의7은 제516조의8로 이동 〈2011. 4. 14.〉]

제516조의8(신주인수권부사채의 등기) ①회사가 신주인수권부사채를 발행한 때에는 다음의 사항을 등기하여야 한다.

1. 신주인수권부사채라는 뜻

2. 신주인수권의 행사로 인하여 발행할 주식의 발행가액의 총액
3. 각 신주인수권부사채의 금액
4. 각 신주인수권부사채의 납입금액
5. 제516조의2제2항제1호 내지 제3호에 정한 사항

②제514조의2제1항 · 제3항 및 제4항의 규정은 제1항의 등기에 관하여 이를 준용한다.

[본조신설 1984. 4. 10.]

[제516조의7에서 이동, 종전 제516조의8은 제516조의9로 이동 〈2011. 4. 14.〉]

제516조의9(신주인수권의 행사) ①신주인수권을 행사하려는 자는 청구서 2통을 회사에 제출하고, 신주의 발행가액의 전액을 납입하여야 한다.

②제1항의 규정에 의하여 청구서를 제출하는 경우에 신주인수권증권이 발행된 때에는 신주인수권증권을 첨부하고, 이를 발행하지 아니한 때에는 채권을 제시하여야 한다. 다만, 제478조제3항 또는 제516조의7에 따라 채권(債券)이나 신주인수권증권을 발행하는 대신 전자등록기관의 전자등록부에 채권(債權)이나 신주인수권을 등록한 경우에는 그 채권이나 신주인수권을 증명할 수 있는 자료를 첨부하여 회사에 제출하여야 한다. 〈개정 2011. 4. 14.〉

③제1항의 납입은 채권 또는 신주인수권증권에 기재한 은행 기타 금융기관의 납입장소에서 하여야 한다.

④제302조제1항의 규정은 제1항의 청구서에, 제306조 및 제318조의 규정은 제3항의 납입을 맡은 은행 기타 금융기관에 이를 준용한다.

[본조신설 1984. 4. 10.]

[제516조의8에서 이동, 종전 제516조의9는 제516조의10으로 이동 〈2011. 4. 14.〉]

제516조의10(주주가 되는 시기) 제516조의9제1항에 따라 신주인수권을 행사한 자는 동항의 납입을 한 때에 주주가 된다. 이 경우 제350조제2항을 준용한다. 〈개정 1995. 12. 29., 2011. 4. 14., 2020. 12. 29.〉

[본조신설 1984. 4. 10.]

[제516조의9에서 이동, 종전 제516조의10은 제516조의11로 이동 〈2011. 4. 14.〉]

제516조의11(준용규정) 제351조의 규정은 신주인수권의 행사가 있는 경우에, 제513조의2 및 제516조제1항의 규정은 신주인수권부사채에 관하여 이를 준용한다. 〈개정 1995. 12. 29.〉

[본조신설 1984. 4. 10.]

[제516조의10에서 이동 〈2011. 4. 14.〉]

제9절 해산

제517조(해산사유) 주식회사는 다음의 사유로 인하여 해산한다. 〈개정 1998. 12. 28.〉

1. 제227조제1호, 제4호 내지 제6호에 정한 사유

1의2. 제530조의2의 규정에 의한 회사의 분할 또는 분할합병

2. 주주총회의 결의

제518조(해산의 결의) 해산의 결의는 제434조의 규정에 의하여야 한다.

제519조(회사의 계속) 회사가 존립기간의 만료 기타 정관에 정한 사유의 발생 또는 주주총회의 결의에 의하여 해산한 경우에는 제434조의 규정에 의한 결의로 회사를 계속할 수 있다.

제520조(해산판결) ①다음의 경우에 부득이한 사유가 있는 때에는 발행주식의 총수의 100분의 10 이상에 해당하는 주식을 가진 주주는 회사의 해산을 법원에 청구할 수 있다.

1. 회사의 업무가 현저한 정돈상태를 계속하여 회복할 수 없는 손해가 생긴 때 또는 생길 염려가 있는 때
2. 회사재산의 관리 또는 처분의 현저한 실당으로 인하여 회사의 존립을 위태롭게 한 때

②제186조와 제191조의 규정은 전항의 청구에 준용한다.

제520조의2(휴면회사의 해산) ①법원행정처장이 최후의 등기후 5년을 경과한 회사는 본점의 소재지를

관할하는 법원에 아직 영업을 폐지하지 아니하였다는 뜻의 신고를 할 것을 관보로써 공고한 경우에, 그 공고한 날에 이미 최후의 등기후 5년을 경과한 회사로써 공고한 날로부터 2월 이내에 대통령령이 정하는 바에 의하여 신고를 하지 아니한 때에는 그 회사는 그 신고기간이 만료된 때에 해산한 것으로 본다. 그러나 그 기간내에 등기를 한 회사에 대하여는 그러하지 아니하다.

②제1항의 공고가 있는 때에는 법원은 해당 회사에 대하여 그 공고가 있었다는 뜻의 통지를 발송하여야 한다.

③제1항의 규정에 의하여 해산한 것으로 본 회사는 그 후 3년 이내에는 제434조의 결의에 의하여 회사를 계속할 수 있다.

④제1항의 규정에 의하여 해산한 것으로 본 회사가 제3항의 규정에 의하여 회사를 계속하지 아니한 경우에는 그 회사는 그 3년이 경과한 때에 청산이 종결된 것으로 본다.

[본조신설 1984. 4. 10.]

제521조(해산의 통지, 공고) 회사가 해산한 때에는 파산의 경우 외에는 이사는 지체없이 주주에 대하여 그 통지를 하여야 한다. 〈개정 2014. 5. 20.〉

제521조의2(준용규정) 제228조와 제229조제3항의 규정은 주식회사의 해산에 관하여 이를 준용한다.

[본조신설 1998. 12. 28.]

제10절 합병

제522조(합병계약서와 그 승인결의) ①회사가 합병을 함에는 합병계약서를 작성하여 주주총회의 승인을 얻어야 한다. 〈개정 1995. 12. 29., 1998 · 12 · 28〉

②합병계약의 요령은 제363조에 정한 통지에 기재하여야 한다. 〈개정 2014. 5. 20.〉

③제1항의 승인결의는 제434조의 규정에 의하여야 한다. 〈개정 1998. 12. 28.〉

제522조의2(합병계약서 등의 공시) ①이사는 제522조제1항의 주주총회 회일의 2주 전부터 합병을 한 날 이후 6개월이 경과하는 날까지 다음 각 호의 서류를 본점에 비치하여야 한다. 〈개정 1998. 12. 28., 2015. 12. 1.〉

1. 합병계약서
2. 합병을 위하여 신주를 발행하거나 자기주식을 이전하는 경우에는 합병으로 인하여 소멸하는 회사의 주주에 대한 신주의 배정 또는 자기주식의 이전에 관하여 그 이유를 기재한 서면
3. 각 회사의 최종의 대차대조표와 손익계산서

②주주 및 회사채권자는 영업시간내에는 언제든지 제1항 각호의 서류의 열람을 청구하거나, 회사가 정한 비용을 지급하고 그 등본 또는 초본의 교부를 청구할 수 있다. 〈개정 1998. 12. 28.〉

[본조신설 1984. 4. 10.]

[제목개정 2015. 12. 1.]

제522조의3(합병반대주주의 주식매수청구권) ① 제522조제1항에 따른 결의사항에 관하여 이사회의 결의가 있는 때에 그 결의에 반대하는 주주(의결권이 없거나 제한되는 주주를 포함한다. 이하 이 조에서 같다)는 주주총회 전에 회사에 대하여 서면으로 그 결의에 반대하는 의사를 통지한 경우에는 그 총회의 결의일부터 20일 이내에 주식의 종류와 수를 기재한 서면으로 회사에 대하여 자기가 소유하고 있는 주식의 매수를 청구할 수 있다. 〈개정 2015. 12. 1.〉

②제527조의2제2항의 공고 또는 통지를 한 날부터 2주내에 회사에 대하여 서면으로 합병에 반대하는 의사를 통지한 주주는 그 기간이 경과한 날부터 20일 이내에 주식의 종류와 수를 기재한 서면으로 회사에 대하여 자기가 소유하고 있는 주식의 매수를 청구할 수 있다. 〈신설 1998. 12. 28.〉

[본조신설 1995. 12. 29.]

[제목개정 2015. 12. 1.]

제523조(흡수합병의 합병계약서) 합병할 회사의 일방이 합병 후 존속하는 경우에는 합병계약서에 다음의 사항을 적어야 한다. 〈개정 1998. 12. 28., 2001. 7.

24., 2011. 4. 14., 2015. 12. 1.〉

1. 존속하는 회사가 합병으로 인하여 그 발행할 주식의 총수를 증가하는 때에는 그 증가할 주식의 총수, 종류와 수
2. 존속하는 회사의 자본금 또는 준비금이 증가하는 경우에는 증가할 자본금 또는 준비금에 관한 사항
3. 존속하는 회사가 합병을 하면서 신주를 발행하거나 자기주식을 이전하는 경우에는 발행하는 신주 또는 이전하는 자기주식의 총수, 종류와 수 및 합병으로 인하여 소멸하는 회사의 주주에 대한 신주의 배정 또는 자기주식의 이전에 관한 사항
4. 존속하는 회사가 합병으로 소멸하는 회사의 주주에게 제3호에도 불구하고 그 대가의 전부 또는 일부로서 금전이나 그 밖의 재산을 제공하는 경우에는 그 내용 및 배정에 관한 사항
5. 각 회사에서 합병의 승인결의를 할 사원 또는 주주의 총회의 기일
6. 합병을 할 날
7. 존속하는 회사가 합병으로 인하여 정관을 변경하기로 정한 때에는 그 규정
8. 각 회사가 합병으로 이익배당을 할 때에는 그 한도액
9. 합병으로 인하여 존속하는 회사에 취임할 이사와 감사 또는 감사위원회의 위원을 정한 때에는 그 성명 및 주민등록번호

[제목개정 2015. 12. 1.]

제523조의2(합병대가가 모회사주식인 경우의 특칙) ① 제342조의2에도 불구하고 제523조제4호에 따라 소멸하는 회사의 주주에게 제공하는 재산이 존속하는 회사의 모회사주식을 포함하는 경우에는 존속하는 회사는 그 지급을 위하여 모회사주식을 취득할 수 있다. 〈개정 2015. 12. 1.〉

② 존속하는 회사는 제1항에 따라 취득한 모회사의 주식을 합병 후에도 계속 보유하고 있는 경우 합병의 효력이 발생하는 날부터 6개월 이내에 그 주식을 처분하여야 한다. 〈신설 2015. 12. 1.〉

[본조신설 2011. 4. 14.]

제524조(신설합병의 합병계약서) 합병으로 회사를 설립하는 경우에는 합병계약서에 다음의 사항을 적어야 한다. 〈개정 2001. 7. 24., 2011. 4. 14., 2015. 12. 1.〉

1. 설립되는 회사에 대하여 제289조제1항제1호부터 제4호까지에 규정된 사항과 종류주식을 발행할 때에는 그 종류, 수와 본점소재지
2. 설립되는 회사가 합병당시에 발행하는 주식의 총수와 종류, 수 및 각 회사의 주주에 대한 주식의 배정에 관한 사항
3. 설립되는 회사의 자본금과 준비금의 총액
4. 각 회사의 주주에게 제2호에도 불구하고 금전이나 그 밖의 재산을 제공하는 경우에는 그 내용 및 배정에 관한 사항
5. 제523조제5호 및 제6호에 규정된 사항
6. 합병으로 인하여 설립되는 회사의 이사와 감사 또는 감사위원회의 위원을 정한 때에는 그 성명 및 주민등록번호

[제목개정 2015. 12. 1.]

제525조(합명회사, 합자회사의 합병계약서) ①합병후 존속하는 회사 또는 합병으로 인하여 설립되는 회사가 주식회사인 경우에 합병할 회사의 일방 또는 쌍방이 합명회사 또는 합자회사인 때에는 총사원의 동의를 얻어 합병계약서를 작성하여야 한다.

②전2조의 규정은 전항의 합병계약서에 준용한다.

제526조(흡수합병의 보고총회) ①합병을 하는 회사의 일방이 합병후 존속하는 경우에는 그 이사는 제527조의5의 절차의 종료후, 합병으로 인한 주식의 병합이 있을 때에는 그 효력이 생긴 후, 병합에 적당하지 아니한 주식이 있을 때에는 합병후, 존속하는 회사에 있어서는 제443조의 처분을 한 후, 소규모합병의 경우에는 제527조의3제3항 및 제4항의 절차를 종료한 후 지체없이 주주총회를 소집하고 합병에 관한

사항을 보고하여야 한다. 〈개정 1998. 12. 28.〉
②합병당시에 발행하는 신주의 인수인은 제1항의 주주총회에서 주주와 동일한 권리가 있다. 〈개정 1998. 12. 28.〉
③제1항의 경우에 이사회는 공고로써 주주총회에 대한 보고에 갈음할 수 있다. 〈신설 1995. 12. 29.〉

제527조(신설합병의 창립총회) ①합병으로 인하여 회사를 설립하는 경우에는 설립위원은 제527조의5의 절차의 종료후, 합병으로 인한 주식의 병합이 있을 때에는 그 효력이 생긴 후, 병합에 적당하지 아니한 주식이 있을 때에는 제443조의 처분을 한 후 지체없이 창립총회를 소집하여야 한다. 〈개정 1998. 12. 28.〉
②창립총회에서는 정관변경의 결의를 할 수 있다. 그러나 합병계약의 취지에 위반하는 결의는 하지 못한다.
③제308조제2항, 제309조, 제311조, 제312조와 제316조제2항의 규정은 제1항의 창립총회에 준용한다.
④제1항의 경우에 이사회는 공고로써 주주총회에 대한 보고에 갈음할 수 있다. 〈신설 1998. 12. 28.〉

제527조의2(간이합병) ①합병할 회사의 일방이 합병후 존속하는 경우에 합병으로 인하여 소멸하는 회사의 총주주의 동의가 있거나 그 회사의 발행주식총수의 100분의 90이상을 합병후 존속하는 회사가 소유하고 있는 때에는 합병으로 인하여 소멸하는 회사의 주주총회의 승인은 이를 이사회의 승인으로 갈음할 수 있다.
②제1항의 경우에 합병으로 인하여 소멸하는 회사는 합병계약서를 작성한 날부터 2주내에 주주총회의 승인을 얻지 아니하고 합병을 한다는 뜻을 공고하거나 주주에게 통지하여야 한다. 다만, 총주주의 동의가 있는 때에는 그러하지 아니하다.
[본조신설 1998. 12. 28.]

제527조의3(소규모합병) ① 합병 후 존속하는 회사가 합병으로 인하여 발행하는 신주 및 이전하는 자기주식의 총수가 그 회사의 발행주식총수의 100분의 10을 초과하지 아니하는 경우에는 그 존속하는 회사의 주주총회의 승인은 이를 이사회의 승인으로 갈음할 수 있다. 다만, 합병으로 인하여 소멸하는 회사의 주주에게 제공할 금전이나 그 밖의 재산을 정한 경우에 그 금액 및 그 밖의 재산의 가액이 존속하는 회사의 최종 대차대조표상으로 현존하는 순자산액의 100분의 5를 초과하는 경우에는 그러하지 아니하다. 〈개정 2015. 12. 1.〉
②제1항의 경우에 존속하는 회사의 합병계약서에는 주주총회의 승인을 얻지 아니하고 합병을 한다는 뜻을 기재하여야 한다.
③제1항의 경우에 존속하는 회사는 합병계약서를 작성한 날부터 2주내에 소멸하는 회사의 상호 및 본점의 소재지, 합병을 할 날, 주주총회의 승인을 얻지 아니하고 합병을 한다는 뜻을 공고하거나 주주에게 통지하여야 한다.
④합병후 존속하는 회사의 발행주식총수의 100분의 20 이상에 해당하는 주식을 소유한 주주가 제3항의 규정에 의한 공고 또는 통지를 한 날부터 2주내에 회사에 대하여 서면으로 제1항의 합병에 반대하는 의사를 통지한 때에는 제1항 본문의 규정에 의한 합병을 할 수 없다.
⑤제1항 본문의 경우에는 제522조의3의 규정은 이를 적용하지 아니한다.
[본조신설 1998. 12. 28.]
[제목개정 2015. 12. 1.]

제527조의4(이사 · 감사의 임기) ①합병을 하는 회사의 일방이 합병후 존속하는 경우에 존속하는 회사의 이사 및 감사로서 합병전에 취임한 자는 합병계약서에 다른 정함이 있는 경우를 제외하고는 합병후 최초로 도래하는 결산기의 정기총회가 종료하는 때에 퇴임한다.
② 삭제 〈2001. 7. 24.〉
[본조신설 1998. 12. 28.]

제527조의5(채권자보호절차) ①회사는 제522조의 주주총회의 승인결의가 있은 날부터 2주내에 채권자에 대하여 합병에 이의가 있으면 1월이상의 기간내에 이를 제출할 것을 공고하고 알고 있는 채권자에 대하여는 따로따로 이를 최고하여야 한다.

②제1항의 규정을 적용함에 있어서 제527조의2 및 제527조의3의 경우에는 이사회의 승인결의를 주주총회의 승인결의로 본다.

③제232조제2항 및 제3항의 규정은 제1항 및 제2항의 경우에 이를 준용한다.

[본조신설 1998. 12. 28.]

제527조의6(합병에 관한 서류의 사후공시) ①이사는 제527조의5에 규정한 절차의 경과, 합병을 한 날, 합병으로 인하여 소멸하는 회사로부터 승계한 재산의 가액과 채무액 기타 합병에 관한 사항을 기재한 서면을 합병을 한 날부터 6월간 본점에 비치하여야 한다.

②제522조의2제2항의 규정은 제1항의 서면에 관하여 이를 준용한다.

[본조신설 1998. 12. 28.]

제528조(합병의 등기) ①회사가 합병을 한 때에는 제526조의 주주총회가 종결한 날 또는 보고에 갈음하는 공고일, 제527조의 창립총회가 종결한 날 또는 보고에 갈음하는 공고일부터 본점소재지에서는 2주내, 지점소재지에서는 3주내에 합병후 존속하는 회사에 있어서는 변경의 등기, 합병으로 인하여 소멸하는 회사에 있어서는 해산의 등기, 합병으로 인하여 설립된 회사에 있어서는 제317조에 정하는 등기를 하여야 한다. 〈개정 1998. 12. 28.〉

②합병후 존속하는 회사 또는 합병으로 인하여 설립된 회사가 합병으로 인하여 전환사채 또는 신주인수권부사채를 승계한 때에는 제1항의 등기와 동시에 사채의 등기를 하여야 한다. 〈개정 1984. 4. 10.〉

제529조(합병무효의 소) ①합병무효는 각 회사의 주주 · 이사 · 감사 · 청산인 · 파산관재인 또는 합병을 승인하지 아니한 채권자에 한하여 소만으로 이를 주장할 수 있다. 〈개정 1984. 4. 10.〉

②제1항의 소는 제528조의 등기가 있은 날로부터 6월내에 제기하여야 한다. 〈개정 1984. 4. 10.〉

제530조(준용규정) ① 삭제 〈1998. 12. 28.〉

②제234조, 제235조, 제237조 내지 제240조, 제329조의2, 제374조제2항, 제374조의2제2항 내지 제5항 및 제439조제3항의 규정은 주식회사의 합병에 관하여 이를 준용한다. 〈개정 1995. 12. 29., 1998. 12. 28., 2001. 7. 24.〉

③제440조부터 제443조까지의 규정은 회사의 합병으로 인한 주식병합 또는 주식분할의 경우에 준용한다. 〈개정 1998. 12. 28., 2014. 5. 20.〉

④제339조와 제340조제3항의 규정은 주식을 병합하지 아니하는 경우에 합병으로 인하여 소멸하는 회사의 주식을 목적으로 하는 질권에 준용한다.

제11절 회사의 분할

제530조의2(회사의 분할 · 분할합병) ①회사는 분할에 의하여 1개 또는 수개의 회사를 설립할 수 있다.

②회사는 분할에 의하여 1개 또는 수개의 존립 중의 회사와 합병(이하 "分割合併"이라 한다)할 수 있다.

③회사는 분할에 의하여 1개 또는 수개의 회사를 설립함과 동시에 분할합병할 수 있다.

④해산후의 회사는 존립중의 회사를 존속하는 회사로 하거나 새로 회사를 설립하는 경우에 한하여 분할 또는 분할합병할 수 있다.

[본조신설 1998. 12. 28.]

제530조의3(분할계획서 · 분할합병계약서의 승인) ①회사가 분할 또는 분할합병을 하는 때에는 분할계획서 또는 분할합병계약서를 작성하여 주주총회의 승인을 얻어야 한다.

②제1항의 승인결의는 제434조의 규정에 의하여야 한다.

③ 제2항의 결의에 관하여는 제344조의3제1항에 따라 의결권이 배제되는 주주도 의결권이 있다. 〈개정

2011. 4. 14.〉

④분할계획 또는 분할합병계약의 요령은 제363조에 정한 통지에 기재하여야 한다. 〈개정 2014. 5. 20.〉

⑤ 삭제 〈2011. 4. 14.〉

⑥회사의 분할 또는 분할합병으로 인하여 분할 또는 분할합병에 관련되는 각 회사의 주주의 부담이 가중되는 경우에는 제1항 및 제436조의 결의외에 그 주주 전원의 동의가 있어야 한다. 〈개정 2011. 4. 14.〉

[본조신설 1998. 12. 28.]

제530조의4(분할에 의한 회사의 설립) 제530조의2에 따른 회사의 설립에 관하여는 이 장 제1절의 회사설립에 관한 규정을 준용한다. 다만, 분할되는 회사(이하 "분할회사"라 한다)의 출자만으로 회사가 설립되는 경우에는 제299조를 적용하지 아니한다.

[전문개정 2015. 12. 1.]

제530조의5(분할계획서의 기재사항) ①분할에 의하여 회사를 설립하는 경우에는 분할계획서에 다음 각 호의 사항을 기재하여야 한다. 〈개정 2011. 4. 14., 2015. 12. 1.〉

1. 분할에 의하여 설립되는 회사(이하 "단순분할신설회사"라 한다)의 상호, 목적, 본점의 소재지 및 공고의 방법
2. 단순분할신설회사가 발행할 주식의 총수 및 액면주식·무액면주식의 구분
3. 단순분할신설회사가 분할 당시에 발행하는 주식의 총수, 종류 및 종류주식의 수, 액면주식·무액면주식의 구분
4. 분할회사의 주주에 대한 단순분할신설회사의 주식의 배정에 관한 사항 및 배정에 따른 주식의 병합 또는 분할을 하는 경우에는 그에 관한 사항
5. 분할회사의 주주에게 제4호에도 불구하고 금전이나 그 밖의 재산을 제공하는 경우에는 그 내용 및 배정에 관한 사항
6. 단순분할신설회사의 자본금과 준비금에 관한 사항
7. 단순분할신설회사에 이전될 재산과 그 가액
8. 제530조의9제2항의 정함이 있는 경우에는 그 내용

8의2. 분할을 할 날

9. 단순분할신설회사의 이사와 감사를 정한 경우에는 그 성명과 주민등록번호
10. 단순분할신설회사의 정관에 기재할 그 밖의 사항

②분할후 회사가 존속하는 경우에는 존속하는 회사에 관하여 분할계획서에 다음 각호의 사항을 기재하여야 한다. 〈개정 2011. 4. 14.〉

1. 감소할 자본금과 준비금의 액
2. 자본감소의 방법
3. 분할로 인하여 이전할 재산과 그 가액
4. 분할후의 발행주식의 총수
5. 회사가 발행할 주식의 총수를 감소하는 경우에는 그 감소할 주식의 총수, 종류 및 종류별 주식의 수
6. 정관변경을 가져오게 하는 그 밖의 사항

[본조신설 1998. 12. 28.]

[제목개정 2015. 12. 1.]

제530조의6(분할합병계약서의 기재사항 및 분할합병대가가 모회사주식인 경우의 특칙) ①분할회사의 일부가 다른 회사와 합병하여 그 다른 회사(이하 "분할합병의 상대방 회사"라 한다)가 존속하는 경우에는 분할합병계약서에 다음 각 호의 사항을 기재하여야 한다. 〈개정 2015. 12. 1.〉

1. 분할합병의 상대방 회사로서 존속하는 회사(이하 "분할승계회사"라 한다)가 분할합병으로 인하여 발행할 주식의 총수를 증가하는 경우에는 증가할 주식의 총수, 종류 및 종류별 주식의 수
2. 분할승계회사가 분할합병을 하면서 신주를 발행하거나 자기주식을 이전하는 경우에는 그 발행하는 신주 또는 이전하는 자기주식의 총수, 종류 및 종류별 주식의 수
3. 분할승계회사가 분할합병을 하면서 신주를 발행하거나 자기주식을 이전하는 경우에는 분할회사의 주주에 대한 분할승계회사의 신주의 배정 또는

자기주식의 이전에 관한 사항 및 주식의 병합 또는 분할을 하는 경우에는 그에 관한 사항
4. 분할승계회사가 분할회사의 주주에게 제3호에도 불구하고 그 대가의 전부 또는 일부로서 금전이나 그 밖의 재산을 제공하는 경우에는 그 내용 및 배정에 관한 사항
5. 분할승계회사의 자본금 또는 준비금이 증가하는 경우에는 증가할 자본금 또는 준비금에 관한 사항
6. 분할회사가 분할승계회사에 이전할 재산과 그 가액
7. 제530조의9제3항의 정함이 있는 경우에는 그 내용
8. 각 회사에서 제530조의3제2항의 결의를 할 주주총회의 기일
9. 분할합병을 할 날
10. 분할승계회사의 이사와 감사를 정한 경우에는 그 성명과 주민등록번호
11. 분할승계회사의 정관변경을 가져오게 하는 그 밖의 사항

②분할회사의 일부가 다른 분할회사의 일부 또는 다른 회사와 분할합병을 하여 회사를 설립하는 경우에는 분할합병계약서에 다음 각 호의 사항을 기재하여야 한다. 〈개정 2015. 12. 1.〉

1. 제530조의5제1항제1호 · 제2호 · 제6호 · 제7호 · 제8호 · 제8호의2 · 제9호 · 제10호에 규정된 사항
2. 분할합병을 하여 설립되는 회사(이하 "분할합병신설회사"라 한다)가 분할합병을 하면서 발행하는 주식의 총수, 종류 및 종류별 주식의 수
3. 각 회사의 주주에 대한 주식의 배정에 관한 사항과 배정에 따른 주식의 병합 또는 분할을 하는 경우에는 그 규정
4. 각 회사가 분할합병신설회사에 이전할 재산과 그 가액
5. 각 회사의 주주에게 지급할 금액을 정한 때에는 그 규정
6. 각 회사에서 제530조의3제2항의 결의를 할 주주총회의 기일
7. 분할합병을 할 날

③제530조의5의 규정은 제1항 및 제2항의 경우에 각 회사의 분할합병을 하지 아니하는 부분의 기재에 관하여 이를 준용한다.

④ 제342조의2제1항에도 불구하고 제1항제4호에 따라 분할회사의 주주에게 제공하는 재산이 분할승계회사의 모회사 주식을 포함하는 경우에는 분할승계회사는 그 지급을 위하여 모회사 주식을 취득할 수 있다. 〈신설 2015. 12. 1.〉

⑤ 분할승계회사는 제4항에 따라 취득한 모회사의 주식을 분할합병 후에도 계속 보유하고 있는 경우 분할합병의 효력이 발생하는 날부터 6개월 이내에 그 주식을 처분하여야 한다. 〈신설 2015. 12. 1.〉

[본조신설 1998. 12. 28.]

[제목개정 2015. 12. 1.]

제530조의7(분할대차대조표 등의 공시) ①분할회사의 이사는 제530조의3제1항에 따른 주주총회 회일의 2주 전부터 분할의 등기를 한 날 또는 분할합병을 한 날 이후 6개월 간 다음 각 호의 서류를 본점에 비치하여야 한다. 〈개정 2015. 12. 1.〉

1. 분할계획서 또는 분할합병계약서
2. 분할되는 부분의 대차대조표
3. 분할합병의 경우 분할합병의 상대방 회사의 대차대조표
4. 분할 또는 분할합병을 하면서 신주가 발행되거나 자기주식이 이전되는 경우에는 분할회사의 주주에 대한 신주의 배정 또는 자기주식의 이전에 관하여 그 이유를 기재한 서면

②제530조의6제1항의 분할승계회사의 이사는 분할합병을 승인하는 주주총회 회일의 2주 전부터 분할합병의 등기를 한 후 6개월 간 다음 각 호의 서류를 본점에 비치하여야 한다. 〈개정 2015. 12. 1.〉

1. 분할합병계약서

2. 분할회사의 분할되는 부분의 대차대조표
3. 분할합병을 하면서 신주를 발행하거나 자기주식을 이전하는 경우에는 분할회사의 주주에 대한 신주의 배정 또는 자기주식의 이전에 관하여 그 이유를 기재한 서면

③제522조의2제2항의 규정은 제1항 및 제2항의 서류에 관하여 이를 준용한다.

[본조신설 1998. 12. 28.]

[제목개정 2015. 12. 1.]

제530조의8 삭제 〈2015. 12. 1.〉

제530조의9(분할 및 분할합병 후의 회사의 책임) ① 분할회사, 단순분할신설회사, 분할승계회사 또는 분할합병신설회사는 분할 또는 분할합병 전의 분할회사 채무에 관하여 연대하여 변제할 책임이 있다.

② 제1항에도 불구하고 분할회사가 제530조의3제2항에 따른 결의로 분할에 의하여 회사를 설립하는 경우에는 단순분할신설회사는 분할회사의 채무 중에서 분할계획서에 승계하기로 정한 채무에 대한 책임만을 부담하는 것으로 정할 수 있다. 이 경우 분할회사가 분할 후에 존속하는 경우에는 단순분할신설회사가 부담하지 아니하는 채무에 대한 책임만을 부담한다.

③ 분할합병의 경우에 분할회사는 제530조의3제2항에 따른 결의로 분할합병에 따른 출자를 받는 분할승계회사 또는 분할합병신설회사가 분할회사의 채무 중에서 분할합병계약서에 승계하기로 정한 채무에 대한 책임만을 부담하는 것으로 정할 수 있다. 이 경우 제2항 후단을 준용한다.

④ 제2항의 경우에는 제439조제3항 및 제527조의5를 준용한다.

[전문개정 2015. 12. 1.]

제530조의10(분할 또는 분할합병의 효과) 단순분할신설회사, 분할승계회사 또는 분할합병신설회사는 분할회사의 권리와 의무를 분할계획서 또는 분할합병계약서에서 정하는 바에 따라 승계한다.

[전문개정 2015. 12. 1.]

제530조의11(준용규정) ① 분할 또는 분할합병의 경우에는 제234조, 제237조부터 제240조까지, 제329조의2, 제440조부터 제443조까지, 제526조, 제527조, 제527조의6, 제528조 및 제529조를 준용한다. 다만, 제527조의 설립위원은 대표이사로 한다. 〈개정 2011. 4. 14., 2014. 5. 20.〉

②제374조제2항, 제439조제3항, 제522조의3, 제527조의2, 제527조의3 및 제527조의5의 규정은 분할합병의 경우에 이를 준용한다. 〈개정 1999. 12. 31.〉

[본조신설 1998. 12. 28.]

제530조의12(물적 분할) 이 절의 규정은 분할되는 회사가 분할 또는 분할합병으로 인하여 설립되는 회사의 주식의 총수를 취득하는 경우에 이를 준용한다.

[본조신설 1998. 12. 28.]

제12절 청산

제531조(청산인의 결정) ①회사가 해산한 때에는 합병 · 분할 · 분할합병 또는 파산의 경우 외에는 이사가 청산인이 된다. 다만, 정관에 다른 정함이 있거나 주주총회에서 타인을 선임한 때에는 그러하지 아니하다. 〈개정 1998. 12. 28.〉

②전항의 규정에 의한 청산인이 없는 때에는 법원은 이해관계인의 청구에 의하여 청산인을 선임한다.

제532조(청산인의 신고) 청산인은 취임한 날로부터 2주간내에 다음의 사항을 법원에 신고하여야 한다. 〈개정 1995. 12. 29.〉

1. 해산의 사유와 그 연월일
2. 청산인의 성명 · 주민등록번호 및 주소

제533조(회사재산조사보고의무) ①청산인은 취임한 후 지체없이 회사의 재산상태를 조사하여 재산목록과 대차대조표를 작성하고 이를 주주총회에 제출하여 그 승인을 얻어야 한다.

②청산인은 전항의 승인을 얻은 후 지체없이 재산목록과 대차대조표를 법원에 제출하여야 한다.

제534조(대차대조표 · 사무보고서 · 부속명세서의 제출 · 감사 · 공시 · 승인) ①청산인은 정기총회회일로부터 4주간전에 대차대조표 및 그 부속명세서와 사무보고서를 작성하여 감사에게 제출하여야 한다.

②감사는 정기총회회일로부터 1주간전에 제1항의 서류에 관한 감사보고서를 청산인에게 제출하여야 한다.

③청산인은 정기총회회일의 1주간전부터 제1항의 서류와 제2항의 감사보고서를 본점에 비치하여야 한다.

④제448조제2항의 규정은 제3항의 서류에 관하여 이를 준용한다.

⑤청산인은 대차대조표 및 사무보고서를 정기총회에 제출하여 그 승인을 요구하여야 한다.

[전문개정 1984. 4. 10.]

제535조(회사채권자에의 최고) ①청산인은 취임한 날로부터 2월내에 회사채권자에 대하여 일정한 기간내에 그 채권을 신고할 것과 그 기간내에 신고하지 아니하면 청산에서 제외될 뜻을 2회 이상 공고로써 최고하여야 한다. 그러나 그 기간은 2월 이상이어야 한다.

②청산인은 알고 있는 채권자에 대하여는 각별로 그 채권의 신고를 최고하여야 하며 그 채권자가 신고하지 아니한 경우에도 이를 청산에서 제외하지 못한다.

제536조(채권신고기간내의 변제) ①청산인은 전조제1항의 신고기간내에는 채권자에 대하여 변제를 하지 못한다. 그러나 회사는 그 변제의 지연으로 인한 손해배상의 책임을 면하지 못한다.

②청산인은 전항의 규정에 불구하고 소액의 채권, 담보있는 채권 기타 변제로 인하여 다른 채권자를 해할 염려가 없는 채권에 대하여는 법원의 허가를 얻어 이를 변제할 수 있다.

제537조(제외된 채권자에 대한 변제) ①청산에서 제외된 채권자는 분배되지 아니한 잔여재산에 대하여서만 변제를 청구할 수 있다.

②일부의 주주에 대하여 재산의 분배를 한 경우에는 그와 동일한 비율로 다른 주주에게 분배할 재산은 전항의 잔여재산에서 공제한다.

제538조(잔여재산의 분배) 잔여재산은 각 주주가 가진 주식의 수에 따라 주주에게 분배하여야 한다. 그러나 제344조제1항의 규정을 적용하는 경우에는 그러하지 아니하다.

제539조(청산인의 해임) ①청산인은 법원이 선임한 경우 외에는 언제든지 주주총회의 결의로 이를 해임할 수 있다.

②청산인이 그 업무를 집행함에 현저하게 부적임하거나 중대한 임무에 위반한 행위가 있는 때에는 발행주식의 총수의 100분의 3 이상에 해당하는 주식을 가진 주주는 법원에 그 청산인의 해임을 청구할 수 있다. 〈개정 1998. 12. 28.〉

③제186조의 규정은 제2항의 청구에 관한 소에 준용한다. 〈개정 1998. 12. 28.〉

제540조(청산의 종결) ①청산사무가 종결한 때에는 청산인은 지체없이 결산보고서를 작성하고 이를 주주총회에 제출하여 승인을 얻어야 한다.

②전항의 승인이 있는 때에는 회사는 청산인에 대하여 그 책임을 해제한 것으로 본다. 그러나 청산인의 부정행위에 대하여는 그러하지 아니하다.

제541조(서류의 보존) ①회사의 장부 기타 영업과 청산에 관한 중요한 서류는 본점소재지에서 청산종결의 등기를 한 후 10년간 이를 보존하여야 한다. 다만, 전표 또는 이와 유사한 서류는 5년간 이를 보존하여야 한다. 〈개정 1995. 12. 29.〉

②전항의 보존에 관하여는 청산인 기타의 이해관계인의 청구에 의하여 법원이 보존인과 보존방법을 정한다.

제542조(준용규정) ①제245조, 제252조 내지 제255조, 제259조, 제260조와 제264조의 규정은 주식회사에 준용한다.

②제362조, 제363조의2, 제366조, 제367조, 제373

조, 제376조, 제377조, 제382조제2항, 제386조, 제388조 내지 제394조, 제396조, 제398조부터 제406조까지, 제406조의2, 제407조, 제408조, 제411조 내지 제413조, 제414조제3항, 제449조제3항, 제450조와 제466조는 청산인에 준용한다. 〈개정 1962. 12. 12., 1984. 4. 10., 1998. 12. 28., 2020. 12. 29.〉

제13절 상장회사에 대한 특례 〈신설 2009. 1. 30.〉

제542조의2(적용범위) ① 이 절은 대통령령으로 정하는 증권시장(증권의 매매를 위하여 개설된 시장을 말한다)에 상장된 주권을 발행한 주식회사(이하 "상장회사"라 한다)에 대하여 적용한다. 다만, 집합투자(2인 이상에게 투자권유를 하여 모은 금전이나 그 밖의 재산적 가치가 있는 재산을 취득·처분, 그 밖의 방법으로 운용하고 그 결과를 투자자에게 배분하여 귀속시키는 것을 말한다)를 수행하기 위한 기구로서 대통령령으로 정하는 주식회사는 제외한다.

② 이 절은 이 장 다른 절에 우선하여 적용한다.

[본조신설 2009. 1. 30.]

제542조의3(주식매수선택권) ① 상장회사는 제340조의2제1항 본문에 규정된 자 외에도 대통령령으로 정하는 관계 회사의 이사, 집행임원, 감사 또는 피용자에게 주식매수선택권을 부여할 수 있다. 다만, 제542조의8제2항제5호의 최대주주 등 대통령령으로 정하는 자에게는 주식매수선택권을 부여할 수 없다. 〈개정 2011. 4. 14.〉

② 상장회사는 제340조의2제3항에도 불구하고 발행주식총수의 100분의 20의 범위에서 대통령령으로 정하는 한도까지 주식매수선택권을 부여할 수 있다.

③ 상장회사는 제340조의2제1항 본문에도 불구하고 정관으로 정하는 바에 따라 발행주식총수의 100분의 10의 범위에서 대통령령으로 정하는 한도까지 이사회가 제340조의3제2항 각 호의 사항을 결의함으로써 해당 회사의 집행임원·감사 또는 피용자 및 제1항에 따른 관계 회사의 이사·집행임원·감사 또는 피용자에게 주식매수선택권을 부여할 수 있다. 이 경우 주식매수선택권을 부여한 후 처음으로 소집되는 주주총회의 승인을 받아야 한다. 〈개정 2011. 4. 14.〉

④ 상장회사의 주식매수선택권을 부여받은 자는 제340조의4제1항에도 불구하고 대통령령으로 정하는 경우를 제외하고는 주식매수선택권을 부여하기로 한 주주총회 또는 이사회의 결의일부터 2년 이상 재임하거나 재직하여야 주식매수선택권을 행사할 수 있다.

⑤ 제1항부터 제4항까지에서 규정한 사항 외에 상장회사의 주식매수선택권 부여, 취소, 그 밖에 필요한 사항은 대통령령으로 정한다.

[본조신설 2009. 1. 30.]

제542조의4(주주총회 소집공고 등) ① 상장회사가 주주총회를 소집하는 경우 대통령령으로 정하는 수 이하의 주식을 소유하는 주주에게는 정관으로 정하는 바에 따라 주주총회일의 2주 전에 주주총회를 소집하는 뜻과 회의의 목적사항을 둘 이상의 일간신문에 각각 2회 이상 공고하거나 대통령령으로 정하는 바에 따라 전자적 방법으로 공고함으로써 제363조제1항의 소집통지를 갈음할 수 있다.

② 상장회사가 이사·감사의 선임에 관한 사항을 목적으로 하는 주주총회를 소집통지 또는 공고하는 경우에는 이사·감사 후보자의 성명, 약력, 추천인, 그 밖에 대통령령으로 정하는 후보자에 관한 사항을 통지하거나 공고하여야 한다.

③ 상장회사가 주주총회 소집의 통지 또는 공고를 하는 경우에는 사외이사 등의 활동내역과 보수에 관한 사항, 사업개요 등 대통령령으로 정하는 사항을 통지 또는 공고하여야 한다. 다만, 상장회사가 그 사항을 대통령령으로 정하는 방법으로 일반인이 열람할 수 있도록 하는 경우에는 그러하지 아니하다.

[본조신설 2009. 1. 30.]

제542조의5(이사 · 감사의 선임방법) 상장회사가 주주총회에서 이사 또는 감사를 선임하려는 경우에는 제542조의4제2항에 따라 통지하거나 공고한 후보자 중에서 선임하여야 한다.

[본조신설 2009. 1. 30.]

제542조의6(소수주주권) ① 6개월 전부터 계속하여 상장회사 발행주식총수의 1천분의 15 이상에 해당하는 주식을 보유한 자는 제366조(제542조에서 준용하는 경우를 포함한다) 및 제467조에 따른 주주의 권리를 행사할 수 있다.

② 6개월 전부터 계속하여 상장회사의 의결권 없는 주식을 제외한 발행주식총수의 1천분의 10(대통령령으로 정하는 상장회사의 경우에는 1천분의 5) 이상에 해당하는 주식을 보유한 자는 제363조의2(제542조에서 준용하는 경우를 포함한다)에 따른 주주의 권리를 행사할 수 있다.

③ 6개월 전부터 계속하여 상장회사 발행주식총수의 1만분의 50(대통령령으로 정하는 상장회사의 경우에는 1만분의 25) 이상에 해당하는 주식을 보유한 자는 제385조(제415조에서 준용하는 경우를 포함한다) 및 제539조에 따른 주주의 권리를 행사할 수 있다

④ 6개월 전부터 계속하여 상장회사 발행주식총수의 1만분의 10(대통령령으로 정하는 상장회사의 경우에는 1만분의 5) 이상에 해당하는 주식을 보유한 자는 제466조(제542조에서 준용하는 경우를 포함한다)에 따른 주주의 권리를 행사할 수 있다.

⑤ 6개월 전부터 계속하여 상장회사 발행주식총수의 10만분의 50(대통령령으로 정하는 상장회사의 경우에는 10만분의 25) 이상에 해당하는 주식을 보유한 자는 제402조(제408조의9 및 제542조에서 준용하는 경우를 포함한다)에 따른 주주의 권리를 행사할 수 있다. 〈개정 2011. 4. 14.〉

⑥ 6개월 전부터 계속하여 상장회사 발행주식총수의 1만분의 1 이상에 해당하는 주식을 보유한 자는 제403조(제324조, 제408조의9, 제415조, 제424조의2, 제467조의2 및 제542조에서 준용하는 경우를 포함한다)에 따른 주주의 권리를 행사할 수 있다. 〈개정 2011. 4. 14.〉

⑦ 6개월 전부터 계속하여 상장회사 발행주식총수의 1만분의 50 이상에 해당하는 주식을 보유한 자는 제406조의2(제324조, 제408조의9, 제415조 및 제542조에서 준용하는 경우를 포함한다)에 따른 주주의 권리를 행사할 수 있다. 〈신설 2020. 12. 29.〉

⑧ 상장회사는 정관에서 제1항부터 제6항까지 규정된 것보다 단기의 주식 보유기간을 정하거나 낮은 주식 보유비율을 정할 수 있다. 〈개정 2020. 12. 29.〉

⑨ 제1항부터 제6항까지 및 제542조의7제2항에서 "주식을 보유한 자"란 주식을 소유한 자, 주주권 행사에 관한 위임을 받은 자, 2명 이상 주주의 주주권을 공동으로 행사하는 자를 말한다. 〈개정 2020. 12. 29.〉

⑩ 제1항부터 제7항까지는 제542조의2제2항에도 불구하고 이 장의 다른 절에 따른 소수주주권의 행사에 영향을 미치지 아니한다. 〈신설 2020. 12. 29.〉

[본조신설 2009. 1. 30.]

제542조의7(집중투표에 관한 특례) ① 상장회사에 대하여 제382조의2에 따라 집중투표의 방법으로 이사를 선임할 것을 청구하는 경우 주주총회일(정기주주총회의 경우에는 직전 연도의 정기주주총회일에 해당하는 그 해의 해당일. 이하 제542조의8제5항에서 같다)의 6주 전까지 서면 또는 전자문서로 회사에 청구하여야 한다.

② 자산 규모 등을 고려하여 대통령령으로 정하는 상장회사의 의결권 없는 주식을 제외한 발행주식총수의 100분의 1 이상에 해당하는 주식을 보유한 자는 제382조의2에 따라 집중투표의 방법으로 이사를 선임할 것을 청구할 수 있다.

③ 제2항의 상장회사가 정관으로 집중투표를 배제하거나 그 배제된 정관을 변경하려는 경우에는 의결권 없는 주식을 제외한 발행주식총수의 100분의 3을 초과하는 수의 주식을 가진 주주는 그 초과하는 주식에 관하여 의결권을 행사하지 못한다. 다만, 정관에서 이보다 낮은 주식 보유비율을 정할 수 있다.

④ 제2항의 상장회사가 주주총회의 목적사항으로 제3항에 따른 집중투표 배제에 관한 정관 변경에 관한 의안을 상정하려는 경우에는 그 밖의 사항의 정관 변경에 관한 의안과 별도로 상정하여 의결하여야 한다.

[본조신설 2009. 1. 30.]

제542조의8(사외이사의 선임) ① 상장회사는 자산 규모 등을 고려하여 대통령령으로 정하는 경우를 제외하고는 이사 총수의 4분의 1 이상을 사외이사로 하여야 한다. 다만, 자산 규모 등을 고려하여 대통령령으로 정하는 상장회사의 사외이사는 3명 이상으로 하되, 이사 총수의 과반수가 되도록 하여야 한다.

② 상장회사의 사외이사는 제382조제3항 각 호 뿐만 아니라 다음 각 호의 어느 하나에 해당되지 아니하여야 하며, 이에 해당하게 된 경우에는 그 직을 상실한다. 〈개정 2011. 4. 14., 2018. 9. 18.〉

1. 미성년자, 피성년후견인 또는 피한정후견인
2. 파산선고를 받고 복권되지 아니한 자
3. 금고 이상의 형을 선고받고 그 집행이 끝나거나 집행이 면제된 후 2년이 지나지 아니한 자
4. 대통령령으로 별도로 정하는 법률을 위반하여 해임되거나 면직된 후 2년이 지나지 아니한 자
5. 상장회사의 주주로서 의결권 없는 주식을 제외한 발행주식총수를 기준으로 본인 및 그와 대통령령으로 정하는 특수한 관계에 있는 자(이하 "특수관계인"이라 한다)가 소유하는 주식의 수가 가장 많은 경우 그 본인(이하 "최대주주"라 한다) 및 그의 특수관계인
6. 누구의 명의로 하든지 자기의 계산으로 의결권 없는 주식을 제외한 발행주식총수의 100분의 10 이상의 주식을 소유하거나 이사 · 집행임원 · 감사의 선임과 해임 등 상장회사의 주요 경영사항에 대하여 사실상의 영향력을 행사하는 주주(이하 "주요주주"라 한다) 및 그의 배우자와 직계 존속 · 비속
7. 그 밖에 사외이사로서의 직무를 충실하게 수행하기 곤란하거나 상장회사의 경영에 영향을 미칠 수 있는 자로서 대통령령으로 정하는 자

③ 제1항의 상장회사는 사외이사의 사임 · 사망 등의 사유로 인하여 사외이사의 수가 제1항의 이사회의 구성요건에 미달하게 되면 그 사유가 발생한 후 처음으로 소집되는 주주총회에서 제1항의 요건에 합치되도록 사외이사를 선임하여야 한다.

④ 제1항 단서의 상장회사는 사외이사 후보를 추천하기 위하여 제393조의2의 위원회(이하 이 조에서 "사외이사 후보추천위원회"라 한다)를 설치하여야 한다. 이 경우 사외이사 후보추천위원회는 사외이사가 총위원의 과반수가 되도록 구성하여야 한다. 〈개정 2011. 4. 14.〉

⑤ 제1항 단서에서 규정하는 상장회사가 주주총회에서 사외이사를 선임하려는 때에는 사외이사 후보추천위원회의 추천을 받은 자 중에서 선임하여야 한다. 이 경우 사외이사 후보추천위원회가 사외이사 후보를 추천할 때에는 제363조의2제1항, 제542조의6제1항 · 제2항의 권리를 행사할 수 있는 요건을 갖춘 주주가 주주총회일(정기주주총회의 경우 직전 연도의 정기주주총회일에 해당하는 해당 연도의 해당일)의 6주 전에 추천한 사외이사 후보를 포함시켜야 한다. 〈개정 2011. 4. 14.〉

[본조신설 2009. 1. 30.]

제542조의9(주요주주 등 이해관계자와의 거래) ① 상장회사는 다음 각 호의 어느 하나에 해당하는 자를 상대방으로 하거나 그를 위하여 신용공여(금전 등 경제적 가치가 있는 재산의 대여, 채무이행의 보증, 자금 지원적 성격의 증권 매입, 그 밖에 거래상의 신

용위험이 따르는 직접적·간접적 거래로서 대통령령으로 정하는 거래를 말한다. 이하 이 조에서 같다)를 하여서는 아니 된다. 〈개정 2011. 4. 14.〉

1. 주요주주 및 그의 특수관계인
2. 이사(제401조의2제1항 각 호의 어느 하나에 해당하는 자를 포함한다. 이하 이 조에서 같다) 및 집행임원
3. 감사

② 제1항에도 불구하고 다음 각 호의 어느 하나에 해당하는 경우에는 신용공여를 할 수 있다. 〈개정 2011. 4. 14.〉

1. 복리후생을 위한 이사·집행임원 또는 감사에 대한 금전대여 등으로서 대통령령으로 정하는 신용공여
2. 다른 법령에서 허용하는 신용공여
3. 그 밖에 상장회사의 경영건전성을 해칠 우려가 없는 금전대여 등으로서 대통령령으로 정하는 신용공여

③ 자산 규모 등을 고려하여 대통령령으로 정하는 상장회사는 최대주주, 그의 특수관계인 및 그 상장회사의 특수관계인으로서 대통령령으로 정하는 자를 상대방으로 하거나 그를 위하여 다음 각 호의 어느 하나에 해당하는 거래(제1항에 따라 금지되는 거래는 제외한다)를 하려는 경우에는 이사회의 승인을 받아야 한다.

1. 단일 거래규모가 대통령령으로 정하는 규모 이상인 거래
2. 해당 사업연도 중에 특정인과의 해당 거래를 포함한 거래총액이 대통령령으로 정하는 규모 이상이 되는 경우의 해당 거래

④ 제3항의 경우 상장회사는 이사회의 승인 결의 후 처음으로 소집되는 정기주주총회에 해당 거래의 목적, 상대방, 그 밖에 대통령령으로 정하는 사항을 보고하여야 한다.

⑤ 제3항에도 불구하고 상장회사가 경영하는 업종에 따른 일상적인 거래로서 다음 각 호의 어느 하나에 해당하는 거래는 이사회의 승인을 받지 아니하고 할 수 있으며, 제2호에 해당하는 거래에 대하여는 그 거래내용을 주주총회에 보고하지 아니할 수 있다.

1. 약관에 따라 정형화된 거래로서 대통령령으로 정하는 거래
2. 이사회에서 승인한 거래총액의 범위 안에서 이행하는 거래

[본조신설 2009. 1. 30.]

제542조의10(상근감사) ① 대통령령으로 정하는 상장회사는 주주총회 결의에 의하여 회사에 상근하면서 감사업무를 수행하는 감사(이하 "상근감사"라고 한다)를 1명 이상 두어야 한다. 다만, 이 절 및 다른 법률에 따라 감사위원회를 설치한 경우(감사위원회 설치 의무가 없는 상장회사가 이 절의 요건을 갖춘 감사위원회를 설치한 경우를 포함한다)에는 그러하지 아니하다. 〈개정 2011. 4. 14.〉

② 다음 각 호의 어느 하나에 해당하는 자는 제1항 본문의 상장회사의 상근감사가 되지 못하며, 이에 해당하게 되는 경우에는 그 직을 상실한다. 〈개정 2011. 4. 14.〉

1. 제542조의8제2항제1호부터 제4호까지 및 제6호에 해당하는 자
2. 회사의 상무(常務)에 종사하는 이사·집행임원 및 피용자 또는 최근 2년 이내에 회사의 상무에 종사한 이사·집행임원 및 피용자. 다만, 이 절에 따른 감사위원회위원으로 재임 중이거나 재임하였던 이사는 제외한다.
3. 제1호 및 제2호 외에 회사의 경영에 영향을 미칠 수 있는 자로서 대통령령으로 정하는 자

[본조신설 2009. 1. 30.]

제542조의11(감사위원회) ① 자산 규모 등을 고려하여 대통령령으로 정하는 상장회사는 감사위원회를 설치하여야 한다.

② 제1항의 상장회사의 감사위원회는 제415조의2제2항의 요건 및 다음 각 호의 요건을 모두 갖추어야 한다.

1. 위원 중 1명 이상은 대통령령으로 정하는 회계 또는 재무 전문가일 것
2. 감사위원회의 대표는 사외이사일 것

③ 제542조의10제2항 각 호의 어느 하나에 해당하는 자는 제1항의 상장회사의 사외이사가 아닌 감사위원회위원이 될 수 없고, 이에 해당하게 된 경우에는 그 직을 상실한다.

④ 상장회사는 감사위원회위원인 사외이사의 사임·사망 등의 사유로 인하여 사외이사의 수가 다음 각 호의 감사위원회의 구성요건에 미달하게 되면 그 사유가 발생한 후 처음으로 소집되는 주주총회에서 그 요건에 합치되도록 하여야 한다.

1. 제1항에 따라 감사위원회를 설치한 상장회사는 제2항 각 호 및 제415조의2제2항의 요건
2. 제415조의2제1항에 따라 감사위원회를 설치한 상장회사는 제415조의2제2항의 요건

[본조신설 2009. 1. 30.]

제542조의12(감사위원회의 구성 등) ① 제542조의11제1항의 상장회사의 경우 제393조의2에도 불구하고 감사위원회위원을 선임하거나 해임하는 권한은 주주총회에 있다.

② 제542조의11제1항의 상장회사는 주주총회에서 이사를 선임한 후 선임된 이사 중에서 감사위원회위원을 선임하여야 한다. 다만, 감사위원회위원 중 1명(정관에서 2명 이상으로 정할 수 있으며, 정관으로 정한 경우에는 그에 따른 인원으로 한다)은 주주총회 결의로 다른 이사들과 분리하여 감사위원회위원이 되는 이사로 선임하여야 한다. 〈개정 2020. 12. 29.〉

③ 제1항에 따른 감사위원회위원은 제434조에 따른 주주총회의 결의로 해임할 수 있다. 이 경우 제2항 단서에 따른 감사위원회위원은 이사와 감사위원회위원의 지위를 모두 상실한다. 〈개정 2020. 12. 29.〉

④ 제1항에 따른 감사위원회위원을 선임 또는 해임할 때에는 상장회사의 의결권 없는 주식을 제외한 발행주식총수의 100분의 3(정관에서 더 낮은 주식 보유비율을 정할 수 있으며, 정관에서 더 낮은 주식 보유비율을 정한 경우에는 그 비율로 한다)을 초과하는 수의 주식을 가진 주주(최대주주인 경우에는 사외이사가 아닌 감사위원회위원을 선임 또는 해임할 때에 그의 특수관계인, 그 밖에 대통령령으로 정하는 자가 소유하는 주식을 합산한다)는 그 초과하는 주식에 관하여 의결권을 행사하지 못한다. 〈개정 2020. 12. 29.〉

⑤ 상장회사가 주주총회의 목적사항으로 감사의 선임 또는 감사의 보수결정을 위한 의안을 상정하려는 경우에는 이사의 선임 또는 이사의 보수결정을 위한 의안과는 별도로 상정하여 의결하여야 한다.

⑥ 상장회사의 감사 또는 감사위원회는 제447조의4제1항에도 불구하고 이사에게 감사보고서를 주주총회일의 1주 전까지 제출할 수 있다.

⑦ 제4항은 상장회사가 감사를 선임하거나 해임할 때에 준용한다. 이 경우 주주가 최대주주인 경우에는 그의 특수관계인, 그 밖에 대통령령으로 정하는 자가 소유하는 주식을 합산한다. 〈신설 2020. 12. 29.〉

⑧ 회사가 제368조의4제1항에 따라 전자적 방법으로 의결권을 행사할 수 있도록 한 경우에는 제368조제1항에도 불구하고 출석한 주주의 의결권의 과반수로써 제1항에 따른 감사위원회위원의 선임을 결의할 수 있다. 〈신설 2020. 12. 29.〉

[본조신설 2009. 1. 30.]

제542조의13(준법통제기준 및 준법지원인) ① 자산 규모 등을 고려하여 대통령령으로 정하는 상장회사는 법령을 준수하고 회사경영을 적정하게 하기 위하여 임직원이 그 직무를 수행할 때 따라야 할 준법통제

에 관한 기준 및 절차(이하 "준법통제기준"이라 한다)를 마련하여야 한다.

② 제1항의 상장회사는 준법통제기준의 준수에 관한 업무를 담당하는 사람(이하 "준법지원인"이라 한다)을 1명 이상 두어야 한다.

③ 준법지원인은 준법통제기준의 준수여부를 점검하여 그 결과를 이사회에 보고하여야 한다.

④ 제1항의 상장회사는 준법지원인을 임면하려면 이사회 결의를 거쳐야 한다.

⑤ 준법지원인은 다음 각 호의 사람 중에서 임명하여야 한다.

1. 변호사 자격을 가진 사람
2. 「고등교육법」 제2조에 따른 학교에서 법률학을 가르치는 조교수 이상의 직에 5년 이상 근무한 사람
3. 그 밖에 법률적 지식과 경험이 풍부한 사람으로서 대통령령으로 정하는 사람

⑥ 준법지원인의 임기는 3년으로 하고, 준법지원인은 상근으로 한다.

⑦ 준법지원인은 선량한 관리자의 주의로 그 직무를 수행하여야 한다.

⑧ 준법지원인은 재임 중뿐만 아니라 퇴임 후에도 직무상 알게 된 회사의 영업상 비밀을 누설하여서는 아니 된다.

⑨ 제1항의 상장회사는 준법지원인이 그 직무를 독립적으로 수행할 수 있도록 하여야 하고, 제1항의 상장회사의 임직원은 준법지원인이 그 직무를 수행할 때 자료나 정보의 제출을 요구하는 경우 이에 성실하게 응하여야 한다.

⑩ 제1항의 상장회사는 준법지원인이었던 사람에 대하여 그 직무수행과 관련된 사유로 부당한 인사상의 불이익을 주어서는 아니 된다.

⑪ 준법지원인에 관하여 다른 법률에 특별한 규정이 있는 경우를 제외하고는 이 법에서 정하는 바에 따른다. 다만, 다른 법률의 규정이 준법지원인의 임기를 제6항보다 단기로 정하고 있는 경우에는 제6항을 다른 법률에 우선하여 적용한다.

⑫ 그 밖의 준법통제기준 및 준법지원인에 관하여 필요한 사항은 대통령령으로 정한다.

[본조신설 2011. 4. 14.]

제5장 유한회사

제1절 설립

제543조(정관의 작성, 절대적 기재사항) ①유한회사를 설립함에는 사원이 정관을 작성하여야 한다. 〈개정 2001. 7. 24.〉

②정관에는 다음의 사항을 기재하고 각 사원이 기명날인 또는 서명하여야 한다. 〈개정 1984. 4. 10., 1995. 12. 29., 2001. 7. 24., 2011. 4. 14.〉

1. 제179조제1호 내지 제3호에 정한 사항
2. 자본금의 총액
3. 출자1좌의 금액
4. 각 사원의 출자좌수
5. 본점의 소재지

③제292조의 규정은 유한회사에 준용한다.

제544조(변태설립사항) 다음의 사항은 정관에 기재함으로써 그 효력이 있다.

1. 현물출자를 하는 자의 성명과 그 목적인 재산의 종류, 수량, 가격과 이에 대하여 부여하는 출자좌수
2. 회사의 설립후에 양수할 것을 약정한 재산의 종류, 수량, 가격과 그 양도인의 성명
3. 회사가 부담할 설립비용

제545조 삭제 〈2011. 4. 14.〉

제546조(출자 1좌의 금액의 제한) 출자 1좌의 금액은 100원 이상으로 균일하게 하여야 한다.

[전문개정 2011. 4. 14.]

제547조(초대이사의 선임) ①정관으로 이사를 정하지 아니한 때에는 회사성립전에 사원총회를 열어 이를 선임하여야 한다.

②전항의 사원총회는 각 사원이 소집할 수 있다.

제548조(출자의 납입) ①이사는 사원으로 하여금 출

자전액의 납입 또는 현물출자의 목적인 재산전부의 급여를 시켜야 한다.

②제295조제2항의 규정은 사원이 현물출자를 하는 경우에 준용한다.

제549조(설립의 등기) ①유한회사의 설립등기는 제548조의 납입 또는 현물출자의 이행이 있은 날로부터 2주간 내에 하여야 한다. 〈개정 1995. 12. 29.〉

②제1항의 등기에서 다음 각 호의 사항을 등기하여야 한다. 〈개정 1995. 12. 29., 2011. 4. 14.〉

1. 제179조제1호 · 제2호 및 제5호에 규정된 사항과 지점을 둔 때에는 그 소재지
2. 제543조제2항제2호와 제3호에 게기한 사항
3. 이사의 성명 · 주민등록번호 및 주소. 다만, 회사를 대표할 이사를 정한 때에는 그 외의 이사의 주소를 제외한다.
4. 회사를 대표할 이사를 정한 때에는 그 성명, 주소와 주민등록번호
5. 수인의 이사가 공동으로 회사를 대표할 것을 정한 때에는 그 규정
6. 존립기간 기타의 해산사유를 정한 때에는 그 기간과 사유
7. 감사가 있는 때에는 그 성명 및 주민등록번호

③ 유한회사의 지점 설치 및 이전 시 지점소재지 또는 신지점소재지에서 등기를 하는 때에는 제2항제3호부터 제6호까지에 규정된 사항과 제179조제1호 · 제2호 및 제5호에 규정된 사항을 등기하여야 한다. 다만, 회사를 대표할 이사를 정한 때에는 그 외의 이사는 등기하지 아니한다. 〈개정 2011. 4. 14.〉

④제181조 내지 제183조의 규정은 유한회사의 등기에 준용한다. 〈개정 1962. 12. 12.〉

제550조(현물출자 등에 관한 회사성립시의 사원의 책임) ①제544조제1호와 제2호의 재산의 회사성립당시의 실가가 정관에 정한 가격에 현저하게 부족한 때에는 회사성립당시의 사원은 회사에 대하여 그 부족액을 연대하여 지급할 책임이 있다.

②전항의 사원의 책임은 면제하지 못한다. 〈신설 1962. 12. 12.〉

제551조(출자미필액에 대한 회사성립시의 사원 등의 책임) ①회사성립후에 출자금액의 납입 또는 현물출자의 이행이 완료되지 아니하였음이 발견된 때에는 회사성립당시의 사원, 이사와 감사는 회사에 대하여 그 납입되지 아니한 금액 또는 이행되지 아니한 현물의 가액을 연대하여 지급할 책임이 있다. 〈개정 1962. 12. 12.〉

②전항의 사원의 책임은 면제하지 못한다. 〈신설 1962. 12. 12.〉

③제1항의 이사와 감사의 책임은 총사원의 동의가 없으면 면제하지 못한다. 〈신설 1962. 12. 12.〉

제552조(설립무효, 취소의 소) ①회사의 설립의 무효는 그 사원, 이사와 감사에 한하여 설립의 취소는 그 취소권있는 자에 한하여 회사설립의 날로부터 2년내에 소만으로 이를 주장할 수 있다.

②제184조제2항과 제185조 내지 제193조의 규정은 전항의 소에 준용한다.

[전문개정 1962. 12. 12.]

제2절 사원의 권리의무

제553조(사원의 책임) 사원의 책임은 본법에 다른 규정이 있는 경우 외에는 그 출자금액을 한도로 한다.

제554조(사원의 지분) 각 사원은 그 출자좌수에 따라 지분을 가진다.

제555조(지분에 관한 증권) 유한회사는 사원의 지분에 관하여 지시식 또는 무기명식의 증권을 발행하지 못한다.

제556조(지분의 양도) 사원은 그 지분의 전부 또는 일부를 양도하거나 상속할 수 있다. 다만, 정관으로 지분의 양도를 제한할 수 있다.

[전문개정 2011. 4. 14.]

제557조(지분이전의 대항요건) 지분의 이전은 취득자의 성명, 주소와 그 목적이 되는 출자좌수를 사원명부에 기재하지 아니하면 이로써 회사와 제삼자에게

대항하지 못한다.

제558조(지분의 공유) 제333조의 규정은 지분이 수인의 공유에 속하는 경우에 준용한다.

제559조(지분의 입질) ①지분은 질권의 목적으로 할 수 있다.

②제556조와 제557조의 규정은 지분의 입질에 준용한다.

제560조(준용규정) ① 사원의 지분에 대하여는 제339조, 제340조제1항 · 제2항, 제341조의2, 제341조의3, 제342조 및 제343조제1항을 준용한다. 〈개정 2011. 4. 14.〉

②제353조의 규정은 사원에 대한 통지 또는 최고에 준용한다.

제3절 회사의 관리

제561조(이사) 유한회사에는 1인 또는 수인의 이사를 두어야 한다.

제562조(회사대표) ①이사는 회사를 대표한다.

②이사가 수인인 경우에 정관에 다른 정함이 없으면 사원총회에서 회사를 대표할 이사를 선정하여야 한다.

③정관 또는 사원총회는 수인의 이사가 공동으로 회사를 대표할 것을 정할 수 있다.

④제208조제2항의 규정은 전항의 경우에 준용한다.

제563조(이사, 회사간의 소에 관한 대표) 회사가 이사에 대하여 또는 이사가 회사에 대하여 소를 제기하는 경우에는 사원총회는 그 소에 관하여 회사를 대표할 자를 선정하여야 한다.

제564조(업무집행의 결정, 이사와 회사간의 거래) ①이사가 수인인 경우에 정관에 다른 정함이 없으면 회사의 업무집행, 지배인의 선임 또는 해임과 지점의 설치 · 이전 또는 폐지는 이사 과반수의 결의에 의하여야 한다. 〈개정 1984. 4. 10.〉

②사원총회는 제1항의 규정에 불구하고 지배인의 선임 또는 해임을 할 수 있다. 〈개정 1984. 4. 10.〉

③이사는 감사가 있는 때에는 그 승인이, 감사가 없는 때에는 사원총회의 승인이 있는 때에 한하여 자기 또는 제삼자의 계산으로 회사와 거래를 할 수 있다. 이 경우에는 민법 제124조의 규정을 적용하지 아니한다. 〈신설 1962. 12. 12.〉

제564조의2(유지청구권) 이사가 법령 또는 정관에 위반한 행위를 하여 이로 인하여 회사에 회복할 수 없는 손해가 생길 염려가 있는 경우에는 감사 또는 자본금 총액의 100분의 3 이상에 해당하는 출자좌수를 가진 사원은 회사를 위하여 이사에 대하여 그 행위를 유지할 것을 청구할 수 있다. 〈개정 2011. 4. 14.〉

[본조신설 1999. 12. 31.]

제565조(사원의 대표소송) ①자본금 총액의 100분의 3 이상에 해당하는 출자좌수를 가진 사원은 회사에 대하여 이사의 책임을 추궁할 소의 제기를 청구할 수 있다. 〈개정 1999. 12. 31., 2011. 4. 14.〉

②제403조제2항 내지 제7항과 제404조 내지 제406조의 규정은 제1항의 경우에 준용한다. 〈개정 1998. 12. 28.〉

제566조(서류의 비치, 열람) ①이사는 정관과 사원총회의 의사록을 본점과 지점에, 사원명부를 본점에 비치하여야 한다.

②사원명부에는 사원의 성명, 주소와 그 출자좌수를 기재하여야 한다.

③사원과 회사채권자는 영업시간 내에 언제든지 제1항에 게기한 서류의 열람 또는 등사를 청구할 수 있다.

제567조(준용규정) 제209조, 제210조, 제382조, 제385조, 제386조, 제388조, 제395조, 제397조, 제399조 내지 제401조, 제407조와 제408조의 규정은 유한회사의 이사에 준용한다. 이 경우 제397조의 "이사회"는 이를 "사원총회"로 한다. 〈개정 1962. 12. 12., 1998. 12. 28., 1999. 12. 31.〉

제568조(감사) ①유한회사는 정관에 의하여 1인 또는 수인의 감사를 둘 수 있다.

②제547조의 규정은 정관에서 감사를 두기로 정한 경우에 준용한다.

제569조(감사의 권한) 감사는 언제든지 회사의 업무와 재산상태를 조사할 수 있고 이사에 대하여 영업에 관한 보고를 요구할 수 있다.

제570조(준용규정) 제382조, 제385조제1항, 제386조, 제388조, 제400조, 제407조, 제411조, 제413조, 제414조와 제565조의 규정은 감사에 준용한다.

제571조(사원총회의 소집) ① 사원총회는 이 법에서 달리 규정하는 경우 외에는 이사가 소집한다. 그러나 임시총회는 감사도 소집할 수 있다.

② 사원총회를 소집할 때에는 사원총회일의 1주 전에 각 사원에게 서면으로 통지서를 발송하거나 각 사원의 동의를 받아 전자문서로 통지서를 발송하여야 한다.

③ 사원총회의 소집에 관하여는 제363조제2항 및 제364조를 준용한다.

[전문개정 2011. 4. 14.]

제572조(소수사원에 의한 총회소집청구) ①자본금 총액의 100분의 3 이상에 해당하는 출자좌수를 가진 사원은 회의의 목적사항과 소집의 이유를 기재한 서면을 이사에게 제출하여 총회의 소집을 청구할 수 있다. 〈개정 1999. 12. 31., 2011. 4. 14.〉

②전항의 규정은 정관으로 다른 정함을 할 수 있다.

③제366조제2항과 제3항의 규정은 제1항의 경우에 준용한다.

제573조(소집절차의 생략) 총사원의 동의가 있을 때에는 소집절차없이 총회를 열 수 있다.

제574조(총회의 정족수, 결의방법) 사원총회의 결의는 정관 또는 본법에 다른 규정이 있는 경우 외에는 총사원의 의결권의 과반수를 가지는 사원이 출석하고 그 의결권의 과반수로써 하여야 한다.

제575조(사원의 의결권) 각 사원은 출자1좌마다 1개의 의결권을 가진다. 그러나 정관으로 의결권의 수에 관하여 다른 정함을 할 수 있다.

제576조(유한회사의 영업양도 등에 특별결의를 받아야 할 사항) ① 유한회사가 제374조제1항제1호부터 제3호까지의 규정에 해당되는 행위를 하려면 제585조에 따른 총회의 결의가 있어야 한다. 〈개정 2011. 4. 14.〉

②전항의 규정은 유한회사가 그 성립후 2년내에 성립전으로부터 존재하는 재산으로서 영업을 위하여 계속하여 사용할 것을 자본금의 20분의 1 이상에 상당한 대가로 취득하는 계약을 체결하는 경우에 준용한다. 〈개정 2011. 4. 14.〉

[제목개정 2011. 4. 14.]

제577조(서면에 의한 결의) ①총회의 결의를 하여야 할 경우에 총사원의 동의가 있는 때에는 서면에 의한 결의를 할 수 있다.

②결의의 목적사항에 대하여 총사원이 서면으로 동의를 한 때에는 서면에 의한 결의가 있은 것으로 본다.

③서면에 의한 결의는 총회의 결의와 동일한 효력이 있다.

④총회에 관한 규정은 서면에 의한 결의에 준용한다.

제578조(준용규정) 제365조, 제367조, 제368조제2항 · 제3항, 제369조제2항, 제371조제2항, 제372조, 제373조와 제376조 내지 제381조의 규정은 사원총회에 준용한다. 〈개정 2014. 5. 20.〉

제579조(재무제표의 작성) ①이사는 매결산기에 다음의 서류와 그 부속명세서를 작성하여야 한다. 〈개정 2011. 4. 14.〉

1. 대차대조표
2. 손익계산서
3. 그 밖에 회사의 재무상태와 경영성과를 표시하는 것으로서 제447조제1항제3호에 따른 서류

②감사가 있는 때에는 이사는 정기총회회일로부터 4주간전에 제1항의 서류를 감사에게 제출하여야 한다.

③감사는 제2항의 서류를 받은 날로부터 3주간내에 감사보고서를 이사에게 제출하여야 한다.

[전문개정 1984. 4. 10.]

제579조의2(영업보고서의 작성) ①이사는 매결산기에 영업보고서를 작성하여야 한다.

②제579조제2항 및 제3항의 규정은 제1항의 영업보고서에 관하여 이를 준용한다.

[본조신설 1984. 4. 10.]

제579조의3(재무제표등의 비치 · 공시) ①이사는 정기총회회일의 1주간전부터 5년간 제579조 및 제579조의2의 서류와 감사보고서를 본점에 비치하여야 한다.

②제448조제2항의 규정은 제1항의 서류에 관하여 이를 준용한다.

[본조신설 1984. 4. 10.]

제580조(이익배당의 기준) 이익의 배당은 정관에 다른 정함이 있는 경우 외에는 각사원의 출자좌수에 따라 하여야 한다.

제581조(사원의 회계장부열람권) ①자본금의 100분의 3 이상에 해당하는 출자좌수를 가진 사원은 회계의 장부와 서류의 열람 또는 등사를 청구할 수 있다. 〈개정 1999. 12. 31., 2011. 4. 14.〉

②회사는 정관으로 각 사원이 제1항의 청구를 할 수 있다는 뜻을 정할 수 있다. 이 경우 제579조제1항의 규정에 불구하고 부속명세서는 이를 작성하지 아니한다. 〈개정 1984. 4. 10.〉

제582조(업무, 재산상태의 검사) ①회사의 업무집행에 관하여 부정행위 또는 법령이나 정관에 위반한 중대한 사유가 있는 때에는 자본금 총액의 100분의 3 이상에 해당하는 출자좌수를 가진 사원은 회사의 업무와 재산상태를 조사하게 하기 위하여 법원에 검사인의 선임을 청구할 수 있다. 〈개정 1999. 12. 31., 2011. 4. 14.〉

②검사인은 그 조사의 결과를 서면으로 법원에 보고하여야 한다.

③법원은 전항의 보고서에 의하여 필요하다고 인정한 경우에는 감사가 있는 때에는 감사에게, 감사가 없는 때에는 이사에게 사원총회의 소집을 명할 수 있다. 제310조제2항의 규정은 이 경우에 준용한다. 〈개정 1962. 12. 12.〉

제583조(준용규정) ① 유한회사의 계산에 대하여는 제449조제1항 · 제2항, 제450조, 제458조부터 제460조까지, 제462조, 제462조의3 및 제466조를 준용한다. 〈개정 2011. 4. 14.〉

②제468조의 규정은 유한회사와 피용자간에 고용관계로 인하여 생긴 채권에 준용한다. 〈개정 1999. 12. 31.〉

제4절 정관의 변경

제584조(정관변경의 방법) 정관을 변경함에는 사원총회의 결의가 있어야 한다.

제585조(정관변경의 특별결의) ①전조의 결의는 총사원의 반수 이상이며 총사원의 의결권의 4분의 3 이상을 가지는 자의 동의로 한다.

②전항의 규정을 적용함에 있어서는 의결권을 행사할 수 없는 사원은 이를 총사원의 수에, 그 행사할 수 없는 의결권은 이를 의결권의 수에 산입하지 아니한다.

제586조(자본금 증가의 결의) 다음 각 호의 사항은 정관에 다른 정함이 없더라도 자본금 증가의 결의에서 정할 수 있다.

1. 현물출자를 하는 자의 성명과 그 목적인 재산의 종류, 수량, 가격과 이에 대하여 부여할 출자좌수
2. 자본금 증가 후에 양수할 것을 약정한 재산의 종류, 수량, 가격과 그 양도인의 성명
3. 증가할 자본금에 대한 출자의 인수권을 부여할 자의 성명과 그 권리의 내용

[전문개정 2011. 4. 14.]

제587조(자본금 증가의 경우의 출자인수권의 부여) 유한회사가 특정한 자에 대하여 장래 그 자본금을 증가할 때 출자의 인수권을 부여할 것을 약속하는 경우에는 제585조에서 정하는 결의에 의하여야 한다.

[전문개정 2011. 4. 14.]

제588조(사원의 출자인수권) 사원은 증가할 자본금에 대하여 그 지분에 따라 출자를 인수할 권리가 있다. 그러나 전2조의 결의에서 출자의 인수자를 정한 때에는 그러하지 아니하다. 〈개정 2011. 4. 14.〉

제589조(출자인수의 방법) ①자본금 증가의 경우에 출자의 인수를 하고자 하는 자는 인수를 증명하는 서면에 그 인수할 출자의 좌수와 주소를 기재하고 기명날인 또는 서명하여야 한다. 〈개정 1995. 12. 29., 2011. 4. 14.〉

②유한회사는 광고 기타의 방법에 의하여 인수인을 공모하지 못한다.

제590조(출자인수인의 지위) 자본금 증가의 경우에 출자의 인수를 한 자는 출자의 납입의 기일 또는 현물출자의 목적인 재산의 급여의 기일로부터 이익배당에 관하여 사원과 동일한 권리를 가진다. 〈개정 2011. 4. 14.〉

제591조(자본금 증가의 등기) 유한회사는 자본금 증가로 인한 출자 전액의 납입 또는 현물출자의 이행이 완료된 날부터 2주 내에 본점소재지에서 자본금 증가로 인한 변경등기를 하여야 한다.

[전문개정 2011. 4. 14.]

제592조(자본금 증가의 효력발생) 자본금의 증가는 본점소재지에서 제591조의 등기를 함으로써 효력이 생긴다.

[전문개정 2011. 4. 14.]

제593조(현물출자등에 관한 사원의 책임) ①제586조 제1호와 제2호의 재산의 자본금 증가당시의 실가가 자본금 증가의 결의에 의하여 정한 가격에 현저하게 부족한 때에는 그 결의에 동의한 사원은 회사에 대하여 그 부족액을 연대하여 지급할 책임이 있다. 〈개정 2011. 4. 14.〉

②제550조제2항과 제551조제2항의 규정은 전항의 경우에 준용한다. 〈개정 1962. 12. 12.〉

제594조(미인수출자 등에 관한 이사 등의 책임) ①자본금 증가후에 아직 인수되지 아니한 출자가 있는 때에는 이사와 감사가 공동으로 이를 인수한 것으로 본다. 〈개정 1962. 12. 12., 2011. 4. 14.〉

②자본금 증가후에 아직 출자전액의 납입 또는 현물출자의 목적인 재산의 급여가 미필된 출자가 있는 때에는 이사와 감사는 연대하여 그 납입 또는 급여미필재산의 가액을 지급할 책임이 있다. 〈개정 1962. 12. 12., 2011. 4. 14.〉

③제551조제3항의 규정은 전항의 경우에 준용한다. 〈개정 1962. 12. 12.〉

제595조(증자무효의 소) ①자본금 증가의 무효는 사원, 이사 또는 감사에 한하여 제591조의 규정에 의한 본점소재지에서의 등기를 한 날로부터 6월내에 소만으로 이를 주장할 수 있다. 〈개정 1962. 12. 12., 2011. 4. 14.〉

②제430조 내지 제432조의 규정은 전항의 경우에 준용한다.

제596조(준용규정) 제421조제2항, 제548조와 제576조제2항의 규정은 자본금 증가의 경우에 준용한다. 〈개정 1962. 12. 12., 2011. 4. 14.〉

제597조(동전) 제439조제1항, 제2항, 제443조, 제445조와 제446조의 규정은 자본금감소의 경우에 준용한다. 〈개정 2011. 4. 14.〉

제5절 합병과 조직변경

제598조(합병의 방법) 유한회사가 다른 회사와 합병을 함에는 제585조의 규정에 의한 사원총회의 결의가 있어야 한다.

제599조(설립위원의 선임) 제175조의 규정에 의한 설립위원의 선임은 제585조의 규정에 의한 사원총회의 결의에 의하여야 한다.

제600조(유한회사와 주식회사의 합병) ①유한회사가 주식회사와 합병하는 경우에 합병후 존속하는 회사 또는 합병으로 인하여 설립되는 회사가 주식회사인 때에는 법원의 인가를 얻지 아니하면 합병의 효력이 없다.

②합병을 하는 회사의 일방이 사채의 상환을 완료하

지 아니한 주식회사인 때에는 합병후 존속하는 회사 또는 합병으로 인하여 설립되는 회사는 유한회사로 하지 못한다.

제601조(물상대위) ①유한회사가 주식회사와 합병하는 경우에 합병후 존속하는 회사 또는 합병으로 인하여 설립되는 회사가 유한회사인 때에는 제339조의 규정은 종전의 주식을 목적으로 하는 질권에 준용한다.

②전항의 경우에 질권의 목적인 지분에 관하여 출자좌수와 질권자의 성명 및 주소를 사원명부에 기재하지 아니하면 그 질권으로써 회사 기타의 제삼자에 대항하지 못한다.

제602조(합병의 등기) 유한회사가 합병을 한 때에는 제603조에서 준용하는 제526조 또는 제527조의 규정에 의한 사원총회가 종결한 날로부터 본점소재지에서는 2주간, 지점소재지에서는 3주간내에 합병후 존속하는 유한회사에 있어서는 변경등기, 합병으로 인하여 소멸되는 유한회사에 있어서는 해산등기, 합병으로 인하여 설립되는 유한회사에 있어서는 제549조제2항에 정한 등기를 하여야 한다.

제603조(준용규정) 제232조, 제234조, 제235조, 제237조 내지 제240조, 제443조, 제522조제1항 · 제2항, 제522조의2, 제523조, 제524조, 제526조제1항 · 제2항, 제527조제1항 내지 제3항 및 제529조의 규정은 유한회사의 합병의 경우에 준용한다. 〈개정 1962. 12. 12., 1984. 4. 10., 1998. 12. 28.〉

제604조(주식회사의 유한회사에의 조직변경) ①주식회사는 총주주의 일치에 의한 총회의 결의로 그 조직을 변경하여 이를 유한회사로 할 수 있다. 그러나 사채의 상환을 완료하지 아니한 경우에는 그러하지 아니하다.

②전항의 조직변경의 경우에는 회사에 현존하는 순재산액보다 많은 금액을 자본금의 총액으로 하지 못한다. 〈개정 2011. 4. 14.〉

③제1항의 결의에 있어서는 정관 기타 조직변경에 필요한 사항을 정하여야 한다.

④제601조의 규정은 제1항의 조직변경의 경우에 준용한다.

제605조(이사, 주주의 순재산액전보책임) ①전조의 조직변경의 경우에 회사에 현존하는 순재산액이 자본금의 총액에 부족하는 때에는 전조제1항의 결의당시의 이사와 주주는 회사에 대하여 연대하여 그 부족액을 지급할 책임이 있다. 〈개정 2011. 4. 14.〉

②제550조제2항과 제551조제2항, 제3항의 규정은 전항의 경우에 준용한다. 〈개정 1962. 12. 12.〉

제606조(조직변경의 등기) 주식회사가 제604조의 규정에 의하여 그 조직을 변경한 때에는 본점소재지에서는 2주간, 지점소재지에서는 3주간내에 주식회사에 있어서는 해산등기, 유한회사에 있어서는 제549조제2항에 정하는 등기를 하여야 한다.

제607조(유한회사의 주식회사로의 조직변경) ① 유한회사는 총사원의 일치에 의한 총회의 결의로 주식회사로 조직을 변경할 수 있다. 다만, 회사는 그 결의를 정관으로 정하는 바에 따라 제585조의 사원총회의 결의로 할 수 있다.

② 제1항에 따라 조직을 변경할 때 발행하는 주식의 발행가액의 총액은 회사에 현존하는 순재산액을 초과하지 못한다.

③ 제1항의 조직변경은 법원의 인가를 받지 아니하면 효력이 없다.

④ 제1항에 따라 조직을 변경하는 경우 회사에 현존하는 순재산액이 조직변경으로 발행하는 주식의 발행가액 총액에 부족할 때에는 제1항의 결의 당시의 이사, 감사 및 사원은 연대하여 회사에 그 부족액을 지급할 책임이 있다. 이 경우에 제550조제2항 및 제551조제2항 · 제3항을 준용한다.

⑤ 제1항에 따라 조직을 변경하는 경우 제340조제3항, 제601조제1항, 제604조제3항 및 제606조를 준용한다.

[전문개정 2011. 4. 14.]

제608조(준용규정) 제232조의 규정은 제604조와 제607조의 조직변경의 경우에 준용한다. 〈개정 1984. 4. 10.〉

제6절 해산과 청산

제609조(해산사유) ①유한회사는 다음의 사유로 인하여 해산한다. 〈개정 2001. 7. 24.〉

1. 제227조제1호 · 제4호 내지 제6호에 규정된 사유
2. 사원총회의 결의

②전항제2호의 결의는 제585조의 규정에 의하여야 한다.

제610조(회사의 계속) ①제227조제1호 또는 전조제1항제2호의 사유로 인하여 회사가 해산한 경우에는 제585조의 규정에 의한 사원총회의 결의로써 회사를 계속할 수 있다.

② 삭제 〈2001. 7. 24.〉

제611조(준용규정) 제229조제3항의 규정은 전조의 회사 계속의 경우에 준용한다.

제612조(잔여재산의 분배) 잔여재산은 정관에 다른 정함이 있는 경우 외에는 각사원의 출자좌수에 따라 사원에게 분배하여야 한다.

제613조(준용규정) ①제228조, 제245조, 제252조 내지 제255조, 제259조, 제260조, 제264조, 제520조, 제531조 내지 제537조, 제540조와 제541조의 규정은 유한회사에 준용한다. 〈개정 1962. 12. 12.〉

②제209조, 제210조, 제366조제2항 · 제3항, 제367조, 제373조제2항, 제376조, 제377조, 제382조제2항, 제386조, 제388조, 제399조 내지 제402조, 제407조, 제408조, 제411조 내지 제413조, 제414조제3항, 제450조, 제466조제2항, 제539조, 제562조, 제563조, 제564조제3항, 제565조, 제566조, 제571조, 제572조제1항과 제581조의 규정은 유한회사의 청산인에 준용한다. 〈개정 1962. 12. 12., 1984. 4. 10.〉

제6장 외국회사

제614조(대표자, 영업소의 설정과 등기) ① 외국회사가 대한민국에서 영업을 하려면 대한민국에서의 대표자를 정하고 대한민국 내에 영업소를 설치하거나 대표자 중 1명 이상이 대한민국에 그 주소를 두어야 한다. 〈개정 2011. 4. 14.〉

②전항의 경우에는 외국회사는 그 영업소의 설치에 관하여 대한민국에서 설립되는 동종의 회사 또는 가장 유사한 회사의 지점과 동일한 등기를 하여야 한다.

③전항의 등기에서는 회사설립의 준거법과 대한민국에서의 대표자의 성명과 그 주소를 등기하여야 한다.

④제209조와 제210조의 규정은 외국회사의 대표자에게 준용한다. 〈개정 1962. 12. 12.〉

제615조(등기기간의 기산점) 전조제2항과 제3항의 규정에 의한 등기사항이 외국에서 생긴 때에는 등기기간은 그 통지가 도달한 날로부터 기산한다.

제616조(등기전의 계속거래의 금지) ①외국회사는 그 영업소의 소재지에서 제614조의 규정에 의한 등기를 하기 전에는 계속하여 거래를 하지 못한다.

②전항의 규정에 위반하여 거래를 한 자는 그 거래에 대하여 회사와 연대하여 책임을 진다.

제616조의2(대차대조표 또는 이에 상당하는 것의 공고) ① 외국회사로서 이 법에 따라 등기를 한 외국회사(대한민국에서의 같은 종류의 회사 또는 가장 비슷한 회사가 주식회사인 것만 해당한다)는 제449조에 따른 승인과 같은 종류의 절차 또는 이와 비슷한 절차가 종결된 후 지체 없이 대차대조표 또는 이에 상당하는 것으로서 대통령령으로 정하는 것을 대한민국에서 공고하여야 한다.

② 제1항의 공고에 대하여는 제289조제3항부터 제6항까지의 규정을 준용한다.

[본조신설 2011. 4. 14.]

제617조(유사외국회사) 외국에서 설립된 회사라도 대한민국에 그 본점을 설치하거나 대한민국에서 영업

할 것을 주된 목적으로 하는 때에는 대한민국에서 설립된 회사와 같은 규정에 따라야 한다.
[전문개정 2011. 4. 14.]

第618조(준용규정) ①제335조, 제335조의2부터 제335조의7까지, 제336조부터 제338조까지, 제340조제1항, 제355조, 제356조, 제356조의2, 제478조제1항, 제479조 및 제480조의 규정은 대한민국에서의 외국회사의 주권 또는 채권의 발행과 그 주식의 이전이나 입질 또는 사채의 이전에 준용한다. 〈개정 2014. 5. 20.〉
②전항의 경우에는 처음 대한민국에 설치한 영업소를 본점으로 본다.

第619조(영업소폐쇄명령) ①외국회사가 대한민국에 영업소를 설치한 경우에 다음의 사유가 있는 때에는 법원은 이해관계인 또는 검사의 청구에 의하여 그 영업소의 폐쇄를 명할 수 있다. 〈개정 1962. 12. 12.〉

1. 영업소의 설치목적이 불법한 것인 때
2. 영업소의 설치등기를 한 후 정당한 사유없이 1년 내에 영업을 개시하지 아니하거나 1년 이상 영업을 휴지한 때 또는 정당한 사유없이 지급을 정지한 때
3. 회사의 대표자 기타 업무를 집행하는 자가 법령 또는 선량한 풍속 기타 사회질서에 위반한 행위를 한 때

②제176조제2항 내지 제4항의 규정은 전항의 경우에 준용한다.

第620조(한국에 있는 재산의 청산) ①전조제1항의 규정에 의하여 영업소의 폐쇄를 명한 경우에는 법원은 이해관계인의 신청에 의하여 또는 직권으로 대한민국에 있는 그 회사재산의 전부에 대한 청산의 개시를 명할 수 있다. 이 경우에는 법원은 청산인을 선임하여야 한다.
②제535조 내지 제537조와 제542조의 규정은 그 성질이 허하지 아니하는 경우 외에는 전항의 청산에 준용한다.
③전2항의 규정은 외국회사가 스스로 영업소를 폐쇄한 경우에 준용한다.

第621조(외국회사의 지위) 외국회사는 다른 법률의 적용에 있어서는 법률에 다른 규정이 있는 경우 외에는 대한민국에서 성립된 동종 또는 가장 유사한 회사로 본다.

第7장 벌칙

第622조(발기인, 이사 기타의 임원등의 특별배임죄) ①회사의 발기인, 업무집행사원, 이사, 집행임원, 감사위원회 위원, 감사 또는 제386조제2항, 제407조제1항, 제415조 또는 제567조의 직무대행자, 지배인 기타 회사영업에 관한 어느 종류 또는 특정한 사항의 위임을 받은 사용인이 그 임무에 위배한 행위로써 재산상의 이익을 취하거나 제삼자로 하여금 이를 취득하게 하여 회사에 손해를 가한 때에는 10년 이하의 징역 또는 3천만원 이하의 벌금에 처한다. 〈개정 1984. 4. 10., 1995. 12. 29., 1999. 12. 31., 2011. 4. 14.〉
②회사의 청산인 또는 제542조제2항의 직무대행자, 제175조의 설립위원이 제1항의 행위를 한 때에도 제1항과 같다. 〈개정 1984. 4. 10.〉

第623조(사채권자집회의 대표자 등의 특별배임죄) 사채권자집회의 대표자 또는 그 결의를 집행하는 자가 그 임무에 위배한 행위로써 재산상의 이익을 취하거나 제삼자로 하여금 이를 취득하게 하여 사채권자에게 손해를 가한 때에는 7년 이하의 징역 또는 2천만원 이하의 벌금에 처한다. 〈개정 1984. 4. 10., 1995. 12. 29.〉

第624조(특별배임죄의 미수) 전2조의 미수범은 처벌한다.

第624조의2(주요주주 등 이해관계자와의 거래 위반의 죄) 제542조의9제1항을 위반하여 신용공여를 한 자는 5년 이하의 징역 또는 2억원 이하의 벌금에 처한다.
[본조신설 2009. 1. 30.]

제625조(회사재산을 위태롭게 하는 죄) 제622조제1항에 규정된 자, 검사인, 제298조제3항 · 제299조의2 · 제310조제3항 또는 제313조제2항의 공증인(인가공증인의 공증담당변호사를 포함한다. 이하 이 章에서 같다)이나 제299조의2, 제310조제3항 또는 제422조제1항의 감정인이 다음의 행위를 한 때에는 5년 이하의 징역 또는 1천500만 원 이하의 벌금에 처한다. 〈개정 2009. 2. 6., 2011. 4. 14.〉

1. 주식 또는 출자의 인수나 납입, 현물출자의 이행, 제290조, 제416조제4호 또는 제544조에 규정된 사항에 관하여 법원 · 총회 또는 발기인에게 부실한 보고를 하거나 사실을 은폐한 때
2. 누구의 명의로 하거나를 불문하고 회사의 계산으로 부정하게 그 주식 또는 지분을 취득하거나 질권의 목적으로 이를 받은 때
3. 법령 또는 정관에 위반하여 이익배당을 한 때
4. 회사의 영업범위외에서 투기행위를 하기 위하여 회사재산을 처분한 때

제625조의2(주식의 취득제한 등에 위반한 죄) 다음 각 호의 어느 하나에 해당하는 자는 2천만원 이하의 벌금에 처한다.

1. 제342조의2제1항 또는 제2항을 위반한 자
2. 제360조의3제7항을 위반한 자
3. 제523조의2제2항을 위반한 자
4. 제530조의6제5항을 위반한 자

[전문개정 2015. 12. 1.]

제626조(부실보고죄) 회사의 이사, 집행임원, 감사위원회 위원, 감사 또는 제386조제2항, 제407조제1항, 제415조 또는 제567조의 직무대행자가 제604조 또는 제607조의 조직변경의 경우에 제604조제2항 또는 제607조제2항의 순재산액에 관하여 법원 또는 총회에 부실한 보고를 하거나 사실을 은폐한 경우에는 5년 이하의 징역 또는 1천500만원 이하의 벌금에 처한다.

[전문개정 2011. 4. 14.]

제627조(부실문서행사죄) ①제622조제1항에 게기한 자, 외국회사의 대표자, 주식 또는 사채의 모집의 위탁을 받은 자가 주식 또는 사채를 모집함에 있어서 중요한 사항에 관하여 부실한 기재가 있는 주식청약서, 사채청약서, 사업계획서, 주식 또는 사채의 모집에 관한 광고 기타의 문서를 행사한 때에는 5년 이하의 징역 또는 1천500만원 이하의 벌금에 처한다. 〈개정 1984. 4. 10., 1995. 12. 29.〉

②주식 또는 사채를 매출하는 자가 그 매출에 관한 문서로서 중요한 사항에 관하여 부실한 기재가 있는 것을 행사한 때에도 제1항과 같다. 〈개정 1984. 4. 10.〉

제628조(납입가장죄등) ①제622조제1항에 게기한 자가 납입 또는 현물출자의 이행을 가장하는 행위를 한 때에는 5년 이하의 징역 또는 1천500만원 이하의 벌금에 처한다. 〈개정 1984. 4. 10., 1995. 12. 29.〉

②제1항의 행위에 응하거나 이를 중개한 자도 제1항과 같다. 〈개정 1984. 4. 10.〉

제629조(초과발행의 죄) 회사의 발기인, 이사, 집행임원 또는 제386조제2항 또는 제407조제1항의 직무대행자가 회사가 발행할 주식의 총수를 초과하여 주식을 발행한 경우에는 5년 이하의 징역 또는 1천500만원 이하의 벌금에 처한다.

[전문개정 2011. 4. 14.]

제630조(발기인, 이사 기타의 임원의 독직죄) ①제622조와 제623조에 규정된 자, 검사인, 제298조제3항 · 제299조의2 · 제310조제3항 또는 제313조제2항의 공증인이나 제299조의2, 제310조제3항 또는 제422조제1항의 감정인이 그 직무에 관하여 부정한 청탁을 받고 재산상의 이익을 수수, 요구 또는 약속한 때에는 5년 이하의 징역 또는 1천500만원 이하의 벌금에 처한다. 〈개정 1984. 4. 10., 1995. 12. 29., 1998. 12. 28.〉

②제1항의 이익을 약속, 공여 또는 공여의 의사를 표시한 자도 제1항과 같다. 〈개정 1984. 4. 10.〉

제631조(권리행사방해 등에 관한 증수뢰죄) ①다음의 사항에 관하여 부정한 청탁을 받고 재산상의 이익을 수수, 요구 또는 약속한 자는 1년 이하의 징역 또는 300만원 이하의 벌금에 처한다. 〈개정 1962. 12. 12., 1984. 4. 10., 1995. 12. 29., 1998. 12. 28., 1999. 12. 31., 2011. 4. 14.〉

1. 창립총회, 사원총회, 주주총회 또는 사채권자집회에서의 발언 또는 의결권의 행사
2. 제3편에 정하는 소의 제기, 발행주식의 총수의 100분의 1 또는 100분의 3 이상에 해당하는 주주, 사채총액의 100분의 10 이상에 해당하는 사채권자 또는 자본금의 100분의 3 이상에 해당하는 출자좌수를 가진 사원의 권리의 행사
3. 제402조 또는 제424조에 정하는 권리의 행사

②제1항의 이익을 약속, 공여 또는 공여의 의사를 표시한 자도 제1항과 같다. 〈개정 1984. 4. 10.〉

제632조(징역과 벌금의 병과) 제622조 내지 전조의 징역과 벌금은 이를 병과할 수 있다.

제633조(몰수, 추징) 제630조제1항 또는 제631조제1항의 경우에는 범인이 수수한 이익은 이를 몰수한다. 그 전부 또는 일부를 몰수하기 불능한 때에는 그 가액을 추징한다.

제634조(납입책임면탈의 죄) 납입의 책임을 면하기 위하여 타인 또는 가설인의 명의로 주식 또는 출자를 인수한 자는 1년 이하의 징역 또는 300만원 이하의 벌금에 처한다. 〈개정 1984. 4. 10., 1995. 12. 29.〉

제634조의2(주주의 권리행사에 관한 이익공여의 죄) ① 주식회사의 이사, 집행임원, 감사위원회 위원, 감사, 제386조제2항 · 제407조제1항 또는 제415조의 직무대행자, 지배인, 그 밖의 사용인이 주주의 권리행사와 관련하여 회사의 계산으로 재산상의 이익을 공여(供與)한 경우에는 1년 이하의 징역 또는 300만원 이하의 벌금에 처한다. 〈개정 2011. 4. 14.〉

②제1항의 이익을 수수하거나, 제3자에게 이를 공여하게 한 자도 제1항과 같다.

[본조신설 1984. 4. 10.]

제634조의3(양벌규정) 회사의 대표자나 대리인, 사용인, 그 밖의 종업원이 그 회사의 업무에 관하여 제624조의2의 위반행위를 하면 그 행위자를 벌하는 외에 그 회사에도 해당 조문의 벌금형을 과(科)한다. 다만, 회사가 제542조의13에 따른 의무를 성실히 이행한 경우 등 회사가 그 위반행위를 방지하기 위하여 해당 업무에 관하여 상당한 주의와 감독을 게을리하지 아니한 경우에는 그러하지 아니하다. 〈개정 2011. 4. 14.〉

[본조신설 2009. 1. 30.]

제635조(과태료에 처할 행위) ① 회사의 발기인, 설립위원, 업무집행사원, 업무집행자, 이사, 집행임원, 감사, 감사위원회 위원, 외국회사의 대표자, 검사인, 제298조제3항 · 제299조의2 · 제310조제3항 또는 제313조제2항의 공증인, 제299조의2 · 제310조제3항 또는 제422조제1항의 감정인, 지배인, 청산인, 명의개서대리인, 사채모집을 위탁받은 회사와 그 사무승계자 또는 제386조제2항 · 제407조제1항 · 제415조 · 제542조제2항 또는 제567조의 직무대행자가 다음 각 호의 어느 하나에 해당하는 행위를 한 경우에는 500만원 이하의 과태료를 부과한다. 다만, 그 행위에 대하여 형(刑)을 과(科)할 때에는 그러하지 아니하다. 〈개정 2011. 4. 14.〉

1. 이 편(編)에서 정한 등기를 게을리한 경우
2. 이 편에서 정한 공고 또는 통지를 게을리하거나 부정(不正)한 공고 또는 통지를 한 경우
3. 이 편에서 정한 검사 또는 조사를 방해한 경우
4. 이 편의 규정을 위반하여 정당한 사유 없이 서류의 열람 또는 등사, 등본 또는 초본의 발급을 거부한 경우
5. 관청, 총회, 사채권자집회 또는 발기인에게 부실한 보고를 하거나 사실을 은폐한 경우
6. 주권, 채권 또는 신주인수권증권에 적을 사항을

적지 아니하거나 부실하게 적은 경우
7. 정당한 사유 없이 주권의 명의개서를 하지 아니한 경우
8. 법률 또는 정관에서 정한 이사 또는 감사의 인원수를 궐(闕)한 경우에 그 선임절차를 게을리한 경우
9. 정관 · 주주명부 또는 그 복본(複本), 사원명부 · 사채원부 또는 그 복본, 의사록, 감사록, 재산목록, 대차대조표, 영업보고서, 사무보고서, 손익계산서, 그 밖에 회사의 재무상태와 경영성과를 표시하는 것으로서 제287조의33 및 제447조제1항 제3호에 따라 대통령령으로 정하는 서류, 결산보고서, 회계장부, 제447조 · 제534조 · 제579조제1항 또는 제613조제1항의 부속명세서 또는 감사보고서에 적을 사항을 적지 아니하거나 부실하게 적은 경우
10. 법원이 선임한 청산인에 대한 사무의 인계(引繼)를 게을리하거나 거부한 경우
11. 청산의 종결을 늦출 목적으로 제247조제3항, 제535조제1항 또는 제613조제1항의 기간을 부당하게 장기간으로 정한 경우
12. 제254조제4항, 제542조제1항 또는 제613조제1항을 위반하여 파산선고 청구를 게을리한 경우
13. 제589조제2항을 위반하여 출자의 인수인을 공모한 경우
14. 제232조, 제247조제3항, 제439조제2항, 제527조의5, 제530조제2항, 제530조의9제4항, 제530조의11제2항, 제597조, 제603조 또는 제608조를 위반하여 회사의 합병 · 분할 · 분할합병 또는 조직변경, 회사재산의 처분 또는 자본금의 감소를 한 경우
15. 제260조, 제542조제1항 또는 제613조제1항을 위반하여 회사재산을 분배한 경우
16. 제302조제2항, 제347조, 제420조, 제420조의2, 제474조제2항 또는 제514조을 위반하여 주식청약서, 신주인수권증서 또는 사채청약서를 작성하지 아니하거나 이에 적을 사항을 적지 아니하거나 또는 부실하게 적은 경우
17. 제342조 또는 제560조제1항을 위반하여 주식 또는 지분의 실효 절차, 주식 또는 지분의 질권 처분을 게을리한 경우
18. 제343조제1항 또는 제560조제1항을 위반하여 주식 또는 출자를 소각한 경우
19. 제355조제1항 · 제2항 또는 제618조를 위반하여 주권을 발행한 경우
20. 제358조의2제2항을 위반하여 주주명부에 기재를 하지 아니한 경우
21. 제363조의2제1항, 제542조제2항 또는 제542조의6제2항을 위반하여 주주가 제안한 사항을 주주총회의 목적사항으로 하지 아니한 경우
22. 제365조제1항 · 제2항, 제578조, 제467조제3항, 제582조제3항에 따른 법원의 명령을 위반하여 주주총회를 소집하지 아니하거나, 정관으로 정한 곳 외의 장소에서 주주총회를 소집하거나, 제363조, 제364조, 제571조제2항 · 제3항을 위반하여 주주총회를 소집한 경우
23. 제374조제2항, 제530조제2항 또는 제530조의11제2항을 위반하여 주식매수청구권의 내용과 행사방법을 통지 또는 공고하지 아니하거나 부실한 통지 또는 공고를 한 경우
24. 제287조의34제1항, 제396조제1항, 제448조제1항, 제510조제2항, 제522조의2제1항, 제527조의6제1항, 제530조의7, 제534조제3항, 제542조제2항, 제566조제1항, 제579조의3, 제603조 또는 제613조를 위반하여 장부 또는 서류를 갖추어 두지 아니한 경우
25. 제412조의5제3항을 위반하여 정당한 이유 없이 감사 또는 감사위원회의 조사를 거부한 경우
26. 제458조부터 제460조까지 또는 제583조를 위반하여 준비금을 적립하지 아니하거나 이를 사용한 경우

27. 제464조의2제1항의 기간에 배당금을 지급하지 아니한 경우
28. 제478조제1항 또는 제618조를 위반하여 채권을 발행한 경우
29. 제536조 또는 제613조제1항을 위반하여 채무변제를 한 경우
30. 제542조의5를 위반하여 이사 또는 감사를 선임한 경우
31. 제555조를 위반하여 지분에 대한 지시식 또는 무기명식의 증권을 발행한 경우
32. 제619조제1항에 따른 법원의 명령을 위반한 경우

② 발기인, 이사 또는 집행임원이 주권의 인수로 인한 권리를 양도한 경우에도 제1항과 같다. 〈개정 2011. 4. 14.〉

③ 제1항 각 호 외의 부분에 규정된 자가 다음 각 호의 어느 하나에 해당하는 행위를 한 경우에는 5천만원 이하의 과태료를 부과한다. 〈신설 2009. 1. 30.〉

1. 제542조의8제1항을 위반하여 사외이사 선임의무를 이행하지 아니한 경우
2. 제542조의8제4항을 위반하여 사외이사 후보추천위원회를 설치하지 아니하거나 사외이사가 총위원의 2분의 1 이상이 되도록 사외이사 후보추천위원회를 구성하지 아니한 경우
3. 제542조의8제5항에 따라 사외이사를 선임하지 아니한 경우
4. 제542조의9제3항을 위반하여 이사회 승인 없이 거래한 경우
5. 제542조의11제1항을 위반하여 감사위원회를 설치하지 아니한 경우
6. 제542조의11제2항을 위반하여 제415조의2제2항 및 제542조의11제2항 각 호의 감사위원회의 구성요건에 적합한 감사위원회를 설치하지 아니한 경우
7. 제542조의11제4항제1호 및 제2호를 위반하여 감사위원회가 제415조의2제2항 및 제542조의11제2항 각 호의 감사위원회의 구성요건에 적합하도록 하지 아니한 경우
8. 제542조의12제2항을 위반하여 감사위원회위원의 선임절차를 준수하지 아니한 경우

④ 제1항 각 호 외의 부분에 규정된 자가 다음 각 호의 어느 하나에 해당하는 행위를 한 경우에는 1천만원 이하의 과태료를 부과한다. 〈신설 2009. 1. 30.〉

1. 제542조의4에 따른 주주총회 소집의 통지 · 공고를 게을리하거나 부정한 통지 또는 공고를 한 경우
2. 제542조의7제4항 또는 제542조의12제5항을 위반하여 의안을 별도로 상정하여 의결하지 아니한 경우

제636조(등기전의 회사명의의 영업 등) ①회사의 성립전에 회사의 명의로 영업을 한 자는 회사설립의 등록세의 배액에 상당한 과태료에 처한다.

②전항의 규정은 제616조제1항의 규정에 위반한 자에 준용한다.

제637조(법인에 대한 벌칙의 적용) 제622조, 제623조, 제625조, 제627조, 제628조 또는 제630조제1항에 규정된 자가 법인인 경우에는 이 장의 벌칙은 그 행위를 한 이사, 집행임원, 감사, 그 밖에 업무를 집행한 사원 또는 지배인에게 적용한다.

[전문개정 2011. 4. 14.]

제637조의2(과태료의 부과 · 징수) ① 제635조(제1항제1호는 제외한다) 또는 제636조에 따른 과태료는 대통령령으로 정하는 바에 따라 법무부장관이 부과 · 징수한다.

② 제1항에 따른 과태료 처분에 불복하는 자는 그 처분을 고지받은 날부터 60일 이내에 법무부장관에게 이의를 제기할 수 있다.

③ 제1항에 따른 과태료 처분을 받은 자가 제2항에 따라 이의를 제기한 때에는 법무부장관은 지체 없이 관할 법원에 그 사실을 통보하여야 하며, 그 통보를

받은 관할 법원은 「비송사건절차법」에 따른 과태료 재판을 한다.

④ 제2항에서 규정하는 기간 내에 이의를 제기하지 아니하고 과태료를 납부하지 아니한 때에는 국세 체납처분의 예에 따라 징수한다.

[본조신설 2009. 1. 30.]

제4편 보험

제1장 통칙

제638조(보험계약의 의의) 보험계약은 당사자 일방이 약정한 보험료를 지급하고 재산 또는 생명이나 신체에 불확정한 사고가 발생할 경우에 상대방이 일정한 보험금이나 그 밖의 급여를 지급할 것을 약정함으로써 효력이 생긴다.

[전문개정 2014. 3. 11.]

제638조의2(보험계약의 성립) ①보험자가 보험계약자로부터 보험계약의 청약과 함께 보험료 상당액의 전부 또는 일부의 지급을 받은 때에는 다른 약정이 없으면 30일내에 그 상대방에 대하여 낙부의 통지를 발송하여야 한다. 그러나 인보험계약의 피보험자가 신체검사를 받아야 하는 경우에는 그 기간은 신체검사를 받은 날부터 기산한다.

②보험자가 제1항의 규정에 의한 기간내에 낙부의 통지를 해태한 때에는 승낙한 것으로 본다.

③보험자가 보험계약자로부터 보험계약의 청약과 함께 보험료 상당액의 전부 또는 일부를 받은 경우에 그 청약을 승낙하기 전에 보험계약에서 정한 보험사고가 생긴 때에는 그 청약을 거절할 사유가 없는 한 보험자는 보험계약상의 책임을 진다. 그러나 인보험계약의 피보험자가 신체검사를 받아야 하는 경우에 그 검사를 받지 아니한 때에는 그러하지 아니하다.

[본조신설 1991. 12. 31.]

제638조의3(보험약관의 교부·설명 의무) ① 보험자는 보험계약을 체결할 때에 보험계약자에게 보험약관을 교부하고 그 약관의 중요한 내용을 설명하여야 한다.

② 보험자가 제1항을 위반한 경우 보험계약자는 보험계약이 성립한 날부터 3개월 이내에 그 계약을 취소할 수 있다.

[전문개정 2014. 3. 11.]

제639조(타인을 위한 보험) ①보험계약자는 위임을 받거나 위임을 받지 아니하고 특정 또는 불특정의 타인을 위하여 보험계약을 체결할 수 있다. 그러나 손해보험계약의 경우에 그 타인의 위임이 없는 때에는 보험계약자는 이를 보험자에게 고지하여야 하고, 그 고지가 없는 때에는 타인이 그 보험계약이 체결된 사실을 알지 못하였다는 사유로 보험자에게 대항하지 못한다. 〈개정 1991. 12. 31.〉

②제1항의 경우에는 그 타인은 당연히 그 계약의 이익을 받는다. 그러나 손해보험계약의 경우에 보험계약자가 그 타인에게 보험사고의 발생으로 생긴 손해의 배상을 한 때에는 보험계약자는 그 타인의 권리를 해하지 아니하는 범위안에서 보험자에게 보험금액의 지급을 청구할 수 있다. 〈신설 1991. 12. 31.〉

③제1항의 경우에는 보험계약자는 보험자에 대하여 보험료를 지급할 의무가 있다. 그러나 보험계약자가 파산선고를 받거나 보험료의 지급을 지체한 때에는 그 타인이 그 권리를 포기하지 아니하는 한 그 타인도 보험료를 지급할 의무가 있다. 〈개정 1991. 12. 31.〉

제640조(보험증권의 교부) ①보험자는 보험계약이 성립한 때에는 지체없이 보험증권을 작성하여 보험계약자에게 교부하여야 한다. 그러나 보험계약자가 보험료의 전부 또는 최초의 보험료를 지급하지 아니한 때에는 그러하지 아니하다. 〈개정 1991. 12. 31.〉

②기존의 보험계약을 연장하거나 변경한 경우에는 보험자는 그 보험증권에 그 사실을 기재함으로써 보험증권의 교부에 갈음할 수 있다. 〈신설 1991. 12. 31.〉

제641조(증권에 관한 이의약관의 효력) 보험계약의 당사자는 보험증권의 교부가 있은 날로부터 일정한 기간내에 한하여 그 증권내용의 정부에 관한 이의를 할 수 있음을 약정할 수 있다. 이 기간은 1월을 내리지 못한다.

제642조(증권의 재교부청구) 보험증권을 멸실 또는 현저하게 훼손한 때에는 보험계약자는 보험자에 대하여 증권의 재교부를 청구할 수 있다. 그 증권작성의 비용은 보험계약자의 부담으로 한다.

제643조(소급보험) 보험계약은 그 계약전의 어느 시기를 보험기간의 시기로 할 수 있다.

제644조(보험사고의 객관적 확정의 효과) 보험계약당시에 보험사고가 이미 발생하였거나 또는 발생할 수 없는 것인 때에는 그 계약은 무효로 한다. 그러나 당사자 쌍방과 피보험자가 이를 알지 못한 때에는 그러하지 아니하다.

제645조 삭제 〈1991. 12. 31.〉

제646조(대리인이 안 것의 효과) 대리인에 의하여 보험계약을 체결한 경우에 대리인이 안 사유는 그 본인이 안 것과 동일한 것으로 한다.

제646조의2(보험대리상 등의 권한) ① 보험대리상은 다음 각 호의 권한이 있다.

1. 보험계약자로부터 보험료를 수령할 수 있는 권한
2. 보험자가 작성한 보험증권을 보험계약자에게 교부할 수 있는 권한
3. 보험계약자로부터 청약, 고지, 통지, 해지, 취소 등 보험계약에 관한 의사표시를 수령할 수 있는 권한
4. 보험계약자에게 보험계약의 체결, 변경, 해지 등 보험계약에 관한 의사표시를 할 수 있는 권한

② 제1항에도 불구하고 보험자는 보험대리상의 제1항 각 호의 권한 중 일부를 제한할 수 있다. 다만, 보험자는 그러한 권한 제한을 이유로 선의의 보험계약자에게 대항하지 못한다.

③ 보험대리상이 아니면서 특정한 보험자를 위하여 계속적으로 보험계약의 체결을 중개하는 자는 제1항제1호(보험자가 작성한 영수증을 보험계약자에게 교부하는 경우만 해당한다) 및 제2호의 권한이 있다.

④ 피보험자나 보험수익자가 보험료를 지급하거나 보험계약에 관한 의사표시를 할 의무가 있는 경우에는 제1항부터 제3항까지의 규정을 그 피보험자나 보험수익자에게도 적용한다.

[본조신설 2014. 3. 11.]

제647조(특별위험의 소멸로 인한 보험료의 감액청구) 보험계약의 당사자가 특별한 위험을 예기하여 보험료의 액을 정한 경우에 보험기간중 그 예기한 위험이 소멸한 때에는 보험계약자는 그 후의 보험료의 감액을 청구할 수 있다.

제648조(보험계약의 무효로 인한 보험료반환청구) 보험계약의 전부 또는 일부가 무효인 경우에 보험계약자와 피보험자가 선의이며 중대한 과실이 없는 때에는 보험자에 대하여 보험료의 전부 또는 일부의 반환을 청구할 수 있다. 보험계약자와 보험수익자가 선의이며 중대한 과실이 없는 때에도 같다.

제649조(사고발생전의 임의해지) ①보험사고가 발생하기 전에는 보험계약자는 언제든지 계약의 전부 또는 일부를 해지할 수 있다. 그러나 제639조의 보험계약의 경우에는 보험계약자는 그 타인의 동의를 얻지 아니하거나 보험증권을 소지하지 아니하면 그 계약을 해지하지 못한다. 〈개정 1991. 12. 31.〉

②보험사고의 발생으로 보험자가 보험금액을 지급한 때에도 보험금액이 감액되지 아니하는 보험의 경우에는 보험계약자는 그 사고발생후에도 보험계약을 해지할 수 있다. 〈신설 1991. 12. 31.〉

③제1항의 경우에는 보험계약자는 당사자간에 다른 약정이 없으면 미경과보험료의 반환을 청구할 수 있다. 〈개정 1991. 12. 31.〉

제650조(보험료의 지급과 지체의 효과) ①보험계약자는 계약체결후 지체없이 보험료의 전부 또는 제1회

보험료를 지급하여야 하며, 보험계약자가 이를 지급하지 아니하는 경우에는 다른 약정이 없는 한 계약성립후 2월이 경과하면 그 계약은 해제된 것으로 본다.

②계속보험료가 약정한 시기에 지급되지 아니한 때에는 보험자는 상당한 기간을 정하여 보험계약자에게 최고하고 그 기간내에 지급되지 아니한 때에는 그 계약을 해지할 수 있다.

③특정한 타인을 위한 보험의 경우에 보험계약자가 보험료의 지급을 지체한 때에는 보험자는 그 타인에게도 상당한 기간을 정하여 보험료의 지급을 최고한 후가 아니면 그 계약을 해제 또는 해지하지 못한다.

[전문개정 1991. 12. 31.]

第650조의2(보험계약의 부활) 제650조제2항에 따라 보험계약이 해지되고 해지환급금이 지급되지 아니한 경우에 보험계약자는 일정한 기간내에 연체보험료에 약정이자를 붙여 보험자에게 지급하고 그 계약의 부활을 청구할 수 있다. 제638조의2의 규정은 이 경우에 준용한다.

[본조신설 1991. 12. 31.]

第651조(고지의무위반으로 인한 계약해지) 보험계약당시에 보험계약자 또는 피보험자가 고의 또는 중대한 과실로 인하여 중요한 사항을 고지하지 아니하거나 부실의 고지를 한 때에는 보험자는 그 사실을 안 날로부터 1월내에, 계약을 체결한 날로부터 3년내에 한하여 계약을 해지할 수 있다. 그러나 보험자가 계약당시에 그 사실을 알았거나 중대한 과실로 인하여 알지 못한 때에는 그러하지 아니하다. 〈개정 1991. 12. 31.〉

第651조의2(서면에 의한 질문의 효력) 보험자가 서면으로 질문한 사항은 중요한 사항으로 추정한다.

[본조신설 1991. 12. 31.]

第652조(위험변경증가의 통지와 계약해지) ①보험기간 중에 보험계약자 또는 피보험자가 사고발생의 위험이 현저하게 변경 또는 증가된 사실을 안 때에는 지체없이 보험자에게 통지하여야 한다. 이를 해태한 때에는 보험자는 그 사실을 안 날로부터 1월내에 한하여 계약을 해지할 수 있다.

②보험자가 제1항의 위험변경증가의 통지를 받은 때에는 1월내에 보험료의 증액을 청구하거나 계약을 해지할 수 있다. 〈신설 1991. 12. 31.〉

第653조(보험계약자 등의 고의나 중과실로 인한 위험증가와 계약해지) 보험기간중에 보험계약자, 피보험자 또는 보험수익자의 고의 또는 중대한 과실로 인하여 사고발생의 위험이 현저하게 변경 또는 증가된 때에는 보험자는 그 사실을 안 날부터 1월내에 보험료의 증액을 청구하거나 계약을 해지할 수 있다. 〈개정 1991. 12. 31.〉

第654조(보험자의 파산선고와 계약해지) ①보험자가 파산의 선고를 받은 때에는 보험계약자는 계약을 해지할 수 있다.

②제1항의 규정에 의하여 해지하지 아니한 보험계약은 파산선고 후 3월을 경과한 때에는 그 효력을 잃는다. 〈개정 1991. 12. 31.〉

第655조(계약해지와 보험금청구권) 보험사고가 발생한 후라도 보험자가 제650조, 제651조, 제652조 및 제653조에 따라 계약을 해지하였을 때에는 보험금을 지급할 책임이 없고 이미 지급한 보험금의 반환을 청구할 수 있다. 다만, 고지의무(告知義務)를 위반한 사실 또는 위험이 현저하게 변경되거나 증가된 사실이 보험사고 발생에 영향을 미치지 아니하였음이 증명된 경우에는 보험금을 지급할 책임이 있다.

[전문개정 2014. 3. 11.]

第656조(보험료의 지급과 보험자의 책임개시) 보험자의 책임은 당사자간에 다른 약정이 없으면 최초의 보험료의 지급을 받은 때로부터 개시한다.

第657조(보험사고발생의 통지의무) ①보험계약자 또는 피보험자나 보험수익자는 보험사고의 발생을 안 때에는 지체없이 보험자에게 그 통지를 발송하여야 한다.

②보험계약자 또는 피보험자나 보험수익자가 제1항의 통지의무를 해태함으로 인하여 손해가 증가된 때에는 보험자는 그 증가된 손해를 보상할 책임이 없다. 〈신설 1991. 12. 31.〉

제658조(보험금액의 지급) 보험자는 보험금액의 지급에 관하여 약정기간이 있는 경우에는 그 기간내에 약정기간이 없는 경우에는 제657조제1항의 통지를 받은 후 지체없이 지급할 보험금액을 정하고 그 정하여진 날부터 10일내에 피보험자 또는 보험수익자에게 보험금액을 지급하여야 한다.

[전문개정 1991. 12. 31.]

제659조(보험자의 면책사유) ①보험사고가 보험계약자 또는 피보험자나 보험수익자의 고의 또는 중대한 과실로 인하여 생긴 때에는 보험자는 보험금액을 지급할 책임이 없다.

② 삭제 〈1991. 12. 31.〉

제660조(전쟁위험 등으로 인한 면책) 보험사고가 전쟁 기타의 변란으로 인하여 생긴 때에는 당사자간에 다른 약정이 없으면 보험자는 보험금액을 지급할 책임이 없다.

제661조(재보험) 보험자는 보험사고로 인하여 부담할 책임에 대하여 다른 보험자와 재보험계약을 체결할 수 있다. 이 재보험계약은 원보험계약의 효력에 영향을 미치지 아니한다.

제662조(소멸시효) 보험금청구권은 3년간, 보험료 또는 적립금의 반환청구권은 3년간, 보험료청구권은 2년간 행사하지 아니하면 시효의 완성으로 소멸한다.

[전문개정 2014. 3. 11.]

제663조(보험계약자 등의 불이익변경금지) 이 편의 규정은 당사자간의 특약으로 보험계약자 또는 피보험자나 보험수익자의 불이익으로 변경하지 못한다. 그러나 재보험 및 해상보험 기타 이와 유사한 보험의 경우에는 그러하지 아니하다. 〈개정 1991. 12. 31.〉

제664조(상호보험, 공제 등에의 준용) 이 편(編)의 규정은 그 성질에 반하지 아니하는 범위에서 상호보험(相互保險), 공제(共濟), 그 밖에 이에 준하는 계약에 준용한다.

[전문개정 2014. 3. 11.]

제2장 손해보험

제1절 통칙

제665조(손해보험자의 책임) 손해보험계약의 보험자는 보험사고로 인하여 생길 피보험자의 재산상의 손해를 보상할 책임이 있다.

제666조(손해보험증권) 손해보험증권에는 다음의 사항을 기재하고 보험자가 기명날인 또는 서명하여야 한다. 〈개정 1991. 12. 31., 2014. 3. 11.〉

1. 보험의 목적
2. 보험사고의 성질
3. 보험금액
4. 보험료와 그 지급방법
5. 보험기간을 정한 때에는 그 시기와 종기
6. 무효와 실권의 사유
7. 보험계약자의 주소와 성명 또는 상호

7의2. 피보험자의 주소, 성명 또는 상호

8. 보험계약의 연월일
9. 보험증권의 작성지와 그 작성년월일

제667조(상실이익 등의 불산입) 보험사고로 인하여 상실된 피보험자가 얻을 이익이나 보수는 당사자간에 다른 약정이 없으면 보험자가 보상할 손해액에 산입하지 아니한다.

제668조(보험계약의 목적) 보험계약은 금전으로 산정할 수 있는 이익에 한하여 보험계약의 목적으로 할 수 있다.

제669조(초과보험) ①보험금액이 보험계약의 목적의 가액을 현저하게 초과한 때에는 보험자 또는 보험계약자는 보험료와 보험금액의 감액을 청구할 수 있다. 그러나 보험료의 감액은 장래에 대하여서만 그 효력이 있다.

②제1항의 가액은 계약당시의 가액에 의하여 정한다. 〈개정 1991. 12. 31.〉
③보험가액이 보험기간 중에 현저하게 감소된 때에도 제1항과 같다.
④제1항의 경우에 계약이 보험계약자의 사기로 인하여 체결된 때에는 그 계약은 무효로 한다. 그러나 보험자는 그 사실을 안 때까지의 보험료를 청구할 수 있다.
제670조(기평가보험) 당사자간에 보험가액을 정한 때에는 그 가액은 사고발생시의 가액으로 정한 것으로 추정한다. 그러나 그 가액이 사고발생시의 가액을 현저하게 초과할 때에는 사고발생시의 가액을 보험가액으로 한다.
제671조(미평가보험) 당사자간에 보험가액을 정하지 아니한 때에는 사고발생시의 가액을 보험가액으로 한다.
제672조(중복보험) ①동일한 보험계약의 목적과 동일한 사고에 관하여 수개의 보험계약이 동시에 또는 순차로 체결된 경우에 그 보험금액의 총액이 보험가액을 초과한 때에는 보험자는 각자의 보험금액의 한도에서 연대책임을 진다. 이 경우에는 각 보험자의 보상책임은 각자의 보험금액의 비율에 따른다. 〈개정 1991. 12. 31.〉
②동일한 보험계약의 목적과 동일한 사고에 관하여 수개의 보험계약을 체결하는 경우에는 보험계약자는 각 보험자에 대하여 각 보험계약의 내용을 통지하여야 한다. 〈개정 1991. 12. 31.〉
③제669조제4항의 규정은 제1항의 보험계약에 준용한다.
제673조(중복보험과 보험자 1인에 대한 권리포기) 제672조의 규정에 의한 수개의 보험계약을 체결한 경우에 보험자 1인에 대한 권리의 포기는 다른 보험자의 권리의무에 영향을 미치지 아니한다. 〈개정 1991. 12. 31.〉
제674조(일부보험) 보험가액의 일부를 보험에 붙인 경우에는 보험자는 보험금액의 보험가액에 대한 비율에 따라 보상할 책임을 진다. 그러나 당사자간에 다른 약정이 있는 때에는 보험자는 보험금액의 한도내에서 그 손해를 보상할 책임을 진다. 〈개정 1991. 12. 31.〉
제675조(사고발생 후의 목적멸실과 보상책임) 보험의 목적에 관하여 보험자가 부담할 손해가 생긴 경우에는 그 후 그 목적이 보험자가 부담하지 아니하는 보험사고의 발생으로 인하여 멸실된 때에도 보험자는 이미 생긴 손해를 보상할 책임을 면하지 못한다. 〈개정 1962. 12. 12.〉
제676조(손해액의 산정기준) ①보험자가 보상할 손해액은 그 손해가 발생한 때와 곳의 가액에 의하여 산정한다. 그러나 당사자간에 다른 약정이 있는 때에는 그 신품가액에 의하여 손해액을 산정할 수 있다. 〈개정 1991. 12. 31.〉
②제1항의 손해액의 산정에 관한 비용은 보험자의 부담으로 한다. 〈개정 1991. 12. 31.〉
제677조(보험료체납과 보상액의 공제) 보험자가 손해를 보상할 경우에 보험료의 지급을 받지 아니한 잔액이 있으면 그 지급기일이 도래하지 아니한 때라도 보상할 금액에서 이를 공제할 수 있다.
제678조(보험자의 면책사유) 보험의 목적의 성질, 하자 또는 자연소모로 인한 손해는 보험자가 이를 보상할 책임이 없다.
제679조(보험목적의 양도) ①피보험자가 보험의 목적을 양도한 때에는 양수인은 보험계약상의 권리와 의무를 승계한 것으로 추정한다. 〈개정 1991. 12. 31.〉
②제1항의 경우에 보험의 목적의 양도인 또는 양수인은 보험자에 대하여 지체없이 그 사실을 통지하여야 한다. 〈신설 1991. 12. 31.〉
제680조(손해방지의무) ①보험계약자와 피보험자는 손해의 방지와 경감을 위하여 노력하여야 한다. 그러나 이를 위하여 필요 또는 유익하였던 비용과 보상액이 보험금액을 초과한 경우라도 보험자가 이를

부담한다. 〈개정 1991. 12. 31.〉

② 삭제 〈1991. 12. 31.〉

제681조(보험목적에 관한 보험대위) 보험의 목적의 전부가 멸실한 경우에 보험금액의 전부를 지급한 보험자는 그 목적에 대한 피보험자의 권리를 취득한다. 그러나 보험가액의 일부를 보험에 붙인 경우에는 보험자가 취득할 권리는 보험금액의 보험가액에 대한 비율에 따라 이를 정한다.

제682조(제3자에 대한 보험대위) ① 손해가 제3자의 행위로 인하여 발생한 경우에 보험금을 지급한 보험자는 그 지급한 금액의 한도에서 그 제3자에 대한 보험계약자 또는 피보험자의 권리를 취득한다. 다만, 보험자가 보상할 보험금의 일부를 지급한 경우에는 피보험자의 권리를 침해하지 아니하는 범위에서 그 권리를 행사할 수 있다.

② 보험계약자나 피보험자의 제1항에 따른 권리가 그와 생계를 같이 하는 가족에 대한 것인 경우 보험자는 그 권리를 취득하지 못한다. 다만, 손해가 그 가족의 고의로 인하여 발생한 경우에는 그러하지 아니하다.

[전문개정 2014. 3. 11.]

제2절 화재보험

제683조(화재보험자의 책임) 화재보험계약의 보험자는 화재로 인하여 생긴 손해를 보상할 책임이 있다.

제684조(소방 등의 소치로 인한 손해의 보상) 보험자는 화재의 소방 또는 손해의 감소에 필요한 조치로 인하여 생긴 손해를 보상할 책임이 있다.

제685조(화재보험증권) 화재보험증권에는 제666조에 게기한 사항외에 다음의 사항을 기재하여야 한다.

1. 건물을 보험의 목적으로 한 때에는 그 소재지, 구조와 용도
2. 동산을 보험의 목적으로 한 때에는 그 존치한 장소의 상태와 용도
3. 보험가액을 정한 때에는 그 가액

제686조(집합보험의 목적) 집합된 물건을 일괄하여 보험의 목적으로 한 때에는 피보험자의 가족과 사용인의 물건도 보험의 목적에 포함된 것으로 한다. 이 경우에는 그 보험은 그 가족 또는 사용인을 위하여서도 체결한 것으로 본다.

제687조(동전) 집합된 물건을 일괄하여 보험의 목적으로 한 때에는 그 목적에 속한 물건이 보험기간중에 수시로 교체된 경우에도 보험사고의 발생 시에 현존한 물건은 보험의 목적에 포함된 것으로 한다.

제3절 운송보험

제688조(운송보험자의 책임) 운송보험계약의 보험자는 다른 약정이 없으면 운송인이 운송물을 수령한 때로부터 수하인에게 인도할 때까지 생길 손해를 보상할 책임이 있다.

제689조(운송보험의 보험가액) ①운송물의 보험에 있어서는 발송한 때와 곳의 가액과 도착지까지의 운임 기타의 비용을 보험가액으로 한다.

②운송물의 도착으로 인하여 얻을 이익은 약정이 있는 때에 한하여 보험가액 중에 산입한다.

제690조(운송보험증권) 운송보험증권에는 제666조에 게기한 사항외에 다음의 사항을 기재하여야 한다.

1. 운송의 노순과 방법
2. 운송인의 수소와 성명 또는 상호
3. 운송물의 수령과 인도의 장소
4. 운송기간을 정한 때에는 그 기간
5. 보험가액을 정한 때에는 그 가액

제691조(운송의 중지나 변경과 계약효력) 보험계약은 다른 약정이 없으면 운송의 필요에 의하여 일시운송을 중지하거나 운송의 노순 또는 방법을 변경한 경우에도 그 효력을 잃지 아니한다.

제692조(운송보조자의 고의, 중과실과 보험자의 면책) 보험사고가 송하인 또는 수하인의 고의 또는 중대한 과실로 인하여 발생한 때에는 보험자는 이로 인하여 생긴 손해를 보상할 책임이 없다.

제4절 해상보험

제693조(해상보험자의 책임) 해상보험계약의 보험자는 해상사업에 관한 사고로 인하여 생길 손해를 보상할 책임이 있다. 〈개정 1991. 12. 31.〉

제694조(공동해손분담액의 보상) 보험자는 피보험자가 지급할 공동해손의 분담액을 보상할 책임이 있다. 그러나 보험의 목적의 공동해손분담가액이 보험가액을 초과할 때에는 그 초과액에 대한 분담액은 보상하지 아니한다. 〈개정 1991. 12. 31.〉

제694조의2(구조료의 보상) 보험자는 피보험자가 보험사고로 인하여 발생하는 손해를 방지하기 위하여 지급할 구조료를 보상할 책임이 있다. 그러나 보험의 목적물의 구조료분담가액이 보험가액을 초과할 때에는 그 초과액에 대한 분담액은 보상하지 아니한다.

[본조신설 1991. 12. 31.]

제694조의3(특별비용의 보상) 보험자는 보험의 목적의 안전이나 보존을 위하여 지급할 특별비용을 보험금액의 한도내에서 보상할 책임이 있다.

[본조신설 1991. 12. 31.]

제695조(해상보험증권) 해상보험증권에는 제666조에 게기한 사항외에 다음의 사항을 기재하여야 한다. 〈개정 1991. 12. 31.〉

1. 선박을 보험에 붙인 경우에는 그 선박의 명칭, 국적과 종류 및 항해의 범위
2. 적하를 보험에 붙인 경우에는 선박의 명칭, 국적과 종류, 선적항, 양륙항 및 출하지와 도착지를 정한 때에는 그 지명
3. 보험가액을 정한 때에는 그 가액

제696조(선박보험의 보험가액과 보험목적) ①선박의 보험에 있어서는 보험자의 책임이 개시될 때의 선박가액을 보험가액으로 한다.

②제1항의 경우에는 선박의 속구, 연료, 양식 기타 항해에 필요한 모든 물건은 보험의 목적에 포함된 것으로 한다. 〈개정 1991. 12. 31.〉

제697조(적하보험의 보험가액) 적하의 보험에 있어서는 선적한 때와 곳의 적하의 가액과 선적 및 보험에 관한 비용을 보험가액으로 한다. 〈개정 1962. 12. 12.〉

제698조(희망이익보험의 보험가액) 적하의 도착으로 인하여 얻을 이익 또는 보수의 보험에 있어서는 계약으로 보험가액을 정하지 아니한 때에는 보험금액을 보험가액으로 한 것으로 추정한다.

제699조(해상보험의 보험기간의 개시) ①항해단위로 선박을 보험에 붙인 경우에는 보험기간은 하물 또는 저하의 선적에 착수한 때에 개시한다.

②적하를 보험에 붙인 경우에는 보험기간은 하물의 선적에 착수한 때에 개시한다. 그러나 출하지를 정한 경우에는 그 곳에서 운송에 착수한 때에 개시한다.

③하물 또는 저하의 선적에 착수한 후에 제1항 또는 제2항의 규정에 의한 보험계약이 체결된 경우에는 보험기간은 계약이 성립한 때에 개시한다.

[전문개정 1991. 12. 31.]

제700조(해상보험의 보험기간의 종료) 보험기간은 제699조제1항의 경우에는 도착항에서 하물 또는 저하를 양륙한 때에, 동조제2항의 경우에는 양륙항 또는 도착지에서 하물을 인도한 때에 종료한다. 그러나 불가항력으로 인하지 아니하고 양륙이 지연된 때에는 그 양륙이 보통종료될 때에 종료된 것으로 한다. 〈개정 1991. 12. 31.〉

제701조(항해변경의 효과) ①선박이 보험계약에서 정하여진 발항항이 아닌 다른 항에서 출항한 때에는 보험자는 책임을 지지 아니한다.

②선박이 보험계약에서 정하여진 도착항이 아닌 다른 항을 향하여 출항한 때에도 제1항의 경우와 같다.

③보험자의 책임이 개시된 후에 보험계약에서 정하여진 도착항이 변경된 경우에는 보험자는 그 항해의 변경이 결정된 때부터 책임을 지지 아니한다.

[전문개정 1991. 12. 31.]

제701조의2(이로) 선박이 정당한 사유없이 보험계약에서 정하여진 항로를 이탈한 경우에는 보험자는 그때부터 책임을 지지 아니한다. 선박이 손해발생전에 원항로로 돌아온 경우에도 같다.

[본조신설 1991. 12. 31.]

제702조(발항 또는 항해의 지연의 효과) 피보험자가 정당한 사유없이 발항 또는 항해를 지연한 때에는 보험자는 발항 또는 항해를 지체한 이후의 사고에 대하여 책임을 지지 아니한다.

[전문개정 1991. 12. 31.]

제703조(선박변경의 효과) 적하를 보험에 붙인 경우에 보험계약자 또는 피보험자의 책임있는 사유로 인하여 선박을 변경한 때에는 그 변경후의 사고에 대하여 책임을 지지 아니한다. 〈개정 1991. 12. 31.〉

제703조의2(선박의 양도 등의 효과) 선박을 보험에 붙인 경우에 다음의 사유가 있을 때에는 보험계약은 종료한다. 그러나 보험자의 동의가 있는 때에는 그러하지 아니하다.

1. 선박을 양도할 때
2. 선박의 선급을 변경한 때
3. 선박을 새로운 관리로 옮긴 때

[본조신설 1991. 12. 31.]

제704조(선박미확정의 적하예정보험) ①보험계약의 체결당시에 하물을 적재할 선박을 지정하지 아니한 경우에 보험계약자 또는 피보험자가 그 하물이 선적되었음을 안 때에는 지체없이 보험자에 대하여 그 선박의 명칭, 국적과 하물의 종류, 수량과 가액의 통지를 발송하여야 한다. 〈개정 1991. 12. 31.〉

②제1항의 통지를 해태한 때에는 보험자는 그 사실을 안 날부터 1월내에 계약을 해지할 수 있다. 〈개정 1991. 12. 31.〉

제705조 삭제 〈1991. 12. 31.〉

제706조(해상보험자의 면책사유) 보험자는 다음의 손해와 비용을 보상할 책임이 없다. 〈개정 1991. 12. 31.〉

1. 선박 또는 운임을 보험에 붙인 경우에는 발항당시 안전하게 항해를 하기에 필요한 준비를 하지 아니하거나 필요한 서류를 비치하지 아니함으로 인하여 생긴 손해
2. 적하를 보험에 붙인 경우에는 용선자, 송하인 또는 수하인의 고의 또는 중대한 과실로 인하여 생긴 손해
3. 도선료, 입항료, 등대료, 검역료, 기타 선박 또는 적하에 관한 항해 중의 통상비용

제707조 삭제 〈1991. 12. 31.〉

제707조의2(선박의 일부손해의 보상) ①선박의 일부가 훼손되어 그 훼손된 부분의 전부를 수선한 경우에는 보험자는 수선에 따른 비용을 1회의 사고에 대하여 보험금액을 한도로 보상할 책임이 있다.

②선박의 일부가 훼손되어 그 훼손된 부분의 일부를 수선한 경우에는 보험자는 수선에 따른 비용과 수선을 하지 아니함으로써 생긴 감가액을 보상할 책임이 있다.

③선박의 일부가 훼손되었으나 이를 수선하지 아니한 경우에는 보험자는 그로 인한 감가액을 보상할 책임이 있다.

[본조신설 1991. 12. 31.]

제708조(적하의 일부손해의 보상) 보험의 목적인 적하가 훼손되어 양륙항에 도착한 때에는 보험자는 그 훼손된 상태의 가액과 훼손되지 아니한 상태의 가액과의 비율에 따라 보험가액의 일부에 대한 손해를 보상할 책임이 있다.

제709조(적하매각으로 인한 손해의 보상) ①항해도중에 불가항력으로 보험의 목적인 적하를 매각한 때에는 보험자는 그 대금에서 운임 기타 필요한 비용을 공제한 금액과 보험가액과의 차액을 보상하여야 한다.

②제1항의 경우에 매수인이 대금을 지급하지 아니한 때에는 보험자는 그 금액을 지급하여야 한다. 보험자가 그 금액을 지급한 때에는 피보험자의 매수인에 대한 권리를 취득한다. 〈개정 1991. 12. 31.〉

제710조(보험위부의 원인) 다음의 경우에는 피보험자는 보험의 목적을 보험자에게 위부하고 보험금액의 전부를 청구할 수 있다. 〈개정 1991. 12. 31.〉

1. 피보험자가 보험사고로 인하여 자기의 선박 또는 적하의 점유를 상실하여 이를 회복할 가능성이 없거나 회복하기 위한 비용이 회복하였을 때의 가액을 초과하리라고 예상될 경우
2. 선박이 보험사고로 인하여 심하게 훼손되어 이를 수선하기 위한 비용이 수선하였을 때의 가액을 초과하리라고 예상될 경우
3. 적하가 보험사고로 인하여 심하게 훼손되어서 이를 수선하기 위한 비용과 그 적하를 목적지까지 운송하기 위한 비용과의 합계액이 도착하는 때의 적하의 가액을 초과하리라고 예상될 경우

제711조(선박의 행방불명) ①선박의 존부가 2월간 분명하지 아니한 때에는 그 선박의 행방이 불명한 것으로 한다. 〈개정 1991. 12. 31.〉

②제1항의 경우에는 전손으로 추정한다. 〈개정 1991. 12. 31.〉

제712조(대선에 의한 운송의 계속과 위부권의 소멸) 제710조제2호의 경우에 선장이 지체없이 다른 선박으로 적하의 운송을 계속한 때에는 피보험자는 그 적하를 위부할 수 없다. 〈개정 1991. 12. 31.〉

제713조(위부의 통지) ①피보험자가 위부를 하고자 할 때에는 상당한 기간내에 보험자에 대하여 그 통지를 발송하여야 한다. 〈개정 1991. 12. 31.〉

② 삭제 〈1991. 12. 31.〉

제714조(위부권행사의 요건) ①위부는 무조건이어야 한다.

②위부는 보험의 목적의 전부에 대하여 이를 하여야 한다. 그러나 위부의 원인이 그 일부에 대하여 생긴 때에는 그 부분에 대하여서만 이를 할 수 있다.

③보험가액의 일부를 보험에 붙인 경우에는 위부는 보험금액의 보험가액에 대한 비율에 따라서만 이를 할 수 있다.

제715조(다른 보험계약등에 관한 통지) ①피보험자가 위부를 함에 있어서는 보험자에 대하여 보험의 목적에 관한 다른 보험계약과 그 부담에 속한 채무의 유무와 그 종류 및 내용을 통지하여야 한다.

②보험자는 제1항의 통지를 받을 때까지 보험금액의 지급을 거부할 수 있다. 〈개정 1991. 12. 31.〉

③보험금액의 지급에 관한 기간의 약정이 있는 때에는 그 기간은 제1항의 통지를 받은 날로부터 기산한다.

제716조(위부의 승인) 보험자가 위부를 승인한 후에는 그 위부에 대하여 이의를 하지 못한다.

제717조(위부의 불승인) 보험자가 위부를 승인하지 아니한 때에는 피보험자는 위부의 원인을 증명하지 아니하면 보험금액의 지급을 청구하지 못한다.

제718조(위부의 효과) ①보험자는 위부로 인하여 그 보험의 목적에 관한 피보험자의 모든 권리를 취득한다.

②피보험자가 위부를 한 때에는 보험의 목적에 관한 모든 서류를 보험자에게 교부하여야 한다.

제5절 책임보험

제719조(책임보험자의 책임) 책임보험계약의 보험자는 피보험자가 보험기간 중의 사고로 인하여 제3자에게 배상할 책임을 진 경우에 이를 보상할 책임이 있다.

제720조(피보험자가 지출한 방어비용의 부담) ①피보험자가 제3자의 청구를 방어하기 위하여 지출한 재판상 또는 재판외의 필요비용은 보험의 목적에 포함된 것으로 한다. 피보험자는 보험자에 대하여 그 비용의 선급을 청구할 수 있다.

②피보험자가 담보의 제공 또는 공탁으로써 재판의 집행을 면할 수 있는 경우에는 보험자에 대하여 보험금액의 한도내에서 그 담보의 제공 또는 공탁을 청구할 수 있다.

③제1항 또는 제2항의 행위가 보험자의 지시에 의한 것인 경우에는 그 금액에 손해액을 가산한 금액이 보험금액을 초과하는 때에도 보험자가 이를 부담하여야 한다. 〈개정 1991. 12. 31.〉

제721조(영업책임보험의 목적) 피보험자가 경영하는 사업에 관한 책임을 보험의 목적으로 한 때에는 피보험자의 대리인 또는 그 사업감독자의 제3자에 대한 책임도 보험의 목적에 포함된 것으로 한다.

제722조(피보험자의 배상청구 사실 통지의무) ① 피보험자가 제3자로부터 배상청구를 받았을 때에는 지체 없이 보험자에게 그 통지를 발송하여야 한다.

② 피보험자가 제1항의 통지를 게을리하여 손해가 증가된 경우 보험자는 그 증가된 손해를 보상할 책임이 없다. 다만, 피보험자가 제657조제1항의 통지를 발송한 경우에는 그러하지 아니하다.

[전문개정 2014. 3. 11.]

제723조(피보험자의 변제 등의 통지와 보험금액의 지급) ①피보험자가 제3자에 대하여 변제, 승인, 화해 또는 재판으로 인하여 채무가 확정된 때에는 지체없이 보험자에게 그 통지를 발송하여야 한다.

②보험자는 특별한 기간의 약정이 없으면 전항의 통지를 받은 날로부터 10일내에 보험금액을 지급하여야 한다.

③피보험자가 보험자의 동의없이 제3자에 대하여 변제, 승인 또는 화해를 한 경우에는 보험자가 그 책임을 면하게 되는 합의가 있는 때에도 그 행위가 현저하게 부당한 것이 아니면 보험자는 보상할 책임을 면하지 못한다.

제724조(보험자와 제3자와의 관계) ①보험자는 피보험자가 책임을 질 사고로 인하여 생긴 손해에 대하여 제3자가 그 배상을 받기 전에는 보험금액의 전부 또는 일부를 피보험자에게 지급하지 못한다.

②제3자는 피보험자가 책임을 질 사고로 입은 손해에 대하여 보험금액의 한도내에서 보험자에게 직접 보상을 청구할 수 있다. 그러나 보험자는 피보험자가 그 사고에 관하여 가지는 항변으로써 제3자에게 대항할 수 있다. 〈개정 1991. 12. 31.〉

③보험자가 제2항의 규정에 의한 청구를 받은 때에는 지체없이 피보험자에게 이를 통지하여야 한다. 〈신설 1991. 12. 31.〉

④제2항의 경우에 피보험자는 보험자의 요구가 있을 때에는 필요한 서류 · 증거의 제출, 증언 또는 증인의 출석에 협조하여야 한다. 〈신설 1991. 12. 31.〉

제725조(보관자의 책임보험) 임차인 기타 타인의 물건을 보관하는 자가 그 지급할 손해배상을 위하여 그 물건을 보험에 붙인 경우에는 그 물건의 소유자는 보험자에 대하여 직접 그 손해의 보상을 청구할 수 있다.

제725조의2(수개의 책임보험) 피보험자가 동일한 사고로 제3자에게 배상책임을 짐으로써 입은 손해를 보상하는 수개의 책임보험계약이 동시 또는 순차로 체결된 경우에 그 보험금액의 총액이 피보험자의 제3자에 대한 손해배상액을 초과하는 때에는 제672조와 제673조의 규정을 준용한다.

[본조신설 1991. 12. 31.]

제726조(재보험에의 준용) 이 절(節)의 규정은 그 성질에 반하지 아니하는 범위에서 재보험계약에 준용한다.

[전문개정 2014. 3. 11.]

제6절 자동차보험

제726조의2(자동차보험자의 책임) 자동차보험계약의 보험자는 피보험자가 자동차를 소유, 사용 또는 관리하는 동안에 발생한 사고로 인하여 생긴 손해를 보상할 책임이 있다.

[본조신설 1991. 12. 31.]

제726조의3(자동차 보험증권) 자동차 보험증권에는 제666조에 게기한 사항외에 다음의 사항을 기재하여야 한다.

1. 자동차소유자와 그 밖의 보유자의 성명과 생년월일 또는 상호
2. 피보험자동차의 등록번호, 차대번호, 차형년식과 기계장치
3. 차량가액을 정한 때에는 그 가액

[본조신설 1991. 12. 31.]

제726조의4(자동차의 양도) ①피보험자가 보험기간 중에 자동차를 양도한 때에는 양수인은 보험자의 승낙을 얻은 경우에 한하여 보험계약으로 인하여 생긴 권리와 의무를 승계한다.

②보험자가 양수인으로부터 양수사실을 통지받은 때에는 지체없이 낙부를 통지하여야 하고 통지받은 날부터 10일내에 낙부의 통지가 없을 때에는 승낙한 것으로 본다.

[본조신설 1991. 12. 31.]

제7절 보증보험 〈신설 2014. 3. 11.〉

제726조의5(보증보험자의 책임) 보증보험계약의 보험자는 보험계약자가 피보험자에게 계약상의 채무불이행 또는 법령상의 의무불이행으로 입힌 손해를 보상할 책임이 있다.

[본조신설 2014. 3. 11.]

제726조의6(적용 제외) ① 보증보험계약에 관하여는 제639조제2항 단서를 적용하지 아니한다.

② 보증보험계약에 관하여는 보험계약자의 사기, 고의 또는 중대한 과실이 있는 경우에도 이에 대하여 피보험자에게 책임이 있는 사유가 없으면 제651조, 제652조, 제653조 및 제659조제1항을 적용하지 아니한다.

[본조신설 2014. 3. 11.]

제726조의7(준용규정) 보증보험계약에 관하여는 그 성질에 반하지 아니하는 범위에서 보증채무에 관한 「민법」의 규정을 준용한다.

[본조신설 2014. 3. 11.]

제3장 인보험

제1절 통칙

제727조(인보험자의 책임) ①인보험계약의 보험자는 피보험자의 생명이나 신체에 관하여 보험사고가 발생할 경우에 보험계약으로 정하는 바에 따라 보험금이나 그 밖의 급여를 지급할 책임이 있다. 〈개정 2014. 3. 11.〉

② 제1항의 보험금은 당사자 간의 약정에 따라 분할하여 지급할 수 있다. 〈신설 2014. 3. 11.〉

[제목개정 2014. 3. 11.]

제728조(인보험증권) 인보험증권에는 제666조에 게기한 사항외에 다음의 사항을 기재하여야 한다. 〈개정 1991. 12. 31.〉

1. 보험계약의 종류
2. 피보험자의 주소 · 성명 및 생년월일
3. 보험수익자를 정한 때에는 그 주소 · 성명 및 생년월일

제729조(제3자에 대한 보험대위의 금지) 보험자는 보험사고로 인하여 생긴 보험계약자 또는 보험수익자의 제3자에 대한 권리를 대위하여 행사하지 못한다. 그러나 상해보험계약의 경우에 당사자간에 다른 약정이 있는 때에는 보험자는 피보험자의 권리를 해하지 아니하는 범위안에서 그 권리를 대위하여 행사할 수 있다. 〈개정 1991. 12. 31.〉

제2절 생명보험

제730조(생명보험자의 책임) 생명보험계약의 보험자는 피보험자의 사망, 생존, 사망과 생존에 관한 보험사고가 발생할 경우에 약정한 보험금을 지급할 책임이 있다. 〈개정 2014. 3. 11.〉

[제목개정 2014. 3. 11.]

제731조(타인의 생명의 보험) ①타인의 사망을 보험사고로 하는 보험계약에는 보험계약 체결시에 그 타인의 서면(「전자서명법」 제2조제2호에 따른 전자서명이 있는 경우로서 대통령령으로 정하는 바에 따라 본인 확인 및 위조 · 변조 방지에 대한 신뢰성을 갖춘 전자문서를 포함한다)에 의한 동의를 얻어야 한다. 〈개정 1991. 12. 31., 2017. 10. 31., 2020. 6. 9.〉

②보험계약으로 인하여 생긴 권리를 피보험자가 아닌 자에게 양도하는 경우에도 제1항과 같다. 〈개정 1991. 12. 31.〉

제732조(15세미만자등에 대한 계약의 금지) 15세미만

자, 심신상실자 또는 심신박약자의 사망을 보험사고로 한 보험계약은 무효로 한다. 다만, 심신박약자가 보험계약을 체결하거나 제735조의3에 따른 단체보험의 피보험자가 될 때에 의사능력이 있는 경우에는 그러하지 아니하다. 〈개정 1962. 12. 12., 1991. 12. 31., 2014. 3. 11.〉

제732조의2(중과실로 인한 보험사고 등) ① 사망을 보험사고로 한 보험계약에서는 사고가 보험계약자 또는 피보험자나 보험수익자의 중대한 과실로 인하여 발생한 경우에도 보험자는 보험금을 지급할 책임을 면하지 못한다.

② 둘 이상의 보험수익자 중 일부가 고의로 피보험자를 사망하게 한 경우 보험자는 다른 보험수익자에 대한 보험금 지급 책임을 면하지 못한다.

[전문개정 2014. 3. 11.]

제733조(보험수익자의 지정 또는 변경의 권리) ①보험계약자는 보험수익자를 지정 또는 변경할 권리가 있다.

②보험계약자가 제1항의 지정권을 행사하지 아니하고 사망한 때에는 피보험자를 보험수익자로 하고 보험계약자가 제1항의 변경권을 행사하지 아니하고 사망한 때에는 보험수익자의 권리가 확정된다. 그러나 보험계약자가 사망한 경우에는 그 승계인이 제1항의 권리를 행사할 수 있다는 약정이 있는 때에는 그러하지 아니하다. 〈개정 1991. 12. 31.〉

③보험수익자가 보험존속 중에 사망한 때에는 보험계약자는 다시 보험수익자를 지정할 수 있다. 이 경우에 보험계약자가 지정권을 행사하지 아니하고 사망한 때에는 보험수익자의 상속인을 보험수익자로 한다.

④보험계약자가 제2항과 제3항의 지정권을 행사하기 전에 보험사고가 생긴 경우에는 피보험자 또는 보험수익자의 상속인을 보험수익자로 한다. 〈신설 1991. 12. 31.〉

제734조(보험수익자지정권 등의 통지) ①보험계약자가 계약체결후에 보험수익자를 지정 또는 변경할 때에는 보험자에 대하여 그 통지를 하지 아니하면 이로써 보험자에게 대항하지 못한다.

②제731조제1항의 규정은 제1항의 지정 또는 변경에 준용한다. 〈개정 1962. 12. 12., 1991. 12. 31.〉

제735조 삭제 〈2014. 3. 11.〉

제735조의2 삭제 〈2014. 3. 11.〉

제735조의3(단체보험) ①단체가 규약에 따라 구성원의 전부 또는 일부를 피보험자로 하는 생명보험계약을 체결하는 경우에는 제731조를 적용하지 아니한다.

②제1항의 보험계약이 체결된 때에는 보험자는 보험계약자에 대하여서만 보험증권을 교부한다.

③ 제1항의 보험계약에서 보험계약자가 피보험자 또는 그 상속인이 아닌 자를 보험수익자로 지정할 때에는 단체의 규약에서 명시적으로 정하는 경우 외에는 그 피보험자의 제731조제1항에 따른 서면 동의를 받아야 한다. 〈신설 2014. 3. 11., 2017. 10. 31.〉

[본조신설 1991. 12. 31.]

제736조(보험적립금반환의무 등) ①제649조, 제650조, 제651조 및 제652조 내지 제655조의 규정에 의하여 보험계약이 해지된 때, 제659조와 제660조의 규정에 의하여 보험금액의 지급책임이 면제된 때에는 보험자는 보험수익자를 위하여 적립한 금액을 보험계약자에게 지급하여야 한다. 그러나 다른 약정이 없으면 제659조제1항의 보험사고가 보험계약자에 의하여 생긴 경우에는 그러하지 아니하다. 〈개정 1991. 12. 31.〉

② 삭제 〈1991. 12. 31.〉

제3절 상해보험

제737조(상해보험자의 책임) 상해보험계약의 보험자는 신체의 상해에 관한 보험사고가 생길 경우에 보험금액 기타의 급여를 할 책임이 있다.

제738조(상해보험증권) 상해보험의 경우에 피보험자와 보험계약자가 동일인이 아닐 때에는 그 보험증권

기재사항중 제728조제2호에 게기한 사항에 갈음하여 피보험자의 직무 또는 직위만을 기재할 수 있다.

제739조(준용규정) 상해보험에 관하여는 제732조를 제외하고 생명보험에 관한 규정을 준용한다.

제4절 질병보험 〈신설 2014. 3. 11.〉

제739조의2(질병보험자의 책임) 질병보험계약의 보험자는 피보험자의 질병에 관한 보험사고가 발생할 경우 보험금이나 그 밖의 급여를 지급할 책임이 있다.

[본조신설 2014. 3. 11.]

제739조의3(질병보험에 대한 준용규정) 질병보험에 관하여는 그 성질에 반하지 아니하는 범위에서 생명보험 및 상해보험에 관한 규정을 준용한다.

[본조신설 2014. 3. 11.]

제5편 해상 〈개정 2007. 8. 3.〉

제1장 해상기업 〈개정 2007. 8. 3.〉

제1절 선박 〈개정 2007. 8. 3.〉

제740조(선박의 의의) 이 법에서 "선박"이란 상행위나 그 밖의 영리를 목적으로 항해에 사용하는 선박을 말한다.

[전문개정 2007. 8. 3.]

제741조(적용범위) ①항해용 선박에 대하여는 상행위나 그 밖의 영리를 목적으로 하지 아니하더라도 이 편의 규정을 준용한다. 다만, 국유 또는 공유의 선박에 대하여는 「선박법」 제29조 단서에도 불구하고 항해의 목적 · 성질 등을 고려하여 이 편의 규정을 준용하는 것이 적합하지 아니한 경우로서 대통령령으로 정하는 경우에는 그러하지 아니하다.

②이 편의 규정은 단정(短艇) 또는 주로 노 또는 상앗대로 운전하는 선박에는 적용하지 아니한다.

[전문개정 2007. 8. 3.]

제742조(선박의 종물) 선박의 속구목록(屬具目錄)에 기재한 물건은 선박의 종물로 추정한다.

[전문개정 2007. 8. 3.]

제743조(선박소유권의 이전) 등기 및 등록할 수 있는 선박의 경우 그 소유권의 이전은 당사자 사이의 합의만으로 그 효력이 생긴다. 다만, 이를 등기하고 선박국적증서에 기재하지 아니하면 제3자에게 대항하지 못한다.

[전문개정 2007. 8. 3.]

제744조(선박의 압류 · 가압류) ①항해의 준비를 완료한 선박과 그 속구는 압류 또는 가압류를 하지 못한다. 다만, 항해를 준비하기 위하여 생긴 채무에 대하여는 그러하지 아니하다.

②제1항은 총톤수 20톤 미만의 선박에는 적용하지 아니한다.

[전문개정 2007. 8. 3.]

제2절 선장 〈개정 2007. 8. 3.〉

제745조(선장의 선임 · 해임) 선장은 선박소유자가 선임 또는 해임한다.

[전문개정 2007. 8. 3.]

제746조(선장의 부당한 해임에 대한 손해배상청구권) 선박소유자가 정당한 사유 없이 선장을 해임한 때에는 선장은 이로 인하여 생긴 손해의 배상을 청구할 수 있다.

[전문개정 2007. 8. 3.]

제747조(선장의 계속직무집행의 책임) 선장은 항해 중에 해임 또는 임기가 만료된 경우에도 다른 선장이 그 업무를 처리할 수 있는 때 또는 그 선박이 선적항에 도착할 때까지 그 직무를 집행할 책임이 있다.

[전문개정 2007. 8. 3.]

제748조(선장의 대선장 선임의 권한 및 책임) 선장은 불가항력으로 인하여 그 직무를 집행하기가 불능한 때에 법령에 다른 규정이 있는 경우를 제외하고는 자기의 책임으로 타인을 선정하여 선장의 직무를 집행하게 할 수 있다.

[전문개정 2007. 8. 3.]

제749조(대리권의 범위) ①선적항 외에서는 선장은

항해에 필요한 재판상 또는 재판 외의 모든 행위를 할 권한이 있다.
②선적항에서는 선장은 특히 위임을 받은 경우 외에는 해원의 고용과 해고를 할 권한만을 가진다.
[전문개정 2007. 8. 3.]

제750조(특수한 행위에 대한 권한) ①선장은 선박수선료 · 해난구조료, 그 밖에 항해의 계속에 필요한 비용을 지급하여야 할 경우 외에는 다음의 행위를 하지 못한다.
1. 선박 또는 속구를 담보에 제공하는 일
2. 차재(借財)하는 일
3. 적하의 전부나 일부를 처분하는 일
②적하를 처분할 경우의 손해배상액은 그 적하가 도달할 시기의 양륙항의 가격에 의하여 정한다. 다만, 그 가격 중에서 지급을 요하지 아니하는 비용을 공제하여야 한다.
[전문개정 2007. 8. 3.]

제751조(대리권에 대한 제한) 선장의 대리권에 대한 제한은 선의의 제3자에게 대항하지 못한다.
[전문개정 2007. 8. 3.]

제752조(이해관계인을 위한 적하의 처분) ①선장이 항해 중에 적하를 처분하는 경우에는 이해관계인의 이익을 위하여 가장 적당한 방법으로 하여야 한다.
②제1항의 경우에 이해관계인은 선장의 처분으로 인하여 생긴 채권자에게 적하의 가액을 한도로 하여 그 책임을 진다. 다만, 그 이해관계인에게 과실이 있는 때에는 그러하지 아니하다.
[전문개정 2007. 8. 3.]

제753조(선박경매권) 선적항 외에서 선박이 수선하기 불가능하게 된 때에는 선장은 해무관청의 인가를 받아 이를 경매할 수 있다.
[전문개정 2007. 8. 3.]

제754조(선박의 수선불능) ①다음 각 호의 경우에는 선박은 수선하기 불가능하게 된 것으로 본다.
1. 선박이 그 현재지에서 수선을 받을 수 없으며 또 그 수선을 할 수 있는 곳에 도달하기 불가능한 때
2. 수선비가 선박의 가액의 4분의 3을 초과할 때
②제1항제2호의 가액은 선박이 항해 중 훼손된 경우에는 그 발항한 때의 가액으로 하고 그 밖의 경우에는 그 훼손 전의 가액으로 한다.
[전문개정 2007. 8. 3.]

제755조(보고 · 계산의 의무) ①선장은 항해에 관한 중요한 사항을 지체 없이 선박소유자에게 보고하여야 한다.
②선장은 매 항해를 종료한 때에는 그 항해에 관한 계산서를 지체 없이 선박소유자에게 제출하여 그 승인을 받아야 한다.
③선장은 선박소유자의 청구가 있을 때에는 언제든지 항해에 관한 사항과 계산의 보고를 하여야 한다.
[전문개정 2007. 8. 3.]

제3절 선박공유 〈개정 2007. 8. 3.〉

제756조(선박공유자의 업무결정) ①공유선박의 이용에 관한 사항은 공유자의 지분의 가격에 따라 그 과반수로 결정한다.
②선박공유에 관한 계약을 변경하는 사항은 공유자의 전원일치로 결정하여야 한다.
[전문개정 2007. 8. 3.]

제757조(선박공유와 비용의 부담) 선박공유자는 그 지분의 가격에 따라 선박의 이용에 관한 비용과 이용에 관하여 생긴 채무를 부담한다.
[전문개정 2007. 8. 3.]

제758조(손익분배) 손익의 분배는 매 항해의 종료 후에 있어서 선박공유자의 지분의 가격에 따라서 한다.
[전문개정 2007. 8. 3.]

제759조(지분의 양도) 선박공유자 사이에 조합관계가 있는 경우에도 각 공유자는 다른 공유자의 승낙 없이 그 지분을 타인에게 양도할 수 있다. 다만, 선박관리인의 경우에는 그러하지 아니하다.
[전문개정 2007. 8. 3.]

제760조(공유선박의 국적상실과 지분의 매수 또는 경

매청구) 선박공유자의 지분의 이전 또는 그 국적상실로 인하여 선박이 대한민국의 국적을 상실할 때에는 다른 공유자는 상당한 대가로 그 지분을 매수하거나 그 경매를 법원에 청구할 수 있다.

[전문개정 2007. 8. 3.]

제761조(결의반대자의 지분매수청구권) ①선박공유자가 신항해를 개시하거나 선박을 대수선할 것을 결의한 때에는 그 결의에 이의가 있는 공유자는 다른 공유자에 대하여 상당한 가액으로 자기의 지분을 매수할 것을 청구할 수 있다.

②제1항의 청구를 하고자 하는 자는 그 결의가 있은 날부터, 결의에 참가하지 아니한 경우에는 결의통지를 받은 날부터 3일 이내에 다른 공유자 또는 선박관리인에 대하여 그 통지를 발송하여야 한다.

[전문개정 2007. 8. 3.]

제762조(해임선장의 지분매수청구권) ①선박공유자인 선장이 그 의사에 반하여 해임된 때에는 다른 공유자에 대하여 상당한 가액으로 그 지분을 매수할 것을 청구할 수 있다.

②선박공유자가 제1항의 청구를 하고자 하는 때에는 지체 없이 다른 공유자 또는 선박관리인에 대하여 그 통지를 발송하여야 한다.

[전문개정 2007. 8. 3.]

제763조(항해 중 선박 등의 양도) 항해 중에 있는 선박이나 그 지분을 양도한 경우에 당사자 사이에 다른 약정이 없으면 양수인이 그 항해로부터 생긴 이익을 얻고 손실을 부담한다.

[전문개정 2007. 8. 3.]

제764조(선박관리인의 선임 · 등기) ①선박공유자는 선박관리인을 선임하여야 한다. 이 경우 선박공유자가 아닌 자를 선박관리인으로 선임함에는 공유자 전원의 동의가 있어야 한다.

②선박관리인의 선임과 그 대리권의 소멸은 등기하여야 한다.

[전문개정 2007. 8. 3.]

제765조(선박관리인의 권한) ①선박관리인은 선박의 이용에 관한 재판상 또는 재판 외의 모든 행위를 할 권한이 있다.

②선박관리인의 대리권에 대한 제한은 선의의 제3자에게 대항하지 못한다.

[전문개정 2007. 8. 3.]

제766조(선박관리인의 권한의 제한) 선박관리인은 선박공유자의 서면에 의한 위임이 없으면 다음 각 호의 행위를 하지 못한다.

1. 선박을 양도 · 임대 또는 담보에 제공하는 일
2. 신항해를 개시하는 일
3. 선박을 보험에 붙이는 일
4. 선박을 대수선하는 일
5. 차재하는 일

[전문개정 2007. 8. 3.]

제767조(장부의 기재 · 비치) 선박관리인은 업무집행에 관한 장부를 비치하고 그 선박의 이용에 관한 모든 사항을 기재하여야 한다.

[전문개정 2007. 8. 3.]

제768조(선박관리인의 보고 · 승인) 선박관리인은 매 항해의 종료 후에 지체 없이 그 항해의 경과상황과 계산에 관한 서면을 작성하여 선박공유자에게 보고하고 그 승인을 받아야 한다.

[전문개정 2007. 8. 3.]

제4절 선박소유자 등의 책임제한 〈개정 2007. 8. 3.〉

제769조(선박소유자의 유한책임) 선박소유자는 청구원인의 여하에 불구하고 다음 각 호의 채권에 대하여 제770조에 따른 금액의 한도로 그 책임을 제한할 수 있다. 다만, 그 채권이 선박소유자 자신의 고의 또는 손해발생의 염려가 있음을 인식하면서 무모하게 한 작위 또는 부작위로 인하여 생긴 손해에 관한 것인 때에는 그러하지 아니하다.

1. 선박에서 또는 선박의 운항에 직접 관련하여 발생한 사람의 사망, 신체의 상해 또는 그 선박 외의 물건의 멸실 또는 훼손으로 인하여 생긴 손해에

관한 채권

2. 운송물, 여객 또는 수하물의 운송의 지연으로 인하여 생긴 손해에 관한 채권

3. 제1호 및 제2호 외에 선박의 운항에 직접 관련하여 발생한 계약상의 권리 외의 타인의 권리의 침해로 인하여 생긴 손해에 관한 채권

4. 제1호부터 제3호까지의 채권의 원인이 된 손해를 방지 또는 경감하기 위한 조치에 관한 채권 또는 그 조치의 결과로 인하여 생긴 손해에 관한 채권

[전문개정 2007. 8. 3.]

제770조(책임의 한도액) ①선박소유자가 제한할 수 있는 책임의 한도액은 다음 각 호의 금액으로 한다.

1. 여객의 사망 또는 신체의 상해로 인한 손해에 관한 채권에 대한 책임의 한도액은 그 선박의 선박검사증서에 기재된 여객의 정원에 17만5천 계산단위(국제통화기금의 1 특별인출권에 상당하는 금액을 말한다. 이하 같다)를 곱하여 얻은 금액으로 한다.

2. 여객 외의 사람의 사망 또는 신체의 상해로 인한 손해에 관한 채권에 대한 책임의 한도액은 그 선박의 톤수에 따라서 다음 각 목에 정하는 바에 따라 계산된 금액으로 한다. 다만, 300톤 미만의 선박의 경우에는 16만7천 계산단위에 상당하는 금액으로 한다.

가. 500톤 이하의 선박의 경우에는 33만3천 계산단위에 상당하는 금액

나. 500톤을 초과하는 선박의 경우에는 가목의 금액에 500톤을 초과하여 3천톤까지의 부분에 대하여는 매 톤당 500 계산단위, 3천톤을 초과하여 3만톤까지의 부분에 대하여는 매 톤당 333 계산단위, 3만톤을 초과하여 7만톤까지의 부분에 대하여는 매 톤당 250 계산단위 및 7만톤을 초과한 부분에 대하여는 매 톤당 167 계산단위를 각 곱하여 얻은 금액을 순차로 가산한 금액

3. 제1호 및 제2호 외의 채권에 대한 책임의 한도액은 그 선박의 톤수에 따라서 다음 각 목에 정하는 바에 따라 계산된 금액으로 한다. 다만, 300톤 미만의 선박의 경우에는 8만3천 계산단위에 상당하는 금액으로 한다.

가. 500톤 이하의 선박의 경우에는 16만7천 계산단위에 상당하는 금액

나. 500톤을 초과하는 선박의 경우에는 가목의 금액에 500톤을 초과하여 3만톤까지의 부분에 대하여는 매 톤당 167 계산단위, 3만톤을 초과하여 7만톤까지의 부분에 대하여는 매 톤당 125 계산단위 및 7만톤을 초과한 부분에 대하여는 매 톤당 83 계산단위를 각 곱하여 얻은 금액을 순차로 가산한 금액

②제1항 각 호에 따른 각 책임한도액은 선박마다 동일한 사고에서 생긴 각 책임한도액에 대응하는 선박소유자에 대한 모든 채권에 미친다.

③제769조에 따라 책임이 제한되는 채권은 제1항 각 호에 따른 각 책임한도액에 대하여 각 채권액의 비율로 경합한다.

④제1항제2호에 따른 책임한도액이 같은 호의 채권의 변제에 부족한 때에는 제3호에 따른 책임한도액을 그 잔액채권의 변제에 충당한다. 이 경우 동일한 사고에서 제3호의 채권도 발생한 때에는 이 채권과 제2호의 잔액채권은 제3호에 따른 책임한도액에 대하여 각 채권액의 비율로 경합한다.

[전문개정 2007. 8. 3.]

제771조(동일한 사고로 인한 반대채권액의 공제) 선박소유자가 책임의 제한을 받는 채권자에 대하여 동일한 사고로 인하여 생긴 손해에 관한 채권을 가지는 경우에는 그 채권액을 공제한 잔액에 한하여 책임의 제한을 받는 채권으로 한다.

[전문개정 2007. 8. 3.]

제772조(책임제한을 위한 선박톤수) 제770조제1항에서 규정하는 선박의 톤수는 국제항해에 종사하는 선박의 경우에는 「선박법」에서 규정하는 국제총톤수로 하고 그 밖의 선박의 경우에는 같은 법에서 규정하

는 총톤수로 한다.

[전문개정 2007. 8. 3.]

제773조(유한책임의 배제) 선박소유자는 다음 각 호의 채권에 대하여는 그 책임을 제한하지 못한다.

1. 선장 · 해원, 그 밖의 사용인으로서 그 직무가 선박의 업무에 관련된 자 또는 그 상속인, 피부양자, 그 밖의 이해관계인의 선박소유자에 대한 채권
2. 해난구조로 인한 구조료 채권 및 공동해손의 분담에 관한 채권
3. 1969년 11월 29일 성립한 「유류오염손해에 대한 민사책임에 관한 국제조약」 또는 그 조약의 개정조항이 적용되는 유류오염손해에 관한 채권
4. 침몰 · 난파 · 좌초 · 유기, 그 밖의 해양사고를 당한 선박 및 그 선박 안에 있거나 있었던 적하와 그 밖의 물건의 인양 · 제거 · 파괴 또는 무해조치에 관한 채권
5. 원자력손해에 관한 채권

[전문개정 2007. 8. 3.]

제774조(책임제한을 할 수 있는 자의 범위) ①다음 각 호의 어느 하나에 해당하는 자는 이 절의 규정에 따라 선박소유자의 경우와 동일하게 책임을 제한할 수 있다.

1. 용선자 · 선박관리인 및 선박운항자
2. 법인인 선박소유자 및 제1호에 규정된 자의 무한책임사원
3. 자기의 행위로 인하여 선박소유자 또는 제1호에 규정된 자에 대하여 제769조 각 호에 따른 채권이 성립하게 한 선장 · 해원 · 도선사, 그 밖의 선박소유자 또는 제1호에 규정된 자의 사용인 또는 대리인

②동일한 사고에서 발생한 모든 채권에 대한 선박소유자 및 제1항에 규정된 자에 의한 책임제한의 총액은 선박마다 제770조에 따른 책임한도액을 초과하지 못한다.

③선박소유자 또는 제1항 각 호에 규정된 자의 1인이 책임제한절차개시의 결정을 받은 때에는 책임제한을 할 수 있는 다른 자도 이를 원용할 수 있다.

[전문개정 2007. 8. 3.]

제775조(구조자의 책임제한) ①구조자 또는 그 피용자의 구조활동과 직접 관련하여 발생한 사람의 사망 · 신체의 상해, 재산의 멸실이나 훼손, 계약상 권리 외의 타인의 권리의 침해로 인하여 생긴 손해에 관한 채권 및 그러한 손해를 방지 혹은 경감하기 위한 조치에 관한 채권 또는 그 조치의 결과로 인하여 생긴 손해에 관한 채권에 대하여는 제769조부터 제774조(제769조제2호 및 제770조제1항제1호를 제외한다)까지의 규정에 따라 구조자도 책임을 제한할 수 있다.

②구조활동을 선박으로부터 행하지 아니한 구조자 또는 구조를 받는 선박에서만 행한 구조자는 제770조에 따른 책임의 한도액에 관하여 1천500톤의 선박에 의한 구조자로 본다.

③구조자의 책임의 한도액은 구조선마다 또는 제2항의 경우에는 구조자마다 동일한 사고로 인하여 생긴 모든 채권에 미친다.

④제1항에서 "구조자"란 구조활동에 직접 관련된 용역을 제공한 자를 말하며, "구조활동"이란 해난구조 시의 구조활동은 물론 침몰 · 난파 · 좌초 · 유기, 그 밖의 해양사고를 당한 선박 및 그 선박 안에 있거나 있었던 적하와 그 밖의 물건의 인양 · 제거 · 파괴 또는 무해조치 및 이와 관련된 손해를 방지 또는 경감하기 위한 모든 조치를 말한다.

[전문개정 2007. 8. 3.]

제776조(책임제한의 절차) ①이 절의 규정에 따라 책임을 제한하고자 하는 자는 채권자로부터 책임한도액을 초과하는 청구금액을 명시한 서면에 의한 청구를 받은 날부터 1년 이내에 법원에 책임제한절차개시의 신청을 하여야 한다.

②책임제한절차 개시의 신청, 책임제한의 기금의 형성 · 공고 · 참가 · 배당, 그 밖에 필요한 사항은 별도로 법률로 정한다.

[전문개정 2007. 8. 3.]

제5절 선박담보 〈개정 2007. 8. 3.〉

제777조(선박우선특권 있는 채권) ①다음의 채권을 가진 자는 선박 · 그 속구, 그 채권이 생긴 항해의 운임, 그 선박과 운임에 부수한 채권에 대하여 우선특권이 있다.

1. 채권자의 공동이익을 위한 소송비용, 항해에 관하여 선박에 과한 제세금, 도선료 · 예선료, 최후 입항 후의 선박과 그 속구의 보존비 · 검사비
2. 선원과 그 밖의 선박사용인의 고용계약으로 인한 채권
3. 해난구조로 인한 선박에 대한 구조료 채권과 공동해손의 분담에 대한 채권
4. 선박의 충돌과 그 밖의 항해사고로 인한 손해, 항해시설 · 항만시설 및 항로에 대한 손해와 선원이나 여객의 생명 · 신체에 대한 손해의 배상채권

②제1항의 우선특권을 가진 선박채권자는 이 법과 그 밖의 법률의 규정에 따라 제1항의 재산에 대하여 다른 채권자보다 자기채권의 우선변제를 받을 권리가 있다. 이 경우 그 성질에 반하지 아니하는 한 「민법」의 저당권에 관한 규정을 준용한다.

[전문개정 2007. 8. 3.]

제778조(선박 · 운임에 부수한 채권) 제777조에 따른 선박과 운임에 부수한 채권은 다음과 같다.

1. 선박 또는 운임의 손실로 인하여 선박소유자에게 지급할 손해배상
2. 공동해손으로 인한 선박 또는 운임의 손실에 대하여 선박소유자에게 지급할 상금
3. 해난구조로 인하여 선박소유자에게 지급할 구조료

[전문개정 2007. 8. 3.]

제779조(운임에 대한 우선특권) 운임에 대한 우선특권은 지급을 받지 아니한 운임 및 지급을 받은 운임 중 선박소유자나 그 대리인이 소지한 금액에 한하여 행사할 수 있다.

[전문개정 2007. 8. 3.]

제780조(보험금 등의 제외) 보험계약에 의하여 선박소유자에게 지급할 보험금과 그 밖의 장려금이나 보조금에 대하여는 제778조를 적용하지 아니한다.

[전문개정 2007. 8. 3.]

제781조(선박사용인의 고용계약으로 인한 채권) 제777조제1항제2호에 따른 채권은 고용계약 존속 중의 모든 항해로 인한 운임의 전부에 대하여 우선특권이 있다.

[전문개정 2007. 8. 3.]

제782조(동일항해로 인한 채권에 대한 우선특권의 순위) ①동일항해로 인한 채권의 우선특권이 경합하는 때에는 그 우선의 순위는 제777조제1항 각 호의 순서에 따른다.

②제777조제1항제3호에 따른 채권의 우선특권이 경합하는 때에는 후에 생긴 채권이 전에 생긴 채권에 우선한다. 동일한 사고로 인한 채권은 동시에 생긴 것으로 본다.

[전문개정 2007. 8. 3.]

제783조(수회항해에 관한 채권에 대한 우선특권의 순위) ①수회의 항해에 관한 채권의 우선특권이 경합하는 때에는 후의 항해에 관한 채권이 전의 항해에 관한 채권에 우선한다.

②제781조에 따른 우선특권은 그 최후의 항해에 관한 다른 채권과 동일한 순위로 한다.

[전문개정 2007. 8. 3.]

제784조(동일순위의 우선특권이 경합한 경우) 제781조부터 제783조까지의 규정에 따른 동일순위의 우선특권이 경합하는 때에는 각 채권액의 비율에 따라 변제한다.

[전문개정 2007. 8. 3.]

제785조(우선특권의 추급권) 선박채권자의 우선특권은 그 선박소유권의 이전으로 인하여 영향을 받지 아니한다.

[전문개정 2007. 8. 3.]

제786조(우선특권의 소멸) 선박채권자의 우선특권은 그 채권이 생긴 날부터 1년 이내에 실행하지 아니하면 소멸한다.

[전문개정 2007. 8. 3.]

제787조(선박저당권) ①등기한 선박은 저당권의 목적으로 할 수 있다.

②선박의 저당권은 그 속구에 미친다.

③선박의 저당권에는 「민법」의 저당권에 관한 규정을 준용한다.

[전문개정 2007. 8. 3.]

제788조(선박저당권 등과 우선특권의 경합) 선박채권자의 우선특권은 질권과 저당권에 우선한다.

[전문개정 2007. 8. 3.]

제789조(등기선박의 입질불허) 등기한 선박은 질권의 목적으로 하지 못한다.

[전문개정 2007. 8. 3.]

제790조(건조 중의 선박에의 준용) 이 절의 규정은 건조 중의 선박에 준용한다.

[전문개정 2007. 8. 3.]

제2장 운송과 용선 〈개정 2007. 8. 3.〉

제1절 개품운송 〈개정 2007. 8. 3.〉

제791조(개품운송계약의 의의) 개품운송계약은 운송인이 개개의 물건을 해상에서 선박으로 운송할 것을 인수하고, 송하인이 이에 대하여 운임을 지급하기로 약정함으로써 그 효력이 생긴다.

[전문개정 2007. 8. 3.]

제792조(운송물의 제공) ①송하인은 당사자 사이의 합의 또는 선적항의 관습에 의한 때와 곳에서 운송인에게 운송물을 제공하여야 한다.

②제1항에 따른 때와 곳에서 송하인이 운송물을 제공하지 아니한 경우에는 계약을 해제한 것으로 본다. 이 경우 선장은 즉시 발항할 수 있고, 송하인은 운임의 전액을 지급하여야 한다.

[전문개정 2007. 8. 3.]

제793조(운송에 필요한 서류의 교부) 송하인은 선적기간 이내에 운송에 필요한 서류를 선장에게 교부하여야 한다.

[전문개정 2007. 8. 3.]

제794조(감항능력 주의의무) 운송인은 자기 또는 선원이나 그 밖의 선박사용인이 발항 당시 다음의 사항에 관하여 주의를 해태하지 아니하였음을 증명하지 아니하면 운송물의 멸실 · 훼손 또는 연착으로 인한 손해를 배상할 책임이 있다.

1. 선박이 안전하게 항해를 할 수 있게 할 것
2. 필요한 선원의 승선, 선박의장(艤裝)과 필요품의 보급
3. 선창 · 냉장실, 그 밖에 운송물을 적재할 선박의 부분을 운송물의 수령 · 운송과 보존을 위하여 적합한 상태에 둘 것

[전문개정 2007. 8. 3.]

제795조(운송물에 관한 주의의무) ①운송인은 자기 또는 선원이나 그 밖의 선박사용인이 운송물의 수령 · 선적 · 적부(積付) · 운송 · 보관 · 양륙과 인도에 관하여 주의를 해태하지 아니하였음을 증명하지 아니하면 운송물의 멸실 · 훼손 또는 연착으로 인한 손해를 배상할 책임이 있다.

②운송인은 선장 · 해원 · 도선사, 그 밖의 선박사용인의 항해 또는 선박의 관리에 관한 행위 또는 화재로 인하여 생긴 운송물에 관한 손해를 배상할 책임을 면한다. 다만, 운송인의 고의 또는 과실로 인한 화재의 경우에는 그러하지 아니하다.

[전문개정 2007. 8. 3.]

제796조(운송인의 면책사유) 운송인은 다음 각 호의 사실이 있었다는 것과 운송물에 관한 손해가 그 사실로 인하여 보통 생길 수 있는 것임을 증명한 때에는 이를 배상할 책임을 면한다. 다만, 제794조 및 제795조제1항에 따른 주의를 다하였더라면 그 손해를 피할 수 있었음에도 불구하고 그 주의를 다하지 아니하였음을 증명한 때에는 그러하지 아니하다.

1. 해상이나 그 밖에 항행할 수 있는 수면에서의 위험 또는 사고
2. 불가항력
3. 전쟁 · 폭동 또는 내란
4. 해적행위나 그 밖에 이에 준한 행위
5. 재판상의 압류, 검역상의 제한, 그 밖에 공권에 의한 제한
6. 송하인 또는 운송물의 소유자나 그 사용인의 행위
7. 동맹파업이나 그 밖의 쟁의행위 또는 선박폐쇄
8. 해상에서의 인명이나 재산의 구조행위 또는 이로 인한 항로이탈이나 그 밖의 정당한 사유로 인한 항로이탈
9. 운송물의 포장의 불충분 또는 기호의 표시의 불완전
10. 운송물의 특수한 성질 또는 숨은 하자
11. 선박의 숨은 하자

[전문개정 2007. 8. 3.]

제797조(책임의 한도) ①제794조부터 제796조까지의 규정에 따른 운송인의 손해배상의 책임은 당해 운송물의 매 포장당 또는 선적단위당 666과 100분의 67 계산단위의 금액과 중량 1킬로그램당 2 계산단위의 금액 중 큰 금액을 한도로 제한할 수 있다. 다만, 운송물에 관한 손해가 운송인 자신의 고의 또는 손해발생의 염려가 있음을 인식하면서 무모하게 한 작위 또는 부작위로 인하여 생긴 것인 때에는 그러하지 아니하다.

②제1항의 적용에 있어서 운송물의 포장 또는 선적단위의 수는 다음과 같이 정한다.

1. 컨테이너나 그 밖에 이와 유사한 운송용기가 운송물을 통합하기 위하여 사용되는 경우에 그러한 운송용기에 내장된 운송물의 포장 또는 선적단위의 수를 선하증권이나 그 밖에 운송계약을 증명하는 문서에 기재한 때에는 그 각 포장 또는 선적단위를 하나의 포장 또는 선적단위로 본다. 이 경우를 제외하고는 이러한 운송용기 내의 운송물 전부를 하나의 포장 또는 선적단위로 본다.
2. 운송인이 아닌 자가 공급한 운송용기 자체가 멸실 또는 훼손된 경우에는 그 용기를 별개의 포장 또는 선적단위로 본다.

③제1항 및 제2항은 송하인이 운송인에게 운송물을 인도할 때에 그 종류와 가액을 고지하고 선하증권이나 그 밖에 운송계약을 증명하는 문서에 이를 기재한 경우에는 적용하지 아니한다. 다만, 송하인이 운송물의 종류 또는 가액을 고의로 현저하게 부실의 고지를 한 때에는 운송인은 자기 또는 그 사용인이 악의인 경우를 제외하고 운송물의 손해에 대하여 책임을 면한다.

④제1항부터 제3항까지의 규정은 제769조부터 제774조까지 및 제776조의 적용에 영향을 미치지 아니한다.

[전문개정 2007. 8. 3.]

제798조(비계약적 청구에 대한 적용) ①이 절의 운송인의 책임에 관한 규정은 운송인의 불법행위로 인한 손해배상의 책임에도 적용한다.

②운송물에 관한 손해배상청구가 운송인의 사용인 또는 대리인에 대하여 제기된 경우에 그 손해가 그 사용인 또는 대리인의 직무집행에 관하여 생긴 것인 때에는 그 사용인 또는 대리인은 운송인이 주장할 수 있는 항변과 책임제한을 원용할 수 있다. 다만, 그 손해가 그 사용인 또는 대리인의 고의 또는 운송물의 멸실 · 훼손 또는 연착이 생길 염려가 있음을 인식하면서 무모하게 한 작위 또는 부작위로 인하여 생긴 것인 때에는 그러하지 아니하다.

③제2항 본문의 경우에 운송인과 그 사용인 또는 대리인의 운송물에 대한 책임제한금액의 총액은 제797조제1항에 따른 한도를 초과하지 못한다.

④제1항부터 제3항까지의 규정은 운송물에 관한 손해배상청구가 운송인 외의 실제운송인 또는 그 사용인이나 대리인에 대하여 제기된 경우에도 적용한다.

[전문개정 2007. 8. 3.]

제799조(운송인의 책임경감금지) ①제794조부터 제

798조까지의 규정에 반하여 운송인의 의무 또는 책임을 경감 또는 면제하는 당사자 사이의 특약은 효력이 없다. 운송물에 관한 보험의 이익을 운송인에게 양도하는 약정 또는 이와 유사한 약정도 또한 같다.
②제1항은 산 동물의 운송 및 선하증권이나 그 밖에 운송계약을 증명하는 문서의 표면에 갑판적(甲板積)으로 운송할 취지를 기재하여 갑판적으로 행하는 운송에 대하여는 적용하지 아니한다.
[전문개정 2007. 8. 3.]

제800조(위법선적물의 처분) ①선장은 법령 또는 계약을 위반하여 선적된 운송물은 언제든지 이를 양륙할 수 있고, 그 운송물이 선박 또는 다른 운송물에 위해를 미칠 염려가 있는 때에는 이를 포기할 수 있다.
②선장이 제1항의 물건을 운송하는 때에는 선적한 때와 곳에서의 동종 운송물의 최고운임의 지급을 청구할 수 있다.
③제1항 및 제2항은 운송인과 그 밖의 이해관계인의 손해배상청구에 영향을 미치지 아니한다.
[전문개정 2007. 8. 3.]

제801조(위험물의 처분) ①인화성 · 폭발성이나 그 밖의 위험성이 있는 운송물은 운송인이 그 성질을 알고 선적한 경우에도 그 운송물이 선박이나 다른 운송물에 위해를 미칠 위험이 있는 때에는 선장은 언제든지 이를 양륙 · 파괴 또는 무해조치할 수 있다.
②운송인은 제1항의 처분에 의하여 그 운송물에 발생한 손해에 대하여는 공동해손분담책임을 제외하고 그 배상책임을 면한다.
[전문개정 2007. 8. 3.]

제802조(운송물의 수령) 운송물의 도착통지를 받은 수하인은 당사자 사이의 합의 또는 양륙항의 관습에 의한 때와 곳에서 지체 없이 운송물을 수령하여야 한다.
[전문개정 2007. 8. 3.]

제803조(운송물의 공탁 등) ①수하인이 운송물의 수령을 게을리한 때에는 선장은 이를 공탁하거나 세관이나 그 밖에 법령으로 정한 관청의 허가를 받은 곳에 인도할 수 있다. 이 경우 지체 없이 수하인에게 그 통지를 발송하여야 한다.
②수하인을 확실히 알 수 없거나 수하인이 운송물의 수령을 거부한 때에는 선장은 이를 공탁하거나 세관이나 그 밖에 법령으로 정한 관청의 허가를 받은 곳에 인도하고 지체 없이 용선자 또는 송하인 및 알고 있는 수하인에게 그 통지를 발송하여야 한다.
③제1항 및 제2항에 따라 운송물을 공탁하거나 세관이나 그 밖에 법령으로 정한 관청의 허가를 받은 곳에 인도한 때에는 선하증권소지인이나 그 밖의 수하인에게 운송물을 인도한 것으로 본다.
[전문개정 2007. 8. 3.]

제804조(운송물의 일부 멸실 · 훼손에 관한 통지) ①수하인이 운송물의 일부 멸실 또는 훼손을 발견한 때에는 수령 후 지체 없이 그 개요에 관하여 운송인에게 서면에 의한 통지를 발송하여야 한다. 다만, 그 멸실 또는 훼손이 즉시 발견할 수 없는 것인 때에는 수령한 날부터 3일 이내에 그 통지를 발송하여야 한다.
②제1항의 통지가 없는 경우에는 운송물이 멸실 또는 훼손 없이 수하인에게 인도된 것으로 추정한다.
③제1항 및 제2항은 운송인 또는 그 사용인이 악의인 경우에는 적용하지 아니한다.
④운송물에 멸실 또는 훼손이 발생하였거나 그 의심이 있는 경우에는 운송인과 수하인은 서로 운송물의 검사를 위하여 필요한 편의를 제공하여야 한다.
⑤제1항부터 제4항까지의 규정에 반하여 수하인에게 불리한 당사자 사이의 특약은 효력이 없다.
[전문개정 2007. 8. 3.]

제805조(운송물의 중량 · 용적에 따른 운임) 운송물의 중량 또는 용적으로 운임을 정한 때에는 운송물을 인도하는 때의 중량 또는 용적에 의하여 그 액을 정한다.
[전문개정 2007. 8. 3.]

제806조(운송기간에 따른 운임) ①기간으로 운임을

정한 때에는 운송물의 선적을 개시한 날부터 그 양륙을 종료한 날까지의 기간에 의하여 그 액을 정한다.
②제1항의 기간에는 불가항력으로 인하여 선박이 선적항이나 항해도중에 정박한 기간 또는 항해 도중에 선박을 수선한 기간을 산입하지 아니한다.
[전문개정 2007. 8. 3.]

제807조(수하인의 의무, 선장의 유치권) ①수하인이 운송물을 수령하는 때에는 운송계약 또는 선하증권의 취지에 따라 운임 · 부수비용 · 체당금 · 체선료, 운송물의 가액에 따른 공동해손 또는 해난구조로 인한 부담액을 지급하여야 한다.
②선장은 제1항에 따른 금액의 지급과 상환하지 아니하면 운송물을 인도할 의무가 없다.
[전문개정 2007. 8. 3.]

제808조(운송인의 운송물경매권) ①운송인은 제807조제1항에 따른 금액의 지급을 받기 위하여 법원의 허가를 받아 운송물을 경매하여 우선변제를 받을 권리가 있다.
②선장이 수하인에게 운송물을 인도한 후에도 운송인은 그 운송물에 대하여 제1항의 권리를 행사할 수 있다. 다만, 인도한 날부터 30일을 경과하거나 제3자가 그 운송물에 점유를 취득한 때에는 그러하지 아니하다.
[전문개정 2007. 8. 3.]

제809조(항해용선자 등의 재운송계약시 선박소유자의 책임) 항해용선자 또는 정기용선자가 자기의 명의로 제3자와 운송계약을 체결한 경우에는 그 계약의 이행이 선장의 직무에 속한 범위 안에서 선박소유자도 그 제3자에 대하여 제794조 및 제795조에 따른 책임을 진다.
[전문개정 2007. 8. 3.]

제810조(운송계약의 종료사유) ①운송계약은 다음의 사유로 인하여 종료한다.
1. 선박이 침몰 또는 멸실한 때
2. 선박이 수선할 수 없게 된 때
3. 선박이 포획된 때
4. 운송물이 불가항력으로 인하여 멸실된 때
②제1항제1호부터 제3호까지의 사유가 항해 도중에 생긴 때에는 송하인은 운송의 비율에 따라 현존하는 운송물의 가액의 한도에서 운임을 지급하여야 한다.
[전문개정 2007. 8. 3.]

제811조(법정사유로 인한 해제 등) ①항해 또는 운송이 법령을 위반하게 되거나 그 밖에 불가항력으로 인하여 계약의 목적을 달할 수 없게 된 때에는 각 당사자는 계약을 해제할 수 있다.
②제1항의 사유가 항해 도중에 생긴 경우에 계약을 해지한 때에는 송하인은 운송의 비율에 따라 운임을 지급하여야 한다.
[전문개정 2007. 8. 3.]

제812조(운송물의 일부에 관한 불가항력) ①제810조제1항제4호 및 제811조제1항의 사유가 운송물의 일부에 대하여 생긴 때에는 송하인은 운송인의 책임이 가중되지 아니하는 범위 안에서 다른 운송물을 선적할 수 있다.
②송하인이 제1항의 권리를 행사하고자 하는 때에는 지체 없이 운송물의 양륙 또는 선적을 하여야 한다. 그 양륙 또는 선적을 게을리한 때에는 운임의 전액을 지급하여야 한다.
[전문개정 2007. 8. 3.]

제813조(선장의 적하처분과 운임) 운송인은 다음 각 호의 어느 하나에 해당하는 경우에는 운임의 전액을 청구할 수 있다.
1. 선장이 제750조제1항에 따라 적하를 처분하였을 때
2. 선장이 제865조에 따라 적하를 처분하였을 때
[전문개정 2007. 8. 3.]

제814조(운송인의 채권 · 채무의 소멸) ①운송인의 송하인 또는 수하인에 대한 채권 및 채무는 그 청구원인의 여하에 불구하고 운송인이 수하인에게 운송물

을 인도한 날 또는 인도할 날부터 1년 이내에 재판상 청구가 없으면 소멸한다. 다만, 이 기간은 당사자의 합의에 의하여 연장할 수 있다.
②운송인이 인수한 운송을 다시 제3자에게 위탁한 경우에 송하인 또는 수하인이 제1항의 기간 이내에 운송인과 배상 합의를 하거나 운송인에게 재판상 청구를 하였다면, 그 합의 또는 청구가 있은 날부터 3개월이 경과하기 이전에는 그 제3자에 대한 운송인의 채권·채무는 제1항에도 불구하고 소멸하지 아니한다. 운송인과 그 제3자 사이에 제1항 단서와 동일한 취지의 약정이 있는 경우에도 또한 같다.
③제2항의 경우에 있어서 재판상 청구를 받은 운송인이 그로부터 3개월 이내에 그 제3자에 대하여 소송고지를 하면 3개월의 기간은 그 재판이 확정되거나 그 밖에 종료된 때부터 기산한다.
[전문개정 2007. 8. 3.]

제815조(준용규정) 제134조, 제136조부터 제140조까지의 규정은 이 절에서 정한 운송인에 준용한다.
[전문개정 2007. 8. 3.]

제816조(복합운송인의 책임) ①운송인이 인수한 운송에 해상 외의 운송구간이 포함된 경우 운송인은 손해가 발생한 운송구간에 적용될 법에 따라 책임을 진다.
②어느 운송구간에서 손해가 발생하였는지 불분명한 경우 또는 손해의 발생이 성질상 특정한 지역으로 한정되지 아니하는 경우에는 운송인은 운송거리가 가장 긴 구간에 적용되는 법에 따라 책임을 진다. 다만, 운송거리가 같거나 가장 긴 구간을 정할 수 없는 경우에는 운임이 가장 비싼 구간에 적용되는 법에 따라 책임을 진다.
[전문개정 2007. 8. 3.]

제2절 해상여객운송 〈개정 2007. 8. 3.〉

제817조(해상여객운송계약의 의의) 해상여객운송계약은 운송인이 특정한 여객을 출발지에서 도착지까지 해상에서 선박으로 운송할 것을 인수하고, 이에 대하여 상대방이 운임을 지급하기로 약정함으로써 그 효력이 생긴다.
[전문개정 2007. 8. 3.]

제818조(기명식의 선표) 기명식의 선표는 타인에게 양도하지 못한다.
[전문개정 2007. 8. 3.]

제819조(식사·거처제공의무 등) ①여객의 항해 중의 식사는 다른 약정이 없으면 운송인의 부담으로 한다.
②항해 도중에 선박을 수선하는 경우에는 운송인은 그 수선 중 여객에게 상당한 거처와 식사를 제공하여야 한다. 다만, 여객의 권리를 해하지 아니하는 범위 안에서 상륙항까지의 운송의 편의를 제공한 때에는 그러하지 아니하다.
③제2항의 경우에 여객은 항해의 비율에 따른 운임을 지급하고 계약을 해지할 수 있다.
[전문개정 2007. 8. 3.]

제820조(수하물 무임운송의무) 여객이 계약에 의하여 선내에서 휴대할 수 있는 수하물에 대하여는 운송인은 다른 약정이 없으면 별도로 운임을 청구하지 못한다.
[전문개정 2007. 8. 3.]

제821조(승선지체와 선장의 발항권) ①여객이 승선시기까지 승선하지 아니한 때에는 선장은 즉시 발항할 수 있다. 항해 도중의 정박항에서도 또한 같다.
②제1항의 경우에는 여객은 운임의 전액을 지급하여야 한다.
[전문개정 2007. 8. 3.]

제822조(여객의 계약해제와 운임) 여객이 발항 전에 계약을 해제하는 경우에는 운임의 반액을 지급하고, 발항 후에 계약을 해제하는 경우에는 운임의 전액을 지급하여야 한다.
[전문개정 2007. 8. 3.]

제823조(법정사유에 의한 해제) 여객이 발항 전에 사망·질병이나 그 밖의 불가항력으로 인하여 항해할 수 없게 된 때에는 운송인은 운임의 10분의 3을 청

구할 수 있고, 발항 후에 그 사유가 생긴 때에는 운송인의 선택으로 운임의 10분의 3 또는 운송의 비율에 따른 운임을 청구할 수 있다.
[전문개정 2007. 8. 3.]

제824조(사망한 여객의 수하물처분의무) 여객이 사망한 때에는 선장은 그 상속인에게 가장 이익이 되는 방법으로 사망자가 휴대한 수하물을 처분하여야 한다.
[전문개정 2007. 8. 3.]

제825조(법정종료사유) 운송계약은 제810조제1항제1호부터 제3호까지의 사유로 인하여 종료한다. 그 사유가 항해 도중에 생긴 때에는 여객은 운송의 비율에 따른 운임을 지급하여야 한다.
[전문개정 2007. 8. 3.]

제826조(준용규정) ①제148조 · 제794조 · 제799조제1항 및 제809조는 해상여객운송에 준용한다.
②제134조 · 제136조 · 제149조제2항 · 제794조부터 제801조까지 · 제804조 · 제807조 · 제809조 · 제811조 및 제814조는 운송인이 위탁을 받은 여객의 수하물의 운송에 준용한다.
③제150조, 제797조제1항 · 제4항, 제798조, 제799조제1항, 제809조 및 제814조는 운송인이 위탁을 받지 아니한 여객의 수하물에 준용한다.
[전문개정 2007. 8. 3.]

제3절 항해용선 〈개정 2007. 8. 3.〉

제827조(항해용선계약의 의의) ①항해용선계약은 특정한 항해를 할 목적으로 선박소유자가 용선자에게 선원이 승무하고 항해장비를 갖춘 선박의 전부 또는 일부를 물건의 운송에 제공하기로 약정하고 용선자가 이에 대하여 운임을 지급하기로 약정함으로써 그 효력이 생긴다.
②이 절의 규정은 그 성질에 반하지 아니하는 한 여객운송을 목적으로 하는 항해용선계약에도 준용한다.
③선박소유자가 일정한 기간 동안 용선자에게 선박을 제공할 의무를 지지만 항해를 단위로 운임을 계산하여 지급하기로 약정한 경우에도 그 성질에 반하지 아니하는 한 이 절의 규정을 준용한다.
[전문개정 2007. 8. 3.]

제828조(용선계약서) 용선계약의 당사자는 상대방의 청구에 의하여 용선계약서를 교부하여야 한다.
[전문개정 2007. 8. 3.]

제829조(선적준비완료의 통지, 선적기간) ①선박소유자는 운송물을 선적함에 필요한 준비가 완료된 때에는 지체 없이 용선자에게 그 통지를 발송하여야 한다.
②운송물을 선적할 기간의 약정이 있는 경우에는 그 기간은 제1항의 통지가 오전에 있은 때에는 그 날의 오후 1시부터 기산하고, 오후에 있은 때에는 다음날 오전 6시부터 기산한다. 이 기간에는 불가항력으로 인하여 선적할 수 없는 날과 그 항의 관습상 선적작업을 하지 아니하는 날을 산입하지 아니한다.
③제2항의 기간을 경과한 후 운송물을 선적한 때에는 선박소유자는 상당한 보수를 청구할 수 있다.
[전문개정 2007. 8. 3.]

제830조(제3자가 선적인인 경우의 통지 · 선적) 용선자 외의 제3자가 운송물을 선적할 경우에 선장이 그 제3자를 확실히 알 수 없거나 그 제3자가 운송물을 선적하지 아니한 때에는 선장은 지체 없이 용선자에게 그 통지를 발송하여야 한다. 이 경우 선적기간 이내에 한하여 용선자가 운송물을 선적할 수 있다.
[전문개정 2007. 8. 3.]

제831조(용선자의 발항청구권, 선장의 발항권) ①용선자는 운송물의 전부를 선적하지 아니한 경우에도 선장에게 발항을 청구할 수 있다.
②선적기간의 경과 후에는 용선자가 운송물의 전부를 선적하지 아니한 경우에도 선장은 즉시 발항할 수 있다.
③제1항 및 제2항의 경우에 용선자는 운임의 전액과 운송물의 전부를 선적하지 아니함으로 인하여 생긴 비용을 지급하고, 또한 선박소유자의 청구가 있는 때에는 상당한 담보를 제공하여야 한다.
[전문개정 2007. 8. 3.]

제832조(전부용선의 발항 전의 계약해제 등) ①발항

전에는 전부용선자는 운임의 반액을 지급하고 계약을 해제할 수 있다.
②왕복항해의 용선계약인 경우에 전부용선자가 그 회항 전에 계약을 해지하는 때에는 운임의 3분의 2를 지급하여야 한다.
③선박이 다른 항에서 선적항에 항행하여야 할 경우에 전부용선자가 선적항에서 발항하기 전에 계약을 해지하는 때에도 제2항과 같다.
[전문개정 2007. 8. 3.]

第833조(일부용선과 발항 전의 계약해제 등) ①일부용선자나 송하인은 다른 용선자와 송하인 전원과 공동으로 하는 경우에 한하여 제832조의 해제 또는 해지를 할 수 있다.
②제1항의 경우 외에는 일부용선자나 송하인이 발항 전에 계약을 해제 또는 해지한 때에도 운임의 전액을 지급하여야 한다.
③발항 전이라도 일부용선자나 송하인이 운송물의 전부 또는 일부를 선적한 경우에는 다른 용선자와 송하인의 동의를 받지 아니하면 계약을 해제 또는 해지하지 못한다.
[전문개정 2007. 8. 3.]

第834조(부수비용 · 체당금 등의 지급의무) ①용선자나 송하인이 제832조 및 제833조제1항에 따라 계약을 해제 또는 해지를 한 때에도 부수비용과 체당금을 지급할 책임을 면하지 못한다.
②제832조제2항 및 제3항의 경우에는 용선자나 송하인은 제1항에 규정된 것 외에도 운송물의 가액에 따라 공동해손 또는 해난구조로 인하여 부담할 금액을 지급하여야 한다.
[전문개정 2007. 8. 3.]

第835조(선적 · 양륙비용의 부담) 제833조 및 제834조의 경우에 운송물의 전부 또는 일부를 선적한 때에는 그 선적과 양륙의 비용은 용선자 또는 송하인이 부담한다.
[전문개정 2007. 8. 3.]

第836조(선적기간 내의 불선적의 효과) 용선자가 선적기간 내에 운송물의 선적을 하지 아니한 때에는 계약을 해제 또는 해지한 것으로 본다.
[전문개정 2007. 8. 3.]

第837조(발항 후의 계약해지) 발항 후에는 용선자나 송하인은 운임의 전액, 체당금 · 체선료와 공동해손 또는 해난구조의 부담액을 지급하고 그 양륙하기 위하여 생긴 손해를 배상하거나 이에 대한 상당한 담보를 제공하지 아니하면 계약을 해지하지 못한다.
[전문개정 2007. 8. 3.]

第838조(운송물의 양륙) ①운송물을 양륙함에 필요한 준비가 완료된 때에는 선장은 지체 없이 수하인에게 그 통지를 발송하여야 한다.
②제829조제2항은 운송물의 양륙기간의 계산에 준용한다.
③제2항의 양륙기간을 경과한 후 운송물을 양륙한 때에는 선박소유자는 상당한 보수를 청구할 수 있다.
[전문개정 2007. 8. 3.]

第839조(선박소유자의 책임경감 금지) ①제794조에 반하여 이 절에서 정한 선박소유자의 의무 또는 책임을 경감 또는 면제하는 당사자 사이의 특약은 효력이 없다. 운송물에 관한 보험의 이익을 선박소유자에게 양도하는 약정 또는 이와 유사한 약정도 또한 같다.
②제799조제2항은 제1항의 경우에 준용한다.
[전문개정 2007. 8. 3.]

第840조(선박소유자의 채권 · 채무의 소멸) ①선박소유자의 용선자 또는 수하인에 대한 채권 및 채무는 그 청구원인의 여하에 불구하고 선박소유자가 운송물을 인도한 날 또는 인도할 날부터 2년 이내에 재판상 청구가 없으면 소멸한다. 이 경우 제814조제1항 단서를 준용한다.
②제1항의 기간을 단축하는 선박소유자와 용선자의 약정은 이를 운송계약에 명시적으로 기재하지 아니하면 그 효력이 없다.
[전문개정 2007. 8. 3.]

第841조(준용규정) ①제134조, 제136조, 제137조,

제140조, 제793조부터 제797조까지, 제798조제1항부터 제3항까지, 제800조, 제801조, 제803조, 제804조제1항부터 제4항까지, 제805조부터 제808조까지와 제810조부터 제813조까지의 규정은 항해용선계약에 준용한다.
②제1항에 따라 제806조의 운임을 계산함에 있어서 제829조제2항의 선적기간 또는 제838조제2항의 양륙기간이 경과한 후에 운송물을 선적 또는 양륙한 경우에는 그 기간경과 후의 선적 또는 양륙기간은 선적 또는 양륙기간에 산입하지 아니하고 제829조제3항 및 제838조제3항에 따라 별도로 보수를 정한다.
[전문개정 2007. 8. 3.]

제4절 정기용선 〈개정 2007. 8. 3.〉

제842조(정기용선계약의 의의) 정기용선계약은 선박소유자가 용선자에게 선원이 승무하고 항해장비를 갖춘 선박을 일정한 기간동안 항해에 사용하게 할 것을 약정하고 용선자가 이에 대하여 기간으로 정한 용선료를 지급하기로 약정함으로써 그 효력이 생긴다.
[전문개정 2007. 8. 3.]

제843조(정기용선자의 선장지휘권) ①정기용선자는 약정한 범위 안의 선박의 사용을 위하여 선장을 지휘할 권리가 있다.
②선장·해원, 그 밖의 선박사용인이 정기용선자의 정당한 지시를 위반하여 정기용선자에게 손해가 발생한 경우에는 선박소유자가 이를 배상할 책임이 있다.
[전문개정 2007. 8. 3.]

제844조(선박소유자의 운송물유치권 및 경매권) ①제807조제2항 및 제808조는 정기용선자가 선박소유자에게 용선료·체당금, 그 밖에 이와 유사한 정기용선계약에 의한 채무를 이행하지 아니하는 경우에 준용한다. 다만, 선박소유자는 정기용선자가 발행한 선하증권을 선의로 취득한 제3자에게 대항하지 못한다.
②제1항에 따른 선박소유자의 운송물에 대한 권리는 정기용선자가 운송물에 관하여 약정한 용선료 또는 운임의 범위를 넘어서 행사하지 못한다.
[전문개정 2007. 8. 3.]

제845조(용선료의 연체와 계약해지 등) ①정기용선자가 용선료를 약정기일에 지급하지 아니한 때에는 선박소유자는 계약을 해제 또는 해지할 수 있다.
②정기용선자가 제3자와 운송계약을 체결하여 운송물을 선적한 후 선박의 항해 중에 선박소유자가 제1항에 따라 계약을 해제 또는 해지한 때에는 선박소유자는 적하이해관계인에 대하여 정기용선자와 동일한 운송의무가 있다.
③선박소유자가 제2항에 따른 계약의 해제 또는 해지 및 운송계속의 뜻을 적하이해관계인에게 서면으로 통지를 한 때에는 선박소유자의 정기용선자에 대한 용선료·체당금, 그 밖에 이와 유사한 정기용선계약상의 채권을 담보하기 위하여 정기용선자가 적하이해관계인에 대하여 가지는 용선료 또는 운임의 채권을 목적으로 질권을 설정한 것으로 본다.
④제1항부터 제3항까지의 규정은 선박소유자 또는 적하이해관계인의 정기용선자에 대한 손해배상청구에 영향을 미치지 아니한다.
[전문개정 2007. 8. 3.]

제846조(정기용선계약상의 채권의 소멸) ①정기용선계약에 관하여 발생한 당사자 사이의 채권은 선박이 선박소유자에게 반환된 날부터 2년 이내에 재판상 청구가 없으면 소멸한다. 이 경우 제814조제1항 단서를 준용한다.
②제840조제2항은 제1항의 경우에 준용한다.
[전문개정 2007. 8. 3.]

제5절 선체용선 〈개정 2007. 8. 3.〉

제847조(선체용선계약의 의의) ①선체용선계약은 용선자의 관리·지배 하에 선박을 운항할 목적으로 선박소유자가 용선자에게 선박을 제공할 것을 약정하

고 용선자가 이에 따른 용선료를 지급하기로 약정함으로써 그 효력이 생긴다.
②선박소유자가 선장과 그 밖의 해원을 공급할 의무를 지는 경우에도 용선자의 관리 · 지배하에서 해원이 선박을 운항하는 것을 목적으로 하면 이를 선체용선계약으로 본다.
[전문개정 2007. 8. 3.]

제848조(법적 성질) ①선체용선계약은 그 성질에 반하지 아니하는 한 「민법」상 임대차에 관한 규정을 준용한다.
②용선기간이 종료된 후에 용선자가 선박을 매수 또는 인수할 권리를 가지는 경우 및 금융의 담보를 목적으로 채권자를 선박소유자로 하여 선체용선계약을 체결한 경우에도 용선기간 중에는 당사자 사이에서는 이 절의 규정에 따라 권리와 의무가 있다.
[전문개정 2007. 8. 3.]

제849조(선체용선자의 등기청구권, 등기의 효력) ①선체용선자는 선박소유자에 대하여 선체용선등기에 협력할 것을 청구할 수 있다.
②선체용선을 등기한 때에는 그 때부터 제3자에 대하여 효력이 생긴다.
[전문개정 2007. 8. 3.]

제850조(선체용선과 제3자에 대한 법률관계) ①선체용선자가 상행위나 그 밖의 영리를 목적으로 선박을 항해에 사용하는 경우에는 그 이용에 관한 사항에는 제3자에 대하여 선박소유자와 동일한 권리의무가 있다.
②제1항의 경우에 선박의 이용에 관하여 생긴 우선특권은 선박소유자에 대하여도 그 효력이 있다. 다만, 우선특권자가 그 이용의 계약에 반함을 안 때에는 그러하지 아니하다.
[전문개정 2007. 8. 3.]

제851조(선체용선계약상의 채권의 소멸) ①선체용선계약에 관하여 발생한 당사자 사이의 채권은 선박이 선박소유자에게 반환된 날부터 2년 이내에 재판상 청구가 없으면 소멸한다. 이 경우 제814조제1항 단서를 준용한다.
②제840조제2항은 제1항의 경우에 준용한다.
[전문개정 2007. 8. 3.]

제6절 운송증서 〈개정 2007. 8. 3.〉

제852조(선하증권의 발행) ①운송인은 운송물을 수령한 후 송하인의 청구에 의하여 1통 또는 수통의 선하증권을 교부하여야 한다.
②운송인은 운송물을 선적한 후 송하인의 청구에 의하여 1통 또는 수통의 선적선하증권을 교부하거나 제1항의 선하증권에 선적의 뜻을 표시하여야 한다.
③운송인은 선장 또는 그 밖의 대리인에게 선하증권의 교부 또는 제2항의 표시를 위임할 수 있다.
[전문개정 2007. 8. 3.]

제853조(선하증권의 기재사항) ①선하증권에는 다음 각 호의 사항을 기재하고 운송인이 기명날인 또는 서명하여야 한다.

1. 선박의 명칭 · 국적 및 톤수
2. 송하인이 서면으로 통지한 운송물의 종류, 중량 또는 용적, 포장의 종별, 개수와 기호
3. 운송물의 외관상태
4. 용선자 또는 송하인의 성명 · 상호
5. 수하인 또는 통지수령인의 성명 · 상호
6. 선적항
7. 양륙항
8. 운임
9. 발행지와 그 발행연월일
10. 수통의 선하증권을 발행한 때에는 그 수
11. 운송인의 성명 또는 상호
12. 운송인의 주된 영업소 소재지

②제1항제2호의 기재사항 중 운송물의 중량 · 용적 · 개수 또는 기호가 운송인이 실제로 수령한 운송물을 정확하게 표시하고 있지 아니하다고 의심할 만한 상당한 이유가 있는 때 또는 이를 확인할 적당한 방법이 없는 때에는 그 기재를 생략할 수 있다.

③송하인은 제1항제2호의 기재사항이 정확함을 운송인에게 담보한 것으로 본다.

④운송인이 선하증권에 기재된 통지수령인에게 운송물에 관한 통지를 한 때에는 송하인 및 선하증권소지인과 그 밖의 수하인에게 통지한 것으로 본다.

[전문개정 2007. 8. 3.]

제854조(선하증권 기재의 효력) ①제853조제1항에 따라 선하증권이 발행된 경우 운송인과 송하인 사이에 선하증권에 기재된 대로 개품운송계약이 체결되고 운송물을 수령 또는 선적한 것으로 추정한다.

②제1항의 선하증권을 선의로 취득한 소지인에 대하여 운송인은 선하증권에 기재된 대로 운송물을 수령 혹은 선적한 것으로 보고 선하증권에 기재된 바에 따라 운송인으로서 책임을 진다.

[전문개정 2007. 8. 3.]

제855조(용선계약과 선하증권) ①용선자의 청구가 있는 경우 선박소유자는 운송물을 수령한 후에 제852조 및 제853조에 따라 선하증권을 발행한다.

②제1항에 따라 선하증권이 발행된 경우 선박소유자는 선하증권에 기재된 대로 운송물을 수령 또는 선적한 것으로 추정한다.

③제3자가 선의로 제1항의 선하증권을 취득한 경우 선박소유자는 제854조제2항에 따라 운송인으로서 권리와 의무가 있다. 용선자의 청구에 따라 선박소유자가 제3자에게 선하증권을 발행한 경우에도 또한 같다.

④제3항의 경우에 그 제3자는 제833조부터 제835조까지 및 제837조에 따른 송하인으로 본다.

⑤제3항의 경우 제799조를 위반하여 운송인으로서의 의무와 책임을 감경 또는 면제하는 특약을 하지 못한다.

[전문개정 2007. 8. 3.]

제856조(등본의 교부) 선하증권의 교부를 받은 용선자 또는 송하인은 발행자의 청구가 있는 때에는 선하증권의 등본에 기명날인 또는 서명하여 교부하여야 한다.

[전문개정 2007. 8. 3.]

제857조(수통의 선하증권과 양륙항에 있어서의 운송물의 인도) ①양륙항에서 수통의 선하증권 중 1통을 소지한 자가 운송물의 인도를 청구하는 경우에도 선장은 그 인도를 거부하지 못한다.

②제1항에 따라 수통의 선하증권 중 1통의 소지인이 운송물의 인도를 받은 때에는 다른 선하증권은 그 효력을 잃는다.

[전문개정 2007. 8. 3.]

제858조(수통의 선하증권과 양륙항 외에서의 운송물의 인도) 양륙항 외에서는 선장은 선하증권의 각 통의 반환을 받지 아니하면 운송물을 인도하지 못한다.

[전문개정 2007. 8. 3.]

제859조(2인 이상 소지인의 운송물인도청구와 공탁) ①2인 이상의 선하증권소지인이 운송물의 인도를 청구한 때에는 선장은 지체 없이 운송물을 공탁하고 각 청구자에게 그 통지를 발송하여야 한다.

②선장이 제857조제1항에 따라 운송물의 일부를 인도한 후 다른 소지인이 운송물의 인도를 청구한 경우에도 그 인도하지 아니한 운송물에 대하여는 제1항과 같다.

[전문개정 2007. 8. 3.]

제860조(수인의 선하증권소지인의 순위) ①제859조에 따라 공탁한 운송물에 대하여는 수인의 선하증권소지인에게 공통되는 전 소지인으로부터 먼저 교부를 받은 증권소지인의 권리가 다른 소지인의 권리에 우선한다.

②격지자에 대하여 발송한 선하증권은 그 발송한 때를 교부받은 때로 본다.

[전문개정 2007. 8. 3.]

제861조(준용규정) 제129조 · 제130조 · 제132조 및 제133조는 제852조 및 제855조의 선하증권에 준용한다.

[전문개정 2007. 8. 3.]

第862조(전자선하증권) ①운송인은 제852조 또는 제855조의 선하증권을 발행하는 대신에 송하인 또는 용선자의 동의를 받아 법무부장관이 지정하는 등록기관에 등록을 하는 방식으로 전자선하증권을 발행할 수 있다. 이 경우 전자선하증권은 제852조 및 제855조의 선하증권과 동일한 법적 효력을 갖는다.

②전자선하증권에는 제853조제1항 각 호의 정보가 포함되어야 하며, 운송인이 전자서명을 하여 송신하고 용선자 또는 송하인이 이를 수신하여야 그 효력이 생긴다.

③전자선하증권의 권리자는 배서의 뜻을 기재한 전자문서를 작성한 다음 전자선하증권을 첨부하여 지정된 등록기관을 통하여 상대방에게 송신하는 방식으로 그 권리를 양도할 수 있다.

④제3항에서 정한 방식에 따라 배서의 뜻을 기재한 전자문서를 상대방이 수신하면 제852조 및 제855조의 선하증권을 배서하여 교부한 것과 동일한 효력이 있고, 제2항 및 제3항의 전자문서를 수신한 권리자는 제852조 및 제855조의 선하증권을 교부받은 소지인과 동일한 권리를 취득한다.

⑤전자선하증권의 등록기관의 지정요건, 발행 및 배서의 전자적인 방식, 운송물의 구체적인 수령절차와 그 밖에 필요한 사항은 대통령령으로 정한다.

[전문개정 2007. 8. 3.]

第863조(해상화물운송장의 발행) ①운송인은 용선자 또는 송하인의 청구가 있으면 제852조 또는 제855조의 선하증권을 발행하는 대신 해상화물운송장을 발행할 수 있다. 해상화물운송장은 당사자 사이의 합의에 따라 전자식으로도 발행할 수 있다.

②해상화물운송장에는 해상화물운송장임을 표시하는 외에 제853조제1항 각 호 사항을 기재하고 운송인이 기명날인 또는 서명하여야 한다.

③제853조제2항 및 제4항은 해상화물운송장에 준용한다.

[전문개정 2007. 8. 3.]

第864조(해상화물운송장의 효력) ①제863조제1항의 규정에 따라 해상화물운송장이 발행된 경우 운송인이 그 운송장에 기재된 대로 운송물을 수령 또는 선적한 것으로 추정한다.

②운송인이 운송물을 인도함에 있어서 수령인이 해상화물운송장에 기재된 수하인 또는 그 대리인이라고 믿을만한 정당한 사유가 있는 때에는 수령인이 권리자가 아니라고 하더라도 운송인은 그 책임을 면한다.

[전문개정 2007. 8. 3.]

제3장 해상위험 〈개정 2007. 8. 3.〉

제1절 공동해손 〈개정 2007. 8. 3.〉

第865조(공동해손의 요건) 선박과 적하의 공동위험을 면하기 위한 선장의 선박 또는 적하에 대한 처분으로 인하여 생긴 손해 또는 비용은 공동해손으로 한다.

[전문개정 2007. 8. 3.]

第866조(공동해손의 분담) 공동해손은 그 위험을 면한 선박 또는 적하의 가액과 운임의 반액과 공동해손의 액과의 비율에 따라 각 이해관계인이 이를 분담한다.

[전문개정 2007. 8. 3.]

第867조(공동해손분담액의 산정) 공동해손의 분담액을 정함에 있어서는 선박의 가액은 도달의 때와 곳의 가액으로 하고, 적하의 가액은 양륙의 때와 곳의 가액으로 한다. 다만, 적하에 관하여는 그 가액 중에서 멸실로 인하여 지급을 면하게 된 운임과 그 밖의 비용을 공제하여야 한다.

[전문개정 2007. 8. 3.]

第868조(공동해손분담자의 유한책임) 제866조 및 제867조에 따라 공동해손의 분담책임이 있는 자는 선박이 도달하거나 적하를 인도한 때에 현존하는 가액의 한도에서 책임을 진다.

[전문개정 2007. 8. 3.]

第869조(공동해손의 손해액산정) 공동해손의 액을 정함에 있어서는 선박의 가액은 도달의 때와 곳의 가액으로 하고, 적하의 가액은 양륙의 때와 곳의 가액으로 한다. 다만, 적하에 관하여는 그 손실로 인하여 지급을 면하게 된 모든 비용을 공제하여야 한다.
[전문개정 2007. 8. 3.]

제870조(책임있는 자에 대한 구상권) 선박과 적하의 공동위험이 선박 또는 적하의 하자나 그 밖의 과실 있는 행위로 인하여 생긴 경우에는 공동해손의 분담자는 그 책임이 있는 자에 대하여 구상권을 행사할 수 있다.
[전문개정 2007. 8. 3.]

제871조(공동해손분담제외) 선박에 비치한 무기, 선원의 급료, 선원과 여객의 식량 · 의류는 보존된 경우에는 그 가액을 공동해손의 분담에 산입하지 아니하고, 손실된 경우에는 그 가액을 공동해손의 액에 산입한다.
[전문개정 2007. 8. 3.]

제872조(공동해손분담청구에서의 제외) ①속구목록에 기재하지 아니한 속구, 선하증권이나 그 밖에 적하의 가격을 정할 수 있는 서류 없이 선적한 하물 또는 종류와 가액을 명시하지 아니한 화폐나 유가증권과 그 밖의 고가물은 보존된 경우에는 그 가액을 공동해손의 분담에 산입하고, 손실된 경우에는 그 가액을 공동해손의 액에 산입하지 아니한다.
②갑판에 적재한 하물에 대하여도 제1항과 같다. 다만, 갑판에 선적하는 것이 관습상 허용되는 경우와 그 항해가 연안항행에 해당되는 경우에는 그러하지 아니하다.
[전문개정 2007. 8. 3.]

제873조(적하가격의 부실기재와 공동해손) ①선하증권이나 그 밖에 적하의 가격을 정할 수 있는 서류에 적하의 실가보다 고액을 기재한 경우에 그 하물이 보존된 때에는 그 기재액에 의하여 공동해손의 분담액을 정하고, 적하의 실가보다 저액을 기재한 경우에 그 하물이 손실된 때에는 그 기재액을 공동해손의 액으로 한다.
②제1항은 적하의 가격에 영향을 미칠 사항에 관하여 거짓 기재를 한 경우에 준용한다.
[전문개정 2007. 8. 3.]

제874조(공동해손인 손해의 회복) 선박소유자 · 용선자 · 송하인, 그 밖의 이해관계인이 공동해손의 액을 분담한 후 선박 · 속구 또는 적하의 전부나 일부가 소유자에게 복귀된 때에는 그 소유자는 공동해손의 상금으로 받은 금액에서 구조료와 일부손실로 인한 손해액을 공제하고 그 잔액을 반환하여야 한다.
[전문개정 2007. 8. 3.]

제875조(공동해손 채권의 소멸) 공동해손으로 인하여 생긴 채권 및 제870조에 따른 구상채권은 그 계산이 종료한 날부터 1년 이내에 재판상 청구가 없으면 소멸한다. 이 경우 제814조제1항 단서를 준용한다.
[전문개정 2007. 8. 3.]

제2절 선박충돌 〈개정 2007. 8. 3.〉

제876조(선박충돌에의 적용법규) ①항해선 상호 간 또는 항해선과 내수항행선 간의 충돌이 있은 경우에 선박 또는 선박 내에 있는 물건이나 사람에 관하여 생긴 손해의 배상에 대하여는 어떠한 수면에서 충돌한 때라도 이 절의 규정을 적용한다.
②이 절에서 "선박의 충돌"이란 2척 이상의 선박이 그 운용상 작위 또는 부작위로 선박 상호 간에 다른 선박 또는 선박 내에 있는 사람 또는 물건에 손해를 생기게 하는 것을 말하며, 직접적인 접촉의 유무를 묻지 아니한다.
[전문개정 2007. 8. 3.]

제877조(불가항력으로 인한 충돌) 선박의 충돌이 불가항력으로 인하여 발생하거나 충돌의 원인이 명백하지 아니한 때에는 피해자는 충돌로 인한 손해의 배상을 청구하지 못한다.
[전문개정 2007. 8. 3.]

제878조(일방의 과실로 인한 충돌) 선박의 충돌이 일방의 선원의 과실로 인하여 발생한 때에는 그 일방

의 선박소유자는 피해자에 대하여 충돌로 인한 손해를 배상할 책임이 있다.
[전문개정 2007. 8. 3.]

제879조(쌍방의 과실로 인한 충돌) ①선박의 충돌이 쌍방의 선원의 과실로 인하여 발생한 때에는 쌍방의 과실의 경중에 따라 각 선박소유자가 손해배상의 책임을 분담한다. 이 경우 그 과실의 경중을 판정할 수 없는 때에는 손해배상의 책임을 균분하여 부담한다.
②제1항의 경우에 제3자의 사상에 대한 손해배상은 쌍방의 선박소유자가 연대하여 그 책임을 진다.
[전문개정 2007. 8. 3.]

제880조(도선사의 과실로 인한 충돌) 선박의 충돌이 도선사의 과실로 인하여 발생한 경우에도 선박소유자는 제878조 및 제879조를 준용하여 손해를 배상할 책임이 있다.
[전문개정 2007. 8. 3.]

제881조(선박충돌채권의 소멸) 선박의 충돌로 인하여 생긴 손해배상의 청구권은 그 충돌이 있은 날부터 2년 이내에 재판상 청구가 없으면 소멸한다. 이 경우 제814조제1항 단서를 준용한다.
[전문개정 2007. 8. 3.]

제3절 해난구조 〈개정 2007. 8. 3.〉

제882조(해난구조의 요건) 항해선 또는 그 적하 그 밖의 물건이 어떠한 수면에서 위난에 조우한 경우에 의무 없이 이를 구조한 자는 그 결과에 대하여 상당한 보수를 청구할 수 있다. 항해선과 내수항행선 간의 구조의 경우에도 또한 같다.
[전문개정 2007. 8. 3.]

제883조(보수의 결정) 구조의 보수에 관한 약정이 없는 경우에 그 액에 대하여 당사자 사이에 합의가 성립하지 아니한 때에는 법원은 당사자의 청구에 의하여 구조된 선박 · 재산의 가액, 위난의 정도, 구조자의 노력과 비용, 구조자나 그 장비가 조우했던 위험의 정도, 구조의 효과, 환경손해방지를 위한 노력, 그 밖의 제반사정을 참작하여 그 액을 정한다.
[전문개정 2007. 8. 3.]

제884조(보수의 한도) ①구조의 보수액은 다른 약정이 없으면 구조된 목적물의 가액을 초과하지 못한다.
②선순위의 우선특권이 있는 때에는 구조의 보수액은 그 우선특권자의 채권액을 공제한 잔액을 초과하지 못한다.
[전문개정 2007. 8. 3.]

제885조(환경손해방지작업에 대한 특별보상) ①선박 또는 그 적하로 인하여 환경손해가 발생할 우려가 있는 경우에 손해의 경감 또는 방지의 효과를 수반하는 구조작업에 종사한 구조자는 구조의 성공 여부 및 제884조와 상관없이 구조에 소요된 비용을 특별보상으로 청구할 수 있다.
②제1항에서 "비용"이란 구조작업에 실제로 지출한 합리적인 비용 및 사용된 장비와 인원에 대한 정당한 보수를 말한다.
③구조자는 발생할 환경손해가 구조작업으로 인하여 실제로 감경 또는 방지된 때에는 보상의 증액을 청구할 수 있고, 법원은 제883조의 사정을 참작하여 증액 여부 및 그 금액을 정한다. 이 경우 증액된다 하더라도 구조료는 제1항의 비용의 배액을 초과할 수 없다.
④구조자의 고의 또는 과실로 인하여 손해의 감경 또는 방지에 지장을 가져 온 경우 법원은 제1항 및 제3항에서 정한 금액을 감액 혹은 부인할 수 있다.
⑤하나의 구조작업을 시행한 구조자가 제1항부터 제4항까지의 규정에서 정한 특별보상을 청구하는 것 외에 제882조에서 정한 보수도 청구할 수 있는 경우 그 중 큰 금액을 구조료로 청구할 수 있다.
[전문개정 2007. 8. 3.]

제886조(구조료의 지급의무) 선박소유자와 그 밖에 구조된 재산의 권리자는 그 구조된 선박 또는 재산의 가액에 비례하여 구조에 대한 보수를 지급하고 특별보상을 하는 등 구조료를 지급할 의무가 있다.
[전문개정 2007. 8. 3.]

제887조(구조에 관한 약정) ①당사자가 미리 구조계

약을 하고 그 계약에 따라 구조가 이루어진 경우에도 그 성질에 반하지 아니하는 한 구조계약에서 정하지 아니한 사항은 이 절에서 정한 바에 따른다.
②해난 당시에 구조료의 금액에 대하여 약정을 한 경우에도 그 금액이 현저하게 부당한 때에는 법원은 제883조의 사정을 참작하여 그 금액을 증감할 수 있다.
[전문개정 2007. 8. 3.]

제888조(공동구조자 간의 구조료 분배) ①수인이 공동으로 구조에 종사한 경우에 그 구조료의 분배비율에 관하여는 제883조를 준용한다.
②인명의 구조에 종사한 자도 제1항에 따라 구조료의 분배를 받을 수 있다.
[전문개정 2007. 8. 3.]

제889조(1선박 내부의 구조료 분배) ①선박이 구조에 종사하여 그 구조료를 받은 경우에는 먼저 선박의 손해액과 구조에 들어간 비용을 선박소유자에게 지급하고 잔액을 절반하여 선장과 해원에게 지급하여야 한다.
②제1항에 따라 해원에게 지급할 구조료의 분배는 선장이 각 해원의 노력, 그 효과와 사정을 참작하여 그 항해의 종료 전에 분배안을 작성하여 해원에게 고시하여야 한다.
[전문개정 2007. 8. 3.]

제890조(예선의 구조의 경우) 예선의 본선 또는 그 적하에 대한 구조에 관하여는 예선계약의 이행으로 볼 수 없는 특수한 노력을 제공한 경우가 아니면 구조료를 청구하지 못한다.
[전문개정 2007. 8. 3.]

제891조(동일소유자에 속한 선박 간의 보수) 동일소유자에 속한 선박의 상호 간에 있어서도 구조에 종사한 자는 상당한 구조료를 청구할 수 있다.
[전문개정 2007. 8. 3.]

제892조(구조료청구권 없는 자) 다음 각 호에 해당하는 자는 구조료를 청구하지 못한다.
1. 구조받은 선박에 종사하는 자
2. 고의 또는 과실로 인하여 해난사고를 야기한 자
3. 정당한 거부에도 불구하고 구조를 강행한 자
4. 구조된 물건을 은닉하거나 정당한 사유 없이 처분한 자

[전문개정 2007. 8. 3.]

제893조(구조자의 우선특권) ①구조에 종사한 자의 구조료채권은 구조된 적하에 대하여 우선특권이 있다. 다만, 채무자가 그 적하를 제3취득자에게 인도한 후에는 그 적하에 대하여 이 권리를 행사하지 못한다.
②제1항의 우선특권에는 그 성질에 반하지 아니하는 한 제777조의 우선특권에 관한 규정을 준용한다.
[전문개정 2007. 8. 3.]

제894조(구조료지급에 관한 선장의 권한) ①선장은 구조료를 지급할 채무자에 갈음하여 그 지급에 관한 재판상 또는 재판 외의 모든 행위를 할 권한이 있다.
②선장은 그 구조료에 관한 소송의 당사자가 될 수 있고, 그 확정판결은 구조료의 채무자에 대하여도 효력이 있다.
[전문개정 2007. 8. 3.]

제895조(구조료청구권의 소멸) 구조료청구권은 구조가 완료된 날부터 2년 이내에 재판상 청구가 없으면 소멸한다. 이 경우 제814조제1항 단서를 준용한다.
[전문개정 2007. 8. 3.]

제6편 항공운송 〈신설 2011. 5. 23.〉

제1장 통칙 〈신설 2011. 5. 23.〉

제896조(항공기의 의의) 이 법에서 "항공기"란 상행위나 그 밖의 영리를 목적으로 운항에 사용하는 항공기를 말한다. 다만, 대통령령으로 정하는 초경량 비행장치(超輕量 飛行裝置)는 제외한다.
[본조신설 2011. 5. 23.]

제897조(적용범위) 운항용 항공기에 대하여는 상행위나 그 밖의 영리를 목적으로 하지 아니하더라도

이 편의 규정을 준용한다. 다만, 국유(國有) 또는 공유(公有) 항공기에 대하여는 운항의 목적 · 성질 등을 고려하여 이 편의 규정을 준용하는 것이 적합하지 아니한 경우로서 대통령령으로 정하는 경우에는 그러하지 아니하다.

[본조신설 2011. 5. 23.]

제898조(운송인 등의 책임감면) 제905조제1항을 포함하여 이 편에서 정한 운송인이나 항공기 운항자의 손해배상책임과 관련하여 운송인이나 항공기 운항자가 손해배상청구권자의 과실 또는 그 밖의 불법한 작위나 부작위가 손해를 발생시켰거나 손해에 기여하였다는 것을 증명한 경우에는, 그 과실 또는 그 밖의 불법한 작위나 부작위가 손해를 발생시켰거나 손해에 기여한 정도에 따라 운송인이나 항공기 운항자의 책임을 감경하거나 면제할 수 있다.

[본조신설 2011. 5. 23.]

제2장 운송 〈신설 2011. 5. 23.〉

제1절 통칙 〈신설 2011. 5. 23.〉

제899조(비계약적 청구에 대한 적용 등) ① 이 장의 운송인의 책임에 관한 규정은 운송인의 불법행위로 인한 손해배상의 책임에도 적용한다.

② 여객, 수하물 또는 운송물에 관한 손해배상청구가 운송인의 사용인이나 대리인에 대하여 제기된 경우에 그 손해가 그 사용인이나 대리인의 직무집행에 관하여 생겼을 때에는 그 사용인이나 대리인은 운송인이 주장할 수 있는 항변과 책임제한을 원용할 수 있다.

③ 제2항에도 불구하고 여객 또는 수하물의 손해가 운송인의 사용인이나 대리인의 고의로 인하여 발생하였거나 또는 여객의 사망 · 상해 · 연착(수하물의 경우 멸실 · 훼손 · 연착)이 생길 염려가 있음을 인식하면서 무모하게 한 작위 또는 부작위로 인하여 발생하였을 때에는 그 사용인이나 대리인은 운송인이 주장할 수 있는 항변과 책임제한을 원용할 수 없다.

④ 제2항의 경우에 운송인과 그 사용인이나 대리인의 여객, 수하물 또는 운송물에 대한 책임제한금액의 총액은 각각 제905조 · 제907조 · 제910조 및 제915조에 따른 한도를 초과하지 못한다.

[본조신설 2011. 5. 23.]

제900조(실제운송인에 대한 청구) ① 운송계약을 체결한 운송인(이하 "계약운송인"이라 한다)의 위임을 받아 운송의 전부 또는 일부를 수행한 운송인(이하 "실제운송인"이라 한다)이 있을 경우 실제운송인이 수행한 운송에 관하여는 실제운송인에 대하여도 이 장의 운송인의 책임에 관한 규정을 적용한다. 다만, 제901조의 순차운송에 해당하는 경우는 그러하지 아니하다.

② 실제운송인이 여객 · 수하물 또는 운송물에 대한 손해배상책임을 지는 경우 계약운송인과 실제운송인은 연대하여 그 책임을 진다.

③ 제1항의 경우 제899조제2항부터 제4항까지를 준용한다. 이 경우 제899조제2항 · 제3항 중 "운송인"은 "실제운송인"으로, 같은 조 제4항 중 "운송인"은 "계약운송인과 실제운송인"으로 본다.

④ 이 장에서 정한 운송인의 책임과 의무 외에 운송인이 책임과 의무를 부담하기로 하는 특약 또는 이 장에서 정한 운송인의 권리나 항변의 포기는 실제운송인이 동의하지 아니하는 한 실제운송인에게 영향을 미치지 아니한다.

[본조신설 2011. 5. 23.]

제901조(순차운송) ① 둘 이상이 순차(順次)로 운송할 경우에는 각 운송인의 운송구간에 관하여 그 운송인도 운송계약의 당사자로 본다.

② 순차운송에서 여객의 사망, 상해 또는 연착으로 인한 손해배상은 그 사실이 발생한 구간의 운송인에게만 청구할 수 있다. 다만, 최초 운송인이 명시적으로 전 구간에 대한 책임을 인수하기로 약정한 경우에는 최초 운송인과 그 사실이 발생한 구간의 운송인이 연대하여 그 손해를 배상할 책임이 있다.

③ 순차운송에서 수하물의 멸실, 훼손 또는 연착으로 인한 손해배상은 최초 운송인, 최종 운송인 및 그 사실이 발생한 구간의 운송인에게 각각 청구할 수 있다.

④ 순차운송에서 운송물의 멸실, 훼손 또는 연착으로 인한 손해배상은 송하인이 최초 운송인 및 그 사실이 발생한 구간의 운송인에게 각각 청구할 수 있다. 다만, 제918조제1항에 따라 수하인이 운송물의 인도를 청구할 권리를 가지는 경우에는 수하인이 최종 운송인 및 그 사실이 발생한 구간의 운송인에게 그 손해배상을 각각 청구할 수 있다.

⑤ 제3항과 제4항의 경우 각 운송인은 연대하여 그 손해를 배상할 책임이 있다.

⑥ 최초 운송인 또는 최종 운송인이 제2항부터 제5항까지의 규정에 따라 손해를 배상한 경우에는 여객의 사망, 상해 또는 연착이나 수하물 · 운송물의 멸실, 훼손 또는 연착이 발생한 구간의 운송인에 대하여 구상권을 가진다.

[본조신설 2011. 5. 23.]

제902조(운송인 책임의 소멸) 운송인의 여객, 송하인 또는 수하인에 대한 책임은 그 청구원인에 관계없이 여객 또는 운송물이 도착지에 도착한 날, 항공기가 도착할 날 또는 운송이 중지된 날 가운데 가장 늦게 도래한 날부터 2년 이내에 재판상 청구가 없으면 소멸한다.

[본조신설 2011. 5. 23.]

제903조(계약조항의 무효) 이 장의 규정에 반하여 운송인의 책임을 감면하거나 책임한도액을 낮게 정하는 특약은 효력이 없다.

[본조신설 2011. 5. 23.]

제2절 여객운송 〈신설 2011. 5. 23.〉

제904조(운송인의 책임) 운송인은 여객의 사망 또는 신체의 상해로 인한 손해에 관하여는 그 손해의 원인이 된 사고가 항공기상에서 또는 승강(乘降)을 위한 작업 중에 발생한 경우에만 책임을 진다.

[본조신설 2011. 5. 23.]

제905조(운송인의 책임한도액) ① 제904조의 손해 중 여객 1명당 11만3천100 계산단위의 금액까지는 운송인의 배상책임을 면제하거나 제한할 수 없다. 〈개정 2014. 5. 20.〉

② 운송인은 제904조의 손해 중 여객 1명당 11만3천100 계산단위의 금액을 초과하는 부분에 대하여는 다음 각 호의 어느 하나를 증명하면 배상책임을 지지 아니한다. 〈개정 2014. 5. 20.〉

1. 그 손해가 운송인 또는 그 사용인이나 대리인의 과실 또는 그 밖의 불법한 작위나 부작위에 의하여 발생하지 아니하였다는 것
2. 그 손해가 오로지 제3자의 과실 또는 그 밖의 불법한 작위나 부작위에 의하여만 발생하였다는 것

[본조신설 2011. 5. 23.]

제906조(선급금의 지급) ① 여객의 사망 또는 신체의 상해가 발생한 항공기사고의 경우에 운송인은 손해배상청구권자가 청구하면 지체 없이 선급금(先給金)을 지급하여야 한다. 이 경우 선급금의 지급만으로 운송인의 책임이 있는 것으로 보지 아니한다.

② 지급한 선급금은 운송인이 손해배상으로 지급하여야 할 금액에 충당할 수 있다.

③ 선급금의 지급액, 지급 절차 및 방법 등에 관하여는 대통령령으로 정한다.

[본조신설 2011. 5. 23.]

제907조(연착에 대한 책임) ① 운송인은 여객의 연착으로 인한 손해에 대하여 책임을 진다. 다만, 운송인이 자신과 그 사용인 및 대리인이 손해를 방지하기 위하여 합리적으로 요구되는 모든 조치를 하였다는 것 또는 그 조치를 하는 것이 불가능하였다는 것을 증명한 경우에는 그 책임을 면한다.

② 제1항에 따른 운송인의 책임은 여객 1명당 4천694 계산단위의 금액을 한도로 한다. 다만, 여객과의 운송계약상 그 출발지, 도착지 및 중간 착륙지가 대한민국 영토 내에 있는 운송의 경우에는 여객

1명당 1천 계산단위의 금액을 한도로 한다. 〈개정 2014. 5. 20.〉

③ 제2항은 운송인 또는 그 사용인이나 대리인의 고의로 또는 연착이 생길 염려가 있음을 인식하면서 무모하게 한 작위 또는 부작위에 의하여 손해가 발생한 것이 증명된 경우에는 적용하지 아니한다.

[본조신설 2011. 5. 23.]

제908조(수하물의 멸실 · 훼손에 대한 책임) ① 운송인은 위탁수하물의 멸실 또는 훼손으로 인한 손해에 대하여는 그 손해의 원인이 된 사실이 항공기상에서 또는 위탁수하물이 운송인의 관리하에 있는 기간 중에 발생한 경우에만 책임을 진다. 다만, 그 손해가 위탁수하물의 고유한 결함, 특수한 성질 또는 숨은 하자로 인하여 발생한 경우에는 그 범위에서 책임을 지지 아니한다.

② 운송인은 휴대수하물의 멸실 또는 훼손으로 인한 손해에 대하여는 그 손해가 자신 또는 그 사용인이나 대리인의 고의 또는 과실에 의하여 발생한 경우에만 책임을 진다.

[본조신설 2011. 5. 23.]

제909조(수하물의 연착에 대한 책임) 운송인은 수하물의 연착으로 인한 손해에 대하여 책임을 진다. 다만, 운송인이 자신과 그 사용인 및 대리인이 손해를 방지하기 위하여 합리적으로 요구되는 모든 조치를 하였다는 것 또는 그 조치를 하는 것이 불가능하였다는 것을 증명한 경우에는 그 책임을 면한다.

[본조신설 2011. 5. 23.]

제910조(수하물에 대한 책임한도액) ① 제908조와 제909조에 따른 운송인의 손해배상책임은 여객 1명당 1천131 계산단위의 금액을 한도로 한다. 다만, 여객이 운송인에게 위탁수하물을 인도할 때에 도착지에서 인도받을 때의 예정가액을 미리 신고한 경우에는 운송인은 신고 가액이 위탁수하물을 도착지에서 인도할 때의 실제가액을 초과한다는 것을 증명하지 아니하는 한 신고 가액을 한도로 책임을 진다. 〈개정 2014. 5. 20.〉

② 제1항은 운송인 또는 그 사용인이나 대리인의 고의로 또는 수하물의 멸실, 훼손 또는 연착이 생길 염려가 있음을 인식하면서 무모하게 한 작위 또는 부작위에 의하여 손해가 발생한 것이 증명된 경우에는 적용하지 아니한다.

[본조신설 2011. 5. 23.]

제911조(위탁수하물의 일부 멸실 · 훼손 등에 관한 통지) ① 여객이 위탁수하물의 일부 멸실 또는 훼손을 발견하였을 때에는 위탁수하물을 수령한 후 지체 없이 그 개요에 관하여 운송인에게 서면 또는 전자문서로 통지를 발송하여야 한다. 다만, 그 멸실 또는 훼손이 즉시 발견할 수 없는 것일 경우에는 위탁수하물을 수령한 날부터 7일 이내에 그 통지를 발송하여야 한다.

② 위탁수하물이 연착된 경우 여객은 위탁수하물을 처분할 수 있는 날부터 21일 이내에 이의를 제기하여야 한다.

③ 위탁수하물이 일부 멸실, 훼손 또는 연착된 경우에는 제916조제3항부터 제6항까지를 준용한다.

[본조신설 2011. 5. 23.]

제912조(휴대수하물의 무임운송의무) 운송인은 휴대수하물에 대하여는 다른 약정이 없으면 별도로 운임을 청구하지 못한다.

[본조신설 2011. 5. 23.]

제3절 물건운송 〈신설 2011. 5. 23.〉

제913조(운송물의 멸실 · 훼손에 대한 책임) ① 운송인은 운송물의 멸실 또는 훼손으로 인한 손해에 대하여 그 손해가 항공운송 중(운송인이 운송물을 관리하고 있는 기간을 포함한다. 이하 이 조에서 같다)에 발생한 경우에만 책임을 진다. 다만, 운송인이 운송물의 멸실 또는 훼손이 다음 각 호의 사유로 인하여 발생하였음을 증명하였을 경우에는 그 책임을 면한다.

1. 운송물의 고유한 결함, 특수한 성질 또는 숨은 하자
2. 운송인 또는 그 사용인이나 대리인 외의 자가 수행한 운송물의 부적절한 포장 또는 불완전한 기호

표시

3. 전쟁, 폭동, 내란 또는 무력충돌

4. 운송물의 출입국, 검역 또는 통관과 관련된 공공기관의 행위

5. 불가항력

② 제1항에 따른 항공운송 중에는 공항 외부에서 한 육상, 해상 운송 또는 내륙 수로운송은 포함되지 아니한다. 다만, 그러한 운송이 운송계약을 이행하면서 운송물의 적재(積載), 인도 또는 환적(換積)할 목적으로 이루어졌을 경우에는 항공운송 중인 것으로 추정한다.

③ 운송인이 송하인과의 합의에 따라 항공운송하기로 예정된 운송의 전부 또는 일부를 송하인의 동의 없이 다른 운송수단에 의한 운송으로 대체하였을 경우에는 그 다른 운송수단에 의한 운송은 항공운송으로 본다.

[본조신설 2011. 5. 23.]

제914조(운송물 연착에 대한 책임) 운송인은 운송물의 연착으로 인한 손해에 대하여 책임을 진다. 다만, 운송인이 자신과 그 사용인 및 대리인이 손해를 방지하기 위하여 합리적으로 요구되는 모든 조치를 하였다는 것 또는 그 조치를 하는 것이 불가능하였다는 것을 증명한 경우에는 그 책임을 면한다.

[본조신설 2011. 5. 23.]

제915조(운송물에 대한 책임한도액) ① 제913조와 제914조에 따른 운송인의 손해배상책임은 손해가 발생한 해당 운송물의 1킬로그램당 19 계산단위의 금액을 한도로 하되, 송하인과의 운송계약상 그 출발지, 도착지 및 중간 착륙지가 대한민국 영토 내에 있는 운송의 경우에는 손해가 발생한 해당 운송물의 1킬로그램당 15 계산단위의 금액을 한도로 한다. 다만, 송하인이 운송물을 운송인에게 인도할 때에 도착지에서 인도받을 때의 예정가액을 미리 신고한 경우에는 운송인은 신고 가액이 도착지에서 인도할 때의 실제가액을 초과한다는 것을 증명하지 아니하는 한 신고 가액을 한도로 책임을 진다. 〈개정 2014. 5. 20.〉

② 제1항의 항공운송인의 책임한도를 결정할 때 고려하여야 할 중량은 해당 손해가 발생된 운송물의 중량을 말한다. 다만, 운송물의 일부 또는 운송물에 포함된 물건의 멸실, 훼손 또는 연착이 동일한 항공화물운송장(제924조에 따라 항공화물운송장의 교부에 대체되는 경우를 포함한다) 또는 화물수령증에 적힌 다른 운송물의 가치에 영향을 미칠 때에는 운송인의 책임한도를 결정할 때 그 다른 운송물의 중량도 고려하여야 한다.

[본조신설 2011. 5. 23.]

제916조(운송물의 일부 멸실 · 훼손 등에 관한 통지) ① 수하인은 운송물의 일부 멸실 또는 훼손을 발견하면 운송물을 수령한 후 지체 없이 그 개요에 관하여 운송인에게 서면 또는 전자문서로 통지를 발송하여야 한다. 다만, 그 멸실 또는 훼손이 즉시 발견할 수 없는 것일 경우에는 수령일부터 14일 이내에 그 통지를 발송하여야 한다.

② 운송물이 연착된 경우 수하인은 운송물을 처분할 수 있는 날부터 21일 이내에 이의를 제기하여야 한다.

③ 제1항의 통지가 없는 경우에는 운송물이 멸실 또는 훼손 없이 수하인에게 인도된 것으로 추정한다.

④ 운송물에 멸실 또는 훼손이 발생하였거나 그런 것으로 의심되는 경우에는 운송인과 수하인은 서로 운송물의 검사를 위하여 필요한 편의를 제공하여야 한다.

⑤ 제1항과 제2항의 기간 내에 통지나 이의제기가 없을 경우에는 수하인은 운송인에 대하여 제소할 수 없다. 다만, 운송인 또는 그 사용인이나 대리인이 악의인 경우에는 그러하지 아니하다.

⑥ 제1항부터 제5항까지의 규정에 반하여 수하인에게 불리한 당사자 사이의 특약은 효력이 없다.

[본조신설 2011. 5. 23.]

제917조(운송물의 처분청구권) ① 송하인은 운송인에게 운송의 중지, 운송물의 반환, 그 밖의 처분을 청

구(이하 이 조에서 "처분청구권"이라 한다)할 수 있다. 이 경우에 운송인은 운송계약에서 정한 바에 따라 운임, 체당금과 처분으로 인한 비용의 지급을 청구할 수 있다.

② 송하인은 운송인 또는 다른 송하인의 권리를 침해하는 방법으로 처분청구권을 행사하여서는 아니 되며, 운송인이 송하인의 청구에 따르지 못할 경우에는 지체 없이 그 뜻을 송하인에게 통지하여야 한다.

③ 운송인이 송하인에게 교부한 항공화물운송장 또는 화물수령증을 확인하지 아니하고 송하인의 처분청구에 따른 경우, 운송인은 그로 인하여 항공화물운송장 또는 화물수령증의 소지인이 입은 손해를 배상할 책임을 진다.

④ 제918조제1항에 따라 수하인이 운송물의 인도를 청구할 권리를 취득하였을 때에는 송하인의 처분청구권은 소멸한다. 다만, 수하인이 운송물의 수령을 거부하거나 수하인을 알 수 없을 경우에는 그러하지 아니하다.

[본조신설 2011. 5. 23.]

제918조(운송물의 인도) ① 운송물이 도착지에 도착한 때에는 수하인은 운송인에게 운송물의 인도를 청구할 수 있다. 다만, 송하인이 제917조제1항에 따라 처분청구권을 행사한 경우에는 그러하지 아니하다.

② 운송물이 도착지에 도착하면 다른 약정이 없는 한 운송인은 지체 없이 수하인에게 통지하여야 한다.

[본조신설 2011. 5. 23.]

제919조(운송인의 채권의 시효) 운송인의 송하인 또는 수하인에 대한 채권은 2년간 행사하지 아니하면 소멸시효가 완성한다.

[본조신설 2011. 5. 23.]

제920조(준용규정) 항공화물 운송에 관하여는 제120조, 제134조, 제141조부터 제143조까지, 제792조, 제793조, 제801조, 제802조, 제811조 및 제812조를 준용한다. 이 경우 "선적항"은 "출발지 공항"으로, "선장"은 "운송인"으로, "양륙항"은 "도착지 공항"으로 본다.

[본조신설 2011. 5. 23.]

제4절 운송증서 〈신설 2011. 5. 23.〉

제921조(여객항공권) ① 운송인이 여객운송을 인수하면 여객에게 다음 각 호의 사항을 적은 개인용 또는 단체용 여객항공권을 교부하여야 한다.

1. 여객의 성명 또는 단체의 명칭
2. 출발지와 도착지
3. 출발일시
4. 운항할 항공편
5. 발행지와 발행연월일
6. 운송인의 성명 또는 상호

② 운송인은 제1항 각 호의 정보를 전산정보처리조직에 의하여 전자적 형태로 저장하거나 그 밖의 다른 방식으로 보존함으로써 제1항의 여객항공권 교부를 갈음할 수 있다. 이 경우 운송인은 여객이 청구하면 제1항 각 호의 정보를 적은 서면을 교부하여야 한다.

[본조신설 2011. 5. 23.]

제922조(수하물표) 운송인은 여객에게 개개의 위탁수하물마다 수하물표를 교부하여야 한다.

[본조신설 2011. 5. 23.]

제923조(항공화물운송장의 발행) ① 송하인은 운송인의 청구를 받아 다음 각 호의 사항을 적은 항공화물운송장 3부를 작성하여 운송인에게 교부하여야 한다.

1. 송하인의 성명 또는 상호
2. 수하인의 성명 또는 상호
3. 출발지와 도착지
4. 운송물의 종류, 중량, 포장의 종별 · 개수와 기호
5. 출발일시
6. 운송할 항공편
7. 발행지와 발행연월일
8. 운송인의 성명 또는 상호

② 운송인이 송하인의 청구에 따라 항공화물운송장을 작성한 경우에는 송하인을 대신하여 작성한 것으로 추정한다.

③ 제1항의 항공화물운송장 중 제1원본에는 "운송인용"이라고 적고 송하인이 기명날인 또는 서명하여야 하고, 제2원본에는 "수하인용"이라고 적고 송하인과 운송인이 기명날인 또는 서명하여야 하며, 제3원본에는 "송하인용"이라고 적고 운송인이 기명날인 또는 서명하여야 한다.

④ 제3항의 서명은 인쇄 또는 그 밖의 다른 적절한 방법으로 할 수 있다.

⑤ 운송인은 송하인으로부터 운송물을 수령한 후 송하인에게 항공화물운송장 제3원본을 교부하여야 한다.

[본조신설 2011. 5. 23.]

제924조(항공화물운송장의 대체) ① 운송인은 제923조제1항 각 호의 정보를 전산정보처리조직에 의하여 전자적 형태로 저장하거나 그 밖의 다른 방식으로 보존함으로써 항공화물운송장의 교부에 대체할 수 있다.

② 제1항의 경우 운송인은 송하인의 청구에 따라 송하인에게 제923조제1항 각 호의 정보를 적은 화물수령증을 교부하여야 한다.

[본조신설 2011. 5. 23.]

제925조(복수의 운송물) ① 2개 이상의 운송물이 있는 경우에는 운송인은 송하인에 대하여 각 운송물마다 항공화물운송장의 교부를 청구할 수 있다.

② 항공화물운송장의 교부가 제924조제1항에 따른 저장 · 보존으로 대체되는 경우에는 송하인은 운송인에게 각 운송물마다 화물수령증의 교부를 청구할 수 있다.

[본조신설 2011. 5. 23.]

제926조(운송물의 성질에 관한 서류) ① 송하인은 세관, 경찰 등 행정기관이나 그 밖의 공공기관의 절차를 이행하기 위하여 필요한 경우 운송인의 요청을 받아 운송물의 성질을 명시한 서류를 운송인에게 교부하여야 한다.

② 운송인은 제1항과 관련하여 어떠한 의무나 책임을 부담하지 아니한다.

[본조신설 2011. 5. 23.]

제927조(항공운송증서에 관한 규정 위반의 효과) 운송인 또는 송하인이 제921조부터 제926조까지를 위반하는 경우에도 운송계약의 효력 및 이 법의 다른 규정의 적용에 영향을 미치지 아니한다.

[본조신설 2011. 5. 23.]

제928조(항공운송증서 등의 기재사항에 관한 책임) ① 송하인은 항공화물운송장에 적었거나 운송인에게 통지한 운송물의 명세 또는 운송물에 관한 진술이 정확하고 충분함을 운송인에게 담보한 것으로 본다.

② 송하인은 제1항의 운송물의 명세 또는 운송물에 관한 진술이 정확하지 아니하거나 불충분하여 운송인이 손해를 입은 경우에는 운송인에게 배상할 책임이 있다.

③ 운송인은 제924조제1항에 따라 저장 · 보존되는 운송에 관한 기록이나 화물수령증에 적은 운송물의 명세 또는 운송물에 관한 진술이 정확하지 아니하거나 불충분하여 송하인이 손해를 입은 경우 송하인에게 배상할 책임이 있다. 다만, 제1항에 따라 송하인이 그 정확하고 충분함을 담보한 것으로 보는 경우에는 그러하지 아니하다.

[본조신설 2011. 5. 23.]

제929조(항공운송증서 기재의 효력) ① 항공화물운송장 또는 화물수령증이 교부된 경우 그 운송증서에 적힌 대로 운송계약이 체결된 것으로 추정한다.

② 운송인은 항공화물운송장 또는 화물수령증에 적힌 운송물의 중량, 크기, 포장의 종별 · 개수 · 기호 및 외관상태대로 운송물을 수령한 것으로 추정한다.

③ 운송물의 종류, 외관상태 외의 상태, 포장 내부의 수량 및 부피에 관한 항공화물운송장 또는 화물수령증의 기재 내용은 송하인이 참여한 가운데 운송인이 그 기재 내용의 정확함을 확인하고 그 사실을 항공화물운송장이나 화물수령증에 적은 경우에만 그 기재 내용대로 운송물을 수령한 것으로 추정한다.

[본조신설 2011. 5. 23.]

제3장 지상 제3자의 손해에 대한 책임 〈신설 2011. 5. 23.〉

제930조(항공기 운항자의 배상책임) ① 항공기 운항자는 비행 중인 항공기 또는 항공기로부터 떨어진 사람이나 물건으로 인하여 사망하거나 상해 또는 재산상 손해를 입은 지상(지하, 수면 또는 수중을 포함한다)의 제3자에 대하여 손해배상책임을 진다.

② 이 편에서 "항공기 운항자"란 사고 발생 당시 항공기를 사용하는 자를 말한다. 다만, 항공기의 운항을 지배하는 자(이하 "운항지배자"라 한다)가 타인에게 항공기를 사용하게 한 경우에는 운항지배자를 항공기 운항자로 본다.

③ 이 편을 적용할 때에 항공기등록원부에 기재된 항공기 소유자는 항공기 운항자로 추정한다.

④ 제1항에서 "비행 중"이란 이륙을 목적으로 항공기에 동력이 켜지는 때부터 착륙이 끝나는 때까지를 말한다.

⑤ 2대 이상의 항공기가 관여하여 제1항의 사고가 발생한 경우 각 항공기 운항자는 연대하여 제1항의 책임을 진다.

⑥ 운항지배자의 승낙 없이 항공기가 사용된 경우 운항지배자는 이를 막기 위하여 상당한 주의를 하였음을 증명하지 못하는 한 승낙 없이 항공기를 사용한 자와 연대하여 제932조에서 정한 한도 내의 책임을 진다.

[본조신설 2011. 5. 23.]

제931조(면책사유) 항공기 운항자는 제930조제1항에 따른 사망, 상해 또는 재산상 손해의 발생이 다음 각 호의 어느 하나에 해당함을 증명하면 책임을 지지 아니한다.

1. 전쟁, 폭동, 내란 또는 무력충돌의 직접적인 결과로 발생하였다는 것
2. 항공기 운항자가 공권력에 의하여 항공기 사용권을 박탈당한 중에 발생하였다는 것
3. 오로지 피해자 또는 피해자의 사용인이나 대리인의 과실 또는 그 밖의 불법한 작위나 부작위에 의하여서만 발생하였다는 것
4. 불가항력

[본조신설 2011. 5. 23.]

제932조(항공기 운항자의 유한책임) ① 항공기 운항자의 제930조에 따른 책임은 하나의 항공기가 관련된 하나의 사고에 대하여 항공기의 이륙을 위하여 법으로 허용된 최대중량(이하 이 조에서 "최대중량"이라 한다)에 따라 다음 각 호에서 정한 금액을 한도로 한다.

1. 최대중량이 2천킬로그램 이하의 항공기의 경우 30만 계산단위의 금액
2. 최대중량이 2천킬로그램을 초과하는 항공기의 경우 2천킬로그램까지는 30만 계산단위, 2천킬로그램 초과 6천킬로그램까지는 매 킬로그램당 175 계산단위, 6천킬로그램 초과 3만킬로그램까지는 매 킬로그램당 62.5 계산단위, 3만킬로그램을 초과하는 부분에는 매 킬로그램당 65 계산단위를 각각 곱하여 얻은 금액을 순차로 더한 금액

② 하나의 항공기가 관련된 하나의 사고로 인하여 사망 또는 상해가 발생한 경우 항공기 운항자의 제930조에 따른 책임은 제1항의 금액의 범위에서 사망하거나 상해를 입은 사람 1명당 12만5천 계산단위의 금액을 한도로 한다.

③ 하나의 항공기가 관련된 하나의 사고로 인하여 여러 사람에게 생긴 손해의 합계가 제1항의 한도액을 초과하는 경우, 각각의 손해는 제1항의 한도액에 대한 비율에 따라 배상한다.

④ 하나의 항공기가 관련된 하나의 사고로 인하여 사망, 상해 또는 재산상의 손해가 발생한 경우 제1항에서 정한 금액의 한도에서 사망 또는 상해로 인한 손해를 먼저 배상하고, 남는 금액이 있으면 재산상의 손해를 배상한다.

[본조신설 2011. 5. 23.]

제933조(유한책임의 배제) ① 항공기 운항자 또는 그 사용인이나 대리인이 손해를 발생시킬 의도로 제930조제1항의 사고를 발생시킨 경우에는 제932조를 적용하지 아니한다. 이 경우 항공기 운항자의 사용인이나 대리인의 행위로 인하여 사고가 발생한 경우에는 그가 권한 범위에서 행위하고 있었다는 사실이 증명되어야 한다.

② 항공기를 사용할 권한을 가진 자의 동의 없이 불법으로 항공기를 탈취(奪取)하여 사용하는 중 제930조제1항의 사고를 발생시킨 자에 대하여는 제932조를 적용하지 아니한다.

[본조신설 2011. 5. 23.]

제934조(항공기 운항자의 책임의 소멸) 항공기 운항자의 제930조의 책임은 사고가 발생한 날부터 3년 이내에 재판상 청구가 없으면 소멸한다.

[본조신설 2011. 5. 23.]

제935조(책임제한의 절차) ① 이 장의 규정에 따라 책임을 제한하려는 자는 채권자로부터 책임한도액을 초과하는 청구금액을 명시한 서면에 의한 청구를 받은 날부터 1년 이내에 법원에 책임제한절차 개시의 신청을 하여야 한다.

② 책임제한절차 개시의 신청, 책임제한 기금의 형성 · 공고 · 참가 · 배당, 그 밖에 필요한 사항에 관하여는 성질에 반하지 아니하는 범위에서 「선박소유자 등의 책임제한절차에 관한 법률」의 예를 따른다.

[본조신설 2011. 5. 23.]

부칙 〈제17764호, 2020. 12. 29.〉

제1조(시행일) 이 법은 공포한 날부터 시행한다.

제2조(감사위원회위원이 되는 이사의 선임에 관한 적용례) 제542조의12제2항 단서, 같은 조 제4항(선임에 관한 부분으로 한정한다) 및 제8항의 개정규정은 이 법 시행 이후 새로 감사위원회위원을 선임하는 경우부터 적용한다.

제3조(상장회사의 감사위원회위원 및 감사의 해임에 관한 적용례) 제542조의12제3항, 제4항(해임에 관한 부분으로 한정한다) 및 제7항(해임에 관한 부분으로 한정한다)의 개정규정은 이 법 시행 당시 종전 규정에 따라 선임된 감사위원회위원 및 감사를 해임하는 경우에도 적용한다.

제4조(다른 법령의 개정) ① 근로복지기본법 일부를 다음과 같이 개정한다.

제39조제9항 중 "「상법」 제350조제2항, 제350조제3항 후단"을 "「상법」 제350조제2항"으로 한다.

② 벤처기업육성에 관한 특별조치법 일부를 다음과 같이 개정한다.

제16조의3제8항 중 "「상법」 제350조제2항, 제350조제3항 후단"을 "「상법」 제350조제2항"으로 한다.

③ 자본시장과 금융투자업에 관한 법률 일부를 다음과 같이 개정한다.

제165조의12제7항 중 "제344조제1항, 제350조제3항(같은 법 제423조제1항, 제516조제2항 및 제516조의9에서 준용하는 경우를 포함한다. 이하 이 항에서 같다)"을 "제344조제1항"으로, "같은 법 제350조제3항의 적용에 관하여는 제1항의 말일을 영업연도 말로 보며, 「상법」 제635조제1항제22호의2의 적용에 관하여는 제3항의 기간을 「상법」 제464조의2제1항의 기간으로 본다"를 "같은 법 제635조제1항제22호의2의 적용에 관하여는 제3항의 기간을 같은 법 제464조의2제1항의 기간으로 본다"로 한다.

상법시행법

[시행 2010. 7. 23.] [법률 제10372호, 2010. 7. 23., 일부개정]

제1조(정의) 본법에서 상법이라 함은 1962년 법률 제 천호로 제정된 상법을 말하며 구법이라 함은 조선민사령 제1조에 의하여 의용된 상법, 유한회사법, 상법시행법과 상법중개정법률시행법을 말한다.

제2조(원칙) ①상법은 특별한 규정이 없으면 상법시행전에 생긴 사항에도 적용한다. 그러나 구법에 의하여 생긴 효력에 영향을 미치지 아니한다.

②상법에 저촉되는 정관의 규정과 계약의 조항은 상법시행의 날로부터 그 효력을 잃는다.

제3조(상사특별법령의 효력) 상사에 관한 특별한 법령은 상법시행후에도 그 효력이 있다.

제4조(시효에 관한 경과규정) ①상법시행당시구법의 규정에 의한 소멸시효기간을 경과하지 아니한 권리에는 상법의 시효에 관한 규정을 적용한다.

②전항의 규정은 시효기간이 아닌 법정기간에 준용한다.

제5조(기간의 통산) 상법의 규정에 의한 법정기간은 그 기간이 구법에 의하여 상법시행전에 개시된 경우에는 상법시행의 전후의 기간을 통산하고 구법에 그 기간을 정하지 아니한 경우에는 상법시행의 날로부터 기산한다.

제6조(영업용고정재산의 평가) 상법 제31조제2항의 규정은 상법시행후 최초로 도달하는 결산기의 다음 날로부터 적용한다.

제7조(해산명령청구권자의 책임) 상법시행전에 해산명령의 청구가 있은 경우에는 그 청구를 각하된 자의 책임에 관하여는 상법시행후에도 구법을 적용한다.

제8조(소의 제기등에 관한 담보) 해산명령의 청구 또는 소의 제기에 관하여 제공하여야 할 담보에 관한 구법의 규정은 상법시행전에 제공한 담보에 관하여만 적용한다.

제9조(주식회사의 설립) 상법시행전에 발기인이 주식의 총수를 인수하거나 주주의 모집에 착수한 경우에는 그 설립에 관하여는 상법시행후에도 구법을 적용한다. 그러나 상법시행후에 설립등기를 하는 때에는 그 등기사항에 관하여는 그러하지 아니하다.

제10조(주식회사의 정관) ①상법시행전에 성립한 주식회사에 관하여는 상법시행전에 발행한 주식의 총수가, 상법시행후에 구법에 의하여 성립하는 주식회사에 관하여는 설립시에 발행하는 주식의 수가 회사가 발행할 주식의 총수로서 정관에 정하여져 있는 것으로 본다.

②구상법 제168조제1항제2호의 규정에 의하여 정관에 정한 사항은 상법 제344조제2항의 규정에 의하여 정한 것으로 본다.

제11조(주식회사의 등기) ①상법시행전에 성립한 주식회사는 상법시행의 날로부터 6월 내에 상법에 의하여 새로 등기할 것으로 된 사항을 등기하여야 한다.

②전항의 등기를 하기까지에 다른 등기를 하는 때에는 그 등기와 동시에 동항의 등기를 하여야 한다.

③제1항의 등기를 하기까지에 동항의 사항에 변경이 생긴 때에는 지체없이 변경전의 사항에 관하여 동항의 등기를 하여야 한다.

④전3항의 규정에 위반한 때에는 그 회사의 대표이사를 5만원 이하의 과태료에 처한다.

제12조(자본총액의 의제) 제15조의 주금전액의 납입이 완료할 때까지는 납입주금의 총액을 상법 제317조제2항제2호의 자본의 총액으로 본다.

제13조(발기인의 인수, 납입담보책임) 상법 제321조제1항의 규정은 회사가 상법시행후에 구법에 의하여 성립한 경우에도 적용한다. 회사가 상법시행전에 구법에 의하여 성립한 경우에 상법시행후에 주식의 청약이 취소된 경우에도 같다.

제14조(설립에 관한 책임의 면제와 추궁) ①발기인, 이사 또는 감사의 회사의 설립에 관한 책임을 상법시행후에 면제하는 경우에는 그 면제에 관하여는 회사가 구법에 의하여 성립한 때에도 상법을 적용한다.

②상법시행후에 전항의 책임을 추궁하는 소를 제기하는 경우에는 그 소에 관하여도 동항과 같다.

제15조(주금전액의 납입등) ①상법시행시에 주금전액의 납입을 완료하지 아니한 주식에 관하여는 회사는 상법시행의 날로부터 2년내에 주금전액의 납입이 완료한 것으로 하기 위하여 주금을 납입시키거나 자본을 감소시켜야 한다.

②전항의 납입을 완료할 때까지 그 주식에 관하여는 상법시행후에도 구법을 적용한다.

③제1항의 기간내에 주금전액의 납입을 하지 아니하거나 자본감소를 하지 아니할 때에는 회사는 해산한 것으로 본다.

제16조(주식의 금액, 주식의 병합) ①상법시행후에 구법에 의하여 성립하는 주식회사가 발행하는 주식의 금액에 관하여는 구상법 제202조제2항의 규정을 적용한다.

②구법에 의하여 성립한 주식회사는 액면 5백원 미만의 주식을 액면 5백원이상의 주식으로 하기 위하여 상법시행의 날로부터 2년내에 상법 제434조의 규정에 의한 결의에 의하여 주식을 병합하여야 한다. 이 경우에는 상법 제440조 내지 제444조의 규정을 준용한다.

제17조(주식총수의 증가) 제15조제1항과 전조제2항의 절차를 완료한 후가 아니면 회사가 발행할 주식의 총수를 증가하지 못한다.

제18조(기명주식의 이전) 상법시행전에 한 기명주식의 이전에 관하여는 상법시행후에도 구법을 적용한다. 그러나 상법 제336조제2항과 제3항의 적용에 영향을 미치지 아니한다.

제19조(주주명부의 폐쇄기간과 기준일) 상법 제354조의 규정은 상법시행후 최초의 정기총회가 종결한 다음날로부터 상법시행시에 진행중에 있는 주주명부의 폐쇄기간이 그날 이후에 종료하는 때에는 그 기간이 종료한 다음날로부터 적용한다.

제20조(주권의 취득) 상법시행전에 배서에 의하여 주권을 취득한 경우에는 그 취득에 관하여는 상법시행후에도 구상법 제229조제2항의 규정을 적용한다. 그러나 상법시행후에 한 배서에 의하여 그 주권을 취득한 경우에는 그 취득에 관하여는 상법 제359조의 규정을 적용한다.

제21조(감사에 의한 임시총회의 소집) 상법시행전에 감사가 임시총회를 소집한 경우에는 그 임시총회에 관하여는 상법시행후에도 구상법 제235조제2항의 규정을 적용한다.

제22조(소수주주의 총회소집의 청구) 상법시행전에 구상법 제237조제1항의 규정에 의한 총회소집의 청구가 있는 경우에는 그 청구는 상법 제366조제1항의 규정에 의한 청구로 본다.

제23조(총회의 결의) ①구법에 의하여 성립한 주식회사 또는 유한회사의 총회의 결의의 요건에 관하여는 다음에 게기하는 날 중 먼저 오는 날까지는 상법시행후에도 구법을 적용한다.

1. 상법시행후 최초의 정기총회가 종결하는 날
2. 매년 1회 정기총회를 소집하는 회사에 있어서는 1963년 12월 31일, 기타의 회사에 있어서는 1963년 6월 30일

②전항의 규정은 동항각호에 게기한 날 중 먼저 오는 날 전에 상법에 따르도록 정관을 변경한 경우에는 적용하지 아니한다.

③상법시행후에 결의를 하는 총회에 관하여는 상법시행전에 소집의 통지를 발송하였거나 공고를 한 경

우에는 상법의 시행으로 인하여 의결권을 가지게 된 주주에 대하여는 소집의 통지와 공고를 요하지 아니한다.
④전항의 규정은 어느 종류의 주주의 총회에 준용한다.

제24조(결의취소의 소) 결의취소의 소에 관하여 상법시행시 구상법 제248조제1항이나 구유한회사법 제41조에서 준용하는 구상법 제248조제1항에 정한 기간이 경과하지 아니한 경우에는 그 결의취소의 소의 제기기간에 관하여는 상법을 적용한다.

제25조(취체역등의 의제) 상법시행시의 취체역, 감사역 또는 검사역은 각각 상법에 의한 이사, 감사 또는 검사인으로 본다.

제26조(이사의 임기) 상법시행시 재임중에 있는 이사의 임기에 관하여는 상법시행후에도 구법을 적용한다. 그러나 그 임기는 상법시행의 날로부터 2년을 경과한 후의 최초의 정기총회가 종결하는 날을 넘지 못한다.

제27조(대표이사) ①구법에 의하여 회사를 대표하는 권한을 가진 취체역은 상법에 의하여 회사를 대표할 이사로 본다.
②구법에 의하여 수인의 이사가 공동으로 회사를 대표할 것을 정한 경우에는 그 정함은 상법 제389조제2항의 규정에 의하여 정한 것으로 본다.
③상법시행시에 회사를 대표할 이사의 정함이 없는 경우에는 구상법 제188조제2항제9호의 취체역의 등기는 상법 제317조제2항제9호의 등기가 있을 때까지는 그 등기와 동일한 효력이 있다.

제28조(이사의 행위의 책임) ①이사가 상법시행전에 한 행위의 책임에 관하여는 상법시행후에도 구법을 적용한다.
②상법시행후에 전항의 책임을 면제하는 경우에는 그 면제에 관하여는 동항의 규정에 불구하고 상법을 적용한다.
③상법시행후에 제1항의 책임을 추궁하는 소를 제기하는 경우에는 그 소에 관하여도 전항과 같다.

제29조(이사에 대한 소와 소의 제기를 청구한 주주등의 책임) 상법시행전에 구상법 제267조제1항 또는 동법 제268조제1항의 규정이나 구유한회사법 제31조의 규정 또는 동법 제32조에서 준용하는 구상법 제267조제1항의 규정에 의하여 이사에 대한 소를 제기하는 경우에 그 소와 소를 청구한 주주 또는 사원의 책임에 관하여는 상법시행후에도 구법을 적용한다.

제30조(구법에 의한 이사의 직무대행자의 선임등) 상법시행전에 구상법 제272조의 규정이나 구유한회사법 제32조에서 준용하는 구상법 제272조의 규정에 의하여 이사의 직무의 집행의 정지 또는 직무대행자의 선임의 청구가 있은 경우에 관하여는 상법시행후에도 동조의 규정을 적용한다.

제31조(감사의 선임과 임기) ①상법 제410조의 규정은 상법시행후 최초의 정기총회의 종결의 다음날로부터 적용한다.
②상법시행시에 재임중에 있는 감사의 임기에 관하여는 상법시행후에도 구법을 적용한다. 그러나 그 임기는 상법시행의 날로부터 1년을 경과한 후의 최초의 정기총회가 종결하는 날을 넘지 못한다.

제32조(이사의 직무를 행할 감사) 상법시행전에 임시로 이사의 직무를 행할 감사를 정한 경우에는 그 감사에 관하여는 상법시행후에도 구상법 제276조제1항 단서, 제2항과 제3항의 규정을 적용 또는 준용한다.

제33조(회사와 이사간의 소에 관한 회사대표) 상법시행전에 회사가 이사에 대하여 또는 이사가 회사에 대하여 소를 제기한 경우에는 그 소에 관하여 회사를 대표할 자에 관하여는 상법시행후에도 구상법 제277조의 규정을 적용 또는 준용한다. 그러나 상법에 의하여 회사를 대표할 자를 정한 후에는 그러하지 아니하다.

제34조(감사가 한 소의 제기등) 상법시행전에 감사가 법원에 대하여 소의 제기, 청구 또는 신청을 한 경우

에는 그 소, 청구 또는 신청에 관하여는 상법시행후에도 구법을 적용한다.

제35조(감사에 대한 소와 소의 제기를 청구한 주주등의 책임) 제29조의 규정은 상법시행전에 구상법 제279조제1항의 규정이나 구유한회사법 제34조에서 준용하는 동법 제31조 또는구상법 제267조제1항의 규정에 의하여 감사에 대하여 제기한 소와 그 소의 제기를 청구한 주주 또는 사원의 책임에 관하여 준용한다.

제36조(감사에 관한 준용규정) 제28조와 제30조의 규정은 감사에 준용한다.

제37조(회사의 재산평가) 상법 제452조와 동법 제583조제1항에서 준용하는 동법 제452조의 규정은 상법시행후 최초로 도달하는 결산기의 다음날로부터 적용한다.

제38조(신주의 발행비용) 상법시행후에 구법에 의하여 자본을 증가하는 경우에는 주식의 발행을 위하여 필요한 비용의 액에 관하여는 상법 제454조의 규정을 적용한다.

제39조(액면초과액) 상법시행후에 구법에 의하여 성립하기나 자본을 증가하는 주식회사가 액면이상의 가액으로 주식을 발행하는 경우에는 그 액면을 넘는 금액에 관하여는 상법 제459조의 규정을 적용한다.

제40조(준비금) ①구상법 제288조의 규정이나 구유한회사법 제46조제1항에서 준용하는 구상법 제288조제1항의 규정에 의하여 적립한 준비금은 이익준비금으로서 적립한 것으로 본다.

②회사는 상법시행후 최초로 도달하는 결산기까지에 전항의 이익준비금의 일부를 자본준비금으로 할 수 있다.

제41조(건설이자) ①개업전에 이자를 배당할 뜻의 구법에 의한 정관의 정함은 상법시행전에 발행한 주식과 상법시행후에 자본증가에 의하여 발행하는 주식 또는 상법시행후에 구법에 의하여 성립하는 주식회사가 설립시에 발행하는 주식에 관하여 개입진에 이자를 배당할 뜻의 상법에 의한 정관의 정함으로 본다. 그러나 그 정관에 자본증가로 인하여 발행하는 주식에 대하여는 이자를 배당하지 아니하는 뜻의 정함이 있는 때에는 그 주식에 관하여는 그러하지 아니하다.

②상법시행전에 구법에 의하여 배당한 이자의 금액은 상법에 의하여 배당한 이자의 금액으로 본다.

제42조(부속명세서) 상법 제465조와 동법 제583조제1항에서 준용하는 동법 제465조의 규정은 상법시행후 최초로 도달하는 결산기로부터 적용한다.

제43조(총회소집의 명령) 상법시행전에 구상법 제294조제3항의 규정에 의하여 주주총회소집의 명령이 있은 경우에는 그 총회의 소집에 관하여는 상법시행후에도 구법을 적용한다.

제44조(사채의 모집) 상법시행전에 사채모집의 결의를 한 경우에는 그 사채모집에 관하여는 상법시행후에도 구법을 적용한다.

제45조(사채권자집회의 결의) 상법시행후에 사채권자집회의 결의를 하는 경우에는 상법시행전에 소집의 통지를 발송하였거나 공고를 한 때에도 그 결의의 요건에 관하여는 상법을 적용한다.

제46조(자본증가) ①상법시행전에 자본증가의 결의를 한 경우에는 그 자본증가에 관하여는 상법시행후에도 구법을 적용한다. 그러나 상법시행후에 하는 자본증가의 등기에 관하여는 상법에 의한 신주발행으로 인한 변경등기를 하여야 한다.

②전항의 자본증가는 본점소재지에서 상법에 의한 신주발행으로 인한 변경등기를 함으로써 효력이 생긴다.

③상법시행후에 구법에 의하여 자본을 증가하는 경우에는 그 자본증가로 인하여 생기는 주식의 수의 증가는 정관에 정하여 있는 것으로 보게 된 회사가 발행할 주식의 총수의 증가로 본다.

제47조(주식의 액면 이하의 발행) 상법시행전에 성립한 회사에 대하여는 제15조제1항과 제16조제2항의

절차를 완료한 후에는 상법 제417조의 규정에 의한 주식을 발행할 수 있다. 그러나 회사성립의 날로부터 2년을 경과한 경우에 한한다.

제48조(신주인수권을 주는 계약) 상법시행전에 구법 제349조의 계약을 한 경우에는 상법에 의하여 회사가 발행할 주식의 총수를 증가할 때에 그 계약에 의하여 신주의 인수권이 부여된 자에 대하여 신주의 인수권을 부여한다는 뜻을 정관에 정하여야 한다.

제49조(이사의 인수담보책임) 상법 제428조의 규정은 상법시행후에 구법에 의하여 자본을 증가하는 경우에 준용한다.

제50조(전환주식) ①상법시행전에 구상법 제359조의 규정에 의하여 정관으로 주주가 그 인수한 신주를 다른 종류의 주식으로 전환할 것을 청구할 수 있는 뜻을 정한 경우에는 그 주식에 관하여는 상법시행후에도 구상법 제360조 내지 제362조의 규정을 적용한다.

②전항의 주식에 관하여 상법시행후에 전환이 있은 경우에는 그 전환으로 인하여 생기는 각종의 주식의 수의 증감은 정관에 정하여 있는 것으로 보게 된 회사가 발행할 각종의 주식의 수의 증감으로 본다.

③전항의 경우에 전환으로 인한 변경등기는 매영업연도말로부터 1월 내에 본점과 지점의 소재지에서 하여야 한다.

제51조(전환사채) ①상법시행전에 구상법 제364조의 규정에 의하여 사채권자가 사채를 주식으로 전환할 것을 청구할 수 있는 뜻을 결의한 경우에는 그 사채에 관하여는 상법시행후에도 구상법 제365조 내지 제368조의 규정을 적용한다.

②전항의 경우에 상법시행후에 전환으로 인하여 발행할 주식의 수와 각종의 주식의 수는 제10조의 규정에 의하여 정관에 정하여 있는 것으로 보게 된 회사가 발행할 주식의 총수와 각종의 주식의 수에 더한 것으로 한다.

③상법 제346조제2항의 규정은 전항의 경우에 준용한다.

④제1항의 사채에 관하여 상법시행후에 전환이 있는 경우에 전환으로 인한 변경등기는 매영업연도말로부터 1월 내에 본점과 지점의 소재지에서 하여야 한다.

제52조(회사의 합병) 합병후 존속하는 회사 또는 합병으로 인하여 설립되는 회사가 주식회사인 경우에 상법시행전에 합병계약서에 관하여 합병을 하는 회사의 일방의 총사원의 동의 또는 주주총회의 승인이 있은 때에는 그 합병에 관하여는 상법시행후에도 구법을 적용한다. 그러나 상법시행후에 하는 합병으로 인한 변경 또는 설립의 등기에 관하여는 상법에 의한 등기를 하여야 한다.

제53조(청산인에 관한 준용규정) ①제22조, 제27조 내지 제30조, 제32조, 제33조와 제42조의 규정은 주식회사의 청산인에 준용한다.

②제28조 내지 제30조, 제32조, 제33조와 제42조의 규정은 유한회사의 청산인에 준용한다.

제54조(회사의 정리) ①상법시행전에 정리개시의 명령이 있은 때에는 그 정리에 관하여는 상법시행후에도 구법을 적용한다.

②상법시행의 날로부터 2년내에 정리종결의 결정이 없는 경우에는 상법시행의 날로부터 2년을 경과한 날에 「채무자 회생 및 파산에 관한 법률」에 의한 정리개시결정이 있은 것으로 본다. 〈개정 2010. 7. 23.〉

제55조(특별청산) ①상법시행전에 특별청산개시의 명령이 있은 때에는 그 특별청산에 관하여는 상법시행후에도 구법을 적용한다.

②상법시행의 날로부터 2년을 경과하여도 협정이 성립하지 아니하거나 협정의 실행의 가망이 없는 때에는 법원은 직권으로 「채무자 회생 및 파산에 관한 법률」에 따라 파산선고를 하여야 한다. 〈개정 2010. 7. 23.〉

제56조(주식합자회사) ①상법시행전에 성립한 주식합자회사에 관하여는 상법시행후에도 구법을 적용

한다.

②주식합자회사가 상법시행후에 합병하는 경우에는 전항의 규정에 불구하고 합병후존속하는 회사 또는 합병으로 인하여 설립되는 회사는 주식회사이어야 한다. 이 경우에 합병계약서는 상법 제523조와 제524조의 규정에 의하여 작성하여야 한다.

③상법시행의 날로부터 2년을 경과한 때에 현존하는 주식합자회사는 그 때에 해산한다.

제57조(유한회사) 상법시행전에 성립한 유한회사로서 그 자본총액과 출자일좌의 금액이 상법 제546조에 정한 금액에 미달한 회사는 상법시행의 날로부터 2년내에 그 금액 이상으로 증액하여야 한다.

제58조(유한회사의 조직변경) 상법시행전에 유한회사가 구유한회사법 제67조제1항에 규정하는 조직변경의 결의를 할 경우에는 그 조직변경에 관하여는 구법을 적용한다. 그러나 상법시행후에 설립의 등기를 하는 때에는 그 등기사항에 관하여는 그러하지 아니하다.

제59조(외국회사의 등기) ①상법시행전에 외국회사가 구법에 의하여 지점설치의 등기를 한 경우에는 그 지점설치의 등기는 상법 제614조제2항에 정한 영업소설치의 등기로 본다. 그러나 그 회사는 상법시행의 날로부터 6월 내에 상법에 의하여 새로 등기할 것으로 된 사항을 등기하여야 한다.

②상법 제614조제2항과 제3항에 정한 등기를 함을 요하게 된 외국회사는 전항의 경우를 제외하고 상법시행의 날로부터 6월 내에 그 등기를 하여야 한다.

③제1항 단서 또는 전항의 규정에 위반한 때에는 그 회사의 대한민국에서의 대표자를 5만원 이하의 과태료에 처한다.

제60조(외국회사의 지점폐쇄명령) 제7조의 규정은 구상법 제484조와 구유한회사법 제76조에서 준용하는 구상법 제484조에 정한 사건과 그 사건에 관하여 청구를 각하된 자의 책임에 관하여 준용한다.

제61조(벌칙) 상법시행전에 한 행위에 대한 벌칙의 적용에 관하여는 종전의 예에 의한다.

부칙 〈제10372호, 2010. 7. 23.〉

이 법은 공포한 날부터 시행한다.

상법 시행령

[시행 2021. 2. 1.] [대통령령 제31422호, 2021. 2. 1., 일부개정]

제1편 총칙

제1조(목적) 이 영은 「상법」에서 위임된 사항과 그 시행에 필요한 사항을 정함을 목적으로 한다.

제2조(소상인의 범위) 「상법」(이하 "법"이라 한다) 제9조에 따른 소상인은 자본금액이 1천만원에 미치지 못하는 상인으로서 회사가 아닌 자로 한다.

제3조(전산정보처리조직에 의한 보존) 법 제33조제1항에 따른 상업장부와 영업에 관한 중요서류(이하 이 조에서 "장부와 서류"라 한다)를 같은 조 제3항에 따라 마이크로필름이나 그 밖의 전산정보처리조직(이하 이 조에서 "전산정보처리조직"이라 한다)에 의하여 보존하는 경우에는 다음 각 호의 어느 하나에 해당하는 방법으로 보존하여야 한다. 다만, 법에 따라 작성자가 기명날인 또는 서명하여야 하는 장부와 서류는 그 기명날인 또는 서명이 되어있는 원본을 보존하여야 한다. 〈개정 2012. 8. 31.〉

1. 「전자문서 및 전자거래 기본법」 제5조제2항에 따라 전자화문서로 보존하는 방법
2. 제1호 외의 경우에는 다음 각 목의 기준에 따라 보존하는 방법

가. 전산정보처리조직에 장부와 서류를 보존하기 위한 프로그램의 개발 · 변경 및 운영에 관한 기록을 보관하여야 하며, 보존의 경위 및 절차를 알 수 있도록 할 것

나. 법 및 일반적으로 공정 · 타당한 회계관행에 따라 그 내용을 파악할 수 있도록 보존할 것

다. 필요한 경우 그 보존 내용을 영상 또는 출력된 문서로 열람할 수 있도록 할 것

라. 전산정보처리조직에 보존된 자료의 멸실 · 훼손 등에 대비하는 조치를 마련할 것

제2편 상행위

제4조(호천 · 항만의 범위) 법 제125조에 따른 호천(湖川), 항만의 범위는 「선박안전법 시행령」 제2조제1항제3호가목에 따른 평수(平水)구역으로 한다.

제3편 회사

제5조(유한책임회사 재무제표의 범위) 법 제287조의33에서 "대통령령으로 정하는 서류"란 다음 각 호의 어느 하나에 해당하는 서류를 말한다.

1. 자본변동표
2. 이익잉여금 처분계산서 또는 결손금 처리계산서

제6조(전자적 방법을 통한 회사의 공고) ① 법 제289조제3항 단서에 따라 회사가 전자적 방법으로 공고하려는 경우에는 회사의 인터넷 홈페이지에 게재하는 방법으로 하여야 한다.

② 법 제289조제3항 단서에 따라 회사가 정관에서 전자적 방법으로 공고할 것을 정한 경우에는 회사의 인터넷 홈페이지 주소를 등기하여야 한다.

③ 법 제289조제3항 단서에 따라 회사가 전자적 방법으로 공고하려는 경우에는 그 정보를 회사의 인터넷 홈페이지 초기화면에서 쉽게 찾을 수 있도록 하는 등 이용자의 편의를 위한 조치를 하여야 한다.

④ 법 제289조제3항 단서에 따라 회사가 정관에서 전자적 방법으로 공고할 것을 정한 경우라도 전산장애 또는 그 밖의 부득이한 사유로 전자적 방법으로 공고할 수 없는 경우에는 법 제289조제3항 본문에

따라 미리 정관에서 정하여 둔 관보 또는 시사에 관한 사항을 게재하는 일간신문에 공고하여야 한다.

⑤ 법 제289조제4항 본문에서 "대통령령으로 정하는 기간"이란 다음 각 호에서 정하는 날까지의 기간(이하 이 조에서 "공고기간"이라 한다)을 말한다.

1. 법에서 특정한 날부터 일정한 기간 전에 공고하도록 한 경우: 그 특정한 날
2. 법에서 공고에서 정하는 기간 내에 이의를 제출하거나 일정한 행위를 할 수 있도록 한 경우: 그 기간이 지난 날
3. 제1호와 제2호 외의 경우: 해당 공고를 한 날부터 3개월이 지난 날

⑥ 제5항에 따른 공고기간에 공고가 중단(불특정 다수가 공고된 정보를 제공받을 수 없게 되거나 그 공고된 정보가 변경 또는 훼손된 경우를 말한다)되더라도, 그 중단된 기간의 합계가 공고기간의 5분의 1을 초과하지 않으면 공고의 중단은 해당 공고의 효력에 영향을 미치지 아니한다. 다만, 회사가 공고의 중단에 대하여 고의 또는 중대한 과실이 있는 경우에는 그러하지 아니하다.

제7조(검사인의 조사, 보고의 면제) ① 법 제299조제2항제1호에서 "대통령령으로 정한 금액"이란 5천만원을 말한다.

② 법 제299조제2항제2호에서 "대통령령으로 정한 방법으로 산정된 시세"란 다음 각 호의 금액 중 낮은 금액을 말한다.

1. 법 제292조에 따른 정관의 효력발생일(이하 이 항에서 "효력발생일"이라 한다)부터 소급하여 1개월간의 거래소에서의 평균 종가(終價), 효력발생일부터 소급하여 1주일간의 거래소에서의 평균 종가 및 효력발생일의 직전 거래일의 거래소에서의 종가를 산술평균하여 산정한 금액
2. 효력발생일 직전 거래일의 거래소에서의 종가

③ 제2항은 법 제290조제2호 및 제3호의 재산에 그 사용, 수익, 담보제공, 소유권 이전 등에 대한 물권적 또는 채권적 제한이나 부담이 설정된 경우에는 적용하지 아니한다.

제8조(명의개서대리인의 자격) 법 제337조제2항에 따른 명의개서대리인의 자격은 「자본시장과 금융투자업에 관한 법률」 제294조제1항에 따라 설립된 한국예탁결제원(이하 "한국예탁결제원"이라 한다) 및 같은 법 제365조제1항에 따라 금융위원회에 등록한 주식회사로 한다.

제9조(자기주식 취득 방법의 종류 등) ① 법 제341조제1항제2호에서 "대통령령으로 정하는 방법"이란 다음 각 호의 어느 하나에 해당하는 방법을 말한다.

1. 회사가 모든 주주에게 자기주식 취득의 통지 또는 공고를 하여 주식을 취득하는 방법
2. 「자본시장과 금융투자업에 관한 법률」 제133조부터 제146조까지의 규정에 따른 공개매수의 방법

② 자기주식을 취득한 회사는 지체 없이 취득 내용을 적은 자기주식 취득내역서를 본점에 6개월간 갖추어 두어야 한다. 이 경우 주주와 회사채권자는 영업시간 내에 언제든지 자기주식 취득내역서를 열람할 수 있으며, 회사가 정한 비용을 지급하고 그 서류의 등본이나 사본의 교부를 청구할 수 있다.

제10조(자기주식 취득의 방법) 회사가 제9조제1호에 따라 자기주식을 취득하는 경우에는 다음 각 호의 기준에 따라야 한다.

1. 법 제341조제2항에 따른 결정을 한 회사가 자기주식을 취득하려는 경우에는 이사회의 결의로써 다음 각 목의 사항을 정할 것. 이 경우 주식 취득의 조건은 이사회가 결의할 때마다 균등하게 정하여야 한다.

가. 자기주식 취득의 목적

나. 취득할 주식의 종류 및 수

다. 주식 1주를 취득하는 대가로 교부할 금전이나 그 밖의 재산(해당 회사의 주식은 제외한다. 이하 이 조에서 "금전등"이라 한다)의 내용 및 그 산정 방법

라. 주식 취득의 대가로 교부할 금전등의 총액

마. 20일 이상 60일 내의 범위에서 주식양도를 신청할 수 있는 기간(이하 이 조에서 "양도신청기간"이라 한다)

바. 양도신청기간이 끝나는 날부터 1개월의 범위에서 양도의 대가로 금전등을 교부하는 시기와 그 밖에 주식 취득의 조건

2. 회사는 양도신청기간이 시작하는 날의 2주 전까지 각 주주에게 회사의 재무 현황, 자기주식 보유 현황 및 제1호 각 목의 사항을 서면으로 또는 각 주주의 동의를 받아 전자문서로 통지할 것. 다만, 회사가 무기명식의 주권을 발행한 경우에는 양도신청기간이 시작하는 날의 3주 전에 공고하여야 한다.
3. 회사에 주식을 양도하려는 주주는 양도신청기간이 끝나는 날까지 양도하려는 주식의 종류와 수를 적은 서면으로 주식양도를 신청할 것
4. 주주가 제3호에 따라 회사에 대하여 주식 양도를 신청한 경우 회사와 그 주주 사이의 주식 취득을 위한 계약 성립의 시기는 양도신청기간이 끝나는 날로 정하고, 주주가 신청한 주식의 총수가 제1호 나목의 취득할 주식의 총수를 초과하는 경우 계약 성립의 범위는 취득할 주식의 총수를 신청한 주식의 총수로 나눈 수에 제3호에 따라 주주가 신청한 주식의 수를 곱한 수(이 경우 끝수는 버린다)로 정할 것

제11조(전자주주명부) ① 법 제352조의2에 따라 회사가 전자주주명부를 작성하는 경우에 회사의 본점 또는 명의개서대리인의 영업소에서 전자주주명부의 내용을 서면으로 인쇄할 수 있으면 법 제396조제1항에 따라 주주명부를 갖추어 둔 것으로 본다.

② 주주와 회사채권자는 영업시간 내에 언제든지 서면 또는 파일의 형태로 전자주주명부에 기록된 사항의 열람 또는 복사를 청구할 수 있다. 이 경우 회사는 법 제352조의2제2항에 따라 기재된 다른 주주의 전자우편주소를 열람 또는 복사의 대상에서 제외하는 조치를 하여야 한다.

제12조(주주제안의 거부) 법 제363조의2제3항 전단에서 "대통령령으로 정하는 경우"란 주주제안의 내용이 다음 각 호의 어느 하나에 해당하는 경우를 말한다.

1. 주주총회에서 의결권의 100분의 10 미만의 찬성밖에 얻지 못하여 부결된 내용과 같은 내용의 의안을 부결된 날부터 3년 내에 다시 제안하는 경우
2. 주주 개인의 고충에 관한 사항인 경우
3. 주주가 권리를 행사하기 위하여 일정 비율을 초과하는 주식을 보유해야 하는 소수주주권에 관한 사항인 경우
4. 임기 중에 있는 임원의 해임에 관한 사항[법 제542조의2제1항에 따른 상장회사(이하 "상장회사"라 한다)만 해당한다]인 경우
5. 회사가 실현할 수 없는 사항 또는 제안 이유가 명백히 거짓이거나 특정인의 명예를 훼손하는 사항인 경우

제13조(전자적 방법에 의한 의결권의 행사) ① 법 제368조의4에 따라 주주가 의결권을 전자적 방법으로 행사(이하 이 조에서 "전자투표"라 한다)하는 경우 주주는 다음 각 호의 어느 하나에 해당하는 방법으로 주주 본인임을 확인하고, 「전자서명법」 제2조제2호에 따른 전자서명을 통하여 전자투표를 하여야 한다. 〈개정 2020. 1. 29., 2020. 12. 8.〉

1. 「전자서명법」 제8조제2항에 따른 운영기준 준수사실의 인정을 받은 전자서명인증사업자가 제공하는 본인확인의 방법
2. 「정보통신망 이용촉진 및 정보보호 등에 관한 법률」 제23조의3에 따른 본인확인기관에서 제공하는 본인확인의 방법

② 법 제368조의4에 따라 전자적 방법으로 의결권을 행사할 수 있음을 정한 회사는 주주총회 소집의 통지나 공고에 다음 각 호의 사항을 포함하여야 한다.

1. 전자투표를 할 인터넷 주소

2. 전자투표를 할 기간(전자투표의 종료일은 주주총회 전날까지로 하여야 한다)

3. 그 밖에 주주의 전자투표에 필요한 기술적인 사항

③ 삭제 〈2020. 1. 29.〉

④ 회사는 전자투표의 효율성 및 공정성을 확보하기 위하여 전자투표를 관리하는 기관을 지정하여 주주 확인절차 등 의결권 행사절차의 운영을 위탁할 수 있다.

⑤ 회사, 제4항에 따라 지정된 전자투표를 관리하는 기관 및 전자투표의 운영을 담당하는 자는 주주총회에서 개표가 있을 때까지 전자투표의 결과를 누설하거나 직무상 목적 외로 사용해서는 아니 된다.

⑥ 회사 또는 제4항에 따라 지정된 전자투표를 관리하는 기관은 전자투표의 종료일 3일 전까지 주주에게 전자문서로 제2항 각 호의 사항을 한 번 더 통지할 수 있다. 이 경우 주주의 동의가 있으면 전화번호 등을 이용하여 통지할 수 있다. 〈신설 2020. 1. 29.〉

제14조(현물출자 검사의 면제) ① 법 제422조제2항제1호에서 "대통령령으로 정한 금액"이란 5천만원을 말한다.

② 법 제422조제2항제2호에서 "대통령령으로 정한 방법으로 산정된 시세"란 다음 각 호의 금액 중 낮은 금액을 말한다.

1. 법 제416조에 따른 이사회 또는 주주총회의 결의가 있은 날(이하 이 조에서 "결의일"이라 한다)부터 소급하여 1개월간의 거래소에서의 평균 종가, 결의일부터 소급하여 1주일간의 거래소에서의 평균 종가 및 결의일 직전 거래일의 거래소에서의 종가를 산술평균하여 산정한 금액
2. 결의일 직전 거래일의 거래소에서의 종가

③ 제2항은 현물출자의 목적인 재산에 그 사용, 수익, 담보제공, 소유권 이전 등에 대한 물권적 또는 채권적 제한이나 부담이 설정된 경우에는 적용하지 아니한다.

제15조(회계 원칙) 법 제446조의2에서 "대통령령으로 규정한 것"이란 다음 각 호의 구분에 따른 회계기준을 말한다. 〈개정 2017. 7. 26., 2018. 10. 30.〉

1. 「주식회사 등의 외부감사에 관한 법률」 제4조에 따른 외부감사 대상 회사: 같은 법 제5조제1항에 따른 회계처리기준
2. 「공공기관의 운영에 관한 법률」 제2조에 따른 공공기관: 같은 법에 따른 공기업 · 준정부기관의 회계 원칙
3. 제1호 및 제2호에 해당하는 회사 외의 회사 등: 회사의 종류 및 규모 등을 고려하여 법무부장관이 중소벤처기업부장관 및 금융위원회와 협의하여 고시한 회계기준

제16조(주식회사 재무제표의 범위 등) ① 법 제447조제1항제3호에서 "대통령령으로 정하는 서류"란 다음 각 호의 어느 하나에 해당하는 서류를 말한다. 다만, 「주식회사 등의 외부감사에 관한 법률」 제4조에 따른 외부감사 대상 회사의 경우에는 다음 각 호의 모든 서류, 현금흐름표 및 주석(註釋)을 말한다. 〈개정 2018. 10. 30.〉

1. 자본변동표
2. 이익잉여금 처분계산서 또는 결손금 처리계산서

② 법 제447조제2항에서 "대통령령으로 정하는 회사"란 「주식회사 등의 외부감사에 관한 법률」 제4조에 따른 외부감사의 대상이 되는 회사 중 같은 법 제2조제3호에 규정된 지배회사를 말한다. 〈개정 2018. 10. 30.〉

제17조(영업보고서의 기재사항) 법 제447조의2제2항에 따라 영업보고서에 기재할 사항은 다음 각 호와 같다.

1. 회사의 목적 및 중요한 사업 내용, 영업소 · 공장 및 종업원의 상황과 주식 · 사채의 상황
2. 해당 영업연도의 영업의 경과 및 성과(자금조달 및 설비투자의 상황을 포함한다)
3. 모회사와의 관계, 자회사의 상황, 그 밖에 중요한 기업결합의 상황

4. 과거 3년간의 영업성적 및 재산상태의 변동상황
5. 회사가 대처할 과제
6. 해당 영업연도의 이사·감사의 성명, 회사에서의 지위 및 담당 업무 또는 주된 직업과 회사와의 거래관계
7. 상위 5인 이상의 대주주(주주가 회사인 경우에는 그 회사의 자회사가 보유하는 주식을 합산한다), 그 보유주식 수 및 회사와의 거래관계, 해당 대주주에 대한 회사의 출자 상황
8. 회사, 회사와 그 자회사 또는 회사의 자회사가 다른 회사의 발행주식총수의 10분의 1을 초과하는 주식을 가지고 있는 경우에는 그 주식 수, 그 다른 회사의 명칭 및 그 다른 회사가 가지고 있는 회사의 주식 수
9. 중요한 채권자 및 채권액, 해당 채권자가 가지고 있는 회사의 주식 수
10. 결산기 후에 생긴 중요한 사실
11. 그 밖에 영업에 관한 사항으로서 중요하다고 인정되는 사항

제18조(적립할 자본준비금의 범위) 법 제459조제1항에 따라 회사는 제15조에서 정한 회계기준에 따라 자본잉여금을 자본준비금으로 적립하여야 한다.

제19조(미실현이익의 범위) ①법 제462조제1항제4호에서 "대통령령으로 정하는 미실현이익"이란 법 제446조의2의 회계 원칙에 따른 자산 및 부채에 대한 평가로 인하여 증가한 대차대조표상의 순자산액으로서, 미실현손실과 상계(相計)하지 아니한 금액을 말한다. 〈개정 2014. 2. 24.〉

② 제1항에도 불구하고 다음 각 호의 어느 하나에 해당하는 경우에는 각각의 미실현이익과 미실현손실을 상계할 수 있다. 〈신설 2014. 2. 24.〉

1. 「자본시장과 금융투자업에 관한 법률」 제4조제2항제5호에 따른 파생결합증권의 거래를 하고, 그 거래의 위험을 회피하기 위하여 해당 거래와 연계된 거래를 한 경우로서 각 거래로 미실현이익과 미실현손실이 발생한 경우
2. 「자본시장과 금융투자업에 관한 법률」 제5조에 따른 파생상품의 거래가 그 거래와 연계된 거래의 위험을 회피하기 위하여 한 경우로서 각 거래로 미실현이익과 미실현손실이 발생한 경우

제20조(사채의 발행) 법 제469조제2항제3호에서 "대통령령으로 정하는 자산이나 지표"란 「자본시장과 금융투자업에 관한 법률」 제4조제10항에 따른 기초자산의 가격·이자율·지표·단위 또는 이를 기초로 하는 지수를 말한다.

제21조(이익참가부사채의 발행) ① 법 제469조제2항제1호에 따라 사채권자가 그 사채발행회사의 이익배당에 참가할 수 있는 사채(이하 "이익참가부사채"라 한다)를 발행하는 경우에 다음 각 호의 사항으로서 정관에 규정이 없는 사항은 이사회가 결정한다. 다만, 정관에서 주주총회에서 이를 결정하도록 정한 경우에는 그러하지 아니하다.

1. 이익참가부사채의 총액
2. 이익배당 참가의 조건 및 내용
3. 주주에게 이익참가부사채의 인수권을 준다는 뜻과 인수권의 목적인 이익참가부사채의 금액

② 주주 외의 자에게 이익참가부사채를 발행하는 경우에 그 발행할 수 있는 이익참가부사채의 가액(價額)과 이익배당 참가의 내용에 관하여 정관에 규정이 없으면 법 제434조에 따른 주주총회의 특별결의로 정하여야 한다.

③ 제2항에 따른 결의를 할 때 이익참가부사채 발행에 관한 의안의 요령은 법 제363조에 따른 통지와 공고에 적어야 한다.

④ 이익참가부사채의 인수권을 가진 주주는 그가 가진 주식의 수에 따라 이익참가부사채의 배정을 받을 권리가 있다. 다만, 각 이익참가부사채의 금액 중 최저액에 미달하는 끝수에 대해서는 그러하지 아니하다.

⑤ 회사는 일정한 날을 정하여, 그 날에 주주명부에

기재된 주주가 이익참가부사채의 배정을 받을 권리를 가진다는 뜻을 그 날의 2주일 전에 공고하여야 한다. 다만, 그 날이 법 제354조제1항의 기간 중일 때에는 그 기간의 초일의 2주일 전에 이를 공고하여야 한다.

⑥ 주주가 이익참가부사채의 인수권을 가진 경우에는 각 주주에게 그 인수권을 가진 이익참가부사채의 액, 발행가액, 이익참가의 조건과 일정한 기일까지 이익참가부사채 인수의 청약을 하지 아니하면 그 권리를 잃는다는 뜻을 통지하여야 한다.

⑦ 회사가 무기명식의 주권을 발행하였을 때에는 제6항의 사항을 공고하여야 한다.

⑧ 제6항에 따른 통지 또는 제7항에 따른 공고는 제5항에 따른 기일의 2주일 전까지 하여야 한다.

⑨ 제6항에 따른 통지 또는 제7항에 따른 공고에도 불구하고 그 기일까지 이익참가부사채 인수의 청약을 하지 아니한 경우에는 이익참가부사채의 인수권을 가진 자는 그 권리를 잃는다.

⑩ 회사가 이익참가부사채를 발행하였을 때에는 법 제476조에 따른 납입이 완료된 날부터 2주일 내에 본점 소재지에서 다음 각 호의 사항을 등기하여야 한다.

1. 이익참가부사채의 총액
2. 각 이익참가부사채의 금액
3. 각 이익참가부사채의 납입금액
4. 이익배당에 참가할 수 있다는 뜻과 이익배당 참가의 조건 및 내용

⑪ 제10항 각 호의 사항이 변경된 때에는 본점 소재지에서는 2주일 내, 지점 소재지에서는 3주일 내에 변경등기를 하여야 한다.

⑫ 외국에서 이익참가부사채를 모집한 경우에 등기할 사항이 외국에서 생겼을 때에는 그 등기기간은 그 통지가 도달한 날부터 기산(起算)한다.

제22조(교환사채의 발행) ① 법 제469조제2항제2호에 따라 사채권자가 회사 소유의 주식이나 그 밖의 다른 유가증권으로 교환할 수 있는 사채(이하 "교환사채"라 한다)를 발행하는 경우에는 이사회가 다음 각 호의 사항을 결정한다.

1. 교환할 주식이나 유가증권의 종류 및 내용
2. 교환의 조건
3. 교환을 청구할 수 있는 기간

② 주주 외의 자에게 발행회사의 자기주식으로 교환할 수 있는 사채를 발행하는 경우에 사채를 발행할 상대방에 관하여 정관에 규정이 없으면 이사회가 이를 결정한다.

③ 교환사채를 발행하는 회사는 사채권자가 교환청구를 하는 때 또는 그 사채의 교환청구기간이 끝나는 때까지 교환에 필요한 주식 또는 유가증권을 한국예탁결제원에 예탁하거나 「주식 · 사채 등의 전자등록에 관한 법률」 제2조제6호에 따른 전자등록기관(이하 "전자등록기관"이라 한다)에 전자등록해야 한다. 이 경우 한국예탁결제원 또는 전자등록기관은 그 주식 또는 유가증권을 신탁재산임을 표시하여 관리하여야 한다. 〈개정 2019. 6. 25.〉

④ 사채의 교환을 청구하는 자는 청구서 2통에 사채권을 첨부하여 회사에 제출하여야 한다.

⑤ 제4항의 청구서에는 교환하려는 주식이나 유가증권의 종류 및 내용, 수와 청구 연월일을 적고 기명날인 또는 서명하여야 한다.

제23조(상환사채의 발행) ① 법 제469조제2항제2호에 따라 회사가 그 소유의 주식이나 그 밖의 다른 유가증권으로 상환할 수 있는 사채(이하 "상환사채"라 한다)를 발행하는 경우에는 이사회가 다음 각 호의 사항을 결정한다.

1. 상환할 주식이나 유가증권의 종류 및 내용
2. 상환의 조건
3. 회사의 선택 또는 일정한 조건의 성취나 기한의 도래에 따라 주식이나 그 밖의 다른 유가증권으로 상환한다는 뜻

② 주주 외의 자에게 발행회사의 자기주식으로 상환

할 수 있는 사채를 발행하는 경우에 사채를 발행할 상대방에 관하여 정관에 규정이 없으면 이사회가 이를 결정한다.

③ 일정한 조건의 성취나 기한의 도래에 따라 상환할 수 있는 경우에는 상환사채를 발행하는 회사는 조건이 성취되는 때 또는 기한이 도래하는 때까지 상환에 필요한 주식 또는 유가증권을 한국예탁결제원에 예탁하거나 전자등록기관에 전자등록해야 한다. 이 경우 한국예탁결제원 또는 전자등록기관은 그 주식 또는 유가증권을 신탁재산임을 표시하여 관리하여야 한다. 〈개정 2019. 6. 25.〉

제24조(파생결합사채의 발행) 법 제469조제2항제3호에 따라 유가증권이나 통화 또는 그 밖에 제20조에 따른 자산이나 지표 등의 변동과 연계하여 미리 정하여진 방법에 따라 상환 또는 지급금액이 결정되는 사채(이하 "파생결합사채"라 한다)를 발행하는 경우에는 이사회가 다음 각 호의 사항을 결정한다.

1. 상환 또는 지급 금액을 결정하는 데 연계할 유가증권이나 통화 또는 그 밖의 자산이나 지표
2. 제1호의 자산이나 지표와 연계하여 상환 또는 지급 금액을 결정하는 방법

제25조(사채청약서 등의 기재사항) 법 제469조제2항 각 호의 사채를 발행하는 경우 사채청약서, 채권 및 사채 원부에는 다음 각 호의 구분에 따른 사항이 포함되어야 한다.

1. 이익참가부사채를 발행하는 경우: 제21조제1항 제1호부터 제3호까지의 사항
2. 교환사채를 발행하는 경우: 제22조제1항제1호부터 제3호까지의 사항
3. 상환사채를 발행하는 경우: 제23조제1항제1호부터 제3호까지의 사항
4. 파생결합사채를 발행하는 경우: 제24조제1호 및 제2호의 사항

제26조(사채관리회사의 자격) 법 제480조의3제1항에서 "은행, 신탁회사, 그 밖에 대통령령으로 정하는 자"란 다음 각 호의 어느 하나에 해당하는 자를 말한다. 〈개정 2016. 10. 25.〉

1. 「은행법」에 따른 은행
2. 「한국산업은행법」에 따른 한국산업은행
3. 「중소기업은행법」에 따른 중소기업은행
4. 「농업협동조합법」에 따른 농협은행
5. 「수산업협동조합법」에 따른 수협은행
6. 「자본시장과 금융투자업에 관한 법률」에 따라 신탁업 인가를 받은 자로서 일반투자자로부터 금전을 위탁받을 수 있는 자
7. 「자본시장과 금융투자업에 관한 법률」에 따라 투자매매업 인가를 받은 자로서 일반투자자를 상대로 증권의 인수업무를 할 수 있는 자
8. 한국예탁결제원
9. 「자본시장과 금융투자업에 관한 법률」에 따른 증권금융회사

제27조(사채발행회사와의 특수한 이해관계) 법 제480조의3제3항에서 "대통령령으로 정하는 자"란 사채관리회사가 되려는 자가 다음 각 호의 어느 하나에 해당하는 경우 그 회사(사채관리회사가 된 후에 해당하게 된 자를 포함한다)를 말한다.

1. 사채관리회사가 사채발행회사에 대하여 법 제542조의8제2항제5호에 따른 최대주주 또는 같은 항 제6호에 따른 주요주주인 경우
2. 사채발행회사가 사채관리회사에 대하여 다음 각 목의 어느 하나에 해당하는 경우

가. 사채관리회사가 제26조제1호의 은행인 경우: 「은행법」 제2조제1항제10호에 따른 대주주

나. 사채관리회사가 제26조제6호 및 제7호의 자인 경우: 「자본시장과 금융투자업에 관한 법률」 제9조제1항에 따른 대주주

3. 사채발행회사와 사채관리회사가 「독점규제 및 공정거래에 관한 법률」 제2조제3호에 따른 계열회사(이하 "계열회사"라 한다)인 경우
4. 사채발행회사의 주식을 보유하거나 사채발행회

사의 임원을 겸임하는 등으로 인하여 사채권자의 이익과 충돌하는 특수한 이해관계가 있어 공정한 사채관리를 하기 어려운 경우로서 법무부장관이 정하여 고시하는 기준에 해당하는 회사

제28조(휴면회사의 신고) ① 법 제520조의2제1항에 따른 영업을 폐지하지 아니하였다는 뜻의 신고는 서면으로 하여야 한다.

② 제1항의 서면에는 다음 각 호의 사항을 적고, 회사의 대표자 또는 그 대리인이 기명날인하여야 한다.

1. 회사의 상호, 본점의 소재지, 대표자의 성명 및 주소
2. 대리인이 제1항의 신고를 할 때에는 대리인의 성명 및 주소
3. 아직 영업을 폐지하지 아니하였다는 뜻
4. 법원의 표시
5. 신고 연월일

③ 대리인이 제1항의 신고를 할 경우 제1항의 서면에는 그 권한을 증명하는 서면을 첨부하여야 한다.

④ 제1항 또는 제3항의 서면에 찍을 회사 대표자의 인감은 「상업등기법」 제24조제1항에 따라 등기소에 제출된 것이어야 한다. 다만, 법 제520조의2제2항에 따라 법원으로부터 통지서를 받고 이를 첨부하여 신고하는 경우에는 그러하지 아니하다.

제29조(상장회사 특례의 적용범위) ① 법 제542조의2제1항 본문에서 "대통령령으로 정하는 증권시장"이란 「자본시장과 금융투자업에 관한 법률」 제8조의2제4항제1호에 따른 증권시장을 말한다. 〈개정 2013. 8. 27.〉

② 법 제542조의2제1항 단서에서 "대통령령으로 정하는 주식회사"란 「자본시장과 금융투자업에 관한 법률」 제6조제5항에 따른 집합투자를 수행하기 위한 기구인 주식회사를 말한다.

제30조(주식매수선택권) ① 법 제542조의3제1항 본문에서 "대통령령으로 정하는 관계 회사"란 다음 각 호의 어느 하나에 해당하는 법인을 말한다. 다만, 제1호 및 제2호의 법인은 주식매수선택권을 부여하는 회사의 수출실적에 영향을 미치는 생산 또는 판매 업무를 영위하거나 그 회사의 기술혁신을 위한 연구개발활동을 수행하는 경우로 한정한다.

1. 해당 회사가 총출자액의 100분의 30 이상을 출자하고 최대출자자로 있는 외국법인
2. 제1호의 외국법인이 총출자액의 100분의 30 이상을 출자하고 최대출자자로 있는 외국법인과 그 법인이 총출자액의 100분의 30 이상을 출자하고 최대출자자로 있는 외국법인
3. 해당 회사가 「금융지주회사법」에서 정하는 금융지주회사인 경우 그 자회사 또는 손자회사 가운데 상장회사가 아닌 법인

② 법 제542조의3제1항 단서에서 "제542조의8제2항제5호의 최대주주 등 대통령령으로 정하는 자"란 다음 각 호의 어느 하나에 해당하는 자를 말한다. 다만, 해당 회사 또는 제1항의 관계 회사의 임원이 됨으로써 특수관계인에 해당하게 된 자[그 임원이 계열회사의 상무(常務)에 종사하지 아니하는 이사 · 감사인 경우를 포함한다]는 제외한다.

1. 법 제542조의8제2항제5호에 따른 최대주주 및 그 특수관계인
2. 법 제542조의8제2항제6호에 따른 주요주주 및 그 특수관계인

③ 법 제542조의3제2항에서 "대통령령으로 정하는 한도"란 발행주식총수의 100분의 15에 해당하는 주식 수를 말한다. 이 경우 이를 산정할 때에는 법 제542조의3제3항에 따라 부여한 주식매수선택권을 포함하여 계산한다.

④ 법 제542조의3제3항 전단에서 "대통령령으로 정하는 한도"란 다음 각 호의 구분에 따른 주식 수를 말한다.

1. 최근 사업연도 말 현재의 자본금이 3천억원 이상인 법인: 발행주식총수의 100분의 1에 해당하는

주식 수

2. 최근 사업연도 말 현재의 자본금이 3천억원 미만인 법인: 발행주식총수의 100분의 3에 해당하는 주식 수

⑤ 법 제542조의3제4항에서 "대통령령으로 정하는 경우"란 주식매수선택권을 부여받은 자가 사망하거나 그 밖에 본인의 책임이 아닌 사유로 퇴임하거나 퇴직한 경우를 말한다. 이 경우 정년에 따른 퇴임이나 퇴직은 본인의 책임이 아닌 사유에 포함되지 아니한다.

⑥ 상장회사는 다음 각 호의 어느 하나에 해당하는 경우에는 정관에서 정하는 바에 따라 이사회 결의에 의하여 주식매수선택권의 부여를 취소할 수 있다.

1. 주식매수선택권을 부여받은 자가 본인의 의사에 따라 사임하거나 사직한 경우
2. 주식매수선택권을 부여받은 자가 고의 또는 과실로 회사에 중대한 손해를 입힌 경우
3. 해당 회사의 파산 등으로 주식매수선택권 행사에 응할 수 없는 경우
4. 그 밖에 주식매수선택권을 부여받은 자와 체결한 주식매수선택권 부여계약에서 정한 취소사유가 발생한 경우

⑦ 주식매수선택권의 행사기한을 해당 이사 · 감사 또는 피용자의 퇴임일 또는 퇴직일로 정하는 경우 이들이 본인의 책임이 아닌 사유로 퇴임하거나 퇴직하였을 때에는 그 날부터 3개월 이상의 행사기간을 추가로 부여하여야 한다.

제31조(주주총회의 소집공고) ① 법 제542조의4제1항에서 "대통령령으로 정하는 수 이하의 주식"이란 의결권 있는 발행주식총수의 100분의 1 이하의 주식을 말한다.

② 상장회사는 「금융위원회의 설치 등에 관한 법률」 제24조에 따라 설립된 금융감독원 또는 「자본시장과 금융투자업에 관한 법률」 제373조의2에 따라 허가를 받은 거래소(이하 "거래소"라 한다)가 운용하는 전자공시시스템을 통하여 법 제542조의4제1항의 공고를 할 수 있다. 〈개정 2013. 8. 27.〉

③ 법 제542조의4제2항에서 "대통령령으로 정하는 후보자에 관한 사항"이란 다음 각 호의 사항을 말한다. 〈개정 2020. 1. 29.〉

1. 후보자와 최대주주와의 관계
2. 후보자와 해당 회사와의 최근 3년간의 거래 내역
3. 주주총회 개최일 기준 최근 5년 이내에 후보자가 「국세징수법」 또는 「지방세징수법」에 따른 체납처분을 받은 사실이 있는지 여부
4. 주주총회 개최일 기준 최근 5년 이내에 후보자가 임원으로 재직한 기업이 「채무자 회생 및 파산에 관한 법률」에 따른 회생절차 또는 파산절차를 진행한 사실이 있는지 여부
5. 법령에서 정한 취업제한 사유 등 이사 · 감사 결격 사유의 유무

④ 법 제542조의4제3항 본문에서 "사외이사 등의 활동내역과 보수에 관한 사항, 사업개요 등 대통령령으로 정하는 사항"이란 다음 각 호의 사항을 말한다. 〈개정 2020. 1. 29.〉

1. 사외이사, 그 밖에 해당 회사의 상무에 종사하지 아니하는 이사의 이사회 출석률, 이사회 의안에 대한 찬반 여부 등 활동내역과 보수에 관한 사항
2. 법 제542조의9제3항 각 호에 따른 거래의 내역
3. 영업 현황 등 사업개요와 주주총회의 목적사항별로 금융위원회가 정하는 방법에 따라 작성한 참고서류
4. 「자본시장과 금융투자업에 관한 법률」 제159조에 따른 사업보고서 및 「주식회사 등의 외부감사에 관한 법률」 제23조제1항 본문에 따른 감사보고서. 이 경우 해당 보고서는 주주총회 개최 1주 전까지 전자문서로 발송하거나 회사의 홈페이지에 게재하는 것으로 갈음할 수 있다.

⑤ 법 제542조의4제3항 단서에서 "대통령령으로 정하는 방법"이란 상장회사가 제4항 각 호에 따른 서

류를 회사의 인터넷 홈페이지에 게재하고 다음 각 호의 장소에 갖추어 두어 일반인이 열람할 수 있도록 하는 방법을 말한다. 〈개정 2013. 8. 27.〉

1. 상장회사의 본점 및 지점
2. 명의개서대행회사
3. 금융위원회
4. 거래소

제32조(소수주주권 행사요건 완화대상 회사) 법 제542조의6제2항부터 제5항까지의 규정에서 "대통령령으로 정하는 상장회사"란 최근 사업연도 말 현재의 자본금이 1천억원 이상인 상장회사를 말한다.

제33조(집중투표에 관한 특례의 대상 회사) 법 제542조의7제2항에서 "대통령령으로 정하는 상장회사"란 최근 사업연도 말 현재의 자산총액이 2조원 이상인 상장회사를 말한다.

제34조(상장회사의 사외이사 등) ① 법 제542조의8제1항 본문에서 "대통령령으로 정하는 경우"란 다음 각 호의 어느 하나에 해당하는 경우를 말한다. 〈개정 2013. 8. 27.〉

1. 「벤처기업육성에 관한 특별조치법」에 따른 벤처기업 중 최근 사업연도 말 현재의 자산총액이 1천억원 미만으로서 코스닥시장(대통령령 제24697호 자본시장과 금융투자업에 관한 법률 시행령 일부개정령 부칙 제8조에 따른 코스닥시장을 말한다. 이하 같다) 또는 코넥스시장(「자본시장과 금융투자업에 관한 법률 시행령」 제11조제2항에 따른 코넥스시장을 말한다. 이하 같다)에 상장된 주권을 발행한 벤처기업인 경우
2. 「채무자 회생 및 파산에 관한 법률」에 따른 회생절차가 개시되었거나 파산선고를 받은 상장회사인 경우
3. 유가증권시장(「자본시장과 금융투자업에 관한 법률 시행령」 제176조의9제1항에 따른 유가증권시장을 말한다. 이하 같다), 코스닥시장 또는 코넥스시장에 주권을 신규로 상장한 상장회사(신규상장 후 최초로 소집되는 정기주주총회 전날까지만 해당한다)인 경우. 다만, 유가증권시장에 상장된 주권을 발행한 회사로서 사외이사를 선임하여야 하는 회사가 코스닥시장 또는 코넥스시장에 상장된 주권을 발행한 회사로 되는 경우 또는 코스닥시장 또는 코넥스시장에 상장된 주권을 발행한 회사로서 사외이사를 선임하여야 하는 회사가 유가증권시장에 상장된 주권을 발행한 회사로 되는 경우에는 그러하지 아니하다.
4. 「부동산투자회사법」에 따른 기업구조조정 부동산투자회사인 경우
5. 해산을 결의한 상장회사인 경우

② 법 제542조의8제1항 단서에서 "대통령령으로 정하는 상장회사"란 최근 사업연도 말 현재의 자산총액이 2조원 이상인 상장회사를 말한다.

③ 법 제542조의8제2항제4호에서 "대통령령으로 별도로 정하는 법률"이란 다음 각 호의 금융 관련 법령(이에 상응하는 외국의 금융 관련 법령을 포함한다)을 말한다. 〈개정 2016. 5. 31., 2021. 2. 1.〉

1. 「한국은행법」
2. 「은행법」
3. 「보험업법」
4. 「자본시장과 금융투자업에 관한 법률」
5. 「상호저축은행법」
6. 「금융실명거래 및 비밀보장에 관한 법률」
7. 「금융위원회의 설치 등에 관한 법률」
8. 「예금자보호법」
9. 「한국자산관리공사 설립 등에 관한 법률」
10. 「여신전문금융업법」
11. 「한국산업은행법」
12. 「중소기업은행법」
13. 「한국수출입은행법」
14. 「신용협동조합법」
15. 「신용보증기금법」
16. 「기술보증기금법」

17. 「새마을금고법」
18. 「중소기업창업 지원법」
19. 「신용정보의 이용 및 보호에 관한 법률」
20. 「외국환거래법」
21. 「외국인투자 촉진법」
22. 「자산유동화에 관한 법률」
23. 삭제 〈2021. 2. 1.〉
24. 「금융산업의 구조개선에 관한 법률」
25. 「담보부사채신탁법」
26. 「금융지주회사법」
27. 「기업구조조정투자회사법」
28. 「한국주택금융공사법」

④ 법 제542조의8제2항제5호에서 "대통령령으로 정하는 특수한 관계에 있는 자"란 다음 각 호의 어느 하나에 해당하는 자(이하 "특수관계인"이라 한다)를 말한다.

1. 본인이 개인인 경우에는 다음 각 목의 어느 하나에 해당하는 사람

가. 배우자(사실상의 혼인관계에 있는 사람을 포함한다)

나. 6촌 이내의 혈족

다. 4촌 이내의 인척

라. 본인이 단독으로 또는 본인과 가목부터 다목까지의 관계에 있는 사람과 합하여 100분의 30 이상을 출자하거나 그 밖에 이사 · 집행임원 · 감사의 임면 등 법인 또는 단체의 주요 경영사항에 대하여 사실상 영향력을 행사하고 있는 경우에는 해당 법인 또는 단체와 그 이사 · 집행임원 · 감사

마. 본인이 단독으로 또는 본인과 가목부터 라목까지의 관계에 있는 자와 합하여 100분의 30 이상을 출자하거나 그 밖에 이사 · 집행임원 · 감사의 임면 등 법인 또는 단체의 주요 경영사항에 대하여 사실상 영향력을 행사하고 있는 경우에는 해당 법인 또는 단체와 그 이사 · 집행임원 · 감사

2. 본인이 법인 또는 단체인 경우에는 다음 각 목의 어느 하나에 해당하는 자

가. 이사 · 집행임원 · 감사

나. 계열회사 및 그 이사 · 집행임원 · 감사

다. 단독으로 또는 제1호 각 목의 관계에 있는 자와 합하여 본인에게 100분의 30 이상을 출자하거나 그 밖에 이사 · 집행임원 · 감사의 임면 등 본인의 주요 경영사항에 대하여 사실상 영향력을 행사하고 있는 개인 및 그와 제1호 각 목의 관계에 있는 자 또는 단체(계열회사는 제외한다. 이하 이 호에서 같다)와 그 이사 · 집행임원 · 감사

라. 본인이 단독으로 또는 본인과 가목부터 다목까지의 관계에 있는 자와 합하여 100분의 30 이상을 출자하거나 그 밖에 이사 · 집행임원 · 감사의 임면 등 단체의 주요 경영사항에 대하여 사실상 영향력을 행사하고 있는 경우 해당 단체와 그 이사 · 집행임원 · 감사

⑤ 법 제542조의8제2항제7호에서 "대통령령으로 정하는 자"란 다음 각 호의 어느 하나에 해당하는 자를 말한다. 〈개정 2016. 6. 28., 2020. 1. 29.〉

1. 해당 상장회사의 계열회사의 상무에 종사하는 이사 · 집행임원 · 감사 및 피용자이거나 최근 3년 이내에 계열회사의 상무에 종사하는 이사 · 집행임원 · 감사 및 피용자였던 자
2. 다음 각 목의 법인 등의 이사 · 집행임원 · 감사 및 피용자[사목에 따른 법무법인, 법무법인(유한), 법무조합, 변호사 2명 이상이 사건의 수임 · 처리나 그 밖의 변호사 업무수행 시 통일된 형태를 갖추고 수익을 분배하거나 비용을 분담하는 형태로 운영되는 법률사무소, 합작법무법인, 외국법자문법률사무소의 경우에는 해당 법무법인 등에 소속된 변호사, 외국법자문사를 말한다]이거나 최근 2년 이내에 이사 · 집행임원 · 감사 및 피용자였던 자

가. 최근 3개 사업연도 중 해당 상장회사와의 거래실적의 합계액이 자산총액(해당 상장회사의 최근 사

업연도 말 현재의 대차대조표상의 자산총액을 말한다) 또는 매출총액(해당 상장회사의 최근 사업연도 말 현재의 손익계산서상의 매출총액을 말한다. 이하 이 조에서 같다)의 100분의 10 이상인 법인

나. 최근 사업연도 중에 해당 상장회사와 매출총액의 100분의 10 이상의 금액에 상당하는 단일의 거래계약을 체결한 법인

다. 최근 사업연도 중에 해당 상장회사가 금전, 유가증권, 그 밖의 증권 또는 증서를 대여하거나 차입한 금액과 담보제공 등 채무보증을 한 금액의 합계액이 자본금(해당 상장회사의 최근 사업연도 말 현재의 대차대조표상의 자본금을 말한다)의 100분의 10 이상인 법인

라. 해당 상장회사의 정기주주총회일 현재 그 회사가 자본금(해당 상장회사가 출자한 법인의 자본금을 말한다)의 100분의 5 이상을 출자한 법인

마. 해당 상장회사와 기술제휴계약을 체결하고 있는 법인

바. 해당 상장회사의 감사인으로 선임된 회계법인

사. 해당 상장회사와 주된 법률자문 · 경영자문 등의 자문계약을 체결하고 있는 법무법인, 법무법인(유한), 법무조합, 변호사 2명 이상이 사건의 수임 · 처리나 그 밖의 변호사 업무수행 시 통일된 형태를 갖추고 수익을 분배하거나 비용을 분담하는 형태로 운영되는 법률사무소, 합작법무법인, 외국법자문법률사무소, 회계법인, 세무법인, 그 밖에 자문용역을 제공하고 있는 법인

3. 해당 상장회사 외의 2개 이상의 다른 회사의 이사 · 집행임원 · 감사로 재임 중인 자
4. 해당 상장회사에 대한 회계감사 또는 세무대리를 하거나 그 상장회사와 법률자문 · 경영자문 등의 자문계약을 체결하고 있는 변호사(소속 외국법자문사를 포함한다), 공인회계사, 세무사, 그 밖에 자문용역을 제공하고 있는 자
5. 해당 상장회사의 발행주식총수의 100분의 1 이상에 해당하는 주식을 보유(「자본시장과 금융투자업에 관한 법률」 제133조제3항에 따른 보유를 말한다)하고 있는 자
6. 해당 상장회사와의 거래(「약관의 규제에 관한 법률」 제2조제1호의 약관에 따라 이루어지는 해당 상장회사와의 정형화된 거래는 제외한다) 잔액이 1억원 이상인 자
7. 해당 상장회사에서 6년을 초과하여 사외이사로 재직했거나 해당 상장회사 또는 그 계열회사에서 각각 재직한 기간을 더하면 9년을 초과하여 사외이사로 재직한 자

⑥ 제5항제2호에도 불구하고 다음 각 호의 어느 하나에 해당하는 법인인 기관투자자 및 이에 상당하는 외국금융회사는 제5항에 해당하는 자에서 제외한다. 〈개정 2016. 5. 31.〉

1. 「은행법」에 따른 은행
2. 「한국산업은행법」에 따른 한국산업은행
3. 「중소기업은행법」에 따른 중소기업은행
4. 「한국수출입은행법」에 따른 한국수출입은행
5. 「농업협동조합법」에 따른 농업협동조합중앙회 및 농협은행
6. 「수산업협동조합법」에 따른 수산업협동조합중앙회
7. 「상호저축은행법」에 따른 상호저축은행중앙회 및 상호저축은행
8. 「보험업법」에 따른 보험회사
9. 「여신전문금융업법」에 따른 여신전문금융회사
10. 「신용협동조합법」에 따른 신용협동조합중앙회
11. 「산림조합법」에 따른 산림조합중앙회
12. 「새마을금고법」에 따른 새마을금고중앙회
13. 「한국주택금융공사법」에 따른 한국주택금융공사
14. 「자본시장과 금융투자업에 관한 법률」에 따른 투자매매업자 및 투자중개업자
15. 「자본시장과 금융투자업에 관한 법률」에 따른 종합금융회사
16. 「자본시장과 금융투자업에 관한 법률」에 따른 집

합투자업자

17. 「자본시장과 금융투자업에 관한 법률」에 따른 증권금융회사

18. 법률에 따라 설립된 기금을 관리 · 운용하는 법인으로서 다음 각 목의 법인

가. 「공무원연금법」에 따른 공무원연금공단

나. 「사립학교교직원 연금법」에 따른 사립학교교직원연금공단

다. 「국민체육진흥법」에 따른 서울올림픽기념국민체육진흥공단

라. 「신용보증기금법」에 따른 신용보증기금

마. 「기술보증기금법」에 따른 기술보증기금

바. 「무역보험법」에 따른 한국무역보험공사

사. 「중소기업협동조합법」에 따른 중소기업중앙회

아. 「문화예술진흥법」에 따른 한국문화예술위원회

19. 법률에 따라 공제사업을 영위하는 법인으로서 다음 각 목의 법인

가. 「한국교직원공제회법」에 따른 한국교직원공제회

나. 「군인공제회법」에 따른 군인공제회

다. 「건설산업기본법」에 따라 설립된 건설공제조합 및 전문건설공제조합

라. 「전기공사공제조합법」에 따른 전기공사공제조합

마. 「정보통신공사업법」에 따른 정보통신공제조합

바. 「대한지방행정공제회법」에 따른 대한지방행정공제회

사. 「과학기술인공제회법」에 따른 과학기술인공제회

제35조(주요주주 등 이해관계자와의 거래) ① 법 제542조의9제1항 각 호 외의 부분에서 "대통령령으로 정하는 거래"란 다음 각 호의 어느 하나에 해당하는 거래를 말한다.

1. 담보를 제공하는 거래
2. 어음(「전자어음의 발행 및 유통에 관한 법률」에 따른 전자어음을 포함한다)을 배서(「어음법」 제15조제1항에 따른 담보적 효력이 없는 배서는 제외한다)하는 거래
3. 출자의 이행을 약정하는 거래
4. 법 제542조의9제1항 각 호의 자에 대한 신용공여의 제한(금전 · 증권 등 경제적 가치가 있는 재산의 대여, 채무이행의 보증, 자금 지원적 성격의 증권 매입, 제1호부터 제3호까지의 어느 하나에 해당하는 거래의 제한을 말한다)을 회피할 목적으로 하는 거래로서 「자본시장과 금융투자업에 관한 법률 시행령」 제38조제1항제4호 각 목의 어느 하나에 해당하는 거래
5. 「자본시장과 금융투자업에 관한 법률 시행령」 제38조제1항제5호에 따른 거래

② 법 제542조의9제2항제1호에서 "대통령령으로 정하는 신용공여"란 학자금, 주택자금 또는 의료비 등 복리후생을 위하여 회사가 정하는 바에 따라 3억원의 범위에서 금전을 대여하는 행위를 말한다.

③ 법 제542조의9제2항제3호에서 "대통령령으로 정하는 신용공여"란 회사의 경영상 목적을 달성하기 위하여 필요한 경우로서 다음 각 호의 자를 상대로 하거나 그를 위하여 적법한 절차에 따라 이행하는 신용공여를 말한다.

1. 법인인 주요주주
2. 법인인 주요주주의 특수관계인 중 회사(자회사를 포함한다)의 출자지분과 해당 법인인 주요주주의 출자지분을 합한 것이 개인인 주요주주의 출자지분과 그의 특수관계인(해당 회사 및 자회사는 제외한다)의 출자지분을 합한 것보다 큰 법인
3. 개인인 주요주주의 특수관계인 중 회사(자회사를 포함한다)의 출자지분과 제1호 및 제2호에 따른 법인의 출자지분을 합한 것이 개인인 주요주주의 출자지분과 그의 특수관계인(해당 회사 및 자회사는 제외한다)의 출자지분을 합한 것보다 큰 법인

④ 법 제542조의9제3항 각 호 외의 부분에서 "대통령령으로 정하는 상장회사"란 최근 사업연도 말 현재의 자산총액이 2조원 이상인 상장회사를 말한다.

⑤ 법 제542조의9제3항 각 호 외의 부분에서 "대통

령령으로 정하는 자"란 제34조제4항의 특수관계인을 말한다.

⑥ 법 제542조의9제3항제1호에서 "대통령령으로 정하는 규모"란 자산총액 또는 매출총액을 기준으로 다음 각 호의 구분에 따른 규모를 말한다.

1. 제4항의 회사가 「금융위원회의 설치 등에 관한 법률」 제38조에 따른 검사 대상 기관인 경우: 해당 회사의 최근 사업연도 말 현재의 자산총액의 100분의 1
2. 제4항의 회사가 「금융위원회의 설치 등에 관한 법률」 제38조에 따른 검사 대상 기관이 아닌 경우: 해당 회사의 최근 사업연도 말 현재의 자산총액 또는 매출총액의 100분의 1

⑦ 법 제542조의9제3항제2호에서 "대통령령으로 정하는 규모"란 다음 각 호의 구분에 따른 규모를 말한다.

1. 제4항의 회사가 「금융위원회의 설치 등에 관한 법률」 제38조에 따른 검사 대상 기관인 경우: 해당 회사의 최근 사업연도 말 현재의 자산총액의 100분의 5
2. 제4항의 회사가 「금융위원회의 설치 등에 관한 법률」 제38조에 따른 검사 대상 기관이 아닌 경우: 해당 회사의 최근 사업연도 말 현재의 자산총액 또는 매출총액의 100분의 5

⑧ 법 제542조의9제4항에서 "대통령령으로 정하는 사항"이란 다음 각 호의 사항을 말한다.

1. 거래의 내용, 날짜, 기간 및 조건
2. 해당 사업연도 중 거래상대방과의 거래유형별 총 거래금액 및 거래잔액

⑨ 법 제542조의9제5항제1호에서 "대통령령으로 정하는 거래"란 「약관의 규제에 관한 법률」 제2조제1호의 약관에 따라 이루어지는 거래를 말한다.

제36조(상근감사) ① 법 제542조의10제1항 본문에서 "대통령령으로 정하는 상장회사"란 최근 사업연도 말 현재의 자산총액이 1천억원 이상인 상장회사를 말한다.

② 법 제542조의10제2항제3호에서 "대통령령으로 정하는 자"란 다음 각 호의 어느 하나에 해당하는 자를 말한다.

1. 해당 회사의 상무에 종사하는 이사 · 집행임원의 배우자 및 직계존속 · 비속
2. 계열회사의 상무에 종사하는 이사 · 집행임원 및 피용자이거나 최근 2년 이내에 상무에 종사한 이사 · 집행임원 및 피용자

제37조(감사위원회) ① 법 제542조의11제1항에서 "대통령령으로 정하는 상장회사"란 최근 사업연도 말 현재의 자산총액이 2조원 이상인 상장회사를 말한다. 다만, 다음 각 호의 어느 하나에 해당하는 상장회사는 제외한다.

1. 「부동산투자회사법」에 따른 부동산투자회사인 상장회사
2. 「공공기관의 운영에 관한 법률」 및 「공기업의 경영구조 개선 및 민영화에 관한 법률」을 적용받는 상장회사
3. 「채무자 회생 및 파산에 관한 법률」에 따른 회생절차가 개시된 상장회사
4. 유가증권시장 또는 코스닥시장에 주권을 신규로 상장한 상장회사(신규상장 후 최초로 소집되는 정기주주총회 전날까지만 해당한다). 다만, 유가증권시장에 상장된 주권을 발행한 회사로서 감사위원회를 설치하여야 하는 회사가 코스닥시장에 상장된 주권을 발행한 회사로 되는 경우 또는 코스닥시장에 상장된 주권을 발행한 회사로서 감사위원회를 설치하여야 하는 회사가 유가증권시장에 상장된 주권을 발행한 회사로 되는 경우는 제외한다.

② 법 제542조의11제2항제1호에서 "대통령령으로 정하는 회계 또는 재무 전문가"란 다음 각 호의 어느 하나에 해당하는 사람을 말한다. 〈개정 2012. 2. 29., 2020. 4. 14.〉

1. 공인회계사의 자격을 가진 사람으로서 그 자격과

관련된 업무에 5년 이상 종사한 경력이 있는 사람
2. 회계 또는 재무 분야에서 석사학위 이상의 학위를 취득한 사람으로서 연구기관 또는 대학에서 회계 또는 재무 관련 분야의 연구원이나 조교수 이상으로 근무한 경력이 합산하여 5년 이상인 사람
3. 상장회사에서 회계 또는 재무 관련 업무에 합산하여 임원으로 근무한 경력이 5년 이상 또는 임직원으로 근무한 경력이 10년 이상인 사람
4. 「금융회사의 지배구조에 관한 법률 시행령」 제16조제1항제4호 · 제5호의 기관 또는 「한국은행법」에 따른 한국은행에서 회계 또는 재무 관련 업무나 이에 대한 감독 업무에 근무한 경력이 합산하여 5년 이상인 사람
5. 「금융회사의 지배구조에 관한 법률 시행령」 제16조제1항제6호에 따라 금융위원회가 정하여 고시하는 자격을 갖춘 사람

제38조(감사 등 선임 · 해임 시의 의결권 제한) ① 법 제542조의12제4항에서 "대통령령으로 정하는 자"란 다음 각 호의 어느 하나에 해당하는 자를 말한다. 〈개정 2021. 2. 1.〉

1. 최대주주 또는 그 특수관계인의 계산으로 주식을 보유하는 자
2. 최대주주 또는 그 특수관계인에게 의결권(의결권의 행사를 지시할 수 있는 권한을 포함한다)을 위임한 자(해당 위임분만 해당한다)

② 법 제542조의12제7항 후단에서 "대통령령으로 정하는 자"란 제1항 각 호의 어느 하나에 해당하는 자를 말한다. 〈개정 2021. 2. 1.〉

제39조(준법통제기준 및 준법지원인 제도의 적용범위) 법 제542조의13제1항에서 "대통령령으로 정하는 상장회사"란 최근 사업연도 말 현재의 자산총액이 5천억원 이상인 회사를 말한다. 다만, 다른 법률에 따라 내부통제기준 및 준법감시인을 두어야 하는 상장회사는 제외한다.

제40조(준법통제기준 등) ① 법 제542조의13제1항에 따른 준법통제기준(이하 "준법통제기준"이라 한다)에는 다음 각 호의 사항이 포함되어야 한다.

1. 준법통제기준의 제정 및 변경의 절차에 관한 사항
2. 법 제542조의13제2항에 따른 준법지원인(이하 "준법지원인"이라 한다)의 임면절차에 관한 사항
3. 준법지원인의 독립적 직무수행의 보장에 관한 사항
4. 임직원이 업무수행과정에서 준수해야 할 법규 및 법적 절차에 관한 사항
5. 임직원에 대한 준법통제기준 교육에 관한 사항
6. 임직원의 준법통제기준 준수 여부를 확인할 수 있는 절차 및 방법에 관한 사항
7. 준법통제기준을 위반하여 업무를 집행한 임직원의 처리에 관한 사항
8. 준법통제에 필요한 정보가 준법지원인에게 전달될 수 있도록 하는 방법에 관한 사항
9. 준법통제기준의 유효성 평가에 관한 사항

② 준법통제기준을 정하거나 변경하는 경우에는 이사회의 결의를 거쳐야 한다.

제41조(준법지원인 자격요건 등) 법 제542조의13제5항제3호에서 "대통령령으로 정하는 사람"이란 다음 각 호의 어느 하나에 해당하는 사람을 말한다.

1. 상장회사에서 감사 · 감사위원 · 준법감시인 또는 이와 관련된 법무부서에서 근무한 경력이 합산하여 10년 이상인 사람
2. 법률학 석사학위 이상의 학위를 취득한 사람으로서 상장회사에서 감사 · 감사위원 · 준법감시인 또는 이와 관련된 법무부서에서 근무한 경력이 합산하여 5년 이상인 사람

제42조(준법지원인의 영업 업무 제한) 준법지원인은 자신의 업무수행에 영향을 줄 수 있는 영업 관련 업무를 담당해서는 아니 된다.

제43조(대차대조표에 상당하는 것의 범위) 법 제616조의2제1항에서 "대통령령으로 정하는 것"이란 복식부기의 원리에 의하여 해당 회사의 재무상태를 명확히

하기 위하여 회계연도 말 현재의 모든 자산 · 부채 및 자본의 현황을 표시한 서류로서 대차대조표에 상당하는 형식을 갖춘 것을 말한다.

제44조(과태료의 부과 · 징수 절차) ① 법무부장관은 법 제637조의2에 따라 과태료를 부과할 때에는 해당 위반행위를 조사 · 확인한 후 위반사실, 과태료 금액, 이의제기방법, 이의제기기간 등을 구체적으로 밝혀 과태료를 낼 것을 과태료 처분 대상자에게 서면으로 통지하여야 한다.

② 법무부장관은 제1항에 따라 과태료를 부과하려는 경우에는 10일 이상의 기간을 정하여 과태료 처분 대상자에게 말 또는 서면(전자문서를 포함한다)으로 의견을 진술할 기회를 주어야 한다. 이 경우 지정된 기일까지 의견을 진술하지 아니하면 의견이 없는 것으로 본다.

③ 법무부장관은 과태료 금액을 정하는 경우 해당 위반행위의 동기와 그 결과, 위반기간 및 위반 정도 등을 고려하여야 한다.

④ 과태료는 국고금 관리법령의 수입금 징수에 관한 절차에 따라 징수한다. 이 경우 납입고지서에는 이의제기방법 및 이의제기기간 등을 함께 적어야 한다.

제3편의2 보험 〈신설 2018. 10. 30.〉

제44조의2(타인의 생명보험) 법 제731조제1항에 따른 본인 확인 및 위조 · 변조 방지에 대한 신뢰성을 갖춘 전자문서는 다음 각 호의 요건을 모두 갖춘 전자문서로 한다.

1. 전자문서에 보험금 지급사유, 보험금액, 보험계약자와 보험수익자의 신원, 보험기간이 적혀 있을 것
2. 전자문서에 법 제731조제1항에 따른 전자서명(이하 "전자서명"이라 한다)을 하기 전에 전자서명을 할 사람을 직접 만나서 전자서명을 하는 사람이 보험계약에 동의하는 본인임을 확인하는 절차를 거쳐 작성될 것
3. 전자문서에 전자서명을 한 후에 그 전자서명을 한 사람이 보험계약에 동의한 본인임을 확인할 수 있도록 지문정보를 이용하는 등 법무부장관이 고시하는 요건을 갖추어 작성될 것
4. 전자문서 및 전자서명의 위조 · 변조 여부를 확인할 수 있을 것

[본조신설 2018. 10. 30.]

제4편 해상

제45조(해상편 규정의 적용이 제외되는 선박의 범위) 법 제741조제1항 단서에서 "대통령령으로 정하는 경우"란 다음 각 호의 어느 하나에 해당하는 국유 또는 공유의 선박인 경우를 말한다.

1. 군함, 경찰용 선박
2. 어업지도선, 밀수감시선
3. 그 밖에 영리행위에 사용되지 아니하는 선박으로서 비상용 · 인명구조용 선박 등 사실상 공용(公用)으로 사용되는 선박

제46조(연안항행구역의 범위) 법 제872조제2항 단서에 따라 공동해손의 경우 분담 등에 특례가 인정되는 연안항행구역의 범위는 전라남도 영광군 불갑천구 북안에서 같은 군 가음도, 신안군 재원도 · 비금도 · 신도, 진도군 가사도 · 진도, 완도군 보길도 · 자지도 · 청산도, 여수시 초도 · 소리도와 경상남도 거제시 거제도 및 부산광역시 영도를 거쳐 같은 광역시 승두말에 이르는 선 안의 해면으로 한다.

제5편 항공운송

제47조(초경량 비행장치의 범위) 법 제896조 단서에서 "대통령령으로 정하는 초경량 비행장치"란 「항공안전법」 제2조제3호에 따른 초경량비행장치를 말한다. 〈개정 2017. 3. 29.〉

제48조(항공운송편 규정의 준용이 제외되는 항공기의 범위) 법 제897조 단서에서 "대통령령으로 정하는 경우"란 다음 각 호의 어느 하나에 해당하는 국유 또는 공유의 항공기인 경우를 말한다. 〈개정 2017. 3.

29.〉
1. 군용 · 경찰용 · 세관용 항공기
2. 「항공안전법」 제2조제1호 각 목의 용도로 사용되는 항공기
3. 그 밖에 영리행위에 사용되지 아니하는 항공기로서 비상용 · 인명구조용 항공기 등 사실상 공용(公用)으로 사용되는 항공기

제49조(항공기사고로 인한 선급금의 지급액 등) ① 법 제906조제1항 전단에 따라 운송인이 지급하여야 하는 선급금은 다음 각 호의 구분에 따른 금액으로 한다.
1. 여객이 사망한 경우: 1인당 1만6천계산단위의 금액
2. 여객이 신체에 상해를 입은 경우: 1인당 8천계산단위의 금액 범위에서 진찰 · 검사, 약제 · 치료재료의 지급, 처치 · 수술 및 그 밖의 치료, 예방 · 재활, 입원, 간호, 이송 등 명칭에 상관없이 그 상해의 치료에 드는 비용 중 법 제906조제1항에 따른 손해배상청구권자(이하 이 조에서 "손해배상청구권자"라 한다) 또는 「민법」에 따라 부양할 의무가 있는 사람이 실제 부담한 금액

② 법 제906조제1항 전단에 따라 손해배상청구권자가 선급금을 청구할 때에는 운송인에 대하여 선급금을 청구한다는 취지와 청구금액을 분명히 밝힌 서면 또는 전자문서에 다음 각 호의 서류를 첨부하여 청구하여야 한다.
1. 가족관계등록부 또는 그 밖에 법률에 따른 권한이 있는 청구권자임을 증명할 수 있는 서류
2. 여객이 신체에 상해를 입은 경우에는 그 상해의 치료에 드는 비용을 실제 부담하였음을 증명할 수 있는 서류

부칙 〈제31422호, 2021. 2. 1.〉

이 영은 공포한 날부터 시행한다.

어음법

[시행 2010. 3. 31.] [법률 제10198호, 2010. 3. 31., 일부개정], [시행 2007. 11. 18.] [법률 제8441호, 2007. 5. 17., 일부개정]
[시행 1995. 12. 6.] [법률 제5009호, 1995. 12. 6., 일부개정], [시행 1963. 1. 1.] [법률 제1001호, 1962. 1. 20., 제정]

제1편 환어음 〈개정 2010. 3. 31.〉

제1장 환어음의 발행과 방식 〈개정 2010. 3. 31.〉

제1조(어음의 요건) 환어음(換어음)에는 다음 각 호의 사항을 적어야 한다.

1. 증권의 본문 중에 그 증권을 작성할 때 사용하는 국어로 환어음임을 표시하는 글자
2. 조건 없이 일정한 금액을 지급할 것을 위탁하는 뜻
3. 지급인의 명칭
4. 만기(滿期)
5. 지급지(支給地)
6. 지급받을 자 또는 지급받을 자를 지시할 자의 명칭
7. 발행일과 발행지(發行地)
8. 발행인의 기명날인(記名捺印) 또는 서명

[전문개정 2010. 3. 31.]

제2조(어음 요건의 흠) 제1조 각 호의 사항을 적지 아니한 증권은 환어음의 효력이 없다. 그러나 다음 각 호의 경우에는 그러하지 아니하다.

1. 만기가 적혀 있지 아니한 경우: 일람출급(一覽出給)의 환어음으로 본다.
2. 지급지가 적혀 있지 아니한 경우: 지급인의 명칭에 부기(附記)한 지(地)를 지급지 및 지급인의 주소지로 본다.
3. 발행지가 적혀 있지 아니한 경우: 발행인의 명칭에 부기한 지(地)를 발행지로 본다.

[전문개정 2010. 3. 31.]

제3조(자기지시어음, 자기앞어음, 위탁어음) ① 환어음은 발행인 자신을 지급받을 자로 하여 발행할 수 있다.

② 환어음은 발행인 자신을 지급인으로 하여 발행할 수 있다.

③ 환어음은 제3자의 계산으로 발행할 수 있다.

[전문개정 2010. 3. 31.]

제4조(제3자방 지급의 기재) 환어음은 지급인의 주소지에 있든 다른 지(地)에 있든 관계없이 제3자방(第三者方)에서 지급하는 것으로 할 수 있다.

[전문개정 2010. 3. 31.]

제5조(이자의 약정) ① 일람출급 또는 일람 후 정기출급의 환어음에는 발행인이 어음금액에 이자가 붙는다는 약정 내용을 적을 수 있다. 그 밖의 환어음에는 이자의 약정을 적어도 이를 적지 아니한 것으로 본다.

② 이율은 어음에 적어야 한다. 이율이 적혀 있지 아니하면 이자를 약정한다는 내용이 적혀 있더라도 이자를 약정하지 아니한 것으로 본다.

③ 특정한 날짜가 적혀 있지 아니한 경우에는 어음을 발행한 날부터 이자를 계산한다.

[전문개정 2010. 3. 31.]

제6조(어음금액의 기재에 차이가 있는 경우) ① 환어음의 금액을 글자와 숫자로 적은 경우에 그 금액에 차이가 있으면 글자로 적은 금액을 어음금액으로 한다.

② 환어음의 금액을 글자 또는 숫자로 중복하여 적은 경우에 그 금액에 차이가 있으면 최소금액을 어음금액으로 한다.

[전문개정 2010. 3. 31.]

제7조(어음채무의 독립성) 환어음에 다음 각 호의 어느 하나에 해당하는 기명날인 또는 서명이 있는 경우에도 다른 기명날인 또는 서명을 한 자의 채무는

그 효력에 영향을 받지 아니한다.

1. 어음채무를 부담할 능력이 없는 자의 기명날인 또는 서명
2. 위조된 기명날인 또는 서명
3. 가공인물의 기명날인 또는 서명
4. 그 밖의 사유로 환어음에 기명날인 또는 서명을 한 자나 그 본인에게 의무를 부담하게 할 수 없는 기명날인 또는 서명

[전문개정 2010. 3. 31.]

제8조(어음행위의 무권대리) 대리권 없이 타인의 대리인으로 환어음에 기명날인하거나 서명한 자는 그 어음에 의하여 의무를 부담한다. 그 자가 어음금액을 지급한 경우에는 본인과 같은 권리를 가진다. 권한을 초과한 대리인의 경우도 같다.

[전문개정 2010. 3. 31.]

제9조(발행인의 책임) ① 발행인은 어음의 인수(引受)와 지급을 담보한다.

② 발행인은 인수를 담보하지 아니한다는 내용을 어음에 적을 수 있다. 발행인이 지급을 담보하지 아니한다는 뜻의 모든 문구는 적지 아니한 것으로 본다.

[전문개정 2010. 3. 31.]

제10조(백지어음) 미완성으로 발행한 환어음에 미리 합의한 사항과 다른 내용을 보충한 경우에는 그 합의의 위반을 이유로 소지인에게 대항하지 못한다. 그러나 소지인이 악의 또는 중대한 과실로 인하여 환어음을 취득한 경우에는 그러하지 아니하다.

[전문개정 2010. 3. 31.]

제2장 배서 〈개정 2010. 3. 31.〉

제11조(당연한 지시증권성) ① 환어음은 지시식(指示式)으로 발행하지 아니한 경우에도 배서(背書)에 의하여 양도할 수 있다.

② 발행인이 환어음에 "지시 금지"라는 글자 또는 이와 같은 뜻이 있는 문구를 적은 경우에는 그 어음은 지명채권의 양도 방식으로만, 그리고 그 효력으로써만 양도할 수 있다.

③ 배서는 다음 각 호의 자에 대하여 할 수 있으며, 다음 각 호의 자는 다시 어음에 배서할 수 있다.

1. 어음을 인수한 지급인
2. 어음을 인수하지 아니한 지급인
3. 어음의 발행인
4. 그 밖의 어음채무자

[전문개정 2010. 3. 31.]

제12조(배서의 요건) ① 배서에는 조건을 붙여서는 아니 된다. 배서에 붙인 조건은 적지 아니한 것으로 본다.

② 일부의 배서는 무효로 한다.

③ 소지인에게 지급하라는 소지인출급의 배서는 백지식(白地式) 배서와 같은 효력이 있다.

[전문개정 2010. 3. 31.]

제13조(배서의 방식) ① 배서는 환어음이나 이에 결합한 보충지[보전]에 적고 배서인이 기명날인하거나 서명하여야 한다.

② 배서는 피배서인(被背書人)을 지명하지 아니하고 할 수 있으며 배서인의 기명날인 또는 서명만으로도 할 수 있다(백지식 배서). 배서인의 기명날인 또는 서명만으로 하는 백지식 배서는 환어음의 뒷면이나 보충지에 하지 아니하면 효력이 없다.

[전문개정 2010. 3. 31.]

제14조(배서의 권리 이전적 효력) ① 배서는 환어음으로부터 생기는 모든 권리를 이전(移轉)한다.

② 배서가 백지식인 경우에 소지인은 다음 각 호의 행위를 할 수 있다.

1. 자기의 명칭 또는 타인의 명칭으로 백지(白地)를 보충하는 행위
2. 백지식으로 또는 타인을 표시하여 다시 어음에 배서하는 행위
3. 백지를 보충하지 아니하고 또 배서도 하지 아니하고 어음을 교부만으로 제3자에게 양도하는 행위

[전문개정 2010. 3. 31.]

제15조(배서의 담보적 효력) ① 배서인은 반대의 문구

가 없으면 인수와 지급을 담보한다.

② 배서인은 자기의 배서 이후에 새로 하는 배서를 금지할 수 있다. 이 경우 그 배서인은 어음의 그 후의 피배서인에 대하여 담보의 책임을 지지 아니한다.

[전문개정 2010. 3. 31.]

제16조(배서의 자격 수여적 효력 및 어음의 선의취득) ① 환어음의 점유자가 배서의 연속에 의하여 그 권리를 증명할 때에는 그를 적법한 소지인으로 추정(推定)한다. 최후의 배서가 백지식인 경우에도 같다. 말소한 배서는 배서의 연속에 관하여는 배서를 하지 아니한 것으로 본다. 백지식 배서의 다음에 다른 배서가 있는 경우에는 그 배서를 한 자는 백지식 배서에 의하여 어음을 취득한 것으로 본다.

② 어떤 사유로든 환어음의 점유를 잃은 자가 있는 경우에 그 어음의 소지인이 제1항에 따라 그 권리를 증명할 때에는 그 어음을 반환할 의무가 없다. 그러나 소지인이 악의 또는 중대한 과실로 인하여 어음을 취득한 경우에는 그러하지 아니하다.

[전문개정 2010. 3. 31.]

제17조(인적 항변의 절단) 환어음에 의하여 청구를 받은 자는 발행인 또는 종전의 소지인에 대한 인적 관계로 인한 항변(抗辯)으로써 소지인에게 대항하지 못한다. 그러나 소지인이 그 채무자를 해할 것을 알고 어음을 취득한 경우에는 그러하지 아니하다.

[전문개정 2010. 3. 31.]

제18조(추심위임배서) ① 배서한 내용 중 다음 각 호의 어느 하나에 해당하는 문구가 있으면 소지인은 환어음으로부터 생기는 모든 권리를 행사할 수 있다. 그러나 소지인은 대리(代理)를 위한 배서만을 할 수 있다.

1. 회수하기 위하여
2. 추심(推尋)하기 위하여
3. 대리를 위하여
4. 그 밖에 단순히 대리권을 준다는 내용의 문구

② 제1항의 경우에는 어음의 채무자는 배서인에게 대항할 수 있는 항변으로써만 소지인에게 대항할 수 있다.

③ 대리를 위한 배서에 의하여 주어진 대리권은 그 대리권을 준 자가 사망하거나 무능력자가 되더라도 소멸하지 아니한다.

[전문개정 2010. 3. 31.]

제19조(입질배서) ① 배서한 내용 중 다음 각 호의 어느 하나에 해당하는 문구가 있으면 소지인은 환어음으로부터 생기는 모든 권리를 행사할 수 있다. 그러나 소지인이 한 배서는 대리를 위한 배서의 효력만 있다.

1. 담보하기 위하여
2. 입질(入質)하기 위하여
3. 그 밖에 질권(質權) 설정을 표시하는 문구

② 제1항의 경우 어음채무자는 배서인에 대한 인적 관계로 인한 항변으로써 소지인에게 대항하지 못한다. 그러나 소지인이 그 채무자를 해할 것을 알고 어음을 취득한 경우에는 그러하지 아니하다.

[전문개정 2010. 3. 31.]

제20조(기한 후 배서) ① 만기 후의 배서는 만기 전의 배서와 같은 효력이 있다. 그러나 지급거절증서가 작성된 후에 한 배서 또는 지급거절증서 작성기간이 지난 후에 한 배서는 지명채권 양도의 효력만 있다.

② 날짜를 적지 아니한 배서는 지급거절증서 작성기간이 지나기 전에 한 것으로 추정한다.

[전문개정 2010. 3. 31.]

제3장 인수 〈개정 2010. 3. 31.〉

제21조(인수 제시의 자유) 환어음의 소지인 또는 단순한 점유자는 만기에 이르기까지 인수를 위하여 지급인에게 그 주소에서 어음을 제시할 수 있다.

[전문개정 2010. 3. 31.]

제22조(인수 제시의 명령 및 금지) ① 발행인은 환어음에 기간을 정하거나 정하지 아니하고, 인수를 위하여 어음을 제시하여야 한다는 내용을 적을 수 있다.

② 발행인은 인수를 위한 어음의 제시를 금지한다는

내용을 어음에 적을 수 있다. 그러나 어음이 제3자방에서 또는 지급인의 주소지가 아닌 지(地)에서 지급하여야 하는 것이거나 일람 후 정기출급 어음인 경우에는 그러하지 아니하다.

③ 발행인은 일정한 기일(期日) 전에는 인수를 위한 어음의 제시를 금지한다는 내용을 적을 수 있다.

④ 각 배서인은 기간을 정하거나 정하지 아니하고, 인수를 위하여 어음을 제시하여야 한다는 내용을 적을 수 있다. 그러나 발행인이 인수를 위한 어음의 제시를 금지한 경우에는 그러하지 아니하다.

[전문개정 2010. 3. 31.]

제23조(일람 후 정기출급 어음의 제시기간) ① 일람 후 정기출급의 환어음은 그 발행한 날부터 1년 내에 인수를 위한 제시를 하여야 한다.

② 발행인은 제1항의 기간을 단축하거나 연장할 수 있다.

③ 배서인은 제1항 및 제2항의 기간을 단축할 수 있다.

[전문개정 2010. 3. 31.]

제24조(유예기간) ① 지급인은 첫 번째 제시일의 다음 날에 두 번째 제시를 할 것을 청구할 수 있다. 이해관계인은 이 청구가 거절증서에 적혀 있는 경우에만 그 청구에 응한 두 번째 제시가 없었음을 주장할 수 있다.

② 소지인은 인수를 위하여 제시한 어음을 지급인에게 교부할 필요가 없다.

[전문개정 2010. 3. 31.]

제25조(인수의 방식) ① 인수는 환어음에 적어야 하며, "인수" 또는 그 밖에 이와 같은 뜻이 있는 글자로 표시하고 지급인이 기명날인하거나 서명하여야 한다. 어음의 앞면에 지급인의 단순한 기명날인 또는 서명이 있으면 인수로 본다.

② 일람 후 정기출급의 어음 또는 특별한 기재에 의하여 일정한 기간 내에 인수를 위한 제시를 하여야 하는 어음의 경우에는 소지인이 제시한 날짜를 기재할 것을 청구한 경우가 아니면 인수에는 인수한 날짜를 적어야 한다. 날짜가 적혀 있지 아니한 경우 소지인은 배서인과 발행인에 대한 상환청구권(償還請求權)을 보전(保全)하기 위하여는 적법한 시기에 작성시킨 거절증서로써 그 기재가 없었음을 증명하여야 한다.

[전문개정 2010. 3. 31.]

제26조(부단순인수) ① 인수는 조건 없이 하여야 한다. 그러나 지급인은 어음금액의 일부만을 인수할 수 있다.

② 환어음의 다른 기재사항을 변경하여 인수하였을 때에는 인수를 거절한 것으로 본다. 그러나 인수인은 그 인수 문구에 따라 책임을 진다.

[전문개정 2010. 3. 31.]

제27조(제3자방 지급의 기재) ① 발행인이 지급인의 주소지와 다른 지급지를 환어음에 적은 경우에 제3자방에서 지급한다는 내용을 적지 아니하였으면 지급인은 인수를 함에 있어 그 제3자를 정할 수 있다. 그에 관하여 적은 내용이 없으면 인수인은 지급지에서 직접 지급할 의무를 부담한 것으로 본다.

② 지급인의 주소에서 지급될 어음의 경우 지급인은 인수를 함에 있어 지급지 내에 위치한 지급장소를 정할 수 있다.

[전문개정 2010. 3. 31.]

제28조(인수의 효력) ① 지급인은 인수를 함으로써 만기에 환어음을 지급할 의무를 부담한다.

② 지급을 받지 못한 경우에 소지인은 제48조와 제49조에 따라 청구할 수 있는 모든 금액에 관하여 인수인에 대하여 환어음으로부터 생기는 직접청구권을 가진다. 소지인이 발행인인 경우에도 같다.

[전문개정 2010. 3. 31.]

제29조(인수의 말소) ① 환어음에 인수를 기재한 지급인이 그 어음을 반환하기 전에 인수의 기재를 말소한 경우에는 인수를 거절한 것으로 본다. 말소는 어음의 반환 전에 한 것으로 추정한다.

② 제1항에도 불구하고 지급인이 소지인이나 어음에

기명날인 또는 서명을 한 자에게 서면으로 인수를 통지한 경우에는 그 상대방에 대하여 인수의 문구에 따라 책임을 진다.
[전문개정 2010. 3. 31.]

제4장 보증 〈개정 2010. 3. 31.〉

제30조(보증의 가능) ① 환어음은 보증에 의하여 그 금액의 전부 또는 일부의 지급을 담보할 수 있다.
② 제3자는 제1항의 보증을 할 수 있다. 어음에 기명날인하거나 서명한 자도 같다.
[전문개정 2010. 3. 31.]

제31조(보증의 방식) ① 보증의 표시는 환어음 또는 보충지에 하여야 한다.
② 보증을 할 때에는 "보증" 또는 이와 같은 뜻이 있는 문구를 표시하고 보증인이 기명날인하거나 서명하여야 한다.
③ 환어음의 앞면에 단순한 기명날인 또는 서명이 있는 경우에는 보증을 한 것으로 본다. 그러나 지급인 또는 발행인의 기명날인 또는 서명의 경우에는 그러하지 아니하다.
④ 보증에는 누구를 위하여 한 것임을 표시하여야 한다. 그 표시가 없는 경우에는 발행인을 위하여 보증한 것으로 본다.
[전문개정 2010. 3. 31.]

제32조(보증의 효력) ① 보증인은 보증된 자와 같은 책임을 진다.
② 보증은 담보된 채무가 그 방식에 흠이 있는 경우 외에는 어떠한 사유로 무효가 되더라도 그 효력을 가진다.
③ 보증인이 환어음의 지급을 하면 보증된 자와 그 자의 어음상의 채무자에 대하여 어음으로부터 생기는 권리를 취득한다.
[전문개정 2010. 3. 31.]

제5장 만기 〈개정 2010. 3. 31.〉

제33조(만기의 종류) ① 환어음은 다음 각 호의 어느 하나로 발행할 수 있다.
1. 일람출급
2. 일람 후 정기출급
3. 발행일자 후 정기출급
4. 확정일출급
② 제1항 외의 만기 또는 분할 출급의 환어음은 무효로 한다.
[전문개정 2010. 3. 31.]

제34조(일람출급 어음의 만기) ① 일람출급의 환어음은 제시된 때를 만기로 한다. 이 어음은 발행일부터 1년 내에 지급을 받기 위한 제시를 하여야 한다. 발행인은 이 기간을 단축하거나 연장할 수 있고 배서인은 그 기간을 단축할 수 있다.
② 발행인은 일정한 기일 전에는 일람출급의 환어음의 지급을 받기 위한 제시를 금지한다는 내용을 적을 수 있다. 이 경우 제시기간은 그 기일부터 시작한다.
[전문개정 2010. 3. 31.]

제35조(일람 후 정기출급 어음의 만기) ① 일람 후 정기출급의 환어음 만기는 인수한 날짜 또는 거절증서의 날짜에 따라 정한다.
② 인수일이 적혀 있지 아니하고 거절증서도 작성되지 아니한 경우에 인수인에 대한 관계에서는 인수제시기간의 말일에 인수한 것으로 본다.
[전문개정 2010. 3. 31.]

제36조(만기일의 결정 및 기간의 계산) ① 발행일자 후 또는 일람 후 1개월 또는 수개월이 될 때 지급할 환어음은 지급할 달의 대응일(對應日)을 만기로 한다. 대응일이 없는 경우에는 그 달의 말일을 만기로 한다.
② 발행일자 후 또는 일람 후 1개월 반 또는 수개월 반이 될 때 지급할 환어음은 먼저 전월(全月)을 계산한다.
③ 월초, 월중 또는 월말로 만기를 표시한 경우에는

그 달의 1일, 15일 또는 말일을 말한다.
④ "8일" 또는 "15일"이란 1주 또는 2주가 아닌 만 8일 또는 만 15일을 말한다.
⑤ "반월"(半月)이란 만 15일을 말한다.
[전문개정 2010. 3. 31.]

제37조(만기 결정의 표준이 되는 세력) ① 발행지와 세력(歲曆)을 달리하는 지(地)에서 확정일에 지급할 환어음의 만기일은 지급지의 세력에 따라 정한 것으로 본다.
② 세력을 달리하는 두 지(地) 간에 발행한 발행일자 후 정기출급 환어음은 발행일을 지급지 세력의 대응일로 환산하고 이에 따라 만기를 정한다.
③ 환어음의 제시기간은 제2항에 따라 계산한다.
④ 제1항부터 제3항까지의 규정은 환어음의 문구나 그 밖의 기재사항에 의하여 다른 의사를 알 수 있는 경우에는 적용하지 아니한다.
[전문개정 2010. 3. 31.]

제6장 지급 〈개정 2010. 3. 31.〉

제38조(지급 제시의 필요) ① 확정일출급, 발행일자 후 정기출급 또는 일람 후 정기출급의 환어음 소지인은 지급을 할 날 또는 그날 이후의 2거래일 내에 지급을 받기 위한 제시를 하여야 한다.
② 어음교환소에서 한 환어음의 제시는 지급을 받기 위한 제시로서의 효력이 있다.
③ 소지인으로부터 환어음의 추심을 위임받은 금융기관(이하 이 장에서 "제시금융기관"이라 한다)이 그 환어음의 기재사항을 정보처리시스템에 의하여 전자적 정보의 형태로 작성한 후 그 정보를 어음교환소에 송신하여 그 어음교환소의 정보처리시스템에 입력되었을 때에는 제2항에 따른 지급을 받기 위한 제시가 이루어진 것으로 본다.
[전문개정 2010. 3. 31.]

제39조(상환증권성 및 일부지급) ① 환어음의 지급인은 지급을 할 때에 소지인에게 그 어음에 영수(領受)를 증명하는 뜻을 적어서 교부할 것을 청구할 수 있다.
② 소지인은 일부지급을 거절하지 못한다.
③ 일부지급의 경우 지급인은 소지인에게 그 지급 사실을 어음에 적고 영수증을 교부할 것을 청구할 수 있다.
[전문개정 2010. 3. 31.]

제40조(지급의 시기 및 지급인의 조사의무) ① 환어음의 소지인은 만기 전에는 지급을 받을 의무가 없다.
② 만기 전에 지급을 하는 지급인은 자기의 위험부담으로 하는 것으로 한다.
③ 만기에 지급하는 지급인은 사기 또는 중대한 과실이 없으면 그 책임을 면한다. 이 경우 지급인은 배서의 연속이 제대로 되어 있는지를 조사할 의무가 있으나 배서인의 기명날인 또는 서명을 조사할 의무는 없다.
④ 제38조제3항에 따른 지급 제시의 경우 지급인 또는 지급인으로부터 지급을 위임받은 금융기관은 제3항 후단에 따른 배서의 연속이 제대로 되어 있는지에 대한 조사를 제시금융기관에 위임할 수 있다.
[전문개정 2010. 3. 31.]

제41조(지급할 화폐) ① 지급지의 통화(通貨)가 아닌 통화로 지급한다는 내용이 기재된 환어음은 만기일의 가격에 따라 지급지의 통화로 지급할 수 있다. 어음채무자가 지급을 지체한 경우 소지인은 그 선택에 따라 만기일 또는 지급하는 날의 환시세(換時勢)에 따라 지급지의 통화로 어음금액을 지급할 것을 청구할 수 있다.
② 외국통화의 가격은 지급지의 관습에 따라 정한다. 그러나 발행인은 어음에서 정한 환산율에 따라 지급금액을 계산한다는 뜻을 어음에 적을 수 있다.
③ 제1항 및 제2항은 발행인이 특정한 종류의 통화로 지급한다는 뜻(외국통화 현실지급 문구)을 적은 경우에는 적용하지 아니한다.
④ 발행국과 지급국에서 명칭은 같으나 가치가 다른 통화로써 환어음의 금액을 정한 경우에는 지급지의

통화로 정한 것으로 추정한다.

[전문개정 2010. 3. 31.]

제42조(어음금액의 공탁) 제38조에 따른 기간 내에 환어음의 지급을 받기 위한 제시가 없으면 각 어음채무자는 소지인의 비용과 위험부담으로 어음금액을 관할 관서에 공탁(供託)할 수 있다.

[전문개정 2010. 3. 31.]

제7장 인수거절 또는 지급거절로 인한 상환청구 〈개정 2010. 3. 31.〉

제43조(상환청구의 실질적 요건) 만기에 지급이 되지 아니한 경우 소지인은 배서인, 발행인, 그 밖의 어음채무자에 대하여 상환청구권(償還請求權)을 행사할 수 있다. 다음 각 호의 어느 하나에 해당하는 경우에는 만기 전에도 상환청구권을 행사할 수 있다.

1. 인수의 전부 또는 일부의 거절이 있는 경우
2. 지급인의 인수 여부와 관계없이 지급인이 파산한 경우, 그 지급이 정지된 경우 또는 그 재산에 대한 강제집행이 주효(奏效)하지 아니한 경우
3. 인수를 위한 어음의 제시를 금지한 어음의 발행인이 파산한 경우

[전문개정 2010. 3. 31.]

제44조(상환청구의 형식적 요건) ① 인수 또는 지급의 거절은 공정증서(인수거절증서 또는 지급거절증서)로 증명하여야 한다.

② 인수거절증서는 인수를 위한 제시기간 내에 작성시켜야 한다. 다만, 기간의 말일에 제24조제1항에 따른 제시가 있으면 그 다음 날에도 거절증서를 작성시킬 수 있다.

③ 확정일출급, 발행일자 후 정기출급 또는 일람 후 정기출급 환어음의 지급거절증서는 지급을 할 날 이후의 2거래일 내에 작성시켜야 한다. 일람출급 어음의 지급거절증서는 인수거절증서 작성에 관한 제2항에 따라 작성시켜야 한다.

④ 인수거절증서가 작성되었을 때에는 지급을 받기 위한 제시와 지급거절증서의 작성이 필요하지 아니하다.

⑤ 지급인의 인수 여부와 관계없이 지급인이 지급을 정지한 경우 또는 그 재산에 대한 강제집행이 주효하지 아니한 경우 소지인은 지급인에 대하여 지급을 받기 위한 제시를 하고 거절증서를 작성시킨 후가 아니면 상환청구권을 행사하지 못한다.

⑥ 지급인의 인수 여부와 관계없이 지급인이 파산선고를 받은 경우 또는 인수를 위한 제시를 금지한 어음의 발행인이 파산선고를 받은 경우에 소지인이 상환청구권을 행사할 때에는 파산결정서를 제시하면 된다.

[전문개정 2010. 3. 31.]

제45조(인수거절 및 지급거절의 통지) ① 소지인은 다음 각 호의 어느 하나에 해당하는 날 이후의 4거래일 내에 자기의 배서인과 발행인에게 인수거절 또는 지급거절이 있었음을 통지하여야 하고, 각 배서인은 그 통지를 받은 날 이후 2거래일 내에 전(前) 통지자 전원의 명칭과 처소(處所)를 표시하고 자기가 받은 통지를 자기의 배서인에게 통지하여 차례로 발행인에게 미치게 하여야 한다. 이 기간은 각 통지를 받은 때부터 진행한다.

1. 거절증서 작성일
2. 무비용상환(無費用償還)의 문구가 적혀 있는 경우에는 어음 제시일

② 제1항에 따라 환어음에 기명날인하거나 서명한 자에게 통지할 때에는 같은 기간 내에 그 보증인에게도 같은 통지를 하여야 한다.

③ 배서인이 그 처소를 적지 아니하거나 그 기재가 분명하지 아니한 경우에는 그 배서인의 직전(直前)의 자에게 통지하면 된다.

④ 통지를 하여야 하는 자는 어떠한 방법으로도 할 수 있다. 단순히 어음을 반환하는 것으로도 통지할 수 있다.

⑤ 통지를 하여야 하는 자는 적법한 기간 내에 통지를 하였음을 증명하여야 한다. 이 기간 내에 통지서

를 우편으로 부친 경우에는 그 기간을 준수한 것으로 본다.

⑥ 제5항의 기간 내에 통지를 하지 아니한 자도 상환청구권을 잃지 아니한다. 그러나 과실로 인하여 손해가 생긴 경우에는 환어음금액의 한도 내에서 배상할 책임을 진다.

[전문개정 2010. 3. 31.]

제46조(거절증서 작성 면제) ① 발행인, 배서인 또는 보증인은 다음 각 호의 어느 하나에 해당하는 문구를 환어음에 적고 기명날인하거나 서명함으로써 소지인의 상환청구권 행사를 위한 인수거절증서 또는 지급거절증서의 작성을 면제할 수 있다.

1. 무비용상환
2. 거절증서 불필요
3. 제1호 및 제2호와 같은 뜻을 가진 문구

② 제1항 각 호의 문구가 있더라도 소지인의 법정기간 내 어음의 제시 및 통지 의무가 면제되는 것은 아니다. 법정기간을 준수하지 아니하였음은 소지인에 대하여 이를 원용(援用)하는 자가 증명하여야 한다.

③ 발행인이 제1항 각 호의 문구를 적은 경우에는 모든 어음채무자에 대하여 효력이 있고, 배서인 또는 보증인이 이 문구를 적은 경우에는 그 배서인 또는 보증인에 대하여만 효력이 있다. 발행인이 이 문구를 적었음에도 불구하고 소지인이 거절증서를 작성시켰으면 그 비용은 소지인이 부담하고, 배서인 또는 보증인이 이 문구를 적은 경우에 거절증서를 작성시켰으면 모든 어음채무자에게 그 비용을 상환하게 할 수 있다.

[전문개정 2010. 3. 31.]

제47조(어음채무자의 합동책임) ① 환어음의 발행, 인수, 배서 또는 보증을 한 자는 소지인에 대하여 합동으로 책임을 진다.

② 소지인은 제1항의 어음채무자에 대하여 그 채무부담의 순서에도 불구하고 그중 1명, 여러 명 또는 전원에 대하여 청구할 수 있다.

③ 어음채무자가 그 어음을 환수한 경우에도 제2항의 소지인과 같은 권리가 있다.

④ 어음채무자 중 1명에 대한 청구는 다른 채무자에 대한 청구에 영향을 미치지 아니한다. 이미 청구를 받은 자의 후자(後者)에 대하여도 같다.

[전문개정 2010. 3. 31.]

제48조(상환청구금액) ① 소지인은 상환청구권에 의하여 다음 각 호의 금액의 지급을 청구할 수 있다.

1. 인수 또는 지급되지 아니한 어음금액과 이자가 적혀 있는 경우 그 이자
2. 연 6퍼센트의 이율로 계산한 만기 이후의 이자
3. 거절증서의 작성비용, 통지비용 및 그 밖의 비용

② 만기 전에 상환청구권을 행사하는 경우에는 할인에 의하여 어음금액을 줄인다. 그 할인은 소지인의 주소지에서 상환청구하는 날의 공정할인율(은행률)에 의하여 계산한다.

[전문개정 2010. 3. 31.]

제49조(재상환청구금액) 환어음을 환수한 자는 그 전자(前者)에 대하여 다음 각 호의 금액의 지급을 청구할 수 있다.

1. 지급한 총금액
2. 제1호의 금액에 대하여 연 6퍼센트의 이율로 계산한 지급한 날 이후의 이자
3. 지출한 비용

[전문개정 2010. 3. 31.]

제50조(상환의무자의 권리) ① 상환청구(償還請求)를 받은 어음채무자나 받을 어음채무자는 지급과 상환(相換)으로 거절증서, 영수를 증명하는 계산서와 그 어음의 교부를 청구할 수 있다.

② 환어음을 환수한 배서인은 자기의 배서와 후자의 배서를 말소할 수 있다.

[전문개정 2010. 3. 31.]

제51조(일부인수의 경우의 상환청구) 일부인수 후에 상환청구권을 행사하는 경우에 인수되지 아니한 어음금액을 지급하는 자는 이를 지급한 사실을 어음에

적을 것과 영수증을 교부할 것을 청구할 수 있다. 소지인은 그 후의 상환청구를 할 수 있게 하기 위하여 어음의 증명등본과 거절증서를 교부하여야 한다.
[전문개정 2010. 3. 31.]

제52조(역어음에 의한 상환청구) ① 상환청구권이 있는 자는 어음에 반대문구가 적혀 있지 아니하면 그 전자 중 1명을 지급인으로 하여 그 자의 주소에서 지급할 일람출급의 새 어음(이하 "역어음"이라 한다)을 발행함으로써 상환청구권을 행사할 수 있다.
② 역어음의 어음금액에는 제48조와 제49조에 따른 금액 외에 그 어음의 중개료와 인지세가 포함된다.
③ 소지인이 역어음을 발행하는 경우에 그 금액은 본어음의 지급지에서 그 전자의 주소지에 대하여 발행하는 일람출급 어음의 환시세에 따라 정한다. 배서인이 역어음을 발행하는 경우에 그 금액은 역어음의 발행인이 그 주소지에서 전자의 주소지에 대하여 발행하는 일람출급 어음의 환시세에 따라 정한다.
[전문개정 2010. 3. 31.]

제53조(상환청구권의 상실) ① 다음 각 호의 기간이 지나면 소지인은 배서인, 발행인, 그 밖의 어음채무자에 대하여 그 권리를 잃는다. 그러나 인수인에 대하여는 그러하지 아니하다.
1. 일람출급 또는 일람 후 정기출급의 환어음의 제시기간
2. 인수거절증서 또는 지급거절증서의 작성기간
3. 무비용상환의 문구가 적혀 있는 경우에 지급을 받기 위한 제시기간

② 발행인이 기재한 기간 내에 인수를 위한 제시를 하지 아니한 소지인은 지급거절과 인수거절로 인한 상환청구권을 잃는다. 그러나 그 기재한 문구에 의하여 발행인에게 인수에 대한 담보의무만을 면할 의사(意思)가 있었음을 알 수 있는 경우에는 그러하지 아니하다.
③ 배서에 제시기간이 적혀 있는 경우에는 그 배서인만이 이를 원용할 수 있다.
[전문개정 2010. 3. 31.]

제54조(불가항력과 기간의 연장) ① 피할 수 없는 장애[국가법령에 따른 금제(禁制)나 그 밖의 불가항력을 말한다. 이하 "불가항력"이라 한다]로 인하여 법정기간 내에 환어음을 제시하거나 거절증서를 작성하기 어려운 경우에는 그 기간을 연장한다.
② 소지인은 불가항력이 발생하면 자기의 배서인에게 지체 없이 그 사실을 통지하고 어음 또는 보충지에 통지를 하였다는 내용을 적고 날짜를 부기한 후 기명날인하거나 서명하여야 한다. 그 밖의 사항에 관하여는 제45조를 준용한다.
③ 불가항력이 사라지면 소지인은 지체 없이 인수 또는 지급을 위하여 어음을 제시하고 필요한 경우에는 거절증서를 작성시켜야 한다.
④ 불가항력이 만기부터 30일이 지나도 계속되는 경우에는 어음의 제시 또는 거절증서의 작성 없이 상환청구권을 행사할 수 있다.
⑤ 일람출급 또는 일람 후 정기출급의 환어음의 경우 제4항에 따른 30일의 기간은 제시기간이 지나기 전이라도 소지인이 배서인에게 불가항력이 발생하였다고 통지한 날부터 진행한다. 일람 후 정기출급의 환어음의 경우 제4항에 따른 30일의 기간에는 어음에 적은 일람 후의 기간을 가산한다.
⑥ 소지인이나 소지인으로부터 어음의 제시 또는 거절증서 작성을 위임받은 자의 단순한 인적 사유는 불가항력으로 보지 아니한다.
[전문개정 2010. 3. 31.]

제8장 참가 〈개정 2010. 3. 31.〉

제1절 통칙 〈개정 2010. 3. 31.〉

제55조(참가의 당사자 및 통지) ① 발행인, 배서인 또는 보증인은 어음에 예비지급인을 적을 수 있다.
② 상환청구를 받을 어느 채무자를 위하여 참가하는 자도 이 장(章)의 규정에 따라 환어음을 인수하거나 지급할 수 있다.

③ 제3자, 지급인 또는 이미 어음채무를 부담한 자도 참가인이 될 수 있다. 다만, 인수인은 참가인이 될 수 없다.
④ 참가인은 피참가인에 대하여 2거래일 내에 참가하였음을 통지하여야 한다. 참가인이 이 기간을 지키지 아니한 경우에 과실로 인하여 손해가 생기면 그 참가인은 어음금액의 한도에서 배상할 책임을 진다.
[전문개정 2010. 3. 31.]

제2절 참가인수 〈개정 2010. 3. 31.〉

제56조(참가인수의 요건) ① 참가인수(參加引受)는 인수를 위한 제시를 금지하지 아니한 환어음의 소지인이 만기 전에 상환청구권을 행사할 수 있는 모든 경우에 할 수 있다.
② 환어음에 지급지에 있는 예비지급인을 기재한 경우 어음의 소지인은 예비지급인에게 어음을 제시하였으나 그 자가 참가인수를 거절하였음을 거절증서로 증명하지 아니하면 예비지급인을 기재한 자와 그 후자에 대하여 만기 전에 상환청구권을 행사하지 못한다.
③ 제2항의 경우 외에는 소지인은 참가인수를 거절할 수 있다. 소지인이 참가인수를 승낙한 때에는 피참가인과 그 후자에 대하여 만기 전에 행사할 수 있는 상환청구권을 잃는다.
[전문개정 2010. 3. 31.]

제57조(참가인수의 방식) 참가인수를 할 때에는 환어음에 그 내용을 적고 참가인이 기명날인하거나 서명하여야 한다. 이 경우 피참가인을 표시하여야 하며, 그 표시가 없을 때에는 발행인을 위하여 참가인수를 한 것으로 본다.
[전문개정 2010. 3. 31.]

제58조(참가인수의 효력) ① 참가인수인은 소지인과 피참가인의 후자에 대하여 피참가인과 같은 의무를 부담한다.
② 피참가인과 그 전자는 참가인수에도 불구하고 소지인에 대하여 제48조에 따른 금액의 지급과 상환(相換)으로 어음의 교부를 청구할 수 있다. 거절증서와 영수를 증명하는 계산서가 있는 경우에는 그것을 교부할 것도 청구할 수 있다.
[전문개정 2010. 3. 31.]

제3절 참가지급 〈개정 2010. 3. 31.〉

제59조(참가지급의 요건) ① 참가지급은 소지인이 만기나 만기 전에 상환청구권을 행사할 수 있는 모든 경우에 할 수 있다.
② 지급은 피참가인이 지급할 전액을 지급하여야 한다.
③ 지급은 지급거절증서를 작성시킬 수 있는 최종일의 다음 날까지 하여야 한다.
[전문개정 2010. 3. 31.]

제60조(참가지급 제시의 필요) ① 지급지에 주소가 있는 자가 참가인수를 한 경우 또는 지급지에 주소가 있는 자가 예비지급인으로 기재된 경우에는 소지인은 늦어도 지급거절증서를 작성시킬 수 있는 마지막 날의 다음 날까지 그들 모두에게 어음을 제시하고 필요할 때에는 참가지급거절증서를 작성시켜야 한다.
② 제1항의 기간 내에 거절증서가 작성되지 아니하면 예비지급인을 기재한 자 또는 피참가인과 그 후의 배서인은 의무를 면한다.
[전문개정 2010. 3. 31.]

제61조(참가지급거절의 효과) 참가지급을 거절한 소지인은 그 지급으로 인하여 의무를 면할 수 있었던 자에 대한 상환청구권을 잃는다.
[전문개정 2010. 3. 31.]

제62조(참가지급의 방법) ① 참가지급이 있었으면 어음에 피참가인을 표시하고 그 영수를 증명하는 문구를 적어야 하며, 그 표시가 없을 때에는 발행인을 위하여 지급한 것으로 본다.
② 환어음은 참가지급인에게 교부하여야 하며, 거절증서를 작성시킨 경우에는 그 거절증서도 교부하여야 한다.
[전문개정 2010. 3. 31.]

제63조(참가지급의 효력) ① 참가지급인은 피참가인

과 그의 어음상의 채무자에 대하여 어음으로부터 생기는 권리를 취득한다. 그러나 다시 어음에 배서하지 못한다.

② 피참가인보다 후의 배서인은 의무를 면한다.

③ 참가지급이 경합(競合)하는 경우에는 가장 많은 수의 어음채무자의 의무를 면하게 하는 자가 우선한다. 이러한 사정을 알고도 이 규정을 위반하여 참가지급을 한 자는 의무를 면할 수 있었던 자에 대한 상환청구권을 잃는다.

[전문개정 2010. 3. 31.]

제9장 복본과 등본 〈개정 2010. 3. 31.〉

제1절 복본 〈개정 2010. 3. 31.〉

제64조(복본 발행의 방식) ① 환어음은 같은 내용으로 여러 통을 복본(複本)으로 발행할 수 있다.

② 제1항의 복본을 발행할 때에는 그 증권의 본문 중에 번호를 붙여야 하며, 번호를 붙이지 아니한 경우에는 그 여러 통의 복본은 별개의 환어음으로 본다.

③ 어음에 한 통만을 발행한다는 내용을 적지 아니한 경우에는 소지인은 자기의 비용으로 복본의 교부를 청구할 수 있다. 이 경우 소지인은 자기에게 직접 배서한 배서인에게 그 교부를 청구하고 그 배서인은 다시 자기의 배서인에게 청구를 함으로써 이에 협력하여 차례로 발행인에게 그 청구가 미치게 한다. 각 배서인은 새 복본에 배서를 다시 하여야 한다.

[전문개정 2010. 3. 31.]

제65조(복본의 효력) ① 복본의 한 통에 대하여 지급한 경우 그 지급이 다른 복본을 무효로 한다는 뜻이 복본에 적혀 있지 아니하여도 의무를 면하게 한다. 그러나 지급인은 인수한 각 통의 복본으로서 반환을 받지 아니한 복본에 대하여 책임을 진다.

② 여럿에게 각각 복본을 양도한 배서인과 그 후의 배서인은 그가 기명날인하거나 서명한 각 통의 복본으로서 반환을 받지 아니한 것에 대하여 책임을 진다.

[전문개정 2010. 3. 31.]

제66조(인수를 위하여 하는 송부) ① 인수를 위하여 복본 한 통을 송부한 자는 다른 각 통의 복본에 이 한 통의 복본을 보유하는 자의 명칭을 적어야 한다. 송부된 복본을 보유하는 자는 다른 복본의 정당한 소지인에게 그 복본을 교부할 의무가 있다.

② 복본 교부를 거절당한 소지인은 거절증서로 다음 각 호의 사실을 증명하지 아니하면 상환청구권을 행사하지 못한다.

1. 인수를 위하여 송부한 한 통의 복본이 소지인의 청구에도 불구하고 교부되지 아니하였다는 것
2. 다른 한 통의 복본으로는 인수 또는 지급을 받을 수 없었다는 것

[전문개정 2010. 3. 31.]

제2절 등본 〈개정 2010. 3. 31.〉

제67조(등본의 작성, 작성방식 및 효력) ① 환어음의 소지인은 그 등본(謄本)을 작성할 권리가 있다.

② 등본에는 배서된 사항이나 그 밖에 원본에 적힌 모든 사항을 정확히 다시 적고 끝부분임을 표시하는 기재를 하여야 한다.

③ 등본에 대하여는 원본과 같은 방법에 의하여 같은 효력으로 배서 또는 보증을 할 수 있다.

[전문개정 2010. 3. 31.]

제68조(등본 보유자의 권리) ① 등본에는 원본 보유자를 표시하여야 한다. 그 보유자는 등본의 정당한 소지인에 대하여 그 원본을 교부할 의무가 있다.

② 원본 교부를 거절당한 소지인은 원본의 교부를 청구하였음에도 불구하고 받지 못하였음을 거절증서로 증명하지 아니하면 등본에 배서하거나 보증한 자에 대하여 상환청구권을 행사하지 못한다.

③ 등본 작성 전에 원본에 한 최후의 배서의 뒤에 다음 각 호의 어느 하나에 해당하는 문구를 적은 경우에는 원본에 한 그 후의 배서는 무효로 한다.

1. 이 후의 배서는 등본에 한 것만이 효력이 있다
2. 제1호와 같은 뜻을 가진 문구

[전문개정 2010. 3. 31.]

제10장 변조 〈개정 2010. 3. 31.〉

제69조(변조와 어음행위자의 책임) 환어음의 문구가 변조된 경우에는 그 변조 후에 기명날인하거나 서명한 자는 변조된 문구에 따라 책임을 지고 변조 전에 기명날인하거나 서명한 자는 원래 문구에 따라 책임을 진다.

[전문개정 2010. 3. 31.]

제11장 시효 〈개정 2010. 3. 31.〉

제70조(시효기간) ① 인수인에 대한 환어음상의 청구권은 만기일부터 3년간 행사하지 아니하면 소멸시효가 완성된다.

② 소지인의 배서인과 발행인에 대한 청구권은 다음 각 호의 날부터 1년간 행사하지 아니하면 소멸시효가 완성된다.

1. 적법한 기간 내에 작성시킨 거절증서의 날짜
2. 무비용상환의 문구가 적혀 있는 경우에는 만기일

③ 배서인의 다른 배서인과 발행인에 대한 청구권은 그 배서인이 어음을 환수한 날 또는 그 자가 제소된 날부터 6개월간 행사하지 아니하면 소멸시효가 완성된다.

[전문개정 2010. 3. 31.]

제71조(시효의 중단) 시효의 중단은 그 중단사유가 생긴 자에 대하여만 효력이 생긴다.

[전문개정 2010. 3. 31.]

제12장 통칙 〈개정 2010. 3. 31.〉

제72조(휴일과 기일 및 기간) ① 환어음의 만기가 법정휴일인 경우에는 만기 이후의 제1거래일에 지급을 청구할 수 있다. 환어음에 관한 다른 행위, 특히 인수를 위한 제시 및 거절증서 작성 행위는 거래일에만 할 수 있다.

② 제1항의 어느 행위를 일정 기간 내에 하여야 할 경우 그 기간의 말일이 법정휴일이면 말일 이후의 제1거래일까지 기간을 연장하고, 기간 중의 휴일은 그 기간에 산입(算入)한다.

[전문개정 2010. 3. 31.]

제73조(기간의 초일 불산입) 법정기간 또는 약정기간에는 그 첫날을 산입하지 아니한다.

[전문개정 2010. 3. 31.]

제74조(은혜일의 불허) 은혜일(恩惠日)은 법률상으로든 재판상으로든 인정하지 아니한다.

[전문개정 2010. 3. 31.]

제2편 약속어음 〈개정 2010. 3. 31.〉

제75조(어음의 요건) 약속어음에는 다음 각 호의 사항을 적어야 한다.

1. 증권의 본문 중에 그 증권을 작성할 때 사용하는 국어로 약속어음임을 표시하는 글자
2. 조건 없이 일정한 금액을 지급할 것을 약속하는 뜻
3. 만기
4. 지급지
5. 지급받을 자 또는 지급받을 자를 지시할 자의 명칭
6. 발행일과 발행지
7. 발행인의 기명날인 또는 서명

[전문개정 2010. 3. 31.]

제76조(어음 요건의 흠) 제75조 각 호의 사항을 적지 아니한 증권은 약속어음의 효력이 없다. 그러나 다음 각 호의 경우에는 그러하지 아니하다.

1. 만기가 적혀 있지 아니한 경우: 일람출급의 약속어음으로 본다.
2. 지급지가 적혀 있지 아니한 경우: 발행지를 지급지 및 발행인의 주소지로 본다.
3. 발행지가 적혀 있지 아니한 경우: 발행인의 명칭에 부기한 지(地)를 발행지로 본다.

[전문개정 2010. 3. 31.]

제77조(환어음에 관한 규정의 준용) ① 약속어음에 대하여는 약속어음의 성질에 상반되지 아니하는 한도에서 다음 각 호의 사항에 관한 환어음에 대한 규정을 준용한다.

1. 배서(제11조부터 제20조까지)

2. 만기(제33조부터 제37조까지)
3. 지급(제38조부터 제42조까지)
4. 지급거절로 인한 상환청구(제43조부터 제50조까지, 제52조부터 제54조까지)
5. 참가지급(제55조, 제59조부터 제63조까지)
6. 등본(제67조와 제68조)
7. 변조(제69조)
8. 시효(제70조와 제71조)
9. 휴일, 기간의 계산과 은혜일의 인정 금지(제72조부터 제74조까지)

② 약속어음에 관하여는 제3자방에서 또는 지급인의 주소지가 아닌 지(地)에서 지급할 환어음에 관한 제4조 및 제27조, 이자의 약정에 관한 제5조, 어음금액의 기재의 차이에 관한 제6조, 어음채무를 부담하게 할 수 없는 기명날인 또는 서명의 효과에 관한 제7조, 대리권한 없는 자 또는 대리권한을 초과한 자의 기명날인 또는 서명의 효과에 관한 제8조, 백지환어음에 관한 제10조를 준용한다.

③ 약속어음에 관하여는 보증에 관한 제30조부터 제32조까지의 규정을 준용한다. 제31조제4항의 경우에 누구를 위하여 보증한 것임을 표시하지 아니하였으면 약속어음의 발행인을 위하여 보증한 것으로 본다.

[전문개정 2010. 3. 31.]

제78조(발행인의 책임 및 일람 후 정기출급 어음의 특칙) ① 약속어음의 발행인은 환어음의 인수인과 같은 의무를 부담한다.

② 일람 후 정기출급의 약속어음은 제23조에 따른 기간 내에 발행인이 일람할 수 있도록 제시하여야 한다. 일람 후의 기간은 발행인이 어음에 일람하였다는 내용을 적고 날짜를 부기하여 기명날인하거나 서명한 날부터 진행한다. 발행인이 일람 사실과 날짜의 기재를 거절한 경우에는 제25조에 따라 거절증서로써 이를 증명하여야 한다. 그 날짜는 일람 후의 기간의 첫날로 한다.

[전문개정 2010. 3. 31.]

부칙 〈제10198호, 2010. 3. 31.〉

이 법은 공포한 날부터 시행한다.

수표법

[시행 2010. 3. 31.] [법률 제10197호, 2010. 3. 31., 일부개정], [시행 2007. 11. 18.] [법률 제8440호, 2007. 5. 17., 일부개정]
[시행 1995. 12. 6.] [법률 제5010호, 1995. 12. 6., 일부개정], [시행 1963. 1. 1.] [법률 제1002호, 1962. 1. 20., 제정]

제1장 수표의 발행과 방식 〈개정 2010. 3. 31.〉

제1조(수표의 요건) 수표에는 다음 각 호의 사항을 적어야 한다.

1. 증권의 본문 중에 그 증권을 작성할 때 사용하는 국어로 수표임을 표시하는 글자
2. 조건 없이 일정한 금액을 지급할 것을 위탁하는 뜻
3. 지급인의 명칭
4. 지급지(支給地)
5. 발행일과 발행지(發行地)
6. 발행인의 기명날인(記名捺印) 또는 서명

[전문개정 2010. 3. 31.]

제2조(수표 요건의 흠) 제1조 각 호의 사항을 적지 아니한 증권은 수표의 효력이 없다. 그러나 다음 각 호의 경우에는 그러하지 아니하다.

1. 지급지가 적혀 있지 아니한 경우: 지급인의 명칭에 부기(附記)한 지(地)를 지급지로 본다. 지급인의 명칭에 여러 개의 지(地)를 부기한 경우에는 수표의 맨 앞에 적은 지(地)에서 지급할 것으로 한다.
2. 제1호의 기재나 그 밖의 다른 표시가 없는 경우: 발행지에서 지급할 것으로 한다.
3. 발행지가 적혀 있지 아니한 경우: 발행인의 명칭에 부기한 지(地)를 발행지로 본다.

[전문개정 2010. 3. 31.]

제3조(수표자금, 수표계약의 필요) 수표는 제시한 때에 발행인이 처분할 수 있는 자금이 있는 은행을 지급인으로 하고, 발행인이 그 자금을 수표에 의하여 처분할 수 있는 명시적 또는 묵시적 계약에 따라서만 발행할 수 있다. 그러나 이 규정을 위반하는 경우에도 수표로서의 효력에 영향을 미치지 아니한다.

[전문개정 2010. 3. 31.]

제4조(인수의 금지) 수표는 인수하지 못한다. 수표에 적은 인수의 문구는 적지 아니한 것으로 본다.

[전문개정 2010. 3. 31.]

제5조(수취인의 지정) ① 수표는 다음 각 호의 어느 하나의 방식으로 발행할 수 있다.

1. 기명식(記名式) 또는 지시식(指示式)
2. 기명식으로 "지시금지"라는 글자 또는 이와 같은 뜻이 있는 문구를 적은 것
3. 소지인출급식(所持人出給式)

② 기명식 수표에 "또는 소지인에게"라는 글자 또는 이와 같은 뜻이 있는 문구를 적었을 때에는 소지인출급식 수표로 본다.

③ 수취인이 적혀 있지 아니한 수표는 소지인출급식 수표로 본다.

[전문개정 2010. 3. 31.]

제6조(자기지시수표, 위탁수표, 자기앞수표) ① 수표는 발행인 자신을 지급받을 자로 하여 발행할 수 있다.

② 수표는 제3자의 계산으로 발행할 수 있다.

③ 수표는 발행인 자신을 지급인으로 하여 발행할 수 있다.

[전문개정 2010. 3. 31.]

제7조(이자의 약정) 수표에 적은 이자의 약정은 적지 아니한 것으로 본다.

[전문개정 2010. 3. 31.]

제8조(제3자방 지급 기재) 수표는 지급인의 주소지에 있든 다른 지(地)에 있든 관계없이 제3자방(第三者

方)에서 지급하는 것으로 할 수 있다. 그러나 그 제3자는 은행이어야 한다.
[전문개정 2010. 3. 31.]

제9조(수표금액의 기재에 차이가 있는 경우) ① 수표의 금액을 글자와 숫자로 적은 경우에 그 금액에 차이가 있으면 글자로 적은 금액을 수표금액으로 한다.
② 수표의 금액을 글자 또는 숫자로 중복하여 적은 경우에 그 금액에 차이가 있으면 최소금액을 수표금액으로 한다.
[전문개정 2010. 3. 31.]

제10조(수표채무의 독립성) 수표에 다음 각 호의 어느 하나에 해당하는 기명날인 또는 서명이 있는 경우에도 다른 기명날인 또는 서명을 한 자의 채무는 그 효력에 영향을 받지 아니한다.

1. 수표채무를 부담할 능력이 없는 자의 기명날인 또는 서명
2. 위조된 기명날인 또는 서명
3. 가공인물의 기명날인 또는 서명
4. 그 밖의 사유로 수표에 기명날인 또는 서명을 한 사나 그 본인에게 의무를 부담하게 할 수 없는 기명날인 또는 서명

[전문개정 2010. 3. 31.]

제11조(수표행위의 무권대리) 대리권 없이 타인의 대리인으로 수표에 기명날인하거나 서명한 자는 그 수표에 의하여 의무를 부담한다. 그 자가 수표금액을 지급한 경우에는 본인과 같은 권리를 가진다. 권한을 초과한 대리인의 경우도 같다.
[전문개정 2010. 3. 31.]

제12조(발행인의 책임) 발행인은 지급을 담보한다. 발행인이 지급을 담보하지 아니한다는 뜻의 모든 문구는 적지 아니한 것으로 본다.
[전문개정 2010. 3. 31.]

제13조(백지수표) 미완성으로 발행한 수표에 미리 합의한 사항과 다른 내용을 보충한 경우에는 그 합의의 위반을 이유로 소지인에게 대항하지 못한다. 그러나 소지인이 악의 또는 중대한 과실로 인하여 수표를 취득한 경우에는 그러하지 아니하다.
[전문개정 2010. 3. 31.]

제2장 양도 〈개정 2010. 3. 31.〉

제14조(당연한 지시증권성) ① 기명식 또는 지시식의 수표는 배서(背書)에 의하여 양도할 수 있다.
② 기명식 수표에 "지시금지"라는 글자 또는 이와 같은 뜻이 있는 문구를 적은 경우에는 그 수표는 지명채권의 양도 방식으로만, 그리고 그 효력으로써만 양도할 수 있다.
③ 배서는 발행인이나 그 밖의 채무자에 대하여도 할 수 있다. 이러한 자는 다시 수표에 배서할 수 있다.
[전문개정 2010. 3. 31.]

제15조(배서의 요건) ① 배서에는 조건을 붙여서는 아니 된다. 배서에 붙인 조건은 적지 아니한 것으로 본다.
② 일부의 배서는 무효로 한다.
③ 지급인의 배서도 무효로 한다.
④ 소지인에게 지급하라는 소지인출급의 배서는 백지식 배서와 같은 효력이 있다.
⑤ 지급인에 대한 배서는 영수증의 효력만 있다. 그러나 지급인의 영업소가 여러 개인 경우에 그 수표가 지급될 곳으로 된 영업소 외의 영업소에 대한 배서는 그러하지 아니하다.
[전문개정 2010. 3. 31.]

제16조(배서의 방식) ① 배서는 수표 또는 이에 결합한 보충지[보전]에 적고 배서인이 기명날인하거나 서명하여야 한다.
② 배서는 피배서인(被背書人)을 지명하지 아니하고 할 수 있으며 배서인의 기명날인 또는 서명만으로도 할 수 있다(백지식 배서). 배서인의 기명날인 또는 서명만으로 하는 백지식 배서는 수표의 뒷면이나 보충지에 하지 아니하면 효력이 없다.
[전문개정 2010. 3. 31.]

제17조(배서의 권리 이전적 효력) ① 배서는 수표로부

터 생기는 모든 권리를 이전(移轉)한다.
② 배서가 백지식인 경우에 소지인은 다음 각 호의 행위를 할 수 있다.
1. 자기의 명칭 또는 타인의 명칭으로 백지(白地)를 보충하는 행위
2. 백지식으로 또는 타인을 표시하여 다시 수표에 배서하는 행위
3. 백지를 보충하지 아니하고 또 배서도 하지 아니하고 수표를 교부만으로 제3자에게 양도하는 행위
[전문개정 2010. 3. 31.]
제18조(배서의 담보적 효력) ① 배서인은 반대의 문구가 없으면 지급을 담보한다.
② 배서인은 자기의 배서 이후에 새로 하는 배서를 금지할 수 있다. 이 경우 그 배서인은 수표의 그 후의 피배서인에 대하여 담보의 책임을 지지 아니한다.
[전문개정 2010. 3. 31.]
제19조(배서의 자격 수여적 효력) 배서로 양도할 수 있는 수표의 점유자가 배서의 연속에 의하여 그 권리를 증명할 때에는 그를 적법한 소지인으로 추정(推定)한다. 최후의 배서가 백지식인 경우에도 같다. 말소한 배서는 배서의 연속에 관하여는 배서를 하지 아니한 것으로 본다. 백지식 배서의 다음에 다른 배서가 있는 경우에는 그 배서를 한 자는 백지식 배서에 의하여 수표를 취득한 것으로 본다.
[전문개정 2010. 3. 31.]
제20조(무기명식 수표의 배서) 소지인출급의 수표에 배서한 자는 상환청구(償還請求)에 관한 규정에 따라 책임을 진다. 그러나 이로 인하여 그 수표가 지시식 수표로 변하지 아니한다.
[전문개정 2010. 3. 31.]
제21조(수표의 선의취득) 어떤 사유로든 수표의 점유를 잃은 자가 있는 경우에 그 수표의 소지인은 그 수표가 소지인출급식일 때 또는 배서로 양도할 수 있는 수표의 소지인이 제19조에 따라 그 권리를 증명할 때에는 그 수표를 반환할 의무가 없다. 그러나 소지인이 악의 또는 중대한 과실로 인하여 수표를 취득한 경우에는 그러하지 아니하다.
[전문개정 2010. 3. 31.]
제22조(인적 항변의 절단) 수표에 의하여 청구를 받은 자는 발행인 또는 종전의 소지인에 대한 인적 관계로 인한 항변(抗辯)으로써 소지인에게 대항하지 못한다. 그러나 소지인이 그 채무자를 해할 것을 알고 수표를 취득한 경우에는 그러하지 아니하다.
[전문개정 2010. 3. 31.]
제23조(추심위임배서) ① 배서한 내용 중 다음 각 호의 어느 하나에 해당하는 문구가 있으면 소지인은 수표로부터 생기는 모든 권리를 행사할 수 있다. 그러나 소지인은 대리(代理)를 위한 배서만을 할 수 있다.
1. 회수하기 위하여
2. 추심(推尋)하기 위하여
3. 대리를 위하여
4. 그 밖에 단순히 대리권을 준다는 내용의 문구
② 제1항의 경우에는 채무자는 배서인에게 대항할 수 있는 항변으로써만 소지인에게 대항할 수 있다.
③ 대리를 위한 배서에 의하여 주어진 대리권은 그 대리권을 준 자가 사망하거나 무능력자가 되더라도 소멸하지 아니한다.
[전문개정 2010. 3. 31.]
제24조(기한 후 배서) ① 거절증서나 이와 같은 효력이 있는 선언이 작성된 후에 한 배서 또는 제시기간이 지난 후에 한 배서는 지명채권 양도의 효력만 있다.
② 날짜를 적지 아니한 배서는 거절증서나 이와 같은 효력이 있는 선언이 작성되기 전 또는 제시기간이 지나기 전에 한 것으로 추정한다.
[전문개정 2010. 3. 31.]

제3장 보증 〈개정 2010. 3. 31.〉

제25조(보증의 가능) ① 수표는 보증에 의하여 그 금액의 전부 또는 일부의 지급을 담보할 수 있다.
② 지급인을 제외한 제3자는 제1항의 보증을 할 수 있다. 수표에 기명날인하거나 서명한 자도 같다.

[전문개정 2010. 3. 31.]

제26조(보증의 방식) ① 보증의 표시는 수표 또는 보충지에 하여야 한다.

② 보증을 할 때에는 "보증" 또는 이와 같은 뜻이 있는 문구를 표시하고 보증인이 기명날인하거나 서명하여야 한다.

③ 수표의 앞면에 단순한 기명날인 또는 서명이 있는 경우에는 보증을 한 것으로 본다. 그러나 발행인의 기명날인 또는 서명의 경우에는 그러하지 아니하다.

④ 보증에는 누구를 위하여 한 것임을 표시하여야 한다. 그 표시가 없는 경우에는 발행인을 위하여 보증한 것으로 본다.

[전문개정 2010. 3. 31.]

제27조(보증의 효력) ① 보증인은 보증된 자와 같은 책임을 진다.

② 보증은 담보된 채무가 그 방식에 흠이 있는 경우 외에는 어떠한 사유로 무효가 되더라도 그 효력을 가진다.

③ 보증인이 수표의 지급을 하면 보증된 자와 그 자의 수표상의 채무자에 대하여 수표로부터 생기는 권리를 취득한다.

[전문개정 2010. 3. 31.]

제4장 제시와 지급 〈개정 2010. 3. 31.〉

제28조(수표의 일람출급성) ① 수표는 일람출급(一覽出給)으로 한다. 이에 위반되는 모든 문구는 적지 아니한 것으로 본다.

② 기재된 발행일이 도래하기 전에 지급을 받기 위하여 제시된 수표는 그 제시된 날에 이를 지급하여야 한다.

[전문개정 2010. 3. 31.]

제29조(지급제시기간) ① 국내에서 발행하고 지급할 수표는 10일 내에 지급을 받기 위한 제시를 하여야 한다.

② 지급지의 국가와 다른 국가에서 발행된 수표는 발행지와 지급지가 동일한 주(洲)에 있는 경우에는 20일 내에, 다른 주에 있는 경우에는 70일 내에 이를 제시하여야 한다.

③ 제2항에 관하여는 유럽주의 한 국가에서 발행하여 지중해 연안의 한 국가에서 지급할 수표 또는 지중해 연안의 한 국가에서 발행하여 유럽주의 한 국가에서 지급할 수표는 동일한 주에서 발행하고 지급할 수표로 본다.

④ 제1항부터 제3항까지의 기간은 수표에 적힌 발행일부터 기산(起算)한다.

[전문개정 2010. 3. 31.]

제30조(표준이 되는 세력) 세력(歲曆)을 달리하는 두 지(地) 간에 발행한 수표는 발행일을 지급지의 세력의 대응일(對應日)로 환산한다.

[전문개정 2010. 3. 31.]

제31조(어음교환소에서의 제시) ① 어음교환소에서 한 수표의 제시는 지급을 받기 위한 제시로서의 효력이 있다.

② 소지인으로부터 수표의 추심을 위임받은 은행(이하 제35조제2항 및 제39조제2호에서 "제시은행"이라 한다)이 그 수표의 기재사항을 정보처리시스템에 의하여 전자적 정보의 형태로 작성한 후 그 정보를 어음교환소에 송신하여 그 어음교환소의 정보처리시스템에 입력되었을 때에는 제1항에 따른 지급을 받기 위한 제시가 이루어진 것으로 본다.

[전문개정 2010. 3. 31.]

제32조(지급위탁의 취소) ① 수표의 지급위탁의 취소는 제시기간이 지난 후에만 그 효력이 생긴다.

② 지급위탁의 취소가 없으면 지급인은 제시기간이 지난 후에도 지급을 할 수 있다.

[전문개정 2010. 3. 31.]

제33조(발행인의 사망 또는 능력 상실) 수표를 발행한 후 발행인이 사망하거나 무능력자가 된 경우에도 그 수표의 효력에 영향을 미치지 아니한다.

[전문개정 2010. 3. 31.]

제34조(상환증권성 및 일부지급) ① 수표의 지급인은

지급을 할 때에 소지인에게 그 수표에 영수(領受)를 증명하는 뜻을 적어서 교부할 것을 청구할 수 있다.
② 소지인은 일부지급을 거절하지 못한다.
③ 일부지급의 경우 지급인은 소지인에게 그 지급 사실을 수표에 적고 영수증을 교부할 것을 청구할 수 있다.
[전문개정 2010. 3. 31.]

제35조(지급인의 조사의무) ① 배서로 양도할 수 있는 수표의 지급인은 배서의 연속이 제대로 되어 있는지를 조사할 의무가 있으나 배서인의 기명날인 또는 서명을 조사할 의무는 없다.
② 제31조제2항에 따른 지급제시의 경우 지급인은 제1항에 따른 배서의 연속이 제대로 되어 있는지에 대한 조사를 제시은행에 위임할 수 있다.
[전문개정 2010. 3. 31.]

제36조(지급할 화폐) ① 지급지의 통화(通貨)가 아닌 통화로 지급한다는 내용이 기재된 수표는 그 제시기간 내에는 지급하는 날의 가격에 따라 지급지의 통화로 지급할 수 있다. 제시를 하여도 지급을 하지 아니하는 경우에는 소지인은 그 선택에 따라 제시한 날이나 지급하는 날의 환시세(換時勢)에 따라 지급지의 통화로 수표금액을 지급할 것을 청구할 수 있다.
② 외국통화의 가격은 지급지의 관습에 따라 정한다. 그러나 발행인은 수표에서 정한 환산율에 따라 지급금액을 계산한다는 뜻을 수표에 적을 수 있다.
③ 제1항 및 제2항은 발행인이 특정한 종류의 통화로 지급한다는 뜻(외국통화 현실지급 문구)을 적은 경우에는 적용하지 아니한다.
④ 발행국과 지급국에서 명칭은 같으나 가치가 다른 통화로써 수표의 금액을 정한 경우에는 지급지의 통화로 정한 것으로 추정한다.
[전문개정 2010. 3. 31.]

제5장 횡선수표 〈개정 2010. 3. 31.〉

제37조(횡선의 종류 및 방식) ① 수표의 발행인이나 소지인은 그 수표에 횡선(橫線)을 그을 수 있다. 이 횡선은 제38조에서 규정한 효력이 있다.
② 횡선은 수표의 앞면에 두 줄의 평행선으로 그어야 한다. 횡선은 일반횡선 또는 특정횡선으로 할 수 있다.
③ 두 줄의 횡선 내에 아무런 지정을 하지 아니하거나 "은행" 또는 이와 같은 뜻이 있는 문구를 적었을 때에는 일반횡선으로 하고, 두 줄의 횡선 내에 은행의 명칭을 적었을 때에는 특정횡선으로 한다.
④ 일반횡선은 특정횡선으로 변경할 수 있으나, 특정횡선은 일반횡선으로 변경하지 못한다.
⑤ 횡선 또는 지정된 은행의 명칭의 말소는 하지 아니한 것으로 본다.
[전문개정 2010. 3. 31.]

제38조(횡선의 효력) ① 일반횡선수표의 지급인은 은행 또는 지급인의 거래처에만 지급할 수 있다.
② 특정횡선수표의 지급인은 지정된 은행에만 또는 지정된 은행이 지급인인 경우에는 자기의 거래처에만 지급할 수 있다. 그러나 지정된 은행은 다른 은행으로 하여금 추심하게 할 수 있다.
③ 은행은 자기의 거래처 또는 다른 은행에서만 횡선수표를 취득할 수 있다. 은행은 이 외의 자를 위하여 횡선수표의 추심을 하지 못한다.
④ 여러 개의 특정횡선이 있는 수표의 지급인은 이를 지급하지 못한다. 그러나 2개의 횡선이 있는 경우에 그 하나가 어음교환소에 제시하여 추심하게 하기 위한 것일 때에는 그러하지 아니하다.
⑤ 제1항부터 제4항까지의 규정을 준수하지 아니한 지급인이나 은행은 이로 인하여 생긴 손해에 대하여 수표금액의 한도 내에서 배상할 책임을 진다.
[전문개정 2010. 3. 31.]

제6장 지급거절로 인한 상환청구 〈개정 2010. 3. 31.〉

제39조(상환청구의 요건) 적법한 기간 내에 수표를 제시하였으나 지급받지 못한 경우에 소지인이 다음 각 호의 어느 하나의 방법으로 지급거절을 증명하였을

때에는 소지인은 배서인, 발행인, 그 밖의 채무자에 대하여 상환청구권(償還請求權)을 행사할 수 있다.

1. 공정증서(거절증서)
2. 수표에 제시된 날을 적고 날짜를 부기한 지급인(제31조제2항의 경우에는 지급인의 위임을 받은 제시은행)의 선언
3. 적법한 시기에 수표를 제시하였으나 지급받지 못하였음을 증명하고 날짜를 부기한 어음교환소의 선언

[전문개정 2010. 3. 31.]

제40조(거절증서 등의 작성기간) ① 거절증서 또는 이와 같은 효력이 있는 선언은 제시기간이 지나기 전에 작성시켜야 한다.

② 제시기간 말일에 제시한 경우에는 거절증서 또는 이와 같은 효력이 있는 선언은 그 날 이후의 제1거래일에 작성시킬 수 있다.

[전문개정 2010. 3. 31.]

제41조(지급거절의 통지) ① 소지인은 다음 각 호의 어느 하나에 해당하는 날 이후의 4거래일 내에 자기의 배서인과 발행인에게 지급거절이 있었음을 통지하여야 하고, 각 배서인은 그 통지를 받은 날 이후의 2거래일 내에 전(前) 통지자 전원의 명칭과 처소(處所)를 표시하고 자기가 받은 통지를 자기의 배서인에게 통지하여 차례로 발행인에게 미치게 하여야 한다. 이 기간은 각 통지를 받은 때부터 진행한다.

1. 거절증서 작성일
2. 거절증서와 같은 효력이 있는 선언의 작성일
3. 무비용상환(無費用償還)의 문구가 적혀 있는 경우에는 수표 제시일

② 제1항에 따라 수표에 기명날인하거나 서명한 자에게 통지할 때에는 같은 기간 내에 그 보증인에 대하여도 같은 통지를 하여야 한다.

③ 배서인이 그 처소를 적지 아니하거나 그 기재가 분명하지 아니한 경우에는 그 배서인의 직전(直前)의 자에게 통지하면 된다.

④ 통지를 하여야 하는 자는 어떠한 방법으로도 할 수 있다. 단순히 수표를 반환하는 것으로도 통지할 수 있다.

⑤ 통지를 하여야 하는 자는 적법한 기간 내에 통지를 하였음을 증명하여야 한다. 이 기간 내에 통지서를 우편으로 부친 경우에는 그 기간을 준수한 것으로 본다.

⑥ 제5항의 기간 내에 통지를 하지 아니한 자도 상환청구권을 잃지 아니한다. 그러나 과실로 인하여 손해가 생긴 경우에는 수표금액의 한도 내에서 배상할 책임을 진다.

[전문개정 2010. 3. 31.]

제42조(거절증서 등의 작성 면제) ① 발행인, 배서인 또는 보증인은 다음 각 호의 어느 하나에 해당하는 문구를 수표에 적고 기명날인하거나 서명함으로써 소지인의 상환청구권 행사를 위한 거절증서 또는 이와 같은 효력이 있는 선언의 작성을 면제할 수 있다.

1. 무비용상환
2. 거절증서 불필요
3. 제1호 및 제2호와 같은 뜻을 가진 문구

② 제1항 각 호의 문구가 있더라도 소지인의 법정기간 내 수표의 제시 및 통지 의무가 면제되는 것은 아니다. 법정기간을 준수하지 아니하였음은 소지인에 대하여 이를 원용(援用)하는 자가 증명하여야 한다.

③ 발행인이 제1항 각 호의 문구를 적은 경우에는 모든 채무자에 대하여 효력이 생기고, 배서인 또는 보증인이 이 문구를 적은 경우에는 그 배서인 또는 보증인에 대하여만 효력이 생긴다. 발행인이 이 문구을 적었음에도 불구하고 소지인이 거절증서 또는 이와 같은 효력이 있는 선언을 작성시켰으면 그 비용은 소지인이 부담하고, 배서인 또는 보증인이 이 문구를 적은 경우에 거절증서 또는 이와 같은 효력이 있는 선언을 작성시켰으면 모든 채무자에게 그 비용을 상환하게 할 수 있다.

[전문개정 2010. 3. 31.]

제43조(수표상의 채무자의 합동책임) ① 수표상의 각 채무자는 소지인에 대하여 합동으로 책임을 진다.
② 소지인은 제1항의 채무자에 대하여 그 채무부담의 순서에도 불구하고 그중 1명, 여러 명 또는 전원에 대하여 청구할 수 있다.
③ 수표의 채무자가 수표를 환수한 경우에도 제2항의 소지인과 같은 권리가 있다.
④ 수표의 채무자 중 1명에 대한 청구는 다른 채무자에 대한 청구에 영향을 미치지 아니한다. 이미 청구를 받은 자의 후자(後者)에 대하여도 같다.
[전문개정 2010. 3. 31.]

제44조(상환청구금액) 소지인은 상환청구권에 의하여 다음 각 호의 금액의 지급을 청구할 수 있다.
1. 지급되지 아니한 수표의 금액
2. 연 6퍼센트의 이율로 계산한 제시일 이후의 이자
3. 거절증서 또는 이와 같은 효력이 있는 선언의 작성비용, 통지비용 및 그 밖의 비용

[전문개정 2010. 3. 31.]

제45조(재상환청구금액) 수표를 환수한 자는 그 전자(前者)에 대하여 다음 각 호의 금액의 지급을 청구할 수 있다.
1. 지급한 총금액
2. 제1호의 금액에 대하여 연 6퍼센트의 이율로 계산한 지급한 날 이후의 이자
3. 지출한 비용

[전문개정 2010. 3. 31.]

제46조(상환의무자의 권리) ① 상환청구(償還請求)를 받은 채무자나 받을 채무자는 지급과 상환(相換)으로 거절증서 또는 이와 같은 효력이 있는 선언, 영수를 증명하는 계산서와 그 수표의 교부를 청구할 수 있다.
② 수표를 환수한 배서인은 자기의 배서와 후자의 배서를 말소할 수 있다.
[전문개정 2010. 3. 31.]

제47조(불가항력과 기간의 연장) ① 피할 수 없는 장애[국가법령에 따른 금제(禁制)나 그 밖의 불가항력을 말한다. 이하 "불가항력"이라 한다]로 인하여 법정기간 내에 수표를 제시하거나 거절증서 또는 이와 같은 효력이 있는 선언을 작성하기 어려운 경우에는 그 기간을 연장한다.
② 소지인은 불가항력이 발생하면 자기의 배서인에게 지체 없이 그 사실을 통지하고 수표 또는 보충지에 통지를 하였다는 내용을 적고 날짜를 부기한 후 기명날인하거나 서명하여야 한다. 그 밖의 사항에 관하여는 제41조를 준용한다.
③ 불가항력이 사라지면 소지인은 지체 없이 지급을 받기 위하여 수표를 제시하고 필요한 경우에는 거절증서 또는 이와 같은 효력이 있는 선언을 작성시켜야 한다.
④ 불가항력이 제2항의 통지를 한 날부터 15일이 지나도 계속되는 경우에는 제시기간이 지나기 전에 그 통지를 한 경우에도 수표의 제시 또는 거절증서나 이와 같은 효력이 있는 선언을 작성하지 아니하고 상환청구권을 행사할 수 있다.
⑤ 소지인이나 소지인으로부터 수표의 제시 또는 거절증서나 이와 같은 효력이 있는 선언의 작성을 위임받은 자의 단순한 인적 사유는 불가항력으로 보지 아니한다.
[전문개정 2010. 3. 31.]

제7장 복본 〈개정 2010. 3. 31.〉

제48조(복본 발행의 조건 및 방식) 다음 각 호의 수표는 소지인출급수표 외에는 같은 내용으로 여러 통을 복본(複本)으로 발행할 수 있다. 수표를 복본으로 발행할 때에는 그 증권의 본문 중에 번호를 붙여야 하며, 번호를 붙이지 아니한 경우에는 그 여러 통의 복본은 별개의 수표로 본다.
1. 한 국가에서 발행하고 다른 국가나 발행국의 해외영토에서 지급할 수표
2. 한 국가의 해외영토에서 발행하고 그 본국에서 지급할 수표

3. 한 국가의 해외영토에서 발행하고 같은 해외영토에서 지급할 수표
4. 한 국가의 해외영토에서 발행하고 그 국가의 다른 해외영토에서 지급할 수표

[전문개정 2010. 3. 31.]

제49조(복본의 효력) ① 복본의 한 통에 대하여 지급한 경우 그 지급이 다른 복본을 무효로 한다는 뜻이 복본에 적혀 있지 아니하여도 의무를 면하게 한다.

② 여럿에게 각각 복본을 양도한 배서인과 그 후의 배서인은 그가 기명날인하거나 서명한 각 통의 복본으로서 반환을 받지 아니한 것에 대하여 책임을 진다.

[전문개정 2010. 3. 31.]

제8장 변조 〈개정 2010. 3. 31.〉

제50조(변조와 수표행위자의 책임) 수표의 문구가 변조된 경우에는 그 변조 후에 기명날인하거나 서명한 자는 변조된 문구에 따라 책임을 지고, 변조 전에 기명날인하거나 서명한 자는 원래 문구에 따라 책임을 진다.

[전문개정 2010. 3. 31.]

제9장 시효 〈개정 2010. 3. 31.〉

제51조(시효기간) ① 소지인의 배서인, 발행인, 그 밖의 채무자에 대한 상환청구권은 제시기간이 지난 후 6개월간 행사하지 아니하면 소멸시효가 완성된다.

② 수표의 채무자의 다른 채무자에 대한 상환청구권은 그 채무자가 수표를 환수한 날 또는 그 자가 제소된 날부터 6개월간 행사하지 아니하면 소멸시효가 완성된다.

[전문개정 2010. 3. 31.]

제52조(시효의 중단) 시효의 중단은 그 중단사유가 생긴 자에 대하여만 효력이 생긴다.

[전문개정 2010. 3. 31.]

제10장 지급보증 〈개정 2010. 3. 31.〉

제53조(지급보증의 가능방식) ① 지급인은 수표에 지급보증을 할 수 있다.

② 지급보증은 수표의 앞면에 "지급보증" 또는 그 밖에 지급을 하겠다는 뜻을 적고 날짜를 부기하여 지급인이 기명날인하거나 서명하여야 한다.

[전문개정 2010. 3. 31.]

제54조(지급보증의 요건) ① 지급보증은 조건 없이 하여야 한다.

② 지급보증에 의하여 수표의 기재사항을 변경한 부분은 이를 변경하지 아니한 것으로 본다.

[전문개정 2010. 3. 31.]

제55조(지급보증의 효력) ① 지급보증을 한 지급인은 제시기간이 지나기 전에 수표가 제시된 경우에만 지급할 의무를 부담한다.

② 제1항의 경우에 지급거절이 있을 때에는 수표의 소지인은 제39조에 따라 수표를 제시하였음을 증명하여야 한다.

③ 제2항의 경우에는 제44조와 제45조를 준용한다.

[전문개정 2010. 3. 31.]

제56조(지급보증과 수표상의 채무자의 책임) 발행인이나 그 밖의 수표상의 채무자는 지급보증으로 인하여 그 책임을 면하지 못한다.

[전문개정 2010. 3. 31.]

제57조(불가항력과 기간의 연장) 지급보증을 한 지급인에 대한 권리의 행사에 관하여는 제47조를 준용한다.

[전문개정 2010. 3. 31.]

제58조(지급보증인의 의무의 시효) 지급보증을 한 지급인에 대한 수표상의 청구권은 제시기간이 지난 후 1년간 행사하지 아니하면 소멸시효가 완성된다.

[전문개정 2010. 3. 31.]

제11장 통칙 〈개정 2010. 3. 31.〉

제59조(은행의 의의) 이 법에서 "은행"이라는 글자는 법령에 따라 은행과 같은 것으로 보는 사람 또는 시설을 포함한다.

[전문개정 2010. 3. 31.]

제60조(수표에 관한 행위와 휴일) ① 수표의 제시와 거절증서의 작성은 거래일에만 할 수 있다.
② 수표에 관한 행위를 하기 위하여 특히 수표의 제시 또는 거절증서나 이와 같은 효력이 있는 선언의 작성을 위하여 법령에 규정된 기간의 말일이 법정휴일일 때에는 그 말일 이후의 제1거래일까지 기간을 연장한다. 기간 중의 휴일은 그 기간에 산입한다.
[전문개정 2010. 3. 31.]

제61조(기간과 초일 불산입) 이 법에서 규정하는 기간에는 그 첫날을 산입하지 아니한다.
[전문개정 2010. 3. 31.]

제62조(은혜일의 불허) 은혜일(恩惠日)은 법률상으로든 재판상으로든 인정하지 아니한다.
[전문개정 2010. 3. 31.]

부칙 〈제10197호, 2010. 3. 31.〉

이 법은 공포한 날부터 시행한다.

전자어음의 발행 및 유통에 관한 법률
(약칭: 전자어음법)

[시행 2020. 12. 10.] [법률 제17354호, 2020. 6. 9., 타법개정], [시행 2018. 11. 1.] [법률 제15022호, 2017. 10. 31., 타법개정]
[시행 2018. 5. 30.] [법률 제14174호, 2016. 5. 29., 일부개정], [시행 2014. 4. 6.] [법률 제11730호, 2013. 4. 5., 일부개정]
[시행 2012. 9. 2.] [법률 제11461호, 2012. 6. 1., 타법개정], [시행 2010. 11. 18.] [법률 제10303호, 2010. 5. 17., 타법개정]
[시행 2009. 11. 9.] [법률 제9651호, 2009. 5. 8., 일부개정], [시행 2009. 1. 30.] [법률 제9364호, 2009. 1. 30., 일부개정]
[시행 2008. 2. 29.] [법률 제8863호, 2008. 2. 29., 타법개정], [시행 2007. 8. 18.] [법률 제8443호, 2007. 5. 17., 일부개정]
[시행 2005. 1. 1.] [법률 제7197호, 2004. 3. 22., 제정]

제1장 총칙 〈개정 2009. 1. 30.〉

제1조(목적) 이 법은 전자적 방식으로 약속어음을 발행·유통하고 어음상의 권리를 행사할 수 있도록 함으로써 국민경제의 향상에 이바지함을 목적으로 한다.

제2조(정의) 이 법에서 사용하는 용어의 정의는 다음과 같다. 〈개정 2010. 5. 17., 2012. 6. 1., 2020. 6. 9.〉

1. "전자문서"란 「전자문서 및 전자거래 기본법」 제2조제1호에 따라 정보처리시스템에 의하여 전자적 형태로 작성, 송신·수신 또는 저장된 정보를 말한다.
2. "전자어음"이란 전자문서로 작성되고 제5조제1항에 따라 전자어음관리기관에 등록된 약속어음을 말한다.
3. "전자서명"이란 「전자서명법」 제2조제2호에 따른 전자서명(서명자의 실지명의를 확인할 수 있는 것을 말한다)을 말한다.
4. "전자어음관리기관"이란 제3조제1항에 따라 법무부장관의 지정을 받은 기관을 말한다.
5. "사업자고유정보"란 전자어음과 관련된 당사자의 상호나 사업자등록번호, 회원번호, 법인등록번호 또는 주민등록번호 등 사업자를 식별할 수 있는 정보를 말한다.
6. "금융기관"이란 「은행법」에 따른 은행 및 이에 준하는 업무를 수행하는 금융기관으로 대통령령으로 정하는 기관을 말한다.
7. "이용자"란 전자어음거래를 위하여 전자어음관리기관에 등록하고 전자어음관리기관의 시스템을 이용하여 전자어음거래를 하는 자를 말한다.

[전문개정 2009. 1. 30.]

제3조(전자어음관리기관) ① 전자어음관리기관은 법무부장관이 지정한다.

② 전자어음관리기관으로 지정받으려는 자는 다음 각 호의 요건을 갖추어야 한다.

1. 「민법」 제32조에 따라 설립된 법인 또는 「상법」에 따라 설립된 주식회사일 것
2. 대통령령으로 정하는 기술능력·재정능력·시설 및 장비 등을 갖출 것

③ 전자어음관리기관의 지정절차와 그 밖에 필요한 사항은 대통령령으로 정한다.

[전문개정 2009. 1. 30.]

제4조(적용 범위) 전자어음에 관하여 이 법에서 정한 것 외에는 「어음법」에서 정하는 바에 따른다.

[전문개정 2009. 1. 30.]

제2장 전자어음의 등록 및 어음행위

제5조(전자어음의 등록 등) ① 전자어음을 발행하려는

자는 그 전자어음을 전자어음관리기관에 등록하여야 한다.

② 전자어음관리기관은 해당 전자어음의 지급을 청구할 금융기관이나 신용조사기관 등의 의견을 참고하여 전자어음의 등록을 거부하거나 전자어음의 연간 총발행금액 등을 제한할 수 있다.

③ 전자어음관리기관의 전자어음 등록에 관한 절차와 방법, 그 밖에 필요한 사항은 대통령령으로 정한다.

④ 전자어음에 배서(背書) 또는 보증을 하거나 전자어음의 권리를 행사하는 것은 이 법에 따른 전자문서로만 할 수 있다.

[전문개정 2009. 1. 30.]

제6조(전자어음의 발행) ① 전자어음에는 다음 각 호의 사항을 기재하여야 한다.

1. 「어음법」 제75조제1호 · 제2호 · 제3호 · 제5호 및 제6호에서 정하는 사항
2. 전자어음의 지급을 청구할 금융기관
3. 전자어음의 동일성을 표시하는 정보
4. 사업자고유정보

② 제1항제2호에 따른 금융기관이 있는 지역은 「어음법」 제75조제4호에 따른 지급지(支給地)로 본다.

③ 발행인이 제1항의 전자어음에 전자서명을 한 경우에는 「어음법」 제75조제7호에 따른 기명날인 또는 서명을 한 것으로 본다. 〈개정 2020. 6. 9.〉

④ 발행인이 타인에게 「전자문서 및 전자거래 기본법」 제6조제1항에 따라 전자어음을 송신하고 그 타인이 같은 조 제2항에 따라 수신한 때에 전자어음을 발행한 것으로 본다. 〈개정 2012. 6. 1.〉

⑤ 전자어음의 만기는 발행일부터 3개월을 초과할 수 없다. 〈개정 2016. 5. 29.〉

⑥ 「어음법」 제10조(같은 법 제77조에서 인용하는 경우의 해당 조항을 말한다)에 따른 백지어음은 전자어음으로 발행할 수 없다.

[전문개정 2009. 1. 30.]

제6조의2(전자어음의 이용) 「주식회사 등의 외부감사에 관한 법률」 제4조에 따른 외부감사대상 주식회사 및 직전 사업연도 말의 자산총액 등이 대통령령으로 정하는 기준에 해당하는 법인사업자는 약속어음을 발행할 경우 전자어음으로 발행하여야 한다. 〈개정 2013. 4. 5., 2017. 10. 31.〉

[본조신설 2009. 5. 8.]

제7조(전자어음의 배서) ① 전자어음에 배서를 하는 경우에는 전자어음에 배서의 뜻을 기재한 전자문서(이하 "배서전자문서"라 한다)를 첨부하여야 한다.

② 배서전자문서에는 전자어음의 동일성을 표시하는 정보를 기재하여야 한다.

③ 배서인이 타인에게 「전자문서 및 전자거래 기본법」 제6조제1항에 따라 전자어음과 배서전자문서를 송신하고 그 타인이 같은 조 제2항에 따라 수신한 때에는 「어음법」 제13조제1항에 따른 배서 및 교부를 한 것으로 본다. 〈개정 2012. 6. 1.〉

④ 피배서인(被背書人)이 다시 배서를 하는 경우에는 이전에 작성된 배서전자문서를 전자어음에 전부 첨부하고 제1항에 따른 배서를 하여야 한다.

⑤ 전자어음의 총배서횟수는 20회를 초과할 수 없다.

⑥ 전자어음의 배서에 관하여는 제6조제3항을 준용한다. 이 경우 "발행인"은 "배서인"으로 본다.

[전문개정 2009. 1. 30.]

제7조의2(전자어음의 분할배서) ① 「어음법」 제12조제2항에도 불구하고 전자어음을 발행받아 최초로 배서하는 자에 한하여 총 5회 미만으로 어음금을 분할하여 그 일부에 관하여 각각 배서할 수 있다. 이 경우 분할된 각각의 전자어음은 제7조에 따른 배서의 방법을 갖추어야 한다.

② 제1항에 따라 배서를 하는 자는 배서하는 전자어음이 분할 전의 전자어음으로부터 분할된 것임을 표시하여야 한다.

③ 분할 후의 전자어음은 그 기재된 금액의 범위에서 분할 전의 전자어음과 동일한 전자어음으로 본다.

④ 분할된 전자어음에 대한 법률행위의 효과는 분할된 다른 전자어음의 법률관계에 영향을 미치지 아니하며, 배서인은 분할 후의 수개의 전자어음이 구별되도록 다른 번호를 붙여야 한다. 번호 부여의 구체적인 방법은 대통령령으로 정한다.

⑤ 분할 후의 어느 전자어음상의 권리가 소멸한 때에는 분할 전의 전자어음은 그 잔액에 관하여 존속하는 것으로 본다.

⑥ 전자어음의 발행인이 전자어음면에 분할금지 또는 이와 동일한 뜻의 기재를 한 때에는 제1항을 적용하지 아니한다.

[본조신설 2013. 4. 5.]

제8조(전자어음의 보증) ① 전자어음을 보증하는 자는 보증의 뜻을 기재한 전자문서를 그 전자어음에 첨부하여야 한다.

② 전자어음의 보증에 관하여는 제6조제3항 · 제4항 및 제7조제2항을 준용한다. 이 경우 "발행인"은 "보증인"으로, "발행"은 "보증"으로 본다.

③ 전자어음은 보증에 의하여 그 금액의 일부의 지급을 담보할 수 없다. 〈신실 2013. 4. 5.〉

[전문개정 2009. 1. 30.]

제9조(지급 제시) ① 전자어음의 소지인이 전자어음 및 전자어음의 배서에 관한 전자문서를 첨부하여 지급청구의 뜻이 기재된 전자문서를 제6조제1항제2호의 지급을 청구할 금융기관에 송신하고 그 금융기관이 수신한 때에는 「어음법」 제38조제1항에서 규정한 지급을 위한 제시를 한 것으로 본다. 다만, 전자어음관리기관에 대한 전자어음의 제시는 지급을 위한 제시와 같은 효력이 있으며 전자어음관리기관이 운영하는 정보처리 조직에 의하여 전자어음의 만기일 이전에 자동으로 지급 제시되도록 할 수 있다.

② 지급 제시를 위한 송신과 수신의 시기는 「전자문서 및 전자거래 기본법」 제6조제1항 및 제2항에 따른다. 〈개정 2012. 6. 1.〉

③ 지급 제시를 하는 소지인은 제1항에 따른 지급청구의 뜻이 기재된 전자문서에 어음금을 수령할 금융기관의 계좌를 기재하여야 한다.

④ 제1항에 따른 지급 제시를 받은 금융기관이 어음금을 지급할 때에는 전자어음관리기관에 지급사실을 통지하여야 한다. 다만, 전자어음관리기관에서 운영하는 정보처리 조직에 의하여 지급이 완료된 경우에는 그러하지 아니하다.

[전문개정 2009. 1. 30.]

제10조(어음의 소멸) 제9조제4항에 따른 통지가 있거나 전자어음관리기관의 정보처리 조직에 의하여 지급이 완료된 경우 어음 채무자가 해당 어음을 환수한 것으로 본다.

[전문개정 2009. 1. 30.]

제11조(어음의 상환증권성과 일부지급의 적용배제) 「어음법」 제39조제1항부터 제3항까지의 규정은 전자어음에 적용하지 아니한다.

[전문개정 2009. 1. 30.]

제12조(지급거절) ① 제9조제1항에 따른 지급 제시를 받은 금융기관이 지급을 거절할 때에는 전자문서(이하 "지급거절 전자문서"라 한다)로 하여야 한다.

② 지급거절 전자문서를 전자어음관리기관에 통보하고 그 기관이 문서 내용을 확인한 경우에는 그 전자문서를 「어음법」 제44조제1항에 따른 공정증서로 본다.

③ 전자어음의 소지인이 제1항에 따른 전자문서를 수신한 날을 공정증서의 작성일로 본다.

④ 제2항에 따른 지급거절 전자문서의 확인 방법 및 절차, 그 밖에 필요한 사항은 대통령령으로 정한다.

[전문개정 2009. 1. 30.]

제13조(상환청구) ① 전자어음의 소지인이 상환청구를 할 때에는 다음 각 호의 문서를 첨부하여 상환청구의 뜻을 기재한 전자문서를 상환의무자에게 송신하여야 한다.

1. 전자어음
2. 배서전자문서

3. 지급거절 전자문서

② 상환의무자가 상환금액을 지급한 경우에는 전자어음관리기관에 지급사실을 통지하여야 한다.

③ 제2항의 통지를 하면 상환의무자가 전자어음을 환수한 것으로 본다.

④ 전자어음의 상환청구에 관하여는 제9조제3항을 준용한다. 이 경우 "지급청구"는 "상환청구"로 본다.

[전문개정 2009. 1. 30.]

제14조(어음의 반환 및 수령 거부) ① 전자어음을 발행하거나 배서한 자가 착오 등을 이유로 전자어음을 반환받으려면 그 소지인으로 하여금 전자어음관리기관에 반환 의사를 통지하게 하여야 한다.

② 제1항의 통지를 하면 전자어음은 발행되거나 배서되지 아니한 것으로 보며, 전자어음관리기관은 그 전자어음의 발행 또는 배서에 관한 기록을 말소하여야 한다.

③ 전자어음의 수신자는 전자어음의 수령을 거부하려면 전자어음관리기관에 수령 거부 의사를 통지하여야 한다. 수령 거부 의사를 통지한 경우에는 수신자가 전자어음을 수령하지 아니한 것으로 보며, 전자어음관리기관은 수신자가 청구할 경우 그 수신자가 전자어음의 수령을 거부한 사실을 증명하는 문서를 발급하여야 한다.

[전문개정 2009. 1. 30.]

제3장 전자어음거래의 안전성 확보 및 이용자 보호

제15조(안전성 확보 의무) 전자어음관리기관은 전자어음 거래의 안전을 확보하고 지급의 확실성을 보장할 수 있도록 전자어음거래의 전자적 전송·처리를 위한 인력, 시설, 전자적 장치 등에 관하여 대통령령으로 정하는 기준을 준수하여야 한다.

[전문개정 2009. 1. 30.]

제16조(전자어음거래 기록의 생성 및 보존) ① 전자어음관리기관은 다음 각 호의 업무를 수행하여야 한다.

1. 전자어음의 발행, 배서, 보증 및 권리행사 등을 할 때에 그 기관의 전자정보처리 조직을 통하여 이루어지도록 하는 조치
2. 전자어음별로 발행인과 배서인에 관한 기록, 전자어음 소지인의 변동사항 및 그 전자어음의 권리행사에 관한 기록의 보존
3. 전자어음거래를 추적·검색하고 오류가 발생할 경우 그 오류를 확인·정정할 수 있는 기록의 생성 및 보존

② 제1항에 따라 전자어음관리기관이 보존하여야 하는 기록의 종류와 방법 및 보존기간은 대통령령으로 정한다.

[전문개정 2009. 1. 30.]

제17조(전자어음거래 정보의 제공 등) ① 전자어음관리기관은 이용자가 신청한 경우에는 대통령령으로 정하는 바에 따라 해당 전자어음 관련 발행상황 및 잔액 등의 결제 정보를 제공하여야 한다.

② 전자어음거래와 관련하여 업무상 다음 각 호에 해당하는 사항을 알게 된 자는 이용자의 동의를 받지 아니하고 타인에게 제공하거나 누설하여서는 아니 된다. 다만, 「금융실명거래 및 비밀보장에 관한 법률」 제4조제1항 단서에 따른 경우와 그 밖의 법률에서 정한 경우에는 그러하지 아니하다.

1. 이용자의 신상에 관한 사항
2. 이용자의 거래계좌 및 전자어음거래의 내용과 실적에 관한 정보 또는 자료

③ 전자어음관리기관은 건전한 전자어음 발행·유통과 선의의 거래자 보호를 위하여 대통령령으로 정하는 경우에는 법무부장관의 사전승인을 받아 제1항과 제2항에 규정된 사항 등을 공개할 수 있다.

[전문개정 2009. 1. 30.]

제18조(약관의 명시·통지 등) ① 전자어음관리기관은 전자어음을 등록할 때에 이용자에게 전자어음거래에 관한 약관을 구체적으로 밝히고, 이용자가 요청하는 경우에는 대통령령으로 정하는 바에 따라 그 약관을 발급하고 내용을 설명하여야 한다.

② 전자어음관리기관은 전자어음거래에 관한 약관

을 제정하거나 변경하려면 법무부장관의 승인을 받아야 한다. 다만, 약관의 변경으로 인하여 이용자의 권익이나 의무에 불리한 영향이 없다고 법무부장관이 정하는 경우에는 변경 후 10일 이내에 법무부장관에게 통보하여야 한다.

[전문개정 2009. 1. 30.]

제19조(이의제기와 분쟁처리) ① 전자어음관리기관은 대통령령으로 정하는 바에 따라 전자어음거래와 관련하여 이용자가 제기하는 정당한 의견이나 불만을 반영하고, 이용자가 전자어음거래에서 입은 손해를 배상하기 위한 절차를 마련하여야 한다.

② 전자어음관리기관은 전자어음 등록 시 제1항에 따른 절차를 구체적으로 밝혀야 한다.

[전문개정 2009. 1. 30.]

제4장 전자어음관리업무의 감독

제20조(전자어음관리기관의 감독 및 검사) ① 법무부장관은 전자어음관리기관에 대하여 이 법 또는 이 법에 따른 명령을 준수하는지를 감독한다.

② 법무부장관은 제1항에 따른 감독을 위하여 필요하면 전자어음관리기관에 대하여 그 업무에 관한 보고를 하게 하거나 대통령령으로 정하는 바에 따라 전자어음관리기관의 전자어음관리 업무에 관한 시설 · 장비 · 서류, 그 밖의 물건을 검사할 수 있다.

③ 법무부장관은 전자어음제도의 원활한 운영 및 이용자 보호 등을 위하여 필요하면 전자어음관리기관에 이용자의 전자어음거래 정보 등 필요한 자료의 제출을 명할 수 있다.

④ 법무부장관은 전자어음관리기관이 이 법 또는 이 법에 따른 명령을 위반하여 전자어음제도의 건전한 운영을 해치거나 이용자의 권익을 침해할 우려가 있다고 인정되는 경우에는 다음 각 호의 어느 하나에 해당하는 조치를 할 수 있다.

1. 해당 위반행위에 대한 시정명령
2. 전자어음관리기관에 대한 주의 · 경고 또는 그 임직원에 대한 주의 · 경고 및 문책의 요구
3. 전자어음관리기관 임원의 해임권고 또는 직무정지의 요구

⑤ 법무부장관은 전자어음제도의 운영 및 전자어음관리기관의 감독 또는 검사와 관련하여 필요하면 금융위원회에 협의를 요청하거나 대통령령으로 정하는 바에 따라 그 권한의 일부를 위임하거나 위탁할 수 있다.

[전문개정 2009. 1. 30.]

제21조(지정의 취소) ① 법무부장관은 전자어음관리기관이 다음 각 호의 어느 하나에 해당하면 제3조에 따른 지정을 취소할 수 있다.

1. 거짓이나 그 밖의 부정한 방법으로 제3조에 따른 전자어음관리기관으로 지정받은 경우
2. 정당한 사유 없이 1년 이상 계속하여 영업을 하지 아니한 경우
3. 법인의 합병 · 파산 · 폐업 등으로 사실상 영업을 종료한 경우

② 전자어음관리기관은 지정이 취소된 경우에도 그 취소처분이 있기 전에 한 전자어음거래의 지급을 위한 업무를 계속하여 할 수 있다.

③ 법무부장관은 제1항에 따라 지정을 취소하려는 경우에는 청문을 하여야 하며 지정을 취소한 경우에는 지체 없이 그 내용을 관보에 공고하고 컴퓨터통신 등을 이용하여 일반인에게 알려야 한다.

[전문개정 2009. 1. 30.]

제5장 벌칙 〈개정 2009. 1. 30.〉

제22조(벌칙) ① 제3조에 따른 전자어음관리기관으로 지정받지 아니하고 전자어음관리 업무를 한 자는 5년 이하의 징역 또는 1억원 이하의 벌금에 처한다.

② 다음 각 호의 어느 하나에 해당하는 자는 3년 이하의 징역 또는 5천만원 이하의 벌금에 처한다.

1. 제5조제1항을 위반하여 전자어음관리기관에 등록하지 아니하고 전자어음을 발행한 자
2. 제17조제2항을 위반하여 전자어음거래 정보를 제공한 자

③ 제20조제2항에 따른 검사를 기피하거나 방해한 자는 1년 이하의 징역 또는 3천만원 이하의 벌금에 처한다.

④ 전자어음은 「형법」 제214조부터 제217조까지 규정된 죄의 유가증권으로 보아 그 유가증권에 관한 죄에 대한 각 조문의 형으로 처벌한다.

[전문개정 2009. 1. 30.]

제23조(과태료) ① 다음 각 호의 어느 하나에 해당하는 자에게는 1천만원 이하의 과태료를 부과한다.

1. 제15조에 따른 안전성 기준을 위반한 자
2. 제20조제3항에 따른 자료제출 명령에 대하여 정당한 사유 없이 자료를 제출하지 아니하거나 거짓된 자료를 제출한 자

② 다음 각 호의 어느 하나에 해당하는 자에게는 500만원 이하의 과태료를 부과한다. 〈개정 2009. 5. 8.〉

1. 제6조의2에 따른 전자어음 이용의무를 위반한 자
2. 제16조제1항제2호 및 제3호에 따른 전자어음거래 기록의 보존 의무를 위반한 자
3. 제17조제1항에 따른 신청에 대하여 정당한 사유 없이 결제 정보를 제공하지 아니한 자
4. 제18조제1항에 따른 약관의 설명 의무를 위반한 자
5. 제18조제2항에 따른 승인을 받지 아니하거나 통보를 하지 아니한 자

③ 제1항과 제2항에 따른 과태료는 법무부장관이 부과 · 징수한다.

[전문개정 2009. 1. 30.]

제24조(전자어음관리기관의 금융기관 간주) 전자어음관리기관은 「특정경제범죄 가중처벌 등에 관한 법률」 제2조에 따른 금융기관으로 본다.

[전문개정 2009. 1. 30.]

부칙 〈제17354호, 2020. 6. 9.〉 (전자서명법)

제1조(시행일) 이 법은 공포 후 6개월이 경과한 날부터 시행한다. 〈단서 생략〉

제2조부터 제6조까지 생략

제7조(다른 법률의 개정) ①부터 ⑬까지 생략

⑭ 전자어음의 발행 및 유통에 관한 법률 일부를 다음과 같이 개정한다.

제2조제3호를 다음과 같이 한다.

3. "전자서명"이란 「전자서명법」 제2조제2호에 따른 전자서명(서명자의 실지명의를 확인할 수 있는 것을 말한다)을 말한다.

제6조제3항 중 "공인전자서명"을 "전자서명"으로 한다.

⑮부터 ㉒까지 생략

제8조 생략

찾아보기

ㅅ

저자약력 서성호(徐聖浩)

- 조선대학교 경상대학 경영학과 졸업(1987년)
- Waseda University(Tokyo Japan), Master of Law (1991~1994) 법학석사
- Waseda University(Tokyo Japan), Doctor of Law (1994~2001) 법학박사
- 공인회계사 시험출제위원(상법)
- 광주광역시의회 입법정책연구위원 역임 및 중앙대, 호남대, 동신대 출강
- 현재, 조선대학교 경상대학 경영학부교수

[학술활동 및 기타경력]

- 현재, (사)한국기업법학회 부회장 · 편집위원 (동 학회 총무이사, 감사 등을 역임)
- 현재, 조선대학교 경영대학원 학사위원회 위원(동 대학 지식경영연구원 사무국장(간사), 동 대학원 최고경영자과정 및 건설최고경영자과정 주임교수, 동 대학 공사계약위원회 위원, 기금운용위원회 위원 등을 역임)
- 현재, (사)한국기업경영학회 이사, (사)국제거래법학회 이사, (사)한국산업경제학회 이사, (사)경영법률학회 이사, (사)한국회계정보학회 부회장, (일본)일한법학회 상임이사
- 현재, 주식회사 지오엠비션 대표이사(대학 겸직승인), 일본사단법인 한국조선대학재일교류회 이사장(대학 겸직승인)
- 현재, 광주광역시 북구 선거관리위원회 위원(광주광역시 성과평가위원회 평가위원, 전남지방노동위원회 공익위원 등을 역임)
- Law School of Waseda University(Tokyo Japan) 교환교수(2014.8.1.~2015.1.31.)

[논문 및 저서]

(국 외)

- 박사학위논문 : 株式會社における監査役制度の研究(2001, Waseda University(Tokyo Japan))
- 학위논문(석사) : 韓國監査役制度の比較法的考察(1994, Waseda University(Tokyo Japan))
- 韓國資本市場統合法の體系と金融投資商品に對する一考察(日本金融商品取引法との一部比較法的考察の試み「現代企業法學の理論と動態」奧島孝康先生古稀記念論文集第一卷(下篇)(2011, 成文堂)
- 韓國の企業集團に關する法規制の現況および課題「日本 中國 韓國における會社法 證券取引法の變革と新たな展開」(2000, 早稻田大學日中韓商事法シンポジウム組織委員會編 成文堂)
- 韓國商法における監査役制度「比較會社法研究」奧島孝康教授還曆記念 第一卷(1999, 成文堂)
- 會計監査の法的研究(二 完)(1999, 法研論集90號)
- 會計監査の法的研究(一)(1999, 法研論集89號)
- 企業の社會的責任(共著:1998, 立命館法學256號)
- 監査役の兼任禁止に關する研究(1998, 法研論集87號)
- 有限會社における從業員の不正行爲と會計監査人の責任 日本コッパ ス事件控訴審判決(1997, 早稻田法學)
- 第6章 韓國法と裁判制度「Waseda libri mundi16 韓國の政治」孔星鎭 川勝平太編(共著:1997, 早稻田大學出版部)
- 監査役の責任に關する研究(二 完)(1997, 法研論集80號)
- 監査役の責任に關する研究(一)(1996, 法研論集78號)
- 韓國の株式會社における監査役制度(1995, 早稻田法學會誌45卷) 이상 총 14편

(국 내)

- 이하 실적 외 2012년부터 2021년까지 총 23편
- 일본상법상 주식회사의 감사제도에 관한 고찰(2011, 한국비즈니스리뷰 제4권제3호)
- 한국상법상 주식회사의 감사제도에 관한 고찰(2009년 5월 28일 및 2011년 4월 14일 개정상법을 중심으로)(공저:2011, 기업법연구제25권 제3호)
- 신정판 · 기업법(공저서:2011, 무역경영사)
- 이사의 선관주의의무위반 충실의무위반에 대한 판단기준(일본소고백화점 전직이사의 손해 배상사정이의 소송 판결을 중심으로)(2010, 법학논총 제17집 제3호)
- 주주의 유한책임과 채권자보호에 관한 고찰(공저:2010, 기업법연구 제24권 제3호)
- 일본 회사법상 내부통제시스템구축 관련 논의에 대한 고찰(공저:2010, 기업법연구 제24권 제2호)
- ERG도입기업에 대한 조세법상 문제점(공저:2009, 기업법연구 제23권 제4호)
- 가법 모형(Additive Model)의 유효성 검증(공동:2009, 한국비즈니스리뷰 제2권 제2호)
- 일본의 (新)회사법상 지분회사제도에 관한 연구(2009, 기업법연구 23권 1호)
- 정기주주총회 의결권에 대한 임시주주총회의 변경 취소결의의 효력과 세법상 이에 관한 해석력의 한계(공저:2008, 기업법연구 제22권 제3호)
- 기업회계와 세무회계 및 세무조정에 관한 고찰(2008, 기업법연구 제22권 제2호)
- 주식회사 자본관련제도 개선에 관한 연구(공저:2007, 기업법연구 제21권 제3호)
- 최근 상사법제 개선에 관한 비판적 고찰과 한국형 코퍼레이트 거버넌스론이론 : 상법의 정체성과 안정성을 중심으로(2007, 산업경제연구 제20권 제3호)
- 기업법(공저서:2007, 2008, 무역경영사)
- 상법 제9조 소상인의 해석론에 관한 연구(2006, 한국상사판례학회 제19집 제2권)
- 대외무역법강의(단독저서:2006, 오성출판사)
- 회사정리제도에 관한 연구(2004, 기업법연구 제16집)
- 회계감사인의 법적책임에 관한 연구 (2003, 기업법연구 제15집)
- 감사회제도의 도입가능성(2000, 기업법연구 제5집), 이상 총 18편

[기타 : 칼럼 및 통번역 등]

- 이하 외 21대 지역구 국회의원 총선관련 오피니언 칼럼(2020 전남일보)
- 경제위기 극복을 위한 국민정신 함양 관련 칼럼 (2009「클릭 빛가람」광주인터넷뉴스)
- 「會社の「商人」性」高田晴仁(慶應義塾大學法務大學院教授 시범강의)(통역:2008, 전남대학교 법률행정연구소)
- 「企業統治をめぐる日本型の摸索」酒卷俊雄(기업지배구조개선에 관한 早稻田大學教授4人 講演)(통역 · 번역:2000, 조선대학교법학연구소)